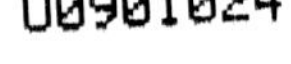

# 北京石景山年鉴(2017)

BEIJING SHIJINGSHAN NIANJIAN(2017)

北京市石景山区人民政府 主办

北京市石景山区地方志办公室 承编

中 华 书 局

**图书在版编目（CIP）数据**

北京石景山年鉴. 2017/北京市石景山区地方志办公室编.—北京：中华书局，2017.12

ISBN 978-7-101-13011-9

Ⅰ.①北… Ⅱ.①北… Ⅲ.①石景山区—2017—年鉴
Ⅳ.①Z521.3

中国版本图书馆CIP数据核字（2017）第316367号

责任编辑：朱 慧

**北京石景山年鉴 2017**

北京市石景山区地方志办公室编

*

中 华 书 局 出 版

（北京市丰台区太平桥西里38号 100073）

http://www.zhbc.com.cn

E-mail:zhbc@zhbc.com.cn

廊坊市金虹宇印务有限公司印刷

*

889×1194 1/16 36.5印张 37插页 1457千字

2017年12月第1版 2017年12月第1次印刷

印数：2500册 定价：260.00元

ISBN 978-7-101-13011-9

地址

北京市石景山区
八角西街27号

电话

010-68883642

传真

010-68880579

邮编

100043

电子信箱

sjsqzb@126.com

## 《北京石景山年鉴》编纂委员会



## 《北京石景山年鉴》编辑部

# 编纂说明

一、《北京石景山年鉴》是石景山区人民政府主办、区地方志办公室按年编纂、连续出版的大型综合性、权威性、资料性工具书。

二、年鉴以邓小平理论、“三个代表”重要思想和科学发展观为指导，深入贯彻习近平总书记系列重要讲话，围绕石景山区“全面深度转型、高端绿色发展”战略，遵循实事求是原则，力求科学、客观、全面、系统记录石景山区经济和社会发展的基本情况，体现时代特征、地区特点、行业特色。旨在为社会各界了解、研究石景山区提供基本资料，同时为修编《北京市石景山区志》积累史料。

三、年鉴收录范围以地域为界，凡在石景山区境域之内的部门单位、各行各业，不论其性质、隶属关系和级别，均在收录之列。本卷以详记区属各系统、各单位情况为主，适当记述辖区内中央、市属单位情况，既突出主题又概括全貌。

四、年鉴所收录资料信息的主要形式为文字（文章和条目）、数据（表格）、图片，采用分级分类编纂法，以条目体为主，用规范的语体文直陈其事，文字力求言简意赅。按栏目、分目、次分目、条目四级结构层次编排。

五、年度基础框架保持稳定。分为：总述、特载、专文、大事记、中共石景山区委员会、石景山区人民代表大会、石景山区人民政府、政治协商会议石景山区委员会、纪检·监察、民主党派·工商联、人民团体、政法、军事、综合经济管理、财政税务、金融、中央市属驻区企业、商业贸易、旅游业、规划建设、城市管理、科学技术、教育、文化·传媒、医疗卫生、体育、社会事业、社会建设、先进、统计资料、附录等栏目。按政治、经济、文化、社会的顺序，依次排列。共分栏目31个，分目143个，次分目182个，条目1509个，彩页97幅、图片100张、表格25个。全书总计约146万字。

六、《北京石景山年鉴》从2006年开始逐年编纂。2012年始，版式改为国际大16开，图片进条目正文。2017卷为总第12卷。其内容记述时限均为2016年1月1日至12月31日，本卷中凡未注明年份的事物，均为2016年内所发生。各级负责人任职情况，一律以2016年12月31日在册统计为准。

七、本鉴所用文章和条目，部分由区属各部门和驻区有关单位确定专人撰写或提供，并经撰稿单位主管领导审核。综合性统计资料由区统计局提供，业务部门的统计数字则由各主管部门提供。随文图片由各单位提供为主，编辑部提供为辅。

八、本鉴卷首有“总目”和“分目”，卷尾有“索引”。索引采用主题分析法，按主题词首字汉语拼音字母顺序排列。“总目”采用中英文对照，便于涉外交流。

九、本鉴在编辑出版工作中，得到全区各单位及各方面的大力支持和配合，也得到中国版协年鉴工作委员会、市志办领导和专家的悉心指导，在此谨表诚挚谢意，同时希望进一步得到关注和帮助。年鉴中存在的疏漏讹误之处，恳请读者批评指正。

编　者

2017年11月

北京石景山年鉴
2017 · BEIJING SHIJINGSHAN NIANJIAN

# 数字石景山

区域总面积 85.74平方公里

常住人口 63.4万人　户籍人口38.7万人

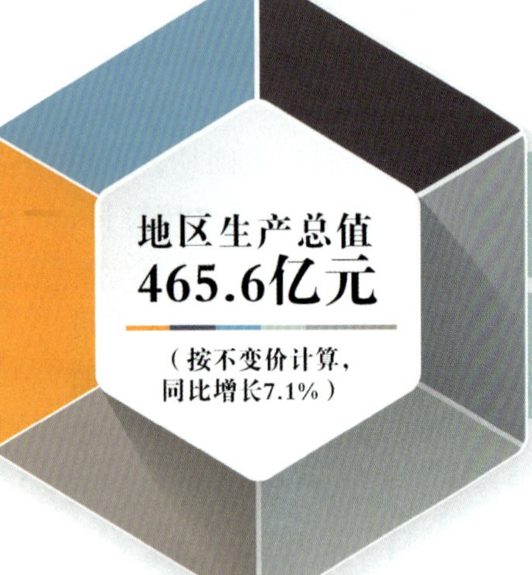

地区生产总值
465.6亿元
（按不变价计算，同比增长7.1%）

金融业增加值382402万元　同比增长16.8%

科学研究和技术服务业增加值305481万元　同比增长16.4%

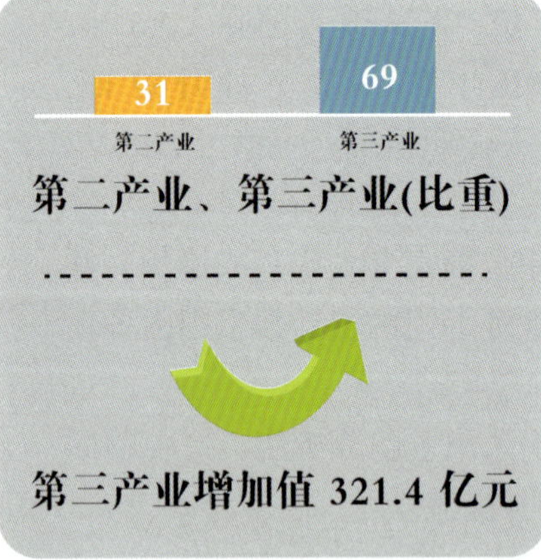


第二产业、第三产业(比重)

第三产业增加值 321.4 亿元

财政收入750751万元

公共预算收入520719万元

单位GDP能耗
0.2752吨标准煤/万元

固定资产投资完成
投资847627万元

园区规模以上企业收入1881亿元
同比增长15.3%

规模以上文化创意产业
收入合计 372.3亿元

居民人均可支配收入60980元

民生支出81.4亿元，占财政预算支出83.1%

登记失业率2.41%

528个大杂院完成91%的清理整治任务

完成绿化面积160.8万平方米；
绿化覆盖率51.89%，同比增长0.58%；
人均绿地面积19.5平方米，同比增长1.1平方米

学校（幼儿园、小学、中学）个数：

幼儿园54个
在园幼儿数15238人

小学30所
在校学生数23452人

普通中学25所
在校学生数12003人

职业高中2所
在校学生数405人

文化事业机构50个
文化事业机构人数408人

卫生机构个数225个
卫生工作人员数量10808人

科技专利申请量3605项
（2015年是2437项）

9 月 7 日，区委书记牛青山现场调研模式口文保区整治建设情况

9 月 19 日，人大常委会主任岳德顺参加人大换届选举集中宣传日活动

1 月 21 日，区长夏林茂调研大杂院拆违治乱工作

3 月 28 日，区政协主席吴克瑞视察英智康复机构

10 月 31 日，区级中心组集中学习十八届六中全会精神

4 月 29 日，石景山区“两学一做”学习教育工作会

3 月 10 日，区处两级理论中心组学习

3 月 3 日，区委 2016 年党建工作会

2月23日，中共石景山区纪委十一届八次全会暨全区党风廉政建设和反腐败工作会

2月23日，石景山区2016年落实党风廉政建设责任制签字仪式

11月10日，石景山区召开派驻纪检机构全覆盖动员部署会

7月1日，“生命线的警示—北京市石景山区反腐倡廉警示教育基地”揭牌

12月6日，中共石景山区第十二次代表大会

12月22日，北京市石景山区第十六届人民代表大会第一次会议

12 月 18 日，石景山区政协十届一次会议

2 月 26 日，区政府全体会议暨廉政建设工作会议

1月13日，石景山区召开四套班子联席会

8月19日，石景山区代表团赴保定市交流考察与保定市就合作项目集中签约

7 月 29 日，驻京中外知名企业开展投资石景山行活动

6 月 4 日，“海外侨胞看京津冀——助力世界侨商创新中心 · 支持冬奥会”活动现场

5月27日，北京保险产业园保险资金债权融资计划签约仪式

11月4日，在第二十届北京·香港经济合作研讨洽谈会上，区政府与字节跳动（香港）有限公司签约

9 月 27 日，区委常委、常务副区长文献发出全区首张“五证合一、一照一码”营业执照

5 月 1 日，营改增首日，区地税局开出首张存量房交易增值税发票

京西商务中心

建设中的北京保险产业园

10月1日，西山八大处文化节

2016洋庙会花车巡游

10月5日，第十八届北京国际旅游节闭幕式在石景山游乐园举行

6月18日，石景山游乐园灰姑娘城堡举行集体婚礼

3 月 31 日，“燃情记忆 诗意北京”第九届北京清明诗会

6 月 5 日，“直观东方 实录风情”中埃文化交流系列活动

6 月 8 日，“非遗汇聚石景山”京津冀非遗专场演出

6月28日，《记住本来 开创未来》“七·一”主题晚会

6月29日，石景山第33届“古城之春”艺术节

12月，石景山区编创的话剧《京西那一片晚霞》在排演

4 月 6 日，区教委举办第九届教育教学研讨月

5 月 21 日，北京九中举办建校 70 周年活动

9 月 8 日，石景山区成立校内外教育联盟

7月1日，副区长陈婷婷参加居家养老智能健康系统启动仪式

9月19日，北京市领导调研石景山区居家养老工作

10月13日，区人社局组织失业人员免费职业技能培训

3月11日，石景山区召开国家卫生区复审工作领导小组第一次会议

1月22日，石景山区在莲石湖公园举行“冰雪世界嘉年华”活动

5 月 13 日，媒体聚焦冬奥组委入驻首钢园区

11 月 3 日，石景山区举办“迎冬奥全民健步走”活动

3月15日，苹果园交通枢纽和道路建设调度会

7月23日，区城管监察执法局联合街道、公安等10余部门取缔琅山路周末非法市场

1月21日，五里坨供水厂正式并网通水

7月18日，区城管委在莲石湖防汛演练

建设中的北京地铁 S1 线跨永定河大桥工程

11 月 11 日，金顶街南路大修完工

建设中的嘉禾长安中心

五里坨街道围栏、候车亭改造前

五里坨街道围栏、候车亭改造后

八角西街改造前

八角西街改造后

五里坨街道汇众大厦前绿化改造前

五里坨街道汇众大厦前绿化改造后

八宝山街道仿古栏施工前

八宝山街道仿古栏施工后

12 月 10 日，区城管委组织抢修黄南苑居委会热力管线

11 月 21 日，区环卫中心在古城小街扫雪铲冰

11 月 8 日，第二十六届 119 宣传月“消除火灾隐患，共建平安社区”主会场活动

“7・20”强降雨，区城管委组织转移八宝山街道忆石羽毛球馆受困群众

京西商务中心南侧东部绿化后

金秋八大处

八角雕塑公园

远眺永定河休闲公园文化广场

绿色环抱的石景山万达广场

阜石路城市休闲公园

长安绿轴

7 月 22 日，治乱疏解建端工作汇报会

2 月 15 日，区治乱疏解建高端指挥部第 15 次工作会

2 月 29 日，区治乱疏解建高端指挥部组织召开古城街道拆违现场会

8 月 26 日，区委书记牛青山带队到治乱疏解建高端指挥部办公室调研

陆军总部整治前

陆军总部整治后

神农庄园违建拆除前

神农庄园违建拆除后

衙门口北路整治前

衙门口北路整治后

金鼎田园菜市场整治中

金鼎田园菜市场整治后

4月13日，首钢组建股权投资管理平台

2月3日，首钢第十八届职工代表大会
第四次会议暨集团工作会议隆重召开

曹妃甸示范区开发建设扎实推进

首钢创业公社成为北京市最大的国家级众创空间

首钢成功开发“第三代核电站”安全壳特厚板

首钢多项产品获“特优质量奖” 和“金杯奖”

首钢京西重工在捷克投资设立的工厂运营生产，主要生产高级轿车悬架产品

首钢研制的“圆珠笔头用超易切削不锈钢材料”破解圆珠笔头用材料制造难题

首钢京唐公司获“中国工业大奖表彰奖”

首钢园区内新建成的北京静态交通研发示范基地

# 总　目


**总述** …… 1
**特载** …… 5
**大事记** …… 32
**中共石景山区委员会** …… 35
区委重要会议 …… 36
主要工作和重大活动 …… 44
区委日常事务 …… 52
组织建设 …… 53
宣传工作 …… 60
精神文明建设 …… 64
统一战线 …… 66
对台工作 …… 68
决策研究 …… 69
机构编制管理 …… 71
老干部管理 …… 72
保密 …… 74
直属机关党建 …… 75
党校 …… 76
党史资料征集 …… 78
**石景山区人民代表大会** …… 81
重要会议 …… 82
重大决议决定 …… 84
监督工作 …… 85
重要活动 …… 86
**石景山区人民政府** …… 89
主要工作和重大活动 …… 90
政府日常政务 …… 104
政府法制工作 …… 104
民族·宗教 …… 107
行政服务 …… 108
信访 …… 109
档案 …… 111
地方志 …… 113
集体经济 …… 113
外事侨务 …… 115
**政治协商会议石景山区委员会** …… 119
重要会议 …… 120
专门委员会 …… 122
重要活动及相关工作 …… 123
**纪检·监察** …… 125
**民主党派·工商联** …… 131
中国国民党革命委员会石景山区工作委员会 …… 132
中国民主同盟石景山区工作委员会 …… 133
中国民主建国会石景山区工作委员会 …… 136
中国民主促进会石景山区工作委员会 …… 137
中国农工民主党石景山区工作委员会 …… 138
中国致公党石景山区工作委员会 …… 139
九三学社石景山区工作委员会 …… 140
石景山区工商业联合会 …… 142
**人民团体** …… 147
石景山区总工会 …… 148
共青团石景山区委员会 …… 150
石景山区妇女联合会 …… 153
石景山区科学技术协会 …… 156
石景山区文学艺术界联合会 …… 158
石景山区归国华侨联合会 …… 160
石景山区红十字会 …… 161
**政法** …… 163
政法委员会 …… 164
社会治安综合治理 …… 165
公安 …… 168
检察 …… 171
审判 …… 174
司法行政 …… 178
**军事** …… 181
人民武装 …… 182
民防 …… 183
防震减灾 …… 184
**综合经济管理** …… 185
综合经济调控 …… 186
经济和信息化 …… 190
统计 …… 192
国有资产监督管理 …… 195
工商行政管理 …… 197
质量技术监督 …… 198
安全生产监督管理 …… 201
食品药品监督管理 …… 207
审计 …… 212
烟草专卖 …… 214
**财政·税务** …… 215
财政管理 …… 216
税务 …… 218
**金融** …… 223
金融管理 …… 224
驻区金融机构 …… 225
银行 …… 225

典当 …… 231
**中央市属驻区企业** …… 233
首钢集团 …… 234
中铁二十二局集团有限公司 …… 238
北京北重汽轮电机有限责任公司 …… 240
北京巴布科克·威尔科克斯有限公司 …… 241
**商业贸易** …… 243
商务 …… 244
对外经济 …… 246
招商引资 …… 247
企业经营 …… 249
**旅游业** …… 251
产业促进 …… 252
旅游活动 …… 254
旅游管理 …… 256
西山八大处文化景区管理委员会 …… 259
北京石景山游乐园 …… 260
八大处公园 …… 261
**规划建设** …… 263
规划管理 …… 264
国土资源管理 …… 269
建设管理 …… 272
**城市管理** …… 281
城市综合管理 …… 282
城市管理监督指挥中心 …… 290
园林绿化 …… 292
公园管理 …… 294
市容卫生 …… 296
环境保护 …… 299
城市管理执法 …… 302
交通管理 …… 304
消防 …… 305
气象 …… 307
**科学技术** …… 309
科学管理 …… 310
中关村科技园区石景山园 …… 315
驻区科研单位 …… 318
**教育** …… 323
教育行政 …… 324
学前教育 …… 326
基础教育 …… 327
社区教育 …… 328
职业与成人教育 …… 329
教育督导 …… 329
驻区高校 …… 331
**文化** …… 337
群众文化 …… 338
图书馆 …… 341
文物管理 …… 342
文化市场 …… 345
广播电视 …… 346
**医疗卫生与计划生育** …… 347
卫生改革与管理 …… 348
卫生应急 …… 351
医疗服务管理 …… 352
计划生育服务 …… 354
社区卫生服务 …… 355
疾病预防与控制 …… 356
卫生监督 …… 357
动物卫生监督 …… 360
妇女和儿童保健 …… 361
医疗机构 …… 361
**体育** …… 375
群众体育 …… 376
竞技体育 …… 379
体育产业 …… 380
体育执法 …… 382
**社会事业** …… 383
民政 …… 384
人力资源和社会保障 …… 391
残疾人事业 …… 397
私营个体经济 …… 399
居民生活状况 …… 400
**社会建设** …… 403
社会领域党建及社会建设 …… 404
八宝山街道 …… 409
鲁谷社区 …… 411
老山街道 …… 412
古城街道 …… 414
八角街道 …… 416
苹果园街道 …… 418
金顶街街道 …… 419
广宁街道 …… 420
五里坨街道 …… 422
**先进** …… 425
**统计资料** …… 426
**附录** …… 432
**索引** …… 465

# CONTENTS

**SUMMARY** …… 1
**SPECIAL ISSUE** …… 5
**CHRONICLE** …… 32
**SHIJINGSHAN DISTRICT COMMITTEE OF CPC** …… 35
Main Conferences of District Committee …… 36
Main Work and Activities …… 44
Routine Work of District Committee …… 52
Organization Building …… 53
Publicity Work …… 60
Construction of Spiritual Civilization …… 64
Work on the United Front …… 66
Taiwan Affairs …… 68
Research on Policy Formulation …… 69
Organization Establishment …… 71
Senior Cadres Management …… 72
Secrecy Work …… 74
Enterprise Party Building …… 75
Party School …… 76
Collecting and Writing of Party History Data …… 78
**SHIJINGSHAN DISTRICT PEOPLE'S CONGRESS** …… 81
Major Conferences …… 82
Important Reslutions' Decsisions …… 84
Supervision Work …… 85
Important Activities …… 86
**SHIJINGSHAN DISTRICT PEOPLE'S GOVERNMENT** …… 89
Main Work and Activities …… 90
Daily Affairs of Government …… 104
Legal Construction of Government …… 104
Nationality and Religions …… 107
Administration Service …… 108
Letters and Calls …… 109
Archives …… 111
Local Chronicles …… 113
Collective Economy …… 113
Foreign Affairs and Overseas Chinese Affairs …… 115
**SHIJINGSHAN DISTRICT COMMITTEE OF CHINESE PEOPLE'S POLITICAL CONSULTATIVE CONFERENCE** …… 119
Important Meeting …… 120
Special Commission …… 122
Principal Activities …… 123
**DISCIPLINARY INSPECTION AND SUPERVISION** …… 125
**DEMOCRATIC PARTIES, ASSOCIATION OF INDUSTRY AND COMMERCE** …… 131
Shijingshan District Committee of Revolutionary Committee of the Kuomintang …… 132
Shijingshan District Committee of China Democratic League …… 133

Shijingshan District Committee of China Democratic National Construction Association …… 136
Shijingshan District Committee of China Association for Promoting Democracy …… 137
Shijingshan District Committee of Chinese Peasants and Workers Democratic Party …… 138
Shijingshan District Committee of China Zhi Gong Party …… 139
Shijingshan District Committee of Jiu San Society Democratic …… 140
Shijingshan District Association of Industry and Commerce …… 142
**PEOPLE ORGANIZATIONS** …… 147
Shijingshan District Federation of Lobor Union …… 148
Shijingshan District Committee of China Communist Youth League …… 150
Shijingshan District Women's Union …… 153
Shijingshan District Association for Science and Technology …… 156
Shijingshan District Federation of Literary and Art Circles …… 158
Shijingshan District Federation of Returned Overseas Chinese …… 160
Shijingshan District Red Cross Union …… 161
**POLITICS AND LAW** …… 163
Politics and Law Commission …… 164
Comprehensive Treatment of Social Management …… 165
Public Security …… 168
Procuracy …… 171
Trial and Justice …… 174
Judicial Administration …… 178
**MILITARY AFFAIRS** …… 181
People's Armed Forces …… 182
People's Aerial Defense …… 183
Earthquake Prevention …… 184
**COMPREHENSIVE MANAGEMENT OF ECONOMIES** …… 185
Comprehensive Reform Of Economies …… 186
Economic and Informationization …… 190
Statistics …… 192
State – owned Assets Supervision and Administration …… 195
Industry and Commerce Administration …… 197
Quality and Technological Supervision …… 198
Administration of Work Safety …… 201
Food and Drug Administration …… 207
Auditing …… 212
Tobacco Monopoly …… 214
**FINANCE AND TAXATION** …… 215
Financial Administration …… 216
Taxation …… 218
**FINANCIAL** …… 223
Financial Management …… 224
Financing institution in District …… 225
Bank …… 225
Pawn …… 231
**CENTRAL AND MUNICIPAL ENTERPRISE IN DISTRICT** …… 233
Shougang Group …… 234
China Railway 22nd Bureau Group Co. Ltd. …… 238

Beijing BEIZHONG Steam Turbine Generator Co., Ltd. …… 240
BABCOCK & WILCOX Beijing Co. Ltd. …… 241
**COMMERCE AND TRADE** …… 243
Commerce …… 244
Foreign Trade …… 246
Investment Attraction …… 247
Business Operations …… 249
**TOURISM** …… 251
Industry Promotion …… 252
Tourism Activity …… 254
Tourism Management …… 256
Xishan Bodachu Culture Administration Committee …… 259
Beijing Shijingshan Amusement Park …… 260
Badachu Park …… 261
**PLANNING AND CONSTRUCTION** …… 263
Planning Administration …… 264
Land and Resources Administration …… 269
Construction Management …… 272
**CITY MANAGEMENT** …… 281
Municipality and City Appearance Management …… 282
Urbon Administration and Control Center …… 290
Gardening and Greening …… 292
Park Management …… 294
City Appearance and Sanitation …… 296
Environmental Protection …… 299
Municipal City Integroted Administrative Enforcement …… 302
Transportation Management …… 304
Fire Prevention …… 305
Meteorology …… 307
**SCIENCE AND TECHNOLOGY** …… 309
Technological Management …… 310
Shijingshan Sub – park of Zhongguancun Science Park …… 315
Research and Development Institution in District …… 318
**EDUCATION** …… 323
Education Administration …… 324
Preschool Education …… 326
Compulsory Education …… 327
Community Education …… 328
Vocational and Adults Education …… 329
Educational Supervision …… 329
University in District …… 331
**CULTURE AND MEDIA** …… 337
Public Cultaral …… 338
Library …… 341
Cultural Relics Administration …… 342
Cultural Market …… 345
Radio and Television …… 346

**HEALTH AND FAMILY PLANNING** ······ 347
Health Reform and Management ······ 348
Health Emergency ······ 351
Medical Service ······ 352
Family Planning ······ 354
Community Health Service ······ 355
Disease Prevention and Control ······ 356
Health Inspection and Supervision ······ 359
Animal Health Inspection ······ 360
Women and Children's Health Service ······ 361
Medical Institution ······ 361
**SPORTS** ······ 375
Mass Sports ······ 376
Competitive Sports ······ 379
Sports Industry ······ 380
Sports Law Enforcement ······ 382
**SOCIAL PROGRAMS** ······ 383
Civil Affairs ······ 384
Human Resources and Social Insurance ······ 391
Disabled Person Undertaking ······ 397
Private Self – employed Economy ······ 399
Livelihood of the Citizen ······ 400
**SOCIAL CONSTRUCTION** ······ 403
Party Building in Social Field and Social Construction ······ 404
Babaoshan Street Administration ······ 409
Lugu Street Administration ······ 411
Laoshan Street Administration ······ 412
Gucheng Street Administration ······ 414
Bajiao Street Administration ······ 416
Pingguoyuan Street Administration ······ 418
Jindingjie Street Administration ······ 419
Guangning Street Administration ······ 420
Wulituo Street Administration ······ 422
**FIGURES** ······ 425
**STATISTICAL DATA** ······ 426
**APPENDIX** ······ 432
**INDEX** ······ 465

# 目　录

## 总　述


石景山区概览 …… 2


## 特　载


坚持党建统领　建设两大生态　初步建成国家级绿色转型发展示范区 …… 牛青山　6
政府工作报告 …… 夏林茂　12
北京市石景山区人民代表大会常务委员会工作报告 …… 岳德顺　19
中国人民政治协商会议北京市石景山区第九届委员会常务委员会工作报告 …… 吴克瑞　25


## 大事记


2016年石景山区大事记 …… 31


## 中共石景山区委员会


**区委重要会议** …… 36
· 概述 …… 36
区委十一届十三次全体(扩大)会议 …… 36
区委十一届十四次全体会议 …… 36
区委十二届一次全体会议 …… 36
区四套班子联席会 …… 36
领导干部会议 …… 36
党风廉政建设主体责任办公会 …… 37
党建述职考评会 …… 37
党建工作会及办公会 …… 37
区委第四次政协工作会议 …… 37
区委全体(扩大)会议 …… 37
党代会代表选举部署会 …… 38
区委常委会会议 …… 38
· 表1　区委常委会会议一览表 …… 38
**主要工作和重大活动** …… 44
· 概述 …… 44
区委关于制定“十三五”规划的建议 …… 45
党风廉政建设责任制检查 …… 45
专题交流研讨会 …… 45
市委书记走访基层老党员 …… 45
军民融合发展 …… 45
打造环境建设升级版 …… 46
古城街道拆违现场会 …… 46
京津冀协同发展 …… 46
全面深化改革 …… 46
市政协领导调研 …… 47
“两学一做”学习教育工作会 …… 47
全国政协禁毒专项调研 …… 47
市人大领导调研 …… 47
庆祝中国共产党成立95周年大会 …… 47
走访慰问活动 …… 48
反腐教育基地揭牌运行 …… 48
治乱疏解建高端第三次工作会 …… 48
居家养老服务体制改革推进会 …… 49
市委书记到区调研 …… 49
高标准建设保险产业园 …… 49
城市综合管理体制改革调研 …… 49
年轻干部实践锻炼启动 …… 50
市委领导到区调研 …… 50
派驻纪检机构全覆盖动员 …… 50
中央环保督察迎检 …… 50
区第十二次党代会 …… 50
中央环保督察组调研 …… 51
开展专题调研 …… 51
· 表2　区委书记主要调研情况一览表 …… 51
**区委日常事务** …… 52
· 概述 …… 52
信息编报 …… 52
文稿起草 …… 52
落实主体责任 …… 53
文件制发 …… 53
综合协调 …… 53
会议服务 …… 53
强化督查 …… 53
机要密码 …… 53
**组织建设** …… 53
· 概述 …… 53

开展党内帮扶走访 …… 53
“三严三实”整改落实 …… 53
领导干部报告个人事项 …… 54
“两学一做”学习教育 …… 54
纪念建党95周年活动 …… 54
基层党员教育培训 …… 55
调研员、副调研员核定 …… 55
选举区第十二次党代会代表 …… 55
基层党建7项重点任务 …… 55
区“两委”委员选举 …… 55
区党代会服务保障 …… 56
处级干部队伍 …… 56
党员队伍情况 …… 56
高端人才建设规划 …… 56
高端人才信息平台建设 …… 57
搭建校企合作平台 …… 57
创新工作室评定 …… 57
人才推优评先活动 …… 57
换届考察服务保障 …… 57
换届人事酝酿和选举 …… 57
严肃换届纪律 …… 57
干部交流挂职 …… 57
军转干部安置 …… 57
干部实绩档案制度 …… 57
理论教育和党性教育 …… 58
于高校开展专题培训 …… 58
干部教育培训改革 …… 58
干教网分中心建设 …… 58
年轻干部实践锻炼 …… 58
科级干部选拔任用 …… 58
综合举报平台建设 …… 58
畅通能上能下渠道 …… 59
干部日常监督管理 …… 59
“基层书记论党建”主题论坛 …… 59
基层组织换届专项检查 …… 59
调整规范党组织设置 …… 59
组织重大活动 …… 59
党员组织关系集中排查 …… 59
党费收缴专项检查 …… 59
违法违纪党员清查 …… 59
确保党员发展质量 …… 60
“一呼百应”志愿服务 …… 60
远程教育专线网建设 …… 60
精品教学资源片建设 …… 60
完善远程教育终端站点 …… 60
组织工作信息化 …… 60
重视调研信息 …… 60
党建研究会 …… 60
**宣传工作** …… 60
· 概述 …… 60
主流媒体信息发布 …… 60
“石景山·党建统领”网站上线 …… 61
百姓宣讲先进单位 …… 61
第九届北京清明诗会 …… 61
清明红色祭扫活动 …… 61
优秀传统文化展示 …… 61
绿建三星受关注 …… 61
“十三五”规划集体采访 …… 62
经典作品品读活动 …… 62
庆祝建党95周年诗歌演唱会 …… 62
“两优一先”巡回宣讲 …… 62
组建宣讲团 …… 62
宣传系统工作表彰会 …… 62
文化创意产业联盟成立 …… 63
烈士公祭仪式 …… 63
纪念红军长征胜利80周年 …… 63
重阳诗歌会 …… 63
参加文创博览会 …… 63
区十二次党代会精神宣传 …… 63
学习宣传六中全会精神 …… 63
“两学一做”学习教育宣传 …… 64
新闻应急保障 …… 64
周末大讲堂 …… 64
新媒体中心建设 …… 64
推动文创产业发展 …… 64
**精神文明建设** …… 64
· 概述 …… 64
共建全国文明城区 …… 65
身边榜样评选表彰 …… 65
深化主题实践活动 …… 65
深化平台建设 …… 65
公益广告宣传 …… 65
公共文明引导行动 …… 65
特色与品牌建设 …… 65
清洁空气蓝天行动 …… 65
发现挖掘榜样人物 …… 66
宣传学习榜样人物 …… 66
未成年人思想道德建设 …… 66

社会环境全面优化 …… 66
**统一战线** …… 66
· 概述 …… 66
海外统战工作 …… 66
完成十届区政协换届 …… 66
为统战对象办实事 …… 66
统战工作手册印发 …… 67
各党派换届选举 …… 67
政党协商制度落实 …… 67
助力经济社会发展 …… 67
非公经济领域统战 …… 67
非公经济人士综合评价 …… 67
新的社会阶层人士统战 …… 67
基层品牌创建 …… 67
民族宗教工作 …… 67
统战宣传调研 …… 68
**对台工作** …… 68
· 概述 …… 68
走访慰问台企台胞台属 …… 68
京台社区大讲堂 …… 68
赴台交流 …… 68
两岸一家亲活动 …… 68
台湾宜兰参访团感受民俗文化 …… 68
两岸社区交流 …… 68
首届文化体验营 …… 68
林正亨图片特展 …… 69
两岸社区结对 …… 69
涉台宣传教育 …… 69
优化发展环境 …… 69
强化交流管理 …… 69
处理涉台纠纷 …… 69
**决策研究** …… 69
· 概述 …… 69
区重点协作课题 …… 70
调研课题推荐 …… 70
成立发展研究中心 …… 70
综合文稿完成情况 …… 70
市重点关注课题 …… 70
搭建国际智库平台 …… 70
优秀调研文集 …… 71
**机构编制管理** …… 71
· 概述 …… 71
非许可审批事项清理 …… 71
“三证合一”改革 …… 71
编制权责清单 …… 71
机构编制调整 …… 71
精简行政审批事项 …… 72
纪检监察体系建设 …… 72
“双随机一公开”监管模式 …… 72
基层证明清理 …… 72
事业单位登记管理 …… 72
**老干部管理** …… 72
· 概述 …… 72
走访慰问活动 …… 72
健全完善工作机制 …… 73
增添正能量活动 …… 73
思想政治建设 …… 73
老干部自管组织建设 …… 73
落实政策办实事 …… 74
**保密** …… 74
· 概述 …… 74
“两会”保密工作 …… 74
健全完善保密组织 …… 74
信息安全保密培训 …… 74
各类考试试卷监管 …… 74
保密宣传教育月活动 …… 74
涉密企业监督指导 …… 74
保密在线学习 …… 74
信息公开保密审查 …… 74
涉密载体保密管理 …… 74
保密检查 …… 75
保密警示教育 …… 75
涉密人员管理 …… 75
开展目标督查考核 …… 75
**直属机关党建** …… 75
· 概述 …… 75
三型党组织建设 …… 75
宣传贯彻“十三五”规划 …… 75
从严治党履职尽责 …… 75
阵地建设 …… 76
机关廉政建设 …… 76
**党校** …… 76
· 概述 …… 76
科级干部任职培训 …… 76
党建主体责任培训 …… 76
处级干部进修 …… 77

中青年干部培训 …… 77
与安新县委党校联合办班 …… 77
国资委系统专题培训 …… 77
副处级干部任职培训 …… 77
公务员专题培训 …… 77
乌兰察布市委专题培训班 …… 77
社会管理创新研修 …… 77
公务员初任培训 …… 78
大数据与城市管理研修 …… 78
外事人才培训 …… 78
地税局知识更新培训 …… 78
八家区级党校主题论坛 …… 78
与保定市委党校联合办班 …… 78
学历教育 …… 78
科研工作 …… 78
**党史资料征集** …… 78
· 概述 …… 78
主题宣教活动 …… 78
启动区史编纂 …… 79
党史党建宣传 …… 79
资料收集整理 …… 79
口述资料抢救 …… 79
· 中共北京市石景山区第十二届委员会 …… 79
· 石景山区委工作机构主要负责人 …… 79
· 石景山区政府、人民团体、党政分设工作机构党委(党组)书记 …… 80

## 石景山区人民代表大会

**重要会议** …… 82
· 概述 …… 82
区人大常委会第三十一次会议 …… 82
区十五届人大六次会议 …… 82
区人大常委会第三十二次会议 …… 82
区人大常委会第三十三次会议 …… 82
区人大常委会第三十四次会议 …… 82
区人大常委会第三十五次会议 …… 83
区人大常委会第三十六次会议 …… 83
区人大常委会第三十七次会议 …… 83
区人大常委会第三十八次会议 …… 84
区十六届人大一次会议 …… 84
人大常委会主任会议 …… 84
人大工作研讨会 …… 84
**重大决议决定** …… 84
· 概述 …… 84
区自来水公司转制、划拨的决议 …… 85
第七个五年法治宣传教育的决议 …… 85
**监督工作** …… 85
· 概述 …… 85
围绕经济发展履行职责 …… 85
围绕城市环境建设履行职责 …… 85
围绕民生建设履行职责 …… 85
围绕司法监督履行职责 …… 86
**重要活动** …… 86
· 概述 …… 86
人大换届选举工作部署会 …… 86
换届选举集中宣传日活动 …… 86
登记选民投票率98.20% …… 86
代表主题履职 …… 87
代表“家站”建设 …… 87
基层人大协商 …… 87
服务市、区人大代表依法履职 …… 87
· 石景山区第十五届人大常委会主任、副主任、委员 …… 87
· 石景山区第十五届人大常委会工作机构负责人 …… 87
· 石景山区第十五届人大常委会办事机构负责人 …… 88
· 石景山区第十五届人大专门委员会办事机构负责人 …… 88
· 石景山区第十六届人大常委会主任、副主任、委员 …… 88
· 石景山区第十六届人民代表大会专门委员会 …… 88
· 石景山区第十六届人大常委会工作机构负责人 …… 88

## 石景山区人民政府

**主要工作和重大活动** …… 90
· 概述 …… 90
政府常务会 …… 90
· 表3 政府常务会一览表 …… 90
区长办公会 …… 91
· 表4 区长办公会一览表 …… 91
环保专项绩效考核 …… 95

农民工工资支付督查 …… 95
与自来水集团签署合作框架协议 …… 95
推进社会信用体系建设 …… 96
“八个高端体系”专题调度会 …… 96
市领导调研检查 …… 96
民生类重点建设项目推进调度会 …… 96
政府全体会议 …… 96
棚户区改造工作会 …… 97
居家养老服务体制改革 …… 97
与乌兰察布市产业协作工作对接会 …… 97
与曹妃甸区协同发展 …… 98
安全生产暨消防安全工作大会 …… 98
治理无照无证餐饮 …… 98
冬奥组委周边环境整治 …… 98
国家卫生区市级复审 …… 98
应急委全体会议 …… 98
冬奥组委安家首钢园区 …… 98
防汛工作大会 …… 99
全国政协视察保险产业园 …… 99
十项重点工程调度会 …… 99
行政执法体制改革验收评估 …… 99
国家工作人员宪法宣誓 …… 99
无煤区建设推进大会 …… 99
物联网综合示范应用工程汇报会 …… 100
完成319处拆违治乱任务 …… 100
社会信用体系建设 …… 100
驻京企业投资石景山·首钢行 …… 100
清洁空气行动计划总结督查 …… 100
军民融合发展推进大会 …… 100
商品交易市场调整疏解 …… 101
通过国家卫生区复审 …… 101
国侨办调研“侨梦苑” …… 101
赴保定市交流考察 …… 101
全国健康促进区试点 …… 101
与同仁堂战略合作 …… 102
企业信用档案库建成 …… 102
模式口文保区修缮改造 …… 102
精细化管理改善空气质量 …… 102
保险产业园一项目主体结构封顶 …… 102
京津冀协同发展社会组织高峰论坛 …… 102
商品交易市场调整疏解 …… 103
应对空气重污染红色预警 …… 103
公共服务向首钢唐山地区延伸 …… 103
疏解整治促提升行动 …… 103
代表建议、委员提案办理 …… 103
全面推进政务公开 …… 104
**政府日常政务** …… 104
· 概述 …… 104
公文档案 …… 104
文稿起草 …… 104
信息编报 …… 104
政务公开 …… 104
会议组织 …… 104
服务保障 …… 104
应急管理 …… 104
督查落实 …… 104
联络服务 …… 104
**政府法制工作** …… 104
· 概述 …… 104
领导干部学法 …… 105
权力清单公示 …… 105
精简行政审批事项 …… 105
执法资格考试 …… 105
行政处罚案卷评查 …… 105
推进两法衔接工作 …… 105
推进负责人出庭应诉 …… 105
法制干部培训 …… 106
街道法制机构建设 …… 106
服务城管体制改革 …… 106
法治政府建设考核 …… 106
组织旁听诉讼庭审 …… 106
文件合法性审查备案 …… 106
行政复议 …… 106
行政诉讼 …… 107
行政调解 …… 107
**民族·宗教** …… 107
· 概述 …… 107
参与公益慈善事业 …… 107
宗教活动平稳有序 …… 107
民族团结创建系列活动 …… 108
清真食品进社区活动 …… 108
民族宗教专题培训 …… 108
**行政服务** …… 108
· 概述 …… 108
行政审批资源整合 …… 108
街道居民事务大厅管理 …… 108
政务服务协调联动机制 …… 109

审批时限预警……109
新媒体推广活动……109
规范审批事项……109
优化服务方式……109
政府信息公开……109
**信访**……109
·概述……109
开通微信访……110
信访条例暨网上信访宣传日……110
信访代理制改革……110
国家信访局领导调研……110
矛盾纠纷排查调处……111
强化三级信访代理……111
督查督办和考核……111
**档案**……111
·概述……111
档案依法规范接收……111
完成档案立卷归档……112
高端绿色发展记录……112
第八届档案馆日活动……112
北辛安抢救性拍摄记录……112
档案事业发展规划……112
档案数字化观摩会……112
年度档案测评……112
档案鉴定开放……112
婚姻证明办理流程优化……113
**地方志**……113
·概述……113
区志复审会召开……113
2016年鉴出版发行……113
**集体经济**……113
·概述……113
调研中关村东升科技园……114
大杂院等清理拆除工作……114
转型发展初见成效……114
产权制度改革新突破……114
完成各项任务目标……114
集体资产监管……114
推进信访维稳……114
转居群体生活……114
落实主体责任……114
严肃换届纪律……114
党风廉政建设……115
**外事侨务**……115
·概述……115
侨务工作……115
涉外经济社会活动……115
重点外交外事侨务任务……115
配合上级部门开展调研……116
国际语言环境建设……116
友好城市交往……116
北京侨梦苑落户石景山……117
港澳事务工作……117
春华秋实联谊活动……117
意大利对华友协代表团访问考察……117
因公出国(境)管理……117
涉外服务保障……117
·石景山区人民政府、副区长……117
·石景山区人民政府工作机构负责人……117

## 政治协商会议石景山区委员会

**重要会议**……120
·概述……120
九届五次会议……120
九届总结大会……120
十届一次会议……120
九届常委会第二十五次会议……121
九届常委会第二十六次会议……121
九届常委会第二十七次会议……121
九届常委会第二十八次会议……121
十届常委会第一次会议……121
第三十四次主席会议……121
第三十五次主席会议……121
第三十六次主席会议……122
第三十七次主席会议……122
第三十八次主席会议……122
第三十九次主席会议……122
第四十次主席会议……122
**专门委员会**……122
·概述……122
城建环保委员会……122
经济科技委员会……122
社会法制与民族宗教委员会……122
教文卫体委员会……122
提案委员会……123
学习与文史委员会……123

重要活动及相关工作……123
· 概述……123
外省市区政协到区调研……123
民主监督与评议工作动员部署会……123
政协工作理论研讨会……123
卢沟桥醒狮越野跑活动……123
· 中国人民政治协商会议北京市石景山区第十届委员会……124
· 石景山区政协专门委员会负责人……124
· 石景山区政协工作机构负责人……124

## 纪检·监察

电子监察中心建设……126
十一届八次全会……126
全面开展“一承诺”两签责……127
为官不为专项治理……127
宣传教育月活动……127
数字廉政教育基地揭牌……127
纪委系统领导干部会议……127
派驻机构全覆盖改革……127
述责述廉现场会……128
集体廉洁谈话……128
第十二届纪委领导机构选举……128
落实党风廉政建设责任制……128
“四风”监督检查……128
纪律作风建设巡察……129
扎实做好行政监察……129
构建立体宣传格局……129
信访举报新格局……129
监督执纪“四种形态”……129
案件查办……129
案件审理……129
追究问责……129
干部队伍……129
干部监督……130
· 中共北京市石景山区第十一届纪律检查委员会……130
· 中共北京市石景山区第十二届纪律检查委员会……130

## 民主党派·工商联

中国国民党革命委员会石景山区工作委员会……132
· 概述……132
纪念区工委成立20周年……132
思想建设……133
六届区工委成立……133
参政议政……133
社会服务……133
支部活动……133
中国民主同盟石景山区工作委员会……133
· 概述……133
思想建设……134
社会服务……134
工委活动……134
知情明政……135
组织建设……135
调研工作……135
名师大讲堂……135
暑期学习班……135
“两学一做”学习教育……136
信息与理论研究……136
支部活动……136
中国民主建国会石景山区工作委员会……136
· 概述……136
学习宣传……136
参政议政……136
组织建设……137
社服联络……137
支部活动……137
中国民主促进会石景山区工作委员会……137
· 概述……137
思想建设……137
社会服务……138
组织建设……138
参政议政……138
中国农工民主党石景山区工作委员会……138
· 概述……138
组织建设……139
社会服务……139
思想建设……139
参政议政……139
中国致公党石景山区工作委员会……139
· 概述……139
服务社会……140
组织建设……140

思想建设……140
参政议政……140
九三学社石景山区工作委员会……140
· 概述……140
组织活动……141
组织建设……141
思想建设……141
参政议政……142
社会服务……142
石景山区工商业联合会……142
· 概述……142
优秀会员企业事迹……142
慰问原工商业者……142
推进光彩公益……142
企业服务联盟活动……143
非公企业家代表座谈会……143
民企学堂活动……143
红色星期六百商论坛……144
民营企业招聘月……144
爱心温暖听障儿童……144
民营企业家党建培训……144
街道分会换届……144
物美跻身中国民企500强……144
第五届企业服务季……144
八届六次执委会……145
工商联第九次代表大会……145
非公企业党建会……145
政府服务企业“直通车”……145
完成课题调研……145
非公经济人士教育……145
· 石景山区各民主党派、工商联负责人……146

## 人民团体

石景山区总工会……148
· 概述……148
纪念“五一”先进表彰座谈会……148
送清凉活动……148
送温暖工程……148
困难职工摸底调查……148
京卡会员服务……148
厂务公开民主管理……148
春风行动……149
法律服务与援助……149
劳动争议调解……149
群众性文体活动……149
职工三级服务体系……149
普惠职工服务……149
劳模管理和服务……149
经济技术服务创新……149
“安康杯”竞赛活动……149
职工互助保险……150
职工之家建设……150
工会组建和会员发展……150
工资集体协商……150
工会经费税务代收……150
共青团石景山区委员会……150
· 概述……150
清明红色祭扫……151
维护青少年权益……151
五四主题活动……151
社会组织培育……151
青年骨干培训……151
思想政治引领……152
京港青年交流……152
参与社会建设……152
“网上共青团”建设……152
青年群体分类调研……152
区域化团建……152
社区青年汇……152
青春护航基地……152
志愿公益服务……153
石景山区妇女联合会……153
· 概述……153
“最美家庭”揭晓……153
“展翅未来”项目启动……153
开展送温暖活动……153
“三八”维权系列活动……153
区第八次妇女代表大会……154
巾帼主题志愿服务……154
巧娘发展促进会……154
发展规划编制……154
儿童文化活动……154
共护“巾帼林”活动……154
青年交友联谊……155
巾帼亲情服务队……155
真情援助贫困母亲……155
健康进家庭活动……155

书香飘万家活动 …… 155
创业就业技能培训 …… 155
恒爱行动持续开展 …… 155
石景山区科学技术协会 …… 156
· 概述 …… 156
科技人才工作 …… 156
科协委员会 …… 156
实施科学素质纲要 …… 156
科普之夏活动 …… 157
全国科普日活动 …… 157
老科技工作者日 …… 157
科普惠民项目 …… 157
青少年科技教育 …… 157
社区科普益民计划 …… 157
科普广场舞 …… 158
科普宣传 …… 158
石景山区文学艺术界联合会 …… 158
· 概述 …… 158
挥毫泼墨送春联 …… 158
书画慰问农民工 …… 158
摄影百家社区行 …… 158
美协为时代而歌 …… 158
国学走入生活 …… 159
“逸林雅集”书画展 …… 159
书法进校园活动 …… 159
“最美的就在这”书画展 …… 159
京西画家群作品展 …… 159
朴希旸书记讲座 …… 159
军民共建鱼水情深 …… 159
雪域圣境唐卡展 …… 159
结雕艺术作品展 …… 160
风景油画作品展 …… 160
书法作品展 …… 160
长征胜利80周年集邮展 …… 160
书画摄影美术作品展 …… 160
书协15人作品展 …… 160
获国际舞大赛奖项 …… 160
中国画作品展 …… 160
俄罗斯精品油画展 …… 160
石景山区归国华侨联合会 …… 160
· 概述 …… 160
依法维护侨益 …… 160
组织侨界活动 …… 161
主动参政议政 …… 161
做好侨联换届 …… 161
石景山区红十字会 …… 161
· 概述 …… 161
第七届三次理事会 …… 161
世界红十字日活动 …… 161
救护设施建设 …… 161
创新应急培训 …… 162
完成募捐救助 …… 162
51份造血干细胞血样入库 …… 162
进行防艾宣传 …… 162
推进组织建设 …… 162
· 石景山区人民团体负责人 …… 162

## 政 法

政法委员会 …… 164
· 概述 …… 164
规范风险评估 …… 164
完善司法机制 …… 165
社会矛盾化解 …… 165
重点人排查管控 …… 165
从优待警工作 …… 165
社会治安综合治理 …… 165
· 概述 …… 165
平安创建 …… 165
综治领导责任制 …… 165
重点地区整治 …… 166
综治信息化建设 …… 166
群防群治 …… 166
综治宣传月 …… 166
社会面防控 …… 166
违法建设专项整治 …… 167
治安秩序专项整治 …… 167
消防安全专项整治 …… 167
安全生产违法行为专项整治 …… 167
违法经营专项整治 …… 167
环境建设专项整治 …… 167
食品药品安全专项整治 …… 168
违法出租房屋专项整治 …… 168
流动人口服务管理 …… 168
公安 …… 168
· 概述 …… 168
打击防范犯罪宣传日 …… 169

保密知识专题讲座 …… 169
完成外宾接待工作 …… 169
主题禁毒宣传活动 …… 169
电子防盗报警器发放 …… 169
执法办案管理中心成立 …… 169
开展反恐处突演练 …… 169
维护政治政权安全 …… 170
做好公安主业工作 …… 170
推进法治公安建设 …… 170
领导干部管理 …… 170
深化爱警工作 …… 170
加强廉洁建设 …… 170
· 案例举要 …… 170
1·22 非法拘禁案 …… 170
3·30 故意杀人案 …… 170
毒品案件 …… 170
非法吸收公众存款案 …… 171
持刀抢劫案 …… 171
放火案 …… 171
非法买卖爆炸物案 …… 171
破坏交通工具案 …… 171
破坏计算机信息系统案 …… 171
系列入室盗窃案 …… 171
**检察** …… 171
· 概述 …… 171
检察官宪法宣誓仪式 …… 171
教学实践示范基地建设 …… 172
未成年人系列普法活动 …… 172
在全市评优评先中连获佳绩 …… 172
司法体制改革试点动员部署 …… 172
韩国法务研修院访问交流 …… 172
诉讼监督 …… 173
市人大代表、政协委员调研 …… 173
打造特色廉政文化品牌 …… 173
市院领导督查司法改革 …… 173
旁听审判警示教育活动 …… 173
市院调研公益诉讼试点 …… 173
优化不起诉决定程序 …… 173
检察开放日活动 …… 173
派驻检察室揭牌 …… 173
审查逮捕、起诉 …… 173
未成年人司法保护 …… 174
查办和预防职务犯罪 …… 174
**审判** …… 174
· 概述 …… 174
辖区知识产权保护 …… 174
诉讼服务大厅投入使用 …… 174
入额法官参加宪法宣誓 …… 175
推进繁简分流 …… 175
“五联五进”党建共建 …… 175
审理互联网金融民间借贷纠纷 …… 175
未成年人社会观护制度 …… 175
保护妇女儿童合法权益 …… 175
保障“治乱疏解建高端” …… 175
借助“三网”促司法公开 …… 176
完成法官员额制改革 …… 176
“3+3”能力提升机制 …… 176
“三驻两进”工作机制 …… 176
深化执行机制改革 …… 176
“三融合”巡回审判新模式 …… 176
确保司法公正廉洁 …… 177
· 案例举要 …… 177
侵害作品署名权、改编权、信息网络传播权纠纷案 …… 177
机动车交通事故责任纠纷案 …… 177
**司法行政** …… 178
· 概述 …… 178
拍摄法治栏目剧 …… 178
司法行政开放日 …… 178
“七五”普法启动 …… 178
12348 法律服务上线 …… 178
国家宪法日宣传活动 …… 178
深化人民调解工作 …… 179
抓好重点人群普法 …… 179
创新法治宣传教育 …… 179
法治文艺宣教活动 …… 179
以案释法活动 …… 179
加强律师管理 …… 179
两类人员管理教育 …… 180
拓展法律援助范围 …… 180
提升公证服务水平 …… 180
社区法律顾问全覆盖 …… 180
“12·07”善后法律服务 …… 180
人民调解微信公众号启用 …… 180
· 石景山区政法部门负责人 …… 180

## 军　事

**人民武装** …… 182

· 概述 …… 182
民兵组织整顿 …… 182
党管武装工作 …… 182
强化军事训练 …… 182
完成征兵工作 …… 182
完成战备值勤 …… 182
抓好军民融合 …… 183
**民防** …… 183
· 概述 …… 183
人防工程防汛 …… 183
防空防灾宣传 …… 183
公共安全教育 …… 183
防空袭方案修订 …… 183
设施维护管理 …… 183
教学实践活动 …… 183
指挥中心建设 …… 184
防空警报试鸣 …… 184
开展专项整治 …… 184
完成信访排查 …… 184
人防工程使用 …… 184
**防震减灾** …… 184
· 概述 …… 184
灾害搜救演练 …… 184
地震监测预警 …… 184
地震安全示范社区 …… 184
地震应急志愿者培训 …… 184
应急避难场所建设 …… 184

**综合经济管理**

**综合经济调控** …… 186
· 概述 …… 186
“十三五”规划纲要发布 …… 186
石莲变电站投运 …… 186
推进京津冀协同发展 …… 187
市发改委调研人口调控 …… 187
产业体系规划编制 …… 187
“十三五”专项规划印发 …… 187
获批国家改革示范典型 …… 187
治乱疏解电力保障 …… 187
重大项目获立项批复 …… 187
争取批复资金10.4亿元 …… 187
固定资产投资增长12.1% …… 188
严格控制人口规模 …… 188
有序疏解非首都功能 …… 188
便民工程管理 …… 188
社会公益重大项目管理 …… 188
新首钢产业服务区建设 …… 188
西北热电后续工作 …… 188
落实产业禁限目录 …… 188
实现无煤区目标 …… 188
超额完成节能减碳指标 …… 189
重点用能单位管理 …… 189
节能宣传 …… 189
能源领域工作 …… 189
完成3个专项规划编制 …… 189
完成政府集中采购项目 …… 189
政府采购电子评标系统上线 …… 189
· 物价管理 …… 189
概况 …… 189
经济适用住房定价 …… 189
落实《北京市政府定价目录》 …… 189
教育管理 …… 190
开展专项检查 …… 190
节日市场秩序监管 …… 190
价格监测 …… 190
**经济和信息化** …… 190
· 概述 …… 190
互联网游戏创新创业大赛 …… 190
开展网络安全检查 …… 190
建成首个全光网区 …… 190
政务网宽带升级 …… 190
网上办事大厅建设 …… 190
签署合作框架协议书 …… 191
出台“互联网+”行动计划 …… 191
电子政务内网二期初验 …… 191
工业指标完成情况 …… 191
疏解非首都功能 …… 191
提升空气质量保障 …… 191
“智慧石景山”建设发展规划 …… 191
统筹规划信息化建设 …… 191
软件信息服务业 …… 191
“北京·石景山”网站管理 …… 191
政府网站内容建设 …… 191
法人库服务平台升级 …… 192
地理空间基础库数据更新 …… 192
**统计** …… 192
· 概述 …… 192

第三次全国农业普查……192
年度人口抽样……192
完成统计调研……193
落实折子工程……193
统计信息化建设……193
社区工作室建设……193
完成专项调查……193
创新统计服务……193
统计发展规划……193
完成统计年报……194
“营改增”调研……194
非公人才调查……194
重点选题调研……194
投资统计改革……194
统计法制宣传……194
统计执法检查……194
**国有资产监督管理**……195
· 概述……195
重大建设项目……195
国资国企发展规划……195
国企改革发展……195
国有资本经营预算管理……196
外派监事会换届调整……196
疏解非首都功能……196
国企社会责任……196
招商引资……196
安全生产……196
· 北京市石景山区国有资产经营公司……196
概况……196
产业发展基金项目……196
助推重点项目建设……196
全面推进治乱疏解……197
北京国实置业有限公司成立……197
华游竞界完成四板挂牌……197
**工商行政管理**……197
· 概述……197
组织市场主体参加年报公示……197
入驻区行政服务中心(南区)……197
消费环节赔偿先付制度……197
无证无照清理整治……197
世界知识保护日宣传……198
推进信用档案库试点建设……198
查处经济违法案件……198
开展专项整治……198
重点领域消费维权……198
打造消费教育品牌工程……198
市场主体登记……198
企业信用监管与服务平台……198
落实日常检查工作机制……198
贯彻商标“十三五”规划……198
“守合同重信用”企业推荐审核……198
**质量技术监督**……198
· 概述……198
去煤治污行动……199
危化易爆安全检查……199
特设冬季安全检查……199
召开老旧住宅电梯维改会议……199
电梯执法检查……199
国家级服务业标准化试点……199
梳理404项行政处罚权……200
特设安全宣传进校园……200
中小学校服装监管……200
计量科普宣传……200
商品条码检查……200
“双随机一公开”执法监管……200
儿童用品质量安全检查……200
大型游乐设施应急演练……201
督导冬奥组委驻地特设……201
眼镜企业计量检查……201
质量安全大检查……201
农贸市场电子秤检定……201
有机认证检查……201
强化计量监管……201
茶商计量器具检查……201
**安全生产监督管理**……201
· 概述……201
烟花爆竹从业人员安全培训……202
职业危害项目申报及变更审核……202
烟花爆竹监管……202
一企一标准一岗一清单……202
区委常委会专题研究安全生产……202
危化企业安全培训……203
市安监局进行调研……203
安全专家进校园……203
安全监管工作部署……203
非医疗放射职业病摸底……203
机动车维修企业治理……204
916家企业参加安责险……204

城乡结合部治理…… 204
应急救援预案演练…… 204
安全生产标准化建设…… 204
国庆节前安全检查…… 204
有限空间比武活动…… 204
市安委会督导检查…… 204
十大领域安全生产大检查…… 205
安全生产大检查动员部署…… 205
区领导带队开展大检查…… 205
安全生产主体责任落实…… 206
隐患排查治理体系建设…… 206
重点行业安全生产整治…… 206
危化企业安全监管…… 206
安全生产教育培训宣传…… 206
安全生产权利清单梳理…… 206
职能部门专职安全员…… 206
安全生产执法监察…… 207
受理12350举报投诉…… 207
生产安全事故…… 207
**食品药品监督管理**…… 207
· 概述…… 207
火锅底料调味食品排查…… 207
“问题酸奶”紧急排查…… 207
校园周边儿童食品整治…… 207
蒜苔产品专项检查…… 207
实施牛羊肉直配模式…… 207
年度重点工作安排…… 208
区政府专题听取汇报…… 208
大米安全专项检查…… 208
食药安全发展规划…… 208
安全监管基础建设…… 208
食品检验实验室改造…… 208
食品药品安全监测…… 208
食药行政许可改革…… 208
加强食药日常监管…… 209
食药安全综合治理…… 209
食药安全专项整治…… 209
食品药品统一监测…… 209
食品流通环节管理…… 209
食用油专项监督…… 209
畜产品专项整治…… 209
食品流通监督抽检…… 209
无照无证餐饮治理…… 210
网络订餐专项整治…… 210
规范餐饮迎接复审…… 210
餐饮量化分级管理…… 210
居家养老助餐服务…… 210
餐饮行业监督抽检…… 210
药品零售规范化管理…… 210
加强疫苗专项整治…… 210
特殊药品监督检查…… 211
药品不良反应监测…… 211
定制式义齿专项检查…… 211
无菌和植入性器械检查…… 211
保健食品专项整治…… 211
化妆品专项检查…… 211
打击制售假冒行动…… 211
城乡结合部专项整治…… 211
食药行业联盟活动…… 211
食药监管依法行政…… 212
完善投诉举报机制…… 212
食药监管法制宣传…… 212
**审计**…… 212
· 概述…… 212
市局领导到区调研…… 212
强化审计监督工作…… 212
加大审计监督力度…… 212
重大政策落实跟踪审计…… 213
预算执行审计…… 213
固定资产投资审计…… 213
经济责任审计…… 213
专项资金审计调查…… 213
自然资源资产审计…… 213
内部审计…… 213
审计公开透明化…… 214
**烟草专卖**…… 214
· 概述…… 214
经济运行…… 214
零售终端建设…… 214
打网办案…… 214
市场监管…… 214
许可证核发…… 214
费用控制…… 214
公益活动…… 214

## 财政·税务

**财政管理**…… 216

· 概述 …… 216
财政收支平衡 …… 216
加大重点投入 …… 216
盘活存量资金 …… 216
预算编制与执行 …… 216
国库集中收付 …… 216
政府债务管理 …… 216
预算绩效评价 …… 216
强化政府采购监管 …… 217
全口径预算管理 …… 217
非税收入收缴制度改革 …… 217
推进政府购买服务工作 …… 217
财政监督检查 …… 217
“十三五”公共财政发展规划 …… 218
**税务** …… 218
· 国家税务 …… 218
概况 …… 218
推行营改增试点改革 …… 218
市局领导到区调研 …… 218
增值税管理 …… 219
落实税收各项政策 …… 219
出口退税管理 …… 219
所得税管理 …… 219
国际税收管理 …… 219
园区税收管理 …… 220
个体税收管理 …… 220
提升纳税服务平台 …… 220
税收稽查 …… 220
信息化建设 …… 220
· 地方税务 …… 220
概况 …… 220
税费收入特点 …… 221
推进税收改革 …… 221
教育培训 …… 221
完善税收法治 …… 221
抓好政策落实 …… 221
加强税种管理 …… 221
完善纳税服务 …… 221
强化税收征管 …… 222
大企业服务管理 …… 222
服务冬奥组委 …… 222
国际税收管理 …… 222
规范税务稽查 …… 222
规范政府采购 …… 222
执法督察与内审 …… 222
开展税收宣传 …… 222
完成税收科研 …… 222


## 金　融


**金融管理** …… 224
· 概述 …… 224
保险资金债权融资协议 …… 224
北京银监局到区调研 …… 224
北京保险产业园建设 …… 224
现代金融产业基地建设 …… 224
吸引高端要素聚集 …… 224
服务中小企业 …… 224
服务资本市场 …… 225
公共管理综合保险 …… 225
服务高端金融人才 …… 225
金融机构创新 …… 225
打击非法集资 …… 225
金融安全宣传 …… 225
**驻区金融机构** …… 225
· 概述 …… 225
**银行** …… 225
· 中国银行北京石景山支行 …… 225
概况 …… 225
银团委员会成立 …… 225
参与税银企金融服务平台 …… 225
消费者权益保护 …… 225
· 中国农业银行北京石景山支行 …… 226
概况 …… 226
深化银政合作 …… 226
从严防控风险 …… 226
· 中国工商银行北京石景山支行 …… 226
概况 …… 226
经营发展 …… 226
零售业务 …… 226
中间业务 …… 227
资产业务 …… 227
负债业务 …… 227
· 中国建设银行北京石景山支行 …… 227
概况 …… 227
服务区域军警机构 …… 227
助力京津冀发展战略 …… 227

服务区域居民信贷需求 …… 227
· 中国邮政储蓄银行北京石景山支行 …… 227
概况 …… 227
业务发展 …… 227
代发养老金 …… 227
互联网＋特惠商圈 …… 228
权益保护 …… 228
· 北京银行石景山支行 …… 228
概况 …… 228
金融知识宣传 …… 228
支持下岗 …… 228
· 江苏银行北京石景山支行 …… 228
概况 …… 228
纳入税银企金融服务平台 …… 228
特色服务 …… 228
投行业务 …… 228
同业业务 …… 228
推出“房e融” …… 228
· 中国光大银行北京石景山支行 …… 228
概况 …… 228
特色个人业务 …… 229
网上服务 …… 229
· 中国光大银行信用卡中心 …… 229
概况 …… 229
主要指标 …… 229
· 华夏银行信用卡中心 …… 229
概况 …… 229
支付创新 …… 229
产品创新 …… 229
服务创新 …… 229
金融知识宣传教育 …… 229
· 中国保险信息技术管理有限责任公司 …… 229
概况 …… 229
建成五大平台两大系统 …… 230
· 天安人寿保险股份有限公司 …… 230
概况 …… 230
公司保费收入 …… 230
各项业务指标与增速 …… 230
合规管理 …… 230
· 广发证券股份有限公司北京鲁谷路证券营业部 …… 230
概况 …… 230
证券投资服务 …… 231
创新金融业务 …… 231
· 信达证券股份有限公司北京古城路证券营业部 …… 231
概况 …… 231
构建基层业务知识库体系 …… 231
行情显示屏幕全面升级 …… 231
**典当** …… 231
· 概述 …… 231
北京中天典当有限公司 …… 231
北京金寿典当有限公司 …… 231
北京都市典当有限公司 …… 231
北京国融典当有限公司 …… 232
北京瑞鑫达典当有限公司 …… 232
北京永大典当有限公司 …… 232
北京万嘉信诚典当有限公司 …… 232
北京铭锋典当有限公司 …… 232
北京中保典当有限公司 …… 232
北京鼎瑞典当有限公司 …… 232
北京金泽通宝典当有限公司 …… 232
北京中京典当有限公司 …… 232
北京融惠典当有限公司 …… 232
北京宝盛源典当有限公司 …… 232
北京泰德典当有限公司 …… 232
北京祥瑞通典当有限公司 …… 232

## 中央市属驻区企业

**首钢集团** …… 234
· 概述 …… 234
《首钢大搬迁》广受关注 …… 235
获中国专利优秀奖 …… 235
采购电子商务平台运营 …… 235
管理技术获奖 …… 235
京津冀协同发展 …… 235
高磁感取向硅钢产品全覆盖 …… 236
股权投资管理平台成立 …… 236
媒体聚焦冬奥组委入驻首钢 …… 236
新首钢园区项目评审 …… 236
产品认证 …… 236
首钢正气候项目 …… 236
连续6年跻身世界五百强 …… 236
转炉复吹新突破 …… 236
技术创新 …… 236
专利奖居钢铁行业之首 …… 237
阿瓦萨工业园竣工 …… 237

职务职级改革…… 237
跻身中国创新企业百强…… 237
产品获奖…… 237
新产品开发…… 237
打造创业生态圈…… 237
城市静态交通产业…… 237
人才培养…… 237
冶金科学技术奖…… 238
长安街西延工程首钢段…… 238
**中铁二十二局集团有限公司** …… 238
· 概述 …… 238
主要经济指标…… 238
沪昆铁路客运专线标段工程…… 238
昆阳至玉溪铁路改造工程…… 239
锦阜高铁路扩能改造工程…… 239
安全质量…… 239
设备物资…… 239
资本经营…… 239
科技成果…… 240
**北京北重汽轮电机有限责任公司** …… 240
· 概述 …… 240
增资中能电站辅机公司…… 240
完成股权退出…… 240
开拓市场…… 240
科技开发…… 241
质量管理…… 241
审计和法律职能建设…… 241
安全生产…… 241
**北京巴布科克·威尔科克斯有限公司** …… 241
· 概述 …… 241
托克托 600MW 锅炉项目运行 …… 242
签订印尼爪哇超超临界锅炉合同…… 242
签订浙江北仑锅炉项目…… 242
科技研发…… 242

## 商 业 贸 易

**商务** …… 244
· 概述 …… 244
全国首期商业保理宣讲会…… 244
粮食平衡调查…… 244
第四届中国商业保理峰会…… 244
参加第四届“京交会”…… 245
第七届京西消费节…… 245
拍卖企业年审…… 245
蔬菜零售网络建设…… 245
生活性服务业品质提升…… 245
商品交易市场调整疏解…… 246
行业安全生产监管…… 246
禁止违法露天餐饮经营…… 246
再生资源回收市场整治…… 246
行政执法体制改革…… 246
**对外经济** …… 246
· 概述 …… 246
外贸进出口…… 246
利用外资…… 246
外资结构…… 246
外资来源…… 246
新增外资规模…… 247
新批外资结构…… 247
外资大项目…… 247
外资备案改革…… 247
落实政策扶持…… 247
服务企业…… 247
**招商引资** …… 247
· 概述 …… 247
“侨梦苑”落户石景山…… 247
驻京企业投资石景山·首钢行 …… 247
金轴·长安街产业论坛举办 …… 248
与北斗天下签约…… 248
携亿元项目亮相京港会…… 248
全年引进企业逾 4500 家 …… 248
提升对企服务…… 248
创新招商引资思路…… 248
提升区域投资环境…… 248
**企业经营** …… 249
· 北京万商投资发展有限公司 …… 249
概况…… 249
万商物业建立微型消防站…… 249
第四届“群星杯”技术比武…… 249
新建一条车辆检测线…… 249
· 北京市永定林工商公司…… 249
概况…… 249
提升公园服务质量…… 249
加强法制教育…… 249
安全管理…… 249
· 宏润公司 …… 250

概况 …… 250
北辛安棚户区改造房屋腾退 …… 250
推进治乱疏解 …… 250
· 石景山区物资总公司 …… 250
概况 …… 250
环境整治 …… 250
划转实兴腾飞前期准备 …… 250
安全管理 …… 250
资产运营 …… 250
清欠和营销 …… 250

## 旅 游 业

**产业促进** …… 252
· 概述 …… 252
“途牛”旅游网入驻辖区 …… 252
推动西部旅游高端发展 …… 252
搭建旅游宣传新平台 …… 252
机场巴士服务提升 …… 252
景区项目用地自查整改 …… 253
体验中心争取市级资金 …… 253
编印西部地区旅游文集 …… 253
推动旅游产业向高端发展 …… 253
推进莲石湖创建 3A 级景区 …… 253
“十三五”旅游业发展规划 …… 253
提升旅游信息化水平 …… 254
安全生产责任保险 …… 254
**旅游活动** …… 254
· 概述 …… 254
首届冰雪旅游活动 …… 254
春节四大旅游活动 …… 254
春节假日旅游实现双增长 …… 255
台湾旅游推介活动举办 …… 255
莲石湖火车餐厅开业 …… 255
5·19 中国旅游日活动 …… 255
民俗历史文化旅游推介 …… 255
获国际旅游最佳设计奖 …… 255
狂欢之夏健康跑活动举办 …… 255
两景区入选红色旅游景区 …… 255
参加第五届北京旅商会 …… 255
旅游商品参赛获奖 …… 256
国家体育总局调研首钢旅游区 …… 256
《美丽乡村》专题推介 …… 256
两条旅游线路获奖 …… 256
**旅游管理** …… 256
· 概述 …… 256
部署旅游行业安全工作 …… 256
检查旅游市场秩序 …… 256
“两会”期间安保 …… 257
迎接国家卫生区复审 …… 257
“5·12 防灾减灾日”演练 …… 257
从业人员素质提升工程 …… 257
行业应急救护及消防培训 …… 257
旅馆业安全防范 …… 257
旅游行业汛期安全 …… 258
景区汛期灾害预警演练 …… 258
加强旅游市场监管 …… 258
旅游行业卫生区复审迎检 …… 258
“国庆”假日旅游服务保障 …… 258
假日旅游工作安全有序 …… 258
**西山八大处文化景区管理委员会** …… 259
· 概述 …… 259
八大处佛牙舍利文化巡展举办 …… 259
区政协调研景区建设工作 …… 259
八大处外围交通微循环建成 …… 259
映翠湖工程建设 …… 259
西山八大处文化景区建设规划 …… 259
世界文化瑰宝—西山八大处佛牙舍利 …… 259
佛牙舍利寻踪专题调研 …… 259
**北京石景山游乐园** …… 260
· 概述 …… 260
迎春洋庙会 …… 260
启动“摩天轮”项目 …… 260
“六一欢乐童游”活动 …… 260
大型集体婚礼活动 …… 260
“狂欢之夏”活动 …… 260
“三十周年园庆”活动 …… 260
“欢乐金秋游园会”活动 …… 260
第 18 届北京国际旅游节 …… 260
更换游艺项目 …… 261
提示信息 …… 261
**八大处公园** …… 261
· 概述 …… 261
第三届新春祈福庙会 …… 261
第十五届园林茶文化节 …… 261
“佛诞日”浴佛法会 …… 261
中斯佛教文化交流 …… 261

佛牙舍利寻踪考察团赴陕调研 …… 261
盂兰盆法会 …… 262
祈祷世界和平法会 …… 262
古籍保护研修班开班 …… 262
第三届西山八大处文化节 …… 262
首届西山中医药文化季 …… 262
门区牌楼改建工程 …… 262
二寺庙修缮工程 …… 262
鲍家祠堂修缮工程 …… 262
清凉寺修复工程 …… 262

## 规划建设

**规划管理** …… 264
· 概述 …… 264
苹果园交通枢纽用地规划 …… 264
北京保险产业园建设 …… 264
服务冬奥组委 …… 264
推进轨道交通一体化 …… 265
京西商务中心获绿建三星标识 …… 265
保障民生服务百姓 …… 265
大杂院土地利用规划研究 …… 265
五里坨水厂完成规划验收 …… 266
城市规划体系建设工作研讨 …… 266
编制停车专项规划 …… 266
地下综合管廊方案通过评审 …… 266
高端的城市规划体系建设规划 …… 266
地名普查与命名 …… 266
推进污水治理 …… 267
市规划国土委到区调研 …… 267
模式口历史文化街区保护 …… 267
推进北辛安棚改项目 …… 268
获评扶残助残先进 …… 268
集体土地拆违调研 …… 268
古城南街道路工程获批 …… 268
服务首钢升级转型 …… 268
列入棚改项目12个 …… 268
永定河绿色发展带规划研究 …… 269
重点保障房建设 …… 269
组建国际智库专家团队 …… 269
搭建城市规划分析平台 …… 269
“两规合一”研究探索 …… 269
支持军事设施建设 …… 269
丰沙入地改造工程 …… 269
**国土资源管理** …… 269
· 概述 …… 269
不动产登记与司法沟通协作 …… 270
不动产登记微信公众号开通 …… 270
国土资源宣传与调研 …… 270
对接国家土地督察 …… 270
推进北京保险产业园建设 …… 270
土地资源整合利用规划 …… 270
土地储备金收支项目预算 …… 270
土地供应计划编制 …… 271
土地供应与出让 …… 271
出让土地批后监管 …… 271
坚守耕地保护红线 …… 271
征地及农用地转用项目用地 …… 271
城镇地籍调查数据更新汇总 …… 271
推动储备项目开发 …… 271
保障性住房用地供应 …… 271
国土信息化建设 …… 272
不动产历史档案整合 …… 272
地籍区(子区)核查上报 …… 272
造林工程用地核查 …… 272
卫片核查 …… 272
高尔夫球场整治 …… 272
**建设管理** …… 272
· 概述 …… 272
市重大办到区调研 …… 272
交通枢纽商业金融项目竣工 …… 272
长安中心获美国LEED预认证 …… 272
高新技术产业用房竣工 …… 273
嘉行广场商业金融项目竣工 …… 273
东下庄定向安置房项目竣工 …… 273
市住建委到区调研 …… 273
1号住宅楼及配套等11项竣工 …… 273
5号楼等9项商业金融项目竣工 …… 273
房地产和住房保障发展规划 …… 273
A栋等5项商业金融项目竣工 …… 273
D栋及汽车库III段项目竣工 …… 273
西十筒仓一期二期工程竣工 …… 273
C1号住宅楼等13项竣工 …… 274
F1号住宅楼等15项竣工 …… 274
1号楼等6项商业金融项目竣工 …… 274
治乱疏解重点工程 …… 274
新建建筑达绿色标准 …… 274
房地产企业资质管理 …… 274

建设工程招投标…… 274
保障性住房建设…… 275
京西商务中心商业金融项目竣工…… 275
北辛安棚户区改造项目…… 275
高端城市建设发展规划…… 275
建筑行业资质审批…… 275
建筑节能…… 275
建筑材料日常监管…… 275
建筑业企业资质管理…… 275
劳务管理…… 275
房屋交易与资金监管…… 275
房屋登记…… 275
房改售房…… 276
房产经纪机构管理…… 276
住宅专项维修资金审核备案…… 276
保障性住房受理审核…… 276
保障性住房选房配售…… 276
保障性住房租金管理…… 276
保障性住房后期管理…… 276
老旧小区管理长效机制试点…… 276
·西部建设办公室…… 276
概况…… 276
西部地区“十三五”规划编制…… 276
项目研究论证…… 276
市政基础设施建设…… 277
年度项目建设…… 277
·北京实兴腾飞置业发展公司…… 277
概况…… 277
参股成立北京晟通置业公司…… 277
成立子公司…… 277
五里坨建设组团项目…… 277
西井项目建设…… 277
金石融景项目…… 277
南宫嘉园保障房项目…… 277
拆违治乱工作情况…… 277
·北京燕金源置业有限公司…… 277
概况…… 277
南区土地全部上市…… 278
枢纽项目腾退…… 278
项目部分绿地移交…… 278
建立OA办公系统…… 278
安全及环保…… 278
·石景山区建筑公司…… 278
概况…… 278
完成建筑公司资质升级…… 278
丽景长安居住项目…… 278
科技园区北Ⅰ区安置房…… 278
·北京石开房地产开发有限公司…… 278
概况…… 278
银河热力管线工程…… 279
融景城维修维保…… 279
·北京金石融景房地产开发有限公司…… 279
概况…… 279
金融街(长安)中心获得双认证…… 279
金融街(长安)取得竣工备案…… 279
金融街(长安)中心部分实现整售…… 279
全年销售60.28亿元…… 279
南宫公租房转性为经济适用房…… 279
·房屋经营和市场管理…… 279
概况…… 279
安全生产…… 279
房屋普查…… 279
售房办证…… 280
供暖保障…… 280
防汛抢险…… 280
房屋测绘…… 280
拆迁服务…… 280
市场经营管理…… 280
治乱疏解专项行动…… 280
信访维稳…… 280
·房屋征收事务中心…… 280
概况…… 280
北辛安房屋征收项目…… 280

## 城市管理

**城市综合管理**…… 282
·概述…… 282
·管理体制改革…… 282
概况…… 282
综合执法改革试点评估…… 282
强化信访代理制建设…… 283
人大建议、政协提案等工作…… 283
·市政基础设施建设…… 283
概况…… 283
城市道路建设…… 283
道路养护管理…… 284
确保百姓温暖过冬…… 284

老旧供热管网消隐改造 …… 284
燃气输送管道隐患整治 …… 284
环卫设施建设 …… 284
公共服务设施 …… 284
· 城市环境建设 …… 284
概况 …… 284
通过国家卫生区复审 …… 285
重大活动环境布置 …… 285
精品大街建设 …… 285
脏乱点台账整治 …… 285
开展扫雪铲冰 …… 285
垃圾分类管理 …… 285
环境精细化管理 …… 285
规范户外广告、门头牌匾 …… 286
景观亮化工程 …… 286
架空线入地 …… 286
治乱疏解工作 …… 286
砂石厂整治 …… 286
· 交通保障 …… 286
概况 …… 286
完成杨庄路疏堵改造 …… 286
万达商圈占道停车治理 …… 286
缓解交通拥堵状况 …… 286
开展监护人员培训 …… 287
完成停车数据复核 …… 287
无车日主题活动 …… 287
编制交通发展规划 …… 287
停车电子收费系统 …… 287
停车秩序整治行动 …… 287
停车示范小区建设 …… 287
配合轨道交通建设 …… 287
交通信息停车诱导系统 …… 287
非机动车存车处建设 …… 287
公共自行车服务系统 …… 287
加强铁路道口管理 …… 287
· 水务管理 …… 288
概况 …… 288
供水合作框架协议签订 …… 288
编制水系生态景观规划 …… 288
节水主题宣传活动 …… 289
自备井供水安全保障 …… 289
开展水质监测行动 …… 289
“十三五”水务发展规划 …… 289
城市安全度汛 …… 289
应对“7·20”强降雨 …… 289
市局领导到区调研 …… 289
推进节水器具换装 …… 290
节水型单位创建 …… 290
防汛物资储备 …… 290
截污治污工程 …… 290
排查移交无主管线 …… 290
中小河道治理工程 …… 290
落实河长制工作 …… 290
**城市管理监督指挥中心** …… 290
· 概述 …… 290
大排档专项督察 …… 290
网格化融合平台运行 …… 290
市容环境专项整治 …… 291
国家卫生区复审专项督察 …… 291
基础部件信息测绘普查 …… 291
大气污染治理专项督察 …… 291
网格化案件完成情况 …… 291
行政执法体制改革 …… 291
首环办任务分解 …… 291
首环办台账督察 …… 291
解决城管疑难案件 …… 291
城管综合治理考评 …… 291
治乱疏解建高端督察 …… 291
**园林绿化** …… 292
· 概述 …… 292
区绿化委员会调整 …… 292
涉林案件办理 …… 292
全民义务植树 …… 292
集中释放周氏啮小蜂 …… 292
重点绿化工程 …… 292
开展群众绿化 …… 293
绿化养护管理 …… 293
病虫害普查 …… 293
古树名木管理 …… 293
野生动物保护与救助 …… 293
森林防火工作 …… 293
绿地系统规划修编 …… 294
园林绿化发展规划 …… 294
依法行政 …… 294
**公园管理** …… 294
· 概述 …… 294
猴年新春文化游园活动 …… 294
第十三届玉兰文化节 …… 294

第四届非遗文化嘉年华 …… 295
治乱疏解建高端 …… 295
安全生产与维稳 …… 295
森林防火协调 …… 295
公园绿化养护 …… 295
园容环境整治 …… 295
有害生物防治 …… 295
资源保护管理 …… 295
工程项目建设 …… 296
公园服务保障 …… 296
做好信访代理 …… 296
组织园内活动 …… 296
**市容卫生** …… 296
· 概述 …… 296
“两节”环卫保障 …… 297
“两会”环卫保障 …… 297
专项应急保障任务 …… 297
重要节点环卫保障 …… 297
落实空气污染控制 …… 298
全面完成专业作业 …… 298
全力保障卫生区复审 …… 298
加速设施设备升级 …… 298
安全生产管理 …… 298
规范信访流程 …… 299
**环境保护** …… 299
· 概述 …… 299
环保绩效考核 …… 299
十件环保实事 …… 299
严格环境准入 …… 299
清洁空气行动计划 …… 299
空气重污染应对 …… 299
大气污染执法年行动 …… 300
环保与生态建设规划 …… 300
燃气锅炉提标改造 …… 300
机动车污染控制 …… 300
处理环境信访 …… 300
突发环境事件应急 …… 300
实施双随机抽查 …… 300
环保网格化管理 …… 300
水环境监管 …… 300
完成排污申报 …… 301
危险废物环境安全 …… 301
辐射环境安全 …… 301
环保法制工作 …… 301
环保宣传教育 …… 301
环境监测 …… 301
生态环境指数 …… 301
大气环境质量 …… 301
水环境质量 …… 301
· 表 5 地下水环境质量监测主要项目数据统计表 …… 301
声环境质量 …… 302
· 表 6 区域环境噪声监测统计表 …… 302
· 表 7 道路交通噪声监测统计表 …… 302
**城市管理执法** …… 302
· 概述 …… 302
卫生区复审保障 …… 302
落实信访代理制 …… 303
春节环境秩序保障 …… 303
市容环境专项执法月 …… 303
治理八角桥周边环境 …… 303
整治琅山路周末非法市场 …… 303
处理滨河园周边环境问题 …… 303
施工现场监管 …… 303
建筑垃圾运输车管理 …… 304
露天烧烤联合监管 …… 304
门前三包管理 …… 304
无照经营治理 …… 304
违规广告治理 …… 304
推进疏解治乱 …… 304
构建行刑衔接保障机制 …… 304
推进综合监管 …… 304
专项督察 …… 304
**交通管理** …… 304
· 概述 …… 304
完成安保任务 …… 304
停车秩序管理 …… 305
缓解交通拥堵 …… 305
预防交通事故 …… 305
严打交通违法 …… 305
**消防** …… 305
· 概述 …… 305
G20 峰会消防保卫 …… 306
参与地震救援演练 …… 306
巡控微型消防站成立 …… 306
灭火救援 …… 306
执法检查 …… 306
隐患投诉 …… 306
技防建设 …… 306

灭火救援实战化 …… 306
社区应急车道治理 …… 306
消防宣传 …… 306
**气象** …… 307
· 概述 …… 307
依法行政 …… 307
气象科普进校园 …… 307
气象科普进社区 …… 307
气象科普进机关 …… 307
开通微信订阅及公众号 …… 307
基础设施建设 …… 307
气象“十三五”规划 …… 307
气象服务 …… 307
气象科研 …… 308
气象防灾减灾 …… 308
纳入网格化单位 …… 308
气候评价 …… 308
· 表 8　石景山区 2016 年月平均气温与常年对比统计表 …… 308


## 科 学 技 术


**科学管理** …… 310
· 概述 …… 310
开展政策兑现 …… 310
互联网游戏双创大赛 …… 310
荣获双料奖 …… 311
8 项成果获市科学技术奖 …… 311
通过国家知识产权试点城市验收 …… 311
中关村管委会调研 …… 311
科普工作会 …… 311
知识产权联席会 …… 311
获评市“专利示范单位” …… 312
知识产权案件通报 …… 312
户外普法宣传活动 …… 312
石景山区科技周 …… 312
区科技成果展 …… 312
区年度科学技术奖 …… 312
· 表 9　2015 年度石景山区科学技术奖评审结果一览表 …… 312
盛景全球创新大奖中国区总决赛 …… 313
市文创双创大赛 …… 314
生产力促进中心获“金桥奖” …… 314
首届“科普达人秀”大赛 …… 314
知识产权金融培训会 …… 314
首都文化企业 30 强 30 佳揭晓 …… 314
举办科普工作者培训 …… 314
科技服务联盟微课堂上线 …… 314
高新技术产业和科技事业发展规划 …… 314
创新创业集聚区建设 …… 315
**中关村科技园区石景山园** …… 315
· 概述 …… 315
2 家企业入选“创新成长企业 100 强” …… 315
3 家企业挂牌“新三板” …… 315
华谊兄弟聚星文化有限公司成立 …… 315
华惠金服信息科技有限公司成立 …… 316
暴风魔镜发布会 …… 316
多家企业获市级创新资金资助 …… 316
3 家企业获市设计创新中心认定 …… 316
与定兴县政府签署战略合作协议 …… 316
搭建企业服务联动平台 …… 316
园区企业助力“天宫二号”发射 …… 317
法国企业参观考察石景山园 …… 317
3 家企业进入“中国领先金融科技 50 强” …… 317
虚拟现实产业专项支持政策发布 …… 317
国际交流合作 …… 317
中关村先行先试政策集中宣讲会 …… 317
暴风魔镜公司发布全球最轻 VR 头显 …… 317
易华录公司获“中国驰名商标”称号 …… 317
石景山园发展规划 …… 318
**驻区科研单位** …… 318
· 中国科学院高能物理研究所 …… 318
概况 …… 318
科研项目 …… 318
科研进展 …… 319
科研成果 …… 319
成果转化 …… 319
国际合作 …… 319
· 工业和信息化部电子科学技术情报研究所 …… 319
概况 …… 319
核心业务能力建设 …… 320
提升综合服务能力 …… 320
承办第五届中国语音产业年会 …… 320
承办贵阳数博会系列活动 …… 320
承办软博会 …… 320
承办网络安全博览会 …… 320
· 北京建筑材料科学研究总院 …… 320
概况 …… 320

科研项目 …… 321
科研平台 …… 321
技术服务 …… 321
检验服务 …… 321
项目建设 …… 321
学术会议 …… 321
对外交流 …… 321
· 北京首钢国际工程技术有限公司 …… 321
概况 …… 321
转型发展 …… 321
运行机制 …… 322
钢铁板块 …… 322
非钢板块 …… 322
科技开发 …… 322
人才管理 …… 322


## 教　育


**教育行政** …… 324
·概述 …… 324
签订科技教育合作框架协议 …… 324
与加拿大高贵林市签署合作协议 …… 324
第十届教育教学研讨月 …… 324
师德建设工作会 …… 324
书香石景山文化校园行 …… 325
庆祝“六一”主题教育活动 …… 325
庆祝第 32 个教师节暨表彰大会 …… 325
“十三五”教育事业发展规划 …… 325
长征组歌主题教育活动 …… 325
纪念长征胜利 80 周年“少年说”活动 …… 325
“境外资源境内引进高端”培训 …… 325
2015—2016 学年度课改总结会 …… 326
**学前教育** …… 326
· 概述 …… 326
学前骨干教师培训班结业 …… 326
年度考核工作 …… 326
验收一级一类幼儿园 …… 327
第十四期暑假园长培训班 …… 327
举办市级园长经验研讨会 …… 327
萌芽杯评比活动 …… 327
召开教师信息技术应用总结表彰会 …… 327
**基础教育** …… 327
· 概述 …… 327
学校文化建设示范校创建 …… 327
“1 + 3”培养模式变革项目 …… 327
校园阅读促进项目 …… 327
课改先进单位优秀成果评选 …… 327
教育科研会 …… 327
“融合·发展”教育 …… 328
优质课程资源评选 …… 328
义教课程建设现场会 …… 328
民族团结教育 …… 328
第 30 届“四联展” …… 328
制定初中综合素质评价新方案 …… 328
初中开放性科学实践活动 …… 328
修订特殊教育奖励基金发放方案 …… 328
经典阅读论坛 …… 328
民办机构参与教学改革 …… 328
**社区教育** …… 328
· 概述 …… 328
获“学习周”组织奖 …… 328
美国社区学院访问 …… 329
授予“中医药健康养生教育基地” …… 329
第十二届全民终身学习周 …… 329
市民讲外语活动周 …… 329
**职业与成人教育** …… 329
· 概述 …… 329
全国职院信息化大赛获奖 …… 329
为全国“两会”服务 …… 329
职业教育宣传月 …… 329
获“最佳创意片”奖 …… 329
新开设两个专业 …… 329
**教育督导** …… 329
· 概述 …… 329
“走进委办局”随访督导 …… 330
人民满意学校测评 …… 330
市政府教育督导室到区督导调研 …… 330
接受国家义务教育质量监测 …… 330
校园欺凌专项督导 …… 330
督导调研特殊教育 …… 330
教育督导与教育质量评估监测中心 …… 330
专项调研 …… 330
增加内设机构及编制 …… 330
接受北京市挂牌督导创新区验收 …… 330
政府教育督导委员会成立 …… 331
减负专项督导 …… 331
督导信息化建设 …… 331
教育执法督导 …… 331

**驻区高校** …… 331
· 中国科学院大学 …… 331
概况 …… 331
成立基础教育研究院 …… 332
共建创新创业学院 …… 332
存济医学院获2亿元捐赠 …… 332
中日大学论坛 …… 332
德国总理默克尔造访国科大 …… 332
成立未来技术学院 …… 333
· 北方工业大学 …… 333
概况 …… 333
签署产学研合作协议 …… 333
保障长安街交通畅通 …… 333
签署校际合作协议 …… 333
获全国高校商业精英挑战赛一等奖 …… 334
第一届海峡两岸大学生棒球赛 …… 334
北京市科普基地 …… 334
获“全国计算机大赛”一等奖 …… 334
获中国工程机器人大赛一等奖 …… 334
举办“北京高层次人才论坛” …… 334
异步电机牵引技术 …… 334
石景山发展研究中心揭牌 …… 334
参加“金砖国家法律论坛” …… 334
京西创新创业基地揭牌 …… 334
举办高等教育国际论坛 …… 334
建校70周年大会 …… 335
第四届国际文化节 …… 335
与冬奥组委开展合作对接 …… 335
被评为“宣传工作先进单位” …… 335
新增省部级重点实验室 …… 335
校报获多项奖项 …… 335
· 北京工业职业技术学院 …… 335
概况 …… 335
承办“大国工匠进校园”活动启动 …… 335
组建城市建设与管理职教集团 …… 336
加入京津冀职业教育教学协同发展联盟 …… 336
学生技能大赛获奖 …… 336
高职信息化教学大赛获奖 …… 336
成立北京市电气安全技术研究所 …… 336
服务“一带一路”国家战略 …… 336

## 文　　化

**群众文化** …… 338
· 概述 …… 338
元旦、春节系列文化惠民活动 …… 338
“翠微艺苑”戏曲活动 …… 338
“三·八”妇女节活动 …… 338
承恩文化传习讲堂开讲 …… 338
全国广场舞培训基地建立 …… 338
第33届“古城之春”艺术节 …… 339
百姓诵读活动 …… 339
“直观东方·实录风情”中埃文化活动 …… 339
“舞动北京”群众广场舞大赛 …… 339
非遗进社区主题展演 …… 339
北京重阳诗歌会 …… 339
中意传统文化交流 …… 339
第七届北京青年相声节 …… 340
基层文化设施建设 …… 340
推动非遗保护传承 …… 340
文艺创作 …… 340
公共文化服务示范区创建 …… 340
“公共文化服务目录”编印完成 …… 340
“十三五”规划编制 …… 341
**图书馆** …… 341
· 概述 …… 341
世界读书日活动 …… 341
快乐阅读直通车进校园 …… 341
科技周“数码超人”活动 …… 341
“非物质文化遗产日”活动 …… 341
非遗系列讲座活动 …… 342
红领巾读书系列活动 …… 342
基层图书馆室建设 …… 342
举办石图讲坛 …… 342
获评“全国最美绘本馆” …… 342
纪念建党95周年暨长征胜利80周年 …… 342
**文物管理** …… 342
· 概述 …… 342
第七批区级文保单位名录 …… 342
不可移动文物名录登记 …… 343
承恩寺古建收回 …… 343
文物安全保护志愿服务行动 …… 343
西山文化讲坛 …… 343
全国青少年文化遗产知识大赛 …… 343
金顶山埋藏区入列市级名录 …… 343
“重修皇姑寺碑记”出土 …… 343
科普大篷车进校园 …… 343
第一次全国可移动文物普查 …… 343

法海寺原创设计发布 …… 344
模式口历史文化保护 …… 344
法海寺壁画保护 …… 344
加大资金投入 …… 344
文物事业“十三五”发展规划 …… 344
承恩文化传习大讲堂 …… 344
安装文保单位标志牌 …… 345
**文化市场** …… 345
· 概述 …… 345
取缔一贩卖淫秽光盘摊点 …… 345
文化市场安全检查 …… 345
“12318”主题宣传活动 …… 345
文化环保宣传进校园 …… 345
世界知识产权日法制宣传 …… 345
查处网络表演违规经营案 …… 345
联合举办书市 …… 345
打击“黑游戏厅” …… 345
公益放映工作 …… 346
**广播电视** …… 346
· 概述 …… 346
新闻宣传 …… 346
纪念建党 95 周年 …… 346
“高端绿色发展”系列报道 …… 346
核心价值观宣传教育 …… 346
制播高清化建设 …… 346

## 医疗卫生与计划生育

**卫生改革与管理** …… 348
· 概述 …… 348
公立医院目标管理 …… 348
中医健康社区试点建设 …… 348
落实寨卡病毒病防控措施 …… 349
春节期间医疗卫生保障 …… 349
迎接国家卫生区复审 …… 349
市卫生计生委到区调研 …… 349
医联体建设 …… 350
“控烟条例”主题宣传活动 …… 350
人感染 H7N9 禽流感疫情防控 …… 350
健康中国行宣传周活动 …… 350
国家健康促进区评估验收 …… 350
基层岗位练兵和技能竞赛 …… 351
市分级诊疗建设督导检查 …… 351
卫计委宣传中心成立 …… 351
卫生计生事业发展规划 …… 351
慢性非传染性疾病防控 …… 351
**卫生应急** …… 351
· 概述 …… 351
卫生应急专题培训 …… 351
防灾减灾系列活动 …… 352
突发事件处置 …… 352
**医疗服务管理** …… 352
· 概述 …… 352
优秀护士评选 …… 352
医疗质量管理 …… 353
医院感染管理 …… 353
对口支援 …… 353
纠纷处理与事故鉴定 …… 353
服务百姓大型义诊周 …… 353
继续医学教育管理 …… 353
重点学科建设 …… 354
改善医疗服务行动计划 …… 354
卫生人才培养 …… 354
科研管理 …… 354
准入管理 …… 354
药械管理 …… 354
血液管理 …… 354
**计划生育服务** …… 354
· 概述 …… 354
落实全面两孩政策 …… 354
“新国优”创建评估验收 …… 355
创建全国计生先进单位 …… 355
基层基础工作 …… 355
计划生育奖励扶助 …… 355
免费避孕药具管理服务 …… 355
流动人口服务管理 …… 355
**社区卫生服务** …… 355
· 概述 …… 355
社区卫生改革 …… 356
人才培养 …… 356
家庭医生式服务 …… 356
老年人健康管理 …… 356
中医药服务 …… 356
结合医联体推动分级诊疗 …… 356
**疾病预防与控制** …… 356
· 概述 …… 356
结核病防治 …… 357

美沙酮门诊管理 …… 357
传染病防治 …… 357
精神卫生 …… 357
学校卫生 …… 357
口腔卫生 …… 358
艾滋病防控 …… 358
计划免疫 …… 358
健康教育 …… 358
慢性非传染性疾病防治与管理 …… 358
生命统计 …… 358
**卫生监督** …… 359
· 概述 …… 359
饮用水卫生宣传 …… 359
计划生育督查 …… 359
法规监督检查 …… 359
控烟监督执法 …… 359
职业放射监督 …… 359
医疗卫生监督 …… 359
公共卫生检查 …… 359
行政审批 …… 359
产品抽检 …… 360
**动物卫生监督** …… 360
· 概述 …… 360
动物和动物产品检疫 …… 360
动物防疫和检疫 …… 360
联合执法 …… 360
病死动物无害化处理体系建设 …… 360
狂犬病强制免疫工作 …… 360
畜牧存栏与监管对象 …… 360
动物和动物产品安全检查 …… 360
**妇女和儿童保健** …… 361
· 概述 …… 361
国家母子健康手册试点工作 …… 361
母婴保健技术许可 …… 361
爱婴社区与规范化门诊 …… 361
**医疗机构** …… 361
· 中医医院 …… 361
概况 …… 361
医疗质量 …… 361
院感管理 …… 361
护理质量管理 …… 362
传染病防控 …… 362
人才队伍 …… 362
科教工作 …… 362
中医药文化建设 …… 362
对口支援工作 …… 362
· 妇幼保健院 …… 362
概况 …… 362
医疗保健 …… 363
儿童保健 …… 363
妇女保健 …… 363
婚前保健 …… 363
两癌筛查 …… 363
健康教育 …… 363
指标完成情况 …… 363
· 五里坨医院 …… 364
概况 …… 364
精神卫生 …… 364
老年病工作 …… 364
社区卫生服务 …… 364
· 北京市石景山医院 …… 364
概况 …… 364
社区卫生服务 …… 365
院感管理 …… 365
医疗服务 …… 365
护理工作 …… 365
科研教学 …… 366
对口支援 …… 366
基础建设 …… 366
医疗服务 …… 366
预防保健 …… 366
· 北京大学首钢医院 …… 366
概况 …… 366
机构设置 …… 367
医疗工作 …… 367
科研工作 …… 367
护理工作 …… 367
基础建设 …… 368
医学教育 …… 368
· 清华大学玉泉医院 …… 368
概况 …… 368
医疗服务 …… 368
护理服务 …… 368
科研和教学 …… 369
信息化建设 …… 369
基础建设 …… 369
· 首都医科大学附属北京康复医院

（北京工人疗养院） 369
概况 369
医疗服务 369
管理改革 370
对口支援 370
护理服务 370
预防保健 370
科研教学 370
公益服务 370
建设项目 370
· 中国医学科学院整形外科医院 371
概况 371
医疗工作 371
护理工作 371
科教工作 371
· 表10　整形外科医院2016年科研基金情况表 371
信息化建设 372
· 中国中医科学院眼科医院 372
概况 372
改革与管理 372
医疗服务 372
对口支援 372
护理工作 372
科研与教育 372
学术交流 373
信息化建设 373
· 首都医科大学附属北京朝阳医院（西院） 373
概况 373
改革与管理 373
医疗服务 373
护理服务 373
科研教育 374
社区医疗 374
· 首钢矿山医院 374
概况 374
改革与管理 374
医疗服务 374
护理服务 374
科研教育 374
体检服务 374

## 体　育

**群众体育** 376
· 概述 376
冰雪世界嘉年华 376
阳春社区体育节 376
京冀空竹交流大会 376
区体育总会换届 376
北京自行车日 377
石景山—保定耐力骑行 377
两地体育协同发展 377
区龙舟协会揭牌 377
中老年优秀健身项目表演赛 377
冰雪运动宣讲 377
全民健身日 377
京津冀民俗体育交流 377
社会体育指导员培训 377
“和谐杯”乒乓球赛 378
京津冀健身气功交流 378
第31届金秋体育盛会 378
老山骑跑挑战赛 378
中老年健身表演 378
全民健步走活动 378
健身气功交流展示 378
“三大球”进社区 378
京津冀冰雪节 379
体育生活化社区 379
**竞技体育** 379
· 概述 379
全国青年柔道锦标赛 379
全国重点城市射箭比赛 379
全国少年田径锦标赛 379
中小学生幼儿功夫达人赛 379
市青少年击剑锦标赛 379
全国少年体操分区赛 379
全国体育传统校田径联赛 379
市青少年羽毛球锦标赛 379
全国中学生柔道锦标赛 380
全国中学生田径锦标赛 380
市青少年跆拳道锦标赛 380
市青少年柔道锦标赛 380
市青少年射箭锦标赛 380
市青少年田径锦标赛 380
全国花样游泳锦标赛 380
全国室外射箭锦标赛 380
市业余体校羽毛球冠军赛 380
市业余体校举重冠军赛 380

**体育产业** …… 380
· 概述 …… 380
祈福越野马拉松 …… 380
黑石头春季越野赛 …… 380
标准舞拉丁舞公开赛 …… 381
市传统武术冠军赛 …… 381
跆拳道俱乐部超级联赛 …… 381
华夏武状元国际争霸赛 …… 381
北京国际武术邀请赛 …… 381
全国中小学数独比赛 …… 381
北京市足协杯比赛 …… 381
京津冀交通行业职工运动会 …… 381
羽毛球业余俱乐部赛 …… 381
中小学生跆拳道超级联赛 …… 382
中小学幼儿武术精英赛 …… 382
西五环体育产业带发展 …… 382
**体育执法** …… 382
· 概述 …… 382
元旦春节安全检查 …… 382
节假日安全 …… 382
安全夜查 …… 382
专项检查 …… 382
行政许可审批 …… 382
游泳减溺 …… 382

## 社 会 事 业

**民政** …… 384
· 概述 …… 384
低保认定标准调整 …… 384
市局领导到区调研 …… 384
清明节祭扫服务 …… 384
殡葬行业职业技能大赛 …… 385
平安边界创建 …… 385
3 家养老中心通过审核 …… 385
精准对接老人需求 …… 385
慈善公益活动 …… 385
见义勇为权益保护 …… 385
养老服务体制改革 …… 385
社区养老服务驿站 …… 386
基层社会治理 …… 386
推进社区服务 …… 386
慈善公益救助 …… 386
慈善超市建设 …… 386
核对机制建设 …… 386
“送温暖 献爱心”活动 …… 386
捐赠站点规范化建设 …… 386
福利彩票发行 …… 386
居家养老卡服务 …… 387
96156 社区服务平台 …… 387
社区服务中心公益服务 …… 387
福利企业生产 …… 387
强化防灾减灾 …… 387
开展社会救助 …… 387
社会福利待遇 …… 387
实施济困工程 72 项 …… 387
超转和地退人员管理 …… 388
养老机构建设 …… 388
养老助餐服务 …… 388
老年人优待卡更换 …… 388
困难老年人评估 …… 388
老年人优待工作 …… 388
文化养老活动 …… 388
“孝星”命名推荐 …… 388
老年维权网络 …… 388
老龄宣传工作 …… 388
发放抚恤补助 …… 388
军休干部接收安置 …… 389
退役士兵安置 …… 389
婚姻收养登记 …… 389
社会组织管理 …… 389
流浪乞讨人员救助 …… 389
· 双拥工作 …… 389
概况 …… 389
走访慰问优抚对象 …… 389
走访慰问驻区部队 …… 389
齐心协力搞共建 …… 390
现场办公解难题 …… 390
获国家、北京市表彰 …… 390
军民融合发展推进大会 …… 390
推动军民融合深度发展 …… 390
服务部队办实事 …… 391
完善政策助改革 …… 391
安置就业多渠道 …… 391
驻军拥政爱民 …… 391
**人力资源和社会保障** …… 391
· 概述 …… 391
干部教育培训 …… 391

公务员考核…… 392
人事档案数字化…… 392
新型学徒制试点…… 392
养老保险制度改革…… 392
调整社保费率…… 392
充分就业社区创建…… 392
宪法宣誓仪式…… 392
公益性就业组织过渡…… 392
仲裁院成立并运行…… 393
长期护理保险试点准备…… 393
市局领导到区调研…… 393
全市统一执法日活动…… 393
助力京冀协同发展…… 393
第二轮就业政策执行…… 393
开展就业创业培训…… 393
创业带动就业…… 394
职业技能鉴定…… 394
人事考务工作新模式…… 394
开展招聘服务…… 394
推进职级并行…… 394
工资分配倾斜政策…… 395
事业单位管理…… 395
专技人员职称管理…… 395
服务高端人才…… 395
毕业生就业创业…… 395
公开招考招聘…… 396
军转干部和军属安置…… 396
继续扩面征缴…… 396
社保待遇调整…… 396
社保基金安全管理…… 396
工伤认定与劳动能力鉴定…… 396
劳动保障监察…… 397
劳动争议预防…… 397
劳动合同制度实施…… 397
退休人员社会化管理服务…… 397
重点就业指标全面完成…… 397
**残疾人事业**…… 397
·概述…… 397
助残日主题活动…… 398
做好扶贫救助…… 398
残疾人就业…… 398
职业技能培训…… 398
安置就业审核…… 398
开展康复服务…… 398
民办社会组织…… 398
信访与维权…… 398
宣传残疾人事业…… 399
文体工作…… 399
志愿者队伍建设…… 399
温馨家园建设…… 399
残疾人证管理…… 399
无障碍建设…… 399
**私营个体经济**…… 399
·概述…… 399
宣传活动…… 399
公益活动…… 399
企业代表恳谈会…… 400
颁发“两证整合”执照…… 400
组织党员学习…… 400
会员队伍建设…… 400
法律法规培训…… 400
**居民生活状况**…… 400
·概　述…… 400
居民收入……
·表11　2016年石景山区居民人均可支配收入增长及构成…… 400
·图1　2016年与2015年石景山区居民人均可支配收入及增速转干部…… 401
·图2　2016年石景山区四项收入构成(%)…… 401
消费支出…… 401
·表12　2016年石景山区居民消费支出增长及构成行及雨污水…… 401
·图3　2016年与2015年石景山区居民人均消费支出及增速…… 401
·图4　2016年石景山区八大类消费支出构成(%)…… 401
百户耐用消费品拥有量…… 401
·表13　2016年每百户耐用消费品拥有量…… 401
低保家庭居民收入…… 402
·表14　2016年石景山区低保家庭居民人均可支配收入及构成…… 402
·图5　2016年石景山区低保家庭居民主要收入来源分布…… 402
低保家庭居民消费…… 402
·表15　2016年石景山区低保家庭居民人均消费支出及构成…… 402
·图6　2016年石景山区低保家庭居民人均消费支出构成…… 402

## 社会建设


**社会领域党建及社会建设** …… 404
· 概述 …… 404
公益项目展示交流会 …… 405
“学雷锋·公益行”志愿服务 …… 405
推进“三网五融合” …… 405
社会治理体系建设规划 …… 406
“两新”组织“两个覆盖” …… 406
首届公益创投大赛 …… 406
国际志愿者日活动 …… 406
北京市魅力社区揭晓 …… 406
实施128项便民工程 …… 406
智慧社区建设 …… 406
“房前屋后”专项工作 …… 406
老旧小区服务管理 …… 406
推进社区减负增效 …… 406
协管员队伍建设 …… 406
社区规范化建设 …… 407
“一刻钟社区服务圈”建设 …… 407
社区工作者公开招录 …… 407
社区工作者三级培训体系 …… 407
增强社区工作者归属感 …… 407
政府购买社会组织服务 …… 407
社会组织培育平台 …… 407
“枢纽型”社会组织 …… 407
公益服务品牌评选 …… 407
第三批五星级志愿者认定 …… 407
商务楼宇工作站建设 …… 407
培树党建精品项目 …… 408
· 社区党建 …… 408
概况 …… 408
五里坨街道党建协调委员会 …… 408
党务工作者队伍建设 …… 408
八宝山街道三学三做 …… 408
鲁谷社区基层建设 …… 408
老山街道“两学一做”学习 …… 408
古城街道抓理论武装 …… 408
古城街道基层党建 …… 408
金顶街街道基层党建 …… 409
苹果园街道学习教育平台 …… 409
苹果园街道党群服务中心 …… 409
**八宝山街道** …… 409
· 概述 …… 409
区人大代表换届选举 …… 410
应对汛期雨情 …… 410
落实环保督查件 …… 410
治乱疏解建高端 …… 410
打造精品街工程 …… 410
建设优质家园 …… 410
服务二孩惠民生 …… 410
居家养老服务 …… 410
文化中心改造 …… 410
丰富文体生活 …… 410
建设智慧社区 …… 410
社区岗位招录 …… 411
困难群体救助 …… 411
再就业服务 …… 411
防控队伍建设 …… 411
**鲁谷社区** …… 411
· 概述 …… 411
12·07事件后续处置 …… 411
人大换届选举 …… 411
服务保障经费 …… 411
衙门口拆违治乱 …… 412
治安督办整治 …… 412
人口调控疏解 …… 412
失业人员服务 …… 412
残疾人服务 …… 412
衙门口煤改电 …… 412
落实中央环保督办件 …… 412
改善居民住房条件 …… 412
**老山街道** …… 412
· 概述 …… 412
市长培训班考察 …… 413
两岸文化交流 …… 413
职工权益保障 …… 413
公共文化服务供给 …… 413
完成人大换届选举 …… 413
11个大杂院完成整治 …… 413
信访代理平台建设 …… 414
加强社会保障救助 …… 414
提升住房保障水平 …… 414
流动人口服务管理 …… 414
巩固市容环卫成果 …… 414
强化安全生产监管 …… 414
群防群治队伍建设 …… 414

**古城街道** …… 414
· 概述 …… 414
非京籍儿童入学审核 …… 414
综合执法试点 …… 414
违法违规查处 …… 415
应对空气污染 …… 415
突破治乱难点 …… 415
大杂院整治 85% …… 415
完善防汛保障 …… 415
环保奖励促搬离 …… 415
推进信访建设 …… 415
群防群治队伍 …… 415
流动人口服务管理 …… 416
出租房税代征代缴 …… 416
小微企业安检 …… 416
居家养老服务 …… 416
促进军民和谐 …… 416
**八角街道** …… 416
· 概述 …… 416
人大换届选举 …… 416
拆除整治点位 91 处 …… 416
街面品质提升 …… 416
大气污染防治 …… 417
居家养老服务 …… 417
爱八角生活圈 …… 417
公共文化服务 …… 417
老旧小区管理 …… 417
街道工会服务 …… 417
完成 13 项便民工程 …… 417
**苹果园街道** …… 418
· 概述 …… 418
网上信访工作系统 …… 418
获评“充分就业街道” …… 418
拆除清退率完成 100% …… 418
文化活动中心建成 …… 418
养老照料中心建成 …… 418
体育生活化社区建成 …… 418
老旧小区自我服务 …… 419
中医健康服务体系 …… 419
“金苹果社会组织联合会”成立 …… 419
**金顶街街道** …… 419
· 概述 …… 419
信访和应急工作 …… 419
应对空气重污染 …… 419
民生家园建设 …… 419
强化安全工作 …… 420
9 处大杂院整治完成 …… 420
环境秩序整治 …… 420
精品便民工程 …… 420
精品大街建设 …… 420
平安社区建设 …… 420
**广宁街道** …… 420
· 概述 …… 420
首家智慧养老中心挂牌 …… 420
承办民族健身操舞大赛 …… 421
确保汛期安全 …… 421
假如我是申请人大讨论 …… 421
人大换届选举 …… 421
石材市场整治 …… 421
狠抓安全生产 …… 421
加强社区建设 …… 421
精品街区建设 …… 421
迎接卫生区复审 …… 421
18 个大杂院拆除整治 …… 422
群众文体活动 …… 422
民生家园建设 …… 422
持续改善民生 …… 422
完成就业指标 …… 422
深化信访代理 …… 422
维护地区稳定 …… 422
计生优质服务 …… 422
**五里坨街道** …… 422
· 概述 …… 422
陆军机关周边整治 …… 423
区人大代表选举 …… 423
区党代表选举 …… 423
治乱疏解完成 91.2% …… 423
防治大气污染 …… 423
打造便民工程 …… 423
民生家园建设 …… 423
社会保障服务 …… 423
公共文化服务 …… 424
· 石景山区街道(社区)工委办事处负责人 …… 424

## 先　进

**全国(含系统)先进集体及先进个人** …… 425

**北京(含系统)先进集体及先进个人** ………………… 425

## 统 计 资 料

· 表 16　地区生产总值 …………………………………… 426
· 表 17　财政收入与支出 ………………………………… 427
· 表 18　银行存贷款情况 ………………………………… 427
· 表 19　现金收支情况(年人均) ………………………… 428
· 表 20　消费性支出(年人均) …………………………… 428
· 表 21　固定资产投资完成情况(建设地) ……………… 429
· 表 22　房地产开发建设生产情况 ……………………… 429
· 表 23　户籍人口数 ……………………………………… 429
· 表 24　人口出生与自然增长情况 ……………………… 430
· 表 25　石景山区主要经济指标完成情况 ……………… 430

## 附　　录

**中共北京市石景山区委主要文件目录** …………… 432
· 中共北京市石景山区委文件 …………………………… 432
· 中共北京市石景山区委办公室文件 …………………… 433
**北京市石景山区人民政府主要文件目录** ………… 434
· 北京石景山区人民政府文件 …………………………… 434
· 北京市石景山区人民政府办公室文件 ………………… 435
**区域教育单位名录** ………………………………… 436
石景山区幼儿园名录 ………………………………… 436
石景山区小学名录 …………………………………… 438
石景山区中学名录 …………………………………… 439
石景山区职业教育、高等教育学校名录 ……………… 440
石景山区民办教育机构名录 ………………………… 440
石景山区特殊教育学校名录 ………………………… 443
**区域科研机构名录** ………………………………… 443
驻区科研单位名录 …………………………………… 443
**区域卫生机构名录** ………………………………… 443
卫生医疗单位名录 …………………………………… 443
**区域文化设施名录** ………………………………… 448
全国重点文物保护单位名录 ………………………… 448
北京市重点文物保护单位名录 ……………………… 448
石景山区文物保护单位名录 ………………………… 448
图书馆名录 …………………………………………… 449
电影院放映场所名录 ………………………………… 449
歌舞娱乐场所名录 …………………………………… 449
互联网上网服务营业场所名录 ……………………… 450
出版物经营单位名录 ………………………………… 451
**区域体育设施名录** ………………………………… 455
石景山区体育经营单位名录 ………………………… 455
**职业介绍机构名录** ………………………………… 456
职业服务机构名录 …………………………………… 456
民办职业技能培训学校名录 ………………………… 457
**律师、公证服务机构** ……………………………… 458
律师事务所名录 ……………………………………… 458
公证处名录 …………………………………………… 459
法律服务所名录 ……………………………………… 459
石景山公安分局派出所名录 ………………………… 459
**科技中介服务组织名录** …………………………… 460
**福利机构名录** ……………………………………… 460
**街道社区居委会** …………………………………… 461
古城街道 ……………………………………………… 461
苹果园街道 …………………………………………… 461
金顶街街道 …………………………………………… 462
五里坨街道 …………………………………………… 462
广宁街道 ……………………………………………… 462
八宝山街道 …………………………………………… 463
鲁谷社区 ……………………………………………… 463
八角街道 ……………………………………………… 463
老山街道 ……………………………………………… 464
**索引** ………………………………………………… 465

# 总 述

# 石景山区概览

石景山区位于北京西部西山风景区南麓和永定河冲积扇上，因燕都第一仙山——石景山而得名。地理坐标为北纬39°53′～39°59′，东经116°07′～116°14′，东至玉泉路与海淀区毗连，南抵张仪村与丰台区接壤，北倚克勤峪与海淀区搭界，西濒永定河与门头沟区为邻。辖区东西宽约12.25千米，南北长约13千米，最东端距天安门14千米，总面积85.74平方千米。

石景山区地势北高南低，海拔高度70—130米。西北部山地是太行山余脉，约占全区面积的三分之一，40余座山峰比肩而立。南部横亘着古老的永定河，蜿蜒曲折。中部和东南部是永定河冲积扇形成的夹带残丘的平原，为全区人民生产生活的主要地区。石景山地处暖温带半湿润大陆性季风气候区，全年平均气温为13.5℃，较常年平均值(12.7℃)偏高；全年总降水量714.2毫米，比常年(540.7毫米)偏多。

石景山区自古就是京西历史文化重镇，既是西进京城的军事交通要塞，也是北京现代工业的发祥地，历史文化独特鲜明。境内名胜古迹众多，有近现代重要史迹及代表性建筑20余处，以"三山八刹十二景"著称的一代名园八大处、以明代壁画闻名于世的法海寺、石刻造像美轮美奂的田义墓、第四纪冰川遗迹陈列馆、八宝山革命公墓等均荟萃于这块美丽的土地上。

石景山区是北京市继东城、西城之后第三个没有农业户籍人口的城区，下辖八宝山街道、老山街道、八角街道、古城街道、苹果园街道、金顶街街道、广宁街道、五里坨街道及鲁谷社区等9个街道。全区有46个民族，常住人口63.4万人。

石景山区曾是北京传统重工业区，以首钢为核心的重工业在地区经济社会发展中占有重要地位。根据北京市赋予石景山区"一区三中心"的城市功能定位，随着首钢搬迁调整的逐步深入，石景山区在2011年区第十一次党代会上提出由传统工业石景山向绿色生态石景山转型的总方向。2013年12月，区委十一届八次全体(扩大)会提出"全面深度转型、高端绿色发展"战略和建设国家级绿色转型发展示范区目标，以及"八个高端体系"建设目标。2016年，全区深入学习贯彻党的十八大、十八届三中、四中、五中、六中全会精神和习近平总书记系列重要讲话精神，认真贯彻落实市委市政府决策部署，风清气正的政治生态和高端绿色的发展生态建设取得历史性成果，全面深度转型胜利走出低谷，步入高端绿色发展的历史新阶段。

## 区域经济发展

地区生产总值465.6亿元，同比增长7.1%；一般公共预算收入52.1亿元，同比增长15.5%，增幅居全市首位；全社会固定资产投资225.6亿元，同比增长12.1%；社会消费品零售额280亿元，同比增长8.1%；居民人均可支配收入60980元，同比增长8.3%，超过经济增长幅度；城镇登记失业率控制在2.5%以内；万元GDP能耗下降68.1%，降幅居全市首位。

加速转型升级，区域经济持续健康发展。五大主导产业初具规模，现代金融产业快速发展。北京保险产业园落户，建立全市第一个互联网金融产业基地；吸引光大信用卡中心、中保信、天安人寿等一批优质金融企业入驻，成为全区税收贡献的龙头；发起设立爱心人寿保险公司，实现了我区参股持牌金融机构零的突破；2016年现代金融产业实现收入812亿元，同比增长34.6%。文化创意和高新技术产业融合发展，落实"互联网+"行动计划，打造科技成果转化应用平台，被认定为"国家级文化和科技融合示范基地""北京市国际科技合作基地"，2016年惯新技术产业实现收入1250亿元，同比增长4.2%，文化创意产业实现收入372.3亿元，同比增长8.7%。商务服务产业创新发展，扎实推进全市首个商业保理试点，集聚商业保理企业50余家，获批"国家电子商务示范基地"。旅游休闲产业特色发展，世界旅游城市体验中心、莲石湖旅游项目投入运营，首钢工业文化旅游区获批3A级旅游景区，2016年旅游休闲产业实现收入41亿元。"一轴三园"重点功能区建设加速推进，"长安金轴"影响力不断扩大，京西商务中心主体完工，现代金融产业基地成为金融创新发展的要素集聚区，二期建设全面启动；北京保险产业园建设强力推进，配套基础设施加快完善，648地块主体结构封顶，637等四个地块实现上市，地下综合管廊主体结构完成；中关村石景山园加快建设，园区面积从3.45平方公里扩大至13.34平方公里，新建点石商务中心等产业载体78.5万平方米；新首钢高端产业综合服务区建设扎实推进，加强与首钢的战略合作，建立工作对接机制，构建发展共同体，研究落实42项具体工作，国务院侨办批准设立的"侨梦苑"项目正式落地，西十筒仓改造项目基本完成，北京冬奥组委首批工作人员顺利入驻。深化"石景山服务"品牌建设，实施石景山服务"118"行动计划，制定出台"1+N"系列政策体系，建立以贡献配置资源的机制，完善招商引资联络员和订单式服务等措施，全年引进注册资金五千万元以上企业256家,亿元以上企业80家。

## 城市建设与管理

科学编制经济社会发展“十三五”规划,出台“八个高端体系”专项规划和“长安金轴”、永定河绿色生态发展带等空间发展规划,完成北辛安、西黄村棚户区等32个项目控规优化,城市功能布局更加合理。科学把握土地开发和入市节奏,16个项目共77.7公顷土地完成上市交易,交易额超过311.7亿元,建筑规模达211.3万平方米,形成了一批优质载体。市级重点工程进展顺利,长安街西延、苹果园交通枢纽和轨道交通S1线、M6线开工建设。区级重点工程扎实推进,实施222个重大项目,投资总规模近千亿元。市政道路建设步伐加快,新建、改扩建城市道路34条,实施大中修工程121项,交通网络不断优化。市政基础设施建设稳步推进,供热、供水、排水系统纳入全市大管网,永定、石莲两座变电站投入使用,13个老旧小区供热管线完成更新改造,城市运行保障能力明显增强。加强静态交通管理,增设停车位30701个,调整优化公交线路33条,建设公共自行车服务站点107个、新增自行车3000辆,备案核准新能源汽车充电桩的704个,建成北京市最大的光伏新能源汽车充电站,绿色交通水平进一步提升。在9个老旧小区试点准物业管理,完成134个小区垃圾分类达标工作,开展城市景观提升工程,建成22条精品大街和8个重点区域景观提升项目,城市形象显著改善,顺利通过国家卫生区复审。“智慧石景山”建设深入推进,社会服务网、城市管理网、社会治安网深度融合。

## 治乱疏解建高端

持续做好首钢涉钢产业搬迁调整后续工作,妥善分流安置富余人员6.47万人,全面关停京能、高井两大燃煤电厂,建成亚洲最大的西北热电中心,以首钢、电厂为代表的百年重工业基地实现彻底转型。在全市率先出台新增产业禁止和限制目录,加快淘汰疏解低端产业,关停工业企业11家,清理整治非法砂石厂14家,拆除清退市场32处。全面打响治乱疏解攻坚战,528个大杂院已完成91%的清理整治任务。制定并严格执行控制人口规模工作方案,强化街道和部门双调控机制,关停22个非法幼儿园,清理139处地下空间,拆除672处群租房,常住人口实现由升转降,比年初减少1.7万人,控制在63.5万人以内。加强与唐山、保定等地区的对接合作,积极融入京津冀协同发展大局。全力应对产业空心化,大力培育壮大新兴主导产业,第三产业比重68%,对财政的贡献率85.6%。严格落实“五个典范”标准,建成北京首个、全国最大的绿色三星建筑群——京西商务中心,一批符合国际绿色建筑标准的精品力作全面推进。大力实施“西绿东引”工程,建成莲石湖、长安绿轴等绿化美化项目,城市绿化覆盖率达到51.3%,人均公共绿地面积达到18.4平方米,居城区第一,成功创建“全国绿化模范城市”。

## 社会事业发展

多渠道开发就业岗位,累计新增就业5.7万个,社会保险收缴率达98%以上,劳动关系和谐稳定,社会保障水平进一步提高。累计投资4.28亿元完成693项便民工程和为民办实事项目,投资4.91亿元实施448项济困工程,救助108.4万人(户)次。建设和筹集各类保障性和政策性住房18857套,廉租房应保尽保率达到100%。推进东下庄、西黄村、西井、北辛安4个棚户区改造项目,完成573栋居民楼、259万平方米老旧小区抗震加固和节能改造任务。深化教育领域综合改革,加快构建“四个学区横向交接、八个集团纵向引领”的教育发展格局,新增学龄前学位5400个,引进北大附中、附小和北师大附中等市级名校,2016年高考本科上线率全市排名第一,各级各类教育均衡优质特色发展。医药卫生体制改革取得阶段性成果,建立三个医疗联合体,开展以中医药为特色的健康管理社区试点工作,加强医疗卫生设施建设,成功创建全国健康促进试点区和全国计划生育优质服务先进区。文化建设进一步加强,广泛开展精神文明创建活动,加快推动区文化中心建设,大力实施文化惠民工程,启动首都公共文化服务示范区创建工作,取得国家公共文化服务体系示范项目创建资格。完成第十四届市运会参赛任务,建成138个体育生活化社区,全民健身运动深入开展。推进社会治理平台建设,建立区街两级社会治理委员会,形成区街居三位一体的治理服务体系。设立每个街道1000万元民生家园建设资金和每个社区50万元“党建统领服务群众经费”,统筹规范20类街道协管员队伍,创建92个“六型社区”,建立149个社区议事厅,建成69个市级“一刻钟社区服务圈”,社区办公和活动用房达标率实现100%。本着“做得更好、争优创先”的目标,积极支持中部战区、陆军领导机关、北京军区善后办工作,推进军民融合深度发展,获“全国双拥模范城”七连冠。强化安全生产责任落实和隐患排查治理,推行公共管理综合保险试点,被评为全市安全生产先进单位。加强社会治安综合治理,严密防范和惩治各类违法犯罪活动,形成多层次、全方位、无缝隙的安保网络。

## 全面深化改革

大力推进城市管理体制改革,建立健全党建统领、行政综合、法治综合、上下综合、社会综合的城市综合管理体系,成为全市唯一的城市管理体制改革试点区和全国综合行政执法体制改革试点城区,具有石景山特色、符合首都现代化发展要求的新型城市管理模式基本形成,得到了市委、市政府的充分肯定和高度评价,改革试点经验被纳入中共中央、国务院《关于深入推进城市执法体制改革改进城市管理工作的指导意见》。积极推行信访代理制，构建“三级代理”工作格局，实行信访积案“五个一”包案制度，推进街道信访代理平台建设，形成全覆盖的信访工作体系，受理群众信访批次、人次同比分别下降30%、35%，其中集体访批次同比下降12%、人次同比上升32%，“六个之家”建设成效显著，改革成果被纳入中共中央、国务院《正确处理新时期人民内部矛盾的20条意见》。深化商事制度改革，在全市率先试行“三证合一”登记制度，实现全程网上办理，全市首个电子化企业信用档案库一期建成并投入使用，全面开展“营改增”扩围。养老服务体制改革全面启动，制定出台《石景山区居家养老服务体制改革的实施意见》，启动十项具体改革措施，打造居家养老“老街坊”“9110”品牌模式，建成8个街道养老照料中心、15家社区养老服务驿站，被认定为全国居家和社区养老服务改革试点区。

# 特　载

# 坚持党建统领　建设两大生态<br>初步建成国家级绿色转型发展示范区

## ——在中共北京市石景山区第十二次代表大会上的报告<br>（2016年12月6日）

中共北京市石景山区委书记　牛青山

各位代表、同志们：

中共北京市石景山区第十二次代表大会，是在认真学习贯彻党的十八届六中全会精神、深入推进我区全面深度转型、高端绿色发展关键时期召开的一次十分重要的会议。大会的主题是：高举中国特色社会主义伟大旗帜，深入贯彻习近平总书记系列重要讲话精神，坚持党建统领，坚持全面从严治党，全力推进我区风清气正政治生态和高端绿色发展生态建设，为初步建成国家级绿色转型发展示范区而努力奋斗。

现在，我代表中共石景山区第十一届委员会向大会作工作报告，请予审议。

**一、攻坚克难，过去五年我区转型发展取得重要成果**

五年来，特别是党的十八大以来，以习近平同志为核心的党中央开创了中国特色社会主义事业和全面从严治党的新时代，区委以高度的政治自觉和责任担当，深入贯彻习近平总书记系列重要讲话精神这一当代马克思主义，认真落实市委市政府决策部署，圆满完成了区十一次党代会确定的各项任务，全面深度转型胜利走出低谷，步入高端绿色发展的历史新阶段，风清气正的政治生态和高端绿色的发展生态建设都取得了历史性的重要成果。

五年来，我们把全面从严治党作为首要政治任务，党的领导明显加强。我们确立了把党建统领作为最大法宝、最大战略、最大政绩和最迫切任务的战略思维，大力推进全面从严治党，全力构建风清气正的政治生态。坚决扛起全面从严治党主体责任，建立了区委党建工作办公会、主体责任专题会、班子及成员履职全程记实、意识形态工作责任制等制度，打出了落实主体责任的组合拳。狠抓一把手作表率工程，主要领导带头抓党建、带头讲党课、带头发表署名文章、带头承诺签责，形成了以上率下的良好势头。我们把思想政治建设作为全面从严治党的灵魂和前提，强化“思想力是第一领导力”的理念，强化精神家园建设，组织开展学习宣传党的十八大和习近平总书记系列重要讲话精神各类讲座报告150多次、宣讲活动上千场。扎实开展党的群众路线教育实践活动、“三严三实”专题教育和“两学一做”学习教育，紧紧围绕精神家园建设“六要素”持续发力，把“四大一满意”作为目标，把立行立改贯穿始终，做到了高质量、高标准、有特色，得到了中央巡回督导组和市委专项检查组的充分肯定。我们把组织建设作为全面从严治党的决定性环节，坚持公平正义，坚持改革创新，坚持事业导向，坚持好干部标准，区委常委会共研究任免处级干部68批，其中提拔303人，交流调整643人次，提振了干事创业的精气神。我们彻底破除“四唯”，建立了领导班子和领导干部实绩档案制度；积极探索规律，把老中青各年龄段的干部都作为宝贵财富；严肃制度规矩，明确了贯彻民主集中制“三部曲”的工作流程；严明组工纪律，切实汲取吕锡文严重违纪违法案件极其深刻的教训，消除其极其恶劣的影响，在思想上、组织上、作风上、制度上正本清源，制定了“八个坚决防止”的纪律规定。我们大力加强基层党组织和党员队伍建设，围绕着力加强政治功能和服务功能，明确了“五个服务”要求和“八有”建设体系，开办主体责任培训班，组织基层书记论坛，各领域基层党建进一步活跃起来、加强起来、提升起来。我们把党风廉洁建设作为全面从严治党的生命线，坚决落实中央“八项规定”精神，制定了“十要十不准”纪律，提出了“六严六必”要求，在全市率先组建了两个纪律作风建设巡察组，建成声光电一体化的廉政教育基地；我们从思想、组织、作风、体制、机制、编制上全面加强纪委建设，大力支持纪委聚焦主责主业，落实“两为主”“三转”工作，做到纪检干部专职化，实现派驻机构全覆盖，努力打造特别忠诚、特别能战斗的特殊部队；以零容忍态度惩治腐败，五年来立案数大幅增长，共立案114件，结案100件，党纪政纪处分100人，移送司法机关16人，形成了正风肃纪的强大震慑和高压态势。

五年来，我们把高端绿色发展作为全区各项事业的共同目标、思维方式和工作追求，转型升级取得了历史性的重要成绩。我们全面落实“五位一体”总体布局和“四个全面”战略布局，主动融入京津冀协同发展，按照首都“四个中心”战略定位和建设国际一流和谐宜居之都的目标，在继承和发展CRD战略基础上，进一步确立了“全面深度转型、高端绿色发展”战略和建设国家级绿色转型发展示范区目标，明确了“八个高端体系”的发展路径和“五个典范”的标准，全区上下形成了广泛共识，为在新的历史阶段推进我区高端绿色发展，提供了科学指导和行动指南。我们狠抓“增量高端、存量提升、依法治乱”三件大事，走出了一条具有时代特征、首都特点、石景山特色的高端绿色发展新路。我们深入贯彻京津冀协同发展规划纲要，大力疏解非首都功能，持续做好首钢涉钢产业搬迁调整后续工作，妥善分流安置富余人员6.47万人，率先出台产业禁限目录，全面关停京能、高井两大燃煤电厂，建成亚洲最大的西北热电中心，压减燃煤550万吨，占同期全市压煤总量的42%，基本建成全市第三个“无煤区”，实现了以首钢、电厂为代表的百年重工业基地彻底转型，取得了疏解非首都功能的先行优势；全面打响“治乱疏解建高端”攻坚战，集中开展3次“亮剑行动”，完成480个低端产业聚集人群大院清理整治任务，超额完成年底拆除80%的预期目标；严格落实人口调控措施，今年实现由升转降，常住人口控制在63.5万人以内；投资107亿元实施了50件环保实事，PM2.5年均浓度比2013年下降14.5%。我们狠抓存量提升，实施“西绿东引”工程，莲石湖、长安绿轴等绿化美化项目建设取得重要成效，城市绿化覆盖率达到51.3%，保持城区前列，成功创建“全国绿化模范城市”；开展冬奥组委、中部战区、陆军领导机关、北京军区善后办、八角片区、鲁谷片区等8个重点区域环境综合提升项目，建成22条精品大街，城市面貌焕然一新，通过“国家卫生区”复审；加快推进城市基础设施建设，长安街西延和轨道交通S1线、M6线等市、区重点工程扎实推进，供热、供水、排水全部纳入全市管网系统，城市运行保障能力进一步提升。我们狠抓增量高端，按照“世界眼光、国际标准、首都特色”的要求，明确了新建住宅二星级、公建三星级的绿色建筑地区标准，京西商务中心成为北京首个、全国最大的绿色三星建筑群，北京保险产业园、新首钢高端产业综合服务区的规划都达到了绿色建筑三星级标准；加快推进“一轴三园”建设，新建产业地产211万平方米，形成了一批优质载体；大力培育壮大五大主导产业，在外部国际金融危机持续影响宏观经济下行、内部首钢涉钢产业全部停产产业空心化的双重压力下，区域经济逆势上扬，主要指标快速增长，与2011年相比，一般公共预算收入突破50亿元，实现总量翻番，增速为全市第一；地区生产总值预计达到460亿元，年均增长7.5%，第三产业比重达到68%，对财政的贡献率为85.6%，成为经济发展的主力军；万元GDP能耗下降68.1%，降幅居全市首位，区域经济进入高端绿色发展期和持续稳定增长期。

五年来，我们把全面深化改革作为最突出的时代担当，改革创新成为我区鲜明特色。我们坚持问题导向，深刻认识到“难作为”的体制是造成“不作为”的根本原因，把改革创新作为破解难题的“金钥匙”，成立了由区四套班子主要领导担任组长的全面深化改革领导小组，对30项重点改革任务实行主管区领导负责制，实施项目清单式管理，推出了一批有力度、有特色、有影响的改革举措，取得了一批引领改革前沿的重要成果。我们深入开展城市管理体制改革，以党建为统领，构建了行政综合、法治综合、上下综合、社会综合的新体系，高标准高质量完成了北京市城市管理体制改革试点和全国综合行政执法改革试点工作，创造了石景山模式，走在了全国前面，新华社内参、人民日报内参分别进行了专刊报道，上海、天津、武汉等20多个省市到我区学习考察，改革成果体现在中共中央、国务院《关于深入推进城市执法体制改革改进城市管理工作的指导意见》和北京市《关于全面深化改革提升城市规划建设管理水平的意见》中，为开好全国、全市城市工作会议作出了贡献。积极推行信访代理制改革，本着把全区各级党委、政府及其部门建设成为“代理人民诉求之家、为民排忧解难之家、维护公平正义之家、法治宣传教育之家、征集人民建议之家和人民群众满意之家”的目标，建立“三级代理”工作格局，实行信访积案“五个一”包案制度，受理群众信访件次、人次较2011年下降65%和56%，集体访件次、人次下降63%和75%，信访代理制度被纳入中共中央、国务院《正确处理新时期人民内部矛盾的20条意见》。深入探索“老街坊”居家养老模式，初步形成了具有石景山特色的养老服务体系。积极开展商事登记制度改革，在全市率先颁发了“三证合一、一照一码”营业执照，率先开展了企业信用档案库试点建设。努力破解“农转居”后续问题，12个农工商公司全部完成改制，集体经济发展走出了一条新路。实施区属国有企业改革三年规划，国有企业作用进一步发挥。在全市率先推进党政目标督查考核改革，促进了各项事业发展。

五年来，我们把民主政治建设作为最有力的发展保障，汇聚了干事创业的强大合力。我们提出“四套班子都是一线”“人大、政协、各民主党派、各群团组织都是民主政治建设的主力军、主渠道”，形成了“党委有大格局，政府有大作为，人大、政协、各民主党派、群团组织都有大担当，四套班子一起上、四个轮子一起转”的整体合力。制定了《关于在新形势下进一步加强和改进人大工作的意见》，支持人大及其常委会依法行使职权。实施了《关于加强对区属党政部门履职情况开展民主监督与评议工作办法》，支持政协创新民主监督形式。出台了《关于深入推进民主政治建设进一步加强人大建议和政协提案办理工作的意见》，办成率和满意率大幅提高。制定了《关于加强社会主义协商民主建设的实施意见》，进一步推动协商民主广泛多层制度化发展。深入开展统战工作，认真听取各民主党派、工商联和无党派人士意见。加强和改进群团工作，推进民族、宗教、侨务和对台工作取得新进展。创新多元参与的社会治理模式，成立了区、街两级社会治理委员会，149个社区全部建立了议事厅，畅通“社情民意直通车”和“老干部建言献策直通车”，协商共治迈出坚实步伐。本着“做得更好、争优创先”的目标，积极支持中部战区、陆军领导机关、北京军区善后办工作，推动军民融合深度发展，荣获“全国双拥模范城”七连冠。扎实推进依法治区，形成了党委依法执政、政府依法行政、政法机关公正司法、人民群众懂法守法的良好局面。

五年来，我们把民生家园建设作为根本目的，人民群众享有更多的获得感和幸福感。我们把民生作为一切工作的出发点、“导航仪”和落脚点，持续加大民生领域投入，居民人均可支配收入年均增长9%，超过经济增速，民生支出占全区财政支出的比重达到73.1%，群众福祉大幅提升。我们把劳动就业和社会保障作为最根本的民生，城镇登记失业率控制在2.5%以内，社会保险参保率达到98%以上，建立了区领导蹲点办公、区处两级干部与困难家庭结对帮扶制度，实施济困工程448项。我们把住房和生活环境作为最突出的民生，建设和筹集各类保障性和政策性住房18857套，启动东下庄、西井、西黄村和北辛安棚户区改造，设立每个街道1000万元民生家园建设资金和每个社区50万元“党建统领服务群众经费”，实施便民工程693项，建成92个“六型社区”和69个市级“一刻钟社区服务圈”，社区办公和活动用房达标率实现100%。我们把教育、医药卫生作为最普遍的民生，引进北大附中、附小和北师大附中京西分校，各级各类教育均衡优质特色发展，2016年高考本科上线率全市排名第一；医药卫生体制改革取得阶段性成果，建立三个医疗联合体，加强医疗卫生设施建设，开展中医药为特色的健康管理社区试点工作，成功创建全国健康促进试点区。我们把文化作为最高端的民生，大力培育和践行社会主义核心价值观，涌现出全国道德模范任全来等一批先进个人和集体，树立了百姓身边的榜样；健全公共文化服务体系，高标准推进区文化中心建设，大力开展文化惠民活动，启动首都公共文化服务示范区创建工作，成功取得国家公共文化服务体系示范项目创建资格；深入开展全民健身运动，建成138个体育生活化社区。我们把和谐稳定作为最基础的民生，深入推进“平安石景山”建设，全面加强社会治安综合治理和消防、交通、食品药品、安全生产监管，圆满完成了党的十八大、APEC会议、纪念抗战胜利70周年和世界田径锦标赛等重大活动的服务保障任务，确保了社会安全稳定。

各位代表、同志们，过去五年，是全面深度转型、高端绿色发展的五年，是励精图治、敢于担当、干事创业的五年，是两大生态建设取得历史性重要成果的五年，是改革创新的五年，是人民群众得到更多实惠的五年，是胜利的五年。成绩的取得，是在市委坚强领导下，区四套班子和全区各级党组织、广大党员干部群众同心同德、艰苦奋斗的结果，是各民主党派、人民团体和社会各界共同努力的结果，是驻区中央、市属单位，部队、企业大力支持的结果。在此，我代表区委，向所有为石景山区发展作出贡献的同志们、朋友们，表示衷心的感谢和崇高的敬意！

成绩来之不易，经验弥足珍贵，归纳起来有以下五点体会：

——必须坚持党建统领、从严治党。只有把党建统领作为最大法宝、最大战略、最大政绩和最迫切任务，不断强化党的领导力，打造忠诚干净担当的干部队伍，营造风清气正的政治生态，才能为高端绿色发展提供根本保证。

——必须坚持高端引领、绿色发展。只有坚决贯彻落实习近平总书记视察北京的重要讲话精神和市委的决策部署，认真落实“四个全面”战略布局和首都“四个中心”战略定位，坚定不移地推进高端绿色发展，才能不断开创我区转型升级的新局面。

——必须坚持改革创新、攻坚克难。只有把改革创新作为推进发展的制胜法宝，以改革创新的理念引领发展，以敢闯敢试的精神迎难而上，才能破解转型发展中的瓶颈制约，推动转型发展不断取得新突破。

——必须坚持发扬民主、依法治区。只有把民主法治作为推进发展的重要保障，加强民主政治建设，营造良好法治环境，才能推进治理体系和治理能力现代化，不断巩固和发展民主团结、生动活泼、和谐有序的政治局面。

——必须坚持执政为民、民生优先。只有牢固树立以人民为中心的发展理念，把人民的期待作为我们的奋斗目标，千方百计保障和改善民生，认真解决好群众关心的热点难点问题，才能凝聚民心民力，不断把事业推向前进。

在总结成绩和经验的同时，我们也必须清醒地看到存在的困难和问题，主要是：人口调控、违法建设、交通拥堵、大气污染等“大城市病”问题还比较突出，治乱疏解任务十分艰巨；经济总量偏小，主导产业优势不明显，市政基础设施规划实现率较低，优质城市资源相对缺乏，增强区域核心竞争力需要付出更大努力；民生家园建设与老百姓期盼还有不小差距，棚户区改造、老旧小区管理任务繁重，教育、文化、卫生、养老、体育等公共服务水平有待进一步提升；落实全面从严治党工作还不平衡，干部队伍建设尤其是高端人才队伍建设急需加强。针对这些问题，我们要加大工作力度，切实加以解决。

## 二、明确目标，坚定承担好两大生态建设的历史使命

未来五年，是石景山区全面深度转型、高端绿色发展新的历史进程中乘势而上、大有作为、成效彰显的重要战略机遇期。迎接建党100周年面临历史检验，责任重于泰山；全面建成小康社会的百年奋斗目标进入决胜阶段，历史重任催人奋进；党的十九大即将召开，为我们吹响新长征路上的新号角；京津冀协同发展全面推进，给我们提供了更加广阔的发展空间；北京加快建设国际一流的和谐宜居之都，全面打响了疏解非首都功能、建设“四个中心”攻坚战；冬奥组委入驻石景山，给我们带来了大好机遇。总体看，我区将进入一个集光明前景、难得机遇、重大挑战、严峻考验于一体的重要历史时期，全区上下必须以习近平总书记系列重要讲话精神这一当代马克思主义为行动指南，进一步把思想统一起来，把行动落实下去，更加积极主动和卓有成效地承担好全面从严治党的历史使命，更加积极主动和卓有成效地承担好从传统重工业区到高端绿色之城的历史使命，不忘初心、继续前进、励精图治、再创辉煌，向党和人民交上一份优异的答卷。

今后五年全区工作的指导思想是：高举中国特色社会主义伟大旗帜，以马克思列宁主义、毛泽东思想、邓小平理论、“三个代表”重要思想、科学发展观为指导，深入贯彻习近平总书记系列重要讲话精神，认真落实“五位一体”总体布局和“四个全面”战略布局，牢固树立创新、协调、绿色、开放、共享的发展理念，牢牢把握首都城市战略定位，坚持以党建统领为法宝，以改革创新为动力，以依法治区为保障，以改善民生为目的，进一步建设好我区风清气正的政治生态和高端绿色

的发展生态,初步建成国家级绿色转型发展示范区。

今后五年全区工作的主要目标是:

——进一步建设好风清气正的政治生态:党的领导坚强有力,始终同党中央保持高度一致,全面从严治党责任层层夯实,党建统领成为高端绿色发展的鲜明特征和根本保证;政治建设全面加强,党内政治生活严肃认真,形成又有集中又有民主、又有纪律又有自由、又有统一意志又有个人心情舒畅生动活泼的政治局面;思想建设深入推进,党员队伍理想信念更加坚定,精神家园建设成效明显,凝聚力向心力显著增强;组织建设不断夯实,正确的选人用人导向更加鲜明,干部监督管理体系不断健全,忠诚干净担当的干部队伍日益壮大,基层党组织的政治功能与服务功能进一步强化,战斗堡垒作用充分发挥;作风建设久久为功,贯彻群众路线的自觉性坚定性进一步增强,党纪党规全面落实,形成优良的党风、政风、民风;反腐倡廉建设扎实有力,监督执纪问责全面强化,标本兼治的体制机制更加健全,党风廉洁建设和反腐败斗争取得明显成效;制度建设不断完善,基本形成一套于法周延、于事简便、务实管用的制度体系,各级党组织建设的科学化水平全面提高。

——进一步建设好高端绿色的发展生态:五大主导产业快速发展,地区生产总值年均增长7%左右,一般公共预算收入年均增长10%,第三产业增加值占GDP比重超过72%,初步建成高端的服务业为主导的产业体系;科技创新优势进一步凸显,高新技术产业收入达到1600亿元,中关村石景山园总收入突破2300亿元,专利申请量超过4000件,初步建成高端的科技创新驱动体系;城市规划实现"多规合一",存量违法建设全部拆除,棚户区改造全面完成,基本形成现代化的基础设施体系,一批精品力作成为首都新标杆,实现城市管理的智能、精细、高效,初步建成高端的城市规划、建设和运行体系;"西绿东引"工程全面完成,城市绿化覆盖率达到53%,力争实现100%的绿色施工、100%的新建绿色建筑、100%的绿色交通、100%的清洁能源、100%的污水治理,垃圾减量化、资源化水平显著提高,常住人口比"十二五"末下降15%,大气环境质量实现北京市控制目标,初步建成高端的生态文明体系;精神文明建设深入开展,区文化中心等重要文化地标高标准建成,各级公共文化设施实现覆盖率100%、达标率100%,形成一批特色文化活动品牌,初步建成高端普惠的文化生活体系;就业和社会保障体系更加完善,城镇登记失业率控制在3%以内,城镇职工社会保险参保率达到98%以上,教育、文化、卫生、养老、体育等事业发展水平明显提升,初步建成高端的民生保障体系;社会治理体系和治理能力现代化取得显著进展,形成多元主体共同参与的工作格局,初步建成高端的社会治理体系;培养、集聚和引进一批高端绿色发展紧缺急需人才,打造一支数量充足、结构合理、素质优良的高端人才队伍,初步建成高端的人才管理体系。

各位代表、同志们,新目标催人奋进,新征程任重道远,石景山区高端绿色发展的美好蓝图将在未来五年初步建成,全区人民对此满怀期盼。站在新的历史起点,肩负新的历史使命,全区上下必须统一思想,坚定信心,保持战略定力,锁定目标不动摇,一张蓝图干到底,共同谱写更加辉煌的明天!

## 三、正本清源,进一步建设好风清气正的政治生态

党的领导是中国特色社会主义的最本质特征、最大特色、最大优势和根本保证。实现今后五年奋斗目标,必须始终把党建统领作为最大法宝、最大战略、最大政绩和最迫切任务,把正本清源、进一步建设好风清气正的政治生态作为最重大的时代使命,把坚持和完善党的领导作为各项事业成功的前提,把全面从严治党、层层落实主体责任作为最核心的工作主线,不断加强党的政治、思想、组织、作风、反腐倡廉和制度建设,切实发挥总揽全局、协调各方的领导核心作用。

### (一)始终把政治建设作为全面从严治党的核心和统帅,建设一支政治忠诚的党员、干部队伍

牢固树立政治意识、大局意识、核心意识、看齐意识,坚守政治信仰、站稳政治立场、把准政治方向,严明坚持党中央的集中统一领导这一根本的政治规矩,严守对党绝对忠诚这一最重要的政治纪律,全面贯彻执行党的基本路线,坚决维护以习近平同志为核心的党中央权威,始终在思想上政治上行动上同党中央保持高度一致,坚决做到令行禁止。严格落实《关于新形势下党内政治生活的若干准则》,切实加强和规范党内政治生活,扎实开展民主生活会、领导干部双重组织生活、谈心谈话、民主评议党员等工作,大胆使用、经常使用批评与自我批评武器,推动党的组织生活制度化、经常化、规范化,增强党内政治生活的政治性、时代性、原则性、战斗性,增强各级党组织和党员干部自我净化、自我完善、自我革新、自我提高能力,全面净化党内政治生态。

### (二)始终把思想建设作为全面从严治党的灵魂和前提,建设一支信念坚定的党员、干部队伍

牢牢扭住思想建党这个根本,坚持思想力是第一领导力的理念,进一步建设一支心系人民、信念坚定、道路自信、理论自信、制度自信、文化自信的过硬党员干部队伍。把深入学习习近平总书记系列重要讲话精神这一当代马克思主义作为精神家园建设的首要任务,用以武装头脑、推动工作。持续聚焦精神家园建设"六要素",突出全体党员的日常教育,以区处两级中心组学习为龙头,以党校为主阵地,以党支部为基本单位,以党的组织生活为基本形式,以创建学习型党组织为载体,以落实党员教育管理制度为基本依托,推动精神家园建设覆盖各个领域,为广大党员干部筑牢信仰之基、补足精神之钙、把稳思想之舵。全面落实党委领导意识形态工作责任,把思想理论建设作为核心和基础,把互联网等新媒体作为主阵地,把复杂舆情应对作为重要环节,弘扬主旋律、传播正能量,牢牢掌握意识形态领域的领导权、管理权和话语权。

### (三)始终把组织建设作为全面从严治党的决定性环节,建设一支德才兼备的党员、干部队伍

发挥干部工作作为政治生态"风向标"的作用,深化干部人事制度改革,坚持正确的用人导向,以最坚决的态度贯

彻事业导向、政绩导向，坚持德才兼备、以德为先，坚持五湖四海、任人唯贤，坚持好干部标准，把老中青各年龄段的干部都作为党的财富，大力培养、大胆使用忠诚干净担当、谋改革促发展实绩突出的干部，为敢于担当的干部担当，为敢于负责的干部负责，决不让好干部吃亏，坚决为好干部做主。着力加强好班长、好班子、好梯队建设，积极做好八个高端体系领军队伍、基层党建领军队伍、非公党建领军队伍等人才储备，为好干部打开广阔成长空间。深化干部实绩档案制度，注重在基层一线和急难险重工作中培养选拔干部，积极选派青年干部到基层进行实践锻炼，明确青年干部成长的“石景山路径”，激发干事创业活力。严格落实民主集中制“三部曲”工作流程和“八个坚决防止”工作纪律，进一步提高选人用人的公信度。健全从严管理干部工作体系，以关键岗位特别是“一把手”为重点，对“政治上不守规矩、廉洁上不干净、工作上不作为不担当或能力不够、作风上不实”的四类干部进行组织调整，推进干部能上能下。推进干部教育培训改革创新，加强基层党务工作者培训，提升队伍建设水平。探索建立容错纠错机制，鼓励支持干部干事创业。注重严管与厚爱相结合，关心各级干部的身心健康，重视和加强老干部工作，把各级党委及其组织部门建设成为“干部之家”“党员之家”“人才之家”。切实发挥基层党组织的政治功能和服务功能，落实“八有”建设体系，创新党建工作模式，不断扩大党的组织和工作覆盖面，推动基层党组织全面进步、全面过硬，使每一个基层党组织都成为推动发展、服务群众、凝聚人心、促进和谐的坚强战斗堡垒。

（四）始终把作风建设作为全面从严治党的基本要求，建设一支人民信赖的党员、干部队伍

始终把“永远和人民在一起、同呼吸、共命运”作为每一名共产党员的根本政治立场，紧紧围绕保持党同人民群众的血肉联系这一作风建设的核心，牢固树立以人民为中心的发展思想。始终把保障和改善民生、增进人民福祉作为我们一切工作的出发点、“导航仪”和落脚点，坚持立党为公、执政为民，坚决做到在任何时候任何情况下，全心全意为人民服务的宗旨不能忘，群众是真正英雄的历史唯物主义观点不能丢。加强和改进新时期群众工作，坚持工作重心下移，大兴领导干部下基层联系群众之风、调查研究之风、现场办公之风、听取社情民意之风，千方百计为群众排忧解难，切实成为群众信得过、靠得住、离不开的知心人、贴心人。巩固党的群众路线教育实践活动、“三严三实”专题教育和“两学一做”学习教育的成果，持之以恒落实中央“八项规定”精神，严格遵守中央“五个必须”、市委“十个严禁”和区委“十要十不准”纪律，驰而不息纠正“四风”，以优良党风凝聚党心民心、带动政风民风。

（五）始终把反腐倡廉建设作为全面从严治党的生命线，建设一支清正廉洁的党员、干部队伍

坚持“治病救人为大爱、纪在法前行大道、聚焦主业大担当、修枝剪叶大作为”的执纪理念，锁定纪检监察组织的职责定位，当好党内政治生活“清道夫”和党员政治生命的“守护神”。全面落实党委、纪委、党的工作部门的监督责任，紧紧围绕党章党规党纪的有效执行、维护党的团结统一开展党内监督。把纪律作风建设巡察组作为党内监督利剑，坚持巡察组人员构成多元化，对权力集中、资金密集、资源富集的部门和岗位开展经常性“纪律作风体检”。把“外部会诊”作为重要监督方式，充分发挥基层党组织、广大党员和党外监督的重要作用，织密监督之网，形成监督合力。严明党的纪律规矩，运用好监督执纪“四种形态”，坚持纪严于法、纪在法前，坚持从严从实、抓早抓小，让咬耳扯袖、红脸出汗成为常态。严格落实《中国共产党问责条例》，聚焦不担当、不负责、不作为、乱作为问题，实施强有力的问责。保持惩治腐败无禁区、全覆盖、零容忍的高压态势，以“严是爱、宽是害”“惩办少数就是爱护多数”的态度，紧盯重点人、重点事、重点问题，坚决查处领导干部违纪违法案件，加大案件追责和通报力度，用最坚决的态度和最果断的措施惩治腐败。

（六）始终把制度建设作为全面从严治党的根本保障，不断提高党组织建设的民主化、科学化水平

坚持把制度建设摆在突出位置，全方位扎紧制度笼子，使制度真正成为硬约束。全面落实党建责任清单制度，健全主体明晰、责任明确、有机衔接的责任体系，完善组织领导、压力传导、检查指导、谈话提醒、考核测评、督察追责等各环节责任链条，进一步推动管党治党从“宽松软”走向“严实硬”。坚决贯彻落实民主集中制，健全各级党委工作和议事规则，完善党内通报制度、情况反映制度和重大决策征求意见制度，提高民主决策科学化水平。切实发扬党内民主，畅通党员参与讨论党内事务的途径，拓宽党员表达意见渠道，保障全体党员平等享有党章规定的权利、履行党章规定的义务。严格落实党的组织生活制度，创新方式和载体，改进和完善“三会一课”制度，提高组织生活质量和效果。不断强化党内监督的有效途径，积极探索领导干部权力清单透明化和权力监督制度化改革，形成有权必有责、用权必担责、滥权必追责的制度安排，让权力在阳光下运行。进一步落实“人大、政协、各民主党派、各群团组织都是民主政治建设的主力军、主渠道”的理念和各项工作制度。坚持和完善人民代表大会制度，支持人大常委会和人大专门委员会依法行使职权，加强对法律实施和权力运行的监督。支持政协充分履行政治协商、民主监督、参政议政职能，深化区属党政部门民主监督与评议工作。坚持把做好统一战线工作作为各级领导干部的基本功，扎实做好各领域统战工作。完善社会主义协商民主制度建设，构建程序合理、环节完整、科学有效的协商民主体系，营造团结民主、生动活泼的良好局面。

## 四、励精图治，进一步建设好高端绿色的发展生态

推进高端绿色发展是贯彻“五大发展理念”、适应我国进入生态建设新时代的必然要求，是落实首都城市战略定位、建设和谐宜居首善之区的必由之路。必须以更大的勇气、更实的干劲，在“增量高端、存量提升、依法治乱”上持续

发力，全面推进“八个高端体系”建设，把我区建设成为“有山、有水、有城、有业、宜居”的首都城市西大门。

（一）落实首都城市战略定位，建设绿色生态示范区

预防和治理“大城市病”。以强烈的担当、总攻的态势、必胜的信念，坚决打赢治理“大城市病”的歼灭战。进一步推进治乱、疏解、建高端的各项工作，彻底实现从聚集资源求增长到疏解资源谋发展的路径转换。聚焦依法治乱，实行区级领导分片包干，组织精兵强将逐级承担，确保2017年底拆除全区所有存量违法建设。严格执行产业禁限目录，加快不符合首都功能定位的企业和商品市场关停调整，确保新增产业和项目绿色高端。严格落实生态红线，实行建设用地和总量开发强度“双控”，决不让今天的工作成为明天的问题和负担。持续开展人口调控，加快实施疏解整治促提升十大专项行动，坚决完成人口调控任务。高度重视环保工作，以最严格的措施治理大气、水、土壤污染，推进人口、资源、环境协调发展。

树立城市建设“五个典范”。本着创造历史、追求艺术的精神，按照“高端产业的典范、规划建设的典范、智能管理的典范、高端文化的典范、生态文明的典范”的标准，打造城市精品力作。发挥规划龙头作用，落实《北京市城市总体规划》修编要求，兼顾地上与地下、局部与整体、当前与长远，实现经济社会发展、生态环境保护、城市建设、土地利用等“多规合一”。坚持国际一流标准，高水平设计、高品质建设每一个城市载体，把北京保险产业园、京西商务中心、新首钢高端产业综合服务区建设成为高端绿色崛起的示范基地，为和谐宜居之都建设打造新标杆。加快重大基础设施建设，建成苹果园交通枢纽和S1线、M6线，完成长安街西延、永引渠南路等城市主干路建设工程，道路规划实现率达到85%以上。大力实施“智慧石景山”工程，实现智能管理的广覆盖。立足山水优势，全面完成“西绿东引”工程，形成“一山一河一轴、两心六廊、多点成网、生态社区”的绿地空间格局。

（二）实现产业升级，建设首都经济新的增长极

建成“高精尖”经济结构。深入推进供给侧结构性改革，严格执行“三高两低”的产业标准，充分发挥“互联网+”的带动效应，促进五大主导产业创新、融合、集群式发展。增强现代金融产业的战略性支柱地位，加快聚集保险金融等创新业态，基本建成国家级金融创新示范区。提升高新技术产业的支撑能力，加快科技成果的转化应用，初步建成科技成果转化应用强区。促进文化创意产业融合发展，提升国家级文化与科技融合示范基地发展水平。推动高端商务服务业创新发展，扩大商业保理产业规模，加快建设国家电子商务示范基地。增强旅游休闲产业的发展后劲，挖掘区域特色旅游资源，实现旅游休闲产业品质化升级。

形成“一轴三园”产业发展格局。充分发挥长安街西延线的区位优势，加快建设集现代金融、高端商务为一体的“长安金轴”。基本完成北京保险产业园的开发建设，大力发展创新型保险业态，将其建设成为全国保险创新试验区、保险产业聚集区和保险文化引领区。发挥中关村石景山园主阵地、主战场作用，建设国家自主创新示范区特色园区。加快推进新首钢高端产业综合服务区建设，打造产业转型升级的新引擎、新内核，建设发展共同体。深化“石景山服务”品牌建设，落实“1+N”系列政策，坚持招优引强，为企业营造良好发展环境。

（三）增强文化软实力，建设京西人文魅力城区

构筑精神文明新高地。深入贯彻落实《培育和践行社会主义核心价值观行动方案》，推动核心价值观建设具体化、系统化，筑牢全区人民团结奋斗的共同思想道德基础。深入推进精神文明建设，持续开展“身边榜样”等特色活动，精心打造“周末社区大讲堂”等宣讲品牌，发展壮大网络文明传播志愿者队伍，不断提升市民文明素质和城市文明程度，创建全国文明城区。加强舆论引导工作，增强区属媒体的吸引力和感染力，旗帜鲜明地宣传党的主张、弘扬社会正气、通达社情民意、疏导公众情绪，形成奋发向上的舆论氛围。

打造京西文化新名片。坚持传承发展、特色创新、开放整合、博采天下的理念，把文化融入经济、城市、社会和生态文明建设之中，让文化成为城市的灵魂，让城市成为文化的载体。充分挖潜八大处禅林文化、八宝山红色文化、永定河历史文化、首钢工业文化等资源禀赋，加快推进以模式口历史文化保护区为重点的西山文化带建设，打造“六聚石景山”等特色文化品牌，开展非遗传承利用活动，彰显京西文化特色。大力实施文化惠民工程，高标准建成区文化中心，完成街道、社区文化设施更新改造，抓好“一街道一品牌、一社区一特色”基层文化建设，丰富群众精神文化生活，创建首都公共文化服务示范区。

（四）提升社会治理水平，建设和谐平安石景山

构建共治共享格局。以社会治理体系和治理能力现代化为目标，完善区、街社会治理委员会制度，促进各级党政组织、驻区单位和社会各界共商共治辖区重大事务，形成多元主体共同参与社会治理的工作格局。加大社会组织培育扶持力度，健全志愿服务长效机制，充分发挥社区议事厅作用，实现政府治理和社会调节、居民自治良性互动。充分发挥法治的引领、规范和保障作用，建立四套班子“法律顾问”制度，全面提高依法执政、依法行政水平。支持法院、检察院依法独立公正行使职权，维护社会公平正义。充分发挥工会、共青团和妇联等群团组织的桥梁纽带作用，全面贯彻党的民族、宗教、侨务政策。继续大力支持军队改革，推进军民融合深度发展，争创“全国双拥模范城”八连冠。统筹协调所属与所辖、党内与党外、区内与区外的各种资源，凝聚起推进高端绿色发展的强大合力。

维护社会和谐稳定。把维护首都安全稳定作为永恒的重要政治任务，落实重大决策风险评估制度，完善社会矛盾排查调处机制，有效预防和化解矛盾纠纷。创新社会治安综合治理，建设立体化社会治安防控体系，把反恐防暴作为维稳第一位的任务，严密防范和严厉打击各类违法犯罪活动。牢固树立公共安全“红线”意识，严格落实党政同责、一岗双责、失职追责制度，认真贯彻安全监管要立足于平时、

立足于防范、立足于严管重罚、立足于责任落实的要求，全面加强消防、交通、食品药品、安全生产等重点领域监管，确保社会安全稳定。

（五）坚持以人民为中心，建设幸福民生家园

加强劳动就业和社会保障等最根本的民生建设。健全就业促进和创业引导政策体系，实现更加充分更高质量就业。进一步扩大社会保险覆盖面，稳步提高各类社会保险待遇水平，建设更加公平合理的社会保障体系。加强社会救助机制建设，加大济困工程投入，实施精准救助。建成残疾人康复中心，完善残疾人基本公共服务体系。

加强住房和生活环境等最突出的民生建设。构建以政府为主保障基本需求、以市场为主满足多层次需求的住房供应体系，形成基本需求有保障、中端需求有支持、高端市场有调控的住房供应梯度。全面完成北辛安、衙门口等棚户区改造，彻底改变城乡结合部面貌。基本完成老旧小区改造，探索形成居住区综合服务管理新模式，开展好便民工程和为民办实事项目，改善群众房前屋后的生活条件，为居民创造安全、整洁、优美、和谐的居住环境。加强动态、静态交通建设，完善道路设施，提高管理水平，新增2.3万个停车泊位，有效缓解群众反映强烈的行车堵和停车难问题。

加强教育和医药卫生等最普遍的民生建设。以办好人民满意教育为目标，建成“四个学区横向交接、八个集团纵向引领”的教育集群化发展格局，办好老百姓家门口的每一所学校，实现教育优质均衡发展，创建可持续发展教育国家示范区。深化医药卫生体制改革，推进医疗联合体建设，落实分级诊疗制度，建成西部中西医结合医院，实现中医药为特色的健康管理社区100%覆盖，建设健康石景山。广泛开展全民健身活动，推进区体育中心改造升级，实现体育生活化社区100%覆盖。

（六）深化改革开放，建设改革创新特色区

深入推进重点领域改革。把改革作为“金钥匙”，继续站在改革创新前沿，牢牢抓住未来五年改革的密集施工期，突出问题导向，制定任务清单，推出一批叫得响、立得住、群众认可的硬招实招，破解发展难题，增强发展动力。一方面，抓好既有改革成果的巩固提升。深化城市管理体制改革，形成具有首都特点的现代化城市治理体系；深化信访代理制改革，把各级党委、政府及其部门建设成为人民群众满意之家；扩大民主政治改革、经济体制改革等创新成果，为经济社会发展提供持续动力。另一方面，推进重点领域改革破冰前行。加快养老事业改革，加强“老街坊”居家养老网点建设，做好北京市政策性长期护理保险试点工作，全面建成具有首都标准、石景山特色的医康养相结合的养老服务体系。推进国有企业改革，提高企业发展的质量和效益，提升服务全区重大项目和重点工程的能力和水平。加快集体经济体制改革，进一步把思想统一起来、把组织加强起来、把工作统筹起来，以资本为纽带，以农工商总公司改制为契机，创新集体经济增长路径，打造集体经济组织协同发展的新模式。积极配合做好监察体制改革、司法体制改革等重点改革工作。

深化对外开放与合作。充分发挥首都城区的优势，紧紧抓住北京举办冬奥会和冬奥组委入驻我区的重大历史机遇，扩大国际交流合作，提升我区的知名度和国际交往能力，打造冬季体育运动特色城区和国际体育交流重点城区。深度融入京津冀协同发展，加强与唐山、保定等地区的对接合作，深化与海淀、丰台、门头沟、房山等周边区域的协同联动，推进资源共享、产业共联、环境共治。积极开展与首都高校、科研机构等智库的合作攻关，不断丰富和完善“八个高端体系”内涵，推动高端绿色发展。加强援藏、援疆、援蒙、援青等对口支援，做好干部挂职交流工作。

各位代表、同志们，回顾过去，石景山区为首都的工业发展作出了重大贡献，创造了辉煌业绩；展望未来，锐意进取的石景山人初心未变、为梦前行。让我们更加紧密地团结在以习近平同志为核心的党中央周围，高举中国特色社会主义伟大旗帜，在市委的坚强领导下，在社会各界的大力支持下，担当使命、砥砺前行，为早日建成国家级绿色转型发展示范区而努力奋斗！

# 政府工作报告

## ——在北京市石景山区第十六届人民代表大会第一次会议上

## （2016年12月20日）

北京市石景山区人民政府区长　夏林茂

各位代表：

现在，我代表石景山区人民政府向大会报告工作，请予审议，并请各位政协委员提出意见。

### 过去五年工作回顾

2012年以来的五年，是石景山区转型发展取得重大成绩、实现历史性转折的五年。五年来，在市委、市政府和区委的坚强领导下，在区人大、区政协的监督支持下，在继承和发展CRD战略的基础上，我们进一步提出并大力实施“全面深度转型、高端绿色发展”战略，加快建设“八个高端体系”，稳增长、促改革、调结构、惠民生，圆满完成了区十五届人大历次会议确定的各项目标任务。预计2016年地区

生产总值实现460亿元，比2011年提高43.4%，年均增长7.5%；一般公共预算收入达到51亿元，实现总量翻番，年均增长17.6%，增幅居全市首位；全社会固定资产投资达到224亿元，年均增长11.3%；社会消费品零售额达到280亿元，年均增长10.6%；居民人均可支配收入达到60245元，年均增长9%，超过经济增长幅度；城镇登记失业率控制在2.5%以内；万元GDP能耗下降68.1%，降幅居全市首位。经过五年的拼搏努力，我区全面深度转型胜利走出低谷，进入到高端绿色发展的历史新阶段。

### 一、主动融入大局，治乱疏解建高端成效显著

非首都功能加快疏解。持续做好首钢涉钢产业搬迁调整后续工作，妥善分流安置富余人员6.47万人，全面关停京能、高井两大燃煤电厂，建成亚洲最大的西北热电中心，以首钢、电厂为代表的百年重工业基地实现彻底转型。在全市率先出台新增产业禁止和限制目录，加快淘汰疏解低端产业，关停工业企业11家，清理整治非法砂石厂14家，拆除清退市场32处。全面打响治乱疏解攻坚战，集中开展3次“亮剑行动”，528个大杂院已完成91%的清理整治任务。制定并严格执行控制人口规模工作方案，强化街道和部门双调控机制，关停22个非法幼儿园，清理139处地下空间，拆除672处群租房，常住人口今年实现由升转降，比年初减少1.7万人，控制在63.5万人以内。加强与唐山、保定等地区的对接合作，积极融入京津冀协同发展大局。

高端绿色发展成效显现。全力应对产业空心化，充分发挥政策集成优势，大力培育壮大新兴主导产业，第三产业比重达到68%，对财政的贡献率为85.6%，经济成功升级成为我区转型发展最首要的突破口。严格落实“五个典范”标准，建成北京首个、全国最大的绿色三星建筑群——京西商务中心，一批符合国际绿色建筑标准的精品力作全面推进，成为我区转型发展最具魅力的城市新形象。牢固树立绿色发展理念，大力实施“西绿东引”工程，建成莲石湖、长安绿轴等绿化美化项目，城市绿化覆盖率达到51.3%，绿色生态成为我区转型发展最亮丽的金名片。始终坚持以人民为中心，积极推动民生家园建设，民生支出逐年递增，五年累计达到268.8亿元，占财政预算支出的73.1%，居民群众享有了更多获得感，成为我区转型发展最鲜明的特征。

### 二、加速转型升级，区域经济持续健康发展

五大主导产业初具规模。现代金融产业快速发展，北京保险产业园落户我区，建立全市第一个互联网金融产业基地，吸引光大信用卡中心、中保信、天安人寿等一批优质金融企业入驻，成为全区税收贡献的龙头，发起设立爱心人寿保险公司，实现了我区参股持牌金融机构零的突破，2016年现代金融产业预计实现收入812亿元，年均增长115%。文化创意和高新技术产业融合发展，落实“互联网+”行动计划，打造科技成果转化应用平台，被认定为“国家级文化和科技融合示范基地”“北京市国际科技合作基地”，2016年高新技术产业预计实现收入1250亿元，年均增长17.5%，文化创意产业预计实现收入360亿元，年均增长12.5%。商务服务产业创新发展，扎实推进全市首个商业保理试点，集聚商业保理企业50余家，获批“国家电子商务示范基地”，2016年商务服务产业预计实现收入647亿元，年均增长22.7%。旅游休闲产业特色发展，世界旅游城市体验中心、莲石湖旅游项目投入运营，首钢工业文化旅游区获批3A级旅游景区，2016年旅游休闲产业预计实现收入41亿元，年均增长8%。

“一轴三园”重点功能区建设加速推进。“长安金轴”影响力不断扩大，京西商务中心主体完工，现代金融产业基地成为金融创新发展的要素集聚区，二期建设全面启动。北京保险产业园建设强力推进，配套基础设施加快完善，648地块主体结构封顶，637等四个地块实现上市，地下综合管廊主体结构完成。中关村石景山园加快建设，园区面积从3.45平方公里扩大至13.34平方公里，新建点石商务中心等产业载体78.5万平方米。新首钢高端产业综合服务区建设扎实推进，加强与首钢的战略合作，建立工作对接机制，构建发展共同体，研究落实42项具体工作，国务院侨办批准设立的“侨梦苑”项目正式落地，西十筒仓改造项目基本完成，北京冬奥组委首批工作人员顺利入驻。

发展环境持续优化。深化“石景山服务”品牌建设，实施石景山服务“118”行动计划，制定出台“1+N”系列政策体系，建立以贡献配置资源的机制，完善招商引资联络员和订单式服务等措施，坚持招优引强，五年来引进注册资金千万元以上企业2982家，亿元以上企业282家。

### 三、注重建管并重，城市承载能力进一步提高

规划龙头作用有效发挥。认真核算土地、规划、投资、人口四本账，科学编制经济社会发展“十三五”规划，出台“八个高端体系”专项规划和“长安金轴”、永定河绿色生态发展带等空间发展规划，完成北辛安、西黄村棚户区等32个项目控规优化，城市功能布局更加合理。科学把握土地开发和入市节奏，16个项目共77.7公顷土地完成上市交易，交易额超过311.7亿元，建筑规模达211.3万平方米，形成了一批优质载体。

城市基础设施更加完善。市级重点工程进展顺利，长安街西延、苹果园交通枢纽和轨道交通S1线、M6线开工建设。区级重点工程扎实推进，实施222个重大项目，投资总规模近千亿元。市政道路建设步伐加快，新建、改扩建城市道路34条，实施大中修工程121项，交通网络不断优化。市政基础设施建设稳步推进，供热、供水、排水系统纳入全市大管网，永定、石莲两座变电站投入使用，13个老旧小区供热管线完成更新改造，城市运行保障能力明显增强。

精细化管理水平大幅提升。加强静态交通管理，增设停车位30701个，调整优化公交线路33条，建设公共自行车服务站点107个、新增自行车3000辆，完成新能源汽车充电桩的备案核准704个，建成北京市最大的光伏新能源汽车充电站，绿色交通水平进一步提升。在9个老旧小区试点准物业管理，完成134个小区垃圾分类达标工作，开展城市景观提升工程，建成22条精品大街和8个重点区域景

观提升项目，城市形象显著改善，顺利通过国家卫生区复审。“智慧石景山”建设深入推进，社会服务网、城市管理网、社会治安网深度融合。

### 四、强化绿色发展，生态文明建设力度加大

绿化美化成效明显。牢固树立“融合山水谋发展”理念，立足区域资源禀赋，全面启动“西绿东引”工程，加快推进长安绿轴等162个绿化美化项目，实施36处公共绿地和58条道路绿地的建设改造工程，绿化面积超过503.3公顷，人均公共绿地面积达到18.4平方米，居城区第一，成功创建“全国绿化模范城市”。

空气质量持续改善。严格执行“压煤、控车、降尘、治污”措施，投资107亿元实施50件环保实事，PM2.5累计平均浓度比2013年下降14.5%，二氧化硫排放稳定达标，大气主要污染物年均浓度持续下降。全面完成单位燃煤锅炉清洁能源改造和民用散煤治理工作，压减燃煤552万吨，占同期全市压煤总量的42.7%，提前一年基本建成全市第三个无煤区。

水环境治理稳步推进。编制水系景观规划方案，实施永引渠等3条生态廊道建设。落实最严格水资源管理制度，完成全区集中式饮用水水源保护区的重新调整和划定工作。投资4.08亿元，完成人民渠首钢段、北八沟等4条中小河道治理，建成五里坨污水处理厂，全区污水处理率达到98%。整治14个重点地质灾害隐患点，实施59项防汛消隐工程，水务保障能力进一步增强。

### 五、坚持民生优先，人民群众的幸福感和获得感不断提升

社会保障更加有力。多渠道开发就业岗位，累计新增就业5.7万个，社会保险收缴率达98%以上，劳动关系和谐稳定，社会保障水平进一步提高。累计投资4.28亿元完成693项便民工程和为民办实事项目，投资4.91亿元实施448项济困工程，救助108.4万人(户)次。建设和筹集各类保障性和政策性住房18857套(其中从房山、大兴等区外筹集4000余套)，廉租房应保尽保率达到100%。推进东下庄、西黄村、西井、北辛安4个棚户区改造项目，完成573栋居民楼、259万平方米老旧小区抗震加固和节能改造任务。

社会事业全面发展。深化教育领域综合改革，加快构建“四个学区横向交接、八个集团纵向引领”的教育发展格局，新增学龄前学位5400个，引进北大附中、附小和北师大附中等市级名校，2016年高考本科上线率全市排名第一，各级各类教育均衡优质特色发展。医药卫生体制改革取得阶段性成果，建立三个医疗联合体，开展以中医药为特色的健康管理社区试点工作，加强医疗卫生设施建设，成功创建全国健康促进试点区和全国计划生育优质服务先进区。文化建设进一步加强，广泛开展精神文明创建活动，加快推动区文化中心建设，大力实施文化惠民工程，启动首都公共文化服务示范区创建工作，成功取得国家公共文化服务体系示范项目创建资格。圆满完成第十四届市运会参赛任务，建成138个体育生活化社区，全民健身运动深入开展。

社会治理水平明显提高。推进社会治理平台建设，建立区街两级社会治理委员会，形成区街居三位一体的治理服务体系。设立每个街道1000万元民生家园建设资金和每个社区50万元“党建统领服务群众经费”，统筹规范20类街道协管员队伍，创建92个“六型社区”，建立149个社区议事厅，建成69个市级“一刻钟社区服务圈”，社区办公和活动用房达标率实现100%。本着“做得更好、争优创先”的目标，积极支持中部战区、陆军领导机关、北京军区善后办工作，推进军民融合深度发展，荣获“全国双拥模范城”七连冠。强化安全生产责任落实和隐患排查治理，推行公共管理综合保险试点，连续五年被评为全市安全生产先进单位。加强社会治安综合治理，严密防范和惩治各类违法犯罪活动，形成多层次、全方位、无缝隙的安保网络，圆满完成了党的十八大、APEC会议、纪念抗战胜利70周年和世界田径锦标赛等重大活动服务保障任务，被评为“全国平安建设先进区”。

### 六、全面深化改革，发展动力明显增强

城市管理体制改革成效显著。聚焦城市管理弊端，大力推进城市管理体制改革，建立健全党建统领、行政综合、法治综合、上下综合、社会综合的城市综合管理体系，成为全市唯一的城市管理体制改革试点区和全国综合行政执法体制改革试点城区，具有石景山特色、符合首都现代化发展要求的新型城市管理模式基本形成，得到了市委、市政府的充分肯定和高度评价，改革试点经验被纳入中共中央、国务院《关于深入推进城市执法体制改革改进城市管理工作的指导意见》。

信访代理制改革深入推行。把握新形势下群众工作的新特点，积极推行信访代理制，构建“三级代理”工作格局，实行信访积案“五个一”包案制度，推进街道信访代理平台建设，形成全覆盖的信访工作体系，受理群众信访件次、人次与2011年相比分别下降65%、56%，其中集体访分别下降63%、75%，“六个之家”建设成效显著，改革成果被纳入中共中央、国务院《正确处理新时期人民内部矛盾的20条意见》。

经济体制改革加快推进。深化商事制度改革，取消42项审批事项，在全市率先试行“三证合一”登记制度，实现全程网上办理，全市首个电子化企业信用档案库一期建成并投入使用，全面开展“营改增”扩围。集体经济发展取得新突破，12个农工商公司改制工作全部完成。实施区属国有企业改革三年规划，组建保险产业园公司和石泰基础设施公司，国有企业服务全区重大项目建设的引领作用更加明显。大力推进大众创业、万众创新，建立了一批创新创业平台，民营企业超过2万家，非公经济蓬勃发展。

养老服务体制改革全面启动。制定出台《石景山区居家养老服务体制改革的实施意见》，启动十项具体改革措施，打造居家养老“老街坊”“9110”品牌模式，建成8个街道养老照料中心、15家社区养老服务驿站，被认定为全国居家和社区养老服务改革试点区。

### 七、突出务实高效，政府自身建设全面加强

按照区委部署，扎实开展党的群众路线教育实践活动、“三严三实”专题教育和“两学一做”学习教育，严格落实政府党组主体责任，加强廉政风险防控管理，建立和运用干部

实绩档案，完善绩效管理体系，强化行政监察、审计监督、督查考核和行政问责，政府执行力和公信力进一步提升。认真执行区人大及其常委会的决议决定，坚持重大事项报告制度，自觉接受区人大工作监督、法律监督和区政协民主监督。全面落实区委《关于深入推进民主政治建设进一步加强人大建议和政协提案办理工作的意见》，建立健全区领导责任制，开展集中答复，实行闭环式管理，五年来共办理人大代表建议518件、政协委员提案731件，办成率大幅提高，代表委员满意率达到99.8%。深入推进政府协商，积极听取民主党派、工商联、无党派人士等各方面意见，大力支持工会、共青团、妇联等人民团体开展工作。坚持“三重一大”制度，召开区政府常务会议、区长办公会议198次，集体研究重要问题769个，完善政府内部重大决策合法性审查机制，健全区政府法律顾问制度，不断提高依法科学民主决策的水平。切实转变文风、会风和工作作风，与2011年相比“三公”经费下降25.6%。依法全面履行政府职能，普法、统计、档案、民防、保密、外事和对台等工作取得新成绩，民族、宗教和侨务等工作深入开展，对口援助和交流工作顺利推进。

各位代表，回顾五年来的工作，我们深切感受到，这是全区上下励精图治、求真务实、艰苦奋斗，经济、政治、文化、社会、生态文明建设取得显著成绩的五年；是转变经济发展方式迈出坚实步伐，综合经济实力显著增强的五年；是环境面貌大幅改善，城市建设管理水平显著提升的五年；是保障和改善民生力度最大，人民群众得到更多实惠的五年；是敢于担当、攻坚克难，全面深化改革取得重要突破的五年。这些成绩的取得，是市委、市政府和区委坚强领导的结果，是全区人民团结拼搏的结果，是社会各界支持帮助的结果。在此，我代表石景山区人民政府，向奋战在各条战线上的广大干部群众，向人大代表、政协委员、各民主党派、人民团体和社会各界人士，向大力支持我们工作的驻区中央、市属单位、部队和企业，表示崇高的敬意和衷心的感谢！

各位代表，五年不平凡的转型历程，让我们深刻体会到：

——必须把人民幸福作为首要标准。面对社会各界的热切期盼，必须坚持群众利益高于一切，自觉把社会关切当作政府决策的第一信号，坚持把财力向民生集中、政策向民生倾斜、服务向民生覆盖，全力办好合民心、顺民意的实事好事，认真解决群众住房就业、交通出行、入学就医、身边环境等实际问题，让全区人民更加真切感受到发展的变化，充分享受到发展的成果。

——必须把高端绿色作为奋斗目标。面对千载难逢的历史机遇，必须始终坚持“全面深度转型、高端绿色发展”战略，以“八个高端体系”建设为路径，以“五个典范”为标准，以治乱疏解建高端为突破口，立足区域资源禀赋，努力把石景山区建设成为有山、有水、有城、有业、宜居的高端绿色之城。

——必须把改革创新作为发展动力。面对全面深化改革的新要求，必须坚持改革创新，努力破解制约我区经济社会持续健康发展的体制机制问题，增强发展活力，厚植发展优势，拓展发展空间，最大限度释放高端绿色发展的潜力。

——必须把依法治区作为基本方略。面对治理体系和治理能力现代化的新任务，必须牢固树立依法治区理念，与时俱进提高法治水平，大力加强法治政府建设，自觉接受人大工作监督、法律监督和政协民主监督，以法治思维加强社会治理，营造人人守法、和谐有序的社会环境。

——必须把党建统领作为根本保证。面对全面从严治党的新部署，必须把党建统领作为最大法宝、最大战略、最大政绩和最迫切任务，以高度的政治责任感，增强政府党组的政治意识、大局意识、核心意识、看齐意识，落实全面从严治党主体责任，建设廉洁高效政府，强化对高端绿色发展的领导力。

在总结成绩的同时，我们也清醒地认识到，全区经济社会发展还存在一些困难和问题，主要是：人口调控、违法建设、交通拥堵、大气污染等“大城市病”问题还比较突出，治乱疏解任务十分艰巨；经济总量偏小，主导产业优势不明显，市政基础设施规划实现率较低，优质城市资源相对缺乏，增强区域核心竞争力需要付出更大努力；民生家园建设与老百姓期盼还有不小差距，棚户区改造、老旧小区管理任务繁重，教育、文化、卫生、养老、体育等公共服务水平有待进一步提升；有的政府部门行政效率、服务质量还不高，个别工作人员不严不实问题、不作为乱作为现象不同程度存在，改进作风、提高服务水平还需要下更大的功夫。以上这些问题，事关全区发展大计，事关群众切身利益，我们将以更大的担当，采取更加有力的措施，切实加以解决。

## 今后五年主要任务

未来五年，是石景山区全面深度转型、高端绿色发展新的历史进程中乘势而上、大有作为、成效彰显的重要战略机遇期。当前，我国经济发展呈现新常态，以习近平同志为核心的党中央开创了中国特色社会主义事业的新时代，全面建成小康社会、实现第一个百年奋斗目标进入决胜阶段，历史重任催人奋进。中央把京津冀协同发展确立为重大国家战略，为首都未来发展描绘了宏伟蓝图。市委、市政府紧紧围绕首都城市战略定位，加快疏解非首都功能，推动京津冀协同发展，建设国际一流的和谐宜居之都，为我们的工作指明了前进方向。刚刚闭幕的区第十二次党代会提出，坚持党建统领，进一步建设好风清气正的政治生态和高端绿色的发展生态，初步建成国家级绿色转型发展示范区，明确了全区工作的行动指南。

落实区第十二次党代会部署，今后五年政府工作的指导思想是：高举中国特色社会主义伟大旗帜，以马克思列宁主义、毛泽东思想、邓小平理论、“三个代表”重要思想、科学发展观为指导，深入贯彻习近平总书记系列重要讲话精神，认真落实“五位一体”总体布局和“四个全面”战略布局，牢固树立创新、协调、绿色、开放、共享的发展理念，牢牢把握首都城市战略定位，全面落实“十三五”规划，坚持以党建统领为法宝，以改革创新为动力，以依法治区为保障，以改善民生为目的，正本清源、励精图治，初步建成国家级绿色转型发展示范区。

今后五年政府工作的重点任务是：

——初步建成高端的服务业为主导的产业体系。以“三高两低”为产业标准，大力发展现代金融、高新技术、文化创意、商务服务、旅游休闲五大产业，加快形成高端引领、创新驱动、技术密集、优势突出的经济结构。预计地区生产总值年均增长7%，一般公共预算收入年均增长10%，形成2—3个高端化、集群化、在全国具有影响力的产业集群，第三产业增加值占GDP比重超过72%，实现经济总量和质量“双提升”。按照合理规划、特色集聚、集约高效的原则，深化“一轴三园”的产业发展空间布局。充分发挥长安街西延线的区位优势和品牌效应，全力打造集现代金融、商务服务为一体的高端产业综合发展的“长安金轴”。基本完成北京保险产业园的开发建设，将其打造成为全国保险创新试验区、保险产业聚集区和保险文化引领区。充分发挥中关村石景山园的引领示范作用，建设国家自主创新示范区特色园区。加快新首钢“一轴、两带、五区”的开发和基础设施建设，完成冬奥广场、世界侨商中心等重点项目，推动城市功能与产业升级协同发展，将新首钢高端产业综合服务区打造成为京西转型发展的新引擎、新内核。深化“石景山服务”品牌建设，坚持招优引强，营造一流的商务环境。

——初步建成高端的科技创新驱动体系。紧紧抓住北京建设全国科技创新中心的契机，强化科技研发转化、科技创新服务、科技金融创新、高端人才创业等功能，建设科技成果转化应用强区。引进和培育创新主体，吸引高等院校、科研院所、企业等机构在我区设立研发中心和成果转化中心，建设研发创新平台。实施知识产权领航工程，搭建知识产权融资、信息服务平台，争创国家知识产权示范城市。整合载体资源，打造多点布局、特色鲜明的众创空间发展格局，完善创新创业生态。实施产业高端融合、绿色园区示范、科技创新惠民、文化繁荣驱动、城市建设支撑、生态治理促进六项工程，增强科技创新对经济社会发展的驱动作用。预计2021年全区高新技术产业实现收入1600亿元，中关村石景山园总收入突破2300亿元，专利申请量超过4000件，技术交易额达到70亿元。

——初步建成高端的城市规划、建设和运行体系。围绕提升首都核心功能，发挥规划龙头作用，优化城市功能布局，实现“多规合一”，城市建设用地规模控制在5700公顷以内。围绕产业发展、公共服务、居民生活、生态环境等支撑作用明显的重点领域，推进113个重大项目建设，大幅提升城市综合服务功能，基本实现完全城市化。坚持绿色建筑标准，完成京西商务中心、北京保险产业园等重点项目建设任务，打造城市发展精品力作。加快棚户区改造，全面完成北辛安、衙门口、五里坨等棚改项目，彻底改变城乡结合部面貌。加快基础设施建设，建成苹果园交通枢纽和S1线、M6线，完成长安街西延、锅炉厂南路等城市主干路建设工程，道路规划实现率达到85%以上，优化大容量公共交通系统，完成28处社会公共停车场建设，增加停车泊位2.3万个，有效缓解行车堵、停车难等问题。加快老旧小区供水、排水、供热、燃气管线等设施的更新改造，全面推行居民自我服务管理委员会和准物业化管理，努力探索出一条老旧小区彻底改造提升的成功路径。加快“智慧石景山”建设，大力推进宽带城市、无线城市建设。

——初步建成高端的生态文明体系。加强生态环境保护，全面完成“西绿东引”工程，以西部山区、永定河滨水生态画廊和长安绿轴为基础，建成“一山一河一轴、两心六廊、多点成网、生态社区”的绿化空间格局。新建社区公园11座、“口袋公园”15处，完成30处精品社区改造，创建5个首都绿化美化花园式社区，城市绿化覆盖率达到53%，人均公共绿地面积超过23平方米。全面落实清洁空气行动计划，加速淘汰污染企业，积极推进新能源、可再生能源的开发利用，巩固无煤区建设成果。加强执法监管，大力治理扬尘、机动车尾气超标，实现空气质量持续改善。加强中小河道治理，推进生活垃圾分类回收利用。严格落实生态保护制度，力争达到100%的绿色施工、100%的新建绿色建筑、100%的绿色交通、100%的清洁能源、100%的污水治理，创建国家绿色生态示范区。

——初步建成高端普惠的文化生活体系。大力弘扬社会主义核心价值观，深入推进精神家园建设，开展“身边的榜样”、道德模范等先进典型评选活动，把民族优秀传统文化和红色基因的传承融入日常生活，不断提高社会文明程度，创建全国文明城区。深入开展首都公共文化服务示范区创建工作，大力实施文化惠民工程，高标准建成区文化中心、博物馆、非遗中心，推进街道、社区文化设施更新改造，实现全区公共文化设施覆盖率100%、达标率100%。抓好“一街道一品牌、一社区一特色”基层文化建设，高水平开展群众性文化活动，打造“六聚石景山”品牌，丰富群众文化生活。以模式口历史文化保护区建设为龙头，协同推进西山文化带发展，提升八大处禅林文化、八宝山红色文化、永定河历史文化、首钢工业文化等文化资源内涵，塑造区域文化精品。

——初步建成高端的民生保障体系。顺应人口变化趋势，科学制定教育、医疗、养老发展和布局规划。更加注重保障基本民生，多措并举推动充分就业，确保城镇登记失业率控制在3%以内，社会保险参保率达到98%以上。落实房地产调控政策，加大公租房建设力度，构建以政府为主保障基本需求、以市场为主满足多层次需求的住房供应体系。积极应对人口老龄化，加快发展养老事业，加强“老街坊”居家养老网点建设，全面建成具有首都标准、石景山特色的医康养相结合的养老服务体系。实施便民工程和为民办实事项目，改善群众房前屋后的生活环境。开展济困工程，实施精准救助。以办好人民满意教育为目标，坚持立德树人，全面提升基础教育质量，促进教育优质均衡发展，建成“四个学区横向交接、八个集团纵向引领”的教育集群化发展格局，打造一批在全市具有较高知名度和影响力的名校、名师和专家型优秀校长，争创可持续发展教育国家示范区。深化医药卫生体制改革，着力抓好分级诊疗制度建设、现代医院管理制度建设、药品供应保障制度建设，建立互联互通的人口健康信息平台，建成西部中西医结合医院，实现以中医药为特色的健康管理社区100%全覆盖，建设健康石景山。抓住北京举办冬奥会的重大机遇，发挥冬奥组委入驻我区的独特优势，打造冬季体育运动特色城区和国际体育交流重点城区。广泛开展全民健身运动，推进区体育中心改造升级，实现体育生活化社区100%全覆盖。

——初步建成高端的社会治理体系。充分发挥区、街两级社会治理委员会作用，促进各级党政组织、驻区单位和社会各界广泛参与、共商共治辖区重大事务。创新街道服务管理体制，科学界定街道和职能部门在城市管理和公共服务中的职责任务，实现重心下移、职能下沉，确保人员到位、投入到位、工作到位、责任到位。加大社会组织培育扶持力度，推行"参与式协商"民主自治模式，健全社会动员机制，支持和引导社会力量参与提供公共服务。深化"平安石景山""法治石景山"建设，实施"七五"普法教育，以信息化为支撑加快建设社会治安立体防控体系，加强反恐防暴工作，严密防范和惩治违法犯罪活动，增强人民群众安全感。牢固树立安全发展观，严格落实安全生产责任，加强重点领域监管，争创全国安全发展示范城区。

——初步建成高端的人才管理体系。突出"高精尖缺"导向，推出"育、引、用、留"新举措，构建"一库一网"为核心的综合信息平台，打造人才发现、吸引、评估、服务全链条，统筹推进各类人才队伍建设。大力实施党政领导干部队伍素质提升工程，完善实绩考核机制，激发干部队伍热情。实施学术技术带头人培养工程，促进专业技术人才成长。鼓励企业开展职业培训，促进高技能人才的技术交流和学习。善于发现、重点支持、放手使用青年优秀人才。建立突出贡献创新人才奖励机制，完善落户、就业、就学等相关服务举措，健全以能力业绩为导向的人才评价体系。

以上奋斗目标，承载着全区人民向往美好生活的共同期盼，展现了石景山区高端绿色发展的光明前景。我们坚信，经过五年的不懈奋斗，全区的经济实力、城市形象、生态环境、社会事业、民生保障将再上一个大台阶，高端绿色之城将初步建成！

## 2017年工作建议

2017年是新一届政府的开局之年，是"八个高端体系"形成基本雏形、重点领域建设取得重要突破、高端绿色发展初见成效的决战之年，做好明年工作，责任重大、意义深远。2017年全区经济社会发展的主要预期目标是：地区生产总值增长7%左右，一般公共预算收入增长10%，居民人均可支配收入增长与经济增长同步，城镇登记失业率控制在3%以内，常住人口下降3%左右，万元地区生产总值能耗、水耗和PM2.5年均浓度下降指标达到北京市要求。

实现上述目标，要重点抓好以下工作：

### 一、以治乱疏解为重点，着力预防和治理"大城市病"

治乱疏解是明年工作的重中之重。必须以坚定不移的决心、坚韧不拔的毅力、坚持不懈的努力，全面打赢拆违治乱歼灭战。

下大力气坚决完成治乱疏解任务。以强烈的担当、总攻的态势、必胜的信念，全区动员、全力以赴，到2017年底拆除全区所有存量违法建设，坚决守住零增长底线，为高端绿色发展打牢基础。实施十大专项行动，强化部门联动综合施策，调整退出58家商品交易市场，疏解8家工业污染企业，彻底完成528个大杂院整治任务。统筹利用疏解腾退土地，加强绿化和景观建设，增加公共服务设施，促进麻峪医药物流基地、金宝山压力容器厂改造等集体经济项目业态升级。

下大力气控制人口规模。完善实有人口服务管理工作体系，加强部门街道双调控机制，坚决完成北京市下达的年度人口调控任务，确保2017年底全区常住人口控制在61.6万人以内。从治乱疏解着手，聚焦人口聚集多、安全隐患多、产业层级低的重点区域，加大疏解腾退力度，积极引导人随业走。从规范管理着手，全面落实北京市居住证制度，完善人口综合监测体系，加强流动人口信息管理平台建设，提高人口调控预警能力。加强群租房和地下空间整治力度，扩大整治成效。

下大力气提升城市环境质量。全面落实大气污染防治行动计划，优化重污染天气应急预案，实施十件环保实事，淘汰老旧机动车5500辆，开展汽修行业污染物提标减排工程，确保落后产能企业关停退出。坚持源头严防、过程严管、后果严惩，加大环境监察力度，加强渣土运输、道路遗撒、工地扬尘、非法砂石厂综合治理。加大不达标水体整治力度，强化饮用水水源保护区监管，确保地下水质量稳定。促进资源节约循环高效利用，全区新建居住建筑必须达到绿色二星级标准、公共建筑必须达到绿色三星级标准。完善生活垃圾分类与再生资源回收体系，大力推进垃圾处理设施建设。

### 二、以提质增效为中心，着力构建"高精尖"经济结构

实现产业升级是推动我区高端绿色发展的前提基础。要积极适应经济新常态，进一步提升发展质量和效益，打造首都经济新的增长极。

推动产业高端融合发展。深化供给侧结构性改革，深入实施"互联网+"行动计划，持续增强经济增长动力，着力壮大五大主导产业。紧紧抓住国家服务业综合改革试点和服务业扩大开放的政策优势，充分发挥产业发展投资基金的引导杠杆效应，支持基于互联网的金融产品、服务、技术和平台创新，大力促进保险服务业以及各类金融机构、金融业态的发展和聚集，完善"一轴两翼"的现代金融产业格局，加快建设国家级金融创新示范区。健全科技成果转化应用激励机制，推动科技成果产业化，落实促进虚拟现实产业发展措施，建设若干虚拟现实产业园区，提升国家级文化与科技融合示范基地发展水平。壮大商业保理规模，推进国家电子商务示范基地建设，支持"线上+线下"的消费新模式，优化传统消费供给，增加新兴消费供给，培育绿色环保、中医养老、冰雪运动等消费新热点。落实西部旅游发展综合规

划，促进游乐园洋庙会等品牌提升，扩大莲石湖景区影响力，加快首钢工业文化旅游与绿色生态游、冬奥游融合发展。

加快“一轴三园”建设步伐。完成京西商务中心建设，将其打造成为绿色建筑运行的典范，推动现代金融产业基地二期建设，提升盛景国际、星座商厦等载体品质，吸引优质企业入驻，打造“长安金轴”。加快北京保险产业园建设，实现636、651地块上市，648地块投入使用，637等四个地块开工，完善配套基础设施，汇聚保险产业创新要素，扩大园区的行业影响力。发挥中关村石景山园的科技创新引领作用，启动石景山双创园一级开发，打造国际创业港等众创空间，优化科技成果转化应用平台，争创国家知识产权示范城市，全年实现总收入和税收分别达1800亿元、90亿元。加快新首钢高端产业综合服务区建设，深化区企高层对接，推进秀池周边道路等市政基础设施建设，为北京冬奥组委营造良好办公环境，加快二型材互联网？金融产业园、首特绿能港、光大银行信用卡科技研发中心等项目建设。

全面优化服务环境。围绕“石景山服务”品牌建设，进一步简化行政事权，强化窗口服务，在人才引进、积分落户、子女入学、看病就医等方面提供便利快捷的服务，积极打造政策洼地和服务高地，营造良好发展环境。全年新引进企业3500家，注册资金亿元以上企业65家。

**三、以“五个典范”为标准，着力打造绿色生态城区**

“五个典范”是引领区域高端绿色发展的基本要求。要始终坚持一流标准，高水平设计、高品质建设，使每一个项目、每一项工程都力求成为带动区域发展、具有较高影响力的精品力作。

强化规划科学引导。开展西部广宁、高井、麻峪地区规划研究，启动模式口、五里坨、衙门口综合环境整治等项目的规划编制，做好拆违治乱腾退土地的后续利用规划设计，探索推进集体土地规划与统筹利用发展方式。扎实做好土地储备，积极推进何家坟园林小区、东下庄住宅用地等6个项目上市交易，为产业发展、民生保障提供载体资源。

加快重大项目建设。全年安排83个重大项目，力争实现投资245亿元。加快推进S1线、M6线、丰沙线入地、苹果园交通枢纽等市级重点项目。开工建设保险产业园二期、世界侨商中心一期等25项重点工程，抓好西北热电中心、银河商务区K地块商业金融项目的后续工作。加快推进长安街西延、永引渠南路等城市主干路建设，实施刘娘府路、石府路等城市次干路工程，建成八大处周边微循环系统。推进石景山水厂建设，启动五里坨污水处理厂扩建改造升级，实施高井沟、黑石头沟、八大处沟治理，完成八宝山南路等12项排水改造工程。实施永定河滨水生态画廊、永引渠滨水绿廊等重点项目，打造高井路、石门路等11条精品大街，建设鲁谷村等2个精品小区。

加强城市精细管理。加大环境整治力度，集中整治违法经营、小广告、露天烧烤等城市顽疾，保持市容市貌整洁有序。加强环境建设考核，严格执行问责机制，对环境整治不彻底、反复出现问题的责任单位，坚决进行问责。强化市政设施运行管护，推进模式口地下综合管廊、西六环（中段）天然气管线建设和老旧供热管网改造，提高防灾减灾和应急能力。深入推进“智慧石景山”建设，深化物联网、云计算、大数据在城市管理等方面的示范应用，让更多市民享受信息化的方便与快捷。

**四、以人民幸福为目标，着力建设好民生家园**

民之所望是我们的施政所向。要坚持把工作做到人民群众心坎上，把人民群众最关心、最直接、最现实的利益问题解决好，让人民群众享有更多获得感。

健全社会保障体系。做好新形势下就业创业工作，落实高校毕业生就业促进计划和创业引领行动，帮扶失业和就业困难群体就业，实现新增就业1万人。完善劳动关系协调机制，维护职工合法权益。积极推进社会保险经办服务标准化建设，确保各项社会保险基金收缴率保持在98%以上。统筹推进北辛安、衙门口等棚户区改造项目，完成4000套保障性住房的建设和筹集。按照“有治安防范、有绿化保洁、有维护维修、有停车管理”的“四有”标准，全面推进老旧小区物业管理试点，改善群众房前屋后居住环境。加大社会临时救助、医疗救助和困难家庭保障力度，推动儿童福利院、社会救助站建设，推进残疾人康复中心项目，完成142项便民工程和70项济困工程。加强静态交通建设，制定石景山区停车设施专项规划，探索通过PPP等模式吸引社会资本参与，加大停车设施建设力度，全年新增停车泊位1万个、立体停车楼6座，缓解停车难问题。

不断发展社会事业。加快实施教育品质提升行动计划，加强教师队伍建设，健全集团化、学区化办学机制，组建北师大附中京西分校、北大附中附小和景山远洋3个教育集团，推进实验中学、实验二小新建综合楼和北京九中分校工程建设，新增700个学前教育学位。提高公共卫生服务保障能力，推进社区药品供给方式、医疗服务价格调整、分级诊疗、取消医药加成等系列改革，实施药品阳光采购，加快中医健康社区试点，推进西部中西医结合医院和精神病医院建设。全面创建首都公共文化服务示范区，高标准推进区文化中心建设，扎实开展“六聚石景山”等特色主题文化活动。实施模式口历史文化保护区建设工程，加强非物质文化遗产保护传承。加快体育生活化社区二期建设，推进区体育中心改扩建工程，开展冬季体育运动特色城区和国际体育交流重点城区创建工作，推动群众性冰雪运动普及发展。

提高社会治理能力。大力培育和践行社会主义核心价值观，提升城市文明程度、市民文明素养和法治意识，争创全国文明城区。加强街道社会治理委员会建设，推行“参与式协商”模式，提升社区民主自治能力。加大政府购买公共服务力度，加强志愿服务品牌化建设。继续深化军民融合发展，启动“全国双拥模范城”八连冠创建工作。支持工会、共青团、妇联等人民团体更好发挥桥梁纽带作用。加强干部交流、对口支援、协同发展等工作。落实安全生产一岗双责、党政同责、失职追责制度，狠抓消防、交通、燃气、食品、药品、医疗器械等领域隐患排查和执法检查。以党的十九大安保工作为核心,以反恐防暴为重点,完善立体化社会治安防控体系,依法严厉打击各类违法犯罪活动,确保社会和谐稳定。

**五、以解决问题为导向,着力深化改革创新**

改革创新是破解发展难题的"金钥匙"。要从群众最期盼的领域改起,从制约经济社会发展最突出的问题改起,推动重点领域改革,建设改革创新特色区。

深化城市领域改革。落实中央城市工作会议和市委十次全会精神,全面加强城市规划建设管理各项工作,做实城市综合管理委员会,做好街道地区管理委员会,做强街道综合执法指挥中心,强化绩效考核管理,全面提升城市管理水平。出台《关于推进居住区综合服务管理工作的意见》和《关于推进老旧小区服务管理长效机制工作实施方案》,深入开展物业管理试点,服务居民群众。

深化信访代理制改革。贯彻中央关于创新群众工作方法解决信访突出问题的意见,进一步畅通和规范群众诉求表达渠道,充分发挥街道信访代理平台作用,加强网上信访代理工作,进一步健全"三级代理"工作格局,完善全面综合的信访问题处理机制和全程规范的考核评价体系,构建起以深化信访代理制为主线,以健全体制机制为重点,以法治为保障的正确处理人民内部矛盾的新体系,建设人民群众满意之家。

深化居家养老服务体制改革。开展幸福养老身边、床边、周边"三边"工程,推进北京市政策性长期护理保险试点,完善养老服务体系,建成区级养老服务指导中心 1 家、养老照料中心 9 个、养老服务驿站 40 家,在全市率先实现中心、驿站全覆盖,初步形成"三级、五维、双网"工作格局。

深化经济体制改革。加快推进投融资体制改革,设立"石景山产业发展投资基金",引导社会资本扩大投资,促进大众创业、万众创新。积极推动区属国有企业分类改革,形成投融资金融、房地产、高端商务、文化旅游、民生服务五大板块,做强做大国有企业,逐步实现经营性国有资产统一监管。加快集体经济体制改革,进一步把思想统一起来、把组织加强起来、把工作统筹起来,以资本为纽带,以农工商总公司改制为契机,创新集体经济增长路径,打造集体经济组织协同发展的新模式。优化非公有制经济发展环境,鼓励民营企业依法进入更多领域。深化行政审批制度改革,全面落实"五证合一、一照一码"登记管理制度,加强企业信用档案系统、市场主体信用监管与服务平台建设。

**六、以全面从严治党为统领,切实加强政府自身建设**

落实全面从严治党,充分发挥区政府党组的领导核心作用,始终把党建统领作为最大法宝、最大战略、最大政绩和最迫切任务,大力推进全面从严治政,努力使区政府各项工作更加符合发展的需要和人民的期待。

强化法治政府建设。自觉接受区人大及其常委会的法律监督和工作监督、区政协的民主监督,接受司法机关、新闻舆论和社会公众的监督。加强政府协商,认真办理人大议案、代表建议批评意见和政协提案,认真听取民主党派、工商联、无党派人士的意见,不断改进政府工作。落实依法行政,全面推行政府法律顾问制度,完善权力清单,规范行政行为。

强化行政效能建设。坚决贯彻落实市委、市政府和区委的决策部署,确保政令畅通、令行禁止。建立健全督查工作网络,强化审计监督、立项监察、效能监察、执法监察和行政巡察,建立倒排工期督查台账,严格执行责任追究制度,切实提高督查实效,确保工作落实。深入推进政府信息公开,稳步推进行政行为公开,及时回应群众关切。

强化政府作风建设。巩固拓展党的群众路线教育实践活动和"三严三实"专题教育成果,全面践行"两学一做",认真落实区委"十要十不准"规定。坚持把纪律和规矩挺在前面,严守《关于新形势下党内政治生活的若干准则》《中国共产党党内监督条例》等各项制度规定,全面加强党风廉政建设,积极推进监察体制改革,严格落实"两个责任",加强对权力的制约和监督,聚焦公共资金、国有资产、工程建设招投标等,健全廉政风险防控机制,严格审计监督和追责问责,实现干部清正、政府清廉。

各位代表,展望五年后,一个高端绿色、环境优美、宜居和谐、人民幸福的魅力石景山将呈现在我们面前!时代赋予重任,拼搏铸就辉煌。让我们更加紧密地团结在以习近平同志为核心的党中央周围,高举中国特色社会主义伟大旗帜,在市委、市政府和区委的正确领导下,担当使命、砥砺前行,为早日建成国家级绿色转型发展示范区而努力奋斗!

# 北京市石景山区人民代表大会常务委员会工作报告

## ——在北京市石景山区第十六届人民代表大会第一次会议上

(2016 年 12 月 22 日)

北京市石景山区人大常委会主任 岳德顺

各位代表:

我受石景山区第十五届人民代表大会常务委员会的委托,向大会报告常委会五年来的主要工作,并对今后五年工作提出建议,请予审议。

### 过去五年工作回顾

区十五届人大常委会任期的五年,是我区在党中央和市委的领导下,励精图治、敢于担当,持续推动全面深度转型,奋力推进高端绿色发展,胜利走出低谷,取得显著成效的五年;也是区人大及其常委会、区人大代表充分发挥在我区民主政治建设中的主力军主渠道作用,人大工作不断完善、取得新进展和新突破的五年。五年来,在中共石景山区委的领导下,常委会坚持以马克思列宁主义、毛泽东思想、邓小平理论、"三个代表"重要思想、科学发展观为指导,全面贯彻党的十八大和十八届三中、四中、五中、六中全会精神,深入学习贯彻习近平总书记系列重要讲话精神,坚持党的领导、人民当家作主、依法治国有机统一,开创了人大工作新局面,为推动全区经济社会发展作出了积极贡献。

五年来,常委会共举行会议 38 次,完成议题 193 项。其中,行使重大事项决定权,作出决议、决定和审议意见书 54 项;行使监督权,听取和审议"一府两院"各项工作报告 75 项,开展执法检查和视察 35 次,专题询问 4 次;行使任免权,任免国家机关工作人员 288 人次,落实宪法宣誓制度,依法履行了各项职能。

**一、坚持和完善人民代表大会制度有新进展**

人民代表大会制度是我国的根本政治制度。人大及其常委会是实行人民代表大会制度的直接承担者,坚持好、完善好、发展好人民代表大会制度,是我们的使命和责任。作为区人民代表大会的常设机关,常委会认真履行宪法和法律赋予的职权,以改革创新精神,积极推进人民代表大会制度在我区的实践与时俱进。

依法组织区人大代表换届选举。选好人大代表是顺利召开新一届人民代表大会的前提,是选民行使民主权利的重要形式。在区委的正确领导下,按照市人大常委会关于换届选举的工作要求,常委会把加强党的领导、充分发扬民主、严格依法办事、严肃换届纪律贯彻始终,精心组织、周密安排,确保了换届选举各项工作依法有序,有效激发和调动了选民参加选举的政治热情和积极性。在各级选举机构和全体选民的共同努力下,共登记选民 29 万余人,285,084 人参加了投票选举,参选率 98.2%,依法选举产生了 183 名石景山区第十六届人民代表大会代表,圆满完成选举任务,在推进选举民主制度落实上发挥了主力军作用。

依法召集区人民代表大会会议。区人民代表大会是基层国家权力机关。常委会认真做好每次人民代表大会会议的组织筹备工作,积极为人大代表执行职务服务,有力保证了大会各项预定任务的顺利完成。五年来,共召集 6 次区人民代表大会会议,在大会主席团的主持下,代表们充分发挥主体作用,依法履职,议政有力,建言有为,听取审议了区人大常委会和"一府两院"的工作报告,审查批准了区"十三五"规划纲要以及年度计划、预算,审查了全口径预算和部门预算编制情况;选举了区人大常委会组成人员,"一府两院"的领导人员以及石景山区出席北京市第十四届人民代表大会的代表。依法作出各项决议,落实区委决策部署,使党的主张通过法定程序成为国家意志,成为全区人民的共同遵循,支持和保证了人民通过人民代表大会行使国家权力。

依法监督计划和预算执行情况。审查批准国民经济和社会发展计划以及财政预算是人民代表大会的职权之一,常委会不断加大对计划预算执行情况的监督,持续发挥财经专门工作机构和财经顾问的作用,提高了计划和预算监督的工作水平。在预算监督工作中,加大全口径预决算审查监督力度,听取和审议区政府关于半年预算执行、决算、财政支出预算变动以及下一年度预算初步安排意见的报告,审查预算调整方案,并作出批准决议,促进政府不断完善预算管理制度、提高财政资金使用效益,增强了公共财政的保障能力。发挥审计监督作用,建立审计查出问题整改情况向常委会报告制度。在计划监督工作中,听取和审议区政府关于"十二五"规划纲要实施情况的中期评估报告、半年计划执行情况以及年度计划草案的报告,推动"十二五"规划顺利实施,促进"十三五"规划实现了良好开局。

依法督办代表议案和建议。提出议案及建议、批评和意见,是法律赋予人大代表的一项重要职权,是代表反映民意、履行职责的重要形式。五年来,区人民代表大会会议期间共审查确立了 44 件议案,合并成 18 项,涉及经济发展、城市建设管理、教育卫生事业、保障和改善民生、司法工作等方面。常委会将代表议案办理与听取和审议专项工作报告、执法检查、专题询问等监督工作相结合,与"一府两院"共同努力、形成合力,整体发挥对我区各领域深化改革、促进发展、改善民生的推动作用,办理工作成效显著。

常委会遵循区委关于进一步加强人大建议办理工作的意见要求,修订代表建议办理办法,完善代表建议办理规程,实行闭环式管理,建议办理工作呈现出交办规格高、承办部门重视程度高、办理工作效率高、代表满意度高的特点。五年来,区人民代表大会会上共收到代表建议 559 件,建议办成率由 2012 年的 27.9%增加到 2016 年的 42.4%,代表满意率近三年均为 100%。代表在闭会期间还提出建议 31 件,已全部办结。

依法推进人大工作和建设改革创新。中央提出,加强县乡人大工作和建设,是当前和今后一个时期坚持和完善人民代表大会制度、做好人大工作的重要内容。常委会党组认真学习贯彻中央转发《中共全国人大常委会党组关于加强县乡人大工作和建设若干意见》的通知(即中央 18 号文件)、市委转发《中共北京市人大常委会党组关于加强区和乡镇人大组织建设若干意见》的通知精神,认真落实市委和区委第四次人大工作会议要求,进一步加强和改进人大工作,不断完善人大组织制度和工作机制。健全党组对区委负责制度,制定了党组工作规程和议事规则,坚持重大问题和重要事项向区委请示报告,坚持年度工作计划和工作报告、决定草案和重要审议意见向区委请示报告,坚持季度工作进展情况向区委报告。筹划了新一届人民代表大会工作机构建设,本次人民代表大会将设立法制、财政经济、教育科技文化卫生体育、城市建设环境保护四个专门委员会,每个专门委员会设 11 名委员;筹划了新一届人大常委会及工作机构建设,新一届常委会组成人员将增加至 35 人,新选配了 6 名专职委员,常委会专职委员比例达到 50%以上。

经市、区编办批准，区人大常委会单独设立了预算审查办公室，并对原来的工作机构进行更名，重新设立法制、财政经济、教育科技文化卫生体育、城市建设环境保护4个办公室，既作为常委会的工作机构，又作为区人民代表大会各专门委员会的办事机构，为加强和改进人大及其常委会工作打下坚实组织基础。

**二、推动常委会依法讨论决定重大事项有新作为**

区人大行使重大事项决定权就是代表人民行使地方国家权力。常委会坚持在区委的领导下，建立常委会讨论决定重大事项年度计划机制，抓住区域发展重大事项、重大决策、重大部署，深入调研，认真审议，适时作出决议和决定，为我区高端绿色发展提供了有力的支持和保障。

抓住落实区委推进“八个高端体系”建设行使决定权。常委会认真贯彻区委关于构建“八个高端体系”的决策部署，在充分调研的基础上，于2015年3月31日审议并作出关于推进“八个高端体系”建设的决定，实现了把党委的决策部署通过法定程序转化为国家意志的要求，明确了“八个高端体系”是“CRD建设行动规划”的继承与发展，是石景山区转型发展顺利走出低谷之后向更高水平迈进的总任务、总要求；进一步统一了思想、凝聚了正能量，为区政府推进“八个高端体系”建设工作提供了法治保障。

抓住落实区委推进城市供水体制改革行使决定权。饮用水安全关系人民群众的身体健康和生命安全。常委会于2016年1月5日，依法作出了区自来水公司转制、划拨给市自来水集团的决议，进一步明确了饮用水安全在我区经济社会发展中的重要地位，要求区政府切实做好这一重大事项改革的风险评估和矛盾化解工作，稳步推进转制、划拨工作，确保移交工作平稳进行，确保全区居民、单位生产生活用水不受影响。

抓住落实区委推进法治宣传教育行使决定权。开展法治宣传教育，是全面推进依法治区的重要举措。2016年6月23日，常委会在听取和审议了区政府关于法治宣传教育第七个五年规划的报告后，作出了在全区开展第七个五年法治宣传教育的决议，推动全区深入学习宣传宪法和法律，牢固树立法治意识，重点抓好国家工作人员和青少年法治宣传教育，健全和完善普法责任制，坚持法治宣教与法治实践相结合，在全区营造良好法治环境。

**三、推进人大依法监督工作有新突破**

人大常委会的监督权是宪法和法律赋予的重要职权。常委会紧紧围绕全区工作大局，不断加强和改进常委会监督工作，综合运用听取和审议专项工作报告、执法检查、专题询问，以及跟踪监督常委会审议意见落实、督办代表建议集中反映的问题、专题调研等方式，加大监督工作力度，推进法律法规的贯彻实施，促进“一府两院”依法行政、公正司法。

在促进区域经济发展上发力。围绕经济转型提质增效，重点听取和审议了区政府关于推进商务服务业发展、旅游休闲产业发展、科技成果转化应用等工作情况的报告，聚焦加快推进国家服务业综合改革试点区建设、旅游业及楼宇经济发展、“石景山创新平台”建设，开展了专题调研，提出有针对性、建设性的意见和建议，推动区政府加快产业结构调整，做大做强主导产业。针对北京保险产业园建设对我区构建“高精尖”经济结构、推动高端绿色发展的重要影响，在调研的基础上，提出了坚持“贵地贵用、贵园贵建”的建议，着力推动北京保险产业园健康快速发展。常委会还把深化“农转居”后续问题解决、促进集体经济发展作为发力点，在城建环保委专门设立集体经济代表小组和专题调研组，集中开展了8个月的专项调研。在此基础上，常委会听取和审议了区政府关于促进“农转居”后续问题解决、推动集体经济发展情况的报告。常委会提出，要进一步争取整建制“农转居”政策支持，进一步加强集体经济组织制度建设，进一步做好“农转居”人员就业培训，进一步加大推进公建返还力度，以及进一步推进集体经济高端绿色发展等五条建议，并转区政府研究办理。

在促进城市环境建设上发力。围绕生态环境质量提升，重点听取和审议了区政府关于园林绿化可持续发展、改善城市交通环境、市政道路建设和大中修计划，以及老旧小区综合整治、居民区环境卫生管理、水系环境景观建设等工作情况的报告，组织代表对区重点工程、棚户区改造、城市环境治理、精品街建设进行视察检查。充分发挥城建环保专业代表小组的作用，深入研究城市建设管理中的重点、难点问题，推动高端的城市规划建设和运行体系建设，推动我区城市管理向规范化、专业化、标准化、长效化发展。区政府认真落实常委会审议意见，制定政策、出台方案，加大改革工作力度，加大人力、物力、财力投入，结合推进“治乱疏解建高端”工作，解决了一批关系群众切身利益的实际问题，城市环境和品质显著提升，增强了人民群众的幸福感和获得感。

在促进民生建设上发力。围绕增进民生福祉，重点听取和审议了区政府关于深入推进居家养老服务工作情况的报告，促进全区认真贯彻落实《北京市居家养老服务条例》，深化居家养老服务体制改革。听取和审议了区政府关于推动教育高端绿色发展、加强校长队伍建设、深化医药卫生体制改革以及贯彻实施残疾人保障法等工作情况的报告，促进我区进一步加大投入，加快推进以改善民生为重点的社会建设。听取和审议了区政府关于加强文物保护和利用、实施文化兴区战略推进文化惠民工程、公共文化服务体系建设情况的报告，检查了文物保护法贯彻落实情况，提出意见和建议，推动了区域文化文物事业的繁荣发展。常委会高度关注食品安全工作，每年开展一次执法检查，力促我区形成监管领域资源共享、协调互动、有机融合的执法体系，确保人民群众“舌尖”上的安全。每年对便民工程和保障性住房建设与管理情况进行视察，积极关注妇女权益保障法、工会法及北京市实施办法、消防法、北京市控制吸烟条例等法律法规的贯彻落实情况，担当起为民服务的责任。

在促进依法行政公正司法上发力。围绕法治政府、法治社会建设，重点对区政府城管执法改革试点、法治宣传教育和依法行政等工作情况进行视察检查，听取和审议了区法院关于推进知识产权审判、商事审判、刑事审判、民事审判工作情况，以及区检察院关于未成年人刑事检察和司法保护工作、监所检察工作、民事诉讼监督工作情况的报告。区法院认真落实常委会审议意见，充分发挥人民法院审判职能作用，全面深化司法体制改革，围绕审判质效和队伍建设，坚持管理创新、制度创新，审判管理水平显著提升，让人民群众在每一件司法案件中享受公平正义的阳光。区检察院认真落实常委会审议意见，依法履行法律监督职责，积极运用法治思维和法治方式，为我区经济社会发展努力打造安全稳定的社会环境、公平正义的法治环境、优质高效的服务环境。区政府自觉接受人大监督，不断规范行政执法行为，加快法治政府建设步伐。

常委会还积极探索改进监督工作的方式方法，不断提高监督工作实效。

一是开展专题询问。专题询问，是人大依法对“一府两院”实施监督的法定形式，是国家权力机关代表人民权利与利益的关切之问。本届常委会首开先河，坚持于法有据原则，先定制度再实施，选择城市管理体制改革试点、加强居住区管理、居家养老服务以及改善和提升交通环境等工作，先后开展了4次专题询问，并不断总结和完善询问的形式、内容和程序，通过加强跟踪督办抓落实，在促进政府部门整改上取得了实效。常委会还首创，邀请组织、纪检部门的同志全程参与了专题询问，探索将任免权与监督权相结合，加强了对常委会任命的国家机关工作人员的监督。开展专题询问，回应了人民群众关切，促进了政府改进工作，提升了人大工作影响力。

二是建立法律顾问制度。常委会为增强履职能力，在全市率先建立了法律顾问制度。坚持把向法律顾问咨询作为一个工作习惯培养起来，把征求法律顾问的意见作为一道必经的工作程序固定下来，逐步规范对法律顾问的聘用、管理和工作保障。首批聘请4名律师作为常委会法律顾问，列席常委会会议、参加视察检查等监督工作，从法律角度提出意见和建议，为常委会决策设立了“合法关、程序关、责任关”三道门槛，弥补了委员中缺乏法律专业人员的短板，增强了常委会自身尊法、学法、守法、用法的意识和能力，有力提升了常委会决策的法治化、科学化水平。

三是发挥代表监督作用。常委会坚持把督办代表建议，作为加强和改进常委会监督工作的重要内容，在建议交办上提高交办规格，层层落实主体责任，会同区政府召开由区长亲自参加的建议交办会，主管区领导领衔办理，承办单位“一把手”专题部署、亲自答复；在建议督办上依法有序突出成效，结合“八个高端体系”建设和人民群众关心的热点难点问题，由常委会主任、副主任牵头强化重点督办，各工作委员会细化分类督办、持续跟踪督办，代表联络部门指导人大街工委协助督办，构建督办大格局，推动了公厕、公租自行车等城市服务设施的规划建设，有针对性地促进了政府工作的改进和完善。建立代表监督常态化制度，开通了《代表监督》信息“直通车”，把在代表联系选民、走访群众过程中掌握的最真实情况、发现的最现实问题、听到的最急切声音反映上来，为人民代言，督促政府改进工作。自2015年以来，常委会共编印《代表监督》信息16期，反映了12个问题，都是群众关切的房前屋后的问题，全部得到解决，受到群众好评。

### 四、充分发挥代表主体作用有新成效

人民代表大会的主体是人大代表，代表工作是人大工作的基础。常委会认真贯彻中央18号文件精神，落实代表法，支持和保障代表依法履行职责，推动代表工作创新发展。

开展代表主题履职活动。常委会在代表中开展了以“作表率、重实效、促发展”为内容的主题实践活动，强化“人民选我当代表，我当代表为人民”的责任意识，激励代表发挥主体作用，把代表的权利与义务统一起来，提高了代表履职的积极性、主动性。五年来，常委会共邀请300余人次代表列席了常委会会议，700余人次代表参加调研、视察和执法检查，300余人次代表旁听了法院公开审理案件，广泛听取代表对常委会各项工作的意见建议，提升了常委会民主决策、依法决策水平，拓宽了代表履职渠道。同时，还邀请700余人次代表列席了近百次区委全会、区政府常务会，参加了相关研讨会、座谈会、视察等活动，为提高区委、区政府工作的民主决策、科学决策水平出了力。

推进代表“家站”建设。在街道层面建立“人大代表之家”，在选区设立“人大代表联络站”，是我区代表工作向基层延伸的探索与创新。常委会推动“家站”建设经费纳入预算，提出了有地议事、有钱办事、有人管事、有章理事的“四有”要求，明确了“家站”建设七项功能；指导人大各街工委发挥“家站”的平台作用，以“知民情、表民意、顺民心”为主题组织代表进“家”集中活动、进“站”联系选民，加强代表与选民联系。五年来，共有600余人次的人大代表和近万名群众参加了集中联系选民活动，收集意见建议1700余条，均转交区政府有关部门研究处理，推动闭会期间的代表工作常态化、制度化和规范化。

探索开展基层人大协商。常委会认真落实中央《关于加强社会主义协商民主建设的意见》精神，以更好汇聚民智、听取民意为基础，以依法行使决定权、监督权为保障，以人大代表为主体，以密切代表同人民群众联系为基本要求，建立和完善协商渠道和平台。鼓励人大街工委在履职过程中依法开展基层人大协商，积极探索协商形式，不断丰富协商内容，及时总结协商经验，唱好“发扬民主、充分民主、正确民主”三部曲，逐步形成了“有事多商量、有事好商量、有事能商量”的人大基层协商民主新路径。坚持问题导向，对人民群众普遍反映的热点问题、代表建议集中反映的问题，人大各街工委组织居民群众、人大代表、“一府两院”相关部门负责人进行充分讨论和协商，有的出台了人大代表“家站”协商议事暂行办法，有的探索人大基层协商民主“七步工作法”，有的紧紧抓住人大代表选举广泛开展协商活动，

延伸了人大监督的触角，进一步打通了人大基层民主的“最后一公里”，基层人大协商实践在我区逐步展开。

服务市、区人大代表依法履职。组织人大代表学习活动，建立季度集中学习培训制度，围绕习近平治国理政思想、人民代表大会制度、国际形势等举办专题讲座。建立和完善市、区两级代表联系机制，依托代表“家站”平台，为市代表履职提供服务。组织市代表列席常委会及人大街工委开展的视察和调研活动，邀请市代表参加集体经济发展情况调研，向市人大提交关于推动石景山区整建制一次性“农转居”后续问题解决的闭会建议，得到了高度重视。市人大常委会唐龙副主任亲自主持召开了有市发改委、市国土局、市农委负责人参加的建议答复会，为我区转型发展出了力。五年来，市人大石景山团代表共提出议案24件、建议360件，有力促进了首都和石景山区的发展。常委会开发启用了人大代表履职服务系统，实现代表服务管理工作的信息化、规范化。

### 五、常委会自身建设有新提升

打铁还需自身硬。常委会按照市委、区委工作部署，强化党的领导意识、大局意识、人民意识、主力军意识、代表意识、法治意识、责任意识、创新意识，努力打造一支政治坚定、业务精通、作风优良、团结进取的人大工作队伍，不断提升常委会及机关依法履职的能力和水平。

始终把思想政治建设摆在首位。思想是行动的先导，是一切实践活动的灵魂。常委会充分发挥党组的领导核心作用，坚持抓思想政治建设生命线不放松，把全面从严治党的要求落实到每一名党员、每一个干部身上，努力营造风清气正的政治生态。紧紧围绕坚定理想信念、传承红色基因、切实转变作风、密切联系群众，扎实开展了党的群众路线教育实践活动、“三严三实”专题教育和“两学一做”学习教育，提出人大“十个要严、十个要实”的工作要求，坚持以上率下、示范带动，聚焦对党忠诚、个人干净、敢于担当，让“严”和“实”成为终身习惯，把合格的标尺立起来，把党员的先锋形象树起来，严守政治纪律和政治规矩，尽心尽力、积极作为。

依法加强常委会制度建设。“没有规矩，不成方圆”。为保障人大创新实践规范有序，常委会着眼于工作机制的建立和完善，坚持于法周延、于事简便的原则，陆续制定了《区人大常委会党组工作规则》《区人大常委会专题询问工作暂行办法》《区人大常委会聘用法律顾问制度》《区人大机关“三公”经费管理办法》4项工作制度，修订了《区人民代表大会代表建议、批评和意见办理办法》《区人大常委会讨论、决定重大事项办法》《区人大常委会组成人员联系代表制度》《区人大常委会同本区选举产生的北京市人大代表的联系办法》4项工作制度，废止了3项工作制度，通过制度建设提高了常委会及机关工作的规范化水平。

加强常委会组成人员同代表的联系。建立健全常委会组成人员联系市、区人大代表的工作机制，特别是常委会主任会议成员每人联系代表不少于20名，实现联系制度“全覆盖”。通过定期或不定期走访代表，听取代表的意见建议，推动代表关心、群众关注问题的解决，促进代表履行好法定职务，发挥好主体作用。与此同时，常委会还通过为代表送生日祝福、“三八节”为妇女代表送温暖等活动，展现了对代表的人文关怀。

加强常委会党组自身建设和机关效能建设。认真履行抓党建和党风廉政建设两个主体责任，认真贯彻落实《准则》《条例》，做到逢会必讲、逢节必提醒，切实把纪律和规矩挺在前面。严格遵守中央八项规定，健全改进作风、厉行节约常态化制度，坚决维护制度的严肃性和权威性。坚持机关学习日制度，深化对政策理论、法律法规和人大业务知识的学习。开展“品经典、读原著、建设精神家园”党员干部读书活动，引领机关读书新风尚。坚持人大工作研讨会制度，从理论和实践层面不断推进我区人大工作与时俱进。强化机关党支部的政治功能和服务功能，重视做好老干部服务工作，党组织向心力持续增强。扎实推进机关效能建设，有效提升了机关干部队伍的精气神。

各位代表，过去的五年，常委会在区委的领导下，按照“跟在党委后、走在时代前、融入选民中”的工作思路，坚持“与党委中心工作合拍、与政府重点工作合力、与百姓关注工作合心”的工作要求，积极发挥在我区民主政治建设中的主力军主渠道作用，扎实工作，积极进取，为促进我区高端绿色发展发挥了应有的作用，也积累了宝贵经验。我们深刻体会到：

必须坚持党的领导、忠诚担当。党的领导是中国特色社会主义最本质的特征。人大工作要自觉把党的领导贯穿于依法履职的全过程、各方面，始终做到“四个保证”：保证党的主张通过法定程序成为国家意志，保证党组织推荐的人选通过法定程序成为国家政权机关的工作人员，保证人大及其常委会依法有效履行职权，保证人民通过人民代表大会行使国家权力。区人大及其常委会作为地方国家权力机关，我们始终牢记第一职责是为党工作，做到忠于党、忠于祖国、忠于人民，担当起为党工作的责任、服务人民的责任、敢于监督的责任，主动谋划人大工作，主动向区委请示报告，主动改进工作方式方法，主动接受人民群众监督，始终做到心中有党、心中有民、心中有责、心中有戒。

必须坚持围绕中心、服务大局。人大工作是党委和全区工作的重要组成部分。我们始终坚持把促进改革发展同保持社会稳定结合起来，坚持改革是动力、发展是目的、稳定是前提，在中心和大局之下谋划和推动人大工作创新发展，把不断推动人民生活的改善，作为处理改革发展稳定关系的重要结合点，在维护社会稳定中推动改革发展，通过推动改革发展促进社会稳定，不让人大工作游离于中心工作之外、脱离工作大局，成为无源之水、无本之木，使人大工作有创新、有活力、有实效。

必须坚持以民为本、为民代言。人民立场是中国共产党的根本政治立场。我们始终把握人大制度的优势和本质特征，始终坚持以人民为中心的思想，把人民的利益摆在第一位，把人民群众最关心、最直接、最现实的突出问题作为人大依法履职的工作重点。人大代表正确处理法定职责和本职工作的关系，坚持法定职务优先的原则，带着感情、带着责任去履职，为人民代言、为人民直言、为人民仗言，为维护人民群众的根本利益作出了贡献。

必须坚持依法履职、强化监督。人大及其常委会的监督权是人民当家作主、参与管理国家事务权利的表现，是法定职责。我们始终坚持把党委工作的重点、政府工作的难点、群众关心的热点作为监督工作的着力点，坚持问题导向，坚持监督与支持相结合，寓支持于监督之中，形成推动工作的合力。

必须坚持从实际出发、探索创新。创新是事业和时代的呼唤。我们始终坚持和完善人民代表大会制度，结合实际努力研究人大工作的新情况、新问题，坚持法律规定的动作不走样，积极探索工作思路和监督方式方法的创新，把对人民负责与对"一府两院"的监督统一起来，探索人大工作规律，创造积累新经验。

必须坚持从严治党、廉洁从政。从严治党的意识缺乏，责任自然就会被高高挂起、轻轻放下。我们始终坚持"抓好党建是本职、不抓党建是失职、抓不好党建是不称职"的理念，切实加强人大常委会党组自身建设和机关党组织建设，层层压实管党责任，把党建工作与依法履职同谋划、同部署、同推进，以新形象、新作风取信于民、取信于代表，确保人大工作沿着正确方向发展。

各位代表，过去五年常委会工作取得的成绩，得益于区委的正确领导，得益于全体区人大代表和常委会组成人员的共同努力，得益于"一府两院"和全区人民、社会各界的大力支持，也是与前任赵玉民主任，付生柱、张文华、范北燕副主任的领导和精心工作分不开的。在此，我代表区第十五届人大常委会，向各位人大代表，向所有关心、支持、帮助人大工作的同志们、朋友们，表示崇高的敬意和衷心的感谢！

在总结成绩的同时，我们也清醒地认识到，坚持和完善人民代表大会制度，推进我区民主政治建设任重道远，常委会的工作同区委的部署和要求，同宪法和法律赋予的职责，同人大代表和广大人民群众的期望相比，还有不小的差距。主要是：人大监督工作的力度和实效还有待进一步提高，要着力改进监督方式，解决监督工作力度不足的问题；人大代表的履职能力和工作方法有待进一步改善，要着力提高代表的政治素质、法律意识、专业素养、议政能力和阅读书写、语言表达能力，解决好更有效发挥主力军作用的问题；"人大代表之家"和"人大代表联络站"在实际运行效果和作用发挥上有待进一步提高，要着力在强化"家站"服务功能上下功夫，解决好形式与内容相统一的问题。这些不足，有待在今后人大工作的探索和实践中加以解决。

## 对今后五年工作的建议

各位代表，今后五年是我国确保如期全面建成小康社会的决胜阶段，是北京率先全面建成小康社会的攻坚阶段，是我区全面深化"八个高端体系"建设、迈向国家级绿色转型发展示范区的关键阶段。区第十二次党代会，明确了高端绿色发展新的目标任务，对人大工作提出了新的更高要求。本次大会将选举产生新一届人大常委会，面对新形势、新任务，新一届人大常委会要在中共石景山区委的领导下，高举中国特色社会主义伟大旗帜，以马克思列宁主义、毛泽东思想、邓小平理论、"三个代表"重要思想、科学发展观为指导，深入贯彻习近平总书记系列重要讲话精神和治国理政新理念新思想新战略，履行好宪法和法律赋予的职责，落实好区委第四次人大工作会议精神，为进一步建设好我区风清气正的政治生态和高端绿色的发展生态，初步建成国家级绿色转型发展示范区作出应有的贡献。

坚持和完善人民代表大会制度不动摇。人民代表大会制度是中国特色社会主义制度的重要组成部分，是坚持党的领导、人民当家作主、依法治国有机统一的根本制度安排，是尊重人民主体地位、保证人民当家作主的根本政治制度。区人民代表大会及其常务委员会是基层国家权力机关，是地方国家政权的重要基础，要在深化民主政治改革的过程中，与时俱进推动人民代表大会制度在我区的实践，最广泛地动员和组织人民依法参与管理国家事务，把人民代表大会制度坚持好、完善好、发展好。我们必须毫不动摇坚持人民代表大会制度，加强和改进法律实施工作，深入推进依法行政、公正司法；加强和改进监督工作，担负好宪法和法律赋予的监督职责，让人民监督权力，让权力在阳光下运行；加强同人大代表和人民群众的联系，虚心听取意见和建议，积极回应社会关切，自觉接受人民监督；加强和改进人大工作制度建设，按照总结、继承、完善、提高的原则，不断推进人大工作实践创新，推动人大工作提高水平。

坚持党的领导，牢牢把握正确政治方向。中国共产党的领导，就是支持和保证人民实现当家作主。区人大及其常委会要增强政治意识、大局意识、核心意识、看齐意识，落实从严治党，坚持党建统领，推动人大工作取得新进展。坚持以推进民主政治建设为根本，充分发挥人民代表大会制度优势，充分发挥人大及其常委会的主力军主渠道作用，围绕中心、服务大局，依法全面履行职责，切实保障中央、市委和区委重大决策部署的贯彻落实。坚定理想信念，传承红色基因，善于运用宪法和法律赋予的重大事项决定权，使党的主张通过法定程序成为国家意志，保证党的路线方针政策和决策部署在国家机关工作中得到全面贯彻和有效执行。对于人民群众普遍关注的改革发展稳定重大事项，适时提请人民代表大会讨论，由人民代表大会作出决议、决定或根据人民代表大会讨论形成的意见修改完善工作方案，支持和保证人民通过人民代表大会行使国家权力。

坚持依法履职，持续深化人大监督工作。人民代表大会制度的重要原则和制度设计的基本要求，就是任何国家机关及其工作人员的权力都要受到制约和监督。区人大及其常委会要担负起宪法法律赋予的监督职责，按照中央关于深化监察体制改革试点工作要求，适时跟进做好相关工作。加强对“一府两院”执法、司法工作监督，确保法律法规在我区得到有效实施，确保行政权、审判权、检察权得到正确行使。要持续深化对“八个高端体系”建设、“十三五”规划实施的监督，深化全口径预算决算审查监督，促进区域经济社会发展转型升级。持续关注北京保险产业园、新首钢高端产业综合服务区等重点功能区建设，持续关注城市管理体制改革和精细化治理、集体经济转型发展、永引渠滨水绿廊等水系生态景观规划与建设，促进我区高端绿色发展生态建设。对人民群众普遍关注的老旧小区整治管理、居家养老服务、环境保护、教科文卫体领域重点改革任务、民生改善及社会治理体系现代化等，综合运用多种形式的监督手段，加大监督工作力度，不断增强人民群众福祉。

强化主力军意识，切实发挥代表主体作用。人大代表来自于人民，植根于人民，是人民行使权力的代表，理应服务于人民，当好人民的代言人、服务员。要进一步完善区人大常委会组成人员联系区人大代表制度，健全代表工作机制，畅通民意表达渠道，保障代表依法履职。要密切人大代表同人民群众的联系，发挥好“人大代表之家”“人大代表联络站”等代表联系选民、代表履职的平台作用，进一步完善人大街工委的职责，深化“家站”建设，丰富“家站”工作内涵，扩大公民有序政治参与。要进一步健全代表建议办理闭环式管理机制，不断提高办理效率和实际效果。新一届区人民代表大会将依法设立专门委员会，要制定人大专门委员会工作规程和议事规则，扩大代表对常委会和专委会工作的参与，加强相关法律法规的学习研究，不断提升履职能力和水平；加强常委会和专委会工作的实践与创新，不断解决好人民群众最关心最直接最现实的利益问题，凝聚起全区人民的智慧和力量。

各位代表，在全面建成小康社会的新征程上，让我们更加紧密地团结在以习近平同志为核心的党中央周围，在市委、区委的领导下，充分发挥人民代表大会制度的独特优势，坚定信心、团结一致，继往开来、砥砺前行，求真务实、不辱使命，为我区初步建成国家级绿色转型发展示范区作出新的更大的贡献！

# 中国人民政治协商会议<br>北京市石景山区第九届委员会常务委员会工作报告

## ——在政协北京市石景山区第十届委员会第一次会议上<br>（2016年12月19日）

吴克瑞

各位委员、同志们：

我受政协北京市石景山区第九届委员会常务委员会委托，向大会报告工作，请予审议，并请列席会议的同志提出意见。

## 五年工作回顾

九届政协工作的五年，是我区转型发展取得重大成绩、实现历史性转折的五年，也是我区政协事业不断取得新进展，迈上新台阶的五年。五年来，区政协深入学习贯彻中共十八大以来的会议精神和习近平总书记系列重要讲话精神，在中共石景山区委的领导下，牢牢把握团结、民主两大主题，认真履行政治协商、民主监督、参政议政职能，围绕中心，服务大局，勇于创新，求真务实，充分发挥了政协组织在民主政治建设中的主力军、主渠道作用，为推动全区经济政治社会发展做出了积极贡献。

### 一、坚持加强学习、凝聚共识，共同思想政治基础更加巩固

五年来，九届政协充分发扬人民政协重视学习的优良传统，坚持把理论学习摆在各项工作的首位，通过组织委员集中培训、专题研讨、发放学习资料等多种学习形式，深入学习中国特色社会主义理论体系，学习统一战线和人民政协理论。特别是以中共十八大精神为指引，深入学习贯彻中共十八大、十八届三中、四中、五中、六中全会精神，深入学习贯彻习近平总书记系列重要讲话精神，进一步深化对中国特色社会主义理论体系的理解和把握，增进对中国特色社会主义的政治思想认同，坚定中国特色社会主义道路自信、理论自信、制度自信、文化自信。注重理论联系实际，知行合一、学以致用，结合当前国内、全市和全区经济社会发展新态势，深刻学习领会中共石景山区委十一次党代会及全会精神，提高思想认识，切实把建设风清气正政治生态和高端绿色发展生态两大战略任务转化为全区各党派团体、政协委员和各界人士的自觉行动，做到与区委在思想上同心同德、目标上同心同向、行动上同心同行。

### 二、坚持围绕中心、致力发展，服务大局成效更为显著

五年来，九届政协始终坚持围绕全区改革发展的重大问题和群众关注的切身利益问题，认真履行政协职能，主动作为，积极作为，在致力全区发展中发挥了重要作用。

积极促进“八个高端体系”建设。紧紧围绕我区“全面深度转型、高端绿色发展”战略，紧扣构建“八个高端体系”建设，组织委员和专家学者成立多个调研组，率先破题，集中攻关，按照把握关键点、抓住切入点、找准发力点的工作思路，采取统分结合的形式，将“八个高端体系”分成多个子课题，由各调研组分别承担并最终形成了《区政协关于推进“八个高端体系”建设的联合调研报告》和政协常委会建议案，提出了八个方面共计40条意见建议。区委主要领导给予了充分肯定，并作了重要批示，区政府及相关部门主动与政协开展协商，认真研究采纳委员与专家的意见建议，有些建议被纳入“十三五”规划。联合调研报告被评为年度石景山区优秀调研报告一等奖。

着力服务全区经济发展。助推全区经济快速发展是九届政协履职工作的重要内容。五年来，组织政协常委会、主席会议成员先后视察了西北热电中心、京西商务中心、鲁谷供热厂清洁能源改造、苹果园交通枢纽商务区等重点建设项目；调研了中小微企业发展情况，提出23项具体建议；邀请政府相关部门与企业家面对面沟通交流，听取意见建议，帮助企业解决发展中遇到的困难；动员和组织委员开展“我为‘十三五’规划建言献策”活动，提出建议24条；发挥委员信息渠道多、联系广泛优势，积极参与招商、全力支持招商，五年来共引进企业187家，注册资金超过184亿元。

主动开展重点课题调研。坚持问题导向，通过召开理论研讨会方式，就某项重点工作进行集中调研、论证、协商，确保会议成果的正确性和可行性。五年来，先后以“推进石景山文化发展与繁荣”“促进我区国家服务业综合改革试点区建设”“促进我区旅游产业发展”“促进我区城市综合管理体制改革”“促进我区民生家园建设”为主题，召开5次专题研讨会，收集研讨论文144篇，常委、委员发言60余人次。研讨会形成的“促进我区服务业综合改革试点区建设”重点提案提交市政协，促成了市政府专门下发《关于加快推进石景山区国家服务业综合改革试点区发展的意见》，为我区转型发展提供了新动力。

### 三、坚持关注民生、促进和谐，为民履职工作深入推进

五年来，区政协坚持履职为民的工作理念，倾听民声民意，关注热点难点，积极建言献策，着力促进民生家园建设。

积极建言，多谋民生之利。重点围绕医疗、养老、教育等群众最关心、最直接、最现实的利益问题，组织委员深入医院、学校、社区、企业、基层养老机构一线实地调研，与教育、卫生、民政等职能部门座谈交流，从体制机制、资金投入、队伍建设等多方面提出意见建议。五年来，共形成“优化医疗资源布局”“促进我区养老事业发展”“促进学前教育”等调研报告70余件；组织委员视察社区环境整治、信访代理制、老旧小区和棚户区改造、社区文化建设、食品药品安全等活动30余次，为多谋民生之利积极建言。引导委员利用社情民意信息等形式，及时反映群众诉求，妥善解决民生问题。五年来，编发报送社情民意信息539期，市、区领导批示301期次，助力解决民生问题近百件。区政协被评为北京市政协系统反映社情民意工作先进单位。

提好提案，多解民生之忧。坚持“围绕中心、服务大局、提高质量、讲求实效”的工作方针，积极探索，不断实践，围绕设立社区心理咨询站、小区道路改造、居民健康监护等问题，提出重点提案，受到党政领导的重视，加大督办力度，有关部门认真研究落实，促进了相关问题的有效解决。五年来，共征集提案986件，经审查立案926件，其中，委员提案793件，民主党派提案78件，团体提案3件，界别提案29件，专委会提案23件，平日提案62件，涉及民生方面提案230件。经区委、区政府76个承办单位办理，办结率100%，委员满意率97%。五年来共开展主席、副主席、秘书长重点提案督办协商40次、提案集中督办协商28次、提案追踪督办协商5次、提案专题督办协商12次、专委会提案督办协商14次，切实加大了协商力度，提高了提案办理协商实效。《关于建立石景山区金融综合公共服务平台的建议》《关于打造文化品牌，创建我区大型文化活动中心》《关于加强未成年人司法保护体系建设的建议》等100件提案被评为优秀提案。提案在不同领域促进了我区经济社会的发展。

发挥优势，多行民生之举。充分发挥政协委员的人才优势和岗位资源优势，组织委员开展送服务进社区活动。五年来，共为社区送医、送教、送法律和开展“帮助困难群众、资助贫困学生、捐助公益事业”等活动30多次，协助解决了滨和园社区便民配套设施、建钢南里社区雨后积水等民生问题200余件；安置下岗失业人员600余人，培训外来务工人员1600人次。2013年“7.21”灾后重建期间，委员们通过多种途径向灾区捐款70余万元，受到群众的欢迎和好评，有的社区群众还给区政协赠送了锦旗。

### 四、坚持平等协商、主动协商，协商民主实践更趋活跃

五年来，区政协始终把协商民主贯穿履职全过程，积极推进协商民主探索实践，促进政协协商民主工作取得了新进展。

建立了协商议题选题机制。主动加强与区委、区政府工作衔接，自觉围绕全区改革发展的重大问题和关系群众切身利益的实际问题，广泛征求各民主党派、社会团体和各界委员的意见建议，在充分沟通协商的基础上，研究商定年度协商议题，2015、2016连续两年制定政协年度协商计划报区委，并扎实加以推进，克服了协商工作的随意性，增强了政协协商的计划性、公开性。

完善了政协协商制度规范。认真贯彻落实中共中央关于推进协商民主广泛多层制度化发展的重大决策部署和习近平总书记关于做好政协工作的重要讲话精神，总结近年来区政协开展协商民主的履职实践，在深入调研的基础上，广泛征求各部门意见建议，协助区委起草了《中共石景山区委关于进一步加强政协协商民主建设的实施意见》，参与筹备召开了区委第四次政协工作会议。会议通过的《实施意见》进一步明确了协商内容，规范了协商形式，为区政协推进协商民主建设提供了制度保障。

形成了政协多层协商格局。充分利用政协全体会议、常委会议、主席会议、专委会议等多种形式，为各民主党派和各界人士搭建协商平台，活跃有序地组织各类协商活动，逐步形成了全体会议全面协商、常委会议专题协商、主席会议重点协商、专委会会议对口协商、提案办理多方深度协商的政协协商格局。五年来，区政协主动将协商融入到各项履职中，共组织全会大会发言、常委会专题议政、专委会对口协商以及召开提案办理工作协商会等各类协商活动160余次，增加了协商密度，协商程序更加规范，协商平台和形式更加多样。

协商质量与成效更加显著。着力完善协商活动组织，促进协商成果转化，推动重点协商工作落实和问题解决。比如，围绕古城公园、八角雕塑公园"拆墙透绿"及景观改造，先后3次与区政府和公园管理中心等进行协商，组织委员开展专项视察，得到了区委、区政府的高度重视，促成了这两座公园"拆墙透绿"及景观改造工程的全面实施，方便了周边群众，人民网、北京青年报等10余家媒体对此作了报道。围绕《关于成立未成年人案件预审专门办案机构的建议》的提案，与区公安部门多次沟通协商，并根据北京市及我区未成年人涉案情况，就成立未成年人案件预审室达成一致意见，为我区未成年人权益保障工作进一步开展奠定了坚实的基础。区政协还围绕与群众生活息息相关的棚户区改造、保障房建设、社区环境建设等民生项目主动协商，促进了相关问题的解决。

## 五、坚持联系实际、探索创新，政协工作活力不断增强

五年来，区政协坚持强化创新意识，深化创新实践，在创新发展上不断探索，政协工作活力显著增强。

创新了民主监督形式。为深入推进全区民主政治建设，努力营造风清气正的良好政治生态，按照区委的要求，区政协积极探索创新民主监督形式，起草通过了《关于加强对区属党政部门履职情况开展民主监督与评议工作办法》，成立了六个监督评议小组，通过调查问卷、座谈、视察等方式，连续两年对部分区属党政部门履职情况进行监督与评议，形成了区政协民主监督与评议综合报告报区委。区委非常重视评议工作，区委常委会专题研究综合报告，对监督评议成果给予了充分肯定。区政协及时贯彻会议精神，召开专题协商会，积极推进评议工作的成果转化，促进被评议部门改进了工作。民主监督与评议工作引起社会的广泛关注，《人民政协报》进行了专题报道，提升了我区民主监督品牌的社会影响力。

搭建了委员履职平台。开展"我是委员我承诺，我为发展做贡献"主题实践活动，探索建立了委员"三级联系"制度，在各街道建立"委员之家"，在各社区建立"委员工作室"，在部分委办局建立委员联系点，畅通联系渠道，让委员面对面、心贴心与群众沟通交流，真实了解民情民意，实实在在反映群众心声，搭建好政府与百姓沟通的桥梁，助力党委政府为群众排忧解难。"一家一室一点"也使委员履职有了基地，知情有了渠道，联谊有了平台，激发了委员履职活力，委员的责任意识增强了，主动意识增强了，自律意识增强了，政协组织的独特作用和委员的主体作用得到了较好发挥。

切实发挥了界别作用。积极探索建立有利于界别活动的组织机制，调整组合了全区29个界别，组成13个界别活动小组，由各专门委员会分别联系，并把界别工作纳入专委会全年计划作出安排。在开展调研、视察、议政、座谈等活动时，有重点地邀请相关界别委员参加。同时，把政协界别汇集民意的优势与反映社情民意的履职方式结合起来，实现界别活动的"直通车"。五年来，共开展界别调研视察协商等活动61次，提交界别提案29件，特别是2013年在北京各区县率先实现界别提案零的突破，受到了市政协相关部门的好评，今年还就做好界别工作在市政协理论恳谈会上作了专题发言。

## 六、坚持增进共识、凝心聚力，团结民主氛围日益浓厚

五年来，区政协坚持大团结大联合，扎实做好团结各界、凝聚人心的工作，充分发挥巩固统一战线、促进社会和谐的主力军作用。

积极促进合作共事。自觉加强与各民主党派平等沟通，凡是政协重要的调研活动和年度协商议题，事先都要听取各民主党派的意见建议，遵循协商民主原则主动协商；尊重和保障各民主党派、工商联和无党派人士的民主权利，支持民主党派和无党派人士在政协各种会议上发表意见，参与全区大政方针及重要问题的协商讨论；建立工作联系制度，通过组织学习、走访座谈等多种形式，认真听取他们的意见，沟通情况，改进工作；认真做好党派团体提案和社情民意信息征集、报送、反馈工作，联合各民主党派开展调研、视察，为他们发挥作用提供舞台。五年来，各民主党派、工商联和无党派人士积极参政议政，提交各类会议发言151篇，反映社情民意396篇，提交民主党派提案78件，为促进区域经济社会发展做出了贡献。

广泛开展团结联谊工作。坚持每年定期走访各民主党派、工商联、无党派人士，开展为委员过生日送祝福活动；看望慰问各界委员，关心他们的学习生活工作，尽可能帮助解决实际困难，五年来共走访委员400余人次。每年举办政协、统战迎新春、庆"三·八"妇女节女委员联谊会。去年，邀请5名抗战老战士、部分政协委员及文艺界人士，举办了《纪念抗日战争胜利70周年石景山专辑》一书发行赠书仪式并进行书画笔会。配合西山八大处文化节开展活动，协助灵光寺举办中秋慈善晚会，组织委员和机关干部参加北京卢沟桥醒狮越野跑，弘扬民族精神，促进全民健身和民族文化的交流，增强各界人士的联谊与沟通。

加强对外工作交流与合作。加强与市政协和各区政协的联系，承办了市政协第四次区县(西区)提案工作经验交流会，与丰台等区政协联合调研市城乡结合部产业转型升级及人口调控问题，圆满完成市政协交待的多项视察和调研任务。积极开展与外地政协的交流与合作。五年来，接待了内蒙古、云南等地政协来我区考察15批次，先后赴上

海、重庆、深圳、成都等地进行调研，与当地政协积极交流，学习先进经验，主动宣传石景山，扩大了影响力。

**七、坚持健全机制、夯实基础，政协自身建设不断加强**

五年来，区政协坚持加强自身建设，完善工作机制，主动适应新形势新任务对政协工作的新要求，不断提高政协工作水平。

着力加强政协委员队伍建设。严格落实委员定期培训制度，坚持专题学习中共中央关于加强社会主义协商民主建设的决策部署和习近平总书记关于政协工作的重要讲话精神，进一步增强委员的政治意识、大局意识、核心意识、看齐意识；举办"中国经济新常态下的改革与发展""互联网+未来发展趋势""我国海洋安全形势""'走进身边'一带一路"等多场专题学术报告会，启发委员以更高站位和更宽广的视角，分析破解社会发展遇到的各种难题，提高建言能力和履职水平；研究制定了《政协委员履职量化综合评价办法》《政协委员履职考核细则》，做好检查、督促和评价工作，使委员的管理更加制度化、科学化。五年来，九届政协共组织时事形势和市情、区情报告会30余场，多次举办调研、提案、社情民意等学习讲座活动，提高了委员政策理论水平，同时也丰富了委员知识，拓宽了委员视野，懂政协、会协商、善议政的委员明显增多，守纪律、讲规矩、重品行已经成为绝大多数委员的自觉行为。

着力增强专委会基础职能作用。进一步规范、改进、创新专委会工作。各专委会明确工作目标，落实工作责任，注重发挥委员主体作用，积极开展调研视察、提案督办和民主监督与评议等工作。五年来，共提交专委会提案23件，提交调研报告50余件。主动走访委员，主动征求和反馈意见。依托界别优势，组织委员开展活动，较好地发挥了在政协履职中的重要作用。新增设了政协专委会六室机构，编辑出版了《石景山地名掌故》《石景山区工业遗产》和《舒乙与石景山》《纪念抗日战争胜利70周年石景山专辑》《西山八大处佛牙舍利》等文史资料，充分发挥了文史资料"存史、资政、团结、育人"的作用。

着力提高政协机关服务保障能力。以加强政协机关党建工作为统领，扎实开展党的群众路线教育实践活动、"三严三实"专题教育活动和"两学一做"学习教育活动，严格落实中央八项规定及市委、区委有关要求，持续改进工作作风，推进机关各项建设。定期组织机关干部学习中央、市委和区委重要文件精神，学习先进科学文化和法律法规知识，机关工作人员思想觉悟有了新提高，服务委员履职的能力与水平明显增强。加强机关制度建设，修订了《政协石景山区委员会关于政治协商、民主监督、参政议政的规定（试行）》等27项制度，为机关服务履职提供制度保障。建立完善政协微信平台和政协网站，拓宽委员依法参与政治生活的渠道和舞台。加强信息宣传工作，规范信息收集、报送、反馈机制，五年来，编发政协信息200期，在《人民政协报》和市区媒体宣传报道760篇次，营造了良好的履职氛围。

## 五年工作体会

各位委员，九届政协探索积累了宝贵的经验。这些经验凝聚着广大委员的智慧，是我们今后工作需要遵循的重要原则。回顾九届政协的工作，我们进一步加深了以下几个方面的体会和认识。

**一、区委重视、各方支持，是做好政协工作的根本保证**

区委高度重视民主政治建设，坚持在重大任务面前区四套班子齐抓共管，充分肯定了政协在民主政治建设中的主力军、主渠道作用，为政协更好地履行职能指明了方向。五年来，区九届政协坚决贯彻党的路线方针政策，自觉接受中共石景山区委的领导，坚持重大工作主动报告，重要事情及时反映，主动融入区委的中心工作，切实做到与区委思想同心、目标同向、行动同步。发挥政协党组在政协组织中的领导核心作用，抓大事，谋全局，积极协助区委推进各项决策部署，统一研究、统一部署，统筹解决政协工作中的重大问题，政协工作呈现出区委重视、各方支持、政协主动的良好工作格局。正是区委的高度重视，各方的大力支持，九届政协事业的发展环境才得以不断优化，社会影响才得以不断扩大。

**二、围绕中心、服务大局，是做好政协工作的第一要务**

围绕中心、服务大局，是人民政协履行职能必须始终遵循的重要原则。做好政协工作，需要在国际国内大背景下思考和谋划，与党委、政府的战略部署和重点工作保持一致、协调并进。区九届政协在推进全区经济社会发展进程中，聚焦风清气正的政治生态和高端绿色的发展生态两大战略任务，充分发挥政协智力密集、联系广泛的优势，主动围绕深化改革和经济社会发展的全局性、宏观性、前瞻性问题，认真调查研究，从宏观上献计，从微观上出力，为推动全区经济社会发展贡献了智慧和力量。实践证明，只有把政协工作摆到全局工作中去把握、去思考、去谋划，一切从大局出发，政协的职能才能履行好，优势和作用才能发挥得好。

**三、以人为本、履职为民，是做好政协工作的内在要求**

做好政协工作，需要坚持把以人为本、履职为民作为政协工作的出发点和落脚点，将政协履行职能与增进群众福祉紧密结合，实现好、维护好人民群众的根本利益。五年来，九届政协在工作理念上更加突出群众意识，在工作思路上更加关注民生议题，在工作安排上更加注重围绕群众最关心最直接最现实的利益问题，深入反映意愿诉求，积极开展解疑释惑，发挥党委、政府联系各界别群众的桥梁纽带作用，协助做好暖人心、聚人心的工作，始终做到政为民所议、言为民所建、策为民所献、力为民所出，使政协工作更加贴近民心、富有成效，为促进社会和谐做出了积极贡献。

**四、与时俱进、开拓创新，是做好政协工作的不竭动力**

坚持解放思想、大胆创新是政协工作体现时代特色、开创新局面的动力源泉。五年来，九届政协始终坚持强化创新意识，不断研究新情况、总结新经验、探索新途径，以思路创新、理论创新和机制创新推动工作创新，取得了许多新成果：积极探索创新民主监督形式，积极开展委员进社区活动，创新界别活动工作机制等，为政协科学履职创造了新形式，开拓了新领域，搭建了新平台，增添了新动力。因此，做好政协工作，就应该自觉增强创新意识，把握问题导向，勇于探索实践，敢于负责担当，不断推进人民政协理论创新、制度创新、工作创新，使人民政协事业永葆生机活力，在新的起点上不断取得新佳绩。

**五、团结民主、真诚合作，是做好政协工作的重要基础**

团结是凝聚人心的强大力量，民主是社会主义的内在生命，牢牢把握团结和民主两大主题，是做好政协工作的重要基础。五年来，九届政协始终坚持把增进团结和发扬民主贯穿于政协工作的各个方面，充分发挥政协统战功能，鼓励各民主党派、工商联、人民团体和社会各界畅所欲言，保障他们发表意见建议的权利，为社会各界人士行使民主权利、有序参与政治创造条件；始终不渝地坚持求同存异、兼容并蓄，认真做好争取人心、凝聚力量、推动和谐的工作，巩固发展了大团结、大联合的良好局面。为此我们应该倍加珍惜，致力增进团结，不断发展民主，坚持履职和团结凝聚人心并重、履职和推进民主建设并重，切实增强政协的感召力和凝聚力，努力营造团结民主、生动活泼的良好社会环境。

各位委员，过去的五年，九届政协牢记使命，认真履职，为推动全区经济社会科学发展做出了应有的贡献。这些成绩的取得，是中共石景山区委坚强领导，区人大、区政府大力支持和市政协有力指导的结果，是政协各参加单位和全体委员忠实履职、团结奋斗的结果。在此，我代表区九届政协常委会，向为政协工作付出智慧心血、作出无私贡献的各界委员，向所有关心、支持政协工作的各级领导、各界人士，表示崇高的敬意和衷心的感谢！

在总结成绩的同时，我们也清醒地看到工作中还存在一些不足，主要表现为：履行职能的制度化、规范化、程序化建设需要进一步加强；参政议政的质量和水平还需要进一步提高；服务和管理委员的措施有待进一步改善；在新形式下探索委员的交流活动形式还需进一步加强；政协机关干部队伍建设还需要进一步加强。这些问题需要我们高度重视，认真研究，并在今后工作中切实加以改进。

## 今后五年工作建议

未来五年，是我区全面深度转型、高端绿色发展新的历史进程中乘势而上、大有作为、成效彰显的重要战略机遇期。我们要继续高举中国特色社会主义伟大旗帜，全面贯彻中共十八大和十八届三中、四中、五中、六中全会精神，以马克思列宁主义、毛泽东思想、邓小平理论、“三个代表”重要思想、科学发展观为指导，深入学习贯彻习近平总书记系列重要讲话精神，在中共石景山区委的领导下，紧紧围绕进一步建设好我区风清气正的政治生态和高端绿色的发展生态两大战略任务，认真履行政治协商、民主监督、参政议政职能，切实发挥协调关系、汇聚力量、建言献策、服务大局的作用，为初步建成国家级绿色转型发展示范区做出新的贡献。为此，我代表九届政协对新一届政协提出如下希望和建议：

**一、深入学习研究，在夯实共同思想政治基础上有新进步**

建议新一届政协结合换届后新委员较多的特点，认真抓好学习、培训，为更好履行职能奠定基础。一是要认真学习贯彻中共十八大和十八届三中、四中、五中、六中全会精神，认真学习贯彻习近平总书记系列重要讲话精神，切实把广大政协委员和社会各界人士的思想行动、智慧力量统一和凝聚起来，努力做好各项工作。二是要深入系统学习人民政协理论，更加准确地把握政协工作的特点和规律，充分运用人民政协理论指导政协工作实践，激发责任感和履职自觉性。三是要进一步创新学习形式，丰富学习内容，健全学习制度。适时组织时事政治报告会，加强对国际国内形势及当前热点问题的了解与研究。深入学习当今时代发展趋势下的新形势、新经济、新理念、新思维，积极探索履行职能的新思路、新举措，深化对新时期人民政协工作的特点和规律的认识，不断增强政协工作的预见性、主动性和有效性。四是要深入学习中共中央、北京市委、石景山区委重要文件精神，深刻领会和把握国情、市情、区情，切实提高把握大局、服务大局的能力，切实增强进取意识、责任意识，增强履职的针对性和实效性。

**二、服务全区大局，在助推高端绿色发展上有新作为**

建议新一届政协继续坚持“一线”的理念，以全面推动我区高端绿色发展为重点，紧紧围绕加快疏解非首都功能、推动京津冀协同发展等工作建言献策。准确把握“十三五”规划脉搏，紧紧围绕区委区政府的重要改革、重大决策、重大项目、重大问题，围绕我区治乱疏解建高端工作、“八个高端体系”建设、“五个典范”标准、城市管理体制改革、生态环境建设等工作，积极主动地开展专题调研和协商议政，多建睿智之言，多献务实之策，多谋创新之举，为全面完成“十三五”的各项工作任务，奋力开创我区“两个生态建设”的新局面作出贡献。

**三、持续关注民生，在促进社会和谐上有新突破**

建议新一届政协坚持以人为本，密切关注民生民情。一是进一步健全提案工作机制，以科学的理论指导提案工作，以科学的方法推进提案工作，以科学的制度保障提案工作，努力使提案在更大范围内、更广领域中、更高层次上为政协履行职能服务。要坚持以社情民意等方式把解决人民群众最关心、最直接、最现实的问题作为出发点和落脚点，畅通民意反映渠道，切实发挥政协沟通桥梁作用，不断增强工作合力，为维护社会和谐稳定尽心尽力。二是坚持履职为民的工作理念，多建利民之言，多谋利民之策，针对治理城市病、冬奥组委服务保障工作、人口疏解、大气环境治理、深化教育领域综合改革等重点、难点问题，开展调研视察，积极建言献策。三是真实地了解民情、民意，真实反映群众的心声，积极为群众排忧解难。开展形式多样的帮扶活动，为构建和谐社会贡献爱心。

### 四、把握工作主题，在凝心聚力、增进团结上有新成果

建议新一届政协按照大团结、大联合的主题，积极开展走访慰问活动，健全反馈机制，及时反馈各民主党派和工商联界别委员的履职情况；通过多种形式，搭建履职平台，在政治上真诚合作，努力营造“知无不言、言无不尽”的民主氛围。认真贯彻区委《关于进一步加强政协协商民主建设的实施意见》，进一步完善协商民主制度和工作机制。围绕治乱疏解建高端、构建“高精尖”经济结构等方面工作，主动提出年度协商议题，积极开展专题协商、对口协商、界别协商和提案办理协商，进一步创新政治协商的工作机制，不断丰富协商内容、完善协商形式、规范协商程序，使政治协商真正成为区委、区政府决策的重要环节。推进协商民主广泛多层制度化发展。

### 五、坚持务实创新，在增强政协工作活力上有新进展

建议新一届政协继续坚持解放思想，实事求是的思想路线，发扬与时俱进、开拓创新的精神，积极探索政协工作的新形式，推动政协工作不断创新发展。一是积极探索政治协商新形式。在民主法治建设新常态下，进一步完善新形势下政协协商民主制度和工作机制，进一步推进人民政协协商民主建设的制度化、规范化、程序化，把协商民主贯穿政协履职的全过程，推动政协协商民主建设取得新的进展。二是积极探索民主监督新形式。继续开展对区属党政部门履职情况民主监督与评议工作，总结经验，完善监督与评议的办法和程序，深入开展监督评议工作，推进评议工作的成果转化。三是积极探索参政议政新形式。积极探索调研视察新形式，不断创新提案、社情民意工作，拓宽参政议政渠道，提升参政议政的水平。加强对委员的履职管理，将委员履职评价列入政协工作的重要议事日程，探索建立更加完善的委员履职评价机制，推动政协委员履职评价制度化、规范化和程序化建设。

### 六、加强自身建设，在政协工作科学化水平上有新提高

建议新一届政协要进一步加强自身建设，政协党组要认真贯彻落实中共十八届六中全会精神，切实增强政治意识、大局意识、核心意识、看齐意识。从严要求，做党建统领和从严治党的表率。要健全和落实各项制度，进一步明确职责任务，充分发挥常委会的重要作用、专委会的基础作用、委员的主体作用和机关的服务作用，不断提高政协工作的整体水平。要切实加强政协机关建设，建立健全学习制度，以加强政协机关党建工作为统领，巩固党的群众路线教育实践活动、“三严三实”专题教育活动和“两学一做”学习教育成果。健全标本兼治的体制机制，做好党风廉洁建设工作。严格落实中央八项规定及市委、区委有关要求，持续改进工作作风，推进政协机关各项建设，为推进政协事业发展提供坚强的保障。

各位委员、同志们，做好政协工作任务艰巨、责任重大、使命光荣。让我们更加紧密地团结在以习近平同志为核心的党中央周围，高举中国特色社会主义伟大旗帜，同心同德，锐意进取，不断开创政协事业发展新局面，为初步建成国家级绿色转型发展示范区做出新的更大的贡献！

# 大事记

# 2016年石景山区大事记

## 1月

**9日** 《"十三五"时期石景山区国民经济和社会发展规划纲要》经区第十五届人民代表大会第六次会议审议通过。7月7日，纲要手册印发，并在"北京·石景山"官网向社会公众发布。

**11—12日** 石景山区举办互联网游戏创新创业大赛，全国近40支游戏团队参加。

**12日** 商务部商业保理专委会在万商花园酒店召开全国首期商业保理公益宣讲会。

**13日** 市政府绩效管理年终考评察访核验第三工作组到区环保局开展环保专项绩效考核。

**15日至2月22日** 以"山水融合梦童话 冰雪奇幻享新年"为主题的首届冰雪旅游活动在莲石湖景区举办。

**16日** 副市长、公安局局长王小洪率市党风廉政建设责任制第十四检查组，专项检查石景山区党风廉政建设责任制落实情况。

**19日** 北京市春节前农民工工资专项执法检查督导小组到区进行督导检查。

**21日** 区政府与北京市自来水集团签署《合作框架协议书》，并举行五里坨供水厂正式通水仪式。

**22日** 2016年北京保险产业园第一次协调会召开。

※ 石景山区被评为北京市百姓宣讲先进单位，石景山区"我们的价值观"百姓宣讲团被评为优秀宣讲团。

**22—28日** 市人大石景山团代表出席市十四届人大四次会议。共提出代表议案8件、代表建议76件，其中安丽娟等代表联名提出的4件议案被大会确定为正式议案。

**27日** "北京石景山"政务头条号在"今日头条"客户端正式开通。

**29日** "八大处佛牙舍利文化历史图片京津冀三地巡展"活动在首站廊坊隆福寺正式启动。

## 2月

**1日** 市委书记郭金龙走访苹果园街道、金顶街街道基层老党员和生活困难群众。

**3日** 区政府召开"八个高端体系"建设项目专题调度会。会议听取"八个高端体系"建设深入推进重点任务的总体情况，并对重点任务和项目进行逐项审议。

**16日** 民生类重点建设项目推进调度会召开。会议对区文化中心、区残疾人职业康复中心、区儿童福利院和救助站、区体育中心、高射武器库和地下靶场等项目进行梳理。

**22日** 石景山区上年度党建述职考评会召开。市委常委、宣传部部长李伟，市委组织部部务委员王风等参加会议。

**25日** 2016年环境建设工作会召开。启动环境建设年，打造石景山区环境建设升级版。

**29日** 区治乱疏解建高端指挥部古城街道拆违现场会召开。区四套班子领导首先查看京西商务中心南侧拆违现场，并召开座谈会。

## 3月

**1日** 牛青山与中荷人寿保险有限公司董事长强新座谈。双方就保险产业发展形势、公司选址意向等问题进行探讨。

※ 棚户区改造工作会召开，确定北辛安、西黄村棚改项目推进计划。

**2日** 区四套班子领导分别与陆军政治委员刘雷、副司令员彭勃、尤海涛、周松等陆军领导机构首长，中部战区司令员韩卫国、政治委员殷方龙、副司令员兼参谋长李凤彪、副司令员张义瑚等中部战区首长，北京军区善后办主任白建军、政委程童一、副主任海力斯等首长座谈。

**4日** 养老服务体制改革研讨会召开。会议研究居家养老服务工作目标，并形成社会化养老服务体制改革总体思路。

**6日** 与内蒙古自治区乌兰察布市产业协作工作对接会召开。双方分析各自产业发展情况，探讨优势资源互助的工作思路

**8—9日** 石景山区第八次妇女代表大会举行，选举产生区妇联第八届执行委员会及新一届领导班子。

**9日** 非公经济企业家代表座谈会召开。

**14日** 与曹妃甸区协同发展对接座谈会召开，唐山市曹妃甸区、首钢总公司、石景山区主要领导参加。

**18日** 安全生产暨消防安全工作大会召开。夏林茂、富大鹏分别与行业、街道代表签订《2016年安全生产责任书》和《2016年度防火安全责任书》。

**22日** 治理无照无证餐饮单位工作部署会召开。

**24日** 受国家知识产权局委托，市知识产权局在石景山创新平台召开国家知识产权试点城市验收会。石景山区高分通过国家知识产权试点城市（城区）建设考核验收。

**25日** 本市首个"24小时智慧养老健康中心"在广宁街道挂牌，打造没有围墙的养老院。

**31日** "燃情记忆 诗意北京"第九届北京清明诗会在中部战区礼堂举行。

## 4月

**1日** 以"传承红色基因 建设精神家园"为主题的2016年北京市清明红色祭扫活动在八宝山革命公墓举行。

**5日** 提升冬奥组委会周边环境整治工作专题会召开。

**14日** 中关村管委会主任郭洪一行到北京保险产业园就园区发展情况进行调研。

**19日** 第三届全国广场舞总决赛暨全国广场舞培训基地启动仪式在黄庄职业高中举行。各相关部门就全国广场舞培训基地建设工作签署合作协议。

※ 石景山区营改增工作专题推进会召开。

**20日** 石景山区接受国家卫生

区市级复审。

**21日** 市政协副主席李长友带队调研石景山区城市管理体制改革工作。

※ 石景山区首个国家级物业服务标准化试点项目——智达基业物业服务标准化试点项目启动。

**26日** 石景山区净化市场经营环境，全面开展无证无照经营专项整治工作推进会召开。

## 5月

**4日** 市政府教育督导室到区开展中小学办学情况督导调研。

**6日** 市卫生计生委党委书记、主任方来英就社区卫生药品供给方式改革情况到区调研。

**12日** 突发公共事件应急委员会全体会议召开。

**13日** 北京冬奥组委办公地首次向媒体开放。冬奥组委第一批工作人员约160人入驻首钢厂区西十筒仓。

**20日** 全国政协社法委调研组到石景山区开展禁毒专项调研。

**24日** 石景山区人口调控工作协调会召开。

**26日** 2016年石景山区防汛工作大会召开，区长与防汛单位代表签订防汛责任书。

**27日** 北京保险产业园与太平洋资产管理有限责任公司战略合作暨保险资金债权融资计划签约仪式，在北京保险产业园投资控股公司举行。

**28日** 全国政协副主席陈元视察北京保险产业园。

※ 市国税局局长李亚民一行就石景山区税收工作服务区域经济发展情况进行调研。

## 6月

**3日** 新华社、《参考消息》《北京日报》、北京电视台等19家中央和市属媒体到区，就“十三五”期间的亮点工作进行集体采访。

※ 2016年十项重点工程调度会召开。

**5日** 2016中埃文化年暨首届“直观东方 实录风情”中埃文化活动在北京国际雕塑公园举行。

**7日** 区信访代理工作暨建群众满意之家动员大会召开。

**12日** 市人大常委会主任杜德印调研石景山区机动车停车服务与管理情况。

**15日** 市改革验收小组到区开展综合行政执法体制改革试点验收评估工作。

**17日** 全面启动全区党员“品读经典作品，建设精神家园”主题读书活动。

**20日** 新任命的18名国家工作人员在区政府常务会议上进行集体就职宪法宣誓。

**30日** 庆祝中国共产党成立95周年大会召开。会议表彰优秀共产党员、优秀党务工作者、先进基层党组织和优秀基层党建项目。

## 7月

**1日** “生命线的警示——北京市石景山区反腐倡廉警示教育基地”在北京国际雕塑公园揭牌并投入运行。

**7日** 石景山区无煤区建设推进大会召开。全面部署，争取建成本市核心区外的首个“无煤区”。

**13日** 市交通委、市重大办到区调研苹果园综合交通枢纽项目。

**19—20日** 全区快速联动，通力配合处置，积极应对强降雨。

**20日** 区物联网综合示范应用工程汇报会召开。

**25日** 区社会信用体系建设领导小组第一次联席会召开。

**28日** 区政府与市投促局、首钢总公司联合举办“2016驻京中外知名企业投资石景山·首钢行”活动。

**29日** 杜德印率市人大检查组到区检查《北京市居家养老服务条例》落实情况。

※ 在全国双拥模范城（县）命名暨双拥模范单位和个人表彰大会上，石景山区连续第七次被全国双拥工作领导小组、民政部和中央军委政治工作部命名为“双拥模范城”。

※ 2016年清洁空气行动计划上半年总结及督查工作会召开。

※ “八一”军政座谈会暨第34次区长进军营现场办公会召开。

## 8月

**1日** 军民融合发展推进大会召开。部署《石景山区创建全国双拥模范城“八连冠”四年规划》，为军民融合发展办公室揭牌，军地双方分别签署有关合作协议。

**3日** “绿色·高端·智慧见证京西产业崛起——2016金轴·长安街新兴商务区产业论坛”在人民日报社新媒体大厦1号演播厅举办。

**4日** 区治乱疏解建高端指挥部第三次工作会暨鲁谷社区拆违治乱现场会召开，实地查看衙门口北路治乱疏解整治成果。

**11日** 国务院侨务办主任裘援平到“北京侨梦苑”调研。

**19日** 牛青山率考察团赴河北省保定市交流考察京津冀协同发展工作。双方签署《北京市石景山区、河北省保定市战略合作协议》等一系列合作协议。

**23日** 国家信访局副局长李皋一行到区调研北京市信访积案化解及信访信息化工作。

**25日** 石景山区被市双拥工作领导小组评为“北京市双拥模范区”。

## 9月

**3日** 石景山区烈士公祭仪式在八宝山革命公墓烈士骨灰堂举行。

**6日** 在第八届投资北京洽谈会上，区政府与北斗天下签约。

**8日** 以“惊喜在京西·京西GO惊喜——乐购京西 悦享生活”为主题的“2016京西消费节”开幕。

※市人力社保局局长徐熙到区调研北京市政策性长期护理保险试点工作。

**9日** 区老龄委全体扩大会议暨居家养老服务体制改革推进大会召开。对全区居家养老服务工作开展情况进行总结，部署下一阶段工作任务。

**10日** 郭金龙等市领导调研石

景山区和首钢总公司供给侧结构性改革和经济发展情况。

※ 《石景山区“十三五”时期高新技术产业发展规划》等12项重点规划以政府办名义印发各单位。

**14日** 全国健康促进区试点工作项目专家组对石景山区进行终期评估验收。

**19日** 开展区人大换届选举集中宣传日活动，全区共设立181个宣传站点。

※ 副市长王宁到区调研养老服务体制改革工作。

**24—25日** “欢跃四季——全国百姓广场舞北京展演”暨北京市第十一届“舞动北京”群众广场舞大赛总决赛在北京国际雕塑公园举行。

**27日** 石景山区与中国北京同仁堂(集团)有限公司战略合作框架协议签约仪式举行。

※ 石景山区正式全面实施“五证合一、一照一码”登记制度改革。

※ 全市首个企业信用档案库基本建成。

**29日** 第三届西山八大处文化节在八大处公园举办，历时9天。

## 10月

**5日** 第18届北京国际旅游节闭幕式在石景山游乐园举办。

**9日** 全国老科技工作者日暨北京第十二届老科技工作者日活动在北京国际雕塑公园启动。

**10日** 首届2016北京西山中医药文化季在八大处公园开幕。

**18日** 八宝山革命公墓、首钢工业遗址入选北京市百家红色旅游景区。

**24日** 区冬季大气污染防治工作专题会议召开。

**25日** 市政府教育督导室进行责任督学挂牌督导创新区验收。

**26日** 市水务局局长金树东一行到区调研。

**27日** “六五”普法总结暨“七五”普法启动大会召开。

**28日** 以路安娜·王为团长的意大利对华友好协会代表团一行9人到区访问考察。

## 11月

**2日** 市委常委、组织部长姜志刚就非公企业党建、在职党员进社区报到和高端绿色建设有关情况到区调研。

※ 召开空气污染应急工作部署会。

**3日** “首届京津冀协同发展社会组织高峰论坛”在石景山区举办。

**4日** 市委常委、市委政法委书记张延昆到区调研社会治理工作。

※ 区委召开年轻干部参加实践锻炼集体谈话暨工作对接会，正式启动第一批年轻干部参加实践锻炼工作。

**8日** 市安委会督查组对石景山区落实安全发展战略工作进行专项督导检查。

**9日** 牛青山接待首创集团总经理李松平一行，双方就今后在金融、民生、环境整治等领域的合作进行交流。

**10日** 区派驻纪检机构全覆盖动员部署会召开，新设12个区纪委派驻机构，负责监督全区72个区级党和国家机关。

**11日** 区商品交易市场调整疏解工作推进会召开。

※ 市审计局党组书记、局长吴素芳带队调研石景山区审计工作。

**13—17日** 第七届北京青年相声节相声新作品比赛在区文化馆举行。

**15日** 区人大代表换届选举统一投票日。划分93个选区，设300个投票站，投票率达到98.20%。选举区人大代表183名。

**17日** 区全力应对空气重污染红色预警再动员再部署工作会召开。

**29日** 区工商业联合会召开第九次代表大会，选举产生区工商联第九届执行委员会、常务委员会及新一届领导班子。

## 12月

**1日** 区安全生产大检查暨中央环保督察迎检工作动员部署会召开。截至年底，收到中央环保督察交办信访举报案件59件，已办结57件。

**2日** 2017年春节前农民工工资支付情况专项检查暨“全市统一执法日”活动在石景山区举办。

**3日** 副市长张建东带队检查石景山区建筑工地安全生产、空气重污染应对有关工作。

**13日** 《共同推进首钢唐山地区企业人力资源和社会保障公共服务发展的合作协议》签署，建立石景山区首钢唐山地区社会保障事务服务中心；在唐山市迁安地区成立北京市首家跨省市、跨区域劳动争议仲裁庭——石景山区劳动人事争议仲裁院首钢唐山地区巡回仲裁庭。

※ 区“疏解整治促提升”专题会召开，推进十大专项行动。

**15日** 国家禁毒委督导组到区调研禁毒工作。

**16日** 中央环保督察组下沉石景山区督察工作见面会召开。中央环保督察组成员陈列子、骆毅，区领导牛青山、夏林茂等参加会议。

**21日** 中央第一环境保护督察组组长马馼率队实地考察五里坨污水处理厂、京西热电中心、区环保局监控站和实验室等，听取区委区政府关于环保工作情况汇报。

**27日** 市党风廉政建设责任制第九检查组一行7人对区党风廉政建设责任制落实情况进行现场检查。

# 中共石景山区委员会

中共北京市石景山区委员会(简称区委)是中国共产党在石景山区的领导机关。区委设办公室、纪律检查委员会、组织部、宣传部、统一战线工作部、政法委员会、研究室、机构编制委员会办公室、直属机关工作委员会、社会工作委员会等10个工作机构;另设老干部局、保密委员会办公室2个部门管理机构。年内,区委以高度的政治自觉和责任担当,深入贯彻习近平总书记系列重要讲话精神这一当代马克思主义,落实市委市政府决策部署,完成区十一次党代会确定的各项任务。区委统筹考虑人口资源环境承载能力,充分把握京津冀协同发展、疏解非首都功能带来的重大历史机遇,提出推进"全面深度转型、高端绿色发展"战略,要求集中精力推进"八个高端体系"建设,为加速高端绿色发展赢得先机。年内,坚持以党建统领为法宝,以改革创新为动力,以依法治区为保障,以改善民生为目的,扎实开展"两学一做"学习教育,敢于担当、励精图治、求真务实,不断开创各项工作新局面。把全面从严治党作为首要政治任务,党的领导明显加强。确立把党建统领作为最大法宝、最大战略、最大政绩和最迫切任务的战略思维,大力推进全面从严治党,全力构建风清气正的政治生态。把高端绿色发展作为全区各项事业的共同目标、思维方式和工作追求,转型升级取得历史性的重要成绩。全年地区生产总值实现460亿元,比2011年提高43.4%,年均增长7.5%;一般公共预算收入达到51亿元,实现总量翻番,年均增长17.6%,增幅居全市首位;全社会固定资产投资达到224亿元,年均增长11.3%;社会消费品零售额达到280亿元,年均增长10.6%;居民人均可支配收入达到60245元,年均增长9%,超过经济增长幅度;城镇登记失业率控制在2.5%以内;万元GDP能耗下降68.1%,降幅居全市首位。把全面深化改革作为最突出的时代担当,城市管理体制改革,信访代理制改革,居家养老改革,商事登记制度改革等已取得明显成效,改革创新成为石景山区鲜明特色。把民主政治建设作为最有力的发展保障,提出"四套班子都是一线""人大、政协、各民主党派、各群团组织都是民主政治建设的主力军、主渠道",汇聚干事创业的强大合力。把民生家园建设作为根本目的,持续加大民生领域投入,人民群众享有更多的获得感和幸福感。12月,召开区第十二次党代会,完成区委班子换届工作,选举产生第十二届区委,明确提出未来五年地区发展总思路和目标任务。

(赵　枫　孙冠军)

# 区委重要会议

## 概　　述

区委重要会议包括党的代表大会及由此选举产生的区委全体委员会,以及全会选举产生的常委委员会所召开的会议。还包括主体责任会、四套班子联席会议和领导干部会议等。这些会议所作出的决定,对贯彻执行中央、市委的方针政策,推动整体工作部署,建设国家级绿色转型发展示范区提供坚强保证。

(刘　彦　刘鸿运)

**【区委十一届十三次全体(扩大)会议】** 8月9日召开。区委书记牛青山主持会议并讲话。区长夏林茂作关于上半年经济社会发展情况和下半年工作安排的报告。李文起传达北京市2016年上半年经济形势分析会精神。会议第二阶段,表决通过关于召开区第十二次党代会的决议。区四套班子领导,区委委员、候补委员,区纪委委员,各单位党政正职领导,各民主党派主委、工商联主席,部分市、区党代会代表参加会议。

(刘　彦　刘鸿运)

**【区委十一届十四次全体会议】** 12月1日召开。牛青山主持会议并讲话。会议听取区委工作报告的起草说明,讨论并表决通过该报告(审议稿);听取区纪委工作报告的起草说明,讨论并表决通过该报告(审议稿);听取关于十二届区委委员、候补委员、区纪委委员候选人预备人选的说明;听取关于党费收缴、使用和管理情况的报告,讨论并表决通过该报告(草案);听取区第十二次党代会筹备工作情况的报告;表决通过区委全会决议(草案)。区四套班子领导,区委委员、候补委员,区纪委委员参加会议。

(刘　彦　刘鸿运)

**【区委十二届一次全体会议】** 12月8日召开。会议选举产生新的区委常委和区委书记、副书记,通过区纪委一次全会选举结果的报告,顺利完成各项预定任务。区委委员、候补委员,区纪委委员参加会议。

(刘　彦　刘鸿运)

**【区四套班子联席会】** 1月6日召开。牛青山主持会议,传达中央《关于给予吕锡文开除党籍开除公职处分的决定》和市委书记郭金龙重要讲话精神。四套班子领导,区法检"两长",享受副区级待遇的领导,区有关部门主要负责人参加会议。

(刘　彦　刘鸿运)

**【领导干部会议】** 全年召开7次。1月19日,传达习近平总书记在中央政治局"三严三实"专题民主生活会上的讲话精神。2月4日,传达北京市区委书记会议精神,并对地区维稳、城市运行保障、安全生产、应急值守、环境布置等工作进行部署。5月13日,传达市委干部大会精神。同月27日,召开全区领导干部电视电话会议,区四套班子领导、区法检"两长"、各处级单位主要领导及班子成员分别在主、分会场以电视电话会议形式参加会议。牛青山主持会议并讲话,李文起传达市委十一届十次全会精神。9月26日,传达北京市区委书记会议精神,并对城市运行保障、安全生产、环境布置、维稳、党风廉政建设等工作进行部署。11月15日,召开区级领导干部会,传达市委十一届十一次全会会议精神。12月29日,召开全区领导干部电视电话会议,传达市委十一届十二次全会精神,并对党的十九大代表推荐提名工作进行部署。

(刘　彦　刘鸿运)

【党风廉政建设主体责任办公会】 2月16日召开。牛青山指出:今年是全面从严治党主体责任建设年,各级“一把手”要牢固树立党风廉政建设“生命线”意识,把主体责任切实担当起来。全区党风廉政建设的工作目标是:实现“四突破、一贡献”,即在层层压实主体责任、把握执纪监督“四种形态”、探索民主监督途径、大力改革创新上实现新突破,为全区构建风清气正的政治生态作出新贡献。党风廉政建设突出两项重点:层层压实主体责任,层层传递压力,做到向基层延伸和全覆盖;强化对“一把手”的监督,探索监督新路径。纪委要加大对二级班子“一把手”的监督,各级党委委员和纪检委员(组长)要认真履职,不准失察失管。

(龙慎山)

【党建述职考评会】 2月22日召开。市领导李伟出席并讲话,牛青山主持会议并讲话,市委组织部部务委员王风列席指导。会上,9位街道(鲁谷社区)工委书记、3位行业工委书记和区国资委党委书记进行现场述职,21位工委、区委直属党委(总支)书记进行书面述职。每位党(工)委书记现场述职后,参会的“两代表一委员”和基层代表就关心的问题进行提问,党(工)委书记现场作答,相关区委常委分别进行点评。与会人员对上年各党(工)委书记抓党建工作进行打分测评。区四套班子主要领导、全体区委常委,区委党建工作领导小组成员和部分“两代表一委员”、基层代表共60余人参加会议。

(刘 征)

【党建工作会及办公会】 3月3日,区委召开党建工作会。会议主要内容是部署“全面从严治党主体责任深化年”的各项任务,列出任务清单、责任清单。夏林茂主持会议。会议对组织、政法、社会建设、宣传思想文化、统战、调研和办公室工作进行总结部署。牛青山讲话指出:全区各级领导干部必须把思想切实统一到党建工作“一二三四”的总体思路上来,努力构建风清气正的政治生态,大力推进高端绿色发展生态,以更大的勇气、更实的干劲,自觉把总体思路落实到工作当中。同月4日,区委召开第一次党建工作办公会,专题研究部署纪检监察工作。牛青山到会并讲话。会上,区纪委就派驻机构全覆盖工作、纪律作风巡察工作、加强党政“一把手”监督工作以及反腐倡廉警示教育基地建设等重点、难点工作,逐一汇报。与会领导针对每个议题进行研究讨论,并提出明确要求。14日,区委召开第二次党建工作办公会,专题研究组织工作。牛青山到会并讲话。会议听取区委组织部关于干部、基层党建、人才、自身建设以及“两学一做”学习教育、区级领导班子换届等重点工作和重大任务的汇报。与会领导结合汇报开展工作研讨,提出加强和改进工作的意见建议。17日,区委召开第三次党建工作办公会,专题研究部署宣传工作。牛青山到会并讲话。区委宣传部就意识形态责任制、理论教育、社会宣传、新闻宣传、新媒体、文化创意产业等年度重点工作逐一汇报。与会领导针对每个议题进行研究讨论,并提出明确要求。李文起、吴学文、刘颖、种磊、晋秋红分别参加会议。

(刘 彦 刘鸿运)

【区委第四次政协工作会议】 3月30日召开。区政协主席吴克瑞就政协贯彻落实《中共石景山区委关于进一步加强政协协商民主建设的实施意见》讲话;区政协副主席刘建国宣读《政协石景山区委员会关于表彰2012年—2015年优秀提案的决定》。区领导为获奖集体和个人代表颁奖。牛青山在讲话中指出,区委将深度办理各项政协提案,提出“八个一”工作措施,即:把握一个工作定位,强调人大、政协都是“第一线”,都是推动民主政治建设的主力军、主渠道;明确一项重点任务,把办理工作作为加强民主政治建设的重要内容;规范一种交办形式,召开区四套班子领导参加的交办会,区领导与主办单位签订《交办通知书》和《承诺书》;实行一个领衔办理制度,区级领导干部执行“谁主管、谁负责,谁主管、谁办理,谁主管、谁落实”制度,主管区领导亲自召集有关部门破题研究;建立一个公开模式,将建议提案目录和重点建议提案办理结果在区政务门户及《石景山报》专版进行公开;完善一个考核机制,将办理工作成效作为各部门和领导干部工作业绩的重要指标之一,进行统一考核;落实一个报告制度,在区委常委会工作报告、区政府工作报告中,拿出专门篇幅对政协提案的办理工作进行总结,并分别向区委全体会议和人民代表大会、政协全体会议进行报告,接受政协委员的评议和监督;突出一个成果转化,把提案办理成果作为党委政府重大决策的依据和参考,列入区委区政府工作计划和相关部门工作要点。此外,还要充分发挥政协党组的领导核心作用,营造重视和支持政协事业发展的良好氛围。会议以电视电话会形式召开,夏林茂主持会议,岳德顺、李文起等区四套班子领导,区法院院长、检察院检察长,区政协常委、部分政协委员,区各处级单位党政正职,各民主党派区工委主委、工商联负责人在主会场参加会议,各单位班子成员在分会场参加会议。

(刘 彦 刘鸿运)

【区委全体(扩大)会议】 7月15日召开,对区领导班子换届工作进行动员部署,并组织开展民主推荐、民主测评工作。市委换届考察组组长李良、副组长吴文学及考察组全体成员,区领导班子成员,法检“两长”,二级班子主要负责人,民主党派、工商联主要领导成员和无党派代表人士,以及部分干部代表参加会议。会上,考察组组长李良强调,这次区领导班子换届,是全面建设小康社会决胜阶段的一次换届,是在党中央全面从严治党、深化干部人事制度改革背景下进行的,同时,也是在北京发展进入新阶段、全面开启“十三五”奋斗新征程的背景下的一次换届。换届产生的新一届区领导班子,任期与“十三五”高度契合,肩负着带领全区干部群众履行首都职责,完成“十三五”规划各项任务、推动城市更高水平更可持续发展的历史重任。要从战略和全局高度,充分认识做好换届工作的重大意义,进一步增强政治意识、大局意识、核心意识、看齐意识,以高度的政治责任感和历史使命感做好换届工作。李良介绍换届相关政策要求和换届考察方法步骤,并就做好这次换届工作提出要求。牛青山代表区委做换届工作动员。随后,牛青山代表本届区委领导班子作工作总结并进行个人述职述德述廉,夏林茂代表本届区政府领导班子作工作总结并进行个人述职述德述廉,参会人员对新一届区领导班子成员、法检"两长"和纪委副书记人选进行全额定向推荐,对本届区领导班子和纪委领导班子,区领导班子成员、法检"两长"和纪委副书记进行民主测评。

(刘　彦　刘鸿运)

**【党代会代表选举部署会】** 9月7日,区委召开第十二次党代会代表选举工作部署会。李文起主持会议。郭鹏传达《中共中央关于辽宁拉票贿选案查处情况及其教训警示的通报》,晋秋红部署区第十二次党代会代表选举工作。牛青山围绕持续构建风清气正政治生态强调五点要求:必须认识到构建风清气正政治生态的极端重要性。要深刻认识到,营造良好政治生态,事关党员干部的"政治生命"和党的事业兴衰。区委坚定不移地贯彻落实中央精神,着力构建风清气正的政治生态,具有鲜明的时代特征,全区上下要坚持方向不偏、决心不移、持续发力狠抓落实。必须把民主集中制作为根本组织原则和领导制度始终坚守。要严肃党内政治生活,正确处理民主与集中的关系,按照"发扬民主、充分民主、正确集中"的"民主集中三部曲"要求,进一步严明党的组织原则和党内政治生活准则,进一步夯实全面从严治党的基础。必须始终坚持领导干部带头。领导干部是"关键少数",营造良好政治生态必须把领导干部抓好。各级领导干部都应有高度的自觉,身先士卒、尽到责任、做出表率。同时,要落实好全面从严治党主体责任,坚持全面抓、主动抓、严格抓、长期抓,坚持原则、敢于担当。必须把组织工作作为决定性环节抓严抓实抓好。组织工作作为构建风清气正政治生态的决定性环节,必须严格把握选人用人"五好"标准,不断完善干部"实绩档案"这个科学评价体系,坚决落实"八个坚决防止"的纪律规定,确保组工生态的风清气正。必须把民主政治建设作为重要保障。必须不忘初心,充分尊重人民群众的政治权利,要认真做好"两代表一委员"推选工作,进一步强化民主监督,让民主监督成为石景山区的显著特色。全区各处级单位党政正职领导以及23个选举单位的负责人约160人参加会议。

(刘　彦　刘鸿运)

**【区委常委会会议】** 区委着眼于抓大事、议大事、定大事,坚持科学决策、民主决策,统筹协调兼顾、合理组织安排,全年共召开38次区委常委会会议,围绕经济建设、政治建设、文化建设、社会建设、生态文明建设以及党的建设中全局性、战略性、前瞻性问题审议议题212个。

(刘　彦　刘鸿运)

表1　区委常委会会议一览表

| 上会日期 | 序号 | 单　位 | 议　题　题　目 |
|---|---|---|---|
| 1月8日<br>第1次<br>(十一届133次) | 1 | 组织部 | 关于区委常委班子"三严三实"专题民主生活会有关工作情况的汇报 |
| 1月14日<br>第2次<br>(十一届134次) | 2 | 城管委 | 关于2016年城市道路建设和大修计划的汇报 |
| | 3 | 国土分局 | 关于2015年土地储备项目进展情况和2016年计划安排的汇报 |
| | 4 | 民政局 | 关于《石景山区2016年双拥工作要点》的汇报 |
| | 5 | 组织部 | 关于《关于改进和加强党的群团工作的实施意见》的汇报 |
| | 6 | 妇　联 | 关于召开石景山区第八次妇女代表大会相关工作的汇报 |
| | 7 | 组织部 | 关于2015年度区、处级干部年度考核工作方案的汇报 |
| | 8 | 组织部 | 干部任免 |
| 2月1日<br>第3次<br>(十一届135次) | 9 | 区委办 | 传达学习习近平、王岐山同志在第十六届中央纪律检查委员会第六次全体会议上的讲话和报告精神 |
| | 10 | 区委办 | 传达学习中共北京市第十一届纪律检查委员会第五次全体会议精神 |
| 2月17日<br>第4次<br>(十一届136次) | 11 | 区委办 | 传达学习中央办公厅国务院办公厅《关于三年来中央政治局贯彻执行中央八项规定落实加强作风建设措施情况的报告》的精神 |
| | 12 | 人　大 | 关于召开区第十五届人大常委会第三十二次会议的请示及石景山区人大常委会2016年工作要点的汇报 |
| | 13 | 纪　委 | 关于区纪委十一届八次全体(扩大)会议暨全区党风廉政建设和反腐败工作会议筹备情况和工作报告及石景山区2016年纪检监察工作要点的汇报 |
| | 14 | 纪　委 | 通报市纪委关于市管干部纪律处分的决定 |

续表

| 上会日期 | 序号 | 单 位 | 议 题 题 目 |
|---|---|---|---|
| 2月24日<br>第5次<br>(十一届137次) | 15 | 区委办 | 关于召开区委2016年党务工作会相关工作的汇报 |
| | 16 | 政 协 | 关于召开区第四次政协工作会议的请示及石景山区政协常委会2016年工作要点的汇报 |
| | 17 | 组织部 | 关于全国、全市组织部长会议精神及石景山区2016年组织工作要点的汇报 |
| | 18 | 宣传部 | 关于全国、全市宣传部长会议精神及石景山区2016年宣传思想文化工作要点的汇报 |
| | 19 | 政法委 | 关于中央、市委政法工作会议精神及石景山区2016年政法工作要点的汇报 |
| | 20 | 统战部 | 关于全国、全市统战部长会议精神及石景山区2016年统战工作要点的汇报 |
| | 21 | 社工委 | 关于全市社会建设工作会议精神及石景山区2016年社会建设工作要点的汇报 |
| | 22 | 组织部 | 关于在石景山区街道机关中开展公务员职务与职级并行工作的汇报 |
| | 23 | 组织部 | 关于区妇联换届相关人选的汇报 |
| 3月2日<br>第6次<br>(十一届138次) | 24 | 区委办 | 传达学习《中共中央国务院关于给予中共天津市委天津市人民政府通报批评的通知》及《中共北京市委办公厅关于传达贯彻市委主要领导批示的通知》精神 |
| | 25 | 区委办 | 关于区委常委会2016年议题计划的汇报 |
| | 26 | 金融办 | 关于《北京保险产业园2016—2018建设行动计划》的汇报 |
| | 27 | 财政局 | 关于对保险产业园注资相关事宜的汇报 |
| | 28 | 国资委 | 关于石景山游乐园拟在原址新建摩天轮项目的汇报 |
| | 29 | 住建委 | 关于石景山区2015年棚户区改造工作情况和2016年工作安排的汇报 |
| | 30 | 文 委 | 关于石景山区创建首都公共文化服务示范区系列政策文件和相关工作的汇报 |
| | 31 | 研究室 | 关于石景山区2016年调研工作要点的汇报 |
| | 32 | 政法委 | 关于2016年全国“两会”期间我区社会面防控工作情况的汇报 |
| 3月9日<br>第7次<br>(十一届139次) | 33 | 区委办 | 学习《党委会的工作方法》 |
| | 34 | 区委办 | 区委区政府关于做好人大建议、政协提案深度办理工作情况的汇报 |
| | 35 | 检察院 | 关于《石景山区人民检察院2015年度惩治和预防职务犯罪工作报告》的汇报 |
| | 36 | 城市管理监督指挥中心 | 关于《石景山区城市服务管理网格化体系建设工作方案》的汇报 |
| | 37 | 文明办 | 关于石景山区创建全国文明城区相关工作和全国、首都地区文明办主任会议精神及石景山区2016年精神文明建设工作要点的汇报 |
| | 38 | 安监局 | 关于石景山区2015年安全生产工作情况及2016年重点工作安排的汇报 |
| | 39 | 信访办 | 关于石景山区2015年信访代理工作情况及2016年重点工作安排的汇报 |
| 3月16日<br>第8次<br>(十一届140次) | 40 | 区委办 | 传达学习《中共北京市委组织部关于深刻汲取吕锡文严重违纪涉嫌犯罪教训认真开好组织系统专题组织生活会的通知》精神 |
| | 41 | 车改办 | 关于石景山区公务用车制度改革工作情况的汇报 |
| | 42 | 发改委 | 关于《石景山区南宫小区A、B地块和五里坨02号地B地块经济适用住房定价方案》及《石景山区处理经济适用住房集体访和群体性事件应急预案》的汇报 |
| | 43 | 政 协 | 关于《进一步加强政协协商民主建设的实施意见》的汇报 |
| | 44 | 纪 委 | 关于《石景山区纪委关于对区属单位党政“一把手”加强监督的暂行办法》的汇报 |
| | 45 | 纪 委 | 关于2016年纪律作风建设巡察工作计划的汇报 |
| | 46 | 纪 委 | 关于《关于开展严肃查处发生在群众身边不正之风和腐败问题专项工作方案》的汇报 |
| | 47 | 工 会 | 关于推荐评选2016年全国和北京劳动奖状、劳动奖章和工人先锋号工作情况的汇报 |
| | 48 | 组织部 | 关于年度考核相关情况的汇报 |

续表

| 上会日期 | 序号 | 单位 | 议题题目 |
|---|---|---|---|
| 3月30日<br>第9次<br>（十一届141次） | 49 | 政府办 | 夏林茂同志传达郭金龙同志在北京市学习贯彻习近平总书记重要讲话暨冬奥筹办工作动员大会上的讲话精神 |
| | 50 | 政府办 | 关于“八个高端体系”建设2016年度深入推进重点任务的工作汇报 |
| | 51 | 房屋和市场管理中心 | 关于申请永乐西区35号楼房屋收购资金的汇报 |
| | 52 | 组织部 | 关于区委党建工作领导小组2016年工作要点和区委常委班子“三严三实”专题教育整改方案的汇报 |
| | 53 | 组织部 | 关于加强组织系统纪律作风建设相关工作的汇报 |
| | 54 | 纪委 | 关于市党风廉政建设责任制检查反馈整改及我区责任制检查情况的汇报 |
| 4月6日<br>第10次<br>（十一届142次） | 55 | 社工委 | 关于《深化石景山区社会治理体制改革的实施意见》和《石景山区深化街道、社区管理体制改革的工作方案》的汇报 |
| | 56 | 城管委 | 关于申请石景山路沿线绿地、桥体、公共建筑等设施景观照明建设资金的汇报 |
| | 57 | 重点中心 | 关于申请第三、四阶段中小河道治理工程及北京地铁6号线西延市政管线条件预留工程资金的汇报 |
| | 58 | 国土分局 | 关于申请2016年土地储备预算资金的汇报 |
| | 59 | 政协 | 石景山区政协关于对区属党政部门履职情况开展民主监督与评议的报告 |
| | 60 | | 结合《中共中央关于郭伯雄严重违纪违法案及其教训的通报》和《中共北京市委组织部关于深刻汲取吕锡文严重违纪涉嫌犯罪教训认真开好组织系统专题组织生活会的通知》进行讨论 |
| 4月20日<br>第11次<br>（十一届143次） | 61 | 人大 | 关于召开石景山区第十五届人大常委会第三十三次会议的请示 |
| | 62 | 政府办 | 关于区政府党组2016年党建工作要点的汇报 |
| | 63 | 园林绿化局 | 关于申请京西商务中心南侧绿地及陆军总部周边绿地建设资金的汇报 |
| | 64 | 发改委 | 关于石景山区推进京津冀协同发展工作情况及下一步工作计划的汇报 |
| | 65 | 组织部 | 关于推荐全国、北京市优秀共产党员、优秀党务工作者、先进基层党组织的汇报 |
| | 66 | 区委办 | 关于石景山区经营性文化体育活动场所专项检查情况的汇报 |
| | 67 | 纪委 | 关于《关于对全区落实区党风廉政建设和反腐败工作会精神情况进行专项巡察的情况报告》的汇报 |
| 4月27日<br>第12次<br>（十一届144次） | 68 | 区委办 | 传达学习中共中央办公厅关于部分党员领导干部在谈话函询中不如实向组织说明情况典型案件及其教训的通报精神 |
| | 69 | 组织部 | 传达学习习近平同志在中央政治局常委会会议审议“两学一做”学习教育方案时的讲话（节选）和刘云山、赵乐际同志在“两学一做”学习教育工作座谈会上的讲话精神 |
| | 70 | 组织部 | 关于在全区党员中开展“两学一做”学习教育实施方案的汇报 |
| | 71 | 发改委 | 关于石景山区2016年一季度经济社会发展情况的汇报 |
| | 72 | 民政局 | 关于落实“做得更好，争优创先”工作理念争创军民融合发展示范区的工作思路汇报 |
| | 73 | 组织部 | 干部任免 |
| 5月4日<br>第13次<br>（十一届145次） | 74 | 统战部 | 传达全国宗教工作会议精神 |
| | 75 | 宣传部 | 关于石景山区党委（党组）意识形态工作责任制实施细则的汇报 |
| | 76 | 人力社保局 | 关于2015年度工作目标督查考核情况和一次性核增事业单位绩效工资总量的汇报 |
| | 77 | 重点中心 | 关于申请增加北京石泰基础设施投资有限公司注册资本金的汇报 |
| | 78 | 住建委 | 关于拨付苹果园交通枢纽H地块及站前小区廉租房项目建设资金有关情况的汇报 |
| | 79 | 行政处 | 关于办理石景山路18号院房屋土地权属有关问题的汇报 |

续表

| 上会日期 | 序号 | 单 位 | 议 题 题 目 |
|---|---|---|---|
| 5月18日<br>第14次<br>（十一届146次） | 80 | 人 大 | 关于区人大常委会党组2016年党建工作要点的汇报 |
| | 81 | 政 协 | 关于区政协党组2016年党建工作要点的汇报 |
| | 82 | 区委办 | 关于财政性资金建设工程廉政工作相关规定的汇报 |
| | 83 | 纪 委 | 关于《石景山区第二十五届党风廉政建设宣传教育月活动计划》的汇报 |
| | 84 | 组织部 | 关于开展纪念中国共产党成立95周年系列活动暨“七一”评选表彰工作的汇报 |
| | 85 | 组织部 | 关于推荐北京市优秀共产党员、优秀党务工作者、先进基层党组织表彰对象情况的汇报 |
| | 86 | 组织部 | 干部任免 |
| 6月1日<br>第15次<br>（十一届147次） | 87 | 纪 委 | 观看廉政教育片《歧途——付建国受贿案和史德河等私分国有资产案警示录》 |
| | 88 | | 传达中共中央办公厅关于印发习近平总书记重要批示的通知精神 |
| | 89 | 组织部 | 传达市委办公厅市政府办公厅印发《关于进一步规范北京市领导干部配偶、子女及其配偶经商办企业行为的规定（试行）》的通知精神 |
| | 90 | 宣传部 | 传达中共中央办公厅印发《关于当前意识形态领域情况的通报》的通知精神 |
| | 91 | 宣传部 | 关于石景山区2016年区处两级中心组学习计划的汇报 |
| | 92 | 保险产业园 | 关于申请保险产业园地下综合管廊建设资金的汇报 |
| | 93 | 重点中心 | 关于《石门路高井段沿线环境整治项目沿街商户清退补助方案》的汇报 |
| | 94 | 组织部 | 干部任免 |
| 6月13日<br>第16次<br>（十一届148次） | 95 | 纪 委 | 观看廉政教育片《迟到的敬畏》 |
| | 96 | 人 大 | 关于召开石景山区第十五届人大常委会第三十四次会议的请示 |
| | 97 | 统战部 | 关于石景山区各民主党派换届工作情况的汇报 |
| | 98 | 发改委 | 关于石景山区2016年国民经济和社会发展计划上半年执行情况的汇报 |
| | 99 | 人保局 | 关于《石景山区机关事业单位工作人员养老保险制度改革实施方案》的汇报 |
| | 100 | 司法局 | 关于《石景山区实施法治宣传教育“六五”规划和制定法治宣传教育“七五”规划情况的报告》的汇报 |
| | 101 | 组织部 | 关于传达和落实市委组织部换届工作推进会议精神的汇报 |
| 6月27日<br>第17次<br>（十一届149次） | 102 | 组织部 | 关于石景山区“七一”表彰相关工作情况的汇报 |
| | 103 | 组织部 | 关于2015年度处级干部考核和试用期满干部转正情况的汇报 |
| | 104 | 人 大 | 关于贯彻落实《中共北京市委转发〈中共北京市人大常委会党组关于加强区和乡镇人大组织建设若干问题的意见〉的通知》精神的具体意见和建议的汇报 |
| | 105 | 民政局 | 关于《石景山区居家养老服务体制改革实施意见》的汇报 |
| | 106 | 综治办 | 关于《石景山区城乡结合部重点地区公共安全隐患问题综合整治工作方案》的汇报 |
| | 107 | 纪 委 | 关于给予某干部党纪政纪处分的请示 |
| 7月6日<br>第18次<br>（十一届150次） | 108 | 组织部 | 传达学习市委关于严肃换届纪律的相关要求 |
| | 109 | 人 大 | 关于区人大常委会党组2016年上半年工作进展情况和下半年主要工作安排的汇报 |
| | 110 | 政 协 | 关于区政协党组2016年上半年工作进展情况和下半年主要工作安排的汇报 |
| | 111 | 研究室 | 关于“八个高端体系”国际智库建设情况的汇报 |
| | 112 | 发改委 | 关于《2016年石景山区人口调控工作方案》的汇报 |
| | 113 | 商务委 | 关于《石景山区商品交易市场调整疏解实施方案》及《加快石景山区蔬菜零售网络建设工作方案（2016年—2018年）》的汇报 |
| | 114 | 区委办 | 关于《关于开展换届纪律巡察工作的通知》的汇报 |

续表

| 上会日期 | 序号 | 单　位 | 议　题　题　目 |
| --- | --- | --- | --- |
| 7月19日<br>第19次<br>（十一届151次） | 115 | 组织部 | 关于确定区领导班子和区纪委领导班子换届人选考察对象的汇报 |
| | 116 | 组织部 | 干部任免 |
| 7月20日<br>第20次<br>（十一届152次） | | | 学习《中国共产党章程》 |
| | 117 | 人保局 | 关于《石景山区与驻军积极推进军民融合发展国家战略实施意见》及“四项”从优制度的汇报 |
| | 118 | 民政局 | 关于《石景山区创建全国双拥模范城“八连冠”四年规划（2016年—2019年）》的汇报 |
| | 119 | 民政局 | 关于开展2016年“八一”双拥月活动通知及重要活动安排的汇报 |
| | 120 | 综治办 | 关于《石景山区关于加强立体化社会治安防控体系建设的实施意见》的汇报 |
| | 121 | 研究室 | 关于建立领导班子及班子成员落实主体责任全程记实制度的汇报 |
| 7月27日<br>第21次<br>（十一届153次） | 122 | 区委办 | 关于区委十一届十三次全体（扩大）会议暨半年工作会议筹备工作的汇报 |
| | 123 | 组织部 | 关于筹备召开区第十二次党代会相关情况的汇报 |
| | 124 | 研究室 | 关于《上半年经济社会发展情况和下半年工作安排的报告》的汇报 |
| | 125 | 发改委 | 关于石景山区推进无煤区建设工作有关事项的汇报 |
| | 126 | 金融办 | 关于石景山区现代金融产业基地二期建设有关工作的汇报 |
| 8月10日<br>第22次<br>（十一届154次） | | | 学习《中国共产党章程》 |
| | 127 | 首　钢 | 关于新首钢高端产业综合服务区北区设计方案的汇报 |
| | 128 | 人　大 | 关于召开石景山区第十五届人大常委会第三十五次会议的请示 |
| | 129 | 人　大 | 关于《中共石景山区人大常委会党组关于做好区人民代表大会换届选举工作的意见》及区人民代表大会换届选举有关事项的汇报 |
| | 130 | 政法委 | 关于《石景山区贯彻落实<领导干部干预司法活动、插手具体案件处理的记录、通报和责任追究规定>的实施细则》的汇报 |
| | 131 | 纪　委 | 关于对高旭案件进行责任追究的工作汇报 |
| 8月22日<br>第23次<br>（十一届155次） | | | 学习《中国共产党章程》 |
| | 132 | 纪　委 | 关于《关于加强石景山区纪委派驻机构建设的实施意见》汇报 |
| | 133 | 信访办 | 关于石景山区2016年上半年信访工作情况及下半年重点工作的汇报 |
| | 134 | 组织部 | 干部工作相关议题 |
| 8月31日<br>第24次<br>（十一届156次） | 135 | 组织部 | 关于区第十二次党代会代表选举工作安排及代表名额分配的汇报 |
| | 136 | 纪　委 | 关于《石景山区2016年处级单位领导班子和领导干部述责述廉工作方案》的汇报 |
| | 137 | 宣传部 | 关于推荐参评第十三届北京市思想政治工作优秀单位、优秀思想政治工作者情况的汇报 |
| | 138 | 卫计委 | 关于《石景山区深化医药卫生体制改革2016年重点工作安排》的汇报 |
| | 139 | 城管委 | 关于八大处沟暗涵改造工程经费的汇报 |
| 9月21日<br>第25次<br>（十一届157次） | 140 | 组织部 | 宣布干部任职 |
| | 141 | 发改委 | 关于设立石景山区产业发展投资基金有关事项的汇报 |
| | 142 | 保险产业园 | 关于申请出资1亿元投资爱心人寿保险公司（筹）及保险产业园控股公司发展战略的汇报 |
| | 143 | 公安分局 | 关于《石景山区进一步加强反恐怖工作的意见》的汇报 |
| | 144 | 统战部 | 关于区政协换届工作有关情况的汇报 |
| 9月27日<br>第26次<br>（十一届158次） | 145 | 组织部 | 宣布干部任命调整 |

续表

| 上会日期 | 序号 | 单 位 | 议 题 题 目 |
| --- | --- | --- | --- |
| 10月12日<br>第27次<br>（十一届159次） | 146 | 人 大 | 关于召开区第十五届人大常委会第三十六次会议及区第十六届人民代表大会第一次会议的请示 |
| | 147 | 政 协 | 关于召开石景山区政协第十届委员会第一次会议的请示 |
| | 148 | 卫计委 | 关于《石景山区西部医院建设项目投资模式分析》的汇报 |
| | 149 | 纪 委 | 关于《北京市石景山区学习贯彻＜中国共产党问责条例＞工作方案》的汇报 |
| | 150 | 组织部 | 关于《加强实践锻炼促进年轻干部成长成才的意见》的汇报 |
| | 151 | 组织部 | 关于区“两代表一委员”推选工作进展情况及下一步相关安排的汇报 |
| | 152 | 组织部 | 干部任免 |
| 10月17日<br>第28次<br>（十一届160次） | 153 | 组织部 | 干部任免 |
| 10月25日<br>第29次<br>（十一届161次） | | | 会前学习《中国共产党廉洁自律准则》和《中国共产党纪律处分条例》 |
| | 154 | 纪 委 | 关于开展我区2016年党风廉政建设责任制检查考核工作的汇报 |
| | 155 | 组织部 | 关于“两委”委员候选人推荐办法的汇报 |
| | 156 | 组织部 | 关于拟由各政党、各人民团体联合推荐和选民十人以上联名推荐人大代表候选人汇总情况的汇报 |
| | 157 | 组织部 | 关于干部事项相关情况的汇报 |
| 10月28日<br>第30次<br>（十一届162次） | 158 | 发改委 | 关于古城街道北辛安棚改住宅区燃煤控制工作的汇报 |
| | 159 | 发改委 | 关于申请西北热电中心周边环境整治一期项目拆迁资金的汇报 |
| | 160 | 纪 委 | 关于《石景山区推进区纪委向区级党和国家机关派驻纪检机构的工作方案》的汇报 |
| | 161 | 统战部 | 关于十届区政协委员推荐人选有关情况的汇报 |
| | 162 | 组织部 | 关于干部任免相关事项的汇报 |
| 11月3日<br>第31次<br>（十一届163次） | 163 | | 传达习近平同志、刘云山同志在全国国有企业党的建设工作会议上的讲话精神 |
| | 164 | 城管委 | 关于2016—2017年环境建设重点任务的汇报 |
| | 165 | 商务委 | 关于区政府给予北京实兴腾飞置业发展公司扶持资金的汇报 |
| | 166 | 组织部 | 关于“两代表一委员”考察审查工作情况的汇报 |
| | 167 | 组织部 | 关于干部任免相关事项的汇报 |
| 11月11日<br>第32次<br>（十一届164次） | 168 | | 传达市委副书记、代市长蔡奇到我区调研有关指示精神 |
| | 169 | | 传达2016年三季度首都意识形态领域情况和四季度重点任务的通报精神 |
| | 170 | 人 大 | 关于召开石景山区第十五届人大常委会第三十七次会议的请示 |
| | 171 | 住建委 | 关于2016年十项重点工程完成情况及2017年计划安排情况的汇报 |
| | 172 | 宣传部 | 关于《石景山区学习宣传党的十八届六中全会精神方案》的汇报 |
| | 173 | 组织部 | 干部任免 |
| 11月16日<br>第33次<br>（十一届165次） | 174 | 研究室 | 关于区政府工作报告的汇报 |
| | 175 | 人大 | 关于区人大常委会工作报告的汇报 |
| | 176 | 政 协 | 关于区政协常委会工作报告的汇报 |
| | 177 | 法 院 | 关于区人民法院工作报告的汇报 |
| | 178 | 检察院 | 关于区人民检察院工作报告的汇报 |
| 11月17日<br>第34次<br>（十一届166次） | 179 | 发改委 | 关于《石景山区2016年国民经济和社会发展计划执行情况与2017年国民经济和社会发展计划草案的报告》的汇报 |
| | 180 | 发改委 | 关于2016年固定资产投资和争取资金完成情况及2017年计划安排的汇报 |
| | 181 | 财政局 | 关于2016年预算执行情况和2017年预算草案的汇报 |

续表

| 上会日期 | 序号 | 单 位 | 议 题 题 目 |
|---|---|---|---|
| 11月17日<br>第34次<br>（十一届166次） | 182 | 组织部 | 关于区第十二次党代会相关材料和关于《5名区十一届党代会代表终止代表资格情况》的汇报 |
| | 183 | 人 大 | 关于区第十六届人大第一次会议有关事项的汇报 |
| | 184 | 组织部 | 关于区人大选举相关工作的汇报 |
| | 185 | 统战部 | 关于十届区政协委员建议人选等情况的汇报 |
| | 186 | 工商联 | 关于区工商联换届工作情况的汇报 |
| 11月30日<br>第35次<br>（十一届167次） | 187 | | 传达国务院和北京市安全生产电视电话会议精神及我区安全生产大检查工作开展情况的汇报 |
| | 188 | 环保局 | 关于石景山区2016年环境保护工作进展情况和2017年工作要点的汇报 |
| | 189 | 人力社保局 | 关于石景山区2016年计划分配军转干部安置工作方案的汇报 |
| | 190 | 区委办 | 关于区委十一届十四次全会筹备工作的汇报 |
| | 191 | 研究室 | 关于区第十二次党代会报告的汇报 |
| | 192 | 纪 委 | 关于区纪委工作报告的汇报 |
| | 193 | 侨 联 | 关于区侨联换届工作情况的汇报 |
| | 194 | 纪 委 | 关于喻某违纪问题审理情况的汇报 |
| | 195 | 组织部 | 关于干部相关工作的汇报 |
| 12月5日<br>第36次<br>（十一届168次） | 196 | 区委办 | 听取区第十二次党代会各代表团讨论情况 |
| 12月15日<br>第37次<br>（十二届1次） | | | 会前学习《中国共产党党内监督条例》 |
| | 197 | 区委办 | 关于区委常委分工的汇报 |
| | 198 | 组织部 | 关于《石景山区建设风清气正政治生态任务清单》的汇报 |
| | 199 | 区委办 | 关于迎接北京市2016年党风廉政责任制检查相关工作的汇报 |
| 12月28日<br>第38次<br>（十二届2次） | | | 会前学习《中国共产党党内监督条例》 |
| | 200 | | 传达市委十一届十二次全会主要精神及中央环保督察组组长马驭到我区调研座谈会上的讲话精神 |
| | 201 | 政府办 | 关于区政府领导分工的汇报 |
| | 202 | 政 协 | 关于《石景山区政协对区属党政部门履职情况开展民主监督与评议的报告》的汇报 |
| | 203 | 组织部 | 关于推荐提名北京市出席党的十九大代表人选相关工作的汇报 |
| | 204 | 纪 委 | 关于三起党内问责情况的工作汇报 |
| | 205 | 组织部 | 干部任免 |

（刘 彦 刘鸿运）

## 主要工作和重大活动

### 概 述

2016年是全面从严治党主体责任深化年，是构建风清气正的政治生态和建设高端绿色的发展生态这两大战略任务的深入推进之年。区委总体思路可以概括为“一二三四四五五八”：“一”即坚定不移、高度自觉地以习近平总书记系列重要讲话精神为指导，把思想统一起来，把行动落实下去。“二”即两大战略任务：正本清源，构建风清气正的政治生态；励精图治，大力推进高端绿色的发展生态。“三”即把“三严三实”作为全区党员干部新时期的座右铭。“四”即党中央强调的“四个全面”的战略布局。为落实“四个全面”，区委提出“四位一体”的工作布局，即把思想政治建设作为党建的灵魂和前提，把组工建设作为决定性环节，把党风廉政建设作为“生命线”，把民主政治建设作为重要保障。“五”即中央在“十三五”建议中提出的创新、协调、绿色、开放、共享五大发展理念。为落实好这五大理念，区委提出“五个典范”要求，即高端产业的典范、规划建设的典范、智能管理的典范、高端文化的典范、生态文明的典范，围绕五个典范打造精品力作。“八”即“八个高端体系”建设的重点战略任务。年内，认真贯彻落实中央决策和市委工作部署，以"党要管党、从严治党"为首要政治任务，进一步统一思想；以"五个深化"（深化认识、深化主责、深化工作、深化制度、深化改革）全面推进工作，以"四个聚焦"（聚焦对标看齐、聚焦"关键少数"、聚焦纪律规矩、聚焦监督问责）保障任务落实。

（赵　枫　孙冠军）

**【区委关于制定"十三五"规划的建议】** 1月初，《中共北京市石景山区委关于制定"十三五"时期石景山区国民经济和社会发展规划的建议》（以下简称《建议》），以区委文件（京石发〔2016〕2号）形式下发全区执行。在结构和内容上，《建议》分为三大板块、七个部分。导语和第一、第二部分构成第一板块，属于总论。导语明确提出"十三五"规划是石景山区进入高端绿色发展历史新阶段的第一个五年规划，必须紧紧围绕建设国家级绿色转型发展示范区这个奋斗目标来制定。第一部分讲牢牢把握地区高端绿色发展重要战略机遇期。回顾总结"十二五"时期经济社会发展取得的重大成果，分析"十三五"时期地区发展面临的新形势，提出"十三五"发展的指导思想，明确需要遵循的六条原则。第二部分讲"十三五"时期地区经济社会发展体系和主要目标，系统阐述在转型升级历史新阶段地区发展的新战略、新思路、新路径、新标准、新定位、新要求，突出2017年和2020年两个时间节点，分别确定两个阶段的目标任务。第三至第六部分构成第二板块，属于分论。第三部分讲坚持高端发展，提升区域综合实力，包括着力疏解非首都功能、构建"高精尖"经济结构、打造"一轴三园"产业格局、积极培育经济发展新动力。第四部分讲坚持绿色发展，建设绿色生态之城，包括打造城市精品力作、融合山水谋发展、提升生态环境质量。第五部分讲坚持创新发展，激发区域发展活力，包括全力推进改革创新、提高对外开放水平、全面推进协调发展、加快建设人才强区。第六部分讲坚持共享发展，建设和谐幸福民生家园，包括着力抓好劳动就业和社会保障等最根本的民生问题、着力抓好住房和生活环境等最突出的民生问题、着力抓好教育和医疗卫生等最普遍的民生问题、着力抓好文化这一最高端的民生问题、着力抓好和谐稳定这一最基础的民生问题。第七部分和结束语构成第三板块。第七部分讲坚持党建统领，强化高端绿色发展的领导力，包括构建良好政治生态、凝聚各方力量、提高依法治区水平、加强和创新社会治理、确保目标任务落到实处。

（综合）

**【党风廉政建设责任制检查】** 1月16日，副市长、公安局局长王小洪率市党风廉政建设责任制第十四检查组，专项检查石景山区党风廉政建设责任制落实情况。市财政局党组书记、局长、检查组组长李颖津，市纪委信访室副主任刘泽清，区领导牛青山、夏林茂、岳德顺、吴克瑞等参加活动。检查组首先观看《敞亮首都西大门　高端绿色石景山》规划宣传片，随后召开汇报会。牛青山汇报区委班子落实主体责任的情况，夏林茂汇报政府党组落实主体责任的情况，吴学文汇报落实监督责任的情况，李文起和田利跃分别汇报履行"一岗双责"的情况。王小洪一行肯定石景山区落实党委主体责任和纪委监督责任取得的成效，指出在落实主体责任方面认识到位、领导到位、责任到位、制度到位、措施到位；在落实监督责任方面强化责任落实，强化执纪问责、强化宣传教育、强化体制创新。下一步要继续深化对党风廉政建设重要性和紧迫性的认识，毫不松劲、锲而不舍地落实中央八项规定精神和市委实施意见，以坚如磐石的意志和决心，坚定不移地推进党风廉政建设和反腐败斗争。各级党组织要牢固树立"抓好党建是最大政绩""不抓党风廉政建设就是严重失职"的意识，坚持领导经济社会发展和履行全面从严治党责任相结合。要深入学习贯彻党章党规党纪，坚持把纪律和规矩挺在前面。要牢固树立向党中央看齐的政治自觉，任何时候任何情况下都要在思想上政治上行动上与以习近平同志为核心的党中央保持高度一致。

（赵　枫　孙冠军）

**【专题交流研讨会】** 1月20日，区委常委班子就学习贯彻习近平总书记在中央政治局"三严三实"专题民主生活会上的重要讲话精神召开专题交流研讨会。牛青山指出：习近平总书记在中央政治局"三严三实"专题民主生活会上的重要讲话是从严治党的总方案、"三严三实"的教科书、领导干部的指南针，要反复学、迅速做。区委常委班子要在落实"三严三实"方面切实做好表率，把"三严三实"作为座右铭，作为思想观念、思维方式、工作标准、行为习惯，以断崖式摒弃旧常态、跨越式建立新常态的决心让"三严三实"成为区委常委班子的新常态。牛青山要求：要把严守纪律摆在更加突出的位置，把纪律规矩这个"顶梁柱"树立的更加牢固，让严守纪律成为新常态。要加强对领导干部的监督，努力研究破解监督"一把手"的难题。

（赵　枫　孙冠军）

**【市委书记走访基层老党员】** 2月1日是农历小年，郭金龙来到石景山区，走访基层老党员和生活困难群众，向他们送去党和政府的关心问候，并向他们拜年。郭金龙来到苹果园街道苹三社区，看望老党员王竹云。85岁的王竹云抗战时期就帮助党组织递送情报，年过八旬仍在社区义务巡逻，多次被评为优秀共产党员。随后，郭金龙来到金顶街街道西福村社区看望88岁的老党员路俊杰，这位参加过抗美援朝的老兵每年需自筹部分费用治病，生活比较困难。郭金龙向老人送去新春祝福和慰问。郭金龙还慰问街道社区的工作人员，并叮嘱他们务必保障好老人就医，解决他的后顾之忧。市委常委、市委秘书长张工一同慰问。区领导牛青山、夏林茂陪同慰问。

（赵　枫　孙冠军）

**【军民融合发展】** 2月2日，区领导与陆军领导机构首长座谈。陆军政治委员刘雷、副司令员彭勃、尤海涛、周松和等与区领导牛青山、岳德顺等出席座谈会。刘雷在座谈中表示：将尽快融入石景山区双拥共建大氛围中，自觉践行全心全意为人民服务的宗旨，积极参与石景山区经济社会建设，勇于承担急难险重任务，主动做好双拥共建、环境治理以及维护社会安全稳定等工作，以实际行动展示人民军队爱人民、人民军队为人民的良好形象。牛青山表示：石景山区将以军民融合发展为主题，围绕拥护、支持、服务开展工作，努力为部队多做好事、多办实事，进一步巩固和发展“同呼吸、共命运、心连心”的良好局面，努力实现石景山区拥军优属工作在全市“做得最好”的目标。同日，区领导与中部战区首长座谈。中部战区司令员韩卫国、政治委员殷方龙、副司令员兼参谋长李凤彪、副司令员张义瑚等与区领导牛青山、岳德顺等出席座谈会。牛青山表示：石景山区将全力配合好军队改革，以新标准、新目标为部队多干实事、多干部队需要的事、多干部队关心的事、多干官兵急需的事，努力把拥军优属工作做得最好。同日，区领导与北京军区善后办首长座谈。北京军区善后办主任白建军、政委程童一、副主任海力斯等与区领导牛青山、岳德顺等出席座谈会。7月29日，召开“八一”军政座谈会。中部战区政治工作部副主任刘滨，陆军政治工作部副主任张仁锋，北京军区善后办政工组组长苗爱民等部队领导，区领导牛青山、夏林茂等参加座谈会。8月1日，召开军民融合发展推进大会。陆军政治工作部主任张书国，中部战区政治工作部副主任刘滨等驻区部队首长及相关领导，市双拥办副主任、市民政局副局长陈卫东，区领导牛青山、夏林茂等出席会议。夏林茂主持会议。会上，李文起对《关于推进军民深度融合发展的实施意见》进行说明，对争创全国双拥模范城“八连冠”工作进行部署。军地领导共同为石景山区全国双拥模范城“七连冠”和“石景山区军民融合发展办公室”揭牌。张书国对石景山区荣获全国双拥模范城“七连冠”表示祝贺。

（赵　枫　孙冠军）

**【打造环境建设升级版】** 2月25日，召开环境建设工作会。牛青山、夏林茂、岳德顺、吴克瑞、李文起等参加会议。牛青山指出，2016年是石景山区环境建设年，要以“高端绿色、国际一流”为标准，全力打造石景山区环境建设升级版。夏林茂强调，要抓住机遇，坚持高标准开展环境建设工作，要坚持问题导向，大项目引领，要加强廉政风险的把控，各单位要协同作战，发挥主体作用，实现全区环境建设水平的再提升。富大鹏汇报环境建设情况。自上年3月正式启动环境景观提升总体规划工作后，按照设计方案，计划用三年时间围绕“融合山水谋发展、建设首都西大门”的总体思路，以两大军事机构和冬奥组委进驻、重点商务中心建设和城市未来发展为契机，结合规划区域现有景观环境及文化内涵，以建设城市景观“五元体系”为重点，努力打造“高端绿色、国际一流”的城市景观规划体系，形成全区域主干支路、重点地区全覆盖，全面提升石景山区市容、生态、设施、秩序四大类环境水平。会前，区领导一行来到西五环路、阜石路、苹果园南路、八大处路等路段查看环境建设情况。

（综合）

**【古城街道拆违现场会】** 2月29日，区治乱疏解建高端指挥部召开古城街道拆违现场会。区四套班子领导等查看京西商务中心南侧拆违现场并召开座谈会。牛青山指出：全区治乱疏解建高端工作取得重要成果，清除部分乱象，出台若干政策，形成一套机制，取得一些经验，锻炼一批干部。要以重要军事机构入驻、冬奥组委落户以及中国共产党成立95周年和红军长征胜利80周年为契机，把治乱疏解建高端工作深入拓展，积极开展环境建设年，聚焦军事驻地、冬奥组委办公区、北京保险产业园、京西商务中心等重点区域周边以及道路两侧，强化措施、抓住关键，确保新生违法建设零增长，要以更大的决心、更大的力度、更有效的举措，深入拓展推进，确保完成80%大杂院整治任务。坚持“拆除一批、规划一批、腾出一批、建设一批”的总体思路，及时跟进高端规划，整治后是绿地的依法还绿，是建设用地的确保高端，做到拆一片，清一片，建一片，管一片。自上年调查摸底后，开始对全区528个大杂院进行综合整治，年内，完成91%的大杂院清理。同时还将北辛安棚改列为当年重点工程项目，北辛安地区是辖区中部最重要的地方，北部是苹果园交通枢纽。

（赵　枫　孙冠军）

**【京津冀协同发展】** 8月19日，牛青山率考察团赴河北省保定市交流考察京津冀协同发展工作。保定市委书记聂瑞平、市长马誉峰，副市长许立群、闫立英等参加活动。考察团实地参观河北微纳环保科技有限公司、河北喜之郎食品有限公司、长城汽车研发中心、保定·中关村创新中心等地。牛青山对双方围绕协同发展取得的阶段性重要成果表示祝贺，并指出：保定市是京津冀协同发展中的重要节点城市，石景山区是国家工业梦和疏解非首都功能起步的地区，希望双方牢牢把握友好合作的伙伴关系，集双方的智慧和实力，共同落实好京津冀协同发展战略。签约仪式上，双方签署《北京市石景山区河北省保定市战略合作协议》在内的一系列合作协议。

（赵　枫　孙冠军）

**【全面深化改革】** 全年召开区委全面深化改革领导小组（以下简称区委深改组）全体会议3次，领导小组组长牛青山、夏林茂、岳德顺、吴克瑞，副组长及小组成员，区四套班子领导参加会议。研究通过重要议题13个，出台《石景山区30项重点改革任务时间表和路线图》。3月，牛青山主持召开区委深改组第三次全体（扩大）会议，讨论《石景山区2016年重点改革任务》《石景山区2016年全面深化改革工作要点》，确定30项重点改革任务，实行主管区领导负责制，实施项目清单式管理，建立完善相关制度，基本形成推进改革的体制机制。6月，牛青山主持召开区委深改组第四次全体（扩大）会议，分别对全区重点改革工作推进落实情况、进一步加强和改进区人大常委会依法监督工作、深化民主监督与评议工作改革情况的汇报、深化城市管理体制改革的汇报、推进养老服务体制改革的汇报、加强民主政治建设积极推进民主协商和党外人士知情明政工作等议题进行研究。9月，牛青山主持召开区委深改组第五次全体（扩大）会议，听取审议并原则通过《关于深化投融资体制改革的汇报》《关于系统梳理产业发展政策、进一步优化发展环境的汇报》《关于推进居住区综合服务管理改革的汇报》《关于深入推进意识形态工作责任制实施的汇报》，安排部署下一步改革工作。截至年底，30项重点改革任务基本达到预定目标，其中，城市管理体制、信访工作制度、商事主体登记、民主政治建设、养老事业和集体经济等多项改革工作取得重要成果。

（邵聪聪）

**【市政协领导调研】** 4月21日，市政协副主席李长友带队到区调研城市管理体制改革工作。调研组一行参观老山街道社会治理综合执法指挥中心和网络监督指挥中心，了解指挥中心组织框架、运行模式以及指挥中心执法部门联合办公情况。座谈会上，听取城市管理工作情况与成效，并展开交流讨论。李长友指出：多年来，石景山区为加强全市城市管理工作探索出一条可行路径，属地责任落实和综合执法是改革亮点，由街道指挥中心将公安、城管、食药、安监、环保、工商、交通、消防8个部门集中起来进行综合执法，统一指挥调度，是落实属地责任的重要举措，要认真梳理工作经验，形成意见和建议，促进石景山区乃至全市城市管理工作全面提升。夏林茂等参加调研。石景山区作为全市城市管理体制改革试点区，紧紧抓住城市职能"综合""下沉"两个重点，构建行政综合、法制综合、上下综合、社会综合的"四个综合"新体系。经过一年多努力，初步建立主体清晰、权责明确、上下联动、协调有力、执法到位、运转高效的城市综合管理体系，并取得良好的治理成效。

（赵　枫　孙冠军）

**【"两学一做"学习教育工作会】** 4月29日召开。全面贯彻习近平总书记重要指示精神和中央、市委部署要求，对在全区开展"两学一做"学习教育进行动员部署。牛青山参加会议并讲话，会议由夏林茂主持，李文起做工作部署，区领导吴克瑞等参加会议。工作会以视频会议形式召开，区委学习教育协调小组成员和区机关各单位主要负责人在主会场参加会议，其他单位领导班子成员、科队站所负责人、基层党组织书记和部分党员干部共1500余人在55个分会场参加会议。

（赵　枫　孙冠军）

**【全国政协禁毒专项调研】** 5月20日，全国政协社法委调研组到区开展禁毒专项调研。全国政协常委、社会和法制委员会副主任、中国法学会党组书记、中央政法委原副秘书长陈冀平，全国政协委员、最高人民检察院检查委员会原专职委员杨振江，全国政协委员、最高人民法院原副院长、中国女法官协会会长黄尔梅，全国政协委员、中国残疾人福利基金会监事薄绍晔，全国政协社会和法制委员会办公室副巡视员王穗洁，中国人民公安大学教授李文君，国家禁毒办副主任、公安部禁毒局副局长韩旭光，市禁毒委副主任、市公安局党委副书记、副局长姜良栋，市禁毒办常务副主任、市局禁毒总队长柳毅，区领导牛青山、岳德顺、吴克瑞等陪同调研。调研组到八角街道禁毒向日葵社区办公室，查阅社区戒毒、社区康复人员档案，了解开展社区戒毒康复工作情况。随后召开座谈会，姜良栋代表市禁毒委汇报北京市禁毒工作开展情况，牛青山汇报石景山区禁毒工作开展情况，八角街道汇报开展毒品预防教育和社区戒毒社区康复工作情况。

（赵　枫　孙冠军）

**【市人大领导调研】** 6月12日，市人大常委会主任杜德印调研石景山区机动车停车服务与管理情况。实地查看瑞达大厦74号院，五芳园小区，万达商圈机动车停车服务与管理情况。市人大常委会副主任牛有成对石景山区在机动车停车服务与管理工作方面的思路和举措给予肯定，并指出：要注重车辆与车位的平衡，动态与静态的平衡，供给与需求的平衡，使机动车停放进入有序状态。牛青山汇报静态交通工作开展情况。市人大常委会秘书长张清，区领导牛青山、夏林茂、岳德顺、吴克瑞等陪同调研。7月29日，杜德印一行检查《北京市居家养老服务条例》落实情况。检查组首先来到八角街道养老照料中心实地视察，听取该中心立足社区开展医康养结合服务和辐射周边社区开展居家养老服务的情况介绍，并现场观摩英智康复医院开展老人康复治疗项目。随后，检查组一行来到八角北里社区养老服务驿站，与老人热情交谈，了解他们在养老服务驿站里的生活情况，听取老人们对居家养老服务的意见建议。检查组现场体验依托"互联网＋智慧养老"服务理念开发的智能养老腕表产品展示。杜德印一行详细听取牛青山关于石景山区落实《北京市居家养老服务条例》的汇报。杜德印指出：石景山区对于《居家养老条例》的贯彻落实工作做得非常到位，居家养老的模式、方法非常好，政府与专业机构、社会组织有机联系在一起，居家养老统筹整体规划进展快、效果好。就下一步如何做好居家养老体系建设工作，杜德印指出，首先要开阔眼界、进一步解放思想，把居家养老工作做得更加专业化、集约化。要不断完善工作机制，研究有机衔接养老服务各个阶段的方法。要健全制度的支撑，不断研究医养结合新模式，政府还要有效履行职责，确保工作落到实处。市人大常委会副主任、执法检查组组长刘伟主持座谈会，张清等市人大常委会领导及部分市人大代表，市政府副秘书长尹培彦，市民政局局长李万钧，市老龄办常务副主任王小娥等市政府及部门领导，区领导夏林茂、岳德顺、吴克瑞等区四套班子领导陪同检查。

（赵　枫　孙冠军）

**【庆祝中国共产党成立95周年大会】** 6月30日召开。会议表彰优秀共产党员、优秀党务工作者、先进基层党组织和优秀基层党建项目，激励全区共产党员担当使命、励精图治、求真务实，为把石景山区建设成为国家级绿色转型发展示范区不懈奋斗。牛青山出席并讲话，夏林茂主持，全体区领导出席。会上，播放石景山区深入推进党建统领战略纪实专题片——《党建统领，领航扬帆》，李文起宣读表彰决定，区领导为受表彰代表颁奖。牛青山围绕“记住本来，开创未来”的主题发表讲话。他强调，全区党员干部要“记住本来，开创未来”，做到坚持为民宗旨、坚持党建统领、坚持从严治党。大会表彰结束后，举行“两优一先”先进事迹报告会。大会以视频会议形式召开，区机关各单位负责人，先进基层党组织、优秀共产党员、优秀党务工作者、优秀基层党建项目代表在主会场参加会议；其他单位领导班子成员、中层干部、基层单位负责人、基层党组织书记、受表彰对象在54个分会场参加会议。

（赵　枫　孙冠军）

**【走访慰问活动】** “七一”前夕，区四套班子主要领导分别带队走访慰问建国前入党的老党员、生活困难党员和部分优秀党员。关怀、帮扶党员总数1012人次，下拨帮扶款135.6万元。其中，22名市级帮扶困难党员，每人帮扶资金5000元；110名区级困难党员，每人帮扶资金3000元；对868名优秀党员、优秀党务工作者、党员志愿者和一般困难党员代表，每人慰问金1000元；对12名未享受待遇的建国前老党员，每人节日慰问金4000元。“八一”前夕，中部战区政治工作部、北京军区善后办、陆军政治工作部等部队领导与区四套班子领导分别对石景山区8户优抚对象代表进行联合走访慰问，为他们送去慰问品和慰问金。区四套班子领导分别带队到武警十四支队、武警石景山消防支队、预备役高炮四团、区武装部等基层部队走访慰问，与部队官兵共庆“八一”建军节，对驻区部队在为区域经济建设、社会稳定等方面给予的大力支持和做出的突出贡献表示感谢，并为他们送去慰问金。重阳节前夕，牛青山走访慰问军休干部。牛青山详细询问他们的家庭情况和身体状况，高度赞扬他们曾经为国家各项建设作出的贡献以及退休后仍心系社会、无私奉献的老兵情怀和精神。

（赵　枫　孙冠军）

**【反腐教育基地揭牌运行】** 7月1日，“生命线的警示——北京市石景山区反腐倡廉警示教育基地”在北京国际雕塑公园正式揭牌投入运行，并迎来第一批接受反腐倡廉警示教育的参观者。区四套班子领导出席揭牌仪式，吴学文主持仪式，牛青山为基地揭牌并讲话。他指出：区委将建设警示教育基地作为落实党风廉政建设“两个责任”的重大决策部署，它的建成标志着石景山区在党风廉政宣传教育方面又迈出坚实而重要的一步，为党员干部筑牢拒腐防变的思想防线，开辟一个全新的、前所未有的廉政教育阵地。真正做到创新廉政宣传教育方式，丰富教育内涵，打造一部可以使全区广大党员干部有效接受廉政教育的“活教材”。以“生命线的警示”为教育基地命名，寄托区委对全体党员干部的深切关爱和殷切嘱托，希望每一位走进警示教育基地的党员干部，都能经历一次思想深处的洗礼，都能完成一次个人党性的历练，都能领悟到坚守“生命线”的重要意义。基地开放后，受到区内外、市内外社会各界的广泛关注，做到工作日期间全天候参观、满负荷运转。很多国家部委机关、大型国企及培训单位都将廉政教育选定在此基地。

（赵　枫　孙冠军）

**【治乱疏解建高端第三次工作会】** 8月4日，召开治乱疏解建高端指挥部第三次工作会暨鲁谷社区拆违治乱现场会。牛青山、夏林茂、岳德顺、吴克瑞、李文起等区四套班子领导，首钢总公司副总经理胡雄光参加会议。会前，区领导一行实地查看衙门口北路治乱疏解整治成果。在随后召开的工作会上，牛青山对前一阶段工作取得的成绩给予肯定，他指出，依法治乱取得历史性重大突破，夺取第一战役重大胜利，拆除一批违建，治理一批乱象，铲除一批安全隐患，腾出一些发展空间，锻炼一批干部，得到群众的称赞，创造治乱的经验，展现石景山人敢于胜利、能够胜利的风采。牛青山强调，要攻坚克难，夺取第二战役新的胜利。要充分认识到治乱疏解建高端工作是高端绿色发展、依法治乱、检验执政能力的主战场，要坚定信心，坚决打赢、打好这场硬仗。要营造强大的声势，发挥“笔头与榔头”“摄像机与推土机”双管齐下作用，营造浓厚氛围。要按照治乱疏解建高端“以拆为主、不拆例外”的工作原则，进一步明确“各类违法建设原则上都要拆除”。要加大经费保障力度，采取有效措施提高资金审批拨付效率，确保所需资金及时足额到位。要将治理完成地区纳入全区高

6月30日，石景山庆祝建党95周年“七一”表彰会　（区委宣传部供稿）

端绿色发展规划，集体经济系统和国资系统腾出的空间要充分用于提高全区公共服务领域硬件建设，确保实现高端绿色发展。要创新方式，探索建立集体经济系统高端绿色发展基金，统筹政策、资金、土地等资源。各行政执法部门要积极执法、强力执法、综合执法；公检法机关要站在第一线强力保障，有效打击暴力抗法、妨碍公务等行为；法院要加大保障力度，做到快审快结。

（赵　枫　孙冠军）

【居家养老服务体制改革推进会】 9月9日召开。大会对全区居家养老服务工作开展情况进行总结，并部署下一阶段居家养老服务工作任务。部分老龄委成员单位和社会组织就做好居家养老工作开展探讨和交流。李文起通报区老龄委关于调整成员单位及其职责的情况，陈婷婷与街道代表现场签订《驿站建设责任书》。市民政局副局长李红兵指出，区委区政府在抓居家养老服务体系建设过程中，注重顶层设计，工作开展扎实有效。他强调，改革是养老产业不断发展的必然之路，做好养老服务体系建设，一是部门协调需要改革，二是社会协作需要改革，三是体制机制需要改革。牛青山指出，养老改革是一项重大的改革举措，是自觉坚持以人民为中心，主动适应人口老龄化趋势，以民生民需为导向，以改革创新为动力，以增强人民获得感为目标，敢于担当碰硬的又一项重点改革任务。他强调，要不断推动居家养老服务体系建设再上新台阶，主要体现在六个一：注重一个结合，就是坚持居家、社区与机构养老相结合；打造一个品牌，就是石景山区提出的“老街坊”品牌；实施一项工程，就是建设离人民群众最近的养老家园；突破一个重点，就是完善“中央厨房＋社区养老服务驿站＋社区配餐、送餐、助餐”模式；突出一个特色，就是推进中医药特色的医康养结合发展；推进一个试点，就是长期护理保险试点建设。各街道办事处主要领导、区老龄委各成员单位主管领导及养老机构、养老照料中心、社区养老服务驿站负责人参加。

（赵　枫　孙冠军）

【市委书记到区调研】 9月10日，市委书记郭金龙调研石景山区和首钢总公司供给侧结构性改革和经济发展情况。市领导李士祥、张工、张建东、隋振江，中国工程院院士、中国电子科技集团公司总工程师吴曼青一同调研。郭金龙强调：要继承发扬光荣传统，落实首都城市战略定位，深化供给侧结构性改革，加快推动经济转型和产业升级发展，闯出一条服务“大众创业、万众创新”的现代服务业发展新路，为全市经济保持稳定增长作贡献。在中关村石景山园，郭金龙详细了解搭建创新创业服务平台过程中“降成本、补短板、促双创”的具体做法，对入驻的中电科、航天测控、东土科技等央企、上市公司表示欢迎。在首钢创业公社，郭金龙鼓励青年创业者大胆创新早日成功，并要求有关部门深化改革提升服务品质，不断优化创新创业环境。在首钢老厂区内的北京静态交通研发示范基地，立体停车技术研发取得重大进展。18米的公交车三分钟内垂直上升，然后平移准确停进三层高的大型立体停车楼。最小的家用折叠式立体车库，让一个车位同时容纳两辆车。郭金龙详细了解技术攻关和市场推广情况后指出：首钢把传统钢铁、机械技术优势整合再创新，为解决停车难提供技术支撑。一定要做好市场开发和推广，不仅为北京解决停车难作贡献，更要为全国大城市解决停车问题发挥好辐射带动作用。郭金龙还来到刚建成的高标准绿色建筑京西商务中心，登上12层俯瞰建设情况。郭金龙指出：石景山区在城市功能拓展区各区里率先实现农民全部转居，首钢完成具有历史意义的搬迁，走在首都改革发展的前列。石景山区要在城市规划建设中发挥好既有的农村集体产权制度优势，努力营造最佳发展环境；首钢要积极探索创新，加快经济转型产业升级步伐；共同深化供给侧结构性改革，为全市经济保持稳定增长作贡献。首钢总公司领导靳伟、张功焰、顾章飞，区领导牛青山、夏林茂等及市区各有关部门负责人陪同参加调研。

（赵　枫　孙冠军）

【高标准建设保险产业园】 9月14日，区领导到北京保险产业园调研。实地查看北京保险产业园施工现场。牛青山指出：北京保险产业园是石景山区高端绿色发展的主战场、引领地，要锁定21世纪国际典范的目标，按照“五个典范”要求，努力打造京西创新发展新的增长极。要坚持自主，发挥区委政府主导规划建设、产业发展的作用，拓宽视野，博采众长。要继续发扬拼搏奋斗、严谨务实的工作作风，励精图治、攻坚克难，确保北京保险产业园如期竣工。2016年是落实保险产业园三年行动计划的第一年，也是保险产业园开发建设的关键一年。区委、区政府以“五个典范”为根本标准，将保险产业园打造成为具有超高水准的创新型产业园区。北京保险产业园投资控股公司作为园区的运营主体，从上年11月摘得保险产业园第一块上市土地，到当年10月完成保险产业园一期工程结构封顶，再到12月获取保险产业园核心地块，北京保险产业园投资控股公司高效完成园区开发建设的阶段性目标，并创造“保险产业园速度”。

（赵　枫　孙冠军）

【城市综合管理体制改革调研】 10月14日，市社科院党组书记、院长王学勤一行到区调研区域转型发展和城市综合管理体制改革。王学勤一行首先到八角街道，视察社会治理综合执法指挥中心及“三网融合”（社会服务管理网、城市管理网、社会治安网），了解城市管理“一单式”办理模式，综合执法部门协调联动机制，城市综合管理体制改革等情况。随后，调研组到京西商务中心，听取加强人口调控、优化城乡结合部发展环境、拆违治乱综合整治工作简要汇报，俯瞰目前全国最大体量的绿建三星建筑综合体——京西商务中心建设情况，察看绿色节能技术使用样板间，了解石景山区疏解非首都功能，落实“全面深度转型、高端绿色发展”战略，积极推动经济转型、产业升级等情况。王学勤表示，市社科院将积极发挥自身优势，为石景山区经济社会发展提供更广泛、更深入的决策参考。

（赵 枫 孙冠军）

【年轻干部实践锻炼启动】 10月10日，区委召开加强实践锻炼促进年轻干部成长成才专题座谈会。听取10名优秀年轻干部代表交流发言后，牛青山对年轻干部提出八点要求：既要立足当前，更要志存高远；既要学习知识，更要实践锻炼；既要心比天高，更要行比地厚；既要充满激情，更要“三严三实”；既要比收入高低，更要比贡献大小；既要提高工作本领，更要增强政治素养；既要学习西方，更要搞好继承；既要注重自我，更要体谅他人。11月4日，区委召开年轻干部参加实践锻炼集体谈话暨工作对接会，正式启动第一批年轻干部参加实践锻炼工作。李文起参加会议并与年轻干部集体谈心谈话，区委常委、组织部长晋秋红主持会议并就人员安排情况及相关政策作解释说明。年轻干部派出单位、接收单位主要领导以及参加实践锻炼的年轻干部参加会议。

（赵 枫 孙冠军）

【市委领导到区调研】 11月2日，市委常委、组织部部长姜志刚到区调研非公企业党建、在职党员进社区报到和高端绿色建设有关情况，市委组织部副部长张革，部务委员、组织处处长徐颖陪同调研，区领导牛青山、夏林茂、文献、晋秋红参加调研。姜志刚首先到中关村科技园石景山园，听取非公企业红色基因微党课的情况介绍，观看“八个高端体系建设”电子沙盘，深入园区创业公社了解中小企业党建推动企业创新发展情况。随后，姜志刚来到金顶街街道西福村社区，详细了解社区党组织依托“一呼百应”党员综合服务系统开展党员志愿服务，推进“两学一做”学习教育的有关情况，他指出，石景山区基层党组织“两学一做”学习教育推进扎实、富有特色，特别是运用“互联网+”理念，探索党员志愿服务与基层社会治理的深度融合，在推进区域化党建方面取得显著效果。最后，姜志刚到京西商务中心，实地考察石景山区高端绿色建设情况，并对石景山区深化城市治理体系改革、“治乱疏解建高端”的一系列举措给予肯定。牛青山随行汇报实施党建统领战略“四位一体”布局、全区上下抓党建促发展、推动基层党建“八有”体系建设的情况。同月4日，市委常委、市委政法委书记张延昆一行到区调研社会治理工作。市委政法委副书记、首都综治办主任、市维稳办主任闫满成陪同调研，区领导李文起、田利跃参加调研。张延昆一行首先来到区城市管理监督指挥中心，视察“三网融合”区级平台运行情况，听取中心工作汇报，观摩工作人员对平台管理使用演示；随后来到八角街道，视察“三网融合”街道级平台运行情况和街道综治中心建设运行情况，最后集体前往衙门口北街新建便民绿色停车场，观看治安重点地区整治工作介绍展板，并了解治安重点地区整治情况。座谈会上，张延昆听取李文起关于社会治理创新相关工作情况汇报后，对石景山区社会治理工作取得的成绩给予肯定，并强调，要结合北京实际，抓住全国综治“南昌会议”的契机，确立一个总目标，建设和谐宜居之都，实现源头风险管控与末端处置结合，实现横向与横向之间的结合，实现联动融合。要在操作层面实现源头综合治理，区级是第一层，通过决策、执行、监督，实现源头化解与末端处置结合；市有关部门是第二层，要上下联动，建立预警机制；街道、社区、村是第三层，要管控好在这一层的重大决策执行中存在的风险。石景山区“三网融合”在运用内容上要不断拓展，将各个领域都纳入到这个平台中来，实现信息化向智能化转变。要继续加强社会协同，公共参与的工作方法。要进行社区动员，建立社会民约。要尽量用市场化办法解决管理、处置过程中的问题，坚定不移地推进社会公共保险，建立重大事件安抚协会，充分调动社会组织的力量共同参与社会治理问题的解决。

（赵 枫 孙冠军）

【派驻纪检机构全覆盖动员】 11月10日，召开派驻纪检机构全覆盖动员部署会，标志着历时一年，经过摸底调研、沟通酝酿、征求意见、审议通过、组织实施等阶段的努力推进，派驻机构改革进入到实施运行环节。会上，宣读《石景山区推进区纪委向区级党和国家机关派驻纪检机构的工作方案》，就工作目标、组织机构、派驻机构设置、人员配备、管理保障、工作要求等方面作明确要求，对派驻范围、设置原则、职责分工以及人员配备等方面作详细说明。晋秋红宣布联合派驻纪检组组长和副组长的任命，郭鹏就纪委派驻机构全覆盖工作进行动员部署。牛青山指出：各驻区部门党委（党组）和派驻机构要明确纪委和派驻机构是领导和被领导的关系、派驻机构和72家驻区单位是监督与被监督的关系。会议由李文起主持，全区纪检监察干部及驻区单位的主要领导150余人参加会议。

（赵 枫 孙冠军）

【中央环保督察迎检】 12月1日，召开安全生产大检查暨中央环保督察迎检工作动员部署会。夏林茂主持会议。会议传达习近平总书记、李克强总理关于安全生产工作的指示、批示和国务院、北京市安全生产电视电话会议精神，传达中央环保督察组以及市委市政府要求并部署相关工作，相关单位代表进行表态发言。牛青山强调：要严格执法，绝不允许谋取带血的GDP；坚决不走先发展、后污染、再治理的老路，绝不要带毒的GDP。46个相关职能部门、9个街道（鲁谷社区）、辖区相关企业负责人近270人参加会议。截至12月28日，石景山区共收到中央环保督察交办信访举报案件59件，办结57件，其中，责令整改86家，立案处罚4家，处罚金额4.05万元，立案侦查8件，约谈93人，问责2人。区委、区政府要求各部门加快案件查处和责任追究。

（赵 枫 孙冠军）

【区第十二次党代会】 中共北京市石景山区第十二次代表大会于12月6—8日在华北宾馆举行。大会由夏林茂主持，牛青山代表中共北京市石景山区第十一届委员会作题为《坚持党建统领　建设两大生态　初步建成国家级绿色转型发展示范区》的报告，郭鹏代表中共北京市石景山区纪律检查委员会向大会作书面工作报告。本次大会正式代表308名，出席开幕式的代表302名。各民主党派、工商联的负责人应邀参加开幕式，55名列席人员参加开幕式。8日，大会完成各项预定议程，闭幕式由夏林茂主持。会议选举产生中共石景山区第十二届委员会委员40名、候补委员8名和区纪律检查委员会委员29名。大会以举手表决的方式，通过《中国共产党北京市石景山区第十二次代表大会关于第十一届区委工作报告的决议》和《中国共产党北京市石景山区第十二次代表大会关于第十一届区纪律检查委员会工作报告的决议》。牛青山致闭幕词。

（赵　枫　孙冠军）

【中央环保督察组调研】　12月21日，中央第一环境保护督察组组长马駇率队到区调研考察。督察组先后到五里坨污水处理厂、京西热电中心、区环保局监控站和实验室、八角西街船工号子餐厅、八角街道办事处进行实地考察，听取区委区政府关于环保工作情况汇报。督察组表示：石景山区以工业转型为契机，坚持绿色发展，狠抓工作落实，实现区域环境质量的稳步改善，取得良好工作成效。马駇指出：继续以减煤、治乱、转型等工作为基础，明确目标，积极作为。要在大气、水和土壤的环境治理上加大整治力度，一级一级落实治理减排指标。要发挥好城市综合管理作用，环境问题涉及千家万户，和百姓接触最紧密的街道社区层面工作要落实到位。注重百姓信访问题，正确认识群众举报，建立机制化、常态化的工作模式去解决群众提出的问题。同时积极培育市民的首都意识，树立群防群治、共建共享的环境治理理念，通过促进市民的自我约束，实现环境秩序的提升。中央环保督察组成员陈列子、骆毅，区领导牛青山、夏林茂等参加会议。

（赵　枫　孙冠军）

【开展专题调研】　年内，区委书记围绕党建统领先行区、疏解非首都功能先行区、高端绿色发展先行区、改革创新先行区建设等开展专题调研。

表2　　区委书记主要调研情况一览表

| 类　　型 | 时　间 | 地　　点 | 内　　容 | 承办单位 |
|---|---|---|---|---|
| 关于党建统领先行区建设 | 1月23日 | 本　区 | 走访调研老党员参与退休党支部活动情况 | 老干部局 |
| | 2月2日 | 合众建国饭店 | 老干部工作开展情况 | 老干部局 |
| | 2月5日 | 本　区 | 全区政法系统工作情况 | 区委办　政府办<br>政法委　双拥办 |
| | 3月4日 | 纪　委 | 纪检监察工作开展情况 | 纪　委 |
| | 3月14日 | 组织部 | 组织工作开展情况 | 组织部 |
| | 3月15日 | 党　校 | 党建主体责任培训班专题讲党课活动 | 组织部　党　校 |
| 关于党建统领先行区建设 | 3月17日 | 宣传部 | 宣传工作开展情况 | 宣传部 |
| | 4月22日 | 政法委 | 全区政法系统工作情况 | 政法委 |
| | 7月26日 | 本　区 | 走访慰问优抚对象 | 双拥办 |
| | 7月29日 | 区机关北楼201会议室 | 石景山区2016年"八一"军政座谈会 | 区委办　双拥办 |
| | 8月23日 | 区教委四层多功能厅 | 调研我区教育系统党建工作开展相关情况 | 区委办　教　委 |
| | 8月31日 | 京源学校 | 调研我区教育工作相关情况 | 教　委 |
| | 9月1日 | 八角南路社区 | "两学一做"学习教育开展情况 | 组织部 |
| | 9月13日 | 本　区 | 老干部工作开展情况 | 老干部局 |
| | 10月8日 | 本　区 | 区领导了解军休党委工作并走访慰问军休干部 | 区委办　民政局 |
| | 12月13日 | 本　区 | 全区政法系统工作情况 | 政法委 |
| | 12月16日 | 国资委 | 党风廉政检查 | 国资委 |
| 关于疏解非首都功能先行区建设 | 1月21日 | 古城街道办事处 | 古城街道拆违治乱工作进展 | 古城街道办事处 |
| | 2月2日 | 集体经济办 | 集体经济系统拆违工作进展情况调研 | 集体经济办 |
| | 2月3日 | 本　区 | 走访驻区企业 | 投促局 |
| | 2月29日 | 古城街道办事处 | 古城街道拆违现场会 | 古城街道办事处 |

续表

| 类　型 | 时　间 | 地　点 | 内　容 | 承办单位 |
|---|---|---|---|---|
| 关于疏解非首都功能先行区建设 | 8月4日 | 鲁谷社区衙门口北路、万商花园酒店七层多功能厅 | 鲁谷社区拆违治乱现场调研 | 治乱疏解建高端指挥部办公室 |
| | 8月26日 | 治乱疏解建高端指挥部办公室 | 调研我区治乱疏解建高端工作相关情况 | 区委办、治乱疏解建高端指挥部办公室 |
| 关于高端绿色发展先行区建设 | 1月18日 | 城管委第四会议室 | 城市环境建设工作调研 | 城管工委 |
| | 2月4日 | 园林绿化局 | 园林绿化局工作开展情况 | 园林绿化局 |
| | 2月25日 | 本　区 | 城市环境建设工作调研 | 城管委 |
| | 4月6日 | 保险产业园 | 中心绿地建设调研 | 保险产业园 |
| | 4月28日 | 本　区 | 城市环境建设工作调研 | 城管委 |
| | 5月20日 | 本　区 | 禁毒工作调研 | 八角街道办事处 |
| | 5月30日 | 本　区 | “六一”儿童节主题走访 | 教　委 |
| | 7月28日 | 五里坨街道天翠阳光第二社区群众休闲广场 | 北京燕京八绝文化长廊工作调研 | 五里坨街道办事处 |
| | 8月17日 | 本　区 | 城市环境建设工作调研 | 城管委 |
| | 8月18日 | 交通支队 | 静态交通专题调研 | 区委办　交通支队 |
| | 9月29日 | 八大处公园 | 全区安全生产检查 | 区委办　安监局 |
| | 12月15日 | 本　区 | 禁毒工作调研 | 八角街道办事处 |
| | 12月16日 | 区文化中心工地 | 环保工作现场检查 | 环保局 |
| 关于改革创新先行区建设 | 2月4日 | 古城街道办事处 | 城市管理综合行政执法体制改革调研 | 古城街道办事处 |
| | 2月14日 | 信访办 | 信访工作开展情况调研 | 信访办 |
| | 3月29日 | 古城街道办事处 | 城市管理综合行政执法体制改革调研 | 古城街道办事处 |
| | 6月7日 | 信访办 | 信访工作开展情况调研 | 信访办 |
| | 7月1日 | 研究室 | “两大生态”建设专题研究 | 研究室 |
| | 7月29日 | 本　区 | 居家养老工作调研 | 八角街道办事处 |
| | 8月23日 | 苹果园街道办事处、信访办 | 信访工作调研 | 苹果园街道办事处、信访办 |

（邢　拓　王时亿）

## 区委日常事务

### 概　述

区委办公室作为区委的“首要部门”，是区委的综合办事机构和参谋服务机构，是区委系统的中枢环节，是区委工作运转的重要依托，是区委对外形象的直接载体。下设5科（新加挂一个科室牌子）、1室、1局，分别为综合科、秘书一科（法规科）、秘书二科、信息科、会议科、督查室和机要局（挂密码管理局牌子）。现有工作人员23名，全部具有大学本科以上学历。年内，坚持把习近平总书记系列重要讲话精神作为思想武器和行动指南，围绕区委“两个生态”战略任务，按照“五个坚持”标准和“四个典范”“四个忠诚”的要求开展工作，发挥好参谋部的协调、服务、保障作用，抓好各项工作落实，不断提升“三服务”工作水平。

**地址：石景山区石景山路18号**
**电话：88699711　88699771**
**邮编：100043**

（赵　枫　孙冠军）

**【信息编报】**　年内，区委办围绕中央、市委和区委部署，围绕全面从严治党主体责任深化年和“两个生态”建设深入推进之年的总体目标，加强研判，统筹资源，创新工作，发挥区委信息“主渠道”作用，为区委科学决策、民主决策、依法决策提供依据。全年编发各类信息刊物428期，被市委信息采用101件次，区委主要领导批示13件次，完成各项信息工作任务。

（翟国鑫　乔　牧）

**【文稿起草】**　年内，区委办围绕“全面深度转型　高端绿色发展”战略的实施，精准把握制约地区转型发展的重大问题、精准聚焦人民群众关心的热点问题，站在全区高度主动思考、主动研究，高标准、高质量、高效率完成区委及区委主要领导交办的各项综合文稿起草任务。共起草重要汇报材料、典型经验材料30余篇，起草区委书记、区委副书记等区委领导各类重要文稿110余篇。

（赵　枫　龙慎山　孙冠军）

【落实主体责任】 年内，区委办按照全面从严治党主体责任深化年“四突破一贡献”的工作要求，切实担负起党风廉政建设党委主体责任的的职责。全年召开全区党风廉政建设大会1次，主体责任培训会1次，主体责任专题会3次，开展专项治理1次。制定下发《关于落实党风廉政建设主体责任的若干制度规定的通知》，明确8项制度规定；制定下发《石景山区落实党风廉政建设主体责任全程记实制度(试行)的通知》(京石发〔2016〕15号)，在区、处两级建立一班子一台账、一成员一档案，全程留痕；起草《财政性资金建设工程及政府购买服务廉洁自律相关规定(暂行)》，确保财政性资金建设工程和政府购买服务清正廉洁；全面开展“一承诺两签责”工作，开展领导班子和领导干部述责述廉工作，突出对“一把手”的监督。在全市党风廉政责任制检查考核中，主体责任连续两年拿到满分。

(龙慎山)

【文件制发】 年内，区委办按照控制发文数量、提高文件质量的要求，严把制发文件关口，优化区委公文处理工作流程，加强与代拟文稿部门的沟通，提前审核把关，防止审议稿“带病”上会。坚持改革创新，破解工作体制不顺问题，在秘书一科加挂法规科的牌子，加强对全区党委系统28个单位进行工作指导，推动党内规范性文件备案审查工作。全年，共制发红头文件6类116件，上报29份备案审查报告。

(赵　枫　孙冠军)

【综合协调】 年内，区委办完成接待中央、北京市领导关于地区静态交通、供给侧改革、冬奥组委首钢办公区、节前走访慰问等各项调研和各类大型活动的服务保障工作17次，其中接待部级以上领导调研9次，共计135人次。全力做好区第十二次党代会服务保障工作。严格执行节假日请销假和领导带班制度，积极配合有关部门，全力保障区委各项工作正常运行。

(王　君　周天霞)

【会议服务】 年内，区委办围绕区委换届，精心组织、周密安排，做好区第十二次党代会的组织筹备和服务保障工作。围绕区委中心工作，组织筹备区委全会3次，区委常委会38次，区四套班子会议1次，领导干部会议7次，电视电话会议6次，确保区委重要会议顺利进行。

(刘　彦　刘鸿运)

【强化督查】 年内，区委督查室完成区委主要领导书面和口头批示督办件300余件，涉及党建、经济、教育、城市运行管理等重要内容，并按照区委领导要求进行跟踪，书面反馈落实情况。完成人大议案、政协提案督办24件，办结率和满意率均达到100%。以密切联系群众、服务群众为宗旨，督办和处理群众信访近220件。

(邢　拓　王时亿)

【机要密码】 年内，区委机要局注重从日常工作入手，制订并完善相关规章制度，规范工作流程，改善服务态度，转变工作作风。全年收发各类文件、电报11000余份，领导批办件700余件，信访件近220件，实现“零事故，零差错，零延误”的目标。

(李红霞　谭一兵)

# 组织建设

## 概　述

中共北京市石景山区委组织部(简称区委组织部)是区委重要职能部门。设办公室、研究室、综合干部科、人才工作科、干部科、干部监督科、组织科、党员教育管理科、组织指导科，行政编制36人；下辖区党员电化教育中心(事业编制7人)。年内，区委组织部贯彻落实党的十八大、十八届三中、四中、五中、六中全会和习近平总书记系列重要讲话精神，坚持党建统领，全面落实区委“两个生态”战略任务和“四位一体”党建统领工作布局，突出全面从严治党主体责任深化年主题，聚焦“两学一做”学习教育、区级班子换届等重点任务，把握大局大势，加力改革创新，统筹推进干部、基层党建、人才和组织部门自身建设各项工作，努力为深入推进“全面深度转型、高端绿色发展”战略、实现“十三五”时期良好开局提供坚强政治和组织保证。

**地址：石景山区石景山路18号**

**电话：88699810**

**邮编：100043**

(战　菲)

【开展党内帮扶走访】 年内，区委组织部按照党内帮扶工作要求，分类做好全区困难党员、老党员的帮扶走访工作。完善《石景山区党员关怀帮扶工作制度》，统筹常规帮扶和应急帮扶，细化分类，明确流程，制定标准，规范审核机制，确保专款专用。做好常规帮扶走访工作，元旦春节及“七一”期间，走访帮扶党员2266人，其中，市、区两级困难党员254人，优秀党员、优秀党务工作者、党员志愿者、一般困难党员1890人，未享受离退休待遇的建国前老党员26人次，走访慰问80人次，应急帮扶困难党员16人次，下拨帮扶慰问资金332.52万元。

(王　佳)

【“三严三实”整改落实】 年初，按照中央、市委和区委“三严三实”专题教育总体安排，区委组织全区区处两级党组织召开“三严三实”专题民主生活会，各级党组织和广大党员干部针对专题教育情况进一步梳理成果、查摆问题、剖析原因、明确举措，整改落实工作不折不扣落实到位、取得突出成效。1月12日，区委常委班子召开“三严三实”专题民主生活会。牛青山主持会议，全体区委常委参加会议开展批评与自我批评。市委组织部副部长、第一巡回指导组副组长张革参加会议并作点评讲话。市纪委、市委组织部相关人员参加会议。岳德顺、吴克瑞列席会议。牛青山代表区委常委班子作对照检查发言，从修身做人、用权律己、干事创业，遵守党的政治纪律、政治规矩和组织纪律，落实党风廉政建设主体责任和监督责任三个方面，查摆14条问题，剖析4个方面原因，并明确5个方面13项具体整改措施。随后，牛青山、夏林茂、李文起、文献、田利跃、陈强、吴学文、刘颖、种磊、晋秋红、耿振虎等区委常委班子成员分别进行个人发言、开展自我批评，每名常委发言后，其他常委对其逐一提出批评意见，整个民主生活会的批评意见总条数达到112条，每名常委至少接受10条批评意见。区委常委班子专题民主生活会后，各81个处级单位全部召开"三严三实"专题民主生活会，全体党员区领导全程出席联系点的民主生活会并进行点评讲话，区纪委、区委组织部、区委巡回指导组的相关人员全程参加指导各处级单位领导班子的民主生活会。区四套班子齐上手、共同抓，建立党员区领导联系点制度，每位党员区领导全程指导一个处级班子，区委常委、人大常委会主任、政协主席在指导联系点工作的基础上再审阅两个单位的材料。同时，区委派出6个巡回指导组，全面加强对处级班子的督促指导，层层传导压力。区专题教育协调小组办公室和各巡回指导组对各处级单位领导班子材料进行审阅把关，各单位材料普遍修改1～2次。专题民主生活会后，区、处两级党组织及时研究整改落实工作，针对会上查找出来的问题，统筹考虑既有整改任务和重点改革任务等，进一步系统归拢，制定整改方案和整改措施。区委起草《区委常委班子整改方案》，编制《区委常委班子整改任务一览表》，提出5个方面13项整改措施，为区委常委班子整改提供"时间表"和"路线图"，为处级层面持续整改树立标杆。

（段建忠）

**【领导干部报告个人事项】** 年内，区委组织部结合换届工作，严格落实"两代表一委员"提名人选"四个凡提"，对个人有关事项报告的填报工作提出更严格要求。根据市委填报工作部署及填报内容变化，通过实施信息录入、统计汇总、普遍查核等三个步骤，确保领导干部个人有关事项报告工作稳步推进。面向全区各单位下发通知，组织开展处级干部填报2015年度个人有关事项报告工作。3月底对582名处级干部的报告材料录入系统。反复核对录入数据，发现异常及时反查，在认真统计汇总、对比分析的基础上，形成汇总综合报告。以"两代表一委员"换届工作为契机，对全区处级干部开展大范围的个人有关事项报告查核，将重点查核、随机抽查与换届人选查核统一起来，共查核18批569人次的报告，提醒函询147人。

（杨昆仑　苏宇明）

**【"两学一做"学习教育】** 年内，区委组织部把"两学一做"学习教育作为贯穿全年工作的龙头任务，严格落实中央、市委、区委部署，突出日常教育特点，区分层次、区分对象，探索多样化的学习形式和活动载体，推动工作开展。全面开局——制定《石景山区"两学一做"学习教育实施方案》，4月29日，召开"两学一做"学习教育工作会，对在全区开展"两学一做"学习教育进行动员部署，将"两学一做"的有关精神和要求直接部署到基层，对各级党组织和全体党员提出"五个增强"和"四个体现"的目标要求，以建强组织、健全组织生活为目的，促使党员增强党性、强化党的意识党员意识纪律规矩意识，实现顺利开局。工作会以视频会议形式召开，牛青山出席会议并讲话，夏林茂主持会议，李文起做工作部署，区领导吴克瑞、吴学文、刘颖、种磊、晋秋红出席会议，全区1700余名党员干部参加会议。以上率下——学习教育开展过程中，各级领导班子和领导干部始终走在前面、带头示范，全部建立支部联系点并开展讲党课工作，为学习教育高标准推进明确导向、树立标杆，带动学习教育从"关键少数"向全体党员拓展。指导督导——在总体实施方案基础上，针对街道社区、机关单位等7个领域特点，分别制定指导意见，形成"1＋7"的方案体系，通过定期召开学习教育协调小组会、各领域党支部书记座谈会、工作汇报会，到基层支部参加学习教育活动、开展调研，印发区领导联系点安排、加强红色基因教育、落实主体责任文件等方式，加强工作调度，有效推动学习教育全面铺开。制定督导方案，依托两个纪律作风巡查组和各党（工）委成立区、处两级督查组，把学习教育开展情况记入领导班子和党员干部实绩档案，实现督导工作全覆盖。特色创新——打造"争做新时期合格党员"大讨论、"我是党员我承诺，'四讲四有'我带头"主题实践活动等一批特色载体，创设"微党课"、红色短信、网上课堂等学习形式，指导基层结合实际提炼合格党支部建设规范和合格党员行为规范。围绕解决基层突出问题，以项目化形式创新党建载体，针对组织生活规范化，指导八角街道试点推行"组织生活路线图"，在社区推行"三议一承诺"党员党性分析，针对社区党员教育管理，指导老山街道试点推行"社区党校"，针对非公党建，在全区非公企业中推行"红色基因工程"，这些项目为基层开展学习教育提供抓手和平台。服务发展——严格落实区委"全面从严治党主体责任深化年"要求，进一步深化清单制管理，区处两级层面分别建立党建统领和"八个高端体系"重点任务清单。组织全区党员干部就严守换届纪律进行专项承诺践诺，组织拟推选为"两代表一委员"的"两新"组织负责人进行选前承诺，自觉接受党组织指导、开展党建工作，主动为本单位建立党组织创造有利条件。引导各级党组织和广大党员把经济社会改革发展作为检验学习教育成效的主战场，积极投身到重点领域改革、治乱疏解攻坚战、重点功能区建设等重大任务中，充分发挥党组织战斗堡垒和党员先进模范作用，有力推进全区经济社会改革发展，地区群众满意度不断提升。

（段建忠）

**【纪念建党95周年活动】** 年内，区委组织部开展纪念建党九十五周年系列活动。按照市委统一部署，制发做好纪念中国共产党成立95周年有关工作的通知，主要开展三项工作。组织开展全区纪念建党九十五周年评选表彰活动，明确评选条件，采取自下而上、上下结合、差额推荐的方式，共评选表彰50个先进基层党组织、100名优秀共产党员、50名优秀党务工作者和20个优秀基层党建项目，充分展示党建成果、有效激发党员内生动力；"七一"前后，集中开展主题党日和帮扶慰问爱心捐献活动,收到捐款112万元;指导基层党组织开展群众性纪念活动,重点协助区委宣传部举办纪念建党95周年诗歌朗诵会,做好“七一”期间先进典型的宣传报道。

(王　佳)

**【基层党员教育培训】** 年内,区委组织部按照年度培训计划办好各类培训班次。举办基层党组织书记培训班2期,以深入解读党章、“七一”讲话精神、做合格党员等为主要内容,培训基层党组织书记1000人次。举办入党积极分子培训2期,培训入党积极分子513人。举办新党员及大学生社工党员培训班,加强党章学习,强化服务意识,共培训党员170人次。

(刘　远)

**【调研员、副调研员核定】** 8月底,区委组织部正式启动调研员、副调研员核定工作。全区各单位积极响应,在民主推荐基础上,经各单位领导班子集体研究,共推荐调研员人选10名、副调研员人选25名。在严格开展资格审查基础上,区委组建3个考察组,按照街道、执法一线和综合部门的单位归口,对35名推荐人选进行组织考察,广泛组织群众参与,充分听取意见,共有1120余人参加民主测评、近500人参加个别谈话。区委综合考虑干部实绩和各单位干部队伍建设情况等因素,最终研究确定5名调研员和8名副调研员人选。

(冯　瑞)

**【选举区第十二次党代会代表】** 年内,区委组织部按照《中国共产党章程》《中国共产党地方组织选举工作条例》和中央、市委有关规定,根据区委十一届十三次全会决议和区委通知要求,以高度负责的政治责任感和历史使命感,扎实开展区第十二次党代会代表选举工作。代表选举以区委直属党组织划分选举单位,包括8个独立选举单位和15个联合选举单位,共计23个。区委根据各选举单位所辖党员人数、党组织数量和工作需要,对代表名额进行分配。代表选举工作自8月底正式启动,召开选举工作部署会,指导各选举单位分三个阶段开展选举工作:通过自下而上、上下结合、反复酝酿协商的方式产生代表候选人初步人选;区委成立代表人选考察审查工作组,对照代表的标准和条件,对代表候选人初步人选的政治素质、道德品行、遵纪守法、履职能力、廉洁自律、群众基础、社会形象等方面进行严格考察和审查,召开党(工)委全体会议,研究确定代表候选人预备人选;召开党员大会或党员代表大会或党员代表会议,以无记名投票差额选举的方式进行正式选举。11月底,代表选举工作全部结束,共计选举产生出席区第十二次党代会代表308名。党代表具有广泛代表性,均为各部门、各单位、各行业、各领域党员中的优秀分子,较好地体现党员的先进性。代表中,各级领导干部196名,占代表总数的63.64%;基层一线112名,占36.36%。年龄在50岁及以下的代表189名,占61.36%;大专及以上学历的代表300名,占97.4%;妇女代表134名,占43.51%;少数民族代表11名,占3.57%。基层一线代表中,工人4名,占1.3%;各类专业技术人员8名,占2.6%;党政机关科级及以下干部19名,占6.17%;企事业单位中层及以下管理人员9名,占2.92%;非公经济组织和社会组织中的党员9名,占2.92%;基层党组织书记和党务工作者65名,占21.1%。代表各项结构比例均符合市委要求,代表资格经区第十二次党代会代表资格审查委员会审查通过后,正式确定。

(左泽东)

**【基层党建7项重点任务】** 年内,按照中央提出的基层党建重点任务要求,区委明确“整体统筹、抓严抓实”的总体思路,把7项任务作为完善基层党建基本运行的重要实践,以点带面推动具体任务落地。领导高度重视,迅速部署启动。区委常委会集中传达中央、市委有关精神和工作要求,区委主要领导对落实任务提出明确意见。区委组织部坚持统筹谋划、重点跟进、分类指导,立足现实区情,针对每项任务明确任务目标,严格工作标准,周密制定推进方案,通过编制工作手册、组织专题培训、点对点实地指导等方式,及时部署推进。全区各级党组织迅速行动、层层落实,普遍以支部为单位,对照台账逐项任务排查盘点,做到底数清、情况明、问题准,各项任务实现高起点开局。融入“两学一做”,推进平稳有序。区委把七项任务与“两学一做”学习教育、基层党建整体工作进行统筹谋划,9月8日全市基层党建工作推进会后,晋秋红主持召开组织系统座谈会传达会议精神,听取各单位工作汇报,对七项任务进行再强调、再部署。10月19日,区委召开“两学一做”学习教育暨基层党建工作推进会,李文起对落实七项任务再次严格标准、明确要求。区委组织部在前期工作基础上,研究推进举措,细化任务台账,强化督促指导,与进展缓慢的有关单位沟通对接,及时查漏补缺,强化过程管控,有效确保各项任务按期推进、如期落实。整改跟进及时,工作成效明显。各级党组织紧紧盯住薄弱环节,坚持边查边改、立行立改,将查摆出的问题及时纳入“两学一做”整改清单,逐项把脉问诊,制定整改措施,一些长期存在的问题正在得到解决。结合工作实践,区委推广“组织生活路线图”、社区党校、非公党建“红色基因工程”等优质党建项目,突出载体建设对基层党建的引领作用,激发基层党组织生机活力,促进基层党组织政治功能与服务功能的有机统一。巩固长效机制,注重成果转化。区委着眼补齐短板、健全制度,注重对工作成果的总结和转化应用,围绕严格基本制度、严肃党内组织生活、提升党员党性观念等方面,研究形成一系列行之有效的工作机制,区级层面建立全面推行党建责任清单制度,基层建立定期报告党建工作、接受党员群众评议、党员集中学习、为党员过“政治生日”等五项基本制度,通过层层压实主体责任,规范基层党组织运行。

(刘　征)

**【区“两委”委员选举】** 区第十二次党代会于12月6—8日在华北宾馆召开。大会经过代表充分酝酿讨论,采取无记名投票方式分别差额选举产生中共北京市石景山区第十二届委员会委员、候补委员和第十二届纪律检查委员会委员。区第十二届委员会委员的选举于8日上午举行,大会应到代表308名,实到代表304名,有效票304张;区第十二届委员会候补委员的选举于同日下午举行,大会应到代表308名,实到代表306名,有效票306张。选举产生区委委员40名、候补委员8名。其中:上一届区委委员、候补委员16名,占33.3%;新提名的人选32名,占66.7%;平均年龄48.5岁,其中50岁以下的26名,占54.2%;具有大专以上文化程度的48名(含全日制大学本科24名、硕士13名、博士4名),占100%;妇女12名,占25%;少数民族5名,占10.4%。区第十二届纪律检查委员会委员的选举于8日上午举行,大会应到代表308名,实到代表304名,有效票304张,选举产生区纪委委员29名。其中:上一届区纪委委员11名,占37.9%;新提名的人选18名,占62.1%;纪委机关的人选12名,占41.4%。平均年龄47.7岁,其中50岁以下的16名,占55.2%;具有大专以上文化程度的29名(含全日制大学本科12名、硕士2名),占100%;妇女13名,占44.8%;少数民族2名,占6.9%。

(左泽东)

**【区党代会服务保障】** 根据党章规定,按照市委要求,于12月召开区第十二次党代会,进行党委、纪委换届。区委组织部做好区第十二次党代会的组织筹备和服务保障工作。从筹备到完成分为六个时段。第一时段:7月初至月底,研究召开大会的筹备工作安排,形成召开大会的初步意见,召开全会做出召开大会的决议,并向市委报送筹备召开大会的请示(一报)。第二时段:8月初至9月底,成立筹备工作机构,分配代表名额,拟定代表选举办法,组织代表选举工作,启动工作报告起草工作,组织酝酿新一届区委、区纪委组成人员候选人预备人选,并向市委呈报关于新一届区委、区纪委组成人员候选人预备人选的请示(二报)。第三时段:10月初至月底,编制代表名册,提出大会主席团和秘书长等建议名单,准备召开大会的各种材料,召开全会审议大会各项筹备工作,并向市委报送关于召开区第十二次党代会的请示(三报)。第四时段:11月初至12月初,做好召开大会的各项筹备工作。第五时段:12月5—8日。主要是召开区第十二次党代会。共有308名党代表出席,以差额无记名投票的方式选举产生40名区委委员、8名候补委员和29名纪委委员。区委十二届一次全会以差额无记名投票方式先选举产生10名常委,再以等额无记名投票的方式选举牛青山为书记,夏林茂、文献为副书记。新一届区纪委一次全会以差额无记名投票的方式选举产生9名常委,再以等额无记名投票的方式选举郭鹏为书记,韩孟荣、仲长军、高维华为副书记,选举结果经十二届区委全体会议通过。第六时段:12月9日至月底,做好大会的材料整理、归档等工作,12日向市委报送选举结果报告(四报)。

(刘　征)

**【处级干部队伍】** 截至年底,全区共有处级干部567人。其中,处级领导干部448人(正处154人,副处294人)。女干部196人,占总数的34.6%;少数民族干部22人,占总数的4.2%;党外干部21人,占总数的3.7%。研究生260人,占45.9%;大学本科299人,占52.7%;大学专科8人,占1.4%。35岁以下7人,占1.2%;36~45岁121人,占21.3%;46~54岁315人,占55.6%;55岁及以上124人,占21.9%。

(陈　鹏)

**【党员队伍情况】** 截至年底,全区共有各级党组织1926个,其中党委136个、总支104个、支部1686个。有区委直属党组织28个,包括区委直属党工委16个(其中,街道工委9个)、区委直属党委12个。从基层组织覆盖领域来分,机关党组织335个,事业单位党组织250个,企业党组织522个(其中,国有企业党组织123个,非公有制企业党组织399个),社区党组织778个、社会组织党组织34个(其中,社会团体党组织11个、民办非企业党组织16个、中介组织党组织7个,另有临时性社会组织党组织30个)、人才交流中心党组织7个。全区党员总数为53165名,其中预备党员359名,女党员21219名,少数民族党员1492名。从年龄结构上看,全区60岁以上党员26844名,占全区党员总数的50.49%,全区35岁以下年轻党员5543名,占全部党员总数的10.43%;从文化结构看,研究生以上学历2690人,占全区党员总数的5.06%,大学本、专科学历党员22108名,占全区党员总数的41.58%,高中及中专学历党员15049名,占全区党员总数的28.31%,初中及以下学历党员13318名,占全区党员总数的25.05%;从职业结构看,公有制单位在职党员9164名,占党员总数的17.24%,非公有制单位在职党员2818名,占党员总数的5.3%,离退休党员34199名,占党员总数的64.33%,其他类型党员6984名,占党员总数的13.13%。

(朱　梅　王　佳)

**【高端人才建设规划】** 年内,区委组织部按照区委、区政府关于"十三五"时期规划编制工作部署,牵头联合区人才工作领导小组成员单位及第三方机构组建规划编制工作课题组,编制完成《石景山区"十三五"时期高端的人才管理体系建设规划》,并向社会发布。规划坚持党管人才原则,聚焦"八个高端体系"建设,以目标体系、政策体系、服务体系和评价体系为总体架构,以党政领导干部人才、技术技能人才和市场化人才为主要对象,以创新改革人才选拔任用机制、培养引进机制、流动配置机制、激励保障机制和智库对接交流机制为驱动引擎,以聚焦十项人才工程(即:党政领导干部素质提升工程、主导产业人才聚集工程、科技领军人才支持工程、城市建设与管理专业人才引育工程、文化名人开发工程、名校长名教师培养工程、医疗卫生领军人才培养工程、精英体育教练员培养工程、高技能人才振兴工程、社会工作人才职业化工程)为落脚点,全面提升人才管理服务效能,不断激发人才发展活力、增强区域人才竞争比较优势,支撑和引领国家级绿色转型发展示范区建设。

（沈 娟）

**【高端人才信息平台建设】** 年内,区委组织部利用“互联网+”的优势,加强对高端人才资源的研究、开发和服务工作。加强各职能部门人才资源库统筹整合力度,推进以高端人才资源库和石景山人才网为核心的“一网一库”综合服务信息平台建设。截至年底,共采集20家部门颁布的85条人才政策条目,采集区属企事业单位、机关非公编制人员、非公经济和社会组织等618家单位5152名人才的基础信息,结合人才分类目录对人才进行分层分类,其中领军人才480人,高端及储备高端人才共3855人,初步完成基础数据库建构。

（沈 娟）

**【搭建校企合作平台】** 年内,区委组织部、区工商联举办第五届“石景山区企业服务季”。全年累计开展人才、科技、法律、金融、政策等多项服务活动近20场,服务企业近500家,举办石景山区民营企业进校园活动暨黄庄职高专场招聘会活动、民营企业招聘月等招聘活动,加强校企无缝对接,吸纳青年才俊充实地区市场化人才梯队。

（沈 娟）

**【创新工作室评定】** 年内,区委组织部、区总工会、区科委推进职工创新工作室建设,开展摸底审核和表彰工作,全年评定区级职工创新工作室7家,北京通信系统设备有限公司的张春光创新工作室获评市级职工创新工作室。

（沈 娟）

**【人才推优评先活动】** 年内,区委组织部先后组织3人申报中组部“千人计划”,4人申报北京市第十二批海外高层次人才(创业类)评选,并进入答辩环节;6人申报年度北京市优秀人才培养项目资助,2人入选;9人申报年度北京市优秀青年人才,2人进入通讯评审,1人入选;11人申报中关村高端领军人才高级工程师(教授级)专业技术资格,1人通过评审。组织召开区第二批海外高层次人才座谈会暨授牌仪式,从16名候选人中评选4名在各自领域做出突出成绩,具有较强发展潜力,符合石景山区高端绿色发展事业需要的高端人才,落实人才奖励政策。

（沈 娟）

**【换届考察服务保障】** 在年内换届考察工作中,区委组织部协调相关部门落实市委组织部换届相关会议精神,做好考察工作所需材料的准备和收集工作。配合考察组做好统筹协调,先后组织区委常委扩大会、全区领导干部大会、纪委系统干部会,同时完成对区四套班子及现任班子成员、法检“两长”、纪委副书记的测评、考察,开展新一届区四套班子成员、法检“两长”、纪委副书记全额定向民主推荐。抽调精干力量成立接待小组,在食宿、交通、实地考察等各个方面为考察组提供全天候的服务和保障。

（陈 鹏）

**【换届人事酝酿和选举】** 年内,区委组织部以换届人事安排为主线,做好相关人选酝酿、程序安排设计及大会选举组织等工作。根据市委预批的换届人事安排方案,经区委常委会研究,在征求意见基础上,认真准备人选名单等材料,起草各项候选人预备人选的请示。做好“两委委员”人选酝酿、民主推荐、组织考察等工作。组织筹备大会选举,严格按照《地方组织法》《选举法》等相关法律法规的规定,研究起草选举办法,制定工作流程及任务分工,扎实准备人选简介等各项会议用材料,完成换届选举工作任务。

（郭子健）

**【严肃换届纪律】** 年内,区委组织部全面落实中央和市委关于严肃换届纪律有关文件精神,坚持教育在先、警示在先、预防在先,加强换届风气监督,履行组织部门直接责任,与区纪委联合制定换届风气监督工作方案,建立“五个责任主体”责任清单,组建考察组深入处级单位开展预备人选考察工作,强化对严肃换届纪律工作的统筹指导。以“九严禁”纪律要求为主要内容,严格落实“四必看”“四必训”“四必谈”等要求,组织开展换届承诺、专题培训、谈心谈话、知识测试等工作,扎实推进严肃换届纪律各项任务。配合纪委做好换届风气监督检查,派出2个换届纪律专项巡查组,分两个阶段对区四套班子成员、参与“两委”委员和“两代表一委员”推选工作的处级单位开展巡查,动态管控、及时发现处置换届中的苗头性、倾向性问题。换届选举期间,配合市派驻督导组进行现场督导,以“零容忍”的态度正风肃纪,营造风清气正的换届环境和政治生态,最终确保换届工作平稳、健康、有序开展,始终保持违反换届纪律行为“零记录”。

（杨昆仑 苏宇明）

**【干部交流挂职】** 年内,区委组织部做好全市干部交流任职,选派4批共10名干部到中央机关、中央金融单位、市级机关和外省市挂职锻炼,接收中央、市级机关来区挂职干部5批8人。做好外省、市、区干部到区挂职工作,共接收新疆、内蒙古、湖北等地挂职干部4批9人。按照全市统一部署,挑选干部参与外省市援派挂职任务,先后选派援蒙干部3名、京冀互派挂职干部4名、南水北调互派挂职干部1名。

（陈 鹏）

**【军转干部安置】** 年内,区委组织部积极稳妥推进军转安置工作。全年安置团职军转干部5人,其中3名正团职、2名副团职,均为男性。年龄最大的47岁,最小的36岁,平均年龄43.2岁;研究生学历2人,大学学历3人;安排副处级职务1人,正科级职务3人,副科级职务1人。

（韩 玲）

**【干部实绩档案制度】** 年内,区委组织部继续贯彻区委《关于建立领导班子和领导干部实绩档案制度的意见(试行)》,全面落实“信念坚定、为民服务、勤政务实、敢于担当、清正廉洁”的好干部标准,破除“唯票、唯分、唯GDP和唯年龄”问题,牢固树立鲜明的事业导向和实绩导向。自该项工作启动以来,围绕“城市管理体制改革”“信访代理制改革”“治乱疏解建高端”等重点任务和各单位日常工作,组织开展多次专项考核及日常考核,累计收集实绩信息977条,涵盖处、科级干部600余人。

(郭子健)

【理论教育和党性教育】 年内,区委组织部把握思想建党这一根本,围绕“两学一做”学习教育,把党章、十八大和十八届三中、四中、五中、六中全会精神、习近平总书记系列重要讲话精神作为党员干部培训的重要内容,列入党校、行政学院各类培训班次课程。通过在主体班中开展通读党章、党章党规测试、经典理论原著导读、“每周一主题”学员论坛、党性分析、组织生活会,强化理想信念和道德品行教育。发挥红色基因铸魂育人的积极作用,在党校主体班次和副处级干部任职培训班中,安排学员赴井冈山、延安等革命圣地开展党性教育现场教学,引导党员干部重温党史和中国革命史,涤荡心灵,锤炼党性,增强领导干部的道路自信、理论自信、制度自信。把《廉洁自律准则》《纪律处分条例》等融入党校培训的各类班次,强化领导干部廉洁从政和讲纪律守规矩的意识。确保党校主体班教学安排中理论教育和党性教育的比例不低于总课时的70%。全年举办1期党建主体责任培训班、2期处级干部进修班、1期副处级干部任职培训班、1期中青年干部培训班,共计培训处级干部240余人、优秀中青年干部30余人。

(赵立辉 付 博)

【于高校开展专题培训】 年内,区委组织部紧扣“五位一体”总体布局、“四个全面”战略布局和“十三五”时期各项目标任务,开展精准化的政策、管理、法规培训,提高干部专业化能力。围绕全区“八个高端体系”建设和区域发展“五个新常态”等中心任务,依托在京优质高校资源开展专题培训,举办疏解非首都功能、生态城市建设、危机管理与媒体沟通、政府服务与政府管理、法治建设与依法行政等专题班,不断拓宽干部知识视野、更新干部知识结构,提高领导干部引领发展、推动发展、优化发展的专业素养和能力水平。与南京大学、浙江大学合作举办异地专题班,到经济发展的前沿阵地,有针对性地学习社会管理和城市管理创新等方面的经验做法,拓宽干部视野,提升工作的前瞻性和预见性。全年在北京大学、清华大学、人民大学、浙江大学、南京大学举办专题培训班8期,培训处级干部470余人。

(赵立辉 邓志宏)

【干部教育培训改革】 年内,区委组织部加大领导干部上讲台力度,开设“对话党政一把手”教学模块,使干部培训内容更加“接地气”。全年邀请43名局处级领导干部到党校的各类培训班进行专题授课。坚持培育壮大老干部讲师团,做好“传带帮”,加强优良传统和工作经验传承教育。在主体班次中开展专题调研活动,培训班学员集体撰写调研报告4篇,其中《为民办实事资金使用情况》的调研报告被编印为决策参考供领导参阅。同时,围绕新首钢高端产业综合服务、国家保险产业园、文化创意产业等重点项目,拓展打造干部教育现场教学基地。建立部机关干部跟班制度,加强在培训中考察了解干部。从严抓好学风建设,建立培训座谈机制和培训考核实绩档案,提高干部教育培训的质量和效果。

(赵立辉 邓志宏)

【干教网分中心建设】 年内,区委组织部突出地区特点、贴近干部培训需求,选择制作10门在线课程供全区干部在线学习,得到市委组织部高度评价。组织举办两期“学法守法用法”网络专题培训班,共有300余名干部参加学习。同时,明确分中心在线学习任务,丰富分中心门户内容,做好干教资讯、通知公告、推荐课程等栏目的更新工作,鼓励学员利用干教网的互动功能进行交流讨论,发布展示基层干部培训经验和特色做法,促进工作交流。

(赵立辉 付 博)

【年轻干部实践锻炼】 年内,区委组织部落实区委“在实践中锻炼成长是年轻干部成才成功唯一正确道路”指示精神,研究制定《关于加强实践锻炼促进年轻干部成长成才的意见》,明确“五个注重”的工作措施,通过政策导向、路径设定、措施保障,为年轻干部成长划出“石景山路径”。开展“三个一批”(即:对于区直机关基层工作经历不足、需要补足经历的,以及基层一线部门岗位任职经历相对单一、需要开阔视野的,开展机关与基层单位之间双向挂职锻炼一批;对于有基层工作经历但较长时间在同一个单位或部门工作、任职经历相对单一的年轻干部,开展跨领域、多部门轮岗交流一批;对政治上比较成熟、工作实绩比较突出、群众公认度较高的年轻干部,择优提拔使用,对于发展潜力较大但需要加大历练的,交流安排到街道或部门平职担任重要职务,进行进一步的关注培养一批)实践锻炼工作,选派25名年轻干部参加挂职轮岗交流,帮助年轻干部成长成才。同时,制作《科级干部选拔任用工作流程图》,提升科级干部管理的规范性和科学性。加强青年干部队伍建设力度,组织召开青年干部座谈会,通过议工作、议体会、议经验、议成长,帮助青年干部理清思路、消除困惑,激发他们干事创业的积极性和主动性。

(赵立辉 邓志宏)

【科级干部选拔任用】 年内,区委组织部新提拔任用科级干部310人,分属53家区属单位,其中区直机关38家,事业单位7家,街道8个。评议共包括5项测评内容,较之上年度科级干部选拔任用评议结果,当年评议结果呈现以下特征:5项满意度全区平均分均有所提升,平均提升3.64分,涨幅较为明显;5项不满意比例平均下降0.71个百分点。满意度分值不足90的项目明显减少,较之上年52家单位中有16家单位共53个项目满意度低于90分,当年53家单位中仅有7家单位的14个项目满意度分值低于90分。各单项最低分分值提升较大,没有满意度分值低于80分的单位,各单项最低分平均增长9.11分。满分项目数量和全部项目满分单位数量均有所增加。

(张 羽 苏宇明)

【综合举报平台建设】 年内,区委组织部按照《关于进一步加强组织部门信访工作的意见》要求,借助推广

“12380”综合举报平台运用的契机，推进信访举报工作。完善工作网络，构建“横到边、纵到底、内成网”的信访工作格局；加强制度建设，完善“管理精细化、职责规范化”的信访工作机制；做好源头防治，发挥“主动下访、日常监督、积案梳理、舆情监控”的职能作用；践行“零容忍”要求，完善换届风气查核工作体系。

（杨昆仑　苏宇明）

**【畅通能上能下渠道】** 年内，区委组织部推进领导干部能上能下工作，提出党建统领“四位一体”工作布局，把组工建设作为“决定性环节”，强化责任担当，明确责任主体，营造良好的用人导向。在日常干部管理监督工作中，突出实绩导向，畅通能上能下渠道，强化责任落实，增强干事创业担当，健全监督制度，严格干部日常管理，从而为“能者上、庸者下、劣者汰”的用人要求得到落实，大力整治“为官不为”的情况。

（杨昆仑　苏宇明）

**【干部日常监督管理】** 年内，区委组织部继续推进超职数配备整治工作，按规定时间完成相关工作任务。开展领导干部生态环境损害责任追究工作，全面开展宣传教育，提高生态环境保护责任意识，明确部门职责分工，顺畅生态环境工作运行机制，完善干部监督考核。开展经济责任审计和经济事项交接工作，并对审计中发现的问题进行提醒，提升领导干部经济责任意识。全面开展科级干部选拔任用工作“带病提拔”倒查工作，未发现带病提拔问题。

（杨昆仑　苏宇明）

**【“基层书记论党建”主题论坛】** 年内，区委举办2016年第一期“基层书记论党建”主题论坛。牛青山出席论坛并讲话，李文起主持，吴学文、种磊、晋秋红参加。论坛邀请到全国党建研究会专职副秘书长陈东平和市社科院科学社会主义研究所所长杨奎两位专家作点评。8位基层党组织书记围绕着“如何加强基层党建”的主题作重点发言，与会人员进行交流研讨，2位党建专家现场点评，区领导讲话。区委相关部门负责同志，各工委、部分党委书记，各领域基层党组织书记代表共60余人参加活动。牛青山对活动给予肯定。

（刘　征）

**【基层组织换届专项检查】** 年内，区委组织部根据京组通〔2016〕38号通知要求，高度重视、严格落实，结合“两学一做”学习教育，全面开展各级基层党组织设置和按期换届专项检查工作。根据年度党统数据，全区有各类基层党组织1926个，其中党委136个、党总支104个、党支部1686个，所属党员53165人。年内任期届满党组织合计588个，其中党委45个、党总支18个、党支部525个。在专项检查工作开始前，已有567个党组织正常实现按期换届，检查中发现未能按期换届党组织合计21个，其中党委13个、党总支5个、党支部3个。未按期换届党组织中，任期届满一年内没有换届且未经上级党组织批准的共计5个，其中党委2个、党总支1个、党支部2个；任期届满后，延期超过一年以上没有换届的共计16个，其中党委11个、党总支4个、党支部1个。针对以上未能按期换届的党组织，区委进行专项督查，分别制定换届计划，指导解决实际困难，督促启动换届程序，推进工作进度。截至年底，所有任期届满党组织全部完成换届工作。

（左泽东）

**【调整规范党组织设置】** 年内，区委组织部进一步完善党的基层组织体系，转发《关于规范基层党组织设置的指导意见》（京石组发〔2016〕29号）、《关于调整部分党组织日常管理关系的通知》（京石组发〔2016〕31号）等文件。将党组清理规范和调整基层党组织设置统筹考虑，梳理和分析全区各级各类基层党组织设置形式和隶属关系，按照有利于党组织设置和运行、有利于激发党组织生机活力、有利于各行业领域归口管理的原则，调整部分区委直属党组织隶属关系，将原有21个区委直属党组织调整为8个，使不同层级的组织之间更加协调有序。

（左泽东）

**【组织重大活动】** 年内，区委组织部多次组织开展百人以上参与的重要大型活动。其中，组织200名党团员在八宝山革命公墓开展国家公祭活动，引领党员群众共同缅怀革命先烈、传承红色基因。组织全区党员群众代表3000人参观纪念红军长征胜利80周年主题展览，做好区主要领导现场参观对接事宜。

（朱　梅　刘　远　王　佳）

**【党员组织关系集中排查】** 年内，区委组织部以厘清党员组织关系为基础，全面部署并扎实开展全区党员组织关系集中排查有关工作。与公安、人保、民政、卫计、工商、税务等部门建立沟通管道、整合信息资源、明确排查手段、梳理核查线索，针对占比较大的首钢离退休党员，抽调精干力量组建联合检查组，直接深入首钢各个公司，对634名组织关系隶属石景山区、平时与党组织联系不紧密的首钢离退休党员进行实地核查。把握组织关系排查政治性强、基础性强、保密性强的工作特点，制定方案、集中部署培训，逐级落实责任，推进实施，要求每名工作人员吃透文件精神、掌握政策界限，工作中实现全程留痕，确保经得起历史检验。对全区1886个党组织实现工作全覆盖。各级党组织共排查出失联党员536人，“口袋”党员416人、死亡47人，通过工作已重新取得联系311人、尚未取得联系225人、重新开具介绍信纳入组织管理204人。

（朱　梅　王　佳）

**【党费收缴专项检查】** 年内，区委组织部以强调合格党员基本条件为重点，开展党费收缴检查专项工作。细化工作方案、明确收缴标准，研究具体措施和步骤，加强业务指导和培训，按照机关、国有企事业单位、社区、非公等领域分批次、分类别组织全区各基层党组织开展自查、补交和整改工作，全区1686个党支部全部完成党费收缴工作，共计52597名党员完成党费补交，386名党员经批准少补交和不补交党费，补交党费总额2994.2万元。

（朱　梅　王　佳）

**【违法违纪党员清查】** 年内，区委组织部对照市委组织部下发的排查清理名册，对有违纪违法情况的党员逐一进行身份甄别，共排查出有违纪违法行为党员38人，其中，涉及“黄赌毒”的26人，受到刑事追究的12人；排查前已受到党纪处分的20人，其余18人全部移交区纪委处理。

（朱 梅 王 佳）

**【确保党员发展质量】** 年内，区委组织部落实新《中国共产党发展党员工作细则》有关要求，调控总量、严格程序，把牢入口关，确保新发展党员质量。并按照市委组织部要求，开展发展党员全程纪实工作，指导试点单位党组织做好线上授权、录入、审核，做好线下内容的核对和存档。全年发展党员310人。

（刘 远）

**【“一呼百应”志愿服务】** 年内，区委组织部召开会议，与技术专家、社区书记等一线工作者共同研讨“一呼百应”党员综合服务系统方案，对系统功能进行优化完善。组织40个社区党组织书记、专职工作者集中培训，以启动会、座谈会等多种形式组织试点社区分享经验。采取奖惩制度相结合，强化监督管理。累计开展志愿服务4844次，每周统计社区下单情况并在党建群里公布，把党组织开展活动情况与工作考核挂钩，建立督促的长效机制。多次接待市委组织部和中组部的相关领导调研系统建设和试点运行情况。

（张晓东）

**【远程教育专线网建设】** 年内，区委组织部落实区委“八有”要求，与中国联通公司合作，启动建设覆盖全区的党员干部远程教育专线网络。争取区财政每年投入30万元用于链路租用专项经费，保障独享2M带宽，确保远程教育网络流畅运行。

（张晓东 马 廷）

**【精品教学资源片建设】** 年内，区委组织部围绕“两学一做”学习教育等重点任务，加强党员干部现代远程教育精品课程的统筹设计。组织各单位采取项目制运作管理方式，向市委组织部申报9个课件开发项目。与区广电中心合作，组织拍摄一批宣传优秀共产党员先进事迹的微视频，制作系列学习课件《石景山先锋》，通过网络、电视、新媒体等渠道宣传先进党员事迹。

（张晓东 马 廷）

**【完善远程教育终端站点】** 年内，区委组织部完善远程教育工作制度，明确远程教育工作职能，定期发布学习重点，传达工作最新动态。组织各基层单位按要求填写《石景山区党员干部现代远程教育终端站点工作手册》，制定学习制度，规定学习时长，引导基层单位从规定学变为自主学、主动学。举办党员干部现代远程教育培训班，各基层单位210名远程教育终端站点管理员参加。选派13名社区骨干站点管理员分两期参加全市党员干部现代远程教育终端站点管理员示范培训，培养专业人才队伍。

（张晓东 马 廷）

**【组织工作信息化】** 年内，区委组织部开展大组工网网络和客户端的日常维护和安全管理。配合区委机要局完成部内政务内网光纤入屋工程，共处理大组工网运维事件39次，其中处理应急故障11次。配合各业务科室做好组工业务信息系统的数据维护工作，办理科室业务协同单11张，维护数据项400余条，为组工业务顺畅开展提供服务支撑。

（马 廷）

**【重视调研信息】** 区委组织部全年编发《石景山组工信息》29期，其中正刊20期、专刊6期、业务通讯3期，各类言论文章、工作动态、经验总结、简讯传真86篇次，市委组织部《组工动态》正刊采稿19篇，市委组织部《快讯》采稿5篇。

（商婵娟）

**【党建研究会】** 年内，区委组织部加强理论研究和理论宣传工作，指导会员单位做好31个区党建研究会年度重点课题的立项、推进和结题工作。推进市党建研究会年度立项课题《石景山区党员思想政治教育有效性研究报告》，课题成果获市党建研究会年度立项课题三等奖。推荐会员单位优秀研究成果参与市党建研究会课题评比，其中《以“社区党校”为载体加强党员教育管理的实践与思考》《石景山区集体经济党组织建设的调查与思考》课题分别获市党建研究会年度优秀自选课题二等奖、三等奖。

（商婵娟）

# 宣传工作

## 概 述

中共石景山区委宣传部（简称区委宣传部）是负责全区宣传思想文化工作的职能部门。下设办公室、理论科、新闻科、宣传科、网信科，主管《石景山报》编辑部、《石景山工作》编辑部（含区思想文化建设研究会和区委讲师团秘书处）、文化创意产业促进中心、石景山区新媒体中心。年内，主要开展五项工作：加强理论武装，进一步深化精神家园建设；传承红色基因，进一步践行社会主义核心价值观；开展新闻宣传，为八个高端体系建设和“十三五”开局营造良好舆论氛围；壮大主流思想舆论，积极开展舆论引导；推进高端普惠的文化生活体系建设，加快文化创意产业创新发展。

**地址：石景山区石景山路18号**

**电话：88699827**

**邮编：100043**

（史 征）

**【主流媒体信息发布】** 宣传系统全年共在主流媒体上发稿1900余篇，其中一版报道97篇，在《人民日报》《光明日报》《经济日报》等中央主流媒体刊发稿件160篇，在《北京日报》、北京电视台、北京广播电台三家市属主流媒体上刊发稿件649条。全年共制作专题专版稿件49篇，组织发布会、媒体见面会、集体采访42次。1月8日《参考消息——北京参考》头版头条刊发“石景山区将建15家社区级养老服务驿站”。《北京晚报》两次整版报道石景山区加强民生家园建设和养老服务体制改革的内容。9月，《北京日报》《北京晚报》等分别在头版刊稿介绍石景山区开展人大换届选举工作的亮点。12月，《新华每日电讯》《人民日报》的重点版面，以及《北京日报》《北京晚报》《法制晚报》《京华时报》《新京报》《信报》《劳动午报》等市属媒体的一版，均刊发稿件介绍北辛安棚户区改造。出版《北青城市——石景山专刊》。做好“外国摄影师拍北京”活动接待服务工作，分别接待服务美国和捷克的外国摄影师到八大处公园和法海寺进行拍摄。

（史　征）

**【“石景山·党建统领”网站上线】** 1月19日，由区委主办，区委宣传部、区经信委共同开发建设的“石景山·党建统领”网站正式上线运行。发挥党建统领作用，及时报道党建工作动态，交流党建工作经验，发布党建信息。网站共设置10个一级栏目，下设26个二级栏目。其中一级栏目主要包括：时政要闻、精神家园、民生家园、改革创新、组织建设、党风廉政、民主政治、群团工作、党建资料、党建专题。全年共上传图文消息及理论文章近2000篇。

（史　征）

**【百姓宣讲先进单位】** 1月22日，在北京市百姓宣讲工作会上，石景山区被评为百姓宣讲先进单位，石景山区“我们的价值观”百姓宣讲团被评为优秀宣讲团，马文婷、王凯被评为优秀宣讲员，周丰、周彪被评为优秀网络宣讲员，以钟青林诚信经营、义务献血事迹为题材拍摄的微视频《爱的延续》被评为优秀微视频，《扬起梦想的风帆》《真心英雄》被评为优秀微故事。北京市“我们的价值观”和“京华英雄”百姓宣讲活动自上年2月开展以来，石景山区立足百姓宣讲工作常态化，把百姓宣讲活动作为培育和践行社会主义核心价值观的重要抓手，广泛动员全区各单位参与宣讲活动，搜集、挖掘故事线索100多条，采写宣讲稿60多篇，开展宣讲200多场次。“我们的价值观”和“抗战记忆”百姓宣讲团先后到丰台区、门头沟区、顺义区、延庆区、市国资委系统巡讲8场，直接受众1000余人。

（史　征）

**【第九届北京清明诗会】** 3月31日，由首都文明办、区委区政府共同主办，市文化局支持的“燃情记忆 诗意北京”第九届北京清明诗会在中部战区礼堂举行。中部战区政治工作部副主任刘滨，北京军区善后办副政委马誉炜，战友文工团团长李劲、政委黄景海，首都文明办主任滕盛萍、副主任卜秀均，市外宣办主任张劲林，市文化局副局长庞微，区领导牛青山、岳德顺、吴克瑞、刘颖、种磊、陈婷婷，与近千名干部群众、部队官兵，以及建国前入党的老党员代表、参加过抗日战争和抗美援朝的老战士代表参加活动。诗会贯穿中国共产党建党95周年和红军长征胜利80周年的主线，突出“传承红色基因，建设精神家园”的主题，以诗歌诵读、文艺演出为主要形式，分为四个篇章，分别为《历史的呼唤》《红色的飘带》《铁打的信仰》《伟大的梦想》，通过7组经典或原创的诗歌朗诵和歌曲等形式，分别表达中国共产党在各个发展阶段中的不同主题。赵忠祥、瞿弦和、徐涛、海霞等朗诵艺术家、主持人也参加演出，提升活动的专业水准。

（史　征）

**【清明红色祭扫活动】** 4月1日，以“传承红色基因 建设精神家园”为主题的2016年北京市清明红色祭扫活动在八宝山革命公墓举行。市委宣传部、市民政局、团市委和区有关负责人，地区大中小学生代表、部队官兵代表、行业青年代表共300余人参加。全体人员肃穆默哀，团市委相关负责人宣读祭文，礼兵向革命先烈敬献花篮。少先队员为4位建国前入党的老党员敬献红领巾。各界代表手持菊花依次向革命先烈墓敬献鲜花，并环绕瞻仰。在祭扫活动开始前，大学生和志愿者代表在罗荣桓、聂荣臻等革命将领墓碑前开展特色祭扫活动，老党员向小学生讲述长征途中的故事，大学生代表朗诵长征主题的红色诗词，青年志愿者为先烈擦洗墓碑、打扫周围环境。

（史　征）

**【优秀传统文化展示】** 5月27日，区委宣传部联合区文化委、区教委举办“书香石景山·文化校园行”和“非遗进社区·文化石景山”传统文化展示活动。11所中小学200多名学生现场展示剪纸、拓片、茶艺、书法等特色教育成果，并集中展演经典诵读、武术、京剧、猴戏、单弦、快板、京西太平鼓等十几个中国传统艺术节目，弘扬中华民族优秀传统文化。

（史　征）

**【绿建三星受关注】** 年内，“绿色建筑标准”在全区全面推开，国内最大体量的绿建三星建筑项目的落成，成为推广高端绿色城市建设理念的“里程碑”。按照高端绿色发展的标准，石景山区主动加压，在本市要求新建项目至少达到绿色建筑一星标准的前提下，要求住宅项目达绿色建筑两星标准、公共建筑达三星，并制定相关实施方案，利用政策引导、资金奖励等一系列配套措施，确保所有在建项目按新的星级标准施工。围绕“绿建三星”这一核心选题，区委宣传部邀请中央和市属主流媒体，多角度、全方位组织宣传报道，引起社会各界关注，为建设更加绿色、宜居的城区营造良好的舆论环境。区“两会”期间，将“绿色建筑”作为宣传重点向20余家上会的中央和市属主流媒体记者进行推介，《北京日报》以“石景山新建建筑达绿色标准”为题解读城市建筑建设标准。5月，国家新标准实施以来首个通过验收的公建项目——京西商务中心竣工验收，《北京日报》以“石景山建大楼不达绿建两星不验收”为题、北京电视台以“国内最大绿色三星建筑落户石景山”为题、《北京青年报》以“石景山区高端绿色发展新标杆 长安金轴和长安绿轴领跑者——至高的中国绿建是如何炼成的”的跨版篇幅，分别解读绿色建筑三星标准，阐述区域高端绿色的发展理念。6月初，在解读地区十三五规划的集体采访活动中，“绿色三星建筑”的选题再次得到媒体关注，新华社、《参考消息》等20家中央和市属主流媒体记者到项目现场进行实地采访，75家专业媒体和新媒体跟进报道，共刊发（播）涉及“绿建三星”选题的原创报道近百篇，其中《北京日报》头版以跨版稿件《石景山区全力打造高端绿

6月28日，"记住本来 开创未来"诗歌演唱会举办 （区委宣传部供稿）

色之城》介绍地区的发展理念，展现区域高端绿色的城市建设理念与实践努力。此外，《参考消息》、北京电视台、北京广播电台等主流媒体均对该主题进行深度报道，新华网、千龙网等媒体以图文和视频的方式进行全面展示。

（史 征）

**【"十三五"规划集体采访】** 6月3日，新华社、《参考消息》《北京日报》、北京电视台、北京广播电台等19家中央和市属媒体到区，就"十三五"期间的亮点工作进行集体采访。文献介绍"十三五"规划相关内容。随后，记者们围绕"绿建三星"、市政基础设施建设、"三级五维双网"养老服务网络体系等进行提问，区城管委、园林局、民政局等单位负责人对记者的提问进行解答。随后，记者团还到首家投入运营的街道级养老机构和京西商务中心建设工地以及石景山文化广场、M6号线施工现场进行实地采访。

（史 征）

**【经典作品品读活动】** 6月17日，区委宣传部联合区委组织部全面启动全区党员"品读经典作品，建设精神家园"主题读书活动。以演讲比赛促读书学习，旨在调动全区党员读书学习的热情，引导党员多读书、读好书，用理论武装头脑、指导实践、推动工作。党员读书活动采取组织推荐、领导推荐、个人推荐等方式向党员公布书目。同时，鼓励引导各单位利用周五下午作为固定读书时间并开展持续性的读书日活动；区直机关工委要求所属党员每季度至少选择三本"必读书"。石景山区参与策划的10集人文历史纪录片《大西山》12月5日起在北京卫视播出。该片由北京电视台承制，拍摄历时近三年，描绘大西山守护北京数千年所呈现的自然地理与人文风物这两大独特面貌。

（史 征）

**【庆祝建党95周年诗歌演唱会】** 6月28日举办。诗歌演唱会以"记住本来，开创未来"为主题，以"传承党的红色基因，实现高端绿色梦想"为主线，以群众性纪念活动为主要形式，带领广大党员干部共同回顾党的奋斗历程、弘扬党的优良传统、传承党的红色基因，通过"星星之火可以燎原""将革命进行到底""为人民服务""中国梦人民的梦"4个篇章，加强党员干部思想政治建设，激励全区党员群众为建设高端绿色石景山，实现伟大中国梦而努力奋斗。区领导牛青山、岳德顺、吴克瑞、种磊、晋秋红、陈婷婷，区委"两学一做"协调小组成员，各工委，区委直属党委、党总支书记，部分市级、区级"七一"表彰对象，老干部代表和各界代表在区广电中心一层演播厅现场观看节目。本场诗歌演唱会被制作成光盘，发放到各个基层单位，并在石景山有线电视台以及党建网进行播放。同时，组织"两优一先"和"红色基因"宣讲团深入社区、机关、学校、企业等基层单位，开展宣讲工作，引导党员群众加深对红色基因的理解、传承和弘扬。围绕纪念建党95周年，区委组织开展评选表彰、走访慰问、纪念征文、知识竞赛、群众歌咏、文艺作品展演等系列活动，作为深化"两学一做"学习教育的重要载体。

（史 征）

**【"两优一先"巡回宣讲】** 6月30日至7月22日，区委宣传部与区委组织部、区社会工委联合组建"两优一先"事迹宣讲团。宣讲团成员由13名来自基层的优秀共产党员、优秀党务工作者和先进基层党组织代表组成，用讲故事的形式，讲述发生在他们身上或身边的先进事迹和感人故事。生动诠释基层党员干部和党组织如何保持中国共产党人的奋斗精神，保持对人民的赤子之心，不忘初心、牢记使命、勇于担当、继续前进。宣讲活动从全区庆祝建党95周年大会开始，并以电视电话会形式向全区各单位直播。期间，共宣讲12场，覆盖9个街道（鲁谷社区）、部分政府部门及园区企业，聆听宣讲的党员和群众3000余人次。

（史 征）

**【组建宣讲团】** 年内，区委宣传部以纪念中国共产党成立95周年、中国工农红军长征胜利80周年为契机，统筹宣讲资源，创新宣讲手段，组建"红色基因宣讲团"和"两优一先宣讲团"，在全区范围内开展党的光荣传统、打造高端绿色石景山和石景山人传承红色基因故事巡讲，并在"七一"组织开展专场汇报宣讲。其中，"两优一先"宣讲团被评为市优秀百姓宣讲团。

（史 征）

**【宣传系统工作表彰会】** 7月13日召开。总结上半年工作情况，部署下半年重点工作，对宣传思想工作先进单位、优秀宣传思想工作者、通讯员、网评员进行表彰。全区各工委、区委直属党委、党总支主管宣传工作领导、宣传科长（党办主任）及获奖人员参加大会。会议对2014—2015年度在全区宣传思想文化工作中作出突出贡献的八角街道党工委等30个宣传思想工作先进单位;伍双剑等41名优秀宣传思想工作者;富然等22名优秀通讯员;逯军等14名优秀网评员予以表彰。会上,八角街道社区工作者牛娜娜介绍北京市优秀共产党员、区离休干部田宗豪"红色短信寄情怀"的事迹、石景山区优秀共产党员、区广电中心节目部副主任甄趁勇作《小话筒有千斤重》宣讲。

(史　征)

**【文化创意产业联盟成立】** 区委宣传部通过前期调研和走访重点企业,召开筹建文化创意产业联盟座谈会,推进产业联盟成立的相关工作。8月22日,搜狐畅游、蓝港在线、华录出版等20多家发起人单位参加文化创意产业联盟发起人会议。同月25日,文化创意产业联盟成立大会暨第一次会员大会召开。首批60余家驻区会员企业负责人、文创机构代表、区相关部门领导等百余人参加大会。会议审议通过《联盟章程(草案)》《联盟理事单位监事选举办法(草案)》和《联盟领导机构选举办法(草案)》,选举产生石景山区文化创意产业联盟理事会、监事会,并对联盟及联盟微信公众服务号进行揭牌。文化创意产业联盟由辖区从事文化创意产业的优秀企业、文促机构及相关科研院所自愿组成,接受区文化创意产业领导小组办公室的业务指导和监督管理。联盟以"整合资源、共享信息、互助服务、抱团发展"为发展理念,充当企业的娘家、政府的助手,推动全区文化创意产业更好更快发展。联盟主要为会员企业提供"经济形势气象"发布、面向政府的诉求沟通、提供资金项目申报指导、提供合作交流和培训辅导、提供全方位宣传推介、帮助企业享受政府相关安商扶商政策、帮助中小文创企业"走出去"等多项重点服务。有意愿参与文化创意产业联盟的会员企业包含网络游戏、影视动漫、数字媒体、新闻出版、电子商务、文化教育等多个行业。

(史　征)

**【烈士公祭仪式】** 9月3日是国家第3个烈士纪念日,上午10时,石景山区在八宝山革命公墓烈士骨灰堂庄严举行烈士公祭仪式。公祭仪式以"继承烈士遗志,实现伟大复兴"为主题。来自石景山区的老战士、烈属、机关干部、部队官兵、少先队员等社会各界代表300余名共同祭奠在国家发展各历史时期涌现出的,为民族独立、人民解放和国家富强、人民幸福而无私奉献、英勇牺牲的烈士,表达牢记历史、不忘过去,珍爱和平、开创未来的坚定立场。市民政局、陆军群联局、中部战区群联局有关负责人及区四套班子领导参加活动。

(史　征)

**【纪念红军长征胜利80周年】** 10月5日,牛青山、杨立宪等3000余名党员参观"英雄史诗 不朽丰碑——纪念中国工农红军长征胜利80周年主题展览"。共同缅怀红军长征胜利的光辉历史和英雄壮举。10月21日,纪念红军长征胜利80周年大会在北京人民大会堂隆重举行。区四套班子领导及全区各级党组织采取集中观看和自行观看相结合的方式,积极收看、收听大会现场直播,学习会议精神。

(史　征)

**【重阳诗歌会】** 10月9日上午,区委宣传部与区文化委、八大处公园管理处联合主办的"诗聚石景山 欢乐金秋颂"重阳诗歌会在八大处公园举行。石景山区争创首都公共文化服务示范区,以开展系列群众文化活动为抓手,打造"六聚石景山"的文化品牌活动,其中就包括以"北京清明诗会""重阳诗歌会""诗意北京——石景山百姓诵读活动之名家经典诵读会"为代表的"诗聚石景山"活动。

(史　征)

**【参加文创博览会】** 10月27—30日,石景山以"推动跨界融合创新 促进高端绿色发展"为主线,参加第十一届中国北京国际文化创意产业博览会主场活动,13家文创企业参展。活动期间,市委常委、宣传部部长李伟莅临石景山区展位,向蓝港互动、暴风科技等区重点文创企业询问展品情况。其中,北京首钢体育文化有限公司的"街头篮球"、华录百纳和暴风集团的VR产品、网元圣唐的cosplay演出吸引大量参观者驻足。本届文博会上,文化+科技、文化+旅游、文化+体育、文化+教育等创新业态成为文化产业转型升级的主力军,虚拟现实(VR)、增强现实(AR)技术成为文化产业的新热点。展览展示分为三部分:介绍石景山区文化创意产业整体情况和"十三五"规划,包括发展现状、发展态势、发展思路与目标,以及产业促进工作新举措,包括新成立的产业联盟情况、新修订的文化创意产业政策等;结合北京市建设"四个中心"的功能定位,强化长安街西延长线承接全国文化中心建设的重要功能,加快"文化+"产业布局,展示文化+金融、文化+旅游、文化+体育等项目建设;推介中关村石景山园、新首钢高端产业综合服务区、西山八大处文化景区、世界旅游城市体验中心和总部基地项目等;推介石景山区部分优秀文化创意企业,展示企业跨界创新成果,搜狐畅游、世界星辉、蓝港互动、暴风科技、网元圣唐、淘乐控股等10余家企业现场展览交易,增强展会现场互动性。

(史　征)

**【区十二次党代会精神宣传】** 12月4日,区委宣传部通过以《坚持党建统领 建设两大生态》为主题的石景山辉煌五年成就展为即将召开的区十二次党代会造势,并于会议期间筹划运用报纸、电视、新媒体等多种方式刊发、报道,开展全方位宣传。党代会结束后,通过制作宣传画册、光盘等方式宣传党代会精神,将抓好党代会精神的贯彻落实作为下一年的重要任务,陆续用展览,印刷宣传资料和建立教育基地的方式,为广大党员干部和群众学习领会区第十二次党代会精神提供多种学习形式。

(史　征)

**【学习宣传六中全会精神】** 年内,区委宣传部组织全区学习宣传贯彻六中全会精神,深入开展习近平总书记系列重要讲话精神的学习教育。将学习以习近平同志为核心的党中央在治国理政实践中形成的新理念新思想新战略作为中心任务，牢牢扭住精神家园建设这个核心关键，持续发力，不断巩固广大党员干部的思想政治基础。制定下发《石景山区学习宣传党的十八届六中全会精神的工作方案》《石景山区2016年区处两级中心组学习计划》，深化单元式学习和专题讨论，全年共组织区、处两级中心组学习29次。

（史 征）

**【“两学一做”学习教育宣传】** 区委宣传部制定《“学党章党规、学系列讲话，做合格党员”学习教育区处两级中心组学习方案》，全年向区级中心组成员发放学习书目10种350余册。区属媒体对全区“两学一做”集中报道，组织观看《歧途》和《迟到的敬畏》等警示教育片，参与策划并组织参观“石景山区反腐倡廉警示教育基地”；精心办好《石景山报》理论版、《石景山工作》杂志，开设“学习贯彻习近平总书记系列重要讲话精神”“学党规党章 学系列讲话 做合格党员”“传承红色基因 建设精神家园”等专版，共刊登区处两级领导学习体会文章、摘编理论文章200余篇；做好“丹柯杯”申报工作，择优上报16篇理论文章和调研报告，获得一等奖2个，二等奖1个，三等奖2个。

（史 征）

**【新闻应急保障】** 年内，区委宣传部做好防火季、供暖季、雪季、主汛期、清明祭扫、老旧小区改造和拆迁、节庆日以及重大活动会议的应急保障和值守工作。做好拆违及突发事件的现场新闻应急工作，合理疏导媒体，及时制定口径，跟进事件进展，发布权威信息，有效引导舆论。全年共参与大杂院整治、区长法院应诉、京西电子市场关闭、金二小教学楼装修问题等新闻应急20起，其中现场应急14起。

（史 征）

**【周末大讲堂】** 年内，宣传系统在全区9个街道（社区）的百余个社区、几十个机关单位、驻区部队和学校精心开展活动，强化线上线下信息沟通，确保活动收到实效；建立大讲堂工作QQ群，及时发布通知、信息，提升工作效率；建立有效反馈机制，设计《石景山区周末社区大讲堂活动满意度调查表》，用于及时掌握授课教师的教学质量及授课特点，收取受众反馈意见；定期在《石景山报》、石景山网站、石景山区图书馆官网上发布活动通知、信息，吸引更多居民参与。全年周末社区大讲堂共开展活动500场，受众5000余人次。

（史 征）

**【新媒体中心建设】** 年内，区委宣传部利用政务微博“北京市石景山”及今日头条号、政务微信“北京石景山”及今日头条号、石景山新闻网、石景山党建网、手机报、短信平台立体化、全方位发布石景山相关信息，促进党务政务信息公开。妥善处置互联网舆情，保障重大项目和重点项目实施。全年新媒体中心共监测到相关互联网舆情2000余条，覆盖全区50家单位，共撰写《互联网舆情报告》69期，为北辛安棚改等专项项目撰写《互联网舆情快报》13期。妥善处置网络舆情30余件，通报公安分局网安大队涉警舆情226起。历次突发事件中，官微迅速发声，网评引导得当，得到区领导和部分网民充分肯定。全年参与十八届六中全会、全国“两会”、G20峰会、市“两会”、区党代会、区“两会”、区人大换届选举等重点时期应急值班十余次。新发展市级网评员10人，核心网评员力量增至20人，组织网评员参与市网信办重大活动舆论引导45次，参加中央网信办、市网信办、市外宣办组织的宣传活动十余次。石景山新闻网加强与《石景山报》《石景山工作》融合，上传电子报和电子杂志90余期，推出“聚焦两会”“治乱疏解建高端”“最美石景山人”“两学一做”等专题；“北京石景山”官方微信共推出微信240余期；“北京石景山”今日头条号累计阅读量300万次。新浪、腾讯、人民三网平台共发布微博近万条，涉及话题65个。全年回应网友有效问题90余件，解决实际问题60余件，三网平台粉丝数突破百万。发挥“两微两端两站”的“组合拳”宣传优势，传递出“指尖上的‘政’能量”，形成新媒体的立体传播构架。被市委宣传部和市人力社保局授予“2014—2015年度北京市舆情信息工作先进集体”。一人被中央网络安全和信息化领导小组办公室评为“网络评论引导先进个人”。

（史 征）

**【推动文创产业发展】** 年内，区委宣传部科学编制文创产业“十三五”规划。加大文创企业贷款风险补偿金对中小企业支持力度，帮助企业申报年度市文创专项资金项目69个。成立文化创意产业联盟，加强企业引进和产业培育服务。以冬奥组委会办公地落户西十筒仓的有利契机，引进中职联篮球（北京）股份有限公司，推动文化体育产业发展。帮助华录百纳获2016年“全国文化30强”提名。帮助首钢文化公司创排的话剧《实现》争取市相关专项资金支持。加强宣传推介，组织参加第十一届文化创意产业博览会。分别在《北京文化创意产业动态》《北京文化创意》杂志刊登石景山区建立全市首支文创企业贷款风险补偿资金、石景山区文化创意产业回顾与展望两篇专稿。京西消费节、非物质文化遗产展示周被纳入第三届首都惠民文化消费季节活动。坚持文化+科技、文化+金融两条发展主线，推动产业发展。游戏企业世界星辉、昆仑在线等保持15%以上的增长，广告企业沃捷文化、金源互动等保持30%以上的增长，数字媒体企业暴风科技、华录新媒等保持15%以上增长，带动全区文化创意产业发展。

（史 征）

# 精神文明建设

## 概 述

北京市石景山区公共文明协调办公室（简称区文明办）是区精神文明建设委员会的办事机构，负责全区精神文明建设日常工作。年内，抓住“十三五”规划开局之年和印发《中共中央关于社会主义精神文明建设指导方针的决议》三十周年的契机，精神文明建设工作深入贯彻学习全国、全市宣传思想工作会议和文明办主任会议精神，围绕“四个全面”战略布局，抓住社会主义核心价值观建设根本任务，全面实施思想道德引领战略，构建起“以共建全国文明城区统领精神文明建设”的工作格局，为推动石景山经济社会全面发展，提供强有力的思想保证、精神动力和文明条件。

地址：石景山区石景山路18号
电话：88699862
邮编：100043

（高　鹏）

**【共建全国文明城区】** 年初，区文明办印发《石景山区共建全国文明城区工作方案》《组织机构》和《测评体系》三个文件，建立由区四套班子主要领导为组长的专项工作组、八个指挥部和四个督察组，为全区开展共建工作做好制度保障和顶层设计。全区各责任单位按照区委常委会上关于“变创建为共建”的指示精神，将深化城市管理体制改革、信访代理制、依法治乱等全区中心工作与共建任务联动推进，将机关单位、驻区部队、驻区企业、市民群众与共建工作全面挂钩，按照行业治理和属地管理的双轨并行工作模式，持续推动各项宏观考评和微观指标的达标工作。

（高　鹏）

**【身边榜样评选表彰】** 4月，区精神文明建设委员会印发《“2016石景山身边榜样”评选表彰活动方案》的通知，正式启动评选表彰活动。活动共设“助人为乐榜样人物”“见义勇为榜样人物”“诚实守信榜样人物”“敬业奉献榜样人物”和“孝老爱亲榜样人物”5个奖项，共表彰10名。同时，设提名奖10名。凡符合参评标准，在石景山工作、学习、生活的干部群众，均可推荐为“2016石景山身边榜样”人选。已获得全国道德模范、中国好人、首都道德模范、北京榜样、感动石景山人物、身边榜样荣誉称号的，不再作为参评候选人。往届评选活动提名奖获得者，受表彰以来，仍能保持荣誉，并有新的突出事迹的，可再次参加评选。4月中旬通过《石景山报》、区有线电视台等区属媒体和石景山信息网、政务网，发布“2016石景山身边榜样”评选表彰活动公告及信息。公告发布后至5月下旬为集中推荐阶段，采取组织推荐和群众推荐、自荐相结合的方式产生，使推荐的身边榜样具有较高社会声誉和坚实群众基础。推荐候选人需报送《2016石景山身边榜样推荐表》和被推荐人3000字事迹材料、500字简要说明。文字材料由各单位、部门、街道（鲁谷社区）进行初次审核修订后报送至评委会办公室，报送截止时间为5月31日。6月，评审团按照评选标准从中择优选出50名“2016石景山身边榜样”正式候选人。经过实地评议以及征求意见，最终确认的身边榜样正式候选人的基本情况和主要事迹，于8月在区属主要媒体和《北青社区报》上进行公示。市民群众通过下载“OK家”手机APP，选择“石景山生活圈”内的任意小区进行网络注册，在“社区活动”内的“选出您心中的身边榜样”页面，参与投票。评委会办公室根据网络投票结果，对候选人进行综合评议，评出建议名单，报送评委会后最终确定“2016石景山身边榜样”及提名奖获得者。

（高　鹏）

**【深化主题实践活动】** 年内，石景山区继续深化“十大节日”主题活动。春节期间设计制作2万份新春大礼包和《致石景山区全体市民的一封信》，惠及2万余家庭。清明节组织开展红色祭扫和清明诗会两个品牌活动。端午节注重“人与自然、和谐相处”，中秋节关注“家庭团圆、相互关爱”、重阳传承“孝老爱亲、家庭和睦”，以“家”为主题的节日文化活动在全区蓬勃开展。在“五一”“六一”“七一”“八一”“十一”等现代节日期间，全区各单位相继举办劳模表彰、争做优秀党员等多项群众性庆祝和纪念活动。

（高　鹏）

**【深化平台建设】** 年内，区文明办推进以市民群众为主体的活动平台建设，在市民教育中践行核心价值观。深化道德总堂建设，精心策划“一月一主题”市民教育活动，吸引千余名市民群众观摩学习。八角文化广场、百姓大舞台和“古城之春”三个市民活动平台，全年500场文化活动吸引了百余支群众艺术团队，惠及群众近20万人次。

（高　鹏）

**【公益广告宣传】** 年内，区文明办力推公益广告，注重在社会宣传中培育核心价值观。全年在各主要大街、立交桥、过街天桥的隔离围栏新增硬质标语百余幅，在建筑工地、储备土地围挡、围墙设置核心价值观主题标语、广告万余平方米，并建立2条核心价值观主题宣传街和2个主题社区，用最直观的方式将核心价值观宣传到群众身边。

（高　鹏）

**【公共文明引导行动】** 年内，区文明办（协调办）不断完善文明引导员的招募、培训、考核管理制度，拓展服务领域，自主编写的《石景山区公共文明引导员培训教材》投入到培训内容之中。对通过市民群众网络投票产生的40名优秀引导员进行表彰，全年举办引导员全员培训8次，总时长近百小时；推选出好乘客2040名，举办星级引导员座谈会2次，关爱乘车孕妇的引导员姚建敏服务队获评市“十佳志愿服务品牌”。

（高　鹏）

**【特色与品牌建设】** 年内，各级文明单位以“共建文明”为主题，开展一系列特色活动。八宝山街道建设1000平方米的文化中心，老山街道打造“红色基因文化”主题街巷，组织开展“文明校园”创建工作，开通“石景山区共建全国文明城区”专题报道板块，制作发放近十万份共建全国文明城区宣传品。

（高　鹏）

**【清洁空气蓝天行动】** 年内，区文明办通过市、区两级联创同评，评选示范案例、绿色生活好市民，传播普及“三绿色一志愿”（绿色出行、绿色消费、绿色公益和积极参与绿色环保志愿服务）理念，联合有关部门共同推进“清洁空气蓝天行动”。全年向首都文明办报送“三微”（微承诺、微行动、微志愿)案例16个，推荐绿色生活好市民34名。5个团体被评为“首都绿色环保志愿服务优秀组织”，10名优秀个人获评“首都绿色好市民”。同时，各单位通过开启节能低碳环保大篷车、推动垃圾减量垃圾分类宣传教育进机关、进校园、进社区等活动，强化市民绿色生活理念、养成健康文明生活习惯。

（高　鹏）

【发现挖掘榜样人物】　年内，石景山区开展全国道德模范、“中国好人”、首都道德模范、“北京榜样”“石景山身边榜样”、首都精神文明建设奖及星级公共文明引导员“七大榜样人物”举荐和选树工作。共推举“中国好人”“北京榜样”奖总计42人，其中“北京榜样”登榜2人、“中国好人”登榜1人。启动“石景山身边榜样”评选活动，共推出助人为乐、敬业奉献、孝老爱亲等5类候选人总计123人，全区各单位也相继评选出“健康卫士”“最美社保人”“安监之星”“最美家庭”等各类先进典型。

（高　鹏）

【宣传学习榜样人物】　年内，区文明办以任全来、赵五等全国级、首都级先进人物作为重点，结合区历年选树的各类榜样人物，运用事迹展览、基层巡讲、“故事汇”巡演等形式，对先进人物事迹进行宣传。与《北青社区报》合作，线下利用报刊整版专栏，每周刊登一位道德先进人物事迹，将报纸准时送至干部群众手中；线上借助手机APP“OK家”同步报道人物事迹，组织开展“榜样模范在身边”“为石景山榜样点赞”等网络宣传票选活动，做到宣传好事与选树好人并举。推进由区“七大榜样人物”组成的文明督导团建设，印发《督导团工作实施方案》，督导团深入驻区部队、走进学校社区，累计开展文明宣讲、扶弱助残、保护环境等公益性服务活动近百场，受众达2万余人。

（高　鹏）

【未成年人思想道德建设】　年内，区文明办与相关部门联手，整合工作资源，不断完善学校、家庭、社会、网络“四结合”教育网络体系，形成区、单位、学校三级协同推进未成年人思想道德建设工作机制。各机关、企事业单位以《石景山区未成年人思想道德建设测评体系》为导向，各中小学校从整合德育课程资源和打造德育队伍入手，深化家长课堂和道德学堂建设。全年以“红领巾心向党”为主题，相继开展清明网上祭英烈、社区文明小使者、童心向党优秀歌谣传唱、“向国旗敬礼”签名寄语等多项教育实践活动。

（高　鹏）

【社会环境全面优化】　年内，“红蜡烛”“首钢关爱”等未成年人保护社会志愿服务得到不断深化，完成基层团组织与特殊未成年人群体的“一对一”对接。多家执法部门联合开展的“净化校园周边环境”专项治理行动，严厉打击校园周边私搭乱建、食品安全、交通秩序、文化娱乐等各类违法行为。

（高　鹏）

# 统一战线

## 概　述

中共石景山区委统一战线工作部(简称区委统战部)是区委主管统一战线工作的职能部门，与区台办合署办公。年内，在区委领导下，落实中央、市委关于统一战线一系列重大决策部署要求，发挥统一战线在推进地区高端绿色发展战略中的重要法宝作用，以“凝聚人心、汇聚力量”为主线，围绕中心、服务大局，抓住“落实”和“换届”两个关键点，逐级压实责任。召开部长办公会19次，分解统战重点工作任务108项。支持各民主党派、无党派人士开展中国特色社会主义学习实践活动，结合纪念中国共产党成立95周年，组织全区统战系统开展“多党合作、发展变化、薪火相传”主题教育活动，增强民主党派坚定中国特色社会主义道路自信、理论自信、制度自信。结合民主党派换届工作，发挥党派老主委“传、帮、带”作用，通过开展多党合作、薪火相传等专题教育，为党派新成员进行统战理论培训，引导民主党派成员传承优良作风。组织党派全体成员观看《石景山区八个高端体系建设规划宣传片》，了解地区发展理念，为党外人士参政议政指明方向。全力助推全区风清气正的政治生态和高端绿色的发展生态“两大生态”建设，推动统战各领域工作取得实效。

**地址：石景山区石景山路18号**
**电话：88699232**
**邮编：100043**

（杨海锋）

【海外统战工作】　3月24日，区委统战部组织召开区海外联谊会第四届理事会换届大会，完成海联会换届工作。建立起以海联会为平台，区侨联、工商联、致公党、台办联合开展海外联谊活动的“1+4”组织新模式。6月底，组织10余名海联会理事参加以“参观革命旧址、重温党史”为主题的学习培训班，赴红色教育基地遵义参加“2016海外学人回国创业周”活动。

（刘景柱）

【完成十届区政协换届】　年内，区委统战部高度重视政协换届工作，深刻领会中央和市委精神，准确把握原则要求，在精心组织、周密安排，在充分协商、严格审查、严守纪律的基础上，完成区政协换届各项任务。经11月30日区政协九届常委会第28次会议审议决定，产生180名十届区政协委员。其中，中共党员72名，占40%；非中共人士108名，占60%。继任委员82名，占45.6%；新提名委员98名，占54.4%。女性委员56名，占31.1%；少数民族人士18名，占10%；非公有制经济人士和新的社会阶层代表人士42名，占23.3%；宗教界人士5名，占2.8%。民主党派成员75名，占41.7%；无党派人士28名，占15.6%。研究生文化程度98名，占54.4%；大学文化程度的74名，占41.1%。

（王　佳）

【为统战对象办实事】　年内，区委统战部深入基层开展调研活动50余次，解决民主党派办公设备添置、党派楼老旧电路改造、就餐环境改善等实际问题，落实对生病住院的统战人士走访慰问4次,改进工作作风,密切与统战各界人士的联系。

（李　凯）

【统战工作手册印发】 年内,区委统战部对统战工作相关文件、区委统战部各科室职责以及区委统战部机关事务管理制度进行梳理,并汇编成《石景山区统一战线工作手册》,发放到机关干部手中,推进统战工作制度化、规范化和科学化。

（王雨秾）

【各党派换届选举】 年内,区委统战部在区委领导和市委统战部指导下,完成各党派换届工作。以协助民主党派做好政治交接、加强参政党自身建设为目标,以增进政治共识、优化班子结构、推进队伍建设为重点,落实民主党派区级组织换届工作规定的各项程序,从年龄结构、知识结构、任职届期、党派特色以及与地区经济社会发展所需人才的匹配程度上,整体把握各党派换届人选的安排,协助各民主党派市委产生结构更加合理、队伍更加健全、能力更加突出的新一届党派区工委领导集体。李凤芹当选民革区工委主委;毛轩当选民盟区工委主委;司马红当选民建区工委主委;于秀云当选民进区工委主委;李鸿泓当选农工党区工委主委;高杰当选致公党区工委主委;左小兵当选九三学社区工委主委。

（秦　岭）

【政党协商制度落实】 年内,区委统战部贯彻落实区委提出的"让民主协商和民主监督成为石景山特色"的要求。制定《加强民主政治建设,积极推进民主协商和党外人士知情明政工作方案》,开展民主协商和党外人士知情明政专题调查研究。规范并落实政党协商计划制度,完成《2016年度政党协商议题计划》,规范并落实《政党协商计划制度》,明确政党协商主要内容、主持领导、协商范围、主责单位和有关要求。组织召开区委区政府重点调研课题与各民主党派、工商联协商会,协商选定"双创"服务体系建设等方面的35个重点调研课题。围绕八个高端体系建设等重点任务,分析统计协商议政的人才需求,建立具有自身特色的党外代表人士协商议政智库,扩大民主协商的广泛性和参与度,提升参政议政和建言献策质量。

（秦　岭）

【助力经济社会发展】 年内,区委统战部牵头各民主党派区工委、工商联、侨联、民宗办等统战系统单位,共同开展"我为'十三五'良好开局献一策"主题建言活动,鼓励和支持广大党外人士献计出力。编报各类信息227条,市、区两级共采用40篇,区领导批示3篇,为区委区政府科学决策提供有益参考。引导民主党派发挥自身优势,开展社会服务活动。民革市委、民革区工委捐助立体停车系统、红十字应急救助站,协助区委区政府破解静态交通、应急救助等方面难题;民建区工委建立"爱心池",主动捐助辖区3所打工子弟学校;民盟区工委开展"书香民盟——爱心童书捐赠"公益活动,向残疾儿童捐赠图书500余册。

（王　佳）

【非公经济领域统战】 年内,区委统战部开展"一学两大"即学总书记讲话、大走访、大调研活动,走访企业100余家。围绕"守法诚信、坚定信心"主题开展教育实践活动,编写理想信念简报30期,举办党建学习培训班,参观红色教育基地,开办"党建微党课",创建"红色星期六"主题品牌活动,参与企业300余家,线上线下互动万余人次,引导非公经济人士坚定"四信"。召开区主要领导与非公经济代表人士参加的政府协商会,开通企业服务直通车,解决企业困难问题52项。开展"企业服务季"活动,拓展"企业服务联盟"项目,开办"民企商务大讲堂",服务企业千余家,形成上下联动、左右互通,多层次、宽领域、全方位的三位一体式服务体系。在全市统战部长会议上作《为高端绿色发展战略凝聚非公经济智慧力量》经验介绍。

（刘景柱）

【非公经济人士综合评价】 年内,区委统战部服务区换届工作,坚持凡进必评原则,严把非公经济人选资格审查关口。对区"两代表一委员"及区工商联执委以上换届人选、区侨联委员换届人选中的非公有经济人士共152人开展综合评价,为各项换届工作非公经济人选安排提供参考依据。

（刘景柱）

【新的社会阶层人士统战】 年内,区委统战部开展全区新的社会阶层人士调研工作,摸清底数,创新开展工作。重点创建园区创新平台工作站——服务新的社会阶层人士"双创"示范单位和新的社会阶层人士"双创"集聚区两个统战工作示范基地,以点带面开展统战工作,撰写《石景山区新的社会阶层人士统战工作的实践与思考》调研文章。

（刘景柱）

【基层品牌创建】 年内,区委统战部落实市委"示范点建设很有必要"指示,深化"双融入双服务"工作理念。分别在创业公社、财智谷商会、立山文化公司、鲁谷新华社社区、丽贝亚集团、八大处灵光寺、留创园、北京九中、园区工作站9家单位开展统一战线同心示范点品牌创建活动,市委统战部、市社工委和区四套班子领导为示范点颁发牌匾。示范点建设经验在中央统战部内刊《每日汇报》登载,在《石景山报》《北京日报》等媒体宣传。

（范　娜）

【民族宗教工作】 年内,区委统战部贯彻落实中央、市委民族工作会议精神,开展法规政策宣传学习活动。牵头相关单位扎实开展禁止针对少数民族群众歧视性做法检查工作。更新完善石景山区少数民族代表人士数据库。落实"把新疆班办成民族团结的典范"要求,深入九中新疆班、北师大附中西藏班调查研究,创新活动载体,创建"民族团结教育典范"示范基地。落实全国和全市宗教会议精神,开展宗教法律法规宣传活动,把学习会议精神纳入区委中心组学习内容,推动党的民族宗教政策全面贯彻落实。组织全区统战干部、民宗干部、公安干警、街道社区干部130人参加全区宗教干部培训班,提升基层民族宗教工作干部实际工作能力。牵头做好基督教专项治理工作,确保落地信徒全年

"零聚集"。落实区反恐维稳工作要求,保证大型活动、重要时间节点统战领域安全稳定。

(范　娜)

**【统战宣传调研】** 年内,区委统战部牵头与区委组织部、宣传部、社工委,区文委、工商联联合举办"永远跟党走,共筑中国梦——两新组织纪念中国工农红军长征胜利80周年教学性汇报演出"。市委统战部、市社工委,区四套班子领导及统战各界人士350人参加活动。开展"学习贯彻中央统战工作会议精神,彰显统一战线优势,服务高端绿色发展"主题宣传活动,征集"书记谈统战"稿件,《石景山报》刊发12篇,中央统战部网站采用2篇。全年更新石景山统一战线网站信息400余条。各媒体登载信息82条,其中国家级14篇,省市级17篇,区级51篇。编写《石景山区统战工作》刊物4期。

(范　娜)

# 对台工作

## 概　　述

中共北京市石景山区委台湾工作办公室、北京市石景山区人民政府台湾事务办公室(简称区台办)是区委区政府主管对台工作的职能部门,与区委统战部合署办公,承担全区涉台工作的组织、指导、管理、协调职能。年内,在区委区政府领导和市台办指导下,学习贯彻中央对台工作大政方针和习近平总书记关于对台工作的新理念新思想新战略,以全市"四局一体"、强本固基的对台工作要求为指导,把握"两学一做"学习教育要求,结合区委"全面深度转型、高端绿色发展"战略方针,以交流为基点,完善对台工作机制,深化对台交流交往,创新对台交流模式,维护台胞合法权益,扩大涉台宣传教育。全年协助办理58个单位140人赴台,参与文化经贸、卫生教育、社区建设等领域39个项目的交流活动。为中央、北京市对台工作大局和区域经济社会发展服务作出贡献。

**地址:石景山区石景山路18号**
**电话:88699219**
**邮编:100043**

(杨　雯)

**【走访慰问台企台胞台属】** 春节前,区台办深入结对共建单位,对区内重点台胞、台属进行走访慰问,传达党和政府对台胞台属的关心,鼓励他们依托自身优势,发挥以台引台的作用,宣传石景山区城市建设的新变化。广大台胞台属对区委、区政府长期以来的关心和支持表示感谢,今后将一如既往地积极牵线搭桥、发挥桥梁纽带作用,促进两岸交流与合作,积极参与区域和北京市经济社会建设。

(杨　雯)

**【京台社区大讲堂】** 4月22日,台湾台北市村里长联谊总会来石景山区参观访问。市台办、市社会办、区台办和社会办与台湾台北市村里长联谊总会里长在八角街道八角北里社区举办以"相聚石景山 交流促发展 建设美好家园"为主题的2016年京台社区大讲堂。双方就社区总体营造情况、社区养老、志愿服务、综合治理等特色工作交流经验,聘请台湾台北市松山区龙田里、鹏程里、慈佑里三位里长分别为八角北里社区、老山东里社区、四季园社区的荣誉主任。

(杨　雯)

**【赴台交流】** 5月5—12日,区台办、区社会办、金顶街街道、五里坨街道、鲁谷社区、广宁街道、八宝山街道、古城街道共8家单位14人参加京台社区交流团组赴台交流,交流团先后参观南投市桃米社区、高雄市凤山区文华里、台北市松山区鹏程里等有代表性的台湾社区,从社区营造、产业发展、多元融合等多个方面考察台湾社区营造的基本情况和经验做法,并通过集中授课了解台湾的社区养老模式。

(杨　雯)

**【两岸一家亲活动】** 5月16日,社区公众科学日暨第二届两岸一家亲社区文化交流活动和"两岸社区巧手巧艺文创成果展"在老山街道高能所社区举办。台湾晨曦文化艺术协会专程来区参加基层社区的公众科学日活动,体验参观高能加速器中心和北京正负电子对撞机,感受祖国在高科技领域的重大成就和丰硕的科研成果。活动现场,两岸同胞共同制作手工编织,手工堆绣等文创作品。主办单位向两岸社区志愿者颁发"社区无偿奉献志愿者奖",鼓励社区志愿者共同传承和发扬中华优秀传统,支持两岸社区交流。区台办、区社会办、老山街道负责人,台湾宜兰晨曦艺术协会成员及两岸社区居民百余人出席活动。

(杨　雯)

**【台湾宜兰参访团感受民俗文化】** 5月23日,台湾宜兰参访团一行11人走进京西民俗陈列馆体验参观,亲身感受、体验京西民俗生活,共同追寻中华民族传统文化。参访团体验京西传统婚嫁仪式,向村民学习太平鼓技巧,跳起传统民间舞蹈,并与五里坨曲艺团和参观民俗馆的小学生共同进行交流演出。在参观中,通过生活起居用品、农耕生产用具、当铺酒馆老式商店等具有时代特征的老物件,台湾同胞感受到中华文化的博大精深和传统文化的丰富内涵,以及两岸同根同源的至亲血脉。

(杨　雯)

**【两岸社区交流】** 7月29日至8月4日,石景山区第三届九九重阳报恩亲"彩虹桥"两岸社区交流活动在台湾宜兰县罗东举行。石景山区基层社区交流团与台湾结对社区、文化社团、协会及学校等二十多家单位共同举办以"幸福宜兰 两岸情"为主题的社区文化联谊活动、手拉手社区文创展卖活动。期间,受邀参加台湾宜兰罗东镇"艺穗节"社区嘉年华活动;邀请中国年画非遗传人赴台举办"中国传统木板年画暨武青年画展",与台近200位版画家交流两岸文化相同、血脉相通的事实,传承和宣传两岸一家亲。

(杨　雯)

**【首届文化体验营】** 10月20日,燕京八绝——首届海峡两岸青年宫廷寻古文化体验营在石景山区承恩寺开营。

体验营由九洲文化传播中心、北京海峡两岸民间交流促进会、中华经贸科技文教暨农业发展促进会、石景山区政府、北京燕京八绝协会共同举办，50名来自大陆及台湾的学生参加，以中华传统文化——“燕京八绝”为主题搭建起两岸文化传承学习、相互交融、扩大共识的平台。

（杨　雯）

【林正亨图片特展】 10月24日，“台籍抗日志士、台盟盟员林正亨烈士图片特展”在北京台湾街五桂楼林献堂抗日事迹陈列馆开幕。全国政协常委、全国政协副秘书长、台盟中央副主席黄志贤，林正亨烈士家属代表林正亨长子林为民，台盟市委盟员、延安儿女联谊会成员以及群众百余人出席开幕式。特展总共陈列百余件珍贵的史料图片和文字资料，绝大多数都是林氏家族首次展出。展览通过大量的图片和照片背后鲜为人知的故事，真实地还原台盟盟员、中共党员林正亨烈士投身祖国抗日战争，开展反抗国民党当局独裁统治等英勇壮丽的抗日救国事迹。会后举办《雾峰传奇——台湾抗日英雄林正亨生死传奇》的首发仪式。

（杨　雯）

【两岸社区结对】 年内，石景山区与台湾高雄市田寮区、前金区签署7个结对交流协议。五里坨街道黑石头社区与田寮里社区，鲁谷社区新岚大厦社区与三和里社区，古城街道老古城西社区与崇德里社区，广宁街道立新街社区与鹿埔里社区，八宝山街道四季园社区与古亭里社区，八宝山街道玉泉西里中社区、金顶街街道第四社区与西德里社区分别签约结对。双方今后将围绕社区互聘互访、社区发展经验交流及社区合作“社区公益、养老服务、志愿服务”、共办节庆活动“重阳敬老”、实践培训等内容深入互动。

（杨　雯）

【涉台宣传教育】 年内，区台办为全区所有社区统一征订《台湾工作通讯》和《北京对台工作》，使基层干部能够及时了解中央和市委对台工作精神；借鉴两岸基层交流合作的新思路新举措；及时报道涉台工作。年内在中国台湾网、千龙网等主流网站刊登信息30余条，在《北京对台工作》《社区报》等报刊杂志刊登14条信息，宣传石景山区全面深度转型发展环境和对台工作成果。京源学校通过市级评选，成为北京市青少年涉台教育基地。

（杨　雯）

【优化发展环境】 年内，台商投资发展环境不断优化。加强与区公安分局、工商分局、商务委等职能部门的工作沟通和配合，对驻区台胞台商信息进行摸底，核实台港澳企业注册情况，对在台湾街经营的台资企业加强走访，及时掌握区域内涉台动态。区台办引导经济纠纷进入司法和信访代理程序，依法维护台胞合法权益。在“台湾大选”“5·20”涉台敏感期和“全国两会”及重大节日期间，利用微信、QQ加强与重点台企和台商联系，顺通诉求渠道，确保全区涉台投资环境的稳定。接待台湾企业家一行30人，开展投资项目考察参访和交流活动。

（杨　雯）

【强化交流管理】 年内，区台办进一步完善涉台教育常态化、规范化管理。发挥行前教育阵地作用。对领导干部加强政治意识、保密意识、工作意识的教育；基层社区干部围绕准备礼品、设计名片、演说文稿、交流技巧方面开展行前辅导，提出用5分钟简洁生动的语言介绍社区工作、树立社区干部形象的基本要求。加强交流示范基地和教育基地的作用，以“两个基地”为平台，挖掘学校和社区特色创新载体。各基地学校主题班课、国旗下宣示、台湾回归日纪念活动已成为涉台教育的常态内容。

（杨　雯）

【处理涉台纠纷】 年内，继续贯彻落实《台湾同胞投资保护法》及实施细则，妥善处理台湾宝岛夜市与小额贷款纠纷案，受到国台办、市台办充分肯定，案例编入《全市涉台信访典型案例》一书。引导台湾街五桂食府与幼儿园、陈列馆经济纠纷进入司法和信访代理程序，依法维护台胞合法权益。帮助两岸婚姻家庭寻找在台亲属、遗产继承等；为驻区台商解决子女就学。全年走访和接待信访台胞37人次，为台胞台属办实事4件，涉台信访逐年减少。

（杨　雯）

8月2日，台湾崇德社区到区交流　　（区台办供稿）

# 决策研究

## 概　述

中共石景山区委、石景山区人民政府研究室（简称区委区政府研究室）是负责全区综合性政策研究，为区委、区政府科学决策服务的区委工作部门。年内，加强对事关地区发展重大问题的调查研究并取得一批新成果。全区共完成调研报告640篇，其中北京市重点关注调研课题2个，区领导牵头的重点协作课题23个，处级党政正职领导完成调研报告90篇。编印《石景山区2015年度优秀调研报告文集》，编发《决策参考》11期。高质量完成《区委第十二次党代会报告》和区人代会《政府工作报告》等重要文稿的起草任务。全年起草各类报告、讲话等综合文稿60余篇。牵头搭建"八个高端体系"国际智库平台，与北方工业大学合作成立石景山发展研究中心，为推进"两大生态"建设提供高端的智力支持。本区获2014—2015年度北京市调查研究工作先进单位。

**地址：石景山区石景山路18号**

**电话：88699721**

**邮编：100043**

（邵聪聪）

**【区重点协作课题】** 年初，根据《石景山区2016年调研工作要点》安排，区委区政府研究室制定全区重点协作调研课题23个：1. 关于深入推进全面从严治党，营造我区风清气正政治生态的思路与对策研究；2. 关于治乱疏解建高端，建设和谐宜居城市的调研；3. 关于区人大行使重大事项决定权的思考；4. 关于促进我区养老体制改革的调研；5. 关于政法机关在治乱疏解建高端工作中发挥司法保障作用的思考；6. 关于建设国家级金融改革创新示范区的思考与研究；7. 关于石景山区医学重点扶持学科现状的调查分析与建设对策研究；8. 关于在石景山区全面疏解非首都功能过程中公安机关深入推进社会治理新常态的实践与思考；9. 关于加强纪委派驻机构建设的思考；10. 关于加强意识形态工作平台建设的调查与思考；11. 关于推进政党协商民主，努力营造风清气正政治生态的思考；12. 关于石景山区建设国际化人才智库的研究与思考；13. 关于我区水系环境景观建设情况的调查研究；14. 关于促进科技成果转化应用工作情况的调查研究；15. 关于新修订预算法在我区贯彻实施情况的调查研究；16. 关于进一步加强和改进人大街工委建设工作的调查研究；17. 关于石景山区静态交通问题的调研；18. 关于运用"互联网+"技术服务支撑"八个高端体系"的调查与思考；19. 关于建立居住区管理成效机制的研究；20. 关于养老服务体系改革的调研；21. 关于全国综合行政执法体制改革试点中街道作用发挥情况的调研；22. 关于我区医疗布局的调研；23. 关于加大我区社会保障力度促进残疾人就业的调研。

（邵聪聪）

**【调研课题推荐】** 3月25日，区委区政府研究室与区委统战部联合召开民主党派工商联调研课题选题推荐会。向民主党派主委及工商联负责人介绍2016年重点课题总体情况，推荐58个调研课题，建议各民主党派和工商联围绕区委、区政府高端绿色发展战略选准课题、开展调研，为区委、区政府科学决策和民主决策贡献力量。

（邵聪聪）

**【成立发展研究中心】** 7月，与北方工业大学合作成立"石景山发展研究中心"，借力北方工业大学的研究实力和多学科支撑优势，以石景山区战略性综合课题研究为重点，在区重点改革项目的推进、"八个高端体系"建设统筹以及重大课题研究、发展项目论证、科研成果转化应用、人才双向交流等多方面搭建起更深领域、更高层次的合作平台，为区委区政府持续提供决策支持。年内，石景山发展研究中心在经济、社会、城市建设、基层党建等领域，开展5个课题、15个子课题的合作研究。

（邵聪聪）

**【综合文稿完成情况】** 区委区政府研究室全年起草各类报告、讲话等综合文稿60余篇。重点包括：完成《区委第十二次党代会报告》和区人代会《政府工作报告》，形成指导石景山今后五年发展的纲领性文件。完成大量常规性文稿，主要承担包括《在区纪委十一届八次全会暨全区党风廉政建设和反腐败工作会议上的讲话》《关于开展全面从严治党主体责任专项巡察的工作报告》等区委区政府重要会议材料、领导讲话等重要文稿。完成区领导临时交办的文稿起草与修改完善，包括中央环保督导组检查、市党风廉政建设检查、《前线》《北京调研》等重要刊物约稿。

（邵聪聪）

**【市重点关注课题】** 《关于深入推进全面从严治党营造我区风清气正政治生态的思路与对策研究》由牛青山主持。该课题由区委区政府研究室与石景山发展研究中心合作，完成2.7万余字的研究成果。该课题提出全面从严治党营造风清气正的政治生态的六个路径，即：始终把政治建设作为全面从严治党的核心和统帅，建设一支政治忠诚的干部队伍；始终把思想建设作为全面从严治党的灵魂和前提，建设一支信念坚定的干部队伍；始终把组织建设作为全面从严治党的决定性环节，建设一支德才兼备的干部队伍；始终把作风建设作为全面从严治党的基本要求，建设一支人民信赖的干部队伍；始终把反腐倡廉建设作为全面从严治党的生命线，建设一支清正廉洁的干部队伍；始终把制度建设作为全面从严治党的根本保障，不断提高党组织建设的民主化、科学化水平。《关于落实"五个典范"标准建设和谐宜居石景山的调研报告》由夏林茂主持。该课题由区委区政府研究室牵头，与北方工业大学建筑与艺术学院合作，完成2.7万余字的研究成果。该课题组针对全区范围的土地资源与城市发展现状进行调研，按照"五个典范"要求，明确城市建设基本思路，提出加强城市管理的具体举措，明确实施路径、方式和着力点，提出切实可行的对策建议。

（邵聪聪）

**【搭建国际智库平台】** 年内，区委区政府研究室落实"八个高端体系"深入推进重点任务，在统筹八个高端体系牵头部门的基础上，建立"八个高端体系"智库，搭建一个与高端智库合作的平台，囊括国际、国内知名智库机构28家、相关领域的专家学者106名，通过项目合作、决策咨询、专家论证等方式，实现外部智库资源为本区所用，为“八个高端体系”建设提供强有力的智力支持。

（邵聪聪）

**【优秀调研文集】** 年内，区委区政府研究室完成上年度《石景山区优秀调研报告文集》编辑、印发。文集收录优秀调研报告80篇（其中一等奖10篇、二等奖20篇、三等奖50篇），同时还收录区领导主持的区重点协作调研课题23篇以及当年部分重要文件。

（邵聪聪）

## 机构编制管理

### 概　　述

北京市石景山区机构编制委员会办公室（简称区编办）是区机构编制委员会（简称区编委）的常设办事机构，在区编委领导下，负责本区行政管理体制和机构改革以及机构编制管理的日常工作，既是区委工作机构，又是区政府工作机构，列入区委机构序列。年内，围绕“融合山水谋发展、建设首都西大门”的战略目标，牢固树立五大发展理念，以服务区域经济社会发展为主题，着力强化党建统领，持续推进简政放权、放管结合、优化服务，统筹推进行政体制改革，加强机构编制管理创新，优化机构编制资源配置，为推进“两大生态”建设，初步建成国家级绿色转型发展示范区提供坚实的机构编制服务保障。

**地址：石景山区石景山路18号**

**电话：88699277**

**邮编：100043**

（靳献乐）

**【非许可审批事项清理】** 1月，按照市政府审改办《关于清理非行政许可审批事项的通知》（京审改办函〔2015〕53号）和《关于区级实施非行政许可审批事项有关事项的通知》（京审改办函〔2015〕75号）要求，印发《关于进一步清理非行政许可审批事项的通知》，启动非行政许可审批事项清理工作。经各审批部门自查、区编办和区政府法制办会同审核、反复沟通等环节，历时四个月，完成第一批清理工作。经统计，在《石景山区人民政府各部门行政审批事项汇总清单（2014年版）》列出的97项非行政许可审批事项中，取消和调整45项有明确清理依据的事项，其中取消8项，调整为政府内部审批事项的5项，调整为行政许可事项的1项，调整列入7+X权力清单的31项，共涉及区发改委、区民政局、区人力社保局、区住建委、区城管委等11个区政府工作部门，另外52项非行政许可审批事项，待下一步北京市印发相关文件后，再分期分批进行清理。

（靳献乐）

**【“三证合一”改革】** 2月，根据北京市“三证合一、一照一码”改革工作有关部署和要求，区编办在全区党政机关、群众团体和事业单位，启动事业单位法人换发统一社会信用代码法人证书，及回收组织机构代码证相关工作。事业单位法人证书上原12位的法人证书号将替换为在全国范围内唯一、在各相关管理部门间统一的18位社会信用代码，实现管理从多头到统一转变、资源从分散到统筹转变、流程从脱节到衔接转变，转变政府职能、提升行政效能、减轻法人负担。全区78家党政机关、群众团体及300余家事业单位法人均按要求完成赋码发证相关工作。3月底前换发完成。根据市编办、市质监局通知精神，事业单位法人换发新证书的同时将回收原组织机构代码证及IC卡，交由区质监局组织机构代码中心存档备案。区编办与质监局通力合作，按要求完成组织机构代码证回收工作，并确保各事业单位法人在换证过渡期内各项工作均能正常开展。

（靳献乐）

**【编制权责清单】** 4月，区编办印发区政府《关于建立区政府部门权力清单责任清单制度的通知》（石政发〔2016〕10号），并将区政府工作部门权责清单通过网站向社会公开。清单中共涉及区政府部门“7+X”权力清单事项1093项，区政府部门共性权力15项、区政府部门行政职权通用责任事项116项；同时，根据国务院督查迎检工作的安排，印发《关于进一步落实权力清单责任清单网上公布工作的通知》，要求区属各部门在本部门网站公开本部门清单中明细项及流程图等内容，完善清单动态管理机制，依据实际情况调整清单并向社会公布。

（靳献乐）

**【机构编制调整】** 全年召开编委会3次，讨论研究涉及45个单位的机构编制事项，形成各类文件58份。包括：为区委办内设机构增加党内规范性文件审查职责；为区直机关工委机关设置内设机构，并明确各科室党建工作职责；为区人大增设专门机构负责预算审查工作并充实相关人员力量；为区审计局机关及所属事业单位充实人员力量；对区商务委内设机构相关职责进行调整，将原分散的商务执法职责统一划归一个内设机构执行，并充实理顺商务执法体制机制相关工作力量；对区卫计委内设机构、行政执法机构等进行优化调整，并对其所属事业单位进行撤并调整，将原分散的卫生和计划生育职能进行有效整合；对街道层面卫生计生相关内设机构进行整合，并对涉及科室的名称和工作职责进行调整。为区政府办增加督查专员负责对贯彻落实中共中央、国务院和市委、市政府重大决策部署情况和市、区重点工作任务的督促检查。为区城管委新设立事业单位专门负责解决静态交通和城市景观建设相关工作，并通过内部调剂解决人员编制；对区金融办内设机构进行调整，增加金融安全保障相关工作职责并充实人员力量；区集体经济办内设机构进行调整，对相关职责进行细化，并通过空编统筹为区集体经济办所属事业单位充实人员力量；为国资委新设事业单位负责对区政府重点工程项目及公益性项目的组织实施和统筹协调相关工作并通过全区统筹充实人员力量；整合区城管委所属永定河管理及绿色生态发展建设机构，调整优化相关工作职责；为区环保局所属机动车排放管理事业单位增加人员力量；通过空编统筹为区政协开展调查研究相关工作增添人员力量；对区法院内设机构的职责和名称进行调整，明确专门机构负责小额速裁审判相关工作并充实人员力量；对区信访办内设机构进行优化调整，通过挂牌的方式明确相关内设机构负责网上信访办理和政策法规宣传，同时为鲁谷社区内设机构加挂信访办公室牌子，并通过全区统筹充实人员力量；为区安监局增设专门机构负责贯彻落实安全生产法制相关工作，并通过内部调剂充实相关工作力量；对区政府办内设机构进行调整，增设相关科室，并通过空编统筹充实人员力量。深化教育领域综合改革，对全区教育资源进行布局调整，新设立2所幼儿园，并对8所中小学进行优化调整，撤销其中4所小学，整建制划入相应中学；为区文化委新设立专门事业单位负责相关文化建设工作并加挂区博物馆牌子，同时通过加挂牌子的方式在不增加机构的情况下明确非物质文化遗产保护责任单位；完善养老服务管理体制机制，将其机构规格由正科级调整为副处级并设置相应内设机构，同时将两个负责社区服务工作的事业单位进行整合，并将居家养老服务工作职责统一划归区老龄办负责；加强棚户区改造工作和房屋征收管理工作，为区住建委增加人员力量，同时为其所属住房保障事业单位增设专门内设机构负责棚改工作，并充实人员力量；通过全区统筹为区住建委所属房屋管理事业单位增加人员编制，充实房屋管理工作力量；通过全区统筹为苹果园街道所属事业单位增加人员编制负责军工、超转人员服务保障相关工作；为区社保中心增设加强社会保险机构能力建设相关内设机构，并充实人员力量。

（靳献乐）

**【精简行政审批事项】** 年内，区编办做好取消和调整行政审批事项的落实工作。组织相关部门对照国家有关规定，参照区政府各部门行政审批事项汇总清单，列出石景山区对应取消事项，涉及取消事项共7项，并在部门网站向社会公示。对取消的行政审批事项，不得以任何形式进行变相审批，同时加强事中、事后监管，防止出现管理真空的情况。对调整为政府内部审批的事项，审批部门不得面向公民、法人和其他社会组织实施审批，同时明确审批的权限、范围、条件、程序、时限等，规范审批行为，严格限制自由裁量权；对转为行政许可的事项，严格按照《行政许可法》规定予以办理；对调整为行政确认、行政给付等类别的事项，按有关规定和程序纳入区政府部门权力清单，切实加强规范管理。

（靳献乐）

**【纪检监察体系建设】** 年内，区编办在整合现有纪检监察机构编制资源的基础上，新增和调配部分编制资源，为区纪委设立12个联合纪检组，对72家区级党组织和国家机构实施派驻机构全覆盖工作。

（靳献乐）

**【“双随机一公开”监管模式】** 年内，区编办推广实施随机抽查，研究制定《石景山区推广随机抽查规范事中事后监管工作实施方案》并报送市审改办。印发《关于推广随机抽查规范事中事后监管工作的通知》，对全区“双随机”工作进行统一部署。各部门参照市级做法制定《随机抽查事项》清单，建立“双随机”抽查机制，加强配套制度建设，按要求开展检查工作，做好监管信息台账，并将检查对象信用信息报市级相关部门进行公开。

（靳献乐）

**【基层证明清理】** 年内，区审改办全面清理区级设定涉及群众办事创业的证明事项。牵头各有关部门按照《关于取消调整74项市政府部门要求基层开具的涉及群众办事创业各类证明的通知》，取消调整通知中涉及的要求区级部门开具的证明。同时，按照“谁设定、谁清理”的原则，组织各相关部门清理区政府及部门文件、街道文件设定的，群众到政府各部门、街道办事处、居委会等办事创业时需提交的各类证明和盖章环节。截至年底，经区属部门梳理，全区无区级自行设立要求提交的涉及群众办事创业各类证明事项。

（靳献乐）

**【事业单位登记管理】** 年内，区编办创新管理方式，促进登记管理工作重心由登记向监管转变，按照“严格、高效、贴心、优质、到位、长效”的十二字工作方针，进一步规范办理流程，加强服务指导。全年完成83家事业单位法人设立、变更、注销登记，以及全区300余家事业单位上年度报告公示工作。

（靳献乐）

# 老干部管理

## 概　述

中共北京市石景山区委老干部局（简称区委老干部局）是区委区政府服务管理离休和处级以上退休干部的工作部门。截至年底，归属老干部局服务管理的离退休干部共826人。其中离休干部154人（含易地安置离休干部6人），平均年龄87岁，副处级以上退休干部672人，平均年龄68.6岁。按离休干部参加革命时期划分：抗日战争时期39人、解放战争时期115人。按离退休干部所在单位性质划分：党政机关613人、事业单位136人、企业单位77人。全年离退休干部去世18人。年内，区委老干部局被市委组织部、市老干部局、市人力社保局评为“北京市老干部工作先进集体”。

**地址：石景山区古城东街113号**
**电话：68845174**
**邮编：100043**
**网址：www.sjslgbj.bjsjs.gov.cn**

（汪国成　宋李振）

**【走访慰问活动】** 元旦、春节期间，区四套班子领导对41名区职离退休干部和8名14级以上离休干部进行走访慰问，同时各单位对844名离退休干部进行走访全覆盖。年内，对97名企事业单位的处级退休干部、8名易地安置离休干部、52名因患重大疾病造成生活困难的离退休干部分别给予补助，看望慰问生病住院离退休干部

520余人次。4—6月,结合建党95周年和红军长征胜利80周年,开展"进百家门、认百家人、知百家情、暖百家心"入户走访活动,对230名离休干部和80岁以上高龄退休干部进行重点走访,补助困难离退休干部47人次。11月,老干部局党总支开展走访慰问活动,共走访党总支老领导60余人。全年送别18位离退休干部并慰问家属。完善"一对一"帮扶及长效联系机制,打造"亲情关爱、全网服务"体系。

(范曙峤)

【健全完善工作机制】 2月2日,召开全区老干部工作会暨老干部新春团拜会,传达市老干部工作会精神、部署全年工作,区四套班子主要领导出席,向老同志表达新春问候。牛青山希望全区离退休干部"退休不退党、社区再发光,老松显风骨、搞好传带帮",全区离休干部、处级以上退休干部、区属各有关单位主要领导600余人参会。全年区四套班子主要领导集体出席老干部工作会议和活动4次,有5位区领导从区委工作思路、经济社会建设、党风廉政建设等方面向老同志通报情况。9月13日,召开"新老四套班子领导中秋座谈会",区四套班子领导与原区职老领导30余人座谈交流,通报区域经济社会发展情况并听取老同志的意见建议。年底,对全区各单位落实《离退休干部工作领导责任制》情况进行督促检查。

(宋李振)

【增添正能量活动】 3月起,由12名老领导组成的区老干部"传帮带讲师团"面向全区各单位开展义务宣讲,全年共开展12次宣讲活动。4月27—28日,组织全区离退休干部开展"讲传统、看变化、话改革、助发展"主题参观学习活动,参观2016年北京农业嘉年华,体验智慧农业、引领美好生活。同月,在原有老党员先锋队基础上,成立10支由区离退休干部组成的老党员先锋队核心队伍。7月27日,在纪念中国共产党成立95周年暨长征胜利80周年主题活动上,牛青山为老党员先锋队授旗。老干部局老年书画协会先后走入养老院、社区、青年汇,通过书画艺术向社会群众、青少年传递正能量;上报《老干部建言献策直通车》,全年共4期,均得到区领导批示,责成有关部门办理。

7月27日,纪念红军长征胜利80周年主题活动 (区委老干部局供稿)

(余 萍)

【思想政治建设】 5月4—6日,组织11位离退休干部党支部书记和社区党校课堂指导员参加北京市离退休干部党支部书记培训班。同月16—18日,举办处级退休干部"两学一做"学习教育专题研讨班,60余名处级退休干部及部分"红色带头人"参加。7月14—16日,组织召开老党员先锋队研讨班,50余名队员参加。8月17—19日,组织区直机关处级退休干部培训班,50余名退休干部参加。11月8—10日,举办全区退休干部培训班,160余名局、处级退休干部参加。发挥老干部党校教育阵地,全年组织专题培训、专家讲座、经验交流会共12期。年内,开设10讲"红色大讲堂之'两学一做'学习教育";创新学习形式,印制2000余份"两学一做"学习教育和"六中全会精神"学习手册发放到全区离退休干部。强化"石景山老干部"官方微信和区委老干部局官方网站的宣传作用,宣传范围覆盖所有离退休干部。搭建学习平台,每月向离退休干部发放《石景山报》《欣苑》《见证石景山》《北京老干部》《中国老年报》等报刊2000余份。

(余 萍)

【老干部自管组织建设】 6月23日,老干部欣苑舞蹈队参加"石景山区第33届'古城之春'艺术节舞蹈大赛"获优秀奖。同月28日,老年书画研究会在老干部活动中心举办纪念中国共产党成立95周年书画展。29日,老干部欣苑合唱队参加第33届"古城之春"艺术节"歌聚石景山、颂歌献给党"群众合唱比赛获一等奖。7月7日,老干部欣苑模特队参加第33届古城之春艺术节"绚丽T台精彩生活"模特大赛》获大赛第一名。8月18日,区老年书画研究会被评为全国先进会员单位。9月下旬,老干部各自管组织开展为期3天共11项的自赛活动,200余人参加比赛。"重阳节"前夕,评选表彰离退休干部何俊生、段清德等10名"2016年度十佳健康老人"。10月9日,老干部书画研究会参加由区人力社保局、区文联主办的庆国庆迎重阳退休人员书画摄影大赛,其中书画作品35幅、摄影作品10幅获得45种奖项,区委老干部局获得大赛组织奖。同月11日,老干部欣苑合唱团参加由市委组织部、市委宣传部、市老干部局主办的"歌唱伟大长征,赞美伟大时代"——北京市离退休干部纪念中国工农红军长征胜利80周年歌咏大会。26日,区老干部活动中心被确定为石景山区市民讲外语活动基地。

(张玉敏)

**【落实政策办实事】** 年内,区委老干部局为167名离休干部呼叫器进行改造升级,为18名去世离休干部无工作配偶调整生活困难补助费标准提高至840元,为全区159名离休干部每人发放120元小帮手服务费和800元健康疗养补助。完善解困救急帮扶机制,全年为122名困难老干部发放困难补助;继续为全区离退休干部以每人800元标准进行健康体检。继续以每人400元标准落实"四就近"经费保障。活动中心完成综合改造,新增活动室400余平方米,改扩建卫生间、更换饮水设施、铺平大厅地面,对台球室、阅览室、电脑室、档案室等进行更新改造,老干部党校大讲堂配备LED显示屏、综合音响等硬件设备。

(范曙峤 宋李振)

# 保　　密

## 概　　述

区委保密委员会办公室(简称区委保密办),是区委保密委员会的办事机构。区委保密办和区国家保密局,是一个机构,两块牌子,既是区委保密委员会的办事机构,又是区政府管理保密工作的职能部门,由区委办公室管理。年内,开展全区保密普查,统计、核查、汇总全区89个涉密单位的涉密数据共192个项目。

**地址:石景山区石景山路18号**
**电话:88699872**
**邮编:100043**
**邮箱:baomiju@bjsjs.gov.cn**

(王志坚)

**【"两会"保密工作】** 1—3月,区委保密办加强全国和市、区"两会"期间保密工作,确保国家秘密安全,杜绝失泄密事件的发生。对涉及"两会"的有关部门工作人员进行保密教育,对涉密文件的使用、管理及汇编等提出明确要求。严格按照有关保密规定,强化对涉密文件、涉密计算机、涉密移动存储介质的管理。区两会期间,安排工作人员协助会务组加强会议保密工作,并提供保密技术支持,确保会议涉密信息安全。

(王志坚)

**【健全完善保密组织】** 年初,调整充实新一届区委保密委员会成员,区委保密委委员由各有关部门一把手组成。各级保密组织按照区委保密委的工作部署和要求,调整和完善保密领导小组成员。形成区委保密委、区委保密办、各单位保密领导小组和保密协作组立体交叉的保密领导网络。发挥保密领导小组组长和协作组组长的领导、协调和督查作用,强化保密管理力度,确保全区保密工作管理不出现死角。

(王志坚)

**【信息安全保密培训】** 5月24日,区国家保密局联合区经济和信息化委员会、区公安分局网安大队,举办信息安全保密培训班,全区各党政机关、企事业单位保密办主任、保密员、网管员共130余人参加培训。培训通过理论讲解、案例分析、业务辅导等方式,使全区保密干部和网管干部认清当前信息网络安全和保密工作的严峻形势,增强网安和保密意识;了解信息安全和保密法律法规以及保密工作基础理论和基本要求;掌握做好网络安全和保密工作的方法及思路;为全区保密干部、网管干部相互学习、交流搭建平台。

(王志坚)

**【各类考试试卷监管】** 年内,区委保密办继续开展对包括高考、中考、自考和成考在内的国家教育考试试卷保管使用情况的监管力度,做到保证在考试期间每天检查保密室不少于两次,试卷运送过程中全程押运,试卷交接过程中履行手续,确保各类考试试卷的保密安全。

(王志坚)

**【保密宣传教育月活动】** 10月,区委保密办利用纪念"保密法"实施6周年保密宣传教育月契机,以学习贯彻"保密法"为重点,以各级领导干部、涉密人员和保密干部为重点,针对不同教育对象,采取灵活多样方式,开展《保密法》《保密法实施条例》和相关保密制度的宣传普及和教育工作。提高广大干部群众保守国家秘密的政治意识和责任意识,强化保密观念、法制观念。

(王志坚)

**【涉密企业监督指导】** 年内,区委保密办对区内复制国家秘密载体定点企业和军工保密认证企业开展保密执法检查,排查泄密隐患;加强业务指导,完善保密措施。

(王志坚)

**【保密在线学习】** 年内,区委保密办利用保密在线学习平台,以《保密法》《保密法实施条例》《国家秘密定密管理暂行规定》《中央关于加强和改进保密工作的意见》《市委加强和改进保密工作的实施意见》等为主要内容,对全区领导干部、保密干部及涉密人员进行在线培训。全区103个单位1000余名领导干部、保密干部及涉密人员完成必修内容的学习并取得学分。

(王志坚)

**【信息公开保密审查】** 年内,区委保密办依据《石景山区政府信息公开保密审查办法》和《石景山区国家保密局政府信息公开保密审查办法实施细则》,开展政府信息公开保密审查工作的检查,发现个别单位在保密审查工作中存在程序不完善、手续不齐全、责任不明确等问题,及时规范保密审查工作的标准和流程。

(王志坚)

**【涉密载体保密管理】** 年内,区委保密办继续加强移动存储介质和内部文件资料保密管理,建立健全涉密载体台账制度和涉密设备档案制度,确保涉密载体全程管理。制定下发《涉密载体销毁管理暂行规定》,规定全区涉密载体统一由中央和国家机关涉密载体销毁中心实施集中销毁,由保密局全程监销,杜绝销毁环节失泄密问题。全年共集中销毁涉密载体6次,销毁硬盘50余块,光盘500余张,纸介质文件资料近30吨。

（王志坚）

【保密检查】 年内，根据区委保密委《关于加强涉密单位分级管理工作的实施意见》，区委保密办对所有一、二级单位和部分三级涉密单位进行检查。主要检查计算机信息系统，互联网络，保密要害部门部位保密管理，涉密载体管理，政府信息公开审查，保密宣传教育落实等情况。购置51套非涉密计算机检查工具，下发全区一、二级涉密单位，为各单位开展保密技术检查创造条件。通过检查，从思想上提高各机关单位对计算机系统及网络失泄密的重视程度，堵塞漏洞，减少失泄密隐患。

（王志坚）

【保密警示教育】 年内，区委保密办巩固保密警示教育展示成果，建立办展、观展长效机制。将保密技术监控和教育培训中心作为领导干部、涉密人员、保密干部和公务员保密教育的重要阵地。利用保密技术监控和教育培训中心对一、二级涉密单位和部分三级单位领导干部、涉密人员、保密干部进行分批培训20余班次。区保密局工作人员还携带保密演示设备，深入全区10余家单位，开展“两识”巡讲活动，通过理论讲解和各类窃密手段、窃密设备的演示，提高大家参与性与互动性。

（王志坚）

【涉密人员管理】 年内，区委保密办根据国家保密局和市保密局工作部署，推进涉密人员保密管理工作。联合区委组织部、区公安分局等6部门，联合转发国家保密局等8部门印发的《关于进一步加强涉密人员保密管理工作的意见》，对全区涉密人员进行核定，对涉密人员保密教育、日常管理、权益保障等进行明确。为加强全区涉密人员管理，推动保密工作发展奠定基础。

（王志坚）

【开展目标督查考核】 年内，区保密局组织全区103个单位自查自评工作。重点考核：涉密人员教育、管理制度及其落实情况；要害部门、部位保密管理制度及其落实情况；涉密载体保密管理制度及其落实情况；涉密计算机及其网络管理制度及其落实情况；《保密工作档案》建立情况等。目标考核覆盖面达到100%。

（王志坚）

# 直属机关党建

## 概　　述

中共石景山区委直属机关工作委员会（简称区直机关工委），是区委工作部门。编制11人，实有10人。负责领导和管理区直属党、政、群机关基层党组织。截至年底，区直机关有59个基层党组织，其中党委7个，党总支13个，党支部39个，党员2396人；区直机关工会分会54个，会员2286人；机关团工委团支部13个，团员141人。年内，区直机关工委以服务为中心，以建设队伍为己任，围绕“四个全面”战略布局，以及本区“两个生态”战略任务，加强常态化思想政治教育，强化党组织服务功能，增强基层组织自转能力，优化长效工作机制，为区直机关清正、廉洁、规范、高效地履行职能提供坚强组织保证，圆满完成全面从严治党主体责任深化年各项任务。

**地址：石景山区石景山路18号**
**电话：88699175**
**邮编：100043**

（郁　杨）

【三型党组织建设】 年内，区直机关工委注重处理好“学习型、创新型、服务型”党组织建设三者关系，统筹兼顾，协调发展。健全学习型党建工作机制，依托创建“书香机关”活动，运用每季度一个主题、三本书、一堂课、每半年举行一次心得交流的机制，保证学习内容和时间落到实处，以评选表彰学习型党组织和学习之星为动力，开展学习型党组织建设。“五一”前，区直机关工委组织机关工作人员开展公文写作、电脑听打速记及PPT制作三项技能比赛。区直机关工委举办书法培训班，营造“书香机关”氛围，培养机关干部典雅的兴趣爱好，提高国学修养，丰富业余文化生活创造有利条件。促进党建服务项目推出，引导各级党组织把服务型党组织建设作为自觉追求和基本责任，遵循“五个服务”领域、“六有建设”目标、“五项创建任务”总体要求，结合本单位实际大胆实践。坚持将巩固和不断推出适销对路的服务项目做为增长点，按照上年服务项目选展报送方式，适时和集中向机关工委上报工作成果。组建志愿队、党员工作室等服务团队，主动对接“一呼百应平台”。在建设高端绿色发展生态中，完成北辛安旧村改造组织促迁任务，禁止露天烧烤宣传任务，以及绿色生活方式倡导任务。举行“不忘初心，同筑梦想”为主题的推动信访代理工作升旗仪式。开展以五带头为主要内容，以“我是党员我承诺，带头打好攻坚战”为主题的拆违治乱建高端参战活动。

（郁　杨）

【宣传贯彻“十三五”规划】 年内，区直机关工委按照区委要求，推荐党员学习《中国“十三五”发展大战略》《京津冀协同发展规划纲要》，以及区委《关于制定“十三五”时期石景山区国民经济和社会发展规划的建议》和《石景山区国民经济和社会发展第十三个五年规划纲要》等材料。运用个人研读、辅导报告、座谈讨论、刊登征文等方式，举办以“宣贯十三五规划，增强科学发展共识”为主题培训班，抓好部分党务干部特别是党组织主要负责人的学习活动。指导各基层党组织广大党员参与建言献策以及部门专项规划的编制工作，为促进建议和纲要在本单位的贯彻落实集思广益、出谋划策。

（郁　杨）

【从严治党履职尽责】 年内，区直机关工委制定并实行“从严治党履职尽责工作纪实办法”。该办法将各党组织和责任人每年度管党治党责任制中的工作资料集于一册，使实施每项管党治党责任链条中的责任清单、实施计划、实施情况、考核评语一一对应，便于党建责任者有针对性地制定实施计划、贯彻落实、接受检查指导。在落实纪实办法中，为各基层党组织配发印有责任清单的上年纪实册页。采取“三段五节法”，跟踪指导并监督各基层党组织抓好责任落实，做到年初下发印有责任清单的纪实册页，年中进行小结，年底进行述职评议。每半年进行一次督导。组织基层党组织在学习机关工委编印的《党务干部实用手册》基础上，改进单项制度制定水平，并以“三会一课”制度为基本制度，完善包括议事规则、党日活动、党员工作室、党员发展、组织生活会等在内的单项制度，使之形成制度体系并汇编成册。按照长抓不懈、逐步完善的原则，在继续坚持以往行之有效制度基础上，从工委层面制定《党日政治生活制度》《妇工委组织规则》《区直机关系统党纪处分工作规则》《党费财务工作办法》《书香机关创建办法》等专项制度。

（郁　杨）

**【阵地建设】** 年内，区直机关工委重点指导工会工委搞好换届选举，指导团工委抓好青年骨干作用的发挥，在实践中发现培养干部。通过实施模具打造行动，为基层党组织及工、青、妇组织分别制发“实用”手册，将开展工作经常大量使用的规章依据，文书资料、模板汇集一册，推动工作系统化、规范化、经常化。调整工委班子成员，配齐配强纪工委成员。制定《区直机关妇女工作委员会组织规则》，恢复妇女工作委员会设制。依托区直机关党群活动中心，开展党群活动，展示党群面貌，增强归属感和仪式感，树立党群良好形象。完善党员群众学习平台和阵地，设立阅、视、听云平台终端，组建书法兴趣小组。开展与社区结对共建和党员进社区活动。春节期间集中开展“共建双承诺”活动，探索党组织和党员服务社会的有效方法，巩固“共建双承诺”活动成果。各机关党组织根据帮困对象的实际情况，开展为困难学生提供义务家教、为空巢老人提供爱心援助等活动。机关工委下拨帮扶资金11.3万元，各基层党组织累计开展活动50次，参加活动人数656人，投入资金6万元，捐赠物品120件，走访慰问90人次，为社区解决实际问题25件，社区为机关提供各类服务30项。组织机关全体干部职工，参加“春风送暖”“博爱在京城”募捐活动，合计捐款13万余元。

（郁　杨）

**【机关廉政建设】** 年内，区直机关工委以专题培训、主题教育、典型示范为手段，以学习党章内容为重点，加强机关廉政建设。相继开展读廉政书、讲廉政课、办培训班、观廉政展4项活动。投入资金近万元，为系统55个党组织130个党支部购买警示教育丛书《高官反腐录》，组织基层党组织负责人及纪检干部100余人参观廉政教育基地——十三陵明代反腐尚廉历史文化展。全年在政务网纪检刊物刊登信息8篇，完成机关家园党风廉政宣传月专版1期。坚持群众来信、来访、电话举报月报告制度以及落实中央八项规定精神情况月统计报告。在查办案件工作中，严格执行党内审查审批程序，依纪依法办案，协助区纪委办理区西建办一名党员违纪案件，并给予党内严重警告处分。加强违纪违法典型案件报道，及时曝光违反中央八项规定精神的问题和违纪违法典型案例，有发挥警示作用，提高震慑力。全年，区直机关未发现违反中央八项规定行为。

（郁　杨）

# 党　校

## 概　述

中共北京市石景山区委党校（简称区委党校）是在区委直接领导下培养党员领导干部和理论干部的学校，是培训轮训党员领导干部的主渠道。区委党校实行“一个机构、三块牌子”的办学体制，即区委党校、区行政学院、区社会主义学院，负责全区党员领导干部、国家公务员、民主党派及无党派人士培训等。区委党校实行校务委员会领导体制，校长由区委常委、组织部长兼任，日常工作由常务副校长主持。下设7个处室，分别是机关党委、办公室、培训处、教务处、教研室、科研处、电教信息中心。现有教职工34人。全年举办各类培训班106期，培训学员9192人次，培训总时长累计335.5天，其中主体班28期（组织部、人保局、统战部调训），其他班78期，培训期数和人次较上年分别增长29.27%和16.47%。自主开发《资本论》导读《共产党宣言导读》《毛泽东思想的科学体系和历史地位》3讲政治理论新课，开辟八宝山革命公墓党性教育红色文化、首钢工业遗址转型文化、模式口古镇历史文化3个现场教学基地。

**地址：石景山区八角北路9号**
**电话：68870925**
**邮编：100043**
**传真：68870931**

（牛彦营）

**【科级干部任职培训】** 3月14—25日、9月18—30日，区行政学院与区人力社保局联合举办两期科级干部任职培训班，受训干部117名。专题讲座主要包括：习总书记治国理政思想解读、井冈山精神、“十三五”规划、依法行政的基本概念与法律方法、京津冀协同发展战略、科长的职位分析与能力要求、宪法精神与法治理念、延安精神及其时代价值、突发事件危机管理等。安排拓展训练、研讨交流、素质答辩、演讲比赛等。

（牛彦营）

**【党建主体责任培训】** 3月15—18日，区委党校与区委组织部联合举办党建主体责任培训班，各工委、区委直属党委、党总支书记，区直机关所属各单位主要领导81人受训，牛青山作开班讲课。本期培训突出全面从严治党主体责任深化年这一主题，在课程设置上，既有解读十八届五中全会精神、学习贯彻《廉洁自律准则》《纪律处分条例》专题，又有党建科学化及解读新党章等专题，有利于干部深刻理解把握全面从严治党的新内涵、新要求。在师资配置上，既聘请来自著名高校的党建理论专家学者分析时政、讲解理论，也邀请上级部门负责财经纪律的领导干部走上讲台，立足实际、解读政策。在培训方式上，包括现场教学、分组讨论及集中交流等，把市委党校党性教育基地转化为课堂，注重发挥先进典型的示范作用和反面典型的警示作用。专题讲座主要包括：十八大新党章解读、五大发展理念、担负起全面从严治党主体责任、落实“第一责任人”责任、京津冀协同发展、财务管理等。

（牛彦营）

【处级干部进修】 3月28日至4月29日、5月16日至6月17日，区委党校与区委组织部联合举办两期处级干部进修班，受训干部84名。设置专题讲座、党性锻炼、现场教学、交流研讨（含课题调研）、自学读书5个模块。专题讲座主要包括：“十三五”时期中国开放发展大趋势、《共产党宣言》与共产党人的历史使命、中国特色社会主义理论与实践、从新常态看供给侧结构性改革、“四个全面”战略布局的思想内涵、提高运用法治思维处理问题的能力、培育和践行社会主义核心价值观、中国共产党的奋斗历程及光荣传统、“一带一路”与中国国际战略、全面解读《中国共产党廉洁自律准则》和《中国共产党纪律处分条例》、党章解读、推进全面从严治党、习总书记系列讲话论述梳理、全面准确把握战略机遇期与五大发展理念、京津冀协同发展、当前意识形态工作面临的挑战与对策等。

（牛彦营）

【中青年干部培训】 4月11日至7月5日，区委党校与区委组织部联合举办区第二十一期中青年干部培训班，受训干部38名。安排军训拓展、异地培训、案例教学、情景模拟、小组研讨、全班交流、现场教学、自学读书、课题调研、专题讲座等活动。专题讲座主要包括：《共产党宣言》《资本论》《矛盾论》《实践论》导读，“四个全面战略布局”的思想内涵、全面准确把握战略机遇期与五大发展理念、学习党章，推进全面从严治党、全面解读《中国共产党廉洁自律准则》和《中国共产党纪律处分条例》、习总书记系列讲话论述梳理、“一带一路”战略布局、京津冀协同发展、提高用法治思维和法治方式处理问题的能力、突发事件危机管理、领导干部沟通能力提升、公共危机的信息管理原则与方法等。

（牛彦营）

【与安新县委党校联合办班】 5月26日，区委党校与保定市安新县委党校联合举办科级干部培训班，受训干部80名。安排首都师范大学李松林教授作《全面准确把握战略机遇期与五大发展理念》专题报告，组织参观双清别墅现场教学。

（牛彦营）

【国资委系统专题培训】 6月20—22日，区委党校与区国资委联合举办国资委系统“两学一做”专题培训班，受训干部100名。专题讲座包括：党章解读、习总书记治国理政思路、国企党建工作意见精神解读、国企改革与基层党组织建设。

（牛彦营）

【副处级干部任职培训】 7月4—15日，区委党校与区委组织部联合举办年度副处级干部任职培训班，受训干部43名。设置专题讲座、党性锻炼、现场教学、交流研讨、自学读书5个模块。专题讲座主要包括：全面准确把握战略机遇期与五大发展理念、城市治理中的利益冲突与协调、如何当好副职、全面解读《中国共产党廉洁自律准则》《中国共产党纪律处分条例》《资本论》的理论要点及现实意义、全面落实“十三五”规划加快建设高端绿色之城等。

（牛彦营）

【公务员专题培训】 9月12—14日，区行政学院与区人力社保局联合举办公务员依法行政专题培训班，受训公务员100名。专题讲座主要包括：全面推进依法治国的重大举措、法治文化建设——中西方的碰撞与交融、政府部门依法行政、领导干部运用法治思维和法治方式能力的提升、依法行政的基本概念与法律方法、中国共产党依法执政等。

（牛彦营）

【乌兰察布市委专题培训班】 9月20—23日，区委党校承办乌兰察布市委2016年全面推进依法治市专题培训班，受训干部52名。专题讲座主要包括：全面推进依法治国、新形势下如何做好群众工作、依法治县的热点难点问题、政府部门依法行政、领导干部的法治思维等。

（牛彦营）

【社会管理创新研修】 10月10—15日，区委党校与区委组织部及南京大学联合举办社会管理创新专题研修班，受训干部44名。包括课堂教学和现场教学两个模块。专题讲座主要包

4月15日，第二十一期中青班军训　（区委党校供稿）

括:社会组织与公共服务、基层党组织建设与群众工作、社会转型与社会管理创新和领导干部沟通与表达艺术等。

(牛彦营)

【公务员初任培训】 10月14—28日,区行政学院与区人力社保局联合举办公务员初任培训班,受训公务员69名。设置拓展训练、专题讲座、研讨交流、自学读书、结业考试五大教学模块。专题讲座主要包括:京津冀协同发展战略、依法行政的几个重要问题、习近平总书记系列讲话精神、结合《公务员法》谈初任公务员职位分析与素质要求、人际沟通与交往、公文写作、公务员职业道德等。

(牛彦营)

【大数据与城市管理研修】 10月24—29日,区委党校、区委组织部与浙江大学联合举办大数据与城市管理专题研修班,受训处级干部45名。安排专题讲座、实地考察、现场教学等教学内容。专题讲座主要包括:数字化城市管理模式、智慧城市2.0建设、产业园区规划管理等。

(牛彦营)

【外事人才培训】 10月25日,区委党校与区外事办联合举办外事人才培训班,受训学员54名。专题讲座主要包括:外事礼仪、国际形势、英语演讲技巧、口译技能、在全面深度转型中认识和把握高端绿色发展等。

(牛彦营)

【地税局知识更新培训】 10月31日至11月11日,区委党校与区地税局联合举办地税局更新知识培训班,培训共分两期进行,受训学员230名。专题讲座主要包括:"一带一路""五大发展理念"、心理素质与修养、人际沟通与交往等。

(牛彦营)

【八家区级党校主题论坛】 11月4日,区委党校邀请东城、朝阳、海淀、通州、大兴、平谷、延庆7家区级党校常务副校长,在石景山区委党校举办"我们这样做"主题论坛。在论坛上,大家在主体班次界定、领导干部上讲台、科研经费管理等方面进行深入交流,并针对不同区情、校情提出对策建议,为新形势下加强和改进党校工作相互提供借鉴与启示。

(牛彦营)

【与保定市委党校联合办班】 11月10日,区委党校与保定市委党校联合举办保定市委党校秋季主体班,受训学员100名。专题讲座包括:落实国家发展战略、积极推进京津冀协同发展、我国海洋安全形势。

(牛彦营)

【学历教育】 年内,举办中央党校在职研究生班,在校生89人,包括2013级思想政治专业58人,2014级社会学专业31人。

(牛彦营)

【科研工作】 区委党校全年申报课题35项,其中市级课题4项、区级课题6项、校级课题25项。市级层面,2项课题分别获北京市党建研究会优秀自选课题一、二等奖。区级层面,1项课题摘得一等奖,2项课题获二等奖,在区委研究室《决策参考》刊发三期咨政报告。在区以上媒体发表理论文章14篇,其中国家级3篇,省市级11篇。完成《2014年—2015年度优秀调研课题论文汇编》和《2016年校级课题调研成果汇编》。《校院工作》全年出刊6期,刊发增刊4期,刊发信息及文章177篇,改版升级党校网站,"校园网"登载信息103篇,区以上媒体刊发95篇,市以上媒体刊发7篇。

(牛彦营)

1月5日,在杨华家进行口述史采访 (区委党史办供稿)

# 党史资料征集

## 概　　述

中共石景山区委党史办公室(简称区委党史办)是区委主管的职能部门。年内,充分利用"一刊一网(《见证石景山》刊物和党史网页)"宣传平台,开展党史党建的宣传。《见证石景山》办刊工作进一步规范;加强党史资料征集编研,面向社会征集史料,口述历史整理,编纂区史党史,形成约130多万字的文字材料,并适时加以利用,实现编研成果的转化;大力开展党史宣教活动,创新工作方法,建立完善体制机制。搞好党史联络员培训,发挥联络员作用,党史工作面不断拓宽延伸。

**地址:石景山区石景山路18号**
**电话:88699320**
**邮编:100043**

(高　姗)

【主题宣教活动】 七一前后,区党史办利用"北京党史宣传月"契机,组织《记住本来 开创未来》主题展览并进行H5线上推送;编印《记住本来 开创未来》画册和《见证石景山》专刊,发至全区各单位、街道各社区。同时,联合区文联共同主办庆祝建党95周年、红军长征胜利80周年书画展，组织各街道、社区开展形式多样的宣传教育活动。

（高　姗）

**【启动区史编纂】** 年内，区党史办按照全市统一部署，启动《中国共产党北京市石景山区历史》编纂工作。成立相关单位参加的编委会并召开第一次会议，组建编写小组，全年召开20次编辑会，按照编辑进度逐步推进，经多次校验、修改，截至年底完成30万字的初稿。

（高　姗）

**【党史党建宣传】** 年内，区党史办强化已有宣教阵地，提高《见证石景山》期刊质量。《见证石景山》作为全区党员干部读史研史园地，党史爱好者学习交流窗口，主要面向区领导、区委党史工作领导小组成员、全区各单位、全区151家社区、市委和兄弟区县部门等。截至年底，总计发行超过18700本，共计105万余字。依托石景山党史网，整合优化现有资源，以丰富多采的形式寓教于乐。石景山党史网跟进反映最新动态，网页内容专人负责、适时更新内容、提高时效，面向社会各届继续征集各类稿件，宣传质量不断提高。

（高　姗）

**【资料收集整理】** 年内，区党史办在完成《中共石景山区历史大事记（2001—2013）》基础上，收集整理石景山区2014—2015年大事记，近15万字。同时整理2011—2016年干部任免资料，1630人次。

（高　姗）

**【口述资料抢救】** 年内，区党史办配合区委宣传部、区文联做好《石景山区离休干部解放战争和抗美援朝记忆》编写工作。着手对已有音像资料进行文字转换，在整理甄别的基础上加强相关研究。在已有成果利用上，适时在《见证石景山》开辟专栏择要发表，推动口述资料成果的有效利用。

（高　姗）

## 中共北京市石景山区第十二届委员会

书　　记　牛青山

副 书 记　夏林茂　文　献

常　　委　牛青山　夏林茂　文　献　田利跃　杨立宪　郭　鹏　富大鹏（达斡尔族）　晋秋红（女）　肖　平　姚茂文（土家族）

委　　员　（按照姓氏笔画为序排列）

王永明　王春风　牛青山　文　献　亢　军　石显富　田利跃　宁慧娟（女）　刘　红（女）　孙厚义　李凤莲（女）　李文起　李金克　杨立宪　杨旭东　杨京春（女）　杨贵宝　肖　平　吴　燕（女）　吴克瑞　吴智鹏　佟纪光　宋世媛（女）　宋永红（女）　张玉国　陈　伟　陈婷婷（女，藏族）　邵立文　周西松　房之炜　赵恩国（苗族）郝显军（蒙古族）　侯宝华　姚茂文（土家族）　晋秋红（女）　夏林茂　高　虹（女）　郭　鹏　郭绍华　富大鹏（达斡尔族）

候补委员　（按得票多少为序排列）

王学秀（女）　苏文颖　杨文钢　李景利　迟志禹　夏鹏程　佟建国　高春玲（女）

## 石景山区委工作机构主要负责人

| | |
|---|---|
| 区委办主任 | 种　磊（9月免） |
| | 孙厚义（11月任） |
| 组织部部长 | 晋秋红（女） |
| 组织部常务副部长 | 郭绍华 |
| 宣传部部长 | 刘　颖（9月免） |
| | 杨立宪（9月任） |
| 宣传部常务副部长 | 王铁峰 |
| 统战部部长 | 种　磊（9月免） |
| | 姚茂文（土家族，12月任） |
| 政法委书记 | 李文起（12月免） |
| | 富大鹏（达斡尔族，12月任） |
| 政法委常务副书记 | 朱钢银 |
| 综治办主任 | 夏鹏程 |
| 研究室主任 | 迟志禹 |
| 区直机关工委书记 | 李景利 |
| 编办主任 | 徐亚玲（女） |
| 社会工委书记 | 沈代平（副区级，4月免） |
| | 高春玲（女，4月任） |
| 保密办主任 | 万晓健 |
| 老干部局局长 | 王宏芬（女） |
| 文明办主任 | 裴士信 |
| 610办主任 | 朱继忠 |
| 党校（行政学院）校（院）长 | 晋秋红（女，兼，12月免） |
| | 文　献（兼，12月任） |
| 党校（行政学院）常务副校（院）长 | 侯宝华（副区级） |
| 党史办主任 | 王晓华（10月免） |
| 教工委书记 | 叶向红（女） |
| 农工委书记 | 李金柱 |
| 中关村科技园区石景山园工委书记 | 文　献（兼） |
| 西山八大处文化景区工委书记 | 司尚国（兼，11月免） |

## 石景山区政府、人民团体、党政分设工作机构党委(党组)书记

法院党组书记 高　虹(女)
检察院党组书记 王春风
发改委党组书记 唐　铭(女,4月免)
岳林华(10月任)
科委党组书记 房之炜
经信委党组书记 李元涛(10月免)
王晓华(10月任)
民政局党组书记 李凤莲(女,10月免)
民政局党委书记 李凤莲(女,10月任)
司法局党组书记 邢俊毅(副区级)
财政局党组书记 陈　伟
人力社保局党委书记 石显富
环保局党委书记 张瑞龙(副区级)
住建委党委书记 姚尚志
商务委党组书记 宋世媛(女)
文化委党委书记 杨文钢
卫计委党委书记 张　帆(女)
审计局党组书记 王亚兰(10月任)
国资委党委书记 杨贵宝
安监局党组书记 佟晓军(10月任)
体育局党总支书记 徐春生(10月免)
体育局党组书记 任连田(10月任)
统计局党组书记 王彦明
民防局(地震局)党组书记
崔　泽(10月任)
园林绿化局党委书记 吴　燕(女)
西建办党组书记 顾京生(副区级)
城管委工委书记 富大鹏(达斡尔族)
常务副书记 高慧儒(10月任)
城市管理综合行政执法监察局党委书记
张玉起
档案局党组书记 任连田(10月免)
张相明(10月任)
环卫中心党委书记 郭毅深(10月免)
张根群(10月任)
公园管理中心党总支书记
王金兰(女)
八大处公园管理处党总支书记
刘云清
广电中心党总支书记 刘长成
石景山医院党委书记 苏砚军
总工会党组书记 冯重北(副区级,8月免)
郭绍华(副区级,8月任)
妇联党组书记 刘　红(女)
工商联党组书记 柴亚洲
规划分局党组书记 王亦兵
工商分局党组书记 李广隆
国土分局党组书记 霍　丽(女)
国税局党组书记 李卫平
地税局党组书记 李　娜(女)
食药监局党组书记 张桂敏(女)
质监局党组书记 韩洪亮

北京石景山年鉴

2017 BEIJING SHIJINGSHAN NIANJIAN

# 石景山区人民代表大会

北京市石景山区人民代表大会常务委员会(简称区人大常委会)是本区人民代表大会的常设机关,由区人民代表大会选举产生。在区人民代表大会闭会期间,依法行使地方国家权力机关的职权,对区人民代表大会负责并报告工作。年内完成人大代表换届选举。区十六届人大常委会组成人员35人,其中主任1人、副主任5人、委员29人。区人民代表大会设立4个专门委员会,即:法制委员会、财政经济委员会、教育科技文化卫生体育委员会、城市建设环境保护委员会。区人大常委会机关内设办公室(信访办公室)、代表联络室(市人大代表联络处)、研究室、财政经济办公室、预算审查办公室、法制办公室(备案审查办公室)、教科文卫体办公室、城建环保办公室等8个办事机构,行政编制35人。年内,在区委领导下,区人大常委会全面贯彻党的十八大和十八届三中、四中、五中和六中全会精神,深入学习贯彻习近平总书记系列重要讲话精神,围绕区委决策部署和全区工作大局,依法行使职权,充分发挥地方国家权力机关的作用,以改革的精神和担当的勇气,以法治的思维和法治的方式,主动适应新常态,认真完成区十五届人大六次会议确定的各项任务,各方面工作都取得新进展、新成效。换届选举工作平稳有序,风清气正,圆满成功。

地址:石景山区石景山路18号
电话:88699578
邮编:100043

(包和平)

# 重要会议

## 概　　述

北京市石景山区第十五届人大常委会共举行会议38次,完成议题193项。其中,行使重大事项决定权,作出决议、决定和审议意见书54项;行使监督权,听取和审议“一府两院”各项工作报告75项,开展执法检查和视察35次,专题询问4次;行使任免权,任免国家机关工作人员288人次,落实宪法宣誓制度,依法履行各项职能。

(包和平)

**【区人大常委会第三十一次会议】** 1月5日召开。会议听取和审议富大鹏所作的区人民政府关于区自来水公司转制、划拨工作的报告,会议审议通过《北京市石景山区人民代表大会常务委员会关于<石景山区人民政府关于自来水公司转制、划拨工作的报告>的决议》。会议由岳德顺主持,副主任石玉贵、李艳、刘亚泉、高洪雁、马丽萍等常委会组成人员共计25人出席会议。

(包和平)

**【区十五届人大六次会议】** 1月6—9日,区第十五届人民代表大会第六次会议在万商花园酒店举行,167名人大代表出席大会。会议听取和审议石景山区人民政府工作报告;审查和批准石景山区国民经济和社会发展第十三个五年规划纲要;审议石景山区2015年国民经济和社会发展计划执行情况与2016年国民经济和社会发展计划草案的书面报告,审查和批准石景山区2015年国民经济和社会发展计划执行情况的报告与2016年国民经济和社会发展计划;审议石景山区2015年预算执行情况和2016年预算草案的书面报告,审查和批准石景山区2015年预算执行情况的报告和2016年预算;听取和审议石景山区人民代表大会常务委员会工作报告;听取和审议石景山区人民法院工作报告;听取和审议石景山区人民检察院工作报告。在大会议案截止时间内,共收到议案20件,其中代表团提出的议案17件,十人以上代表联名提出的议案3件。经审查:交区人民政府办理,由区人大常委会听取和审议的9件,合并为三项议案,分别涉及居家养老服务、水系景观建设、科技成果转化应用方面。作为建议、批评和意见的11件,按照办理代表建议、批评和意见的法定程序研究办理。会议期间共收到代表建议103件,议案转建议10件,两项合并共计113件。交区人民政府办理110件,交区人民法院办理3件。石景山区选举产生的市人大代表,区政协第九届委员,部分党代表,部分驻区市属单位、区属各部门主要领导,以及区人大常委会法律顾问列席会议。

(包和平)

**【区人大常委会第三十二次会议】** 2月25日召开。会议审议通过《石景山区人大常委会2016年工作要点》。会议审议通过《石景山区人大常委会各街道工作委员会主任、副主任的调整意见》。会议以无记名投票表决的方式,通过区人民检察院检察长王春风提请的人事任免名单。会后,常委会邀请北京市人大制度理论研究会副会长、市人大代表席文启教授,围绕中共中央转发《中共全国人大常委会党组关于加强县乡人大工作和建设的若干意见》进行专题讲座。会议由岳德顺主持,常委会组成人员共24人出席会议。

(包和平)

**【区人大常委会第三十三次会议】** 4月29日召开。会议听取富大鹏关于深化城市管理体制改革工作的汇报。会议以无记名投票表决的方式,通过夏林茂提请的人事任免名单。会议由岳德顺主持,24名常委会组成人员出席会议。会后,区人大常委会举行首次宪法宣誓仪式。

(包和平)

**【区人大常委会第三十四次会议】** 6月23日召开。会议听取和审议区财政局局长代表区政府所作的关于2015年财政决算草案情况的报告;会议听取和审议区审计局局长代表区政府所作的关于2015年度预算执行和其他财政收支的审计工作报告,会议听取区人大常委会财政经济工作委员会主任委员所作的关于石景山区2015年度决算草案的审查意见的报告;会议结合审议审计工作报告,对2015年区级决算草案和报告进行审查,同意区人大常委会财政经济工作委员会提出的《关于石景山区2015年度区级决算草案情况的审查意见的报告》,决定批准石景山区2015年度区级决算;会议听取和审议区发改委副主任代表区政府所作的关于 2016 年上半年国民经济和社会发展计划执行情况的报告；会议听取和审议区财政局局长代表区政府所作的关于 2016 年上半年财政预算执行情况的报告，会议听取区人大常委会财政经济工作委员会主任委员所作的关于石景山区 2016 年上半年国民经济和社会发展计划及预算执行情况的审查意见的报告。会议对区人民政府《关于 2015 年财政决算草案情况的报告》《关于 2015 年度预算执行和其他财政收支的审计工作报告》《关于 2016 年上半年国民经济和社会发展计划执行情况的报告》和《关于 2016 年上半年财政预算执行情况的报告》四项报告的审议意见，由人大常委会财政经济工作委员会在会议结束后整理，经主任会议研究确定后，形成审议意见书，由人大办公室交区人民政府研究处理；会议听取和审议区司法局局长代表区政府所作的《石景山区实施法治宣传教育“六五”规划和制定法治宣传教育“七五”规划情况的报告》，会议结合审议报告和规划，作出《区人大常委会关于开展第七个五年法治宣传教育的决议》。区人大常委会教科文卫工作委员会向人大常委会提交关于检查区人民政府贯彻实施《中华人民共和国食品安全法》及《北京市食品安全条例》情况的书面报告。会议以无记名投票表决的方式，通过区法院院长提请的人事任免名单。会议由岳德顺主持，常委会组成人员共 21 人出席会议。

（包和平）

【区人大常委会第三十五次会议】 8 月 18 日召开。会议听取和审议区科委主任代表区政府所作的关于科技成果转化应用情况的报告。会议听取区人大教科文卫工作委员会主任委员所作的关于石景山区科技成果转化应用工作情况的调查报告。会议对《区人民政府关于促进科技成果转化应用工作情况的报告》的审议意见，由人大常委会教科文卫工作委员会在会议结束后整理，经主任会议研究确定后，形成审议意见书，由人大办公室交区人民政府研究处理。会议听取和审议区城管委主任代表区政府所作的关于加强水系环境景观建设工作的报告。会议听取区人大城建环保工作委员会主任委员所作的关于加强水系环境景观建设工作的调查报告。会议对《区人民政府关于加强水系环境景观建设情况的报告》的审议意见，由人大常委会城建环保工作委员会在会议结束后整理，经主任会议研究确定后，形成审议意见书，由人大办公室交区政府研究处理。会议表决通过《北京市石景山区人民代表大会常务委员会关于区人民代表大会换届选举有关事项的决定》。根据表决结果，常委会决定：石景山区第十六届人民代表大会代表于 2016 年 11 月选出，区第十六届人民代表大会第一次会议在 2016 年 12 月底以前举行。会议表决通过《北京市石景山区选举委员会组成人员名单》。会议听取和审议区民政局局长代表区政府所作的关于深入推进居家养老服务工作情况的报告，并对议题进行专题询问。陈婷婷及区民政局、卫计委、人保局、住建委、规划分局主要负责人接受委员和代表询问。专题询问会以“一问一答”的形式进行。委员们的提问开门见山、直奔主题，询问问题涉及养老目标和举措，社区医养结合，专业护理人员队伍建设情况，民间资本进入养老服务领域相关政策等。应询部门负责人不避难点，积极交流、切中问题实质，提出解决之策。区委组织部和区纪委相关人员列席会议。会议对《区人民政府关于深入推进居家养老服务工作情况的报告》的审议意见，由人大常委会内务司法工作委员会在会议结束后整理，经主任会议研究确定后，形成审议意见书，由人大办公室交区政府研究处理。会议以无记名投票表决的方式，通过区人民法院院长、区人民检察院检察长提请的人事任免名单。会议由岳德顺主持会议，常委会组成人员共 24 人出席会议。

（包和平）

【区人大常委会第三十六次会议】 10 月 20 日召开。会议听取和审议区人大常委会代表联络室主任所作的关于区第十五届人大第六次会议代表建议、批评和意见办理工作情况的报告。会议听取和审议区政府办公室主任代表区政府所作的关于办理区第十五届人大第六次会议代表建议、批评和意见工作情况的报告。会议表决通过《北京市石景山区人民代表大会常务委员会关于区第十六届人民代表大会第一次会议召开时间的决定》。根据表决结果，常委会决定：石景山区第十六届人民代表大会第一次会议于 12 月 20 日召开。区政府向区人大常委会提交 2015 年审计工作报告指出问题整改落实情况的书面报告。会议表决接受司马红辞去石景山区人民政府副区长职务的请求，并报区人民代表大会备案；以无记名投票表决的方式，通过夏林茂提请的人事任免名单，任命亢军为石景山区人民政府副区长、任命左小兵为石景山区人民政府副区长；以无记名投票表决的方式，通过区人大常委会主任会议提请的人事任免名单；以无记名投票表决的方式，通过区人民法院院长提请的人事任免名单。会议由岳德顺主持，常委会组成人员共 24 人出席会议。

（包和平）

【区人大常委会第三十七次会议】 11 月 24 日召开。会议听取和审议区财政局局长代表区政府所作的关于 2016 年预算调整方案的报告，听取区人大常委会财经委主任汇报的审查意见。根据表决结果，常委会决定批准石景山区 2016 年预算调整方案。会议听取区财政局局长代表区政府所作关于 2016 年财政支出预算变动情况的报告。会议听取和审议区财政局局长代表区政府所作的关于 2016 年预算执行情况和 2017 年预算草案初步方案的报告。会议听取和审议区发改委主任代表区政府所作的关于 2016 年国民经济和社会发展计划执行情况与 2017 年国民经济和社会发展计划草案初步方案的报告。听取区人大常委会财经委主任汇报的关于对石景山区 2016 年国民经济计划和预算执行情况，2017 年国民经济计划和预算草案初步方案的审查意见的报告。常委会原则同意区政府关于 2016 年国民经济计划和预算执行情况和2017年国民经济计划和预算草案。请区政府有关部门根据各位主任及委员的意见，以及各代表联组讨论时的意见进行修改，并按时提交区第十六届人大第一次会议审查、批准。会议讨论区人大常委会向区第十六届人大第一次会议所作工作报告（讨论稿），决定提交人代会审议。会议审议通过区第十六届人大第一次会议议程草案，决定将议程（草案）交各代表联组讨论，在人代会预备会上提交代表表决通过。会议审议通过区人大常委会代表资格审查委员会主任委员所作的代表资格的审查报告。根据表决结果，常委会同意代表资格审查委员会提出的报告，确认本次投票选举的183名代表的资格有效。代表资格审查情况将在区第十六届人大第一次会议预备会上向全体人大代表通报。会议审议通过区第十六届人大第一次会议主席团和秘书长等名单草案，决定将主席团和秘书长等三项名单（草案）交各代表联组讨论，在人代会预备会上提交代表表决通过。会议决定区第十六届人大第一次会议列席人员名单。如有变动，由区人大常委会主任会议研究确定。会议听取区第十六届人大代表选举工作总结。选举产生的183名代表中，妇女代表比例比本届提高4%，基层代表特别是工人和专业技术人员代表的比例比本届提高11%，领导干部代表的比例比本届下降3%。区人大常委会提交关于视察十项重点工程和精品街工程建设与管理情况的书面报告。会议以无记名投票表决的方式，通过区人大常委会主任会议提请的人事任免名单。会议由岳德顺主持，常委会组成人员共26人出席会议。

（包和平）

**【区人大常委会第三十八次会议】** 12月15日召开。根据表决结果，会议决定：接受吴克瑞、付生柱辞去北京市第十四届人民代表大会代表职务的请求，并报市人大常委会备案。会议补选石景山区出席北京市第十四届人民代表大会代表。根据投票结果，补选李文起为石景山区出席北京市第十四届人民代表大会代表，报北京市第十四届人大常委会代表资格审查委员会。会议以无记名投票表决的方式，通过区人民法院院长提请的人事任免名单。会议由岳德顺主持，常委会组成人员共18人出席会议。

（包和平）

**【区十六届人大一次会议】** 12月20—24日，区第十六届人民代表大会第一次会议在万商花园酒店举行。来自全区各行各业的175名人大代表，肩负着全区人民的重托出席大会。会议听取和审议石景山区人民政府工作报告；审议石景山区2016年国民经济和社会发展计划执行情况与2017年国民经济和社会发展计划草案的报告，审查和批准《石景山区2016年国民经济和社会发展计划执行情况与2017年国民经济和社会发展计划草案的报告》与2017年国民经济和社会发展计划；审议石景山区2016年预算执行情况和2017年预算草案的报告，审查和批准《石景山区2016年预算执行情况和2017年预算草案的报告》和2017年预算；听取和审议石景山区人民代表大会常务委员会工作报告；听取和审议石景山区人民法院工作报告；听取和审议石景山区人民检察院工作报告；选举石景山区第十六届人民代表大会常务委员会主任、副主任、委员，石景山区人民政府区长、副区长，石景山区人民法院院长，石景山区人民检察院检察长；决定石景山区第十六届人民代表大会各专门委员会的设立及其组成人员的人选。在大会议案截止时间内，共收到议案27件，其中代表团提出的议案16件，十人以上代表联名提出的议案11件。经审查：交区人民政府、区人民检察院办理，由区人大常委会听取和审议的6件，合并为三项议案，分别涉及精品街建设、公共文化服务体系建设、检察院侦查监督方面。作为建议、批评和意见的21件，按照办理代表建议、批评和意见的法定程序研究办理。会议期间共收到代表建议145件，议案转建议21件，两项合并共计166件，全部交区政府办理。石景山区选举产生的市人大代表，区政协第十届委员，部分驻区市属单位、区属各部门主要领导，以及区人大常委会法律顾问列席会议。

（包和平）

**【人大常委会主任会议】** 全年召开18次主任会议，研究处理人大常委会的重要日常工作，指导和协调人大常委会工作机构开展工作。研究确定8次人大常委会会议召开的时间和日程安排，提出各次会议议程草案；研究讨论人大常委会年度工作要点草案及主要工作安排；研究讨论召开区第十五届人民代表大会第六次会议和区第十六届人民代表大会第一次会议筹备工作方案、议程及有关名单草案、人大工作报告讨论稿；研究讨论人事任免事项66人次；研究讨论召开人大工作研讨会事宜。

（包和平）

**【人大工作研讨会】** 7月7—8日召开，石玉贵主持会议。本次研讨会以"加强和改进人大常委会依法监督工作"为主题，共征集文章77篇，刘亚泉以及16名委员、代表、法律顾问在会上作主题发言。岳德顺简要回顾本届人大常委会主要工作，就做好下半年人大工作提出"思想不散、劲头不减、工作不乱、节奏不变、创新不断"，实现人大换届选举与工作两促进、两不误的要求。牛青山出席会议并讲话。区领导李文起、文献、种磊以及区人大常委会委员、人大各街工委负责人、部分区人大代表、区人大常委会法律顾问等70余人参加会议。

（包和平）

## 重大决议决定

### 概　　述

区人大行使重大事项决定权就是代表人民行使地方国家权力。常委会坚持在区委领导下，建立常委会讨论决定重大事项年度计划机制，抓住区域发展重大事项、重大决策、重大部署，深入调研，认真审议，适时作出决议和决定，为石景山区高端绿色发展提供有力的支持和保障。

（包和平）

**【区自来水公司转制、划拨的决议】** 1月5日，区人大常委会依法作出区自来水公司转制、划拨给市自来水集团的决议，明确饮用水安全在石景山区经济社会发展中的重要地位，要求区政府切实做好这一重大事项改革的风险评估和矛盾化解工作，稳步推进转制、划拨工作，确保移交工作平稳进行，确保全区居民、单位生产生活用水不受影响。

（包和平）

**【第七个五年法治宣传教育的决议】** 6月23日，区人大常委会在听取和审议区政府关于法治宣传教育第七个五年规划的报告后，作出在全区开展第七个五年法治宣传教育的决议，推动全区深入学习宣传宪法和法律，牢固树立法治意识，重点抓好国家工作人员和青少年法治宣传教育，健全和完善普法责任制，坚持法治宣教与法治实践相结合，在全区营造良好法治环境。

（包和平）

## 监督工作

### 概　　述

年内，区人大常委会围绕全区工作大局，在区委领导下不断加强和改进常委会监督工作，综合运用听取和审议专项工作报告、执法检查、专题询问，以及跟踪监督常委会审议意见落实、督办代表建议集中反映的问题、专题调研等方式，加大监督工作力度，推进法律法规的贯彻实施，促进“一府两院”依法行政、公正司法。

（包和平）

**【围绕经济发展履行职责】** 年内，区人大常委会在促进区域经济发展上发力。围绕经济转型提质增效，重点听取和审议区政府关于推进商务服务业发展、旅游休闲产业发展、科技成果转化应用等工作情况的报告，聚焦加快推进国家服务业综合改革试点区建设、旅游业及楼宇经济发展、“石景山创新平台”建设，开展专题调研，提出有针对性、建设性的意见和建议，推动区政府加快产业结构调整，做大做强主导产业。针对北京保险产业园建设对石景山区构建“高精尖”经济结构、推动高端绿色发展的重要影响，在调研的基础上，提出坚持“贵地贵用、贵园贵建”的建议，推动北京保险产业园健康快速发展。区人大常委会把深化“农转居”后续问题解决、促进集体经济发展作为发力点，在城建环保委专门设立集体经济代表小组和专题调研组，集中开展8个月的专项调研。听取和审议区政府关于促进“农转居”后续问题解决、推动集体经济发展情况的报告。区人大常委会提出，要进一步争取整建制“农转居”政策支持，进一步加强集体经济组织制度建设，进一步做好“农转居”人员就业培训，进一步加大推进公建返还力度，进一步推进集体经济高端绿色发展等五条建议，并转区政府研究办理。

（包和平）

**【围绕城市环境建设履行职责】** 年内，区人大常委会在促进城市环境建设上发力。围绕生态环境质量提升，重点听取和审议区政府关于园林绿化可持续发展、改善城市交通环境、市政道路建设和大中修计划，以及老旧小区综合整治、居民区环境卫生管理、水系环境景观建设等工作情况的报告，组织代表对区重点工程、棚户区改造、城市环境治理、精品街建设进行视察检查。发挥城建环保专业代表小组的作用，研究城市建设管理中的重点、难点问题，推动高端的城市规划建设和运行体系建设，推动石景山区城市管理向规范化、专业化、标准化、长效化发展。

（包和平）

**【围绕民生建设履行职责】** 年内，区人大常委会在促进民生建设上发力。围绕增进民生福祉，重点听取和审议区政府关于深入推进居家养老服务工作情况的报告，促进全区认真贯彻落实《北京市居家养老服务条例》，深化居家养老服务体制改革。听取和审议区政府关于推动教育高端绿色发展、加强校长队伍建设、深化医药卫生体制改革以及贯彻实施残疾人保障法等工作情况的报告，加快推进以改善民生为重点的社会建设。听取和审议区政府关于加强文物保护和利用、实施文化兴区战略推进文化惠民工程、公共文化服务体系建设情况的报告，检查文物保护法贯彻落实情况，提出意见和建议。区人大常委会高度关注食品安全工作，每年开展一次执法检查，力促石景山区形成监管领域资源共享、协调互动、有机融合的执法体系，确保人民群众“舌尖”上的安全。每年

9月1日，改善和提升交通环境专题询问　（区人大供稿）

对便民工程和保障性住房建设与管理情况进行视察，积极关注妇女权益保障法、工会法、消防法、北京市控制吸烟条例等法律法规的贯彻落实情况。

（包和平）

【围绕司法监督履行职责】 年内，区人大常委会在促进依法行政公正司法上发力。围绕法治政府、法治社会建设，重点对区政府城管执法改革试点、法治宣传教育和依法行政等工作情况进行视察检查。听取和审议区法院关于推进知识产权审判、商事审判、刑事审判、民事审判工作情况，以及区检察院关于未成年人刑事检察和司法保护工作、监所检察工作、民事诉讼监督工作情况的报告。

（包和平）

## 重要活动

### 概　　述

人民代表大会的主体是人大代表，代表工作是人大工作的基础。年内，区人大常委会认真贯彻中央18号文件精神，落实代表法，支持和保障代表依法履行职责，推动代表工作创新发展。

（包和平）

【人大换届选举工作部署会】 8月24日，召开人大换届选举工作部署会。会议由李文起主持，牛青山讲话，晋秋红部署换届选举组织工作，刘颖部署换届选举宣传工作。全区人大换届选举工作，于8月初开始至12月底前完成。8月23日，召开选举委员会第一次会议。会议讨论通过《石景山区第十六届人民代表大会代表选举工作实施方案》；任命选举委员会办公室主任、副主任，以及各分会主任、副主任、委员；明确换届选举委员会办公室以及各个分会的职责任务，并结合地区实际，科学合理划分选区，还就代表名额分配进行详细说明。岳德顺主持会议，石玉贵、李艳、刘亚泉、高洪雁，副区长陈婷婷出席会议。

（包和平）

【换届选举集中宣传日活动】 9月19日，开展区人大换届选举集中宣传日活动。石景山选举委员会下设十个分会，共设立181个宣传站点。各站点通过标语、横幅、橱窗、广播、板报、宣传车、《致居民的一封信》、宣传手册等多种形式和途径，广泛宣传《宪法》《选举法》等法律法规，使居民群众了解自己的选举权利，引导大家积极参与选举。各分会根据自身实际情况，通过发放纪念品、文艺演出等多种形式吸引居民积极参与。鲁谷分会展示22块手绘展板，邀请群众现场亲手制作并参与评选；古城分会现场悬挂横幅、张贴宣传画，向居民宣传人大换届选举工作相关内容，北辛安地区非物质文化遗产太平鼓队现场表演；老山分会在站点现场摆放笔墨纸砚，邀请书画老师与居民共同在现场作书法、绘画展示，宣传法律法规；苹果园分会的志愿者在各宣传点现场开展义务理发、磨刀、义诊等志愿服务；金顶街分会现场悬挂横幅、摆放展板、发放《致居民一封信》和宣传品等，太平鼓队在宣传点进行非遗项目展演；五里坨分会的社区秧歌队、腰鼓队等文艺队伍现场演出，同时利用微信平台、微博等进行宣传；八宝山分会设置咨询台，专人解答群众问询，利用周边街面户外电子屏滚动式播放人大换届选举相关内容；广宁分会在会场周边摆放宣传展板、悬挂横幅等，社区舞蹈队现场表演，烘托气氛；八角分会现场发放扇子、环保袋各5000件，现场播放有关人大换届选举的宣传片，特钢金色亲情志愿服务队开展现场服务；首钢分会充分利用录音广播、黑板报、标语横幅等进行宣传，《首钢日报》、首钢电视台及网络微平台等媒体进行现场采访报道。活动当天共张贴和发放《致居民的一封信》15.8万张，悬挂宣传横幅70余条，发放印有各类宣传口号的宣传品近25万个。集中宣传活动持续一周。

（包和平）

9月19日，石景山区开展人大换届选举集中宣传日活动　（区人大供稿）

【登记选民投票率98.20%】 11月15日是北京市区县、乡镇两级人大代表换届选举投票日。本次换届选举石景山区共设立10个选举分会，划分93个选区（不包括部队），300个投票站，选举区人大代表183名（含4名部队代表）。截至当日晚8时，全区共有登记选民290320人，实际参与投票人数285084人，投票率达到98.20%，顺利完成人大换届选举投票日工作当天，区四套班子领导集体前往鲁谷社区分会第33选区参加投票。其他选区的登记选民也来到自己所在的投票站，行使民主权力，投下庄严一票。投票结束后，区领导牛青山、岳德顺、李文起、杨立宪、晋秋红、石玉贵、刘亚泉、高洪雁分早中晚三次前往各选举分会检查投票站工作情况，慰问工作人员，并与现场选民和志愿者进行亲切交流。之前，牛青山等272个正式代表候选人陆续与选民见面，进行面对面交流。

（包和平）

**【代表主题履职】** 年内，区人大常委会在代表中开展以“作表率、重实效、促发展”为内容的主题实践活动，强化“人民选我当代表，我当代表为人民”的责任意识，激励代表发挥主体作用，把代表的权利与义务统一起来，提高代表履职的积极性、主动性。五年来，常委会共邀请300余人次代表列席常委会会议，700余人次代表参加调研、视察和执法检查，300余人次代表旁听法院公开审理案件，听取代表对常委会各项工作的意见建议，提升常委会民主决策、依法决策水平，拓宽代表履职渠道。同时，邀请700余人次代表列席近百次区委全会、区政府常务会，参加相关研讨会、座谈会、视察等活动。

（包和平）

**【代表“家站”建设】** 年内，在街道层面建立“人大代表之家”，在选区设立“人大代表联络站”，是代表工作向基层延伸的探索与创新，推动闭会期间的代表工作常态化、制度化和规范化。区人大常委会推动“家站”建设经费纳入预算，提出有地议事、有钱办事、有人管事、有章理事的“四有”要求，明确“家站”建设七项功能；指导人大各街工委发挥“家站”的平台作用，组织代表进“家”集中活动、进“站”联系选民，加强代表与选民联系。区第十五届人民代表大会代表共185人，参加以“听民声、表民意、顺民心”为主题的代表联系选民活动，通过全区9个“人大代表之家”、80个“人大代表联络站”，走进选区，接待选民，接受监督。初步统计，本届共开展代表联系选民活动800余人次，接待选民1万余人次，收集选民意见建议1700余条，均转交区政府有关部门研究处理。

（包和平）

**【基层人大协商】** 年内，区人大常委会鼓励人大街工委在履职过程中依法开展基层人大协商，探索协商形式，丰富协商内容，总结协商经验，唱好“发扬民主、充分民主、正确民主”三部曲，逐步形成“有事多商量、有事好商量、有事能商量”的人大基层协商民主新路径。坚持问题导向，对人民群众普遍反映的热点问题、代表建议集中反映的问题，人大各街工委组织居民群众、人大代表、“一府两院”相关部门负责人进行充分讨论和协商，人大各街工委分别出台人大代表“家站”协商议事暂行办法，探索人大基层协商民主“七步工作法”，抓住人大代表选举广泛开展协商活动，延伸人大监督的触角，打通人大基层民主的“最后一公里”，基层人大协商实践逐步展开。

（包和平）

**【服务市、区人大代表依法履职】** 年内，区人大办公室组织市、区两级人大代表学习活动，建立季度集中学习培训制度，围绕习近平治国理政思想、人民代表大会制度、国际形势等举办专题讲座。建立和完善两级代表联系机制，依托代表“家站”平台，为市代表履职提供服务。组织市代表列席常委会及人大街工委开展的视察和调研活动，邀请市代表参加集体经济发展情况调研，向市人大提交关于推动石景山区整建制一次性“农转居”后续问题解决的闭会建议，得到高度重视。市人大常委会副主任唐龙主持召开有市发改委、市国土局、市农委负责人参加的建议答复会。市人大石景山团代表在届期内共提出议案24件、建议360件，有力促进首都和石景山区的发展。区人大常委会开发启用人大代表履职服务系统，实现代表服务管理工作的信息化、规范化。

（包和平）

## 石景山区第十五届人大常委会主任、副主任、委员

主　任　岳德顺

副主任　石玉贵（12月辞）　李　艳（女，12月辞）

　　　　刘亚泉　高洪雁（女）　马丽萍（女，回族）

委　员　（20人，按姓氏笔画为序排列）

　　　　马振才　田景安　白宏宽

　　　　刘　红（女）　吕　军　安宝喜

　　　　许保国　孙金城　李　敏（女）

　　　　李希英　肖　红（满族）何云飞

　　　　张　清（女）　陈　新　岳　强

　　　　郑章石　赵美云（女）　夏　阳

　　　　龚志彪　梁正刚

## 石景山区第十五届人大常委会工作机构负责人

财政经济工作委员会主任委员　安宝喜（10月免）

　　　　田　勇（女，10月任）

内务司法工作委员会主任委员　吕　军（10月免）

　　　　张培莉（女，10月任）

教科文卫工作委员会主任委员　王颖玲（女）

城建环保工作委员会主任委员　田景安

## 石景山区第十五届人大常委会办事机构负责人

办公室主任　龚志彪
信访办主任　王先勇
研究室主任　张清(女)
代表联络室、市人大代表联络处主任　赵美云(女,10月免)
　李　成(10月任)
财政经济工作委员会主任　安宝喜(10月免)
　田　勇(女,10月任)
内务司法工作委员会主任　吕　军(10月免)
　张培莉(女,10月任)
教科文卫工作委员会主任　王颖玲(女)
城建环保工作委员会主任　田景安

## 石景山区第十五届人大专门委员会办事机构负责人

财政经济办公室主任　李金柱(11月任)
预算审查办公室主任　田　勇(女,11月任)
法制办公室(备案审查办公室)主任　张培莉(女,11月任)
教科文卫体办公室主任　王颖玲(女,11月任)
城建环保办公室主任　田景安(11月任)

## 石景山区第十六届人大常委会主任、副主任、委员

主　任　李文起
副主任　刘亚泉　高洪雁(女)　朱钢银　吕秀艳(女)　马丽萍(女,回族)
委　员　(29人,按姓氏笔画为序排列)
马振才　王泽群　王颖玲(女)　毛慧敏(女)　田　勇(女)　田景安　白宏宽　许保国　孙　钢　李　成　李金柱　杨学兵　杨清霞(女)　宋　平(女)　宋竞男(女)　张　杰(女)　张　艳(女)　张培莉(女)　张　清(女)　陈文彰　岳　峰　徐春生　郭绍华　黄　丹(女)　龚志彪　梁正刚　梁宗平　梁建新　颜海波

## 石景山区第十六届人民代表大会专门委员会

法制委员会主任委员　张培莉(女)
　副主任委员　杨清霞(女)　魏志强
财政经济委员会主任委员　田　勇(女)
　副主任委员　李金柱　宋　平(女)
教育科技文化卫生体育委员会主任委员　王颖玲(女)
　副主任委员　毛慧敏(女)　徐春生
城市建设环境保护委员会主任委员　田景安
　副主任委员　孙　钢　张　艳(女)

## 石景山区第十六届人大常委会工作机构负责人

办公室主任　龚志彪
研究室主任　张　清(女)
代表联络室、市人大代表联络处主任　李　成(10月任)
财政经济办公室主任　李金柱
预算审查办公室主任　田　勇(女)
法制办公室(备案审查办公室)主任　张培莉(女)
教科文卫办公室主任　王颖玲(女)
城建环保办公室主任　田景安

# 石景山区人民政府

2016年区政府全体会议暨区政府廉政建设工作会
请保持会场安静，
会议期间请将手机
等通讯工具关闭或
调为静音状态

北京市石景山区人民政府(简称区政府)是北京市石景山区人民代表大会的执行机关,是石景山区国家行政机关,对本级人民代表大会及其常务委员会和上一级国家行政机关负责并报告工作。设置政府工作部门29个。本届区政府由石景山区第十五届人民代表大会第一次会议于2011年12月24日选举产生,新一届区政府由石景山区第十六届人民代表大会第一次会议于2016年12月24日选举产生。年内,高端绿色发展原则已成为全区各项事业的共同目标、思维方式和工作追求。区政府全面贯彻党的十八大,十八届三中、四中、五中全会精神,深入贯彻习近平总书记系列讲话特别是视察北京重要讲话精神,坚持“创新、协调、绿色、开放、共享”新发展理念,融入京津冀协同发展大局,有序疏解非首都功能。按照“融合山水谋发展、建设首都西大门”的总体理念,立足“太行山下、永定河畔、长安西段、未来作品”的高端定位,大力实施“全面深度转型、高端绿色发展”战略,加快构建“八个高端体系”,打造“有山、有水、有城、有业、宜居”的21世纪新兴城市功能体。稳增长、促改革、调结构、惠民生,圆满完成区十五届人大历次会议确定的各项目标任务。2016年地区生产总值实现465.6亿元,同比增长7.1%,比2011年提高45.2%,年均增长7.7%,第三产业增加值比重达69%,五年来提高7个百分点;一般公共预算收入达到52.1亿元,同比增长15.5%,增幅居全市首位,较2011年实现总量翻番,年均增长18.1%;全社会固定资产投资达到225.6亿元,同比增长12.1%,比2011年提高72.3%,年均增长11.5%,年均增速居城六区第二;社会消费品零售额达到287.5亿元,同比增长8.1%,比2011年提高77.4%,年均增长12.1%,年均增速居城六区首位;城镇居民人均可支配收入达到60980元,同比增长8.3%,比2011年提高54%,年均增长9%,超过经济增长幅度;年末常住人口为63.4万人,较上年底减少1.8万人;年末城镇登记失业率为2.41%,五年来下降0.14个百分点;万元GDP能耗下降68.1%,降幅居全市首位。地区全面深度转型胜利走出低谷,进入到高端绿色发展的历史新阶段。

(马涵之)

# 主要工作和重大活动

## 概　　述

2016年是“十三五”规划的开局之年,也是“八个高端体系”建设深入推进之年。区政府坚持主动融入大局,治乱疏解建高端成效显著;加速转型升级,区域经济持续健康发展;注重建管并重,城市承载能力进一步提高;强化绿色发展,生态文明建设力度加大;坚持民生优先,人民群众的幸福感和获得感不断提升;全面深化改革,发展动力明显增强;突出务实高效,政府自身建设全面加强等7个方面推动工作。

(马涵之)

**【政府常务会】** 全年召开政府常务会14次(见下表)。

表3　　政府常务会一览表

| 时　间 | 名　称 | 议　　题 |
|---|---|---|
| 4月1日 | 第1次 | 关于石景山区推进京津冀协同发展工作情况及下一步工作计划的汇报 |
| | | 关于报审西黄村棚户区改造土地开发项目和北辛安棚户区改造A、B区项目委托协议的请示 |
| 4月18日 | 第2次 | 关于报审《石景山区商品交易市场调整疏解实施方案》的请示 |
| | | 关于报审《加快石景山区蔬菜零售网络建设工作方案(2016年—2018年)》的请示 |
| | | 关于首都环境建设专项检查存在问题分析及下一步整改措施的汇报 |
| | | 关于报审《深化我区城市管理体制改革工作的报告》的请示 |
| | | 关于石景山区2016年一季度经济社会发展情况的汇报 |
| | | 关于报审《2016年区政府与区人大、区政协开展民主协商工作安排》的请示 |
| 5月16日 | 第3次 | 学习《法治政府建设实施纲要(2015—2020年)》 |
| | | 关于报审《“十三五”时期石景山区国民经济和社会发展规划纲要主要目标与任务分工方案》的请示 |
| | | 关于2015年财政决算草案情况的汇报 |
| 6月6日 | 第4次 | 传达中共中央办公厅关于印发习近平总书记重要批示的通知精神 |
| | | 关于报审《2016年石景山区人口调控工作方案》的请示 |
| | | 关于石景山区2016年国民经济和社会发展计划上半年执行情况的汇报 |
| | | 关于报审《石景山区实施“六五”普法规划和制定“七五”普法规划情况的报告》的请示 |
| | | 关于2016年上半年财政预算执行情况的汇报 |
| | | 关于《2015年度预算执行及其他财政收支审计工作报告》的汇报 |
| 6月20日 | 第5次 | 区政府任命的国家工作人员宪法宣誓仪式 |
| | | 学习《北京市统计条例》 |
| | | 关于石景山区第三次全国农业普查工作的汇报 |
| | | 关于“八个高端体系”国际智库建设情况的汇报 |

续表

| 时间 | 名称 | 议题 |
| --- | --- | --- |
| 7月8日 | 第6次 | 关于2016年十项重点工程上半年进展情况的汇报 |
| | | 关于报审《石景山区立体化社会治安防控体系建设的实施意见》的请示 |
| 7月21日 | 第7次 | 关于报审《夏林茂同志在区委十一届十三次全会上的工作报告》的请示 |
| | | 关于上半年固定资产投资完成情况及下半年计划安排的汇报 |
| | | 关于报审《石景山区水系生态景观规划(2016—2030年)》的请示 |
| | | 关于报审2016年石景山区十件教育实事的请示 |
| | | 关于石景山区现代金融产业基地二期有关工作的请示 |
| | | 关于修订2017年公用经费定额标准的请示 |
| 8月3日 | 第8次 | 关于报审《石景山区人民政府关于科技成果转化应用情况的报告》的请示 |
| | | 关于报审《石景山区人民政府深入推进居家养老服务工作的报告》的请示 |
| 8月18日 | 第9次 | 关于石景山区“十三五”专项规划编制情况的汇报 |
| 9月30日 | 第10次 | 学习《中华人民共和国大气污染防治法》 |
| | | 关于报审《办理区第十五届人大第六次会议代表建议、批评和意见工作情况的报告》的请示 |
| 10月24日 | 第11次 | 关于2016年预算调整方案的汇报 |
| | | 关于2016年财政支出预算变动情况的汇报 |
| | | 关于2016年预算执行情况和2017年预算草案情况的汇报 |
| | | 关于石景山区2016年第三季度经济社会发展情况的汇报 |
| 11月7日 | 第12次 | 关于2016年“济困工程”实施情况和2017年计划安排的汇报 |
| | | 关于2016年区便民工程建设情况和2017年建设计划的汇报 |
| | | 关于2016年区重点工程完成情况和2017年建设计划的汇报 |
| | | 关于2016年固定资产投资和争取资金完成情况及2017年计划安排的汇报 |
| | | 关于2016年国民经济和社会发展计划执行情况与2017年国民经济和社会发展计划草案的汇报 |
| | | 关于报审《政府工作报告》的请示 |
| 11月28日 | 第13次 | 学习《北京市实施〈居住证暂行条例〉办法》 |
| | | 传达全国安全生产电视电话会议、北京市贯彻会议和石景山区安全生产大检查专项工作再动员再部署会议精神 |
| | | 关于2016年环境保护工作进展情况和2017年工作要点的汇报 |
| | | 关于石景山区生态保护红线规定工作的汇报 |
| | | 关于作出北辛安棚户区改造A、B区房屋征收项目住宅房屋征收决定的请示 |
| | | 关于报审《石景山区2016年计划分配军转干部安置工作方案》的请示 |
| 12月14日 | 第14次 | 关于落实2016年度市政府绩效管理年度考评实施方案的汇报 |
| | | 关于“八个高端体系”建设2016年度深入推进重点任务整体推进情况的汇报 |
| | | 关于2016年石景山区行政复议应诉工作的汇报 |

（马涵之）

**【区长办公会】** 全年召开区长办公会27次(见下表)。

表4 区长办公会一览表

| 时间 | 名称 | 议题 |
| --- | --- | --- |
| 1月14日 | 第1次 | 关于改善非在编职工收入水平及福利待遇的请示 |
| 2月23日 | 第2次 | 关于报审《石景山区人民政府2016年折子工程》的请示 |
| | | 关于报审《石景山区2016年国家卫生区复审工作实施方案》的请示 |
| | | 关于报审《北京保险产业园2016—2018年开发建设行动计划》的请示 |

续表

| 时 间 | 名 称 | 议 题 |
|---|---|---|
| 2月23日 | 第2次 | 关于将偿债资金改增区国资公司资本金的请示和关于政府置换债券偿还问题的请示 |
| | | 关于北京万商投资发展有限公司拟将海特饭店改造升级为“青橄榄创业园”的请示 |
| | | 关于石景山游乐园拟在原址新建摩天轮项目的请示 |
| | | 关于《石景山区集体经济组织物业返还过渡期补偿方案》的汇报 |
| | | 关于申请世界旅游城市体验中心建设资金的请示 |
| | | 关于报审《石景山区2016年需要市发展改革委加快审批服务重点项目》的请示 |
| 3月2日 | 第3次 | 会前学法：学习《北京市生产安全事故隐患排查治理办法》，传达中央领导关于安全生产工作指示批示要求、全国和北京市安全生产工作会主要精神，以及中共中央国务院关于给予天津市委市政府通报批评的通知和市区主要领导批示精神 |
| | | 关于2015年安全生产工作及2016年重点工作安排的汇报 |
| | | 关于报审《深化石景山区社会治理体制改革的实施意见（审议稿）》和《石景山区深化街道、社区管理体制改革的工作方案（审议稿）》的请示 |
| | | 关于报审《石景山区城市服务管理网格化体系建设工作方案（审议稿）》的请示 |
| | | 关于申请燕山水泥厂保障房项目配套托老所和老年活动场站购房款及税费的请示 |
| | | 关于2015年信访工作情况及2016年重点工作安排的汇报 |
| | | 关于2016年区政府常务会议、区长办公会议议题计划的汇报 |
| 3月14日 | 第4次 | 关于龙王庙等七处文物保护单位升级的汇报 |
| | | 关于石景山区公务用车制度改革工作情况的汇报 |
| | | 关于报审《石景山区南宫小区A、B地块和五里坨02号地B地块经济适用住房定价方案》的请示 |
| | | 关于报审《石景山区处理经济适用住房集体访和群体性事件应急预案》的请示 |
| | | 关于报审《2016年石景山区十件环保实事》的请示 |
| | | 关于报审《北京市石景山区2013—2017年清洁空气行动计划重点任务分解2016年工作措施》的请示 |
| | | 关于申请京西商务中心南侧绿地及陆军总部周边绿地建设资金的请示 |
| | | 关于申请永乐西区35号楼房屋收购资金的请示 |
| | | 关于申请八角社区卫生服务中心装修改造项目启动资金的请示 |
| | | 关于申请区属物业企业补贴资金的请示 |
| 4月1日 | 第5次 | 关于申请石景山路沿线绿地、桥体、公共建筑等设施景观照明建设资金的请示 |
| | | 关于申请第三、四阶段中小河道治理工程资金的请示 |
| | | 关于申请北京地铁6号线西延市政管线条件预留工程资金的请示 |
| | | 关于申请2016年土地储备预算资金的请示 |
| | | 关于区政府与北京四十人论坛顾问有限公司签署战略合作协议的请示 |
| | | 关于星座公司与中铁建金融租赁有限公司合作的请示 |
| | | 关于北京市石景山区物资总公司整体划转至北京实兴腾飞置业发展公司的请示 |
| | | 关于北京实兴腾飞置业发展公司联合成立项目公司的请示 |
| 4月18日 | 第6次 | 关于兑现2015年度现代金融产业政策的请示 |
| | | 关于追加公务交通补贴预算的请示 |
| 4月28日 | 第7次 | 人事任免有关事项 |
| | | 关于报审《石景山区无煤区建设实施方案》的请示 |
| | | 关于办理石景山路18号院房屋土地权属有关问题的请示 |
| | | 关于收购苹果园交通枢纽H地块及站前小区廉租房项目情况的汇报 |
| | | 关于区政府工作部门编制权力清单责任清单及清理第一批非行政许可审批事项情况的汇报 |
| | | 关于2015年度工作目标督查考核情况和一次性核增事业单位绩效工资总量的汇报 |

续表

| 时　间 | 名　称 | 议　　题 |
| --- | --- | --- |
| 4月29日 | 第8次 | 关于申请增加北京石泰基础设施投资有限公司注册资本金的请示 |
| 5月16日 | 第9次 | 关于报审《石景山区提升生活性服务业品质实施方案》的请示 |
| | | 关于兑现2015年度园区招商引资政策资金的请示 |
| | | 关于2016年度车辆报废更新所需经费的请示 |
| 5月23日 | 第10次 | 人事任免有关事项 |
| | | 关于报审《关于进一步加强流动人口管理服务工作全面夯实防恐反恐工作基础的意见》的请示 |
| | | 关于报审《石景山区2016年防汛工作方案》的请示 |
| | | 关于报审《石门路高井段沿线环境整治项目沿街商户清退补助方案》的请示 |
| | | 关于北京八大处公园Wie－Li休闲观光旅游项目的汇报 |
| | | 关于申请保险产业园地下综合管廊建设资金的请示 |
| | | 关于公车改革过程中车辆处置有关情况的汇报 |
| | | 关于2016年上半年财政预算执行情况的汇报 |
| | | 关于《2015年度预算执行及其他财政收支审计工作报告》的汇报 |
| 6月6日 | 第11次 | 关于报审《石景山区加快推动生活方式绿色化实施方案(2016年—2020年)》的请示 |
| | | 关于报审《石景山区机关事业单位工作人员养老保险制度改革实施方案》的请示 |
| | | 关于建设石景山区现代金融产业基地二期的请示 |
| | | 人事任免有关事项 |
| 6月20日 | 第12次 | 关于报审《石景山区城乡结合部重点地区公共安全隐患问题综合整治工作方案》的请示、 |
| | | 关于报审《石景山区居家养老服务体制改革实施意见》的请示 |
| | | 关于报审《石景山区积极推进军民融合发展国家战略实施意见》《石景山区军人抚恤优待实施细则》《北京市石景山区关于加强“一老一小”烈属优抚工作的意见》的请示、关于报审《石景山区从优安置军队转业干部实施细则(试行)》和《石景山区军人随军家属就业安置办法》的请示 |
| | | 关于与乌兰察布市缔结友好区市关系并签订《战略合作协议》的请示 |
| 7月8日 | 第13次 | 关于《石景山“互联网＋”三年行动计划(2016—2018年)》编制情况的汇报 |
| | | 关于2016年信息化工作要点和投资计划安排情况的汇报 |
| | | 关于报审《驻石景山区部队现役军人子女协调入学管理办法》的请示 |
| | | 关于申请17亿元债权融资的请示 |
| | | 关于给予刘某开除公职处分的请示 |
| 7月21日 | 第14次 | 人事任免有关事项 |
| | | 关于上半年落实市政府考核石景山区目标责任书情况的汇报 |
| | | 关于2015年度石景山区政府绩效考评整改情况和2016年度绩效管理工作开展情况的汇报 |
| | | 关于石景山区推进“煤改电”工作有关请示事项的汇报 |
| | | 关于引进富士康科技集团及合作建设孵化器的请示 |
| 7月25日 | 第15次 | 关于报审《北京市石景山区集中开展清理整治违法违规排污及生产经营行为工作方案》的请示 |
| | | 关于申请在街道设立环境保护网格化工作站并聘用专职环保监督员的请示 |
| | | 关于进一步规范石景山区社区工作者工资待遇的请示 |
| | | 关于报审《石景山区落实推进＜北京市服务业扩大开放试点实施方案＞三年行动计划(2015—2018年)》的请示 |
| | | 关于报审支持高端产业发展1＋N政策的请示 |
| | | 关于报审2016年石景山区十件教育实事的请示 |
| | | 关于石景山区现代金融产业基地二期有关工作的请示 |
| | | 关于修订2017年公用经费定额标准的请示 |

续表

| 时间 | 名称 | 议题 |
|---|---|---|
| 8月3日 | 第16次 | 关于报审《大杂院整治资金管理使用办法》的请示 |
| | | 关于报审《石景山区人民政府加快推进残疾人小康进程的实施意见》的请示 |
| | | 关于2016年上半年安全生产工作情况的汇报 |
| | | 关于石景山区2016年上半年信访工作情况及下半年重点工作的汇报 |
| 8月18日 | 第17次 | 关于上半年招商引资工作情况的汇报 |
| | | 关于2015年度石景山区科学技术奖励工作的汇报 |
| | | 关于申请模式口大街修缮改造工程试点项目资金的请示 |
| | | 关于石景山区疾病预防控制中心实行收支两条线管理的请示 |
| 8月29日 | 第18次 | 关于报审《北辛安棚户区改造A、B区房屋征收项目国有土地上非住宅房屋征收补偿方案》的请示 |
| | | 关于报审《石景山区进一步加强反恐怖工作的意见》的请示 |
| | | 关于报审《石景山区深化医药卫生体制改革2016年重点工作安排》的请示 |
| | | 关于报审《石景山区人口健康信息平台建设方案》的请示 |
| | | 关于申请1亿元资金投资爱心人寿保险公司(筹)的请示 |
| | | 关于申请八大处沟暗涵改造工程资金的请示 |
| | | 关于石景山区开展行政监察工作的汇报 |
| | | 关于申请教育品质提升专项资金的请示 |
| 9月13日 | 第19次 | 关于食品药品安全监管工作的汇报 |
| | | 关于石景山区燃气(油)锅炉低氮燃烧技术改造工作的汇报 |
| | | 关于报审《石景山区企业信用档案库建设管理使用办法(试行)》的请示 |
| | | 关于设立石景山区产业发展投资基金有关事项的汇报 |
| | | 关于承租欣安天成投资管理公司棚改项目返还物业的请示 |
| 9月30日 | 第20次 | 关于作出北辛安棚户区改造A、B区房屋征收项目国有土地上非住宅房屋征收决定的请示 |
| | | 关于控申接待中心和检察事务中心翻建改造项目的请示 |
| | | 关于报审《进一步加强统计基层基础建设工作的意见》的请示 |
| | | 关于报审《促进中关村虚拟现实产业创新发展若干措施》的请示 |
| | | 关于申请区政府给予北京实兴腾飞置业发展公司扶持资金的请示 |
| | | 关于《石景山区西部医院建设项目投资模式分析》的汇报 |
| 10月20日 | 第21次 | 人事任免有关事项 |
| | | 关于北京市工资工作会议精神的汇报 |
| | | 关于2016年环境建设重点任务的请示 |
| | | 关于报审八大处周边微循环道路工程设计方案和资金预算的请示 |
| | | 关于加快重点建设项目落地、力保投资任务完成情况的汇报 |
| | | 关于西北热电中心变电站项目和环境整治一期项目情况的汇报 |
| | | 关于北京保险产业园“637+641”地块二级开发前期工作的请示 |
| 10月24日 | 第22次 | 关于石景山区内审工作质量检查情况的汇报 |
| | | 关于报审《北京市石景山区整合建立统一的公共资源交易平台实施方案》的请示 |
| | | 关于2016年第三季度安全生产工作情况的汇报 |
| | | 关于申请石景山区五里坨特勤消防站红线外市政管线工程资金的请示 |
| 11月18日 | 第23次 | 人事任免有关事项 |
| | | 关于全面推进石景山区政务公开有关工作的汇报 |
| | | 关于购置纯电动环卫车的请示 |
| | | 关于落实北京市困难残疾人生活补贴和重度残疾人护理补贴工作的请示 |

续表

| 时间 | 名称 | 议题 |
| --- | --- | --- |
| 12月2日 | 第24次 | 人事任免有关事项 |
| | | 关于石景山区2016年绿化美化工作任务完成情况及2017年工作任务的汇报 |
| | | 关于报审2017年城市道路建设计划的请示 |
| | | 关于报审金顶山路南侧绿荫停车场设计方案和资金预算的请示 |
| | | 关于申请古城创业大厦市政基础设施建设等资金支持的请示 |
| | | 关于实施区行政服务中心原址办公用房改造工程的请示 |
| | | 关于西北热电中心配套整治建设补助资金整改工作的汇报 |
| | | 关于申请增加安保人员补充交通管理辅助力量的请示 |
| 12月14日 | 第25次 | 关于报审《石景山区实施河湖生态环境管理"河长制"工作方案》的请示 |
| | | 关于申请衙门口环境综合整治及五里坨棚改项目大杂院环境整治资金的请示 |
| | | 关于报审《石景山区支持企业发展办法(试行)》的请示 |
| | | 关于"青橄榄创业园"公共服务平台项目的汇报 |
| | | 关于石景山区集体土地委托管理第二批次托管情况的请示 |
| 12月21日 | 第26次 | 关于报审《区政府领导分工方案》的请示 |
| 12月28日 | 第27次 | 关于对区教委等单位上缴国库非税收入退库的请示 |
| | | 关于使用市财政拨付石景山区棚户区改造专项资金的请示 |

(马涵之)

【环保专项绩效考核】 1月13日,市政府绩效管理年终考评察访核验第三工作组组长、市环保局总工程师于建华带队到区环保局开展环保专项绩效考核。检查组听取清洁空气行动计划、主要污染物减排、跨区县界水体断面水质综合达标率等绩效任务落实情况的汇报,查阅清洁能源改造、平房区煤改电、环保大检查、机动车监管等档案资料,并深入麻峪村平房区煤改电、北京市寿山福海养老服务中心和爱玛裕文玩交易广场燃煤设施清洁能源改造项目现场进行实地检查。检查组对石景山区关停电厂压煤、清洁能源改造、老旧机动车淘汰和环保宣传等工作给予肯定。

(马涵之)

【农民工工资支付督查】 1月19日,北京市春节前农民工工资专项执法检查督导小组对石景山区开展春节前农民工工资支付检查情况进行督导检查。督导小组听取相关情况汇报,对京西商务中心8号地块工地劳动用工情况进行实地检查。督导小组肯定在专项执法检查工作中取得的成效,并就下一步工作指出:继续抓好春节前农民工工资支付工作,推动专项检查深入开展。进一步畅通劳动者举报、投诉渠道,防范农民工采取极端方式维权。提示执法人员多做换位思考,站在农民工立场上保护好农民工合法权益。劳动监察与劳动仲裁等相关部门加强联动,对劳动违法案件快立、快办、快结,确保广大农民工在春节前拿到钱回家过年,维护首都社会秩序的和谐稳定。文献陪同检查。

(马涵之)

【与自来水集团签署合作框架协议】 1月21日,区政府与北京市自来水集团签署《合作框架协议书》,并举行五里坨供水厂正式通水仪式。区领导夏林茂,市自来水集团党委书记、董事长刘锁祥,总经理高踪阳,市水务局党组

12月1日,中央环保督察迎检动员会 (区委宣传部供稿)

副书记、副局长张萍出席签约仪式。富大鹏和高踪阳共同签署《供水合作框架协议》，确定将区自来水公司改制转企整建制划拨并入市自来水集团。同时，区委、区政府将区自来水转企改制及划拨工作列入专项督办工作。双方领导共同按下通水启动按钮，五里坨供水厂正式并网通水。夏林茂指出，石景山区与市自来水集团建立良好合作关系，此次合作协议签署，实现双方在供水工作上的深入合作，必将有利于加快石景山区供水基础设施建设，保障供水管网安全稳定，有利于加快石景山区打造山水融城的步伐，惠及全区人民群众。

（马涵之）

【推进社会信用体系建设】 年初，区政府制定并发布《石景山区行政许可和行政处罚等信用信息公示工作方案》，明确责任分工、实施步骤等内容，做好“双公示”工作安排。3月底，在区政府门户网站正式发布“石景山区行政许可和行政处罚结果信息公示”专栏，囊括21个部门，推进行政许可和行政处罚信息七日公示制度的监督和落实。7月，召开社会信用体系建设领导小组专题会议，发布《石景山区社会信用体系建设领导小组办公室关于深入推进行政许可和行政处罚等信用信息公示工作的通知》。按照《石景山区行政许可和行政处罚等信用信息公示工作方案》具体要求，在区政府门户网站公开各部门行政许可和行政处罚事项目录，形成本部门公示清单。

（马涵之）

【“八个高端体系”专题调度会】 2月3日，区政府召开“八个高端体系”建设项目专题调度会。会议对当年“八个高端体系”建设深入推进重点任务进行逐条讨论，对重点项目、进度节点等进行逐条梳理。会议要求：要进一步精选项目。由区政府办牵头，对“八个高端体系”建设深入推进重点任务进行全面梳理，结合“十三五”规划、政府工作报告和“十项重点工程”，进一步查补漏项、精选项目，做到目标清晰、任务清晰。要继续细化项目信息。统一规范重点任务图表格式，明确考评体系和进度节点，建立月度统筹、季度调度制度，确保项目按时有序推进。3月3日，召开“八个高端体系”建设专题调度会。会议研究《“八个高端体系”建设深入推进重点任务》（审议稿），听取“八个高端体系”建设深入推进重点任务的总体情况并对重点任务和项目进行逐项审议。

（马涵之）

【市领导调研检查】 2月5日，副市长程红带队检查节前市场秩序工作。检查石景山游乐园各项安全设施，实地查看迎春洋庙会“欧洲年货大集”的摊位设置情况和群众游览路线。随后，程红一行来到物美太阳岛店，对店内宣传广告、提示标示、安全管理等情况进行检查，询问了解超市处理消费者投诉的工作程序。程红要求各部门互相配合抓好“两节”市场秩序监管，提前规划好专项应急预案，确保景区、超市等人员聚集场所不发生踩踏等安全事故；进一步规范庙会及超市等地的经营秩序，杜绝“三无产品”、假冒伪劣产品以及其他违法经营行为；继续完善消费投诉快速解决机制，及时化解消费纠纷，确保广大市民度过一个安全、喜庆、祥和的节日。市工商局副局长黄晓文，区领导司马红陪同检查。9月19日，副市长王宁到区调研养老服务体制改革工作。先后到八角北里社区养老服务驿站、古城南里社区养老服务驿站、八角街道养老照料中心进行实地调研，听取老人们的意见建议，并就做好居家养老服务工作与基层干部交换意见。陈婷婷作推进居家养老服务工作汇报，夏林茂进行表态发言，王宁对居家养老服务体制改革工作给予肯定，并提出五点意见：要完善成熟的经验，形成固化模式，做出标准、做出示范；要打好组合拳，形成养老服务体系建设，发挥养老照料中心、社区养老服务驿站辐射居家养老服务的功能，将基本服务延伸到老年人家中；要强化居家概念，突出精细化，进一步创新服务项目，丰富服务内容；要发挥四级体系、医养结合、保险功能上的优势，实现养老服务业的可持续发展；要随时发现问题、提出问题、解决问题，强化工作落实，争取第一个实现养老服务设施全覆盖。市政府副秘书长尹培彦，市民政局党委书记、局长李万钧等陪同调研。11月14日，市委副书记、代市长蔡奇到北京保险产业园进行实地调研。在对各项工作给予肯定的同时，他强调，要坚定信心，把北京保险产业园高标准建设好，各部门也要加大配套设施建设和环境美化力度，吸引新设总部企业和高端保险服务业进驻。12月3日，副市长张建东带队检查石景山区建筑工地安全生产、空气重污染应对有关工作。检查组先后对苹果园交通枢纽F地块、保险产业园648地块和地下综合管廊三个在建项目落实安全生产、扬尘治理以及应对空气重污染橙色预警工作情况进行检查。

（马涵之）

【民生类重点建设项目推进调度会】 2月16日召开。会议就区文化中心、区残疾人职业康复中心、区儿童福利院和救助站、区体育中心、区高射武器库和地下靶场等民生类重点建设项目进行梳理，对项目推进中存在的规划、土地、相关手续办理等困难、问题进行统筹协调，对项目用地涉及住宅及非住宅拆迁腾退工作进行协调推进。4月5日，夏林茂主持召开文化中心、民生类重点建设项目调度会。听取区重点工程建设中心关于区文化中心建设项目的情况汇报，各相关部门对当前存在问题进行讨论。夏林茂指出：要努力把文化中心项目打造成为地区文化的作品、文化的地标、文化的典范。各相关单位要按照职能积极做好支持配合工作，相关手续要限时办结，早日建成启用文化中心项目，使之成为建设高端普惠文化生活体系的重要载体。

（马涵之）

【政府全体会议】 2月26日，召开2016年区政府全体会议暨区政府廉政建设工作会。夏林茂等出席会议，文献主持会议。会议的主要任务是：深入贯彻落实区委十一届十二次全会、区纪委十一届八次全体（扩大）会议暨全区党风廉政建设和反腐败工作会、区十五届人大六次会议精神，进一步分析形势，明确责任，细化目标，强化措施，狠抓落实，确保全年各项目标任务圆满完成。为落实好市政府绩效管理任务、市区政府折子工程、为民办实事、深入推进“八个高端”体系建设等各项重点工作，夏林茂与区发改委、城管委、住建委、城管执法局、古城街道等单位代表签订2016年度政府行政绩效管理任务责任书。落实中央纪委六次全会、市纪委五次全会和区委十二次全会精神，按照中央“忠诚、干净、担当”的要求，本次会议把加强区政府系统党风廉政建设工作与政府行政工作同部署、同落实，夏林茂作党风廉政建设履责承诺，并与田利跃签订“一岗三责”责任书。田利跃、陈婷婷分别与区卫计委和民政局负责人签订区政府廉政责任书。区政府各委、办、局、处，垂直管理机构领导，各街道办事处书记、主任、行办主任；区属国有企事业单位负责人、各农工商公司经理；各民主党派主委、工商联主席，人大政协各委室主任、部分人大代表、政协委员；法院、检察院、武装部及各群团组织的负责人参加会议。11月16日，召开区政府全体会，传达蔡奇在近期市政府全体会议、城六区工作座谈会以及对石景山区开展调研时所作的重要讲话精神。围绕完成当年任务以及下年政府工作重点，夏林茂强调：把思想和行动进一步统一到全力疏解非首都功能，加快建设国家级绿色转型发展示范区。坚决完成年初确定的各项目标任务。要全力推进北辛安棚改项目，加快商品交易市场调整疏解工作，加大人口动态监测，强化人口数据支持。要坚持依法治乱，拆除全部存量违建；要围绕治乱疏解任务，将人口调控与拆除违法建设、棚户区改造、环境整治等任务结合起来。要坚持“五个典范”，建设高端绿色之城。

（马涵之）

**【棚户区改造工作会】** 3月1日，夏林茂带队调研北辛安、西黄村棚户区改造项目，并召开棚户区改造工作会。会上，区住建委就当年棚户区改造工作计划、工作中存在的难点问题及有关建议进行综合汇报，北辛安、西黄村棚户区改造项目实施主体分别汇报项目具体推进计划，与会各单位围绕项目推进情况及难点问题展开讨论。会议指出：北辛安棚改项目是棚改工作重中之重，要进一步细化完善工作推进方案，制定切实可行的倒排工期计划，明确各项工作的时间节点和责任单位。区有关部门要勇于担当，抓好工作落实。项目实施主体要切实履行主体责任，主动与市、区有关部门沟通对接，加快推进各项工作。5月9日，夏林茂组织召开棚户区改造工作专题会。会议指出：在各有关单位的通力协作下棚改工作有序推进，特别是北辛安项目前期手续办理和非住宅清租腾退方面取得明显进展。各有关单位和项目实施主体要切实履行主体责任，尽快完成立项、征地手续办理，确保房屋征收按计划顺利推进。要严格按照北辛安棚改项目倒排工期计划督查考核，确保抓好工作落实，加快推进项目。作为北京市最大的棚户区改造项目，北辛安棚改位于长安街西延长线最西端，紧邻冬奥组委西十筒仓驻地，该项目总用地面积约142公顷，规划总建筑规模约218万平方米，分为A、B两个区域同步实施拆迁，优先建设安置房和各类公共服务设施，改进当地5000余户2.59万人的居住环境。6月，北辛安棚改项目取得立项批复。12月6日，北辛安棚户区项目正式启动房屋征收签约，标志着长安街沿线最后一个棚户区改造启动。

（马涵之）

**【居家养老服务体制改革】** 石景山区60周岁及以上老年人口为10.90万人，占全区38.38万户籍人口总数的28.4%，高于全市平均值5个百分点。年初，区委区政府将居家养老服务体制改革列为当年全区民生类重大改革任务的一号工程。3月4日，召开养老服务体制改革研讨会。会议研究居家养老服务工作目标，并形成社会化养老服务体制改革总体思路。即五个老有目标：健全老有所养服务体系，努力实现居家养老、社区养老、机构养老一体化融合式发展；健全老有所医服务体系，努力实现健康管理、基本医疗、康复关怀一条龙无缝对接；健全老有所为服务体系，努力实现老年人余热发挥、才华展示、价值追求全方位搭台助力；健全老有所学服务体系，努力实现精神家园、知识储备、科学素养多维度扩展充实；健全老有所乐服务体系，努力实现老年文化场所、文化队伍、文化项目多样化培育发展。十项改革重点任务：深化“养老服务是最重要最基本的民生问题”理念；抓住“改革创新养老工作体制机制”这个龙头；打造“居家养老‘老街坊’‘9110’”品牌模式；实施“身边、床边、周边‘三边’幸福养老”工程；突破“老年助餐服务体系建设”重点；突出“中医药特色的医康养结合”特色；推进“探索失能老人长期护理保险”试点；扭住“养老服务社会化参与体系建设”关键；加强养老护理专业人员队伍建设；搞好“居家养老工作的人员经费政策支持”保障。9月9日，召开老龄委全体扩大会议暨居家养老服务体制改革推进大会。从改革试点内容中的7个重点领域着手，以“建设居家为基础、社区为依托、机构为补充的多层次养老服务体系”为目标，发挥“国家级绿色发展转型示范区、国家级服务业综合改革试点区、国家级金融保险产业创新示范区”的优势，健全“党委统筹、政府主导、资金配套、政策扶持、多元参与”的制度措施，逐步提高养老服务设施资源整合、医养结合保障、人才队伍培养、信息网络支持、标准质量服务、市场运营管理能力，为全国居家和社区养老服务发展提供示范经验。11月，石景山区被确定为全国社区和居家养老服务改革试点。

（马涵之）

**【与乌兰察布市产业协作工作对接会】** 3月6日召开。内蒙古自治区乌兰察布市委常委、政法委书记肖军（年内挂职石景山区副区长）率乌市相关市直部门及11个旗县市区主要负责人到石景山区进行产业协作工作对接，市委对口支援办副主任崔洪涛、市经信委委员陈志峰参加座谈。座谈会上，双方分析各自产业发展情况，探讨优势资源互助的工作思路，为两地开展区域合作和对口帮扶工作，深化合作基础夯实良好基础。文献表示，区委、区政府非常重视与乌兰察布市对口支援建设工作，希望两地在未来发展中加强产业协作、寻求共赢机遇、共创绿色发展佳绩。乌兰察布市委常委、秘书长霍照良，副市长王国相等参加会议。

（马涵之）

【与曹妃甸区协同发展】 3月14日，召开与曹妃甸区协同发展对接座谈会。唐山市委副书记、曹妃甸区委书记王立彤，唐山市委常委、副市长、曹妃甸协同发展示范区管委会筹备组组长税勇，曹妃甸区委副书记、区长梁振江及有关部门负责人，首钢总公司副总经理韩庆等出席会议。牛青山表示：两地建立的合作关系是落实京津冀协同发展国家战略的重要举措，具有重大的历史意义。希望双方进一步建立务实长效的合作机制，共同将新首钢园区、曹妃甸园区打造成为京津冀协同发展的示范。同时，希望双方深化合作、融合发展，在政治、经济、文化、社会等多领域的合作发展上不断取得新成果。夏林茂主持会议。

（马涵之）

【安全生产暨消防安全工作大会】 3月18日召开。传达全国和北京市2016年安全生产、消防安全工作会会议精神，总结上年安全生产及消防工作并部署当年重点任务，区城管委、区住建委、古城街道作表态发言，夏林茂、富大鹏分别与行业、街道代表签订《2016年安全生产责任书》和《2016年度防火安全责任书》。全区38个委、办、局的主要领导、主管领导、科室负责人和区属国有企业、驻区大企业、集体经济系统、危化企业、建筑施工单位及首钢下属公司等100余家的企业负责人共计300余人参加会议。

（马涵之）

【治理无照无证餐饮】 3月22日，召开治理无照无证餐饮单位工作部署会。会议下发《石景山区无照无证餐饮单位监管和综合整治工作方案》。会议强调：整治工作要坚持“条块结合、以块为主”的方针，采取“疏堵结合、分类监管、综合治理”的方法进行整治，做到“依法规范一批、疏导解决一批、整治取缔一批”。对周边群众反映强烈的无照无证餐饮经营单位，又拒不服从管理的，坚决予以取缔。要与创建卫生城市结合起来，并建立长效监管机制，从根本上遏制无照无证餐饮经营行为，促进餐饮消费经济的持续、规范、健康发展。4月26日，召开净化市场经营环境，全面开展无证无照经营专项整治工作推进会。会议指出：要坚持“属地负责、部门联动、疏堵结合、标本兼治”的原则，与全区528个低端产业聚集人群大院的清理和精品大街环境景观提升紧密结合，提升市场环境整体水平。要坚持问题导向，加强协调配合，结合“大城管”联动执法运行机制，把更多的执法力量投入到参与社会共治的过程中去，把专业执法的职能落实、融入到街道的综合整治中去，真正形成街道统筹、综合执法的强大合力。要找准问题，切实解决问题，达到规范整个地区、整个行业的目的。严防“回潮”，加强巡查，建立举报机制，将无证无照经营扼杀在萌芽状态，坚决防止死灰复燃。对专项整治工作进行再动员、再部署。区食药监局、区环保局、古城街道、区工商分局作表态发言，全区38家无证无照经营行为治理工作领导小组成员单位主要负责人，公安、食药、城管、工商等派出机构主要负责人参会。

（马涵之）

【冬奥组委周边环境整治】 4月5日，召开提升冬奥组委会周边环境整治工作专题会。会议首先听取首钢总公司开展北京冬奥组委前期入驻需求及近期工作任务，区相关部门进行讨论。会议指出：尽快落实地铁慈寿寺站至首钢小西门和公交专线108路在西十筒仓设站的公交接驳方案。征求冬奥组委意见，在西十筒仓附近设置公租自行车站点。改造首钢小西门出口，保障冬奥组委人员出行条件。会议要求：抓住冬奥组委入驻的机遇，全力推进石景山区相关工作开展。认真研究实地走访，与冬奥组委对接好，提升整体办公区设施质量和水平。要确保各项工作进展顺利，在冬奥组委人员入驻前，办公区域周边的绿化、路灯、公共自行车配套设施必须改造完成。区旅游委提供冬奥组委石景山区旅游手册，为后期人员入驻提供服务。

（马涵之）

【国家卫生区市级复审】 4月20日，石景山区接受国家卫生区市级复审。10余位专家组成的复审评估组，对地区3年以来国家卫生区建设与管理工作进行检查。复审以听取汇报、现场检查、查阅资料等方式进行。复审评估专家组成员、市爱卫会办公室主任刘泽军希望石景山区以国家卫生区复审为契机，提升辖区文明卫生水平，全面推动建设健康城市各项工作。夏林茂表示将全力配合复审评估组的各项工作，针对复审组提出的问题认真分析研究，第一时间制定切实可行的整改方案，高标准完成国家卫生区复审工作。

（马涵之）

【应急委全体会议】 5月12日召开。会议首先听取上年应急委工作总结和当年应急工作要点的汇报，应急委委员就相关问题进行充分讨论并提出相关工作建议。夏林茂就做好应急管理工作进行部署：做到四个“进一步”，即进一步推进风险隐患的排查整治；进一步加强信息的收集报送，进一步加强预案的可操作性；进一步强化社会参与。会议由区应急委副主任李文起主持，司马红、肖平参加会议。

（马涵之）

【冬奥组委安家首钢园区】 5月，北京冬奥组委第一批工作人员约160人入驻原首钢厂区内的西十筒仓。首钢西十筒仓冬奥组委办公区主要利用原有工业厂房及构筑物改造而成，体现绿色办奥理念。改造尊重原有工业架构机理和风貌，也考虑奥运后再利用问题。为留住北京老工业的历史记忆，对原有工业构筑物进行修缮和维护，最大程度保留工业风貌，又赋予新的办公功能，实现工业遗存保护再利用。环保理念深植在各个细节之中：透水砖是首钢建筑垃圾资源转化而成，步行道旁的景观使用厂区轨道枕木；部分照明设备是从首钢二型材老厂房中拆除的旧灯具，景观工程中利用部分废弃的材料和设施进行艺术再加工，设计成为景观小品。此外，办公区运用光伏发电、太阳能光纤照明、无负压供水系统、雨水收集和利用系统等先进生态节能、低碳减排新技术。一期入驻的5号、6号筒仓，基本满足初期9个部门、两个运行中心的办公需求。同月13日，北京冬奥组委办公地首次向媒体开放。

（马涵之）

【防汛工作大会】 5月26日召开。会议对2016年防汛工作进行部署。夏林茂与防汛单位代表签订防汛责任书。夏林茂要求：正确面对汛期严峻形势，充分认识防汛工作中的风险点，坚守安全底线，为石景山区经济平稳健康发展、社会和谐稳定提供坚强保障。全面加强指挥决策能力、社会动员能力、应急响应能力、物资队伍保障能力建设，做好应对局部极端降雨的准备。努力实现防汛专业化与社会化融合发展、粗放式管理向精准化服务转变、防汛单一信息向集成化迈进，开创安全度汛的新局面。会后，区领导和各参会单位领导参加北京市防汛抗旱工作电视电话会。

（马涵之）

【全国政协视察保险产业园】 5月28日，全国政协副主席陈元视察北京保险产业园。听取北京保险产业园工作进展及萨克斯区现代金融产业发展情况汇报，并观看保险产业园规划沙盘后，陈元肯定北京保险产业园与石景山区现代金融产业发展所取得的成绩，夏林茂陪同调研。北京保险产业园是中国保监会与市政府联合打造的全国首个以保险产业为龙头的国家级金融创新示范区。保险产业园首期启动的是产业核心区建设，总用地64.5公顷，建筑面积56.3万平方米。根据规划设计方案，北京保险产业园重点提出打造五个典范的要求，即：高端产业的典范、规划建设的典范、智能管理的典范、高端文化的典范、生态文明的典范。同时，北京保险产业园的所有建筑，都将按照绿色建筑三星级标准建设，致力于打造高端、绿色、环保的精品建筑群落。

（马涵之）

【十项重点工程调度会】 6月3日召开。会议听取2016年十项重点工程进展情况，各主责单位汇报各项目进展情况和按倒排工期计划完成情况，各相关部门就项目有关事项进行认真讨论和研究，并提出加快推进的意见和建议。会议要求：区委、区政府高度重视重点工程推进工作，各主责单位要严格落实项目倒排工期时间节点开展工作，保质保量的完成重点工程推进任务。区政府各职能部门要继续把重点工程作为年度重点任务，主动为主责单位排忧解难，加强沟通协调力度，为重点工程推进奠定良好基础。区政府督查室要加强督查力度，严格按工程倒排工期时间节点督查、督办，对于未按计划实施的项目要发督查通知单，督促主责单位加快项目推进，确保重点工程推进任务的完成。区各相关主责单位负责人参加会议。

（马涵之）

【行政执法体制改革验收评估】 6月15日，市编办、市法制办、市城管执法局对石景山区综合行政执法体制改革试点工作进行验收评估，并给予高度评价。市改革验收小组在听取汇报、交流座谈，深入了解综合行政执法体制改革工作情况、执法力量下沉后的管理及运行模式、古城街道办事处“联合执法”经验探索等情况后，验收小组认为制度建设有规范。结合本区实际，通过法制部门把关，科学合理制定各项改革规章制度，确保制度可行、规章可依。体制改革有探索。通过梳理城管委、城管执法局、城管监督指挥中心职能，重新制定“三定”方案，明确行政管理职能与行政执法职能且划分合理。执法保障有机制。通过坚持关口前移和与公安部门密切协作等措施，高效妥善处理暴力抗法事件，最大限度降低执法人员风险及政府执法成本。管理效能有提升。在全市率先确立城市管理主管部门，实现一委统筹，形成“审批—管理—执法—再管理”的工作闭环，提升管理效能。同时要求继续探索综合执法与专业执法的关系，优化城管执法的管理体制，总结城管执法分队下沉街道后“双重管理”的经验做法，为在全市推广做准备。部分改革经验纳入中央《关于深入推进城市执法体制改革改进城市管理工作的指导意见》和市委《关于全面深化改革提升城市规划建设管理水平的意见》。上海、天津、武汉、苏州、杭州、青海、重庆等30余个省市和地区先后来区调研考察。《新华社内参》《人民日报内参、专刊报道石景山区改革试点工作经验。

（马涵之）

【国家工作人员宪法宣誓】 6月20日，区委组织部、区政府办、区人力社保局首次组织开展国家工作人员就职宪法宣誓仪式。年内新任命的18名国家工作人员在区政府常务会议上进行集体宪法宣誓，夏林茂主持仪式。10月24日，区人力社保局、区委党校共同组织新录用的68名公务员进行集体宣誓。全年共组织经区人大常委会任命或者决定任命的国家工作人员以及区政府、区法院、区检察院任命的国家工作人员共153人次进行宪法宣誓。

（马涵之）

【无煤区建设推进大会】 7月7日召开。会议由文献主持，区发改委对无煤区建设工作进行部署，区环保局、鲁谷社区等部门代表进行表态发言，夏林茂与区环保局、街道系统代表鲁谷社区签订责任书。市环保局总工程师于建华对无煤区建设提出具体要求，夏林茂要求着力解决好制约无煤区建设的突出矛盾和问题，加快非正规燃煤设施改造、棚户区改造和“煤改电”等各项工作的步伐。市环保局、全区各委办局、各街道办事处（鲁谷社区）等100多家单位220余人参加会议。9月9日，无煤区建设工作推进协调会召开。至年末，通过推进无媒区建设，实现“三个大幅下降”：燃煤总量大幅下降。2013年正式启动无煤区建设以来，作为全市用煤大户，石景山区在前期首钢涉钢产业全部停产压减燃煤325万吨的基础上，再次压减燃煤

551.76万吨，占同期全市压煤总量的42.7%。散煤用户大幅下降。共削减民用散煤约1.6万户，完成散煤总量的98.9%。二氧化硫浓度大幅下降。二氧化硫年均浓度（反映无煤区建设工作成效的主要指标）由2006年的58微克/立方米降至是年的10微克/立方米，明显低于其他无煤化地区的限值，煤烟型污染已不是影响石景山区空气质量的主要因素，无煤区建设取得明显成效。

（马涵之）

**【物联网综合示范应用工程汇报会】** 7月20日召开。文献、司马红通过物联网技术对重点积水点监控进行实时巡查，观看系统演示。在听取汇报后，文献要求：在未来一段时期要发挥好物联网监控作用，重点保障好城市防汛、森林防火等工作。要确保物联网示范工程后续运维工作，由应急办和经信委共同协商拿出运维方案。发挥物联网技术应用在智慧城市建设中的关键支撑作用，加强各部门监控视频整合。

（马涵之）

**【完成319处拆违治乱任务】** 7月22日，召开治乱疏解建高端工作汇报会。与会人员观看工作纪实短片，听取指挥部办公室、街道分指挥部办公室、各系统汇报工作进展情况，指挥部办公室对下一阶段工作进行部署安排。区领导夏林茂、李文起、文献、田利跃、肖平，首钢总公司副总经理胡雄光，区有关部门领导参加会议，富大鹏主持。石景山区治乱疏解建高端专项工作自2015年10月启动，到6月30日完成319处拆违治乱环境整治任务，取得阶段性胜利。全区重新核定低端产业聚集人群大院台账524个，占地面积约74.36万平方米，已拆除建筑面积约34.32万平方米，疏解人口20094人。各项建高端重点工程顺利推进，医药物流产业基地、保险产业园建设项目、西绿东引园林绿化改造提升等一批代表性工程实现开工建设。上半年，全区新增园林绿化面积27.9公顷，改造17.49公顷，共种植各种乔灌木8207株。完成陆军总部营区周边绿化建设面积3.9公顷，京西商务中心绿化面积5.7公顷。依托“区治乱疏解建高端指挥部”工作平台，各专项工作组、各职能部门发挥各自职能和行业优势，密切配合、高效运作。城管执法监察局牵头联合街道分指挥部、公安、消防等12家单位，发挥执法主体的作用。以街道为第一责任单位，牵头治乱疏解工作，从发现、查处、执行到经费保障等的全环节管理，调动街道参与城市规划管理的积极性。发挥国资系统、集体经济系统、首钢总公司等属权主体的作用，与辖区街道整体联动，形成合力超额完成阶段目标任务。

（马涵之）

**【社会信用体系建设】** 7月25日，召开社会信用体系建设领导小组第一次联席会。区经信委总结社会信用体系建设相关情况，并对下阶段重点工作进行部署，工商分局汇报企业信用体系建设工作方案，区金融办介绍金融信用建设创新工作。会议研究落实《石景山区社会信用体系建设工作方案（2015—2017年）》相关工作。会议要求：各部门充分认识信用体系建设工作的重要性，认真履行职责分工，主动研究相关问题，在各自领域有突破性的开展信用建设工作。做好企业信用信息基础数据的归集和开发，强化对市场主体的信用监管力度，提升区域企业信用意识，共同营造良好市场环境。加强部门间的协同和信用信息的应用，推动建立守信联合激励和失信联合惩戒机制，形成“一处失信、处处受制”的联动机制。重点做好行政许可和行政处罚信用信息双公示工作，根据已梳理目录清单情况做到“应归尽归、应示尽示”。区信用联席会21家成员单位参加会议。

（马涵之）

**【驻京企业投资石景山·首钢行】** 7月28日，市投资促进局与区政府、首钢总公司联合举办的“2016驻京中外知名企业投资石景山·首钢行”活动在京燕饭店五层会议厅举行。市投促局局长周卫民，区领导夏林茂、文献、司马红，首钢总公司党委副书记、董事、总经理张功焰和澳门特区政府驻京办主任康伟、唐山市曹妃甸区常务副区长于广秋等领导参加活动。市投促局副局长苏宏主持会议。会上，周卫民从首都发展的新定位、新目标、新战略、新路径、新要求、新布局6个方面帮助企业家分析解读构建高精尖经济结构的首都城市战略定位和发展商机。活动中，文献代表区政府与曹妃甸区政府签订《关于疏解非首都功能促进两地协同发展试验区建设的框架协议》，司马红围绕区域定位、发展优势、建设项目及支持政策4个方面对石景山区整体情况进行介绍。北京保险产业园和金融街（长安）中心两个项目也在会上进行重点推介。此外，与会企业界人士还参观新首钢高端产业综合服务区产业园规划沙盘，实地观看立体车库示范表演，察看新首钢厂区环境，并积极与区有关部门人员进行沟通，详细了解石景山区金融、文创等产业发展情况、营改增政策、重点楼宇及地块，现场进行项目洽谈，表达投资石景山的强烈意愿。

（马涵之）

**【清洁空气行动计划总结督查】** 7月29日，召开清洁空气行动计划上半年总结及督查工作会。会议听取上半年工作进展及下半年工作安排、无煤区建设进展情况、非正规燃煤设施治理以及扬尘污染控制等重点工作汇报，区政府督查室通报上半年督查工作情况。会议指出，完成清洁空气行动计划各项工作任务是落实党中央、国务院和市委、市政府决策部署，加快改善石景山区空气质量，推动区域实现高端绿色发展的重要举措，各单位要不打折扣、不讲代价、全面完成。会议强调：按照责任书工作要求和时限，倒排工期，加大工作力度。下半年采取超常规措施，严格执法、加大处罚力度。大气办牵头抓总，各部门协同配合、主动作为、自我加压，围绕空气质量改善目标共同努力。按照区委区政府要求，加大督查力度，严格行政问责，确保年度任务完成。

（马涵之）

**【军民融合发展推进大会】** 8月1日

召开。牛青山代表区四套班子领导向驻区人民解放军和武警部队全体官兵、向全区军烈属、残疾军人、军队离退休干部、转业复员退役军人致以节日的祝贺和崇高的敬意,并就如何更好地开创军民融合发展新局面指出:军地融合发展任重道远,要继续履行党委政府的政治责任和政治担当,以"做得更好,争优创先"为目标,做到重大问题共商、共议、共建、共享。陆军政治工作部主任张书国对区委区政府的关心支持予以感谢,对石景山区获全国双拥模范城"七连冠"表示祝贺。市双拥办副主任、市民政局副局长陈卫东充分肯定石景山区双拥工作取得的成果,指出要积极进取,在支持军队改革上求创新;要协同创新,形成军民融合发展合力;要强化问题导向,在解决实际问题上求突破。夏林茂主持会议。李文起对《关于推进军民深度融合发展的实施意见》进行说明,并对争创全国双拥模范城"八连冠"工作进行部署。会上,军地领导共同为石景山区全国双拥模范城"七连冠"和"石景山区军民融合发展办公室"揭牌,军地双方代表还分别签署有关合作协议。中部战区政治工作部副主任刘滨等驻区部队相关领导,北京工业职业技术学院院长陈建民,区领导吴克瑞等出席会议。

(马涵之)

**【商品交易市场调整疏解】** 8月2日,召开商品交易市场调整疏解工作推进会。会议指出:市场的疏解转型要与全区规划相衔接,市场的升级改造要以具备规划条件为前提。会议要求:坚定推进商品交易市场调整疏解工作,加快商品交易市场调整疏解工作进度,分类推进再生资源回收市场、专业市场和菜市场的关、转、提升工作,稳妥推进商品交易市场调整疏解工作,法律保障和综合执法要全面跟上。

(马涵之)

**【通过国家卫生区复审】** 8月9—11日,全国爱卫办组织专家对石景山区国家卫生区复审工作进行暗访。同月17日,国家卫生城市暗访组下发暗访情况报告,并对照《国家卫生城市暗访调研评价表》为石景山区打分779.5分,建议基本通过此次暗访,标志石景山区通过国家卫生区复审。

(马涵之)

**【国侨办调研"侨梦苑"】** 8月11日,国务院侨务办公室主任裘援平到北京"侨梦苑"调研。市侨办主任刘春锋、副主任李长远,中关村科技园区管委会主任郭洪陪同调研。裘援平首先参观中关村石景山园、北京保险产业园,了解园区建设发展情况。在随后召开的座谈交流会上,司马红介绍北京"侨梦苑"基本情况、现阶段工作以及下一步工作等三方面情况,首钢总公司汇报"世界侨商创新中心"项目具体进展。裘援平对北京"侨梦苑"的建设给予肯定,希望加快"世界侨商创新中心"的建设速度,在建设过程中做好产业规划,引进更多高精尖产业,为华人华侨搭建综合服务平台,尽早形成产业集聚。夏林茂表示,下一步将积极推动北京"侨梦苑"和"世界侨商创新中心"建设,突出高精尖的产业发展特色。北京"侨梦苑"的建设要充分发挥石景山政策集成优势,进一步延展服务,建立健全为侨公共服务体系。"侨梦苑"是国务院侨办与地方政府联手打造的侨商产业聚集区和华侨华人创新创业聚集区品牌,是发挥侨务优势服务国家创新发展战略的重大举措和实施"万侨创新行动"的重要平台。国务院侨办联合地方政府在国家重大战略布局中的精华地带兴办"侨梦苑",目的是为广大侨胞创新创业搭建更加稳固的平台、建立健全更加完善的综合服务体系。

(马涵之)

**【赴保定市交流考察】** 8月19日,石景山区代表团赴保定市交流考察,并与保定市政府签署《战略合作协议》。双方将在推进产业结构转型升级、加强科技创新、促进基础民生、推动干部人才交流等方面展开合作。保定市委书记聂瑞平、市长马誉峰,区领导牛青山、夏林茂出席签约座谈会。考察团首先来到定兴县工业园区微纳环保科技有限公司,察看企业在定兴县工业园区内的规划建设情况,了解石景山区外迁企业在保定市落地情况及两地在京津冀协同发展框架下已开展的交流合作。随后,前往喜之郎食品有限公司,察看企业生产经营情况,结合展板听取产量、产值、税收等介绍,了解定兴县建设休闲食品产业集聚区及打造"中国休闲食品之都"相关工作情况。考察团随后到达保定市长城汽车技术中心,察看中心集造型、试制、试验、工程及产品开发等于一体的开发体系和流程以及集中优势资源进行节能减排、高效环保新车型的研发工作,了解民营企业在京津冀协同发展中对生态环境保护、产业升级转移所发挥的作用。签约座谈时,聂瑞平简要介绍保定市市情和推进京津冀协同发展有关情况。他表示,希望双方今后重点在现代金融、高新技术、文教卫生、商务服务、文化创意、旅游休闲等领域开展全方位的深度合作。此次签约既是两地协同发展的初步成果,更是日后两地加强合作的新起点。牛青山对保定市推进协同发展取得的丰硕成果表示祝贺。石景山区推进京津冀协同发展领导小组办公室与定兴县人民政府,中关村科技园区石景山园管委会与定兴县政府,定兴县金台经济开发区与石景山区京西创业公社,黄庄职业高中与定兴县职业技术中心,石景山医院与定兴县医院分别签署合作协议。保定市委副书记、副市长许立群主持签约座谈会。保定市副市长闫立英,区领导李文起、文献、种磊、司马红出席签约座谈会。

(马涵之)

**【全国健康促进区试点】** 9月14日,全国健康促进区试点工作项目专家组对石景山区进行终期评估验收。专家组首先听取两年来开展全国健康促进区试点工作的汇报,随后分为七个组对试点工作进行全面、细致的综合评估。资料组重点查看"将健康融入所有政策"策略实施情况、多部门合作开展健康促进活动等开展全国健康促进区工作资料,现场组分别对中国医学科学院眼科医院、实验小学、新华社社区居委会、八大处公园和八角雕塑公园等地进行实地考察。专家组对石景山区开展全国健康促进区试点工作给予肯定，发挥“政府主导、部门协作、专业指导、社会动员、全民参与”工作机制，全面实施“将健康融入所有政策”策略，各项工作开展有序，亮点特色工作突出。

（马涵之）

**【与同仁堂战略合作】** 9月27日，举行石景山区与中国北京同仁堂（集团）有限公司战略合作框架协议签约仪式。同仁堂（集团）有限公司党委书记、董事长梅群，党委副书记、总经理高振坤，党委常委、副总经理张荣寰，副总经理李缤，同仁堂商业集团党委副书记、总经理李国盛，党委书记、总审计师李济柱出席活动。牛青山表示，区委区政府将以最实在的态度、最优惠的政策、最良好的服务，不断深化双方合作，力争取得可喜成果。同时希望同仁堂在打造以中医药为特色的健康管理社区和以中医健康养老为特色的居家养老服务体制改革中贡献力量，推动中医药事业在石景山区的发展。梅群感谢区委区政府对同仁堂事业发展给予支持，表示同仁堂将努力把战略协议转化为实实在在的合作成果，共同推进生命健康产业的新发展，以优质的产品、优良的服务奉献石景山区人民。

（马涵之）

**【企业信用档案库建成】** 9月27日，企业信用档案库揭牌，标志着全市首个企业信用档案库硬件基本建成。档案库面积近300平方米，设置纸质档案存放和电子档案加工两个功能区，其中档案存放区200平方米，档案密集架27列共188节，可存放3万户企业信用档案，基本满足未来5年的工作需要。库房采用二维码技术管理，严格按照规定配备七氟丙烷气体灭火报警系统、温湿度调节设备和防盗门窗，并将库房管理、人员出入、保密、等制度上墙，确保企业信用档案存放安全、检索高效、管理规范。信用档案库的投入使用，为企业信用档案集中归集和查询提供基础保障，为全区社会信用体系工作做好档案数据支撑。

（马涵之）

**【模式口文保区修缮改造】** 10月，模式口文保区修缮改造工作启动。横贯东西的模式口大街和纵贯南北的法海寺大街将分别被打造为两条文化街，该地区将依托风貌较好的24座传统文化院落发展模式口文化，打造博物馆、传统手工艺坊和传统文化表演场地等，力争将山景、水景、古街景有机融合起来，再现京西古道特色意境。同月17日，夏林茂就模式口文保区修缮改造工作召开专题会议，听取设计单位对该地区规划及街景改造方案思路。他提出：要杜绝千篇一律的改造方案，加强对历史原样的保护工作。要落实责任规划师和责任建筑师制度，所有沿街建筑立面及重点位置改造方案需经专家论证研究通过后进行实施。要摸索模式口地区生活模式和社会形态，借鉴茶儿胡同等小微院落改造的方式。下一步，规划分局将加强对模式口文保区改造思路探索工作，深化研究改造方案，为继续改善街区景观延续历史沿革奠定良好基础。模式口原名磨石口，位于石景山区中部，是历史上重要的京西古镇，占地约35.6公顷，是北京市公布的第二批历史文化保护区。模式口地区主要由模式口村、法海寺森林公园组成，除现存39处可保留的古民居，还有法海寺、承恩寺、田义墓、第四纪冰川擦痕等众多文保单位。

（马涵之）

**【精细化管理改善空气质量】** 10月27日，召开空气质量改善精细化管理工作专题会。夏林茂、文献、富大鹏以及区大气办33个成员单位主要领导参加会议。会议听取区大气办汇报当年辖区空气质量改善精细化管理工作方案。全区划分为三个等级区域，实施精细化管理措施，整合多部门、街道资源，加大执法力度，腾出环境容量，降低污染排放，以扬尘、燃煤、机动车和餐饮污染排放为重点，改善区域环境，实现“十无”目标，即：无露天烧烤及露天焚烧、无散煤使用、无裸露地面及砂石料堆、无占道经营、无违法经营场所、无露天餐饮经营、无未达到绿色标准工地、无游商、无黑车聚集点、无黑摩的聚集点。

（马涵之）

**【保险产业园一项目主体结构封顶】** 10月，北京保险产业园648地块项目主体结构封顶，这是北京保险产业园建设的一个重要阶段性成果。648地块项目总建筑面积111449平方米，是集办公、商业、保险、酒店于一体的大型商业综合体，是北京保险产业园首开地块，也是全面实施“融合山水谋发展 建设首都西大门”的旗舰项目。648地块从4月开始，历时6个月完成基础施工和主体结构施工，并顺利通过“结构长城杯金杯”专家组验收，获得“北京市绿色安全工地”称号。区建筑公司在执行过程中严把质量关、安全关，严格按照现行国家标准，把绿色三星建筑标准贯彻每一个施工环节。随着648地块项目主体结构封顶，后续地块的上市、开发、建设的节奏也逐步加快。下一步将进行整个项目的内装和外装工作，预计在明年年底整个工程实现竣工。

（马涵之）

**【京津冀协同发展社会组织高峰论坛】** 11月3日在石景山区举办。国家社会组织管理局巡视员李波，市政府专家咨询委员会委员、瑞典皇家工程科学院外籍院士、北京循环经济促进会会长吴季松，清华大学公共管理学院教授、清华大学NGO研究所所长王名，中国社会报社社长周蔚华，市民政局副局长谢延智，中国社会组织促进会副秘书长张树中，中国社会组织杂志社社长秦艳，天津市社团局局长张宝甫，河北省民间组织局管理局局长郭百服，国家发改委区域合作与开发研究所所长、中国人民大学京津冀协同发展研究所副院长景朝阳出席活动。文献强调，首钢搬迁推动石景山区率先踏上高端绿色的转型之路，成为京津冀协同发展的先行示范区，希望社会各界更加关心支持石景山区高端绿色发展。陈婷婷代表石景山区政府将会旗移交给下届论坛举办地天津市滨海新区。本次论坛吸引京津冀三地优秀行业协会商会负责人、优秀会员企业负责人，社会组织及区域协同发展领域专家学者近260人参会。

（马涵之）

【商品交易市场调整疏解】 11月11日，召开商品交易市场调整疏解工作推进会。会议听取区商务委、国资委、集体经济办关于商品交易市场调整疏解工作总体进展情况汇报，并对下一阶段的工作计划和任务推进进行讨论。会议指出："治乱疏解建高端"指挥部产业发展组要加强研究，为市场转型提供思路和项目选择建议。市场疏解工作要跟"大杂院"整治、棚改项目规划"对好账"，避免盲目转型。在市场调整疏解工作过程中要做好生产安全工作。会议强调：市场疏解工作要具体问题具体研究，对于历史遗留问题要采取"一企一策"的方式。市场疏解后转型的项目要选择诚信单位建设经营。对于纳入棚改项目腾退范围的市场，可以借助棚改工作推进，但不能单纯地依靠棚改，要积极想办法统筹实施。会议要求：要提高认识、明确责任。各部门要将思想统一到区委、区政府决策部署上来，切实落实责任。要克服困难、加快推动。市场疏解工作两年全面完成的目标不能变，各相关部门要加快工作进度，确保任务按进度要求推进。

（马涵之）

【应对空气重污染红色预警】 11月17日，召开全力应对空气重污染红色预警再动员再部署工作会。夏林茂传达《关于认真贯彻落实郭金龙、蔡奇同志批示精神，扎实做好空气重污染应对有关工作的紧急通知》，并提出要求。同日，市环保局副巡视员王瑞贤到区督查空气重污染红色预警措施落实情况。区领导高度重视，赴一线带队检查；各成员单位履职尽责，齐抓共管，形成良好监管机制；各企业形成应急预警机制，保障各项应急措施落实到位。全区出动各类执法检查、清扫保洁人员1232人次，检查各类污染源和工地点位543家次，查处无照经营82起，没收小煤炉32个，处罚3起。文献、富大鹏、肖平赴基层、工地、企业，深入一线检查应急措施落实情况。区住建委、区城管委等相关部门协同配合，加大工地扬尘检查，检查工地98家次，责令3家未停工、土堆未苫盖的工地立即整改。区经信委检查23家限产工业企业，未发现违反限产规定的行为。首钢厂区内脱硫车间厂房改造工程、首钢厂东门复建项目，工地均按要求停止土石方、建筑拆除、混凝土浇筑等施工作业，同时对工地裸露地面采取防尘网进行苫盖。京西热电接到预警应急工作部署后，降低锅炉燃烧负荷，减少排放，达到限产要求；日常氮氧化物浓度控制在15毫克每立方米以下，现场监测数值达到排放标准。区城管委封存建筑垃圾运输车45台，多部门联合检查机动车15辆，现场处罚7辆、查扣1辆。区环保局检查固定源19家，处罚1家未安装油烟净化器的餐饮企业，检查流动源5059辆，超标9辆。区委宣传部通过短信平台提示全区民众加强空气重污染日防护。区环保局通过网站、官方微信公众号、LED屏等多种渠道，对空气重污染期间应急监察执法工作及公众防护措施进行宣传。区气象局密切监测天气变化，细致进行天气分析，提示公众做好预报预防措施。区有线电视台滚动播放空气重污染预警启动信息。

（马涵之）

【公共服务向首钢唐山地区延伸】 12月13日，区人力社保局、唐山市人力社保局、首钢总公司共同签署《共同推进首钢唐山地区企业人力资源和社会保障公共服务发展的合作协议》，正式建立"北京市石景山区首钢唐山地区社会保障事务服务中心"和"北京市石景山区劳动人事争议仲裁院首钢唐山地区巡回仲裁庭"。标志着石景山区率先将公共服务触角延伸至首钢唐山地区，打造石景山人力社保服务"升级版"，助力京津冀协同发展又上新台阶。"社会保障事务服务中心"将为首钢集团唐山地区所属企业提供社保经办、退休审核、工伤认定、定点医疗机构管理、劳动能力鉴定、就业指导、失业管理、就业帮扶、就业培训、技能鉴定等十余项政府公共服务；"巡回仲裁庭"将加强京津冀劳动人事争议调解仲裁工作配合，维护首钢唐山地区企业与职工之间劳动关系和谐稳定。

（马涵之）

【疏解整治促提升行动】 12月17日，召开"疏解整治促提升"专题会。会上，区发改委汇报十大专项行动工作进展情况，各单位就十大专项行动工作任务进行说明并结合2017年工作任务进行讨论。针对下年度人口调控工作任务，会议提出一要减违章，彻底消除各类违法建设；二要退产业，该退的必须清退；三要加棚改，加大棚户区改造推进力度，进一步改善城市环境。会议要求，聚焦任务量，核心是模清底数，条出块核，各专业部门出数，属地街道要核清楚，不能马虎。聚焦拆违，相关部门要结合违法建设拆除工作研究制定具体的建设性政策，确保拆违工作落到实处。夏林茂指出：把各大专项行动涉及的工作存量和任务量摸清楚，做到底数清、情况明。各部门与各街道尽快做好对接，提早开展工作。各部门与各街道通力合作，各部门加强对街道工作的指导和调度，各街道及时总结工作经验并进行交流借鉴。要资金在平台放大、奖补引导、购买服务上下功夫，争取最大的资金力度。要统筹政府与社会力量，促进十大行动任务抓好落实。梳理重点，以衙门口、北辛安、模式口、五里坨等区域为重点片区推动十大专项行动任务的开展。截至年底，先后集中开展3次针对向众多乱点、乱象的"亮剑行动"，528个大杂院完成91%的清理整治任务，关停22个非法幼儿园，清理139处地下空间，拆除672处群租房，常住人口今年实现由升转降，比年初减少1.7万人，控制在63.5万人以内。

（马涵之）

【代表建议、委员提案办理】 全年区政府共承办市代表建议、委员提案12件，其中建议9件，提案3件。主办3件，会办9件。承办件主要涉及城市管理、城市建设等方面，全部办结。共承办区人大建议和政协提案269件，全部按期办复。代表建议委员提案所提问题经过努力得到基本解决的195件，占72.5%；列入工作计划或研究计划，问题需要逐年解决的48件，占

17.8%;代表委员提出的建议受财力、法律法规和政策规定等条件限制不能解决,向代表解释说明的26件,占9.7%。

(马涵之)

**【全面推进政务公开】** 年内,区政府贯彻落实党中央、国务院关于全面推进政务公开工作精神,以面向基层、面向群众为重点,以完善政务公开内容和方式为核心,主动公开群众关切事项。第23次区长办公会审议通过《石景山区关于全面推进政务公开工作的实施意见》,坚持以公开为常态、不公开为例外,推进行政决策公开、执行公开、管理公开、服务公开和结果公开。围绕京津冀协同发展、人口调控以及"八个高端体系",重点推进区政府部门权利清单、重点工程、治乱疏解建高端专项行动、食品药品监管、财政预决算、安全生产、以教育医疗等为核心的公共企事业办事公开等方面的内容。按照《政府信息公开条例》《北京市政府信息公开规定》要求,区信息公开办加大与市公开办、区法制办以及相关部门的沟通协调力度,对内容疑难复杂、涉及部门多、影响群体广、示范意义强的申请,及时组织相关单位进行研究会商后,再进行答复,减少行政复议诉讼时被纠错的风险。全年主动公开政府信息2298件,受理信息公开申请216件。在区级层面成立政府信息和政务公开领导小组,组长由常务副区长担任,常务副组长由区政府办主任担任,明确领导小组和办公室的职责。在区政府办成立政府信息和政务公开科、政府网站信息内容监管科,配齐配强工作人员。

(马涵之)

## 政府日常政务

### 概　　述

石景山区人民政府办公室(简称区政府办)是区政府的综合协调部门和办事机构,设有督查室、应急办、综合科、秘书科、会议科、绩效管理科、信息科、政府信息和政务公开科、联络科、机要档案科等科室。年内,围绕区委区政府中心工作,锐意进取,团结拼搏,圆满完成各项工作任务,确保全年各项工作的顺利开展。

**地址:石景山区石景山路18号**
**电话:88699600**
**邮编:100043**
**传真:88699611**
**办公时间:9:00—17:30**
**值班电话:88699600**

(马涵之)

**【公文档案】** 区政府办全年收上级文件2167件,办理请示1618件,正式发文384件,转发各类文件21000余件,组卷806件。

(马涵之)

**【文稿起草】** 年内,区政府办围绕中心,服务大局,积极改进文风,完成各类综合文稿120余篇,共计35余万字。

(马涵之)

**【信息编报】** 区政府办全年编发《石景山政务》等刊物226期,其中《石景山政务》普刊52期、《石景山政务》专刊78期,编发手机报96期。被市政府采用180条,获得市领导批示12条。

(马涵之)

**【政务公开】** 年内,区政府办印发《石景山区关于全面推进政务公开工作的实施意见》。办理各类信息公开咨询12271人次,其中接受现场咨询3421人次,受理电话咨询8373人次,解答网上咨询477条。办理信息公开申请216件。

(马涵之)

**【会议组织】** 年内,区政府办严格审核会议材料,精简压缩常务会、办公会议题,全年共召开41次,研究182个议题,召开区政府党组会10次,研究18个议题。

(马涵之)

**【服务保障】** 年内,区政府办完成市政府领导、区政府领导调研检查工作20余次,承接市、区应急视频会议30余次。

(马涵之)

**【应急管理】** 年内,区政府办完成重点时期的应急值守工作,累计加强应急值守46天。及时化解各类风险隐患,妥善处置"12·7"永乐西小区燃气爆燃善后,以及"7·20"特大暴雨天气应对、金二小部分学生家长聚集、汇利丰花鸟古玩市场火灾等突发事件80余起。

(马涵之)

**【督查落实】** 区政府办全年下发督查单101件,涉及436项内容。督办市重点项目15项,区政府折子工程93项,牵头推进"八个高端体系"建设重点任务36项,督促落实市区领导批示事项206件,统筹协调26项市政府绩效管理考核任务。落实中央环保督察保障、国务院第三次大督查迎检自查、北京市经济责任审计保障等领导交办的重要事项。

(马涵之)

**【联络服务】** 区政府办全年办理市"两会"建议提案12件,区人大代表建议110件、政协委员提案159件,办复率达到100%。受理各类反映问题22288件,受理北京市非紧急救助服务中心电话交办件1440件,网络电子派单20848件。

(马涵之)

## 政府法制工作

### 概　　述

北京市石景山区人民政府法制办公室(简称区法制办)是区政府主管法制工作的办事机构,对区政府法制工作负有指导、协调、组织和监督责任。年内,区法制办围绕"两学一做"学习教育、疏解治乱建高端、城市综合管理体制改革、"八个高端体系"建设等区委、区政府中心工作,以全面推进依法行政,加快建设法治政府为目标,转变作风,认真履责,加强综合统筹协调,扎实推进法治政府建设。各项工作稳步推进,为促进"两个生态"建设提供重要的法治保障。

**地址:石景山区石景山路18号**
**电话:68607189**

邮编：100043

（高　琳）

【领导干部学法】　年初，区法制办制定《2016年石景山区领导干部及工作人员学法计划》，坚持集体学法、专题培训、法制讲堂等，促进公务员学法经常化、制度化，并针对领导干部依法行政培训制定专项规划，把学习法律与运用法律解决实际问题紧密结合起来，增强学法的针对性和实效性。会同区委组织部、区政府办、区司法局和区人力社保局共同落实，规范学法形式、落实工作责任。区政府常务会会前学法活动，重点突出新法学习，借助区域教育资源优势，讲解新法。针对区域重点、难点工作，邀请市级有关部门领导讲解法律法规，相关职能部门一把手全程列席学法活动。区领导结合新法规定的政府职责，进行任务部署，明确责任单位，督建工作机制，确实将学法效果落到实处。区政府常务会全年完成对《法治政府建设实施纲要（2015—2020）》《北京市统计条例》《中华人民共和国大气污染防治法》以及《北京市实施＜居住证暂行条例＞办法》的学习，区长办公会完成对《北京市安全生产事故隐患排查治理办法》的学习。以区委党校和首都高校为依托，与区委组织部组织共同举办依法行政专题研讨班2期，全区处级以上领导干部共80余人参加。研讨班采取专家授课、法院旁听、案例分析等方式，就“提高运用法治思维和法治方式处理问题的能力”“突发事件危机管理”等内容，结合区情和工作实际，进行专题研讨。学时达到40课时。

（高　琳）

【权力清单公示】　年初，区法制办督促区属各行政执法部门按要求完成行政处罚自由裁量基准的细化、规范、备案和公示工作。要求区级各委办局根据市级委办局公示内容，于1月31日前完成本级部门行政处罚裁量基准的拣选、核对及相应文本和表格文件的制定工作，督促各部门3月31日前通过本部门门户网站向社会公示，确保上述两项内容对外公示规范统一。此外，配合区审改办结合本区机构设置的实际情况，拣选、补充、丰富政府各有关部门的各类行政权力的依据、主体、职权和运行流程，共审核行政强制、行政征收（实物类）、行政裁决、行政检查和其他5类权力清单近900项。同时，加强监管，运用各种手段开展权责清单公布的监督检查工作。配合区政府审改办采取多种形式对区属部门开展监督检查：通过部门门户网站抽查方式了解各单位在本部门网站和行政服务窗口公布权力清单中涉及本部门的行政职权事项的情况，发现没有按照要求公布清单细则或流程图内容不完备的单位通过电话进行第一轮沟通催促；联合监督监察科进行实地走访检查。采取随机抽取检查对象的方法，从全区各单位中抽取区社工委、区城管委、区民防局等11家行政单位采取听受检单位汇报有关工作情况、查看相关工作记录和台账等方式综合开展检查。

（高　琳）

【精简行政审批事项】　3月、6月分别印发《关于做好国务院取消行政审批事项和清理规范中介服务事项落实工作的通知》及《关于落实北京市政府审改办＜关于贯彻落实国务院第一批和第二批取消中央指定地方实施行政审批事项的通知＞的通知》，要求各相关部门对照梳理自查。经汇总，石景山区对照取消中央指定地方实施的行政审批事项共7项，市级取消的77项审批事项中涉及石景山区的有4项，均已取消落实到位，同时逐项制定事中事后监管措施，做好后续衔接工作。

（高　琳）

【执法资格考试】　4月5日，举办全区各街道行政处罚执法资格考试。9个街道（鲁谷社区）18名即将从事行政执法工作的人员参加此次考试。为协助各单位人员备考，切实提升新任执法人员法律水平，考前特别邀请市政府法制办执法监督处调研员进行授课，有针对性地就街道所具有的两项行政处罚权进行讲解。9月29日，举行石景山区行政处罚执法资格考试，129人报名参加，其中126人成绩合格。

（高　琳）

【行政处罚案卷评查】　8月15—19日，区法制办按照区政府推进依法行政工作的总体部署和《北京市行政处罚案卷评查办法》要求，组织开展年度全区行政处罚案卷集中评查工作。此次案卷评查随机抽取21个行政执法主体的61本行政处罚案卷（含业务指导4卷），评查按照评阅—复核—意见反馈—申述申辩的程序严格进行，确保案卷评查工作的公开、公平、公正。参评案卷中，优秀卷60卷，优秀率为98.4%；合格卷1卷，占抽取案卷总数的1.6%；无不合格卷。从评查结果来看，案卷总体水平比上年有所提高，优秀率比去年上升2%，不合格率为零。

（高　琳）

【推进两法衔接工作】　11月9日，区法制办召开年度“两法衔接”、公益诉讼工作部署暨培训会，对“两法衔接”工作作出具体安排。会议要求健全行政执法和刑事司法衔接机制，实现行政处罚和刑事处罚无缝对接，发挥行政执法机关和司法机关整体合力，在治乱疏解建高端行动中，特别要针对拆违、食品药品安全、环境保护等领域，全方位打击涉嫌犯罪案件，形成行政执法机关与司法机关齐抓共管的良好格局，增强依法打击各类犯罪的震慑力，依法监督移送查办一批群众反映强烈、容易诱发各类社会问题的重点案件。

（高　琳）

【推进负责人出庭应诉】　11月10日，北京市第四中级人民法院公开开庭审理肖××诉北京市石景山区人民政府请求撤销搬迁协议一案，夏林茂出庭应诉。区法院院长，区政府各委办局、街道办事处等多个行政机关负责人参与案件旁听。原告认为，2010年区重点工程建设中心与其签订的《铸造村一区1号楼住宅房屋搬迁协议》及《补充协议》违法，请求予以撤销。庭审中，夏林茂多次发言，并在辩论阶段就协议的合法性展开论述。夏林茂强调，被诉协议所涉及的搬迁项目是政府一项惠民工程，主要目的是为解决群众实际困难，让居民有一个安静舒适的生活环境。原告与重点工程建设中心签订的《搬迁协议》及《补充协议》补偿价格公平合理，且完全尊重居民个人意愿和选择，无任何强制措施。最后陈述阶段，夏林茂代表区政府作总结性发言，请求法院依法驳回原告诉讼请求。此次区长亲自出庭应诉，体现区政府对依法行政工作的重视，进一步增强区属各级行政机关依法行政的意识，促进行政机关执法水平及应诉能力的提升，对推动区政府法治建设具有重要作用和意义。年内，落实《行政诉讼法》和最高院司法解释，以及《石景山区行政机关负责人出庭应诉工作规则》（石政发〔2015〕29号）相关要求，促使各承办单位负责人出庭应诉，提升领导班子依法行政意识。全年行政机关单位负责人参与17件出庭应诉，占开庭案件比例21%，逐步实现行政诉讼案件负责人出庭应诉常态化。

（高　琳）

**【法制干部培训】** 年内，区法制办加强对全区法制干部教育培训工作，邀请政府法律顾问、专家学者、资深法官，针对执法工作中的重点领域和存在的薄弱环节，结合十八大系列会议精神、法治理论、法律解读、执法技巧等内容开展法治培训，提高培训实效性。邀请市高级人民法院行政审判庭副庭长结合行政败诉案件，讲解如何强化法治思维、促进法治政府建设。邀请市政府法制办复议处负责人，结合复议案例就政府信息公开类行政复议案件基本情况和特点进行专题讲解。邀请市政府法制办执法监督处负责人结合行政处罚执法资格考试，讲解行政处罚执法实践及其注意事项。邀请区法院行政审判庭庭长结合案例对区行政机关政府信息公开工作提出的建议。与区法院联合组织法制干部参加行政诉讼庭审旁听活动，通过以案说法增强其程序意识、证据意识和诉讼意识。

（高　琳）

**【街道法制机构建设】** 年内，区法制办贯彻落实中共中央、国务院《法治政府建设实施纲要（2015—2020）》和北京市《法治政府建设实施方案（2015—2020年）》，加强街道法制机构建设，结合城市管理体制改革需要及目前各街道（鲁谷社区）依法行政工作开展的实际情况，各街道（鲁谷社区）通过召开工委会或主任办公会等形式明确主管法制工作的领导、承接法制工作的科室，明确人员、明确职责。

（高　琳）

**【服务城管体制改革】** 年内，与市法制办对接，就城市管理体制改革及治乱疏解中的重点问题，与市法制办、市编办进行深入研究和探讨。按照市政府调研工作要求，对城管体制改革后各街道所承担的职责进行梳理，从职责来源、行使依据、行使对象等方面进行分析，共梳理街道职责6大类共660项。

（高　琳）

**【法治政府建设考核】** 年内，区法制办按照区政府督查室工作要求，对照市政府《2016年区政府依法行政考核指标》，对依法行政考评体系进行完善，科学设置考核指标。修订完善《行政绩效执行力评价考核实施细则》（法制办部分），突出对领导干部运用法治思维和法治方式能力、行政执法效能、重大行政决策、行政行为规范监督等重点内容的考核。把法治政府建设成效作为衡量考核领导班子和领导干部实绩的重要内容。

（高　琳）

**【组织旁听诉讼庭审】** 年内，针对行政诉讼案件数量大幅上升，行政机关应诉能力亟待加强的现状，区法制办联合法院多次组织政府工作部门、街道办事处法制工作主管领导及执法人员旁听法院庭审。通过旁听案件庭审，强化行政机关在执法活动中的程序意识、证据意识、规范意识和准确适用法律依据的意识，提高依法行政水平。

（高　琳）

**【文件合法性审查备案】** 年内，区法制办完善制度规定，细化工作要求，加强规范性文件合法性审查和备案监督工作。多次参与区里重大、疑难案件的办理，“向阳农工商案”“地下停车场改建群租房”“群租房专项清理”“非法幼儿园专项清理”“酒吧街拖欠工程款案件”“12·07燃气爆燃善后工作”等重大案件，主要特点是处理难度大、涉及面广，有的是历史遗留问题。配合做好法规规章征求意见工作，全年共收到市政府法律、法规、规章草案征求意见6件，涉及残疾人保障、中关村自主创新示范区、行政问责、价格监测、自然科学基金、工伤保险、森林防火、审计制度等多个方面。累计向36家单位征求意见6次，收集意见经整理后按时向市政府报送。加大规范性文件及合同审查力度，引入“外脑”参与审查工作，借助资深专家学者的专业法律优势，为政府签署重大合同提供优质法律服务。全年完成规范性文件合法性审查，出具合法性审查意见47件，同比增长17件。审查区政府及相关部门签订民事合同4件（分别是《中国新兴建设开发总公司施工合同》《北京日日豪工程建设监理有限责任公司监理合同》《北京中数金桥文化产业投资中心世界旅游城市体验中心委托经营协议书》《国税局还建协议》）等。所有以区政府名义制发的规范性文件均按规定报市政府备案，报备率、及时率、规范率实现100%。

（高　琳）

**【行政复议】** 区政府作为复议机关全年收到行政复议申请72人次，案前和解26件，经审查决定不予受理2件，受理行政复议案件44件，受理案件全部审结，其中维持12件、驳回13件、终止13件、撤销3件、确认违法2件、责令履职1件。年内，区政府常务会专题听取行政复议应诉工作情况汇报，夏林茂与区委政法委、区法院以及区征收办、经信委、住建委、城管执法局、工商分局、交通支队、食药监局、古城街道等新收案件主要涉诉单位主要领导进行专题研讨。为提高行政机关行政执法及行政复议、行政应诉能力，区法制办组织全区行政机关工作人员就行政案件立案标准，行政执法及行政审判注意事项，合同的订立、履行和解除，信息公开等多个方面进行培训，进一步提高各级行政机关工作人员对依法行政工作的理解和把握。

（高　琳）

**【行政诉讼】** 年内，以区政府为被告的行政诉讼案件共34件。一审行政诉讼案件25件，其中单独以区政府为被告的一审行政案件17件，区政府作为复议机关与原行政机关共同应诉的案件共8件。二审案件8件，区政府作为复议机关与原行政机关共同应诉案件5件，区政府单独应诉案件3件。再审案件1件，为区政府作为复议机关与原行政机关共同应诉。共审结一审案件23件，其中判决驳回诉讼请求2件，裁定驳回起诉13件，裁定移送管辖1件，撤诉案件5件，判决撤销2件。审结二审诉讼案件6件，其中判决驳回诉讼请求4件，裁定驳回起诉2件。诉讼案件量同比增长26%。案件主要集中在土地权属争议、信息公开、征地拆迁、房屋征收、行政不作为等方面。

（高　琳）

**【行政调解】** 年内，区法制办接到行政复议申请后，将行政争议解决关口前移，利用行政复议现场接待的沟通优势，面对面听取当事人根本诉求，明确矛盾焦点，为矛盾双方搭建调处平台，引导双方当事人平等协商，通过答疑解惑、沟通、协调、释法说理等多种方式促成复议当事人达成合意，化解争议。全年受理行政调解案件1440件，涉案人数2109人，涉案金额74.34万元。调解成功1339件，成功率91.7%。民事调解案件共计1421件，调解成功总数1320件。行政调解案件共计19件，调解成功19件。

（高　琳）

## 民族·宗教

### 概　述

北京市石景山区民族宗教事务办公室（简称区民族宗教办）是区政府主管民族宗教工作的职能部门，行政编制7人，实际在岗人数7人。截至年底，全区常住人口由46个民族组成，少数民族人口为2.1万人，占常住人口的3.4%，人数较多的少数民族分别是满族8884人、回族5697人、蒙古族2374人。民族幼儿园1所，民族团结教育示范校2所，民族团结教育基地1处，民族养老院1所。有天主教、基督教、佛教、伊斯兰教4种宗教，信教公民约2万余人，其中天主教信徒2000余人，基督教信徒3000余人，伊斯兰教信徒6000余人，佛教信徒9000余人。辖区内有宗教活动场所6处，即北京灵光寺、北京大悲寺、北京双泉寺、石景山清真寺、石景山区天主教老山弥撒点和石景山区基督教古城聚会点。年内，区民族宗教办深入学习贯彻中央民族工作会议、全国宗教工作会议和习近平总书记重要讲话精神，深刻领会把握中央关于民族宗教工作的新思想、新论断、新要求，进一步增强全区党政领导做好民族宗教工作的责任担当，进一步提高各级民宗干部依法管理民族宗教事务的能力水平，按照全面深度转型、高端绿色发展战略要求，努力维护民族团结进步、宗教和睦稳定的良好局面。

**地址：石景山区石景山路18号**
**电话：88699260**
**邮编：100043**

（路　卿）

**【参与公益慈善事业】** 1月19日，区民族宗教办在古城街道与区佛教协会联合举办“我们和你在一起”爱心帮扶活动，帮助本区生活困难的少数民族群众和特困家庭，为辖区内80户特困家庭发放慰问品和慰问金；6月24日，区伊斯兰教协会在石景山清真寺举办“善行斋月·尊老敬老”主题公益活动，为22位“荣誉穆斯林老人”颁发“善行斋月礼包”。9月12日，区佛教协会第八届“慈悲情怀 利乐众生”中秋慈善活动在西山八大处举行，各界佛教人士和嘉宾为辖区内100户困难家庭进行慈善捐助。自区佛教协会成立以来，募集善款超过百万元，用持之以恒的善举向需要帮助的人伸出援手，多方资助贫困学生、孤寡老人和残障困难家庭。区基督教“三自”爱国小组、区天主教爱国小组也积极筹集善款为福利院、残婴院捐款捐物、奉献爱心。

（路　卿）

**【宗教活动平稳有序】** 5月14日，北京灵光寺举行浴佛节法会活动，有佛教信徒2万余名参加。7月6日，石景山清真寺举行开斋节庆祝活动，有1000余名各族穆斯林群众参加。12月24日平安夜，区天主教老山弥撒点和基督教古城聚会点分别举行宗教庆祝活动，400余名天主教信徒和350余名基督教信徒分别参加活动。同月25日圣诞节，天主教老山弥撒点举行“天明弥撒”，有220余名天主教信徒参

5月14日，灵光寺举行浴佛节庆典　（区民族宗教办供稿）

加。基督教古城聚会点组织文艺表演,有320余名基督教信徒参加。期间,区民族宗教办、公安分局、城管执法局、交通支队、消防支队、属地街道办事处和相关公安派出所密切配合,活动全程现场值守,确保相关庆祝活动平稳有序。

(路　卿)

**【民族团结创建系列活动】** 5月19日,区民族宗教办举办以"弘扬民族传统文化,促进民族团结融合"为主题的民族体育器械捐赠仪式,为石景山区实验小学、古城街道民族幼儿园赠送民族传统体育运动器材,推动民族传统体育进校园活动。6月3日,在广宁街道高井热电厂举办石景山区第八届民族健身操舞大赛,来自全区街道系统、教育系统的32支队伍600余名健身操舞爱好者参赛。10月19日,在八角街道文化广场举办"民族团结一家亲 同心共筑中国梦"石景山区民族团结进步创建成果展。集中展示宣传展板31幅,发放民族宣传品500余份,分别介绍石景山区民族团结优秀成果和宝贵经验,形成数万字的文字材料和几十张典型照片。借助宣传展示平台,宣传推广冰蹴球、空竹、打花棍3项民族传统体育项目,通过专业老师讲解和展示,共吸引居民群众500余人参与,普及和推广绵延至今的民族传统体育项目。

(路　卿)

**【清真食品进社区活动】** 7月6日开斋节,在石景山清真寺开展清真食品进社区活动,吸引5家清真企业参与,为社区的少数民族群众提供便利。9月12日,区民族宗教办组织辖区内2家清真主副食网点在石景山区清真寺举办"清真食品社区展卖活动"。此次活动以各民族"共同团结进步,共同繁荣发展"为主题,以优惠的价格,售卖清真食品,方便少数民族群众生活。

(路　卿)

**【民族宗教专题培训】** 9月13—14日,区民族宗教办联合区委统战部、区公安分局举办深入学习贯彻全国宗教工作会议精神专题培训班。全区民族宗教工作领导小组主管领导、各街道工委副书记、办事处副主任、统战干部、民宗干部、基层民警160人参加培训。

(路　卿)

# 行政服务

## 概　述

北京市石景山区行政服务中心(简称中心)是政府统一、集中、联合办理行政许可和行政审批事项工作的组织、协调、指导、监督机构。内设办公室、协调管理科,下设服务保障部。年内,中心围绕区委工作部署,聚焦"两大生态"建设,深入开展"两学一做"学习教育,扎实推进政务服务体系建设,整合政务资源,转变服务方式,优化服务流程,提升服务效能。全年20家具有行政审批职能的政府部门76人进驻办事大厅,进厅事项240项,其中即时办理15项,限时办理225项;行政许可类事项183项,行政非许可类事项57项。驻厅单位接待办理行政审批服务事项173750人次,办理咨询事项119500件,受理行政许可服务申请54250件,审定行政许可服务事项54250件,送达行政许可服务决定54000件。

**地址:石景山区实兴大街30号院17号楼**
**电话:68862780**
**邮编:100041**

(段红玉)

**【行政审批资源整合】** 3月28日,中心搬迁至新址。按照行政审批制度改革要求,由中心牵头将行政服务中心、工商分局、科委园区三个服务大厅整合,完成全区行政审批资源整合。中心总面积6059平方米,分为南北两区。北区位于石景山创新平台1~3层,面积5199平方米,一层为办事大厅,面积1733平方米,共设有57个受理送达工位。二、三层为中心办公区和各驻厅部门审定室。南区设在区工商分局一层,面积为860平方米,设有受理送达工位25个,审定室15间,主要进行企业设立审批工作。

(段红玉)

**【街道居民事务大厅管理】** 年内,中心对全区街道居民事务大厅的办事目录进行统一梳理。推进《街道居民事务大厅建设规范》,结合民主评议重点问题,深入街道调研、征求人力社保局等进驻街道大厅办理事项主管部门意见,反复磋商研究、梳理整合,出台《街道居民事务大厅办理事项清单》,该清单对街道居民事务大厅办理的事项名称、法规依据、操作规程文号、办理权限、办事时限、办事类别均有统一要求,从根本上规范街道大厅服务项目不统一的问题。

(段红玉)

6月3日,石景山区第八届民族健身操舞大赛举办 (区民族宗教办供稿)

【政务服务协调联动机制】 年内，根据北京市政务服务体系建设要求，初步建立市、区、街三个层级的联络机制，确保政务服务体系无缝对接；规范区级体系，履行市投资审批监管平台区级牵头部门职责，落实好全市统一网上审批、服务、监控和查询平台建设，制定出台《依托市投资项目在线审批监管平台开展审批时限预警工作的实施方案》，推进与市级政务平台的信息资源共享。落实专项考评。按照市政务服务办要求，制定《政务服务专项考评工作任务分解表》《石景山区落实<北京市区政府绩效考评体系>中政务服务专项考评工作的实施方案》《街道服务大厅政务服务专项考评工作实施方案》。组织区编办、区住建委、区人力社保局、区民政局、区卫计委、区残联及街道居民事务大厅召开工作会，部署并落实政务服务相关工作。

（段红玉）

【审批时限预警】 10月，由中心牵头，制定并印发《石景山区开展审批时限预警工作的实施方案》，召开审批时限预警工作部署会议。明确审批部门职责，各审批部门明确一名副职领导全面负责市投资项目审批监管平台投资审批工作。对各审批部门实施监督，指定专人负责每日登录在线平台，进行预警提醒，做好本部门审批时限的日常监督。建立区投资监管平台工作QQ群和微信群，及时沟通交流，及时反映问题。通过实行问责制度，对黄、红预警事项登记，及时向各部门主管领导报告，并向审批部门制发“督查通知书”督促整改，监督落实整改。通过有效落实审批时限预警工作，强化平台应用，优化平台监管服务，确保行政审批时限零超时。

（段红玉）

【新媒体推广活动】 11月，在中心大厅及5个街道居民事务大厅开辟专门区域，开展“简政放权，我来@国务院”新媒体推广活动，通过树立展牌、张贴海报、显示屏循环展播宣传短片等方式，提升群众知晓率和参与率。在导办台摆放宣传台卡，引导办事人用手机扫描二维码，关注“中国政府网”内的政策信息，下载安装“国务院”客户端参与互动。让群众通过手机平台足不出户实现与国务院的“链接”，了解新政、表达心声。有效深化政务公开、宣传政务服务、助力“放管服”改革。共摆放展牌1个，宣传台卡10个，张贴主题海报20幅。

（段红玉）

【规范审批事项】 年初，中心按照区审改办梳理行政审批事项标准，对每项进厅事项按照统一格式进行流程核定，梳理出《石景山区行政服务中心进驻事项目录》共计240项，区属单位14家，办理事项139项（其中：即时办理7项，限时办理132项；许可事项103项，非许可事项36项）；市属单位8家，办理事项101项（其中：即时办理8项，限时办理93项；许可事项80项，非许可事项21项）。

（段红玉）

【优化服务方式】 年内，中心继续推进服务优化工作。其中区食药监局针对受理事项多、业务量大、申报扎堆受理的特点，采取分流、预约相结合的方式，将申请事项合理调度，申办人错峰申请，达到合理调配工作量，节省办事人时间的效果。民政局对社会组织实行“三证合一、一证一码”登记制度，针对这257家社会组织要重新逐一核对信息、赋码、打印新证。利用电话、微信、QQ等方式，随时远程预审相关资料，确保无误后再前来办理，减少经办人员返工，提高工作效率。区工商分局推出“石景山工商”微信公众号，设置“办事”“查询”“服务互动”三大板块，“办事”板块中设置“工商问答知识库”，以一问一答的形式方便申请人查阅。同时链接“北京市工商登记网上服务平台”“石景山工商分局登记注册预约/查询”，申请人可以通过微信公众号进行网上登记、网上预约及查询。区质监局为丢失原使用登记卡的特种设备使用单位办理变更事项时，通过与各级协商请示，将两项集中办理，填写补办申请表备注后直接办理变更，改变以往先补办后变更的模式，缩短10个工作日。

（段红玉）

【政府信息公开】 年内，中心根据重新核定的驻厅部门办事流程，对触摸屏中的内容进行更新；制作简明清晰的中心全景图、中心位置地图、中心工位分布图等对外公示；对新设立的“信息公开室”进行合理布局及资料整理摆放。全年通过政府信息公开专栏主动公开政府信息24条，全文电子化率达100%；中心信息公开室共接到20家单位移交政府信息公开材料874份，并整理成册，放置于大厅资料台供办事人员查阅。

（段红玉）

# 信　访

## 概　述

中共北京市石景山区委、石景山区人民政府信访办公室（简称区信访办）是区委、区政府负责组织协调信访工作、处理信访问题、人民内部矛盾纠纷排查调处和人民意见征集的职能部门。内设机构5个：综合办公室、来信办理科（网信科）、来访接待科、督查督办科（法规科）及监察科。人员编制为15名，实有人数15人，其中主任1名，副主任2名；科级领导职数5正1副。年内，全区贯彻落实中央、北京市和区委、区政府关于信访工作的一系列决策部署，围绕“全面深度转型、高端绿色发展”战略和建设高端社会治理体系目标，以党建工作为统领，以信访代理制改革为主线，全面深化信访代理制工作，以人民群众满意之家建设为目标，全面深化街道信访代理平台建设，加强社区信访代理工作，提高初信初访办理工作质量，提升基础业务工作规范化水平，系统总结深入开展信访代理制工作基本经验，夯实发展基础，开创全区信访代理工作新局面。全年共受理群众信访1365批次9757人次，同比批次下降30%，人次下降35%。区领导阅批信访352件，占信访总量的26%。全区信访总量、集体访总量继续下降，信访工作制度改革稳步推进。区复查复核委全年共受理复

5月5日,鲁谷半月园信访条例宣传活动　　（区信访办供稿）

查复核案件共7件,其中撤销、变更原答复意见共1件,维持办理机关答复意见的共4件。10月,区信访办来访接待科科长杜国庆被评为全市“最美信访干部”。作为北京地区“最美信访干部”唯一代表入围全国信访系统首届“寻找最美信访干部”候选人。区信访办被市委宣传部、市人力社保局、市思想政治工作研究会评为“北京市思想政治工作优秀单位”。

**地址:石景山区石景山路18号**

**电话:68607139**

**邮编:100043**

（王　鑫）

**【开通微信访】** 4月13日,区信访办官方微信公众号“随信而安”开通,向社会公众宣传信访工作领域最新政策法规,讲述信访代理故事,成为推进信访代理工作、建设法制宣传教育之家重要工具。11月,“随信而安”公众号正式启用与居民的互动功能,受理群众信访事项。居民可通过公众号提交信访诉求,区信访办安排专门工作人员受理,所有诉求均按照信件办理流程办理。“随信而安”运行以来,拓宽信访代理宣传渠道,提高信访代理工作覆盖面和渗透力,成为网上信访工作新阵地,作为全市典型经验报送国家信访局。

（王　鑫）

**【信访条例暨网上信访宣传日】** 5月5日,区信访办开展以“法治信访、网上信访”为主题的信访宣传日活动,李文起、肖平和社区居民一起参加活动。鲁谷社区半月园广场悬挂宣传标语、张贴海报、摆放展板,营造宣传氛围,广场中央则设置多个宣传台,街道工作人员通过发放信访条例、信访手册、宣传环保袋、现场问答等形式,向过往群众宣传阳光信访、责任信访、法治信访,并引导市民群众通过网上信访的方式表达诉求,了解网上信访的相关程序,增强群众依法维权意识和法律素质。辖区22个居委会将各自“信访板报”进行集中展示,以更加贴近基层实际、易于群众接受的方式营造宣传氛围,传播信访知识。

（王　鑫）

**【信访代理制改革】** 6月7日,召开信访代理工作暨建群众满意之家动员大会。夏林茂主持会议,李文起作《深化信访代理制改革,建人民群众满意之家》报告。市政府副秘书长、市信访办主任于长辉出席会议并讲话。他指出,石景山区信访代理工作有很多经验值得总结推广,有很多做法走在全市前列。石景山区信访工作坚持高位统筹、坚持改革引领、坚持夯实基础等特色做法,体现对信访工作的高度重视,体现对信访干部的关心关爱,彰显区委区政府对信访代理制改革、建人民群众满意之家的决心和信心,必将对当前和今后一段时期的信访工作起到巨大推动作用。下一步,要强化创新驱动,提升信访工作总体水平;强化法治思维,推动信访工作法治化建设;强化事要解决,切实化解信访突出问题;强化阳光信访,提升信访公信力;强化素质能力,打造过硬干部队伍。牛青山在讲话中指出:石景山区高度重视信访工作,着重加强顶层设计,一把手直接分管信访工作,各级干部不辱使命,全区干部和各部门要从3个方面做出努力:要有怀揣一颗为民的诚心,密切党群干群关系;要建立一套科学的制度,核心是谁主管谁负责,谁有权谁代理,多给老百姓办实事、办好事;要练就一身办事的本领,注重教育培训,不断加大力度,把各级信访部门作为锻炼干部的舞台,改进工作作风的舞台,培养年轻干部的舞台。会议强调:从健全体制、完善机制、加强队伍建设等方面对建群众满意之家工作进行安排部署。改革区领导接访、约访制度,推进区领导下街道接访、重点约访、带案下访工作,密切党群干群关系。按照属地管理、谁主管谁负责原则,分析每月信访突出矛盾纠纷,明确属地街道、主责单位,引导其加大预防、化解力度,压实工作责任,使街道信访代理平台在地区矛盾纠纷化解上充分发挥作用。夏林茂等出席会议。9月,推出《国庆信访代理的故事》纪录片,受到国家信访局领导高度评价,在市、区两级重点报道后,社会反响强烈。街道信访代理平台建设改革作为信访工作制度改革试点的重要成果,建设经验做法受到市领导肯定。

（王　鑫）

**【国家信访局领导调研】** 8月23日,国家信访局党组成员、副局长李皋一行调研北京市信访积案化解及信访信息化工作,于长辉,市信访办副主任张宗林、张良参加调研。李皋一行首先到苹果园街道信访代理室对北京市网上信访系统的使用情况及案件的处理情况进行了解,查阅信访档案案卷。座谈会上,牛青山介绍信访工作取得的成效和重点工作任务。在听取北京市和石景山区信访工作汇报后,李皋对北京市信访积案化解、信访信息化建设和石景山区信访代理工作取得的成绩给予肯定,并指出,石景山区党政主要领导亲自抓信访工作,认识水平高、工作思路清晰。信访工作善于抓住主要矛盾,注重工作方法创新,建设"六个之家",密切党群干群关系,工作导向正确、基层基础工作扎实,工作落地落实。

(王 鑫)

**【矛盾纠纷排查调处】** 年内,区住建委、区人力社保局、公安分局在天著春秋二期商品房、永乐小区外墙保温等项目农民工讨薪问题上做工作,季节性讨薪在全区范围内少见。对北辛安棚改闹访人员,公安部门依法采取措施,维护信访秩序。法官、检察官、律师参与信访接待,分流涉法涉诉信访百余人次,群众法治意识增强。坚持依法分类处理。对排查出的问题,区别不同情况,通过整合工作资源、落实领导包案等措施,实施分类化解,将矛盾提前化解。对涉法涉诉类诉求,在坚持律师陪同区领导参与信访接待工作基础上,安排法官、检察官参与区领导信访接待工作,坚持把信访纳入法治化轨道,建立健全群众合法权益救济救助机制,把法律服务直接送到群众身边。加强敏感节点矛盾纠纷的化解。对于每年容易产生群体上访的重要节点,比如春节前农民工讨薪、冬季采暖、孩子入学等工作,提前召开专项会议安排部署,整合力量,提前排查、提前化解。始终加强风险评估工作,将全区重大项目纳入风险评估的范围。主要是根据收集到的群众反馈的意见和建议,决定项目是否实施、如何实施。对存在风险隐患的,提前制定化解方案,避免形成大规模的集体访。

(王 鑫)

**【强化三级信访代理】** 年内,区信访办加强区领导信访代理工作。在加强定点接访工作基础上,推进区领导约访、下访工作。要求凡是纳入国家级、市级挂账以及区级重点矛盾纠纷的,要全部落实区领导代理。区挂账的信访积案,全部按照"谁主管、谁负责"的原则,实施"五个一"包案制度(即一个案子、一套班子、一名领导、一个方案、一抓到底),逐案落实包案区领导、责任单位、责任人和化解时限,7件挂账信访积案全部提前化解。继续深化街道信访代理平台建设和依法逐级走访工作。完善街道信访代理工作体制机制,整合和动员各方面资源和力量参与矛盾纠纷化解,推动涉及本地区、本部门信访问题依法及时就地解决。在把各街道纳入信访代理工作考核领导小组机制基础上,推动协调区领导下街道接访工作,对一些特殊疑难复杂,需区领导协调的信访问题,街道可在区领导接访日直接由区领导进行协调解决,让上访群众能够在街道、在身边把问题反映给区领导,并与区领导面对面沟通。区领导到街道接访工作面向社会公开,形成制度,以压实责任,双向监督,进一步促进"事要解决"。加大街道批转事项督查督办力度,确保批转事项落实到位。社区代理工作是"三级代理"工作的基础,社区对身边群众关注的热点、难点、焦点问题最有知情权、发言权、建议权。通过健全完善社区议事协商制度、推进社区议事大厅建设等,规范社区代理工作,推动群众身边事、快速、就地解决。

(王 鑫)

**【督查督办和考核】** 区信访办全年对8件重点矛盾纠纷进行督查督办。强化对敏感时期、重大项目、重要工作以及指定代理事项办理合法化的督查督办力度,加大对信访工作责任落实情况和办理合法化的督查督办力度。同时,坚持以预防和化解矛盾纠纷为主要工作导向,定期、不定期考核相结合,专项考核与常规考核相促进,对全区每月信访突出矛盾纠纷情况进行分析,明确属地街道、主责单位,引导其加大预防和化解工作力度。按照优良、合格、不合格等级进行考核,凡是考核不合格的,约谈单位主要领导,促进问题解决。同时,注重总结提炼各单位、各部门典型工作经验交流学习,提高考核评价的客观性、公正性、指导性,发挥考核的引导作用。10月,选取典型单位,包括社区、街道、委办局召开信访工作和依法行政座谈会,分析信访代理重点案例,交流工作方法。进一步加强对各街道、委办局、社区党政干部基础业务培训,进一步提高基层干部矛盾纠纷化解能力各依法行政水平。

(王 鑫)

# 档 案

## 概 述

北京市石景山区档案局、档案馆(简称区档案局馆),是区委区政府负责档案工作的主管部门,与区地方志办公室合署办公。全年区档案馆接待档案利用者1762人次,提供档案2002卷件,出具证明1453份,复印档案7107页,接收政府公开信息文本870件,接待利用者11人次。年内,接待利用窗口创新服务方式,为低保人员、下岗职工、残疾人、老年人等弱势群体开辟"绿色服务通道"。针对有特殊困难情况的利用者,提供"送档上门""远程查档"等便捷服务。

**地址:石景山区杨庄东路69号**
**电话:68833005**
**邮编:100043**

(刘爱君)

**【档案依法规范接收】** 年初,区档案局馆制定接收计划,明确接收范围与内容、进馆档案标准,提出相关要求。4月,开展以需求为导向的科室联动培训,利用现场演示、实际操作等手段,提高档案人员业务能力,同时将各单位档案接收完成情况纳入年底档案行政执法检查。6—7月,分组深入每个接收单位,协助进馆单位档案人员做好进馆档案鉴定、整理和移交工作。截至年底,共接收20家单位2005—2007年形成的9693卷件各门类各载体档案。

(刘爱君)

【完成档案立卷归档】 3月24日，区档案局馆召开培训会，明确归档时间，提出归档要求，讲解录入工作程序系统。修改完善归档范围和保管期限、设定归档工作中重要收集内容指南，明确各单位收集归档工作重点；对不同单位、不同系统归档工作实施分类指导，采取“大班”集中培训、“小班”单独授课、针对整理方法和归档过程中容易出现的问题进行重点讲解。坚持定期召开归档工作协调会，解决归档中的问题。至6月30日，全区100余家单位上年资料归档工作全部结束，其中机关32家单位4000余件档案已入库，提前近半年完成归档工作。档案齐全率、完整率有大幅度提高，各单位重要档案、主要职能活动产生的档案以及纳入档案馆接收范围的档案全部收集归档。

（刘爱君）

【高端绿色发展记录】 4月26日，区档案局馆召开由区档案资料义务收集员、部分单位记录人员及相关街道、社区档案员参加的高端绿色发展记录工作和档案征集工作座谈会，会议确定年度“八个高端体系”建设，全区重点工程、重大建设项目及功能区建设、治乱疏解、绿色生态城区建设以及全区城市面貌变迁五大方面记录拍摄任务，对有关拆迁社区生产、生活老物件等有价值资料的征集工作进行具体部署。全年牵头组织6次集中拍摄，拍摄完成并分类整理照片1288张，录像时长60分钟，集中反映“长安绿轴”、保险产业园、京西会展商务区建设项目、银河商务区K地块、北辛安棚户区改造项目、精品街等重点工程和重大项目建设的进展情况。

（刘爱君）

【第八届档案馆日活动】 6月13日，以“档案与民生”为主题的区第八届“档案馆日”活动在区档案局馆举办。此次活动在雕塑公园、古城公园、古城村民俗馆、五里坨民俗陈列馆、北京九中校史馆设立5个分会场，推出“1+2+8”特色活动，即开展一项“档案面对面”民生档案互动查询体验活动，举办“同走中国路，共圆中国梦”和“家庭建档”两个专题讲座，推出“石景山走过的路”展览、“档案见证高端绿色发展”展览、馆藏实物档案展品展、“旧日印象”主题老照片老物件展、“纪念建党95周年　弘扬长征精神　传承红色基因”主题图片展、“院子里的故乡”五里坨民俗陈列展、古城村民俗展和北京九中校史展8个主题展览。活动吸引社区居民、小学师生、全区各单位档案员、档案学会会员等约600余人参加。

（刘爱君）

【北辛安抢救性拍摄记录】 6月，区档案局馆聘请文史专家和摄影专家开展北辛安地区抢救性拍摄记录工作，留存京西古镇北辛安拆迁前的影像资料。围绕北辛安3条大街、8条胡同进行系统拍摄，记录下北辛安地区院落门楣、砖雕壁画等文物以及解放后一度作为石景山地区政治、经济、文化中心的建筑遗存，共拍摄照片资料350余张，同时制作完成时长40分钟的视频记录片《京西北辛安》。

（刘爱君）

5月26日，对北辛安地区进行抢救性拍摄　（区档案局供稿）

【档案事业发展规划】 9月，《石景山区“十三五”时期档案事业发展规划》（以下简称《规划》）正式印发。作为未来五年地区档案事业发展的引领性文件，《规划》全面总结“十二五”时期全区档案事业发展取得的成绩和经验，客观分析发展中的短板和不足及今后努力的方向；提出创新档案管理工作机制，创新档案室工作格局，服务高端绿色发展，服务经济社会发展，服务城市建设，服务区域文化建设等举措；通过记录高端绿色发展、数字档案馆建设、基层档案治理能力提升等三项工程，加强组织领导、注重队伍建设、完善工作机制、强化督察考核等四项措施，确保《规划》贯彻落实。

（刘爱君）

【档案数字化观摩会】 11月16日，区档案局馆组织区检察院、公安分局、工商分局、区住建委、首钢档案馆、区发改委等17家单位分管领导及档案人员到区法院现场观摩档案数字化工作。区法院采取引入外包服务、加强管理、强化考核等方法，做到档案随到随扫，实现现场查询、电话查询、网络查询等多种利用方式，同时兼顾数量与质量统一，确保数字化工作的成效。

（刘爱君）

【年度档案测评】 12月12日，区档案局完成2016年档案测评任务。向22家单位颁发“北京市区机关档案工作市级优秀单位”标牌，占全区立档单位的40%。

（刘爱君）

【档案鉴定开放】 年内，区档案局馆完成馆藏档案中1984—1985年形成的满30年档案的审查鉴定工作。此次共鉴定73个全宗1973卷20629件档案，主要涉及内容是反映区人事、财政、农业、商业、工业等方面的文书档案。通过逐卷逐件逐页审查、核实，经区委、区政府批复，确认有8771件档案可向社会开放。开放档案通告通过区信息网、《石景山报》、区广播电视及区档案局网站等媒体向社会公布。

（刘爱君）

**【婚姻证明办理流程优化】** 年内，区档案局馆落实区政府关于简化优化公共服务流程、方便基层群众办事相关要求，与区民政局婚姻登记处协商确定，对不在馆藏范围的婚姻登记情况，直接由婚姻登记处负责证明出具和补办工作，并将馆藏婚姻档案保管数据交付对方。为此，档案馆对馆藏1964—2005年间形成的婚姻档案细致梳理，弄清婚姻档案起止年份，为简化办理婚姻证明发挥作用。

（刘爱君）

# 地　方　志

## 概　　述

北京市石景山区地方志办公室（简称区志办）为区政府直属全额拨款参照公务员管理事业单位，与区档案局（馆）合署办公。年内，区志办新增编制1人，在编人员5人；区志编辑部返聘人员6人。建成方志资料室，建筑面积100多平方米，藏书2000余册，集收藏、阅览、展示、业务交流等多种功能，设置查阅展示区、志书年鉴区、综合资料区三个区域。区志办为区水务局发放编纂《石景山区水务志》行政许可决定书。《北京市石景山区志（1996—2010）》通过复审，进入终审环节。

**地址：石景山区八角西街27号**

**电话：88706850**

**邮编：100043**

（宋正鑫）

**【区志复审会召开】** 5月24日，《北京市石景山区志（1996—2010）》复审会在区政府大楼举行。市志办领导谭烈飞、张恒彬，副区长陈婷婷及区志编纂委员会副主任、委员出席。区志编辑部执行主编作二轮修志工作汇报，对志书编纂情况进行说明。区志编委会领导和委员提出修改意见和建议；市志办领导讲话并宣读评审意见，区志复审稿顺利通过复审程序，成为全市第一部通过复审的二轮区志。《北京石景山区志（1996—2010）》（复审稿）形成于4月，约86万字，全书包括编委会名单、序言、凡例、前插、地图、目录、概述、大事记、志31编、专记、补遗勘误、编后记。初稿到复审稿的编修共汇集专家组、区级老干部及承编单位812条意见，经过逐条研究，反复修改和完善，共修改5903处。

5月24日，区志编委会召开区志复审会　　（区志办供稿）

（宋正鑫）

**【2016年鉴出版发行】** 12月，《北京石景山年鉴》（2016卷）由中华书局出版发行。全书共分栏目30个，分目145个，次分目197个，条目2194个，彩页78幅，图片100张，图表15个，合计125万字。区志办向全区各单位发放1500余册，发放范围覆盖机关、企业、社区、军营和学校。

（宋正鑫）

# 集体经济

## 概　　述

北京市石景山区集体经济办公室（简称区集体经济办）是负责统筹协调本区集体经济发展的区政府工作部门。内设行政办公室、财务科、审计科、信访办、劳动人事科、体改办及企业与资源管理科等15个科室。中共北京市石景山区委农村工作委员会（简称区农工委）是负责全区农村系统党的建设、思想政治工作和干部管理工作的区委派出机构，与区集体经济办合署办公。内设党委办公室、组宣部、群团工作部（含武装部）、纪检监察机构。年内，区集体经济办工作重点主要围绕农转居后续工作顶层设计、集体土地统筹管理利用、集体经济系统疏解整治促提升专项工作及集体产业项目立项申报等。全系统总收入完成107432.6万元，同比增长2.2%；实现增加值61893.7万元，同比增长15.7%；应上交税金9445.9万元，同比增长16.3%；利润总额3175.6万元，同比减少45.9%。2016年新引进企业8家，注册资金3700万元，其中注册资本在1000万元以上的2家。区农工委将抓好党的建设作为推进全系统各项事业的首要政治任务，按照“把思想统一起来，把组织加强起来，把工作统筹起来”的目标要求，围绕全系统中心工作发挥党建统领和保障作用，党的建设各项工作均取得新成果。

**地址：石景山区杨庄西口**

**电话：68861910**

邮编:100043

（蒋　佳）

【调研中关村东升科技园】 4月,区集体经济办组织本系统各集体经济组织董事长一行到海淀区东升镇学习考察高端绿色发展情况。在参观东升镇中关村东升科技园中智慧农业展示区和金融服务办公区后,双方就东升镇产业发展升级和产业高端绿色发展情况进行座谈。在座谈会上,东升镇负责人介绍东升镇基本情况,指出“东升模式”是以抓基层党建为核心,规范制度建设,推进民主管理,坚持高端引领发展高端服务业,坚持统筹发展推动金融服务业,坚持自主经营壮大集体经济。

（蒋　佳）

【大杂院等清理拆除工作】 年内,区集体经济系统深刻领会牛青山提出的“三块蛋糕”精神,从全区发展大局的高度出发,统一思想,上下齐心,采取强有力的行动推进治乱疏解工作。截至11月15日,集体经济系统超额完成全部351台燃煤锅炉清理、改造工作,全区528个大杂院中,集体经济系统占370个,占比达到70%。全年清理验收337个,占系统总数91%;全区拆违面积58.3万平方米,集体经济系统占50.8万平方米,占全区86.2%。截至年底,集体经济系统所涉及的15处砂石场中,清理完成12处,腾退土地12.33万平方米,清理堆料70余万立方米。同时,完成商市场疏解6家,清理拆除系统13个低端再生资源市场,清理无照幼儿园4个。

（蒋　佳）

【转型发展初见成效】 年内,全系统总收入完成107432.6万元,同比增长2.2%;实现增加值61893.7万元,同比增长15.7%;应上交税金9445.9万元,同比增长16.3%;利润总额3175.6万元,同比减少45.9%。全年新引进企业8家,注册资金3700万元,其中注册资本在1000万元以上的2家。继古城创业大厦后,麻峪医药物流基地项目被列为当年十项重点工程,当年开工,当年完成主体结构施工。金宝山工业厂房改造项目被区政府列为集体经济存量升级改造示范项目,规划改造设计方案通过审定,立项申报等前期工作准备就绪。

（蒋　佳）

【产权制度改革新突破】 年内,区集体经济办积极谋划,制定总公司企业人员“回村”办法和总公司企业“回村人员”劳龄登记审核实施细则,并正式启动完成古城泰然、金石腾飞、景阳天昊三家公司企业人员共计496人的“回村”试点工作,拨付回村劳龄值共计7100余万元。试点工作的平稳顺利推进,为总公司改制工作打造良好开端。八大处农工商总公司历时五年半,正式成功注册为北京市八大处均胜投资管理公司,标志村级集体产权制度改革全面完成。

（蒋　佳）

【完成各项任务目标】 年内,区集体经济办各项行政工作有序推进。进一步加强渔政监督管理和涉农执法检查工作的规范化,依法推进执法人员“双随机”工作。启用行政执法信息服务平台,提升执法水平。开展防火、防汛、防煤气中毒等防控工作,全年未发生重大安全生产事故,完成各项任务目标。

（蒋　佳）

【集体资产监管】 年内,区集体经济办扎实开展审计监督工作。完成六项公司年度审计,审计总金额100.2亿元,发现问题33条,提出建议31条,并重点进行事后整改落实情况的跟踪,达到较好效果。加强经济合同管理,对各公司合同管理制度以及经济合同签订程序、备案、履约、收款等情况进行专门检查,全年完成新签经济合同备案828份。

（蒋　佳）

【推进信访维稳】 年内,区集体经济办加强全系统信访排查调处工作的管理,将信访代理工作作为考核班子和一把手的重要内容纳入年度目标考核,发挥信访工作平台和纽带作用。全年共接待群众来访75批、731人次,其中集体访41批、694人次,信访代理4件,全部办结。

（蒋　佳）

【转居群体生活】 年内,区集体经济办坚持以人为本,着力惠民生、办实事。争取财政支持60.64万元,为3个资金困难的公司发放就业专项补贴。全系统农转居劳动力总数为4454人,就业率达到100%。做好1152名“老人老办法”退休人员专项补贴申请工作,发放生活及医疗保险补贴共计879.82万元。

（蒋　佳）

【落实主体责任】 年内,区农工委强化党建主体责任意识,着力在统一思想、凝心聚力上下功夫,全系统政治意识和大局意识明显增强。区农工委通过吸纳基层单位主要负责人参加处级中心组学习、定期召开集体经济组织董事长季度例会、处级领导指导联系基层等重要举措,全系统基层单位特别是班子“一把手”均能以高度的政治责任感,坚决贯彻落实区委、区政府各项决策部署,全系统干部党员的思想进一步统一到疏解非首都功能、治乱疏解建高端的目标要求上来。着力激发基层党组织政治核心作用,特别提升党建目标考核在系统整体考核中的分值权重,细化一把手落实主体责任的内容,考核结果直接与基层单位年终分配挂钩。基层单位对党建工作的积极性和责任心明显增强,一把手和班子成员按分工履行党建任务,确保主体责任落实。

（蒋　佳）

【严肃换届纪律】 是年为集体经济系统换届之年。区农工委指导基层单位本着对集体经济组织和群众负责的态度,严格标准、严格程序,全程指导监督13个党总支、4个直属支部和7家公司董事会监事会完成换届。新组建班子在农工委扶持帮助下,实现新老交替和平稳过渡。与区委组织部加强联系沟通,将集体经济组织负责人纳入区委组织部统一培训,扩大基层干部队伍培训范围和内容,以“两学一做”为主线,党员全员参与的学习教育,也进一步夯实系统党员干部党性、党规、党纪认识。

（蒋　佳）

【党风廉政建设】 年内，区农工委从严从实落实各级党政“一把手”党风廉政建设第一责任，以深入贯彻《准则》《条例》为重点强化纪律建设，全系统干部党员的党性观念和规矩意识进一步加强。着力强化监督和抓制度刚性落实。纪工委、审计、财务等部门合力发挥监督作用，抓住重要节点、重点领域、重点人群，开展制度执行情况专项检查，加强基层领导干部工作作风和生活作风情况、经济运行和资金往来情况、对外投资回款情况的监督，重点纠正和查处侵害群众利益问题。

（蒋 佳）

# 外事侨务

## 概 述

北京市石景山区人民政府外事侨务办公室（简称区政府外事侨务办）是负责本区外事、港澳事务和侨务工作的区政府工作部门。年内，区政府外事侨务办坚持以服务首都国际交往中心建设为目标，不断提升外事侨务管理与服务水平，拓宽对外交流与合作的广度和深度，积极涵养侨务资源，加快推进区域国际化建设，全年共配合中央及北京市外事侨务部门接待20余个国家的22批来访团组320余人次。“石景山区人民政府2015年赴意大利、英国开展友好合作任务出访报告”作为“2014—2015年度北京市优秀因公出访成果”受到表彰。刘仁宝获“2014—2015年度北京市因公出入境工作成绩突出外事专办员”称号。

**地址：石景山区石景山路18号**
**电话：88699516**
**邮编：100043**

（周 杰）

【侨务工作】 区政府外事侨务办全年走访慰问区内9个街道的27位困难归侨侨眷，累计发放慰问金91300元。依法开具归侨、侨眷身份认定、高考加分证明、子女上学证明、“一老一小”保险证明等共12份。1月20日，市侨办副巡视员史立臣，市侨办主任助理沈小红，区有关领导对本区部分归侨侨眷进行走访慰问。4月28日，第十五届八大处中国园林茶文化节开幕式在八大处二处广场举行，市侨办副主任李长远及来自15个国家和地区的30余名侨商一并受邀出席。12月7日，“石景山区侨法大讲堂暨2016年侨法宣传月启动仪式”在区科技馆报告厅举办。区委统战部、区人大、政协、侨联以及9个街道（鲁谷社区）主管领导，侨务干部及部分归侨、侨眷约100余人参加活动。

（周 杰）

【涉外经济社会活动】 年内，区政府外事侨务办与区教委配合，支持、指导石景山区各学校开展国际友好学校交流，全年共接待15个团组400余人次到石景山区学校交流，为50余名教师、近200名学生赴境外培训或开展国际交流提供规范有序的因公出国（境）和外事服务。开展APEC商旅卡申办工作，全年受理6家企业7人的办卡申请，累计为17家企业的42人办理APEC商务旅行卡。3月6日，1990年世界杯最佳射手斯基拉奇先生和阿尔曼多主席、意大利国脚俱乐部马希米亚诺先生参观访问苹果园中学。同月21日，美国罗兰公园学校游学访问团到访苹果园中学。4月5日，委内瑞拉驻华大使伊万塞尔巴先生、公使切瑞韩女士等一行9人应邀到访古城中学主校区，与学校师生开展友好交流活动。同月20日，古城中学西班牙语实验班办学成果汇报会在区青少年活动中心金鹏剧场举行。哥斯达黎加大使理查多先生及大使夫人隆妮娜女士、委内瑞拉使馆一级秘书霍思玛女士、阿根廷使馆三级秘书艾丽卡女士、秘鲁使馆文化主任大卫先生、西班牙使馆教育处教育顾问安赫尔先生、中国国际广播台西语部主任王路等嘉宾及北京外国语大学、北京第二外国语学院、首都师范大学以及北京塞万提斯学院负责人出席活动。新华社、《北京晚报》《北京晨报》《北京考试报》，区有线电视台等多家媒体进行报道。4月，法国圣马丁餐饮酒店管理学校教学主任玛蒂娜·戴涌、ISPA法国亚眠高等预科学院院长苏醒、项目开拓负责人马蕊娜·朵阿勒女士一行3人到黄庄职业高中玉泉校区访问。5月12—20日，文献率团访问美国、巴西期间见证中关村科技园区石景山园与巴西圣若泽多斯坎波斯科技园区签署合作协议，双方在科技领域进一步加强合作交流。6月5日，2016中埃文化年暨首届“直观东方—实录风情”中埃文化活动在北京国际雕塑公园内拉开帷幕。为期四天的活动中包括“直观东方，实录风情”中埃摄影展、摄事分享会和“我来代言”服装文化展示现场拍摄等内容。同月6日，来自美国马萨诸塞州规模最大的社区学院之一的米德尔塞克斯社区学院的15名师生走进石景山社区学院，与该院师生在交流互动中一起体验中国传统文化。7月15日，来自西班牙、德国、土耳其、澳大利亚、印度、孟加拉、越南的“2016国际学生北京夏令营”参营师生约160人到古城中学进行交流访问。8月1—9日，北大附中石景山学校10名师生应俄罗斯伊尔库斯克州教育部邀请，在中国驻伊尔库斯克州总领馆、区政府安排下，代表中国全程参加在该州举行的第七届国际儿童论坛。8月，区青少年文化艺术交流团一行60人赴俄罗斯赤塔市开展文化艺术交流。同月30日，由市外办主办，区政府外事侨务办、区社工委、八宝山街道共同协办的“领事保护进万家”系列活动在八宝山街道远洋沁山水社区举行。10月24日，由市外办主办，区政府外事侨务办、区教委、古城中学共同协办，北京燕清联合文化产业发展中心承办的“领事保护进万家”主题活动走进古城中学，举办“领保护航 一站到底”答题竞赛。11月30日，区旅游委主任在承恩寺会见来访的日本香道直心流访问团一行。香道直心流师范松崎真佐子、高桥典子、竹腰香沙、小菅穆、森直美，学会副监事长耿直，秘书长朱龙斌，理事王子淇参加相关活动。

（周 杰）

【重点外交外事侨务任务】 3月28日，以瑞典华人总会执行会长叶沛群为团长的一行5人对石景山区进行访问。区政协副主席刘建国会见并陪同访问团参观石景山创新平台和北京保险产业园,与相关人员进行座谈交流。4月21日,联合国教科文(UNESCO)执行局主席米歇尔·沃博思先生一行莅临石景山区,考察中国可持续发展教育项目在石景山区的具体实践。UNESCO教师教育联盟主席查尔斯·霍普金斯、日本宫城大学教授暨可持续发展教育培训中心专家市濑智纪、北京教育科学研究院副院长张军、中国ESD全国工作委员会执行主任史根东及区领导等陪同考察。5月9日,以北迈阿密市副市长阿利克斯·德萨米先生为团长的北迈阿密"文创中国行"代表团一行7人到石景山区创业公社调研座谈,考察孵化器平台及配套人才公寓等设施的建设情况。6月14—23日,牛青山率团赴加拿大、古巴及墨西哥访问,向当地华侨华人推介"侨梦苑"项目并与古巴哈瓦那市旧城区、墨西哥城夸乌特莫克区探讨建立友好交流与合作关系。8月31日至9月9日,夏林茂率团访问德国、荷兰及意大利,在意大利米兰访问期间,米兰华侨华人工商会和米兰文成同乡会举办晚宴热烈欢迎代表团一行,中国驻米兰总领事馆黄永跃副总领事应邀发表讲话。欧洲时报(NO.0086 9月16—22日)第15版侨界新闻,整版登载以《北京石景山区政府代表团访问米兰 当地侨团热烈欢迎——搭创业平台 石景山推惠侨项目》为题的文章。9月6日,以雅加达留台校友联谊会会长陈惟文为团长的一行10人对石景山区进行访问。

(周 杰)

【配合上级部门开展调研】 4月1日,市侨办副主任李长远率领市侨办调研组一行3人来区开展侨务工作调研,听取石景山区侨务工作开展情况汇报及对首都侨务工作的意见建议。区教委、投促局、老山街道、八角街道、侨资企业业主行及留学生创业企业量科邦负责人就为侨服务、开展涉侨工作中遇到的困难、企业发展、侨务资源需求以及对侨务工作的意见建议进行交流。7月15日,市外办党组书记、主任赵会民率领政法处、礼宾处联合党支部成员到石景山区八角街道杨南社区开展主题党日活动,同时到北京保险产业园进行参观调研。夏林茂会见赵会民一行。9月14日,国侨办"海外专家咨询委员会"考察团赴中关村石景山园区、北京保险产业园考察交流。国侨办经科司副司长夏付东、市侨办副主任贺淑晶参加活动。

(周 杰)

【国际语言环境建设】 区外事侨务办全年配合精品示范街建设工程,收集核对新制作双语标识指路牌664块,对照《北京市地方标准公共场所双语标识英文译法实施指南》(简称《实施指南》),修改标识翻译不规范路牌23块,其中5块参照标准无法准确翻译的路牌报市外办进一步审核;审核区内新建商务楼宇新设置标牌60块;收集文博、商业、旅游景点等8家单位反馈的已有及希望新增外语标识267条,参照《实施指南》修改52条,上报市外办审核11条。配合石景山区申报冬奥会对外参观单位的要求,收集相关窗口行业对外参观单位希望新增的英语标识135条,景点英文介绍3000余字。4月28日,第十二期"新起点"市民公益英语培训在社区学院开班,来自9个街道的36名英语骨干学员参加此次培训。10月27日,由区外事侨务办、区教委、区文明办、社区学院主办的"2016年石景山区市民讲外语活动周"启动仪式在石景山社区学院举办。

(周 杰)

【友好城市交往】 年内,区外事侨务办推动经济、科技、文化、教育等领域的友城交流与合作,巩固和发展与既有友城的友好交流与合作关系;加强与相关部门的协调配合,拓展与和石景山区功能定位相近、主导产业发展相似的城市的友好关系,主动寻求合作机遇。4月,日本东京都板桥区和墨田区分别举办为期5天和为期7天的"你好!石景山区摄影展",10位石景山区居民拍摄的40幅作品参加展览。同月12—19日,岳德顺率团对日本东京都板桥区、墨田区及韩国首尔市麻浦区进行友好交流访问,与麻浦区共同庆祝双方缔结友好城市20周年。5月17日,通过函签方式与意大利罗马第八区签署建立友好城市关系协议书。同月25—31日,陈婷婷率团赴俄罗斯伊尔库茨克市及赤塔市进行友好访问并参加赤塔市的"城市日"活动,与市民共同庆祝赤塔建市165周年,并为节庆活动带去中国传统文化表演。9月21—22日,以韩国首尔特别市麻浦区体育会会长金熙泰为团长的韩国首尔特别市麻浦区少年足球团一行26人访问石景山区。访问期间,与北京京源学校的少年足球队举行两场足球友谊赛,参观学校教育设施,学习了解中国文化。12月19日,在全国友

5月9日,美国北迈阿密市到区创业公社交流　　(区外事侨务办供稿)

协和平宫举办以“加强交流，增进友好”为主题的座谈会，日本东京都议员、全国友协和市友协部分领导及各区外办主任26人出席活动。区外事侨务办主任就石景山区与东京都墨田区、板桥区友好交往情况及2017年拟开展的交流活动等内容发言，并与东京都议会议员樱井浩之（原墨田区议会议员）、海部智子（板桥区议会议员）、长濑达也（板桥区议会议员）进行友好交流。

（周　杰）

**【北京侨梦苑落户石景山】** 5月，“北京侨梦苑”落户石景山区，并于6月3日在第八届世界华侨华人社团联谊大会上正式揭牌，成为国侨办在全国挂牌建立的第10个侨商创新创业基地。6月4日，30个国家和地区的108名在海外具有影响力的侨领参访北京侨梦苑——世界侨商创新中心。国侨办副主任王晓萍，市侨办主任刘春锋，司马红参加活动。8月11日，国侨办主任裘援平到“北京侨梦苑”调研。中关村科技园区管理委员会主任郭洪，市侨办领导刘春锋、李长远，区领导夏林茂、司马红，首钢总公司副总经理王世忠全程陪同调研。12月12日，由市侨办、区政府、首钢总公司共同主办的“北京侨梦苑”走进旧金山推介活动在美国加利福尼亚州旧金山硅谷圣何塞举行。

（周　杰）

**【港澳事务工作】** 7月18—22日，北京市第九中学和京源学校的2名教师和18名学生代表北京市赴澳门参加“北京—澳门中学生科技合作交流活动”。同月23—29日，北京京源学校选派1名教师和20名学生参加由市教委对外交流中心主办的“青春港澳行——2016京港澳学生交流夏令营”活动。9月22—24日，夏林茂率团赴香港参加“富通保险全球高端经济论坛”及新品牌成立会，向与会人员推介石景山区和北京保险产业园，与富通保险（亚洲）有限公司在北京保险产业园设立代表处和分支机构达成意向。11月2—6日，石景山区青联开展2016京港青年交流项目，接待香港深圳社团总会57名青年代表来京交流，献策京港两地发展。区委常委、区青联名誉主席晋秋红会晤代表团。

（周　杰）

**【春华秋实联谊活动】** 9月23日，来自巴哈马、格拉纳达、斯里兰卡等国家的40余位驻华使节和20余位市友协理事到区开展“春华秋实”联谊活动，分别对首钢总公司、中国华录集团进行参观调研，并体验蔬果采摘。市友协常务副会长田雁、区相关领导陪同。

（周　杰）

**【意大利对华友协代表团访问考察】** 10月28日，以路安娜·王为团长的意大利对华友好协会代表团一行9人到区访问考察。陈婷婷、区文化委以及区外事侨务办相关负责人与代表团成员就开展文化交流的相关事项进行交谈。会谈后，代表团欣赏以“中意友好，渊源流长”为主题的石景山区非物质文化遗产节目展演。当日下午，代表团赴京源小学（小学部）参观，双方就京源学校（小学部）赴意开展青少年足球交流达成初步意向。下一步，将组织非遗文化展示团赴意大利举办文化展演活动，并就青少年足球“走出去”开展进一步合作，旨在以文化、体育交流为纽带，促进双方多领域的务实交流与合作。

（周　杰）

**【因公出国（境）管理】** 区政府外事侨务办全年为区内44批117人次的因公出访任务提供服务，强化因公护照、港澳通行证的集中规范管理，实现全年护照收缴率和按期注销率两个100%的目标。

（周　杰）

**【涉外服务保障】** 年内，区外侨办完成全国“两会”“南海仲裁案”、G20杭州峰会、人大代表换届选举等国家、北京市及区内重大活动期间的涉外维稳任务。跟进被IS绑架杀害的樊XX事件善后处置工作；及时妥善处理北京联科中医肾病医院来电咨询“两位尼日利亚病人要到其院进行诊疗，办理邀请外国人来华确认函”事宜。全年接待境外记者10余人次，配合区相关单位做好反恐怖处突、反邪教等涉外相关工作，得到市外办、市610办等相关部门的肯定。

（周　杰）

## 北京市石景山区人民政府区长、副区长

区　长　夏林茂

副区长　文　献　田利跃　富大鹏（达斡尔族，12月免）　司马红（女，10月免）　肖　平　亢　军（10月任）　陈婷婷（女，藏族）　肖　军（12月免）　左小兵（10月任）　李金克（12月任）　周西松（12月任）

## 石景山区人民政府工作机构主要负责人

|  |  |
|---|---|
| 政府办主任 | 高殿亮（10月免） |
| | 李金克（10月任） |
| 发改委主任 | 岳林华 |
| 教委主任 | 郝显军（蒙古族） |
| 教育督导室主任 | 李秀兰（女） |
| 科委主任 | 房之炜 |
| 知识产权局局长 | 房之炜（兼） |
| 经信委主任 | 李元涛（10月免） |
| | 王晓华（10月任） |
| 监察局局长 | 许景山（兼，10月免） |
| | 韩孟荣（10月任） |
| 行政投诉中心主任 | 许景山（兼，10月免） |

|  |  |
|---|---|
| 民政局局长 | 丁仁猛 |
| 财政局局长 | 陈　伟 |
| 人力社保局局长 | 梁建新(4月免) |
| | 齐　兵(4月任) |
| 环保局局长 | 李元员(女) |
| 住建委主任 | 杨旭东 |
| 水务局局长 | 冯重北(兼,10月免) |
| | 张玉国(兼,10月任) |
| 地震局局长 | 崔　泽(兼,10月免) |
| | 毕晓梅(女,10月任) |
| 商务委主任 | 宋世媛(女) |
| 文化委主任 | 王亚迅 |
| 卫计委主任 | 葛　强 |
| 动物卫生监督管理局局长 | 葛　强(兼) |
| 审计局局长 | 王亚兰(女) |
| 社会办主任 | 沈代平(副区级,4月免) |
| | 高春玲(女,4月任) |
| 国资委主任 | 李路海 |
| 监事会主席 | 高　竹(女) |
| 安监局局长 | 韩从笔(10月免) |
| | 佟晓军(10月任) |
| 体育局局长 | 李劲挺 |
| 统计局局长 | 王彦明 |
| 园林绿化局局长 | 吴　燕(女) |
| 旅游委主任 | 宋　平(女,10月免) |
| | 安宝喜(10月任) |
| 民防局局长 | 崔　泽 |
| 集体经济办主任 | 蔡利全 |
| 民族宗教事务办公室主任 | 高国强 |
| 外事侨务办公室主任 | 斯琴格日勒(女,蒙古族) |
| 法制办主任 | 张培莉(女,10月免) |
| | 倪斐远(10月任) |
| 信访办主任 | 杜　涛 |
| 金融办主任 | 杨京春(女) |
| 研究室主任 | 迟志禹 |
| 城市综合管理委员会主任 | 冯重北(10月免) |
| | 张玉国(10月任) |
| 城市管理监督指挥中心主任 | 梁学刚 |
| 中关村科技园区石景山园管理委员会主任 | 司马红(女,兼,10月免) |
| 行政服务中心主任 | 孙明磊 |
| 西部建设办主任 | 肖　平(兼) |
| 常务副主任 | 王国利 |
| 城市管理综合行政执法监察局局长 | 张玉国(12月免) |
| | 董新理(12月任) |
| 档案局(馆)局(馆)长 | 张相明 |
| 区志办主任 | 张相明(兼) |
| 投促局局长 | 徐　涛(4月免) |
| | 唐　铭(女,4月任) |
| 机关行政处处长 | 张建刚 |
| 环卫中心主任 | 张　华 |
| 广电中心主任 | 王国强 |
| 公园管理中心主任 | 王金兰(女) |
| 西山八大处文化景区管委会主任 | 司尚国(兼,12月免) |
| 八大处公园管理处主任 | 刘云清 |
| 石景山医院院长 | 刘　鹏 |
| 房屋征收事务中心主任 | 傅庆华 |
| 流管办主任 | 夏鹏程(兼) |
| 维稳办主任 | 朱钢银(兼) |
| 规划分局局长 | 王亦兵 |
| 工商分局局长 | 李广隆 |
| 国土分局局长 | 左小兵 |
| 地税局局长 | 李　娜(女) |
| 国税局局长 | 谢明江 |
| 气象局局长 | 朱　立 |
| 食药监局局长 | 高德友 |
| 质监局局长 | 韩洪亮 |

# 政治协商会议石景山区委员会

中国人民政治协商会议北京市石景山区委员会(简称区政协),是中国人民政治协商会议北京市石景山区地方组织。区政协第九届委员会共有委员195名,区政协第十届委员会有委员180名。常委会组成人员共33人,其中主席1人、副主席6人、秘书长1人、常委25人。下设办公室、研究室、专委会工作一室、专委会工作二室、专委会工作三室、专委会工作四室、专委会工作五室、专委会工作六室8个办事机构。年内,在中共石景山区委领导和市政协指导下,在区政府和社会各界大力支持下,第九届区政协常委会深入贯彻落实党的十八大,十八届三中、四中、五中、六中全会精神和习近平总书记系列重要讲话精神,牢牢把握团结和民主两大主题,认真履行政治协商、民主监督、参政议政职能,充分依靠各界委员,围绕中心,服务大局,勇于创新,求真务实,充分发挥政协组织在民主政治建设中的主力军、主渠道作用,圆满完成九届五次会议部署的各项任务,为推动全区经济政治社会发展作出积极贡献。

**地址:石景山区石景山路18号**
**电话:88699212**
**邮编:100043**

(樊　华)

## 重要会议

### 概　　述

区政协的重要会议包括委员会全体会议、常务委员会会议、主席会议。年内,区政协围绕中心、致力发展,服务大局,共召开委员会全体会议2次,常委会会议5次,主席会议7次。围绕全区改革发展的重大问题和群众关注的切身利益问题,认真履行政协职能,形成政协多层协商格局。

(樊　华)

**【九届五次会议】** 1月4—8日,九届区政协第五次全体会议在京燕饭店召开。会议审议并通过吴克瑞代表区政协九届常委会所作的工作报告和刘建国代表区政协九届常委会所作的提案工作报告,列席石景山区第十五届人民代表大会第六次会议,听取并讨论夏林茂所作的政府工作报告,讨论其他专项报告;审议并通过九届区政协第五次会议期间提案审查情况报告;审议并通过九届区政协第五次会议决议。市政协副主席马大龙,区领导牛青山、夏林茂、岳德顺以及区四套班子其他领导参加会议。驻区市政协委员,区政协特邀委员、特约文史委员,区委、区政府各委办局负责同志应邀列席会议。

(樊　华)

**【九届总结大会】** 11月11日,区政协召开九届委员会总结大会。吴克瑞向五年来认真履行职责、积极参政议政的九届区政协委员致以崇高敬意和衷心感谢,并作政协石景山区第九届委员会工作总结。报告指出,九届政协工作的五年,是地区经济社会持续稳定健康发展的五年,也是地区政协事业不断取得新成绩、新进展,迈上新台阶的五年。五年来,区政协深入学习贯彻中共十八大以来的会议精神和习近平总书记系列重要讲话精神,在中共石景山区委领导下,牢牢把握团结、民主两大主题,认真履行政治协商、民主监督、参政议政职能,围绕中心,服务大局,勇于创新,求真务实,充分发挥政协组织在民主政治建设中的主力军、主渠道作用,为推动全区经济政治社会发展作积极贡献。区政协常务副主席刘国庆,区政协副主席司尚国、刘建国、赵继新、于秀云,区政协秘书长刘福利参加会议。会议还宣读《关于表彰2016年优秀提案、优秀调研报告、优秀社情民意的决定》,区政协领导为受到表彰的集体和个人颁发证书。

(樊　华)

**【十届一次会议】** 12月18—23日,十届区政协第一次全体会议在京燕饭店召开。会议审议并通过吴克瑞代表区政协九届常委会所作的工作报告和刘建国代表区政协九届常委会所作的提案工作报告,列席石景山区第十六届人民代表大会第一次会议,听取并讨论夏林茂所作的政府工作报告,讨论其他专项报告;审议并通过十届区政协第一次会议期间提案审查情况报告;审议并通过十届区政协第一次会议决议。会议进行大会选举,选举吴克瑞为区十届政协主席,选举刘国庆、刘建国、岳林华、赵继新、高杰、于秀云为区十届政协副主席,选举刘福利为区十届政协秘书长,同时选举产生区十届政协常委25名。市政协副主席葛剑平、区领导牛青山、夏林茂、李文起以及区四套班子其他领导参加会议。驻区市政协委员,区政协特约文史委员,区委、区政府各委办局的负责

1月4~8日,区政协九届五次会议召开　(区政协供稿)

同志应邀列席会议。

（樊　华）

【九届常委会第二十五次会议】 1月8日召开，吴克瑞主持。会议审议并通过第九届委员会常务委员会2016年工作要点。刘国庆、司尚国、刘建国、赵继新、高杰、于秀云，秘书长刘福利参加会议。

（樊　华）

【九届常委会第二十六次会议】 5月17日召开，吴克瑞主持。会议听取并讨论2015年石景山区拆违治乱工作情况汇报及2016年重点提案答复情况。会议听取石景山区2016年党风廉政建设情况通报。区政协副主席、秘书长参加会议。

（樊　华）

【九届常委会第二十七次会议】 7月12日召开，吴克瑞主持。会议审议并原则同意区政协2016年常委会调研报告和建议案。会议要求，起草小组要根据常委会讨论情况，进一步修改和完善区政协2016年常委会调研报告和建议案，并报送区委、区政府。区政协副主席、秘书长参加会议。

（樊　华）

【九届常委会第二十八次会议】 11月30日召开，吴克瑞主持。会议听取区民政局关于区政协促进养老事业发展的建议案办理情况答复。听取并同意区政协常委会建议案办理情况答复。

10月11日，区政协到北京保险产业园调研　（区政协供稿）

会议还审议并原则同意区政协九届委员会常务委员会工作报告（审议稿），会后提请十届一次会议审议。会议审议并原则同意区政协九届委员会关于提案工作的报告（审议稿），会后提请十届一次会议审议。会议审议通过区政协十届一次会议有关文件：1. 区政协十届一次会议议程（草案）；2. 区政协十届一次会议日程（草案）；3. 区政协十届一次会议秘书长、副秘书长建议名单；4. 区政协十届一次会议大会秘书处及组成人员建议名单；5. 区政协十届一次会议小组召集人建议名单；6. 区政协十届一次会议决议起草委员会委员建议名单；7. 区政协十届一次会议提案审查委员会委员建议名单。会议审议通过人事有关事项。会议审议通过区十届政协委员名单和区政协十届一次会议主席团成员建议名单。陈婷婷，区政协副主席、秘书长参加会议。

（樊　华）

【十届常委会第一次会议】 12月23日召开，吴克瑞主持。会议审议并通过《政协石景山区第十届委员会常务委员会2017年工作要点》，审议并通过《政协北京市石景山区委员会关于政协委员履职情况评价的办法（试行）》，审议通过人事有关事项，审议并通过《政协石景山区第十届委员会各专门委员会主任、副主任拟任人选建议名单》。区政协副主席、秘书长参加会议。

（樊　华）

【第三十四次主席会议】 2月24日召开，吴克瑞主持。会议审议区政协2016年专委会工作计划；审议区政协2016年常委会工作要点分解；审议2016年区政协领导督办提案；审议区政协2016年协商工作计划；听取区第四次政协工作会议相关情况汇报；审议区政协第25次理论研讨会工作方案。

（樊　华）

【第三十五次主席会议】 3月9日召

12月18日，区政协十届一次会议会前准备　（区政协供稿）

开，吴克瑞主持。会议审议区委《关于进一步加强政协协商民主建设的实施意见》；听取对九届政协以来优秀提案进行表彰相关情况；听取第四次政协工作会议筹备方案的汇报。

（樊　华）

**【第三十六次主席会议】** 6月29日召开，吴克瑞主持。会议审议各专委会调研报告及建议案，审议区政协第25次理论研讨会方案。

（樊　华）

**【第三十七次主席会议】** 11月1日召开，吴克瑞主持。会议对2016年主席会建议案集中答复；审议2016年区政协民主监督与评议工作报告；审议九届政协工作总结报告；审议2016年优秀社情民意和优秀调研报告建议名单；审议2016年优秀提案建议名单；审议人事事项。

（樊　华）

**【第三十八次主席会议】** 11月14日召开，吴克瑞主持。会议审议各专委会2017年重点工作；听取关于区政协十届一次会议筹备情况的汇报。

（樊　华）

**【第三十九次主席会议】** 11月28日召开，吴克瑞主持。会议审议区政协九届委员会常务委员会工作报告（草案）；审议区政协九届委员会关于提案工作报告（草案）；审议区十届政协委员建议名单、区政协十届一次会议主席团成员、秘书长建议名单；审议区政协十届一次会议有关文件；听取关于政协委员履职情况评价办法（试行）和政协委员履职情况评价细则（试行）的情况汇报；审议区政协第九届委员会常务委员会第二十八次会议议程（草案）。

（樊　华）

**【第四十次主席会议】** 12月12日召开，吴克瑞主持。会议审议政协石景山区第十届委员会常务委员会2017年工作要点（审议稿）；审议区政协第十届委员会常务委员会第一次会议议程（草案）；会议听取并原则同意区政协第十届委员会各专门委员会主任名单，会后提请常委会研究。

（樊　华）

## 专门委员会

### 概　　述

根据政协章程规定和石景山区政协工作实际，九届和十届区政协均设有经济科技委员会、社会法制和民族宗教委员会、城建环保委员会、教文卫体委员会、提案委员会、学习与文史委员会6个委员会。专门委员会工作是政协工作的重要基础，是政协履行职能的重要方式。专门委员会根据中国人民政治协商会议章程的要求，从实际出发开展工作。组织委员认真学习、宣传国家的方针政策和法律；就本区政治、经济、文化和社会生活中的重要问题，人民群众普遍关心的问题，选择其中具有综合性、全局性、前瞻性的课题，深入开展调查研究，提出意见、建议和提案；团结和联系委员及各族各界人士，反映社情民意；组织各种活动，积极为委员知情出力、履行职责创造条件。

（樊　华）

**【城建环保委员会】** 年内，围绕政协常委会工作要点，开展活动52次，其中调研视察活动15次、组织委员参加提案集中答复5次、走访委员11次、组织委员参加政府常务会9人次、其他活动9次，共183人次参加。开展以《关于全国综合行政执法体制改革试点中街道作用发挥情况的调研》为课题的调研。城建环保委负责联系八宝山街道17个社区，联系金顶街街道16个社区。3月22日，区政协无党派界别活动小组召开办理《关于莲石湖统筹规划、明确定位的建议》提案协商会。4月12日，区政协工商联界别活动小组召开办理《关于在石景山区建立工业互联网产业化基地的建议》提案协商会。6月2日，与区相关单位就“门前三包”问题与政府部门专题、对口协商。民主监督小组召对区城管执法局开展民主监督与评议工作。

（樊　华）

**【经济科技委员会】** 全年开展各类活动79次，其中包括调研活动9次，视察工作5次，提案督办工作3次，走访委员和企业20人次，界别活动5次，专题座谈4次，集中学习3次等。联合民盟区工委和民进区工委成立调研课题小组开展以“关于促进我区养老事业发展”为课题的调研工作，并作为2016主席会建议案。吴克瑞带领课题小组成员到英智康复中心、慈善寺敬老院和八角南里社区养老服务站等机构实地视察。组织三次提案督办会。13名委员走访其所联系的社区。组织经济和科技两个界别委员开展活动4次，界别联组活动一次。吴克瑞赴光大银行信用卡中心和北京振华信达科技有限公司等企业看望委员，关心委员企业发展，为委员解决实际问题。下半年组织开展对区汽车园区、保险产业园、西山汇等视察活动。开展财政预算民主监督小组评议工作，形成专门报告。开展对区科委的民主监督与评议工作。开展并完成关于加强区政协委员履职管理的调研课题。

（樊　华）

**【社会法制与民族宗教委员会】** 年内，与民革区工委、致公党区工委联合开展《关于石景山区政法队伍人员状况》的调研。组织委员对区看守所进行视察，组织委员到雍和宫学习考察。对《关于完善我区居家养老服务体系的建议》《有关用信息化手段打造我区“精细”社会治理体系的建议》进行重点提案督办。在“三级联系”工作中，发挥委员作用，为基层和群众服务。完成对八宝山街道的监督与评议工作。与区委政法委、公安分局、区检察院、法院、司法局围绕“关于石景山区政法队伍人员状况”的议题，进行协商。组织社会管理综合治理民主监督小组对区域社会治安综合治理工作进行监督、评议并形成评议报告。

（樊　华）

**【教文卫体委员会】** 年内，与农工党区工委联合，就关于石景山区医疗布局的课题开展调研，完成《关于优化医疗资源布局，提升我区医疗卫生服务水平的调研报告》并形成主席会建议案。完成对区卫计委履职情况开展民主监督与评议工作。协助教育、体育、对外友好和医药卫生两个界别活动小组开展活动。组织委员就《关于我区居民中医药科普知识与中医健康素养现状的建议》重点提案进行督办，推进中医药科普知识普及和中医药文化传承等工作，让健康生活理念更深入贴近百姓。全委委员提交会议提案21件，联名提案23件，专委会提案1件，界别小组提案2件。委员反映社情民意信息8条，采用信息2条。助力解决群众关心的交通出行和环境治理等方面问题。参加与市政协、其他区政协教文卫体委的工作交流。

（樊　华）

【提案委员会】　九届五次会议共收到提案194件，经审查立案188件，其中，委员提案155件，民主党派及团体提案18件，界别提案8件，专委会提案7件。开展《关于推进我区提案办理协商制度化建设》调研，形成主席会建议案。并加强提案办理协商工作，对委员关注的热点、难点问题，开展集中督办，简化办理程序，提升办理效率。探索办理过程中提办双方的协商机制，促进双方的交流沟通，调动各方面的积极性，增强提案办理实效。同时全面推进提案公开工作，将提案目录、重点督办提案及相关办理报告进行全面公开。

（樊　华）

【学习与文史委员会】　年内，组织委员深入学习贯彻党的十八大和十八届三中、四中、五中全会精神、习近平总书记系列讲话精神及市、区党代会精神，加强政协统战理论、委员履职相关专业知识的学习。做好政协全体委员集中学习培训工作，专委会委员全年集中学习2次。建立与政府部门的区情通报机制。与有关民主党派联合开展关于本区儿童学前教育幼儿园发展情况的调研。视察姚家寺、慈善寺等文物保护情况；视察永定河石景山段（莲石湖）及其周边环境建设情况。组织专委会委员和机关部分人员参观海昏侯出土文物展。组织特邀文史委员和相关人员编辑《石景山工业文化遗产—下卷（区属部分）》，完成《九届政协工作纪实》画册编辑、整理、出版工作。对区旅游委的履职情况进行民主监督与评议工作。组织文化艺术界别小组和特邀界别小组的活动并完成重点提案督办工作。

（樊　华）

3月28日，促进居家养老事业发展专题调研　　（区委宣传部供稿）

## 重要活动及相关工作

### 概　　述

年内，区政协在区委领导下，牢牢把握团结民主两大主题，紧密团结各界委员，认真履行政治协商、民主监督、参政议政职能，围绕中心服务大局，勇于创新、求真务实，为推动经济社会发展作出新贡献。

（樊　华）

【外省市区政协到区调研】　3月24日，接待长沙市天心区政协主席一行到区就养老服务业发展开展调研。4月27日，接待内蒙古阿拉善盟政协主席魏国权一行就协商民主建设、民主监督评议工作开展情况到区进行调研。吴克瑞、司尚国、于秀云参加调研。同月28日，接待昆明市盘龙区政协主席一行就城市管理体制创新工作先进经验和做法到区进行调研。

（樊　华）

【民主监督与评议工作动员部署会】　5月召开。会议总结上年关于加强对区属党政部门履职情况开展民主监督与评议工作的相关情况，并部署当年相关工作。民主评议工作从6月份开始，至8月末结束。按照试行办法，民主监督与评议工作延续上年方式，设立区科委园区、城管执法局、卫计委、旅游委、总工会、八宝山街道6个接受评议的小组，围绕5项内容推动党政部门开展民主监督与评议工作。吴克瑞、种磊、刘国庆、刘建国参加会议。会议由刘福利主持。

（樊　华）

【政协工作理论研讨会】　7月12日，区政协召开以“促进我区民生家园建设”为主题的第25次政协工作理论研讨会，围绕民生家园建设工作集中开展研讨。吴克瑞、李文起、种磊、陈婷婷等区领导及政协常委、部分政协委员等60余人参加会议。区委办公室、区政府办公室、区民政局、区教委、区卫计委等相关单位的领导列席会议。会上，政协常委和委员们围绕民生家园建设工作中医疗卫生、养老和教育事业发展三个方面进行研讨，共形成研讨材料35篇，提出相关意见建议150余条，助推石景山区高端绿色发展。

（樊　华）

【卢沟桥醒狮越野跑活动】　9月3日，区政协组织部分委员和机关40余人参加市政协在园博园举行的“纪念中国人民抗日战争暨世界反法西斯战争胜利71周年——北京第三十届卢沟桥醒狮越野跑活动”。吴克瑞、刘国庆、司尚国、刘建国参加活动。

（樊 华）

## 中国人民政治协商会议北京市石景山区第十届委员会

主　　席　吴克瑞
常务副主席　刘国庆
副 主 席　刘建国　岳林华　赵继新　高　杰　于秀云(女)
秘 书 长　刘福利
副秘书长　程伯静(女)　苏文颖　李凤芹(女)　毛　轩　李鸿泓　刘东晖
常务委员　(按姓氏笔画为序排列)
王亚迅　毛　轩　白德骏(回族)
仲达文　刘　嵘(女)　刘东晖(满族)
刘吉新　苏文颖　李凤芹(女)
李鸿泓　李智勇　李路海
吴　瑕(女)　何云飞　汪礼俊
张　钢　陈有忠　赵天旸
赵建平　秦玉山　彭　飞
蒋志谋　释常藏　焦彦生
戴　兵(女)

## 石景山区政协专门委员会负责人

| | | | |
|---|---|---|---|
| 经济科技委员会主任 | 刘卫东 | 教文卫体委员会主任 | 杨玉玲(女) |
| 社会法制与民族宗教委员会主任 | 韩　冰(女) | 提案委员会主任 | 于惠兰(女) |
| 城建环保委员会主任 | 李元涛 | 学习与文史委员会主任 | 蒙树红(女) |

## 石景山区政协工作机构负责人

| | | | |
|---|---|---|---|
| 区政协党组成员、秘书长 | 刘福利 | 区政协专委会工作三室主任 | 李元涛 |
| 区政协党组成员、副秘书长、办公室主任 | 程伯静(女) | 区政协专委会工作四室主任 | 杨玉玲(女) |
| 区政协研究室主任 | 刘　威 | 区政协专委会工作五室主任 | 于惠兰(女) |
| 区政协专委会工作一室主任 | 刘卫东 | 区政协专委会工作六室主任 | 蒙树红(女) |
| 区政协专委会工作二室主任 | 韩　冰(女) | | |

北京石景山年鉴

2017 BEIJING SHIJINGSHAN NIANJIAN

# 纪检·监察

中共石景山区纪律检查委员会机关(简称区纪委)和北京市石景山区监察局(简称区监察局)合署办公,在区委、区政府和市纪委监察局双重领导下开展工作。内设11个职能部门、2个纪律作风建设巡察组,下设1个事业单位,区行政投诉中心与信访室合署办公。派驻机构全覆盖改革中,撤销11个区纪委派驻纪检组(派出纪工委)和25个区监察局派驻监察机构,不再保留10个区级党和国家机关等单位本级内设纪检机构,新设12个区纪委派驻机构,其中10个联合派驻纪检组人员的编制和管理全部收回区纪委。区纪委有委员29人。

区委把2016年确定为"全面从严治党主体责任深化年",把全区党风廉政建设的目标确定为"四突破一贡献",即在层层压实主体责任上要有新突破,在把握执纪监督"四种形态"上要有新突破,在强化监督上要有新突破,在改革创新上要有新突破,为建设风清气正的良好政治生态做出新贡献。在深化认识、作风建设、严明纪律、案件查办、宣传教育、体制改革、强化监督、基层延伸八个方面狠抓落实。区纪委以党的十八大和十八届三中、四中、五中全会精神为指导,学习贯彻习近平总书记系列重要讲话精神,落实中央纪委六次全会精神,按照市纪委五次全会和区委第十二次全会工作部署,保持坚强政治定力,坚持全面从严治党、依规治党,忠诚履行党章赋予的职责,聚焦监督执纪问责,围绕着"四突破一贡献"目标的实现,深化标本兼治,创新体制机制,健全法规制度,强化党内监督,把纪律挺在前面,持之以恒落实中央八项规定精神,着力解决群众身边的不正之风和腐败问题,坚决遏制腐败蔓延势头,建设忠诚干净担当的纪检监察队伍,为构建风清气正良好政治生态和高端绿色发展生态作出新的贡献。

全区各级纪检监察组织在全面从严治党中找准职责定位,不断强化监督执纪问责,在构建风清气正的政治生态中,担当使命,充分发挥利剑作用,"四突破一贡献"工作目标取得重要进展,纪检监察工作取得新成效。强化履职尽责,在层层压实责任上有新举措。以清单条目式列出个性化责任清单,并建立"签字背书"机制,形成"述前考评、会议述责、询问质询、民主测评、整改落实"五位一体的述责述廉工作模式,制定落实党风廉政建设主体责任、监督责任全程记实制度,让责任真正落实到位,让责任看得见、可量化、能检查。采取重要部门的重点检查、全区单位的普遍检查和下属科队站所的延伸检查方式,实现全区单位责任制检查零死角、全覆盖。充分发挥《问责条例》利剑作用,对履行主体责任不力、落实监督责任不力、工作失职的20位领导干部进行追究问责,以强有力的问责推动"两个责任"落地生根。把纪律挺在前面,在实践"四种形态"上有新发展。严格按照新的"五类"标准处置问题线索,出台《关于对领导干部进行谈话函询的办法(试行)》,共谈话函询20人次,比往年大幅增长。给予纪律轻处分29人,纪律重处分14人,移送司法机关4人。拓宽信访举报渠道初见成效,共接到各种信访举报346件次,同比增长29.5%,首次出现自收件大于市转办件。共计处置问题线索90件,初核90件,了结59件,新立案44件。共结案44件,给予党纪政纪处分44人。聚焦关键少数和重点领域,在强化监督上有好经验。两个纪律作风建设巡察组,开展8次专项巡察,在巡察中及早发现苗头性问题,及时提醒,督导整改。研究制定《关于对区属单位党政"一把手"党风廉政建设情况加强监督的暂行办法》,切实把对"一把手"监督的网络织起来。主动作为,为换届做好坚强纪律保证,实事求是回复党风廉洁意见征求函,严格把好政治关和廉洁关,防止干部"带病提拔"。注重实际效果,在改革创新上有好做法。创新宣传方式方法,营造全面从严治党宣传舆论氛围,"生命线"的警示反腐倡廉警示教育基地正逐渐成为本区推进全面从严治党的前沿阵地、弘扬廉政文化的广阔平台、开展警示教育的生动样本。加强自身建设,打造过硬干部队伍。加强自身监督管理力度,扎实开展"两学一做"学习教育,加强思想修养,增强党的观念,防止"灯下黑"。

**地址:石景山区石景山路18号**
**电话:88699315**
**邮编:100043**

(雷思远)

**【电子监察中心建设】** 1月,电子监察中心由"全额事业单位"改为"工资纳入规范管理事业单位"。年内,区纪委(监察局)大力推进电子监察平台监督。将全区12家对外办事大厅的监控视频全部接入电子监察平台,制定监督办法,不断规范对外服务窗口行政人员工作作风、工作行为。将机关院内公车出入情况接入监察平台,实时监控区内违规使用公车情况。与财政局和采购中心商议对接,计划将政府采购、重大项目投资和大额资金使用等纳入监察范围。全年,共受理政风行风热线349件。筹备开展对公职人员上班时间网络行为的监督。

(李　艳　许　辰)

**【十一届八次全会】** 2月23日,召开区纪委十一届八次全会暨全区2016年党风廉政建设和反腐败工作会。会议由区委常委、区纪委书记吴学文主持。会议全面总结上年党风廉政建设和反腐败工作,部署当年工作任务。区四套班子领导、区纪委委员、全区各处级单位正科实职以上干部和党风廉政监督员、政府特约监察员共1200余人,以现场参会或视频会议形式参加会议。夏林茂传达习近平总书记在十八届中央纪委六次全会上的重要讲话精神和郭金龙在市纪委十一届五次全会上的重要讲话精神。吴学文作题为《把纪律挺在前面、监督执纪问责,为构建良好政治生态和发展生态作贡献》的工作报告。牛青山指出,区委把2016年确定为"全面从严治党主体责任深化年",把全区党风廉政建设的目标确定为"四突破一贡献",即在层层压实主体责任上要有新突破,在把握执纪监督"四种形态"上要有新突破,在强化监督上要有新突破,在改革创新上要有新突破,为建设风清气正的良好政治生态做出新贡献，要在深化认识、作风建设、严明纪律、案件查办、宣传教育、体制改革、强化监督、基层延伸八个方面狠抓落实。市纪委常委张才雄参加会议并讲话。

（雷思远）

**【全面开展“一承诺”两签责】** 通过做承诺、定责任、勤督促、严考核等具体实在的工作抓手，构建横向到边、纵向到底、多点交叉的责任体系，推动“两个责任”落地生根。突出公开承诺，强化“一把手”监督。区委书记坚持以上率下，在全区党风廉政建设大会上郑重做出十项承诺。区、处及下属单位主要领导在本单位党风廉政建设大会、全体干部会上均作出履责承诺，接受民主监督，为“破解一把手监督难题”形成实实在在的工作支撑。突出一岗三责，强化履职担当。除《主体责任书》《监督责任书》外增加领导干部《“一岗三责”责任书》。区属二级班子及下属单位参照区委形式层层签订，推动主体责任向各级各类人员、各个工作岗位拓展延伸，真正实现责任制目标到人、责任到人、追究到人，使党风廉政建设抓手有力、考评有据、落实有效。突出细化量化，强化个性责任。责任书具体条款的设定根据工作分工和2016年重点任务因岗而异、因责而异，让责任看得见、摸得着、可量化、能检查，有效避免责任落实的虚化空转。突出检查考核，强化常态监督。将“一承诺两签责”工作作为年度党风廉政建设责任制检查考核工作的重要内容，区委、区纪委定期对“一把手”践诺情况开展民主测评，并将测评情况记入领导干部实绩档案，作为干部选拔任用的重要参考依据。

（薛　枫）

**【为官不为专项治理】** 年初，区纪委制定下发关于深化“为官不为”“为官乱为”问题专项治理的通知。积极开展“严肃查处发生在群众身边不正之风和腐败问题”和继续深化“为官不为”“为官乱为”问题两个专项治理工作。在全市统一部署要求基础上，本着“巩固提升、持续深入、以治促改、源头治理”的原则，从四个维度（坚持问题导向启动“早”，部门联动查找问题“实”，直查快办惩是为“治”，实践“四种形态”立足“远”）进行深化拓展。与相关部门合作，将治理内容细化分解到职能部门，采取走访群众、查阅资料、调研座谈、明察暗访等方式，重点对推进举措、整改台账、查处情况、建章立制、实际成效等进行跟踪督办，形成“自查自纠、监督检查、执纪问责、整改落实、建章立制”的闭环效应。发挥区纪律作风建设巡察组和区“两员”的作用，加大频次组织开展明察暗访，找准、找实问题线索，进行专项检查整改，并将专项治理工作纳入年度党风廉政建设责任制检查考核之中。

（薛　枫）

**【宣传教育月活动】** 6—7月，区纪委开展以“聚焦深化年、坚守生命线、实现新突破”为主题，以“两明、两讲、两看、一践行”为主要内容的第25届党风廉政建设宣传教育月活动。通过学理论明方向、学法规明规矩，宣讲党内法规、讲主题党课，观看主题教育展和警示教育片，践行“全面从严治党主体责任深化年”主题，开展理想信念教育和廉政法规教育，重点加强党员干部党性教育、党风教育、党规教育和党纪教育，筑牢党员干部拒腐防变的思想道德防线，教育引导党员干部坚定理想信念，保持高尚品格和廉洁操守。

（薛　文）

**【数字廉政教育基地揭牌】** 7月1日，“生命线的警示——北京市石景山区反腐倡廉警示教育基地”在北京国际雕塑公园东园蝶形展厅正式揭牌。基地分为两层，面积约1500平方米，分为序厅、倡廉厅、践行厅、警示厅、展望厅五个部分，参观时间大约一个半小时。区委将2016年确定为“全面从严治党主体责任深化年”，继廉政文化墙、廉政主题公园后，再次创新廉政宣传手段，升级载体建设，在本市率先打造“载体数字化、内容差别化”的全数字反腐倡廉警示教育基地。基地采用全数字的方式，营造身临其境的感官体验，利用十三通道沉浸式影院、八通道超大弧幕等载体，通过声光电的方式，开展廉政教育、展示反腐成果。与以往简单的图片、展板、宣传片等传统方式相比，全数字展示方式使廉政教育内容更加丰富，且实现交互性和个性化，根据受教育人群不同，为不同级别、不同岗位、不同领域的党员干部提供定制内容。截至年底，基地接待来自全国各地288家机关企事业单位、7000余名党员干部职工参观学习。新疆、西藏、贵州等13个外省市纪委同行前来学习取经。同时，开发利用慈善寺廉政文化基地、“崇廉苑”廉政文化公园、老山街道廉洁文化墙。廉政教育基地正在逐步成为我区推进全面从严治党的前沿阵地、弘扬廉政文化的广阔平台、开展警示教育的生动样本。12月，电子监察中心加挂电教中心牌子，核增4名编制，设副主任一名，分管警示教育基地工作。

（陈　鹏）

**【纪委系统领导干部会议】** 7月15日召开，部署区纪委换届工作。主要内容是对本届纪委班子及班子成员进行民主测评，全额定向推荐新一届纪委领导班子成员，确保区纪委换届工作准备充分、推进有序。郭鹏主持会议。市委考察组副组长吴文学就纪委换届有关政策要求，换届的考察对象和主要内容，考察的方法和环节进行了解读说明。牛青山提出4点要求：要高度重视纪委领导班子换届工作；要正确客观评价本届纪委取得的成绩；要正确看待干部的“进退留转”，做到正确面对组织、正确面对自己、正确面对他人；要以此次换届为契机，统筹做好全年工作。市委考察组其他成员一并参加会议。

（雷思远）

**【派驻机构全覆盖改革】** 8月22日，区委常委会研究通过《关于加强石景山区纪委派驻机构建设的实施意见》。撤销11个区纪委派驻纪检组（派出纪工委）和25个区监察局派驻监察机构，不再保留10个区级党和国家机关等单位本级内设纪检机构，新设12个区纪委派驻机构，即10个联合派驻纪检组，法院和检察院2个单独派驻纪检组。12个派驻纪检组负责监督全区72个区级党和国家机关，实现党内监督不留死角、没有空白。派驻机构由过去的驻在部门党组、区纪委双重领导,转变为区纪委直接领导,代表区纪委实现对各驻在单位的监督,由以往的“同级监督”变为“上级监督”,增强监督的权威性和独立性。从全市改革推进情况来看,石景山区反应迅速,落实到位,走在全市前列,得到市纪委充分肯定。

(李　艳)

**【述责述廉现场会】** 9—10月,区纪委组织开展述责述廉工作,督促区属单位党政一把手、纪检监察组织负责人切实履行党风廉政建设主体责任和监督责任。述责述廉采取“述前考评、会议述责、询问质询、民主测评、整改落实”五位一体的工作模式,召开四场述责述廉现场会,区属单位15名党政主要领导和5名纪委书记就落实党风廉政建设责任情况向区反腐倡廉建设领导小组、区纪委全委会述责述廉并接受评议、质询,述责述廉情况纳入党风廉政建设责任制检查考核。

(张丹萍)

**【集体廉洁谈话】** 11月4日,区纪委书记对全区近一年来45名新任职的正处、副处级领导干部进行集体廉洁谈话。首先,全体人员观看警示教育片《恣意的权力》,通过反面典型案例的深刻教训,敲响纪律警钟,筑牢思想防线;随后,两名同志代表全体新任处级干部做履责发言。郭鹏从始终讲政治守纪律,做忠诚于党和人民的领导干部;不断加强党性修养,做努力提升自身综合素质的领导干部;扎实推进党风廉政建设,做履职尽责敢于担当的领导干部3个方面,同与会同志进行推心置腹的谈心、交心。自上年始,区纪委将“廉政谈话”调整为“廉洁谈话”,将“廉洁从政”扩展到“廉洁从政”“廉洁用权”“廉洁修身”“廉洁齐家”四个方面,标志着党员领导干部的道德规范不再仅侧重于8小时之内,而是24小时全天候覆盖,体现全面从严更严的理念和与时俱进的要求。利用市纪委廉政法规知识测试系统,组织全区86名处级干部、指导356名科级干部进行任职前廉政法规知识测试,推动以考促学、以考促廉。

(薛　文)

**【第十二届纪委领导机构选举】** 12月,区第十二次党代会选举产生29名区纪律检查委员会委员,其中,纪检系统干部占70%。区第十二届纪律检查委员会第一次全体会议选举产生常务委员会委员9名,其中书记1名,副书记3名,郭鹏当选为中共北京市石景山区第十二届纪律检查委员会书记。

(李　艳)

**【落实党风廉政建设责任制】** 年内,区纪委落实“全面从严治党主体责任深化年”各项任务,组织开展“一承诺两签责”工作,全区各级党政“一把手”结合岗位特点,公开做出履责承诺,主动接受践诺测评,层层签订个性化主体责任书和监督责任书,绷紧“责任弦”。建立并执行落实主体责任全程记实制度,区委班子带头建立履责台账,23名区委、人大、政府、政协班子成员每人一本记实档案。81家处级单位均建立履责台账,440余名班子成员全部建立记实档案,全程留痕。聚焦关键少数,全方位加强对“一把手”的监督。制定落实《关于对区属单位党政“一把手”党风廉政建设情况加强监督的暂行办法》,将“一把手”作为巡察监督的重要内容,开展践诺测评并向市纪委报告“一把手”履责情况。把检查考核作为督促责任落实的重要抓手,制定责任制检查考核方案和指标体系,依托派驻纪检监察组织和纪律作风巡察组成立12个检查组,对全区所有处级单位进行普遍检查,由区领导带队对16家单位进行重点检查。检查考核结果报组织部备案,作为绩效考核和干部选拔任用的重要参考。牛青山将对排名靠后的单位实施约谈。12月27日,市党风廉政建设责任制检查考核组组长吕和顺带队,对党风廉政建设责任制落实情况进行现场检查。

(张丹萍)

**【“四风”监督检查】** 年内,区纪律作风巡察组等相关人员成立专项检查组,紧盯重要时间节点,组织开展元旦、春节、“五一”、端午、中秋、国庆等节日期间作风问题监督检查工作。向全区下发《关于2016年元旦、春节期间严守纪律加强廉洁自律的通知》《关于“五一”、端午节期间开展“四风”问题监督检查的工作方案》等文件。组织力量到永辉超市、家乐福超市、眉州东坡酒楼等大型超市、餐饮场所、单位食堂,以实地走访、查验票据等形式,对公款购买节礼、公款购卡、违规公款吃喝等情况开展专项检查,累计开展集中检查4次,查验票据共计5万余张。与税务部门开展联合履职,通过专业化队伍和信息化手段,筛查疑似违规公款消费的票据,严查违规公款

6月8日,端午节前“四风”监督检查　（区纪委监查局供稿）

消费。开发使用公车监控管理监察系统,通过明察暗访和系统监控相结合、日常监控和重要时间节点监控相结合的形式,运用科技手段,有效实施公车监管,从技术层面对公车使用进行全方位、多角度、无盲点监控。每个节点对全区601车次进行排查,并对车辆的封存,使用报备等情况进行检查。坚决杜绝公车私用问题。

(薛　枫)

**【纪律作风建设巡察】** 年内,区纪委两个纪律作风建设巡察组,开展8次专项巡察。对全区72家单位落实区党风廉政建设和反腐败工作会精神情况进行专项巡察,对换届纪律开展专项巡察,开展“两学一做”专项巡察和巡回督导,围绕落实“两个责任”开展党风廉政建设责任制检查,参与对“三严三实”专题民主生活会巡回指导,对纪检监察干部队伍进行专项巡察,在重要时间节点对“四风”问题进行监督检查,开展述职述廉实地调研走访等。在巡察中及早发现苗头性问题,及时提醒,督导整改,对巡察中发现的违纪问题线索,及时移交相关部门处理。

(戴桂凤)

**【扎实做好行政监察】** 年内,区纪委(监察局)依据《北京市行政问责办法》,对未完成上年严厉打击违法用地违法建设专项行动目标责任要求的相关部门依法履职情况进行调查,并问责7人。下发《石景山区监察局关于落实<北京市国家行政机关向监察机关报送涉嫌违反行政纪律问题线索的办法>的通知》,要求各单位及时报送11类违反行政纪律的问题线索,进一步拓宽监察机关问题线索来源渠道,强化对国家行政机关履行职责情况的监督。全年先后对“治乱、疏解、建高端”“八个高端体系”建设、人口调控、安全生产、空气污染治理等工作进行监督检查,为两个生态建设营造良好氛围。全年针对发现的问题对2家单位下发监察建议;对9名责任人进行行政问责处理。

(王剑飞)

**【构建立体宣传格局】** 年内,区纪委形成“一报、一台、两网、一微、一团”宣传攻势。在《石景山报》刊发数篇纪检监察工作动态新闻,编辑刊发《警钟常鸣》专栏48期;在“石景山电视台”播出石景山区党风廉政建设20余篇电视新闻;在“石景山区纪检监察网”发布纪检监察工作信息160余篇;动态更新“石景山党建网”“党风廉政建设”板块;“方圆石景山”微信公众号共推送信息97期280条;成立党内法规宣讲团,到全区各单位宣讲30余场次,受众3000余人。全年在市级及以上媒体发表外宣报道200余篇,位列全市第4名。

(薛　文)

**【信访举报新格局】** 年内,区纪委引导群众依法逐级信访,形成“两级直通、五位一体、渠道畅通、逐级办理、规范有序、群众满意”的新格局。“三级直通”即区、办事处、社区三级,“五位一体”即建立“信、访、网、电、手机平台”五位一体的系统。同时,通过开通区纪委书记信访邮箱,畅通举报渠道。全年无集体访情况发生,区纪委信访室共受理信访举报346件次,同比增长29.5%,近5年来首次实现自收件数量大于上级转办件数量,变信访倒金字塔为正金字塔。署名举报占总量的36.2%,同比提高9.7%。

(胡国栋)

**【监督执纪“四种形态”】** 年内,区纪委本着“惩前毖后、治病救人”方针,“宽严相济”与“标本兼治”紧密结合,坚持抓早抓小,运用好“四种形态”。出台《关于对领导干部进行谈话函询的办法(试行)》,按照《党风廉政建设约谈制度》,围绕“六大纪律”,针对在工作中发现的需要提醒的问题,对国资、教育等部门共开展提醒约谈10次,促进部门充分履职。对党员干部的苗头性、倾向性问题,通过有针对性的谈话函询等方式咬耳扯袖、提醒告诫。对问题线索严格按照“拟立案、初核、谈话函询、暂存、了结”五类标准分类处置,全年对20件次问题线索进行谈话函询,体现抓早抓小,动辄则咎。增强监督执纪的综合效果。

(张　捷)

**【案件查办】** 年内,区纪委共计初核问题线索90件,了结59件;立案57件,其中新立案44件,同比增长5%。严厉查处白玫收受医疗回扣案、喻荣辉违纪案等一批在区内影响重大的案件,营造有腐必反、有案必查的工作氛围。开展“严肃查处发生在群众身边的不正之风和腐败问题”专项治理,集中查处一批小官贪腐问题。将付建国受贿案、史德河等私分国有资产案拍摄为警示教育片《歧途》,在全区各单位播放,做到以案说纪,警钟长鸣。

(张　捷)

**【案件审理】** 区纪委(监察局)全年受理案件49起,审结案件44起,给予党纪政纪处分44人(7人受到刑事追究,5人移送司法机关)。其中34人受到党纪处分,1人受到政纪处分,9人受到党纪政纪双重处分。从受处分人员情况看,正处级1人(问责案件)、副处级及相当副处级7人(其中2起问责)、正科级及相当正科级15人、副科级2人、科员及以下19人。党纪处分:警告20人、严重警告9人、留党察看一年2人、开除党籍12人。政纪处分:记过2人、警告1人、降低岗位等级1人、降级1人、撤职1人、开除4人。在执纪审理工作中始终遵循“严、细、深、实”的作风,探索运用监督执纪“四种形态”,牢牢把住纪检监察最后一道“关口”。

(刘婧妮)

**【追究问责】** 年内,区纪委将追究问责作为督促责任落实的利器,严格落实党内问责条例,对相关违纪违法案件中落实“两个责任”不力的问题严肃责任追究,让失责必问成为常态,促使各级党组织和党的领导干部做到“有权必有责、有责要担当,用权受监督、失责必追究”。全年对10起案件进行追究问责和通报曝光,问责28人次,其中3人受到党纪处分,营造从严管党治党的氛围。

(张丹萍)

**【干部队伍】** 年内,全区纪检监察系统提拔、调整处级干部共计42人,其中科级提拔副处级4人,副处级提拔正处级1人,处级调整交流37人。调整纪委常委5人;调整纪委机关部室领导正职 1 人，新任纪委机关部室领导正职 2 人，新任部室领导副职 3 人；新任联合派驻纪检组组长 10 人、副组长 10 人；新任和调整纪(工)委书记 24 人次、监察科长 15 人次。纪委机关全年共退休 2 人，调入 9 人，调出 6 人。按照区委和组织部的部署，选派 3 名干部到街道挂职锻炼，2 名干部交流到纪委。良性的干部流动，优化队伍结构，初步形成能入能出、横向纵向流动畅通的干部交流使用格局。

（李　艳）

**【干部监督】** 区纪委全年处理系统内部信访举报 2 件，通过谈话、函询，完成信访件的初核工作，形成报告并移交案件监督管理室。发挥纪检监察干部监督机构的作用，加强纪律约束和自我监督。落实从严管理监督干部各项制度，全体科级及以下干部开展个人事项报告制度，完成每月一次向市纪委干部监督室的月报表。组织全区纪检监察干部大会，明确组织部干部监督职能，并联合区纪委纪律作风巡察组对纪检监察干部履职工作情况进行巡察。

（李　艳）

## 中共北京市石景山区第十一届纪律检查委员会

书　记　吴学文(6月免)
　　　　郭　鹏(6月任)
副书记　许景山(8月免)　韩孟荣　仲长军(女)
　　　　高维华(8月任)
常　委　杨春华(8月免)　田成立　李月根(5月任)
　　　　牛秋娟(女,5月任)　张　莉(女,8月任)
　　　　赵雁军(女,8月任)

## 中共北京市石景山区第十二届纪律检查委员会

书　记　郭　鹏
副书记　韩孟荣　仲长军(女)　高维华
常　委　田成立　李月根　牛秋娟(女)
　　　　张　莉(女)　赵雁军(女)

# 民主党派·工商联

石景山区共有除台盟以外的7个民主党派区级组织，分别是中国国民党革命委员会、中国民主同盟、中国民主建国会、中国民主促进会、中国农工民主党、中国致公党、九三学社的区工作委员会，共有支部40个，民主党派成员1230人。年内，石景山区各民主党派在党派市委和中共石景山区委领导下，在区属各有关部门关心支持下，围绕中心、服务大局，认真履行中国特色社会主义参政党职能，围绕发展要务，发挥特色优势，着力提升参政议政水平和民主监督实效，围绕高端绿色发展战略的实施及“八个高端体系”构建，发挥自身特色优势，深入开展调研，建务实之言、提务实之策，为区委区政府科学决策提供重要智力支持。

各党派区工委多党合作的优良传统，在推进新老交替基础上做好思想交接和政治交接。发挥自身界别特色优势，积极参加区委领导的政治协商，有效利用好政党协商、人大协商、政协协商等协商渠道，助力全区风清气正的政治生态和高端绿色的发展生态构建。着眼于建设适应新时期要求的参政党，以思想建设为核心，以组织建设为基础，以制度建设为保障，以班子建设为重点，不断提升“五种能力”，努力打造一流参政党队伍，有效提升组织社会影响力，全面开创区工委各项工作新局面。

5年一次的换届大会既是各民主党派承先启后、继往开来的重要会议，也是石景山区民主政治建设中的一件大事。6月19日至7月4日，民革、民盟、民建、民进、农工党、致公党、九三学社石景山区工委相继召开换届大会，任命新一届领导班子，顺利实现新老交替和政治交接。各民主党派市委领导傅惠民、马大龙、闫傲霜、刘玉芳、李焕喜、刘迎、李申虹等分别出席各民主党派区工委换届大会，并希望各民主党派区工委在未来五年工作中，要继承和发扬优良传统，深刻理解、准确把握当前统战事业发展和石景山区高端绿色发展面临的良好战略机遇，充分发挥各自特色优势，团结带领全体成员积极为石景山区经济社会发展出主意、想办法、做帮手，更好地担负起历史赋予的光荣使命。李凤芹、毛轩、司马红、于秀云、李鸿泓、高杰、左小兵分别被任命为民革、民盟、民建、民进、农工党、致公党、九三学社新一届区工委主委。

区工商业联合会（商会）于11月29日完成换届。年内，坚持党建统领，围绕中心服务大局，积极践行“亲”“清”新型政商关系，扎实推进民营企业党建工作，进一步凝聚非公经济人士思想共识。帮助企业解决实际困难和思想困惑，着力做好服务企业工作。深入了解非公有制经济人士的意愿和要求，积极履行工商联参政议政重要职能。

3月25日，参观中关村科技园石景山园　　（民革区工委供稿）

## 中国国民党革命委员会石景山区工作委员会

### 概　述

中国国民党革命委员会北京市委员会石景山区工作委员会（简称民革区工委）是民革北京市委派出机构。民革区工委共有6个支部，党员156人。目前党员中有全国青联常委1人，市人大代表1人，市政协委员2人，区人大副主任1人，区人大常委1人，区人大代表1人，区政协常委2人，区政协委员10人。同时，党员中还有民革中央各专委会成员9人，民革市委各专委会16人。年内，民革区工委继承和发扬孙中山先生爱国、革命、不断进步的精神，全面加强自身建设，坚定“不忘合作初心，继续携手前进”的决心和信心。围绕地区高端绿色发展战略的实施及“八个高端体系”构建，不断提高参政履职的能力和水平，切实履行参政党职能。开展好思想宣传、参政议政、社会服务、祖统工作，着眼政治交接，做好换届工作。

**地址：石景山区八角北路民主党派人民团体办公楼**
**邮编：100043**
**电话：88927998**

（张　旭）

**【纪念区工委成立20周年】** 1月30日，区工委召开座谈会，纪念区工委成立二十周年。全国政协常委、民革中央副主席、民革市委主委傅惠民出席并讲话，民革市委副主委于雪鹰、荣洋、褚玉梅、秘书长蒋耘晨等民革市委领导，部分兄弟党派代表以及区民革党员共计100余人出席座谈会。傅惠民在讲话中表示，区工委成立以来的20年，是与中国共产党风雨同舟、患难与共、亲密合作，坚定不移走中国特色社会主义道路，为社会发展稳定做出重要贡献的20年；是积极参与区经济社会文化建设，正确履行参政议政、民主监督职能，努力建言献策并取得可喜成绩的20年；是不断吸纳先进优秀分子，积极参与经济建设社会服务，自身不断发展壮大的20年。区领导种磊在贺辞中说，区工委20年来与区委在思想上同心同德、目标上同心同向、行动上同心同行，紧紧围绕区国家级绿色转型发展示范区建设，积极履行参政党职能，在城市综合管理体制改革、静态交通、应急救助、城市安全等领域通力合作，取得丰硕成果。赵继新代表区各民主党派、工商联向区工委成立20周年表示祝贺。第二届区工委主委柯玲、年轻党员代表傅凡作发言，与会领导还为获得先进表彰的党员颁发荣誉证书，并集体观看石景山区“八个高端体系”战略规划专题片。座谈会后，与会领导和党员还观看各支部自编自演的文艺节目。

（张　旭）

【思想建设】　3月25日，民革区工委邀请全国政协委员、市侨联主席、民革市委副主委荣洋为全体党员传达全国“两会”精神。7月1日，区工委号召广大党员同步观看庆祝中国共产党成立95周年大会实况，并于当日中午组织部分党员进行座谈。习近平重要讲话在民革党员中引发强烈反响。大家一致表示，讲话进一步明确中国共产党领导多党合作的中国特色政党制度的合法性和优越性，坚定全体党员和全国人民实现“两个一百年”奋斗目标的信心和决心，作为民革党员要继承和发扬中山精神，与中国共产党同心、同行，继续为多党合作事业和中华民族复兴添砖加瓦。同月29日，举办每年一度的暑期学习班和新党员培训班，组织党员学习中共石景山区委十二届一次全会精神，邀请傅惠民和蒋耘晨作辅导讲座。通过学习，提高党员接受中国共产党领导的自觉性，坚定不移走中国特色的社会主义道路，不断增强道路自信、理论自信、制度自信和文化自信。

（张　旭）

【六届区工委成立】　6月25日，民革北京市石景山区第六届工作委员会成立大会在京燕饭店召开。民革市委领导傅惠民、于雪鹰，区领导种磊等出席大会。大会由民革市委秘书长蒋耘晨主持。会上，李凤芹代表第五届区工委班子作工作报告，于雪鹰宣读《民革北京市委关于第六届石景山区工委组成人员的任命决定》，全体新任委员与领导和广大党员见面，新任主委李凤芹代表第六届区工委班子发言，新任副主委杨学兵代表新一届班子宣读向离任委员的致敬信。

（张　旭）

【参政议政】　年内，民革区工委获2015年度区统战系统信息工作先进单位一等奖和调研工作先进单位，李凤芹、傅凡、陈光、柯玲、张旭被评为优秀信息员；《石景山区党外人士对全国“两会”的反映》等4条信息被评为优秀信息；《关于高标准建设北京保险产业园的研究》《关于提升石景山区园林绿化水平的调研报告》被评为优秀调研报告。区工委围绕区委区政府年度重点课题开展党派调研工作，调研报告紧扣区情，在城市管理体制改革、保险产业园、海绵城市、民生家园建设等方面进行深入调研，提出很好的建议。12月1日，参政议政专委会组织专家对调研报告进行评比，评选出一等奖1名，二等奖2名，三等奖3名，分别给予3000元、2000元、1500元奖励；《关于进一步完善石景山区城市管理综合行政执法工作的调研及建议》《石景山区海绵城市建设研究报告》转化成区政协大会的党派提案，4篇调研报告分别作为人大建议案和政协委员提案带到区“两会”上。区工委全年报送信息近200条，其中贾黾泽《重视在人口密集城市突发洪涝灾害后的防疫工作》获得副市长张建东的批示。傅凡被民革中央评为“全国参政议政先进个人”。

（张　旭）

【社会服务】　年内，区工委结合党员特点，在社区开展医疗讲座、法律义务咨询、书画笔会等活动。第四支部先后在古城西路南社区、白庙庞村社区进行座谈，发放《继承法》手册，区有线电视台进行跟踪报道。1月18日和9月13日，区工委看望帮扶的4个残疾家庭、5个残疾人，为每个家庭送去2500元慰问金。重阳节组织老党员参加西山中医药文化节，为党员送健康。由副主委张旭东牵头，为八大处公园捐建红十字旅游医疗救护站，为八大处旅游景点从4A升级为5A创造条件。同时，还联系党员企业家马立民捐赠价值120多万元，建设2个立体停车设施，有效缓解静态交通停车难问题，市人大常委会主任杜德印专门到现场调研立体车库建设。

（张　旭）

【支部活动】　年内，各支部结合自身特点，开展各种丰富多彩的活动，各项工作日益增强。第一支部参加在密云爱国主义教育基地举办的暑期学习班，并参观密云古北口长城抗战七勇士纪念碑和古北口长城纪念馆，了解抗战故事并进行悼念活动。第一、第三支部组织参观河北狼牙山抗战纪念馆，缅怀抗日先烈英雄事迹；第一、第二支部联合举办书法笔会；第六支部在中共中央进驻香山67周年和孙中山诞辰150周年之际，组织党员到双清别墅参观学习，回顾国共两党高层在双清别墅为新中国谋划蓝图的峥嵘历史，缅怀老一辈革命家的丰功伟绩，为进一步发挥参政党职能、在中国共产党领导下更好地推动中国特色社会主义建设汲取力量。

（张　旭）

## 中国民主同盟石景山区工作委员会

### 概　述

中国民主同盟石景山区工作委员会（简称民盟区工委）是民盟北京市委派出机构，共有8个支部，盟员330人。其中，女盟员154人；在职盟员239人，占72.42%；离退休盟员91人，占27.58%；平均年龄52.71岁。高教界盟员98人，占29.70%；普教界52人，占15.76%；科技界31人，占9.39%；医

6月19日，民盟区工委第七届换届大会 （区委统战部供稿）

卫界25人，占7.58%；文艺界10人，占3.03%；新闻出版界6人，占1.81%；公有制经济界48人，占14.55%；机关团体17人，占5.15%；新社会阶层41人，占12.42%；其他1人，占0.30%。高级职称（正高和副高）127人，占38.48%；中级职称114人，占34.55%。年内完成换届选举。盟员中有现任市人大代表1人，市政协委员1人，区人大常委3人，区政协副主席1人，区政协常委1人，区政协委员7人。民盟区工委以“庆祝建党95周年”“北京市民盟组织成立70周年”活动为主线，以开展坚持和发展中国特色社会主义学习实践活动为契机，不断探索加强思想建设和组织建设的新途径、新举措、新方法，有效推动参政党职能作用的发挥，展现石景山民盟良好风貌。民盟区工委被民盟中央评为“学习和发展社会主义核心价值实践活动的优秀基层组织”、被民盟市委评为优秀区级组织。北方工大支部、科技支部被评为“先进基层组织”。史明霞、孙莹等10人被评为“盟务工作先进个人”，赵继新被评为“参政议政先进个人”，杨卫东、胡燕被评为“思想宣传理论研究先进个人”，祝智军、徐家昌被评为“社会服务先进个人”。

**地址：石景山区八角北路民主党派人民团体办公楼**
**电话：88924684**
**邮编：100043**

（李　莉）

**【思想建设】** 1月8日，民盟区工委组织各支部150余位认真学习研讨区统战工作会议精神，真正领会精神实质、把握核心要义。全国“两会”期间，专题学习李克强总理的《政府工作报告》及全国“两会”热点。组织全体盟员实时关注“两会”新闻，关注“两会”动态，领会“两会”精神，并号召大家充分发挥自身优势，结合“两会”精神，更好地履行职能。七一前夕，由区工委主办，工业支部承办的“庆祝建党95周年”座谈会，组织盟员学习习近平总书记统一战线理论，学习全国人大常委会副委员长、民盟中央主席张宝文“七一”讲话精神。年内，区工委利用微课堂加强共识教育，以微信群为平台，采取线上分享形式，收集并转发统战理论、时事政治、民盟动态、社会热点等，传播党和国家的大政方针、重要会议精神及民盟中央、市委的相关会议精神，有效扩大思想学习、宣传教育的覆盖面。“微课堂”相继推出“民主党派要充分发挥在协商民主中的作用”等12讲，成为区工委思想宣传工作的重要阵地。

（李　莉）

**【社会服务】** 年内，民盟区工委发挥界别特色，整合资源，服务社会。2月20日，联合北京丽都印象文化传播有限公司举办“桃李天下”少儿美术教育研讨会暨美术老师交流培训班，为一线美术教师提供培训与交流。3月8日，邀请北京农业职业技术学院国际教育学院院长赵庶吏教授在北京礼文学校举办一场“高职自主招生辅导”讲座活动。5月21日，组织部分盟员到昌平区沙河镇的北京全池博爱语言康复学校，为听力障碍孩子们捐赠400余册图书。9月26日，民盟区工委作为京西志愿者服务中心成员单位，率先启动，联合东城区仁合公益与法律研究中心，开展青少年普法进校园活动。十一期间，参与“让动漫文化给残障儿童带来欢乐”大型公益活动项目，并购置1200元美术用品赠送给喜爱画画的残疾儿童们。10月20日，组织开展“健康宣教走进门头沟社区”活动。医务支部盟员、北京大学首钢医院乳腺疾病科莫雪莉副主任，为居民朋友进行乳腺疾病的健康知识讲座，落实与中共门头沟区委“8+1”行动合作框架协议。11月1日，联合区残联开展书香民盟爱心捐赠童书活动。同月23日，在太阳花儿童听力言语康复中心举行“书香民盟爱心捐赠活动”，将价值13800元的物资捐赠给机构。同时，民盟区工委志愿服务基地在“太阳花”听力言语康复中心揭牌成立。这也是继黄庄打工子弟学校挂牌之后的第二个志愿服务基地。

（李　莉）

**【工委活动】** 年内，民盟区工委探索“组团”方式，开展“基层组织建设年”活动。结合继承发扬民盟优良传统，组织10余项形式多样、内容丰富的主题教育活动。3月10日，由区工委，科技支部、北京工业职业技术学院支部联合承办“我爱石景山”体验京西民俗文化暨庆祝国际三八妇女节活动，40余名盟员参与其中。4月10日，组织100名盟员及孩子们开展“服务高端绿色发展·我为石景山增绿”义务植树活动。4月23日“世界读书日”，由民盟区工委主办，首钢工学院、工业支部承办的书香民盟“世界读书日”微信活动，以“博学，修身，砺志，交友，笃行”为读书活动宗旨，组织盟员分享读书心得。5月29日，与北京农商石景山支行合作，组织开展社会大课堂“小小银行家”体验活动。6月25日，组织盟员参与“承恩文化传习大讲堂”活动，聆听中国工艺美术大师李春珂关于“牙雕的文化、技艺与传承”的专题讲座。7月2日，由区工委主办，综合支部、中国诗书画家网、中华散文网、羲之书画报联合承办的“中国当代文艺名家专题报告会”，通过专家经典解读，让盟员们深刻理解书法创作的意蕴。9月11日，举办“红烛颂”教师节诗歌朗会，中学支部、北方工大支部、首钢工学院支部、科技支部的10余名盟员抒发自己对教师职业的热爱与尊重。同月24—25日，组织30余名盟员参观在中国政协文史馆举办的纪念中国民主同盟成立75周年暨北京市民盟组织成立70周年《京盟翰墨》书画展。10月8日，组织老盟员参加“2016重阳民俗喜乐汇”，在京西五里坨民俗陈列馆包饺子、看大戏、赏民俗，欢度重阳节。同月13日，组织盟员参观纪念红军长征八十周年“英雄史诗 不朽丰碑”主题展。

（李　莉）

**【知情明政】** 年内，民盟区工委组织20余名参政议政骨干盟员参与人民政协报社主办的财经智库沙龙—“完善社会征信体系推动创业创新建言献策恳谈会”“教育智库沙龙”—“职业教育精准扶贫问题与对策”研讨会，以及由央视特约评论员、国家发改委城市与小城镇改革发展中心研究员杨禹所作的《中国经济新常态下的改革与发展》专题报告会。针对“智慧城市”“创业教育”等社会热点问题，组织40余名盟员开展调研活动。凝聚力量，搭建议政平台。3月11日，与民盟市委妇女委员会、《当代家庭教育报》策划、组织实施“女性与和谐家庭”论坛，围绕女性在家庭教育中的作用、职业女性心理解压、女性与家庭暴力、老年女性生活等议题进行探讨。6月23日，与民盟市委高教委员会、《人民政协报》教育周刊合作，策划、组织实施“职”通未来—大学生创业论坛，邀请教育政府部门、高校、企业代表、创业者代表多维度进行深入探讨。科技支部发挥科技、金融人才结构优势，举办“创新战略研究沙龙”“科技与金融”论坛，共有100余名盟员参加调研专题研讨活动。

（李　莉）

**【组织建设】** 3月11日，民盟工委六届二十二次工作扩大会议在区党派团体办公楼召开，赵继新主委部署区工委换届工作。会议组织委员学习换届文件，熟悉换届程序，制定实施方案，成立换届工作组，并审议区工委五年工作报告。同月25日，区工委在做好基层支部班子成员调整的基础上，召开领导班子述职民主评议工作会议。赵继新代表工委班子进行述职，毛轩、杨卫东、许保国3名副主委和秘书长李莉作个人工作述职。述职结束后，40名到会的盟员代表对班子成员进行民主评议。此后，在民盟市委指导下，区工委严格标准，规范程序，按时、平稳、有序地完成换届工作。6月19日，召开区工委换届大会，毛轩被任命为新一届区工委主委，杨卫东、许保国、孙道银任副主委，李莉任秘书长。6月23日，区工委召开七届一次工委（扩大）会议，对区工委新任班子成员分工进行调整，对专项工作作出部署，区工委全体工委委员、各支部负责人参加会议。区工委全年发展32名新盟员，其中区人大代表1名，博士3名。区工委重视中青年骨干和后备队伍的培养工作、搭建平台，推荐骨干盟员参加北京社会主义学院各类培训，推荐骨干盟员担任政协委员。同时，密切和新盟员的日常联系，结合新盟员的本职和特长，利用调研、信息、统战理论研究、社会服务等工作平台，分配任务、锻炼能力，使他们快速成长为盟务工作的骨干。

（李　莉）

**【调研工作】** 民盟区工委全年完成《关于推动石景山区智慧养老社会化服务体系建设的建议》《关于进一步推进“书香石景山”建设》等7篇调研报告，其中转化政协党派提案3篇。4月26日，携手门头沟区工委、京西五里坨民俗陈列馆联合举办“京西古民居保护与民俗传承”论坛，深入探讨京西古民居建筑的发展、保护、利用及民俗传承问题。5月18日，联合北方工业大学MBA中心举办“互联网金融”论坛，共同探讨双创背景下的“互联网金融”，提出推动“互联网金融”创新发展的政策建议。10月15日，联合门头沟民盟区工委、大兴民盟区工委共同举办“京西文化沙龙”，畅谈永定河文化与京津冀协同发展。通过论坛及沙龙的形式，聚焦热点，凝聚盟内外专家的智慧力量。

（李　莉）

**【名师大讲堂】** 5月9日，民盟区工委主委、北方工业大学MBA中心主任赵继新专题讲授《高级人力资源管理》，在校研究生、留学生和各支部盟员60余人参加。赵继新从实际操作层面，从人力资源规划、招聘与配置、培训与开发、绩效管理、薪酬福利管理、劳动关系管理等方面进行深入浅出的讲解，论述人力资源管理系统作为企业对员工实施培训开发、绩效考核和薪酬管理的主体，提出要注重人才配置，完善企业文化，提高人才素养，完成业务技能，稳步提升绩效，扎根道德品牌六大理念。课后，盟员们交流课堂心得，增进共识。“名师大讲堂”是区工委开展盟务活动的创新之举，通过邀请专业领域的优秀人才以授课的方式，以专业促交流，以专业促发展，增进盟员之间的融合、融通。

（李　莉）

**【暑期学习班】** 8月20—21日，民盟区工委联合门头沟区工委联合举办以“学习盟史、弘扬传统”为主题的新盟员暑期学习班，集中上好“入盟第一课”。培训班邀请两区老主委作报告，区政协副主席、原区工委主委、北方工业大学经济管理学院MBA中心主任赵继新为70余名新盟员及入盟积极分子作《牢记盟史　传承精神 做合格盟员》专题辅导报告，赢得两区新盟员和入盟积极分子一致好评。通过横向共办暑期学习班，进一步整合各自优势资源，也让新盟员和入盟积极分子在自我学习和集体交流中增进彼此间了解和交流。

（李　莉）

【"两学一做"学习教育】 年内，民盟区工委为庆祝北京市民盟组织成立70周年，借鉴中共党组织开展"两学一做"学习教育经验，组织开展"两学一做"(学盟史、学盟章、做合格盟员)教育实践活动。活动通过专题研讨会、畅谈会、主题讲座等形式展开，先后组织盟员集体学习《中国民主同盟章程》；邀请老主委回顾民盟组织及石景山民盟发展历程、杰出人物及事迹；区工委主委毛轩与大家交流学习经验，并就新时期如何继承发扬民盟优良传统，为实现"中国梦"储备和释放正能量，提出希望和要求；新老盟员结合本职工作，就如何提高综合素养、提升履职能力，发挥盟组织和盟员积极作用，畅谈学习感受和体会。区工委8个支部也通过参观民盟北京市委办公旧址、观看盟史宣传片、主题大讨论等形式，组织开展教育实践活动。

(李　莉)

【信息与理论研究】 年内，民盟区工委8个支部组织盟员围绕中央、市委、区委中心工作和重点任务，群众关注的热点、难点问题，共上报提交236条活动信息及对策建议。其中，《关于京西古民居保护与民俗传承的建议》被中共市委《北京信息》采用，市政协《诤友》普刊第82期和专刊第43期采用，市政府《昨日市情》普刊、专刊采用，并得到多位市、区领导批示。区工委全年上报民盟市委7篇文章。其中，《民主党派自身政党协商制度化建设探索》是区工委承接民盟北京市委统战理论的重点研究课题；《新形势下加强民主党派基层组织建设的思考》是区工委组织支部开展联合调研形成的理论研究成果。

(李　莉)

【支部活动】 年内，北方工业大学支部举办"名师大讲堂"活动，集体听课并交流教学体会。北京工业职业技术学院支部组织部分盟员到"中关村国家自主创新示范区展示中心"参观学习。工业支部联合医务支部、综合支部和首钢工学院支部，组织20余名盟员，前往大兴区南海子公园和麋鹿苑博物馆参观，交流盟务心得。中学支部组织开展"杏好有你"爱心助农公益活动。医务支部开展名医进社区健康讲座活动。科技支部组织夜跑活动。

(李　莉)

# 中国民主建国会石景山区工作委员会

## 概　　述

中国民主建国会北京市委员会石景山区工作委员会(简称民建区工委)是民建北京市委派出机构。工委现有基层支部7个，分别是工商支部、经法支部、科教支部、综合支部、退休支部、直属支部、家访支部。其中直属支部是新会员支部。截至年底，有会员245人。会员平均年龄53岁，其中男性会员153人，女性会员92人，大学本科学历130人，硕士研究生37人，博士研究生7人，中高级职称105人。民建北京市委委员2人，其中常委1人；市政协委员1人；区人大代表3人，其中常委1人；区政协委员15人，其中副秘书长1人，常委2人。以政治交接为抓手，完成区工委换届工作，司马红任第八届区工委主委。年内，继承和发扬民建优良传统和作风，发挥特色优势，广泛汇聚力量，积极履行职能，加强自身建设，热心社会服务，参与国家级绿色转型发展示范区建设，各项工作取得新的进展。工委委员刘东晖被评为民建"全国社会服务先进个人"；民建区工委被民建中央评为"全国社会服务先进集体"。

**地址：石景山区八角北路民主党派人民团体办公楼**
**电话：68822161**
**邮编：100043**

(黄　玥)

【学习宣传】 年内，民建区工委以政治交接为抓手，进一步加强思想建设，不断增强会员对中国特色社会主义的道路、理论、制度自信。开展"不忘合作初心，继续携手前进"专题教育活动，组织会员学习中共十八届六中全会精神、习近平总书记在全国政协民建、工商联界委员联组会上的讲话、习近平总书记在庆祝中国共产党建党95周年大会上的重要讲话、习近平在纪念红军长征胜利80周年大会上的讲话，陈昌智主席在民建成立70周年纪念大会上的讲话等，教育引导会员深刻认识并自觉接受中国共产党的领导。全年形成《做好新社会阶层人士统战工作的思路》等近十篇理论文章，其中，主委司马红《以马克思主义为指导，加强民主党派建设的思考》被中共北京市委《前线》杂志采用，副主委柏群，《践行"高端普惠"发展理念，为北京文化中心增光添彩》被北京社会主义学院征文采用，会员李进《促进政党协商应加强民主党派能力建设》被《人民日报·内部参阅》刊载。利用微信群进行思想引导。中共十八届六中全会闭幕后，工委办公室先后转发多篇解读文章，使会员及时学习领会全会精神。直属支部组织新会员开展网上自学，每位会员都撰写学习习总书记讲话的心得，其中5篇被《北京民建》采用。以工委季报《石景山民建》、微信、QQ群为平台，向会员宣传工委工作成果。改进《石景山民建》编辑排版，丰富内容，加大宣传力度。向民建中央网站、《北京民建》和市委网站推荐优秀稿件，全年被民建中央网站采用5篇，《北京民建》采用20篇。

(黄　玥)

【参政议政】 年内，民建区工委凝心聚力，履职建言，提高自身素质，提升"五种能力"。及时传达各级"两会"、市委、区委阶段信息报送要点、热点，组织信息骨干会员、新会员参加信息培训讲座。通过微信群随时发布最新时事解读，了解主流观点，加强对会员思想意识的正确引导。全年征集信息106篇，其中社情民意51篇，多篇被区委、民建市委、各级统战部、各级政协采用，采用率40%。会务信息55篇，被《北京民建》、民建市委网站及区工委《石景山民建》采用。4月被民建市委评为信息工作先进集体三等奖；被区统战部评为信息工作先进集体一等奖。《关于强化我区西山汇品牌建设的几点建议》等5篇信息被评为优秀信息。副主委汪礼俊信息得到区领导牛青山批示。结合区委区府重点工作，围绕“八个高端”建设，认真组织选题、调研、撰写、讨论、修改，向区政协理论研讨会递交理论成果2篇，作区政协大会党派发言，提交党派提案2篇。完成《关于北京市都市产业品牌发展的调研》等6篇调研报告。《关于我区“双创”载体建设的建议》被区政协评为优秀提案，列为一号提案。《关于提升我区公共文化设施服务效能的调研》被评为优秀调研报告。

（黄　玥）

【组织建设】 7月4日，民建区工委召开换届调整大会。民建市委秘书长李申虹出席大会，近100名会员参加大会。司马红代表七届区工委作工作报告。民建市委组织处副处长在对区工委换届调整工作情况进行简要说明后，代表民建市委宣读《关于调整民建石景山区工作委员会领导成员的决定》。新一届区工委领导班子由司马红任主委，梁正刚、汪礼俊、刘嵘、柏群任副主委，工委委员10名。司马红还向离任的老委员赠送会员书画作品。年内，7个基层支部完成换届，由会员选举产生支部主委和班子成员；完成区工委3个专委会换届。组织建设注重凝心聚力，发展会员注重政治素质、社会责任和对民建的感情，全年发展会员10名，其中男会员9人，女会员1人。平均年龄40岁，其中40岁以下会员5人。

（黄　玥）

【社服联络】 民建区工委坚持充实“爱心池”的优良传统，全年募集款项3.7万元。组织第五届“爱心照亮希望活动”，到河北省邯郸市武安县“民建福利爱心村”，带去募集的价值5万元的生活物资和2万元捐款。发动会员参与慈善活动。在民建中央组织的思源基金会江西同心基金活动中，副主委刘嵘、会员白恩宇每人为基金会捐款2万元。工委委员刘东晖组织“千里化缘 感恩有你”助学活动，为河北省隆化县旧屯满族乡中心小学捐赠价值25万元的电脑和书包、文具、图书等学习用品；会员李艳军在元宵节前慰问辖区空巢老人并送去元宵。科教支部开展“送福到社区”活动，组织书法家会员进社区写春联；经法支部举办新春笔会，指导孩子们写“福”字；直属支部持续组织新会员到区民族养老院慰问老人，全年共组织11次，成为老人养老院生活的一丝慰藉。春节、中秋节、重阳节，司马红带队慰问老会员。8月22日，司马红带领十几家高新技术企业及新三板挂牌企业组成考察团，到天津市武清商务区考察座谈，3家会员企业分别与武清商务区签约。接待吉安民建访问团，与吉安会员共叙友情。工委企业委、经法支部与丰台区妇委会、综二支部联合组织会员座谈会。由综合支部承办“我是东道主”活动，组织会员到湖北宜昌，参观宜昌民建会员企业并交流座谈。经法支部邀请来自全国各地的十位支部主委交流支部工作经验。作为两次对外联络活动的成果，综合支部与宜昌猇亭基层委员会第二支部签订友好支部共建协议，经法支部与江西省委直属工贸总支部、民建江西省萍乡经济开发区支部结为友好支部。

（黄　猇）

【支部活动】 民建区工委全年组织春季运动会、会员参观活动等共4次全体会员活动。组织赴延安的“红色之旅”。创新开展“我是东道主”活动，加强支部间会员的交流。各支部结合自身特色开展多样活动。工商支部结合春夏秋冬“四季”加一节—即中秋节组织特色活动；经法支部以文化为特色组织会员参观和进行对外交流活动；科教支部以参政议政为方向组织学习活动；综合支部以组织赴外地交流活动为主要特色；直属支部结合支部成员全是新会员的特点，以会员企业走访为主要内容；退休支部坚持抓好理论学习。

（黄　玥）

## 中国民主促进会<br>石景山区工作委员会

### 概　　述

中国民进促进会北京市委会石景山区工作委员会（简称民进区工委）是民进北京市委派出机构。截至年底，有会员196名，支部7个，分别是北京九中支部、教育分院支部、金苹古西支部、古东永乐联合支部、经济支部、退休支部和北方之星青年支部。工作委员会由主委1名、副主委3名，委员8名组成。会员中有民进市委常委1名、市政协委员1名、区人大代表3名（其中常委1名），区政协委员10名（其中副主席1名，常委1名）。第四届区青联委员2名，区特邀监察员1名，区政协特约文史委员1名。年内，加强学习，深化共识，开拓创新，认真履职，完成区工委换届工作，于秀云任第七届区工委主任委员。在新班子带领下，发挥界别特点和优势，在履行参政党职能、推动落实“全面深度转型、高端绿色发展”总体战略上下功夫，在参与“八个高端体系”目标构建上同心同向同行，心往一处想、智往一处谋、劲儿往一处使，各项工作取得很大进步。民进区工委获评民进市委“2015年度宣传思想工作先进”和“社会服务先进集体”。陈反修被民进市委评为“2015年度社会服务先进个人”。

**地址：石景山区八角北路民主党派人民团体办公楼**
**电话：88924685**
**邮编：100043**
**邮箱：mjsjsgw@126.com**

（杨朝红）

【思想建设】 民进区工委全年强化理论学习，提高会员政治素质、政策水平和理论素养。组织会员参加民进中央、民进市委、区委统战部组织的学习讲座；同时组织会员学习现阶段党和国家的路线、方针、政策，及时传达重大会议的精神。1月8日，古东永乐支部、教育分院支部被评为年度先进支部。3月11日，召开学习全国“两会”精神座谈会。主委于秀云谈学习体会。7月1日下午，组织新一届工委委员和各支部主任学习习近平总书记在庆祝中国共产党成立95周年大会上的讲话——《不忘初心 继续前进》。主于秀云委和副主委分别谈感受。8月13日，暑期学习培训班在龙泉宾馆召开。民进中央参政议政部一处干部焦静作《做好社情民意信息的体会》主题报告；原工委主委史慧生介绍石景山民进组织31年发展史；老会员分别作题为《紧跟形势，贴近生活是写好社情民意信息的基础》和《在民进大家庭中的成长》的发言。

（杨朝红）

**【社会服务】** 1月29日，民进区工委第三次组织书法家走进滨和园社区为居民义赠春联。通过以笔会友、文化过节的方式与大家共贺新春。5月31日，于秀云带队一行7人到保定顺平县西韩童小学，捐赠价值1万元的图书和体育用品。以优势互补、互利共赢的实际行动参与京津冀协同发展，探索一种新型的互帮互学共促共进的新形式。11月9日，区工委向西藏日喀则江孜县热龙乡穷堆村捐冬衣192件、春秋夏装601件、鞋17双、帽子15顶。金苹支部委员胡晓颖利用自身优势为社区居民进行健康讲座培训，介绍无糖食品猫腻多、八段锦的养生与保健功效、自制健康小饼干等，70名居民参加。工委委员陈勇到区住建委开展物业管理培训，200人参加。会员刘月平帮助建成京城学校第一家"历史微博物馆"。退休老师赵志欣到学校、社区、单位主讲中国传统文化，听众达300余人次。

（杨朝红）

**【组织建设】** 6月25日，民进区工委在京燕饭店召开换届大会。工委副主委仲达文主持。主委于秀云代表第六届区工委从"注重学习，提高素质，切实加强思想建设；巩固发展、培养后备，切实搞好组织建设；围绕中心，积极建言，切实履行参政议政职能；发挥优势，凝心聚力，切实做好社会服务"等方面作五年工作报告。民进市委组织处处长宣读民进石景山区第七届工委班子成员任命书。于秀云任主任委员，仲达文、宋竟男、于静慧任副主任委员。12月，完成区人大、政协换届候选人提名工作。年内，发展6名会员，转入3人。新会员平均年龄40岁。博士后1名、硕士生2名、大学本科5名，大专1名。截至年底，会员人数为196人（去世2人、转出1人）。

（杨朝红）

**【参政议政】** 1月在区政协九届五次会议上，民进界别提交集体提案2件，其中大会发言材料1篇，委员提交个人提案13件。在分组讨论及专题协商会上，民进界别委员踊跃发言、献计献策。民进区工委提案《关于开发利用永定河莲石湖的再思考与进一步建议》和《关于把石景山世界旅游城市联合会总部基地打造成为国际旅游综合体的思考和建议》，其中《关于加强老旧小区改造，推动石景山区高端绿色发展的思考和建议》获优秀提案奖。12月在区政协十届一次会议上，民进界别提交集体提案2件，分别为《关于加强我区老旧小区物业管理的思考与建议》《关于将金顶街街道更名为模式口街道建议》，其中大会发言材料1篇；委员提交个人提案10件。全年围绕国家大政方针，立足地区实际报送信息，有18人和支部撰写社情民意信息45条信息。民进中央网刊登工作信息19条。

（杨朝红）

## 中国农工民主党石景山区工作委员会

### 概　述

中国农工民主党北京市委员会石景山区工作委员会（简称农工党区工委）是农工党北京市委派出机构。区工委有基层支部5个，党员143人。70%的党员来自医药卫生界。其中：男56人，女87人；在职人员96人，退休人员47人；平均年龄59岁。硕士研究生以上学历37人，占党员总数26%；大学学历（含大专）100人，占70%；中专以下学历6人，占4%。高级职称的65人，占46%；具有中级职称的65人，占46%；初级职称4人，占3%。区人大代表3人，其中区人大常委1人；区政协委员8人，区政协常委2人。担任区政府特约监察员4人。年内，农工党区工委发挥党员学历高、领域宽的优势，与中共同心同德，凝心聚力，在继承传统的基础上，拓展工作思路，抓实组织建设，推动地区统一战线事业健康持续发展；认真履行政治协商、民主监督、参政议政职责，不断提升建言献策的能力和水平；立足岗位，服务所需，为地方经济发展和社会进步多作贡献；深化政治交接，于6月完成区工委换届，李鸿泓任第六届区工委主任委员。古城支部获得2015—2016年度农工党中央级、市级先进集体荣誉称号。9人被农工党北京市委评为"2015—2016年度组织工作先进个人""参政议政先进个人""思想宣传先进个人""社会服务先进个人"，13人

10月9日，"爱心行"重阳义诊活动　（农工党区工委供稿）

被区工委评为年度优秀党员。

地址:石景山区八角北路民主党派人民团体办公楼
电话:88927996
邮编:100043

(王　蕊)

【组织建设】 3月2日,农工党市委会召开区级组织换届工作动员部署会,区工委换届工作正式启动。区工委委员候选人形成经过区工委三上三下过程:即以支部为单位推荐委员候选人、提名候选人在支部会征求意见,考察、公示,区工委进行协商等。报市委形成初步建议名单,并经市委常委会议讨论通过。6月,农工党区工委召开换届会议,产生第六届区工委,工委委员共13人,包括领导班子5人,石景山医院院长李鸿泓为主任委员,焦彦生、康雅楠、魏志强、王明生为副主任委员。新一届区工委产生后,对领导班子和领导机构组成人员进行分工,将工委五项工作落实到人。12月,参照农工党中央和市委的设置,成立青年工作委员会和社会服务工作委员会2个专委会以及中医药工作组。经区工委班子会审议,报工委工作会议通过《农工党石景山区工委守则》,对农工党石景山区各级组织和成员的工作程序和履职活动提出纪律要求,确保工委履职水平和参政议政效果的提升。严把组织发展入口关,全年发展新党员6名(含新发展转入2人),区工委党员总人数达到143名。

(王　蕊)

【社会服务】 年内,农工党区工委坚持以"社会服务、讲求实效"为宗旨,利用界别专业人才优势,开展社会服务工作。10月,助力市中医管理局和区政府主办的2016北京·西山中医药文化季,作为支持单位承担本次文化季活动的部分筹备工作。同月,联合区中医院开展"爱心行"重阳义诊活动。李鸿泓带领区工委骨干党员和区中医院主要专家、科室骨干组成20余人的义诊队伍,在八大处公园为前来参加重阳登山活动的老人开展义诊咨询活动,约350余人次在活动中受益。11月,联合石景山医院、中医眼科医院,组织包括内科、外科、中医科、眼科、药剂科等专业20余位骨干党员和医学专家的义诊团队,到河北省涞水县刘家河革命老区,开展"送健康进老区"活动,受惠群众近200余人次。玉泉支部以社区医疗咨询服务工作为平台,实现社区医疗服务定期化、常态化。党员王昆和李彦平利用下夜班时间参加高能所全体本科生接种疫苗的医疗活动,提供急诊救助服务,李彦平参与处理e租宝金融诈骗案处理过程的医疗救助服务;党员杨大中在社区开展生殖健康科普讲座4次、电视台性健康节目讲座80余期、网络性健康节目宣教20余期;党员郑师方利用周六上午不定期为患儿家属进行健康宣教100余人次。首钢支部组织本支部或邀请其他支部医生党员,根据社区居民需求举办常态化医疗卫生类讲座。

(王　蕊)

【思想建设】 农工党区工委建立"石景山农工"微信群、公众号,以网络为平台,以暑期学习班为抓手,以支部内自学为立足点,交流学习体会。同时,组织党员参加农工党中央、农工党市委和石景山区举办的报告会、培训班。引导推动全区党员学习领会中共十八届六中全会精神和习总书记系列重要讲话精神;学习中国共产党党史、长征精神;学习领悟全国和市、区"两会"精神,了解国内外形势和市情、区情,进一步增强政治意识、大局意识、核心意识、看齐意识。

(王　蕊)

【参政议政】 年内,农工党区工委组织党员参加农工党市委、区委统战部、区政协、区人大组织的各项培训、调研、座谈会及重点提案督办,强化政治共识,增强党员参政议政能力。区工委全年独立完成调研报告3篇,其中《紧扣高端绿色发展定位打造京西中医药文化产业圈》《关于进一步完善我区居家养老用餐保障的建议》被转化为区政协大会党派提案。古城支部聘请党内外专家学者组成联合调研小组,与清华大学五道口金融学院一起,走访市金融局、人民银行营业管理部、北京银监局、市证监局、市保监局等多家金融监管单位,撰写完成《关于如何高效保护首都金融消费者权益的调研报告》,被转化为党派提案,获得市领导郭金龙、李士祥、张工的联合批示,被市政协采纳并作为大会书面发言材料。区工委与区政协教文卫体委员会开展联合调研,由康雅楠执笔完成《关于优化医疗资源布局,提升我区医疗卫生服务水平的调研报告》。年内,区工委党派提案《关于"发挥我区中医药优势、建设健康石景山"》和焦彦生提出的《关于拆违治乱环境治理工作和服务业升级改造统筹考虑的建议》获评区政协2016年优秀提案。报送社情民意52条,其中农工市委采用11篇,区统战部采用27篇,市统战部采用1篇。区政协委员杨大中撰写的《关于逐步在公立医院设置性医学相关科室的建议》获区政协优秀社情民意。

(王　蕊)

# 中国致公党
# 石景山区工作委员会

## 概　　述

中国致公党北京市委员会石景山区工作委员会(简称致公党区工委)是致公党北京市委派出机构。现有3个支部,党员85人,其中男党员44人,女党员41人,少数民族4人;大专以上学历78人(其中硕士以上21人),占党员总数的92%;40岁以下28人,占33%,40岁以上57人,占67%;有归侨、侨属、侨眷、留学归国人员60人。全国政协委员1人、区人大常委1人、区政协副主席1人、区政协委员10人、区青联委员3人。年内,积极履行参政党职能,找准服务大局的结合点和着力点,有效发挥整体人才智力优势,开展参政议政、社会服务、海外联络等工作,为区域"两个生态"建设献计出力。完成政治交接和换届工作,高杰任第四届区工委主委,张钢、逄根龙、王泽群、周斌为副主委。区工委获评致公党市委"社会服务工作先进集体”“宣传思想理论工作先进集体”,第三支部获“社会服务工作优秀集体”称号。致公党区工委主委高杰荣获致公党市委“宣传思想理论工作先进个人”称号。

**地址:石景山区八角北路民主党派人民团体办公楼**
**电话:88928001**
**邮编:100043**

(刘　可)

**【服务社会】** 年内,致公党区工委坚持开展“结对共建送温暖”活动,以“关心弱势群体 关爱残疾家庭”为主题的系列助残活动。在春节商展、庙会等活动中,为辖区残疾人提供免费摊位和展位。相继走访慰问古城南路社区、八角社区40余户残疾人家庭。在区残联礼堂举办“残疾人音乐修养大讲堂”活动,为全区90名残疾人作“百姓音乐修养与赏析”的主题讲座。组织党员专家为社区百姓义务服务,相继举办“送文化进社区—百姓运动与养生大讲堂”“送文化进社区—国粹文化大讲堂”活动。在春节、国庆节、重阳节等节日期间,工委干部看望70岁以上和有困难的老党员,送去温暖和祝福。

(刘　可)

**【组织建设】** 7月2日,致公党区工委换届调整大会在京燕饭店召开。致公党北京市委副主委闫傲霜,致公党市委秘书长刘学增,区领导种磊参加。致公党市委副主委、区工委主委高杰代表区工委作五年工作报告。刘学增宣读《致公党北京市委关于致公党石景山区第四届工作委员会领导机构任命决定的通报》。致公党市委组织处副处长介绍区工委新任领导班子人员情况:主委高杰,常务副主委张钢,副主委逄根龙、王泽群、周斌,委员夏阳、张红雨、白宏杰、祖英杰、刘振安、李明阳。张钢宣读给离任委员的致敬信,高杰代表新班子发言。年内,区工委利用区人大、政协及海外联谊会等多种平台,以多种活动为载体,不断探索党派工作新形式,强化自身建设。召开工委委员(扩大)会,总结2011年以来各项工作,工委委员进行个人述职。第一、第二、第三支部分别召开工作会议。配合完成区政协换届工作。

(刘　可)

**【思想建设】** 年内,致公党区工委把握动态、完善机制、创新方式,加强党员政治理论学习和工委政治思想建设。工委领导以身作则,组织带动全体党员通过不同形式开展理论学习和形势教育。工委主委带头撰写多篇理论学习文章,调动党员学习积极性,不断提高自身素质。通过召开党员理论学习会、党员工作会、全体委员会议、学习中共十八届六中全会精神座谈会等多种途径,进一步统一思想,凝聚共识,不断提升党员政治思想水平和政治把握能力。

(刘　可)

**【参政议政】** 年内,致公党区工委整合各方力量,开展以“高端绿色发展”和“加快建设国家级绿色转型发展示范区”为主题的系列调研活动。开展民俗文化调研,赴八大处等地考察辖区旅游节庆文化。与致公党西城区委联合开展活动,赴西山大觉寺进行文化调研。协办“孙中山诞辰150周年书法展”系列文化调研活动。赴各街道残疾人“温馨家园”开展扶残助残专项调研活动。在“国际盲人日”到来之际开展盲人工作机构调研活动。年底,区工委新一届人大代表、政协委员参加全区“两会”,作题为《进一步改善三类残疾人就业与生活质量》的政协大会发言。工委撰写《进一步拓宽残疾人就业渠道 切实增加我区智力、精神和多重残疾人的经济收入》《提高政府管理和服务水平 大力推进信息共享》《关于扩大旅游消费 提升区域旅游产业发展水平》《我区失独家庭现状及改善建议措施》等多篇调研报告。多名党员被评为区统战系统优秀信息员,多篇信息被评为优秀信息。

(刘　可)

# 九三学社石景山区工作委员会

## 概　述

九三学社北京市委员会石景山区工作委员会(简称九三学社区工委)是九三学社北京市委派出机构,下设6个支社,其中年内成立两个新支社。年内发展新社员12人,社员总数达到149人。其中,男性71人,女性78人;高级职称106人,占71.1%。有市政协委员1人,区政协委员11人,区人大代表2人。是年,完成换届工作,产生第四届区工委成员13人,左小兵为主任。年内,围绕区情,切实履行党派职能,积极参政议政,主动建言献策,按照韩启德主席提出的“思想上坚定,

6月26日,九三学社区工委换届大会　　(九三学社区工委供稿)

履职上坚实,组织上坚强”目标,加强区工委全面建设。被区委统战部评为信息工作先进单位、调研工作优秀组织单位,3人被评为优秀信息员。胡卓群、赵百旺、吴瑕、李海英、侯光胜等5人被社市委评为信息工作先进个人。李惠被社市委任命为青年委执委。

**地址:石景山区八角北路民主党派人民团体办公楼**
**电话:88927995**
**邮编:100043**

(赵军民)

【组织活动】 1月30日,首钢支社支委班子走访慰问部分高龄或身体欠佳的老社员,传递九三人的关爱,让他们感受到组织温暖和九三人的荣光,增强社员凝聚力。5月18日、7月19日,九三学社区工委老龄委分别组织老社员赴大兴区念坛公园和位于丰台区东高地的中华航天博物馆参观调研。10月27日,首钢支社在区党派楼召开调研工作研讨会。支委委员发挥各自专业优势,结合交通、环境治理和城市建设等方面提出多个研讨课题。委员钱世崇重点介绍对城市建设方面进行的调研,宣讲调研报告初稿,与会人员展开讨论,并对报告核心内容及论述角度等提出修改和完善建议。同月30日,青年委组织青年社员赴房山区北京金隅琉水环保科技有限公司,进行企业转型升级调研。12月17日,首钢支社组织社员赴平谷区大兴镇柏庄村进行新农村建设参观调研。区工委和各支社对老同志多方关怀,全年组织14名老社员参加“北京九三王选基金会送健康行动免费体检”活动。春节前夕,组织探望、慰问8名高龄和生病社员。

(赵军民)

【组织建设】 年内,九三学社区工委以“组织上坚强”为目标,以做好换届工作和成立两个新支社为重点,扎实有序推进组织建设。3月1日,九三学社北京市委召开区级组织换届工作动员会,拉开换届工作序幕。会后,区工委迅速向全体成员传达会议精神,全面启动班子调整工作。4月9日,区工委在区党派楼三层报告厅召开第三届领导班子述职及民主评议会。区工委班子成员、各支社支委共25人参加会议,区工委主任左小兵代表第三届领导班子作述职报告,副主任何云飞、陈文彰、吴瑕进行个人述职。社市委组织部组织参评人员填写民主评议表。6月26日,区工委2016年换届大会在京燕饭店召开。九三学社中央副主席、社市委主委马大龙,九三学社中央委员、社市委副主委孟安明,九三学社中央常委、社市委专职副主委方炎,社市委秘书长刘永泰,区领导种磊等出席,区工委70余名社员参加换届大会。左小兵代表第三届区工委作工作报告,孟安明代表社市委宣读石景山区第四届工作委员会领导班子和领导机构组成人员任命决定:主任左小兵,副主任陈文彰、吴瑕、赵平、刘喜波,委员刘铁军、李海英、李惠、何云飞、林经萍、胡卓群、钱世崇、徐境。左小兵代表新班子作表态发言。7月16—17日,九三学社区工委在房山良乡德宝会议中心举办暑期培训班。新一届领导班子成员和50余名社员参加培训班。10月19日,区工委在党派楼召开四届二次主委会议,传达区政协委员推荐工作部署会精神,学习《关于做好2016年区政协换届工作的意见》,明确区工委九三界别政协委员的名额分配情况。与会人员对候选人情况进行酝酿讨论,形成推荐名单和顺序。12月14日,石景山医院支社召开选举会,选举产生第四届支社委员会。同月15日,石景山医药卫生支社筹备组召开会议,并宣读选举办法,组织推举监票人。此次选举采取无记名投票、等额选举的办法,5名支社社委候选人均全票通过,支社第一届委员会成立;同时还选出参加社市委社员代表大会的代表和委员候选人。20日,综合支社召开选举会,选举产生第五届支社委员会。同日,选举产生石景山科技园区支社第一届委员会。年内,按照组织程序共发展新社员12人,新社员平均年龄41岁,其中:博士学历2人、硕士学历5人、本科学历5人,高级职称6人。截至年底,区工委共有社员149人。

(赵军民)

【思想建设】 年内,九三学社区工委开展中共十八届六中全会精神学习系列活动;学习贯彻《中国共产党统一战线工作条例(试行)》《关于加强政党协商的实施意见》,为推进“四个全面”战略布局提供广泛的力量支持。组织社员参加社中央九三大讲堂和社市委、区政协、区委统战部举办的各类培训、讲座,组织参观调研、建言献策,把学习实践成果转化为推动区域经济社会发展的动力。以庆祝社市委成立65周年为契机,号召广大社员发扬九三精神,讲好九三人故事,继承前辈传统。在表彰活动中,区工委和首钢支

10月30日,到北京金隅琉水环保科技公司调研 (九三学社区工委供稿)

社、北方工大支社被社市委评为先进集体，张家敏、胡明球等8名社员被评为先进个人，何云飞、金淑琴等6人被评为优秀社务干部，综合支社原主委赵百旺被社中央组织部评为先进组工干部。

（赵军民）

**【参政议政】** 年内，九三学社区工委带领全体社员为地区高端绿色发展建言献策，反映社情民意，发挥在协商民主中的作用。先后4次参加区委、区政府、区政协组织的党派协商会，就经济社会建设、选拔任用干部和政协委员、人大代表候选人选等进行政治协商。区工委班子组织学习中共区委全会工作报告、《政府工作报告》，并进行座谈，从强化"八个高端体系"协同创新、大力发展绿色产业、关注群众对报告内容的认同感、依法治区、文化建设等方面提出意见建议。多次参加区政协组织的区情通报、党派研讨交流、民主协商会和调研通气会。在区政协九届五次会议上，九三学社区工委共提出19件提案，其中党派提案2件，个人提案10件，委员联名提案7件。党派提案《关于建立完善我区城市管理长效机制的建议》获优秀提案，并被评为九届政协以来优秀提案；《关于加快推进石景山区棚户区改造的调研报告》《关于我区城市管理体制创新综合执法工作情况的调研报告》被评为优秀调研报告。在区政协十届一次会议上，区工委10名政协委员参加。区工委副主任吴瑕作《加强大气污染防治，推进环保齐抓共管》的党派发言。会上，九三学社区工委共提出22件提案，其中党派提案3件，个人提案19件。区工委副主任陈文彰、社员包曹歆参加区人大十六届一次会议。多次召开区工委主任会和全委会专门例会，对调研内容进行研究讨论，听取意见建议，经过中期评估和结题论证，形成5项调研成果上报区政协和区委统战部。调研中注重成果转化，在区政协十届一次会议上，有1项转化为大会发言，1项转化为党派提案。其中，《石景山区城市功能与空间更新的策略研究》获区政协优秀调研报告。区工委全年提交各类稿件、信息71篇，社市委采用稿件36篇，信息23篇，人均上报率在19个二级组织中名列第三，林经萍《关于严格控制血液样本入港的建议》被市委统战部采用。

（赵军民）

**【社会服务】** 5月30日，九三学社区工委到小飞象训练发展中心进行慰问，向孩子们赠送玩具，并向训练中心食堂赠送米面油等慰问品。6月25日，联合国土分局、社区青年汇等单位在雕塑公园南门共同举办宣传咨询活动，通过设立宣传咨询台、悬挂宣传横幅、布置宣传展板、发放宣传材料等方式，向群众普及合理用地、保护耕地的知识，引导群众自觉参与到"珍惜土地资源，节约集约用地"活动中。区工委青年委还和九三学社西城区委青年委联合发起"暖冬行动"，为贵州省六盘水市海螺村光炽希望小学捐赠儿童冬衣200余件。年内，社员张家敏、崔兰带领"粉红丝带"志愿服务队先后13次赴医院探访，与病友和家属座谈1500余人次。为普及安全用药常识，杜广清老师多次走社区、进军营，举办健康专题讲座，传播科学知识。

（赵军民）

## 石景山区工商业联合会

### 概　　述

石景山区工商业联合会（简称区工商联）是区委、区政府领导下的具有统战性、经济性、民间性的人民团体和商会组织，是党和政府联系非公有制经济人士的桥梁和纽带，是政府管理和服务非公有制经济的助手。年内，区工商联按照全国工商联提出"领导班子好、会员发展好、商会建设好、作用发挥好、工作保障好"的标准要求，把创建"五好"工商联作为自身建设的一项基础性、经常性重点工作，开拓创新，奋发有为，发挥政府联系非公经济人士的桥梁纽带作用，创新服务理念，加强组织建设，着力优化为会员企业服务的质量和效率，推动辖区非公有制经济健康发展，促进非公有制经济人士健康成长，构建"亲""清"的新型政商关系。为实施"全面深度转型，高端绿色发展"战略，努力把石景山区建设成为"有山、有水、有城、有业、宜居"的国家级绿色转型发展示范区贡献力量。全年走访企业200余家，发展会员225家，截至年底会员企业有705家。其中有50多位企业家为全国、市、区人大代表、政协委员。帮助企业反映和解决大的问题52个，举办各种培训活动20次，组织全区近千家企业完成新一届工商联换届和3个街道分会换届工作。5月，区工商联被全国工商联评为2015年度全国"五好"县级工商联。

**地址：石景山区八角北路民主党派人民团体办公楼**
**电话：68885640**
**邮编：100043**

（张　振）

**【优秀会员企业事迹】** 1月4日，会员企业爱依家政服务有限责任公司荣获发展家庭服务业促进就业部颁发的百强家庭服务企业称号。6月3日，会员企业北京资旗源信息技术股份有限公司在全国中小企业股份转让系统（新三板）举行挂牌敲钟仪式，成功登陆"新三板"。8月25日，会员企业物美控股集团有限公司荣登"2016中国民营企业500强"榜单。

（张　振）

**【慰问原工商业者】** 1月14日，区工商联领导班子集体走访慰问原工商业者吕边城和原工商业者遗孀向国华、李德荣、陈偿4位老人。2月1日，石景山区委常委、区委办主任、统战部部长种磊一行走访慰问原工商业者遗孀徐振息。

（张　振）

**【推进光彩公益】** 1月28日下午，会员企业北京藏经阁收藏品文化交流中心到区社会福利院看望慰问孤残儿童，送去糖果、牛奶等慰问品。4月，会员企业学成世纪（北京）信息技术有限公司资助30万元，拍摄贵州省黔西南安龙县梦想教室公益纪录片。5月25日，会员企业北京鑫紫钰科贸有限公司捐助开展一场公益行活动——义利乐园亲子 DIY,为来自北京市太阳花听力言语康复中心的 21 名听障儿童送爱心献温暖。8 月 15 日,会员企业北京易盟天地信息技术股份有限公司向北京市冠军体育人公益基金会捐赠 50 万元。8—12 月,会员企业九一金融信息服务(北京)有限公司,主动参与贵州石门乡精准扶贫事业,累计捐赠和花费共约 30 万余元。9 月 9 日,会员企业京汉置业集团有限责任公司向市温暖基金会捐赠善款 70 万元,用于帮助单亲母亲困难家庭。同月 14 日,会员企业北京市喜隆多购物中心有限公司向河北省隆化县旧屯满族乡中心小学捐赠价值约 20 余万元的电脑、服装、体育用品和文化用品。16 日,会员企业一夫唐人爱心社、大江南酒店、水木众恒公司一行与保定市心连心慈善协会携手走进涞源山区探访慰问贫困孤寡老人,送去月饼、暖手宝、保暖衣物以及慰问金。22 日,会员企业北京姿美堂生物技术有限公司向中国人民大学教育基金会捐赠 150 万元,用于支持中国人民大学创业课程体系建设和创新创业师资队伍。10 月 8 日,会员企业立山文化传媒(北京)有限公司在五里坨民俗馆举办针对失独老人的重阳节包饺子、看大戏活动。12 月 27 日,会员企业吉商资本管理集团有限公司,在中国吉商协会六周年年会上,资助北京黄庄打工子弟学校留守儿童 6 万元。

(张　振)

5 月 30 日,区工商联会员企业到区社会福利院走访慰问(区工商联供稿)

【企业服务联盟活动】 3 月 4 日,区工商联组织开展第一季新春商品特惠购物专场活动,苏宁电器、京西珠宝城、长庚医院、宁波银行等 10 多家企业参加活动,为持服务联盟 VIP 卡的消费者提供部分商品及服务全市最低价和折上折优惠,活动共计接待顾客 2300 余人,发放办理各类优惠卡 200 余张。同月 31 日,区工商联在京西国际珠宝城三层召开年度企业服务联盟座谈会,80 余家联盟成员企业参加会议。通报上年企业服务联盟工作情况,部署当年工作,会员企业义贤律师事务所为参会企业进行法律即时在线服务咨询平台的培训,与会人员参观京西国际珠宝城。5 月 6 日,在保利国际影城苹果园店举行保利电影周活动。国服信奥兴、苏宁电器、中青旅山水酒店、箐爱瑜伽培训学院等 17 家成员企业,为消费者带来集电影、美食、服饰、旅游、健身、体检于一体的优惠服务。活动三天观影人次达 8000 人左右,实现票房 39 万元,各参与企业接待顾客 1000 余人,发放办理各类优惠卡 300 余张。同月 20 日,苏宁电器盛景店举行十四周年店庆活动,北京长庚医院、中港门控参加苏宁电器店庆活动。活动接待顾客 2300 余人次,营业收入 320 万。截至年底,联盟成员共 123 家,涵盖商务服务、酒店餐饮、汽车销售、金融等 11 个行业。

(张　振)

【非公企业家代表座谈会】 3 月 9 日召开。夏林茂等区领导就区域经济社会发展等问题与驻区非公经济企业家代表进行座谈。座谈会上,非公企业家围绕破解瓶颈,促进发展,“十三五”期间如何转型升级,科技创新和区政府在扶持非公经济政策及如何完善支持非公经济发展的载体等方面进行发言,既谈企业自身发展中面临的现实问题,又对非公经济在发展中遇到的各种难题提出意见和建议。座谈会由区委统战部、区工商联、投促局牵头组织召开。会后,针对企业家反映的问题,区委督查室、区政府督查室、区工商联对照党、政单位部门工作职责,研究制定《关于落实非公经济企业反映问题责任分工方案》,并联合下发《关于贯彻落实非公经济企业家座谈会精神的通知》,推进问题办理解决,28 个委办局及各街道受领任务,共同解决企业家反映问题 30 件。落实区领导关于“要把这项工作日常化、经常化”的批示,在此基础上,年内建立“服务企业直通车”制度,方便企业随时反映问题建议,共有 8 家企业通过“直通车”反映问题 22 件。

(张　振)

【民企学堂活动】 3 月 25 日,区工商联与首特孵化器、义贤律师事务所在领袖大厦 8 层,联合举办“民企学堂”《中小企业劳动用工典型法律风险防范》专场讲座,45 家企业 60 余名相关负责人参加培训。4 月 7 日,与市工商联联合举办的石景山区第二期“民企学堂”培训班在京燕饭店开班,马丽萍作开班动员,市工商联宣教处处长以及来自辖区 260 多位民营企业负责人参训。5 月 25 日,区工商联“民企学堂”第三讲暨推行营改增新政培训会在京燕饭店举行,培训为参会企业从政策、实操等多方面进行讲解,帮助企业深入了解“营改增”新政,做好“营改增”平稳过渡。来自区建筑、房地产、金融、生活服务等多个行业的160余位企业法人及财务人员参会。

（张　振）

【红色星期六百商论坛】　3月26日，区工商联财智谷商会红色星期六百商论坛暨红色星期六党群活动中心揭牌仪式在银星宾馆举办。“红色星期六党群活动中心”揭牌仪式后，举办首期百商论坛活动。百余名非公企业家代表听取红色星期六微党课报告，就传承红色基因、推动区域高端绿色发展主题，结合“互联网＋党建”课题展开讨论。

（张　振）

【民营企业招聘月】　4月下旬，在区人才交流中心西大厅启动主题为“帮人才就业，促民企发展”民营企业招聘月活动。此次活动由区工商联与区人力社保局、总工会、教委联合举办。主办方开发适合高校毕业生、青年失业者的就业岗位，主动走访民营企业，征询民营企业人才需求状况和岗位设置情况，努力为民营企业招聘人才提供多种形式的服务。在招聘会现场设置大学生、青年失业者就业指导台，为求职者提供与星级职业指导师面对面交流的机会，解答有关面试、职业选择、职业规划、档案流动、劳动保障相关知识等普遍关注的问题。区工商联精心组织燕京八绝、海德世贸等5家民营企业参与招聘会，为求职者提供充足的就业岗位。各成员单位通过招聘月活动进一步缓解和改善辖区各类人群的就业形势。期间，举办4场现场招聘洽谈会，参加招聘单位80余家，其中民营企业68家，提供求职岗位1800余个，其中适合高校毕业生岗位600余个，参会人员达到1000余人，现场达成就业意向301人。

（张　振）

【爱心温暖听障儿童】　“六一”儿童节来临之际，区工商联组织义利乐园亲子DIY，为来自北京市太阳花听力言语康复中心的21名听障儿童送爱心献温暖，活动在北京义利面包食品有限公司举行。在制作面包环节，孩子们充分发挥想象力，制作出形态各异、五花八门的面包，在其乐融融的自己动手制作面包过程中得到锻炼、学到知识。随后孩子们参观义利公司历史文化展厅，了解义利老字号诞生的基本情况；参观面包生产车间，了解面包诞生全过程；最后，孩子们带上各自制作的面包，品尝着自己的劳动果实，依依不舍地结束本次活动。此次活动的赞助企业北京鑫紫钰科贸有限公司是区工商联会员单位。

（张　振）

【民营企业家党建培训】　6月27日，首届民营企业家党建培训班在区党校开班，马驻区50位民营企业家参加培训。此次培训是区工商联联合区委统战部、区委党校，按照“两学一做”要求，专门为民营企业家量身定做的。培训班特邀请市党史研究室副主任李明圣教授和中关村创新研修学院副院长张国庆，分别以《长征与长征精神》《中关村创新政策与实践模式》为题作演讲。

（张　振）

【街道分会换届】　7月19日，区工商联古城街道分会召开第三届会员代表大会，50余位企业家代表参加会议。大会听取并审议《工商业联合会古城街道分会第二届理事会工作报告》，通过选举办法（草案），选举产生新一届工商联古城分会领导班子。8月18日，八角街道召开区工商联八角分会（楼宇商会）第二届第一次理事会。选举产生新一届理事会会长和领导班子。会议总结上一届工商联分会和楼宇商会所做工作，商讨下半年工作任务。9月27日，区工商联广宁街道分会召开第三届会员代表大会，地区分会30余位企业家代表参加会议。听取并审议广宁街道分会第二届理事会工作报告，选举产生会长、副会长、秘书长、副秘书长等新一届领导班子。

（张　振）

【物美跻身中国民企500强】　8月25日，由全国工商联主办，工业和信息化部、国家工商总局支持的2016中国民营企业500强发布会在京召开。区工商联副主席单位物美控股集团有限公司荣登“2016中国民营企业500强”榜单。物美集团自1994年在京率先创办综合超市以来，秉承“发展现代流通产业，提升大众生活品质”的经营理念，以振兴民族零售产业为己任，在连锁超市领域辛勤耕耘，取得显著的成就，成为首都最大的连锁零售企业。

（张　振）

【第五届企业服务季】　9—11月，区工商联组织开展第五届石景山区企业服务季活动。金融服务方面，与八角楼宇商会泽洋工作站联合举办银企对接沙龙，邀请聚财智，北京银行为20多家企业的30余人分享资产配置和投资策略、金融相关知识、企业融资等内

6月24日，石景山区民营企业进校园活动　　（区工商联供稿）

容,并进行现场交流与对接。组织科影国际、丽贝亚等近20家企业参加“新形势下企业新三板挂牌操作、股权融资及市值管理总裁对接会。组织10家银行、非银行金融机构的17名代表召开金融服务机构座谈会,搭建银企交流合作平台。法律服务方面,走访了解企业法律服务需求,联合知名律师事务所为会员企业搭建免费法律咨询服务平台,共55家企业进行注册使用。人才服务方面,与区人才中心、北京市黄庄职业高中联合举办2016年石景山区民营企业进校园活动暨黄庄职高专场招聘会活动,驻区51家企事业单位共提供800余个岗位,近300名在校职高学生求职择业,当天达成实习意向120人次。与京源学校联合举办“职场人进京源”生涯夏令营活动,邀请物美集团、畅游等10家企业的负责人,与学生分享职业规划、人生经历等,协助学校培养学生的自主选择能力、帮助学生了解社会、关注石景山区青少年的成长与未来,获得学校师生的好评。与北方工业大学合作举办成长助力沙龙——石景山知名企业家进校园主题演讲活动,邀请民营企业负责人为入校新生分享创业经验与职业规划,组织15家民营企业为近30名经管学院学生提供暑期实习实训机会,为北工大校外人才培养基地今后的工作夯实基础。创建工商联人才服务QQ群,有效整合企业需求与高校、人资服务机构的资源,为企业提供点对点的人才服务。组织企业积极参与“千人计划”、海外高层次人才引进专项计划、第十二批海外高层次人才申报、高端人才信息采集等工作,深层次、多渠道地为企业提供人才引进与培养服务。招商引资服务方面,“以商引商,以企引企”,全年共引进企业13家,总计注册金额为1.23亿元。

(张　振)

**【八届六次执委会】** 10月13日,在京燕饭店三层会议室召开区工商联八届六次执委会,100余名企业家代表参加会议。会议传达市委统战部关于《市、区工商联(商会)换届工作的意见》精神,通报区工商联换届筹备工作情况。民主推荐新一届非公经济代表人士副主席人选,举手表决通过“关于召开石景山区工商联第九届会员代表大会的决议”。

(张　振)

**【工商联第九次代表大会】** 11月29日,区工商业联合会召开第九次代表大会,市工商联副主席郑勇男出席并讲话。区领导文献、石玉贵、刘国庆以及区各委、办、局,各民主党派和人民团体以及各街道、地区的主要领导和主管领导、会员代表等300余人参加大会。大会审议并通过马丽萍代表区工商联第八届执委会所作的工作报告,选举产生区工商联第九届执行委员会、常务委员会。马丽萍当选为区工商联第九届常务委员会主席、区商会会长。

(张　振)

**【非公企业党建会】** 12月29日,区工商联非公企业党的建设暨思想政治工作会在京燕饭店召开。会议由区工商联副主席闫淑会主持。区人大常委会副主任、工商联主席马丽萍传达北京市工商联非公经济组织党建工作推进会议精神。会议提出,要深入贯彻市联决策部署,落实全面从严治党要求,以扩大“两个覆盖”、发挥“两个作用”为重点,积极做好非公经济党建工作,加强教育培训,突出典型培育,完善制度机制,夯实基层基础,巩固提升非公党建整体水平,为非公经济健康发展提供坚强的组织保证。党建典型单位代表北京丽贝亚建筑装饰工程有限公司、财智谷(北京)投资管理有限公司、立山文化传媒(北京)有限公司分别介绍党建工作经验,交流各自创新做法。工商联党组书记柴亚洲就如何领会精神,做好工商联系统党建工作提出意见。会议要求把握党建统领大方向,引导非公有制经济企业推进党的组织覆盖和工作覆盖,推动非公有制经济“两个健康”发展,各级党组织要树立抓好非公组织党建工作意识,定期对辖区非公企业进行摸排,建立党建工作台账。区委组织部、石景山园工委、区社会办及区工商联会员单位党组织负责人共100余人参加会议。

(张　振)

**【政府服务企业“直通车”】** 年内,区非公经济服务和管理协调领导小组开通政府服务企业“直通车”制度。企业可以通过区工商联反映自身经营中遇到的困难和问题,以及对区域经济社会发展的意见建议,区工商联通过“直通车”渠道,直接送阅区领导审批,加速问题解决进程。直通车累计收集8家企业问题22个。同时,区工商联与区委区政府13个职能部门、10多家金融机构、10多个法律财务机构、6个专业孵化器和多家国内外商会组织建立战略合作关系。组织搭建金融服务、人才服务、法律服务等7大服务平台。促成区政府与市工商联就招商引资、产业集聚、服务平台建设等签署战略合作协议。

(张　振)

**【完成课题调研】** 年内,区工商联遴选“关于建设石景山区社会化养老服务体系的课题研究”“关于依托‘互联网+’促进区域产业融合发展的研究”等4个区重点调研课题,继续采取企业家牵头,企业家组队调研的形式,扩大非公经济企业家参与调研的广度和深度,全面提升调研质量,截至年底,4个调研课题全部完成。

(张　振)

**【非公经济人士教育】** 年内,区工商联扎实开展理想信念教育实践活动。组织50多名企业家学习红军长征精神,赴革命圣地西柏坡参观学习,传承红色基因,建设精神家园。财智谷商会以“红色星期六”为品牌,开展党建微课堂等系列活动。向企业发放调查问卷,征询企业对培训内容的真实需求,为非公企业量身提供培训服务。全年编印理想信念简报30期,印制报送市、区有关领导及相关单位482份。

(张　振)

## 石景山区各民主党派、工商联负责人

中国国民党革命委员会北京市委员会石景山区工作委员会主任委员　李凤芹(女)
中国民主同盟北京市委员会石景山区工作委员会主任委员　赵继新
中国民主建国会北京市委员会石景山区工作委员会主任委员　司马红(女)
中国民主促进会北京市委员会石景山区工作委员会主任委员　于秀云(女)
中国农工民主党北京市委员会石景山区工作委员会主任委员　王明生
中国致公党北京市委员会石景山区工作委员会主任委员　高　杰
九三学社北京市委员会石景山区工作委员会主任委员　左小兵
石景山区工商业联合会主席　马丽萍(女,回族)

# 人民团体

传承红色基因 营造书香家庭
石景山区庆祝“六一”儿童节主题活动
主办单位：石景山区妇女联合会 石景山区文化委员会
石景山区三色幼儿园

石景山区人民团体主要有石景山区总工会(简称区总工会)、共产主义青年团石景山区委员会(简称团区委)、石景山区妇女联合会(简称区妇联)、石景山区科学技术协会(简称区科协)、石景山区残疾人联合会(简称区残联,详见社会建设编)、石景山区文学艺术界联合会(简称区文联)、石景山区归国华侨联合会(简称区侨联)、石景山区红十字会(简称区红会)等。年内,这些团体结合自身特点和专长优势,发挥党与群众联系的桥梁和纽带作用,团结带领全区广大职工群众、团员青年、各界妇女、科学技术人员、残疾人、侨界和文艺界人士,贯彻落实党的十八大和十八届三中、四中、五中、六中全会精神,深入贯彻习近平总书记系列重要讲话精神和治国理政新理念新思想新战略,贯彻落实中央、北京市群团会议精神,自觉服务区委和政府工作大局,围绕地区转型升级攻坚阶段的实际,将“全面深度转型,高端绿色发展”作为发挥作用的主战场,坚定信心,砥砺奋进,推进“八个高端体系”建设。坚持发挥桥梁和纽带作用,利用组织网络和基层阵地,把社会主义核心价值观教育做细做实。主动纳入党政主导的维护群众权益机制,更好维护各自所联系群众的具体利益。发挥在密切联系群众、增进社会各阶层和不同利益群体和谐中的作用,更好保证人民当家作主。立足自身优势,依法参与社会事务管理,参与创新社会治理和维护社会稳定。各方面工作都迈出积极步伐、取得重要进展。

# 石景山区总工会

## 概　述

区总工会是职工自愿结合的工人阶级群众组织。截至年底,全区有职工10.4万名,区属各级工会组织977个,涵盖单位5251家,工会会员7.4万人。建成社区联合工会143家、楼宇(市场)联合工会13家。年内,新建工会覆盖企业868家,发展会员6175人,其中百人以上企业6家,发展会员1616人。区总工会设经费审查委员会、女工委员会,内设机构有:办公室、经费保障部、组宣部、权益维护部、资产监管部、劳模联络服务部、职工帮扶(服务)中心。机关公务员编制13个,全额拨款事业编制9个。区委安排区总工会主席进入区委常委会议,常务副主席列席政府常务会。区委为区总工会选配一名正处级常务副主席(兼任经费审查委员会主任)和一名正处级副主席,同时,专门设立副处级女工委员会主任职位,并于年内另提拔一名科级干部为副调研员职务。年内,在市总和区委领导下,贯彻落实中央、北京市群团会议精神和市总“1+15”文件精神,围绕区委中心工作和市总各项工作部署,团结动员广大职工,为推动地区工运事业发展作出积极贡献。

**地址:石景山区石景山路42号**
**电话:68863687**
**邮编:100043**

(王　薇)

**【纪念“五一”先进表彰座谈会】** 4月26日召开。市总工会副主席张青山,区领导牛青山、夏林茂、岳德顺、吴克瑞等以及各相关单位、街道(鲁谷社区)负责人出席会议。会议宣布表彰决定,先进代表和劳模代表进行主题发言,劳模代表结合自身工作实际畅所欲言,汇报近年来的劳动成果,讲述切身工作体会,表明继续当好表率的决心,部分劳模代表还对地区发展提出建议。牛青山代表区四套班子和全区各界向各位劳动模范表示崇高敬意,并向全区广大劳动者致以节日祝愿。

(王　薇)

**【送清凉活动】** 7月,区总工会送清凉活动全面启动。采取现场慰问和定点慰问相结合的形式,重点突出“互联网+会员”和“助力治乱疏解建高端”,把户外作业工作者、治乱疏解建高端工作人员列为重点进行现场慰问。慰问品较之以往有明显不同,区总工会为户外工作的职工和工会会员准备消暑清凉礼包,包含茶叶、折扇、菊花、绿豆、冰糖等,并以现场慰问形式,将清凉礼包直接送到职工手中,大大方便不能离岗的室外工作者,在炎炎夏日里为户外工作者带来丝丝清凉。这也是区总工会“年年有区别,活动各不同”的创新慰问形式的一项重要体现。区总工会还备有5000余份清凉礼包,采取在区职工服务中心定点发放的形式,区内工会会员只需下载12351手机APP后,即有机会领取。

(王　薇)

**【送温暖工程】** 年内,区总工会持续开展关爱农民工、区领导结对帮困等多种形式的帮扶慰问活动。全年慰问困难职工、农民工、一线职工3898人次,累计投入244万余元。及时进行困难职工档案和帮扶信息的动态调整,保证档案信息的真实完整。严格中央财政专项帮扶资金的管理与使用,保证帮扶资金按时足额发放,做到受助职工实名签字,保证专款专用。借助京卡发放“两节”送温暖、金秋助学等帮扶资金,方便职工的同时提高京卡使用率。

(王　薇)

**【困难职工摸底调查】** 年内,区总工会持续开展困难职工摸底调查对象全覆盖、无遗漏,严格比照工作要求,全区有困难职工的单位均建立专卷档案和解困脱困联系卡,并与困难职工本人共同制定解困脱困方案。11名困难职工成功脱困,脱困率达到13%,其余69名困难职工全部完成建档立卡工作。

(王　薇)

**【京卡会员服务】** 年内,全区共开展京卡会员服务项目82个,实名制服务会员20681人、50818人次。北京工会12351手机APP注册会员11769人,注册会员占比16.32%。区职工服务中心共受理12351派单102件,全部按时结案。会员信息实施动态管理,确保数据库实时更新,保证数据真实有效。累计采集会员信息72114人,会员信息采集率为91%,累计办理工会互助服务卡62527张,办卡率为86%,89%为有效手机号码,累计会籍更新13639人次。

(王　薇)

**【厂务公开民主管理】** 区总工会坚持每年召开石景山区厂务公开领导小组工作会议,区委区政府领导任组长,强化与各成员单位的联系。实行厂务公开、职工代表大会制度工作档案动态管理。在企业建会同时,同步建立厂务公开民主管理制度和工资集体协商制度,注重巩固深化、经验总结和宣传推广。针对民主政治建设基础较好的公有制企事业单位,重点推进职代会制度的规范运作,提高职代会工作质量和水平;对非公企业逐步规范民主管理程序,促进规模企业建立独立的职代会、中小型企业建立区域性职代会。完成民主管理数据库信息录入,做到数据录入的完整与准确。公有制企事业单位职代会建制率和实行厂务公开率均为100%;非公有制企业职代会建制率为86%,实行厂务公开率88%;建立区域性职代会119个,覆盖企业5011家。

(王　薇)

【春风行动】　年内,"春风行动"招聘会期间,区总工会共发放宣传资料近1000份,提供免费咨询等就业服务200人次,共有164家企业参会,提供就业岗位3803个,现场达成意向746人,并及时上报相关信息。招聘会结束后,区总工会及时把在现场登记的求职者信息逐一登记到市总工会12351职介服务系统中,为求职者推荐合适的岗位,满足招聘单位的用人需求,提高求职者的应聘成功率。与优质培训学校联系,合作开展定向培养、订单培养等培训,在提高就业率的同时解决企业招工难等问题。

(王　薇)

【法律服务与援助】　年内,区总工会围绕《六五普法和依法治区工作要点》,结合工会工作实际,对职工加强《工会法》《劳动合同法》等相关法律法规的宣传教育和培训,为企业和职工提供法律咨询和法律救助,维护广大职工的合法权益。同时,健全劳动法律监督组织,经常性开展法律服务与宣传,会同政府职能部门进行农民工工资拖欠检查等。法律服务中心2名专职法律服务人员开展职工劳动争议调解。全区9个街道均建立劳动争议调解室,五千人以上企业全部建立劳动争议调解中心,42家百人以上企业全部建立劳动争议调解委员会,685家企业建立劳动关系协调员制度,企业劳动争议案件基本能在各企业中得到化解。定期组织实施律师志愿者赴街道志愿服务,坚持为各调解中心提供免费法律服务。区职工服务中心设有专业律师咨询台,为职工群众提供法律服务。以一线职工、农民工、劳务派遣工为重点,联合区人力社保局建立了劳动法律监督检查联动机制,召开联席会议,共同开展拖欠农民工工资等问题的检查,规范用工行为。完善法律援助工作站建设,受理职工法律援助,各街道及科技园区共建立10个劳动争议调解组织,为职工群众提供法律援助和服务。

(王　薇)

【劳动争议调解】　区劳动争议调解中心全年受理案件213件,调解成功171件,涉案金额488万元。

(王　薇)

【群众性文体活动】　年内,区总工会持续开展具有区域特色的"实现中国梦劳动最光荣"主题实践活动。五一庆祝大会、职工素质大讲堂、鹊之桥—单身青年联谊等已形成工会特色品牌活动,吸引职工广泛参与。组织参加"八小时约定"等职工文化艺术节示范活动,参加奥林匹克森林公园和顺义新城滨河森林公园健步走活动等活动。完成500名职工体质测试、数据采集传输。指导、帮助1339名职工安装并使用"健步121"手机APP客户端。

(王　薇)

【职工三级服务体系】　年内,区职工服务中心和八角街道、古城街道两家工会服务站率先实行错时工作上下班制度,基层工会组织承接更多的服务项目,方便为职工服务,建立工会服务站品牌。

(王　薇)

【普惠职工服务】　年内,各级工会组织根据职工需求,坚持普惠职工为根本,依托三级服务体系,开展迎新春冰雪莲石湖、免费逛庙会、"知识大家享读书我买单"、私人订制寻医问药APP、物美优惠券、公交一卡通补助、万达电影兑换券等会员专享服务活动。继续为首钢职工量身定制专享服务活动的同时,利用首钢服务项目,对区内职工开展"与祖国同庆"免费幸福蛋糕等京卡服务活动,受到全区职工欢迎。

(王　薇)

【劳模管理和服务】　年内,最初的劳模雕塑群项目,逐步升级为全区重点建设工程"五一劳动广场"项目,建成后将用于向全社会广泛宣传"劳模精神和劳动精神"主旋律的重要文化阵地。截至年底,石景山区评出全国工人先锋号1个;首都劳动奖状1个;首都劳动奖章4人;北京市工人先锋号2个。

(王　薇)

【经济技术服务创新】　年内,区总工会助推职工素质发展,推进职工创新工作室发展。张春光创新工作室被评选为市级命名职工创新工作室,授予证书和资金,并对7家区级的创新工作室进行表彰。在创建基础上,鼓励、引导和推动创新工作室领军人物的相互沟通与合作,推动职工创新成果的融合与提升,有21家单位申报参加区级创新工作室评选。区总工会牵头区委组织部、区科委等部门深入这21家单位进行检查验收。开展职工素质建设工程,普遍提升职工技能水平。街道、环卫、卫生、市政、税务等8个系统以及银建公司等各企事业单位开展职工公益大讲堂、心理咨询、岗位练兵等,共申报市级素质工程项目15场次,申报区级素质工程项目47场次,累及参与职工3.3万人次。累计发放职工素质教材近千余册。按照市总"大工匠"选树工作的安排,下发"开展北京大工匠评选工作安排的通知"向全区征集大工匠人选。推进《在职职工职业发展助推计划》宣传和培训,建立对助推工作的资金支持和配比力度。对全区持京卡的在职职工,在市总配比方案的基础上额外资助获得不同等级国家职业资格证书的,每人300~1000元不等。同时,以国家职业资格证书和新兴行业职业能力认证证书为依托,以服务和资金助推为主要方式,激发职工参加职业培训的积极性。

(王　薇)

【"安康杯"竞赛活动】　年内,51家企

事业单位、200个班组、2万余名职工踊跃“安康杯”竞赛活动。,企业与职工安全生产意识进一步提升。区环卫中心荣获“全国安康杯竞赛优胜集体”,石景山医院医学影像科获“全国优胜班组”,另有多个班组和个人获得市级优胜奖。同时,区总工会坚持主动参与重大安全生产情况的调查处理,进一步维护职工合法权益。

(王　薇)

【职工互助保险】　年内,区总工会扩大职工互助保障计划覆盖面,连续八年被评为“全国职工互助保障工作先进单位”。全区4.6万名职工参加6项险种的互助保障计划,达到会员总数57.5%,保费总额276.9万元,同比增长22%。全年为1125人次职工累计赔付103.5万余元。

(王　薇)

【职工之家建设】　年内,职工之家建设稳步推进。按照“会站家”一体化建设的工作思路,把工会组织建设、工会服务站建设和职工之家建设有机结合,积极推进职工之家实体化建设,强化督导检查工作。在石景山区职工之家实体化建设标准推动下,重点开展50人以上建会单位职工之家实体化建设。同时,各级工会组织积极争取党政支持,在场所、资金、设备等方面均有较大程度的改善。区总工会及时总结建家工作的成功做法、发现存在的问题,按时提交建家工作报告。组织基层工会开展会员评家,基层工会全部建立评家档案。截至年底,区内50人以上工会组织233家,建立职工之家210家。

(王　薇)

【工会组建和会员发展】　年内,区总工会强化服务促建会理念,加强基层工会组建。新建工会覆盖企业868家,发展会员6175人,其中百人以上企业6家,发展会员1616人。全区现有职工10.4万名,各级工会组织977家,工会会员人数达到7.4万人,涵盖单位5251家。建成社区联合工会143家、楼宇(市场)联合工会13家。各街道总工会和直属机关企事业单位共17家完成工会换届工作。

(王　薇)

【工资集体协商】　年内,区总工会提升集体协商质量。开展集中要约行动,继续扩大区域协商覆盖面,以建立行业协商机制为重点,实现建会企业集体合同、工资集体协商覆盖面达到96.5%以上。40家百人以上企业及世界五百强企业保持全部建立协商机制。同时,百人以上示范单位达到50%,在餐饮和汽车两个行业开展工资集体协商工作。强化对工资集体协商指导员及基层百余名协商骨干的管理,保证协商工作有效开展。街道和园区均选树集体协商示范典型,促进区域性工资集体协商质量稳步提升。按要求及时上报区域劳动关系形势动态分析材料。截至年底,全区684家基层组织签订工资协议,覆盖职工57052人,签订率达到96.5%;签订区域工资集体合同157份,覆盖小微企业4016家,覆盖职工10350人,签订率达100%,企业覆盖率100%;女职工专项集体合同在建立女职工组织并签订集体合同的单位签订率达到100%。

(王　薇)

【工会经费税务代收】　年内,区总工会转变工作思路、加强代收工作的创新发展。通过多种渠道建立全区街道、园区、税务联动交流机制,实时交换意见,加强互动交流;将建会未进生产库企业名单、工作建议发到各街道、园区,督促各单位加强采集工作,推进建采同步工作;建立工会与地税的信息通报制度,通过地税系统督促企业申报缴费;地税局定期向工会通报新办户企业、变更企业名单,促进建会缴费工作。全年共收缴工会经费3006万元,较去年增长369万元,应缴费单位367户,申报户333户,申报率92%,零申报15户,缴款单位307户,缴款率97%。增长率、申报率、缴款户率均高于全市平均水平。进一步强化示范街乡建设,组织街道、园区工会进行业务培训,经常性检查指导街道相关工作。市总分三批通过实地与视频方式完成对石景山区示范街乡建设验收工作。由于前期准备充分,相关工作受到市总检查组好评。经费收缴管理和使用规范到位。区总工会依法独立开设基本户和零余额两个银行账户,现有会计人员2名均取得会计从业资格证书。财务工作统一使用市总规定的新中大电算化财务软件,按照《工会会计制度》对发生的经济业务进行独立会计核算。会计凭证、会计账簿、会计报表和其他会计资料均能够按照《会计法》规定,及时整理归档,妥善保管,调阅和销毁手续齐全。严格执行《预算法》,年度预算按规定程序编制审批,并坚持先报批后使用的原则,严格开支范围和标准,自觉接受经审委监督。制定并建立起完善的财务管理制度体系,工会经费能够及时、足额拨缴;各项其他收入及时完整地纳入工会预算管理;各级工会与区财政的专项补助合法合规按时到位,没有收取不符合规定的资金和经费,也没有利用工会账户代为管理其他资金和经费。全面开展经费审查工作。区经审委两次在区工会委员会议上作经审报告。经审工作以规范化建设为载体,以提高审查监督能力和质量为重点,促进工会经费管理和资产安全完整。专门委托会计师事务所,对本级工会及全部直属基层工会上年度经费预算执行情况进行审计。经审委持续加大对各级经审干部的培训力度,进一步促进基层经审工作经常化、规范化、制度化。使用市总工会审计信息系统,开展经审工作规范化建设工作。同时,经审委持续加大对各级经审干部的培训力度,更好促进基层工会经审工作经常化、规范化、制度化建设。

(王　薇)

# 共青团石景山区委员会

## 概　　述

年末,全区有基层团组织1058个。其中,团区委直属二级团组织38个,包括团工委14个,团委4个,团总支13个,团支部7个。有831名团干部,其中专职团干部26人;兼职团干部805人。共有8012名团员,全年推优入党团员数23人。年内,全区各级团组织深入贯彻落实党的十八大、十八届三中、四中、五中、六中全会精神，以习近平总书记对共青团和青少年工作的一系列重要指示精神为思想武器和行动指南，深入研究团中央、北京市共青团改革方案，结合强“三性”、去“四化”的目标要求，坚持党建统领，全面从严治团，努力构建“凝聚青年、服务大局、当好桥梁、从严治团”的四维工作格局，团结带领全区各领域广大团员青年为初步建成国家级绿色转型发展示范区作出积极贡献。

**地址：石景山区石景山路18号**
**电话：68607210**
**邮编：100043**

（王　雪）

**【清明红色祭扫】** 4月1日，2016年北京市清明红色祭扫活动在八宝山革命公墓任弼时广场庄严举行。本次祭扫活动以“传承红色基因，建设精神家园”为主题，由首都文明办、市委教育工委、市民政局、团市委、区委区政府联合举办。团区委与区委宣传部协办。市区各级领导、全市大中小学生代表、驻区部队官兵代表、各行业青年代表等300余人共同祭奠革命先烈。全体人员肃穆默哀，团市委副书记宣读祭文，在少先队员献唱《我们是共产主义接班人》后，礼兵向革命先烈敬献花篮，区有关领导整理花篮缎带并向先烈三鞠躬。随后，少先队员向建国前入党的老党员代表敬献红领巾，来自石景山区实验二小的学生代表朗诵《长征》《重走长征路》等诗歌，最后，全体人员向革命先烈墓敬献鲜花。在祭扫活动开始前，大学生和志愿者代表在罗荣桓元帅、聂荣臻元帅等功勋卓著的老一辈革命家墓碑前开展一系列主题祭扫活动，用不同方式纪念和缅怀革命先辈。来自区委老干部局的老同志向小学生讲述长征途中的故事，带领学生们重温那段可歌可泣的革命历史；大学生代表在烈士墓碑前高声朗诵长征主题的红色诗词，部分青年志愿者为先烈擦洗墓碑，打扫周围环境。

（王　雪）

**【维护青少年权益】** 4月22日，团区委发挥区综治委预防青少年违法犯罪专项组、区未成年人保护委员会办公室职能作用召开未保预防工作会，细化成员单位分工。年内，以政府购买服务方式配备青少年司法社工，为综治工作注入专业化力量。组建石景山区民事案件社会观护员队伍，协调公检法司，督导执行社会调查、合适成年人、犯罪记录封存等未保预防工作制度。年内，团区委开展生活困难家庭青少年精准帮扶工作，对25岁以下生活困难家庭青少年基本情况进行入户筛查调研，精准确定帮扶对象1503名，逐一制定个性化帮扶方案，设立“青春助跑服务计划”区级帮扶项目库，截至年底，全部完成帮扶对象与基层团组织对接工作。年内，团区委陆续开展“星光自护”、禁毒知识讲座、“小手拉大手”交通知识进社区等活动20余场，1000余名青少年参与其中；开展模拟法庭进社区、“青春船长、法治启航”，宣传未保预防相关法律知识；督导全区法治副校长每学期完成2次以上的校园法治德育宣传教育活动。

（王　雪）

**【五四主题活动】** 5月4日，团区委开展“传承红色基因 我为十三五作贡献”五四青年节主题活动。区域化团建友好单位团组织负责人代表、市级优秀团组织和个人获得者代表、各街道（鲁谷社区）团工委负责人、驻区高校团组织负责人、非公企业、社会组织、创业青年等不同行业优秀青年代表共计40余人参加活动。青年代表先后观看“八个高端体系”规划宣传片，参观园区工作成果展及创业公社，深入了解贯彻实施“十三五”规划以来的总体布局以及推进高端绿色发展的战略部署。随后，在创新平台大厦举办座谈会，就如何打造全新模式的共创空间等问题与创业公社的创业青年进行交流与讨论。各街道（鲁谷社区）团工委、直属单位团委、团总支及各团支部等50余家基层团组织还在“五四”青年节前后分别开展“爱在春暖花开时”青年联谊、“爱八角·青年在劳动”农业种植体验、“传承红色基因、建设精神家园”重温入团誓词、“追求理想、立足本岗、务实创新”座谈会、“石法情·赤子心”五四诗歌朗诵比赛等60余场青年主题活动。

（王　雪）

**【社会组织培育】** 5月24日，石景山区社会组织培育发展中心（又称石景山区共青团社会组织培育服务基地）第一批社会组织出壳暨第二批社会组织入驻仪式在京源路7号·社区青年汇大厅举办。作为区级首家社会组织实体化培训基地，成立一年来，培育中心和服务基地实现平稳运行，在统筹引领、服务指导、孵化培育等多方面发挥作用，重点培养和密切联系一批优秀社会组织。基地拥有30个工位，可为10～15家社会组织提供免费活动空间。邀请初创期公益慈善性社会组织入驻，免费提供办公场所、项目培训等服务，帮助其快速成长为品牌社会组织。该中心经过团队建设、服务理念、社会资源整合等方面筛选，超越青少年社工事务所、蚂蚁公益事业发展中心等13家首批入壳的社会组织成功出壳。第二批待孵化的15家社会组织入驻基地。培育中心和服务基地继续创新工作理念，探索社会组织资源长效供给体系，加速全区社会组织存量提升，增量高端，凝聚汇集更多社会组织和青年团体的力量，助力全区“全面深度转型 高端绿色发展”。

（王　雪）

**【青年骨干培训】** 5月31日至6月3日，区委组织部、团区委联合区委党校共同举办共青团精神家园建设主题教育活动暨第十一期团校青年骨干培训班。培训为期4天，以“践行社会主义核心价值观 建设当代青年精神家园”为主题，采取集中授课和互动交流等培训方式，开设“京津冀协同发展中的非首都功能疏解问题研究”“如何发挥共青团优良传统，做好共青团工作”“年轻干部如何坚定政治立场，把我成长方向”等精品课程，邀请中国人民大学、市委党校、团市委、区纪委、区委组织部、团区委等多位领导及专家进行授课。全区各直属基层团干部、青年骨干、区域化团建友好单位共青团工作负责人以及社区青年汇社工等50

余名团青骨干参加培训。期间，团区委还举办以“团聚青春能量共建精神家园”为主题的石景山区共青团精神家园大讲堂活动。团校培训学员、区域化团建友好单位青年骨干及驻区高校团员青年500余人参加大讲堂活动。9月，团区委以“传承红色基因 助力高端绿色发展”为主题，举办第十二期团校青年骨干培训班，帮助团青骨干进一步坚定理想信息，传承红色基因，共建精神家园。

（王　雪）

**【思想政治引领】** 7月8日，共青团系统开展“在党旗下绽放青春”——庆祝中国共产党成立95周年主题演讲比赛。晋秋红和全区各直属基层团干部、青年骨干、区域文化团建友好单位共青团负责人、各行业优秀青年代表200余人参加此次活动。10月28日，开展“重走长征路 青春心向党”主题长走活动，纪念红军长征胜利80周年，引导青年传承长征精神，大力培育和弘扬社会主义核心价值观，建设石景山区青年的精神家园。8月、11月，分别以“勇担青春使命 建设精神家园”“服务区域中心工作 助力高端绿色发展”为主题，开展两期“青年说”交流座谈活动，鼓励基层一线青年代表建言献策，激励青年勇担历史使命、勇于拼搏奉献。全年，以“精神家园大讲堂”系列活动为抓手，以学习党的十八届六中全会、长征精神、信仰建设等为内容，组织团员青年1000余人参与，帮助青年树立理想信念的精神支柱，树立向上向善的价值追求。

（王　雪）

**【京港青年交流】** 11月2—6日，区青联开展2016京港青年交流项目，接待香港深圳社团总会57名青年代表来京交流。参观中关村石景山园、京西创业公社，了解石景山区青年创业基本情况；走进北京现代汽车工厂，感受现代汽车科技化、智能化相互融合的生产理念；走进清华校园，听取“一带一路与青年责任”主题讲座，深入了解国内经济发展现状，明确两地青年共同使命。

（王　雪）

**【参与社会建设】** 11月22日，团区委协助团市委、市人力社保局、市科委等7家主办单位承办“创青春”首都青年创业大赛决赛及颁奖仪式。年内，团区委以推荐参评“青年岗位能手”“五四红旗团委”“北京市优秀团干部”“北京市优秀团员”“青年文明号”等为契机，选树一批优秀团组织、优秀青年个人，通过微信公众号推送、召开座谈会、分享会等形式，广泛宣传优秀青年和组织的先进事迹，激励广大团员青年立足本职、岗位建功。年内，团区委联合区人力社保局、首钢工学院共同举办“创业政策讲堂”，邀请工商、税务等相关单位讲解创业政策知识。组织“共青团与人大代表、政协委员面对面”活动，引导青年参与公共事务，拓宽青年群体利益诉求及表达渠道。

（王　雪）

**【“网上共青团”建设】** 年内，团区委落实、“共青云”团务系统建设，全面梳理团组织基本信息，开展团员网上重新登记，实现团务工作线上运行，利用团青资源活跃团组织，提升服务团员的能力。推进“青春石景山”微信公众号建设，完善相关信息统计发布、新模块设置、评论回复等机制，提升微信公众号关注度，截至年底，联系青年3500余人，累积增加青年阅读量30000余次。开通“青年之声·石景山”网站，该互动社交网络平台以问答形式倾听青年呼声、回应青年诉求、维护青年权益、服务青年成长为宗旨，截至年底，青年提问回答总数均为8000余个。

（王　雪）

**【青年群体分类调研】** 年内，团区委在参考团市委北京青年1%抽样调查问卷设计的基础上，针对石景山区青年特点设计个性化调研问卷，通过发放调查问卷近550份，深入了解石景山区青年群体的数量结构、生活状况、思想意识和社会需求，根据调研结果形成《石景山区非公企业、自由职业青年群体现状及需求调研报告》《石景山区高校大学生青年群体现状及社会需求调研报告》和《石景山区单位青年群体及需求调研报告》3篇专题报告，通过对调研结果的思考，为今后石景山区共青团改革和工作决策提供科学依据。

（王　雪）

**【区域化团建】** 年内，团区委陆续开展“青春石景山 你我不孤单”青年人才交友活动、“青春飞扬 谁羽争锋”石景山“区域化团建杯”羽毛球赛等活动，发挥青年共建委员会职能，服务区域青年700人次。建立区域化团建项目制运作机制，面向全区40余家区域化团建单位开展征集申报工作，经过团区委整合、修改后拟定10份《区域化团建项目策划书》，包括思想引领、文体竞技、交友联谊、社会服务、志愿公益等10方面，全面覆盖各类青年群体，充分发挥共建团组织自身优势，服务青年，服务社会。建立石景山团干部直接联系青年制度（简称“1＋100”制度），由团区委全体团干部及全区各街道（社区）团干部带头经常性直接联系不同领域的团员青年100人，截至年底，累计联系青年达3500余人次，开展线上互动活动30余次，线下活动40余次。

（王　雪）

**【社区青年汇】** 截至年底，团区委牵头开展“周末社区大讲堂”“新青年城市体验营”“闪亮今天，心动时刻”交友联谊、“农商行走进青年汇”等区级特色活动，参与活动青年达2700余人次，获得青年广泛好评。建立“流程标准化、服务专业化、形象时尚化、活动品牌化”的青年汇活动机制，指导全区各社区青年汇针对地域特色打造品牌活动13个，通过深挖品牌、鼓励创新、培育优秀项目等方式促进青年汇“一汇一品”体系建设，直接联系服务青年10000余人次，辐射带动近13000余人次。

（王　雪）

**【青春护航基地】** 年内，团区委组建由共青团主导，检、法、教委等多部门密切配合，专业司法社工事务所、青联委员爱心企业、培训学校共同参与的专业化运营团队，助力涉诉未成年人回归社会、健康成长。基地为有需求的涉诉未成年人提供就业岗位，提供免费职业技能培训，制作帮教案例汇编，总结经验，提升帮教质量，截至年底，基地共接收15名帮教对象，其中

3月4日,团区委惠民宣传进社区活动　　(区委宣传部供稿)

10名帮教对象完成帮教计划,回归校园或走上工作岗位。在区第十六届人民代表大会第一次会议上,检、法两院在工作报告中着重介绍帮教基地的建设情况。

(王　雪)

**【志愿公益服务】** 年内,团区委发动各基层团组织、社会志愿者组织、高校志愿者服务队、社区青年汇等开展"学习雷锋精神 邻里守望相助"惠民宣传进社区志愿服务、"增绿减霾,再造蓝天"京津冀晋蒙青少年植树活动,重点深化"首钢关爱""蓝天行动"等志愿服务品牌,举办"首钢关爱"5周年纪念活动,创新志愿服务方式方法,打造"梦想图书馆"等志愿服务新活动。推动"希望之星1+1"奖学金、"学子阳光"助学金等项目稳步开展,全年共资助困难青少年25人,发放助学金2万余元,完成10名"学子阳光"助学金新生申报工作。探索建设集学业辅导、亲情陪伴、感受城市、自护教育、爱心捐赠为一体的志愿服务体系。

(王　雪)

# 石景山区妇女联合会

## 概　　述

区妇联是在区委领导下的社会群众团体。下设办公室、组宣部、权益部(儿童部)和区妇女儿童工作委员会办公室、妇女儿童活动中心。全区共有街道(含鲁谷社区)妇女联合会9个,社区妇联151个,机关企事业妇委会16个,企业女职工委员会221个,区级妇女工作研究机构2个,区级妇女工作领域社会组织11个。年内,全区各级妇联组织落实中央关于加强和改进党的群团工作和市委群团工作会议的部署要求,坚持以服务大局、服务妇女为导向,以研究谋划改革为强大动力,以保持和增强政治性先进性群众性为目标,以联系和服务广大妇女群众为生命线,以落实全面从严治党要求、自觉接受巡视监督为保障,强化顶层设计,聚焦重点问题,坚持自身发力,推进地区妇女工作创新发展。开展"走基层、转作风、抓项目、办实事"工作,分不同时点、不同主题,把联系和服务妇女群众落实在日常工作中。加强与各相关单位的协作,有力整合社会资源,关心关爱妇女群众,真情服务妇女儿童做贴心娘家人,团结动员全区妇女在"两个生态"建设中充分发挥半边天作用,为平安和谐石景山建设作出积极贡献。

**地址:石景山区石景山路18号**
**电话:68607200**
**邮编:100043**

(何　巍)

**【"最美家庭"揭晓】** 1月16日,区妇联举办石景山区"最美家庭"揭晓暨启动活动。活动当天,评出的2015年210户石景山区"最美家庭"展示各自家庭的风采。市区领导为4户"最美家庭"代表颁发荣誉证书,并赠送书法作品。同时宣布2016年石景山区寻找"最美家庭"活动正式启动。

(何　巍)

**【"展翅未来"项目启动】** 1月27日,宁波银行北京分行第7家支行——石景山支行隆重开业。开业之际,宁波银行石景山支行出资5万元,设立"展翅未来——宁波银行助学基金",区妇联负责具体项目实施。该项目用于资助石景山区的25名家境贫寒、品学兼优的高中贫困学生,帮助他们健康成长。此次活动是区妇联和爱心企业发挥各自优势、携手服务妇女儿童的重要项目,探索建立爱心企业济困助学长效机制。

(何　巍)

**【开展送温暖活动】** 2月2日,区妇联全面启动"营造温暖之家 共享美好生活"送温暖活动。活动针对老妇救会主任、离退休老干部、"两癌"贫困妇女、困难青少年、福利院儿童、贫困家庭等群体,采取集中慰问、入户走访等形式,进行有效帮扶救助,让她们感受到党和政府的关怀和妇联"娘家"的温暖。区妇联还发动各级妇联组织结合各街道社区实际,将"两节"送温暖与送志愿服务、送文化、送心理疏导、送就业信息和就业岗位相结合,以巾帼志愿者上门入户、结对包户、爱心服务等方式,同步开展走访慰问活动,送温暖上门,进一步拓展送温暖活动的覆盖面,推动关爱帮扶的常态化开展。本次活动共走访贫困妇女、两癌患者、老妇救会主任等70余人,投入专项资金6万元。

(何　巍)

**【"三八"维权系列活动】** 3月1日,为配合《中华人民共和国反家庭暴力法》的正式实施,区妇联与区委政法委、区社工委、教委、卫计委、综治办、信访办、人力社保局、公安分局、检察院、法院、司法局、区团委、残联14家相关单位共同举行"拒绝家庭暴力 让爱常驻我家"——石景山区"三八"维权周高潮日宣传活动。举办"拒绝家庭暴力 让爱常驻我家"儿童反家暴手抄报作品大赛。共征集156份优秀作品,6000余名公众参与投票。在"三八"维权周期间,各级妇联组织开展系列宣传活动。通过以案说法、模拟法庭、使用微信公众号新媒体等多种方式,开展通俗易懂、生动活泼的法制宣传教育活动,送法到家门、送法到身边。在区妇女维权律师团普法维权讲座的基础上,举办"建设法治中国 巾帼在行动"社区普法系列讲座,在社区集中开展反家暴法系列宣讲活动。开展咨询调解、慰问关爱单亲特困群众、禁毒、防艾等维权宣传,推动平安家庭创建等其他各类妇女维权活动。举办儿童反家暴手抄报作品大赛,鼓励中小学生家庭参与到宣传活动之中,提高家庭成员对于家暴危害的认识和了解,做反家暴活动的支持者和践行者。全年共组织"建设法治中国·巾帼在行动"社区普法讲座、法院旁听21场,参与群众千余人。

(何　巍)

**【区第八次妇女代表大会】** 3月8—9日召开。大会听取刘红代表区妇联第七届执行委员会作以"凝心聚力 开拓创新 团结带领石景山区妇女为建设国家级绿色转型发展示范区而努力奋斗"为主题的工作报告。市妇联党组书记、主席马兰霞,区领导牛青山出席开幕式并讲话;晋秋红出席闭幕式并讲话。妇代会期间,经过全体妇女代表认真审议和充分酝酿,通过区妇联第七届执行委员会工作报告的决议,选举产生区妇联第八届执行委员会及以刘红为主席,臧轶青、邓国花为副主席,王玉萍、王艳蕊、龚敏、董慧凝为兼职副主席的新一届区妇联领导班子。来自全区各族各界、各条战线的200多名妇女代表,以高度的责任感和使命感,充分行使民主权利,认真履行神圣职责。代表们在交流中积极建言献策、畅所欲言。分享基层实践经验,切实把党中央的要求和期望转化为推动妇女工作创新发展的动力源泉。闭幕式上,妇女代表集体发出倡议,号召全区广大姐妹在"十三五"时期建功立业。以更加饱满的热情投身区域经济社会发展,为建设国家级绿色转型发展示范区贡献力量。全区各人民团体主要负责人和历届区妇联老领导、老同志应邀出席大会开幕式。

(何　巍)

**【巾帼主题志愿服务】** 3—4月,在区妇联倡导下,全区各街道、各社区持续开展"邻里守望·姐妹相助"巾帼主题志愿服务活动,并涌现出大批的优秀个人和集体。各级妇联组织结合自身实际,采取组织推荐、自我推荐和第三方推荐等几种形式,共推选出24名优秀巾帼志愿者和9个优秀巾帼志愿服务队。她们中有义务为居民理发的8旬老人张珍珠、组建绿之洲合唱团的退休音乐教师的武淑玲、自买花种把楼前垃圾场变成美丽花园的刘桂香等优秀个人。还有十年如一日扎根社区、奉献社区的120爱心应急担架队、关心困难家庭子女成长的红蜡烛小组、为社区里的空巢老人及残疾人家庭提供贴心的服务的五七八(我去帮)扶残助老巾帼志愿服务队等优秀集体。经统计,全区共有巾帼志愿团队330支,巾帼志愿者1.5万人左右。她们立足群众需求,努力实现巾帼志愿服务有形化、社会化、常态化发展。

(何　巍)

**【巧娘发展促进会】** 4月6日,区妇联召开以"展技能风采圆成才之梦"为主题的北京市第四届职业技能大赛妇女手工技能大赛工作部署会。会议详细介绍本次大赛的主题、内容、参赛要求及评审办法,并对作品提出要求。各街道妇联主席、巧娘工作室负责人、巧娘骨干、研发基地负责人参加此次会议。会议要求加快首都妇女手工业的发展,引领妇女投身大众创业、万众创新热潮,发掘更多的妇女手工艺技能人才,各街道妇联、巧娘工作室广泛宣传动员,组织好制作、报名、参赛等各阶段赛事工作,通过大赛能动巧娘促进会的工作,推动民间手工技艺的传承,促进妇女居家就业和灵活就业。

(何　巍)

**【发展规划编制】** 年内,区妇联依据《北京市"十三五"时期妇女发展规划》参考框架和区国民经济和社会发展第十三个五年规划纲要的要求,高起点、高标准、高水平地编制《石景山区"十三五"时期妇女发展规划》。4月21日,专家座谈会原则通过《规划》(征求意见稿),经进一步调整、补充、完善相关内容,加强与区规划纲要以及其他专项规划衔接,于8月完成编制工作,9月18日颁布实施。《规划》分前言,指导思想和基本原则,发展领域、主要目标和策略措施,组织与实施,监测与评估等部分,目标明确、措施详实,充分体现辖区妇女儿童发展工作特色。《规划》注重进一步强化政策法规的保障、政府和职能部门干预、多部门合作的措施和手段,区妇儿工委办公室将规划目标任务逐项分解到各成员单位,实行目标责任制管理,保证规划任务指标的全面完成。11月2日,区妇女儿童工作委员会召开"十二五"时期妇女儿童发展规划总结暨"十三五"时期妇女儿童发展规划推进会,会议总结区"十二五"时期妇女儿童发展规划的实施情况,对成绩突出的5个先进集体和36名先进个人予以表彰。市妇儿工委办常务副主任、市妇联副主席周静和区妇儿工委主任陈婷婷对"十三五"妇女儿童规划的实施提出具体要求。

(何　巍)

**【儿童文化活动】** 4月24日,石景山区"家庭剧乐部"的小演员们登上社区舞台,为八角街道建钢南里社区和特钢社区的居民们表演儿童剧《音乐之声》。5月27日,区妇联和区文委主办,区少儿图书馆承办"传承红色基因 营造书香家庭——庆六一儿童节主题活动"。

(何　巍)

**【共护"巾帼林"活动】** 5月6日下午,石景山区部分"三八"红旗手、巾帼建功标兵及巧娘代表一行来到莲石湖东岸,在园林部门技术人员指导下,为"巾帼林"树木除草、松土、施肥、浇水。区妇联于上年在莲石湖开展"巾帼林"认建认养活动。为发挥认建认养活动在生态环境建设中的影响力，当年再次发起“保护环境 爱护树木”—优秀女性共护“巾帼林”活动带领全区优秀女性投身到“巾帼林”的后期养护管理工作中。近年来为动员和组织全区广大妇女积极参与到建设绿色石景山的行动中，区妇联不仅在三八妇女节和植树节期间开展植树造林活动，还以建设“巾帼林”为载体，开展丰富多彩的“植树、护树、养树”活动，确保将“巾帼林”活动品牌做实做优、做出成效。

（何　巍）

**【青年交友联谊】** 5月20日，由区妇联主办、团区委和区妇女儿童活动中心协办的“闪亮今天 心动时刻”——大型青年交友联谊活动成功举办。来自驻区部队、机关事业单位、首钢集团、金融系统、教委系统、驻区企业等200多位优秀单身青年参加本次活动。本次活动采用网站报名、微信报名等方式，搭建真诚、友好的交流平台，为未婚青年提供交流沟通机会。区妇联邀请国家级培训师杨金华带领青年男女们一起互动，大家在游戏中增加默契，收获友情。交友联谊活动已成为区妇联工作的一个响亮品牌。8月7日，区妇联与团区委发挥群团工作优势，形成服务合力，共同举办“相约石景山 你我不孤单”青年人才交友联谊活动。吸引驻区企业、高校、医院、科研院所、高端商业等单位的单身青年及区机关、基层团组织单身青年300余人参加。

（何　巍）

**【巾帼亲情服务队】** 7月12日，举办区巾帼亲情服务队素质提升暨心理疏导技能培训班。本次培训为期6天，来自各街道社区的100名巾帼亲情服务队员参训。在市妇联支持下，培训邀请华夏心理培训学校的国家级心理咨询师，培训课程涵盖心理健康基础、倾听训练、会谈技术、心理问题评估与转介、婚姻家庭辅导训练、亲子关系辅导训练和团体辅导等内容。学员们珍惜机会、认真学习、沟通互动、教学相长，成为延展完善心理疏导APP的主人翁，并学会将科学的沟通方式运用于今后的群众工作之中，帮助更多的妇女姐妹纾解邻里纠纷、和谐亲子关系、维护自身合法权益。

（何　巍）

**【真情援助贫困母亲】** 中秋佳节来临之际，区妇联以“关爱母亲共建和谐”真情援助贫困母亲项目为载体，组织全体妇联干部下基层、访妇情，重点慰问因重大疾病或突发事件造成家庭困难的贫困母亲，为贫困母亲送去慰问金、慰问品，与她们面对面谈心交流，了解她们的生活困难，提供精准帮扶，为其排忧解难。让妇联组织真正成为妇女儿童信得过、靠得住、离不开的知心人、贴心人、娘家人。该项目由区妇联与区民政局、慈善协会联合开展，迄今已连续开展8年，共救助贫困母亲1600人，发放救助金80万元。

（何　巍）

**【健康进家庭活动】** 10月22日上午，由区妇联、科协、文化委、司法局等单位联合主办的“金秋送欢乐 健康进家庭”系列活动启动仪式在区妇女儿童活动中心举行，相关单位领导为“科学健康自主管理服务站”揭牌。“科学健康自主管理服务站”是区妇联、区科协重点打造的民生项目，经过一系列严格的专家认证和评审，正式投入使用。服务站在每周二、周六的下午免费对公众开放，并通过开展高端、科技、互动体验式的系列健康活动，让居民在参与的过程中，了解自身身体状况、加强体育锻炼，自觉改进生活方式，引导大家更加重视身心健康，营造良好的健康生活氛围。“金秋送欢乐 健康进家庭”系列活动以健康家庭为核心，围绕“健康社会、健康家庭、健康体魄”三个板块开展，内容包括免费体质监测、亲子绘本阅读、爱老敬老服务、健康咨询义诊、维权法律援助等五大类，基本做到周周有活动，人人能参与，从而实现普及健康的生活理念，增强大众健康意识的目的。来自各街道社区的家庭、居民、群众、游客等200余人参与此次活动，

（何　巍）

**【书香飘万家活动】** 年内，根据市妇联相关要求，石景山区全面开展以“书香飘万家”为主题的亲子阅读活动。以漂流包的形式，在12岁以下儿童的家庭中传递图书。通过图书漂流让更多家庭体验阅读乐趣、丰富亲子交流方式、促进家庭阅读习惯养成，培育良好家风。此次漂流包里涵盖图书广泛、内容丰富，每个漂流包会漂流15户家庭，每户家庭阅读时间为一周，家庭收到书包后，开展亲子阅读活动并进行记录，同时负责传递给下一户家庭。活动中，八角街道古城南里社区、八角北里社区、老山街道等在接收到漂流包后及时送到适龄儿童家中，并将漂流包里的书目及活动规则一一给孩子家长及小朋友们介绍讲解，漂流包深受孩子和家长的欢迎。

（何　巍）

**【创业就业技能培训】** 年内，区妇联贴近失业妇女就业的现实需求，携手“管家帮”现代服务职业技能培训学校，举办妇女创业就业技能培训班。培训分三期，每期3天，受益妇女达300余人次。培训内容是：“满意的家人”——家庭面点与营养餐的制作，从面食、营养餐、糕点制作等方面对学员进行理论知识和实际操作能力的训练，不仅使参训学员掌握一技之长，同时提高学员的就业能力。以此帮助更多下岗失业妇女、首钢留守家庭妇女和女大学生重塑再就业的信心，实现创业就业，近两年来，区妇联积极响应中央“大众创业、万众创新”的要求，为失业妇女提供就业政策指导，开展多形式、分层次培训，提高创业女性服务客户的就业技能，创造“培训促进就业，创业带动就业”的良好工作局面。

（何　巍）

**【恒爱行动持续开展】** 恒爱行动——百万家庭亲情一线牵活动是由全国妇联发起并组织开展的公益活动。年内，在市妇联组织下，由石景山区爱心家庭编织40件爱心毛衣，传递对和田地区孤残儿童的无声关爱和祝福。通过赠送爱心毛衣，搭建起各民族家庭之间交流交融、爱心互动、情谊联接的平台，促进内地家庭和新疆民族家庭之间建立友情、传递暖情、植厚亲情。在交往中增进相互了解，在互动中相知相亲，进一步夯实各民族家庭团结一家亲的情

感基础，共同感知民族大家庭的温暖，共同感恩伟大的党、伟大的祖国。

（何　巍）

# 石景山区科学技术协会

## 概　述

区科协是区委领导下的人民团体，是区科学技术工作者的群众组织，是区委、区政府联系科学技术工作者的桥梁和纽带，是推动科学技术事业发展的重要力量，是学术交流主渠道，科普工作主力军，是国内外民间科技交流主要代表和科技工作者之家。全区现有区属学（协）会8个、街道（社区）科协9个、厂矿科协5个、主管民非企业2个。年内，区科协在市科协指导下，在区委、区政府领导下，深入贯彻落实党的十八大和十八届三中、四中、五中、六中全会精神与习近平总书记在“科技三会”上的讲话精神，秉持五大发展理念，围绕国家级绿色转型发展示范区的战略目标，主动适应发展“新常态”，融入构建“八个高端体系”，以《全民科学素质行动计划纲要实施方案（2016—2020）》为依据，以提升公民科学素质为核心，在履行“四个服务”职能上狠下功夫，圆满完成年度工作任务，获“第三十一届全国青少年科技创新大赛基层赛事优秀组织单位”“市青少年科技创新大赛优秀组织工作奖”“市自然科学知识竞赛优秀组织工作奖”“市科协系统信息工作先进集体”“北京科普新媒体创意大赛优秀组织奖”等荣誉。

**地址：**石景山区石景山路18号
**电话：**68607102
**邮编：**100043

（刘春霖）

**【科技人才工作】**　春节前夕，区科协领导对部分科技工作者进行走访慰问，听取对地区发展和科协建设的意见和建议。围绕《石景山区“十三五”时期高端的人才管理体系建设规划》，专门召开委员会进行研讨。组织开展“第十九届茅以升北京青年科技奖”和“第八批北京市优秀青年人才”奖项推荐评选工作。针对“科技三会”精神落实在全区科技工作者中开展专题调研。年内，联合区委组织部在属地驻区大单位特别科协的委员单位和区属机关行政事业单位及大中型科技创新企业开展全区科技人才状况调查工作，共发放并收回30份问卷，先后对驻区电子情报所、中铁建设集团，华录集团等大单位和中关村科技园区石景山园内有代表性的高新企业进行实地调研，并以《关于石景山区科技人才状况分析》为题形成调研报告。落实区委人才工作精神，多方努力为科技工作者服务，发挥科技工作者状况站点优势反映科技工作者需求和建议，由于工作成绩突出，区科协被市科协设立为全国科技工作者状况调查站点。

（刘春霖）

9月24日，全国科普日主题活动　（区委宣传部供稿）

**【科协委员会】**　年内，区科协机关积极做好科协委员工作，带领科技工作者广泛开展调研建言活动。3月1日，区科协召开第七届委员会第八次全体会议，审议2015年工作报告，提出2016年重点工作及任务，并增补区科协第七届委员会委员7名。4月21日，组织科协委员开展石景山西部地区建设情况的专题调研活动，30余位委员参加。活动内容共分三部分：对新建北京师范大学附属中学京西分校参观考察；到区西部建设办公室调研区西部规划建设情况并座谈，对京西爱国主义教育基地暨石景山区廉政教育基地慈善寺进行考考察。

（刘春霖）

**【实施科学素质纲要】**　4月22日，召开全区科普工作会议，各科素领导小组成员单位主管领导以及科普基地、创新科普社区、创新科普工作室等单位负责人70余人参加会议。会议对2015年度石景山区科素工作进行总结，部署2016年相关工作计划，并发布《石景山区“十三五”科学技术普及发展规划》。年内，各成员单位在科素领导小组的带领下，以青少年、城镇职工、社区居民、领导干部和公务员4类重点人群科学素质的提升为抓手，在传统品牌活动开展的基础上创新亮点，突出区域特色，开展数字生活技能大赛、石景山区首届“科普达人秀”活动、科技活动周、职工技能大赛、应急救护及消防知识培训活动等活动，全年对600名处级干部进行集中轮训，启动干部教育分中心上线工作，录制10门课程，举办17期处级干部进修班，并选派8名优秀副处职干部参加北京大学公共管理高级研修班的学习。开展公务员知识大讲堂活动和网上公共知识培训，70多家单位报名参加学习，包括科级干部轮训、公务员初任培训以及转业干部任职培训。

（刘春霖）

【科普之夏活动】 7—9月，区科协组织区属学(协)会、科普教育基地、9个街道(社区)科协等单位，以“科技改变生活，提升科学素质”为主题，利用夏日群众休闲、纳凉的机会，通过科普讲座、科普文艺活动、科普信息推送等方式，广泛宣传科学理念。期间共组织66项重点科普活动、34项社区科普活动、16项科普教育基地活动。开展各类科普讲座30余场，科普展览20余场，发放资料3万余份，受益群众5万余人次。

(刘春霖)

【全国科普日活动】 9月24日，区科协与区教委、旅游委、科委、妇联在北京国际雕塑公园联合主办以“创新放飞梦想，科技引领生活”为主题的全国科普日石景山区主会场活动。市科协党组成员、副主席田文出席活动。此次活动由市科普联盟大篷车等4家科普公益组织、16家科技企业和解放军302医院等单位精心准备的十余项科普惠民活动组成，分为数字城市馆、4D影视馆、健康伴我行、多人共享的虚拟体验活动(AR和VR)、亲子乐家的科普自拍、科技企业的科普路演和科普联盟大篷车流动展馆等七大板块。活动注重全民参与，满足和照顾到不同年龄层面的公众科普诉求愿景，共有来自各街道社区居民、中小学学生、家庭代表、游园群众近千人在本次活动中受益。期间，全区各单位开展各种宣传活动百余场，发放资料10余万份，惠及人群20余万人。

(刘春霖)

【老科技工作者日】 10月9日，区科协协助市老科技工作者总会承办的2016全国老科技工作者日暨北京第十二届老科技工作者日活动在北京国际雕塑公园启动。全国政协副主席、中国科协主席、科学技术部部长万钢，原国务委员、中国老科学技术工作者协会会长陈至立，中国科协党组书记尚勇，全国政协人口资源环境委员会副主任、中国老科协常务副会长齐让，市科学技术协会党组书记、常务副主席马林，北京老科学技术工作者总会会长叶文虎等出席启动仪式。启动仪式后，与会领导参加老科技工作者健步走活动，参观由各级老科协组织、老科技工作者参与的医疗义诊、心理和法律咨询、科普大课堂、书画摄影展和航模表演等活动，并与老科技工作者深入交流。活动以“不忘初心再创辉煌”为主题，面向游园市民，以文艺汇演、展览展示、科普互动以及咨询服务书画摄影等板块，宣传展示老科技工作者奉献祖国的情怀和老有所为的成果。老科技工作者日由中国老科学技术工作者协会设立，每年农历九月初九的重阳节举办。本次活动分为北京主场活动、全国统一活动和各地活动三个部分，动员和组织广大老科技工作者积极参与，开展一系列形式多样的为老科技工作者服务的活动，并通过老科技工作者的参与开展一系列为人民群众、为社会服务的活动。

(刘春霖)

【科普惠民项目】 年内，区科协完成2014年市财政专项资金支持的2个项目——“数字科普进楼宇”和“社区生活指导站”的实施工作，并进行验收。为加强数字科普视窗的管理和利用，专门对67个科普工程试点社区和街道科协的管理人员进行培训，并以此为科普宣传平台播出科普宣教内容。组织完成2015年度“社区科学生活体验馆”和“科学健康自主管理服务站”两个科普项目公开招标工作，并于4月25日召开项目推进会，10月21日召开中期验收会。两个项目正在继续实施过程中。

(刘春霖)

【青少年科技教育】 年内，区科协加大对全区青少年科技教育工作力度，以组织参加全国和北京市的各类传统赛事和后备人才计划工作为主要平台。在北京市第36届青少年科技创新大赛竞赛中，石景山区师生共有66项优秀竞赛作品获得市级奖项，其中一等奖4项，二等奖18项，三等奖44项。其中2项科幻画作品，2项学生科技创意竞赛项目入围第31届全国青少年科技创新大赛。在北京市机器人大赛中获得三等奖，并获“博思最佳科技奖”，获得积甲特工队机器人套装一套，石景山中学教师王文精被评为北京市优秀教练员。在“非常小答客”青少年科普知识竞答中夺得第一届线下决赛冠军。选拔基地校10名优秀高中学生参加第16期科技后备人才培养计划，同时推选5名学生作为石景山区后备人才，一同接受市后备人才计划重点培养。两所基地校先后与实验室导师建立联系并开展实验活动。组织基地校师生参加夏令营科学探究活动，申报4项第十六期北京青少年科学探索专项获得2万元资金支持。开展“专家进校园”活动，共联系各个领域的专家12场次走进全区中小学。组织古城中学、景山学校远洋分校学生走进工程院，聆听院士报告、参观科技成就展。组织部分学校学生参与科技企业的科技活动，体验科技产品，激发学生学习兴趣和创新热情。对教育机构具有机器人教学和竞赛经验的科技教师(辅导员)进行培训，引导智高机器人公司与京源学校签订合作协议，建立steam工作室和机器人培训基地，打造机器人教学硬件、软件、图书、培训、比赛五位一体工作平台，

(刘春霖)

【社区科普益民计划】 年内，区科协完成市科协、市财政局对2015年度社区科普益民计划项目的检查验收、2013—2015年度区科协转移支付资金使用情况检查、中央及市级转移支付资金支出进度情况统计和2015年度区县科普专项资金项目绩效评价，并配合国家审计署完成对中国科协基层科普行动计划奖补单位(五里坨街道西山机械厂社区)审计工作。下发《社区科普益民计划专项资金使用的通知》《关于进一步规范使用北京市社区科普益民计划资金的通知》，指导全区2016年度社区科普益民计划项目实施，按照区财政局要求每月上报资金支出进度。组织相关科普社区工作人员参加市科协社区科普工作者能力提升计划培训班。成功申报下年度社区科普益民计划项目。共推荐5个优秀科普社区、1个优秀基层科普场馆、1个限价房社区、4名优秀科普宣传员，获得专项奖励资助67万元。

(刘春霖)

【科普广场舞】 年内，区科协联合区防范办以“崇尚科学、拒绝迷信、抵制邪教、珍爱生命”为主题，组织开展“广场科普舞起来”反邪教广场舞展演系列宣传活动。选拔2支代表队参加北京市科普广场舞大赛，鲁谷社区代表队获得三等奖。

（刘春霖）

【科普宣传】 年初，与公园管理中心古城公园管理处签订协议，将公园所属宣传画廊近400块统一用作科普宣传，合作单位包括区安监局、气象局和应急办等单位。年内，对杨北社区、法海寺公园、老山公园宣传画廊进行维修并加固防护设施。适时更新科协微信平台内容共120余期，针对全区民众开发科普答题系统，利用社区数字视窗、科普画廊和科普宣传栏宣传科普知识，与区气象局合作在数字科普视窗上实时播报气象信息。利用区有线电视、市区科技类报刊、网站以及《石景山信息》《石景山政务》《京西文艺》等刊物发布地区科普工作信息。在区有线电视报道宣传科普节目16期、专题节目4期，在《石景山报》发布专版4个，并开辟科普答题专栏，及时展现区科素工作新成效，制作完成《石景山区提升全民科学素质普及读本》之七、之八共计2万册。制作有利于科普宣传的价值3万多元的小宣传品发放到基层社区。

（刘春霖）

# 石景山区文学艺术界联合会

## 概　　述

区文联有团队17家，登记在册会员2000余人。年内，区文联在区委、区政府领导下，在区委宣传部和市文联指导下，发挥“团结引领、联络协调、服务管理、自律维权”的职能，以习近平总书记（在文艺工作座谈会上的重要讲话、在中国文联十大、中国作协九大开幕式上的讲话）文艺工作重要讲话精神为指引，贯彻落实《中共中央关于繁荣发展社会主义文艺的意见》，在文艺工作中始终坚持“二为”方向，贯彻“双百”方针，紧密联系区委区政府中心工作，结合“两学一做”学习教育，继续深入开展“深入生活 扎根人民”主题实践活动，开展以“纪念中国共产党成立95周年、中国工农红军长征胜利80周年为主题的文艺作品创作及系列文化活动。各项活动以社会主义核心价值观为统领，聚焦弘扬中华优秀传统文化；聚焦石景山区传统文化、红色文化、永定河历史文化、工业文化，彰显京西文化特色。文艺作品创作展现石景山区文化内涵；“万福进万家”送写春联活动情真意浓；书法名家作品展进校园，书法讲座进机关文艺资源共享；“爱美丽石景山 展百家社区风采”摄影活动展现发展良好风貌；互联网文艺作品展创新方式传播更广阔；“东方少年·中国梦”中小学生作文大赛覆盖全区；书法展览、美术展览异彩纷呈；部门合作加强联合活动成果凸显；老年书画院日益发展壮大成果丰硕；通过创新工作机制，改进文联对各文艺家协会的服务管理模式，工作中加强与各文艺团体、驻区艺术机构和文艺工作者联系。发挥他们对文联工作、文联干部的监督作用。提高其积极参与社会主义协商民主建设的热情。相关协会完善自身章程，增强会员凝聚力，增加自身约束力，增加各文艺家协会服务基层、落实文艺惠民和文艺作品创作的活力。

**地址：石景山区石景山路18号**
**电话：68607213**
**邮编：100043**

（马彦斌）

【挥毫泼墨送春联】 1月30日上午，由区委宣传部、区文联主办，区书法家协会承办的“万福进万家”迎新春送春联活动在体育场南路社区蓝天宇锋幼儿园多功能厅举办。北京书法家协会驻会副主席兼秘书长田伯平和区书法家协会10多位会员现场挥毫泼墨，用写春联这一传统艺术形式庆祝新春，用积极、向上、健康、新颖的春联，倡导文明过大年。送福写春联活动是区文联传统项目，自1月8日起，区书法家协会、区老年书画研究会、区楹联学会广大会员深入社区、企事业单位为大家送去祝福，共组织10余场次，累计送写春联福字数千幅。

（马彦斌）

【书画慰问农民工】 4月8日，区文联在全国首家群体绿色建筑三星级项目——京西商务中心施工现场举办“我的农民工兄弟”书画摄影展。展出作品全部由职工艺术家、中国民间文艺家协会会员、区书法家协会会员李平老师一人创作完成。此次展出他的油画作品“等班车”10米巨作创作历时一年，画面展现神态各异的50多个人物。展览中油画作品笔触粗犷，写实的手法刻画出农民工强壮的身躯，朴实的面孔。摄影作品采用抓拍的形式，捕捉农民工生活和工作的瞬间，突出真实自然。书法作品以楷书为主，歌颂劳动者的美。区领导吴克瑞等参加活动。

（马彦斌）

【摄影百家社区行】 4月8日，区文联召集区摄影家协会20余名会员召开“爱美丽石景山展百家社区风采”主题摄影征集活动研讨会。此活动作为区文联开展“深入生活、扎根人民”主题实践系列活动之一，与区委宣传部、区社会办联合举办，历时一年。征集作品达2000余幅，作品生动反映石景山区各社区的文化艺术环境、民俗风情、地理环境、风景名胜、各项建设、社区活动、精神面貌等相关内容。活动宗旨是以摄影的形式全方位记录和展现全区153个社区不同特色，集中表现全区居民践行社会主义核心价值观，“全面深度转型、高端绿色发展”中的新变化、新气象，以及为实现“中国梦”而奋斗的价值追求。

（马彦斌）

【美协为时代而歌】 4月15日，区文联召开美术家创作研讨会，部署中国共产党成立95周年和中国工农红军长征胜利80周年纪念宣传活动。会议确定以社会主义核心价值观为统领，聚焦中国共产党95周年来走过的光辉历程，讴歌建党以来的光辉业绩和伟大成就；聚焦党、军队和中华民族历史文化的壮丽篇章，缅怀曾浴血奋战的革命先辈；聚焦石景山区全面深度转型、高端绿色发展战略，反映西山传统文化、八宝山红色文化、永定河历史文化、首钢工业文化，彰显京西文化特色的创作主题。会议要求美协骨干力量以高度的政治责任感和使命感，结合创作主题，用优秀的美术作品去讴歌中国共产党的光辉业绩和伟大成就，弘扬奋发向上的革命文化、红色文化。20多位美术家参加会议。

（马彦斌）

**【国学走入生活】** 4月22日，"石景山区百名书法家《论语》扇面作品展"在展示交流平台——印象台湾主题展馆举办。此次展览作品内容全部出自《论语》，创作样式采取中国书法艺术中扇面的形式，形式多样，诸体兼备，艺术家在扇面上赋予艺术生命，使国学走入生活，解读古为今用的经典智慧，配之书法后给人以美的享受。

（马彦斌）

**【"逸林雅集"书画展】** 4月24日，首届西山《逸林雅集》书画展在北京八大处开幕。此次书画展汇聚西山逸林画院书画家的精品力作近百幅。画家、西山逸林画院名誉院长刘牧，区美协主席、西山逸林画院艺术顾问孙开桐，著名书法家、西山逸林画院艺术顾问刘莹，著名书画家、区美协和书协副秘书长宋建华，著名书法家、区书协副主席连双存，区美协秘书长孙立鹏，区美协副主席伏保京等书画家携各自力作，联袂呈现书韵古意、京西风光，用独特的书画艺术形式，诠释"山、水、城"建设的宏大主题——融合山水谋发展、建设首都西大门。参观者不仅领略中国传统书画之美，亦欣赏到不同艺术风格的书画作品。书法家卜希旸先生特为此画展题词"逸林雅集"。

（马彦斌）

**【书法进校园活动】** 5月5日，由区文联主办、区书协承办的书法名家进校园活动在京源学校拉开序幕。活动以国学《论语》书法扇面作品展览为主要内容，100多名书协会员挥毫书写论语经典名句，汇集成展览佳作向师生展示交流。区原政协主席、区文联名誉主席张俊山，区书法家协会主席杨文华以及多位书法家参加活动。

（马彦斌）

**【"最美的就在这"书画展】** 5月21日，由区文联联合区旅游委主办"最美的就在这"书画展在北京国际雕塑公园举办。参展作品主要反映艺术家们对地区历史文化的挖掘创作，重点反映永定河历史文化。著名文化学者、中央文史研究馆馆员、人民艺术家老舍之子舒乙先生写下"千年北京城 灵秀石景山""最美的就在这"，深表先生对这片土地的热爱之情。为讴歌石景山、宣传石景山，发挥文艺作品的力量，近年来，按照区委宣传部"深入生活扎根人民"主题实践活动的部署，区文联带领驻区文艺工作者开展"走进石景山 感悟石景山 创作石景山"主题创作活动，艺术家通过深入生活、梳理文脉创作一批反映"中国故事、北京风范、石景山文化和时代特征"内容的文艺作品。

（马彦斌）

**【京西画家群作品展】** 6月26日，由区文联、西山逸林画院主办，区美术家协会、印象中国协办的美术作品展在八大处西山逸林画院举办。展览所展出的60余幅书画作品，均为京西画家群近年来所创作的精品佳作，从不同视角展现书画家的艺术理念和创作追求，用书画语言诠释西山文化的共性以及表现形式的多样性。国家画院著名山水画家刘牧等参加活动，活动得到中央数字书画频道、中国书画导航网等众多媒体支持。

（马彦斌）

**【朴希旸书法讲座】** 7月14日，区文联邀请朴希旸讲授"书香北京——《学习书法识古汉字及书法创作的章法布局》。朴希旸是首都师范大学书法专业教授，北京文史馆馆员，中国书法家协会培训中心教授，北京书法家协会评审委员会副主任。多年来一直从事书法教育工作，实践和教学经验丰富，曾临摹汉碑二十多种，出版《汉隶全集临本》三卷，著有《书法基础》《楷书津梁》《隶书写法》《篆书写法》《草书教程》《民国书法史》等，曾参与《书法字海》编辑工作；曾在中央电视台书画频道主讲《兰亭序的临摹与创作》《九成宫》等。朴希旸从文字的起源、分类讲起，图文并茂地阐述古汉字的生动和优美，从汉字讲到书法创作，通过古代、当代书法大家作品尽情地展示汉字通过真草隶篆书法创作形式所表现出的动人篇章，向广大书法会员和爱好者分析书法学习、创作中应注意的问题。150余人参加讲座。

（马彦斌）

**【军民共建鱼水情深】** 7月22日，区文联组织区书法家协会、区美术家协会到驻区某部队走访慰问，举办军民书画联谊笔会，为官兵送上节日的祝福。书画家们参观军营，对官兵远离家乡保家卫国的一腔情怀而感动和敬佩。同月27—29日，区曲艺家协会组织会员连续三天深入到区军休服务站、北京武警某中队、火箭军某基层部队等地慰问演出，为部队官兵带来相声、快板、单弦、数来宝等精彩节目。29日，区文联"鱼水情"第二届军民共建书画作品展在西山逸林画院开幕。此次展出军地书画家作品80余幅。其中有著名画家王可伟表现解放前夕毛泽东在双清别墅的《毛泽东在西山》、表现中国崛起的《中国声音》，区美协主席孙开桐的《延安五老松》，美协副主席彭世军的《百年沧桑》，会员作品《狼牙山》《太行秋日》等。展览为期一周，受到军地书画爱好者和部队官兵欢迎。

（马彦斌）

**【雪域圣境唐卡展】** 7月23日，《匠心传承》——雪域圣境唐卡展在印象台湾主题展馆举办。区文联在相关部门支持下，与万商公司印象台湾主题展馆合作，以该馆为依托，打造以《石景山故事》为内容的系列文化主题展示交流平台。为观众提供清风扑面的艺术享受，扩展文化交流种类，丰富群众精神生活。区文联在场地布置，对外宣传资料制作上融入法海寺大雄宝殿内藏传佛教装饰图案，使展览与地区文化完美结合。

（马彦斌）

【结雕艺术作品展】 8月12日,区文联和区文化委主办的《张迎木结雕艺术作品展》在台湾街印象台湾主题展馆开展。张迎,河北香河县人,中国雕塑专业委员会会员,中国工艺美术学会会员,中国书法家协会会员,山东省美术家协会会员。他将废弃的千百年树龄枝干上生长的树包、树瘤、树疤、树节等,依据其千姿百态的造型、斑斓的色彩、变幻莫测的纹理,经过独具匠心的精心雕琢,创作出包括人物、动物、植物、山水、环境等形态各异的艺术作品。1988年由中国美协、中国林业美协联合命名为"木结雕"。此次展览是张迎无偿捐赠给石景山区的300余件艺术作品中的部分佳作。

(马彦斌)

【风景油画作品展】 9月5日,由区文联、北京万商投资发展有限公司主办,印象台湾主题展馆承办的"浑融中西——关宏臣风景油画作品展"正式开展。共展出作品40余幅。关宏臣对中西文化都有着深入认识和理解,他以超越古今、融汇中西的历史眼光深入研究油画艺术的发展规律,对风景油画有独特视角与理解,在画面上实践着中国文化精神的探索与表达,把形成于心中的文化理念,艺术品格转化为绘画的视觉审美图像。展览对提高台湾街文化品味、丰富地区文化生活,培育百姓鉴赏能力,打造京西两岸高端文化交流展示平台起到积极促进作用。

(马彦斌)

【书法作品展】 9月16日,由中国书法家协会展览部、《中国书画》杂志社、北京书法家协会、区文联联合主办的"追梦秦汉—刘莹书法作品展"在北京西山逸林画院开幕。展览共展出40余幅书法佳作,追梦秦汉,灿然成章,尽现书法之美。中国书法家协会副主席、北京书法家协会协主席、词章大家林岫,著名书法家、北京书法家协会理论部主任王世征,著名书法家、北京书法家协会评审部主任卜希旸等嘉宾出席开幕式。

(马彦斌)

【长征胜利80周年集邮展】 9月28日,区文联主办、区集邮协会承办的"纪念中国工农红军长征胜利80周年集邮展"在区图书馆开展。此次展出14部39框邮品,所有作品均为区集邮协会会员多年珍藏。这些邮品从不同角度再现艰苦卓绝、波澜壮阔的中华民族伟大长征历史和正义战胜邪恶、光明战胜黑暗的英雄史诗。

(马彦斌)

【书画摄影美术作品展】 10月9日重阳节,由区人力社保局、区文联主办的首届退休人员书画摄影展在八大处西山逸林画院开幕。此次展览共展出首届退休人员书画摄影邀请赛的获奖优秀作品120幅。旨在丰富辖区退休人员的晚年生活,为构建高端普惠的文化生活体系充实内涵。同月19日,区文联举办的《山水城——石景山故事》美术作品展在西山逸林画院开展。通过展览使人们更加"了解石景山、感悟石景山",领略京西文艺风采。

(马彦斌)

【书协15人作品展】 10月21日,区文联举办的《翰墨传道——石景山区书协15人作品展》在印象台湾主题展馆开展。共展出15位书法家的60幅作品。

(马彦斌)

【获国标舞大赛奖项】 10月30日,区舞蹈家协会选拔20对国标舞选手参加北京体育大学举办的"北京市文联第六届国标舞大赛"并斩获殊荣。获得第一名、第二名等多个奖项。市文联国标舞大赛是融专业性和群众性于一体的赛事活动,自2003年起,每两年一届,深受业内人士和广大群众喜爱,成为北京乃至全国的品牌赛事活动。

(马彦斌)

【中国画作品展】 11月14日,"抱朴求真——郑山麓中国画作品展"在北京台湾街印象台湾馆开幕。展览共展出郑山麓20多年来创作的中国画作品66幅,内容涵盖山水、花鸟、人物等。

(马彦斌)

【俄罗斯精品油画展】 12月5日,由Art1917俄罗斯油画网、区文联、北京万商投资发展有限公司、人民政协报文化传媒有限责任公司共同主办的"不可复制的艺术经典——俄罗斯精品油画走进石景山"主题展览在印象台湾主题展馆开幕。俄罗斯油画是俄罗斯民族的艺术史诗,也是世界艺术典籍中的璀璨瑰宝。主办方从600余名签约画家中选取几十位著名画家的55幅画作,与同好共飨。其中包括俄罗斯人民画家西多罗夫·瓦连金、季托夫·阿纳托利·米哈伊洛维奇,功勋画家费多罗夫·安德烈、斯米尔诺夫·维克托尔·伊瓦诺维奇、莫多罗夫·奥列格·尼科拉耶维奇,新锐画家伊利亚·霍和林、金娜·别兹波洛德赫、尼基塔·莫吉列夫采夫等俄罗斯艺术大师及国家会员级画家的代表作品。这些著名画家的风景画、静物画、肖像画各有所长,现实主义和浪漫主义流派风格各异。展览持续至12月25日。

(马彦斌)

# 石景山区 归国华侨联合会

## 概　　述

区侨联是区委、区政府领导下的人民团体,是联系区内广大归侨侨眷和海外侨胞的桥梁和纽带。区侨联现有专职侨联干部4人,石景山区第二届侨联委员会委员共25人,其中主席1人,副主席3人,秘书长1人,基层侨联组织9个。年内,区侨联在市侨联和区委统战部指导下,以"两学一做"学习教育为主线,巩固和扩展"三严三实"专题教育活动成果,围绕中心,服务大局,发挥自身优势,以求真务实,开拓进取的精神,努力维护归侨侨眷和海外侨胞的合法权益,在凝聚侨心、汇集侨智、发挥侨力、维护侨益等方面努力开拓创新,凝聚力量,完成既定工作计划,取得实效。

**地址:石景山区八角北路民主党派、人民团体办公楼**
**电话:68878921**
**邮编:100043**

(蔡　琳)

【依法维护侨益】 元旦、春节期间,区

侨联开展“送温暖，献爱心”活动，按照病困、高龄、空巢归侨侨眷等几类情况确定走访慰问对象20户，按照每户500元的标准，送去米面油等价值1万元的生活必需品。同时，统筹和协助基层侨联做好走访工作，扩大惠及面。“六五”普法中，在宣传普及《侨法》基础上，坚持做好法律服务热线工作，为归侨侨眷提供专业的法律援助。全年接待来信来访3件，均妥善解答和处理。帮助病困空巢归侨解决实际困难，主动联系医院接收，其家属由加拿大来京特意登门致谢，并赠送锦旗。

（蔡　琳）

**【组织侨界活动】** 春节前夕，区侨联和各街道侨联为侨界人士举办一台迎新春文艺演出。其中的优秀节目参加区政协迎新春联欢会演出。8月，选派专职侨联干部和新侨企业家代表参加市侨联在清华大学举办的“新侨人才高级研修班培训”，促进归国创业人员对国情的了解、加强新侨与中国和北京经济的更强互动。开展健康和谐大讲堂活动，中秋节期间，组织部分归侨侨眷参观满井茶棚、南马场水库，在登山、品茶活动中体验健康生活方式，共话中秋。

（蔡　琳）

**【主动参政议政】** 区“两会”期间，侨界政协委员加大参政议政深度，积极建言献策，上报各种信息16条。围绕地区中心工作，探讨社区养老体制，经过立项、走访相关部门、收集资料、形成提纲等步骤，形成调研报告《社区养老的思考与探索》。区侨联协调并配合侨界市、区两级政协委员做好提案工作，将优秀提案推荐给各相关部门，部分政协委员的提案和调研成果获得中国侨联、市侨联表彰，其中王健松的《关于北京市养老现状存在的问题与对策》获得市侨联建言献策类调研优秀成果奖。

（蔡　琳）

**【做好侨联换届】** 年初，按照市侨联换届通知精神，区侨联针对换届工作进行部署与筹备。侨联主席带队走访部分基层侨联主席、委员，梳理本届侨联整体工作，听取意见和建议。经过多次讨论研究，确定第四次归侨侨眷代表大会代表资格的准入标准。5月，召开换届动员会，下发换届工作通知，对各系统代表分布进行规划，统一制作代表登记表格下发。随后，根据大会代表的分布情况，还对一些具有代表性的单位进行走访和深度沟通，了解代表情况的同时加强与驻区单位的相互联系。根据区第四次归侨侨眷代表大会代表名额分配原则及产生办法，通过民主推荐，采取自下而上酝酿提名，经所在单位党委同意，确定正式代表91人。

（蔡　琳）

## 石景山区红十字会

### 概　　述

区红会是中国红十字会的地方组织，是从事人道主义工作的社会救助团体，是党和政府人道救助领域的得力助手，组织开展全区的红十字工作。当年是“十三五”规划开局之年，也是推进人道供给侧结构性改革的攻坚之年。区红十字会在区委区政府领导和市红十字会具体指导下，围绕区委、区政府中心工作，落实中央和北京市委党的群团工作的意见精神，发挥党和政府在人道救助领域的助手和联系群众的桥梁纽带作用，不断加大保障和改善民生力度。突出开展实战演练，扎实推进应急培训；突出增强济困实效，扎实推进募捐救助；突出抓好特色项目，扎实推进志愿服务；突出凝聚社会公信力，扎实推进宣传动员；突出提升整体能力，扎实推进组织建设。完成年度各项工作任务，地区人道事业得到新发展。全年发放急救物品1000份、宣传材料50000份。全年刊发稿件53篇。其中在市级以上媒体发稿8篇，《石景山报》发稿13篇，《人道北京》发稿5篇，区有线电视播出新闻2次，区委信息发稿9篇，区政务新闻发稿16篇。

**地址：石景山区体育场南路6号院1号楼5层**
**电话：68606619**
**邮编：100043**

（王　进）

**【第七届三次理事会】** 3月16日召开。会长田春生作工作报告。会议审议通过增补区红会第七届理事会理事相关事项，上年募捐款、救助款物收支情况的报告，关于聘请名誉副会长的提案。区领导晋秋红、陈婷婷参加会议。

（王　进）

**【世界红十字日活动】** 5月8日是世界红十字日，区红会与八角街道红会联合开展“以“落实发展新理念 人道惠民奔小康”的主题宣传活动。现场发放关爱健康、市民防灾减灾知识100问等资料和书籍，制作宣传展版，救护师资教授和指导心肺复苏技能。八宝山街道红十字会组织社区群众扫二维码学习红十字急救知识。区红会邀请首都红十字宣讲团在社区居民中开展以“弘扬人道正能量 引领时代新风尚”为主题的宣讲活动。

（王　进）

**【救护设施建设】** 截至年底，区红会已为公园、社区、区机关安装23个急救亭。对区机关干部、保安进行急救亭内急救包、担架等应急救援用品的使用培训。为鲁谷街道六合园南社区30名党员进行急救亭物品使用培训，遇到特殊情况，能够保证有效使用。区工商分局建立全市第一家首都红十字紧急救援志愿者服务站，对工商分局服务大厅干部开展救护知识培训及演练，工商分局干部成功对一起心脏病突发的人员进行施救，挽救生命。全年在机关干部、社区居民、学校学生中开展以火灾逃生、防汛等应急演练，使参与人员掌握技能。选派5名石景山红十字蓝天救援队队员参加市红十字会组织的水上救援培训。区红会与区民防局开展主题为“减少灾害风险建设安全城市”的应急救援演练活动，区委党校处级班40余名学员对水下救援、山体救援、伤员转运实地救援演练进行现场观摩。与区旅游委联合在“5·12”防灾减灾日开展主题为“减少灾害风险 促进旅游业安全发展”应急演练，消防官兵、蓝天救援队、旅游委工作人员开展现场灭火、人员施救。区红会投入5万余元购置充气冲锋舟等水域设备为应急救援提供技术支撑。年内，石景山红十字蓝天救援队参与防汛、民防等多次应急演练，全年演练、保障、救援147次。

（王 进）

**【创新应急培训】** 年内，区红会加强对心肺复苏、外伤包扎，逃生避险等急救知识的培训。参与区第七届“急救白金十分钟—自救互救日”活动，蓝天救援队队员现场进行心肺复苏教学，特别是对心肺复苏急救黄金4分钟的有效施救，能够挽救生命。与新华社合作，为即将赴中东战乱国家采访的记者进行心肺复苏和外伤包扎培训，提升自救互救能力。与区文明办合作，为公共文明引导员进行应急救护培训。区旅游委在宾馆饭店服务员中开展应急救护知识培训，首钢工学院将应急救护培训纳入新生军训内容，北京工业职业技术学院对学生开展急救知识培训，并形成长效机制。五里坨街道将救护培训班开设进部队营区。八角街道对新任社区工作者进行应急救护培训。全年共有4679人取得市红十字会颁发的救护技能证。

（王 进）

**【完成募捐救助】** 年内，区红会向全区发出开展年度“博爱在京城”募捐工作的通知及劝募书，全面动员社会各界及爱心人士参与“博爱在京城”募捐活动。发挥基层红十字会组织、理事单位及理事的作用，全年募集资金752014.3元，其中为南方洪涝灾害募集捐款78340元。博爱在京城募集捐款673674.3元。上交市红十字会共享基金100917.72元。同时加强募捐款和救助款的管理使用，建立“公示制度及工作流程”，定期在区政府网和《石景山报》进行公示。全年募捐救助款通过市红十字会和区审计部门及第三方审记，成为2016年具有公益性捐赠税前扣除资格的群众团体。全年共救助146人，发放救助款366707.9元。加大日常对因患有白血病、血友病、再生障碍性贫血、肾衰竭、恶性肿瘤五种大病造成基本生活困难家庭的救助力度，全年共救助61人。开展两节送温暖走访慰问活动，走访37户特困家庭，发放慰问金和慰问品。继续实施对口支援，为内蒙宁城博爱家园捐款10万元，并购买书包、笔、本等学习用具。北京万商投资公司捐款3.3万元为造血干细胞捐献志愿者赠送人身健康保险。

（王 进）

**【51份造血干细胞血样入库】** 年内，区红会与区献血办在北京工业职业技术学院联合开展献血宣传、造血干细胞宣传及采集动员，宣传现场，318名师生作为志愿者成功捐献全血，51名师生志愿者成功采集造血干细胞血样入库。

（王 进）

**【进行防艾宣传】** 年内，区艾滋病防治协会开展艾滋病宣传教育进社区、学校、工地、娱乐场所活动。全年共干预2200余人次，发放宣传资料6000份，发放安全套3000多只，免费HIV及梅毒检测218人。

（王 进）

**【推进组织建设】** 年内，区红会加强对街道红十字工作委员会管理，街道红十字工作由文教科调整到计生科。及时对工作人员进行业务培训，确保工作有效衔接。为各街道配备专职工作者，并对街道(社区)红十字工作委员会会长、秘书长、专干进行培训，建立专干例会制度。古城街道为22个社区配备红十字工作者，形成“街道—社区—楼门”三级红十字组织网络。区红会加强对机关工委、区教委、中关村科技园区石景山园红十字工作委员会的指导，保证工作整体推进。加强区红会机关建设，修订公车使用制度，制定《公章使用管理办法》《出入库管理规定》，明确工作流程，规范办事规则。

（王 进）

## 石景山区人民团体负责人

| | |
|---|---|
| 总工会主席 | 冯重北(副区级，9月免) |
| | 郭绍华(副区级，9月任) |
| 常务副主席 | 蒋志谋 |
| 共青团石景山区委书记 | 吴智鹏 |
| 妇女联合会主席 | 刘 红(女) |
| 归国华侨联合会主席 | 张 文(10月免) |
| 文学艺术界联合会主席 | 郭 明 |
| 科学技术协会主席 | 宋菁慧(女) |
| 残疾人联合会理事长 | 高春玲(女，5月免) |
| | 栾伟宏(女，5月任) |
| 红十字会会长 | 田春生(副区级，10月免) |
| 常务副会长 | 柏 静(女) |

# 政　法

石景山分局执法办案管理中心
北京市公安局石景山分局执法办案管理中心
北京市石景山区人民检察院驻石景山公安分局执法办案管理中心检察室
石景山公安分局
石景山区人民检察院

全区政法工作以全面贯彻落实党的十八大、十八届三中、四中、五中、六中全会精神，习近平总书记系列重要讲话以及中央、北京市政法工作会议精神，结合本区实际，紧紧围绕“八个高端体系”建设，充分发挥政法职能作用，坚持把防控风险、服务发展、破解难题、补齐短板放在突出位置，以平安建设、法治建设、队伍建设“三大建设”为抓手，攻坚克难、主动担当、积极作为，圆满完成各项工作任务，为维护区域的政治安定和社会稳定、促进经济社会发展做出积极贡献。

圆满完成各项安保维稳工作任务。全年共收集研判各类涉稳信息1000余条，编发《石景山维稳信息》77期；启动市级战时会商11次100天、区级战时会商3次14天，圆满完成建党95周年、G20杭州峰会等重大活动以及全国“两会”“六四”等敏感期的安保维稳工作，实现“四个不发生”的工作目标，确保社会面防控平稳有序。建立由综治、维稳、信访、防范办为主体，公安、安监、交通、消防等专业部门参与的“4+X”安全稳定督导检查机制，采取专项督查、定期督查和战时督查相结合，逐步形成“党委政府统一领导，政法维稳督查协调，职能部门各负其责，社会各方共同参与”的维稳工作格局。三是成立“石景山区群体性事件应急指挥部”，明确各部门职责，制定应急预案，确保各类群体性事件得到有效管控。

全面加强反恐防暴基础工作。坚持以反恐防恐为第一要务，围绕“盯住人、把住口、管住房、看住物、守住点、控住面”的总体思路，严格落实“五见面”工作要求。充分发挥反恐办牵头职能，加强对抗检查，推动落实三类12种行业场所“三防”标准，组织完成民宗领域点位、阵地技防建设。全年制作行业反恐宣传片9部，组织107批4.2万余人次参与反恐宣传培训，牢牢守住“北京决不能发生爆恐活动”的底线。

着力做好重点人排查管控工作。坚持定期排查、动态排查和边排查边化解工作方式，对全区13类、6623名重点人进行定期和动态排查梳理，根据风险程度，在全国“两会”、G20峰会及区内换届选举等重要节点，分别采取“管控、监控、动态掌握”的分级防控措施，对中度风险以上人员，由公安机关、属地街道实施“1+X”24小时监控；对低风险人员，由相关部门实施动态掌握，切实做到“不漏管、不失控”。针对“e租宝”“涉军访”和国家发改委系列职务犯罪案件宣判等全国、全市范围的案件，成立专项安保维稳应急指挥部7次，圆满完成全区1500余名“e租宝”投资人落地核查、主动沟通工作，引导其通过正规渠道反映诉求。利用集中教育和启用电子监管设备等方式，全面掌握社区矫正人员思想动态、行为轨迹和对外交往情况。全年，打击处理非访人员7名，劝返外地来京访民1981人次，全力维护最高检举报中心的正常接待秩序。

健全完善司法保障机制。政法委针对在治乱疏解工作出现的涉法涉诉问题，结合工作实际，建立“一个平台、四项机制”的治乱疏解工作司法保障体机制，即立案通报平台与执法保障机制、情报互通机制、舆情应对机制和信访接待机制。用上述四项机制贯穿于治乱疏解工作重点案（事）件的事前、事中、事后全过程，实现司法保障的全覆盖。协调政法单位积极参与北辛安棚改项目司法保障和现场秩序维护工作，为高质量完成房屋签约工作提供司法支持。

多措并举化解社会矛盾。组织召开协调、会商、联席等会议230余次，牵头成立专项工作小组，妥善协调处置一批影响较大、波及面广的涉稳涉众案（事）件。加强与政法单位、信访、法制和主责单位的联手联动，按照“三到位一处理”的工作要求，及时处置和化解京西电子市场部分疏解清退租户群体访、金二小学生顺利返校上课、京燕饭店综合楼和五里坨保障房项目恢复施工等涉及人员多、影响面大的矛盾纠纷。严格落实评估事项报备和分级分类评估制度，将治乱疏解、环境保护、经济金融、社会舆情等与群众利益密切相关的项目纳入风险评估范围。对涉及528个大杂院的治乱疏解、北辛安棚改等重大决策、重点工程进行风险评估，凡是经过风险评估的项目，均未出现大规模集体访等影响社会稳定的突出问题。

（张　晨）

# 政法委员会

## 概　　述

中共北京市石景山区委政法委员会（简称区委政法委）是区委领导政法工作的职能部门。内设石景山区维护稳定工作领导小组办公室（简称区维稳办），作为区维护稳定工作领导小组常设办事机构。区委政法委行政编制7人、工勤编制1人；区维稳办行政编制3人，共计11人。年内，围绕区委、区政府的中心工作，全力做好维护社会稳定和服务区域经济社会发展工作。建立“4+X”安全稳定督导检查机制，采取专项督查、定期督查和战时督查相结合，形成“党委政府统一领导，政法维稳督查协调，职能部门各负其责，社会各方共同参与”的维稳工作格局。成立“石景山区群体性事件应急指挥部”，明确各部门职责，制定应急预案，确保各类群体性事件得到有效管控。建立“一个平台、四项机制”的治乱疏解工作司法保障体机制，贯穿于治乱疏解工作重点案（事）件的事前、事中、事后全过程，实现司法保障的全覆盖。严格落实评估事项报备和分级分类评估制度，将治乱疏解、环境保护、经济金融、社会舆情等与群众利益密切相关的项目纳入风险评估范围。制定下发《石景山区贯彻落实〈领导干部干预司法活动、插手具体案件处理的记录、通报和责任追究规定〉的实施细则》，防止领导干部干预司法活动、插手具体案件处理，确保司法机关依法独立公正行使职权。

**地址：石景山区石景山路18号**
**电话：88699118**
**邮编：100043**

（张　晨）

**【规范风险评估】** 年内，区委政法委落实评估事项报备和分级分类评估制度，将治乱疏解、环境保护、经济金融、社会舆情等与群众利益密切相关的项目纳入风险评估范围。对涉及528个大杂院的治乱疏解、北辛安棚改等重大决策、重点工程进行风险评估，凡是经过风险评估的项目，均未出现大规模集体访等影响社会稳定的突出问题。

（张　晨）

【完善司法机制】　年内，区委政法委针对在治乱疏解工作出现的涉法涉诉问题，结合工作实际，建立“一个平台、四项机制”的治乱疏解工作司法保障体机制，即立案通报平台与执法保障机制、情报互通机制、舆情应对机制和信访接待机制。用上述四项机制贯穿于治乱疏解工作重点案（事）件的事前、事中、事后全过程，实现司法保障的全覆盖。

（张　晨）

【社会矛盾化解】　区委政法委全年组织召开协调、会商、联席等会议230余次，牵头成立专项工作小组，妥善协调处置一批影响较大、波及面广的涉稳涉众案（事）件。加强与政法单位、信访、法制和主责单位的联手联动，按照“三到位一处理”的工作要求，及时处置和化解京西电子市场部分疏解清退租户群体访、金二小学生顺利返校上课、京燕饭店综合楼和五里坨保障房项目恢复施工等重大矛盾纠纷。

（张　晨）

【重点人排查管控】　年内，区委政法委坚持定期排查、动态排查和边排查边化解工作方式，对全区13类、6623名重点人进行定期和动态排查梳理，根据风险程度，在全国“两会”、G20峰会及区内换届选举等重要节点，分别采取“管控、监控、动态掌握”的分级防控措施，切实做到“不漏管、不失控”。针对“e租宝”“涉军访”和国家发改委系列职务犯罪案件宣判等全国、全市范围的案件，成立专项安保维稳应急指挥部7次，完成全区1500余名“e租宝”投资人落地核查、主动沟通工作，引导其通过正规渠道反映诉求。

（张　晨）

【从优待警工作】　年内，区委政法委参照区财政收入年均增长幅度，调整2016年“春节”对公、检、法、交通、消防等单位的慰问标准。组织开展“春节”“七一”期间走访慰问基层困难干警活动，两次集中慰问困难干警100人，发放关爱金10万元；走访看望慰问患大病干警3人、因公负伤干警8人；协调区教委帮助15名政法干警解决子女入学入托困难。

（张　晨）

## 社会治安综合治理

### 概　　述

北京市石景山区社会治安综合治理委员会办公室（简称区综治办）是区委、区政府解决社会治安问题的常设办事机构，承担维护社会稳定和社会治安综合治理“打击、防范、教育、管理、建设、改造”6项工作任务。年内，本区社会治安综合治理工作按照中央、市委和区委关于加强社会治安综合治理的决策部署，认真贯彻落实党的十八届五中、六中全会精神，全面深化平安石景山建设，完善立体化社会治安防控体系，着力提升群众安全感和满意度，为加快推进区域全面深度转型、高端绿色发展创造安全稳定的社会环境。全年综治办向区委常委会汇报综治专题工作2次，1次专题向区政府常务会专题汇报流管工作。

**地址：石景山区石景山路18号**
**电话：88699106**
**邮编：100043**

（张桂清）

【平安创建】　3月1日，区综治办、区妇联及相关单位共同举行平安家庭创建活动暨“拒绝家庭暴力 让爱常驻我家”——石景山区“三八”维权周高潮日主题活动，并制定下发活动方案。同月2日，区综治办联合区社工委、苹果园街道等10余家单位举办石景山区公益组织与志愿服务发展中心揭牌仪式暨“学雷锋·公益行”志愿服务活动。22日，召开石景山区基层平安创建工作会议，制定并印发《石景山区2016基层平安创建活动工作方案》。5月19日至8月底，区综治委决定在全区集中组织开展“2016春夏平安行动”活动并制定下发工作方案，全力打高发、查黄赌、整秩序、除隐患，全力动员组织各方面社会力量参与平安建设工作。11月，开展“平安石景山”主题宣传月活动、“我心目中的平安社区”评选宣传活动并制定下发工作方案，引导广大群众、广泛动员社会力量参与平安创建活动，扩大群众对平安石景山建设的知晓率和参与度，提升群众对社会治安状况的安全感和满意度。12月13日，区综治办联合区卫计委等多个部门，印发《石景山区深入开展创建“平安医院”活动依法维护医疗秩序的实施方案》和《石景山区严厉打击涉医违法犯罪专项行动实施方案》，制定全区平安医院评定实施细则，组建石景山区维护医疗秩序文化平安医院创建工作领导小组，全面抓好全区医疗安全质量与医疗服务，有利维护医疗秩序。截至年底，全区社区三类可防性案件立案639起。其中，入户抢劫案件零发案。特别是鲁谷地区，通过组建综合整治工作队，开展大军团式联合执法，环境秩序得到有效改善，全年盗窃机动车案件和入户抢劫案件均实现零发案。

（张桂清）

【综治领导责任制】　全年召开3次综治委全会。3月25日，区综治委召开“石景山区综治委第一次全体（扩大）会议暨社会治安重点地区排查整治工作推进会”，进行治安形势分析，总结上一年度工作情况，部署当年综治工作要点，区领导牛青山、夏林茂、李文起与49个成员单位、9个街道的党政正职签订《石景山区社会治安综合治理责任书》，听取成员单位、街道代表述职评议，并对排查整治工作进行再动员再部署。8月23日，召开“区综治委2016年第二次全体（扩大）会议暨‘G20杭州峰会’期间安保维稳工作动员部署会”，会上对社会面防控、重点人管控、反恐防暴工作进行强调。10月21日，召开“区综治委第三次全体

(扩大)会议暨党的十八届六中全会期间维稳安保工作部署会",对维稳安保、社会面防控、矛盾排查化解、邪教重点人管控工作提出要求,同时部署六中全会期间区级督导检查工作。年内,区综治办协调区领导、组织政法、维稳、信访等部门,到综治委成员单位、街道、社区开展调研和检查,先后就社会面防控、排查整治、矛盾化解、安保维稳、公共安全等工作,进行调研和检查38次,下发《专项通报》10次、《综治督查单》1次,督促相关成员单位、街道整改问题20余件,区综治委领导现场约谈相关地区主要领导2人次,区综治办主任现场约谈相关部门领导5人次。年内,各成员单位能够认真履行本单位工作职能,未出现符合责任查究和"一票否决"的情形。

(张桂清)

**【重点地区整治】** 年初,区综治办根据首都综治委工作要求,明确今年重点挂账地区。3月25日,召开本区市级挂账社会治安重点地区整治工作推进会,成立石景山区社会治安重点地区整治领导小组,制定并印发《石景山区2016年市级挂账社会治安重点地区整治工作方案》,各地区、各部门分别对重点挂账地区逐个研究制定并制定工作方案,明确工作任务、时间节点和工作措施。年内,区综治办发挥指导协调作用,先后开展调研和督查10余次,协调相关部门进行专题会商、开展各类专项整治行动1179次,投入执法力量19246人次,抓获嫌疑人86人次,打掉团伙6个;查扣摩的69辆,粘贴违章停车告知单2543笔;整治无照经营(坐商)23件;清理无照经营2509件;发动力量4963人次,开展各类宣传87次,物技防建设投入金额278.9万元。年底,八宝山、鲁谷、苹果园3个市级挂账地区问题整治全部达标并验收合格。

(张桂清)

**【综治信息化建设】** 年内,区委、区政府、区综治委将综治信息化建设工作列为年度重点工作任务,会同经信委、社工委、卫计委、司法局、公安分局、城市管理监督指挥中心和各街道,成立石景山区综治信息化建设领导小组,办公室设在区综治办,制定并印发《石景山区综治信息化建设工作方案》,完善网格化社会管理体系建设,重点推进"多网"融合发展和一体化运行。4月启动石景山区社会治安综合治理视联网平台建设工作,区综治办会同区经信委、公安分局科信处、城管监督指挥中心召开5次专题会,从建设公司、网络运营商、基层基础设施、建设费用四个方面进行调研,确定综治视联网平台建设由视联动力和北京歌华有线电视网络股份有限公司联合承办,截至年底,区综治视联网系统正式上线并全面运行。同时区综治办会同区经信委、社工委、城市管理监督指挥中心召开6次专题研讨会,经过调研审核,确定由"北京数字政通科技股份有限公司"和"北京北科光大信息技术股份有限公司"两家公司承担平台开发工作,9月底与两家公司签订合同,年底前完成招标前期准备工作。

(张桂清)

**【群防群治】** 7月,召开石景山区治安志愿者协会会员代表大会第一次全体会议,会议审议通过《石景山区治安志愿者协会章程》,选举产生新一届协会领导机构组成人员,区综治办副主任刘云艳当选首都治安志愿者协会会长。年内,结合首都治安志愿者网站升级工作,对本区治安志愿者进行增补、调整和动态核录,完善志愿者实名制管理机制,并逐步推进志愿团体注册、志愿服务项目分类管理等工作。目前全区治安志愿者网站实际注册志愿者27072人,认领本区治安志愿者27072人,认领率100%。全区志愿团体160个,发布项目442个,志愿服务时长730589小时,平台维护良好,志愿者信息做到动态更新。网站实际注册志愿者23579人,认领本区治安志愿者23579人,认领率100%。截至年底,全区共有专职巡防队1250人,安全稳定信息员队伍3140人,流动人口管理员451名,网上注册治安志愿者23579人,专职铁路护路巡防队伍24人。全年依托综治维稳工作中心、志愿者公益反哺平台、社区社情恳谈会等载体,群防群治队伍针对9个街道、149个社区布控点位972个(一级172个、二级254个、三级546个)开展巡逻,全年出动群防群治力量约75万人次,发现和排查矛盾651件,化解592件。

(张桂清)

**【综治宣传月】** 11月1—2日,区综治办两次召开全区工作部署会,对"平安北京"主题宣传月活动进行动员部署,以群众需求为导向,以"共建平安石景山,共享石景山平安"为主题,成立平安石景山宣传活动工作组,制定并下发《"平安石景山"主题宣传月活动工作方案》。同月5日举办共建平安石景山,共享石景山平安——"平安石景山"主题宣传月活动启动仪式,主会场设在金顶街第二小学,其他8个街道分别设立分会场。市委政法委部门领导李宁,区领导李文起、亢军出席主会场活动,首都综治办相关处室负责同志,区委宣传部、综治办、社会办、公安分局、属地街道等部门领导,以及150名社区居民参加活动,场内活动包括文艺演出、现身说法、有奖问答等,场外开展治安志愿者招募和"石景山综治"微信公众号扫码关注活动。此次活动标志着平安石景山建设宣传月活动正式拉开帷幕。全区9个街道149社区参与宣传月活动,共开展宣传会579场次,入户走访21056户,新登记流动人口7621人,发放各类宣传材料53004份,新发放红袖标3197个,发动群众更换B级以上锁2153个,发放《致居民一封信》60000封,反恐手册、预防电信诈骗知识手册、反邪教宣传卡片等宣传资料10000余份,铁路沿线安全隐患整治告知书1300份,无纺布袋10000个,执勤椅子300个,围裙30000个,折叠背包400个,指甲盒套装5000个,巡逻灯5000个,宣传应急灯2150个,接受法律咨询500余人次。

(张桂清)

**【社会面防控】** 年内,区综治办在社会面上组织协调专业力量,以公安、武警专业力量为主导,实行"双警巡逻制",常态下每天投入由405名公安、10名武警力量在街面进行巡防。在社区防控上组织全区270名专职巡逻队员以车巡、步巡的方式,进行24小时的全天候巡逻,3万余名社会治安志愿者、3千余名安全稳定信息员、24名铁路护路专职巡防队员积极协助公安、武警等专业力量做好社会面安全稳定工作。年内,共启动社会面防控等级10次,制定并印发做好"两节""两会""清明""六四""南海仲裁案""G20杭州峰会""国庆""六中"全会期间社会面防控工作的通知,一级超常等级防控18天,二级加强等级防控37天,累计出动专群力量106.7万人次。

(张桂清)

【违法建设专项整治】　年内,区综治办针对重点社区出租住人的违法建设安全隐患等突出问题,组织开展全面摸底排查,共排查出违法建设53处,占地面积合计208764.8平方米,建筑面积102409.15平方米,居住人数6908人。依托"拆违治乱建高端"整治行动,共拆除除违法建设33处,48778.9平方米,清退3525人,并制定严格禁止新增违法建设有效措施,坚决做到发现一起、查处一起,确保违法建设实现"零增长"。

(张桂清)

【治安秩序专项整治】　年内,区综治办针对重点社区刑事和治安警情案件高发等情况进行分析研判,加大对拎包扒窃、入室盗窃、抢劫抢夺等多发治安刑事案件的打击力度,严格落实反恐防暴各项工作机制,严查涉恐、涉枪、涉爆线索。在重点社区推行"一村(格)一警"工作模式,牵动公安机关警力下沉,加强日常巡逻管控,全力提升重点社区见警率和管事率。发挥专群结合、群防群治的优势,充实基层群防群治队伍,加强人防、物防、技防建设,提高重点社区的治安防控能力。年内共开展宣传活动174次,参与宣传6007人次,制作宣传展板294块,张贴各类宣传海报1275张,发放宣传品19880份,开展联合执法182次,出动执法人员1367人次,出动执法车辆398辆,接到110报警171起(其中刑事案件36起,秩序类警情135起),立案件数为49件,排查重点人230人。年底各类案件发案数量为34件(去年同期为58件),同比下降41.3%;可防性案件21件(去年同期为52件),发案数量下降59.6%;实现各类案件发案数量降低15%,可防性案件降低25%的工作目标。

(张桂清)

【消防安全专项整治】　年内,由消防支队牵头对重点社区火灾隐患问题组织开展摸底排查,加大对区域内居住、生产、经营等"多合一"场所,违规使用易燃可燃材料场所,违规生产、经营、储存易燃易爆危险品场所等加强巡视检查。全年共开展宣传活动211次,参与宣传1683人次,发放材料5343份,进行培训演练29场,组织开展消防检查351次,出动检查组325个,出动检查人员859人次,出动执法车辆60辆,检查单位870家,排查发现火灾隐患问题1041件,依法整改隐患453件。年底市级挂账古城铁新和衙门口南两重点社区微型消防站建成,人员和设施配置到位,其它各重点社区消防站建设工作启动。

(张桂清)

【安全生产违法行为专项整治】　年内,区综治办对各类生产经营单位安全生产情况进行全面摸排,掌握其底数、性质、状况、主要负责人等基本情况,建立基础管理台账。加大对重点社区违法生产、非法加工、违规用工等安全生产违法行为的整治力度,加大对危险化学品生产、经营、储存企业安全生产隐患的排查治理力度,加大对生产经营单位安全生产工作的日常监管,加大对重点企业、重点部位的监督检查,督促指导生产经营单位认真落实《北京市生产安全事故隐患排查治理办法》。全年共开展宣传活动2198次,参与宣传18060人次,制作宣传展板928块,张贴各类宣传海报7414张,发放宣传品26054份,开展联合执法1868次,出动执法人员5249人次,出动执法车辆142辆。

(张桂清)

【违法经营专项整治】　年内,由工商分局牵头,对重点社区内街头游商、沿街店面和各类商场市场的经营情况等组织开展全面摸底,重点加强对街面经营秩序的管理,及时取缔无证无照的小摊点、小作坊、小门店、小市场,不间断清理街头游商、游贩。全年共开展宣传活动263次,参与宣传810人次,发放宣传品2666份,开展联合执法116次,出动执法人员1057人次,出动执法车辆473辆次,取缔无照经营小型场所70家,清理街面游商、游贩542人(次)。

(张桂清)

【环境建设专项整治】　年内,由城管委牵头,对重点社区环境卫生脏乱死角、环境卫生基础设施建设配套情况

1月28日,石景山区禁放集中宣传日活动　(区委宣传部供稿)

等进行全面摸排，开展环境卫生集中清理活动，推进修建社区内道路、规范城市和社区道路车辆停放、清理“僵尸车”、开辟停车场所、整修排水设施、完善基础照明、绿化空地荒地、清理卫生死角、增设健身器材等工作，改善群众居住生活环境。全年共开展宣传活动114次，参与宣传9816人次，制作宣传展板148块，张贴各类宣传海报834张，发放宣传品18159份，开展联合执法550次，出动执法人员1788人次，出动执法车辆296台次，投入环境整治资金509.1万元，投入环境卫生整治8032人次，投入清运车辆3499台，清理卫生死角951处，生活垃圾2945吨，建筑垃圾723吨，查扣黑车黑摩40辆。群众对环境卫生满意率达到100%。

（张桂清）

**【食品药品安全专项整治】** 年内，由区食药监局牵头，联合区卫计委、公安、工商等部门对重点社区无证无照食品药品经营单位多、安全隐患大、严重威胁群众健康等情况开展整治，开展宣传活动525次，参与宣传4029人次，制作宣传展板162块，发放宣传品5292份，开展联合执法533次，出动执法人员4132人次，出动执法车辆1867辆次，检查食品生产企业124家，食品销售单位1758个，餐饮服务单位2282家。

（张桂清）

**【违法出租房屋专项整治】** 年内，由流管办牵头，加强重点社区流动人口和出租房屋基础信息采集登记工作，对违反出租房屋面积标准限制条件和存在建筑结构安全隐患的出租房屋全部纳入整治工作台账，开展宣传活动139次，参与宣传4517人次，制作宣传展板383块，张贴宣传海报4991张，发放《一封信》28124封，悬挂横幅或标语274条，发放宣传品14491份，开展联合执法122次，出动执法人员2234人次，出动执法车辆231辆次，检查出租房屋5402处，排查发现存在安全隐患出租房屋5098户，11937间，整改安全隐患197处，停租安全隐患出租房屋438户、1158间，劝离居住人员3017人。市区挂账六个重点社区目前流动人口数量为19672人，与去年同期25715人相比减少6043人，降低23.5%，超额实现流动人口数量同比下降10%的城乡结合部出租房屋整治工作目标。

（张桂清）

**【流动人口服务管理】** 年内，区综治办按照“拆违、治乱、建高端”的工作思路，发挥综治流管工作统筹协调优势，开展流动人口和出租房屋基础调查、违法群租房治理和城乡结合部整治等工作，提高社区服务站和管理员队伍建设水平，未发生涉及流动人口和出租房屋的有重大影响的案事件。截至年底，全区流动人口191678人，出租房屋18079户，同比减少6000余人，流动人口和出租房屋处于稳中有降的状态。今年以来共新登流动人口48645人、核销54547人、更新23428人、迁移17119人；新增出租房屋1803户、核销1218户、更新10992户。

（张桂清）

# 公　安

## 概　述

2016年，北京市公安局石景山分局(简称公安分局)主动适应地区高端绿色发展的新常态和首都公安工作深化改革的新变化，聚焦防控风险服务发展，着力破解难题补齐短板，坚持政治建警从严治警，走前列、创一流，圆满完成各项公安保卫任务。全区共接报110警情总量49345件，同比58508件少9163件，下降15.7%；其中：刑事类警情1818件，同比2191件少373件，下降17%；秩序类警情254件，同比356件少102件，下降28.7%。接受电话咨询、求助43435人次。圆满完成习近平总书记视察陆军总部等警卫勤务197起，确保党和国家领导同志、重要外宾在区活动绝对安全。坚持以反恐防恐为第一要务，围绕“六住”(即：盯住人、把住口、管住房、看住物、守住点、控住面)总体思路，发挥分指挥部和六个专班职能，牢牢守住“北京绝不能发生暴恐活动”的底线。全年抓获违法犯罪嫌疑人1629名，破获刑事案件1095起。在图像信息系统建设中，新建、更新点位127个，整合图像449路，局内科技工程、通信保障、信息系统规范化管理和实战化应用水平不断提升。分局始终保持治安打击力度不减，全年打击处理黄赌、盗销自行车违法犯罪人员301名。扎实推进提升入户率专项工作，不断加强社区“三防”建设，全年新建社区图像点位135个，新增社区保安155名，安装防爬刺35栋楼4600米，推广防盗锁芯6355个、门磁报警器750个；围绕人口规模调控，坚决贯彻全区“拆违、治乱、建高端”战略部署，紧盯7个流动人口聚居区，全年核销出租房屋1140户、流动人口18524名。全力打好火灾防控攻坚战，全年检查单位1.1万余家，督促整改火灾隐患1.6万余处，行政处罚95家、拘留22名。分局对互联网管控格局不断健全，370个列管场所、单位纳入网安基础台账管理，全年预警突出线索70条，处置涉区舆情175条，侦破全市首例网游虚拟货币案件，建立三级网安警务室，处置网络信息安全事件21起，全区重要信息系统安全稳定运行。分局围绕窗口服务管理，积极落实便民新政，启动居住证受理工作，全年办理各类证件12.2万余件，群众接待量突破20万人次；强化公共关系建设，“平安石景山”警务微博品牌影响力不断增强，全年解决群众咨询、举报、求助等各类问题460余件；认真办理人大建议、政协提案14件，办成率达到100%；强化保安行业监管，涌现出第四届全国优秀保安员贾树庆等先进典型，为“平安石景山”建设作出积极贡献。年内，深入开展专项审计工作，完成审计项目33个，审计总额达到1.15亿元，审减金额68.88万元。不断提高警务综合保障能力，完成分局国有资产清查，畅通报废资产处置渠道，规范以分局名义从事民事法律行为委托工作；投入专项经费7300余万元，不断改善派出所办公、食宿环境，配齐一线执法执勤装备；完成机关大院安防设施和环境绿化改造，落实消防责任，内部安防水平全面提升；稳妥落实警力前置工作，94名前置警力有效充实基层；规范警辅人员管理，一线辅警力量继续得到增强。全年9个集体和47名个人，分别被市、区和分局评为先进党支部、优秀党务工作者和优秀共产党员。深入开展“警营标兵”评选活动，打造宣传品牌，持续推树典型，先后涌现出“北京青年五四奖章”、首都公安“杰出青年卫士”等一批先进典型。

**地址：石景山区古城南里甲1号**
**电话：68873814**
**邮编：100043**

（刘　勇　申小荣）

【打击防范犯罪宣传日】　5月15日，公安分局在全区开展以“防范风险护航发展”为主题的打击防范经济犯罪宣传日活动，深入推进“2016春夏平安行动”，提高广大群众识假防骗能力。分局在沃尔玛超市设立主会场，各派出所在辖区设分会场，通过展板展示、实物对比、发放宣传资料、现场法律咨询等形式，介绍打假、打击涉众经济案件的典型案例，并重点围绕涉众型经济犯罪，揭露常见犯罪手法，讲授日常预防措施，公布举报经济犯罪的方式和奖励办法。宣传活动引起居民群众浓厚兴趣，活动现场民警与群众互动踊跃，群众纷纷咨询防集资诈骗、防传销、防电话诈骗及打假维权等方面内容。期间，现场共设置宣传展板10余块，发放宣传资料3000余份。年内，公安分局相继组织开展“夏季安全防范宣传季”“治安状况民意大走访活动”“防范打击盗抢骗宣传周”等宣传活动提高群众自防意识。全年共组织规模性的宣传活动9次，召开群众会760次，悬挂横幅620条、设立展板935块，发放宣传材料21.6万份、受教育群众24万人次。

（刘　勇　申小荣）

【保密知识专题讲座】　11月24日上午，公安分局邀请区保密局专家到分局进行保密知识专题讲座。局属40个单位的主管领导、保密员共计80余人参加培训活动。活动中，区保密局副局长紧密结合公安工作实际，向全体民警讲授保密基础知识和保密基本常识，现场演示利用U盘、打印机、碎纸机、手机等工具进行窃密，造成失密、泄密的多种途径，重点围绕如何防范失密、泄密进行培训。

（刘　勇　申小荣）

【完成外宾接待工作】　11月26—30日，公安分局完成出席上海合作组织首都警务执法合作会议的巴基斯坦首都警方代表团一行3人的接待工作。公安分局负责代表团接、送机，配合市局完成代表团与公安部副部长、副市长、公安局局长王小洪的会见，到石景山分局开展警务交流等工作，代表团对分局接待工作给予高度赞扬。

（刘　勇　申小荣）

【主题禁毒宣传活动】　12月1日，区禁毒委在八角街道文化广场举办以“拒绝毒品危害，共建平安生活”为主题的禁毒宣传活动。通过播放禁毒宣传片，志愿者宣读禁毒倡议书以及群众互动游戏环节，结合仿真毒品讲解、禁毒知识展览、发放宣传资料、微信关注“石景山禁毒在线”公众号等形式，将活动逐渐引入高潮。活动期间，区禁毒委等各成员单位分别设置展台，中国网、区有线电视台、石景山禁毒在线等媒体对活动进行采访报道。区领导李文起、亢军等出席活动。区禁毒办、区卫计委、团区委、司法局、八角街道、疾控中心、美沙酮第八门诊部、北京天康戒毒康复所以及禁毒志愿者、居民群众共计300余人参加活动。

（刘　勇　申小荣）

【电子防盗报警器发放】　12月5日，公安分局在重聚园社区举行鲁谷地区电子防盗报警器发放仪式。共向居民现场登记发放门磁报警器300余个，宣传材料500余份，登记更换高级锁芯40余户。

（刘　勇　申小荣）

【执法办案管理中心成立】　12月26日，公安分局举行执法办案管理中心揭牌仪式。市局副局长高煜，市检察院副检察长苗生明等领导出席揭牌仪式。区政府、检察院、分局及相关部门领导、派出所负责人及执法办案管理中心全体人员参加仪式。设立执法办案管理中心是在全面深化公安改革中，整合资源、合成作战，探索实行执法办案全要素统筹管理的一站式、集约化办案机制，推进公安执法规范化建设的制度创新。作为全新执法办案平台，执法办案管理中心主要承担“辅助办案、支撑办案、监督办案”三项基本职能。

（刘　勇　申小荣）

【开展反恐处突演练】　12月28日，公安分局第一支队牵头组织巡警支队、消防支队、特警大队和局属5个派出所，并协调武警、交警、120急救中心等单位，在莲石湖公园东区开展以处置古城地铁站口人员密集场所突发恐怖

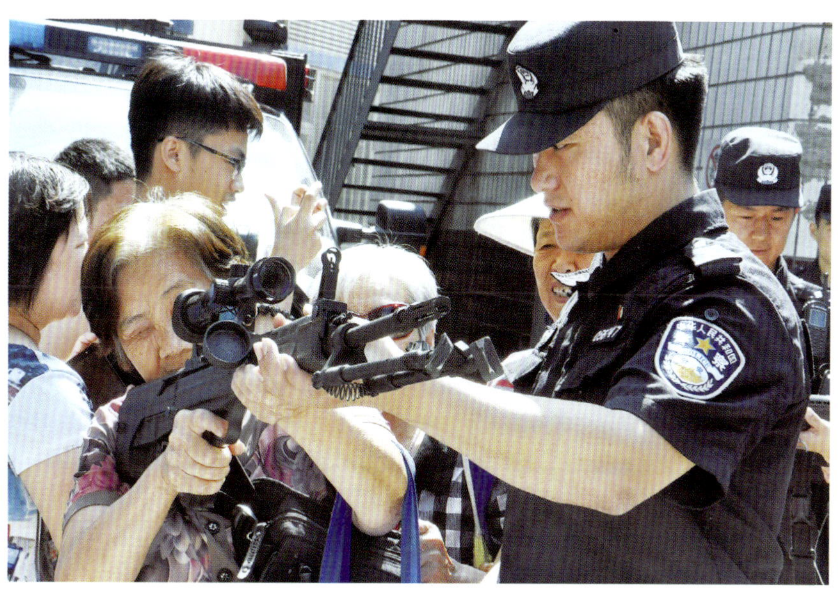

6月25日，分局开展“警营开放日”活动　（区公安分局供稿）

袭击事件为背景的反恐处突演练活动。分局局长亢军现场指导演练活动，武警十四支队支队长李三江，局属相关职能部门和派出所主要领导以及参演警力共计100余人、各类车辆16台参加演练活动。

（刘 勇 申小荣）

**【维护政治政权安全】** 年内，公安分局始终把维护政治安全、政权安全，确保党中央安全、首都安全作为第一责任，坚持最高标准，完成全国“两会”等重大安保任务、完成习近平总书记视察陆军总部等警卫勤务197起，确保党和国家领导同志、重要外宾在区活动绝对安全。坚持谋略应对，反颠覆领域工作取得重大突破，张德江、刘云山、孟建柱等中央领导分别作出批示，给予高度肯定。坚持主动作为，严格落实安保措施，区党代会、区“两会”顺利召开，全区换届工作安全完成。

（刘 勇 申小荣）

**【做好公安主业工作】** 年内，公安分局始终把群众满意作为第一追求，深入开展“春夏平安行动”和“年底破案冲刺”，全区社会治安大局持续稳定，110刑事警情同比下降17%，刑事立案总量、八类危害严重和侵财案件立案同比分别下降19%、6%和18%；全年抓获违法犯罪嫌疑人1629名，破获刑事案件1095起，查处治安案件5782起，一批重大敏感案件全部快侦快破，命案破案率继续保持100%，破获经济案件同比上升100%，强化“第二战场”打击力度，逮捕率、打击处理率名列市局前茅；编印《治安领域风险防范舆情炒作事件应对工作手册》，始终保持治安打击力度不减，全年打击处理黄赌、盗销自行车违法犯罪人员301名；“禁毒会战”取得历史最佳战绩，全年抓获涉毒人员364名，缴毒2.7公斤，破获部督等目标案件9起，禁毒办职能有效发挥，石景山区禁毒工作社会化得到国家禁毒办、市禁毒委领导肯定。

（刘 勇 申小荣）

**【推进法治公安建设】** 年内，公安分局发挥法制职能作用，深入推进执法规范化建设，执法办案管理中心启动运行；建设执法数据采集站，配备第四代现场执法记录仪1558台，实现执法记录全流程、科学化管理；大力开展执法突出问题集中整治和迎接公安部受案立案改革专项调研检查，严把执法办案质量关，推广先进工作法9个，修订执法制度11项，出台分局受案立案工作规定和工作流程图，制定执纪问责办法，“法制部门发现问题、督察部门调查核实、纪检部门追责处理”全程监督模式得到市局肯定；全市看守所安全工作会议在局成功召开，监所实现“双零”目标。

（刘 勇 申小荣）

**【领导干部管理】** 年内，公安分局对照“五条标准”，调整交流领导干部67名，形成适时使用、定期调整、有上有下的运行机制；坚持从严管理，考核领导干部155名，完成384领导干部个人事项申报工作，注重干部考核情况积累和立体综合评价，强化考核结果运用，保持干部队伍奋发有为的精神状态。

（刘 勇 申小荣）

**【深化爱警工作】** 年内，公安分局抓好“三就”爱警实事，与石景山、首钢和朝阳医院京西院区签订“警民共建协议”，开通“就医绿色通道”，帮助11名民警子女解决入学入托难题，帮助15名民警家属解决就业问题；关心关爱民警健康，建立健康长廊，开展健康讲座，为全警投保“北京市职工重大疾病互助保障计划”，全警年度健康体检率达到96.6%，开展重大安保医疗巡诊、健康咨询，服务执勤民警2400余人次；加强警营文化建设，大力营造政治宣传氛围，建成13个警营驿站，成立瑜伽、摄影等7个警营俱乐部，建成分局综合训练馆，配发警体健身设施，组织开展警体运动会等一系列文体活动，市局合唱比赛获得银奖，市局警体运动会获得乙组第二名和优秀组织奖，年度评比获得市局警体健身活动优秀组织奖；深入开展帮扶慰问，为在职和离退休民警发放生日蛋糕券，慰问困难民警、劳模、离退休干部576人次，发放慰问金、慰问品100余万元。

（刘 勇 申小荣）

**【加强廉洁建设】** 年内，公安分局深化落实党风廉洁建设主体责任，统一“五类台账”，确保主体责任落实全程留痕；组织签订《全面从严治党主体责任书》和《党风廉政建设责任书》，形成一级抓一级、层层抓落实的工作格局；深入开展廉洁文化建设，认真学习《准则》《条例》等党内法规制度，持续强化警示教育；深入开展专项审计工作，完成审计项目33个，审计总额达到1.15亿元，审减金额68.88万元；深入开展“两个专项治理”，自查整改问题28个，扎实推进廉洁风险防控，确定82个涉权事项、162个廉政风险点，48件政风行风热线和政民互动平台信件办结率、满意率均达到100%；深入开展警务督察，现场执法维权8次，110投诉保持低位，老山和金顶街派出所实现“零投诉”。

（刘 勇 申小荣）

## 案例举要

**【1·22非法拘禁案】** 1月23日，公安分局侦破“1·22”非法拘禁案，经工作，在衙门口博友公寓306号房间将事主解救，当场抓获犯罪嫌疑人刘×（男，1982年出生，辽宁葫芦岛人）、付×（男，1986年出生，河北承德市人）、张×（男，1983年出生，北京人）。根据掌握线索，在本市丰台区小屯路三和商务酒店将犯罪嫌疑人于×（男，1972年出生，河南省漯河市人）、唐×（男，1979年出生，河北省承德人）抓获。经审查，5名犯罪嫌疑人对犯罪事实供认不讳。

（刘 勇 申小荣）

**【3·30故意杀人案】** 3月30日，公安分局破获3·30故意杀人案。经工作，在本区广宁麻峪东街出租大院出租房内将犯罪嫌疑人王×（女，1999年出生，山西省大同市人）抓获，经审，王×对故意遗弃自己刚出生女婴的犯罪事实供认不讳。

（刘 勇 申小荣）

**【毒品案件】** 4月至8月，公安分局会同有关部门，联合侦办，经工作，打掉了一个以于×（男，1988年4月出生，山东省烟台市人）为首的，涉及北京、四川两地的特大运输贩卖毒品的犯罪团伙，成功破获毒品案件，该案共抓获违法犯罪嫌疑人64人（刑事拘留24人，行政拘留40人），缴获毒品冰毒7.82公斤，液态冰毒17.57公斤，并查获仿制式手枪3支，子弹2发及自制爆炸物一个。

（刘　勇　申小荣）

**【非法吸收公众存款案】** 5月8日，公安分局破获非法吸收公众存款案，涉案金额2000余万元。经工作，将汇锦财富公司负责人曹×（男，1976年出生，北京人）抓获。经审，嫌疑人曹×对其经营的汇锦财富公司，以正规P2P借贷为掩饰，提供虚假借款人及抵押物，吸收公众存款的违法行为供认不讳。

（刘　勇　申小荣）

**【持刀抢劫案】** 5月20日，公安分局破获持刀抢劫案，经工作，在嫌疑人彭×（男，1993年出生，本市门头沟人）家中将其抓获。经审查，犯罪嫌疑人彭×供认5月1日零时许，在石景山区苹果园雍景四季东门外南侧路西路边，持刀抢走一名女子现金5000余元的犯罪事实供认不讳。

（刘　勇　申小荣）

**【放火案】** 6月1日，公安分局破获一起放火案，经工作，将犯罪嫌疑人张×（男，1959年出生，本市石景山人）抓获，经审查，犯罪嫌疑人张×供认其酒后因琐事与事主发生口角并怀恨在心，遂将捡拾的棉被、沙发垫等物品放置于事主家门口，并利用随身携带的打火机将上述物品点燃后离开的犯罪事实供认不讳。

（刘　勇　申小荣）

**【非法买卖爆炸物案】** 6月24日，公安分局破获非法买卖爆炸物案，经工作，犯罪嫌疑人傅×（男，1991年出生，北京市石景山人）出于好奇，于4月通过微信花费150元向涉案微商购买小型鱼雷4枚，后通过快递收到后，在本市门头沟永定河道中将全部4枚鱼雷引燃投入河中。经审，犯罪嫌疑人傅×对其从网上购买违禁品的犯罪事实供认不讳。

（刘　勇　申小荣）

**【破坏交通工具案】** 8月16日，公安分局破获破坏交通工具案，经工作，在五里坨金建出租车公司内，将作案嫌疑人关×（男，1965年出生，本市门头沟人，北京金建出租车公司下属9队出租车司机）抓获。经审，关×对破坏其前妻汽车刹车油管的违法犯罪行为供认不讳。

（刘　勇　申小荣）

**【破坏计算机信息系统案】** 10月18日，公安分局破获破坏计算机信息系统案，经工作，在八角东街65号畅游大厦将犯罪嫌疑人朱×（男，1984年出生，本市东城区人，北京畅游时代数码技术有限公司职员）抓获。经审，犯罪嫌疑人朱×供认3—6月期间，其利用私自开通“秦时明月2”游戏GM平台管理员账号和掌握的其他账号，私自在线下大量交易，充值、售卖装备非法获利，致使其公司受损1亿余元的犯罪事实供认不讳。

（刘　勇　申小荣）

**【系列入室盗窃案】** 11月28日，分局破获系列入室盗窃案，经工作，在本市海淀区香山路军事科学院公交车站，将嫌疑人谷×（男，1987年出生，安徽合肥人）抓获，当场起获尖嘴钳子一把。经审，犯罪嫌疑人谷×对其5月以来，先后在石景山、丰台、海淀、门头沟等地，入室盗窃50余起的违法犯罪事实供认不讳。

（刘　勇　申小荣）

# 检　察

## 概　述

北京市石景山区人民检察院（简称区检察院）是国家的法律监督机关，在辖区内依法独立行使检察权，接受市检察院和区委领导，对本级人民代表大会及其常务委员会负责并报告工作。依法履行检察职能的同时，有序推进检察改革。年内，全面加强司法办案一线力量，整合综合管理和检务保障职能，优化后内设机构由原来的24个减少到14个，业务部门由104人增加至114人。明确标准，严格程序，择优遴选检察官40名，分类定岗配备检察辅助人员74名，科学构建检察办案组织，建立以检察官为核心的分类管理体系。明确检察官责任本位，制定“权限清单”“履职清单”，转变原三级审批行政管理模式，明确各级检察官的办案决定权、审核权、监督管理权，探索制定检察官监督、考核评价机制和“追责清单”，进一步强化办案责任，真正做到“谁办案谁负责、谁决定谁负责”。确定检察官联席会议制度。根据市院司法责任制改革精神以及区检察院权限清单规定，审查逮捕部、公诉部分别制定本部检察官联席会议工作办法。自9月1日优化后各部门正式运行以来，公诉部共召开6次检察官联席会议，讨论11个案件；审查逮捕部共召开14次检察官联席会议，讨论17个案件。对检委会议案工作进行适当调整。根据权限清单及实际情况，结合市院相关要求，区检察院检委会办事机构制发《检察委员会议案工作要求》，将原本提请上会的程序由三级审批调整为直接报分管副检察长审批、在部门负责人处备案。同时根据市院追责清单的要求明确提交检委会审议的案件，不同处理结果对应的责任分担。6月，反贪局侦查一处助理检察员李秀锋获全市政法系统“群众心目中的好党员”、区“优秀共产党员”荣誉称号，控申、法警、纪检、服务中心联合党支部书记、法警队队长余蓊获区“优秀党务工作者”称号。

**地址：石景山区古城南里**
**电话：59734588**
**邮编：100043**

（马晓霞）

**【检察官宪法宣誓仪式】** 3月8日，区检察院举行检委会委员、检察员任命宣誓仪式。仪式上，1名新任检委会委员、5名新任检察员接受任命书。随后，新任检委会委员、检察员面对国旗和国徽向宪法庄严宣誓。新任检察员代表进行表态发言。王春风提出希望新任人员要牢记使命。此次宪法宣誓活动是《北京市国家工作人员宪法宣誓组织办法》实施以来，石景山区按照

7月25日，首批入额检查官宪法宣誓仪式　（区检察院供稿）

新的办法规定举行的第一次宪法宣誓活动。区检察院党组高度重视，严格按照宣誓要求进行组织安排，并要求全体中层干部及助理检察员列席参加，感受宪法宣誓的教育意义，并以此次宣誓活动为契机，增强广大干警忠实履行宪法和法律的责任意识，积极发挥检察职能维护区域经济发展和社会和谐稳定。

（马晓霞）

**【教学实践示范基地建设】** 5月23日，区检察院与国家检察官学院召开座谈会，密切联系检察教育培训工作与检察实践、深入推进教学实践示范基地建设。国家检察官学院党委书记胡卫列，院长董桂文，副院长郭立新及有关部门领导，区检察院部分党组成员以及干警代表参加会议。会上，双方就培训教学、人才培养、学术交流、教学调研等工作展开交流，拓展合作途径，在达成共识的基础上联合签署《关于深入推进教学实践示范基地建设事项的协议》。区检察院作为国家检察官学院2014—2019年教学实践示范基地之一，借助学院在教学培训、师资培养、人才锻炼等方面给与的支持和帮助，在检察业务建设和队伍建设方面取得积极成果。区检察院的成绩也得到学院认可，被学院两次选为青年检察官研修班的现场教学基地。

（马晓霞）

**【未成年人系列普法活动】** 5月27—30日，区检察院组织干警分期分批前往石景山区幼儿园、石景山区幼儿园燕保分园，为孩子们讲授“我们陪你成长”自护教育课程，采用表演情景小短剧、播放视频和幻灯片等方式教授生活安全常识。29日、31日，区检察院以“预防校园暴力，法律为青春护航”为主题，联合区法院、区教委、共青团区委，在京原路7号“社区青年汇”共同开展讲座活动，邀请北方工业大学附属中学学生、社区青少年及家长、涉诉未成年人帮教对象等共50余人参加。通过讲授预防校园暴力知识、发放“法律年龄庆生卡”和未成年人刑事案件常见罪名案例集锦图册、现场互动回答提问。组织兼职法制副校长走进北京景山学校远洋分校，为初一、初二年级共350余名同学讲授预防“校园暴力”法制课。

（马晓霞）

**【在全市评优评先中连获佳绩】** 5月，在全市检察机关反贪、反渎部门“三优”及“精品案、优质案”评选活动中，区检察院反贪局办理的“北重汽轮电机有限责任公司物资部原部长于某等七人受贿窝串案”被评为十大优质案件。该案是区检察院反贪局运用“抓系统、系统抓”侦查谋略，将一起2万元的小案，通过查受贿供行贿，再由行贿供受贿滚动发展成为7件7人345.68万元的窝串案，在行业内形成反腐肃贪的强烈震慑，收到良好法律效果。与此同时，区检察院反渎局办理的“某公安分局干警徇私枉法案”被评为十大精品案件，反渎局副局长全明姬荣获“优秀侦查检察官”称号。

（马晓霞）

**【司法体制改革试点动员部署】** 6月7日，北京市检察机关召开司法体制改革试点工作动员部署会。区检察院班子成员和全体检察干警在分会场以视频会议形式参加会议。同月16日，区检察院召开司法体制改革试点工作动员部署会，对全面推进司法体制改革试点工作进行安排部署。党组成员、政治处主任就司改试点工作实施的相关文件和政策进行解读；王春风就贯彻上级要求、扎实推进改革工作提出要求。会议指出，要凝聚思想共识，增强对司法改革重要性和紧迫性的认识；要构筑发展平台，确保人尽其才、人尽其用；要推行正向激励，做好首批检察官入额选拔工作；要加强组织领导，确保改革期间办案、队伍“两个平稳”；要强化作风纪律，确保检察改革试点任务圆满完成。

（马晓霞）

**【韩国法务研修院访问交流】** 6月14日，韩国法务研修院研究委员、首尔高等地方检察厅检察官金熙准，研修院教授、首尔高等地方检察厅检察官金在龟一行来区检察院进行访问交流。国家检察官学院副院长郭立新、韩国驻华大使馆法律参赞魏圣国等陪同访问。代表团参观区检察院新改造的办案区和未成年人检察处宣传长廊、心理疏导室，并与院领导及公诉、职侦、民行等业务部门领导进行座谈。副检察长刘泽钢简要介绍石景山区情和检察院基本情况，以及刑检、职侦等检察工作情况，双方就刑事案件管辖、未成年人保护、案件审查批捕权限、犯罪嫌疑人羁押期限等问题进行交流。此次访问交流，是经高检院批准、国家检察官学院组织开展的一次法务研修活动，是推动中韩检察机关务实合作的重要载体，也是区检察院近年承办的一次重要外事活动。全院上下高度重视、严密组织、密切配合,确保访问交流圆满顺利、取得成效。

（马晓霞）

【诉讼监督】 年内,区检察院加强立案监督和侦查活动监督。受理立案监督案件线索11件,要求侦查机关说明不立案理由12件,经监督侦查机关主动立案1件。针对侦查过程中存在的程序瑕疵问题及时召开联席会议,督促开展内部执法监督,明确类案证据标准和个案取证方向。加强刑事审判监督。坚持证据裁判原则,提出抗诉1件1人,追加遗漏犯罪事实9件。建立一审公诉案件全程动态监督工作机制、生效刑事判决裁定倒查工作机制,进一步拓宽监督视角。加强民事、行政诉讼监督。受理民事、行政申请诉讼监督案件31件,其中自行受理案件3件,协助调查案件28件。稳步推进违法行为监督,发现区法院在审理一起委托合同纠纷案时存在回避申请决定程序违反法律规定的情形,向区法院发出一般检察建议。在环保领域深挖公益诉讼案件线索,依法启动行政公益诉讼诉前程序。6月30日,向区法院提起行政公益诉讼,12月23日法院对该案正式受理。该案为市检察机关首例行政公益诉讼案件,实现高检院制定的上半年检察机关公益诉讼试点全面“破冰”的目标。设立派驻区公安分局执法办案管理中心检察室,将检察监督与公安机关内部监督相结合,共同提高案件质量和执法水平。加强刑罚执行和监管活动监督。发挥驻看守所检察职能,严格落实监管场所安全防范措施,防范监管事故及违法问题的发生。对社区服刑人员执法环节,提出纠正违法3份、检察建议2份、纠正不当暂予监外执行意见书5份,有关单位均回函并整改。开展久押不决案件监督检察,发出检察建议1份,有关单位回函并整改。受理羁押必要性审查案件31件,发出变更强制措施建议19份,办案部门采纳20件。

（马晓霞）

【市人大代表、政协委员调研】 7月7日,市院党组成员、副检察长高祥阳陪同十余名市人大代表、政协委员、人民监督员,到区检察院驻所检察室开展专题调研。代表委员一行实地考察在押人员生活和接受教育情况,查看驻所检察室的检察日志、台账及监控系统,并与公安分局、看守所及区检察院领导进行座谈交流。

（马晓霞）

【打造特色廉政文化品牌】 7月,由区委、区政府牵头,区检察院和区纪委共同打造的“生命线的警示——北京市石景山区反腐倡廉警示教育基地”正式揭牌,区四套班子领导出席揭牌仪式。该基地是区检察院参与建设的第二个反腐倡廉警示教育基地,作为向中国共产党成立95周年华诞的献礼,它的落成为地区廉政建设提供新的平台,也为区检察院开展职务犯罪预防工作提供更广的视野、路径和内容。

（马晓霞）

【市院领导督查司法改革】 10月26日,市院党组成员、副检察长殷健一行到区检察院督查司法改革任务落实情况,与区检察院部分党组成员及部门负责人进行座谈,并实地考察检务接待大厅。王春风汇报落实各项司法改革任务的工作情况,重点就侦查监督、刑事审判监督以及检察管理监督工作作专题汇报。

（马晓霞）

【旁听审判警示教育活动】 10月,区检察院贯彻落实上级查办预防小官贪腐职务犯罪专项工作的部署要求,组织区公积金管理中心、区供电局、高井热电厂、中铁建设集团、首钢总公司等多家单位共计120余名党员领导干部,旁听由区检察院职侦局立案侦查的高某某涉嫌贪污犯罪一案的庭审。

（马晓霞）

【市院调研公益诉讼试点】 11月2日,市院副检察长黄宝跃一行到区检察院调研公益诉讼试点工作。王春风、副检察长刘泽钢及民行部干警参加座谈。汇报开展公益诉讼试点工作的总体情况、主要做法、存在问题和下一步计划。黄宝跃肯定区检察院公益诉讼工作并提出五点要求,加强沟通交流,挖掘案件线索;顺应改革趋势,调整工作重心;建立工作机制,保障线索来源;加强工作保障,应对复杂形势;加强能力建设,做好庭审准备。

（马晓霞）

【优化不起诉决定程序】 11月,区检察院公诉部召开检察官联席会。对两起案件进行讨论并形成多数意见,检察长参考联席会形成的意见,对两名犯罪嫌疑人做出相对不起诉决定。这是9月1日检察改革推进落实司法责任制以来,区检察院按照权限清单、检察官联席会议工作办法实施细则的规定,首次通过检察官联席会议讨论方式优化不起诉决定程序。

（马晓霞）

【检察开放日活动】 12月16日,区检察院开展“加强侦查监督,维护司法公正”主题检察开放日活动,区人大代表、司法行政执法单位代表近20人参加。活动中,向各界代表发放侦查监督职能手册、设立侦查监督展板,从履职依据、工作内容、监督方式三个方面详细介绍立案监督、侦查活动监督、行政执法监督三项职能。播放《即将批捕》宣传片,全方位解读侦查监督工作,解析侦查监督案件,增强对检察机关和侦查监督部门的认识。实地参观区检察院办案工作区,感受检察一线工作。

（马晓霞）

【派驻检察室揭牌】 12月26日,区检察院正式在公安分局执法办案管理中心设立派驻检察室,开展侦查监督工作。市公安局副局长高煜,市检察院副检察长苗生明等出席派驻检察室揭牌仪式。区检察院与公安分局会签《石景山区人民检察院派驻石景山公安分局执法办案管理中心检察室工作规范》。派驻检察室主要承担立案监督、侦查活动监督以及应公安机关请求,提前介入重大、疑难、复杂案件等职责。

（马晓霞）

【审查逮捕、起诉】 截至年底,区检察院共受理审查逮捕案件424件537人,同比分别上升17.78%和22.05%;审结431件541人,审结率98.9%。其中,批准逮捕283件337人,批捕率为62.29%,不批准逮捕148件204人(不构成犯罪不捕10件15人,证据不足不捕68件79人,无社会危险性不捕68件108人,其他2件2人),不捕率为37.71%。受理审查起诉案件507件613人,同比分别上升22.46%和20.67%;审结509件606人,结案率为82%。其中,提起公诉454件544人,不起诉53件60人(法定不起诉2件3人,犯罪情节轻微不起诉38件42人,证据不足不起诉13件15人),附条件不起诉2件2人,不诉率9.9%。起诉案件有罪判决率100%。

(马晓霞)

**【未成年人司法保护】** 年内,区检察院贯彻"少捕、慎诉、少监禁"的政策,共受理刑事案件52件55人,其中,审查逮捕类案件26件27人,未成年人涉嫌犯罪案件21件22人,批准逮捕10件10人,不批准逮捕11件12人;审查起诉类案件26件28人,未成年人涉嫌犯罪案件21件23人,提起公诉11件13人,相对不起诉7人,附条件不起诉2人。全面落实未成年人特殊制度,法定代理人到场29件29人,合适成年人到场10件12人,通知司法机关指派律师开展法律援助工作15件16人,对涉诉未成年人进行社会调查21件23人。加强对未成年人的普法宣传,联合区法院、团区委、区教委共同开展"校园欺凌"专题讲座,"六·一"前夕推出"检察官与少年"系列普法活动,打造未检品牌。区检察院未检干警作为最高检教育部联合巡讲团成员,到全国多个省市开展"法治进校园"巡回讲座。

(马晓霞)

**【查办和预防职务犯罪】** 区检察院全年初查职务犯罪线索20件,立案侦查12件18人,侦破区疾控中心主任刘某某巨额私分国有资产案、中央党校政法教研部教授罗某某受贿案。加强与纪检监察部门的密切配合,分工协作,通过区纪委移送线索立案5件8人。同时,针对国有企业领域职务犯罪问题,开展惩治和预防职务犯罪专项调查,年度调查报告得到区委书记批示,并在区委常委会上作专题汇报。这是2011年开展该项工作以来,区委常委会首次专题听取此项工作报告。服务京津冀协同发展,加强与唐山市、秦皇岛市、曹妃甸区检察机关的交流合作,起草"两地四院"《关于落实<京津冀检察机关服务和保障京津冀协同发展的合作框架意见>的实施办法》,推动构建侦防合作工作机制。发挥职务犯罪预防宣讲团作用,深入区住建委、首钢矿业公司等6家单位讲授法制课。完善行贿犯罪档案查询服务机制,受理申请查询5417次,因不符合条件不予出具证明13次。

(马晓霞)

# 审　判

## 概　述

北京市石景山区人民法院(简称区法院)是国家审判机关,依法行使审判权,审判在法律规定范围内的第一审刑事案件、民事案件、商事案件、知识产权案件、行政案件以及申诉案件、再审案件并承担相应的执行职责,通过依法审判,严惩犯罪分子,妥善化解民事、商事、知识产权和行政纠纷。目前,区法院设刑事审判庭、未成年人案件综合审判庭、民事审判第一庭、民事审判第二庭、民事审判第三庭、知识产权审判庭、五里坨派出法庭、小额速裁审判庭、行政审判庭、执行局(下设执行指挥中心办公室、四个执行事务团队)、执行裁判庭、立案庭、审判监督庭、申诉审查庭、审判管理办公室、诉讼服务办公室、研究室、办公室、政治处(下设干部科、组宣科、教育培训科)、监察室、法警大队等27个局、庭、处、科、室、队及信息技术中心、机关后勤服务中心2个全额拨款事业单位。全院共有干警304人,包括政法编干警167人;事业编制12人;聘任制书记员42人;聘任制法警、安检员33人;聘用制审判辅助人员32人;在编干警中具有研究生以上学历90人,占在编干警总数的50.28%。年内,区法院深入学习贯彻党的十八大、十八届三中、四中、五中、六中全会精神及习近平总书记系列重要论述,围绕公正司法、司法为民工作主线,充分发挥司法审判职能,保障区域稳定发展的作用。全年共受理各类案件25706件(含旧存1907件),新收案件同比增长29.4%;审、执结23392件,同比增长16.6%;法官人均结案254.3件,同比增加36.3件。判决案件改判发回重审率0.13%,较全市法院平均值低0.11%。裁判文书上网率100%,全年新闻媒体宣传报道区法院司法举措、案件审理3017次,举行新闻发布会4次,选取典型案例进行庭审网络直播90起。12368语音诉讼服务平台全年共接听群众来电2906次,律师法律帮助专席解答咨询3896人次。全年开展普法宣传、法制讲座67次,普法受众达2万余人次。

**地址:石景山区阜石路169号**
**电话:68899888**
**邮编:100043**

(马　玥)

**【辖区知识产权保护】** 1月1日,区法院正式跨行政区域管辖门头沟区、昌平区、延庆区的第一审知识产权民事案件。在知产案件数量激增、案件难度加大情况下,区法院创新举措加强对辖区知识产权保护力度。以点带面,做好普法宣传工作。精心选择社会关注的典型案件,安排公开庭审或公开宣判,邀请区行政机关参加旁听,扩大知识产权审判示范效应。通过职务微博等新媒体对"4·26"知产宣传月相关活动进行直播,并与网友积极互动交流;召开新闻通报会,以案讲法通报涉网络著作权案件审理的基本情况、特点并提出相关法律建议;配合区行政机关开展普法活动,向市民答疑解惑,送法到基层,取得了良好的普法效果。纵深挖潜,将特色工作机制做大做强。连续7年共8次赴中关村科技园石景山园区通报知产审判工作情况,并与区知产局、园区管委会和十家园区高科技企业座谈,提升创新企业知识产权保护能力。

(马　玥)

**【诉讼服务大厅投入使用】** 2月22日,区法院新的诉讼服务大厅投入使用，为当事人提供全方位、多功能、一站式的诉讼服务。大厅内设置综合服务区、自助服务区、便民服务区等功能区域。当事人可以通过综合服务区的各个窗口，获取诉讼指引，办理案件查询、诉讼材料交转、档案查询、公告办理、法律咨询等各项事宜。自助服务区配备桌椅、书写笔、电话、电脑、复印机，增设的液晶显示屏滚动显示区法院法官的联系方式，当事人可现场填制、打印诉讼文书，利用自助查询机快速查询案件详情，当场联系法官。便民服务区配有休息座椅，通过播放法制宣传片、庭审直播资料、介绍调解方式及案例，向当事人宣传法治理念、弘扬法治文化。诉讼服务中心全年接待群众63338人次，律师法律帮助专席解答咨询3896人次。

（马　玥）

**【入额法官参加宪法宣誓】**　5月30日，区法院举行首批入额法官宪法宣誓仪式，区人大常委会主任岳德顺到场监誓并讲话。44名首批入额法官身着法袍，整齐列队，面向国旗和宪法站立，举起右拳，庄严宣誓。法官代表作表态发言，表示要始终牢记誓言，忠实履行法定职责，努力提升能力素质，勤奋敬业，勇于担当，努力争创一流的工作业绩。宣誓仪式彰显宪法权威、宪法精神和宪法使命，作为首批入额的法官，将面临更高的要求，履行更大的责任，承担更重的任务。岳德顺代表区人大对首批入额的法官表示祝贺，并提出希望。

（马　玥）

**【推进繁简分流】**　6月1日起，区法院成立由9人组成的民事审判小额速裁庭，实行选取案件、送达告知、法庭询问、裁判文书制作“全程制式化”，将小额诉讼程序案件平均审理期限缩短在28日左右，部分案件做到“当周立案、当周审结”。截至年底，适用小额速裁程序审结案件1869件，占同期民事案件结案的38.74%，大大加快民事小额案件审理进度。在普通审判庭室中组建简易滤审、普通精审办案团队。由“1名法官+1名法官助理+1名书记员”构成简易审判团队，将审判工作各个环节简易化、流程化、集约化，高效办理大量刑事速裁、适用简易程序民事案件。由“1名中层副职+2名员额法官+N名法官助理（书记员）”组成精审团队，实行员额法官负责制，发挥资深法官理论功底深厚、审判经验丰富的优势，提高案件办理质效。

（马　玥）

**【“五联五进”党建共建】**　9月9日，区法院举行“五联五进”党建共建启动仪式，与各街道工委书记签订《“五联五进”党建共建合作协议书》。主要包括“队伍联建，司法保障进街道；普法联动，法制宣传进街道；矛盾联调，平安共建进街道；困难联帮，志愿服务进街道；活动联办，文化生活进街道”五个方面。在全面深化司法体制改革的大背景下，针对近年来干警年轻化趋势明显缺少处理疑难复杂问题的实践经验和群众工作方法的问题，决定与辖区的9个街道（鲁谷社区）开展“五联五进”党建共建活动。让年轻法官走下法台、走进群众，全面了解社情民意与区域发展状况，从街道社区干部群众那里补齐短板、增长才干，对新型纠纷和疑难问题有所预判、有所防范和应对。通过“五联五进”活动中的普法宣传、困难帮扶工作，最大限度起到发挥司法功能、推进全民守法的积极作用，加强法院与街道社区党建工作合作交流、相互借鉴有益尝试，有利于形成“条块结合、内外联动、群策群力、整体推进”的党建工作新模式，从而推动党建工作的创新发展。

（马　玥）

**【审理互联网金融民间借贷纠纷】**　近年来，互联网金融发展势头迅猛，由此引发的纠纷增长迅速。全年区法院受理7000余件互联网金融民间借贷案件，为妥善审结案件，区法院成立专门的金融审判团队，以典型判例为指引，大力开展调解工作，引导多元化解纠纷，并通过建议当事人补充订立管辖协议的方式，将部分案件分流至当事人住所地法院，该批案件得到妥善处理。为增进法官对金融产业的了解、帮助企业预防金融风险，区法院多次前往区金融办公调研辖区金融业的发展理念、现状和前景；前往辖区互联网金融企业走访调研，双方就电子合同的修改、担保公司的诉讼担保业务、互联网金融领域的风险防控、涉特许商品交易场所纠纷等相关问题进行探讨和交流，并对企业风险控制措施提出法律建议。

（马　玥）

**【未成年人社会观护制度】**　年内，区法院依托区法院和区妇联合作共建的“相伴青春”观护站，探索实施社会观护制度，推进未成年人权益保护工作落到实处。通过发放“社会观护告知书”，帮助当事人了解社会观护制度的运行模式和适用意义，结合案件情况委托观护员开展庭前调查、协助调解等观护工作，观护员将调查情况制作书面社会调查报告反馈给承办法官。根据观护调查报告，法官可以更加了解案件背景，进行充分准备，并综合观护报告及庭审情况，从根本上化解矛盾。未成年人案件综合审判庭在12起涉少家事案件中适用社会观护制度，并对制度适用中存在的问题展开调研。在市高院组织召开的全市法院少年法庭庭长联席会上，区法院未成年人案件综合审判庭应邀发言介绍社会观护实践经验。

（马　玥）

**【保护妇女儿童合法权益】**　年内，区法院民一庭创新家事审判模式，挑选3名经验丰富、责任心强、善于与当事人沟通的女性法官组成妇女维权合议庭。该合议庭通过庭前谈心、庭后走访等方式，高效审理2000余件案件，其中涉及妇女权益保护的案件900余件，发出人身保护令5例，保护女性当事人的合法权益。此外，区法院民一庭法官邀请妇女群众旁听庭审，并走进社区、街道，发放妇女权益保护相关法律书籍，现场解答法律咨询。年内，区法院民一庭被授予“全国维护妇女儿童权益先进集体”“石景山区妇女儿童工作先进集体”等荣誉称号。

（马　玥）

**【保障“治乱疏解建高端”】**　年内，区法院出台关于落实区委“治乱疏解建高端”发挥司法保障作用的工作方案，成立由“一把手”亲自挂帅的领导小组。建立与区委政法委相关案件报告机制，深入辖区9个街道建立沟通联系制度，定期通报案件办理情况，及时调研司法需求。从立案源头逐一梳理排查，做好立案、审判、执行的衔接工作，健全立案、审判、执行各部门定期研判会商机制，加强信息互通。运用简易程序与速裁机制，加快办案节奏，发挥相关审判庭室的专业优势，提升案件办理质效。成功解决涉S1号线轻轨建设工程、“北一区”项目拆迁相关纠纷，执结首光电机修理厂、美通世纪汽车修理厂房屋腾退等“骨头案”，为区域建设发展保驾护航。

（马 玥）

【借助“三网”促司法公开】 年内，区法院将互联网、广播电视网、电信网有机融合，宣传法院工作，促进司法公开。借助“微”力量，主动接受社会监督。制作“石法2015，我们一起走过”“石法人—我们正青春”“静心守志 可会至道”“法台背后的坚守”等H5短片，利用微信广泛推送；制作“车轮上的正义”“执行行动纪实”“法育未来普法活动”等微博视频短片，展现法院、法官良好形象。强化沟通与合作，主动接受媒体监督。全年在区内外新闻媒体上宣传报道区法院司法举措、案件审理3017次，举办新闻通报会4次。创新监督方式，每周以短信形式向辖区人大代表推送法院本周工作综述和工作动态，主动接受人大代表监督。

（马 玥）

【完成法官员额制改革】 年内，区法院落实司法员额制改革，制定出台《法官入额工作实施方案》《法官入额考核工作实施方案》等制度方案。根据“坚持党管干部，坚持以案定岗、以岗定额，坚持人员相对稳定，坚持向审判一线倾斜，坚持逐步增补”的工作原则，综合考虑各审判庭室的办案数量、审判特点、人员结构和法官数量等因素，科学设置员额岗位，并根据审判力量和人才结构特点，科学预留员额指标。通过考试、考核、考察等方式，严格审查入额资格，保证入额程序公开透明，对申请入额的法官逐一谈话，分两批推荐54名法官入额，确保入额法官的质量和干警队伍的思想稳定，圆满完成法官员额制改革。

（马 玥）

【“3+3”能力提升机制】 年内，区法院通过搭建“3”个平台、完善“3”项制度，提升法官司法能力，落实司法责任制，确保法官正确认定事实、适用法律。搭建帮教培养平台，新老法官搭配组合审判团队，发挥资深法官的引导和示范作用。搭建知识拓展平台，打造“书香石法”党建工作品牌，举办“石法文化大讲堂”“法官讲堂”系列辅导活动，并将审委会专题学习与庭室每周学习相结合。搭建调查研究平台，借助行政案件通报、商事纠纷预警、知产案件通报、街道联络等沟通交流机制，组织法官深入到所辖社区、厂矿、企业、学校进行调研走访。完善法官联席会议制度，采取定期与临时会议相结合的方式，组织法官研讨疑难复杂问题。完善法官“留学”制度，将审判人员派驻社区基层组织，在观摩和参与社区工作的同时提供法律服务开展普法宣传。完善案件评查制度，成立案件评查委员会，定期评查差错案件，评选优秀文书，促进法官业务能力的提升。

（马 玥）

【“三驻两进”工作机制】 年内，区法院从服务区域发展、预防纠纷风险的角度出发，建立“三驻两进”工作机制，推动纠纷多元化解。5名人民调解员常驻立案庭，专门负责纠纷诉前疏导与调解工作，将矛盾化解在诉前。由区律协推荐、区司法局确认的律师常驻诉讼服务大厅，开设专门的法律援助窗口，无偿为当事人提供法律咨询，协助诉前化解纠纷。专业院校学生常驻业务庭，承担实习法官助理等事务性工作，缓解法院审判辅助人员相对不足的困境，并将其专业特长与矛盾纠纷化解有机结合。推动医疗、知识产权、道路交通、劳动争议等专业案件进第三方机构调解，与专业调解机构建立纠纷处理联动机制，促进纠纷实质性化解。筹划选择部分律师、专业技术人员、人大代表、政协委员等组建调解资源库，进法院参与纠纷调处，调动社会力量共同促进案件处理。全年第三方参与化解纠纷1493件，服务民生、维护稳定。

（马 玥）

【深化执行机制改革】 年内，区法院优化执行资源配置，提高执行质效，推行“1+2+3”结构的执行团队化改革，强化执行指挥中心建设，打好“基本解决执行难”这场攻坚战。“1”是指一名执行团队负责人作为团队核心，对团队的业务、思想、队伍、廉政建设负总责，在团队内部有领导权、分案权、考核权，实现权责统一。执行长对外承办团队所有案件，对团队所有案件负总责。“2”是指两名执行法官作为团队内的办案点。执行法官向执行长负责，二级承办各类执行案件，负责实施具体执行措施。“3”是指三名法官助理（书记员）与执行法官、执行员实行“三对三”对接，辅助执行法官办案，承担执行事务性工作。执行指挥中心设立财产查控组、司法拍卖评拍组、案款发还组、串案集约工作组、信访接待组等，发挥中枢作用，对内协调各执行团队，统一指挥重大案件的执行、会商重要事项，组织开展执行案款清理、网络司法拍卖、串案类型化处理等活动，对外与其他法院及相关机关建立协调机制，推进执行联动建设，执行质效提升效果显著。全年，执行工作实现收案上升、结案上升、未结案下降的“两升一降”良好态势。执行指挥中心获评北京市法院2016年“年底六十天执行会战”先进集体。

（马 玥）

【“三融合”巡回审判新模式】 2016年是区法院河北迁安巡回法庭成立25周年，区法院邀请市人大代表、政协委员、监督员视察巡回法庭工作并交流座谈，征求意见建议。为适应“京津冀”协同发展新形势，区法院探索“三融合”巡回审判新模式，促进法治共建。以民生为根本，促进巡回审判与矿区社会稳定相融合，采取“事前预防、事中调解、事后回访”的工作方法，与当地政府、街委及矿山公司建立协作机制，联动化解矛盾纠纷，维护当地社会稳定。以大局为中心,促进巡回审判与矿区经济发展相融合,定期选派经验丰富的法官深入矿区企业讲授法制课、接受法律咨询,向企业提出有针对性的法律建议。以服务为保障,促进巡回审判与矿区法治建设相融合,提请区人大在当地选任4名陪审员,不定期对街道司法工作人员、社区调解员开展专业培训,推行“假日法庭”,促进纠纷快速、有效化解。

(马　玥)

**【确保司法公正廉洁】** 年内,区法院惩防并举,确保司法公正廉洁。年初召开第一次党组会,就对党风廉政建设工作进行专题研究;召开党风廉政建设工作部署会,党组书记、党组成员、中层正职、普通干警逐级签订《党风廉政建设责任书》。建立廉政事项报告、廉政履职尽责过程全程纪实制度,打造“石景山法院廉政教育长廊”,制定完善防范预案。同时,加大廉政监察与执纪问责力度,部署开展因私出国境证照专项整顿等4项专项检查工作。全年开展审务督察和廉政教育、防范“六难三案”治理活动25次,针对查出的问题发出各类通报9份,进行警示性谈话3人,廉政工作约谈3人,通报批评2人,增强干警纪律、规矩意识,区法院在党风廉政建设责任制检查考核中位列第一名。

(马　玥)

4月6日,公开宣判涉及奥迪公司商标权纠纷案　(区法院供稿)

## 案例举要

**【侵害作品署名权、改编权、信息网络传播权纠纷案】** 原告许镜清系86版电视剧《西游记》前25集中所有音乐作品的曲作者,包括本案涉案作品《西游记序曲》(或称为《西游记前奏曲》或《云宫迅音》),《猪八戒背媳妇》(以下称涉案音乐作品),并对涉案音乐作品享有著作权。原告于2015年12月初发现从2014年至今,被告未经原告许可,不加原告署名,在涉案游戏中使用侵权作品,侵犯原告依法享有的著作权,包括署名权、改编权、信息网络传播权。原告许镜清提出诉讼请求:1. 判令被告在《人民日报》《光明日报》《北京日报》《北京晚报》及被告官网http://xy.linekong.com/显著位置刊登向原告赔礼道歉的声明;2. 判令被告连带赔偿原告经济损失1600000元;3. 判令被告承担原告因本案支出的合理费用包括律师费、购买正版DVD等费用共计15488.7元;4. 本案的诉讼费用由被告承担。区法院经审理认为,因被告蓝港在线(北京)科技有限公司公司超出授权许可使用期限,在其运营的网络游戏《新西游记》中使用原告许镜清作曲的两首音乐作品《西游记序曲》与《猪八戒背媳妇》,且未在使用中给原告署名,侵犯原告对于上述音乐作品享有的署名权、信息网络传播权,依法应当承担消除影响、赔偿损失的民事责任,但消除影响的范围应以被告涉案行为造成的影响为限。根据本案的具体情况,综合以下因素酌定赔偿额:1. 两首涉案音乐作品具有较高的知名度,其中《西游记序曲》具有较高的商业价值;2. 被告蓝港在线公司的主观过错程度,被告系在取得涉案音乐作品合法授权后超期使用导致侵权,与从未取得授权的侵权行为应有所区分,主观过错较轻,而且原告许镜清起诉后,被告蓝港在线公司及时将涉案音乐作品从涉案游戏中删除,避免侵权后果持续扩大;3. 网络游戏由游戏名称、程序源代码、游戏规则、游戏情节、场景画面、人物形象、背景音乐等多种元素组合而成,背景音乐是网络游戏其中一个元素,故应当考虑涉案音乐作品在涉案游戏中发挥的作用;4. 涉案游戏的影响力、被告使用涉案音乐作品的具体方式、侵权持续时间。此外,原告许镜清为诉讼支出的律师费、购买DVD作为证据的费用均属于维权合理支出,且有相关票据在案佐证,应当予以全额支持。最终判决蓝港在线(北京)科技有限公司于本判决生效后十日内在其网站首页(网址:xy.linekong.com)上刊登致歉声明,赔偿许镜清经济损失共计175488.7元,并驳回许镜清其他诉讼请求。一审判决后,双方当事人均未提出上诉。

(马　玥)

**【机动车交通事故责任纠纷案】** 2015年11月20日17时20分,机动车驾驶人刘×驾驶机动车沿京哈高速公路由西向东行驶,因道路结冰遇情况采取措施不当,致使车辆与左侧护栏挂擦。接着后方机动车驾驶人翟×驾驶机动车与准备向右侧路肩安全地带转移另一车辆乘车人杨×相撞,造成两车不同程度损坏、乘车人杨×受伤的道路交通事故。事故经河北省高速公路交通警察总队秦皇岛支队北戴河大队认定:翟×负事故全部责任、原告无责。原告就赔偿事宜与被告协商未果,故诉至法院。在审理过程中,区法院审查认定原告方向法庭提供虚假证据，经合议庭评议，对提供虚假证据的原告之亲属姜×处以10000元罚款。区法院经审理认为，机动车发生交通事故造成人身伤亡、财产损失的，由中国某财产保险股份有限公司北京市石景山支公司在相关保险限额内予以赔偿。超过保险限额的，由侵权人承担。因翟×系履行职务过程中发生的本起交通事故，故相应的赔偿责任应由北京市某电子科技有限公司承担。判决中特别指出，因相关当事人提供虚假证据的行为，导致本案由简易程序转至普通程序、前后历经三次庭审，尤其在法庭已经向原告方的代理律师作出警示提醒、并重新给予补充证据期间后，原告方依然向法庭提供虚假证据，并在对方当事人实地勘察提交相关反证后，原告方继续编造事实，以致于法庭启动司法调查程序。最终法院判决中国某财产保险股份有限公司景山支公司赔偿杨×医疗费23845.32元、住院伙食补助费1000元、营养费3000元、护理费6000元、交通费1000元、残疾赔偿金41138元、精神损害抚慰金10000元；并驳回杨×其他诉讼请求。一审判决后，双方当事人均未提出上诉。

（马　玥）

# 司法行政

## 概　　述

北京市石景山区司法局（简称区司法局）是区政府负责司法行政工作的职能部门，业务上受市司法局指导。设办公室、政工科、法制科、基层工作科、法制宣传科、公证律师工作管理科、社区矫正和帮教安置工作科7个科室和1个社区矫正管理支队，同时承担着区法治宣传教育和依法治区领导小组办公室、区综治委特殊人群专项组办公室、区综治委社会矛盾多元调解专项组办公室的日常工作。区司法局行政人员编制60人。在全区8个街道和鲁谷社区、集体经济办公室分设10个司法所。设1个参照公务员法管理事业单位（区法律援助中心），1个全额拨款事业单位（区阳光中途之家），1个自收自支事业单位（北京市燕京公证处）。年内，区司法局深入学习贯彻党的十八大、十八届三中、四中、五中、六中全会和习近平总书记系列重要讲话精神，深入开展“两学一做”学习教育，围绕全区中心工作，主动强化政治自觉和责任担当，大力深化“法治石景山”建设，着眼社会管理创新、规范化建设、服务保障民生等方面工作，坚持依法履职、积极履职、创新履职。创新载体，开展体验式互动式法治宣传活动，推出系列法治栏目剧《社区那点事儿》。根据社区工作者、青少年、老年人、流动人口不同需求开展法律讲座和培训。做好全区中小学法治副校长调整工作。充分发挥法治保障职能，在服务石景山区高端绿色发展战略中做出积极贡献。区司法局在北京市第三届青少年法治文艺大赛中获组织工作奖，金顶街司法所所长计保城获“全国模范司法所所长”表彰。

**地址：石景山区八角北里**
**电话：68874144**
**邮编：100043**

（孟树青）

**【拍摄法治栏目剧】** 4月29日，区司法局与立山传媒合作，启动系列法治栏目剧《社区那点事儿》拍摄工作，10月，第一集《社区那点事之老寇的纠结》拍摄完毕并完成后期制作。该剧筹划拍摄工作坚持用社区真实案例做剧本，让群众与专业演员同台合演，较好地突出法治宣传的体验性和互动性，使法治宣传教育更加贴近群众生活，更具真实性和感染力。多家媒体给予关注和报道。

（孟树青）

**【司法行政开放日】** 5月27日，区司法局按照市局和区委政法委统一部署，以八角北里社区为主会场，举办“司法行政在身边—石景山区第六届司法行政开放日”活动推进政务公开。当日，局属各司法所、区法律援助中心作为分会场也向社会公众开放。

（孟树青）

**【“七五”普法启动】** 8月，以区“两办”名义正式下发《石景山区“七五”法治宣传教育规划》。区司法局对“六五”普法工作开展以来的情况进行认真梳理，及时总结经验，发现问题和不足。在此基础上，按计划开展“七五”规划编制和启动工作。10月下旬，制定“七五”普法启动方案，同月27日，召开石景山区“六五”普法总结暨“七五”法治宣传教育启动大会，会议全面总结“六五”法治宣传教育工作成绩，并对“七五”法治宣传教育工作任务进行具体部署，区教委和八角街道办事处作典型发言。会议强调：以习近平总书记系列重要讲话精神统领法治宣传教育工作，进一步增强走中国特色社会主义法治道路的自觉性和坚定性，使法治宣传教育工作始终保持正确的方向。明确重点任务，扎实推进法治宣传教育工作深入开展。法制宣传教育工作要坚持服务中心工作、弘扬法治精神、突出重点对象、创新工作方法。加强组织领导，努力形成齐抓共管的法治宣传教育工作新局面，切实保障“七五”法治宣传教育规划的顺利实施。区四套班子领导、区各委办局、各街道（鲁谷社区）党政主要领导，区教育系统、企业系统、社区基层单位代表200余人参加大会。

（孟树青）

**【12348法律服务上线】** 10月19日，根据市法律援助中心统一部署，区法律援助中心“12348法律服务平台”正式上线运行。为保障“12348法律服务平台”正常运行，区法律援助中心新招募法律援助值班律师9名，负责接待每日来访来电工作，对律师值班、接听服务等相关制度进一步梳理规范，促进法律服务惠民利民宗旨的实施。

（孟树青）

**【国家宪法日宣传活动】** “12·4”国家宪法日期间，区司法局组织开展“同享法治共建和谐”金顶街法治文艺汇演、“弘扬宪法精神，构建和谐社会”以及“12·4”国家宪法日暨五里坨街道“七五”法治宣传教育启动文艺演出，以内容丰富、形式多样的高水平法治文艺节目为群众奉上法治文艺大餐。古城开展宪法宣誓活动，使工作人员对宪法的法律地位、法律权威、法律效力有更深认识。鲁谷、老山、八宝山通过上街宣传的形式宣传国家宪法日，苹果园、八角、广宁以法律讲座形式带给社区居民一场法治盛宴。增强国家机关工作人员和群众对宪法法律地位、法律权威、法律效力的理解和认识，强化宪法意识和法律观念。

（孟树青）

**【深化人民调解工作】** 年内，区司法局发挥沟通协调、统筹指导功能，促进人民调解组织规范化、专业化建设，最大限度维护社会和谐稳定。着眼有效发挥行业指导作用，进一步健全完善人民调解协会工作制度机制，调整补充工作人员，加大投入保障办公场所、设施等软硬件达标。依托协会平台，吸引社会组织和民间力量，调动各方面积极因素，开展矛盾纠纷排查和专业化解服务。社区、街道两级矛盾纠纷多元化解平台建设扎实有效。以规范化调委会为标准，建立健全基层矛盾纠纷多元化解信息平台，为“小事不出社区，大事不出街道”的人民调解目标奠定坚实基础。落实定期抽检和巡视制度，确保各级人民调解委员会制度健全、档案齐全，案卷装订符合要求。强化岗位责任，确保各项数据统计报送及时准确，无虚报、漏报、瞒报及逻辑错误，全年共调处矛盾纠纷3292件，成功化解3112件，达成书面协议641件，涉及当事人15310人，涉案金额4857余万元，实现法律效果和社会效果的有机统一。注重提升人民调解队伍整体素质。对全区人民调解组织进行调整补充，挑选20名有较深理论基础和丰富实践经验并且在行内有一定知名度的律师，成立区人民调解专家库，发挥各领域调解专家的资源优势，全区统筹使用调解力量，有效提高矛盾纠纷化解的效率和效果。区人民调解协会采取菜单式培训的方式，委托区社区大学对骨干人民调解员进行培训，各司法所通过主题培训、专项讲座、业务座谈等方式，组织近千名调解员参加学习，提升调解实战技能和法律知识水平，更好地服务百姓。顺应形势，进一步拓展调解领域。紧跟审判立案登记制、法官员额制等司法改革的推进，选派经验丰富的人民调解员参与诉前调解、信访事项接待等工作，引导群众把人民调解作为解决矛盾纠纷的首要选择，促进人民调解知晓率，提升诉讼与调解的对接效率。根据市政府办公厅《关于政府向社会力量购买服务的指导意见》相关规定，区人民调解委员会已经申报2016年度北京市社会建设专项资金购买社会组织服务，用于建设“培育孵化符合地区发展需要的特色调解工作室”项目，打造石景山区调解工作创新品牌。截至年底，全区182个调解组织中，街道级调解组织规范化率达到100%，社区级调解组织规范化率远超全市30%的平均标准。

（孟树青）

**【抓好重点人群普法】** 年内，区司法局以“法律六进”为载体，针对不同普法群体，组织开展学雷锋月、《反家庭暴力法》实施宣传暨“三八”维权周、青少年维权知识竞赛、新形势下的法治政府建设征文、第三届校园法治文化节暨青少年法治文艺大赛等宣传活动。不断健全完善国家工作人员学法用法工作机制，围绕地区“治乱疏解建高端”战略，深入开展“依法行政，勤政为民”领导干部及公务员专项法制宣传活动，建立领导干部及公务员学法长效机制，发放《领导干部依法执政的法律智慧》“六五”普法教材，组织领导干部法律培训活动，有力深化“法律进机关”活动。以乌兰察布政法考察团的接待工作为契机，向考察团展示石景山区最近五年来的法治教育工作开展情况，就依法行政工作进行深入交流。

（孟树青）

**【创新法治宣传教育】** 年内，区司法局利用户外广告、电视媒体、《石景山报·司法行政专版》、互联网等平台为市民提供更加便捷的学法用法渠道。石景山法治宣传教育网、“石景山普法”微博及微信公众号等新媒体均已上线运行，定期推出平安讲堂、新闻动态、以案释法、调解员风采等板块，普及法律知识，为矛盾纠纷化解营造广泛群众基础。各平台围绕“七五”普法启动，集中推出系列法治宣传教育活动，在公交站点和社区宣传栏内各投放宣传海报40余张，在法治宣传教育网、“石景山普法”微博及微信公众号和户外广告平台上推出图文并茂的宣传资料，展示“七五”法治宣传教育规划的指导思想、主要目标、工作原则、对象和要求、主要任务、工作措施等，实现“七五”法宣工作启动的良好开局。

（孟树青）

**【法治文艺宣教活动】** 年内，区司法局寓教于乐，开展法治文艺宣传教育活动。组织开展法治动漫微电影评选、校园法治文化节暨青少年法治文艺大赛活动，通过征集评选法治文艺作品的形式提升广大群众的法律素质尤其是青少年的法治意识。举办“纪念中国共产党成立95周年暨老山街道首届法治书法美术摄影展”“笔墨飘香迎国庆，和谐法治度中秋”法治书画展，以精美的法治文艺作品陶冶群众法治情操，增强法治宣传教育的实际效果。

（孟树青）

**【以案释法活动】** 年内，区司法局贯彻落实《关于深入推进法官检察官行政执法人员律师以案释法工作的指导意见》，开展法官、检察官、行政执法人员、律师等以案释法活动。依托多元化社会平台，深化律师以案释法工作，继续以需求为导向推出以案释法宣讲活动。在区属新闻媒体、网络及微信平台等新媒体开辟“以案释法”专版、专栏，不断完善司法、行政执法典型案例定期发布制度，不断扩大以案释法工作的社会影响力。

（孟树青）

**【加强律师管理】** 年内，区司法局对律师行业执法权力事项进行梳理规范，确定律师行业执法权力清单和执法责任清单。落实“双随机”抽查，严格律师事务所年检和考核，规范律师代理案件报告备案制度。坚持律师参与每周区领导信访接待和法院立案厅值班，取得较好的社会效果。采取政府购买服务形式，将一对一社区法律顾问制度进行规范固化，实现全区所有社区全覆盖，并针对律师法律服务的形式、内容、数量以及评价考核等健全制度规范，保障群众法律需求。截至年底，全区有律师事务所35家，执业律师200人。

（孟树青）

【两类人员管理教育】 年内，区司法局加强"两类人员"（社区矫正人员、刑释人员）管理教育和服务，以推进工作落实法制化为重点，全面提升矫正帮教工作水平。梳理、拟定石景山区社区矫正工作权力清单和业务规范，每季度开展主题执法督察工作，杜绝安全隐患及管理盲点；深入推进制度化流程，以走访、谈话等方式为主，以批评、警告等手段为辅，按照现实表现分级、分类，全面、深入掌握"两类"人员动态、轨迹和交往情况，确保十八届六中全会、G20峰会等重大活动期间"两类"人员的安全稳定。开展信息化建设，区司法局和各司法所矫正宣告场所硬件建设全面提升，社区服刑人员加戴电子监管腕表实现实时监管，社区矫正移动执法终端投入使用，社区矫正业务平台实现市局、区局和司法所的纵向联通，成为全市首个开展罪犯视频会见的城区。拓展社会化途径，打造区阳光社区矫正服务中心牵头，社区积极参与，社会组织日常服务，司法行政部门监督运行的社会力量参与模式，与区社工委、团区委、区妇联、各街道及社工事务所形成合作关系，广泛开展社会力量参与社区矫正帮教转化项目。全年，累计管理"两类"人员千余名，未发生严重违法违纪和再犯罪案件。

（孟树青）

【拓展法律援助范围】 年内，区司法局以满足群众法律需求为导向，不断健全法律援助服务机制。优化服务举措，创新宣传方式，开展"提数量、保质量、强规范"活动，实现法律援助案件数量、质量双提升。依托"12348"法律服务平台拓展法律援助范围，增加值班律师数量，规范律师值班制度，化解来访群众矛盾纠纷，引导群众理性维权。深入实施"点援制"和针对行动不便孤寡老人、重度残疾人的电话预约上门服务等多项便民措施，对来访群众实行"一次性告知"，积极做好相关咨询、转引工作。成立联勤部社区、北京工业职业技术学院和66469部队法律援助工作站。组织开展针对农民工、妇女、残疾人、老年人的法律援助专项维权活动。全年共办理法律援助案件217件，其中民事143件，刑事74件，接待来电来访咨询2552人次，收到群众赠送的锦旗5面。

（孟树青）

【提升公证服务水平】 年内，区司法局注重改进服务态度，强化服务质量，加大公证事项审查力度，严格依法办理各类公证事项，严防各种以公证为手段的违法犯罪问题发生。参与区委区政府中心工作和应急处置法律服务工作，及时提供专项公证服务。参加北京市司法局和北京市公证协会开展的为80岁以上老年人免费办理遗嘱公证公益服务活动，为符合条件的老年人办理免费遗嘱公证。在市司法局组织的公证执业检查中，案卷抽查合格率100%。全年共办理各类公证事项12984件，其中国内民事公证6076件，涉外民事公证6908件。

（孟树青）

【社区法律顾问全覆盖】 年内，区司法局全面推进社区法律顾问工作，13家律师事务所51名律师与全区149个社区签定法律顾问协议，实现社区法律顾问全覆盖。社区法律服务工作实行律师公益法律服务与政府补贴相结合，补贴经费由财政保障，列入司法行政机关年度预算。制定落实工作记录、定期服务、教育培训等工作制度，有效保证了社区法律顾问工作健康运行，保障了群众法律需求。截至11月底，为社区居民提供咨询8715人次，发放材料83758份，开展培训讲座86次，参与纠纷调解168次，代写法律文书289份，帮助社区完善制度规定18件，为居民提供法律意见和建议96条。

（孟树青）

【"12·07"善后法律服务】 年内，区司法局在"12·07"燃气爆燃善后处置工作中，主动发挥律师、公证、人民调解等专业法律服务力量的职能优势，为事件涉及的当事人提供法律政策咨询、现场工作监督等服务，累计出动200余人次，正面引导群众、疏导群众情绪、促进达成协议。

（孟树青）

【人民调解微信公众号启用】 年内，区司法局创新宣传载体，启用人民调解微信公众号，设置新闻动态、平安讲堂、凡人烦事等板块，宣传法律知识，推进人民调解工作。

（孟树青）

## 石景山区政法部门负责人

北京市公安局石景山分局

| | | |
|---|---|---|
| 局　长 | 陈　强（9月免） | |
| | 亢　军（9月任） | |
| 政　委 | 龚嘉明 | |

| | |
|---|---|
| 人民检察院检察长 | 王春风 |
| 人民法院院长 | 高　虹（女） |
| 司法局党组书记 | 邢俊毅（副区级） |
| 局长 | 郭景明 |

# 军 事

石景山区在中华人民共和国成立后一直是北京军区(1月16日零时撤销)机关驻地,现在成为陆军领导机构(于上年12月31日成立并入驻)、中部战区(是年2月1日成立)机关所在地。

随着改革不断深入和城市民兵工作情况的变化,区委、区政府加强和改进民兵工作,逐步实现各类专业技术分队的结构布局与战时兵员动员需要相结合。民兵组织向大专院校、社区、三资企业拓展,与海淀区联合编组预备役部队,确保在未来战场上拉得出、用得上、起作用。历届区委、区政府围绕强军目标,主动作为,推进党管武装工作创新发展。坚持为驻区部队做好服务工作,军政军民关系融洽。着力加强领导干部和全民国防教育,增强全民国防意识,加强与军事相关的各项工作。始终关心支持国防、军队建设,紧贴全面实施强军战略的形势、任务和要求,全力以赴拥护、支持、服务、保障部队改革,全面促进区域经济建设和国防建设协调发展、平衡发展、兼容发展,努力争创军民融合发展示范区。全区各行各业持续开展多种形式的拥军活动,做了大量卓有成效的工作,极大地激发部队官兵安心服役、建功立业的政治热情和工作动力。石景山区将人民防空、防震减灾工作与经济建设、城市发展、民生改善深度融合,稳步推进民防工作创新发展,围绕"战时防空、平时服务、应急支援"的根本使命任务,以提升应急应战能力为核心,以转型升级为主线,坚持民防为民,聚焦民防主业与核心职能,狠抓工作落实,推进街道(社区)人防工作常态化。人防工程始终处于良好战备状态,取得较好的战备效益、社会效益和经济效益。强化专业队伍整组培训,提高人员专业素质,提升民防队员快速响应、快速机动能力和应急迎战、防震减灾能力。

张耀中)

# 人民武装

## 概　　述

中国人民解放军北京市石景山区人民武装部(简称区武装部)受北京卫戍区和中共石景山区委、区政府双重领导,主管全区军事工作,行使区委军事指挥机关和区政府兵役机关职能。区武装部下辖19个基层武装部,有专兼职武装干部40余人;内设军事科、政工科和后勤科。年内,围绕卫戍区党委扩大会议部署安排,以服从和服务于深化改革为主线,坚持政治建军、改革强军、依法治军、科技兴军,贯彻习主席当兵打仗、练兵打仗、军民融合重大战略思想,按照"举旗铸魂、聚焦打仗、依法治理、强本固基、创新推动、坚强核心"的工作思路和"五部"新职能新定位,抓建设谋发展,各项工作有序推进,各项任务圆满完成。

**地址:石景山区八大处路22号**
**电话:88962760**
**邮编:100144**

(王文俊)

**【民兵组织整顿】** 2—4月,区武装部针对石景山区区域经济转型,新兴企业增多的实际,进一步拓宽民兵编组范围,优化组织结构,提高科技含量,积极尝试在高新技术和民营企业建立民兵组织,提高民兵编组质量。全区共编组普通民兵4650人,基干民兵2800人,基干民兵建有应急、支援和储备三类队伍共23支分队,其中,民兵应急队伍850人,支援队伍1853人,储备队伍97人。按照"建在身边、抓大手中、用在关键"的目标要求,扎实抓好常备应急力量建设,全区各街道均建有30人的应急分队,集中建立区属100人应急分队,基本具备覆盖全区的快速反应能力。

(王文俊)

**【党管武装工作】** 4月25日,召开党管武装工作会议,大会总结上年度民兵工作,部署本年度工作,并对上年度民兵工作先进单位和先进个人进行表彰,牛青山等区领导和各街道工委书记、主任,驻区企业和院校主管领导、有关委办局、区国防动员委员会办公室成员、全体专武干部和民兵干部约120人参加。8月,邀请国防大学教授孟祥青以"我国周边形势"为题为全区区处以上干部上国防教育课,增强领导干部国防观念。

(王文俊)

**【强化军事训练】** 年内,区武装部结合石景山区实际及民兵担负的任务,采取岗位分散训、利用基地集中训、依托部队手无寸挂钩训等形式,强化军事训练效果。4月,在首钢集中利用15天时间,分两批组织60人的民兵高炮分队和应急分队专业集训,提高民兵高炮分队遂行多样化军事任务的能力。5月,组织全区40余名专武干部开展集中培训,通过专家授课、个人自学、讨论交流等方式,提升专武干部的能力素质。6月,组织首钢、北重机械厂等企业和5个街道的62名民兵,与预备役高炮4团合训30个训练日,主要完成了高炮基础知识、专业理论、单兵操作与协同等课目的训练考核。7月,组织高炮分队实战背景拉动,赴河北乐亭进行实弹演练,总评成绩良好。

(王文俊)

**【完成征兵工作】** 5—9月,区武装部组织征兵宣传、进行兵役登记,抓好兵员征集落实。作为拥军工作先进区县,对当年征兵工作进行充分的先期动员,征兵人数再创新高。坚持以提高新兵质量为标准,严把征兵质量关,部分适龄青年通过严格的体格检查和政治审查被批准入伍。9月6日,举行欢送新兵大会,这些入伍新兵分别来自全区各街道(鲁谷社区)、首钢总公司、北方工业大学以及北京工业职业技术学院等高等院校。大会还通报表彰征兵工作先进单位和先进个人,新兵代表和家长代表分别作主题发言。区领导李文起、耿振虎、石玉贵、陈婷婷、刘建国以及区征兵工作领导小组成员、各街道(鲁谷社区)、驻区企业、高校负责人及部分新兵家长参加欢送大会。

(王文俊)

**【完成战备值勤】** 年内,区武装部按照"平时应急维稳、战时首都防空"的职能使命要求,稳步提升战备训练质量。制定综合防卫、应急维稳、抗洪抢险、山林灭火等方案,在上年翻新改造8类战备应急库室的基础上,充实完善战备箱携行物资和器材，按照“三分四定”要求重新进行调整，规范战备工作。

（王文俊）

**【抓好军民融合】** 年内，区武装部瞄准争创全国“双拥模范城”七连冠目标，发挥人武部桥梁纽带作用，建立军民融合发展定期沟通协调、需求研判、实施清单、任务落实、环境保障等长效机制，凝聚军地双方力量，发挥军地双方优势，探索军民融合的共建共享体系。区委区政府与驻区部队联合签发《关于推进军民融合深度发展的实施意见》，加强军地联动，抓好“六项融合”，促进经济建设和国防建设协调发展。区委区政府出台多项政策解决驻区军人随军家属就业、子女入学、转业安置等“后代、后路、后院”问题；驻区部队在积极支援地方绿化植树、护林防火等任务，形成军地和谐发展的良好局面。

（王文俊）

# 民　防

## 概　述

北京市石景山区民防局（简称区民防局）是区国防动员委员会常设办事机构，也是区政府人民防空工作主管部门。内设办公室、指挥通信科（应急管理科）、工程建设管理科、法制宣传教育科，下属事业单位2个，即区防空防灾指挥中心、区人防工程管理中心。负责全区民防指挥通信建设与管理、人防工程建设管理与开发利用、防空防灾知识宣传教育、人防专业队伍建设、民防志愿者队伍建设；承担区政府赋予的应急指挥保障、公用人防工程安全管理等任务。年内，全面落实“长期准备，重点建设，平战结合”的方针，民防指挥通信、人防工程建设管理、公共安全宣传教育等体系建设取得新成绩。办理新建人防工程竣工验收备案7件，建筑面积74870万平方米。办理人防工程使用行政许可11件，人防工程使用证延期许可45件。关闭12处散租住人工程，面积9057平方米，清退居住人员632人。完成24处人防工程717项设备设施的维护维修工作，建筑面积2.4万平方米。

**地址：石景山区石景山路18号**
**电话：88680178**
**邮编：100043**

（崔建国）

**【人防工程防汛】** 1月13日，区民防局分别召开街道防汛工作会、人防工程管理使用单位防汛工作会，签订2016年防汛工作责任书31份。重新修订完善《石景山区人防工程防汛应急预案》，组建3支应急抢险队，24小时电话保持畅通。购置小型潜水泵、消防水带、防汛麻袋等防汛物资。汛前为19个小区物业配发潜水泵45台，切实做好极端天气应对工作。对153处公共未用人防工程配备防汛沙袋3000袋，提前码放在工程口部，确保工程汛期安全。利用短信群发系统为工程使用单位和小区物业发布雨情预警100余条，提醒加强值守做好应急准备，确保安全度汛。

（崔建国）

**【防空防灾宣传】** 2月28日，区民防局参加市局举办的“国际民防日”演练活动暨《绝力勇士》游戏软件发布仪式。活动在古城街道民防志愿者之家举行，市、区民防局，北京联众公司、民防浩天志愿者、媒体共计70人参加活动。活动内容包括：志愿者进行集结演练、通信设备演练（津冀地区互联互通）、滑索、攀岩、狭小空间和心肺复苏演练；组织观看《绝力勇士》游戏竞技视频并进行启动仪式；组织参观民防志愿者之家的指挥室、装备仓库等要素房间。活动展示民防知识与网络游戏相结合的创新发展，感受防空防灾网络文化崭新成果，扩大科普知识影响力，树立政府部门搭台，文化公司研发，服务公众、造福百姓的崭新形象。

（崔建国）

**【公共安全教育】** 3月25日，区民防局会同区委党校，在民防浩天志愿者之家举办的40人科级干部班救援器械使用培训。4月7日，联合区委组织部、区人力社保局和区委党校，在古城宣教基地完成处级干部班公共安全知识培训课程，50人参训。包括参观公共安全宣教基地各展厅，初步了解各种灾害的预防和自救互救知识，听取国防大学战略部王洪福大校关于我国周边军事形势的讲座，使学员们深刻感受到提高公共安全意识的紧迫感，提高突发事件的应对能力。5月18日在南马厂水库举办40人处级干部班应急救援演练观摩活动；5月25日在古城宣教基地举办40人中青干部班参观学习培训。同月30日在向阳小学开展防灾减灾技能培训活动，共计100余名师生参加。7月8—9日，举办公共安全知识师资培训班，全区公共安全知识专职教师共60余人参加，聘请专业人员讲解防灾减灾课程、校园急救的实际操练和应急救助的注意事项等内容，提升授课教师的教学水平，为全区中小学生公共安全知识教育打下坚实基础。

（崔建国）

**【防空袭方案修订】** 3—12月，区民防局对石景山区防空袭方案进行全面修订。制定工作计划，开展专业培训，深入实际调研，收集整理材料，夯实工作基础。6月14日，召开全区防空袭方案修订工作会议，相关单位50余人参加，部署工作，分解任务，提出要求，修订工作全面展开。防空袭方案完成初稿后，广泛征求意见，反复修改完善，形成正式定稿，报上级审批。

（崔建国）

**【设施维护管理】** 4—10月，区民防局对全区防空警报器进行检测和维护保养，更新3台电动警报器，对7台电声警报器28块蓄电池进行更换。全区防空警报均处于良好的战备状态。

（崔建国）

**【教学实践活动】** 5月12日是我国第八个“防灾减灾日”，区民防局根据市、区工作部署，联合区教委、瑞丁国际幼稚园、绿舟志愿者队联合开展以“减少灾害风险 安全从娃娃抓起”为主题的教学实践活动。瑞丁国际幼稚园中大班的师生50余人、区中小学公共安全专职任课教师20余人、区民防局工作人员10余人齐聚古城民防公共安全宣教基地，活动分为学生参观、教师观摩与研讨两个部分。首先由绿舟志愿者队的骨干队员向参加活动的老师和小朋友们讲解各种自然灾害、避险常识和自救互救知识;随后组织学生参观国防教育展厅、消防展厅、公共安全展厅、地震展厅、红十字会展厅;引导小朋友们亲身感受机动车驾驶舱、地震平台、震后小屋等体验项目;最后全区负责公共安全的专职任课教师根据现场观摩的感受进行研讨,从自身出发谈如何更好地教会孩子减少灾害风险,真正做到安全知识从娃娃抓起。

(崔建国)

**【指挥中心建设】** 6月,区民防局完成1处高点监控建设任务。做好防空防灾指挥中心维护管理工作。共组织总控室、815D指挥车培训68次,应急保障演练6次,参加市民防局组织的指挥通信车驻训并取得野外天线架设第三名的好成绩,完成3次短波电台京津冀一体化训练任务。完成所属设备的各项预检预修和维护工作,确保各项设备的正常运转。完成除夕、正月十五、全国"两会"、国庆等重要节假日、会议的应急保障工作。

(崔建国)

**【防空警报试鸣】** 9月17日(全民国防教育日)15时0分至23分,区民防局完成石景山区五环路以外38台防空警报器年度试鸣任务。按照"预先警报、空袭警报、解除警报"顺序,每种鸣放3分钟,警报鸣响率100%,音响覆盖率100%,达到预期效果。

(崔建国)

**【开展专项整治】** 年内,区民防局组织开展冬春季火灾防控行动;"两会"期间社会面火灾防控;端午节零点夜查行动;夏季消防检查专项行动。在各专项整治行动中,全部按照文件要求制定专项工作方案,向各街道下发工作通知进行部署;组织开展防火普查;召开人防工程管理单位安全部署会;按照阶段性时间节点报送阶段性工作总结和报表,确保人防工程未出现一起火灾事故。

(崔建国)

**【完成信访排查】** 区民防局全年共接待信访99件(次),其中来电65件(次),办理市民防局、区政府转办件34件(次)。在处理信访问题时,始终坚持首问责任制,热情接待、认真核查、依法办理、及时反馈,使问题全部得到较好的解决,无矛盾激化和群体上访事件的发生。

(崔建国)

**【人防工程使用】** 年内,区民防局落实《石景山区人防工程使用规划》,新开发利用人防车库8处,建筑面积7.1万平方米,新增停车位2352个;新增高校教育办公场所2处,建筑面积3501平方米。

(崔建国)

# 防震减灾

## 概　　述

北京市石景山区地震局(简称区地震局)是区政府地震工作主管部门,内设综合科、监测预报科。负责地震监测预报、宣传教育、应急准备等工作。年内,开展地震逃生与自救互救培训,推进地震安全示范社区建设,完善国家级和北京市级示范社区申报工作,4个社区被中国地震局认定为国家级地震安全示范社区、1个社区被认定为2016年度北京市级地震安全示范社区。

(王珅珅)

**【灾害搜救演练】** 5月18日、10月15—16日,区民防局以"减少灾害风险建设安全城市"为主题,组织首钢武装部、蓝天救援队、浩天救援队、绿舟救援队、中安救援队五支驻区救援队共350余人次,分别开展地震次生灾害搜救演练。模拟地震发生背景,启动Ⅰ级应急响应,组织居民应急避难,营救被困群众等,提高应急志愿者队伍的整体素质,推进志愿服务工作健康发展。

(崔建国)

**【地震监测预警】** 7月11日5时53分在苹果园街道附近(北纬39.97度,东经116.18度)发生2.1级地震,震源深度10千米。震情发生后,区地震局第一时间向震中所在街道及周边了解情况,搜集数据,并及时将信息反馈至市地震局和区应急委,与相关街道办事处保持密切联系,确保震情信息及时上传下达。年内,制定《石景山区震情跟踪工作方案》。着重做好元旦、春节、"五一"及重大活动期间的震情会商工作,及时、广泛地分析处理数据资料,严密监测各类地震观测数据。共会商40次,监测数据4380组,按时将会商意见上报至市局监测预报中心。对全区10个台站进行巡查,严格遵守操作规程,做好监测设施的维护,确保前兆监测台网及强震台网的稳定运行。

(王珅珅)

**【地震安全示范社区】** 年内,石景山区地震安全示范社区建设稳步推进,国家级和北京市级示范社区申报工作不断完善。根据京震发〔2016〕62号文件通报,八角街道景阳东街第一社区、八角街道景阳东街第二社区、八宝山街道玉泉西里北社区、鲁谷社区行政事务管理中心重兴嘉园社区4个社区被中国地震局认定为国家级地震安全示范社区。截至年底,辖区有地震安全示范社区11个,其中包括6个国家级示范社区和1个北京市级示范社区。

(王珅珅)

**【地震应急志愿者培训】** 年内,新建的区级地震安全示范社区和防震减灾科普示范学校开展地震应急志愿者队伍建设。在金顶街二区社区和石景山区实验小学开展地震应急志愿者培训,参加培训200余人。培训以"地震逃生与自救互救"与"地震现场避险逃生"为主题,邀请红十字会讲师讲解地震逃生技巧、应急避险技能、自救互救方法等方面的防灾减灾知识。

(王珅珅)

**【应急避难场所建设】** 年内,区地震局推进应急避难场所建设,与区园林局、体育局、教委、相关街道等单位研究地震应急避难场所建设事宜,并邀请市地震局专家对应急避难场所建设工作进行指导。启动石景山体育场应急避难场所建设工作,会同区体育局和设计单位多次进行现场勘查,开展方案设计,协商建设安排、内容和标准。

(王珅珅)

# 综合经济管理

2016年，面对复杂严峻的国内外环境，石景山区大力实施"全面深度转型、高端绿色发展"战略，聚焦八个高端体系建设，稳增长、促改革、调结构、惠民生，全区迈入高端绿色发展的历史新阶段。主要经济指标增长高于全市平均水平。地区生产总值增速1季度、上半年和1—3季度分别为7.0%、7.2%和7.2%，1—4季度为7.1%，高于北京市平均水平0.4个百分点，居全市第8位，城六区第2位。全区居民人均可支配收入增速为8.3%。1—12月，全区固定资产投资、社会消费品零售总额、公共财政预算收入分别增长12.1%、8.1%和15.5%，分别高于全市6.2个、1.6个和8.0个百分点。

"两稳"稳住石景山经济。固定资产投资平稳增长。全区固定资产投资225.6亿元，同比增长12.1%，增速居北京市城六区第2位。全区发生投资的城镇投资项目共计126个，完成投资84.8亿元，同比增长13.7%。其中，投资过亿元的重大基础设施项目11个，有效支撑了城镇投资快速增长。全区房地产开发投资140.8亿元，同比增长11.2%，占全社会投资比重62.4%。消费市场缓中趋稳。全区社会消费品零售总额达到287.5亿元，增长8.1%，增速居北京市城六区首位。

结构调整扎实推进，第三产业发展持续加快。1—4季度，第三产业增加值增速达到8.6%，呈较快速增长态势；同时第三产业增速超同期地区生产总值增速1.5个百分点，第三产业占地区生产总值的比重达到69%，比去年同期高2个百分点，对经济增长的贡献率为93.5%，是支撑全区经济稳定增长的绝对动力。其中，信息传输、软件和信息技术服务业，房地产业，金融业，科学研究和技术服务业等优势行业继续发挥重要支撑作用，对全区经济增长贡献率合计达72.6%。投资结构合理。第三产业投资增长14.8%，比全社会固定资产投资增速高2.7个百分点。

经济效益继续提高，财政收支较快增长。全区一般公共预算收入为52.1亿元，同比增长15.5%，增速居北京市首位。其中，增值税和企业所得税分别同比增长73.7%和39.3%。增值税对一般公共预算收入增长贡献率达89.3%，主体地位日益显现。1—11月，全区第三产业实现收入1619.8亿元，同比增长11.5%；利润总额275.9亿元，同比增长32.8%。商业利润稳速增长。1—12月，全区限额以上大中型商业企业实现利润总额34.7亿元，同比增长1.3倍。居民收入继续提高。全区居民人均可支配收入同比增长8.3%，继续跑赢GDP增速。

疏解非首都功能，供给侧结构性改革成效明显。全区常住人口63.4万人，比上年减少1.8万人。工业去产能成效明显。全区黑色金属矿采选业主要产品之一球团矿的产量同比下降5357吨。房地产去库存效果明显。商品房实现销售面积55.7万平方米，同比增长32%，实现销售额190.6亿元，同比增长99.5%，其中商业办公项目占到八成多。新兴供给成长加快。1—11月，金融业，信息传输、软件和信息技术服务业，科学研究和技术服务业，租赁和商务服务业占第三产业总收入52.9%，对第三产业收入增长的贡献率达116.3%，支撑作用日益明显。

# 综合经济调控

## 概　　述

北京市石景山区发展和改革委员会（简称区发改委）是负责拟定全区国民经济和社会发展战略、规划、计划，指导重大项目建设，平衡人口资源环境，行使价格管理监督检查职能，推进区域协同发展和可持续发展的区政府工作部门。年内，区发改委紧扣国家级绿色转型发展示范区的总体目标，主动把握发展新常态，以五大发展理念为指导，以供给侧结构性改革为主线，推进全区经济运行稳中向好，达到速度、结构、质量、效益统一，社会形势总体稳定，"八个高端体系"建设取得重大进展，实现"十三五"良好开局。全年实现地区生产总值465.6亿元，同比增长7.1%；一般公共预算收入完成52.1亿元，同比增长15.5%；全社会固定资产投资完成225.6亿元，同比增长12.1%；社会消费品零售额完成287.5亿元，同比增长8.1%；居民人均可支配收入60980元，同比增长8.3%；城镇登记失业率控制在2.5%以内；万元地区生产总值能耗、PM2.5年均浓度分别同比下降9.51%、7.1%，主要指标增速在全市保持前列。

**地址：石景山区石景山路18号**
**电话：88699333**
**邮编：100043**

（张　肖）

**【"十三五"规划纲要发布】** 1月9日，《"十三五"时期石景山区国民经济和社会发展规划纲要》（以下简称《纲要》）经区第十五届人民代表大会第六次会议审议通过。《纲要》采用章节方式谋篇布局，全文共10章、44节，约3.6万字。第一章立足历史新起点，开启高端绿色发展新篇章，主要是确定"十三五"时期石景山区的发展定位、指导思想与战略目标。第二章到第九章是重点任务，分别就服务保障首都核心功能、促进经济提质增效升级、建设现代化智慧城区、构筑绿色生态园林城区、打造京西人文魅力城区、构建幸福民生家园、提高社会治理现代化能力、深化改革开放等八个重点领域进行阐述与部署。第十章是保障措施。同时，《纲要》附有指标体系、重大项目、名词解释三个附件，为规划落实提供支撑。7月，完成《纲要》手册印发，并在"北京·石景山"官网向社会公众发布。

（刘碧寒）

**【石莲变电站投运】** 4月1日，石莲110千伏变电站正式投运。该站是石景山区东部第一个110千伏变电站，也是第一个智能变电站。可为东部地区近十年用电需求提供保障。"十二五"期间，石景山区不断加大电网投资力度，建成1座220千伏变电站、1座110千伏变电站、扩建2座110千伏变电站，完成老旧小区改造13项，更好地服务和满足地区用电需求，保障民生用电。

（姜　博）

**【推进京津冀协同发展】**　6月22日，成立“石景山区推进京津冀协同发展领导小组”，由区委书记、区长任双组长，常务副区长为常务副组长，30个委办局为成员单位，搭建京津冀协同发展领导架构。制定《石景山区推进京津冀协同发展工作分工方案》，对未来几年全区京津冀协同发展工作进行统筹安排。领导小组主要职责包括：组织贯彻落实《京津冀协同发展规划纲要》及北京市《贯彻〈规划纲要〉的意见》确定的各项方针政策；统一部署京津冀协同发展和非首都功能疏解各项工作，指导京津冀协同发展和非首都功能疏解各项工作的组织实施；协调解决推进京津冀协同发展和非首都功能疏解工作中的重大问题，督促检查京津冀协同发展和非首都功能疏解工作的开展情况。领导小组办公室设在区发改委，负责京津冀协同发展及非首都功能疏解具体事项，组织拟订、落实相关规划、计划、制度、方案，督查落实领导小组的日常工作。领导小组定期召开联席会议，审定相关工作方案，协调推进京津冀协同发展及非首都功能疏解工作中的重大问题。在协调推进京津冀协同发展及非首都功能疏解工作中，遇有重大问题不定期召开办公室会议，如遇突发情况，及时上报领导小组，不定期召开领导小组联席工作会；根据会议内容的具体要求，可以请其他相关政府部门和企业参加。领导小组各成员单位的“一把手”要亲自抓该项工作，明确业务主管领导、主管科室负责人负责具体工作落实，固定岗位、责任到人，协调推进京津冀协同发展及非首都功能疏解工作。与此同时，区委、区政府督查室会同领导小组办公室对各成员单位任务的落实情况进行督促检查，将推进京津冀协同发展及非首都功能疏解工作纳入区委、区政府重点任务督察范围。

（郭志文）

**【市发改委调研人口调控】**　6月28日，市发改委委员李素芳带队调研石景山区人口调控工作。调研组在实地调研衙门口北路大杂院整治及停车场建设情况，听取区人口调控、社区人口调查及相关部门工作汇报后，对区住宅情况调查、社区人口调查和低端产业及人口疏解工作给予高度肯定，李素芳指出：要持续发力、持之以恒、久久为功。要统筹协调、加强考核，务求实效。要建好实有人口和常住人口动态监测两个平台。要有长远谋划，处理好发展与疏解、调控之间的关系。市统计局总统计师郑新和市相关部门领导参加调研，区相关领导陪同调研，14个部门领导参加座谈。10月25日，市发改委副主任李素芳带队调研区人口调控工作。通报北京市人口动态监测情况，听取石景山区工作情况汇报。市总统计师统计局郑新充分肯定区人口调控工作成绩，指出，汇报认真、情况真实、建议真切。李素芳要求：全面发力，强化各项措施，不折不扣确保任务完成；精准发力，联防联控，切实实现人口疏解；长远谋划，整体安排，要向提高城市精细化管理水平要空间。

（蔡红峰）

**【产业体系规划编制】**　6月，区发改委编制完成《“十三五”时期石景山区高端的以服务业为主导的产业体系发展规划》。规划在对“十二五”时期产业发展进行总体评价的基础上，结合国内外产业发展规律与趋势，提出“十三五”期间产业发展的指导思想、发展目标，确定重点产业发展方向，进一步对产业空间布局进行优化调整，明确促进产业高端绿色发展的七大重点任务，并提出相应保障措施，是未来五年地区产业发展的宏伟蓝图和行动纲领，也是指导“十三五”时期产业发展的重要依据。撰写出版《构建以高端服务业为主导的产业体系探索与实践》，全面解读以高端服务业为主导的产业体系的内涵、思路、目标和战略措施。

（邓　磊）

**【“十三五”专项规划印发】**　8月18日，按照《石景山区国民经济和社会发展第十三个五年规划研究编制工作方案》，全面完成13个重点专项规划、46个一般专项规划的编制。重点专项规划经第9次区政府常务会议审议通过。9月10日，《石景山区“十三五”时期高新技术产业发展规划》等12项重点规划以政府办名义印发各单位。11月，重点专项规划和一般专项规划完成排版、印刷、发放，并在“北京·石景山”官网上依法依规公开。

（刘碧寒）

**【获批国家改革示范典型】**　12月，国家发改委在全国37个“十二五”试点区中，确定石景山区等10个试点区为“十二五”服务业综合改革示范典型。“十二五”期间，石景山区以国家服务业综合改革试点为契机，大力培育发展服务业，加快调整产业结构，初步实现由传统老工业基地向服务经济主导的绿色生态新区转型发展，试点成效明显。服务业占石景山区经济比重达到69%，较2010年提高12个百分点，以现代金融、高新技术、文化创意、商务服务、旅游休闲五大高端服务业为主导的产业体系初步形成；以长安金轴、北京保险产业园、新首钢高端产业综合服务区、中关村石景山园为代表的“一轴三园”的产业发展空间布局不断优化。

（邓　磊）

**【治乱疏解电力保障】**　年内，按照区“治乱疏解建高端”工作部署，联合区城管局、苹果园街道、老山街道等单位，协调石景山供电公司，参与治乱疏解工作，全年开展电力配合工作80余次。重点推动永引渠南北侧、S1线沿线、北辛安、海特花园41号楼北侧、梁公庵等地区拆违治乱工作。

（姜　博）

**【重大项目获立项批复】**　年内，完成北辛安棚户区改造A区、北辛安棚户区改造B区、北京保险产业园1605—648地块、首钢铸造厂南区限价房、苹果园M与N地块等重点建设项目并取得市发改委立项批复。

（刁　彬）

**【争取批复资金10.4亿元】**　年内，区第二批重大政府投资项目征地拆迁专项资金补助和苹果园综合交通枢纽项目征地拆迁资金补助等共20个项目争取市发改委政府投资计划批复资金

10.4亿元。

（刁　彬）

【固定资产投资增长12.1%】　年内，全区累计完成固定资产投资225.6亿元，同比增长12.1%，超额完成全年224亿元的投资任务。其中，产业培育类项目完成投资约119.1亿元，市政基础设施类项目完成投资约28.4亿元，能源和生态环境提升类项目完成投资约4.1亿元，社会公益类项目完成投资约1.4亿元，民生保障类项目完成投资约16.9亿元，计划外项目完成投资约55.7亿元。

（刁　彬）

【严格控制人口规模】　年内，区发改委研究制定《2016年石景山区人口调控工作方案》，明确年度人口调控工作思路和目标，提出5大领域30项重点任务措施，确定大杂院整治、棚户区改造、市场升级等15个专项行动任务并编制任务台账，与14个责任部门和9个街道签订人口调控工作责任书。围绕"治乱疏解建高端"目标，开展多部门联动合作、多领域协同推进疏解整治工作。一是重点推进"大杂院"整治和违法建设拆除，全区已有485处"大杂院"完成清理整治并通过验收，拆除违法建设49万平方米；二是强化"以房管人"，整治人防工程、直管公房和违法群租房148处，加快棚户区改造步伐，西黄村、西井棚改任务基本完成，西北热电中心周围环境整治一期项目顺利推进，北辛安棚改项目创新实施环保奖励并启动住宅征收工作；三是坚持"以业控人"，加快低端产业调整退出，全年关停低端市场21家、工业企业10家，查处各类违法经营行为2.4万余起；四是加强综合执法，健全街道和部门"双调控"机制，加大西黄村、北辛安铁新、衙门南等6个市、区级重点挂帐村综合治理力度，上述地区流动人口减少6043人，加强对民办教育的日常监管和疏解，取缔非法幼儿园6所，疏解培训机构1家、关停未经审批打工子弟学校1所，严格执行"五证"审核，减少非京籍儿童入学253人。通过各项调控措施共影响人口12万人次。年末，全区常住人口63.4万人，比上年末减少1.8万人，比市下达人口调控目标低0.1万人，超额完成年度人口调控目标。

（蔡红峰）

【有序疏解非首都功能】　年内，区发改委结合区年度重点工作任务和"高端绿色发展"实际，制定《石景山区2016年疏解非首都功能工作计划》，明确各部门、各街道的疏解任务，以"治乱疏解"为主线，通过控制增量、疏解存量、加强人口规模调控，确保年度疏解任务完成。一是控制增量。执行市区两级《新增产业的禁止和限制目录》，严把准入关，对目录涉及的新设立企业和新增投资项目一律不予准入。二是疏解存量。全力推进散乱污企业、低端商品交易市场、民办教育和低端产业聚集人群大院的疏解退出，超额完成年度疏解任务。三是加强人口规模调控。年底常住人口规模控制在63.4万人。

（蔡红峰）

【便民工程管理】　年内，全区实施便民工程128项，总投资约1.05亿元，其中街道实施便民工程119项，总投资约5914万元，部门实施便民工程9项，总投资4591万元。

（张　青）

【社会公益重大项目管理】　年内，区发改委完成文化中心项目初步设计及概算报批，落实市级支持资金5000万元，完成地上三层建设；完成体育生活化社区一期工程建设；体育生活化社区二期工程取得市发改委建设任务批复，该项目涉及8个街道23个社区，总投资4496万元，其中市固定资产投资支持4298万元，区财政负担198万元；完成实验中学综合楼项目可研报批，争取市级资金3217万元；配合区武装部完成民兵训练基地项目立项前期手续，启动可研评估；完成消防支队及特勤消防站项目、衙门口消防站项目决算报批，获得市级资金1300余万元支持。

（张　青）

【新首钢产业服务区建设】　年内，区政府和首钢总公司贯彻落实市领导关于首钢工作的重要指示精神和新首钢高端产业综合服务区发展建设领导小组第三次会议精神，加快推进首钢冬奥广场（五一剧场、制粉车间改造）、西十冬奥广场（宿舍区、配套区、办公区）、世界侨商创新中心一期、石景山景观公园改造等项目建设并纳入绿色项目审批通道表。

（孙　斌）

【西北热电后续工作】　年内，《关于西北热电中心变电站项目（GIS室）和环境整治一期项目后续工作安排的请示》通过区长办公会审议，统筹安排好两项目剩余房源使用、房产证办理、拆迁资金缺口拨付等重要工作。房山长阳636套房屋顺利交付，南五栋实现开工。西北热电周边环境整治项目获区政府2亿元资金支持。

（郭志文）

【落实产业禁限目录】　年内，区发改委与区工商分局对接，做到产业准入和工商登记有效衔接。同时，与区工商、住建委等部门联合，加强禁限目录的政策宣传引导和咨询解释，制定《关于做好〈北京市新增产业的禁止和限制目录（2015年版）〉中部分生活服务业条目执行工作的通知》，统一操作规范，明确办理流程，建立登记联系制度。全年，共接待禁限目录方面咨询200户次，不予受理涉及禁限目录名称登记272户，不予受理涉及禁限目录的经营范围变更登记97户。

（邓　磊）

【实现无煤区目标】　年内，区发改委按照市委、市政府关于"石景山区要提前一年基本实现无煤区目标"的要求，会同相关部门，加强配合、多措并举，扎实推进无煤区建设。一是领导高度重视，精心组织实施；二是制定实施方案，完善工作体制；三是注重统筹协调，扎实有效推进；四是聚焦重点难点，创新工作方法；五是加强宣传引导，营造良好氛围。通过"五个一批"（非正规燃煤设施改造治理一批、棚户区改造压减一批、煤改清洁能源提升一批、大杂院清理整治消除一批、打击散煤管控一批）措施，基本建成全市第三个无煤区，实现本区"基本建成无煤区"的目标。

（顾术松）

【超额完成节能减碳指标】 年内,北京市下达石景山区能源消费总量控制目标为136万吨标准煤,石景山区能源消费总量128.15万吨标准煤,同比下降3.09%;北京市下达石景山区万元GDP能耗降低率为3.9%,石景山区实际万元GDP能耗降低率达到9.5%;北京市下达石景山碳排放总量控制目标为295万吨,估算石景山区碳排放总量完成277.5万吨;北京市下达石景山区万元GDP碳排放降低率为4.4%,估算石景山区万元GDP碳排放降低率10.5%,石景山区继续保持能源消费与二氧化碳排放的总量及强度“双控双降”发展格局。

(侯 运)

【重点用能单位管理】 年内,区发改委加强重点用能单位管理,组建石景山区重点用能单位微信工作群,组织十余次节能工作相关培训。推进碳排放权交易工作,石景山区41家重点排放单位实现全覆盖,所有重点排放单位按时提交报告、按时履约;组织6家单位开展清洁生产审核;完成28家用能单位能源审计报告评审;与市节能监察大队共同开展节能专项监察7次;配合完成5家工业企业和3家高等院校节能监测。

(侯 运)

【节能宣传】 年内,区发改委采取集中宣传和常规宣传相结合的模式,全方位、立体化、生动地宣传节能和生态文明理念。制定并实施节能宣传周宣传工作方案,以全区节能宣传周主题活动为重点,以节能主题讲座为支撑,组织街道和重点用能单位开展宣传活动29场,悬挂宣传条幅34处,发放环保购物袋10000个、宣传册4000本,张贴宣传海报1000张。联合市发改委在社区、学校、机关、园区组织节能低碳环保大篷车巡游活动12场,占全市100场巡游活动数量的12%。

(侯 运)

【能源领域工作】 年内,区发改委全方位提升能源领域工作成效。一是太阳能利用水平迈上新台阶。企业光伏备案规模从上年的142千瓦升至675千瓦,同比增长375%;个人光伏发电备案实现零突破,备案项目2个,共计14千瓦。二是热泵系统利用实现新突破。与市发改委多次沟通,加速完成保险产业园地源热泵项目立项,实现648地块集中供热供冷服务面积75665平方米。三是充电桩建设取得新成效。以“科学引导、完善服务”为原则,大力推动本区公共充电基础设施建设,加密充换电网络。全年各类已核准和备案的公共充电桩共计267个,其中国网石景山供电公司核准公共充电桩180个;非国网法人单位备案公共充电桩87个。

(侯 运)

【完成3个专项规划编制】 年内,区发改委按照专项规划编制进度安排,完成《“十三五”节能降耗与应对气候变化规划》《“十三五”时期能源发展规划》《“十三五”时期构建高端的生态文明体系建设规划》编制工作。规划编写过程中,根据相关规划的最新成果,多次组织召开规划专题研讨会,针对3个规划的总体框架、指标体系、重点项目等开展10余次修改完善,并向委内科室、相关部门和首钢总公司等重点单位反复征求意见建议,邀请市、区相关部门及行业专家召开专家论证会,认真吸纳部门和专家的意见和建议,对3个规划进行系统修改、充实和完善,完成3个专项规划的编制、修订、报审和发布工作。

(侯 运)

【完成政府集中采购项目】 截至年末,区发改委完成采购项目3490项,其中协议采购3406项,招标项目84项,预算金额38657万元,实施金额37133万元,节约财政资金1527万元,资金节约率3.94%。全年采购金额较去年的66549万元减少29416万元,下降幅度较大,原因为财政局规范新的采购目录,将小型工程类采购划归建委标办实施,采购中心只实施集中采购目录内的项目,另外采购预算有所减少也是采购总额下降的原因。

(刘学军)

【政府采购电子评标系统上线】 年内,采购中心完成政府采购电子评标系统软硬件的搭建、工作人员的系统操作培训以及对部分运行环节的改进调整。该系统进入全面试运行阶段。电子评标系统的建设和使用将充分运用电子化手段实现采购全流程规范化、标准化,有效避免评标过程中的人为因素干扰,同时,强化过程留痕,完善数据的统计分析,以科学手段保障采购工作的廉洁高效。

(刘学军)

## 物价管理

【概况】 年内,区发改委紧紧围绕市、区政府中心工作,以“稳增长、促改革、调结构、惠民生、防风险”为目标,深入推进价格改革,强化市场价格监管,全力维护市场价格秩序,各项工作进展顺利,取得明显成效。全年共受理价格举报416件,价格投诉75件。行政处罚8件,经济制裁总金额1.92万元;调解价格投诉36件,赔偿7.61万元。全年出具涉案财产价格鉴定报告4900件,标的金额387万元。

(刘崇光 胡彩霞)

【经济适用住房定价】 年内,区发改委制定经济适用住房价格。深入现场实地调研,精心测算成本价格,会同相关部门充分论证定价方案。准确评估项目价格出台风险,制定《石景山区经济适用住房群体访应急处置预案》。拟定“石景山区经济适用住房定价宣传提纲”、《致居民的一封信》,正面引导群众舆论,实时舆情监测,关注反映,及时应对。经区政府批准,石景山区五里坨南宫住宅小区(A、B)地块及建设组团02号地B地块两个经济适用住房销售基准价格分别为每建筑平方米6898元和6738元。

(刘崇光)

【落实《北京市政府定价目录》】 年内,区发改委配合市发改委做好部分机动车停车场价格放开工作。加强政策培训和宣传,对辖区所有居住小区停车企业负责人进行集中培训并发放相关宣传材料,对1月1日起调价的停车企业上门指导,提醒告诫,要求严格按照程序调整价格。做好区管保洁费和非机动车存车收费价格放开工作，深入调查研究，制定规范调价程序、落实明码标价制度等六项监管措施，强化价格放开后事前、事中和事后监管，确保价格放开后市场稳定有序。

（刘崇光）

【教育管理】 年内，区发改委调整北京师范大学附属中学京西分校住宿费，严格成本审核，剔除不合理成本，经区政府批准，批复住宿费收费标准为每生每学期527元，有效缓解学校因成本上涨带来的压力，促进公办教育事业健康发展。

（刘崇光）

【开展专项检查】 年内，区发改委组织开展涉企收费、物业收费、药品价格、食盐零售价格、房地产中介、旅游景点、机动车停车收费等10多项专项检查。严厉查处不执行政府定价、政府指导价以及价格欺诈和不按规定明码标价等价格违法行为，优化市场价格环境。

（胡彩霞）

【节日市场秩序监管】 年内，区发改委加大管理对象培训力度，采取送法上门、集中培训、提醒告诫等方式规范经营者行为。春节前召开32家商场超市、14家电商负责人参加的提醒告诫会；3·15消费者权益日，送法上门为万达百货400名经营者讲课；清明节与殡葬处、交通队、交通委开展联合执法；国庆节前上门指导规范企业节日促销行为；所有节日安排执法人员应急值守，及时受理群众举报、投诉，确保节日价格秩序稳定。

（胡彩霞）

【价格监测】 年内，区发改委对蔬菜、副食品、特色农产品、城乡居民服务收费、日用消费品、成品油、医疗、药品、停车收费、食盐共10类527个品种进行价格监测，对12个监测点上报的日报、旬报、月报数据进行监测分析上报。从监测情况看，本区主要农副产品价格总体呈现上涨走势。其中，猪肉、蔬菜价格高于去年同期水平，粳米、牛肉、羊肉、鸡蛋价格出现下降，富强粉、食用油价格稳中略涨。

（胡彩霞）

# 经济和信息化

## 概　　述

石景山区经济和信息化委员会（简称区经信委）是负责本区工业、软件和信息服务业发展、推进中小企业发展和信息化工作的政府工作部门。年内，区经济信息化委以着力构建“八个高端体系”为主线，主动适应新常态、调结构促发展，做好经济运行、智慧城市建设、石景山服务等重点工作和各项基础工作。在经济运行方面，做好工业、软件和信息服务业的行业管理工作；在智慧建设方面，编制《石景山区“十三五”时期“智慧石景山”建设发展规划》，完成石景山“互联网+”顶层设计和石景山区“互联网+”三年行动计划的编写、报审与印发。继续加强信息化项目建设，推进物联网工程建设，加大公共平台集约化建设，智慧应用成果逐步显现；同时做好电子政务和网络安全保障管理等基础工作。在打造“石景山服务”品牌过程中，加强统筹协调，加强资金引导，加强平台建设，推进课题研究和品牌宣传，充分展现“石景山服务”的理念，通过对“石景山服务”品牌的营销和传播，形成石景山区良好口碑和形象。

**地址：石景山区石景山路18号**
**电话：88699890**
**传真：88699665**
**邮编：100043**

（张　帆）

【互联网游戏创新创业大赛】 1月12日，石景山互联网游戏创新创业大赛总决赛及颁奖典礼在石景山创新平台结束。本次大赛历时一个月，全国近40支游戏团队参加总决赛，设8个奖项评选出10名获奖者。创新创业大赛的举办，不仅进一步提升本区文化创意产业影响力，也推动了“大众创业、万众创新”工作。对于本区培育“高精尖”经济结构，形成以高端服务业为主导的现代产业体系具有重要意义。

（张　钦）

【开展网络安全检查】 5—10月，区经信委根据《石景山区电子政务外网管理办法》《北京市公共服务网络与信息系统安全管理规定》、市经信委、市密码管理局《关于开展2016年北京市电子政务网络与信息系统安全检查工作的通知》要求，开展电子政务外网网络与信息安全自查与整改工作，范围涉及全区50余家政务外网接入单位。针对问题较多的单位进行调研走访。结合各单位自查问题下发安全整改通知书，并协助各单位针对阶段性检查结果进行核实和安全整改。强化电子政务信息安全保障工作，提高电子政务网络与信息系统安全防护水平。

（闫全鹏）

【建成首个全光网区】 6月，辖区内全部居民区、商务楼宇、办公楼电话、宽带网络全部完成铜缆光纤化改造，4G通讯信号覆盖率80%以上，光纤化改造完成率100%，提前半年完成市政府“宽带北京 光网城市”建设要求，成为本市城六区中首个全光网行政区。

（王继广）

【政务网宽带升级】 6月，区经信委完成年度第一批13个委办局，链路带宽由原来的30M升级到50M和60M带宽升级，满足各单位电子政务工作对网络带宽的需求。截至年末，基本建成全区电子政务外网链路资源动态监测机制。通过技术系统实时监测各单位政务外网接入链路带宽使用情况，结合业务需求对带宽资源进行动态调配，保障重要业务的带宽需求。同时对链路使用趋势进行预判，制定带宽升级计划。

（许致远）

【网上办事大厅建设】 6月，区经信委为工商、地税和交管等单位的6个行政服务办事大厅开通“-MyBeijing-”公众免费无线上网服务。扎实推进网上办事大厅建设。与区行政服务中心多次协调沟通，最终确定网上办事大厅建设方案，旨在通过信息化手段逐步实现事项的网上预约、预审、申报、审批等功能。截至年底，已经梳理10个单位、共计300个审批事项。基本完成系统建设和页面设计工作，该系统预计将于下年2月上线试运行。

（闫金鹏）

**【签署合作框架协议书】** 7月，区经信委与中国铁塔股份有限公司北京市城西分公司签署合作框架协议书。双方在辖区塔、楼站建设等方面开展深入合作，不断提升地区信息化水平，并就基础设施资源的统筹规划、开放共享达成共识。

（王继广）

**【出台“互联网+”行动计划】** 8月1日，区政府印发《石景山区“互联网+”三年行动计划（2016—2018年）》。区经信委贯彻落实《国务院关于积极推进“互联网+”行动的指导意见》、市政府《关于积极推进“互联网+”行动的实施意见》，主动适应经济发展新常态，顺应“互联网+”时代发展新趋势，全面推动“八个高端体系”建设，结合区域实际情况，编制完成石景山“互联网+”顶层设计和三年行动计划。明确以推动“互联网+”数据统筹共享和信息基础设施为基础，以“互联网+”城市运行、“互联网+”民生服务、“互联网+”创新创业、“互联网+”经济发展、“互联网+”政务服务等5大领域重点任务为支撑的“1+5”的石景山“互联网+”总体建设思路。

（闫金鹏）

**【电子政务内网二期初验】** 12月，区经信委完成本区电子政务内网二期项目初验工作，对光缆网建设、网络建设、安全建设、应用系统建设四个方面内容进行验收。标志着本区电子政务内网基础建设实施工作基本完成，为下一步与市电子政务内网对接和内网应用奠定基础。

（王燕春）

**【工业指标完成情况】** 年内，全区累计完成现价工业总产值212.8亿元，同比下降5.9%，工业生产走势平稳回升。其中高技术产业完成工业总产值4.99亿元，同比下降14%；现代制造业完成工业总产值30.93亿元，同比下降17.1%。在经济结构调整方面，严格落实《北京市新增产业的禁止和限制目录》和《北京市工业污染行业、生产工艺调整退出及设备淘汰目录》，有序推动一般制造企业及高端制造业中不具备比较优势的生产环节加快向津冀等地转移，促进区域经济产业转型升级。

（代　蓉）

**【疏解非首都功能】** 年内，区经信委加快疏解一般制造业和乱散污企业治理，重点开展清理整治违法违规排污及生产经营行为专项行动。全年完成8家企业关停疏解和2家企业清理整治；在促进人口调控工作方面，制定人口调控工作专项工作方案，坚持以业控人。执行《北京市新增产业的禁止和限制目录》，新增一般制造业项目为零的基础上，对现存低端产业进行有序清理和调整升级，促进低端产业，加快调整退出，影响从业人员316人。

（代　蓉）

**【提升空气质量保障】** 年内，区经信委围绕“清洁空气行动计划”等重点任务进行综合施策施治。一是狠抓企业污染减排。加大对属地工业企业监管力度，督促采取有效措施，实现污染物稳定达标排放。二是淘汰落后产能。提前超额完成2013—2017年度关停退出工业污染企业任务，至年末累计淘汰污染企业15家。三是强化空气重污染应急工作。修订空气污染应急预案工业分预案，调整停限产企业名单。全年共应对空气重污染红色预警1次，橙色预警3次，督促检查企业落实停限产措施。

（代　蓉）

**【“智慧石景山”建设发展规划】** 年内，区经信委完成《石景山区“十三五”时期“智慧石景山”建设发展规划》编制工作。在地区既有优势基础上，进一步统筹推进“智慧石景山”建设，着力提升下一代信息技术在城市管理、市民生活、产业发展等方面的重要作用，加强信息基础设施升级和优化，丰富信息服务内容，助力“互联网+”推动新技术、新产品、新模式、新业态发展，全面助推“八个高端体系”建设，为“融合山水谋发展，建设首都西大门”提供强有力的支撑。到2020年，建成泛在、融合、智能、可信的信息基础设施，基本构建人口精准管理、市民智慧生活、交通智能监管、资源科学调配、安全切实保障的智慧城市运行管理体系，实现新一代信息技术与区内主导产业的深度融合，打造绿色生态城区和国家智慧城市示范区。

（闫金鹏）

**【统筹规划信息化建设】** 年内，区经信委按照统筹集约建设原则和“1+5”的石景山“互联网+”总体建设思路，对30余个申报项目进行筛选整合。围绕城市运行管理、党政办公和信息基础设施建设3方面制定27项信息化建设内容，其中区信息化专项资金安排17项，涉及资金1800万元。

（闫金鹏）

**【软件信息服务业】** 年内，石景山区软件信息服务业总体呈现健康快速成长的态势。全年102家线上企业累计收入约250亿元，增长4%以上。信息传输、软件和信息技术服务业运行情况良好，占全区第三产业收入的五分之一，以文化、娱乐、休闲、创意为特色的高端业态快速成长，软件和信息服务产业成为全区高端产业体系的动力引擎。

（闫金鹏）

**【“北京·石景山”网站管理】** 年内，区经信委印发《“北京·石景山”网站管理办法》，从制度层面对网站的职责分工、内容与形式、安全与保密、考核与监督等方面进行具体部署。对《“北京·石景山”网站内容责任保障分工表》进行梳理和规范，将栏目的更新权限下放至各单位，彻底转变政府网站的运作模式，为政府门户网站健康、有序运行打下基础。同时，加强对“北京·石景山”政府门户网站管理平台建设。在重点时期、重大节假日前进行安全检查，保障系统平台稳定运行，为区政府信息公开工作提供良好基础环境。

（闫金鹏）

**【政府网站内容建设】** 年内，区经信委将自查自纠作为强化政府网站内容建设的重要抓手，调整区网站内容监管第三方机构监测检查频率，由原来的季度监测调整为每月一次，对照全市《政府网站内容建设专项考评实施细则》要求,每月对各单位网站出具检测报告,第一时间发给各单位进行整改。跟进整改落实力度,重点对不合格网站进行监督检查,问题整改情况作为评价各单位网站内容建设的重要内容。定期对网站内容监管存在的问题进行会商研究,着力对各单位存在的普遍性问题、关键疑难问题进行重点解决。

(闫金鹏)

**【法人库服务平台升级】** 年内,区经信委完成法人库服务平台升级工作,各单位可通过权限申请登陆石景山政务门户访问。实现市法人基础信息共享服务系统提供法人数据的落地管理,支持对法人数据来源情况和法人数据变化情况的监督;同时,提供法人数据查询、比对等服务,提供统一的法人数据标准,业务部门根据自身业务需求调用区法人库数据服务接口,减少法人数据的重复采集,提高服务水平和效率。

(邱 君)

**【地理空间基础库数据更新】** 年内,区经信委组织开展地理空间基础库数据更新工作。更新内容主要有三个方面:更新年度辖区卫星影像图;在继2014年完成阜石路以南区域基础空间数据测绘工作基础上,进行阜石路以北区域基础空间数据测绘更新,并对阜石路以南区域补充更新;针对区城市管理监督指挥中心的应用需求,收集相关资料,调制专题数据图层,包含城市部件、社区一刻钟数据补充、老年工作站数据更新等网格管理专题数据图层。

(金云龙)

# 统　计

## 概　述

统计工作肩负着“用数字说话、为决策服务”的使命。北京市石景山区统计局、北京市石景山区经济社会调查队(简称区统计局、调查队)是区政府负责综合统计和国民经济核算的职能部门,受区政府和北京市统计局双重领导。局队机关设办公室、党群办公室(人事科)、宣传科、综合科、研究室、社区统计工作协调科(普查中心)、工业(能源)科、城建科、商贸科、服务业科、人口就业科、社会科技科、计算机中心、法规科、执法队、价格调查科、专项调查科、住户调查科。下设10个统计所:八宝山统计所、老山统计所、八角统计所、古城统计所、苹果园统计所(高科技园区统计所)、金顶街统计所、广宁统计所、五里坨统计所、鲁谷统计所。年内,区统计局、调查队着力强化基层基础建设,引入大数据辅助人口动态监测,围绕“十二五”收官、“十三五”开局和区域发展中心工作,规范“制度设计、审批管理、任务部署、数据采集、数据审核、汇总评估、数据上报、数据反馈、分析发布”的业务流程,进一步强化“制度设计、数据管理、统计服务”三个业务环节的引领作用,服务大局,精心谋划,敢于创新,探索新常态下现代化服务型统计建设,发挥统计科学服务水平,努力提高数据质量,依法履行统计职责,较好地发挥统计职能与优势,为地区经济社会发展提供坚实的统计保障。

**地址:石景山区杨庄东路71号**
**电话:88920357**
**邮编:100043**

(边亚楠　卢栎朱)

10月13日,石景山区开展统计开放日活动　(区统计局供稿)

**【第三次全国农业普查】** 是年,为第三次全国农业普查年。区政府印发《关于开展第三次全国农业普查工作的通知》,成立由常务副区长任组长的普查领导小组,成员单位包括区集体经济办、国土分局、区园林绿化局等13个部门。领导小组下设办公室,包括综合组、普查组、数据处理组、资料开发组、法规执法及督导检查组5个工作组。局队组建内设机构,涉及10个相关科室23人。制定并印发10个相关文件。区集体经济办组建普查机构,成员单位15家,下设办公室,有成员8人。12月中旬,召开专题会议,审议通过普查工作方案和领导小组成员单位职责。自主完成试点,149名社区统计工作者参与全区农用地摸底核查。通过实地走访、电话调查等方式,核查126家单位,确定为农业生产经营单位和农业服务业单位普查登记对象的共33家(法人单位32家,单产业活动单位1家)。自主开展调查,进一步掌握集体经济系统组织机构、土地情况、人员情况、经营现状等。与区集体经济办研究确定借农业普查之机开展集体经济系统综合情况调查。

(孔凤英)

**【年度人口抽样】** 年内,按照全市统一部署,区统计局、调查队开展年度人口抽样调查工作。本次调查分国家、北京、区级样本,共涉及全区9个街道

(鲁谷社区)、74个居委会、133个调查小区,其中国家、北京样本由国家、北京市局抽取,涉及9个街道、47个居委会、89个调查小区;区级样本由区统计局补充抽取,共涉及9个街道、38个居委会、44个调查小区。登记户数8547户,登记人口23191人,其中常住人口19071人。国家、北京样本共选聘调查员173人,指导员63人。全部采用调查员手持电子终端设备(PDA)入户登记的方式进行调查。调查实施时间8—12月,历经前期准备、入户摸底、登记复查、质量抽查、评估推算、工作总结等环节。根据北京市年度人口抽样调查工作联席会议办公室反馈数据显示:石景山区2016年年末常住人口为63.4万人,常住外来人口为19.0万人,男性人口为31.9万人,女性人口为31.5万人;常住人口中0~14岁人口5.8万人,15~64岁人口50.9万人,65岁及以上人口6.7万人,60岁及以上人口9.3万人;出生人口5681人,出生率为8.84‰;死亡人口3742人,死亡率为5.82‰。

(韩红霞)

【完成统计调研】 区统计局、调查队全年组织撰写调研报告19篇,进度类和专题类分析181篇。其中,《京津冀协同发展背景下石景山“八个高端体系”建设现状与问题研究》为北京市政府统计系统立项课题。《“十二五”时期石景山区居民收支情况研究》获得2015—2016年度北京市优秀统计分析报告评比三等奖。《石景山区2015年全社会投资圆满收官》《2015年石景山区服务业向高端化稳步推进》等多篇报告被《石景山报》《中国信息报》刊载。

(王立军)

【落实折子工程】 年内,区统计局、调查队承担区政府折子工程中涉及主要经济指标5项。局队从加强数据管理入手,确保源头数据质量,主动加强与市局、总队及区内折子工程牵头部门沟通协作,折子工程顺利完成。

(刘 泽)

【统计信息化建设】 年内,区统计局、调查队制定本年度年报和下年定报统计数据处理工作方案,负责整个采集平台年定报的维护,包括建立区级工作组50个、所级工作组52个,分配报表150余张,汇总表390余张;定期监测报表报送情况;两级业务人员管辖表的调整;两级业务人员的添加、删除;为企业重置密码;对业务人员操作进行指导;设置两级汇总表权限;对平台出现的问题及时向市局反馈。完成149台为社区统计工作者配发电脑的验收工作。

(罗 凯)

【社区工作室建设】 年内,区统计局、调查队在全区实现社区统计室全覆盖基础上,加强制度建设、队伍建设和业务建设,夯实统计基层基础工作。一是顶层设计,加强制度建设。下发《进一步加强统计基层基础建设工作的意见》《社区统计工作者管理办法(试行)》《社区统计工作室管理办法(试行)》,为工作室人员管理提供制度要求,为基层统计工作运行提供制度保障。二是精细管理,健全管理体制。根据《意见》及《管理办法》,区统计局设立社区统计工作协调科负责总体牵头管理,并完成统计所职能调整,明确其对辖区内社区统计工作室进行具体业务指导和日常管理,进一步加强组织领导,理顺管理关系,规范工作流程。三是强化培训,提升队伍素质。一方面,开展涉及社区人口台帐、法人单位核查、三农普清查以及各项调查任务等内容的培训12场,参与986人次,培养统计社工业务骨干34名,提高统计社工的业务工作水平。另一方面,为提高培训的针对性和实效性,制定《社区统计工作者培训计划》(2016年12月—2017年11月),就培训内容、形式、时间及组织形式等方面提出明确要求,以三年为周期分批次安排顶岗人员培训。四是强化业务,充实工作内容。以建立健全社区人口基本信息电子行政记录为突破口充实社区统计工作内容,统筹考虑统计社工实际工作能力,分步骤和节奏让统计社工参加人口抽样调查全过程,参加北京市居民燃煤户调查等市区相关部门组织的专项调查工作。

(孔凤英)

【完成专项调查】 年内,区统计局、调查队先后组织完成国家统计局、市统计局、国家统计局北京调查总队部署的《2016年北京市食品安全公众满意度调查》《北京高校学生创新创业及就业意向调查》《北京市交易市场清退升级后外来人口迁移意向调查》《北京市企业发展状况调查》《北京市落实“网约车”新政民意调查》《2016年国家党风廉政建设民意调查》《2016年国有企业反腐倡廉民意调查》和《2016年北京市党风廉政建设责任制检查考核民意调查》8项专项调查。主动服务区域发展,先后组织开展《石景山区青年群体现状及需求调查》《一季度石景山区群众安全感调查》《2016年石景山区党风廉政建设满意度调查》。调查均得到委托方肯定,调查结果成为有关部门进行决策的依据。

(杨福江)

【创新统计服务】 年内,区统计局、调查队构建“日常调查与专项监测”互补的统计调查体系,主动跟进全区重大决策部署,分析研判经济增长目标的支撑面和薄弱点,为准确把握经济走势提供基础。围绕区政府折子工程,加强对地区生产总值、全社会固定资产投资、社会消费品零售额、人均可支配收入等重点发展指标的统计监测,加强与相关部门沟通协调,建立重点指标统计监测平台,加强经济预警监测分析,为区委区政府科学把握经济社会发展形势提供决策依据。全年通过各种公开渠道提供统计数据140余万笔次,定期向区委区政府领导提供主要经济指标完成情况,编印《石景山区经济发展统计月报》11期及《北京石景山统计年鉴(2016)》。

(徐毅娟)

【统计发展规划】 年内,区统计局、调查队以《统计法》及其实施条例、《“十三五”时期统计改革发展规划纲要》《北京市统计条例》《北京市“十三五”时期统计发展规划》及区委、区政府关于统计工作的系列指示为依据,科学编制《石景山区“十三五”时期统计发展规划》。明确“一个体系”(现代化统计体系)目标定位,强化“两个中心”

(区域经济社会发展的数据中心、区域发展及产业发展的监测评价中心)职能定位,体现"三库"(管理库、数据库、思想库)运作效能,实现"七大系统"(即:客观反映区情区力和布局结构的统计调查制度系统、持续提供真实完整统计的数据质量管理系统、致力打造优质服务品牌的统计创新服务系统、为统计现代化提供有力支撑的先进技术应用系统、确保统计工作科学有序的统计法治保障系统、营造统计工作健康有序大环境的统计宣传提升系统和夯实统计改革发展根基的基层基础工作系统)建设目标。提出加强标准建设,完善统计制度体系;加强质量控制,提高统计数据质量;强化统计服务,提升统计决策能力;强化技术支撑,提升信息化应用水平;强化依法统计,夯实统计法治保障;加大统计宣传,营造良好舆论氛围;深入改革创新,强化统计基层基础建设等七大重点任务。

(徐毅娟)

**【完成统计年报】** 年内,区统计局、调查队完成当年年报及下年定期统计培训和布置工作。全年召开年定报培训会28场,培训单位1500余家,涉及人员3400余人次。

(徐毅娟)

**【"营改增"调研】** 年内,区统计局、调查队按照市局总队相关要求,对辖区内规模较大且具有代表性的房地产开发企业开展"营改增"调研。通过摸底筛选,抽选出3家具有代表性的较大规模房地产开发企业开展调研,通过前期布置、过程指导和归纳整理,汇集3家企业在"营改增"改革对成本、费用、利润、产值、营业收入、税负等的影响和企业为"营改增"顺利实施所做的应对准备以及"营改增"后企业遇到的困难和政策建议等方面的调研内容,并及时上报市局总队,为全市"营改增"调研提供真实准确的基层素材。

(刘　欣)

**【非公人才调查】** 年内,国家统计局下发《关于开展非公有制企业(单位)人才资源状况抽样调查的通知》。按照市局总队部署,区统计局、调查队于6月针对被抽中的11家建筑业企业开展调查。通过前期布置、过程指导和报表审验核实,区统计局、调查队实现调查表100%无差错上报,高质量完成调查工作任务。

(曾　攀)

**【重点选题调研】** 年内,根据国家统计局重点选题调研要求和市统计局落实方案要求,市局总队下发《关于建筑业企业"一带一路"战略发展落实情况调研的通知》,按照市局总队相关要求,7月,区统计局、调查队针对被抽中的建筑业企业开展此次调研。通过对新签合同额、完成营业额、项目承揽方式、项目资金来源等重点指标的采集、整理和分析,完成数据上报和分析调研。

(曾　攀)

**【投资统计改革】** 年内,投资统计改革双轨运行继续实施,区统计局、调查队结合上一年试点运行的经验和总结,明确投资统计改革工作的组织模式和工作模式,加强科室联动、强化数据收审,全区808家限上单位投资统计改革月报全年保持100%上报率,投资统计改革工作顺利运行。

(曾　攀)

**【统计法制宣传】** 年内,区统计局、调查队提升统计法制宣传水平。拓展工作思路,利用多层面传播优势,进一步加强与各相关部门的沟通联系,通过走出去、请进来的方式,不断向优秀宣传部门学习,探索适合统计宣传创新模式。同时,在局队内部探索建立外宣媒体沟通工作机制,定期与主要媒体沟通了解媒体需求和社会关注热点,寻找双方宣传报道契合点,主动引导舆论,确保信息质量,扩大统计的社会影响力。在坚持做好传统媒体宣传工作的同时,紧跟网络宣传风向标,尝试微信平台的作品推荐和使用,扩大宣传范围,提升宣传影响力。在年度评比中,局队被评为区信息三优单位,1人被评为优秀宣传思想工作者,1人被纳入宣传部舆情联络员库。突破以往图文短信息、局队重点工作和摄影作品等简单信息形式,推荐对区域经济社会发展态势的分析与研究、对基层统计工作优秀经验的总结和归纳、对统计事业发展问题的探讨与思考等深层次统计稿件,提高稿件含金量,展示统计精品。其中《积极推进具有石景山特色现代基层统计体系建设》《新常态下石景山区政府统计改革发展探析》《石景山区以线连点促进农民工市民化动态监测顺利开展》多篇稿件被《中国信息报》采用。丰富统计产品,采用多种发布平台推进统计数据的有效传播,在利用石景山统计信息网及时发布统计数据和统计信息,利用区委、区政府内部刊物报送刊登统计信息等传统发布模式基础上,联系区委宣传部微信公众平台予以推介,提高数据发布效能。主动与区相关部门沟通,组织稿件投放到石景山政务门户政务新闻、人大财经委办公平台、石景山信息网统计信息等栏目。其中:政务新闻刊载局队工作信息26篇,人大财经委平台报送数据信息87条,石景山区信息网发布统计数据144条。与区委、区政府信息主管部门沟通,创新以统计专版数据解读形式向上级主要领导定期报送统计数据资料,其中报送能源专报3期,总体经济运行情况、人口发展现状、全社会投资情况及电子商务情况等8期,为领导决策提供及时可靠的数据支撑。

(李岱丽)

**【统计执法检查】** 年内,区统计局、调查队完成执法任务212家(区内常规检查46家,集中执法15家,专项查询检查38家,督导93家,催报20家),超额完成11.5%。区内一般程序立案处罚27家单位(常规检查18家,专项查询9家),罚款金额24.5万元;集中执法立案单位8家。区内简易程序处罚26家(常规检查6家,催报20家),罚款金额0.45万元;集中执法简易程序处罚2家。年内执法工作有5个新特点:一是加大催报力度,从上年催报7家增加到年内的20家。二是区内执法立案率(一般程序立案)及罚款额创新高。立案率32.1%,罚款额24.5万元,罚款额较上年增长13.8%。三是结合本区发展现代服务业为主的特点,检查服务业企业占全年执法检查单位总量的51.1%。四是实行行政处罚裁量基准和重大案件集体讨论制度。五是制定并实施统计执法“双随机”工作方案。根据市、区文件精神，将区内常规检查单位纳入执法检查对象名录库，检查时从该名录库随机抽取检查单位。建立专职执法人员名录库，实行两人小组负责制，根据执法任务随机抽取执法小组。“双随机”方案的实施，避免“任意执法”“扰民执法”，体现依法行政和公正公平公开原则。

（张雪萌）

# 国有资产监督管理

## 概　　述

北京市石景山区国有资产监督管理委员会（简称区国资委），是代表区政府履行国有资产出资人职责，承担国有资产监管职能的政府直属特设机构，监管范围为区政府履行出资人职责企业和授权实行企业化管理事业单位的国有资产，并对区属国家原始出资集体资产指导监管。年内，在市国资委指导帮助下，区国资委系统全力做好“增量高端、存量提升、依法治乱”三件大事，深入推进重点任务，国企改革、国资监管、疏功能、保民生，各项工作取得阶段性成果。全年区属国企营业收入累计实现20.1亿元（含苹果园交通枢纽土地上市确认拆迁补偿款收入6.1亿元）；实现利润总额3024.1万元；上缴税金3.4亿元。截至年底，系统资产总额173.5亿元，同比增长11.5%；净资产89.9亿元，同比增长29.3%，助推地区高端绿色发展。

**地址：石景山区杨庄东街59号今尊大厦10—11层**

**电话：68880498**

**邮编：100043**

（田明月　蔡婉妮）

**【重大建设项目】**　年内，石泰公司负责模式口文保区修缮改造工程，基本完成沿街商铺停业趸租，初步形成市政基础设施建设方案。金石融景公司开发的金融街长安中心项目于9月实现整体竣工备案，分别获得新国标绿建三星认证和美国LEED－CS绿色建筑金级预认证。建筑公司施工建设的北京保险产业园648地块主体结构封顶，并顺利通过“结构长城杯”和北京市绿色安全工地的验收。古城创业大厦工程进入精装修阶段。石泰公司、宏润公司完成金梦圆老年乐园腾退工作，加快推进永引渠南路拆迁工作。

（田明月）

**【国企品牌影响】**　年内，游乐园春节洋庙会品牌影响不断增强，开展园庆30年系列活动，作为分会场承办北京国际旅游节。区建筑公司经住房和城乡建设部批准，成功晋升为建筑工程施工总承包一级企业。石泰公司五里坨民俗陈列馆挂牌北京曲艺家协会创作传承基地。

（田明月）

**【国资国企发展规划】**　年内，区国资委编制完成《石景山区“十三五”时期国有经济发展规划》，绘就辖区国企未来五年的发展蓝图。明确“十三五”时期石景山区国有经济发展的指导思想、基本原则和发展目标。完成全部区属国有企业公司制改革，健全企业法人治理结构，打造五大区属资源板块，将多数国有资本集中到民生服务基础设施建设、区域战略发展等产业领域，依据中央和北京市出台的深化国有企业改革的指导意见，在广泛调研的基础上，研究起草关于区国资委监管企业改革方案。

（山　杉）

**【国企改革发展】**　年内，物资公司整体无偿划转至实兴腾飞公司，实兴腾飞公司参照其子公司管理办法对物资公司进行管理。实兴腾飞公司出资3000万元，与北京城建设计发展集团股份有限公司、北京公联枢纽建设管理有限公司联合成立北京晟通置业发展有限公司，主要负责苹果园交通枢纽土地一级开发及后期商业部分的建设工作。实兴腾飞公司与区国资公司合作设立北京国实置业有限公司，注册资本金1000万元，国资公司占股65%，实兴腾飞公司占股35%，主要负责中关村科技园区石景山园北Ⅱ区的创业、创新园项目的开发建设。实兴腾飞公司成立独资商业地产公司——北京实兴腾飞商业地产管理有限公司，注册资本金1000万元。国资公司推动华游竞界公司完成四板挂牌工作，经北京股权交易中心审核，华游竞界公司在科技创新板挂牌，代码100005。万商公司创建“青橄榄酒店”新品牌，升级改造鲁谷东街21号建筑和海特饭店，进军时尚精品酒店市场。游乐园以“国内顶级，国际一流”的标准在原址新建百米摩天轮。引进“天乐园”航空飞行虚拟现实体验项目，打造航空娱乐文化中心和国防教育培训

10月17日，盛景嘉和物业对八角南里进行道路施工　（区国资委供稿）

基地。星座商厦转型经营,引入国家级金融企业中铁金租公司。

(山 杉)

【国有资本经营预算管理】 年内,区国资委根据《石景山区国有资本经营预算管理暂行办法》《石景山区国有资本收益收缴管理暂行办法》和石景山财政局《关于编报国有资本经营预算的通知》要求,区国资委系统全面开展国有资本经营预算收益收缴各项工作。是年,国有资本经营预算收入为500万元,执行570万元,是年国资委系统国有资本经营预算支出安排570万元。其中:资本性支出361.7万元,费用性支出100万元,其他支出108.3万元。除上缴一般公共财政预算,全部用于海特物业、西井小区、五芳园等老旧小区改造和解决历史遗留问题。

(蔡婉妮)

【外派监事会换届调整】 年内,区国有企业监事会第一届外派监事会任期届满,年内完成换届。对国资公司等4家公司进行外派监事会换届调整,向石景山游乐园等5家单位派出重点联系人,有针对性地开展业务培训,制定并有效落实《北京市石景山区外派监事会工作制度(试行)》,监事会工作更加规范。

(田明月)

【疏解非首都功能】 年内,区国资委根据区委区政府"治乱、疏解、建高端"专项行动工作安排,全面清理整治低端产业和低端产业人群聚集场所。截至年底,国资委系统完成74处大杂院整治任务中的73处,整治面积4.69万余平方米,拆除面积9265平方米,疏解人口3230人,完成整治任务的99%。开展商品交易市场调整疏解工作,国资系统10家商品市场涉及调整疏解,年内完成5处市场的调整疏解。金鼎田园菜市场拆除完毕,京西电子市场和海特京西家具建材城完成关停商户清退,模西和模南菜市场完成升级改造。贯彻落实人口调控工作的要求,开展经营性出租房屋清理整治,全年完成68处整治任务,疏解人口1597人。实施环境综合整治,系统企业完成石门路高井段、模式口文保区和西北热电中心周边环境整治。深入推进北辛安棚户区改造项目国地非宅清租腾退,宏润公司、房屋市场中心、二建公司与94户承租人达成腾退协议,完成全部清租任务的95%。

(赵天翊 田明月)

【国企社会责任】 年内,区国资委做好民生服务保障。争取4000万元区属物业企业补贴资金,拨付给系统内4家物业单位开展小区道路改造、住宅平改坡等工程。投入"12·07"燃气爆燃应急抢险及善后。扎实做好公益建设,五里坨西部消防场站完工,环卫中心等代建项目进展顺利。落实国企环保责任。制定《区国资委关于空气质量改善精细化管理工作实施方案》等相关文件,加强对出租给餐饮企业的国资委系统产权房屋的腾退力度。推进北辛安地区无煤化工作,石泰公司累计回收散煤200余吨,煤炉1494个,涉及居民990户。

(田明月)

【招商引资】 年内,国资委系统引进5家企业。国资公司引入中创杰能科技有限公司和中软云上(北京)数据技术服务有限责任公司,注册资金分别为10000万元和1000万元;游乐园引入石游娱动科技有限公司和北京一线风景管理咨询有限公司,注册资金分别为5080万元和1000万元。宏润公司引进北京中铁天瑞机械设备有限公司,注册资金204000万元。

(赵天翊)

【安全生产】 年内,区国资委以强化安全主体责任意识、加强安全宣传教育、提高安全生产技能、突出隐患排查治理、增强应急处置能力为重点,组织开展安全生产月、安全生产专项整治、安全生产大检查等工作,有效维护系统安全生产良好形势。全年转发文件和下发通知60余份,国资委领导班子成员带队开展安全生产检查40余次,系统全年开展安全生产、消防安全检查575组次,出动检查人员6028人次,检查单位4898家次,排查并消除安全隐患183处。

(赵天翊)

## 北京市石景山区国有资产经营公司

【概况】 北京市石景山区国有资产经营公司(简称区国资公司)有20家出资企业,其中全资子公司6家,控股子公司4家,参股公司10家。主营业务涉及商务金融、现代服务业、电子竞技产业等领域。年内,围绕区委区政府中心工作,按照区国资委要求,落实区党代会及"两会"精神。以促进区域"全面深度转型,高端绿色发展"为工作目标,勇当"两个生态"建设急先锋,统筹安排,锐意创新,进一步推进新常态下企业的科学发展,为区域经济社会发展做出贡献。全年实现资产总额113亿元,负债总额42亿元,所有者权益70亿元。

**地址:石景山区杨庄东街59号今尊大厦8—9层**
**电话:68887260**
**邮编:100043**

(贾艳丽)

【产业发展基金项目】 年内,区国资公司全资设立北京市石景山区现代创新产业发展基金有限公司,起草完成《北京市石景山区现代创新产业发展基金有限公司设立方案》和《公司章程》,取得市工商局关于"北京市石景山区现代创新产业发展基金有限公司"名称的核准资格,培育高精尖产业,助推区域高端绿色发展,并为提高资本运作效率奠定基础。

(贾艳丽)

【助推重点项目建设】 年内,区国资公司发挥区投融资平台的职能作用,在壮大企业自身规模和实力的同时,了解区重点项目的资金缺口,为保险产业园17亿元银行借款提供无偿担保,利用投融资平台2A信用评级,为京石科园公司10亿元银行借款提供担保,为京西商务中心项目的开发建设提供10亿元资金支持。同时,加大与金融机构及其他企业的合作力度,研究运用保险、基金、中票等新型融资工具,提高直接融资比例,探索构建高端化、特色化的融资服务体系。

(贾艳丽)

【全面推进治乱疏解】 年内，区国资公司按照北京市大气治理总体要求，配合“全面深度转型，高端绿色发展”及“两个生态”建设目标，完成人民公社大食堂的清退工作。按照“治乱、疏解、建高端”的工作部署，完成海特花园50号公建楼内网吧及商品市场的清退工作，疏解商户80余户，疏解人员150余人。同时，推进两园内低端生产型企业的清退工作，疏解非首都功能。

（贾艳丽）

【北京国实置业有限公司成立】 年内，区国资公司与北京实兴腾飞置业发展公司共同出资1000万元注册成立北京国实置业有限公司，作为双创园的开发主体，使国有资产向符合区域功能定位和发展要求的产业聚集。

（贾艳丽）

【华游竞界完成四板挂牌】 年内，北京华游竞界科技发展有限公司完成四板挂牌工作，经北京股权交易中心审核，华游竞界公司在科技创新板挂牌，公司简称华游竞界，公司代码100005。

（贾艳丽）

# 工商行政管理

## 概　　述

北京市工商行政管理局石景山分局(简称工商分局)主要负责辖区内市场经济主体登记、商标广告监督、经济合同监管、市场竞争监管、流通领域食品安全监管、打假维权等工作，维护辖区市场经济秩序稳定。年内，工商分局围绕市局、区委区政府各项工作部署，结合自身特点和辖区实际，在深化改革中大胆探索，在服务发展中主动作为。一是不断深化登记制度改革。按市局统一部署正式实施“五证合一、一照一码”制度，同时在落实“先照后证”方面，全面落实156项前置改后置审批事项，仅保留34项前置。在实际工作中创新服务手段，开发微信服务平台，实现企业预约、查询、申请网络化和零见面。二是不断强化事中事后监管及执法办案，完成年报公示工作，分局平均年报率为93.57%，同比提升2.33个百分点，在城六区排第三。其次落实以“双随机”为主的日常检查机制，全年累计开展双随机抽查8次，覆盖1852户市场主体，448户被列入异常，占24.2%，有效整肃市场秩序。三是多元深化消保维权格局。落实消费环节赔偿先付和经营者首问责任制度，建立健全多部门协同、社会参与共治的消保工作制度，加强重点领域消费维权工作，确定的五类重点业态投诉呈现整体大幅下降趋势，其中总体下降10.14%、网络零售业下降2.15%、房屋中介业下降14.29%、房屋装修业下降11%、超市零售行业下降22.92%。有全区新设立市场主体3034户，其中新设企业2618户。比商事制度改革前增长100.08%，全区市场主体存量达49948户，同比增长8.32%，三类产业比重分别为0.12%、29.77%和70.11%。其中，中关村石景山园纳入统计的高新技术企业795家，同比增长24.22%；新设亿元以上企业同比增长10.7%，注册资本增加48.1%；科研和技术服务业、租赁和商务服务业、文体娱乐业主体数分别增长34.79%、32.57%和45.24%，其中前两类行业注册资本占比均超过80%，另外农业和制造业等低端限制类产业首次出现“零增长”。年度累计参与疏解低端市场3个，疏解市场主体310户，影响疏解人口2.2万。分局登记注册科被国家工商总局授予“企业登记工作成绩突出窗口单位”。

**地址：石景山区实兴大街64号**
**电话：88781318**
**邮编：100041**

（李　颖）

【组织市场主体参加年报公示】 1月1日至6月30日，共有29826户企业、13918户个体工商户通过“全国企业信用信息公示系统(北京)”提交并公示年报。年报率分别为内资92.98%、外资95.74%、个体工商户94.84%，工商分局平均年报率93.57%，总体状况良好。2251户未进行年报公示的企业被列入经营异常名录。750户未进行年报的个体工商户被标记为经营异常状态。分局各相关部门充分调动干部积极性，多措并举、全力以赴，基本完成各项年报率既定目标。认真总结年报过程中的做法、取得成绩，存在问题及建议，为企业监管工作打好基础。

（李　颖）

【入驻区行政服务中心(南区)】 1月5日，工商分局入驻区政府行政服务中心(南区)。工商分局原登记注册大厅经过装修，全面升级改造为商务服务区，内设自助服务区、工商咨询窗口、工商“帮办”窗口、工商档案查询窗口等，提升申请人的办事体验，拓宽登记注册前端服务。通过整合工商、地税、质监、公安、统计等部门的对外服务窗口功能，形成统一、便捷、高效的综合性服务平台。为进一步优化商事登记服务，中心(南区)增设“帮办”窗口，为不熟悉登记业务的申请人提供帮办服务，指导或代其进行网上登记、表格填写以及资料准备等。避免申请人对登记注册的政策和流程不熟悉导致多次往返，增加行政成本。入驻当日，受理窗口共接待133户次，简易换照31张，发照85张，现场咨询96户次，电话咨询81户次，帮办5户次。

（李　颖）

【消费环节赔偿先付制度】 4月5日，《关于落实消费环节赔偿先付制度强化经营者首问责任 进一步优化石景山区消费环境的意见》印发全区。工商分局通过行政指导方式，引导物美集团、国际广播电台环球购物、沃尔玛、居然之家等4家企业，建立赔偿先付制度。其中国际广播电台环球购物公司，设立100万赔偿先付资金，物美集团的100家店铺，设立40万赔偿先付资金。

（李　颖）

【无证无照清理整治】 4月26日，无证无照经营行为治理领导小组召开“石景山区净化市场经营环境全面开展无照经营专项整治工作推进会”，全区38个无证无照经营行为治理工作领导小组成员单位主要负责人90余人参会。工商分局结合专项整治工作，全年取缔无照经营共出动306车次，980 人次，销账 239 户，销账率 40.1%；案件系统立案 20 件，结案 20 件，罚没款 7 万余元，对无照经营予以疏导、取缔和行政处罚。

（李　颖）

【世界知识保护日宣传】　工商分局结合“4·26”世界知识产权保护日，在各大商场、超市、繁华街道等处开展商标法规宣传，摆放《商标法》宣传展板，向消费者发放讲解商标的宣传册。与“微创新服务”相结合，在工商分局和工商所登记大厅摆放新《商标法》宣传画和宣传册，多渠道加强宣传 。

（李　颖）

【推进信用档案库试点建设】　8 月底，工商分局建成面积 200 平方米的企业信用档案库房，严格按标准设置档案库房设备，制度上墙，标准上墙，确保档案安全、管理规范。

（李　颖）

【法制工作】　年内，工商分局查办行政处罚一般程序案件 158 件，其中法制科核审 70 件；批量吊销 1600 件；罚没款合计 294 万元。全年发生行政诉讼案件 12 件，其中 8 件未结，4 件无责败诉。行政复议 9 件，其中 4 个维持，4 个未结，1 个自撤。开展法制培训 5 次，组织法院庭审旁听 2 次。编辑《法制指导》6 期、案件统计分析 3 期。上报区政府法制办的 3 本案卷均被评为优秀案卷工商分局被区政府推荐为北京市六五普法先进单位。

（李　颖）

【查处经济违法案件】　年内，工商分局稽查大队立案查处各类案件 25 件，结案 25 件，罚款 202.39 万元，其中广告违法类案件 16 件，不正当竞争案件 5 件，虚假宣传案件 2 件，销售侵权商品案 1 件，提交虚假登记材料案 1 件。查扣涉嫌商标侵权服装 191 件，折合价值人民币 25000 元，查扣涉嫌商标侵权建筑装饰材料 23.9 吨，折合价值人民币 15770 元。

（李　颖）

【开展专项整治】　年内，工商分局一是开展房地产经纪专项检查。联合分局稽查大队、工商所、区住建委对辖区内天空之城、启迪香山的楼盘销售中心以及链家、我爱我家等 7 家房地产中介机构进行房屋经纪专项检查。二是治理“小散乱污”企业专项行动。结合《石景山区落实商品零售场所塑料购物袋有偿使用管理办法实施意见》，发挥执法人员搜集、整理案源信息和严办、查处违法案件的特点，扩大案源信息收集广度、加大执法办案力度，严查辖区“小散乱污”企业。三是打击假冒“阳澄湖大闸蟹”。结合“阳澄湖大闸蟹 2016 防伪专用标识使用说明”，对区内重点地区、繁华地带、沃尔玛、永辉、家乐福、喜隆多等大型超市、卖场进行检查，保护消费者合法权益。

（李　颖）

【重点领域消费维权】　年内，辖区五类重点业态投诉，总体下降 10.14%。其中，网络零售行业下降 2.15%；房屋中介行业下降 14.29%；房屋装修行业下降 11%；超市零售行业下降 22.92%，健身服务与去年同期持平。确定三个投诉较大的重点企业，居然之家投诉数量与去年同期持平、沃尔玛下降 60%、当代商城下降 48%。投诉数量平均下降 36%。

（李　颖）

【打造消费教育品牌工程】　年内，工商分局建立两个消费教育基地，连续 8 年开展消费维权进军营活动，注重消费教育与引导的社会化工作，连续 14 年与区教委、物美集团举办青少年维权知识竞赛，累计有 5 万余名中学生，接受消费维权知识培训。该项活动，成为消费维权社会化教育的品牌。

（李　颖）

【市场主体登记】　年内，工商分局以“牢记服务宗旨，争优创先一流”为目标，全面推进登记制度改革，不断创新服务方式，优化服务流程，提高服务质量。市场主体总数 49546 户，同比增长 8%，其中企业 31018 户，同比增长 14%，个体工商户 14919 户，同比增长 -1.93%，千万元以上企业 5505 户，同比增长 35%。

（李　颖）

【企业信用监管与服务平台】　年内，工商分局为进一步探索建立政府部门协同监管和联合惩戒业务系统，建立石景山区企业信用监管与服务平台，系统于 12 月底实现部分功能线上运行。得到市工商局和区政府的肯定和支持。

（李　颖）

【落实日常检查工作机制】　年内，工商分局开展 8 次随机抽查，完成 1852 户市场主体的检查和录入工作。完成抽查的 1852 户市场主体中，448 户因抽查存在问题，被列入企业经营异常名录，占抽查总数的 24.2%。其中，上年个体年报抽查工作中，共抽查 510 户个体工商户，共计 115 户个体户被标注为经营异常状态，占个体年报抽查总数的 22.5%。

（李　颖）

【贯彻商标“十三五”规划】　年内，工商分局为落实《石景山区商标发展“十三五”规划》，形成贯彻《石景山区商标发展“十三五”规划》措施。10 月，按照区政府的商标奖励政策要求，对符合注册商标奖励条件的新注册商标 53 件，区政府下拨此项奖励资金 3.18 万元，按时下发企业。截至年底，有注册商标 19166 件、著名商标 14 件、驰名商标 4 件。

（李　颖）

【“守合同重信用”企业推荐审核】　年内，工商分局完成工商总局 2014—2015 年度“守合同重信用”企业公示推荐审核工作。辖区 7 户企业申报，1 户被国家工商局确认并予以公示。

（李　颖）

# 质量技术监督

## 概　　述

北京市石景山区质量技术监督局（简称区质监局）隶属北京市质量技术监督局。设办公室、法制科、产品质量监督管理科、标准化科、计量监督科、特种设备安全监察科 6 个内设机构。另有稽查队、组织机构代码管理中心、计量检测所、特种设备检测所 4 个直属机构。负责区内工业产品监督管理，组织实施标准计量工作，承担特种设备安全监察责任。年内，深入贯彻

《特种设备安全法》，大力推进六个体系建设和四个工作转变，发挥质监职能作用，加大监督治理力度，切实做好辖区内重点单位和人员密集场所特种设备安全工作，坚持依法行政，严守质量安全底线，推进改革创新、夯实工作基础的工作目标，实现"十三五"特种设备安全和节能监管工作良好开局。全年行政执法检查 818 起，查处案件 66 件，现场处罚 25 件，罚款 15 万余元；受理投诉举报 162 件，办结率 100%；完成行政许可事项 467 件；检测计量器具 20341 台(件)，检验特种设备 4876 台(件)。

地址：石景山区杨庄东街 73 号
电话：88921698
投诉电话：68827817
邮编：100043

（杨宗耀）

1 月 18 日，区质监局开展节前商品条码专项检查　（区质监局供稿）

【去煤治污行动】 1 月 14 日，区质监局联合区鲁谷社区综治办、公安分局等单位，对位于鲁谷社区销售散煤的单位进行集中整治，对 3 家无照售煤窝点予以取缔，对部分在售燃煤进行抽样检测。10 月 19 日，联合区环保局、城管执法局等单位，开展散煤污染治理"夜鹰行动"，出动执法人员 36 人，查处使用燃煤小锅炉企业 1 家，对未经定期检验的锅炉当场责令停止使用，对现场使用的煤炭进行抽取检验。

（杨宗耀）

【危化易爆安全检查】 2 月 1 日，区质监局依据市质监局、区防火委员会有关文件要求，对首钢氧气厂和北京市京能热电粉煤灰工业有限公司，开展危险化学品和易燃易爆物品安全监督检查。检查未发现明显突出安全隐患，执法人员要求企业认真落实相关法规制度，切实落实安全主体责任，加强安全生产，防止事故发生。

（杨宗耀）

【特设冬季安全检查】 2 月初，区质监局组织执法人员对辖区内重点单位和人员密集场所特种设备安全开展监督检查。执法人员按照特种设备"三落实、两有证、一检验、一预案"工作要求，核查特种设备管理机构、管理人员和管理制度落实情况，重点查验特种设备使用登记、人员操作持证、检验报告以及应急预案编制和落实情况，检查共涉及 22 台电梯、3 台锅炉、8 台压力容器和 2 条压力管道，未发现突出安全隐患。执法人员要求企业结合行业和自身特点，有针对性地优化应急预案和演练，增强应急处置的实用性、有效性和可操作性。

（杨宗耀）

【召开老旧住宅电梯维改会议】 2 月，区质监局贯彻落实北京市重要民生实事项目，切实消除居民住宅电梯安全隐患，召开老旧住宅电梯维修改造更新政府救济工作会议。区住建委、财政局、法制办、审计局、八角街道、鲁谷社区和盛景嘉和物业等单位负责人参加会议。区质监局部署《老旧住宅电梯维修改造更新政府救济工作方案》，介绍辖区老旧住宅电梯维修改造更新工作基本情况，参会领导就此项进行交流讨论。富大鹏要求：各单位要高度重视、组织专人负责做好此项工作；各单位要各司其职，加强协作，形成合力确保重要民生工作保质、保量完成；提前谋划，编制隐患电梯台帐，加大电梯安全风险监测力度。

（杨宗耀）

【电梯执法检查】 4 月 12—14 日，区质监局根据市政府关于做好第六届北京国际电影节安全服务保障工作要求，对辖区内万达国际影城和北方工业大学学生活动中心在用电梯进行执法检查。执法人员逐一检查每部电梯，测试保护装置灵敏度、报警装置的可靠度、联系是否畅通、维护保养记录是否齐全等；进行电梯困人应急演练。检查结束后，执法人员与电梯使用单位及维保单位负责人共同签署《特种设备使用单位安全告知书》《特种设备服务保障工作承诺书》以及《特种设备服务保障工作确认书》，督促使用单位落实安全主体责任，电梯维保单位履行保障职责。

（杨宗耀）

【国家级服务业标准化试点】 4 月 21 日，石景山区首个国家级物业服务标准化试点项目——智达基业物业服务标准化试点，在万达嘉华酒店举办项目启动仪式。住建部政策研究中心副主任、中国房地产资源委员会会长王珏林等有关方面负责人出席启动仪式。服务业标准化试点是由国家标准化管理委员会和国家发展改革委牵头并会同国务院有关部门和地方质量技术监督局、地方有关部门共同组织，开展以建立和实施服务业标准体系为主要内容，以实现管理规范、服务质量良好、顾客满意度高为目标的探索性活动。试点单位均是能够体现行业特色，对行业具有明显的示范带动作用，具有一定的标准化工作基础，高层管理者具有较强标准化意识的行业领先企业。通过标准化的试点工作，将引导服务企业向标准化的方向发展，并推动试点单位品牌的快速成长。智达基业物业管理有限公司是专业从事政府物业管理的公司，在此次试点选择初期，区质监局以“政府购买服务”为切入点选择试点项目，并深入企业一线，多次开展有针对性的帮扶活动，指导企业申报试点，并和市局、国标委进行沟通协商使得该项目入选。本次标准化试点项目主要工作任务包括：建立健全标准体系、组织物业服务标准实施、开展标准宣传培训、开展标准实施评价、制定持续改进措施和创建行业品牌。智达基业将建立符合物业服务发展特点的标准化体系，规范企业标准化服务质量和服务行为，培养运作规范，建立管理先进、服务优质、具有高水平企业标准的物业管理示范部门，在标准化试点的基础上申请全国示范。试点项目执行时间为2年，自是年1月1日起至下年12月31日，区质监局将全面做好服务，全力以赴支持试点项目的建设，在共同协调推进、技术支持、政策保障等方面，加大对试点项目的支持力度，确保试点项目各项任务的顺利完成。此次智达基业物业服务标准化试点项目的启动，不仅是石景山区物业服务标准化发展的重要标志，也是地区为建设高端服务业为主导的产业体系而开展的一次有益探索。通过两年试点建设，力争构建满足行业实际需要的标准体系框架，建立可量化、可评估、可监督、合理有效的政府物业服务标准体系，并组织实施标准化流程，确保服务提供过程每个环节的标准有效实施，在不断完善标准中改进和提升服务质量，在更广阔的范围内推广，扩大标准化在整个服务业的应用范围，巩固和提升地区服务业发展水平。

（杨宗耀）

**【梳理404项行政处罚权】** 5月3日，区质监局组织一线执法人员和部分管理岗位人员开展执法业务培训。对404项行政处罚职权进行认真梳理，通过对个别认识模糊的职权进行澄清，明确划分各执法业务科（队）职权。经过培训，大家对质监部门使用的“7部法律、10项法规、43个部门规章”更加清晰明了，促使行政管理人员和执法人员改变传统思维和执法习惯，提升运用法治思维和法治方式解决问题的能力。培训过程中，剖析天津港“8·12”特大事故问责，强化法律意识、责任意识、风险意识，进一步提高监督执法履职能力。

（杨宗耀）

**【特设安全宣传进校园】** 5月12日，区质监局以“筑牢安全基础，促进协同发展”为主题，在北方工业大学开展特种设备安全宣传。特种设备监察人员和电梯技术人员进行安全知识讲解、解答师生关心的热点问题，通过电梯模型展示、电梯宣传展板、问卷调查、微信关注、微博互动等方式普及安全乘坐电梯、电梯故障处置等安全知识，消除大家对电梯存在的误解和恐慌心理，提高自我保护和安全文明乘电梯意识。活动发放宣传资料4000余份，制作宣传展板18块，电梯模型1台，横幅2条。

（杨宗耀）

**【中小学校服装监管】** 5月10日，区质监局与区教委联合召开中小学学生装工作会。市纤检所技术人员详细解读相关国家标准，区教委宣布《2016年石景山区学生装工作方案》，区质监局传达市局开展学生装产品专项检查和监督抽查工作精神并提出具体要求。各学校及部分学生装生产企业负责人参加会议。8月30日，区教委、区质监局联合对中小学生服装进行质量抽查，现场随机抽取中小学生待发校服，范围覆盖全区8家校服供应厂家，17个样品，专业检测机构对其面料耐水耐汗耐磨、色牢度、甲醛含量、PH值、是否含有禁用染料、缩水率等指标进行检测，检测结果各项指标均符合相关标准。

（杨宗耀）

**【计量科普宣传】** 5月20日是第17个世界计量日。5月16日起，区质监局在全区开展为期一周计量知识宣传活动，宣传主题是“动态世界中的计量”。通过知识讲座，发放计量法律法规和计量消费维权宣传资料、播放公益宣传片、摆放计量常识宣传展板、设立计量咨询台、受理计量投诉等形式开展宣传。同时，对市民个人使用的血压计、人体秤等家用计量器具进行免费检测和修理。宣传活动展出宣传展板10块，发放宣传材料1500余份，为市民免费检定血压计、人体秤110台。

（杨宗耀）

**【商品条码检查】** 6月下旬，区质监局对辖区各大超市销售的应季产品进行专项检查。检查范围包括日用百货商品和食品两大类别，检查在售商品850件，重点检查商品条码的使用及标注情况。主要检查项目是，查看商品上是否印有未经核准注册备案的商品条码、是否在商品包装上使用其他条码冒充商品条码、是否在商品包装上伪造商品条码、是否存在使用注销的商品条码或使用过期未续展商品条码的行为、以及以店内条码冒充商品条码使用等。针对检查中发现的问题，执法人员对不规范商品进行抽样取证，依法责令其整改。

（杨宗耀）

**【“双随机一公开”执法监管】** 4月始，区质监局落实国务院办公厅《关于推广随机抽查规范事中事后监管的通知》要求，实行“双随机一公开”（指建立“随机抽取检查对象、随机选派执法检查人员，公开查处结果”的执法检查机制）执法监管。新的执法监管方式有益于更加公正、合理、有效，避免随意性执法，减少行政监管资源的浪费，有效防止监管信息的泄露，及时发现企业的违规行为。

（杨宗耀）

**【儿童用品质量安全检查】** 5月下旬，区质监局开展儿童服装、玩具条码、安全标识、儿童安全座椅等儿童用品专项监督检查。执法人员依据《国家纺织产品基本安全技术规范》《消费品使用说明第五部分：玩具》等国家标准的相关要求，共检查大型超市、购物中心6家，儿童服装、玩具300余种。现场检查在售儿童玩具是否标注商品名称、生产单位名称和地址，是否标注中文和警示说明，是否有3C认证标志；儿童服装标示是否标注类别和商品使用的商品条码是否符合要求等。检查的总体情况良好。检查中，执法人员要求经营者提高儿童服装、玩具用品和儿童座椅的安全意识，严格审查进货渠道，销售标识规范的产品，保障消费者健康。

（杨宗耀）

【大型游乐设施应急演练】 6月29日，区质监局按照国家质检总局和市安委会关于开展安全生产月活动的有关要求，结合学生暑假将临，在石景山游乐园开展大型游乐设施应急演练活动。这次活动是区质监局继特种设备安全警示教育、安全隐患排查治理、法律法规集中宣传后开展的又一安全生产月特色宣传活动，提高使用单位处置突发事件的能力，推动应急管理工作的落实。

（杨宗耀）

【督导冬奥组委驻地特设】 7月29日，区质监局局长带队督导检查冬奥组委驻地特种设备运行情况。检查针对冬奥组委会筒仓办公楼电梯使用情况，主要查看电梯运行、五方对讲、安全警示标识、电梯维保、应急救援等。经检查，所有电梯均在检验有效期内，电梯总体运行平稳，但存在五方对讲中控室接电话不及时、轿厢内缺少安全警示标识及乘梯须知、应急处置不到位等问题，并要求及时整改。

（杨宗耀）

【眼镜企业计量检查】 8月，区质监局对辖区眼镜企业开展计量专项监督检查，主要针对纳入强制检定范围的计量器具检定进行检查。执法人员共检查眼镜店23家，抽查检查计量器具60台。检查中发现部分企业存在使用属于强制检定范围的计量器具，未按规定申请检定及未按期检定等问题。执法人员对违法行为依法进行立案，并下达责令改正通知书，要求企业对存在的问题限期整改。

（杨宗耀）

【质量安全大检查】 9月28—30日，区质监局计量科、标准化科、特种设备监察科、稽查队共20余人，对辖区部分商场、超市、眼镜店、蛋糕房、金店等几十家单位进行专项检查，检查涵盖计量、标准、特种设备、强制认证产品等方面。计量检查主要针对商场、超市、眼镜店等单位在用的强检计量器具是否在检定周期内使用；标准检查主要针对商场、超市的条码使用是否规范；特种设备主要检查商场、超市在用的直梯、滚梯、货梯是否按规定张贴警示标识，是否定期进行保养、维护并实时记录，作业人员是否有作业许可证；强制性认证产品检查主要针对商场、超市在售的儿童玩具、小家电等3C强制性认证产品是否进行3C强制认证。经检查，大多数商户的条码使用规范；在售儿童玩具、小家电等3C强制性认证产品均获得3C认证；个别电梯存在产权单位未变更、漏贴安全警示标识等问题。多家眼镜店、金店、蛋糕房在用的计量器具（如用于出售商品的电子秤、电子天平）属于强制检定计量器具未按照规定申请检定。执法人员对发现问题的单位按照相关法律、法规进行处理。

（杨宗耀）

【农贸市场电子秤检定】 9月20—22日，区计量检测所对区内农贸市场在用的电子秤进行强制检定。共检定电子秤420台，检定合格的电子秤415台件，合格率为98.8%。检定人员为合格的电子秤贴上合格标识，对于5台不合格的电子秤，要求经营者停止使用。

（杨宗耀）

【有机认证检查】 10月17日，区质监局执法人员对辖区内部分超市在售的有机食品进行检查。检查类别包括有机水果、有机蔬菜、有机奶等与群众密切相关的食品，重点检查食品外包装有机认证标识、标签标注是否符合规范要求、有机认证产品是否有有机认证证书、有机认证证书的有效期、是否存在假冒厂名厂址和假冒有机认证证书的违法行为。检查发现个别超市在售的预包装蔬菜包装上标有有机字样，但现场不能提供相应的有机产品认证证书，执法人员联系相关厂家，接受调查和处罚。

（杨宗耀）

【强化计量监管】 10月，区质监局认真分析区内计量器具使用现状，发挥大数据作用，从近千家企业中筛选出使用计量器具频繁、与百姓生活紧密相关的百家单位，于27日组织举办计量器具检测专项培训会。培训涉及计量工作的相关法规并发放《计量器具依法使用告知卡》和《质量和计量》宣传画册等200多份。针对存在超期未检行为的使用单位，告知其相关法律责任，下达告知书100余份；培训《计量器具公共服务平台》的运用，建立动态监管模式。之后抽检20余家企业，未发现明显违规现象。

（杨宗耀）

【茶商计量器具检查】 12月中旬，区质监局对辖区部分茶叶销售商户在用计量器具进行专项执法检查，主要检查在用计量器具是否处于检定合格状态，共检查2个茶城36台件计量器具，其中1台计量器具未粘贴有效检定标识，2台计量器具摆放台不规范。执法人员对发现的问题进行依法处理，并对使用商户进行相关法律告知。

（杨宗耀）

## 安全生产监督管理

### 概　　述

北京市石景山区安全生产监督管理局（简称区安监局）是行使安全生产综合监督管理的政府职能部门，内设1室7科2队（办公室、综合科、监管科、职安科、事故科、检查科、法制科、应急科、执法一队、执法二队），编制40人。年内，区安监局贯彻落实党的十八届三中、四中、五中、六中全会和习近平总书记、李克强总理关于安全生产工作的一系列指示批示精神，严格落实党风廉政建设“两个责任”，狠抓班子建设，牢固树立安全发展理念，坚持“四个立足”，充分发挥安全生产综合监管职能，扎实推进安全生产责任体系、隐患排查治理体系和安全生产法制化、标准化、信息化、社会化建设，严格安全生产监管，深化专项整治，狠抓安全生产隐患治理，各项工作任务较好完成，全区安全生产形势继续保持平稳发展的良好势头，连续7年被评为北京市安全生产先进单位。围绕安全生产责任体系建设，先后出台《石景山区关于落实安全发展战略提升社会治理水平的实施意见》《石景山区关于推进安全生产隐患排查治理体系建设的意见》《石景山区安全生产"党政同责"规定》《石景山区安全生产"一岗双责"暂行规定》《石景山区政府工作部门及相关单位安全生产监管(管理)职责》《石景山区安全生产约谈办法》《石景山区安全生产情况通报办法》，明确政府工作部门及相关单位安全生产监管(管理)职责。各行业主管部门和街道办事处深入贯彻落实"党政同责、一岗双责、齐抓共管、失职追责"要求，全区26个行业主管部门和9个街道办事处全部落实党政"一把手"直接分管安全生产工作，层层签订安全生产目标责任书，安全生产责任体系实现全覆盖。在城乡结合部、危险化学品、建筑施工、有限空间、人员密集场所等重点行业领域加大监管监察力度，及时排查整改隐患，对发生问题的单位和责任人实施"零容忍"；抓好专职安全员队伍建设，充实基层安全监管执法检查力量；深化宣传教育培训，实现安全生产宣传教育经常化、长期化，不断增强全社会安全意识，为地区经济社会发展营造安全稳定环境。

**地址：石景山区石景山路18号**

**电话：68607169**

**邮编：100043**

（杨云超）

**【烟花爆竹从业人员安全培训】** 1月14—15日，区安监局在首钢技师学院对烟花爆竹从业人员进行岗前安全培训。全区零售网点负责人及销售人员120人参加。此次培训，主要从烟花爆竹的基本知识、烟花爆竹生产安全管理的有关法律法规、烟花爆竹安全管理相关制度、烟花爆竹事故应急预案和应急救援、典型事故案例剖析五个方面进行讲解。

（栾　松）

**【职业危害项目申报及变更审核】** 1月，区安监局在全区范围内对存在职业危害用人单位开展职业危害项目申报及变更审核。经重新审核，全区申报存在职业危害用人单位100家，作业场所305个，接害人数(不重复)5425人。其中古城街道、八角街道、广宁街道、八宝山街道4个街道的企业65家，占全区65%；作业场所229个，占全区75%；接害人员4848人，占全区89%。按照职业危害因素划分粉尘场所198个；化学物质192个；物理因素147个；放射38个。按企业规模划分：大型企业7家，其他为小型企业。主要行业是生产企业、汽车维修、加油站等。

（栾　松）

**【烟花爆竹监管】** 春节期间，区安监局对30家烟花爆竹销售网点及16家加油站等危险化学品从业单位，采取分片包干、属地检查、责任到人的方式，实施全程监管检查。共检查烟花爆竹网点132家次，查处安全隐患33项，下达责令整改执法文书22份。12月30日，区安监局在首钢技师学院召开2017年春节烟花爆竹销售网点安全管理工作部署会。公安分局、工商分局、消防支队、交通支队以及各销售网点负责人和安全员参加会议。会议对零售网点销售大棚搭建、电气安全、消防和安全管理提出要求。提出加强执法力度，做到全覆盖、无死角、对存在安全隐患的零售网点一律严惩重罚。

（栾　松）

**【一企一标准一岗一清单】** 3月1日，区安监局组织召开安全生产"一企一标准 一岗一清单"编制试点工作部署会。各街道主管领导、安全中介服务机构以及60余家试点企业安全负责人参加会议。会议对编制试点工作内容、标准、工作要求和各阶段的具体工作进行部署，同时下发《石景山区2016年生产安全事故隐患排查治理"一企一标准一岗一清单"编制试点工作方案》。两家安全中介服务机构简要对隐患排查清单编制工作的实施步骤和操作流程进行介绍，并现场与试点企业完成对接工作。区安监局要求：高度重视、严密部署。各街道、各企业单位要成立领导小组，制定工作方案，把此次清单编制工作与安全生产标准化工作相衔接，做到同部署、同推动、同落实。注重服务，严抓落实。要求各安全中介机构根据企业不同规模、管理现状，主动与企业沟通，按企业具体情况制定详细的工作计划，落实责任，定时间、定进度，抓好落实。强化监管，严格考核。要求及时把握各企业的完成进度和完成情况，并列入企业考核内容，对达标任务完成较好的企业予以奖励。到年底，完成63家企业"一企业一标准、一岗位一清单"编制工作。

（栾　松）

**【区委常委会专题研究安全生产】** 3月2日，牛青山主持召开第138次区委常委会，传达学习《中共中央、国务院关于给中共天津市委、天津市人民政府通报批评的通知》和市委办公厅《关于传达贯彻市委主要领导批示的通知》，对全区当年安全生产工作要点进行审议。会议要求：区委、区政府在安全生产工作上要进一步落实立足平时、立足法治、立足责任、立足防范的工作要求，牢固树立"生命安全高于天"的政治意识和责任意识，时刻保持清醒头脑，决不允许以牺牲人的生命为代价去谋求发展，全力杜绝各类安全生产事故发生，从根本上消除带血的增长率。会议强调：2016年的安全生产工作要深入贯彻落实党中央、国务院和北京市领导关于安全生产的系列指示和批示精神，坚持人民利益至上、牢固树立安全生产红线意识，切实落实好党委、政府领导责任、部门监管责任和企业主体责任，把工作重点和重心放在立足平时、不断强化安全发展理念，立足法治、大力整治各类安全生产隐患，立足责任、狠抓安全生产责任落实，立足防范、不断夯实安全生产基础上，深入开展安全生产隐患排查治理，有效防范各类安全生产事故，继续促进全区安全生产形势稳中向好，为全区全面深度转型、高端绿色发展保驾护航。

（栾　松）

【危化企业安全培训】 4月，区安监局在首钢技师学院举办危化企业安全知识培训。培训内容包括危险化学品法律法规、技术标准、基础知识和安全管理等，重点突出反恐怖袭击法律法规和应急处置知识内容，强化企业负责人及安全管理人员政治敏感性和应急意识。全区危化企业70名安全管理人员参训。

（栾　松）

【市安监局进行调研】 4月28日，市安监局副局长唐明明率调研组到区，对安全生产隐患排查治理体系建设等安全生产工作进行调研。副区长肖军简要介绍石景山区安全生产工作开展情况。区安监局对安全生产责任体系建设工作、安全隐患排查试点推动工作和一季度安全生产工作开展等情况进行汇报，并对相关工作提出建议。近年来，石景山区着力推行各级“一把手”直接分管安全生产工作，进一步强化组织领导；聚焦城乡结合部安全隐患，扎实推动528个“大杂院”隐患治理；完善“一岗双责、党政同责”制度建设，强化安全监管责任落实；加强首钢等大型企业搬迁调整安全监管，理顺行业属地监管责任；注重强化基层安全监管基础，狠抓安全生产执法检查队伍建设，安全监管各方面工作都取得明显成效。唐明明对石景山区近几年的安全生产工作给予充分肯定，并对进一步抓好安全生产监管工作提出三点要求：一是要强化统筹协调，充分发挥综合监管职能。要进一步完善安全生产责任体系建设，形成“各司其责、齐抓共管”的工作机制；二是加强基层基础建设，注重提升执法检查水平。要充分发挥基层监管检查人员和专职安全员的作用，加强人员管理和培训，提高安全监管综合能力；三是督导企业落实主体责任，加强安全生产基础建设。要结合隐患排查治理试点建设，指导企业建立全岗位、全人员、全方位、无盲区的隐患责任清单，增强企业事故防范能力。

（刘同明）

【安全专家进校园】 5月11日，区安监局会同区教委邀请市安科院安全生产专家走进石景山区实验中学、苹果园中学和京源中学，对学校化学实验室、物理实验室和生物实验室的安全管理情况进行现场指导和安全服务。市社科院副院长张晋伟介绍安全服务活动的主要内容和服务目的。此次专家进校园指导开展安全隐患排查是当年安全生产“双百活动”组成部分，是贯彻落实国家安监总局、中宣部、教育部等8部门联合下发《关于加强全社会安全生产宣传教育工作的意见》的具体行动。专家面向师生开展形式多样的安全知识普及和安全隐患排查活动，进一步加强学校重点部位安全管理，提高师生安全意识，有效防范各类安全事故。年内，区安监局会同其他行业主管部门深入开展安全生产知识技能的宣传教育和生产安全事故的警示教育，把安全专家和安全宣传教育进企业、进学校、进机关、进社区、进家庭活动常态化，通过多种形式的安全宣传和服务活动，有效提高社会公众安全防范意识和自救互救能力，增强全民安全技能和安全素质。

（刘同明）

【安全监管工作部署】 5月24日，区安监局召开安全生产工作会，对夏季汛期安全监管工作和“安全生产月”“安康杯”竞赛工作进行安排部署。会议要求：一要严格落实安全监管责任。各单位要按照管行业必须管安全，管业务必须管安全，管生产经营必须管安全的要求，严格落实行业监管、属地监管和专业监管责任，切实加强组织领导，采取有效措施，层层落实监管责任，充分发挥行业和属地的监管职能作用，加强协同配合，形成监管合力，扎实抓好夏季和汛期的安全生产监管工作。二要加强重点领域安全监管。认真分析夏季和汛期安全生产工作的规律和特点，以防暑降温、防雨防汛、防火防爆、防高处坠落、防触电、防火灾和防食物中毒等为重点，加强建筑施工、人员密集场所、危化企业、交通运输、燃气工程建设、有限空间作业和防滑坡垮塌等领域的安全监管，做到早计划、早部署、早落实，努力减少和控制各类事故发生。三要提高汛期安全应急能力。各单位要加强与气象、水利等部门的沟通联系，结合本部门、本行业工作实际，加强对安全生产重点行业（领域）、重要设施、重点单位和部门以及人员密集场所各项汛期应急准备工作的检查，督导生产经营单位完善应急预案，加强应急演练，确保应急组织机构、应急队伍、应急装备、应急物资落实到位。

（刘同明）

【非医疗放射职业病摸底】 5月，区安

3月18日，石景山区召开安全生产暨消防安全工作会　（区安监局供稿）

监局开展全区非医疗机构放射职业病危害情况摸底调查工作。按照市安全监管局办公室《关于开展全市非医疗机构放射职业危害基本情况摸底调查的通知》要求，制定下发《石景山区关于开展全区非医疗机构放射职业危害基本情况摸底调查的通知》，召开由相关用人单位负责人和9个街道办事处的安全科负责人参加的非医疗机构放射职业危害基本情况摸底调查部署会，传达市相关文件精神，培训网上申报程序。根据区环保局提供的60家单位进行逐一排查，符合要求的单位12家，其中7家正常使用，2家为销售单位，3家停用。9家单位全部完成职业危害项目网上申报。

（李美娟）

【机动车维修企业治理】 5月，区安监局开展机动车维修企业调漆室和清洗喷枪工作场所专项治理工作。根据《北京市安全生产监督管理局关于开展机动车维修企业调漆室和清洗喷枪工作场所职业危害专项治理行动的通知》要求，制定下发《石景山区关于开展机动车维修企业调漆室和清洗喷枪工作场所职业危害专项治理行动的通知》，联合区运管处召开全区从事机动车维修的一、二类企业负责人会议，部署机动车维修企业调漆室和清洗喷枪工作场所职业危害专项治理工作。全区共有50家汽车维修单位，其中有38家单位需要改造，12家因拆迁已关停外迁。38家单位全部完成安装排毒柜改造工作。

（李美娟）

【916家企业参加安责险】 7月28日，召开安全生产责任保险工作推进会，对推广安全责任保险制度进行再动员再部署。会上下发《石景山区推进安全生产责任保险工作方案》，明确组织领导和责任分工，根据市安监局年度目标任务，对相关委办局和街道进行指标分解，并就如何落实年度指标任务提出具体要求。31个行业主管部门和9个街道办事处的主要领导、主管领导及部分企业负责人参加会议。年内，区安监局推进安全生产社会化建设，发挥注册安全工程师事务所等安全生产行业中介机构在安全生产领域的服务保障作用，在大型商务综合体、大型餐饮和大型超市开展应急预案编制和应急工作建设。按照政府推动、企业自愿和市场化运作的模式，在各行业领域和小微企业中推进安全生产责任保险制度。截至年末，916家企业参加安全生产责任保险投保工作。

（刘同明）

【城乡结合部治理】 6—12月，区安委会按照市、区两级部署，结合治理、疏解、建高端专项工作，在全区集中开展城乡结合部重点地区安全生产专项整治工作，重点解决生产经营单位存在的突出安全隐患。组织行业主管部门和属地街道，对市、区两级挂账的西黄村、北辛安、衙门口等6个重点区域的生产经营单位进行重点摸排，及时掌握生产经营单位安全底数、企业类型、生产规模和安全生产管理等情况。共检查单位8528家次，整治非法违法、治理纠正违规违章安全生产行为5961起，拆迁、关停企业300家，清退从业人员1505人，行政处罚49件，处罚金额31.2万元。

（刘同明）

【应急救援预案演练】 8月25日，区安监局、质监局、首钢氧气厂联合进行生产安全事故应急综合救援预案演练。此次演练主要模拟稀有厂房内因充装排与气瓶间充装管断裂氖气泄露。旨在提高职工对各类突发事故的应急处置能力，预防和控制次生灾害的发生，保障员工的生命安全，减少财务损失、环境破坏和社会影响。

（李美娟）

【安全生产标准化建设】 8月26日，区安监局组织召开“石景山区行业主管部门安全生产标准化推进会”。全区25个行业主管部门、9个街道（社区）的主管领导和科室负责人以及企业代表150余人参加会议。年内，区安监局编制推进企业安全生产标准化建设工作方案。全年有1668家生产经营单位完成达标创建工作，其中三级生产经营单位201家，小微生产经营单位1467家，超额完成市安委会下达的任务。

（李　强）

【国庆节前安全检查】 9月29日，牛青山率队对八大处公园节日期间安全保障等情况进行检查。检查中，重点对八大处公园的安全生产规章制度、应急救援预案建立情况、消防设备设施使用及保养情况以及节日期间应急值守、应急物资配备、重点部位管控、人流高峰突发事件应对准备等情况进行检查。同日，夏林茂组织安监、质监、旅游等行业主管部门执法检查人员对游乐园进行安全检查。实地检查游乐园新建娱乐项目设施安全运行情况、节日期间安全应急和第18届“国际旅游节”安全保障等情况并听取相关单位的工作汇报。区领导要求，提高思想认识，始终绷紧安全生产这根弦，加强组织领导，周密安排部署，层层落实责任，认真制定“国庆”期间安全防范措施并狠抓落实。要加强应急值守，针对国庆期间出现的客流高峰，要高度重视突发事件的应对处置工作。完善应急防范措施，加强应急演练，确保遇有情况能够及时有效处置。有效落实24小时领导带班制度。要加大检查力度。切实做好节日期间的安全检查、巡查，及时发现并制止违法违规行为、消除安全隐患，将事故消灭在萌芽阶段，全力确保“国庆”期间安全生产态势持续稳定。

（李美娟）

【有限空间比武活动】 11月4日，区安监局开展全区有限空间大比武活动。有6支队伍参加，经过理论考试后，3支队伍进入决赛，进行有限空间作业实操擂台竞技赛。经综合评分，北京排水集团第四管网分公司、北京吉友佳检测技术有限公司、北京联通中心八区管线局集体分别获得一、二、三等奖，路士成等6人获优秀个人奖。

（李美娟）

【市安委会督导检查】 11月8日，市安委会督查组对石景山区落实安全发展战略促进和谐宜居建设相关工作进行专项督导检查。田利跃代表区政府汇报落实安全发展战略提升社会综合治理水平相关工作，区城管委、住建委、旅游委分别围绕行业监管职责汇报城市管理、建筑施工和旅游行业安全监管情况，市安委会督查组在听取工作汇报后，查阅相关工作资料，并实地检查八角街道、巴威公司贯彻落实区委区政府的决策部署情况和安全监管情况。市安委会督导组对石景山区贯彻落实市委市政府《实施安全发展战略促进和谐宜居之都建设意见》，推进安全生产责任体系建设、发挥安全生产保障城市安全运行功能所开展的治乱疏解、公共安全综合执法亮剑等专项工作给予充分肯定和高度评价。

（李美娟）

**【十大领域安全生产大检查】** 11月至下年3月，在全区“十大领域”深入开展安全生产大检查专项行动。抓好年终岁末和下年“两节”“两会”期间的安全生产监管，及时消除安全隐患，有效防范和遏制安全生产事故发生。一是人员密集场所安全隐患大检查。加强商场超市、宾馆饭店、地铁车站、文化娱乐场所、体育场馆、旅游景点、春节庙会、农贸市场、地下空间、批发零售市场、学校幼儿园、大型集会活动现场、医院、影院等人员密集场所安全检查，防范火灾、拥挤踩踏等安全事故发生。二是交通运输行业安全隐患大检查。加强交通运输企业、危险化学品运输单位、运输公司和地铁、公交场站的安全管理和检查，严厉查处超速、超员、超载、疲劳驾驶、酒后驾驶、非法载客以及违规冒险行车等各类严重交通违法违规行为。三是建筑施工场地安全隐患大检查。加强对建筑施工企业的深基坑、大型起重设备、临时用电及临建设施等重点部位和重点环节的安全监管，整治违规指挥、违章作业和消防措施不落实等行为，防范起重机械伤害、施工坍塌、高处坠落、建筑火灾等安全事故发生。四是地下管线安全隐患大检查。加强城市燃气、供水、供暖、通信、排污等地下管线所属企业的安全监管，严厉打击各类管线（管网）周边存在私搭乱建、乱占、乱钻的行为，防止地下管线泄漏引发安全事故或危及民生安全。五是餐饮行业罐装燃气安全隐患大检查。加强对餐饮行业使用罐装燃气的专项治理，严厉打击违规罐充燃气、违规使用劣质燃气、劣质钢瓶的行为，全面治理罐装燃气间安全措施不落实、燃气钢瓶未年检等安全隐患，防范燃气爆炸、爆燃等安全事故。六是危险化学物品和烟花爆竹安全隐患大检查。加强对涉危企业和加油站点的专项治理，督导企业严格落实防火、防爆、防冰雪灾害、防冻裂、防泄漏等安全措施，严防因冻裂等原因造成泄漏、爆炸、火灾和中毒事故。加强烟花爆竹销售、燃放等环节的安全监管，严厉查处违规销售、储存烟花爆竹行为。七是食品药品安全隐患大检查。加强以乳制品、肉制品、食用油、食品添加剂、学生营养餐食品、儿童食品等为整治重点，严厉打击非法、违法加工、生产和制作食品的行为，清理整顿不符合安全条件的生产经营单位，防止发生食品安全事故。八是“五小企业”“六小场所”安全隐患大检查。加强对各类商品批发零售市场、小歌厅、小餐饮、小网吧、小洗浴、小旅馆、小市场和仓储场所、再生资源回收站点的专项治理，严厉打击或取缔非法生产、违法经营、违规住人等各类安全隐患。九是工业企业安全隐患大检查。加强对工业企业特别是存在粉尘作业企业的监管，督导企业加强吊装、涂装和安全用电、安全防火等重点环节及职业危害防护的安全检查，及时排查各类隐患。对超标、超量排污的企业进行严厉打击。十是特种设备安全隐患大检查。加强特种设备使用单位的安全监管，对锅炉、压力容器、起重机械、压力管道、场（厂）内专用机动车辆和电梯、客运索道、大型游乐设施进行安全检查，督导企业做好安全隐患排查和维修保养，防范事故发生。为确保安全生产大检查工作取得实效，成立由主管区长牵头，各行业主管部门、专业监管部门和各街道办事处（鲁谷社区）主要领导为组员的领导小组。通过开展专项检查、联合检查、领导带队检查等形式，扎实推进安全生产形势持续稳定好转，有效整治各类安全隐患，为经济发展和社会和谐稳定创造良好的安全生产环境。

（刘同明）

**【安全生产大检查动员部署】** 12月1日，召开安全生产大检查暨中央环保督察迎检工作再动员、再部署工作大会。夏林茂主持会议，46个主管部门、9个街道办事处的党政主要领导、驻区大企业、首钢二级企业、建筑施工、商务行业、旅游行业、危险企业等行业领域的160名企业主要负责人，共计270余人参加会议。会议传达学习习近平总书记、李克强总理关于安全生产工作的指示、批示精神和国务院、北京市安全生产电视电话会议精神，通报中央环境保护督察方案，对在全区人员密集场所、建筑施工、交通运输、工业企业、危险化学品、烟花爆竹、燃气使用、食品药品、特种设备等十个重点领域深入开展安全生产大检查工作和加强环境保护全面迎接中央督查的工作进行再动员再部署。牛青山围绕进一步强化认识、进一步落实责任、注重日常监管、狠抓隐患整治和严肃追究责任五个方面作动员讲话，要求各单位、各部门立即行动起来，切实强化安全生产和环境保护工作的责任意识。要对安全生产和环境保护工作进行一次专题分析和研究，制定和强化各项工作措施。要严格落实安全生产和环境保护监管责任，扎实做好各项工作，全力维护地区安全生产和环境保护的良好形势。夏林茂带队检查空气重污染橙色预警应急措施落实情况，田利跃以及相关部门、街道主要领导陪同检查。先后检查八角南里社区周边餐饮企业、区文化中心项目工地、北京天山新材料技术有限公司，夏林茂对以上单位提出相应要求，要求餐饮负责人必须正常使用油烟净化设施，坚决杜绝油烟扰民问题；要求工地做好橙色预警应急措施准备工作，按照绿色三星建筑工地标准开展日常监管，对施工现场加强管理，做好防尘。夏林茂对天山新材料的应急措施安排表示肯定，同时要求企业自觉落实主体责任、区经信委按照空气重污染橙色预警期间工业企业停限产名单，督促相关企业实施停产限产措施，区环保局做好污染源监督性监测。

（刘同明）

**【区领导带队开展大检查】** 12月13

日，牛青山带队就危化企业和人员密集场所的安全生产落实情况，对中润加油站和永辉超市进行检查。听取相关负责人汇报，详细了解安全生产具体情况。牛青山指出，要做好安全隐患排查，人命关天，不能有丝毫马虎，配好消防设施设备，确保不发生生产安全事故；要安全稳定的发展，不能要“带血的GDP”，相关企业要加强安全知识培训，提高人员安全意识，切实落实企业的安全生产主体责任；要遵守法制，依法生产、依法经营，在法律的框架内开展安全生产活动。16日，夏林茂带队对泰禾长安中心项目停工及安全生产情况进行检查。对工地能够及时停工响应空气重污染红色预警表示肯定，并强调务必在停工期间做好工地的安全生产工作，利用好停工时间段，对施工人员进行安全生产的业务培训和安全意识教育，做到工程进度停工，但安全意识不松懈。同日，岳德顺带队对当代商城和石景山游乐园进行督导检查。实地检查当代商城扶梯、安全疏散通道、消防设备、中控室以及游乐园在建的摩天轮项目等场所。同日，吴克瑞带队，先后对外语实验小学、北师大石景山幼儿园开展安全检查，对校园安全工作分别作了改进提示。21日，郭鹏带队对大唐国际大厦人防车库使用情况和区图书馆运营情况进行安全检查。实地检查安全疏散通道、消防设备、中控室等场所，并对2家单位的安全管理制度和文件资料进行查阅。27日，文献带队对区社会福利院和衙门口公交场站的安全管理及运行情况进行安全检查。实地检查配电室、监控中心、食堂、供热锅炉房、公交场站交接班室等场所，并对2家单位的安全管理制度和工作开展情况进行详细询问和了解。

（刘同明）

【安全生产主体责任落实】 年内，区安监局推进政府部门“党政同责”“一岗双责”（指区政府各工作部门、各街道办事处领导干部在履行岗位业务工作职责的同时，按照“谁主管、谁负责”“管行业必须管安全”“管业务必须管安全”“管生产经营必须管安全”和“分级负责、属地为主”的原则，履行安全生产监督管理职责）监管责任和企业“五到位”（做到单位主要负责人认识到位、安全生产责任主体履职到位、日常管理与阶段性监督检查到位、隐患排查及整改到位、危险源监控到位）“五落实”（领导机构人员落实、责任体系监管职责落实、安全管理制度落实、安全保障和预警防范措施落实、安全宣传教育落实）主体责任的有效落实。推进23个行业主管部门和9个街道办事处建立行政主要领导直接分管安全生产工作的责任机制。在重大节日和敏感时期，区四套班子18位区领导带队检查安全生产工作26次，检查单位156家，发现并整改各类安全隐患168项。各行业监管部门和街道主要领导带队检查215次，检查生产经营单位765家，排查各类隐患1689项，现场关停取缔65家。

（刘同明）

【隐患排查治理体系建设】 年内，区安监局宣传贯彻落实《北京市安全生产事故隐患排查治理办法》，先后制定《推进安全生产隐患排查治理体系建设的意见》《隐患排查分级分类管理办法》《安全隐患挂牌督办制度》《隐患排查治理体系建设基本规范》《隐患排查治理资金使用办法》和《旅游行业隐患排查工作规范》等12个规范性文件。

（刘同明）

【重点行业安全生产整治】 年内，区安监局督导建设施工、道路交通、危险化学品、人员密集场所等重点行业领域开展安全隐患专项整治，严厉打击非法违法生产经营建设行为。在建筑施工专项整治中，检查建筑施工单位488家次，发现并整改各类安全隐患1653项，处罚38起，罚金15.2万元，停产企业9家。在道路交通专项整治中，检查单位721家次，发现整改安全隐患803处，限期整改325家，在极端恶劣天气情况下，采取禁止机动车上路行驶102家次。在危险化学品专项整治中，检查单位176家次，发现整改安全隐患113处，处罚企业1家，处罚金额0.5万元，完成8家加油站贯标改造工作，协调推动1家液氨使用企业退出市场。在人员密集场所防火安全整治中，检查单位1358家次，督促整改火灾隐患1620处，下发责令改正通知书671份，查封7家，三停（停产停业、停止使用、停止施工）2家，罚款21.9万元，拘留5人。

（刘同明）

【危化企业安全监管】 年内，区安监局牵头会同相关部门先后开展“危险化学品储罐专项检查”“危险化学品运输专项检查”“易制毒危险化学品专项整治”“危险化学品应急管理专项检查”“危险化学品无证无照专项检查”“危险化品环保专项检查”“非经营性加油站专项检查”等18次危险化学品专项整治工作，确保危化生产安全。

（栾　松）

【安全生产教育培训宣传】 年内，区安监局组织安全生产月及咨询日宣传教育活动，8万余人、300余家企业（单位）参加活动。期间，组织安全生产各类培训班30余次，受众人员3000余人次；培训特种作业操作人员4538人。组织安全生产专家对300家企业开展帮扶，为500余名企业负责人、社区民众开展咨询服务活动。先后制作5期300余块安全生产宣传橱窗。

（王树伟）

【安全生产权利清单梳理】 年内，区安监局对安全生产监督权力清单进行梳理。经梳理，区安全监管局安全生产执法权力清单12项，其中行政强制5项、行政检查5项，其他2项。行政许可事项2项。编制执法岗位目录，其中A类执法岗位27个。

（王树伟）

【职能部门专职安全员】 年内，区安监局按照《北京市人民政府办公厅关于建立区县职能部门安全生产专职安全员队伍的通知》要求组建职能部门专职安全员，首期招收19名职能部门专职安全员。其中：男性9人，女性10人，分别占人员总数的47.6%和52.4%，平均年龄34岁，中共党员1人。大专学历11人，占总人数的52.4%；本科学历8人，占总人数的38%；研究生学历2人，占总人数的0.9%。19名专职安全员被分配在区国资委、区住建委、区商务委、区旅游委、区城管委、区教委等14个政府职能部门，全程参与安全生产监督检查工作。

（王树伟）

【安全生产执法监察】 年内，区安监局按照年度安全生产重点执法检查计划，结合行业监管、事故查处、安全生产专项整治和安全生产大检查等工作，检查生产经营单位845家，查处隐患742处，下达执法文书387份，立案处罚25起，处罚金额125.98万元。指导安全生产检查队检查生产经营单位8796家次，下达检查文书3261份，消除安全生产隐患7584项。

（左万前）

【受理12350举报投诉】 年内，区安监局全年共受理12350安全生产投诉举报29起，同比增长190%，其中建筑业6件、制造业7件、居民服务及其他服务业5件、公共管理和社会组织3件、住宿餐饮业和批发零售业各2件、文化、体育和娱乐业、房地产业、教育及其他选项各1件，经查29件投诉举报中内容属实13件，约占投诉举报数量的44%，不属实的投诉举报案件16件，约占投诉举报数量的56%，全年投诉举报办结率100%，均在规定时限内向市安全监管局进行反馈。

（李　杰）

【生产安全事故】 年内，石景山区共发生生产安全事故5起，亡5人。生产安全事故亡人数控制在市政府下达的年度控制指标内。在5起生产安全事故调查过程中，区安全监管局共对15家生产经营单位及相关70名人员进行询问调查，制作询问笔录76份，累计18万余字，委托市劳保所鉴定1次，收集证据材料600余份，组织召开5次事故小组工作会，处理罚款金额150.68万元人民币。由于证据收集及时、原因分析准确、适用法规得当，5起生产安全事故均已调查处理完毕，事故发生单位均按照政府批复要求进行隐患整改和反馈。

（李　杰）

# 食品药品监督管理

## 概　述

北京市石景山区食品药品监督管理局（简称区食药监局），负责本行政区域内食品、药品、医疗器械、保健食品、化妆品（以下统称为食品药品）的日常监督管理工作，现有干部职工156人（在编91人，监察员65人），下属2个事业单位，即区食品药品安全监控中心和区食药监局政务服务中心，现有职工6人。截至年末，辖区有食品药品主体共计5342家。其中，食品生产经营单位2635家，餐饮服务单位1266家，药品生产经营使用单位297家，医疗器械生产经营单位374家，保健食品生产经营单位217家，化妆品生产经营单位553家。在全区9个街道设立食药监管派出机构，140个社区建立食品安全快速检测站、13个企业设立自检室，筑牢食药基层监管网络。年内，区食药监局在区委区政府和市食品药品安全委员会领导下，贯彻执行《食品安全法》《药品管理法》及市、区两级食药安全工作会议的新部署和新要求，以创建国家食品安全城市和“全面深度转型，高端绿色发展”战略为目标，融入京津冀协同发展和区域城市管理综合执法体制改革大局，创新工作思路，提升监管能力，夯实工作基础，守住安全底线，确保辖区百姓“舌尖上的安全”。在区食药安委各成员单位共同努力下，组织开展一系列食品药品专项整治行动，严厉打击食品药品违法犯罪行为，市场秩序明显规范，食品药品产业健康持续发展，食品药品安全形势总体稳定向好。全年食品药品稽查受理群众投诉举报1870件，行政执法立案256件，做出行政处罚235件，罚没款总计371.21万，办理涉刑案件1起，非法收药2人被刑事拘留。全区未发生食品药品安全事件。

**地址：石景山区古城南里16号**

**电话：68885118**

**邮编：100043**

（胡成杰）

【火锅底料调味食品排查】 2月，区食药监局根据市局《关于严查火锅底料、调料、炸鸡粉、烤鱼料等调料包添加罂粟壳成分的通知》，开展市场内火锅底料等调料专项检查。全面检查具有生产资质、有品牌、正规企业生产加工的预包装火锅底料等调料包。检查交易市场16家，食品调料经营者34户，排查火锅底料、烤鱼料等调料178批次，未发现问题。

（胡成杰）

【“问题酸奶”紧急排查】 4月，新闻媒体曝光关于“越南酸奶”非法进口问题。区食药监局要求辖区20家大型商超和16家市场开展自查。经检查未发现有经营“问题酸奶”的商户，市场内销售的乳制品均为伊利、三元、蒙牛等品牌，进货票据齐全。

（胡成杰）

【校园周边儿童食品整治】 6月，区食药监局按照《食品安全法》要求，开展儿童食品和校园周边食品专项整治，检查学校、托幼机构107家，校内食杂店2家，校园周边200米内食杂店67家，向学校供餐的配送单位8家。开展“食品安全进校园”活动，在8个学校开设宣传栏、橱窗，对学校及周边食杂店经营的肉制品、方便面、饼干、冷冻饮品、果冻、饮料、油炸食品、膨化食品、糖果制品、水果制品、水产制品、豆制品、炒货食品及坚果制品等食品开展快速检测，共抽检147组样品，发现4组不合格样品全部进行行政处理，合格率97.3%，取缔无证经营4户。

（胡成杰）

【蒜苔产品专项检查】 7月，网络曝光甲醛泡蒜苔加工的场景，区食药监局对14个市场的62个蒜苔产品经营者进行检查，针对蒜苔开展甲醛项目专项快检，对13家市场内44户蒜苔经营者的产品进行快检，快速检测样品45个，合格43个。对两个快检不合格的蒜苔责令停止销售并进行下架销毁。不合格蒜苔来源为岳各庄批发市场，蒜苔产地为河北省保定市定兴县。

（胡成杰）

【实施牛羊肉直配模式】 8月，区食药监局加强畜禽产品整治，严格把控进货渠道,降低牛羊肉风险隐患。组织辖区物美商场超市、新五星市场等单位40余名负责人到怀柔区肉类联合加工厂参观考察,了解全国唯一实施羊酮体激光灼刻检疫章、激光编码和不合格酮体无害化处理技术确保牛羊肉能够执行溯源体系。14家市场负责人当场与加工厂签订牛羊肉"场厂挂钩"协议书,落实牛羊肉企业直配模式。

(胡成杰)

**【年度重点工作安排】** 9月2日,经区政府同意,区政府印发《2016年石景山区食品药品安全重点工作安排》。要求落实属地责任,强化街道食品药品安全工作机制;加强科技支撑,完善食品药品安全监控中心建设;落实最严格监管,完善新型食品药品安全监管机制;做好重大活动保障,积极创建食品安全城市工作;拓展专群结合,积极构建社会共治格局。深入推进食品药品监管机制制度创新,严格落实"四有两责",加强基层监管队伍能力建设,深入开展食品药品重点整治,严厉打击食品药品违法犯罪,全力保障人民群众饮食用药安全,实现"十三五"食品药品安全工作的良好开局。

(胡成杰)

**【区政府专题听取汇报】** 9月,在区政府第19次区长办公会议上,区政府领导班子及相关委办局主要领导专题听取食品药品安全监管工作。会上,区食药监局就当年区食品药品安全监管工作作了专题汇报,从开展无证无照餐饮单位专项、畜产品专项等专项整治,有效治理食药安全隐患;充分发挥效能、积极融入全市食药安全战略;注重风险防控,积极推进区域食药安全社会共治;推行全面监管,压迫食药违法行为生存空间等四个方面汇报地区食药安全监管工作。全区未发生食品药品安全事件,确保辖区食品药品市场的安全与稳定。与会领导充分肯定区食药监局作出的积极贡献和取得的成绩。夏林茂提出四点要求:一是各部门要继续提高认识,高度重视食品药品安全工作,强化政府的公信力,提升百姓的幸福值;二是要继续从食药源头加强治理,加大对待拆迁地区、低端产业聚集地区的整治力度;三是要加大对食药违法行为的处罚力度,坚持以"四个最严"为标准重拳打击各类食品药品违法行为;四是加大宣传力度,加强行业自律,畅通投诉举报途径,营造良好的食药安全社会共治氛围。

(胡成杰)

**【大米安全专项检查】** 9月,区食药监局开展对大米的专项检查。重点检查商场大米的进货来源、核对产品的相关资质及卫检证书,核对原装进口大米报关材料及卫检证书,加强进口大米的抽样监测,抽取5组产品进行镉含量抽样检测未发现问题。区域内流通原装进口大米约占20%,检查经营主体86户。

(胡成杰)

**【食药安全发展规划】** 年内,区食药监局根据《北京市食品药品安全三年行动计划(2016—2018年)》要求,力促将食药安全工作列入区政府常务会重要议题及折子工程,将食品药品安全规划纳入区级专项规划,完成《石景山区"十三五"时期食品药品安全发展规划》编制与报审。明确"十三五"时期的指导思想和原则目标、主要任务。将"部门其责"上升为"政府总责",将食品药品安全事项列入重要民生实事,纳入区政府重点督查项目和绩效考核体系,作为年度依法履职和廉政建设情况述职的重要内容。

(胡成杰)

**【安全监管基础建设】** 年内,区食药监局实现机关与各部门间建立专网专线,完善"二级四网"(机关、街道食药所两级的业务内网、政务外网、互联网和移动网)基础平台建设。完善基层食药所硬件建设,辖区9个食药所中有8个达到和超过"六室一厅"200平方米的标准要求,实现网上办公、网上许可、网上巡查、网上执法、网上监管。同时,争取区财政预算744.3万元,使全区人均食品药品安全经费达到11.5元,监察员月工资提升到5500元。

(胡成杰)

**【食品检验实验室改造】** 年内,区食品药品安全监控中心(简称监控中心)将原计生委办公楼(杨庄东路甲65号)一层、二层、三层西侧用房改造为实验用房,并对石景山医院机关楼四层(石景山路24号)现有实验用房面积1600平方米进行改造。同时进行实验室信息网络建设,项目由国家局、市局、区三级落实投资963.98万元,主要进行装修改造、机电安装、消防工程、电力增容改造,并配备高效相液相色谱仪(VWD)1台、紫外可见分光光度计1台、电热恒温鼓风干燥箱1台等相关仪器设备。

(胡成杰)

**【食品药品安全监测】** 年内,区食药监局对大米、小麦粉、食用植物油、蔬菜、猪肉、豆制品等六大类食品实行重点监控。对食源性疾病、食品污染、食品中有害因素开展常态监测,对农副产品市场、超市食品开展快速检测,以基本药物及注射剂品种、医疗器械和特殊用途化妆品为重点,健全药品不良反应监测网络,形成辐射全区的监测网络体系和突发事件综合预警体系。截至年底,辖区计划抽检食品样本2000个,实际抽检2188个,完成任务指标109.4%;食品快速检测2800个,实际快检2884个,完成任务指标103%。完成药品监督抽检160批次,监测抽检305批次,快速检测120批次,药包材1件,医疗器械抽样32批次,化妆品采样35件,均完成任务100%。全区未发生食品药品安全事件,安全监管能力和总体控制水平稳步提升。

(胡成杰)

**【食药行政许可改革】** 年内,区食药监局深化供给侧改革,顺应精简审批、审批权下放、先照后证等改革形势,做好承接、简化、下放和取消等工作。严把准入关口,创新服务方式,推进网上申报,强化窗口服务,简化服务流程,优化办事程序,创新服务举措,提高服务效率,方便群众办事。依托市局行政许可系统,与信息化建设紧密对接,推行流程网上公示和材料补证一次性告知,全面实现食药各类许可网上公开办理。截至年底,办理行政审批

3055项，其中食品流通1238项，餐饮790项，药械保健品1227项，许可事项均未出现超时限、违法违规行为，制证合格率达100%，规定时限内完成送达率100%。

（胡成杰）

【加强食药日常监管】 年内，区食药监局推行基层"大区域"监管及科所队对口支援模式强化日常监管。落实"双随机"和"飞行检查"机制。以监管区域性食品集中交易批发市场为主渠道，控制外埠输入风险，以检查生鲜畜禽肉、水产品等高风险类食品资质准入、产地备案、检验监测、产品销售等环节监管，控制食品风险，落实物美、永辉、沃尔玛大型连锁商超年度自查报告制度，加强庙会、游园会、展销会举办者及食品经营者资质审查，加大对中央厨房、集体用餐配送、学生食堂、工地食堂等集体就餐的监管力度。5月，组成联合检查组对首钢迁安矿区食药安全进行监管，对17个集体食堂进行集中换证监督检查，进行预防食物中毒专题培训，整合食药监管资源。

（胡成杰）

【食药安全综合治理】 年内，区食药监局制定食品安全风险隐患、突出问题和监管措施清单。将畜产品专项整治、无证无照餐饮单位专项整治、与全区528个低端产业聚集人群大院的清理、创建国家级卫生区复审、精品大街环境景观提升等相结合，打击无证经营、制售过期变质、非法添加、有毒有害和假冒伪劣食品药品等违法犯罪行为，严厉惩处"瘦肉精"、利用病死畜禽加工食品、使用非食品原料、非法使用和滥用食品添加剂、在畜禽水产品养殖环节滥用抗生素及禁用药物、非法渠道采购销售贮存药品等违法犯罪活动，开展对海底捞调味料检查、"饿了么"、百度、美团网上订餐平台的集中整治，推进医疗器械生产经营管理规范体系认证。截至年底，做出行政处罚235件，罚没款金额达371.21万。

（胡成杰）

【食药安全专项整治】 年内，区食药监局突出重点问题专项整治。组织开展流通环节畜禽产品、校园周边专项整治及婴幼儿配方食品、畜禽鲜蛋产品和水产品等专项检查。对拆迁地区、学校及学校周边、农副产品市场、旅游景区、交通枢纽及周边等重点场所加大检查整治力度，重点加强对节日热销食品、媒体关注的"疫苗事件"、畜禽产品、夏季食品、水产品、保健食品、基本药物、中药饮片、义齿、无菌和植入性医疗器械等的检查整治，严防不合格食品药品流入市场。全年开展各项专项执法行动40多起，出动1420人次，执法车辆350车次，发现问题并整改50多起。

（胡成杰）

【食品药品统一监测】 年内，区食药监局严格落实市食药安委食品药品监督抽检、风险监测、快速检测等计划，按照既定的《2016年石景山区食品药品统一监测计划》，组织区卫计委、集经办等相关部门对重点区域、重点品种实施统一监测。加强对企业自检室和社区监测点的指导，提高自检室和监测点的运行水平和发现问题食品的能力。完善食品流通、餐饮服务及零售药店快检室、企业自检室、社区监测站点的基础设施和技术保障网络建设，配备检测设备，培养技术骨干，提高风险监测评估能力。全区建立食药监测点66家，其中食品流通行业24家，餐饮服务行业12家，药品零售药店30家，按照市局要求最终将达到全区不少于覆盖全区80%人口居住所在区域的食品药品监测目标。

（胡成杰）

【食品流通环节管理】 年内，区食药监局全面加强对蔬菜、水果、猪肉、牛肉、羊肉、水产品等高风险食用农产品的监管力度。加大监测抽检频次，严格规范畜禽产品和水产品养殖、仓储、运输、市场销售等重点环节。加大食用农产品源头治理力度。以落实京津冀协同发展规划纲要和加快推进市场一体化进程为契机，坚持政府引导、企业主责、严格准入、信用监管、重点突破，着力构建食用农产品产地准出、销地准入的长效机制。推进完善辖区食品企业监管，在食品流通环节推进量化分级管理。截至年底，辖区商场超市、便利店、食品贸易商共参与风险分级569户，其中商场超市57户，商场超市中风险等级为A的36户，风险等级为B的5户，风险等级为C的14户，风险等级为D的9户。便利店参与分级107户，其中风险等级为A级的104户，风险等级为D级的3户。食品贸易商参与分级416户，风险等级全部为B。

（胡成杰）

【食用油专项监督】 年内，区食药监局加强对食用油生产加工企业、流通环节、餐饮服务单位以及相关食品企业的监督检查。以学校食堂（含托幼机构食堂）、连锁餐饮服务企业、集体用餐配送单位、中央厨房、中小型餐馆等餐饮服务单位为重点，检查建立进货查验制度，检查粮油批发市场及食用油经营者150次，检查餐饮服务单位300次，取缔无证经营食用油2户，结合日常抽检和快速检测，检测食用油53组，主要检测食用油的黄曲霉毒素、酸价、过氧化值、苯并芘等项目，合格率100%。

（胡成杰）

【畜产品专项整治】 年内，区食药监局开展为期两个月畜产品安全整治。对流通市场畜产品135户经营主体按照"一看二查三罚四规范"的要求逐户进行检查，使用克伦特罗、莱克多巴胺、沙丁胺醇快速检测试剂加强对牛羊肉及制品进行快速检测32组样品，对150余家餐饮服务经营畜禽产品中小型餐馆检查肉类原料索证索票制度，并对经营涮肉和烤串的餐饮单位进行梳理建立账。专项检查中对牛羊肉抽样175个样本，其中合格数164个，不合格数11个，监督抽检问题发现率为6.29%。日常监督检查188家，监督检查中发现问题15家，问题发现率为7.92%，对存在问题的商户全部予以立案处理。

（胡成杰）

【食品流通监督抽检】 年内，区食药监局加强科学监测能力，变事后处置为预先防控。食品流通环节快速检测1211组样本，其中快检不合格样本23组，快检合格率98.10%，快检不合格食品包括调味面制品、糕点面包、谷物粉类制品、饮料等13类。市局组织监督抽检16次，抽取食品653组，不合格16组，合格率97.55%。本局组织抽检5次，抽取食品772组，不合格4组，合格率99.48%。食品风险监测样本200个，监测项目包括酸价、过氧化值、过氧化苯甲酰、无机砷、铅、镉、溴酸钾、溶剂残留量、总砷、硫酸铝钾、黄曲霉毒素B1、苯并(a)芘、铬、总汞等，未发现不合格样本。对抽检中发现的不合格食品按照程序和要求及时采取下架、召回等处置措施，共核查处置不合格食品16起，联系生产经营企业，查找原因，追根溯源。

（胡成杰）

**【无照无证餐饮治理】** 年内，区食药监局根据市政府《关于治理无照无证餐饮单位工作方案》，按照“政府领导、属地负责、部门联动、疏堵结合、综合治理、标本兼治”的原则，联合街道开展整治无证经营专项行动。根据不同成因，实施分类治理，有效压减全区无照无证餐饮服务单位存量，坚决遏制无照无证餐饮服务单位滋生蔓延。集中整治麻峪东街、万达广场周边、鲁谷地区的衙门口、模式口地区、八角纸库周边、古城南街、北辛安等地区无照无证餐饮经营单位，对新开的28户无照无证餐饮单位基本信息进行登记，通过错时执法等手段防止反弹现象。合理规划配套餐饮网点，实现对无照无证餐饮服务单位“取缔一批、转型一批、替代一批、疏解一批”，保障辖区百姓餐饮更便捷、更安全。截至年底，出动执法人员1534人次，执法车辆753台次，查处无证餐饮507家次，无证无照主体台账全部核销。

（胡成杰）

**【网络订餐专项整治】** 年内，区食药监局根据食品药品监管总局办公厅《关于开展重点地区网络订餐专项整治工作的通知》和市局要求，依据《网络食品安全违法行为查处办法》，开展网络订餐专项整治行动。通过调查摸底网络订餐服务462户，对美团、百度、大众点评、饿了么4家平台依照《网络交易管理办法》进行网上核对，对检查出的问题进行组织对网络交易平台负责人约谈、责令改正，发放《网络送餐活动食品安全指南》。查处淘宝网店违法销售3起，取缔订餐平台50余家。

（胡成杰）

**【规范餐饮迎接复审】** 年内，区食药监局根据《石景山区2016年国家卫生区复审工作实施方案》，召开有260家小餐馆、建筑工地食堂负责人参加的创卫复审食品安全工作大会。进行食品安全知识、病媒生物防控及控烟培训，对餐饮聚集区开展综合整治，指导餐饮单位做到设施设置规范、卫生管理良好，粘鼠板、挡鼠板、纱窗、防蝇帘、灭蝇灯、盖板等防鼠、防蝇、防尘设施基本完善。同时开展无证餐饮、学校食堂、建筑工地食堂、夏季露天餐饮大排档等专项监督检查。出动执法人员3537人次，监督检查1637户次。

（胡成杰）

**【餐饮量化分级管理】** 年内，区食药监局按照《北京市餐饮服务单位食品安全量化分级管理办法(试行)》，继续推进餐饮业量化分级管理。印制量化分级等级公示牌、食品安全信息公示栏，督促各餐饮单位将量化分级公示牌统一张贴在餐饮服务单位门口、大厅等显著位置，主动向社会公示量化分级评定结果等情况。截至年底，辖区餐饮服务企业应量化703户，已量化659户，其中A☆20户，A☆☆2户，A☆☆☆3户，B☆118户，B☆☆73户，C☆407户，C☆☆39户，量化率93.74%。

（胡成杰）

**【居家养老助餐服务】** 年内，区食药监局将居家养老服务食品安全保障工作列入年度食品安全重点。完善养老服务机构餐饮体系，探索养老照料中心自建食堂直营加选择具有一定品牌实力的送餐企业配送模式，通过指导养老机构食堂提升配套设施标准，建立与老龄委、民政等相关部门联系机制。截至年底，辖区建成的8家街道社区养老照料中心、15家社区养老驿站中的3家街道社区养老照料中心、1家社区养老驿站取得食品经营(餐饮服务)许可证，为本机构内的老人提供每日三餐服务。

（胡成杰）

**【餐饮行业监督抽检】** 年内，区食药监局对辖区餐馆、单位食堂、学校、托幼食堂、集体用餐配送单位进行抽样检测。样本涉及餐饮用具，餐饮食品，糕点及面包，葡萄酒及果酒，调味品，白酒，肉制品，谷物粉类制品，牛肉及其副产品等15大类，抽检样品数量350件。其中不合格样本6个，不合格种类为谷物粉类制品3件、餐饮用具3件。谷物粉类制品中违法添加的非食用物质重金属铝，餐饮用具微生物大肠菌群超标，合格率98.29%。

（胡成杰）

**【药品零售规范化管理】** 年内，区食药监局建立企业药学服务、人员管理、信息化建设、监管机制制度。利用信息化手段完善药品零售企业管理系统，建设分级分类管理模块，建立分级分类评定信息化档案，推进药品追溯系统和药品零售企业销售数据对接，出台标准规范执业药师，细化药品零售企业工作人员的行为准则和服务标准，规范、提升药品零售企业人员服务水平。同时，继续推进药品零售企业连锁化，规范服务标准化，促进药械市场形成品牌效应。截至年底，辖区药品零售企业连锁率由原来的35.8%上升到47.2%。全年完成药品监测抽检309批次，其中化学药品178批次，中成药105批次，中药饮片26批次，不合格药品1批次。快速检验136件。

（胡成杰）

**【加强疫苗专项整治】** 年内，区食药监局根据《疫苗流通和预防接种管理条例》，组织检查辖区19家接种疫苗的医疗机构。重点检查疫苗资质及进货渠道，强化采购票据和记录的存档管理，对疫苗接种单位强化疫苗冷链管理，特别是对人用狂犬疫苗、乙肝疫苗和流感疫苗的进货渠道、供应商资质、进货验收、储存条件、冷链运输及储存等环节进行专项检查，对发现记录不完整等问题的2家单位当场下达责令改正通知书，对1家因储存不善导致疫苗外包装浸水的麻腮风联合减毒活疫苗6支当场监督销毁。

（胡成杰）

**【特殊药品监督检查】** 年内，区食药监局根据《麻醉药品和精神药品管理条例》和《易制毒化学品管理条例》，开展对17家持有印鉴卡的单位进行专项检查。对1家具有二类精神药品和蛋白同化制剂肽类激素经营范围的药品批发企业履行特药监管职责，对美沙酮储存条件和使用情况进行监督检查，对1家持有《放射性药品使用许可证》具有放射性药品氯胺酮科研使用资质医疗机构进行检查，落实特药使用管理主体责任。

（胡成杰）

**【药品不良反应监测】** 年内，区食药监局对辖区53家医疗机构、社区卫生服务中心和部分个体诊所ADR监测（药品、医疗器械产品不良反应和药物滥用监测技术）工作进行集中培训。重点培训药品不良反应监测系统的注册和使用、药品不良反应报表上报、填写等内容，推进ADR监测工作规范化、制度化，延伸ADR监测触角，提升辖区ADR上报数量和质量，完善药品不良反应监测体系的建设。年内完成药品、医疗器械不良反应网上审核及申报，审核评价药品不良反应报告384例，审核评价器械不良事件报告269例，审核网上注册单位70家。

（胡成杰）

**【定制式义齿专项检查】** 年内，区食药监局根据市局通知，对辖区3家定制式义齿生产企业进行专项检查。检查发现北京市金佳凯冠义齿技术有限公司存在使用的原材料C5齿科钴基铸造合金、齿科镍铬烤瓷合金、贱金属铸造合金现场未提供出厂检验报告，抽查出厂检验报告中均未填写检验项目的检验结果判断及综合结果判定等问题，对其立案查处28000元行政处罚，对3家生产企业抽样3批送检。

（胡成杰）

**【无菌和植入性器械检查】** 年内，区食药监局对辖区生产一次性使用无菌医疗器械的北京伏尔特技术有限公司的采购环节、洁净室（区）的控制、灭菌过程控制、特殊工序和关键过程、产品可追溯性、医疗器械不良事件收集以及产品召回等环节进行重点检查，对7家第三类医疗器械生产企业进行重点检查，对11家二级以上医疗机构，重点检查落实《医疗器械监督管理条例》情况，对发现问题的4家单位进行立案，做出给予罚款12000元的行政处罚。全年监督检查68次，出动检查人员127人次。

（胡成杰）

**【保健食品专项整治】** 年内，区食药监局制定保健食品专项整治检查方案，完善保健食品企业台账，检查企业进货渠道，进货查验制度，通过媒体、发放宣传单、张贴海报等形式宣传保健食品知识，指导正确选购保健食品，对宣传用语不规范、索证索票不齐全等问题均当场要求企业进行整改。全年办理保健食品经营企业未执行进货查验制度案2件，做出行政处罚1.5万元，检查保健食品经营企业171家，出动执法人员315人次。

（胡成杰）

**【化妆品专项检查】** 年内，区食药监局根据国家总局《关于广州市白云区新市爱璐诗化妆品厂等11家企业39批次面膜类化妆品不合格的通告》开展专项检查。摸清辖区实际经营化妆品企业底数并完善台账。截至年底，实地巡查美容美发店等重点企业351家，同时，根据国家局《关于调整化妆品注册备案管理有关事宜的通告》和《北京市国产非特殊用途化妆品备案检查工作指南》，对备案化妆品企业进行核查，对检查中发现的问题当场要求企业改正。截至年底，收到20家化妆品经营企业申报的140个非特殊用途化妆品备案信息，现场核查26次，核查110个品种，对涉嫌经营未取得批准文号的特殊用途化妆品经营案件处以警告1件。

（胡成杰）

**【打击制售假冒行动】** 年内，区食药监局根据全国打击侵权假冒工作电视电话会议精神，以“3·15消费者权益保护日”为契机，开展“维护百姓健康，严厉打击制假售假行为”为主题的假劣药销毁及法制宣传活动。将495箱、321个品种、价值人民币近450万元的假劣药品、问题食品全部装车销毁，专项行动立案16起，罚没款金额54.3万元。同时，严厉打击制假售假行为，取缔从事加工具有所谓“减肥、排毒、通便”功效的水果酵素窝点，查扣桶装水果酵素提取物89桶，成品酵素饮料84瓶，空瓶200个；查扣淘宝店铺假冒“北京石景山八大处整形医院”销售药品千百氢醌乳膏10盒，货值金额750元；查封北京博医堂中医门诊部非正规渠道购进的3万元药品；查处非法收购药品案件，查扣50余种，近20万元非法收购的药品，2名涉案人员移交公安部门。

（胡成杰）

**【城乡结合部专项整治】** 年内，区食药监局根据《石景山区城乡结合部重点地区公共安全隐患问题综合整治工作方案》，针对辖区城乡结合部528个出租大杂院开展集中整治行动。牵头食品、药品、医疗器械、保健食品、化妆品无证无照经营的专项整治，摸清重点地区无证无照食品药品生产经营单位，建立问题台帐，对衙门口、模式口、西黄村等地区无证生产黑窝点进行清查治理，与社区居委会联动，取缔无证生产加工食品黑窝点11家。出动执法人员3000余人次，检查主体1556家次，开展联合执法27次，取缔无证餐馆、食品店、非法收售药品行为314家，立案6起，罚没款40万余元。通过治理市级挂账的48家无证无照企业、区级挂账31家及其他地区235家，问题台账全部清零。

（胡成杰）

**【食药行业联盟活动】** 年内，区食品药品行业联盟有餐饮、医疗、生产流通、药批药店、医疗器械5个行业分联盟，200余家会员单位。全年组织“食品安全我监管，健康饮食你参与”大型公益宣传活动、“健康养生，食品安全综合知识讲座”“‘食’出精彩、‘品’味人生”活动、“浓情醉夕阳—品醇香糕点”享幸福重阳活动、“欢笑百叟宴，同庆重阳节”等24场餐饮公益活动及6场餐饮专业培训。

（胡成杰）

【食药监管依法行政】 年内，区食药监局落实国务院《法治政府实施纲要(2015—2020年)》，对重大案件的定义、范围、原则、组织、程序等做出具体规定，对行政处罚重大案件实行集体讨论，对88起行政处罚案卷进行审核，对47起符合案审条件的案件组织案审会15次，办理行政处罚案件175件，其中一般程序81件、简易程序94件，罚没款总计231万元。参加行政处罚案卷评查，参评3份案卷获2个99分、1个99.5分。同时，加强食品药品行政执法与刑事犯罪案件衔接工作，修订行政执法与刑事司法相衔接工作的有关制度，每月定期向行政执法与刑事司法信息共享平台录入最新行政处罚信息，录入率100%。

（胡成杰）

【完善投诉举报机制】 年内，区食药监局强化区、街道两级食品药品安全委员会议事协调职能，完善议事协调、信息报送、事故报告、责任追究等制度，建立健全目标管理责任制和责任追究制，建立健全稽查大队统一牵头、各食药监所密切配合的投诉举报办理工作机制，设定专岗安排专人负责受理、监督、统计、分析及追踪，严格办理时限，加强分析研判，提高立案率。全年受理各类投诉举报1679件，办结率100%。立案137起，办理投诉举报奖励7件，奖金合计1900元。

（胡成杰）

【食药监管法制宣传】 年内，区食药监局健全新闻宣传工作机制，加强舆论监督和引导，推动饮食用药安全健康教育。采取“六进”(进机关、进乡村、进社区、进学校、进企业、进单位)活动、食品安全宣传周、安全用药月等形式，宣传《食品安全法》《药品管理法》等法律法规，采取宣传片、网络、公示牌、横幅等形式，开展食品药品安全科普宣传。全年组织宣传活动50余次，发放材料宣传品3万余册(件)，接待咨询3千余人次，举办培训40次，培训3000余人。创建“食药新干线”微信公众号，在重要纸面媒体登载新闻稿件50余篇，在中国首都网、新华网、新浪网站等媒体登载新闻稿件30余篇，在电视新闻上发布新闻10余篇。

（胡成杰）

# 审　计

## 概　述

北京市石景山区审计局(简称区审计局)是负责本区审计工作的区政府职能部门。设有办公室、审计综合科(信息管理科)、财政金融审计科、固定资产投资审计科、经济贸易审计科、行政事业审计科、经济责任审计科7个科室及区审计指导中心和区审计局经济责任审计中心2个全额拨款事业单位。年内，依据《宪法》《审计法》《北京市审计条例》开展审计工作，对区级年度预算执行和其他财政收支、部门预算执行和决算草案、领导干部经济责任、行政事业单位财政财务收支、政府重点投资项目、国有企业资产负债损益情况和自然资源资产进行审计监督，对专项资金进行审计调查，向区政府和市审计局负责并报告工作。年内单独立项开展审计项目35项，查出管理不规范金额30540万元，应调账处理金额3327万元，核减投资额2140万元，提出审计建议165条，审计报告被区领导批示19篇，被市、区信息主管部门采用信息130篇次。组织实施的“石景山区体育局党组书记、石景山区体育局局长任职期间经济责任审计”项目，被评为年度北京市审计机关优秀审计项目，“石景山区国有企业经营性房产管理情况专项审计调查”项目，获年度北京市审计机关表彰审计项目，“地方财政资金使用情况”计算机审计案例获市审计局鼓励奖。连续20年被首都精神文明建设委员会评为“首都文明单位”，信息工作连续9年被评为“北京市审计系统信息工作先进单位”。年度被评为区绩效考评优秀单位，13名同志分别被借调到审计署区保审计组、市委巡视组、市审计局经济责任审计组和区纪委。

地址：石景山区八角西街甲32号

电话：68861989

邮编：100043

（邵建设　王　鑫）

【市局领导到区调研】 11月11日，市审计局党组书记、局长吴素芳带队调研石景山区审计工作。夏林茂、文献陪同调研。座谈会上，听取审计工作开展情况汇报，文献介绍区情。夏林茂欢迎市审计局领导到区调研，对市审计局多年来的关心和支持表示感谢，并对区委区政府利用审计成果完善相关工作等做法进行交流。吴素芳对石景山区审计工作给予充分肯定，介绍现阶段全国、北京市及各区联动审计工作重点任务，强调当前及今后一个时期审计应重点关注审计结果公开及审计整改工作，希望区委区政府从领导班子配备和干部队伍成长等多方面支持审计工作，保障审计工作有序开展。

（邵建设　王　鑫）

【强化审计监督工作】 年内，区政府高度重视审计工作，区长直接分管审计工作，多次召开会议专题研究、听取审计工作汇报，全年区领导对19项审计结果进行批示，根据审计报告反映的问题约谈3个部门6名主要领导，责成相关单位落实整改，协调解决审计工作中遇到的困难，切实加强对审计监督工作的组织领导，大力支持审计部门依法独立履行审计监督职能，使审计监督工作在保障财政资金安全、推动单位建章立制等方面发挥重要作用。同时审计部门还不断加强与组织、纪检等部门的沟通协调，使审计在预防腐败体系建设、加强干部管理方面发挥效能。

（邵建设　王　鑫）

【加大审计监督力度】 年内，区审计局以制度促成果落实，不断加强审计监督职能。贯彻落实中央《关于完善审计制度若干重大问题的框架意见》及配套文件和市委、市政府《关于加强新形势下审计工作的意见》，起草《关于进一步加强审计整改工作的意见》《石景山区财政资金、国有资产和国有资源审计监督协调办法(试行)》两个制度，完善审计结果运用机制。同时为细化审计整改工作，对审计发现的问题实行“问题清单”和“整改清单”对接制度，通过“对账销号”方式加强对整改工作的动态管理，及时跟踪检查审计整改情况，进一步完善政府各部门、各单位监督控制体系建设，推动审计成果的有效运用。积极稳妥推进审计工作全覆盖。利用计算机辅助审计手段，实现全口径预算审计监督全覆盖，综合考虑不同审计类型的被审计对象和轮审周期，年度安排的区级部门预算执行和其他财政收支情况审计的部门数量为13个，部门预算审计覆盖面超过20%；在预算执行审计中坚持将一般公共预算、政府性基金预算、国有资本经营预算纳入审计范围，在方案中明确要求，在现场实施中严格执行，在审计报告中完整反映；紧密围绕保障民生、生态文明建设等大政方针，开展系列民生资金审计，安排水资源资产相关工作职责落实情况审计。依法对审计发现的问题做出相应处理。对审计监督中被审计单位出现的体制、机制上的问题均提出针对性建议；出现的违反国家规定的财政财务收支行为，根据《审计法》《财政违法行为处罚处分条例》等法律规定和审计职责权限，出具审计决定书，并要求相关单位在规定时间内执行审计机关依法做出的决定；针对审计中发现的违法违规行为，按相关法规要求移送有关部门进行处理处罚。

（邵建设　王　鑫）

**【重大政策落实跟踪审计】** 年内，区审计局按季度开展区重大政策措施落实情况跟踪审计，重点关注存量资金统筹盘活、地方债券资金使用情况和重点项目推进情况，跟踪审计结果表明，石景山区在贯彻落实财政、重点投资项目等多项政策方面运行良好。

（邵建设　王　鑫）

**【预算执行审计】** 年内，区审计局开展区级预算执行和决算草案审计，重点审计区级财政预算管理情况，对区级全口径预算进行审查。对区地税局、区国资委等13个部门的预算执行和决算草案进行审计，重点关注部门存量资金的规模、结构及变动情况，国有资产收益上缴财政情况；会议费、培训费相关支出情况；部门现金使用情况等。突出反映体制、机制、制度以及政策措施层面中存在的问题，并立足体制机制提出有针对性的审计建议。首次采用集中交叉审理模式对项目进行复核。继续公开全部部门预算执行审计结果，推动审计结果公开。

（邵建设　王　鑫）

**【固定资产投资审计】** 年内，区审计局结合石景山区“八个高端体系建设”战略目标，开展对北京保险产业园建设、“西绿东引”工程、石府路建设工程、国际雕塑公园园林景观提升工程等项目的审计监督。结合群众关心热点，开展对中小河道治理、棚户区改造等全过程跟踪审计监督。继续开展对区保险产业服务平台、苹果园交通枢纽拆迁、永乐西小区“12·7”煤气爆燃事故政府救助资金跟踪审计等项目的监督，并提前介入北辛安棚户区改造等年度重点项目的前期研讨工作。全年重点监督项目共为财政节约投资54544万元，坚持边指出问题边督促整改，在规范投资领域秩序和为国家节约资金方面发挥作用。

（邵建设　王　鑫）

**【经济责任审计】** 年内，区审计局落实《党政主要领导干部和企业领导人员经济责任审计规定》及其实施细则，围绕被审计领导干部履行法律法规赋予的重要职责以及“三定”方案规定的主体责任开展审计。加大经济责任审计结果运用力度，对区民防局、区司法局等4个行政事业单位的5名处级领导干部开展经济责任审计，其中对广宁街道的2名处级领导干部开展党政同审；对万商投资、宏润、国资公司3个区属国有企业的3名领导人员进行经济责任审计。被审计单位积极采纳审计建议，对审计中提出的体制机制建设方面的问题，积极梳理单位内部控制，逐步修改完善内部管理制度。强化领导干部整改责任意识，进一步发挥审计作用效果。

（邵建设　王　鑫）

**【专项资金审计调查】** 年内，区审计局开展5项专项资金审计调查。分别是：区行政事业单位国有资产收益及处置资金管理使用专项调查、区民生家园建设专项资金管理使用绩效情况审计调查、区住宅专项维修资金管理及使用情况的专项审计调查、区园林绿化美化资金管理使用情况专项审计调查、区教委采购资金管理使用情况的专项审计调查。审计中发现在政策落实、资金分配、资金管理和使用效益等方面存在问题，限期整改。截至年末，全部整改完毕。

（邵建设　王　鑫）

**【自然资源资产审计】** 年内，区审计局继续开展自然资源资产审计试点工作。在前期调研基础上，结合区域功能、发展定位和资源实际情况，通过对辖区水资源开发、利用、管理以及资金使用情况的审计，重点关注相关政策贯彻落实效果、水资源费的管理和使用、资源保护等内容，以期促进水资源的可持续利用与协调发展，为开展领导干部自然资源资产离任审计进行有益探索。

（邵建设　王　鑫）

**【内部审计】** 年内，区审计局下发《石景山区关于进一步加强内部审计工作的实施意见》，加强对内审工作的指导监督，同时推动内审工作与政府审计有机结合。一是年初向各内审单位发布年度内审工作指导意见，有效指导辖区各单位开展内审工作；二是根据不同内审单位的需求，灵活采用依托内部审计人员网络教育平台，开展网上培训和局主要领导分批分系统为内审负责人集中面授等方式，努力提高内审人员理论水平和实际操作能力；三是首次采取实地抽查与问卷普查相结合、听取汇报与座谈交流相结合、填写调查统计表与检查内审资料相结合的方法对全区内审工作进行专项检查，重点对10家单位的内部审计工作开展情况进行实地调研走访，检查结果上报主管区长，在区长办公会议上进行通报。组织全区9个街道（社区）及29个委办局主要领导、分管内审或财务工作的主管领导进行审计相关培训，促进各单位内部审计工作有效落实，内审工作质量不断提高。

（邵建设　王　鑫）

【审计公开透明化】 年内，区审计局行政职权梳理形成“权力清单”，梳理与之关联的行政处罚自由裁量权等法定职权对外开放，完成行政执法岗位目录的编制、系统录入、岗位人员关联等工作。还在部门预算执行审计结果全部公开的基础上，首次对外公开2个专项审计调查结果，进一步扩大审计工作的影响，促进政府信息公开。

（邵建设　王　鑫）

# 烟草专卖

## 概　　述

北京市石景山区烟草专卖局（公司）实行“统一领导、垂直管理、专卖专营”的经营管理体制，承担本区烟草经营业务、净化卷烟市场、规范烟草经营秩序、对地区烟草专卖品经营企业实施全面监管职责。内设8个科室，有职工62名，其中处级干部6名，科级干部14名；党员34名，团员5名。年内，践行“国家利益至上，消费者利益至上”的行业共同价值观，严谨求实、扎实工作。获得北京市烟草第一届职工羽毛球比赛亚军及优秀组织奖、2011年至2016年度先进党组织，健步走QC小组被评为年度“全国优秀质量管理小组”，人事企管科获年度“全国质量信得过班组”选拔赛一等奖，并被评为“全国质量信得过班组”。

**地址：石景山区古城西路170号**
**电话：88708315**
**邮编：100041**

（甄　珍）

【经济运行】 年内，区烟草专卖局销售卷烟20559箱，同比下降11.25%，实现利税11534万元，同比下降6.43%。其中，单箱销售额2.85万元，全市排名第6位；细支卷烟实现销量1042箱，同比增长164.39%；国产雪茄烟销售112万支，同比增长52.00%。完成税费上缴9932万元，同比增长11.58%。

（甄　珍）

【零售终端建设】 年内，区烟草专卖局开展2次全覆盖入户调研，共收到有效问卷1300余份，针对不利因素有的放矢，及时分析市场状态、调控货源供应、调整片区划分、加强专销联动。选定10个辖区自主培育规格，细化新品培育模式，从上柜、销量、重购、库存等方面对新品实时监测。全年共有零售终端户92户，占比11.7%。2名零售户参加市局（公司）零售终端卷烟陈列评选活动，分别获小型柜台组二等奖、大型柜台组三等奖。

（甄　珍）

【打网办案】 年内，区烟草专卖局按照“蓝盾一号”“金剑一号”行动要求，发动社会群众、加强联合执法。共查获涉烟案件84起，其中5万元以上案件6起，查办网络案件4起，共刑事拘留3人，判刑3人；查获违法卷烟313.38万支，涉案金额131.63万元，假私烟量超过全年考核目标值60万支，超额7.18万支；全年开展联合执法8次，集中整治9次。

（甄　珍）

【市场监管】 年内，区烟草专卖局坚持交叉错时市场检查机制，定期开展市场摸排。结合“APCD”工作法，努力实现信息化监管模式，建立高效、精准市场监管模式。全年平均市场净化率为94%，排在全市第7位。

（甄　珍）

【许可证核发】 年内，区烟草专卖局转变观念、落实要求，提升窗口服务人员“利民、便民、亲民”意识。全年，共新办许可证74个，注销29个。截至年底，全区共有有效许可证797个，营销正常订烟户667个。

（甄　珍）

【费用控制】 年内，区烟草专卖局各项费用总支出2248万元，同比增长0.67%，执行年度预算2400万元的93.67%。五项重点可控费用支出194.93万元，同比下降2.06%，执行年度预算241万元的80.75%。业务招待费同比降低67.41%，车辆费用同比降低29.61%。

（甄　珍）

【公益活动】 年内，区烟草专卖局对西山机械厂、门头沟龙泉务村困难户走访慰问，并通过北京市慈善协会继续为西山机械厂家属社区单亲家庭贫困大学生李瑶送上5000元助学金。与门头沟区龙泉镇龙泉务村委会签订年度《“城乡统筹 文明先行”帮扶结对协议书》，主要围绕共建环保、走访慰问、文化交流主题，携手开展“城乡统筹、结对共建”帮扶工作。组织全体职工开展募捐，共募集人民币1675元，援助对口支援的新疆、西藏、青海、内蒙古、江西、宁夏等灾区和贫困地区以及本市贫困群众。动员全体职工捐助冬衣，共收集八成新以上各类御寒棉衣70件，为贫困地区群众送去温暖。

（甄　珍）

# 财政·税务

中国税务
税企合作签订仪式
暨"'我'谈营改增"宣传活动
主办单位：北京市石景山区国家税务局
北京市石景山区地方税务局
协办单位：北京创业公社投资发展有限公司
2016年4月
创业公社

石景山区财税部门在区委、区政府领导下，贯彻落实“稳增长、促改革、调结构、惠民生”和区委、区政府的决策部署，围绕“全面深度转型、高端绿色发展”战略和建设国家级绿色转型发展示范区的目标，进一步深化推进财税体制改革，全面落实新《预算法》要求，不断强化财政收支管理，调整和优化财政支出结构，提升资金使用效益，各项财政财务工作有序推进。抓收入，财政保障能力不断增强；优支出，区域经济社会和谐发展；推改革，财政管理体系更加科学。全面推进预算编制改革，深化国库集中收付制度改革，推进政府采购制度改革，探索绩效评价制度改革，落实“营改增”税制改革，推进政府债务管理，强化财政监督职能作用，加强行政事业单位国有资产管理，推动行政事业单位内控管理，提高财政信息化水平，在调整经济结构、促进科技创新、保障和改善民生方面做出新贡献。

# 财政管理

## 概　　述

北京市石景山区财政局（简称区财政局）是主管全区财政收支、财税政策、会计管理和财政、财务监督管理工作的区政府职能部门。内设办公室、人事教育科、预算科、国库科、行政政法科、教科文科、社会保障科、城建科、其他事业财务管理科、综合计划科、会计科、政府采购管理科、法制监督科、绩效评价科、纪检监察科、行政科共16个行政科室；下属预算编审中心、国库收付中心、绩效考评中心、财政监督检查所、财政所、中华会计函校石景山分校6个事业单位。年内，贯彻落实“创新、协调、绿色、开放、共享”的发展理念，围绕国家级绿色转型发展示范区的战略目标，主动适应经济发展新常态，着力推进供给侧结构性改革，加快“八个高端体系”建设，坚持依法行政、依法理财，不断强化财政收支管理，推进财政管理改革，提升资金使用效益，切实发挥财政在“疏功能、稳增长、促改革、惠民生”方面的作用，完成年初区人代会制定的各项任务。

**地址：石景山区阜石路167号**
**电话：68872800**
**邮编：100043**

（范晋瑜）

**【财政收支平衡】** 年内，本区一般公共预算收入完成520719万元，为年初人代会批准预算504000万元的103.3%，比上年的450942万元增加69777万元，增长15.5%，一般公共预算总收入1058632万元，一般公共预算支出完成979702万元，上解支出15933万元，安排预算稳定调节基金16863万元，本年结余46134万元，实现一般公共预算收支平衡。政府性基金预算总收入302634万元，支出完成298582万元，上解支出1661万元，调入一般公共预算1874万元，本年结余517万元。国有资本经营预算收入完成570万元，支出完成462万元，根据相关规定调入一般公共预算统筹使用资金108万元。社会保险基金预算收入完成4636万元，支出完成3443万元，结余1193万元。

（范晋瑜）

**【加大重点投入】** 年内，区财政局聚焦非首都功能疏解、城市病治理等重点问题，支持环境承载能力提升，投入治乱疏解建高端等重点工程资金29.2亿元，主要用于棚户区改造、绿化美化、环境整治、落实清洁空气行动计划，支持“无煤区”建设、疏解低端产业、促进集体经济转型以及控制人口数量等方面。全年民生领域支出81.4亿元，占一般公共预算支出的83.1%，重点支持就业和社会保障、民生家园、住房保障等民生实事建设工程。

（范晋瑜）

**【盘活存量资金】** 年内，区财政局加强支出进度管理，落实部门支出主体责任，完善支出进度考核通报及约谈制度。健全财政支出进度与预算编制、预算追加挂钩机制，将各部门财政支出进度管理纳入区政府对各部门的绩效考核。推进盘活存量资金，加大资金统筹使用力度，全年盘活财政存量资金比例90.1%；收回财政性结余资金10.2亿元，统筹用于区委、区政府重点工作。

（范晋瑜）

**【预算编制与执行】** 年内，区财政局全面贯彻落实新《预算法》，严格依法编制《北京市石景山区2015年预算执行情况和2016年预算草案》。2016年预算草案中包括：一般公共预算、政府性基金预算、国有资本经营预算、社会保险基金预算。四本预算草案于1月6日经石景山区第十五届人大第六次会议审议通过。加强预算编制管理，提前统筹和谋划重大项目、重点工程等支出，做好政府投资计划与政府预算编制的衔接，完善公用经费预算定额体系，夯实预算编制基础，提高预算编制的科学性、准确性，年初预算到位率比上年提高18.8个百分点。严格控制行政成本，确保“三公”经费、会议费、培训费等一般性支出“只减不增”。

（范晋瑜）

**【国库集中收付】** 年内，区财政局推进国库管理制度改革，加大库款消化力度，提升库款管理水平，完善预算执行动态监控体系，深化公务卡制度改革，推进公务卡强制结算目录的执行，规范预算单位现金使用和管理，年内系统注册公务卡2104张，同比增长111%；有消费记录的公务卡1066张，同比增长93%；消费笔数11650笔，同比增长91%；公务卡消费并报销金额1545万元，同比增长64%；提现1851万元，同比减少48%。

（范晋瑜）

**【政府债务管理】** 年内，区财政局严格执行全市对政府债务的限额管理制度和规定，对全区债务情况进行统计分析、动态管理和风险监控，对新增债务严格限定在分配的额度内，新增债务按照程序报区人大或其常委会批准，严禁各种违规借债行为；妥善处理存量政府债务，同时发行一定规模的政府债券，消化存量债务。区政府债务（含债券）年初本金余额86.68亿元，年末余额83.43亿元，下降5.2%。

（范晋瑜）

**【预算绩效评价】** 年内，区财政局健全预算绩效管理机制，从资金的申报、使用、管理各个环节提高绩效意识。把重大民生政策落实情况、重点项目资金使用情况等作为绩效评价重点，全年绩效管理资金7.31亿元，涉及20个部门的26个项目。

（范晋瑜）

**【强化政府采购监管】** 年内，区政府采购工作围绕服务区域社会发展的工作目标，不断适应财政支出结构调整的变化，按照“应采尽采”原则，不断扩大政府采购范围，继续将依法采购、依法行政，打造法制财政作为工作重点，继续完善制度建设，规范采购流程，加大政府采购监管力度，政府采购各项工作稳步推进：一是科学有效地制定并执行《石景山区2016—2017年政府采购集中采购目录及标准》。政府采购范围适当延长集采目录的使用时间，增强政府采购预算编制的稳定性，品目种类从上年的61项扩大到62项，将“展览服务”纳入政府集中采购目录。并按照市区资源共享原则，58个品目共享市局招标结果，实现市、区政府采购同地域、同采购、同服务、同价格的一体化管理，有效提升政府采购工作效率。二是强化监管工作，提升政府采购法治水平。开展公共自行车系统建设政府采购项目专项检查工作；将1家招标代理机构、5个政府采购项目纳入到全市检查工作中。以查促管，进一步提升政府采购法治水平，全年未出现政府采购投诉项目。加强政府采购培训工作。结合全市代理机构大检查工作开展，对代理我区政府采购项目的采购代现机构进行培训，进一步提升石景山区政府采购代理业务的专业化和规范化水平。三是建立政府采购信息公开工作机制。为提高政府采购工作透明度，推进信息公开，加强社会监督，进一步强化合同公开工作，实现政府采购活动自采购预算到采购过程及采购结果的全过程信息公开。进一步增强政府采购活动的透明度，确保采购工作的公开、公平、公正。四是加大政府采购信息化建设力度。启动新政府采购管理平台系统，前期调研、项目立项、项目招标等工作，为新平台下年正式上线提供有力保证。区财政局全年完成政府采购项目5170个，政府采购预算金额124591.71万元，实际采购金额119717.49万元，突破10亿大关，较上年增长28.56%，节约资金4874.22万元。

（范晋瑜）

**【全口径预算管理】** 年内，区财政局加强全口径预算管理，提升部门预算收支的完整性。按照市财政局《关于深入推进区县预决算公开工作的通知》要求，制定并发布《关于做好2016年石景山区部门预算公开相关工作的通知》（石财预〔2016〕21号）及《关于开展2015年部门决算信息公开工作的通知》（石财国库〔2016〕164号），明确公开时限及方式，统一公开内容和格式。除涉密部门以外，全区59个部门均按要求在“首都之窗”网站上公开部门预决算及部门“三公”经费预决算。

（范晋瑜）

**【非税收入收缴制度改革】** 年内，区财政局深化非税收入收缴制度改革，继续扩大非税收入收缴改革单位范围。年内，全区各项非税收入完成274667万元，其中：纳入一般公共预算财政管理的非税收入完成44635万元，政府性基金预算非税收入完成229462万元，国有资本经营预算非税收入完成570万元；纳入财政非税专户管理的非税收入完成1394万元。

（范晋瑜）

**【推进政府购买服务工作】** 年内，出台《政府向社会力量购买服务的实施意见》和《石景山区2016—2017年政府向社会力量购买服务指导性目录》，将适合采取市场化方式提供、社会力量能够承担的公共服务、事务性管理以及履行政府职责所需的辅助性服务通过委托、承包、采购等方式交给社会力量承担。目前，区政府购买服务有基本公共服务事项、社会事务服务事项、政府履职所需辅助性事项及其它适宜由社会力量承担的公共服务事项等共计4大类12款69个项目。

（范晋瑜）

**【财政监督检查】** 年内，区财政局加强财政监督，强化财经纪律，依法开展行政处罚。坚持将财政监督融入财政运行管理全过程，强化事前、事中、事后监督，加大处理处罚和曝光力度。完成上年度市财政专项资金检查。根据市局通知要求，完成会计监督检查工作，对区内28户单位进行监督检查。完成对2011—2015年城市道路停车占道收缴情况的专项检查。开展非税收入专项检查，主要涉及公安罚没收入、食品药品监督罚没收入、国有资源有偿使用收入中的户外广告设施招标及拍卖收入等非税收入。依法开展行政处罚工作，针对财政监督检查工作中发现的违法违规问题，依照《会计法》《预算法》《政府采购法》《财政违法

7月18日，石景山区预算单位集中财务核算工作启动 （区财政局供稿）

行为处罚处分条例》等法律法规开展行政处罚，累计实施行政处罚4起。56个部门完成内控手册制定，全面启动财政内部控制工作，建立健全日常监管和重点检查有机结合的监管新机制，围绕依法理财和财政政策制定实施，防范财政业务风险。

（范晋瑜）

**【“十三五”公共财政发展规划】** 年内，区财政局根据区“十三五”规划纲要、《北京市“十三五”时期公共财政发展规划》等文件精神，编制《石景山区“十三五”时期公共财政发展规划》。明确“十三五”时期公共财政改革与发展的基本思路，提出“十三五”时期公共财政改革与发展的主要任务和措施。根据区“十三五”期间经济社会发展的总体目标，按照实事求是、积极稳妥、留有余地，与地区主要经济社会发展16指标相适应的原则，预计“十三五”期间石景山区公共财政预算收入年均增长10%，2020年全区地方财政收入预计达到73.8亿元。

（范晋瑜）

# 税　　务

## 国 家 税 务

**【概况】** 石景山区国家税务局（简称区国税局）隶属北京市国家税务局，设有征收管理科、货物和劳务税科、所得税科等14个科室、1个直属机构（稽查局）、2个事业单位、7个税务所，全局有干部职工245人，其中大专以上文化程度228人，占全局总人数的93%；科以上领导82人；党员156人、团员16人。主要负责首钢总公司、北京京能热电股份有限公司等大中型国有企业、股份制企业、外资企业及私营、个体集贸税收征管工作。管户35122户，其中内资企业28486户、外资企业167户、港澳台企业222户、消费税纳税人168户、个人所得税10户、企业所得税纳税人17637户、个体工商户5927户、集贸市场20个。缴纳增值税户32716户，占总户数的93.15%。其中，一般纳税人7900户，小规模纳税人24816户。年内，积极应对经济下行压力，适应供给侧结构性改革，把握区域经济转型与发展新特点，以组收为重点，推行“营改增”试点改革，推进金税三期上线，深化国地税征管体制改革，规范收入分析预测制度，加强重点税源监控，加大稽查力度，完成全年各项税收任务，完成税收收入841810万元，同比增加308243万元，增长57.8%。剔除四大行业改征增值税收入176406万元，税收收入同比增加131837万元，增长24.71%，税收增幅列全市前列。完成中央级税收448996万元，同比增加162269万元，增长56.59%；完成地方级税收392814万元，同比增加145974万元，增长59.14%，其中完成市级税收196398万元，同比增加72977万元，增长59.13%，完成区级税收196416万元，同比增加72997万元，增长59.15%。获年度“首都文明单位”称号。

地址：石景山区老山西街5号
电话：88972125
邮编：100049

（杜志刚）

5月1日，营改增正式推行　　（区国税局供稿）

**【推行营改增试点改革】** 3月18日，国务院常务会议审议并通过全国推开营业税改征增值税（以下简称营改增）试点方案。4月，区政府召开营改增工作专题推进会，专题研究营改增工作。自5月1日起，建筑业、房地产业、金融业、生活服务业等全部营业税纳税人由缴纳营业税改为缴纳增值税。本次营改增扩围工作，石景山区涉及营改增纳税人共计46880户（含开业、非正常状态）。区国税局制定营改增试点工作方案及应急预案；加强国地税合作，做好营改增纳税人基本数据初筛选和迁移准备；设立临时办税服务厅；组织内外政策培训36场，税务干部600余人次、纳税人7000余户参加。5月1日零时，北京京燕饭店有限公司开具辖区首份生活服务业增值税普通发票。6月1日，2户房地产企业、1户建安企业、1户不动产租赁企业零时分别通过网上申报和前台手工申报的方式，完成税制后正常申报，共申报收入199.19万元，缴纳税款8.4万元。本次“营改增”共办理税种登记3160户次、发行税控设备2713户次、受理审批增值税专用发票、普通发票2028户次、受理一般纳税人申请139户次、受理“营改增”其他相关事宜5000余户次、办理发售“四个行业”购领各类发票63万余份。涉及建筑业、房地产业、金融业和生活服务业。全年营改增税收入库176406万元，占年税收841810万元的20.96%。

（杜志刚）

**【市局领导到区调研】** 4月13日，市国税局局长李亚民一行就石景山区经济社会发展情况和税收工作如何服务区域经济发展进行调研。区领导牛青山、夏林茂等陪同调研，并就有关工作进行座谈。调研中，李亚民首先到区国税局，听取关于营改增工作情况汇报，随后来到区临时办税服务厅了解相关工作情况，并慰问服务厅工作人员。在保险产业园施工现场，夏林茂向李亚民介绍保险产业园未来发展规划。座谈会上，李亚民对区委区政府一直以来对国税工作的支持和关心表示感谢。他表示，税收与区域经济发展息息相关，国税工作要融入地方经济社会发展的大局当中，当好参谋、做好服务。牛青山代表区委区政府，对国税部门为石景山区经济社会发展所做的贡献表示感谢，并表示将全力支持、配合好国税部门工作。

（杜志刚）

【增值税管理】 年内，区国税局做好金税三期上线前干部培训、系统测试和数据补录准备工作，货劳域各类补录5项、60户；修订局流转税业务规程、岗责及应急预案。对571户A级纳税人取消增值税发票认证，简化纳税流程；对68户开业状态纳税人和8户注销状态纳税人进行查询分析和清理。通过抵扣凭证审核检查系统发出异常发票委托协查，涉及发票7208份，纳税人515户次；受托核查发票5980份，纳税人1316户次；暂停纳税人网上申报305户次，登记风险纳税人217户次。受托协查有问题企业补交增值税1721.52万元，加收滞纳金8.66万元，调减留抵税额517.41万元。风险防控指标派发核查共计派发和审核疑点企业2151户次，完成核查1819户次，经核查有问题企业1406户次，问题率77.3%，共补缴税款及滞纳金4528.81万元，调减留抵税额304.53万元，进项转出11.72万元。停售发票及维护风险纳税人企业289户次，停止手工申报及网上拦截申报194户次，涉及最高开票限额千万元的降量125份，百万元的降量1190份，十万元的降量2505份，一万元的降量80份。做好住宿业小规模纳税人自开专票试点，48户住宿业小规模纳税人中35户申请增值税专用发票，自行开具增值税专用发票4624份，金额982.84万元、税款29.74万元。

（杜志刚）

【落实税收各项政策】 年内，区国税局严格退税审核，落实国家各项优惠政策，支持企业转型发展。及时审核企业各类资料，设计文书办结流转单，防止出现超期办结或超期未退情况，全年共办理各项优惠政策资格审批104户次，均为软件产品审批。办理各项增值税退税739户次，退税金额11227.82万元，其中软件产品增值税即征即退审批711户次，退增值税10637.15万元；综合利用增值税即征即退审批21户次，退增值税508.25万元；安置残疾人企业退税5户次，退增值税6.03万元；军品免税退税审批2户次，退增值税76.39万元。多缴及误收退税169户次，退税金额1246.14万元。落实小微企业最新政策，印制宣传手册，制作小微企业监控指标，确保政策落实到位。全年共17042户次企业享受增值税小微企业优惠政策，免税额3794.69万元。

（杜志刚）

【出口退税管理】 年内，区国税局配合《全国税务机关出口退（免）税管理工作规范（1.1版）》出台，进一步规范出口退（免）税管理，防范和打击骗取出口退税违法行为，加强岗位培训，调整岗位职责，人机合一设置审核岗，加强调查评估岗与预警分析岗力量，强化制约监督。严格出口退（免）税计划执行管理，及时办理退库手续。全年所辖出口退税备案户数120户，其中享受免、抵、退税政策的一般纳税人生产企业82户；小规模纳税人出口货物享受免税政策39户。共审核办理出口退税申报617户次，办理退库10388.86万元。开具《退运已补税（未退税）证明》27份；进料加工核销2户次。根据《退税规范1.1》函调工作新要求，修定出口退税函调管理制度，全年正式复函51件，向上游企业发函22件，延期复函17件。正式复函中经核查回复正常业务32件，异常业务13件，经核查存在问题待处理6件。严格执行国家税务总局出口企业管理类别每年进行一次评定的要求，对所辖开业状态的81户一般纳税人出口企业的企业纳税信用等级进行管理类别评定，共评定一类企业1户、二类企业10户、三类企业64户、四类企业6户，并于6月申报期起对出口企业实施新分类管理。

（杜志刚）

【所得税管理】 年内，区国税局做好金税三期上线准备，核对跨地区经营汇总纳税企业的总分机构120户、600余条所得税涉税信息，修改其中30户企业的300余条信息。8月，金税三期系统试运行，对3户预约企业上门办理纳税申报、解决7户网上申报企业纳税申报问题。10月，金税三期系统上线后的第一个大征期，采取前期多渠道答疑，汇总反馈热点、难点问题等措施确保企业申报顺畅。深化国、地税征管体制改革，在门户网站共同开辟“小微企业税收优惠专题辅导”，全年有小型微利企业11524户，其中盈利企业4181户，盈利面36.28%，享受小微企业税收优惠4181户，政策受惠面100%，减免税款1474.53万元。联合赴首钢曹妃甸厂区调研和政策辅导；利用“互联网+税务”实现涉税信息共享，发现4户疑点企业信息，经核查其中1户企业存在企业所得税违规行为，补缴所得税及滞纳金8448.62元。创建事前告知、事中监控、事后管理的三位一体闭环式执法风险防控体系，核实210户次企业各类纳税申报风险点，发现问题企业117户次，问题率55.71%，补缴企业所得税及滞纳金3712.52万元，调减亏损11684.54万元。举办6场培训，培训1700余户企业。全年所得税入库264828万元，占全局收入的31.46%，完成年度计划225800万元的117.28%，同比210955万元增加53873万元，增长25.54%。

（杜志刚）

【国际税收管理】 年内，区国税局开展非居民分析，把握税收增减点，加快审核进度，强化对外支付审核和纳税判定，特别是间接股权转让的审核，确保及时准确入库。全年非居民税收入库57274.78万元，同比19349.89万元增加37924.89万元，增长196%。其中非居民企业所得税45734.95万元,同比15425.08万元增加30309.87万元,增长196.50%;非居民增值税11539.83万元,同比3924.81万元增加7615.02万元,增长194.02%,创历史新高。针对重点税源税收收入预计减收不利因素及间接股权转让难度大、复杂等情况,加大非居民间接股权转让案件的审核力度,受理并审核间接股权转让案件11件,完成9件,入库20889.19万元,加收利息56.01万元,息税合计20945.20万元,完成首个入库案件与首个亿元入库案件。做好各税务所金税三期实操培训、梳理业务、系统测试,保证金税三期国际业务顺利运行。加强国地税协作和信息共享,定期向地税提供《服务贸易等项目对外支付备案表》,全年共传递726份。按照"随时发现随时传递"原则,通过间接转让股权、对外支付纳税义务判定等日常业务审核,及时向地税传递相关涉税信息,协助地税全年征收间接转让股权非居民个人所得税入库税款184.8万、避免60余万元非居民企业所得税税款流失、排除股权转让27.45万元个人所得税风险。做好享受税收协定待遇审批和后续核查,为企业减免金额409.10万元。做好境外税收风险管理,建立2013年至2015年"走出去"企业清册,对31家"走出去"企业开展调查问卷,对其投资设立的46家境外企业开展风险核查。做好关联申报,关联申报连续7年达到100%。做好反避税工作,利用风险提示与纳税指导,2户企业进行自查调整补税,入库企业所得税414.80万元、利息46.70万元,上报疑点企业7户次,同期资料审核自行补税首过百万元。

(杜志刚)

**【园区税收管理】** 年内,区国税局制定企业核查方法,实现统一核查口径、企业提供资料清单规范化和量化管理。完成风险管理系统派发任务22项,涉及企业497户,其中核查类315户、提醒类182户,补税191.30万元、滞纳金6.22万元。完成税务总局推送增值税风险企业核查55户,共补增值税257.43万元,滞纳金26.12万元,调减留抵33.71万元;完成市局增值税风险企业核查取得虚开发票181户,其中补税22户补交增值税651.89万元、滞纳金119.96万元;代扣代缴税收通用缴款书核查7户,1户有问题,补税28.13万元,滞纳金5345.25元。清理欠税,共清理增值税欠税和滞纳金310万元。做好抵扣凭证核查工作,完成委托核查30户、1025份,受托核查218户次、810份,其中有问题户123户、份数366份,转出247.38万元,补税160.43万元。全年园区企业7140户,其中开业户6281户,小规模开业户3608户,一般纳税人2766户,共计入库173329万元,同比133432万元,增长29.90%,其中增值税入库114032万元,同比89516万元增长27.39%;企业所得税入库59254万元,同比43849万元增长35.13%;消费税入库43万元,同比67万元减少35.82%。

(杜志刚)

**【个体税收管理】** 年内,区国税局做好补录纳税人识别号工作,辖区有形市场57个,其中有代开发票市场20个,录入上年个体工商户信息,提升个体税收基础数据准确率。做好"金税三期"上线准备,完成对市场内、外个体工商户测试,培训骨干8人次,完成录入票证初始化模板、代征市场的初始化及人海压力测试,确保8月金税三期个体域顺利运行。做好推行"营改增"工作,对470户个体工商户信息抽取及补录工作,个体工商户营改增共1160户,完成营改增审批机打票251户次、定额票166户次。加强个体日常管理,利用税收管理风险点预警提示372户次,对3578户个体工商户重新核定定额、个体转企业41户、税收违法行政处罚25户。全年个体税收入库1006万元,同比增加519万元,增长106.57%。

(杜志刚)

**【提升纳税服务平台】** 年内,区国税局推进国地税征管体制改革和合作,共同就营改增宣传、税银互动等探讨并草拟在国税局新址共建办税服务厅窗口方案。与地税局、金融办共同搭建全市首个税银企金融服务平台,首批试点5家中小企业获贷款审批,取得授信1800万元。利用地税"企信通"短信平台,发送营改增等信息4000多条,向A级企业等发送"需求"调查信息540余条。推广互联网+税务服务方式,为业务科室及服务厅安装人工智能语音咨询系统,语音解答问题准确率由最初25%提升至80%以上,问题库扩展到1000多条。为办税服务厅安置4台代开发票自助机,实现开发票五倍提速,并更新叫号系统,实现与市局监控中心对接。签订承诺书,加强技术服务单位管理。完善税收争议纠纷化解机制,全年共收12366各类投诉工单53件,均在时限内得以解决。通过局官网、微信平台加大税收政策宣传共76条、宣传品45000多份,对准予的2181个行政许可决定进行公示。

(杜志刚)

**【税收稽查】** 年内,区国税局强化依法治税,提高稽查组收力度,开展重点税源检查、重大税收违法案件检查、税收专项检查等工作,全年共组织收入6158万元,其中增值税5763万元、所得税125万元、滞纳金6235万元、罚款35万元、调减亏损14628万元。

(杜志刚)

**【信息化建设】** 年内,区国税局制定金税三期应急预案,完成系统兼容性测试,涉及系统28个、模块143个及三种40台打印机10类报表参数,发现问题14例,配置软硬件190余台。完成营改增、金税三期办税服务厅网络系统搭建和测试,更换电脑35台,新增电脑42台、打印机12台、读卡器7个、USBKEY6个。完成应用系统问题提交单576份、完成各部门数据需求477个。

(杜志刚)

## 地方税务

**【概况】** 北京市石景山区地方税务局(简称区地税局)隶属于北京市地方税务局,在市地税局和区委区政府领导下,行使行政区域内地方税收管辖权,负责营业税、企业所得税、个人所得税、土地增值税、城镇土地使用税、城市维护建设税、房产税、车船税、资源税、印花税、契税、耕地占用税、固定资产投资方向调节税、文化事业建设费、教育费附加、场地使用费收入、地方教育附加收入、残疾人就业保障金、工会经费(代征)及地方税收滞补罚收入共二十种税费的征收管理工作。设14个科室、10个税务所、1个稽查局和1个后勤服务中心。年内,深入落实中央《深化国税、地税征管体制改革方案》,认真执行上级决策部署,深化征管体制改革,积极组织税收收入,持续优化纳税服务,切实发挥职能作用,完成各项工作任务。全年累计组织各项税费收入109.3亿元,同比增加16.7亿元,增长18.1%。其中,地方公共财政预算收入74.4亿元,同比增加7.3亿元,增长10.9%;区级公共财政预算收入31亿元,同比增加1.5亿元,增长5%。被评为年度"北京市地税系统法制税务示范基地"、北京市"六五"普法宣传先进单位。

**地址:石景山区八角南路28号**

**电话:88911058**

**邮编:100043**

(李新文)

**【税费收入特点】** 年内,石景山区地方税费收入呈现如下特点:一是从区域产业结构看,第三产业税费占比持续上升。在"十二五"时期"全面深度转型、高端绿色发展"战略的引领下,区域产业转型走向纵深,金融业、居民服务业、商务服务业、信息技术服务业迅速发展,与房地产业一并成为主体行业,第三产业收入比重持续平稳增长。二是从区域税种结构看,所得税成为主体税种。随着营改增的全面推进,区域税种结构产生明显变化,从以营业税、个人所得税、企业所得税、土地增值税为主体变化为以企业所得税、个人所得税为主体,所得税占比大幅提高,企业所得税成为影响区级收入的第一大税种。三是从地方收入分成结构看,区级收入占比下降。因为改征增值税区级分成比例较营业税减少一半,同时企业所得税区级分成比例也较低,所以随着营改增后区域税种结构的变化,区级收入占各项税费收入的比重明显下降。

(李新文)

**【推进税收改革】** 年内,区地税局营改增改革全面推开。建筑业、房地产业、金融业和生活服务业于5月1日纳入改革范围,营业税退出历史舞台。区政府发布应急处置方案,成立应急工作领导小组,文献担任组长,多次组织召开专题联席会议。金税三期系统于8月8日上线,取代在北京地税运行多年的税收征管信息系统。

(李新文)

**【教育培训】** 年内,区地税局结合全系统"岗位大练兵、业务大比武"工作,以全面提升干部素质能力为目标,扎实推进五大岗位全员培训,举办各类专题培训、系列讲座、领导干部上讲台等共计26期,培训1458人次。在市局业务大比武中7名同志获得市局岗位能手称号,1名同志进入国家局稽查岗位决赛,取得稽查岗平均成绩全系统第一,各岗位综合平均成绩全系统第四,岗位能手人数全系统第四的成绩。创建税收青训营学习教育平台,利用"互联网+"信息化模式,结合税务系统原有的"师傅带徒弟"传统,通过线上线下联动方式搭建"传帮带"平台。共开展师徒讲坛3期,邀请全国税务系统领军人才面对面互动交流1次,公众号发布业务问答精萃3期,岗位轮值等推送26期。该项活动入选北京市机关事业系统"团建20佳"。河南省安阳市地税局、通州区地税局、昌平区地税局等兄弟单位先后到区地税局观摩学习。

(李新文)

**【完善税收法治】** 年内,区地税局树立法治理念,坚持依法行政,健全组织保障,严格执法资格管理,组织领导干部学法,做好执法文书修订和废止的落实。试行总法律顾问制度,尝试将法制工作与廉政工作结合,分别从法律和纪律的角度对执法人员进行警示教育,突出纪在法前,强调纪法结合。探索建立法律咨询反馈工作制度,制定并印发《石景山地税局税收业务法律意见反馈工作规程(试行)》,发挥法律支持服务作用。加强与区政府法制办、区法院的沟通联系,主动寻求司法机关的帮助和工作建议。

(李新文)

**【抓好政策落实】** 年内,区地税局梳理税收优惠政策,编写发放《政策汇编》,在门户网站开辟"小微企业税收优惠专题",利用微信公众号平台定向推送,结合纳税人需求,点对点进行辅导,为区域800余家享受税收优惠企业开展专项培训。优化服务流程,提高工作效率,落实《企业所得税优惠政策事项办理办法》,简化优惠备案程序,全面实行事后备案制度。运用新上线"金税三期"系统,及时审批办理依法依规退税申请,全年共减免税款48204万元。

(李新文)

**【加强税种管理】** 年内,区地税局及时向区政府报送《残疾人就业保障金征收工作预测》,加大对内培训指导和对外宣传辅导,与区残联协调配合,保证改革顺利进展。贯彻落实房产税属地征收和从租计征工作,全年累计入库房产税28747万元,同比增加6015万元,增幅26.5%。完成上年度汇算清缴,编写《2015年度汇算清缴指南》和《税政指导》专刊。加强个人股权转让管理,明确政策执行口径,规范申报资料填写,优化操作流程。加强房地产开发项目土地增值税预征和清算管理,切实做好房地产交易税收服务及管理相关工作。

(李新文)

**【完善纳税服务】** 年内,区地税局通过手机短信、微信等多种手段加强宣传辅导,开展"我谈营改增"主题辅导会,举办"税务所开放日"活动,建立"金税三期体验室",全年共组织税收辅导培训会840场,培训纳税人16907人次。与国税局联合,对18860家企业开展纳税信用评价结果主动送达告知、"问需求"服务,与区金融办签订《石景山区税银企金融服务平台战略合作协议》,在全市首创税银企金融服务平台,帮助纳税信用良好的5家中小企业从银行获得贷款1390万元。建立纳税咨询服务热线68812366,健全平台运行机制，快速准确回复纳税人咨询，全年受理咨询服务电话14288件。

（李新文）

【强化税收征管】 年内，区地税局严格按照“五证合一、一照一码”工作流程和要求规范办理企业业务，落实全员建档管理机制，全面推行国地税联合办证，加强国地税信息共享和比对分析，加大日常巡查力度，有效杜绝漏管漏征情况发生。区工商、国税、地税三部门联合开展长期停业不经营企业和非正常户清理工作，对1610户“僵尸企业”依法实施吊销营业执照的行政处罚。加强单位纳税人的变更与注销管理，强化税务登记变更与注销、股权转让行为的核查，有效防止税款流失。开展税收遵从风险管理工作，采用多种手段，分类分级，区别应对，全年累计对473户企业进行风险排查，完成各项税费收入38374.34万元。截至年底，税源登记户58981户，同比增长23.27%。

（李新文）

【大企业服务管理】 年内，区地税局加强分析评估，提高大企业风险防控水平。推进管理前移，把管理重点从事后检查处罚，转向事前预防和事中发现，重点加强对大企业税务登记、申报征收、财务报表等数据检测分析，实施风险分析识别、等级排序。创新服务模式，“一把手”带队到河北省唐山市首钢京唐公司、中海新城置业有限公司、启迪香山、首钢集团等公司调研，梳理分析收集的问题建议。全年走访企业88家，解决问题130余条。

（李新文）

【服务冬奥组委】 年内，区地税局主动对接奥组委，本着“奥运无小事、服务在细节”的工作原则，以“讲政治、讲大局、讲服务”为要求，全程提供绿色通道纳税服务。7月22日，为奥组委办理税务登记信息录入工作。7月28日，在北京成功申办2022年冬季奥运会周年日，与区国税局一同到奥组委办公地，提供上门服务。

（李新文）

【国际税收管理】 年内，区地税局核查外籍个人所得税，比对数据分析，加强外籍个人所得税分类管理。建立“走出去”企业台账，核实企业基本情况，审核企业纳税申报数据，加强“走出去”企业税收风险管理，查补清册中33户企业税款20余万元。11月初，首次通过国际情报交换获取信息，解决稽查积案，查补税款、滞纳金230余万元。该案成为市地税首例税务稽查与国际税务合作，阻止欠税外籍人出境，并全部清缴稽查欠税的典型案例，被市局通报稽查系统推广学习。

（李新文）

【规范税务稽查】 年内，区地税局规范执行税务稽查，全年立案稽查80件，结案97件，完成113件，查补税款、滞纳金及罚款9328万元，入库税款、滞纳金及罚款6306万元，查补和入库税款双双创下历史新高。

（李新文）

【规范政府采购】 年内，区地税局落实《中华人民共和国政府采购法》，规范政府采购行为，提高政府采购资金使用效益。全年政府采购项目34项，采购金额194.11万元。包括：协议供货管理26项，金额125.11万元；公开招标定点采购2项，金额2.82万元；车辆定点服务3项，金额27.64万元；会议定点服务2项，金额0.44万元；互联网接入服务1项，金额38.1万元。

（李新文）

【执法督察与内审】 年内，区地税局调取案卷466卷，其中有问题案卷173卷。落实税收执法责任制，开展责任追究，对7名税务人员进行批评教育，其中科所长3人、干部4人，责令3个部门限期整改。注重利用督察成果，出具《税收执法督察处理意见书》19份，提出规范工作、加强管理的督察建议15项。

（李新文）

【开展税收宣传】 年内，区地税局开展“聚焦营改增试点 助力供给侧改革”“携手共话营改增 助力金融促发展”等主题宣传活动。撰写《聚焦冬奥会 税务来护航》一文，在《中国税务报》《中国财经报》《法制晚报》《北京晨报》等多家媒体刊载。税收青训营活动被《中国税务报》、北京电视台《特别关注》等媒体报道。全年编辑刊发外宣稿件85篇，同比增加48篇。

（李新文）

【完成税收科研】 年内，区地税局完成处级领导干部调研课题11篇，在《调研与思考》刊物上刊发调研报告15篇。完成北京国际税收研究会调研课题《关于服务北京冬奥会的税收政策研究》。在市局《调查与研究》刊发调研文章7篇，其中局长李娜撰写的《全面推行营业税改征增值税试点工作引发的几点思考》被市局局长杨志强批示，并在《中国税务报》《中国税务杂志》刊载。《北京地方税收调研文集》(2015年)刊用调研报告3篇。

（李新文）

# 金 融

截至年末，区内银行、证券、保险、财务公司、期货公司、融资租赁公司等持牌机构53家，其中法人总部14家、信用卡专营业务总部2家、证券业地区总部2家。小额贷款公司、交易场所、融资性担保公司等地方性金融组织体系不断丰富，第三方支付、征信服务、股权众筹等互联网金融创新业态蓬勃发展，金融资源聚集程度不断提升。石景山区现代金融产业全年总收入812亿元，同比增长35%；现代金融产业注册资本金突破500亿元，同比增长87%；入区库占全区一般公共预算收入的20%，对区域经济支撑作用不断强化；以光大银行信用卡中心、华夏银行信用卡中心为代表的龙头金融机构不断提质增效，税收及财政贡献占据现代金融产业总量的半壁江山以上，对区域经济贡献及高端金融要素集聚发展作用显著。年内新增现代金融机构7家，其中亿元以上2家。

（张馨元）

# 金融管理

## 概　　述

石景山区金融服务办公室（简称区金融办），是负责促进金融产业发展、金融服务和金融市场建设工作的区政府管理机构。年内，围绕“全面深度转型、高端绿色发展”战略，推动现代金融产业快速发展，金融服务实体经济能力进一步提高，在全年督查考核中被评为优秀等次单位。

**地址：石景山区石景山路18号**

**电话：88699584**

**邮编：100043**

（张馨元）

**【保险资金债权融资协议】** 5月27日，北京保险产业园投资控股有限责任公司与太平洋资产管理有限责任公司战略合作暨保险资金债权融资计划签约仪式在北京保险产业园投资控股公司举行。中国保监会、市保监局、市金融工作局、中国保险资产管理业协会和区政府等有关方面代表出席签约仪式。双方签署的保险资金债权融资战略框架协议总规模为50亿元，首期合作协议资金为7亿元。这是保险产业园建设中所引入的第一笔保险资金，协议的签订为北京保险产业园发展建设注入强大动力，未来将有更多形式、更多渠道的资金介入产业园建设发展。北京保险产业园作为中国保监会和市政府共同决策建设的重点项目，得到中国保监会，市委、市政府等多方大力支持和重点关注。区委、区政府举全区之力推进保险产业园发展建设，并将其作为北京市构建“高精尖”经济结构的重要内容和石景山区转型发展的主战场。保险资金在保险产业园的成功运用充分彰显保险资金在扶持重大项目上的重要引领作用，石景山区也将以此次保险资金利用为契机，积极搭建“投、融、建、管”的综合平台职能，不断拓宽公司投融资渠道，建立具有代表性和影响力的综合投融资平台。

（张馨元）

**【北京银监局到区调研】** 8月5日，北京银监局党委委员、副局长逯剑到区调研，区领导夏林茂、文献参加活动。逯剑对石景山区近年来经济发展取得的成绩予以肯定，希望石景山区通过搭建交流平台、组织对接会的形式，为银行企业对接提供服务，同时吸引更多金融机构入驻，并把金融创新经验在全市进行推广。夏林茂希望北京银监局在推动项目、机构落户等方面给予支持。

（张馨元）

**【北京保险产业园建设】** 年内，区委常委会议审议通过《北京保险产业园2016—2018年开发建设行动计划》，提出是年开发建设工作任务与分工。10月，648地块实现主体结构封顶，中心绿地、南侧绿地建设完工；11月，园区二期建设启动637、641和639、649地块挂牌上市；12月，650地块完成土地协议出让前期公示，地下综合管廊结构建设完成。同时，北京保险产业园开创运用保险资金债权融资计划推进园区开发建设的先例，总体融资规模50亿元，首期合作资金7亿元，重点支持保险产业园开发建设和运营公司长期发展，实现保险资金支持保险产业园开发建设。截至年底，园区入驻机构18家，实现税收6.35亿元，同比增长20%。北京保险产业园是全国保险改革创新的试验田，是北京市落实习总书记重要指示精神、构建高精尖经济结构、服务京津冀协同发展国家战略的重要切入点和突破口，是推动保险业全面深化改革、转型升级的重要载体，更是石景山区高端绿色发展的主战场。

（张馨元）

**【现代金融产业基地建设】** 年内，区金融办借鉴互联网金融产业基地建设发展先进经验，加快吸引高端金融要素，推动新兴金融机构聚集和发展，启动现代金融产业基地二期建设。选址位于“长安金轴”重要节点的搜狐畅游大厦，打造“消费金融”“智慧金融”和“财富金融”三大平台。推动区政府与光大银行签署《战略合作协议》，完成光大金控财金资本有限公司落户，推进光大消费金融股份有限公司批筹工作。

（张馨元）

**【吸引高端要素聚集】** 年内，首家由本区发起设立的人寿保险总部机构爱心人寿保险公司，获得保监会批筹，注册资本金17亿元。全市首家由市金融局批准设立的“金融科技”企业—北京阿尔山金融科技有限公司在本区正式成立，主要业务是运用区块链技术为金融机构提供科技服务。区金融服务办全年共接待驻京外资保险机构及互联网保险机构等19个考察团、200余人次到保险产业园参观考察。

（张馨元）

**【服务中小企业】** 年内，区金融办与区国税局、区地税局及5家银行签署战略合作协议，以纳税信用为基础，搭建全市首个税银企金融服务平台，成为针对全区2000余家纳税B级以上企业提供信用服务、金融服务、行政服务于一体的多元化综合平台，为7家企业累计授信1900万元。通过文创风险补偿金模式，为中小企业授信3亿余元。全年32家中小企业获得银行贷款，新增贷款近5亿元。

（张馨元）

**【服务资本市场】** 年内，区金融办组织区内拟挂牌企业参加新三板挂牌培训会、走进四板工作会议，为拟挂牌企业提供服务，解决实际困难，有效提升企业挂牌的成功率。全年共29家企业登录新三板，累计挂牌企业55家；在北京四板累计挂牌企业159家。

（张馨元）

**【公共管理综合保险】** 年内，区金融办优化区域公共管理综合保险，降低理赔门槛，取消免赔额，扩大保障范围，优化服务程序。自第一期运营以来公共管理综合保险累计赔付8起，赔付额度83万元。

（张馨元）

**【服务高端金融人才】** 年内，区金融办推荐并支持高端金融人才申请人才公租房，按照实际需求和政策标准，落实8家机构、共35套公租房屋配租工作，受益高端金融人才70余人次。为多家金融机构协调工商注册名称变更、税收筹划、人才引进、子女入学、组织建设等各类问题共计20余次。启动上年度现代金融机构政策兑现工作，为14家金融机构落实支持政策兑现，累计兑现支持资金共计3359万元。

（张馨元）

**【金融机构创新】** 年内，中银国际证券为区域企业中铁建公司成功发行无追索应收账款证券化产品，项目发行总规模为10.5亿元，中泰证券北京分公司、江苏银行石景山支行等机构积极参与资产证券化，涉及资金总额57.15亿元。使用可续期公司债方式支持西黄村棚改项目；工行石景山支行与涿州支行密切协作，首钢基金设立京冀协同发展产业投资基金（到位资金100亿元）并与曹妃甸区人民政府签署医疗领域社会资本合作（PPP）项目框架协议，促进两地医疗对接，发挥重资产优势，开展两地金融服务。

（张馨元）

**【打击非法集资】** 年内，区金融办与公安分局、工商分局等部门开展联合执法，及时发现隐患，化解金融风险。全年组织开展金融风险排查、专项整治、金融宣传等活动20余次。对由北京市互联网金融风险整治工作领导小组确认的5118家企业进行调查，摸清涉及全区互联网金融企业的底数信息。

（张馨元）

**【金融安全宣传】** 年内，区金融办开展金融服务“四进”活动，全年开展金融知识进军营、进社区、进校园、进机关的“四进”活动20余场，覆盖区内干部群众8000余人次。加大金融宣传力度，组织印刷《打非宣传海报》《石景山区防范非法集资宣传手册》等宣传材料1万余份，发放辐射范围涵盖全区9个街道149个社区。

（张馨元）

# 驻区金融机构

## 概　　述

截至年末，辖区内有中国银行、中国农业银行、中国工商银行、中国建设银行、中国光大银行、北京银行、江苏银行、中国邮政储蓄银行等16家银行在辖区设立分支机构及营业网点。有中国保险信息技术管理有限责任公司、天安人寿保险股份有限公司、光大永明资产管理股份有限公司等18家法人机构落户北京保险产业园。有新华人寿保险、泰康人寿保险、阳光人寿保险等保险公司在辖区设立分支机构和营业部。有广发证券股份有限公司、信达证券股份有限公司、国泰君安证券股份有限公司等7家证券机构设立营业部。有小额贷款公司、融资性担保公司、交易所等类金融机构11家。

（张馨元）

# 银　　行

## 中国银行北京石景山支行

**【概况】** 中国银行北京石景山支行（简称中行石景山支行）内设部门6个，经营性支行9家。全行员工219人，平均年龄34岁，本科及以上学历170人，占比78%。党员79名，占比36%。年内，石景山支行围绕北京市分行“三三三六八”战略，抓业务发展，抓风险内控，抓队伍建设，各项业务稳步健康发展。截至年末，实现本外币日均存款余额117.11亿元，本外币日均贷款余额20.23亿元，中间业务净收入0.74亿元，拨备前利润1.24亿元。

**地址：石景山区石景山路20号中铁建设大厦二层**
**电话：57832009**
**邮编：100040**

（吴钰昕）

**【银团委员会成立】** 12月5日，区现代金融商会银团贷款与交易专业委员会（以下简称银团委员会）成立。区常务副区长文献，区金融办、住建委、发改委、国资委等部门领导以及中国银行北京石景山支行等12家商业银行代表以及部分区重点企业代表参加会议。中行石景山支行当选为银团委员会第一届主任单位，行长钱连东当选为银团委员会主任。文献对银团委员会成立给予肯定，希望银团委员会在区域建设中，特别是为区内重点项目提供资金支持，加强银政合作，同业携手为地区金融业繁荣发展作出贡献。

（于　音）

**【参与税银企金融服务平台】** 7月，中行石景山支行参与区金融办举办的“石景山区税银企金融服务平台战略合作签约暨首批税银企贷款授信仪式”活动。钱连东行长代表中行石景山支行与区金融办签署“石景山区税银企金融服务战略”合作协议，并为首批获得税银企平台贷款的企业——阿尔西制冷工程技术有限公司发放授信800万元。中行石景山支行是辖区首批签约银行之一。此次协议的签署，标志着中行石景山支行与区金融办正式建立战略合作关系，为未来探索建立以纳税企业税务数据及信息为基础的银税合作机制提供机遇，有利于实现银税企三方共赢。

（于　音）

**【消费者权益保护】** 年内，中行石景山支行为保护金融消费者的合法权益，提高公众风险防范和使用正规金融服务的意识，提升防范洗钱风险的能力和水平,开展“金融知识进万家”“金融知识普及月”“反假货币宣传月”“《反洗钱法》颁布实施十周年”等一系列宣传活动。并在营业网点、居民社区摆放宣传资料、向客户介绍金融知识等方式,做好安全用卡、银行理财、自助设备使用、防范非法集资、代销业务、防范假币、远离洗钱犯罪等方面的宣传。

(盛　杰)

## 中国农业银行北京石景山支行

【概况】 中国农业银行股份有限公司北京石景山支行(简称农行石景山支行),隶属于中国农业银行股份有限公司北京市分行。下设8个部室、16个二级支行、1个分理处、1个营业部,在职员工348人。其中,党员150人,占员工总数的43%;硕士及以上学历24人,占员工总数的7%;本科学历224人,占员工总数的64%。截至年末,本外币日均234.15亿元,较年初增加10.4亿元;各项贷款余额144.74亿元,较年初净增13.2亿元;实现中间业务收入1.45亿元;新增有效信用卡客户数6867户;净增个人电子银行注册客户数8.58万户。年内获得北京分行足球比赛冠军、北京分行优秀读书俱乐部、北京分行业务技术比赛团体第一名等荣誉称号。

**地址:石景山区八角南路18号**
**电话:68863907**
**邮编:100043**

(陈　晨)

【深化银政合作】 年内,农行石景山支行通过多种举措与区政府搭建多种沟通合作渠道,重点支持石景山区棚户区改造项目、石景山医院银医项目,助力石景山区政府引进多家发展潜力巨大的核心企业入区发展,促成分行与区政府高层对接,加大区委办局走访频次,与区相关部门联合开展多场大型“金融知识进社区”等活动,为下一步银政间更为广阔的合作夯实基础。

(陈　晨)

【从严防控风险】 年内,农行石景山支行树立“大风险”管理理念,夯实“风险条线”管理基础,紧抓关键环节和薄弱区域,有效控制或缓释各类风险,通过风险管理持续提升核心竞争力。相继出台《石景山支行法人客户信贷业务贷后管理及考核规定(试行)》《石景山支行风险事件应急处置报告制度》《石景山支行案件防控联系点制度》《石景山支行案件防控分析会制度》《石景山支行信息科技风险应急处置预案》《石景山支行档案管理重大突发事件应急预案》等一系列风控制度,将各类风险事件处置工作明确到人、到事、到时间、到流程、到效果。对各类违规违纪行为零容忍。支行根据违规违纪的不同情况分别采取谈话提醒、离岗待查、扣发绩效工资和给予纪律处分等。狠抓操作风险管理。强化员工行为管理,将“员工行为管理”纳入综合绩效考核中,与各单位及“一把手”挂钩。进一步完善员工信息采集工作,建立员工违规销售举报长效机制,通过在全行范围内设置“员工私售行为举报信箱”、举报邮箱、举报电话等,将“飞单”排查工作常态化、长效化,切实做到不留死角、不留余地、不留情面。

(陈　晨)

6月9日,农行石景山支行开展押运交接款应急演练　(农业银行供稿)

## 中国工商银行北京石景山支行

【概况】 中国工商银行股份有限公司北京石景山支行(简称工行石景山支行),隶属中国工商银行股份有限公司。年末,有员工487人,其中一线网点员工337人,营销部室员工63人,中后台部室员工44人,附属机构34人。下辖网点有八角支行、玉泉路支行、高井支行、北辛安支行、黄楼支行、八角北支行、古城东街支行、景阳东街支行、苹果园支行、八大处支行、游乐场支行、金顶街支行、重兴园支行、远洋山水支行、莲石东路支行、政达路支行、四平台支行、五里坨支行、高井北支行。支行网点达到19个,包括财富管理中心网点1个,理财中心网点17个,金融便利店网点1个。25家自助银行,200余台自助机具。

**地址:石景山区政达路2号CRD银座**
**电话:68861110**
**邮编:100040**

(陈朝政)

【经营发展】 工行石景山支行全年实现本外币利润11.33亿元,同比增加1.1亿元。本外币各项存款余额539.59亿元,日均余额562.68亿元,同比增加104.71亿元。本外币贷款时点余额175.66亿元,较年初增加8.36亿元,日均余额177.92亿元,同比增加5.26亿元。

(陈朝政)

【零售业务】 年内,工行石景山支行

储蓄存款较年初增加14.99亿元,日均余额较年初增加12.32亿元。年末实现个人金融资产净增14.4亿元;新增信用卡3.56万张,消费额、分期付款额同比分别增长9.4%和31.5%;融e行、融e联、工银e支付客户分别增加5.6万户、4.8万户和4.7万户。

(陈朝政)

【中间业务】 年内,工行石景山支行实现中间业务收入3.2亿元,同比多实现911万元,增幅2.9%。通过加强网点服务与融e联、融e行、工银e生活、工银e校园等线上服务的互联互通,形成线上线下渠道双向拉动、互为支撑的服务竞争新格局,推动中间业务发展。

(陈朝政)

【资产业务】 年内,工行石景山支行贷款规模持续增长。截至年末,本外币贷款时点余额175.66亿元,较年初增加8.36亿元,日均余额177.92亿元,同比增加5.26亿元。个人贷款余额60.33亿元,公司客户融资总量净增195.99亿元。

(陈朝政)

【负债业务】 工行石景山支行年末本外币存款时点余额539.59亿元,日均余额562.68亿元,同比增加104.71亿元。其中机构存款较年初增加85.41亿元,日均余额较年初增加108.69亿元;储蓄存款较年初增加14.99亿元,日均余额较年初增加12.32亿元。外汇存款日均较年初增加0.32亿美元。

(陈朝政)

## 中国建设银行北京石景山支行

【概况】 中国建设银行股份有限公司北京石景山支行(简称建行石景山支行),隶属于中国建设银行股份有限公司北京市分行。下设7个部室、11个二级支行。在职员工240人,其中,本科及以上学历人员155人,占员工总数的64.6%。大专及以上学历228人,占95%。年内,建行石景山支行严格落实从严治党要求,全面提高营销、补短、转型、控险、考评工作精准度,实现业务发展与党建工作齐头并进,不断提升服务区域经济水平。全年未发现私售、飞单等行为,未出现案件等责任事故。年末,本外币全口径存款时点余额236.76亿元,同比增加28.03亿元;本外币各项贷款时点余额231.50亿元,同比增加35.85亿元;五级分类不良贷款余额0.11亿元,不良率0.05%;实现本外币账面利润6.70亿元;中间业务净收入16861万元。获年度中国建设银行北京市分行五星级网点称号、北京市分行“年度信息宣传工作先进集体”以及“文明创建先进单位”称号。

**地址:石景山区石景山路22号**
**电话:51993506**
**邮编:100043**

(苗一聪)

【服务区域军警机构】 年内,建行石景山支行为陆军参谋部直工局开立建设银行历史首个军警基本账户,为其提供ATM、代发工资、信用卡等全面的金融服务。

(苗一聪)

【助力京津冀发展战略】 年内,建行石景山支行以首钢为重点对象,全力服务京津冀协同发展战略,先后完成为首钢二通厂项目发放27.33亿元“非首都功能疏解”贷款,为首钢财务公司办理17亿元买入返售业务;承销首钢总公司75亿元超短期融债券,与北京首钢股份有限公司实现财务顾问业务合作,为中首国贸公司办理国际信用证业务,金额折合人民币2.6亿元;与首钢总公司签署跨境人民币资金集中运营业务合作协议等工作。

(苗一聪)

【服务区域居民信贷需求】 年内,建行石景山支行于年内获得区公积金业务归集资格,得以向区域居民提供更加便捷的金融服务。全年累计发放公积金贷款6.71亿元,创支行历史新高;发放8笔军人公积金贷款,实现军人公积金贷款“零”的突破;住房贷款不良额较年初减少277.5万元,不良率低于北京市分行平均水平;快贷放款额新增1932.04万元,排名北京市分行第八。

(苗一聪)

## 中国邮政储蓄银行北京石景山支行

【概况】 中国邮政储蓄银行北京石景山区支行(简称邮储银行石景山支行)隶属于中国邮政储蓄银行北京分行。下设综合管理部、公司业务部、个人金融业务部、风险合规部四大部室,在职员工151名,其中,男员工56人,占比37.1%;女员工95人,占比62.9%;平均年龄31.96岁。邮储银行石景山区支行创新营销模式,实现资产、负债、中间业务全面发展。全年完成收入12265万元,同比增加2493万元,增长率为25.51%。其中,中间业务收入2585.74万元;储蓄余额32.17亿元;理财保有量净增1.01亿元;保险销售1.43亿元;累计贷款结余25亿。获“北京市金融工会颁发的先进职工之家”“北京市总工会颁发的北京市模范职工之家”“中国邮政储蓄银行颁发的先进集体”等称号。

**地址:海淀区西四环北路160号玲珑天地C坐205号**
**电话:88115055**
**邮编:100142**

(周 娜)

【业务发展】 年内,邮储银行石景山支行,秉持“进步与您同步”的企业经营理念,完善服务功能,加快各项业务发展。零售金融产品体系从传统的储蓄、汇兑业务和简单的代理及缴费业务,拓展到含人民币及外币储蓄业务、小额贷款、消费贷款、国内国际汇兑业务、人民币及外币理财业务、代理基金、保险、国债、贵金属业务、信用卡业务、电子银行业务、网上支付业务、证券资金第三方存管业务等全方位个人金融服务。公司业务产品体系从单一的公司结算产品,发展到涉及本外币、覆盖资产类、负债类及中间业务三大板块的业务类别。现金管理、票据融资、综合授信、个人商务贷款、小企业贷款、同业拆借及国际贸易融资等多项新产品。

(周 娜)

【代发养老金】 年内,邮储银行石景

山支行每月发放养老金数额3亿元，涉及475家企事业单位近6.8万人，为养老金客户免费加办短信通知业务，使老人足不出户就能掌握账户变动情况；招募金晖俱乐部成员，享受增值服务；聘请养老金志愿者引导服务；开展感恩贺百岁，送寿到家和“快速通道”，配套创新电视银行等多项服务。

（周　娜）

【互联网+特惠商圈】 年内，邮储银行石景山支行于年初打造“15分钟生活圈”为当年商圈建设发展目标，根据辖内网点分布情况，确立以打造金顶街商圈、晋元庄商圈、万寿路商圈、鲁谷（万达）商圈四大商圈做为年度发展目标。通过为各二级支行设立营销部，要求客户经理走出行门，实现个金公司条线交叉销售；制定绩效考核政策及激励政策，并设定奖励额度，鼓励支行尽早行动，抢占额度。截至年末，成功建成四大商圈，完成全年进度指标。

（周　娜）

【权益保护】 年内，邮储银行石景山支行为进一步提高社会公众的金融素养和安全意识，切实履行银行保护消费者合法权益的社会责任，组织开展“合规宣传月”“金融知识进万家”“消费者权益保护知识学习、网络竞赛、创优系列活动”“北京邮政金融防范打击非法集资宣教活动”“反洗钱宣传月”等宣教活动，通过向社会公众普及金融知识、进行风险提示，加强对金融消费者的权益保护宣传，提高公众的金融知识水平和风险防范能力，同时，强化从业人员的消费者保护意识，提高服务能力和水平，营造良好的金融消费环境。

（周　娜）

## 北京银行石景山支行

【概况】 北京银行股份有限公司石景山支行（简称北京银行石景山支行），隶属于北京银行股份有限公司。下设公司业务部、零售业务部、办公室、石景山营业室、京源路营业室、远洋山水营业室7个部室。在职员工106人，平均年龄30岁。员工中具有大专学历以上人员101人，占员工总人数的96%；初级职称人员10人，中级职称人员1人，占员工总人数的12%。年末，各项存款余额102.65亿元；各项贷款余额18.4亿元；获年度区“纳税百强单位”“重点企业”等称号。

地址：石景山区石景山路42号

电话：68878220

邮编：100043

（郝金鹏）

【金融知识宣传】 年内，北京银行石景山支行为深入推进银行业金融知识普及工作，巩固完善消费者权益保护长效机制，持续履行公众教育服务的社会责任。组织“货币金融知识宣传月”“个人征信知识宣传月”“防范电信网络诈骗宣传月”主题活动。

（郝金鹏）

【支持下岗】 年内，北京银行石景山支行为响应北京银行支持下岗再就业贷款，“促民生”政策，发放下岗个体工商户贷款65万元，存量下岗再就业贷款28户，金额478万元。

（郝金鹏）

## 江苏银行北京石景山支行

【概况】 江苏银行股份有限公司北京石景山支行（简称江苏银行北京石景山支行），隶属于江苏银行股份有限公司北京分行。下设业务发展一部、业务发展二部、营业部及综合管理部4个部室。在职员工18人。其中，本科及以上学历人员18人，占员工总数的100%；硕士及以上学历5人，占员工总数的28%。党员8人。年末，全行本外币全口径余额31.29亿元，同比增长98.16%；各项存款日均19亿元，同比增长17%；各项贷款余额12.99亿元，同比增长271.14%；中间业务净收入3863.98万元；实现国际业务结算量1.24亿美元；零售客户资产管理规模6.68亿元。获年度北京市银行业协会“社区营销特色服务示范网点”称号。

地址：石景山区石景山路31号盛景国际广场一层

电话：57537005

邮编：100043

（孙婷婷）

【纳入税银企金融服务平台】 年内，江苏银行北京石景山支行成为辖区税银企金融服务平台合作金融机构，并达成战略合作协议，为石景山区辖内纳入税银企金融服务平台的中小企业提供一站式金融服务，助力石景山区中小微企业发展壮大。

（孙婷婷）

【特色服务】 年内，江苏银行北京石景山支行参与文明和谐社区建设，开展主题为“党员走进社区，融创美好生活”活动。全年与街道社区签订“党员进社区”协议20份，“走出去”活动100余场，活动包括防范非法集资、防范电信网络诈骗、反假币金融知识讲座等，普及社区居民的金融知识，打通银行服务社区居民的“最后一公里”，被北京市银行业协会评选为“社区营销特色服务示范网点”。

（孙婷婷）

【投行业务】 年内，江苏银行北京石景山支行创新资产证券化新型投行业务，发起和落地“华能信托·融元第一期财产权信托”42.75亿元，是全国首单资产管理公司银登中心资产登记流转项目，也是江苏银行年内发行的单笔金额最大的资产证券化项目，被分行授予资产证券化特殊贡献奖。

（孙婷婷）

【同业业务】 年内，江苏银行北京石景山支行拓展同业资产托管业务，全年信托保管规模达到400亿元，资产托管规模新增302亿元，实现同业中收198万元。

（孙婷婷）

【推出“房e融”】 年内，江苏银行北京石景山支行推出五年授信，随借随还的“房e融”个人抵押消费贷产品，最高授信可达100万元，为客户提供有针对性的个性化金融服务。

（孙婷婷）

## 中国光大银行北京石景山支行

【概况】 中国光大银行股份有限公司

北京石景山支行(简称光大银行石景山支行),隶属于中国光大银行北京分行,是其在本区唯一的分支机构,下设两家社区支行。有在职员工36人,其中,本科及以上学历人员31人,占员工总数的86%;研究生及以上学历人员5人,占员工总数的14%。党员14人。光大银行石景山支行不断融入地方、融入百姓生活开展各类宣传活动,被社会誉为百姓身边最满意的银行;同时形成各主要业务条线均衡发展、零售业务人员贡献度不断提升、风险管理趋于完善、创新能力日益增强。截至年末,各项存款余额43.18亿元,新增信用卡3263张。获年度光大银行北京分行先进集体、年度信用卡业务标杆网点等。

**地址:石景山区泽洋大厦北座首层101室**
**电话:52638610**
**邮编:100043**

(张　丽)

**【特色个人业务】** 光大银行石景山支行推出综合消费贷款、网上快速贷款等金融贷款产品;拓宽乐惠金卡及白金信用卡等小额授信渠道;为二手房资金监管、二手房资金托管业务有需求的客户提供服务。

(张　丽)

**【网上服务】** 光大银行石景山支行银企对账脱离纸质账单,实现全面网银对账,让企业简单完成季度对账。同时信用卡在线申请业务,实现客户足不出户即可在光大银行信用卡网站申请信用卡。

(张　丽)

## 中国光大银行信用卡中心

**【概况】** 中国光大银行股份有限公司信用卡中心(简称光大卡中心),是经银监会批准成立的信用卡中心,是隶属于中国光大银行总行的业务经营管理部门,是对于全行信用卡业务盈亏、风险总体负责的业务专营机构。下设14个部门,70个业务室,在职员工709人(党员235人)。年内,光大卡中心坚持创新推动业务发展,与京东、优酷等优质企业合作,开发跨界创新型信用卡产品,搭建"互联网+"下多维信用卡产品体系;结合消费场景,升级"阳光惠生活"客户端,积极布局移动金融;借力第三方数据资源与大数据技术,打造立体化精准营销体系,拓展获客边界;依托人工智能与云计算技术,构建风险一体化大数据分布式平台,实现智能化、个性化风险管控。获年度区"三八红旗集体"等称号。

**地址:石景山区政达路6号院1号楼**
**电话:56963852**
**邮编:100040**

(史新秀)

**【主要指标】** 年末,光大卡中心信用卡累计发卡量3595.87万张,当年新增发卡量762.53万张;年累计交易金额12773.87亿元,比上年增长27.30%;时点透支余额(不含在途挂账调整)2142.13亿元,同比增长22.41%;180天以上逾期率0.82%,风险持续可控。

(史新秀)

## 华夏银行信用卡中心

**【概况】** 华夏银行信用卡中心(简称信用卡中心)直属于华夏银行总行,于2014年12月获得监管批准取得金融许可证,2015年6月30日在辖区完成工商注册。年内,信用卡中心抓住市场机遇,通过产品创新、支付创新和服务创新,实现了业务规模的较快增长,全年累计新发卡373万张,同比增长95%。全年交易金额突破4400亿元,同比增长68%。获凤凰网"年度最佳跨境信用卡产品奖"、财经网"年度最佳信用卡银行"、2016亚洲旅游"红珊瑚"奖——最佳旅游服务商(旅游信用卡)等奖项。

**地址:石景山区政达路6号院6号楼北方中惠国际中心C座**
**电话:63698000**
**邮编:100040**

(孙　静)

**【支付创新】** 年内,信用卡中心在确保支付安全、有效的前提下,不断丰富各类支付渠道,加快推动移动支付业务,先后投产上线了Apple Pay、Samsung Pay、华为支付、小米支付等移动支付业务。截至年末,华夏信用卡已实现对包括银联云闪付在内的五大主流移动支付业务的全覆盖。

(孙　静)

**【产品创新】** 年内,信用卡中心推出首张无实体电子信用卡——华夏E-PAY卡。该产品定位于有境内外网络支付需求、且习惯使用新兴便捷方式进行消费的年轻群体或时尚群体,主要面向已有华夏信用卡或同步申请实体信用卡的客户发行,是华夏银行信用卡在互联网+创新领域的新突破。

(孙　静)

**【服务创新】** 年内,信用卡中心推出智能语音电话导航服务,客户拨打信用卡客服热线进入智能语音服务后,智能语音识别系统通过对客户语音进行自动识别和智能判断,准确定位到客户需要办理的业务,客户不用在繁琐的语音列表中选择需要办理业务的按键,提高服务响应速度和客服处理效率。截至年末该系统日均处理客户来电1.5万通,系统正确引导比率超过80%,客户反馈良好。

(孙　静)

**【金融知识宣传教育】** 年内,信用卡中心把握普惠金融发展契机,持续开展公益性金融知识宣传教育,提升公众金融素质及风险防范意识与能力,结合客户普遍关注的业务问题及社会热点问题,按月推送题为"用卡安全早知道""小华邀您一起做用卡安全小卫士""个人征信的那些事儿""防范电信诈骗,保障财产安全""网络金融安全宝典""警惕洗钱陷阱,保护自身利益"等专题用卡宣传微信,通过文字、图片等多种形式加强宣传力度,助力共建和谐金融环境。

(孙　静)

## 中国保险信息技术管理有限责任公司

**【概况】** 中国保险信息技术管理有限责任公司(简称中国保信),由中国保险监督管理委员会管理。主要职责是建设和运营保险业信息共享平台,开展行业内及跨行业的数据应用。公司下设9个部门、2个分公司,在职员工225人(其中党员111人,研究生以上学历的占60%,中高级专业技术人员占55%)。年内,中国保信全面推进信息共享平台建设,提升信息技术基础设施支撑能力,开展大数据挖掘和应用工作。"全国车险平台大数据战略实践"项目获评"2015年度金融信息化10件大事","公共组件统一交易总线平台"项目获得"金融行业科技创新突出贡献奖"。"全国车险信息平台建设及应用"项目评为石景山区科学技术一等奖。

**地址:石景山区实兴大街30号1号楼**
**电话:88195555**
**邮编:1000144**

(赵　鹏)

**【建成五大平台两大系统】** 年末,中国保信建成全国新一代车险信息平台、农险信息平台、税优型健康险信息平台、保单登记管理信息平台、行业增值税管理平台,以及车险反欺诈系统、保险公司服务评价系统。共享平台涵盖保险主要业务领域的数据信息,成为能够提供保险生产支持、信息查询、风险监测等综合服务的新型金融基础设施。

(赵　鹏)

## 天安人寿保险股份有限公司

**【概况】** 天安人寿保险股份有限公司(简称天安人寿)成立于2000年11月,其前身为由美国恒康人寿保险公司和中国天安保险股份有限公司合资组建的恒康天安人寿保险有限公司。2009年12月,经中国保监会批准,改制为股份有限公司,名称变更为天安人寿保险股份有限公司,经营各类人寿保险、健康保险、人身意外伤害保险及养老保险服务等。截至是年末,在上海、河南、山东、河北、北京、青岛、吉林、四川、江苏、广东10个省市开设了省级分公司,服务机构170多家,公司服务的客户量突破百万量级。总部设立银保业务管理部、银保渠道部、个人业务管理部、个人业务培训部、续期与创新业务部、法人业务管理部、多元行销部、健康险事业部、资产管理中心、产品市场部、精算部、运营管理部、业务管理部、信息技术部、战略企划部、机构管理部、人力资源部、财务管理部、法律合规部、审计部、风险管理部、办公室、董事会办公室共23个部门,在编员工308人。年内,天安人寿进一步明确"效益发展、价值倍增、结构优化、合规经营"的发展战略,坚持以客户为中心,在新的政策体系和市场环境中,从客户分析、客户获取、客户服务和深度开发全方位规划公司发展。按照分支机构市场准入监管政策和公司整体战略布局规划,明确目标、放大格局、克服困难、寻求突破,以合规为前提,着力提升筹建水平和加快筹建进度。截至年底,公司累计实现规模保费689亿元,赔付支出14798万元。全年公司缴纳税款64143395.74元,其中营业税30138568.07元,增值税34004827.67元。获"2015年度中国价值成长性十佳寿险公司""2016年重质守信——3·15满意单位""亚洲品牌500强""中国(行业)十大领军品牌""2016年度最具成长性保险品牌""2016年度中国保险渠道管理成就奖""2016年度中国保险杰出领导力奖""2016年度服务创新奖""2016卓越竞争力寿险公司"等荣誉。

**地址:朝阳区东三环中路1号环球金融中心**
**电话:010-65549462**
**邮编:100020**
**网址:http://www.tianan-life.com**

(张　苏)

**【公司保费收入】** 天安人寿全年累计实现规模保费689亿元,同比增长120%以上,市场排名稳定上升,价值业务跨越发展。分渠道看:银保渠道年累计实现规模保费521.5亿元,同比增长86%,其中期交保费122亿元,同比增长显著。营销渠道年累计实现标准保费15.3亿元,同比增长282%;年累计实现规模保费72亿元,同比增长422%。中介渠道年累计实现标准保费7亿元,开辟了价值成长新渠道。法人渠道年累计实现规模保费10.6亿元,同比增长149%。网销渠道年累计实现规模保费59.2亿元,同比增长460%。

(张　苏)

**【各项业务指标与增速】** 截至年底,天安人寿公司注册资本金145亿元;总资产规模1010.83亿元,同比增长126%,已成为千亿量级发展平台;系统累计有效客户量111万人,同比增长87%。全年公司综合偿付能力保持在100%以上,同时,核心偿付能力充足率始终保持在50%以上。

(张　苏)

**【合规管理】** 年内,天安人寿依据偿二代监管要求不断完善全面风险管理体系建设,搭建完毕"三横三纵"的风险管理组织架构。合规管理方面,构建以合规组织体系为基础、以合规文化体系为指引、以合规制度体系为依据、以合规考核体系为保障、以违规行为处罚为抓手的多维度合规风险管理体系。

(张　苏)

## 广发证券股份有限公司北京鲁谷路证券营业部

**【概况】** 广发证券股份有限公司的前身是1991年9月8日成立的广东发展银行证券部,1993年末成立公司,是国内首批综合类证券公司,2004年12月获得创新试点资格,公司旗下拥有四家全资子公司,分别是广发期货有限公司、广发控股(香港)有限公司、广发信德投资管理有限公司和广发乾和投资有限公司,并持股广发基金管理有限公司和易方达基金管理有限公司。2010年,公司在深圳证券交易所成功上市;2015年公司在香港联交所成功上市;公司主要经营指标多年名列行业前茅,264个营业网点遍布全国主要经济区域,是中国市场最具影响力的证券公司之一。广发证券股份有限公司北京鲁谷路证券营业部(简称广发证券鲁谷路营业部)成立于2011年9月13日,内设综合部、电脑部、市场营销部、客户服务部,正式员工16人,年内,营业收入1127.97万元,全年股票基金交易量223.67亿元。营业部秉承“知识图强、求实奉献”的核心理念和“稳健经营、规范管理”的经营原则，本着专业、专心、专为您的客户服务理念，为投资者提供全面、专业的证券投资服务，打造优质的区域金融服务平台。

**地址：石景山区鲁谷路74号中国瑞达大厦F608**
**电话：68609565**
**邮编：100040**

（王　尧）

**【证券投资服务】**　年内，广发证券鲁谷路营业部借助金融技术和金融创新，优化经纪业务服务平台，为投资者提供高效便捷的证券交易服务。营业部承办股票、国债、企业债、开放式基金销售业务、代办股份转让业务、期货业务、融资融券等业务。

（王　尧）

**【创新金融业务】**　年内，广发证券鲁谷路营业部在秉承以往传统证券经纪业务的基础上，发展新型金融产品，拓展个性化金融服务：开展国家级高新园区企业的股份制改造、新三板挂牌、定向增资及交易、信息披露等于证券交易、证券投资有关的财务顾问业务；广发证券获得中登上海、深圳公司证券质押首批试点资格，营业部开展为客户进行证券质押登记和解除质押业务；广发证券获得首批转融券业务试点资格，营业部可为符合条件的机构客户提供证券出借交易代理服务。

（王　尧）

## 信达证券股份有限公司北京古城路证券营业部

**【概况】**　信达证券股份有限公司北京古城路证券营业部（简称信达证券古城路营业部）隶属于信达证券。下设6个部门，在职员工49人。其中，本科及以上学历30人，占员工总数的61.2%；大专以上学历49人，占比100%。党员11人。年内，信达证券古城路营业部实现营业收入6291万元；上交税金1777万元；利润总额4405万元。新增附属营业部—北京科丰桥营业部一个。获“全国金融系统银行证券保险综合业务技能竞赛·北京地区团体二等奖”“服务技能竞赛团体三等奖”和信达证券股份有限公司“年度优秀营业部”等奖项。

**地址：石景山区八角西街68号**
**电话：010－68841080**
**邮编：100043**

（裴　亭）

**【构建基层业务知识库体系】**　年内，信达证券古城路营业部为了促进基层业务人员业务知识体系的构建和巩固，利用H5场景构建《基层业务知识库体系》。整个知识库包含“知识大全”“政策法典”“我要下载”“我要提问”和“党建专栏”五大模块，全部内容均可手机在线查询，最下方设置一键“紧急求助”选项，遇到需要快速反应的紧急问题时，可以通过此选项直接拨打电话到相关岗位负责人。该项目在信达证券年度“做合格党员、转作风、立精神”课题评审活动中的46个项目中获得最佳贡献奖。

（裴　亭）

**【行情显示屏幕全面升级】**　年内，信达证券古城路营业部对68台交易设备全线升级，将行情显示屏由原本的点阵数字屏更换成新型全彩LED屏，该屏幕不仅可以显示原本的行情信息，更可以随时播放各类产品介绍、影视作品乃至实况转播，提供多维度的投资资讯。该屏幕刷新北京地区证券业行情显示全彩LED面积的记录。

（裴　亭）

# 典　当

## 概　述

截至年末，全区16家典当企业典当总额累计239048.74万元，典当余额33260.26万元，同比增长11.5%，主营业务收入实现5923.28万元。业务范围涵盖动产质押、房地产抵押、财产权利质押等。16家典当企业全部通过审核，被评为A类企业（最高级）。

（陈　雷　丁　玲）

**【北京中天典当有限公司】**　2002年8月30日注册成立，注册资金1000万元，注册地点为石景山区杨庄东路126号，法人马卫东，成立之初公司有职员10人。2005年4月公司注册资本金增至2500万元，2011年1月26日再次增资到4900万元。年内，实现典当总额12426万元，典当余额4162万元。有职员27人。

（陈　雷）

**【北京金寿典当有限公司】**　2005年10月21日注册成立，注册资金2000万元，注册地点为石景山区银创家园南小区D座4单元102号，法人徐亚亮，共有人员6人。股东结构：中发实业（集团）有限公司占比60%，华京投资股份有限公司占比40%。2008年12月5日变更股权，具体为：中发实业（集团）有限公司占比50%；普盛达投资股份有限公司占比40%；中金福（北京）投资管理有限公司占比5%；云水月投资管理（北京）有限公司占比5%。2009年10月25日变更股权，具体为普盛达投资股份有限公司占比40%；中金福（北京）投资管理有限公司占比55%；云水月投资管理（北京）有限公司占比5%。2010年8月19日变更地址及增资，具体为地址变更为石景山区杨庄北区52－7底商，注册资本变更为4000万元，股份重新分配为：慧谷盛志投资股份有限公司占比20%；中金福（北京）投资管理有限公司占比77.5%；云水月投资管理（北京）有限公司占比2.5%。2012年10月11日法人变更及股权变更，具体为法人变更为：刘春霞；股权变更：中金福（北京）投资管理有限公司占比77.5%；云水月投资管理（北京）有限公司占比22.5%。2015年8月3日变更地址，具体为石景山区杨庄路70号院1号楼1层103号。年内，实现典当总额79063万元，典当余额8431.38万元。

（陈　雷）

**【北京都市典当有限公司】**　2006年2月13日注册成立，注册资金3000万元，注册地点为石景山区银创家园南区D座5单元101号，法人方飚，共有人员8人。股东结构：北京都市房地产开发集团有限公司占比90%,北京鑫磊物业管理有限责任公司占比9.67%自然人方向东占比0.33%。年内,实现典当总额11660万元,典当余额1690万元。

（陈　雷）

【北京国融典当有限公司】 2008年6月12日注册成立,注册资金1000万元,注册地点为石景山区香山南路168号院1号楼36号,法人李平,共有人6人。股东结构:北京金红帆企划传媒有限公司占比20%,北京信泰祥投资有限公司占比80%。年内,实现典当总额701.6万元,典当余额681万元。

（陈　雷）

【北京瑞鑫达典当有限公司】 2008年11月27日注册成立,注册资金1000万元,注册地点为石景山区玉泉西里2区1号楼1层商业02号,法人张保峰,有人员4人。股东结构:中润博海科技(北京)有限公司占比28%,北京中伟博海投资咨询有限责任公司占比42%,北京实意博海投资咨询有限责任公司占比30%。年内,实现典当总额2057万元,典当余额1030万元。

（陈　雷）

【北京永大典当有限公司】 2009年3月23日注册成立,注册资金2000万元,注册地点为石景山区古城西路7号楼底商,法人韩龙,有人员7人。股东结构:赢在线(北京)科技有限公司占比80%,北京自由辉煌文化传媒有限公司占比20%。年内,实现典当总额20796.32万元,典当余额1967.89万元。

（陈　雷）

【北京万嘉信诚典当有限公司】 2009年4月9日注册成立,注册资金1000万元,注册地点为石景山区古城南里甲5号1楼101房间,法人郑清。股东结构:北京阳光康桥投资有限公司占比30%,北京中加阳光能源技术(集团)有限公司占比70%。后于2013年7月11日变更地址,具体为石景山区时代花园南路23号院1号楼103室。年内,实现典当总额5200万元,典当余额980万元。

（陈　雷）

【北京铭锋典当有限公司】 2011年8月12日注册成立,注册资金1000万元,注册地点为石景山区时代花园南路28号院1号楼1层102号,法人董君,有人员9人。股东结构:北京绿冠草业股份有限公司占比40%,北京绿冠种业发展有限公司占比10%。年内,实现典当总额2541万元,典当余额999万元。

（陈　雷）

【北京中保典当有限公司】 2011年07月21日注册成立,注册资金2000万元,注册地点为石景山区杨庄东街59号2层204,法人胡潇,有人员6人。股东结构:易圣投资集团股份有限公司占比40%,北京玛斯科特通信技术有限公司占比30%,北京中鸿建信息技术有限公司占比30%。年内,实现典当总额17913万元,典当余额1681万元。

（陈　雷）

【北京鼎瑞典当有限公司】 2012年4月12日注册成立,注册资金1000万元,注册地点为石景山区八角东街东侧石景山游乐园塞纳左岸风情街25－30号,法人贾卫红,有人员3人。股东结构:北京晟懋鑫宇置业有限公司占比45%,中科环宇(北京)建设有限公司占比15%,自然人孙文敏占比40%。年内,实现典当总额1320.21万元,典当余额0元。

（陈　雷）

【北京金泽通宝典当有限公司】 2012年10月18日注册成立,注册资金1000万元,注册地点为石景山区阜石路166号1号楼317室,法人王伟,有人员5人。股东结构:北京泽洋房地产开发有限公司占比75%,北京泽洋物业管理有限公司占比15%,北京泽洋建筑装饰工程有限公司占比10%。年内,实现典当总额5420万元,典当余额980万元。

（陈　雷）

【北京中京典当有限公司】 2012年8月1日注册成立,注册资金1000万元,注册地点为石景山区时代花园东街8号院3号楼1层115室,法人欧阳宇,有人员4人。股东结构:广东三银投资有限公司占比40%,汕头市新华城人造丝花有限公司占比20%,自然人卿前锋占比20%、欧阳宇占比10%、田亚军占比10%。年内,实现典当总额805万元,典当余额824.79万元。

（陈　雷）

【北京融惠典当有限公司】 2013年7月11日注册成立,注册资金4000万元,注册地点为石景山区西黄新村西里4号楼1至2层3单元101,法人石太生,有人员17人。股东结构:北京泰德市政工程有限公司占比99.25%,北京晟泰华鑫投资管理有限公司占比0.75%。年内,实现典当总额14959.97万元,典当余额3262.43万元。

（陈　雷）

【北京宝盛源典当有限公司】 2013年8月9日注册成立,注册资金2000万元,注册地点为石景山区古城南里甲5号1号楼一层,法人路小红,有人员9人。股东结构:北京信怡卓越科贸有限责任公司占比90%,北京海宸工程咨询有限公司占比10%。年内,实现典当总额11015万元,典当余额1655万元。

（陈　雷）

【北京泰德典当有限公司】 2013年11月26日注册成立,注册资金1000万元,注册地点为石景山区政达路6号院6号楼103,法人白桦,有人员23人。股东结构:北京正大建筑工程有限公司占比31.95%,北京爱如电建设工程有限公司占比22.65%,自然人白桦占比30.4%,自然人杨志强占比10%,自然人廖中扬占比5%。年内,实现典当总额815万元,典当余额40.5万元。

（陈　雷）

【北京祥瑞通典当有限公司】 2014年7月15日注册成立,注册资金5200万元,注册地点为石景山区金顶北路20号院9栋1至2层103,法人尹力,有人员9人。股东结构:山东诺德英物流有限公司占比57.69%,固安县宏达建材有限公司占比3.11%,自然人郭绍增占比35.35%,自然人王建平占比3.85%。年内,实现典当总额52355万元,典当余额4970万元。

（陈　雷）

# 中央市属驻区企业

石景山区是传统重工业区，也是北京现代工业发祥地。辖区有首钢等20家驻区中央和市属工业企业，产业形态以钢铁、电力、机械制造等为主导。这些企业曾经为石景山区带来辉煌，同时也成为首都污染大户。改革开放后，石景山区加快转变发展方式，推进工业布局调整，改变高能耗、高污染的粗放型经济增长方式，陆续淘汰一批工业企业，经济逐步由重变轻、由硬变软、由黑变绿。2001年7月13日北京申奥成功，首钢调整搬迁被提上日程。2005年，国务院批复首钢搬迁方案，首钢逐步将钢铁生产部分全部迁往河北秦皇岛、迁安和曹妃甸等地，2010年12月，首钢石景山钢铁主流程终结，石景山区从此告别"钢铁年代"。

首钢涉钢产业外迁给北京市带来巨大变化，也为石景山区全面转型提供历史契机。2010年石景山区分别获批成为国家服务业综合改革试点区，国家可持续发展实验区，国家文化产业示范基地。2011年"新首钢高端产业综合服务区"在北京市"十二五"规划中被列为全市"六高四新区"的四新之一。"十二五"时期，新首钢高端产业综合服务区完成控规编制，并获得市政府批复。首钢也实现全新升级后的异地重建。首钢老工业区调整改造有序推进，获批成为全国首批城区老工业区搬迁改造试点。"十二五"时期，新首钢高端产业综合服务区建设取得突破性进展，重点项目加速开发。石景山区产业结构调整跨度之大居全市之首，从曾经的"十里钢城""重工业基地"初步转变成为"山水融城的宜居城区"。

石景山区正处于资源重组、产业重构、生态重建、城市重塑的二次转型升级攻坚阶段。区委区政府围绕"转型升级"重大命题，结合新形势和新要求，提出"全面深度转型、高端绿色发展"的总体战略和"建设国家级绿色转型发展示范区"的奋斗目标，明确构建"八个高端体系"的战略路径。辖区产业结构转型成效显著，二产比例持续降低，第二产业中，涉钢制造业显著减少。驻区企业主要承担首都电力和热力生产供应职能。北重和巴威则侧重于大型发电设备的设计制造；中铁22局集团主要承担区外的铁路桥隧工程建设。大唐国际高井和京能石热燃煤机组关停，西北热电中心投产运营，石景山区成为全市第三个无20蒸吨以上燃煤锅炉地区，基本建成无煤区，为全市雾霾防治作出突出贡献。压减燃煤任务目标完成情况居全市首位，获得"节能先进区县"。

# 首钢集团

## 概　　述

首钢集团总部位于首都北京石景山。首钢始建于1919年，迄今已有近百年历史。首钢传承"敢闯、敢坚持、敢于苦干硬干"文化，发扬"敢担当、敢创新、敢为天下先"的精神，成为以钢铁业为主，兼营矿产资源业、环境产业、装备与汽车零部件制造业、建筑及房地产业、生产性服务业、海外产业等跨行业、跨地区、跨所有制、跨国经营的特大型企业集团。首钢贯彻国家产业结构优化升级要求，率先实施钢铁业搬迁调整，首钢北京钢铁主流程停产。京唐公司、迁钢公司、首秦公司、冷轧公司等新厂全面建成，技术装备达到国际一流水平，首钢成为京津冀协同发展先锋队。跨地区联合重组水钢公司、贵钢公司、长钢公司、通钢公司、伊钢公司，产业布局拓展到沿海和资源富集地区。首钢钢铁业形成3000万吨以上钢铁生产能力；非钢产业盈利能力提高；首钢集团综合实力增强，自2010年以来连续进入世界500强。年内，首钢集团销售收入1330亿元，实现利润5亿元。集团生铁产量2708万吨，粗钢2678万吨，钢材2518.25万吨。钢铁板块抓住"经营止血、改革造血、转型补血"三个方面，完善"跑赢市场、跑赢同行、跑赢自己"评价体系，固定对标对象、清晰对标数据、明确对标方法，全年"三个跑赢"完成78%，比上年提高9个百分点。股份公司发挥板块管理职能，推进生产协同、检修协同、库存协同、物流协同、技术协同。全年高端领先产品完成542万吨，汽车结构钢、家电板、桥梁钢国内市场占有率居行业第一；战略产品完成420万吨，宝马、奔驰等中高端客户大幅增加，北汽、长城等客户市场占有率大幅提升；全年完成专利申请696件，获专利授权409件，制订、修订国内外标准58项，其中，国际标准5项，获中国标准创新贡献奖1项。深化集团改革。整合完善总部战略管控、战略支撑和业务支持服务部门职能定位，投资和领导人员管理权力清单破冰实施，股权投资管理平台搭建完成，新闻中心、人才开发院成立，京西重工探索国际化试验田改革，房地产公司开展中层领导人员全员竞聘，实业公司启动董事会改革试点。破除领导人员行政级别障碍，建立首钢内部职务职级体系，财务公司、房地产公司等单位关键领导岗位引进职业经理人。集团"十三五"规划编制完成。推进供给侧改革，转型提效加速。完成水钢150万吨、通钢60万吨粗钢去产能工作，首秦3300毫米中板产线顺利停产。提高全要素生产率，全年集团实现转型分流2.6万人，在册职工比上年末减少1.4万人；钢铁板块实物劳产率提高20%，在岗职工6万人，比上年末减少1.2万人。推进企业退出和闭合"失血点"经营实践，全年完成19家企业退出，完成长白股权退出和燕郊股份制改造，钢铁板块闭合39项"失血点"。京唐公司压缩管理层级，取消29个分厂建制，整合撤消96个作业区。通钢全年转型分流6000人。推进园区开发。首钢老工业区范围内2016年实现投资约52.79亿元，联动周边新首钢地区完成基础设施等配套项目投资约38亿元；冬奥组委入驻北京园区，园区开发部、园区管理部等单位保障冬奥组委办公、生活配套及国际交往服务等功能需求。开展冬奥片区、两湖片区、石景山公园、制氧厂、绿轴等北区重点项目建设开发。长安街西延首钢段主辅路通车，冬奥广场、侨商中心等16项重点项目纳入市政府绿色审批通道，特钢园区取得控制性详规调整批复、16号地项目与光大银行签约。京冀曹妃甸协同发展示范区开工10个项目,总投资16.56亿元。举办“海洋发展曹妃甸论坛”,签约8个新项目178亿元,开工7个,总投资136亿元。首钢与景山学校建立校企合作关系,北京景山学校分校开学,友谊医院曹妃甸合作医院、安贞医院曹妃甸诊疗中心挂牌。首钢基金京冀资本完成三期投资,在交通、医疗、产业科技等领域投资11.6亿元。打造城市综合服务商。首钢园区内新建成的北京静态交通研发示范基地,取得国家质量监督检验检疫总局颁发“PPY－GJ型三层及以下平面移动类机械式停车设备”制造许可证,是国内首家研发制造公交车等大型车辆机械式立体停车库企业。铸造村4号、7号楼钢结构住宅项目被列为北京市住宅产业化试点工程。京西重工捷克工厂投产运营。首钢医院推行核心医疗专家制,引进高水平人才。实业公司外部市场比2015年增长28%。拓展产融结合。首钢基金公司、财务公司确立“产业＋基金＋基地”运作模式,促进产融结合。金融服务清理关闭成员单位银行账户626个,规范银行账号管理,实现年末资产规模和资金归集均突破200亿元。基金公司设立园区基础设施基金,完成向首建投融资15亿元,与吉林省、迁安市等政府部门合作设立和管理3支政府引导基金17.5亿元;关注节能环保等7个重点产业,设立医疗产业投资基金10亿元,推进水钢医院改制工作;联合顶级投资机构设立行业基金,管理规模达到11支480亿元。取得国际评级机构惠誉A－评级,大公香港A评级。夯实基础管理。修订总公司章程和董事会、党委会、经理层工作规则,制定《首钢总公司规章制度管理办法》。首钢总部、股份公司、京唐公司开展风控体系试点,首钢集团和京唐公司风控体系评价被北京市国资委评为优秀等级。

**地址:石景山区石景山路厂东门**
**电话:88293520　68873606**
**邮编:100041**
**网址:www.shougang.com.cn**

(关佳洁)

首钢职工家属观看《西望首钢》电视纪录片　(首钢集团供稿)

**【《首钢大搬迁》广受关注】** 1月12—18日,六集大型电视纪录片《首钢大搬迁》在中央电视台科教频道黄金档播出。10月24日,党的十八届六中全会开幕当天,市委宣传部、北京电视台制作的《西望首钢》5集系列报道和3集专题片,分别在北京卫视《北京新闻》和新闻频道《锐观察》栏目同时播出。人民网、新华社相继刊登《蛮荒之地创奇迹——实地探访扎根拉美24年的首钢秘铁》,《科技日报》在头版重要位置刊登《首钢研发生产的变压器材料跻身世界第一梯队》,《北京日报》头版头条刊登《从山到海 首钢燃旺创新炉火》。全年社会各大媒体刊发(播)有关首钢新闻200篇。

(关佳洁)

**【获中国专利优秀奖】** 1月,首钢总公司“一种减少渣量的转炉炼钢法”在第十七届中国专利奖评选中获中国专利优秀奖。本发明首创减少渣量的转炉炼钢法,改变现有氧气转炉炼钢工艺消耗石灰、轻烧白云石和排放炉渣量较大的生产模式,首创“物理冷却＋化学冷却”相结合的炉内液渣快速固化技术,低枪位、高供氧强度“硬吹”脱磷工艺等技术。本发明大规模应用4年,取得转炉炼钢石灰消耗降低45%以上、轻烧白云石消耗降低35%以上、转炉炼钢渣量减少31%以上、钢铁料消耗降低6.4千克/吨钢以上、大型石灰窑炉减少2座效果。

(关佳洁)

**【采购电子商务平台运营】** 2月,首钢集团采购电子商务平台项目通过首钢总公司科技成果鉴定,正式上线运营。首钢采购电子商务平台覆盖首钢集团采购业务模式,通过采购数据“进系统、留痕迹、可追溯”,实现采购业务“公开、公平、公正”,项目整体技术水平国内领先。平台已累计实现采购金额超8亿元、注册用户3486个。

(关佳洁)

**【管理技术获奖】** 2月,首钢京唐公司《钢铁企业循环经济运营体系建设》管理成果获第22届全国企业管理现代化创新成果二等奖。5月,首钢京西重工获“北京市专利示范单位”称号。9月,首钢建设集团研发的“APEC会议鸟巢LED网幕安装技术”“RSM减定径机组安装施工技术”和“后压浆旋挖钻机成孔灌注桩施工技术”3项成果通过中国冶金建设协会组织的关键技术鉴定,综合技术水平达到国内领先。12月,首钢京唐公司获“中国工业大奖表彰奖”,中国工业大奖是国务院批准设立的工业领域最高奖项,被誉为中国工业“奥斯卡”;当月,首钢京唐公司获企业环保类第九届中华宝钢环境优秀奖,是唯一获此奖项钢铁企业。

(关佳洁)

**【京津冀协同发展】** 3月16日,北京首钢基金有限公司与曹妃甸区人民政府签署《曹妃甸区工人医院政府与社会资本合作(PPP)项目框架协议》。9月19日,首钢曹建投公司与曹妃甸区政府签署《北京(曹妃甸)现代产业发展试验区生态城先行启动区合作开发框架协议》补充协议,明确4.6平方千米的地界和土地优惠政策,确保公司一二级开发联动收益。11月7日,中国海洋工程咨询协会主办、首钢总公司协办的"海洋发展曹妃甸论坛"在首钢渤海国际会议中心举行。12月23日,首钢与北京景山学校合作签约仪式在景山学校举行。北京景山学校曹妃甸分校成立。

(关佳洁)

**【高磁感取向硅钢产品全覆盖】** 4月12日,首钢股份公司新能源汽车用硅钢开发形成第一代高效率、低铁损普通型产品16款。18日,美国GE公司向首钢股份公司硅钢事业部发函确认首钢取向硅钢产品通过现场认证,具备向GE公司全球制造商供货资格。5月28日,"首钢高磁感取向硅钢产品及超高压变压器应用"成果通过中国机械工业联合会、中国钢铁工业协会专家组评审。首钢实现高磁感取向硅钢产品牌号全覆盖,成为世界第四家全低温高磁感取向硅钢制造商,进入钢铁产品"工艺品"国家队行列。

(关佳洁)

**【股权投资管理平台成立】** 4月13日,首钢总公司下发"关于成立北京首钢股权投资管理有限公司的通知",股权管理平台正式组建。股权投资公司作为独立法人实体,按总公司授权管理有关企业,并承担总公司改制企业改革等工作,成立首钢钢铁制造产业服务支持平台、首钢城市综合服务商产业发展支撑平台、首钢内部资源协同和新产业培育平台、首钢非钢项目股权动态经营和运营管理发展平台。

(关佳洁)

**【媒体聚焦冬奥组委入驻首钢】** 5月13日,冬奥组委入驻首钢园区西十筒仓区域。《北京您早》栏目,中央电视台体育频道、北京电视台《北京新闻》,中央电视台新闻频道《朝闻天下》《新闻直播间》,中央电视台《新闻联播》以及《京华时报《北京晨报》等媒体做相关报道。截至5月16日中午,全国各级各类报纸、网络转载"北京冬奥组委首批工作人员近日入驻首钢园区"的相关报道达600余条。

(关佳洁)

**【新首钢园区项目评审】** 5月26日,市规划委组织专家及部门对《新首钢高端产业综合服务区绿色生态规划》《新首钢高端产业综合服务区城市设计导则》《新首钢高端产业综合服务区地下空间概念规划》《新首钢高端产业综合服务区人防结建工程专项规划》进行评审。《绿色生态规划》奠定首钢地区生态发展格局和框架,在投资建设、运营管理等方面提出创新特点;《城市设计导则》对区域性特色空间要素提出街区层面的系统性控制要求;《地下空间概念规划》和《人防结建工程专项规划》在地下空间资源利用方面起到重要作用。专家组在听取审阅汇报成果后,经质询与讨论,一致同意通过评审。

(关佳洁)

**【产品认证】** 5月,首钢总公司校准实验室通过中关村管委会审核,挂牌为中关村开放实验室。8月,用SQ960E超高强大梁钢制作而成的轻量化挂车通过多家改装车生产企业认证,实现批量供货,首钢是国内首家生产该产品企业。9月29日,首钢京西重工获沃尔沃VQE证书,这是沃尔沃公司对其供应商在质量领域的最高荣誉,是全球沃尔沃汽车零部件制造企业追求目标。当月,首钢800兆帕级热轧酸洗复相钢制造的汽车部件,通过全球著名高端汽车制造商认证,成为国内首家通过认证的钢铁企业。10月,首钢核电安全壳用钢SA738通过国家核电山东核电设备制造有限公司认证,成为核电企业非核级以及核级材料合格供方。11月,首钢焊接实验室获福特全球认证授权,是国内第二家获全球认证制空权钢铁企业。

(关佳洁)

**【首钢正气候项目】** 6月8日,在第二届中美气候智慧型/低碳城市峰会上,首钢总公司与C40城市气候领导联盟签署认证证书,首钢正气候发展项目纳入C40正气候项目发展计划中,成为中国第一个、全球第19个正气候项目。C40城市气候领导联盟是由世界大城市及其市长组成网络,旨在推进温室气体减排和气候风险降低目标。首钢正气候发展项目位于长安街南北两侧,是"新首钢高端产业综合服务区"的核心地区,占地33.81公顷,总建筑面积约96万平方米。11月22日,"北京新首钢高端产业综合服务区—正气候项目"获年度环保建筑大奖赛研究及规划类别最高级别奖项GRAND AWARD大奖。大奖赛由香港绿色建筑委员会(HKGBC)和环保建筑专业议会(PGBC)联合举办,每两年举办一次。

(关佳洁)

**【连续6年跻身世界五百强】** 7月20日,财富中文网与全球同步发布最新《财富》世界500强排行榜。首钢集团以215.14亿美元(约合1352亿元人民币)营业收入列第489位。这是首钢集团自2011年首次进入世界500强榜单以来,连续第六次上榜。

(关佳洁)

**【转炉复吹新突破】** 7月24日,股份公司投产最早的转炉,迁钢公司炼钢1号转炉在"服役"384天、冶炼6543炉后,实现全炉役复吹比100%,全炉役碳氧积0.0021,创出首钢炼钢历史新纪录。经计算,本次炉役合计降低生产成本600多万元,实现既提高质量又降本增效。作为评价转炉复吹效果和终点控制水平重要指标,碳氧积低意味在相同的终点碳的控制水平下钢水氧含量低,有利于降低合金消耗,减少脱氧过程中形成的夹杂物,提高钢水纯净度。

(关佳洁)

**【技术创新】** 7月,首钢机电公司和航空航天部院属单位研发制造的车载"楼宇消防灭火装置"在首钢机电公司大厂基地制造完成。8月,首钢国际工程公司创新研发和供货的首钢迁钢冷轧配套完善项目酸轧机组移动式C型液压剪,在首钢长白机械有限责任公司试车,通过业主单位联合验收,解决电磁感应加热器与移动式C型液压剪在线切换问题，属国内首创。12月，首钢控股公司“山野农用植保无人机”亮相国际农业航空技术装备展览会。

（关佳洁）

【专利奖居钢铁行业之首】 8月，国家知识产权局下属中国专利技术开发公司发布“中国企业专利奖排行榜”，首钢集团以16件获奖专利位列第十，居钢铁行业首位。据统计，首钢集团已申请专利4250件，其中发明专利2417件；获专利授权2801件，其中发明专利1118件；首钢集团主持和参与的现行国家和行业标准194项；“全烧高炉煤气的高温高压电站锅炉”等3件专利获“中国专利金奖”，13件专利获“中国专利优秀奖”。

（关佳洁）

【阿瓦萨工业园竣工】 9月，首钢国际工程公司总体设计的埃塞俄比亚首个大型工业园区——阿瓦萨工业园竣工。阿瓦萨工业园项目，是埃塞俄比亚由中国企业设计、建造的现代化轻工业纺织园区。

（关佳洁）

【职务职级改革】 11月11日，《首钢总公司职务职级改革试点管理办法》实施，旨在取消现行首钢内部部厅级、处级行政级别体系，建立符合集团管控需要，有利于领导人员管理的新职务职级体系，共设L1～L9九个职级。职级依据职务职责权限以及管理关系确定，实行职务职级一体化，强化职务功能，以职务职级确定薪酬福利及相关履职待遇。《管理办法》共十四条。

（关佳洁）

【跻身中国创新企业百强】 12月，全球最具影响力智能信息服务机构Clarivate Analytics在全球范围内首次发布“2016年中国大陆创新企业百强”榜单，首钢跻身百强之列。围绕技术创新体系建设，首钢完善“一级研发，多地分布”的研发体系建设，已搭建北京市创新平台2个，完成国家级重大成果3项，国家级科技项目12项，北京市科技项目10项。先后被授予“全国专利工作先进单位”“北京市专利工作示范单位”，并被国家工信部认定为工业企业知识产权运用的标杆示范企业。

（关佳洁）

【产品获奖】 12月，中国钢铁工业协会发布年度冶金产品实物质量认定产品名单，首钢京唐公司“石油天然气输送管线用热轧宽钢带”“汽车用高强度冷连轧钢板及钢带第2部分：双相钢”和首秦公司“石油天然气输送管用热轧宽厚钢板（高强度）”三项产品获“特优质量奖”和“金杯奖”；首钢京唐公司“连续热镀锌钢带”获“金杯奖”。

（关佳洁）

【新产品开发】 年内，首钢集团完成新产品开发141项，实现转产68项。高端领先产品产量525万吨，比上年增产73.4万吨。其中，汽车板具备合资品牌高端车型整车供货能力，跻身国内一流汽车板供应商行列；镀锡板实现国内高端客户全覆盖；电工钢新增客户56家。3月，首钢桥梁钢应用于中俄跨江铁路大桥——同江大桥，实现整桥供货1.5万吨；首钢技术研究院联合首秦公司开发大壁厚WPHY－80/70/60系列管件用钢替代进口，应用于国内西气东输二线、三线等国家重点工程关键部件。4月，首钢京唐公司冷轧部3号镀锌产线成功试制超设计能力规格3.0毫米镀锌板。6月，北京首钢资源公司1.3万吨建筑垃圾再生绿色无机混合料应用于长安街西延工程第二标段，第一批次726.08吨绿色再生水稳混合料已铺设完成。7月，首钢北冶公司研制产品，应用于长征七号运载火箭发动机研发生产。8月，首秦公司开发的Q370qE、Q420qE、S420ML、Q500qE、Q370qD＋316L不锈钢复合板、345—420MPa级耐候桥梁钢等六大系列高性能桥梁钢产品，应用于国内外80余项重大公铁两用桥梁工程，桥梁钢市场占有率居国内前三。12月，首钢吉泰安新材料公司研发的“圆珠笔头用超易切削不锈钢材料”经专家组鉴定，达到国际先进水平，实现批量生产，打破该材料长期被发达国家垄断局面；是月，首钢股份公司独家供应澳大利亚北方天然气管道项目所用管线钢，订单总计3.5万吨、管道全长600余千米；首钢自主研发的二代直流充电桩通过试验检测，先后经受住NB/T33001—2010、NB/T33008.1—2013、GB/T27930—2015、Q/GDW1233—2014、Q/GDW1591—2014、GB/T18487.1—2015等最新国家标准规定型式试验，取得国家产品质量监督部门权威检测机构颁发检验合格报告。

（关佳洁）

【打造创业生态圈】 年内，首钢创业公社以“孵化＋投行＋投资＋创业互助社区”为运营模式，拥有创业办公、创客金服、水滴数据、长青商学院、37℃公寓、创业公社书咖等子品牌，集创业办公空间、创业公寓、金融服务、创业培训和创业大数据为一体的创业生态圈。2013年成立至今，创业公社成为北京最大的国家级众创空间。创业公社签约运营场地面积12万平方米，入驻企业1300多家，97家中关村雏鹰人才企业，127家企业挂牌北京四板，8家企业挂牌新三板，3家企业被上市公司并购，孵化企业成活率比其他普通类创业空间企业公司高43%。获首钢创业公社获北京科技协作中心“2016TOP100新技术新产品创新力行动伯乐奖”。

（关佳洁）

【城市静态交通产业】 年内，首钢集团建成国内首例静态交通研发示范基地，展示6大系列13种机械式立体车库和公交智能立体车库的设计与制造能力，满足不同场地的个性化需求，成为首家获得“公交立体车库制造许可”企业，取得北京新机场、北京儿童医院、贵州省六盘水市等重点停车项目，全年承揽14300个车位、充电桩突破1000台套。

（关佳洁）

【人才培养】 年内，首钢集团组织开展第八批首钢技术专家、技术带头人评选工作，评选表彰首钢优秀青年人才299人，青年科技人才4人获北京市优秀人才资助。总工程师室张福明入选全国“杰出工程师奖”，股份公司王瑞获《中国大能手》（第二季）职业技能挖掘机竞技项目全国冠军，首秦公司刘鑫获焊接竞技项目第七名，京唐公司吴礼云荣膺“中国制水大工匠”第一名，京唐公司荣彦明、矿业公司马著获年度“首都市民学习之星”称号，股份公司刘建斌获“北京市有突出贡献的高技能人才”称号；京唐公司张维中、机电公司刘琪、生物质能源公司杨海廷获“北京市政府技师特殊津贴”奖励，创业公社刘循序获“国企楷模·北京榜样”优秀人物荣誉称号。北京首钢女篮荣膺2015—2016中国女子篮球联赛（WCBA）总决赛冠军，首钢乒乓球俱乐部队员丁宁夺得里约奥运会女乒冠军。

（关佳洁）

**【冶金科学技术奖】** 年内，在中国钢铁工业协会年度冶金科学技术奖颁奖仪式上，首钢总公司“镁钛低硅新型球团矿的开发及应用”成果获一等奖，“首钢京唐高炉氧煤枪富氧技术研究与应用”等4项成果获三等奖。含钛含镁低硅多功能球团矿降低生产成本，使球团矿还原膨胀率等冶金性能指标保持良好，综合指标达到国际领先水平。首钢获冶金科学技术三等奖的成果包括“京唐高炉氧煤枪富氧技术研究与应用”“板坯连铸非稳态浇铸控制技术”“热轧高精度超平材控制技术研究与应用”“钢卷双排式托盘运输系统开发及成套技术研究”。

（关佳洁）

**【长安街西延工程首钢段】** 新首钢高端产业综合服务区长安街西延市政工程是首钢老工业园区改造重点项目。工程主要施工项目有混凝土结构电缆隧道2990米，隧道埋深4米～14米；电力管井92座，埋管2890米。年内，首钢集团主要施工节点按期或提前完成。9月，首钢园区内第一条城市次干路——首钢晾水池东路一标段道路工程通车。11月，长安街西延首钢园区厂东门至晾水池东路路口约1千米长、双向8车道的主辅路完成粗油铺设，具备通车条件。

（关佳洁）

## 中铁二十二局集团有限公司

### 概　　述

中铁二十二局集团有限公司（简称集团公司）是拥有铁路工程施工总承包特级、建筑工程施工总承包特级；公路路基、桥梁、隧道、钢结构工程专业承包一级，公路、市政公用、水利水电施工总承包一级，矿山工程施工总承包三级，铁道行业甲（Ⅱ）级设计资质、建筑行业甲级设计资质；地质灾害治理工程甲级资质企业；拥有对外工程和境内国际招标工程的经营资质、对外派遣实施境外工程所需的劳务人员特许经营权的集团公司。下辖第一、二、三、四、五工程有限公司、哈尔滨铁路建设集团有限责任公司、电气化工程有限公司、天瑞机械设备有限公司、房地产开发有限公司等9个子公司、7个区域经营指挥部、1个海外区域经营指挥部和铁路运营指挥部。年内，集团公司被评为国家企业技术中心，集团公司本级、一公司、四公司成功认定为国家级高新技术企业。年内，集团公司职工11271名。其中：干部7991人，工人3280人；大学本科及以上学历4859人，大学专科学历3287人；专业技术人员6799人（高级职称819人，中级职称2004人），技能人才964人（高级技师15人，技师178人）。截至年底，资产总额232.5亿元，其中固定资产原值28.6亿元，净值12.78亿元，流动资产206.47亿元，其他资产26.03亿元。集团公司共有施工、运输、生产、测量及试验等实物设备资产9203台（套），设备原值17.71亿元，净值7.63亿元，成新率43.06%。2016年，集团公司完成企业总产值202.5亿元，完成施工产值195亿元，占年度计划240亿元的81.2%。较去年同期167亿元多完成28亿元，全年实现营业收入213.45亿元，合同总投资1335余亿元，剩余投资321.9亿元。集团公司在建项目135个（按照建名统计）。完成的主要实物工程量有：路基土石方3609万方，桥梁46成桥千米，隧道23成洞千米，房屋建筑81.7万平方米，铁路制梁2017孔（T梁、箱梁），公路制梁1614片，铁路架梁1859孔，公路架梁1965片，铺轨528千米（含正线、站线），无砟轨道施工88千米，通信线路15千米。全年获评省部级科学技术奖三项；中国施工企业协会科学技术奖二等奖3项；科学技术特等奖1项、一等奖2项、二等奖6项、三等奖5项；评定企业级三级工法12项；优秀论文一等奖19篇、二等奖38篇、三等奖44篇，获评省级工法13项；股份公司科学技术奖4项，优秀工法4项；申请受理专利41件，其中发明专利16件；授权专利27件，其中发明专利3件；新立科研课题31项，资助科研经费315万元；归集研发经费7160万元，“加计扣除”减免企业所得税835万元。全年1项工程获国家优质工程银质奖，1项工程获鲁班奖，10项工程获省部级优质工程奖，9项工程获中国铁建杯优质工程奖，有4项工程获股份公司安全质量标准工地，获得6个国家级和18个省部级优秀QC成果。被评为股份公司安全生产达标单位。

**地址：石景山区石景山路35号**
**电话：51886220**
**邮编：100043**

（罗小慧）

**【主要经济指标】** 年内，新签合同项目187项，合同金额为260亿元，其中：工程承包181项，256.3亿元，房地产销售6项，3.7亿元。年末，资产总额为232.5亿元，负债总额为177.04亿元，权益总额为55.46亿元，资产负债率为76.15%，实现营业收入213.45亿元，利润总额1.50亿元，净资产收益率2.17%，企业财务状况平稳。全年集团公司上缴利税总额983098116.91元，其中企业所得税119808438.23元，个人所得税45899644.30元。

（钱春元　王志刚）

**【沪昆铁路客运专线标段工程】** 年内，集团公司承建的沪昆铁路客运专线长沙至昆明段（贵州）站前工程CK-GZTJ-12标段位于黔西南州普安县、六盘水市盘县境内，线路全长48.32千米，桥隧比为87.8%，包含2个车站，普安、盘县车站。合同投资额500175万元。12月完工。主要工程量包括：路基土石方421.4万方，其中区间土石方161万方，站场土石方260.4万方；特大桥7座7208.657延长米，大桥8座2356.985延长米，中桥3座

200.667延长米，小桥1座19.6延长米，涵洞16座535.13横延米，隧道13座32653延长米，无砟道床96.6铺轨千米，双块式轨枕预制151铺轨千米。2010年10月开工。

（李　坛）

**【昆阳至玉溪铁路改造工程】** 年内，集团公司承建的昆阳至玉溪铁路扩能改造站前工程位于昆阳到玉溪境内，本标段起讫里程为D2K0＋000～D2K18＋700，线路长18.429千米，桥梁长3.114千米，隧道长9.282千米，宝峰隧道设4个斜井，辅助坑道2397米。桥隧总长12.396千米，占线路长的67.3%。在DK9＋530设宝峰车站，站场设计范围为DK8＋700～DK10＋330。标段起点设昆阳至普家村上下联络线，上行联络线长2.694千米，下行联络线长2.808千米，既有昆玉铁路改建线路长0.935千米。本标段包括路基土石方及附属工程、渠西里双线特大桥、昆阳至普家村上、下行联络线大桥、昆玉高速立交双线大桥；普家村隧道、宝峰隧道、观音寺1＃隧道；全线T梁预制与架设；全线的轨道铺设等工程内容。合同投资额203616万元。12月完工。主要工程量包括：路基土石方136.2万方；路基4.3千米；隧道3座9282延米；桥梁10座6661.787延长米，涵洞36座799.15横延米；站场1处；制梁839孔/片（T梁），架梁839孔/片（T梁）等。轨道工程：无砟道床14.166千米。有砟道床89.294千米；正线铺轨103.46铺轨千米，站线铺轨10.31铺轨千米；道岔41组等。2010年11月开工。

（李　坛）

**【锦阜高铁路扩能改造工程】** 年内，集团公司承建的高台山至阜新至锦州铁路高台山至新邱段扩能改造工程位于辽宁省中西部，途经沈阳市新民县、锦州市黑山县、阜新市阜蒙县、新邱区。其中高新线增建二线工程自沈山线高台山车站高新线GXK0＋000引出，沿高新线左侧增二线，过罗家站（封闭）后，双线绕行于既有柳河大桥下游20米处跨越柳河，而后二线换至高新线右侧，过小梁山站（封闭）、姚堡站（保留）后，于GXK50＋300处二线换至高新线左侧引入新泉站（新建）后进入新立屯疏解。新义线跨越辽宁省西部两市（锦州、阜新），在新立屯接高新线大郑线。沿途经由阜新阜蒙县，后引入新邱站。既有线长98.279千米，扩能改造后左线长96.797千米，右线长96.132千米，桥梁比例16.3%。合同投资额137750万元。2016年12月完工。主要工程量包括：小桥25.03米/1座，中桥834.12米/14座，大桥1966.17米/11座，特大桥12010.64米/9座，框构桥3564.54顶平米/25座，涵洞1345.5米/54座；路基长85.55千米，区间路基土石方703.51立方米，站场路基土石方40.20立方米，制梁792孔（T梁），架梁792孔（T梁）等。轨道工程：正线铺轨204.46铺轨千米，站线铺轨9.27铺轨千米；道岔124组（新铺67组、改建57组）。2012年8月开工。

（李　坛）

**【安全质量】** 年内，集团公司坚持“安全第一，预防为主”和“百年大计，质量第一”的方针，抓重难点工程监控，强化施工过程控制，落实各级安全责任，推行一线作业人员收入与安全行为挂钩制度。全年开展2次大的安全质量综合检查，1次防坍塌专项检查。组织3期共186人的安全质量培训、再教育和取证工作，其中安全质量管理干部培训11人，安全质量培训175人。集团公司委派安全总监11人，A类安全人员（企业负责人）73人，B类安全人员（项目负责人）376人，C类安全人员（专职安全管理人员）581人，注册安全工程师108人，专职质检员634人。10项工程获省部级优质工程奖，9项工程获中国铁建杯优质工程奖。被评为股份公司安全生产达标单位，4项工程获股份公司安全质量标准工地。获得6个国家级和18个省部级优秀QC成果。

（任朝敏）

**【设备物资】** 年内，集团公司有设备资产9203台（套），设备原值17.71亿元，净值7.63亿元，成新率43.06%；其中：施工设备2823台（套），原值11.7亿元，净值5.89亿元；运输设备1534台（套），原值3.96亿元，净值0.98亿元；生产设备2085台（套），原值11964.07万元，净值5264.51万元；测量及试验设备2761台（套），原值8533.84万元，净值2350.24万元。大型施工设备81台（套），原值6.21亿元，净值2.93亿元，占总资产的35.07%。全年累计新购设备1215台（套），合同金额40893万元，累计报废转让设备573台（套），原值7441.95万元，净值1136万元，处理后回收价值549.21万元。

（焦　雷）

**【资本经营】** 年内，纳入集团公司资

中国铁建公园3326房地产项目　　（中铁二十二局供稿）

本经营管理的既有项目6个类别13个项目，包括7个房地产开发项目，分别为海南文昌书香小镇、保定京南一品、重庆中铁5号、厦门海曦、海新大厦、湖北荆门公园3326、兰州云公馆，2个土地一级开发项目，分别为密云穆家峪镇棚户区改造、北京玉泉西路土地一级开发；1个股权投资类项目为贵州茅台健康产业有限公司；1个地下综合管廊PPP项目为厦门地下综合管廊PPP项目；1个仓储物流固定资产项目为吉安梁场开发建设仓储物流项目；1个参股代建天津宝坻和平房宿舍还迁房项目。计划总投资106亿元，开累完成投资约52亿元；续建项目计划总投资约31亿元，实际完成投资额约5.75亿元，完成营业收入2.63亿元，实现净利润1437万元。

（阮敬科）

【科技成果】 年内，集团公司被认定为国家企业技术中心。集团公司本级、一公司、四公司成功认定国家级高新技术企业。获评省部级科学技术奖三项，其中集团公司申报的《四线客专深水大跨连续梁拱组合桥梁施工技术研究》获评铁道学会科学技术二等奖；一公司申报的《复杂与极端环境中隧道工程多类型水害机理与防治技术》获评湖南省科学技术二等奖；哈建公司申报的《兴源隧道软岩大变形控制技术及施工方法研究》获评黑龙江省科学技术三等奖。获评中国施工企业协会科学技术奖二等奖3项，股份公司科学技术奖4项，省级工法13项，股份公司优秀工法4项，申请受理专利41件，其中发明专利16件，授权专利27件，其中发明专利3件。集团公司评定科学技术特等奖1项、一等奖2项、二等奖6项、三等奖5项。评定企业级三级工法12项。评定优秀论文一等奖19篇、二等奖38篇、三等奖44篇。集团公司申报的《裂纹自愈合水泥复合材料研制》课题获北京市科委的科技研发立项，与市科委重大专项办公室正式签订课题任务书，获资助220万；《季节冻土区高铁膨胀土边坡耦合作用机理及设计方法研究》《加筋碎石桩在铁路工程中的应用研究》列入铁路总公司年度科研课题立项，分别获资助15万元、7.5万元；《复杂地质条件下预掏槽环封双壁钢围堰深水基础综合施工技术》《复杂工况下城市地铁双护盾TBM施工技术研究》《基于工业摄影和机器视觉的高速铁路CRTSIII型板几何状态检测技术应用研究》3项列入年度股份公司科技开发研究课题C类课题，分别获资助25万元，共75万元。集团公司新立科研课题31项，资助科研经费315万元。全年归集研发经费7160万元，“加计扣除”减免企业所得税835万元。

（应爱武）

## 北京北重汽轮电机有限责任公司

### 概　述

北京北重汽轮电机有限责任公司（简称北重公司），隶属于北京京城机电股有限责任公司，前身是北京重型电机厂，创建于1958年。2000年10月，实施“分立式”债转股政策正式设立公司。北重公司以生产经营电站汽轮机、汽轮发电机、电站辅机等设备及工程总包业务为主的大型发电装备制造企业。注册资本7.9亿元，有员工1400余人，其中工程技术人员311人；占地面积26万平方米，其中建筑面积18万平方米。通过ISO9001：2008、ISO14000、ISO18000资质认证；获压力容器设计、制造资质证书以及美国ASME U钢印授权证书；在“全国发电可靠性火电300MW级金牌机组”及“全国火电300MW级机组竞赛”评比中获多项奖项，在国机集团中电工总包的印尼INDRAMAYU 3×330MW燃煤电站项目中获得奖牌。2010年被认定为北京市高新技术企业；获得AAA级信用等级；作为北京市科协首都企业院士专家工作站。生产火电机组747台套/6545万千瓦，其中300MW等级汽轮发电机组110台套/3465万千瓦，产品遍及中国各大发电集团和地方（企业）电力公司，并出口到印度、印度尼西亚、越南、泰国等国家，实现了50MW、110MW、150MW、220MW、330MW等级系列机组出口，共出口机组24台套/466万千瓦。年内，北重公司主营业务收入5.82亿元，其中大机组业务4.54亿元；小机组业务0.1亿元；服务业务1.18亿元。新增订货5.55亿元。主营货币收入7.5亿元。产品产量包括：电站汽轮机：大机组6台/1900MW。汽轮发电机：6台/1900MW；小机组1台/30MW。汽轮机改造：1台/350MW。

地址：石景山区吴家村路57号
邮编：100040
电话：68632552
传真：68639675
电子邮箱：office@bzd.com.cn
网址：http//：www.bzd.com.cn

（吴　曦）

【增资中能电站辅机公司】 年内，北重公司以设备实物方式评估作价945.92万元增资扩股北京北重中能电站辅机设备有限公司，实现体制机制、技术质量以及生产运营等方面的优势互补。实现具备独立的市场营销能力、生产制造能力和服务能力的混合所有制企业。

（吴　曦）

【完成股权退出】 年内，北重公司落实控股公司深化国企改革工作要求，经对北京北重汽车改装有限公司的评估审计及转让谈判，经京城机电控股公司董事会批复，北重厂将持有北京北重汽车改装有限公司股权在北交所挂牌全部转让。

（吴　曦）

【开拓市场】 年内，北重公司火电机组方面，与华西能源签订一台套出口土耳其（Izdemir项目）370MW汽轮发电机组，是超临界产品首次进入欧洲市场；与新疆晶和源公司签订两台350MW自备电站超临界电站汽轮机，是首台分缸350MW超临界机组业绩；与唐山万蒲热电有限公司签订同一台套25MW背压汽轮发电机组，与华润集团签订2台30MW变频高效发电机组。服务业务方面，取得首台300MW等级高背压机组改造、首台双背压机组改造、首台凝汽器改造、首台进口励磁机改造业绩，完成首次海外机组检修。

（吴　曦）

【科技开发】　年内，北重公司完成350MW超临界汽轮机（三缸两排汽型）系列化开发。完成330MW等级亚临界汽轮机综合升级改造技术，并成功应用到典型机组通流改造项目。完成Q60增容改造全新技术方案；完成高效箱式发电机高、低压25MW、33MW四个高效电磁方案设计开发，发电机效率达到国内先进水平；完成33MW高压机型的技术设计，完成三维建模和机座结构设计；完成定子线棒封焊、定子线圈装配中频焊研究。全面完成150MW（泰国项目）空内冷发电机技术方案。

（吴　曦）

【质量管理】　年内，北重公司开展“讲质量诚信，做精品工程”为主题的质量活动，取得北京新世纪检验认证有限公司颁发的新版ISO9001质量管理体系证书。开展“质量问题随手拍”活动，及时曝光生产现场出现的质量问题，督促整改；建立、执行监督检查巡检制度，进一步推进质量控制文件（PQR）的实施。优化《共检验收管理规程》，进一步规范共检验收条件、检验依据、文件要求、时间要求等，促进提升共检验收效率，控制采购物资质量。按期完成14个质量改进项目和8个QC小组活动课题，其中《提高60万隔板叶片装焊表面质量》QC成果荣获全国机械工业优秀质量管理小组活动成果一等奖。

（吴　曦）

【审计和法律职能建设】　年内，北重公司加强对审计整改的跟踪检查，开展管理审计工作。完善法律体系建设，加强法律风险防控。开展管理审计，完成《工艺质量符合性审计报告》，促进公司提升质量意识。制订实施《工程项目审计管理规程》建立工程项目资料清单，规范制度执行，全年完成预算审计20项，审减金额68.6万元，完成结算审计66项，审减金额116.07万元。

（吴　曦）

【安全生产】　年内，北重公司落实安全生产责任制，做到“党政同责、一岗双责、失职追责”。组织开展“安全生产月”暨“安康杯”竞赛活动，利用各种形式宣传贯彻《北京市生产安全事故隐患排查治理办法》、一企一标准，一岗一清单和安标新标准。加强联合安全大检查和日常安全巡视检查，加大安全生产资金投入，全年用于安全生产投入493.5万元，治理隐患48项。

（吴　曦）

## 北京巴布科克·威尔科克斯有限公司

### 概　　述

北京巴布科克·威尔科克斯有限公司（简称北京巴威公司）成立于1986年，是美国巴布科克·威尔科克斯有限公司（简称美国B&W公司）与北京京城机电控股有限责任公司各投资50%组建的国内首家合资电站锅炉制造企业，具有制造百万及以下等级超临界电站锅炉、超超临界电站锅炉、W火焰超临界电站锅炉、锅炉岛以及烟气脱硝（SCR）等相关电站环保产品的生产能力，为电站提供最佳设计方案和最优技术服务，年生产能力达到800万千瓦，总资产60.5亿元。北京巴威公司以美国B&W公司150年的设计经验和强大的试验研究能力为基础，动态引入美国B&W公司的先进技术并与自主创新相结合，始终保持在科技水平、产品质量上与美国B&W公司同步创新和发展，现已形成一套独立的研发、设计、制造、检验和售后一整套服务体系。年内，北京巴威公司面对国内经济进入深度调整期和转型期、电力市场持续低迷情况下，始终保持主要经济指标继续平稳发展态势。公司与神华集团签订印尼爪哇7号2×1050MW超超临界锅炉项目合同，此项目的签订标志着北京巴威公司百万超超临界锅炉产品正式走向海外市场。公司与国电浙江北仑第一发电有限公司签订一期600MW机组综合升级改造工程（2号锅炉及附属设备）项目合同，标志着北京巴威公司在高效亚临界锅炉改造技术领域已经趋向成熟化发展。公司设计制造的印尼阿迪帕拉660MW超临界锅炉成功投入商业运行，各项性能指标均优于合同指标，赢得良好的国际声誉。公司电站技术服务分公司完成内蒙托克托电厂4号机组高效亚临界锅炉增容改造项目，为全国同类型机组的升级改造起到良好示范作用。通过浙江温州四期623℃高参数超超临界锅炉性能考核试验，对国内电力行业的发展具有典型示范意义。全年实现销售收入24.5亿元，

巴威公司生产的600MW 623℃高参数超超临界锅炉运行　（巴威公司供稿）

利润总额8500万元,签订合同14.6亿元。顺利通过国家一级安全生产标准化复评考核;燃烧器车间获全国总工会颁发的"工人先锋号"称号;"习水电厂锅炉钢结构叠梁设计和制作"项目获中国钢结构协会"科学技术二等奖"。

**地址:石景山区石景山路36号**
**电话:68862244**
**传真:68861336**
**邮编:100043**

(南英杰)

**【托克托600MW锅炉项目运行】** 2月1日,北京巴威公司电站技术服务分公司设计制造的内蒙托克托电厂4号机组高效亚临界锅炉增容改造项目首次并网发电,这是全国首台600MW高效亚临界机组综合改造项目。该机组在满负荷运行工况下,高中压缸效率比改造前有所提高,各监视段温度与改造前对比下降明显,主再热蒸汽温度、回热系统参数均达设计值。汽轮机各瓦振动都达到优秀水平,脱硫、脱硝、烟尘各项指标均达到超低排放要求。综合升级改造达到预期效果,实现锅炉提效降耗的改造任务。该项目为全国同类型机组的升级改造起到示范作用。

(南英杰)

**【签订印尼爪哇超超临界锅炉合同】** 7月16日,北京巴威公司与神华集团签订印尼爪哇7号2×1050MW超超临界锅炉项目合同。自上年8月起,北京巴威公司配合EPC总包商及神华集团共同投标,上年12月,神华集团击败全球36个竞争对手成功中标。爪哇7号项目是中国神华集团"走出去"的首个百万电站项目,代表着中国电力建设整体运营水平,此项目的签署标志着北京巴威公司百万超超临界锅炉产品正式走向海外市场。

(南英杰)

**【签订浙江北仑锅炉项目】** 11月,北京巴威公司与国电浙江北仑第一发电有限公司签订一期600MW机组综合升级改造工程(2号锅炉及附属设备)项目合同。该项目2号锅炉经过20多年运行,设备趋于老化,技术需要更新,北京巴威公司向客户提交技术方案,双方签订600MW机组综合升级改造工程项目合同。北仑电厂600MW机组综合升级改造项目的签订,标志着北京巴威公司在高效亚临界锅炉改造技术领域已经趋向成熟化发展。

(南英杰)

**【科技研发】** 年内,在北京京城机电控股有限责任公司技术创新活动中,北京巴威公司"电站锅炉大板梁设计、制造和安装技术研究与开发"项目获技术合作二等奖;"锅炉增容提参数改造技术在亚临界燃煤机组节能改造中的创新应用"项目获产品创新二等奖;"习水电厂锅炉钢结构叠梁设计和制作"项目获中国钢结构协会"科学技术二等奖"。

(南英杰)

# 商业贸易

盛景国际广场
INTERNATIONAL
卓杰行
二手车
金象珠宝
新生儿0-4岁
婴幼儿游泳专家
吉野家
YOSHINOYA

石景山区有规模以上商业零售和餐饮店铺100家，其中商业零售店铺40家，餐饮店铺60家，总面积41.7万平方米。商务领域扩大有效供给，培育消费市场内需增长新动力，兑现奖励政策，调动企业挖潜积极性。兑现支持资金304万元，支持企业开展促消费活动，加大活动宣传推广力度，挖掘企业“促消费、保增长”潜力，带动全区消费市场繁荣。

深入推进国家电子商务示范基地建设，发挥电子商务产业集聚效应，以应用创新与产业融合为特色，突出全区打造电子商务应用创新区的发展优势和示范效应。研究完善地区电子商务新政策，将服务型电商纳入享受政策扶持范围，优化电子商务发展环境。积极参加京交会北京馆展览和系列主题活动，展示本区国家服务业综合改革试点区发展成果，组织区内龙头企业参加项目集中签约仪式。

深化商业保理试点建设，成功举办全国首期商业保理公益宣讲会及第四届中国商业保理行业峰会，提升石景山区商业保理行业知名度及影响力。探索研究《石景山区促进商业保理行业发展暂行办法》，培育扶持一批龙头型商业保理企业在本区做大做强。落实商业保理“4+1”监管机制，防范金融风险，推动石景山区商业保理行业规范有序发展。

落实北京市服务业扩大开放综合试点，着力促进外贸稳定增长，出台有力措施，强化重点企业服务，优化发展环境，全力推进开放型经济有序发展。其中，外资规模稳步增长，吸收合同外资额7.3亿美元，同比增长25.4%，新批企业全部为服务业企业，符合服务业扩大开放重点领域发展要求。外资来源遍及亚洲、美洲、欧洲和大洋洲的31个国家和地区，为石景山区高端绿色发展注入新的活力。完成外贸进出口总额53.16亿元人民币，同比上涨4.3%，出口类型由以货物出口为主逐渐拓展为货物出口为主、技术贸易、服务外包、对外文化贸易等多头发展；货物出口商品由工业产业逐渐扩展到高新技术产品、纺织、食品、低碳等领域。

# 商　　务

## 概　　述

北京市石景山区商务委员会（简称区商务委）是负责本区内外贸易和对外经济合作的区政府工作部门。年内，商务委全面落实“全面深度转型、高端绿色发展”战略，围绕“建设国家级绿色转型发展示范区”的目标，努力构建商务工作新格局。全年累计实现社会消费品零售额287.5亿元，同比增长8.1%，增速位居城六区首位。创新活动模式，繁荣活跃消费市场。组织开展“第七届京西消费节”活动。完成《石景山区“十三五”时期商务服务业发展规划》编制任务。完成“数字商务”系统二期验收，通过采用信息化管理手段，全面、准确、形象地展示石景山区商务、商业服务产业发展现状，叠加土地规划现状及未来规划情况，实现对产业空间布局的规划指导。推动商业保理行业发展，扩大商业保理影响力。成功举办全国首期商业保理公益宣讲会及第四届中国商业保理行业峰会，近千人参加活动。制定《石景山区商业保理风险排查方案》，全面排查商业保理企业资金来源，有效防范各类金融风险发生。打造高端品牌，推动国家电子商务示范基地建设。研究制定年度电子商务新政策，优化电子商务发展环境。搭建京津冀商贸企业对接合作平台，推动与天津宝坻、河北保定定兴等区域就农产品产销衔接、商贸物流合作、品牌门店入驻等方面开展深入对接，加强三地商贸交流合作。全面启动全区58家商品交易市场调整疏解工作，按照“拆除清退”“疏解转型”“升级改造”三种方式推动再生资源回收市场、专业市场和菜市场的关转提升工作。完成调整疏解商品交易市场12家，清退建筑面积3.7万平方米，疏解从业人员近1600人，其中拆除清退再生资源回收市场6家、专业市场4家、菜市场2家。强化政策引导，全面推动生活性服务业品质提升。新建或规范连锁化、品牌化8项基本便民服务网点50个（其中蔬菜网点11个，便利店超市11家，早餐8家，再生资源8个，家政6个，洗染1个，美容美发2个，末端配送3个），实现8项基本便民服务功能社区全覆盖，连锁店占总店面数的24.4%，较上年底提升3.1个百分点。全区新增或规范蔬菜零售网点11个，增设车载直销车3辆、备案蔬菜直销车经营企业1家。

**地址：石景山区石景山路18号**
**电话：68607227**
**邮编：100043**
**网址：http://sjsswj.bjsjs.gov.cn**

（郝　响　张　焰）

**【全国首期商业保理宣讲会】** 1月12日在万商花园酒店召开。活动由区商务委联合商务部商业保理专委会主办。全国多地的商业保理、融资租赁、小贷、电子商务等企业，中国银行、建设银行、平安银行、华夏银行等多家金融机构，市商务委、区科委、投促局、金融办、工商联等部门近300余人参加培训。培训内容有商业保理行业发展现状与趋势、商业保理风险管理、商业保理业务操作信息化管理等行业热点。

（陈　雷　丁　玲）

**【粮食平衡调查】** 3月，区商务委完成上年度石景山区粮食供需平衡调查，共调查城镇居民64户、粮食经营企业5家、餐饮企业及单位食堂50家，基本掌握全区上年粮油产品供给量、需求量、库存量等基础性数据，并形成《2015年度石景山区粮油供需平衡调查报告》。

（张　弋）

**【第四届中国商业保理峰会】** 4月6—7日，第四届中国商业保理行业峰会在华北宾馆召开。本届峰会由商务部市场秩序司及外资司、国际贸易经济合作研究院、市商务委指导，区政府支持，中国服务贸易协会商业保理专委会主办，主题是以“供给侧改革中的商业保理”，主要包括峰会开幕式、主题演讲、论坛讨论、颁奖仪式等活动。会议邀请国际保理商联合会（FCI）、商务部市场秩序司、市商务委、区政府等部门领导，全国各地商业保理公司、融资租赁公司、银行金融机构及商业保理从业人员近500人参会。在为期两天的峰会上，石景山区以“整合资源，集聚高端——打造商业保理聚集地”为主题，突出高端化、专业化和品牌化，着力宣传推介“融合山水谋发展、建设首都西大门”发展理念、“八个高端”体系建设成果、五大主导产业发展特色，以及商业保理行业政策优势、集聚特色，吸引全国各地优质企业落户。石景山区已成为孕育北京商业保理行业发展的摇篮，集聚商业保理企业近50家。

（陈　雷　丁　玲）

**【参加第四届“京交会”】** 5月28日至6月1日，第四届中国（北京）国际服务贸易交易会（简称“京交会”）在国家会议中心正式开幕。在历时5天的展会中，区商务委联合相关委办局及首钢总公司，以国家服务业综合改革试点区和新首钢高端综合服务区为宣传品牌，全方位、宽领域、多角度展现本区“融合山水谋发展、建设首都西大门”发展理念、建设国家级绿色转型发展示范区的奋斗目标以及着力构建“八个高端体系”的发展成果。展会期间，通过宣传展板，播放“八个高端体系”“美丽石景山”等宣传片及发放宣传彩页等方式，重点宣传文化创意、现代金融、高新技术、商务服务、旅游休闲等主导产业及功能区发展优势，展示地区良好发展环境。科技服务、跨境电子商务、文化创意等服务业扩大开放重点领域企业参与北京日签约仪式，商务部、市有关领导，区领导司马红共同见证北京合康亿盛变频科技股份有限公司与俄罗斯L－Start Ltd、环球国广媒体科技有限公司与韩国公营电商购物、八爪鱼互动（北京）科技有限公司与上海显云创业投资中心、北京国泰嘉泽创业投资中心等项目签约，合同签约总金额近亿元。

（陈　雷　丁　玲）

**【第七届京西消费节】** 9月8日，“2016京西消费节”开幕。本届京西消费节以“惊喜在京西·京西GO惊喜——乐购京西 悦享生活”为主题，以企业活动为主，组委会活动为辅，整合京西地区商业资源，划分“悦享电商”“悦享时尚”“悦享汽车”“悦享美食”“悦享家居”“悦享服务”六大主题板块，穿插电商展示、平板支撑、商场VR场景展示等组委会活动，倡导生活方式绿色化，展现生活性服务业品质提升成果和商业高端绿色发展新形象，促进消费市场提质增速，活动企业实现销售额6.5亿元，同比增长6.6%。活动汇聚辖区各大知名商业服务业企业，共同打造区内活动多点位、线上线下齐联动的消费盛宴，提升京西商圈在全市范围的品牌影响力，有效促进和推动京西地区社会购买力的提升，为消费者带去轻松、快乐、实惠的全新购物体验。11日，本届京西消费节电子商务主题活动“悦享电商”正式启动，环球国广、新七天、嘉曼服饰、大朴、多点新鲜、励思、云聚、小红唇等重点电商企业借助京西消费节平台，线上线下同时开展“9要购新鲜”“中秋团圆99相伴”“环球时装周”“9要国际范儿”“水孩儿特色展会”“微信商城限时抢购”等系列特色活动，通过搭建会展平台，展示特色商品，开展互动体验，给消费者带来全新购物体验的同时，也展示石景山区电子商务企业风采，突出“国家电子商务示范基地”创建成果，集中展示电子商务与产业融合发展的良好态势，扩大电子商务产业社会影响力和知名度。石景山区是国务院认定的首批国家服务业综合改革试点区之一，承担着聚集服务资源、创新服务业发展方式、建设国家级绿色转型发展示范区的任务。上年成功获批“国家电子商务示范基地”，标志着电子商务应用创新建设再上新台阶。1～7月电子商务零售额实现15.6亿元，同比增长22.5%，超过北京市电子商务增长水平10个百分点，成为拉动地区社会零售额增长的重要支撑。

（刘　颖）

**【拍卖企业年审】** 年内，区商务委完成上年度北京市拍卖企业年审工作，其中有2家拍卖企业通过审核，分别为北京宏达三晶拍卖有限公司和北京鼎兴天和国际拍卖有限公司。

（陈　雷　丁　玲）

**【蔬菜零售网络建设】** 年内，区商务委编制《加快石景山区蔬菜零售网络建设工作方案（2016年—2018年）》新三年方案，推动蔬菜零售网络业态调整和品质升级，优化蔬菜零售网络格局，推动“综合化菜市场、连锁化生鲜超市、菜店（便利店）协同发展，品牌化车载直销车和依托智能化O2O生鲜服务平台的蔬菜自提点等现代蔬菜零售业态为补充”的现代化“3＋N”蔬菜零售网络体系建设。全区新增或规范蔬菜零售网点11个。其中，新增1000平方米以上超市1家，为物美沁山水店。物美永乐西店完成“便利店＋生鲜菜店”模式改造，模南菜市场完成精品菜市场升级。天翠阳光新城及滨和园等新建居住区开业4家连锁菜店。金顶街二区、七星园小区等社区新建规范菜店4家。增设车载直销车3辆、备案蔬菜直销车经营企业1家。

（刘　颖）

**【生活性服务业品质提升】** 年内，区商务委以《北京市提高生活性服务业品质行动计划》为指导，实施《石景山区提升生活性服务业品质实施方案》。鼓励区内优质生活性服务业企业申报北京生活性服务业品牌连锁企业资源库，首批11家生活性服务业品牌连锁企业入选；鼓励指导管家帮、家事无忧、物美、善典时代等一批家政、便利店、蔬菜零售等重点领域品牌连锁企业争取北京市生活性服务业发展基金及市级专项资金，推动一批品牌提升、网点规范或新建示范项目，加速社区商业连锁化、品牌化发展；以“两网合一”的新思路，探索社区再生资源回收管理运营新机制。推动形成“两网合一”工作机制，将再生资源回收体系纳入垃圾分类管理体系，发挥国有环卫部门专业优势，整合垃圾分类和再生资源回收设施，通过统一运营，提高行业集中度和组织化、规范化程度；联合电子商务和物流配送企业，运用物联网技术，探索在全区建立再生资源的O2O服务平台，构建定时定点回收、网上预约交售相结合的再生资源回收模式；落实区政府年度《生活性服务业提升目标责任书》各项任务指标和相关各项督查任务。全年新建或规范连锁化、品牌化8项基本便民服务网点50个（其中蔬菜网点11个，便利店超市11家，早餐8家，再生资源8个，家政6个，洗染1个，美容美发2个，末端配送3个),实现8项基本便民服务功能社区全覆盖,连锁店占总店面数比率24.4%,较上年底提升3.1个百分点。

(刘　颖)

【商品交易市场调整疏解】　年内,区商务委在全面实地踏勘全区商品交易市场,征求属地街道、市场主体、产权单位等相关部门意见、建议的基础上,制定《石景山区商品交易市场调整疏解实施方案》(以下简称《方案》)并最终通过区委常委会审议,以区政府办名义印发。正式启动对全区58家商品交易市场的调整疏解工作。58家商品交易市场中涉及专业市场25家、菜市场24家,再生资源回收市场9家,总建筑面积67.5万平方米。截至年底,全区调整疏解各类商品交易市场11家,其中再生资源回收市场6家、专业市场3家、升级改造菜市场1家,清退建筑面积3.9万平方米,影响人口1652人。

(李　莹　刘　珊)

【行业安全生产监管】　年内,区商务委坚持日常执法检查与专项整治相结合,制定安全生产监管工作计划,对执法检查、教育培训、应急演练等工作制定量化目标,明确工作重点。监管企业台账实时更新,全年核销监管单位5家,新增备案单位11家,全区规模以上商业零售、餐饮经营单位共计102家。全年出动安全生产执法检查227次、684人次,检查复查经营单位企业342家次,排查治理安全隐患520处,对存在问题较多的40余家企业进行约谈指导。推进商业企业安全生产标准化达标创建和安责险投保,对未完成达标企业进行逐一走访约谈,完成达标创建16家。截至年底,114家商业零售、餐饮经营单位完成安全生产标准化达标创建,16家企业投保安责险。

(王建博)

【禁止违法露天餐饮经营】　年内,区商务委牵头推进区域禁止违法露天餐饮工作,一是提前部署宣传工作,及时传达区委区政府关于禁止违法露天餐饮经营的决定和要求,印发各类宣传材料6万余份,深入社区、中小学校、企事业单位和集体经济组织广泛开展宣传教育。充分发挥主渠道作用,全年,区有线电视台制作播发新闻、专题报道、《记者视线》等节目80余条次,《石景山报》刊登相关报道3版。二是属地街道落实属地管理责任,利用下沉执法力量,形成区域性联动管理,控制和打击辖区内违法经营露天餐饮行为。全年各执法部门以及属地街道(鲁谷社区)共出动执法检查人员12196余人次,检查餐饮经营单位6235家次,查处违法露天餐饮经营行为1193起,罚款175800元。多次违法经营露天餐饮的商户较上年减少59.2%,较2014年未全面禁止前的181家减少89%。

(王建博)

【再生资源回收市场整治】　年内,区商务委牵头完成清理关停回收市场30家,清退土地面积8.6万平方米,其中完成拆除的20家,占地面积4.7万平方米,疏解经营商户202户,疏解外来人口654人。联合区集经办申请财政资金对按要求实现关停的20家再生资源回收市场给予支持,拨付支持资金308.16万元。

(王建博)

【行政执法体制改革】　年内,区商务委整合商务执法资源,提高商务执法效能,推进依法行政。按照市商务委、市编办联合下发的商务综合行政执法体制改革试点工作实施方案要求,推进商务综合行政执法体制改革试点工作。区编办批复增加行政执法编制1名。为执法人员配备执法记录仪等设备。加强商务行政执法监管,开展食盐、环境卫生、预付卡、美容美发等行业检查,出动执法检查人员300余人次,检查企业160余家次,整改各类问题隐患180余起,联合盐业公司查缴私盐假盐约2000公斤,完成行政处罚64起,其中一般程序案件5起。

(王建博)

# 对外经济

## 概　述

年内,外资企业总体投资额13亿美元,同比增长12.9%,其中合同外资7.3亿美元,同比增长25.4%。新批及并购企业15家,投资总额7267.1万美元,其中合同外资8340万美元。全年完成实际利用外资1.5亿美元,同比增长64.9%。完成外贸进出口总额53.16亿元,同比上涨4.3%。其中出口总额27.37亿元,同比下降14.8%,进口总额25.79亿元,同比增长37%。

(徐　沫　王凯蒂)

【外贸进出口】　年内,全区共有对外贸易经营者备案企业1079家,其中实际涉及进出口业务的有316家。其中出口业务173家,进口业务218家。完成外贸进出口总额53.16亿元,同比上涨4.3%,全市占比0.3%。其中出口总额27.37亿元,同比下降14.8%,全市占比0.8%;进口总额25.79亿元,同比增长37%,全市占比0.2%。出口商品主要以钢材及工业产品为主。出口国包括波兰、埃及、印度、突尼斯、土耳其、马来西亚、韩国、越南等。

(徐　沫　王子丹)

【利用外资】　年内,全区完成实际利用外资1.5亿美元,同比增长64.9%,创历史新高。利用外资规模位列首位的是信息传输、计算机服务和软件业,占比94.5%,位列第二的是其他专业技术服务,占比4.4%;位列第三的是教育咨询,占比1.1%。

(徐　沫　王凯蒂)

【外资结构】　年内,全区开业外商投资企业312家。按企业生产方式划分,生产型企业46家,非生产型企业266家;按合作方式划分,独资企业226家,合资企业79家,合作企业3家,股份制合资企业1家,投资性公司3家。累计投资总额41.9亿美元,其中合同外资21.4亿美元,企业平均投资规模1342.9万美元。

(徐　沫　王凯蒂)

【外资来源】　年内,全区外商投资主要来源于全球31个国家和地区。其中企业数量最多的为中国香港,共设立“三资”企业173家,外资额为32亿美元;英国(含维尔京群岛和开曼群岛),共设立“三资”企业23家,外资额为2.5亿美元;美国位列第三,共设立

"三资"企业21家,外资额为2270万美元;3个国家和地区的投资企业数分别占全区外资企业总数的55.4%、7.4%和6.7%。

(徐沫 王凯蒂)

**【新增外资规模】** 区商务委全年新批及并购企业15家,投资总额7267.1万美元,其中合同外资8340万美元。开业外商投资企业实现新增投资额12.6亿美元,同比增长33.7%,其中合同外资6.8亿美元,同比增长46.7%。

(徐沫 王凯蒂)

**【新批外资结构】** 在年内新批"三资"企业中,从企业类型上分,独资企业9家,合同外资额4763.8万美元;合资企业4家,合同外资额68.9万美元;并购企业2家,合同外资额3507.3万美元。从产业结构上分,新批"三资"企业全部符合区域产业发展定位。投资涉及的主要行业有科技研发、商业批发、商务咨询、外贸进出口等,其中,互联网服务类企业占新批企业的73.3%。

(徐沫 王凯蒂)

**【外资大项目】** 年内,增加投资总额1亿美元以上的大项目2个,合计增加投资总额8.2亿美元,其中合同外资总额4.1亿美元;增加投资总额1000万美元以上的大项目16个,合计增加投资总额4亿美元,其中合同外资总额2.2亿美元。

(徐沫 王凯蒂)

**【外资备案改革】** 10月8日,国家发改委联合商务部发布公告,将不涉及国家规定实施准入特别管理措施的外商投资企业设立及变更,由审批改为备案管理,实现外商投资管理体制的重大改革。区商务委实施工商联动、流程告知、新政宣传等多项措施,推动外资事前审批向事中事后监管转变。截至年末,外商投资企业设立及变更审批累计减少97.4%。

(徐沫 王凯蒂)

**【落实政策扶持】** 区商务委全年组织申报北京市年度外贸"稳增长"奖励资金,累计373万元;初审31家企业申报的待审项目86个,涉及实际拨付金额406万元,支持中小企业走出国门,开拓国际市场;组织2家企业申报技术出口贴息项目,兑现奖励金额60.4万元,鼓励区域技术和技术服务出口,促进服务贸易企业创新发展。

(徐沫 王子丹)

**【服务企业】** 年内,区商务委通过线上交流、线下座谈等方式搭建企业与企业之间、企业与金融机构之间、企业与政府之间沟通互动服务平台,实现多方互动,提升服务时效,推动外经贸企业的良性发展;制定并实施企业走访制度,了解企业存在的实际困难,通过分析制定工作计划及相关政策,及时解决企业面临的问题,通过政策引导,帮助企业挖掘潜力,提升外贸出口优势。

(徐沫 王子丹)

# 招商引资

## 概述

北京市石景山区投资促进局(简称区投促局)是区政府直属负责组织、管理、协调、指导全区招商引资工作的职能部门,属工资规范管理事业单位,机构规格为正处级。下设六部一室(投资信息部、投资公关部、投资服务部、投资项目部、市场运营部、投资发展部和办公室)。年内,区投促局围绕"八个高端体系"建设重点任务和年度工作计划,认真履行部门职能,开展全区招商引资各项工作,完成全年各项指标任务,为开创招商引资事业新局面、实现区域经济社会和谐发展做出重要贡献,对推动石景山区全面深度转型、高端绿色发展起到重要促进作用。全年新落户企业4545家,注册资本金总额501.95亿元,同比增长6.74%,其中注册资本金5000万元以上的企业256家,亿元以上的企业80家。

**地址:石景山区石景山路18号**
**电话:88683088**
**邮编:100043**

(王琳)

**【"侨梦苑"落户石景山】** 5月,由市侨办、区政府和首钢总公司共同申请,经市政府同意、国务院侨办批准,在石景山区设立北京"侨梦苑"。6月2日,在第八届世界华侨华人社团联谊大会上,国务院侨办主任裘援平、副市长程红共同为北京"侨梦苑"侨商产业聚集区揭牌。国务院侨办、市政府侨办,石景山区、首钢集团有关领导,以及参与园区共同建设开发的侨商代表出席揭牌仪式。来自136个国家和地区的700余名出席联谊大会的重要侨领共同见证揭牌。北京"侨梦苑"规划面积13.34平方千米,以"世界侨商创新中心"为核心,辐射中关村科技园区石景山园,形成"一核一园"格局。世界侨商创新中心位于新首钢高端产业综合服务区内,东至二炼钢南路、南至三炼钢东路、西至规划路、北至长安街西延长线。规划总用地规模98491平方米,建筑控制规模为220005平方米(不含地下),建设内容为设计研发办公用房及相关配套服务设施,重点吸引侨商总部、国际组织和研发机构落户。未来将成为贯彻京津冀协同发展战略的重要引擎,以及侨商产业聚集区和华侨华人创新创业基地。北京"侨梦苑"项目全年共接待7批次近400余位侨商专家。同时,海外咨询专家为北京"侨梦苑""世界侨商创新中心"的未来规划、定位、产业等方面的建设发展建言献策;举办北京"侨梦苑"在美国旧金山海外推介活动。"世界侨商创新中心"作为北京"侨梦苑"的核心项目,被区政府列为石景山区建设"八个高端体系"年度深入推进的重点任务之一。

(王琳)

**【驻京企业投资石景山·首钢行】** 7月28日,由市投促局、区政府、首钢总公司主办的"驻京中外知名企业投资石景山首钢行"在京燕饭店举办。市投促局局长周卫民、副局长苏宏,区领导夏林茂、文献、司马红,首钢总经理张功焰等领导,分别发表讲话以及解读石景山区以及首钢的"十三五"规划、辖区相关项目等。安邦金融集团、LG集团等跨国企业;中国五矿集团、招商局地产等央企;中粮置地、北京航空有限公司等国企;天洋控股集团、中投中财等龙头领军企业;北京磊鑫建筑(幕墙)工程有限公司、泛华建设集团有限公司等大型民营企业;北京首创财富投资管理有限公司、恒基兴荣投资管理有限公司等股权投资机构;北京福建企业总商会、北京江西企业商会等商协会290余家,近380名企业高管参加此项活动。与会代表前期参观新首钢高端产业综合服务区产业园规划沙盘,实地观看立体车库示范表演等。

(王　琳)

**【金轴·长安街产业论坛举办】** 8月3日,“绿色·高端·智慧见证京西产业崛起——2016金轴·长安街新兴商务区产业论坛”在人民日报社新媒体大厦1号演播厅举办。本次论坛邀请区领导与行业领袖、经济专家、企业代表等,共同就推动绿色建筑和绿色产业发展进行交流与解读,共同探讨长安街新兴商务区产业发展潜力和产业提升方向。国务院参事、原住房和城乡建设部副部长仇保兴,中国社会科学院工业经济研究所区域经济研究室主任陈耀,中国建筑北京设计研究院副院长、城市规划院院长宋晓龙等专家出席本次论坛并作主题演讲。司马红和金石融景房地产开发有限公司董事长卢东亮分别致辞。仇保兴、陈耀、宋晓龙与金融街控股股份有限公司总经理高靓,北京实兴腾飞置业发展有限公司党委书记兼董事长王金龙,石景山区促进局局长唐铭等嘉宾就石景山区等发展等问题展开讨论。人民网房产事业部主编伍振国担任圆桌论坛的主持人。区投促局等相关部门及各产业优秀企业代表受邀出席本次论坛,共话区域经济发展、招商引资及产业腾飞优良载体等。被誉为石景山的“绿色明珠”的大型高端商务综合体——金融街(长安)中心,广泛运用绿色节能技术,获得绿建三星级和LEED金级双认证的超大型城市综合体项目。

(王　琳)

**【与北斗天下签约】** 9月6日,区领导田利跃出席第八届投资北京洽谈会并代表区政府与北斗天下签约。签约仪式上,田利跃与北斗天下卫星导航有限公司(以下简称“北斗天下”)签署《战略合作框架协议》。北斗天下是新引进的招商引资重点企业,注册资本1亿元,主要开展全国范围的“北斗地基时空信息网”建设和运营。根据协议,双方将以推动产业升级、深化政务服务为重点,搭建政企合作平台,进一步加强信息共享和项目合作,实现互利共赢,助推地区高端绿色发展。

(王　琳)

**【携亿元项目亮相京港会】** 11月3—4日,第二十届北京·香港经济合作研讨洽谈会在北京举行。田利跃、左小兵分别出席开幕式和促进民间投资及京港双向投资重大项目签约仪式。期间,石景山区与字节跳动(香港)有限公司就投资9000万美元的“今日头条”国际版移动互联网APP项目签署《战略合作框架协议》,到位资金7000万美元,今日头条“英文版”“葡语版”已上线。字节跳动(香港)有限公司于2012年在京投资设立北京字节跳动网络技术有限公司,同年8月推出移动端产品“今日头条”,先后获中央网信办、北京网信办等主管部门“首届乌镇世界互联网大会”“2015年全国两会”“中国人民纪念抗日战争胜利暨世界反法西斯战争胜利70周年”客户端优秀报道奖等20余项奖励。截至9月底,“今日头条”客户端总下载量已达5.6亿。

(王　琳)

**【全年引进企业逾4500家】** 年内,全区新落户企业4545家,注册资本金总额501.95亿元,同比增长6.74%,其中注册资本金5000万元以上的企业共计256家,亿元以上的企业80家。亿元企业注册资本金总额260.81亿元,同比增长33.49%。招商引资企业全年实现税收总额193.52亿元,同比增长32.6%,入区库税收52.1亿元,同比增长21.13%。从行业类型看,现代金融产业实现收入812亿元,年均增长115%;高新技术产业实现收入1250亿元,年均增长17.5%;文化创意产业实现收入360亿元,年均增长12.5%;商务服务产业实现收入647亿元,年均增长22.7%;旅游休闲产业实现收入41亿元,年均增长8%。

(王　琳)

**【提升对企服务】** 年内,区投促局继续深化“石景山服务”品牌建设,主动与区国税局、地税局、工商分局等部门合作,相继为百余家增量企业提供涉及投资政策咨询、入驻选址等一揽子服务方案,促进企业快速落地。同时协调职能主管单位,推动审批程序的高效简化,联合区工商局对规模企业推行《协办事项单》制度,提高企业设立的办事效率。依据投资商的经营性质与区产业定位的特点,不断加强为企业提供政策咨询、选址方案等个性化、精细化的服务方案,并主动上门服务,努力提升服务水平和质量。

(王　琳)

**【创新招商引资思路】** 年内,区投促局以区“十三五”发展规划纲要为统领,完成《石景山区“十三五”时期招商引资发展规划》编制工作。根据“十二五”时期招商引资发展基础,在深入分析“十三五”时期招商引资面临形势的基础上,结合市、区改革发展新形势,提出未来五年石景山区招商引资的战略定位、发展思路、总体目标、重点任务和重点保障措施,为“十三五”时期招商引资工作提供依据。针对招商引资重点领域和关键环节,完成《2017—2019年投资促进三年行动计划前期研究》《石景山区应对“营改增”的思路与策略》等多项课题的研究,为科学开展招商引资工作提供支撑。同时,按照“1+N”政策体系设置原则,出台《关于促进中关村石景山园高端产业集聚发展的办法》(试行)《石景山区关于支持科技创新和科技成果转化应用的办法》(试行)和《石景山区关于支持企业发展办法》(试行)等4项政策。做好配套政策体系,明确对企业主体的支持方式,完善政策支持范围、明确支持对象,细化支持力度。

(王　琳)

**【提升区域投资环境】** 年内,区投促局加强活动宣传力度,举办和参与各类投资推广活动12场,在人民网、北京电视台、北京投资促进等近30家媒体上专题宣传本区高端绿色投资环境。成功举办“驻京中外知名企业石景山·首钢行”活动,近290家驻京跨国公司、央企、大型民企、股权投资机构参会。加强区内媒体宣传,改版投资石景山网站，并于4月正式上线。完善AI石景山微信平台，累计推送信息880条，阅读人数121万人，阅读次数209万次，关注人数17888人。创建《石景山投资促进工作动态》，共刊发16期，发布动态信息130余项。

（王　琳）

## 企业经营

### 北京万商投资发展有限公司

【概况】　北京万商投资发展有限公司是北京市石景山区国有独资企业，前身是北京市石景山区城市建设开发公司。2006年，经区政府批准，改制为北京万商投资发展有限公司（简称万商公司）。下辖8家子公司及多家参股公司，子公司有北京万商花园酒店有限责任公司（四星级酒店）、北京万商如一快捷酒店管理有限公司（经济型酒店）、北京万商物业管理有限公司、北京京西五环机动车检测场有限公司、北京万商石信会计有限公司、北京景台印象文化交流有限公司、北京橄榄树酒店管理有限公司及北京青橄榄树企业管理有限公司。年内，万商公司坚持以高端绿色发展为标准，坚持“品牌创新+产业升级”双轮驱动战略，坚持稳中求进的工作总基调，坚持“以改革促发展、以品质争高端、以服务增效益”工作方针，主动融入京津冀协同发展大局，顺应石景山高端绿色战略要求，不断朝着区域一流高端企业努力发展。年末总资产近20亿元，营业收入突破2亿元。全年创造税收2千余万元。

地址：石景山区石景山路22号
电话：68681188
邮编：100043

（冯高洋）

【万商物业建立微型消防站】　1月22日，万商物业公司按照《北京市消防安全重点单位微型消防站建设标准》，在万商大厦正式建立微型消防站，建设周期为两周。微型消防站主要装备包括灭火器、消防水枪、消防水带、消防头盔、灭火防护服、消防手套、消防安全腰带、灭火防护靴、正压式空气呼吸器、消防轻型安全绳、消防腰斧、防毒面具、外部电话、手持对讲机等应急设备，可以实现有效处置初起火灾、开展防火巡查、纳入当地灭火救援联勤联动体系，参与周边区域灭火等处置工作。年内微型消防站人员以及部分装备落实，工作职责明确。

（冯高洋）

【第四届“群星杯”技术比武】　5月26日至6月1日，万商公司工会举办以弘扬“劳模是最过硬的精英、最耀眼的明星、最宝贵的财富”为宗旨的技术比武。各分会根据单位业务及岗位特点设计比赛项目33个，共300余名选手参与。其中，办公软件PPT制作大赛、中西餐厨艺大赛、电工、瓦工等常规工程维修比赛、财会比赛、中式铺床比赛、消防水带抛接比赛为特色项目。

（冯高洋）

【新建一条车辆检测线】　12月，历时3个月的京西五环机动车检测场新建检测线竣工。新的检测线占地面积420平方米。厂房主体由钢架结构组成。新增检测线可以提高检测精准度，提升验车速度，减少车主验车等待时间。

（冯高洋）

### 北京市永定林工商公司

【概况】　北京市永定林工商公司（简称公司）隶属市园林绿化局。位于地区西南部永定河畔，西北临莲石湖，西南接园博湖，与园博园隔河相对。总面积141公顷，其中公园绿化区121公顷，工副业经营区17公顷，总部办公区3公顷。机关设办公室、人事劳资科、计划财务科、经营发展科、园容科、安保科和后勤管理科。下设永定河休闲森林公园、都西景河绿化公司、林业送变电工程公司等6个直属单位。在职职工79人，其中管理人员31人，专业技术人员10人，中高级技术工人38人。年内，公司紧紧围绕提高服务水平、公园资源增效、职工收入增加、党建工作增强的发展目标，双轮驱动、主副兼顾，转变体制为主，创新发展、精细管理，按照“坚持绿色转型、提升经营发展、传承永定精神、打造一流公园”发展方针，圆满完成各项工作任务。

地址：石景山区京原路55号
电话：88957379
邮编：100043
传真：88957379
邮箱：825661385@qq.com

（新　韬）

【提升公园服务质量】　年内，公司针对永定河休闲森林公园运营管理采取一系列措施，完善公园管理机制及各部门岗位职责，公园日常运营管理工作有序进行。完成市园林绿化局、市水务部门等领导视察与接待。与社会各界合作在公园开展“追酷杯”自行车联赛、“奔跑太平”色彩跑活动、“呼朋唤友，骑乐北京”澳门车友骑行活动、石景山实验幼儿园定向越野亲子活动等一系列森林教育体验和社会大课堂活动37次，参加活动2万多人次。注重森林式体验教育发展和公园景观质量提升，新建母婴关爱室、森林迷宫1300平方米，增加公园服务性和趣味性；围绕“三季有花，四季常绿”主题进行绿化建设，聘请专家讲解，科学合理选用植被，精心养护；对公园北门区入口及周边沿线区域1200平方米和公园一级园路滨河沿线进行绿化，配置泰山石一块，在节庆假日期间增摆景观花坛，提升景观效果。

（新　韬）

【加强法制教育】　年内，公司采取多种形式宣传《合同法》《安全生产法》《环境保护法》《行政诉讼法》《继承法》及禁毒知识等。组织职工61人次进行普法知识答题。在内部刊物《永定简讯》设置专栏——法制之窗，增强干部职工懂法、守法，用法治思维思考和解决问题，用法律维护自身权利。

（新　韬）

【安全管理】　年内，公司成立由主要领导为组长的综合治理领导小组，认真贯彻落实市局安全生产应急工作会议精神，与所属各相关单位逐级签订安全生产、交通、防火、防汛等各项责任书，落实安全管理责任。定期组织消防安全教育,与石景山森林防火队合作实地勘查进行森林防火演练,切实做好单位治安保卫工作。在全国两会、十八届六中全会、防火季、防汛季期间,强化安保值守,定期检查,做好应急工作;重大节假日期间落实人员24小时分片值守、巡逻,制定完善的应急预案,确保安全无事故。

(新　韬)

## 宏润公司

【概况】 北京宏润投资经营公司(简称宏润公司)前身为石景山区商业网点管理处,2000年1月28日,北京宏润投资经营公司正式挂牌成立,专门从事石景山区政府授权范围内的国有资产经营和资本运营,受区国有资产管理委员会直接领导。公司注册资金5000万元。主要业务为商品零售、房地产开发、旅馆服务、粮油销售和房屋租赁。公司下设5个部门:党委办公室、综合办公室、资产运营部、资产管理部、财务部。至年末,公司在册职工285人,退休职工2915人,离休职工7人。公司其下全资企业5家:北京石景山区天翔贸易总公司、北京市京石大谷粮油供应站、北京市宏通家庭服务公司、北京市天利翔饭店、北京市康青工贸公司。控参股公司8家:北京星座商厦股份有限公司、北京石金小额贷款公司、北京嘉事京西医药科技有限公司、北京宏润圣德物业公司、北京嘉和农贸市场有限公司、北京宏鑫源房地产开发有限公司、北京宏路通商贸公司、北京嘉事京西器材有限公司。分公司1家:古城宾馆。托管集体企业1家:北京市恒辰工贸集团。全年,宏润公司营业收入4417万元,资产总额5.8亿元。

**地址:石景山区八角西街商业1号楼**

**电话:68875965**

**邮编:100043**

(李　雷)

【北辛安棚户区改造房屋腾退】 年内,宏润公司制定详细实施方案、腾退标准,成立工作组推进北辛安棚户区改造房屋腾退工作。截至年末,共腾退经营性房屋总建筑面积25467平方米,完成住宅房屋腾退178户。

(李　雷)

【推进治乱疏解】 年内,宏润公司落实区治乱疏解工作方案,加强对大杂院动态化管理,确保散居大院零增长。对涉及存在散租住人现象院落,建立"一院一策"详实档案,确定工作目标和时间节点。通过反复约谈承租人、张贴治乱拆违通告等形式,加大宣传教育力度。列入台账清理任务11个大院,完成清退10个大院,并通过区"治乱、疏解、建高端"指挥部验收且成功销账。累计清空房屋308间,疏解人口约574人。

(李　雷)

## 石景山区物资总公司

【概况】 北京市石景山区物资总公司(简称区物资公司)成立于1992年8月,是以资产运营和物资经营为主业的国有企业,下设综合办公室和开发办公室。设全资控股公司——北京天庆源金属材料有限公司。年内,坚持稳中求进工作总基调,将企业党建与日常工作统筹推进,主要做好划转实兴腾飞公司前的思想教育和清产核查等工作,确保区物资公司改革发展稳定,无安全、交通、火灾事故和上访事件发生。

**地址:石景山区古城北路3号**

**电话:68861843**

**邮编:100043**

(徐国燕)

【环境整治】 1月,区物资公司2次开展门面房周边可燃杂物打扫清理,2次检查门面房餐饮经营户燃气安全使用情况。在门面房前张贴区政府《关于禁止违法露天餐饮经营活动的通告》,向2家门面房餐饮经营户发放《致全区餐饮企业的一封信》《查处违法经营露天餐饮的法律法规相关依据条款》,与2家门面房餐饮经营户签订《企业守法经营承诺书》。完成治乱工作,通过验收消账。

(徐国燕)

【划转实兴腾飞前期准备】 年内,区物资公司2次召开会议就清产核查等工作任务进行部署,稳定职工思想情绪,打消各种顾虑。配合实兴腾飞公司,上报职工花名册和在职职工名单、离退休职工名单。4—7月,配合会计师事务所开展清产核查工作,对区物资公司及全资子公司天庆源公司的资产、负债和所有者权益进行账务清理与资产清查。对固定资产分类清点、编号,张贴标签。梳理区物资公司117项规章制度、区物资公司及原12家下属公司的会计档案。

(徐国燕)

【安全管理】 年内,区物资公司开展对综合办公楼及门面房的元旦春节期间烟花爆竹禁放管理、禁止违法露天餐饮经营、防汛、G20峰会防恐、冬春火灾防控、安全生产大检查等工作。全年组织检查60次,出动检查人员120人次,未发现事故隐患。无安全事故发生。区物资公司被评为年度消防安全先进单位。

(徐国燕)

【资产运营】 年内,区物资公司房屋出租率和租金足额收取率均为100%。房租收入总额162.3万元,比上年同期164.3万元减少2万元,减少1.2%;利润总额-8.0万元,比上年同期14.8万元增亏22.8万元;上缴税金及附加5.0万元。

(徐国燕)

【清欠和营销】 年内,北京天庆源金属材料有限公司配合律师和法院相关工作人员,完成对沧州债务官司的取证,开展货款催收。做好工地用户信用资质调研,紧盯销售合同付款期限,促进按时回笼资金。全年,收回货款、外欠款95万元;开发2个新用户,签订3份销售合同;销售钢材1171吨,比上年同期7236吨减少6065吨;完成销售收入334万元,比上年同期1872万元减少1538万元,减少82.2%;完成利润-108万元,比上年同期4.5万元增亏112.5万元;上缴税金及附加30万元。

(徐国燕)

# 旅游业

截至年底，全区有旅游经营单位213家，纳入全市旅游统计范围36家。主要景区点9家。其中4A级景区2家（石景山游乐园、八大处公园），3A级景区（全国工业旅游示范点）1家（首钢工业文化景区），文物参观点4家（法海寺、慈善寺、田义墓、第四纪冰川陈列馆），精品公园1家（北京国际雕塑公园），新开发的景区1家（莲石湖景区）。星级饭店5家，其中四星级饭店1家（万商花园酒店），三星级饭店2家（京燕饭店、海特饭店，海特饭店因装修歇业），二星级饭店2家（首钢红楼迎宾馆、中科院高能物理专家招待所），社会旅馆108家。驻区旅行社29家（国际社5家、国内社24家），旅行社分支机构62家（分社4家、门市部58家）。旅游业直接从业人员4396人。年内，区旅游业以建设群众更加满意的现代服务业为目标，以“十三五”规划为指引，贯彻“全面深度转型，高端绿色发展”战略，以改革创新为动力，以产品转型升级为重点，以相关产业融合为抓手，按照“一二三四”，即一统领二特色三亮点四支撑的思路，全面推进各项工作，促进地区旅游产业健康快速发展。一统领：坚持党建统领，全面落实党风廉政责任制，夯实党建工作；二特色：一是深挖世界旅游城市体验中心功能。积极搭建区域性合作平台进行旅游推介宣传。二是提升机场巴士石景山线的服务质量。开展亲子互动、文明旅游、绿色出行等相关活动。增设个性化特色服务；三亮点：一是编制西部地区旅游发展规划，确定西部旅游发展思路和建设目标。二是莲石湖火车主题餐厅市场化运营。三是提升莲石湖景区影响力，全面提升莲石湖景区服务质量和管理质量；四支撑：一是依法依规开展旅游行业安全监管工作。全年组成安全检查组108个，其中联合检查15次，出动检查人员421人次，检查旅游经营单位232家次，查出并整改安全问题1131起；二是丰富四季活动内涵。以需求为导向将季节特点与景区资源、关键时间节点相融合打造特色突出的品牌项目。三是创新媒体宣传。围绕全区各项旅游活动、重要旅游事件，采取立体化营销模式，形成报纸、电台、电视台、网络、微平台全覆盖旅游营销服务体系。四是搭建智慧旅游服务平台。积极落实《北京市智慧旅游建设规范》，建设集旅游营销、旅游服务、旅游管理一体化的智慧旅游服务平台。

# 产业促进

## 概　　述

北京市石景山区旅游发展委员会（简称区旅游委）是负责辖区旅游行业管理的区政府职能部门。年内，区旅游委以建设群众更加满意的现代服务业为目标，以“十三五”规划为指引，坚持高端绿色理念，以改革创新为动力，以产品转型升级为重点，以相关产业融合为抓手，全面推进各项工作。重点抓好“一平台两规划三项目”建设工作。一平台：石景山区智慧旅游服务平台。平台（一期）开发进入后期阶段。旅游资源信息库建设完成，智慧旅游多渠道信息互动平台、智慧旅游APP投入使用，智慧旅游管理平台计划年底试运行。两规划：《石景山西部旅游发展规划》年底完成终稿，《莲石湖旅游区概念性总体规划》9月上旬完成终稿。三项目：推进莲石湖景区创建成国家3A级景区项目。依据国家景区评定标准和细则规定，建设网站，完善厕所、导览等配套服务设施。西部旅游休闲步道项目。完成现场踏勘，申请市级资金并对观景平台、休憩亭，标识标牌等配套服务设施进行深化设计。机场大巴运营推广项目。利用报刊、电视、互联网等多种媒介资源，做好市场宣传营销，优化区域发展环境，促进旅游产业健康快速发展。

**地址：石景山区石景山路18号**
**电话：68607216**
**邮编：100043**
**传真：88680353**

（李　琰）

**【“途牛”旅游网入驻辖区】** 年初，国内首位以旅游线路在线预订为主打产品的网站“途牛”旅游网在辖区增设门市，是“途牛”旅游在北京市继朝阳、通州之后开通的第三家线上+实体门市相结合的分部。以石景山区为基点，辐射整个京西乃至华北地区的大众旅游市场，主要从三方面提供服务：一是线上补充服务，为线上游客办理各类旅游手续提供线下面对面服务；二是旅游中间服务，推介销售自营旅游品牌产品，为周边区域旅游代理提供便捷；三是旅游直客服务，以直客服务模式，面向大众旅游消费市场提供旅游咨询接待服务。

（李　琰）

**【推动西部旅游高端发展】** 1月，区旅游委发挥规划龙头作用，高端谋划西部浅山区、首钢工业文化旅游区、永定河绿色生态发展带等重点区域的旅游发展，启动编制《石景山区西部旅游发展规划（2016—2025）》和《莲石湖概念性规划》，确定西部旅游发展定位与目标，空间布局与功能分区，规划建设重点项目，打造高端文化、生态、旅游休闲综合服务区。规划范围为辖区西部整个区域，向东延伸到海淀区，向西延伸到门头沟区。规划涵盖旅游资源分析，发展定位与目标，重点项目策划，产业融合与区域合作，智慧旅游建设等内容。争取市级资金支持，设计修建西部地区旅游休闲步道，将项目纳入到市级旅游步道规划之中。经过现场调研踏勘，拟在西部浅山和永定河滨水地段铺设或完善旅游休闲步道1.4万米，并修建观景平台及休憩亭，增设标识标牌、果皮箱、卫生间等设施，方便游客出行。现已完成踏勘和初步设计。启动莲石湖环湖步道改造和慈善寺—双泉寺旅游休闲步道建设项目，串联各旅游景点。协调各相关部门群策群力谋划西部地区旅游发展，促进旅游规划的落实，申报市旅游产业发展资金支持旅游基础设施建设。

（李　琰）

**【搭建旅游宣传新平台】** 1月，区旅游委与《北京月讯》杂志社及《北京青年报社区报》达成战略合作协议，从旅游资讯、专题专栏、活动专版、会刊推广四个方面搭建旅游宣传平台。

（李　琰）

**【机场巴士服务提升】** 2月，区旅游委加强春节假期机场巴士石景山专线运营工作。加强春运高峰接待安全保障,强化出行信息保障,策划专题促销活动,实施针对性宣传措施。春节期间,石景山专线共输送乘客4196人,创收13万元,同比均增长22%。6月,助推机场巴士商旅结合,组织商户参与“机场巴士石景山专线万商大厦推介会”,对接商户需求,增设个性化接送机服务,达成意向协议10项。策划端午专题促销活动,在端午小长假期间,每天微信扫码前50名的乘客免费赠送机场巴士便携背包。联合万商物业公司、民航服务局对机场巴士石景山专线运营保障现场检查,健全突发事件应急机制,做好假日接待安全工作。全面排查各类隐患,加强司乘人员安全培训,对车辆重点部位定期检查,进一步健全突发事件应急机制,确保旅客乘车安全。

(李 琰)

**【景区项目用地自查整改】** 2—4月,区旅游委、国土分局根据市旅游委、市国土资源局要求,对辖区内A级旅游景区和非A级收费旅游景区内非旅游公共服务设施项目审批情况开展全面自查整改工作,取得初步成效。已摸清底数,采取措施对查出问题加以整改。成立由旅游、国土、规划、园林等部门参加的工作领导小组,制定自查整改方案,明确自查范围和整改目标,召开专题会,加强沟通协调。对景区设立审批情况进行核查,对相关审批手续办理情况,特别是旅游景区管理用房和园区内的餐饮、住宿、会所等经营性、盈利性设施等进行重点清查。根据景区自查、领导小组核查发现的问题,制定整改措施,协调职能部门对相关审批手续该补办的补办,该完善的完善,该处罚的处罚,该拆除的拆除,确保按时依法保质整改到位。坚持依法整改与区别对待相结合,严格把握政策要求,准确界定工作范围,明确审核审批程序,正确对待历史遗留问题,区别不同情况,分门别类采取措施,抓好整改落实。坚持专项整改和日常监管相结合,将旅游用地纳入日常管理,形成长效联动机制。发挥领导小组协调作用,针对旅游产业用地存在的问题,适时组织开展专项协调整治,提高旅游用地效率,确保依法用地、规范用地。

(李 琰)

**【体验中心争取市级资金】** 6月,区旅游委为世界旅游城市体验中心项目信息化建设争取到1066万元资金。至此,区旅游委共为体验中心项目争取市级资金8282.63万元,不仅完成了体验中心项目软硬件建设,搭建了世界旅游城市宣传推介交流平台,同时扩大了石景山区知名度和开放度。

(李 琰)

**【编印西部地区旅游文集】** 7月,区旅游委启动编印《石景山西部地区历史文化旅游文集》。这是本区第一本从旅游角度系统介绍西部地区历史文化旅游资源的文集,文集通过短文配插图的形式,挖掘西部地区美丽的自然风景、悠久的历史文化和人文景观旅游资源,为人们了解西部、热爱西部、进而高端绿色开发西部奠定基础。

(李 琰)

**【推动旅游产业向高端发展】** 年内,区旅游委以冬奥组委入驻首钢为契机,发挥奥运产业的辐射带动作用,全面推动旅游产业升级。聚焦首钢老工业区,协调首钢融合周边旅游资源,重点打造“钢铁是怎样炼成的”主题工业旅游产品,把工业文化旅游与绿色生态游、冬奥游相结合。利用永定河绿色生态资源发展休闲旅游。按照合理利用、统一管理的原则,加强宣传推广力度,彰显绿色休闲文化主题。持续丰富景区四季活动,重点打造春季“花海姻缘 相约莲石”等大型交友活动、夏季“SUPER WET”清凉跑等健康体育活动、秋季“山·水·莲·石”旗袍秀等文化展示活动、冬季“莲石湖冰雪嘉年华”等年度创意品牌活动。利用“四季活动”品牌效应,推动区域旅游经济增长。依托西部浅山区重点策划佛禅文化、八大处茶文化等旅游活动,依托莲石湖及区内主要公园景区,策划组织生态旅游、都市休闲游等项目,通过特色活动满足不同群体需求,不断扩大区内旅游项目知名度。以区域特有人文、自然资源为载体不断拓展、向外延伸,大力开发旅游衍生产品。逐步探寻旅游与教育、文化、体育、养老等产业融合发展的结合点,通过激励引导各类市场主体参与旅游项目的设计与开发,进一步提升该区旅游品牌竞争力,促进旅游消费市场转型升级。

(李 琰)

**【推进莲石湖创建3A级景区】** 年内,区旅游委围绕年度折子工程,拓展莲石湖景区发展思路,同步推进莲石湖规划和配套设施建设。着手编制《莲石湖景区概念性总体规划》,该规划包括产品开发、项目布局,基础服务设施配套、近期建设项目以及景区宣传营销等方面,目标之一是将莲石湖景区建成国家3A级景区。5月底形成规划评审稿。同时继时间车站、观荷花港、荷塘童趣等旅游配套设施建设项目完成之后,加快推进“莲石湖火车西餐厅”项目,5月初开门迎客。成立莲石湖景区创建国家3A级旅游景区工作领导小组,依据国家景区评定标准和细则规定,分析创建3A景区存在的问题,制定创建工作实施方案,细化分解创建目标任务。加快旅游服务软硬件建设,根据评A工作方案,协调相关职能部门,开展景观质量提升及服务质量与环境质量整改,扎实推进旅游厕所、标识牌等配套服务设施建设,力争早日将莲石湖景区建成国家3A级景区。

(李 琰)

**【“十三五”旅游业发展规划】** 年内,区旅游委编制完成《石景山区“十三五”时期旅游业发展规划》(以下简称《规划》)。《规划》对发展基础和环境条件进行分析,确定“培育富有创意和活力的特色旅游文化,促进旅游新业态产品开发,推进旅游与文化、金融、体育等相关产业融合发展,构建高端旅游产业体系,逐步把石景山区建设成为对外文化交流平台、生态休闲运动基地、时尚文化娱乐中心、旅游城市展示窗口,形成绿色转型发展典范产业”的发展定位。提出到2020年,全区旅游综合收入年均增长达到全市平均水平;着力打造“祈福八大处、创意新首钢、生态永定河、动感石景山”石景山旅游四大名片，形成文化旅游、生态休闲、工业旅游、体育旅游、数字娱乐五大旅游产品；建成西山八大处文化景区、石景山游乐园、莲石湖生态景区、世界旅游城市体验中心、首钢工业文化旅游区、老山郊野公园等一批精品旅游区。推动八大处公园创建国家5A级旅游景区，推动首钢工业文化旅游区、北京国际雕塑公园创建国家4A级旅游景区，国家A级景区数量从3个增加到5个，使旅游业成为地区国民经济的战略性支柱产业的发展目标。明确文化引领，绿色生态；高端发展，龙头带动；产业融合，产品升级；区域联动，全域发展的发展战略。在产业布局方面，《规划》提出结合新常态下石景山旅游发展新趋势和新环境，继续发挥长安街西延长线旅游发展轴的串联作用，加强西部浅山区旅游资源整合开发，推进永定河生态走廊产品升级，发挥西山八大处文化景区、石景山游乐园、首钢工业文化旅游区的带动作用，形成三大特色旅游区，构筑“一轴、两带、三区”的全区旅游产业发展布局。在重点项目方面，《规划》提出重点建设西山八大处文化景区、首钢工业旅游区、莲石湖生态景区、模式口历史文化体验区四大项目，同时，提升完善石景山游乐园、老山郊野公园、模式口、法海寺、田义墓等相关旅游服务设施。《规划》还分别对旅游产品与市场营销，产业要素与产业融合，智慧旅游与公共服务，机制创新与保障措施作出相应规划任务。

（李　琰）

**【提升旅游信息化水平】** 年内，区旅游委坚持三步走，健全旅游门户网站，全面提升旅游信息化建设水平。一是规范旅游门户网站维护流程。对现有46个子栏目进行分类梳理，网站维护实行科室专人责任制，指定专人对网站进行日常维护，每天定时检查网站运行情况，及时发布、更新全委工作动态和最新旅游资讯。二是借助专业力量完善网站结构。积极联系网络技术公司，对政务网站的后台进行维护和监测，发现问题及时沟通解决。在对网站进行全面维护和自查过程中，调整归类信息15项，更新信息20条发现解决页面链接问题9项。三是加快推进智慧旅游建设步伐。在做好网站维护工作的同时，注重在提升网站服务质量，丰富网站活动内容上下功夫，对官方微信进行升级认证。智慧旅游管理平台项目建设自上年底启动后，经过前期调研和功能设计，分批建设旅游资源信息库、智慧旅游多渠道信息互动平台、智慧旅游APP。旅游资源信息库建设完成，智慧旅游多渠道信息互动平台、智慧旅游APP 8月投入使用，智慧旅游管理平台（一期）试运行，有效规避信息孤岛化、碎片化，形成旅游信息的互联互通。

（李　琰）

**【安全生产责任保险】** 年内，区旅游委全面推进旅游行业安全生产责任保险工作。立足推行安全生产责任保险制度，有的放矢搞调研。了解旅游经营单位对游客和从业人员投保现状以及对安全生产责任保险制度的认识和态度，掌握保险机构对旅游行业投保安全生产责任保险的做法和优惠政策，借鉴其他部门推行安全生产责任保险制度的经验和做法。在充分调研的基础上，与保险机构有效沟通，并结合旅游景区和住宿单位实际，制定旅游行业安全生产责任保险制度工作方案。把A级旅游景区、星级饭店和规模以上社会旅馆等60多家旅游经营单位作为推进此项工作的重点，召开全区旅游行业安全生产责任保险工作推进会，进一步明确投保安全生产责任保险的目的意义、工作步骤和方法要求。积极协调保险机构与旅游经营单位，尽可能简化承保手续，提高工作效率，及时反馈工作进展情况，力求在短期内取得实际效果。

（李　琰）

# 旅游活动

## 概　述

年内，区旅游委以市场化思路为主导，深化主题旅游活动。“春节”假日期间，全区共接待游客57.42万人次，同比增长11.89%；综合旅游收入1661.68万元，同比增长24.66%；“清明”假日期间，全区主要旅游景区共接待各地游客10.98万人次，同比增长8.59%；“五一”假日期间，全区主要旅游景区接待各地游客8.83万人次，实现旅游经营收入327.82万元。“中秋”假日期间，列入假日旅游统计监测的景区和住宿单位综合收入311.23万元，接待人数为8.27万人次，其中景区和主要景点共实现旅游综合收入233.58万元，接待游人8.09万人次。5家市级住宿监测点综合收入77.65万元，接待宾客1788人次；“国庆”假日期间，全区共接待人数21.1万人次，实现旅游总收入1003.73万元。

（李　琰）

**【首届冰雪旅游活动】** 1月15日至2月22日，以“山水融合梦童话 冰雪奇幻享新年”为主题的首届冰雪旅游活动在莲石湖景区举办。该活动是石景山区春节节庆旅游系列活动——“金猴骋日春来到 游山玩雪过大年”的重要组成部分。冰雪活动分为“欢乐世界”“激情世界”“休闲世界”“飞碟世界”“童话世界”五个主题区域，以“新”“奇”“特”“游”为特征，开展雪上飞碟、雪上坦克、冰上碰碰车等冰雪项目，穿插冰雪雕塑、冬奥宣传展示等活动。活动期间观光电瓶车单向免费运营，方便游客观光。

（李　琰）

**【春节四大旅游活动】** 春节期间，石景山区开展“金猴骋日春来到 游山玩雪过大年”系列冬季旅游活动，包括庙会、冰雪世界以及美食等系列活动，中央电视台、北京电视台、《北京青年报》等多家中央市级媒体对活动现场进行报道。八大处公园举办新春祈福庙会，灵光寺大年初一（2月8日）一日内接待游客6万人次，同比增长20%。石景山游乐园主办的北京春节“洋庙会”，大年初四（2月10日）一日综合收入216万元，同比增幅87.34%。庙会由7个板块内容组成，与往年不同的是首次设立国际板块、俄罗斯文化巡游演出、冬奥冰雪文化、京津冀旅游文化展览互动，新增冬奥冰雪世界活动、“老北京记忆”、侏罗纪世界等主题区域。有数十项互动娱乐游戏,超过百种以欧洲为主的世界美食、传统特色商品以及最纯正的欧洲手工艺品。灰姑娘彩车、老爷车、谐趣幽默小丑彩车等十辆造型各异的彩车与百余名中外演员组成的巡游队伍,美猴王、滑稽幽默的小丑为游客带来文艺演出。“北京国际雕塑公园2016新春文化游园活动”主要围绕公园特点开展。包括中国功夫、魔术、古筝独奏、歌舞等节目。公园设置套圈、打气球、砸沙包等小型娱乐活动,同时,设置非遗展区,展示毛猴、吹糖人、捏面人等老北京传统手工艺产品。莲石湖举办冰雪世界主题乐园,设立四个区域冰雪娱乐项目,其中,“激情世界”与“飞碟世界”两个区域较受游客欢迎,“童话世界”打造儿童雪地DIY乐园,园区提供铲子、塑料桶等简单设备,吸引很多带孩子家长参与。活动期间,景区观光车免费接送游客在几个活动区域间进行参观游览,吸引中外媒体朋友前来参与。公安、交通、城管、工商、消防、文化、食药等部门积极保障,做好预案,24小时无死角巡查,重点区域重点监控执法,各活动区域及周边秩序平稳,营运正常。

（李　琰）

【春节假日旅游实现双增长】　春节假日期间,区假日办各成员单位和旅游接待单位精心组织,周密部署,全力保障,让广大市民和游客度过欢乐祥和的春节假期。全区实现接待游客和旅游综合收入双增长。7天假日,全区旅游景区共接待游客57.42万人次,同比增长11.89%;综合旅游收入1661.68万元,同比增长24.66%。其中:石景山游乐园接待游客35万人次,同比增长34.41%;营业收入1457.7万元,同比增长26.76%;八大处公园接待游客17.39万人次,同比增长10.81%;营业收入178万元,同比增长9.37%。春节期间,旅游活动内容丰富新颖。包括庙会、莲石湖冰雪世界以及美食等系列活动,石景山游乐园新春“洋庙会”和八大处公园新春祈福庙会,融入了新的国际化元素和传统民俗文化内涵,国际雕塑公园新春文化游园活动的非遗展示区域,老北京传统手工艺产品等民俗文化活动受到游客欢迎。莲石湖举办的冰雪世界主题乐园设立四个区域冰雪娱乐项目,其中,“激情世界”与“飞碟世界”两个区域吸引很多带孩子的家长积极参与。

（李　琰）

【台湾旅游推介活动举办】　4月13日,区旅游委组织辖区内国旅总社石景山门市、旅行社,在台湾街“印象台湾”主题展馆开展台湾旅游专线主题推介活动。推介“经典台湾”“台湾老人游”“亲子游台湾”等线路,并就高端旅游线路定制、自由行特色线路选择、旅游合同签署注意事项等几个方面进行现场解答咨询。结合辖区内居民旅游诉求,合理引导居民出行,协助居民解决旅游途中遇到的问题,提升旅游品质。活动共接待游人近百人次,发放宣传资料500余份。

（李　琰）

【莲石湖火车餐厅开业】　5月8日,莲石湖火车餐厅正式试营业。莲石湖维兰火车餐厅由区旅游委、国资委和国资公司共同协力,由区国资银河嘉业公司和北京维兰西餐厅合作经营。莲石湖维兰火车餐厅是北京唯一一家用真实的火车厢作为用餐场所的火车主题餐厅,给游客带来新奇的用餐体验。

（李　琰）

【5·19中国旅游日活动】　5月19日,区旅游委组织八大处公园、国际雕塑公园两个重点旅游咨询服务站联合开展“2016中国旅游日石景山分会场活动”。中国旅游日石景山分会场活动采取“1+2”形式,即一场在玉渊潭公园举办的“爱旅游 爱生活 爱北京——2016中国旅游日北京分会场”主活动,两场辖区内重点旅游咨询站同期开展的旅游咨询日活动。区旅游委在主活动会场以资源展示、旅游咨询志愿者服务等形式重点推介世界旅游城市体验中心、莲石湖维兰火车餐厅等旅游项目。石景山分会场侧重推介区域丰富的旅游产品及配套服务设施,包括玩转石景山主题线路、机场巴士石景山专线、北京地铁交通等。

（李　琰）

【民俗历史文化旅游推介】　5月20—29日,区旅游委主办的2016“最美的就在这儿”辖区民俗历史文化旅游主题推介宣传活动在国际雕塑公园内世界旅游城市体验中心举行。辖区20多名民俗专家、画家、历史专家参与,探讨辖区民俗文化、人文历史等旅游资源。游客在数字城市的下沉式影院观看《敞亮首都西大门 高端绿色石景山》八个高端体系影片。本次活动还展出40余幅“古人咏美丽石景山”主题书法作品。

（李　琰）

【获国际旅游最佳设计奖】　5月,区旅游委组织八大处公园、石景山游乐园、莲石湖景区、首钢饮食公司、万商花园酒店、合众建国饭店、海投会等多家旅游企业参加“2016北京国际旅游博览会”,现场向游客介绍石景山区旅游资源、四季旅游活动和精品旅游线路。辖区设计的特装展位获本届国际旅游博览会最佳设计奖。

（李　琰）

【狂欢之夏健康跑活动举办】　8月7日下午,石景山区夏季旅游活动之一“2016清凉莲石湖狂欢之夏健康跑”活动在莲石湖公园举办,活动当天吸引近1000名游客。本次活动先以水球大战作为热身运动,之后进行围绕莲石湖场地一周的5公里健康跑。本次活动进一步挖掘莲石湖的休闲旅游文化资源,拓展莲石湖旅游内涵。

（李　琰）

【两景区入选红色旅游景区】　10月18日,八宝山革命公墓、首钢工业遗址两家景区入选百家红色旅游景区。在北京植物园举办的“光辉岁月”游走长征路——红色旅游画卷展暨红色旅游咨询活动上,两家景区参加并接受授牌。在现场开展主题宣传推介,发放宣传材料5000份。为纪念长征胜利80周年,弘扬爱国主义和时代精神,宣传推介红色旅游资源,区旅游委推荐八宝山革命公墓、首钢工业遗址两家景区参与北京市100家红色景区评定工作,最终被评为北京市红色旅游景区。

（李　琰）

【参加第五届北京旅商会】　10月22—24日,第五届北京国际旅游商品及旅游装备博览会在中国国际展览中心(老馆)举办。展出面积4.5万平方米,来自56个国家和地区的800余家企业展出10万余款旅游商品。区旅游委组织一得阁、八大处公园、首钢饮食公司等企业参展,集中展示辖区旅游商品,发放旅游宣传资料3000余份。并借势推广机场大巴石景山专线,北京民航机场巴士有限公司带着自己的宣传团队首次亮相展会。

(李　琰)

【旅游商品参赛获奖】 11月11日,由市旅游委主办,北京电视台承办的2016年第十三届"北京礼物"旅游商品大赛颁奖仪式在北京电视台举行。设立四大主题:传统工艺类——古都新匠"源在北京"、特色食品类——世界美食"吃在北京"、创意生活类——时尚之城"炫在北京"、景区主题类——文化之旅"念在北京"。区旅游委推荐的作品在全市347套件商品中脱颖而出,获"北京礼物"旅游商品大赛优秀入围奖。具体获奖作品有:景区主题类:北京首钢饮食有限责任公司研发的"首钢旅游商品套餐礼盒";北京烽烨文化发展有限公司研发的"燕京八景、北京·岁寒三友、法海禅寺";晟乔(北京)广告传媒有限公司研发的"十八罗汉绘本"。传统工艺类:北京一得阁文化发展有限公司研发的"最忆老北京"系列中小学书法学习套装。生活创意类:北京首钢体育文化有限公司研发的北京首钢篮球"梦想与辉煌"冠军系列旅游商品。

(李　琰)

【国家体育总局调研首钢旅游区】 11月22日,国家体育总局副局长高志丹、总局冬运中心党委书记任洪国等人一行来到首钢工业文化旅游区参观调研。座谈会上,首钢领导介绍首钢园冬奥广场区域冰雪类运动的场馆分布和配套训练与服务设施的规划布局情况。高志丹表示首钢一流冰雪场馆的建设将有利于冰雪运动的大众化,推动青少年冰雪运动普及,策划举办全国冰雪运动赛事,承接专业训练也有助于场馆设施的专业性和大众化的有机结合。座谈会后,国家体育总局领导参观首钢园三炼钢厂房和北区计划待改造为冰雪运动场馆的精煤车间。首钢领导表示,首钢将立足当前,着眼长远,高水平、高质量做好园区规划建设运营工作,保护工业遗存资源,充分体现绿色、节俭理念,塑造世界瞩目的工业场地复兴发展区域的国际品牌影响力,助力北京2022年冬奥会成功举办,并积极探索将工业、体育及旅游资源进行充分融合,形成可持续性发展。

(李　琰)

【《美丽乡村》专题推介】 11月,北京电视台《美丽乡村》栏目专题推介石景山区旅游资源。区旅游委深度挖掘辖区旅游文化特色,配合北京电视台《美丽乡村》栏目组进行为期三天的专题拍摄,并制作推出30分钟专题节目"家门口的风景"——石景山。甄选八大处、法海寺、莲石湖、富斯特索滑道、火车餐厅、不二禅茶院等几个旅游景区及特色点,分别从历史、文化、风俗及特色餐饮几个角度进行全方位阐述,深度挖掘。

(李　琰)

【两条旅游线路获奖】 12月,由区旅游委推荐的"八大处、法海寺休闲礼佛一日游""石景山游乐园狂欢一日游"两条旅游线路,在北京市2016"北京旅游进社区 最美旅游线路"征集评选活动中分别获"最美旅游线路""最佳亲子游线路"。此次征集评选活动面向全市旅游单位及个人,60余条旅游线路参评,通过网络投票、北青OK家网点居民投票及专家评审等方式进行评比,获奖旅游线路特色鲜明、内涵丰富、设计合理、性价比高,利于游客快捷、经济、舒适、便利地进行旅游消费活动。

(李　琰)

# 旅游管理

## 概　述

年内,区旅游委以建设群众更加满意的现代服务业为目标,以十三五规划为指引,积极贯彻"全面深度转型,高端绿色发展"战略,以改革创新为动力,以产品转型升级为重点,以相关产业融合为抓手,按照"一二三四"全面推进各项工作,促进石景山区旅游产业健康快速发展。

(李　琰)

【部署旅游行业安全工作】 1月28日,区旅游委召开全区旅游行业2016年安全工作会。部署安全管理和应急知识教育培训、旅游安全宣传和应急演练活动、隐患排查整治和安全生产大检查行动、长短假日和重大活动期间安全保障等重点工作。督促各旅游经营单位制定"春节"假日旅游安全保障方案和应急预案,落实安全责任,排查安全隐患,做好暴恐防范、烟花爆竹安全燃放、大客流疏导等工作。与各旅游经营单位签订《2016年石景山区旅游行业安全管理工作责任书》和《2016年石景山区旅游行业烟花爆竹安全管理工作责任书》,明确安全工作主体责任、年度安全管理重点工作事项和有关要求。向120多家旅游经营单位发放《中华人民共和国反恐怖主义法》《旅游安全便民手册》及《旅游安全提示》《安全生产警示录》《用电安全警示录》光盘、烟花爆竹安全燃放海报等宣传材料5700多份。

(李　琰)

【检查旅游市场秩序】 1月29日,副区长司马红率区旅游委、城管委、城管执法局、园林局、公安分局治安支队、交通支队、交通执法八队及八角街道主管领导和执法人员,对石景山游乐园周边旅游市场秩序开展检查治理行动。检查组对占道经营、尾随兜售、违章停车等行为进行现场处置,对"春节"假日期间可能出现的无照游商、黑车、黑导、交通拥堵等问题进行有效沟通。4月15日,司马红与区旅游委、城管执法局、民政局、公安分局治安支队及苹果园街道主管领导和执法人员,对八大处公园周边旅游市场秩序和环境卫生情况开展检查治理行动。检查组对不合理设置摊位、展位、占道经营、流浪乞讨、非法"一日游"小广告等行为进行现场处置,对国家卫生区复审期间和"五一"假日期间旅游秩序和环境卫生等进行检查。9月14日,副区长陈婷婷率区假日办成员单位主管领导和执法人员对石景山游乐园和八大处公园周边旅游环境秩序开展检查治理行动，并对两个景区节前安全工作进行现场检查。检查组对景区周边无照游商、占道经营、违章停车等行为进行现场处置，对“中秋、国庆”假日期间可能出现的无照经营、尾随兜售、乞讨算命、黑车、黑导、交通拥堵等问题进行工作部署；对景区内部安检设施、消防安全、食品安全、反恐防暴、大客流疏导、应急值守等工作进行现场检查。江西丰城发生“11·24”特别重大事故和市安委会安全生产督查组督查过后，区旅游委立即行动，采取多种措施扎实开展岁末年初旅游安全工作。

（李　琰）

**【“两会”期间安保】** 3月，全国“两会”在北京召开，辖区华北宾馆接待数百名政协委员和工作人员。根据区委、区政府指示要求，区旅游委发挥职能部门作用，主动协调，靠前履职，扎实开展服务接待和安全保障等各项工作。主动协调华北宾馆，帮助指导服务接待、内外环境治理和安全保障细节工作。动员八大处公园、石景山游乐园等“两会”驻地周边旅游经营单位做好接待服务、门前“三包”环境整治和反恐防暴、消防安全、食品安全等各项保障工作。会同公安、城管、民政、街道等单位合力整治八大处公园等重点景区周边旅游秩序，查处“黑车”“黑导”、无照游商、流浪乞讨等违法违规行为。聘请安全机构专业技术人员现场检查驻地及周边旅游经营单位，排查整治各类安全隐患。检查9个单位，发现76处安全隐患，现场整改18处，限期整改58处，已整改32处。区旅游委和各旅游经营单位于3月1日0时至17日24时落实24小时值班制度，畅通通讯渠道，及时报告并有效处置旅游突发事件。

（李　琰）

**【迎接国家卫生区复审】** 3月，区旅游委成立专项工作组织机构，研究制定《石景山区旅游行业2016年国家卫生复审工作方案》。向各旅游经营单位印发《区旅游委关于做好国家卫生区复审工作的通知》，要求各旅游单位明确工作目标和整改内容，立即行动，确保达标。筛选出49家小旅馆作为重点对象，分两个工作组，现场检查指导卫生达标工作。通过政府短信平台和石景山旅游集合QQ群宣传旅游行业卫生标准和达标注意事项，及时通报工作进展情况。与区爱卫办保持有效沟通，协调旅游行业国家卫生区复审工作相关事项，做好迎检准备工作。

（李　琰）

**【“5·12防灾减灾日”演练】** 5月11日，由区旅游委、消防支队和红十字会联合举办的区旅游行业“5·12防灾减灾日”宣传教育演练活动在区消防支队举办。活动主题为“减少灾害风险，促进旅游业安全发展”。活动科目设置包括灭油槽火和水带连接出水灭火、火场逃生、头部伤口包扎、心肺复苏等，贴近旅游行业实际。演练结束后，现场领导还为上年旅游行业完成安全生产达标的单位代表颁发证书和牌匾；消防支队进行防灾减灾专题辅导授课。市旅游委安全与应急处、区应急办、卫生计生委、安监局等相关部门领导参加活动，辖区A级旅游景区和住宿场所主管安全工作负责人100余人参与演练和培训活动。

（李　琰）

**【从业人员素质提升工程】** 5月，区旅游委全面启动“石景山区社会旅馆从业人员素质提升工程”项目。该项目得到市旅游委、公安分局、北京第二外国语学院的大力支持。市旅游委给予专项资金支持，并指定相关处室人员全程指导；公安分局治安支队动员社会旅馆从业人员参加授课培训活动；北京二外等专业教学机构派出业内理论性和实践性较强的师资队伍全力保障项目实施。精心设计8次集中授课题目。即：《酒店安全生产与应急管理》《酒店企业人力资源管理与领导力开发创新》《酒店业发展趋势与管理实践》《酒店一线员工情绪管理与心理健康》《酒店经营与服务中的法律风险规避与管控》《酒店服务管理与配套培训体系建设》《酒店的销售与收益管理与实战指导》《酒店经营管理创新案例分析》等，直接听课人数达618人次。专家团队深入到有代表性的5家社会旅馆进行入店诊断，现场调研，找准从业人员存在的问题，现场商定改进措施，一对一进行培训指导，诊断式教学。由二外专家团队针对当前社会旅馆遇到的各类难题，一一编辑录制成生动、直观兼具趣味性的影像课件，上传至市、区旅游委官网，供广大从业人员在线上自助学习。同时，建立“石景山区社会旅馆微信群”“石景山旅游集合QQ群”，社会旅馆从业人员通过“群”与老师、同行和旅游部门行政人员讨论问题，交流体会，分享经验。

（李　琰）

**【行业应急救护及消防培训】** 6月16日，区旅游委联合北京消防教育中心和区红十字会举办一期旅游行业应急救护及消防知识培训班。培训内容包括旅游景区和宾馆等单位火灾预防和火场逃生等消防知识、徒手心肺复苏、呼吸道异物阻塞排除、创伤救护基本技能（止血、包扎、骨折固定及安全搬运）、常见急症现场处理、突发事件和意外情况的应对策略及方法等。培训采取理论知识讲解与实际操作相结合的形式进行，75名旅游从业人员参加培训，并通过理论和实操考核。

（李　琰）

**【旅馆业安全防范】** 6月，区旅游委针对北京798和颐酒店宾客遇袭事件，多措并举加强旅馆业安全防范工作。区旅游委主要领导带队参加北京市住宿安全工作视频会，领会会议精神，部署对旅馆业安全监管的各项工作。迅速向全区各住宿经营单位传达视频会议精神，转发市旅游委《关于进一步加强全市旅馆业安全防范工作的通知》，提出具体要求。通过政府短信平台和石景山旅游集合QQ群强调五项重点工作：严格前台入住实名核对登记和访客实名核对登记制度；按规定接待新疆籍等少数民族住宿客人；强化重点岗位人员安全责任，加强安全巡视，有效应对突发事件；注重岗前培训，确保考试合格并取得有效证件后上岗；遇有突发事件有效处置并及时向区旅游委和公安分局等部门报告。聘请安全机构专业技术人员对辖区内连锁酒店和普通旅馆开展全覆盖安全检查，最大限度消除安全隐患。

（李　琰）

【旅游行业汛期安全】 7月，区旅游委全面加强旅游行业汛期安全工作。将全区120多家旅游经营单位全部纳入气象灾害预警管理范围，通过气象预警平台向各旅游经营单位负责人手机发送雨情、汛期消息和大风、雷电、高温、暴雨、地质灾害等预警信息，提示各旅游经营单位及早采取应对措施，最大限度地减少人员和财产损失。对八大处公园、莲石湖景区等重点防汛旅游区(点)和住宿单位进行安全隐患排查治理。共出动检查组6个23人次，检查重点单位11家，查改隐患点56处。区旅游委和各旅游经营单位加强汛期应急值守，按照市、区防汛办发布的暴雨和地质灾害预警信息启动相应预案，及时报送相关信息。

（李　琰）

【景区汛期灾害预警演练】 7月，区旅游委联合区气象局在八大处公园组织开展旅游景区汛期灾害预警演练。区气象台通过系统平台以短信方式向演练指挥人员发出暴雨橙色(应急演练)预警信息。10秒钟内公园领导收到预警信息，并迅速通知公园应急抢险组、疏散组、保障组和信息报道组启动汛情Ⅱ级响应预案，全园职工迅速到达各自岗位，展开应急抢险、疏散人员、劝解游客、设立标志、准备应急物资、信息发布等相关活动。

（李　琰）

【加强旅游市场监管】 8月16日，区旅游委协调23家相关成员单位组织召开石景山区旅游市场综合监管工作会，制定下发了《关于加强石景山区旅游市场综合监管的通知》，贯彻落实国务院办公厅、市政府办公厅通知要求，加快建立权责明确、执法有力、行为规范、保障有效的旅游市场综合监管机制，进一步解决扰乱旅游市场秩序、侵害旅游者权益等问题。司马红要求，明确重点任务，解决突出问题。重点针对“违法违规、无证无照经营、流浪乞讨、强买强卖、尾追兜售和黑车、黑导及“非法一日游”行为，做到严格执法，运用现代科技和信息手段，开展对重点区域、重点企业、重点环节的监管。改革创新旅游监管，稳步推进整治行动。发挥本区城市管理体制改革体制机制优势，进一步探索、建立加强旅游市场监管，维护旅游市场秩序的有效机制：一是联合执法制。形成旅游监管一体化，开展互动、联合和交叉检查；二是会商制。部门之间定期会商，建立联系制度，齐抓共管，密切配合，协同作战；三是积极发挥社会力量，听取群众意见，使旅游市场监管的“第三只眼”无时不在，无处不有。落实工作分工，确保监管到位。一要做到心中有数。对旅游市场秩序情况有一个正确的判断，突出工作重点、聚焦难点。二要提前谋划。特别是在整治与联合执法时，要拿出一些切实可行的办法，加以解决，不搞运动式、突击式检查。三要建立健全长效机制，全面规范旅游市场秩序，防止问题反弹。完善制度，提高监管实效。一要建立台账，做到“一案一账”，跟踪督办，不结案不销账。二要加大旅游市场明查暗访力度，高度重视游客所反映的问题，及时解决；三要实行旅游服务警示制度，针对旅游市场可能出现的问题，及时提示游客防范消费“陷阱”；四要建立旅游企业满意度测评制度。定期对旅游企业进行满意度测评，推动旅游企业不断完善管理，改善服务，提高质量。不断树立本区良好旅游形象，把旅游市场环境建设成为展示石景山区魅力的最佳名片。

（李　琰）

【旅游行业卫生区复审迎检】 8月，区旅游委落实8日石景山区卫生区复审工作会议精神，制定工作方案、计划和具体措施，高标准完成各项准备工作。把旅游从业人员健康证件，“严禁吸烟”标志牌，宣传卫生和健康知识，消毒间及客用品消毒，防鼠、蚊、蝇、蟑螂措施及环境卫生等六个方面作为重点内容。把易发生问题的49家小旅馆作为重点对象，理清单位地址、负责人及联系方式、存在问题等事项，单独建立工作台帐。自9日起，区旅游委加大卫生检查力度，先后派出5个检查组，对49家小旅馆进行现场督导检查，现场整改16个问题，限期整改1个问题，发放“禁止吸烟”标识200多张。19日前对49家小旅馆普查完毕，25日前重点督查个别旅游单位，确保旅游行业不发生问题。

（李　琰）

【“国庆”假日旅游服务保障】 9—10月，区旅游委部署全区“国庆”假日旅游工作。区假日旅游工作办公室印发《关于做好2016年“国庆”假日旅游工作的通知》，明确工作目标，梳理部门职责，布置重点任务，提出具体要求。区旅游委积极协调第18届北京国际旅游节组委会，石景山游乐园和公安、安监、质监、城管、交通、相关街道等单位做好内部安保、大客流疏导和外围道路交通、旅游秩序、环境布置等保障工作。区旅游委拨专款用于闭幕式安全保障。区假日办组织相关职能部门检查万商花园酒店、万达嘉华酒店、八大处公园、石景山游乐园等重点旅游单位安全、应急和服务保障工作，排查安全隐患18处，现场整改5处，限期整改13处，安全提示12项。印发《关于加强石景山区旅游市场综合整治工作的通知》，向相关单位通报暗访情况，并会同相关部门和街道等单位现场治理石景山游乐园、八大处公园等景区周边旅游市场秩序。清除非法“一日游”假站牌6块，清理无照游商20多起，劝离流浪乞讨人员30多人次。落实市假日办关于集中值班的要求，区假日办实行24小时领导带班值班制度，及时准确掌握全区假日旅游市场运行情况，有效处置旅游突发事件等问题。布置假日期间旅游接待数据统计、执法检查、旅游秩序、突发旅游事件处置等信息报送工作，保证信息全面、及时、准确。

（李　琰）

【假日旅游工作安全有序】 年内，石景山区旅游接待秩序井然，无投诉事件发生，无安全事故发生。元旦、春节假期，全区相关部门出动执法人员1572人次，执法车辆338台次，检查旅游景区、食品药品企业、文化场所等经营场所128家，查处无照经营及无照游商41起，查处黑出租7起，发出警告10余起。“清明”小长假，出动执法人员740人次，查处无照经营及其它违法违规行为75起。“五一”期间，出动执法人员1224人次，执法车辆127台次，查处无照经营及无照游商32个，检查文物景点等文化娱乐场所、食品药品企业等170家。“中秋”小长假，出动执法人员808人次、执法车辆210车次，查处违法违规经营及无照游商42个，监督食药品生产经营者148家，检查文物景点等文化娱乐场所22家。“国庆”假期，出动执法人员3934人次，执法车辆218台次，检查商场或超市、餐饮服务店、食品药品店、文物景点、报刊亭等经营单位1344处，查处无照经营148起。

（李　琰）

## 西山八大处文化景区管理委员会

### 概　　述

北京西山八大处文化景区管理委员会（简称景区管委会）是负责北京西山八大处文化景区（以下简称景区）规划、建设、管理等组织协调工作的区政府派出机构。年内，坚持以京津冀协同发展战略为导向，以建设高端绿色生态示范区为目标，着力把握战略定位、空间格局、要素配置，助力提升首都核心功能，做到高端普惠公共服务体系建设同游客需求定位相适应，景区建设、品牌活动举办同石景山区战略定位相协调，不断朝着建设具有国际影响力的中国文化旅游胜地及国家5A级景区的目标前进。

**地址：石景山区八大处路3号**
**电话：88964661**
**邮编：100144**
**网址：http://www.badachu.com.cn**

（郭鹤艺）

**【八大处佛牙舍利文化巡展举办】** 1月29日，由景区管委会、区佛教协会、廊坊市佛教协会共同主办的“八大处佛牙舍利文化历史图片京津冀三地巡展”活动在首站廊坊隆福寺正式启动。图片巡展在隆福寺展出40天，用近200张经典图片，记录佛牙的历史文脉、展示其在外交中发挥的作用，揭开千年北京佛陀圣物的神秘面纱，全面诠释北京佛牙舍利的文化内涵。图片巡展以河北廊坊隆福寺为起点，东至天津，西达石家庄、保定，北到承德，充分利用三地文化资源，以佛牙舍利这一文化符号和八大处历史文化图形，穿针引线贯穿京津冀三地联动，形成三地文化间的互动。

（郭鹤艺）

**【区政协调研景区建设工作】** 4月14日，吴克瑞到西山八大处文化景区进行调研。吴克瑞一行在实地考察清凉寺复建工程后，听取景区管委会负责人对景区工作情况的汇报，并对未来景区的发展提出五点建议：一是进一步完善八大处文化景区项目建设规划，加快规划报批工作；二是认真研究外围交通组织，大力解决制约景区发展的瓶颈；三是做好景区内道路建设工作，打造舒适宜人的游览环境；四是将景区的各种文化元素相融合，提升景区文化内涵；五是广泛征求游客意见，将合理化建议作为景区改进与发展的重要参考。刘建国参加调研。

（郭鹤艺）

**【八大处外围交通微循环建成】** 4月开工，8月竣工并试运行。为缓解八大处地区交通拥堵问题，区城管委（区交通委）、景区管委会牵头组织实施八大处地区交通微循环引导系统，该系统可采集八大处公园周边停车场位置及空闲车位信息，及时通过信息发布系统，快速引导司机寻找可用车位，提高道路通行能力。总投资约200万元。

（郭鹤艺）

**【映翠湖工程建设】** 上年12月开工，是年6月竣工。主要内容包括映翠湖湖区清淤、挡墙土方、区域园路、绿化种植及周边环境治理等。总投资445.2万元。映翠湖是八大处一块精致水域景区，“映翠湖”三字由末代皇帝溥仪胞弟溥杰所书。

（郭鹤艺）

**【西山八大处文化景区建设规划】** 年内，按照市委专题会确定的突出传承性、世界性、生态性和高端性的规划思路，确立“高点起步、高端规划、高层推动、高速推进”的工作指导思想，狠抓落实市委相关专题调研精神和工作部署，与市规划委、规划院通力合作，在推进核心区总体规划编制工作的同时，完成《石景山区“十三五”时期西山八大处文化景区建设规划》编制工作，9月正式印发。规划分“十二五”回顾，发展基础与发展策略，总体定位与发展战略，主题形象，发展目标，总体布局，产品架构，重点任务、重点建设项目与重点工程，行动计划，实施保障，营销活动，重点项目投资估算，规划实施效果预估等十三章。提出构建亚洲佛教文化交流中心，塑造具有国际影响力的中国文化旅游胜地的发展定位；立足“三区两线、九路多支点”总体布局，突出重点、整体推进，坚持以“四态”的发展和谐理念，扩大西山八大处文化影响力，打造三个高地的发展理念；确立由生态目标、文化目标、经济目标、社会目标构成的发展目标；以及促进生态保护和修复、提升生态水平，加强历史遗迹保护、促进文化传承，提高旅游服务能力、打造特色精品项目，推进品牌建设、提高文化影响力，完善基础设施、建设智慧景区，结合大西山彩化工程，构建完整生态系统等六项重点任务。

（郭鹤艺）

**【世界文化瑰宝—西山八大处佛牙舍利】** 年内，确立中佛协、区政协、景区管委会、灵光寺四家共同协作推进的工作机制。正式成立常设顾问专家组，由全国政协委员、人大宗教所所长张风雷教授及楼宇烈教授牵头，付清远、王立平、舒乙、单纯、刘传铭、杨玲、王强、鞠鹏艳等20余位知名文物、文史、宗教、规划等专家学者，为科学决策提供智力支撑。截至年末，书籍编辑大纲基本完善。

（郭鹤艺）

**【佛牙舍利寻踪专题调研】** 年内，景区管委会结合《西山八大处佛牙舍利》的编辑工作，开展佛牙舍利寻踪的专题调研工作。相继奔赴南京(古建康)上定林寺等、成都大慈寺、西安(古长安)庄严寺、洛阳、开封和新疆(古西域),沿着法献西行求法及佛牙舍利流转路线,深入挖掘佛牙舍利文化及其影响力,经与各地文物、文史专家及高僧大德专题研讨、考证,对佛牙舍利的缘起及整本书籍的编辑工作有进一步的发现、印证和认识。

(郭鹤艺)

## 北京石景山游乐园

### 概　　述

北京石景山游乐园位于长安街西延长线,距天安门15千米,占地面积35万平方米。拥有大中型主题游艺项目50余项,被评为国家AAAA级旅游区(点);是国内唯一一家通过ISO14001:2004环境管理体系、ISO9001:2008质量管理体系、GB/T28001—2001职业健康安全管理体系认证的游乐园。年内,游乐园紧密围绕“全面深度转型 高端绿色发展”的战略目标,把握转变机遇、完善制度建设、狠抓安全生产、发挥品牌优势、丰富宣传手段,努力克服国家法规政策变动和设备设施集中淘汰带来的困难,较好地完成企业年度目标和任务,最大限度地保证企业经济效益。与国是经纬科技股份有限公司签署战略合作协议。被评为“北京市构建和谐劳动关系先进单位”“北京市科普基地”“第十五届首都旅游紫禁杯先进集体”“石景山区和谐劳动关系单位”“石景山区特种设备安全工作先进单位”等称号。全年接待游客134.57万人次,综合经营收入7664.31万元。

**地址:石景山区石景山路25号**
**电话:68876016**
**邮编:100043**

(曹　悦)

**【迎春洋庙会】** 2月8—14日举办。游乐园以“欢聚洋庙会,体验中国年”为主题。主要包括十余场主题派对、数十项互动娱乐游戏、超过百种世界美食、传统特色商品以及最纯正的欧洲手工艺品展卖、中西合璧彩车巡游、俄罗斯艺人歌舞表演、冬奥冰雪世界体验、老北京记忆展、恐龙展等百余项活动。园区内共分为欧品年汇、冬奥冰雪世界、老北京记忆、首届恐龙展、中西合璧彩车巡游、中外经典文艺演出、新春嘉年华、特色经典游艺项目8个活动板块,近50项经典项目全部开放,6辆造型各异的花车与百余名中外演员组成巡游方队。庙会接待游客35.8万人次,综合经营收入1515万元。

(曹　悦)

**【启动“摩天轮”项目】** 3月2日,新摩天轮项目经区委第138次常委会通过正式启动。新摩天轮由浙江巨马游艺机有限公司为游乐园量身定做,设计总高度100米,转盘直径82米,42个全透视球形观景座舱,单舱荷载8人,运行1周18分钟,配备无线WIFI、音视频、空调及对讲系统。

(曹　悦)

**【“六一欢乐童游”活动】** 5月28日至6月1日举办。游乐园围绕“童心、童趣、快乐童行”的主题,推出“勇敢者任务挑战等你来”“童画世界”“欢度六一,童心飞扬”“远古探秘”等活动。活动接待游客2.87万人次,综合经营收入333.5万元。

(曹　悦)

**【大型集体婚礼活动】** 6月18日举办。游乐园与北京巴布科克威尔科克斯有限公司共同举办“喜迎十三五,圆梦三十年”集体婚礼活动。18对新人在北京巴布科克威尔科克斯有限公司领导、亲友团以及游客的见证下,喜结良缘。婚礼仪式在哥特式的灰姑娘城堡水上舞台举行,南瓜花车、白雪公主花车、白羊座花车、小丑花车喜迎新娘,新人乘坐在双层皇家转马上结束活动。

(曹　悦)

**【“狂欢之夏”活动】** 7月9日至8月31日举办。游乐园以“重温往日情怀 尽享今夏浪漫”为主题。活动包括动漫激情展、新项目魔幻雨屋、远古探秘使以及考生专“暑”、学生“惠”、同龄和同日“惠”等多项优惠政策,并结合新摩天轮启动面向社会公开征集新摩天轮的名字。活动接待游客21.8万人次,综合经营收入1947.2万元。

(曹　悦)

**【“三十周年园庆”活动】** 9月23—27日举办。游乐园相继开展以“风雨同舟三十载,狂欢惠民在乐园”为主题的系列活动。活动包括:游乐园的同龄人及名字中含有“石”“景”“山”“游”“乐”“园”其中一个字,皆可凭本人有效证件免费入园,园内所有自营游艺项目均5折优惠,凡是1986年9月28日出生,凭本人有效证件,便可获得“摩天轮”首批体验资格等优惠政策。

(曹　悦)

**【“欢乐金秋游园会”活动】** 10月1—7日举办。游乐园以“风雨兼程三十载,京彩飞扬喜乐汇”为主题。主要内容有谐趣彩车游,聚萌群星秀、关爱动物,由你做主 Only One Earth、追忆“80后”的青葱岁月以及亲子活动烘焙幸福的味道等,园内6辆彩车每天2场巡游,动漫方队,美国队长、蜘蛛侠等多个电影“明星”亲临现场,游客用互动和体验的方式感受个性的潮流文化。活动接待游客6.17万人次,综合经营收入480.18万元。

(曹　悦)

**【第18届北京国际旅游节】** 10月1—5日在北京举行。其中,2日、3日的巡游系列活动和5日的闭幕式在石景山游乐园举办。主题为“丝路情韵 魅力北京”的本届国际旅游节,抓住国家“一带一路”战略契机,邀请“一带一路”沿线国家的优秀表演团体汇聚北京,为广大游客与市民带来多场精彩的国际文化演出,并推出“老北京文化市集”“房车生活节”等“感知北京”系列活动。市旅游委主任宋宇、区领导肖平等参加在摩天轮广场举行的闭幕式。市旅游委副主任于德斌和中国旅行社总社有限公司常务副总经理张士刚,向参加本次北京国际旅游节的表演团体代表颁发优秀表演奖奖杯,来自美国、西班牙、土耳其、匈牙利等12个国家的300余名演员身着盛装参加狂欢演出,“燃情南亚”“魅力中亚”“典雅欧洲”“多彩世界”的四组舞蹈表演,逐步将闭幕式的气氛推向高潮。

(曹　悦)

【更换游艺项目】 年内,游乐园拆除海盗船、飓风、蝙蝠飞侠、救火勇士、罗马战车、侏罗纪历险、方程赛车7项到期设备。新增疯狂滑板、远古探秘、空中芭蕾3个项目。游乐园以安全运营为首要工作职责,对整体游乐设备进行评估,对老旧设备进行升级改造或者停运。

(曹 悦)

【提示信息】 入园开放时间4月1日至10月31日周一至周五9:00~17:00,周六日9:00~18:00;11月1日至3月31日周一至周五9:00~16:30,周六日9:00~17:00。节假日期间正常营业,闭园时间根据当日具体情况适当延长,持老干部离休证、65岁(含)以上老年证、军官证、士兵证、残疾证、6岁(含)以下凭有效证件和1.2米(含)以下儿童免门票入园;持学生证、60岁至64岁(含)老年证购买门票享受半价优惠。

(曹 悦)

## 八大处公园

### 概 述

八大处公园(简称公园)是国家AAAA级景区、北京市一级一类公园,位于石景山区西北部,是由一组佛教古建筑群组成的山地寺庙园林。园内有八座古寺(灵光寺、长安寺、三山庵、大悲寺、龙泉庵、香界寺、宝珠洞、证果寺),"八大处"由此得名。年内,公园坚持以京津冀协同发展战略为导向,以建设高端绿色生态示范区为目标,着力做到高端普惠公共服务体系建设同游客需求定位相适应,景区建设、品牌活动举办同石景山区战略定位相协调。全年接待游客281万人次,同比增长0.4%;门票收入1736万元,同比增长3.8%;综合经营收入3320.4万元,同比增长3.6%。

**地址:石景山区八大处路3号**

**电话:88964661**

**邮编:100144**

(王少卿)

【第三届新春祈福庙会】 2月8—13日举办,主题是"八刹铺锦三山春色满,金猴献瑞万众福运来"。前两届活动中,精彩的老北京民俗文化项目、盛大的祈福法会,形成八大处特有的庙会特色。本届庙会,公园以安全、喜庆、惠民为宗旨,呈现更多精彩看点,为广大游客再现原汁原味的老北京祈福庙会喜庆场面。活动内容包括:佛教协会会长传印长老书写"福""寿"送万家、灵光寺众师父为大众诵经祈福大法会、高僧开福门迎接四方来客、十三档花会拜庙走会、老北京民间非遗手工绝活展演、传统相声评书大鼓表演、现场压制"吉祥茶"、晨钟暮鼓体验佛教庄严,还有游客参与的"过福桥、进福门、走福路、套福圈、点福烛、品福茶、吃福糕、敲吉祥钟、击太平鼓、上平安香、打金钱眼、钻钱眼儿"等系列文化活动。首次推出"皇帝"拜山、民俗传统"祭灶"、香界茶楼新年祈福缘、古城秉心圣会展演等活动,成为本次活动新热点。庙会历时6天,接待游客20万人次,门票收入158万元,综合经营收入195万元。

(王少卿)

【第十五届园林茶文化节】 4月28日至5月2日举办。活动主题为"快快乐乐登山·健健康康喝茶"。主要活动包括:观湖北竹山民间炒茶师傅明前春茶"炒茶秀"、品云南古寨"原生态"普洱茶、跳傣族民族竹竿舞、学"典藏经典"普洱茶饼现场压制、专家指导免费制作紫砂壶、民间斗茶大会、茶产业发展高峰论坛、香界禅茶封藏大典等。标注中国茶地图、"皇帝"现身龙泉水古法开井、圣水茶文化交流讲座、主题旅游纪念品设计大赛成果展、民间老物件亮相八大处、京津冀特色美食一条街等亮点最聚人气。文化节历时5天,接待游客5万人次,门票收入28.6万元,综合经营收入46.2万元。

(王少卿)

【"佛诞日"浴佛法会】 5月14日(农历四月初八)在北京灵光寺举办。农历四月初八,是佛教创始人释迦牟尼的诞生日,也是佛教最重要的传统节日。海内外佛教寺院都有浴佛习俗,各地纷纷举办浴佛法会。中国佛教协会每年在灵光寺举办庄严隆重的浴佛法会,纪念佛祖诞辰。"浴佛"除纪念佛祖的诞辰外,也有洗涤人心污秽黑暗、洁净众生心灵之意。

(王少卿)

【中斯佛教文化交流】 6月21日,斯里兰卡阿斯羯利派副导师万达路维·乌帕里长老率团抵达灵光寺进行友好交流,共同举行"祈祷世界和平法会""佛牙舍利与中斯佛教文化交流"座谈会,以及茶道表演等活动。国家宗教事务局副局长蒋坚永,斯里兰卡驻华公使提拉克·维拉空准将,中国佛教协会副会长宗性大和尚,秘书长刘威,副秘书长兼本寺方丈常藏大和尚,斯里兰卡佛教电视台台长善法长老,斯里兰卡罗曼那派僧伽导师马库拉维·威玛拉长老,国家宗教局外事司副司长薛树琪,斯里兰卡龙华书院院长郝唯民,贵州大学哲学系教授宋立道等高僧大德、嘉宾学者,区领导李文起、陈婷婷、司尚国出席活动。诵经祈福,至诚祈祷国泰民安,世界和平,中斯友谊万古长青。

(王少卿)

【佛牙舍利寻踪考察团赴陕调研】 6月29日至7月2日,西山八大处佛牙舍利寻踪考察团一行11人,由中佛协副秘书长、北京灵光寺方丈常藏法师,中佛协副秘书长、《法音》编辑部主任桑吉扎西等人带队赴陕调研,探讨陕西佛教与佛牙舍利的历史文化渊源。北京西山八大处佛牙舍利,在世界佛教史上享有重要地位,据悉隋唐时期,佛牙舍利曾在西安木塔寺供奉近300年,为了解佛牙舍利流转轨迹,考察团一行在陕西省佛协副秘书长宽严法师陪同下,先后走访大慈恩寺、大兴善寺、小雁塔、兴教寺、木塔寺(大庄严寺)、法门寺6所寺院。6月30日,考察团一行莅临陕西省佛协召开调研座谈会,邀请陕西省佛协副会长王宁波、副秘书长宽严法师,法门寺博物馆原馆长韩金科,西北大学佛教研究所所长李利安教授,陕西社科院研究员黄昆威等人参加。座谈会就佛牙舍利在陕遗存历史、陕西佛教界对佛牙舍利文化的认知以及如何发扬佛祖真身舍利文化，使之在当今社会发挥更大作用等问题进行探讨交流。

（王少卿）

**【盂兰盆法会】** 8月28日（农历七月十五），是佛教传统节日"盂兰盆节"，也是传统的中元节。常藏大和尚率全体僧众，在灵光寺举办庄严隆重的盂兰盆法会，一起虔诵《佛说盂兰盆经》，祈愿社会和谐，国家昌盛，人民安乐。各地信众也随法师一起诵经礼拜。盂兰盆会是汉语系佛教地区根据《佛说盂兰盆经》而举行的超度历代宗亲的法会，其主要仪式由净坛绕经、上兰盆供、众僧受食三部分组成。

（王少卿）

**【祈祷世界和平法会】** 9月7日，台湾"中华人间佛教联合总会"主席、台湾佛光山常务副住持慧传法师率台湾佛教代表团一行180余人来灵光寺参访。中佛协副秘书长、灵光寺方丈常藏大和尚接待，与来访众法师一起在佛牙舍利塔前举行"两岸佛教界祈祷世界和平法会"，共同诵经礼佛。中佛协副会长宗性大和尚、慧传大和尚等10余位法师共同拈香主法，祈祷佛日增辉、人民安乐、两岸和谐、世界和平。两岸法师共同参加"海峡两岸佛教界茶道交流表演"活动，观看茶艺表演，感受禅茶文化源远流长。

（王少卿）

**【古籍保护研修班开班】** 9月2日，由文化部、国家宗教事务局指导，国家古籍保护中心、中国佛教协会主办的"第一期全国佛教古籍保护管理研修班"开班仪式在灵光寺举行。来自三大语系、全国50余座寺院的法师，共同研修学习佛教古籍保护管理。中佛协秘书长刘威主持仪式，国家图书馆馆长、国家古籍保护中心主任韩永进和中佛协副会长宗性法师、文化部公共文化司副司长陈向红和国家宗教事务局一司司长王健出席。

（王少卿）

**【第三届西山八大处文化节】** 9月29日至10月7日举办。主题活动分"重阳敬老""佛牙节"、旅游休闲三大板块，将佛教元素与敬老爱老、传统文化相融合。主要内容有：祈祷世界和平大法会、"一带一路"文物精品展、重阳民俗文化展、发放万株菩提树、中国禅林书画笔会、听琴抄经体味佛教文化、戴茱萸饮菊花登高祈福、龙泉庵"皇帝"开井品菊花茶、现场压制重阳吉祥茶；老年用品展卖、老年保健咨询、小商品一条街等。各寺庙内推出挂吉祥牌、请如意符、搓"龙洗盆"、打金钱眼、敲吉祥钟等传统祈福活动。文化节历时9天，接待游客10万人次，门票收入62万，综合经营收入126万元。

（王少卿）

**【首届西山中医药文化季】** 10月10日，由市中医管理局和区政府主办的2016北京·西山中医药文化季在八大处公园启动。开幕式以"德载杏林·颐养天年"为主题，国家中医药管理局国际合作司副司长朱海东致辞，农工民主党中央常委、中国科学院院士赵进才，农工民主党市委副秘书长江欣，市中医管理局副局长禹震，全国政协委员、北京中医药大学国学院院长张其成等与会领导为石景山区中医药健康养老"身边工程"——医养康联合体、服务专区、服务团队代表、中医药健康老年课堂、中医药健康养生教育基地授牌，并为65岁以上老年人代表赠送《老年人中医药健康素养手册（每日起居篇）》，田利跃宣布文化季开幕。本届文化季以石景山区中医药健康养老"身边工程"为载体，为全市实施中医药健康养老"身边工程"探索有益经验。文化季活动期间，重点开展"一十百千万"系列活动。即：举办一场"中医药　京西论坛"，邀请业内专家现场交流，求索研讨，将论坛打造为石景山中医药文化宣传、学习交流的平台；组建十支中医药健康养生兴趣队伍，组织老年人开展中医药健康养生培训；开展百名十类"中医健康素养老人"的评选活动，组织百场社区"中医药健康老年课堂"，对百对老年人开展中医药健康管理；印发千册《老年人中医药健康素养系列手册》；建立万人参与的"石景山区社区中医药健康养生微信群"，发布"石景山中医"微信公众号，形成中医药健康管理服务的线上、线下互动交流格局。石景山区将通过文化季系列活动，不断完善中医药服务体系建设，提升中医药服务能力，扩大中医药文化影响力，形成居民"信中医药、爱中医药、用中医药"的浓厚中医药文化氛围，为人民群众提供更好的中医药服务。

（王少卿）

**【门区牌楼改建工程】** 上年开工，是年4月竣工，总投资338.8万元。该牌楼为两柱七牌楼，高12.46米，跨度14.30米。主体结构采用钢筋混凝土，牌楼的斗拱、花板、雀替为木构件，屋面采用黄色琉璃瓦，油饰彩画为龙锦枋心金线大点金旋子彩画的传统工艺制作。

（王少卿）

**【二寺庙修缮工程】** 上年开工，是年6月竣工，总投资466.9万元。工程包括香界寺、宝珠洞拆除水泥方砖地面，二城样砖海墁，尺四方砖细墁，青石板海墁，以及院墙、宇墙、毛石陡坎修缮等。

（王少卿）

**【鲍家祠堂修缮工程】** 上年开工，是年8月竣工，总投资782万元。工程修缮内容主要包括坟冢月台、华表、石牌坊、西院门楼、挡土墙、背山墙、地面铺装等。

（王少卿）

**【清凉寺修复工程】** 上年开工，是年11月竣工，总投资4808.6万元，占地两万余平方米，总建筑面积3365平方米。本年度完成工程包括：上下寺门的屋面施工、南部东西两个角楼墙体砌筑和屋面施工，外院东墙，一进院、二进院内部院墙砌筑，上下寺门、天王殿、二进院配殿、三进院转角房和附属功能房以及南部东西角楼的外部油漆彩画和内部装饰施工，内外两道宇墙的装饰施工，一、二、三进院及内外宇墙之间的地面铺装。

（王少卿）

北京石景山年鉴

2017 BEIJING SHIJINGSHAN NIANJIAN

# 规划建设

规划分局贯彻《中华人民共和国城乡规划法》《京津冀协同发展规划纲要》精神，贯彻落实北京“四个中心”战略定位和建设国际一流的和谐宜居之都的目标要求，按照《北京城市总体规划(2004—2020年)》要求，自觉围绕服务首都“四个中心”定位和“一个之都”目标，提升规划水平，谋划地区发展。按照新的理念加强城市设计，调整疏解非首都核心功能，加强控制性详细规划的公开性和强制性，增强城市规划的科学性和权威性。

国土资源分局优化国土开发格局、深化改革促进职能转变，依法行政建设法治国土，积极服务民生保障。把握“永定河绿色发展带”建设、新首钢高端产业综合服务区建设以及北京保险产业园全面启动的机遇，加强区内用地管控，加快高端产业要素培育与集聚，促进全区深度转型发展。落实非首都功能疏解任务，加强供给调控，发挥土地供应计划、利用计划的引导作用，保持基础设施用地供应规模和比例，适度保持商品住宅和商服用地供应平稳，确保保障性安居工程和棚户区改造用地“应保尽保”。加快推进在施土地储备开发项目，推进节约集约用地，推进集体经营性建设用地改革；全面开展不动产统一登记工作，加强征地和土地利用政策研究，严肃查处国土资源违法行为，提高地质灾害防治管理水平，强化基础业务建设。为治乱疏解建高端，推进“八个高端体系”建设作出贡献。

作为“八个高端体系”之一的高端城市建设体系是石景山区城市发展战略的重要组成部分，是构筑现代化城市体系的保证，也是带动全区社会经济全面加速发展、提高城市竞争力的重要基础。区住建委积极承担高端城市建设发展的使命和责任，以聚集转型的新焦点，形成发展的新动力，抢抓机遇，应对挑战，加快推进高端城市建设的全面转型和升级。城市建设空间布局不断优化，城市土地集约化利用程度不断提高，城市住房建设取得积极进展，城市居住环境明显改善，城市基础设施水平显著提升。

# 规划管理

## 概　　述

北京市规划委员会石景山分局(简称规划分局)于2003年3月1日正式挂牌成立，是市规划国土委(7月29日，市政府决定，设立北京市规划和国土资源管理委员会；不再保留北京市规划委员会和北京市国土资源局)的派出机构。规划分局设办公室、纪检监察科、综合科、建设工程管理科、规划科、用地科、市政交通科、执法队、信息中心。下辖区城市建设档案信息中心，负责全区城建档案信息管理工作。年内，规划分局在市规划国土委和区委区政府领导下，以构建高端绿色的城市综合规划体系为目标，以保障冬奥组委工作为首要任务，把拓展公共服务作为重要内容，高度负责地承担起规划管理工作使命，努力发挥城市规划的引领作用。共受理各类行政许可和服务事项168件，其中核发行政许可事项(两证一书)71件，规划服务97件，规划监督26件。

**地址：北京市石景山区八角南路9号**
**电话：报建大厅68863815**
**办公室68870345**
**邮编：100043**

(许　多)

**【苹果园交通枢纽用地规划】** 区十五届人大第六次会议审议通过政府工作报告，将苹果园综合交通枢纽工程列入2016年开工建设的十大重点工程之一。规划分局率先落实会议精神，于1月20日核发苹果园综合交通枢纽工程的建设用地规划许可证。力争实现“十三五”良好开局，苹果园综合交通枢纽工程是市、区重点工程。作为京西重要交通节点，集轨道交通、快速公交、常规公交于一体，与出租车、P+R、自行车、步行等多种交通方式有效衔接，建成后将成为中心城区与西部地区的重要连接点，可满足远期全日总客运量90万人次的换乘。工程涵盖枢纽、车站以及商业开发三部分功能，未来将以换乘功能为主，汇集M1、M6、S1三条地铁线、数十条公交线路，以及城市大容量快速公交等。在设计方面，枢纽将通过立体步行系统实现南、北两个地块对接，同时实现地下和地上的平台联通，最远换乘距离仅有150米，以便捷换乘方案及多样化商业业态，提高公共交通效率，合理增加土地利用率，成为与开发相结合的一体化综合客运枢纽。本次核准苹果园综合交通枢纽工程总用地面积5.82公顷，其中建设用地4.8公顷，枢纽部分核准建筑规模93460平方米，其中地上建筑规模58900平方米。

(贾　珂)

**【北京保险产业园建设】** 1—2月，规划分局相继核发北京保险产业园1605—648地块的规划意见复函、建设用地规划许可证以及建设工程规划许可证。至此，北京保险产业园完成全部规划前期手续办理。该产业园位于中关村科技园区石景山园北Ⅰ区，是中国保监会与市政府联合打造的全国首个以保险产业为龙头的国家级金融创新示范区。规划分局主动服务，先后完成保险产业园城市设计方案公开招标、责任建筑师制度以及实施办法制定、项目设计方案审定等相关工作，高起点、高标准、高水平地推动保险产业园开发建设，助力国家级金融创新示范区早日建成。本次审定的1605—648地块总建筑规模111449平方米，其中地上规模62968平方米，含展示会议中心、办公北楼和办公南楼三栋建筑。年内，规划分局编制保险产业园区域规划，组织设计方案征集，确定责任规划师制度，建立统筹研究平台，加快完善配套设施，完成保险产业园综合管廊规划方案及设计方案审查，率先完成地下综合管廊的启动项目。648地块实现上市。通过规划先行、主动服务，满足高端的城市规划、建设和运行体系要求，将保险产业园打造成以保险产业为龙头的国家级金融创新示范区。

(贾　珂)

**【服务冬奥组委】** 按照市政府专题会议精神，北京冬奥组委会办公地点选址首钢西十筒仓区域。自1月始，规划分局主动与冬奥组委对接并确定规划设计方案，满足冬奥组委入驻办公的各项需求，增加办公、配套改造工程51343.95平方米（含地下建筑面积200平方米）。加快西十筒仓项目改造验收，按照“一会三函”要求，简化冬奥广场审批办理流程。配合市规划国土委研究冬奥组委办公区周边道路建设方案，多次召开专题会讨论解决冬奥组委周边出行问题。11月，阜石路与石龙路节点立交工程设计方案获得批复，该工程位于冬奥组委办公区西北侧，新建环形匝道一条。近期连接阜石路主路与北辅路，远期连接阜石路与规划石龙路。近期匝道全长约361米，路基段全宽约10.5米，桥梁段全宽约10.2米，布置单向两条机动车道。该立交匝道建成后将有效增强区域交通通行能力，缓解金安桥下高峰时段的拥堵情况，满足冬奥组委的交通需求。

（裴贺蕊　贾　珂）

**【推进轨道交通一体化】** 2月2日，规划分局组织区住建委、区城管委、重点建设中心、市轨道建管公司、首创鎏金置业等相关单位召开地铁六号线西延西黄村站一体化的推进会。地铁六号线西延已开工建设，西黄村站北侧一号竖井已建成，全线完工通车迫在眉睫。为实现相邻地块的商业价值，同时使地铁的出入口、风亭等附属设施与周边建筑有机结合，美化周边环境，参会各单位对于该一体化项目的必要性达成共识。市轨道建管公司取得西黄村站施工暂设的临时用地规划许可证，部分施工暂设已建成。首创鎏金置业尽快拆除腾退出相应的施工暂设用地，促进地铁出入口与地块一体化共构工程的顺利建设实施。相关设计单位积极对接，于3月完成一体化结构设计方案。由区住建委牵头，与发改委、国土等相关部门研究确定实施主体和资金落实等问题。当年是京津冀交通一体化发展十分重要的一年，规划分局配合市规划国土委，梳理轨道交通站点一体化设计工作进展情况，深入研究交通组织及换乘方案，加快推进西黄村站、金安桥站一体化方案设计深化优化。11月8日，规划分局会同市规划国土委基础一处和建管一处组织召开北京地铁6号线西延西黄村站周边A－D2地块一体化方案专家审查会，经专家认真研究讨论，该方案顺利通过评审。地铁六号线西延西黄村站A－D2地块一体化方项目位于田村路与规划西黄村路十字口处西北侧，项目用地面积为3.86公顷，地上建筑面积为11.85万平方米，其中与地铁附属设施结合的建筑面积为963平方米。该项目的设计方案充分考虑地铁车站与地块开发及周边居民交通出行的关系，为保证地铁6号线的开工建设和安全运营提出技术措施，并为地块开发预留技术条件，保证车站一体化建设的全面实施。

（裴贺蕊）

**【京西商务中心获绿建三星标识】** 2月，中国城市科学研究会组织完成年度第一批绿色建筑标识项目的评价工作，京西商务中心获绿建三星设计标识认定，在北京市七项上榜的三星建筑中占据两席（项目分为东区和西区两个子项进行申报）。该项目是石景山第一批获得绿色建筑标识的项目。也是执行新的绿色建筑标准以来，国内最大体量的三星标准建设建筑群体。近年来，环境友好型城市、绿色建筑、节能工程已逐渐进入公众视野并且越来越被认可。北京市更是走在全国前列，早在2013年就下发《北京市绿色建筑行动实施方案》，石景山区深入贯彻文件精神，于上年制定并实施《石景山区发展绿色建筑推动绿色生态示范区建设的实施方案》，在北京市标准的基础上提升本区新建建筑的绿建星级要求。规划分局主导区域内新建和改造项目的绿建设计、配合相关单位建筑节能工作的开展。京西商务中心是区重点建设项目，总用地规模8.57公顷，总建设规模约60万平方米。自2014年2月项目方案设计启动以来，规划分局组织项目建设单位和设计单位，按照区委区政府针对该项目在产业功能、建筑艺术、绿色生态、地下空间利用、科技创新等方面提出的指导意见，对项目设计方案进行不断优化完善。项目建成后，将成为石景山区彰显高端绿色特征的标志性建筑。

（贾　珂）

**【保障民生服务百姓】** 为加快保险产业园建设，帮助拆迁安置百姓早日入住新居，规划分局加班加点，于春节前夕核发中关村科技园石景山园北Ⅰ区土地一级开发定向安置房项目的建设工程规划许可证。此次审批的定向安置房项目规划总用地面积32571.324平方米，其中建设用地面积21200平方米；规划总建筑面积71427.61平方米，其中地上建筑面积53000平方米。项目建成后可提供定向安置房636套，切实提升回迁居民的住房条件和生活水平。同时还核发首钢铸造厂南区限价商品房项目的规划设计方案复函。该项目位于铸造村，是地区保障性住房重点建设项目。自2014年建设单位开始启动项目方案设计起，规划分局全程配合项目方案设计及优化工作，并协助建设单位顺利通过设计方案专家评审，努力做到让保障性住房更舒适、更宜居。此次通过审查的限价商品房设计方案总建筑规模273450平方米，其中地上建筑规模162072平方米，可建成限价商品房2261套。同时，充分考虑项目规划公示期间公众关于该项目周边缺少超市、购物场所等反馈意见，该项目还将配建一处大型便民超市，满足居民购物需求。

（贾　珂）

**【大杂院土地利用规划研究】** 3月初，规划分局牵头组织市测绘院、区治乱疏解建高端指挥部街道分指、各街道、区国资委等部门启动大杂院现场踏勘测绘工作，以精确定位，务求实效为原则，推动大杂院的精细测绘，并开展规划地的精确核查。规划利用有关工作开展。为破解“城市病”，整治大杂院，疏解流动人口，预研高端规划，在前期掌握全区600余个大杂院台账基础上，规划分局与区城管委、区治乱疏解建高端指挥部办公室、集经办、国土分局等部门沟通。根据指挥部确定的大杂院坐落示意图，进行大杂院占地范围内规划用地性质的梳理，进一步划定大杂院的准确边界，明析大杂院拆除后用地与规划建设用地等边界线的关系，完成全区大杂院的基础测绘工作，对用地范围与道路红线、生态绿线、文保紫线、河道蓝线的重合与距离进行详细测绘核查。协同国土分局、住建委、城管委、集经办、园林局等单位完成规划用地的精确梳理与土地利用意向研究工作。梳理大杂院的空间布点、用地位置、土地利用等情况，提出全区大杂院的利用规划思路与实施方案。针对位于棚改范围内的304个大杂院，按照棚改方案实施。对于棚改范围外，处于规划绿地、公共基础设施及产业用地等用地内的大杂院，按照不同的规划用地性质分别提出土地后续利用方向。与国土分局、古城街道、集经办、首钢等部门深入沟通，研究古城南街西侧土地规划利用情况，就用地权属及现状土地资源条件，确定按照统一规划、分步实施的方式，根据地块边界建议通过权属置换形式整合用地。已经完成的规划，由国土部门研究启动净地收购等工作。落实更新单元划定，做好控规优化服务。全年推进全区366个低端产业聚集人群大院整治，规划认定违建大院83处，完成疏解清理473个，拆除违法建设40.32万平方米，调控人口17818人。

（唐俊有）

【五里坨水厂完成规划验收】 3月，规划分局落实市自来水集团与石景山区签署的供水合作框架协议，主动服务，认真研究，第一时间到现场核验情况，首次对市政基础设施建设完成规划验收。该项目占地面积约16536平方米，供水规模1.6万立方米/日。水厂验收运营后，将彻底解决五里坨地区分散浅井的供水态势，供水能力迅速提高，供水管网安全稳定，供水安全得到保障，加快石景山区打造“山水融城”的步伐。

（曲　欣）

【城市规划体系建设工作研讨】 4月28日，副区长肖平在规划分局主持召开石景山区“十三五”时期高端的城市规划体系建设工作研讨会。区发改委、城管委、住建委、规划分局、国土分局、西建办主要领导参加。会上，北京市弘都城市规划建筑设计院对高端的城市规划体系深化研究成果进行汇报，相关部门分别就汇报内容进行有针对性的点评。会议指出：一是要牢固树立创新、协调、绿色、开放、共享的五大发展理念，以“多规合一”为抓手，增强城市规划的科学性和权威性；二是要落实中央城市工作会议精神，重点研究城市地下综合管廊、海绵城市及城市基础设施建设；三是按照市区十三五规划纲要精神和地区五个典范标准，坚持规划引领、精细管理，全面提升城市规划、建设、管理水平。

（陈　静）

【编制停车专项规划】 4月，规划分局完成《石景山区停车专项规划》编制。对地区停车资源进行全方位调查，对辖区路网和停车设施现状和存在问题进行全面梳理。通过实地踏勘区内地面及地下停车场、与居委会、物业管理公司座谈以及对行政审批资料进行查档分析等方式，取得详实可靠的数据。深入调查代征道路腾退情况并订立台账，从规划源头合理配置停车设施资源，并对基本车位和出行车位进行需求测算，确定全区停车需求的总规模。专项规划首次提出以街道为规划实施单元进行停车综合治理的思路，结合各街道不同的停车需求现状，因地制宜地提出停车规划实施方案。特别是对杨庄小区、万达广场等停车难的重点地区有针对性地提出解决方案。

（裴贺蕊）

【地下综合管廊方案通过评审】 4月，辖区首条地下综合管廊设计方案顺利通过专家评审。规划分局本着先行先试态度，推进保险产业园地下综合管廊项目建设，协调各市政专业单位，研究管廊建设方案，力争在规划设计阶段对地区乃至全市起到示范作用。专家评审会后，继续深入研究园区管线布置和支线接入方式，促进早日建成投运，落实区政府对于保险产业园“高端、绿色”的建设要求。地下综合管廊，又称共同沟，它把设置在地下或架空的各种公用类管线集中容纳于同一结构舱室内，实行统一管理。建设综合管廊不仅可以解决各类管线的维修、扩容造成的“拉链路”问题和架空线网密集造成的空中“蜘蛛网”的问题，更能够有效保障管线安全、避免管线事故频发等问题，还可以美化路容、确保交通顺畅。

（裴贺蕊）

【高端的城市规划体系建设规划】 5月，规划分局编制完成《石景山区“十三五”时期高端的城市规划体系建设规划》，规划贯彻《中华人民共和国城乡规划法》（2008年）、《京津冀协同发展规划纲要》等文件的有关精神，贯彻落实北京“四个中心”战略定位和建设国际一流的和谐宜居之都的目标要求，贯彻《北京城市总体规划（2004—2020年）》修改提出的新要求，围绕区委区政府全力推动“全面深化转型、高端绿色发展”的战略部署和构建“八个高端体系”的建设任务，进一步明确空间结构与功能布局，用地与产业结构，配套服务体系，构建高端指标体系，重大任务及保障措施。将石景山区功能定位为：国家级产业转型先行示范区，绿色低碳的首都西部综合服务承载区，山水文化融合生态宜居示范区（总规修改要求）。即借助山水资源，引入高端产业，充实行政职能，与门头沟共同建设成为北京西部城市功能中心，同时辐射河北地区，带动京津冀一体化发展。提出构建高端的城市规划、建设体系的目标：集约精明的土地利用格局和谐宜居的公平社会环境、绿色生态的公共配套设施、智能健康的城市安全体系。总体发展目标：依托八个高端目标，建设高水平发展的石景山区。要集中资源建设高端产业，打造新石景山；建设集行政、商务、商业、文化等功能的城市功能完善区；按照新要求、高标准建设基础设施、服务设施及海绵城市。

（陈　静）

【地名普查与命名】 6月23日，规划分局召开地名联席会，公安分局、区商务委、投促局、交通支队及各街道等多家成员单位参加会议。会议围绕京西商务中心、首钢园区、北京保险产业园和刘娘府地区周边道路及建筑物命名问题开展研讨。经过充分研讨，京西商务中心项目周边道路确定“金景”“石金”“京西”“金禄”四个方案，待报区政府确定。西十筒仓项目作为新首钢高端产业综合服务区开发建设的第一个项目和冬奥会组委会办公驻地，其建筑物的命名意义重大，经过讨论，最终确定为“首钢西十中心”。对首钢园区里的其他建设项目和70余条规划道路，建议编制首钢园区地名专项规划，确保地名的命名科学、合理。刘娘府地区和保险产业园在命名过程中将以刘娘府东街为界，东、西分开命名，命名方案已初步确定。8月12日，规划分局组织召开地名普查协调会，大唐国际发电股份有限公司北京高井热电厂、北京京能热电股份有限公司、北京京西燃气热电有限公司、首钢资产管理中心、首钢总公司园区管理部、国信司南（北京）地理信息技术有限公司参加。由于这些企业内部存在涉密部门，普查难度较大。会议经过研讨，各家单位提出先进行联络员的确认以及前期数据的对接，并签订相关保密协议，完成相应手续，下发相应文件。计划先完成各单位主厂区的普查，再普查其他附属资产。12月，区第二次地名普查办公室（以下简称区地普办）对9个街道进行地名普查验收工作培训，并对八宝山街道、老山街道、鲁谷社区辖区内共计51个社区进行技术指导。第二次地名普查第一批数据完成复核，区地普办根据反馈信息对数据进行修改，已审核条目数约6800条，占总条目数的29%。为做好复核工作，区地普办与各居委会进行沟通，对情况复杂的社区上门协助，并成立联络微信群，方便回答居委会审核人员提出各项问题。年底，国务院地名普查办监理工作组对石景山区地名普查工作进行监理检查和质量评定，对区地普办提出对新设立路名指示牌的建议。

（曲　欣）

**【推进污水治理】** 6月，规划分局在全市各区中率先完成新三年截污管线规划条件的核发，加快推进污水治理。为进一步提升污水处理能力和水资源循环利用水平，尽快实现新三年治理黑臭水体，还清河道，依据市政府《北京市进一步加快推进污水治理和再生水利用工作三年行动方案（2016年7月—2019年6月）》，石景山区计划完成福田寺村等四个村的截污管线工程。拟建管线将现状村庄进入河道的污水截流进入城市污水管网或污水处理设施内，可完善区域雨污分流系统、解决河道污染问题、全面提升水环境质量、有效保障水环境安全。规划分局结合各村排污需求现状，因地制宜地研究确定截污管线路由及规模，促进污水治理项目早日开工建设，全力打造生态宜居石景山。

（裴贺蕊）

**【市规划国土委到区调研】** 8月9日，市规划国土委副主任周楠森到区调研。听取规划分局、区重点中心以及北京市弘都城市规划建筑设计院分别就衙门口棚户区改造项目、地铁11号线车辆段规划建设的实施情况和苹果园交通枢纽110千伏变电站、西六环高压燃气规划选址进展情况所作的专题汇报。周楠森就以上问题分别提出解决方案：请城建院及市规划院加紧研究，尽快稳定地铁11号线车辆段选址方案，并与弘都院共同推进规划方案。区内专人负责，统筹协调技术方案及实施政策，有效保障衙门口地区改造实施。由市规划院进一步统筹研究衙门口地区交通预留用地的必要性。责成市规划国土委协调公联公司、电力公司尽快研究苹果园交通枢纽110千伏变电站地下建设的实施方案。由市规划院落实解决西六环高压燃气规划选址的各项突出问题。区领导夏林茂、富大鹏、肖平参加调研。

（裴贺蕊）

**【模式口历史文化街区保护】** 8月19日，规划分局协同区重点中心组织模式口规划工作团队，召开模式口历史文化区修缮改造对接会。通过规划众筹等方式，对模式口历史文化街区进行保护和修缮的规划研究工作。北京市城市规划设计研究院、清华同衡规划设计研究院、北京市市政工程设计研究总院、北京市社会科学院、奥雅纳工程咨询有限公司等设计单位参加会议。会上就对模式口地区现场踏勘、规划调研、调查问卷收集梳理、修建性规划、模式口大街沿线建筑整治的初步研究成果进行深入对接。模式口是历史上重要的京西古镇，2006年被列为北京市历史文化保护区，现存27处保护比较完整的四合院和法海寺、承恩寺等文物保护单位，有很重要的历史保护价值。年内，规划分局形成《模式口历史文化街区修缮改造工程计划及实施方案》《模式口项目建筑与景观方案》，探索模式口地区历史景观背后的逻辑体系和价值链构建体系，以环

3月29日，模式口历史文化区修缮改造工程规划协作平台成立　（规划分局供稿）

境、风貌、民生、生态问题为切入点提出改造实施策略。在如何体现古道神韵、环峻聚秀、两袖繁昌的发展概念上研讨功能业态重塑、长效管控与引导等规划策略。10月27日,组织规划工作团队对模式口历史文物保护区进行实地调研,并召开模式口地区修缮改造对接会。清华大学建筑学院教授张杰带队深入街巷,重点调研古民居保护和修缮。研讨会就功能定位、交通组织、市政管线、雨洪体系、生态措施、沿街景观、早市管理及前期拆改意向等问题进行深入探索。张杰教授提出模式口大街规划方案的确定应与百姓对接,做好信息公开,促进决策合理。在修缮保护中注重居住空间与交通空间的融合,建筑与街道形态的融合,留存住历史建筑材料和文化元素。进一步明确雨洪要求,加强规划设计单位之间对接,本着洗旧如新原则对风貌素材进行多元化再设计。同步探索具备可行性的投资与运营模式,同时加强与市相关部门沟通。

(陈　静)

**【推进北辛安棚改项目】** 9月,规划分局核发北辛安棚户区改造项目回迁安置房选址意见书。北辛安棚户区改造项目是区重点民生工程,北起阜石路、南至石景山路、西起北辛安路、东至特钢厂区,总用地面积约142公顷,规划总建筑规模约218万平方米,是北京市目前最大的棚改项目。项目的实施可改进5000余户、2.59万人的居住环境。该棚改项目分为A、B两区实施。其中回迁安置房总规模为92万平方米,9月初,完成A区定向安置房38.86万平方米的规划条件核发,完成B区回迁安置房一区、二区共约46.7万平方米选址意见书核发,共计核发安置房规划手续约85.56万平方米。棚改项目的启动与建设关系着上万棚户区居民的生活品质的提升,为冬奥组委会进驻首钢提供良好的交通及配套设施服务,为总结经验做法,撰写《北辛安棚户区规划改造变迁记》发表在北京规划微信公众平台,进一步扩大项目影响,为棚户区改造提供借鉴。

(杨双成)

**【获评扶残助残先进】** 11月,规划分局获得"北京市扶残助残先进集体"荣誉称号。分局牵头推进无障碍设施建设,取得一定成绩:一是对区属城市道路进行无障碍设施建设,新、改、扩建道路路口全部坡化、符合条件的铺设盲道,区属城市道路设置的缘石坡道改造率100%。二是完成全区公共建筑无障碍建设。改造范围包括政府对外办公建筑、全区综合(专科)医院主要建筑、文化馆、图书馆、科技馆、影剧院、体育场馆,全区中小学、托幼,大型商场等。三是组织改造全区特殊学校、福利企业和养老机构的无障碍设施环境建设全部达到要求。四是完成计划内42个居住小区的无障碍改造,改造率超过国家标准。五是开展无障碍宣传和对各相关单位人员培训工作,提高执行无障碍相关标准规范的自觉性和能力。六是推进无障碍进家庭,自上年开始为212户的老年人家庭进行无障碍改造。七是改进北京·石景山网站,提供读屏服务、在线语音、视觉辅助、语音助手等信息无障碍服务。12月1日,规划分局推进区残疾人康复中心控规调整项目通过市规委第8次动态维护会。项目选址用地位于五里坨,东临规划住宅用地,西临防护绿地,南侧为现状五里坨医院用地,北临规划潭峪路,用地面积约0.81公顷,容积率1.5,控高18米,绿地率30%。

(陈　静)

**【集体土地拆违调研】** 12月27日,夏林茂带队到规划分局现场办公,推进辖区300万平方米违法建设拆除工作,确保下年底拆除全区所有存量违法建设,坚决守住"零增长"底线。听取规划分局、国土分局就全区24.8公顷集体用地上违法建设占用规划绿地的现状情况,以及如何利用新的奖励机制进行经济测算的阶段成果。他指出,要高度关注集体土地产业经济发展问题,充分利用集体土地腾退规划绿地奖励机制,改变集体土地现有绿地趸租模式。会议讨论决定:由农工商总公司牵头,利用奖励机制研究采取"自征自用"模式进行规划建设;认真进行成本测算,探讨进一步向市政府争取优惠政策的可行性。肖平、左小兵一同参加调研。

(陈　静)

**【古城南街道路工程获批】** 12月,古城南街(石景山路—莲石西路)道路工程初步设计获得批复。古城南街是石景山区南北向的交通干线,也是整个区域排水的必经之路。为加快该项重点工程建设,规划分局配合市规划国土委研究道路方案。该道路规划为城市主干路,规划道路红线宽60米,主线全长约1.49公里,横断面设计为四幅路形式,与莲石西路相交处设置互通式立交1座,新建莲石西路立交东向北及北向东匝道,长约2.41千米;新建立交桥区东辅路、西辅路及北辅路,地面辅路长约1.75千米。该道路的建成将能有效提升京西商务区周边交通服务水平,缓解衙门口及北辛安高峰时段的拥堵情况,并且能为区域排水干线提供路由,改善沿线古城地区环境。

(裴贺蕊)

**【服务首钢升级转型】** 年内,规划分局支持新首钢高端产业综合服务区建设稳步推进,全程参与区政府与首钢高层的对接工作,有序推动首钢老厂区的升级改造。重点在工业遗存开发利用上下功夫,使之成为有生命力的优质资产和企业转型发展新空间,为地区产业转型升级提供新动力。首钢正气候发展项目被正式纳入C40正气候项目发展计划中,成为中国第一个、全球第19个正气候项目。首钢工业文化旅游区获批3A级旅游景区。首钢二型材厂转型改造升级成为互联网金融产业基地。

(许　多)

**【列入棚改项目12个】** 年内,石景山区列入全市棚户区改造和环境整治项目共12个。规划分局重点推进西黄村、西井、北辛安、五里坨、衙门口等棚改项目相关工作。会同有关部门,严厉打击违法用地违法建设,进行不定期规划检查、巡查,全年查处违法建设127件,面积11.94万平方米,完成规划查档复函95件。

(杨双成)

【永定河绿色发展带规划研究】 年内，借助西北热电中心建设契机，石景山区提出对高井、麻峪、广宁等城中村危旧房屋进行整体改造的规划研究思路。规划分局与市规划院完成项目情况对接，并对用地及周边进行实地调研。于上年12月底组织搭建规划研究平台，由主管区领导牵头组织调度，区规划分局、区西建办、区住建委、广宁街道等共同参与，委托市规划院总体所、市政所、交通所等有关部门，综合周边用地规划实施情况，在统筹1603街区的基础上，进一步梳理麻峪村土地资源，开展用地经济平衡账测算。当年2月，规划分局组织市规划院、区发改委、住建委、西建办、重点中心等部门就1603街区用地资源统筹研究的实施重点和主要问题进行探讨，划定永定河沿线麻峪、衙门口、广宁、京能用地等8个重点区域，3月7日，召开工作例会，与高井、京能电厂进一步对接用地需求和规划意向。通过深化研究，形成麻峪村规划调整可行思路，满足该城中村安置需求，完善公共服务设施配套，同时解决西部地区面临的城市功能定位提升、土地资源重整问题，优化永定河绿色发展带的空间布局，通过规划提升生态环境。

（杨双成）

【重点保障房建设】 当年重点保障房项目有首钢铸造厂南区限价房项目、西黄村棚户区改造安置房项目和北辛安棚户区改造安置房。年内涉及计划需新开工的保障房项目为西黄村棚户区改造安置房，共1300套。首钢铸造厂南区限价房项目是本市推广钢结构住宅的试点项目。规划分局对保障房项目外部基础设施规划建设情况进行梳理，完成北Ⅰ区定向安置房项目配套热力管线、给水管线、中水管线、雨污水管线等规划审批。

（杨双成）

【组建国际智库专家团队】 年内，规划分局发挥规划龙头作用，加强顶层设计和统筹规划，邀请并建立含规划、市政、交通、园林、景观等专业的10位国际国内顶级专家组成国际智库专家团队，为地区城市规划建设出谋划策。继续推进精细化管理，落实北京城市总体规划修改有关要求，开展《基于资源与任务统筹的石景山转型发展时期规划深化研究》，构建人口、用地、建筑、环境等多元数据平台，建立微观尺度城市分析模型，从绿色交通出行、完善公共服务设施、改善公共空间环境等方面入手，推进石景山基本建成区功能提升、环境改善，探索实施路径和建设管理机制。深化完善高端城市规划、建设和运行体系实施方案，完成《高端的城市规划建设体系建设规划》，推动“十三五”时期高端的城市规划建设体系课题研究。

（陈　静）

【搭建城市规划分析平台】 年内，规划分局增设信息中心，从全面深化改革提升城市管理水平出发，加强空间数据整合利用。初步建立石景山区城市规划分析平台和业务应用系统，建成城市规划二维分析平台、开发建设规划用地综合分析系统和城乡规划实施评估分析系统。

（张杰磊）

【“两规合一”研究探索】 年内，规划分局以城市总体规划编制和市规划国土委成立为契机，落实市政府关于“使空间规划与土地利用规划更一致”的工作要求，全面落实土地利用规划、城市总体规划协同发展，与市规划院、市测绘院共同研究，推动“两规合一”相关工作落实，实现城市总体规划与土地利用总体规划两图合一。在整合梳理大量城市、土地、人口、测绘、互联网地图等数据的基础上，选定建成区约17平方千米作为研究区域，开展土地利用现状图与城乡规划现状图的对接，初步确定两规合一工作的底图基础及技术路线，划定用地判别单元，研究各类用地的认定标准，建立城市规划和土地利用规划两类规划共计216类用地的过渡性对照代码，并提出两类用地出现不一致时的划定原则。为构建全区空间规划一张图奠定基础，也为优化城乡空间布局、高效配置土地资源、促进土地节约集约利用和提高政府行政效能捋顺了思路。

（张杰磊）

【支持军事设施建设】 年内，区武装部拟对民兵训练基地进行扩建。该项目建设费用由区政府固定资产投资解决，多位区领导到武装部调研，确定建筑设计方案。该项目用地位于金顶北路8号，东至北京继电器厂院墙，西至阜石路，南邻现状山体，北至高井路。该项目规划总建设用地面积3.65公顷，容积率1.5，建筑控制高度18米，本次拟新建建筑规模约2700平方米。规划分局及时安排工作人员现场踏勘，并对规划方案进行研究，完成规划条件的核发工作。该项目扩建完成后，将改善辖区民兵训练基地设施不足的现状，有效提升民兵训练水平，进一步满足人民武装力量的硬件设施需求。规划分局还配合中部战区相关部门开展拟建传统教育基地的方案设计工作，并第一时间完成基地设计方案审定工作。

（杨双成）

【丰沙入地改造工程】 年内，为配合长安街西延道路工程及永定河景观改造工程需要，经铁路总公司、北京市共同研究确定，对丰沙铁路局部段进行入地改造，改造长度约7.0千米，其中隧道段长约5.0千米。工程位于永定河东岸，首钢主厂区西侧，沿线规划为滨水生态休闲区。该工程是北京市重点工程，设计方案符合铁路枢纽总图规划、《北京城市总体规划（2004—2020年）》及首钢规划，建成后能改善永定河两岸及首钢地区的交通联系，节约用地。截至年底，主线工程所有规划手续已核发。在首钢范围内的4.8千米线路已交付建设用地3.8千米，首钢区域外的2.2千米线路具备进场条件，地上管线改移完毕，地下管线也全部完成。

（裴贺蕊）

# 国土资源管理

## 概　述

年内，北京市国土资源局石景山分局（简称国土分局）在市规划国土委和区委区政府领导下，围绕石景山区“八个高端”体系建设和治乱疏解建高端工作，积极参与重大项目建设，以加强队伍建设为抓手，以提升服务水平为目标，全力推进分局规范化建设。全年完成土地入市项目3个，总用地面积14.13公顷，建设用地面积14.13公顷，规划建筑面积26.69万平方米；征收集体土地53.72公顷，预审项目17个，审批用地面积约202.23公顷。完成2套楼房补办出让手续工作，收缴土地出让金2.19万元。完成17个项目的建设项目用地预审审批工作，审批用地面积约202.23公顷。举办第47个世界地球日和第26个全国土地日宣传活动。

**地址：石景山区八角西街66号方地大厦**
**电话：68861188**
**邮编：100043**

（马晓兵）

**【不动产登记与司法沟通协作】** 1月28日，国土分局与区法院召开业务交流研讨会，重点针对司法协助执行、行政诉讼、民事判决与登记等问题展开研讨。法院执行厅对查封协助过户，行政厅对行政诉讼要点，区不动产登记事务中心就协助执行过程中遇到的困难和矛盾进行交流，与会人员就上述问题集中讨论、逐项研究，并制定具体措施。双方表示在今后工作中多交流、多沟通、多支持，为共同推进司法工作、不动产登记工作双发展、双进步献计出力。会后，区法院向分局赠送《峥嵘石法》系列图书。

（胡晓明）

**【不动产登记微信公众号开通】** 3月1日，由区不动产登记事务中心申请认证的“石景山不动产登记”微信公众号正式认证开通，缓解不动产登记办事群众取号难问题，微信公众号分为三个版块，“登记事务”“我要预约”“为您服务”。办事群众可通过微信搜索“sjsbdcdj”“石景山不动产登记”或者扫描二维码的方式来关注石景山不动产登记微信公众号。

（胡晓明）

**【国土资源宣传与调研】** 4月22日是世界第47个地球日，6月25日是全国第26个土地日，宣传主题分别是“节约集约利用资源，倡导绿色简约生活”，“节约集约用地，切实保护耕地”。国土分局联合九三学社区工委、社区青年汇等单位，于4月22日、6月24日在雕塑公园门口共同举办宣传咨询活动。通过设立宣传咨询台、悬挂宣传横幅、布置宣传展板、发放宣传材料等方式，向群众普及节约资源、绿色生活和保护地球的科学知识，普及合理用地、保护耕地的生活知识。在活动现场，群众热情咨询并领取相关宣传品。为提高宣传效果，分局采用全方位、多角度的宣传方式，利用不动产微信公众号平台和社区青年汇微信平台推送信息，设立地球日、土地日宣传专栏，并在主要办事窗口进行海报展示，在《石景山报》等媒体发布信息，取得良好宣传效果。年内完成三个课题调研，分别为《十三五时期石景山土地储备策略研究》《浅析大城管机制下国土资源执法监察的难点及对策》和《石景山区“边角地”现状、问题及相关政策建议》，课题成果上报市规划国土委。

（马晓兵）

**【对接国家土地督察】** 4月底，国家土地督察北京局牛珏专员一行到区开展督察对接工作。作为全市年度土地督察的七个重点区之一，石景山区对此次土地督察工作高度重视，国土分局更是将此项工作列为头号重点工作。区领导夏林茂、肖平，市国土局有关领导和区国土、发改委、规划、建委、经信委等部门参加对接会。5~7月开展为期两个月的督察自查工作。7月25日，国家土地督察北京局正式进驻石景山区开展为期一周的驻场督察。督察采取内业检查与外业核查相结合方式，主要围绕存量建设用地、节约集约利用土地、严格土地执法、维护群众土地权益等情况进行监督检查。督察组迅速展开工作，对土地征地、出让、划拨、储备、土地执法、空闲地及闲置地等土地利用情况进行全面内业核查，并进一步进行现场深度核查。此次督察，再次对辖区国土资源利用管理工作进行全面梳理。进一步摸清存量建设用地家底，为土地利用进入存量规划时代打下基础；全面梳理历年土地违法情况，切实保护耕地资源；系统总结国土资源管理形势及历年先进典型经验，为下一步管好用好土地资源，维护群众合法土地权益夯实基础。

（原慧慧）

**【推进北京保险产业园建设】** 5月，国土分局依据国土资源部《协议出让国有土地使用权规定》和市局《关于完善协议出让项目用地公示问题的通知》相关规定，在市政府信息公开网、市国土资源局网站等4个网站，对中关村科技园区石景山园北Ⅰ区（北京保险产业园）1605—650地块进行协议出让国有土地使用权计划公示。在公示期内，意向用地者中国保险信息技术管理有限责任公司向国土分局提交意向用地书面申请及相关申请资料。经区政府批准，该公司可按协议出让程序办理后续立项、规划等相关手续。

（刘丽娟）

**【土地资源整合利用规划】** 7月，《石景山区“十三五”时期土地资源整合利用规划》（以下简称《规划》）由主管区长审定，编制工作完成。为更好指导“十三五”期间土地资源的整合利用，引导全区产业集聚、人口集居与生态整合，国土分局根据全区“十三五”时期经济社会发展、土地利用与土地管理面临的形势，组织编制《规划》。《规划》遵循“全面深度转型、高端绿色发展”战略定位和构建“八个高端体系”建设目标，在对全区发展形势、“十二五”规划实施情况、土地利用问题及原因分析的基础上，明确“十三五”期间土地资源整合利用的理念与目标，按照“集约利用、功能复合、布局合理”的基本要求，以存量挖潜、提质增效为重点，对辖区土地资源进行调整、改造和整合利用。从新增用地控制、不合规用地腾退、存量用地盘活、边角地整治、分散功能用地整合等方面制定土地资源整合利用方案，并制定相应实施标准和保障措施。

（原慧慧）

**【土地储备金收支项目预算】** 10月，国土分局召开2017—2019年土地储备资金收支项目预算编制会议。项目实施单位对1~9月项目预算执行情况进行汇报，相关领导对各单位预算执行情况进行分析，并对各单位提出具体要求。投资管理部对2017—2019年土地储备项目收支预算编制工作进行布置，对预算编制表格填报进行解释说明，解答相关人员询问。会议强调：预算编制作为土地储备开发的最基本活动，是深化预算管理改革的总源头、切入点和突破口，各单位、各部门要优质高效完成工作；进一步增强预算均衡性和严肃性。坚持项目预算早计划、一般情况不追加、追加从严从紧的原则，提高资金使用率；为提高各实施单位对项目预算的重视，项目预算执行情况将成为实施单位业绩考核的标准之一，为建立编制、执行、监督及绩效四位一体的预算管理体系打好基础；各单位要严格编制，确定专人负责，切实做到编实编细编准，切实提高预算编制的前瞻性、科学性和准确性。开展土储项目资金收支预算编制工作，有利于做好2017—2019年土地储备中期财务规划，提前把握土储项目资金使用情况，保证项目开展；也有利于配合财政等相关部门工作，为地方政府债务融资工作奠定基础，提高财政资金使用效率，降低财政资金使用成本。分局和土储分中心负责人、相关科室、人员、项目实施单位代表等参加会议。

（唐金丽）

**【土地供应计划编制】** 10月，国土分局完成《石景山区2017年度国有建设用地供应计划建议方案及附表》的编制工作，为地区社会经济发展用地提供有力保障。首先全面梳理用地项目情况，结合区域土地资源利用现状及城市建设用地需求，统筹全区各类用地规模及空间布局，合理安排各类土地供应时序、规模及空间布局。随后会同区发改委、规划分局、住建委召开2017年国有建设用地土地供应计划工作会。各委办局从项目立项、规划、土地审批办理情况、拆迁情况、推进中的困难和问题等方面，逐个详细讨论拟供地项目的情况。根据工作会讨论结果，对计划进行修改，再次征求各部门意见后，确定土地供应计划项目。下年度计划供应18个项目，计划供地总量为59.53公顷。

（崔茜倩）

**【土地供应与出让】** 年内，国土分局完成衙门口公交站建设工程、五里坨02B地块保障房托幼用地、水泥厂公交站建设工程、区文化中心建设工程、古城南一路道路工程等5个项目的划拨供地审批工作，划拨供地面积2.79公顷。完成北京古城泰然投资管理公司古城创业大厦项目和北京麻峪工贸中心医药物流基地项目的协议出让申请，并取得市政府审批同意；完成石景山区文化中心建设项目电影院、实体书店协议出让申请工作；配合市局完成首特绿能港16号地、古城泰然大厦项目协议出让前期现场踏勘、带图作业审核和京原路7号养老项目竣工验收合同变更现场踏勘。完成石景山区实兴大街中关村科技园区石景山园北Ⅰ区1605—650地块协议出让国有土地使用权计划公示，并将公示结果上报区政府取得政府审批同意意见。

（孟　婧）

**【出让土地批后监管】** 年内，国土分局对全区25个出让项目、14个划拨项目土地进行外业踏勘、现场拍照、收集施工许可证和竣工备案资料并按照要求上传至批后监管系统。对于未按出让合同约定开工的北京物美置地房地产开发有限公司北京国际雕塑园地下文化娱乐中心项目，按照闲置土地处理流程完成闲置土地调查，并配合市规划国土委进行调查处置工作。

（孟　婧）

**【坚守耕地保护红线】** 年内，国土分局完成北京安泰兴业置业有限公司北辛安棚改项目占用耕地4.7101公顷占补平衡指标使用市级指标的申报审批工作。配合市规划国土委完成石景山区“十二五”时期耕地占补平衡情况统计、养老和医疗机构建设项目缴纳耕地开垦费自查情况和耕地指标交易统计等。开展设施农用地项目宣讲培训，指导设施农用地项目规范审批备案。完成衙门口村集体、八大处村集体2个项目设施农用地备案工作。

（孟　婧）

**【征地及农用地转用项目用地】** 年内，国土分局完成何家坟土地一级开发项目、北辛安棚户区改造B区土地开发项目的前期征地初审工作，共征收集体土地53.717公顷。其中农用地转用6.945公顷、耕地4.7107公顷。

（陈　晶）

**【城镇地籍调查数据更新汇总】** 年内，国土分局全面汇总上年度城镇地籍调查数据，收集上年地籍登记发证数据，使用最新汇总的土地利用类型和面积数据更新上年城镇地籍数据库，完成城镇土地利用现状更新汇总和年度城镇地籍调查数据。

（栾　静）

**【推动储备项目开发】** 年内，全区土地储备项目26个，按开发主体划分，其中市区联合储备项目8个，总用地面积605.66公顷，其中建设用地面积298.75公顷，规划建筑面积473.07万平方米。全年完成经营性用地土地入市项目3个，分别为绍家坡2号地公租房项目，中关村科技园区石景山园北Ⅰ区1605—637、641地块B23研发设计用地，石景山园北Ⅰ区1605—639、649地块B23研发设计用地。总用地面积14.13公顷，建设用地面积14.13公顷，规划建筑面积26.69万平方米，总成交价36.16亿元，回笼一级开发成本19.41亿元，实现政府收益16.75亿元。土地储备分中心对土地开发项目进行系统梳理，结合各项目进展情况及现行土地政策，完成2017年经营性用地供地计划编制工作。整理出4个主推上市的项目和3个备选项目，总用地面积为34.47公顷，建设用地面积27.8公顷，规划建筑规模56.12万平方米，规划用途主要包括商业用地、住宅用地和教育研发用地，为地区发展高端业态、引进优秀企业搭建平台。

（周星宇）

**【保障性住房用地供应】** 年内，国土分局完成《石景山区2016年度保障性安居工程用地供应计划》编制工作，通过互联网向社会公开。确定下年辖区保障性安居工程用地计划供应6个项目,计划供地总量为17.32公顷。

(崔茜倩)

【国土信息化建设】 年内,国土分局推进信息化基础设施建设,满足新办公环境及不动产登记大厅信息化需求。依据分局《机房建设及管理暂行办法》《北京市国土资源视频会议系统技术保障管理规定》及政务内网机房建设标准,开展新办公楼机房建设,重新规划建设机房及办公楼综合布线,开展规划设计、资金申请、招投标等工作。全年完成约500次的计算机现场维修工作,定期开展机房设备检查、数据备份、信息安全管理等。新增一名运维人员,补充运维力量,提高运维水平。年初正式接管不动产登记中心运维工作,完成北京市不动产统一登记系统人员权限配置和原房屋登记事务中心网络切换。完成不动产登记中心微信预约系统部署建设以及运维工作,解决相关影响系统稳定运行的技术问题。开展必特思维扫描件数据、强网房屋系统数据迁移部署工作。北京市不动产统一登记系统等各类信息系统的稳定运行得到有效保障。

(赵　亮)

【不动产历史档案整合】 年内,国土分局对市局监管平台、YTT房屋登记系统、TT系统的扫描信息、强网系统中的数据,以及日常档案数字化成果及原房屋档案数字化成果进行全面、系统地整合。全面启动历史登记档案数据整合工作。

(胡晓明)

【地籍区(子区)核查上报】 年内,国土分局完成对2012年上报的石景山区地籍区(子区)核查上报工作,经国土部批准正式确定石景山区为9个地籍区、13个地籍子区,并应用于日常土地登记及后来的不动产登记工作。

(胡晓明)

【造林工程用地核查】 年内,国土分局对2012年全市“百万亩造林”工程范围内石景山区12块图斑的用地情况进行全面核实。经过外业核实及对照市园林绿化局提供的林地范围图,最终确定石景山区有9块林地图斑,将结合年度变更调查进行相应地类的调整。

(胡晓明)

【卫片核查】 年内,国土分局核查上年度卫片共计30个,其中新增建设用地14宗。合法用地面积6宗,违法用地8宗。8宗违法用地全部立案查处。

(张雅谦)

【高尔夫球场整治】 年内,涉及整改的高尔夫球练习场共2个。一是八大处18号体育中心,该球场已关停。二是京山天宏高尔夫俱乐部,6月15日已开庭审理一次。待诉讼结束后,衙门口农工商公司将该地块改为其他用途,不再涉及高尔夫练习场项目。

(张雅谦)

# 建设管理

## 概　　述

石景山区住房和城乡建设委员会(简称区住建委)承担着石景山区城乡建设、房屋管理、住房保障、住房改革工作。年内,围绕石景山区“四个全面”战略布局,深入贯彻五大发展理念,大力推进“八个高端体系”建设,全面推进重点工程建设、棚户区改造;做好民生保障工作;稳固提升行业监管水平;扎实提高行政效能和服务质量,治乱疏解环境整治工作。苹果园交通枢纽等十项重点工程全面实现开工建设。固定资产投资稳步落地。主责的16项固定资产投资项目全部完成,完成投资128.5亿元,占全区任务的57.4%。棚户区改造项目积极推进,完成市政府下达的改造4000户和棚改安置房开工1300套的任务。居住区服务管理水平全面提升,完成11个老旧小区服务管理长效机制的建立。保障性住房建设和管理成效显著,开工建设西黄村棚户区改造项目定向安置房1300套;实现保障房竣工3220套,超额完成竣工任务。争取房源3315套,组织1654户经适房家庭、5076户限价房家庭进行配售及选房工作。累计向21805户次保障房家庭发放租金补贴2423.64万元,实现廉租房、公租房、市场租房补贴家庭依申请应保尽保。

地址:石景山区八角西街66号方地大厦
电话:68829989
邮箱:100043

(寇　佳　朱永锋)

【市重大办到区调研】 3月7日,市重大项目办党组书记王钢到区调研。对有关工作给予充分肯定,并表示将继续支持石景山区重大项目建设。7月13日,市交通委、市重大办到区调研苹果园综合交通枢纽项目。夏林茂主持召开项目座谈会。在听取市公联公司关于苹果园综合交通枢纽整体进展的情况介绍,区住建委关于项目地上物腾退进展情况和难点问题的汇报后,市交通委副主任方平对石景山区全力支持市重点轨道交通建设项目给予充分肯定,并就项目推进中遇到的难点问题进行深入研究和交流。夏林茂要求:进一步梳理相关工作,做到责任明确、任务明确、期限明确,各牵头部门积极推进,确保按时完成地上物腾退工作。市公联公司总经理马晓霞、副总经理郭长宝参加会议。11月10日,市重大办副主任郝小兵到区调研棚户区改造工作情况。区住建委就当年棚户区改造完成情况、难点问题及下年棚改计划进行汇报,与会各相关委办局围绕项目推进情况展开讨论。郝小兵指出:石景山区棚改工作任务重,多数项目都是“硬骨头”,控规不调整难以启动。鼓励石景山区攻坚克难,全力以赴,同时全力支持石景山区工作,在必要时候对棚改工作给予帮助和协调。

(寇　佳　朱永锋)

【交通枢纽商业金融项目竣工】 3月28日竣工。工程位于石景山苹果园地区,工程规模16464平方米,框架剪力墙结构,工程总造价6672.3782万元。2014年5月20日开工。中铁建设集团北京佳景晟房地产有限公司建设,北京立人建筑设计有限公司设计,中铁建设集团有限公司施工,北京双圆工程咨询监理有限公司监理。

(张庆平　王　蕊)

【长安中心获美国LEED预认证】 5

月，由金石融景公司开发的金融街（长安）中心项目收到美国绿色建筑协会颁发的美国LEED－CS绿色建筑金级预认证证书。LEED（Leadership in Energy and Environmental Design）是由美国绿色建筑协会（USGBE）制定并推出的能源与环境建筑认证系统，是现有的国际上最完善、最具影响的绿色建筑评估体系，已成为世界各国建立绿色建筑及可持续性评估标准的范本。长安中心项目凭借完善、强大的绿色建设技术体系，获得LEED－CS金级预认证证书。至此，金融街（长安）中心已分别取得美国LEED预认证和新国标绿建三星认证，践行并兑现助力社会可持续发展、节能减排的社会责任，对于提高金融街（长安）中心在国内乃至国际市场的声誉，以及取得优质的物业估值将有极大帮助，并将为销售创造更多亮点。

（寇　佳　朱永锋）

**【高新技术产业用房竣工】** 6月22日竣工。工程位于石景山区八大处路，包括1～8号楼、地下车库及人防室外口，工程规模163079平方米，框架剪力墙结构，工程总造价50298.6164万元。2013年7月10日开工。北京华清安平置业有限公司建设，北京中联环建文建筑设计有限公司设计，北京城建十六建筑工程有限责任公司施工，北京东方华太建设监理有限公司监理。

（张庆平　王　蕊）

**【嘉行广场商业金融项目竣工】** 7月14日竣工。工程位于石景山区苹果园，工程规模44504.83平方米，框架剪力墙结构，工程总造价14590.58万元。2014年5月16日开工。北京天鸿铭基房地产开发有限公司建设，北京五合国际工程设计顾问有限公司设计，中铁建设集团有限公司施工，北京菲尔建设监理有限公司监理。

（张庆平　王　蕊）

**【东下庄定向安置房项目竣工】** 7月27日竣工。工程位于东下庄村，包括1～3号住宅楼、4号配套楼及地下车库、设备用房，工程规模65759.37平方米，剪力墙结构，工程总造价16387.15万元，2013年8月20日开工。北京东和伟业房地产开发有限公司建设，北京城建设计发展集团股份有限公司设计，石景山区建筑公司施工，北京凯茂工程管理有限公司监理。

（张庆平　王　蕊）

**【市住建委到区调研】** 8月23日，市住建委副主任冯可梁带队进行绿色建筑调研。共同研究推进绿色建筑项目按照《绿色建筑工程验收规范》标准进行竣工验收的有关工作。冯可梁充分肯定区住建委全面推进绿色建筑发展取得的成效，要求各部门切实增强推进绿色建筑发展的责任感，严把绿色建筑质量关。建议以石景山区绿色建筑项目为试点，由区住建委推动开展绿色建筑工程验收。制定符合地区绿色建筑项目特点的绿色建筑工程验收方案。及时发现并解决工作中的问题，总结形成绿色建筑工程验收的经验。

（寇　佳　朱永锋）

**【1号住宅楼及配套等11项竣工】** 9月12日竣工。工程位于体育场南路，包括1～7号住宅楼及配套设施、8～9号配套公建、地下车库及出入口、1号配电室，工程规模143844.5平方米，剪力墙结构，工程总造价32909.85万元，2014年10月31日开工。北京京汉邦信置业有限公司建设，北京维美工程设计有限公司设计，江苏金坛建工集团有限公司施工，北京凯茂工程管理有限公司监理。

（张庆平　王　蕊）

**【5号楼等9项商业金融项目竣工】** 9月23日竣工。工程位于古城，包括5～9号、12～14号楼、人防出入口及D～2号，工程规模229613平方米，框架剪力墙结构，工程总造价69546.994万元。上年4月1日开工。北京金石融景房地产开发有限公司建设，中国建筑设计院有限公司设计，中建二局第三建筑工程有限公司施工，北京帕克国际工程咨询有限公司监理。

（张庆平　王　蕊）

**【房地产和住房保障发展规划】** 9月，《石景山区"十三五"时期房地产和住房保障发展规划》（以下简称《规划》）正式印发。《规划》回顾"十二五"时期房地产和保障房工作的主要成就和存在问题，并根据《"十三五"时期石景山区国民经济和社会发展规划纲要》总体部署，把握"十三五"时期面临的新形势、新任务，结合地区实际，提出"十三五"时期房地产和住房保障工作的指导思想、基本原则、发展目标、主要任务和保障措施。把房地产和保障房建设推向高端绿色发展的崭新阶段，为加快城市更新改造进程、推动首都西大门建设、构建幸福民生家园发挥支撑引领和基础保障作用。

（寇　佳　朱永锋）

**【A栋等5项商业金融项目竣工】** 10月28日竣工。工程位于老古城，包括A～C栋、E栋，汽车库Ⅰ段、Ⅱ段，工程规模95614平方米，框架剪力墙结构，工程总造价22358.95万元。上年8月18日开工。北京中海金石房地产开发有限公司建设，北京市建筑设计研究院有限公司设计，江苏江都建设集团有限公司施工，建研凯勃建设工程咨询有限公司监理。

（张庆平　王　蕊）

**【D栋及汽车库Ⅲ段项目竣工】** 10月28日竣工。工程位于老古城，包括D栋及汽车库Ⅲ段，工程规模40000平方米，框架剪力墙结构，工程总造价8438.16万元，上年8月18日开工。北京中海金石房地产开发有限公司建设，北京市建筑设计研究院有限公司设计，江苏江都建设集团有限公司施工，建研凯勃建设工程咨询有限公司监理。

（张庆平　王　蕊）

**【西十筒仓一期二期工程竣工】** 11月28日竣工。工程主要包括工业设施改造（6个筒仓、1个料仓），工程规模31240平方米，钢结构，工程总造价27523.82万元。2014年1月10日开工。首钢总公司建设，首钢国际工程技术有限公司、北京华清安地建筑设计有限公司设计，首钢建设集团有限公司施工，北京诚信工程监理有限公司监理。西十筒仓项目是北京冬奥会奥组委的办公场地，奥组委于5月入驻。项目位于石景山路68号（新首钢高端产业综合服务区北部），紧邻阜石路，是首钢石景山厂区老工业核心区的首个改造项目。规划占地13.6公顷,总建筑面积约10万平方米。作为整体转型改造的启动区,承载首钢先期示范作用,未来将实现区域产业的完美升级及工业文化的传承。目的是将之改建为创意广场,吸引文化艺术、广播影视等文化创意行业入驻。项目设计吸取中国传统牙雕艺术的核心——将多余的材料移出,使得原本笨重建筑变得更加轻盈。建筑立面的改造策略采用开设采光洞及中庭的方式引入自然光线。自然光线通过大小不一的采光洞漫射入房间营造出梦幻般的柔和光线。建筑室外地面的处理采用曲面混凝土形式,将地面与建筑本身融合为一体,使建筑本身可以和使用者有更亲密互动。

(张庆平　王　蕊)

**【C1号住宅楼等13项竣工】** 12月12日竣工。工程位于老古城村,包括C1~C6号住宅楼、C7号配套商业、C8号密闭式清洁站及公厕、C9号配套商业、C10号配套商业、C11号开闭站、C12号燃气调压站、C地块地下车库及设备配套,工程规模106006平方米,剪力墙结构,工程总造价25890.75万元,上年5月30日开工。北京中海金石房地产开发有限公司建设,中国建筑设计院有限公司设计,北京韩建集团有限公司施工,北京五环国际工程管理有限公司监理。

(张庆平　王蕊)

**【F1号住宅楼等15项竣工】** 12月13日竣工。工程位于老古城村,包括F1号、F2号、F4号、F5号、F7号住宅楼、F3号、F6号、F8号、F9号住宅楼及配套、F10号配套公建、F11~F14号配套商业、F地块地下车库及设备配套,工程规模121905平方米,剪力墙结构,工程总造价29946.08万元,上年5月20日开工。北京中海金石房地产开发有限公司建设,中国建筑设计院有限公司设计,中国建筑第六工程局有限公司施工,北京建拓工程管理有限公司监理。

(张庆平　王　蕊)

**【1号楼等6项商业金融项目竣工】** 12月26日竣工。工程位于古城,包括1~5号楼、人防出口及地下,工程规模229942平方米,框架剪力墙结构,工程总造价65722.27万元,2014年1月20日开工。京西景荣置业有限公司建设,中国建筑设计院有限公司设计,北京六建集团有限责任公司施工,北京赛瑞斯国际工程咨询有限公司监理。

(张庆平　王　蕊)

**【治乱疏解重点工程】** 年内,经区委、区政府研究决定,确定治乱疏解环境整治等十项重点工程项目。分别为:治乱疏解环境整治、苹果园交通枢纽建设工程、八大处周边缓堵工程和京西商务中心配套道路建设及周边环境整治工程、刘娘府110千伏输变电工程和石景山220千伏输变电工程、西绿东引园林绿化改造提升工程、地区西部医院建设工程和八角卫生服务中心综合装修改造工程项目、苹果园体育文化社区项目和实验中学新建综合楼项目、石景山区医药物流产业基地、香山南路28号院东侧用地和保险产业园建设项目、北辛安棚户区改造项目和首钢铸造厂南区限价房、石景山区高射武器库和地下靶场,计划总投资484.32亿元。治乱疏解环境整治于1月开工建设;苹果园交通枢纽建设工程于12月开工建设;八大处周边缓堵工程于6月开工建设,京西商务中心配套道路建设及周边环境整治工程于9月开工建设;刘娘府110kv输变电工程和石景山220KV输变电工程于12月开工建设;西绿东引园林绿化改造提升工程于3月开工建设;石景山区八角卫生服务中心综合装修改造工程项目于9月开工建设;苹果园体育文化社区项目于3月开工建设,实验中学新建综合楼项目于11月开工建设;石景山区医药物流产业基地于3月开工建设,香山南路28号院东侧用地于上年12月开工建设,保险产业园建设项目于上年12月开工建设;北辛安棚户区改造项目于11月启动征地拆迁工作,首钢铸造厂南区限价房于上年12月开工建设。

(张　明　田　梦)

**【新建建筑达绿色标准】** 年内,区相关职能部门严格落实《石景山区发展绿色建筑推动绿色生态示范区建设的实施方案》,按照五个典范的标准和要求,全面执行绿色建筑标准。方案规定辖区内所有新建、改建、扩建普通住宅(含保障性住房)项目应达到绿色建筑二星级标准;低密度住宅项目应达到绿色建筑三星级标准;社会公益事业及产业项目建筑面积超过5000平方米的应当达到绿色建筑三星级标准、5000平方米以下的项目达到绿色建筑二星级标准。高于北京市要求的新建项目执行绿色一星建筑标准,与当年市政府工作报告中提出的“要积极推广绿色建筑和建材”一致。为确保绿色建筑标准落实到位,成立推进绿色建筑建设领导小组,组长由主管副区长担任,成员单位由国土、规划、发改委、建委等部门组成,对达不到绿色建筑标准的项目不予立项。同时,为鼓励全区的绿色建筑发展,增加绿色建筑区级财政补贴,二星项目每平方米补10元,三星项目每平方米补30元。自方案实施以来,全区已完成节能设计备案绿建三星项目4项,共计89.08万平方米;绿建二星项目5项,共计67.31万平方米。绿色建筑有节地、节能、节材、节水,保护环境和减少污染等优势,能给居民提供更健康、更适用和更高效的使用空间,绿色建筑是建筑发展的必然趋势,也是石景山实现高端绿色发展的必要途径。

(张　明　田　梦)

**【房地产企业资质管理】** 年内,全区有57家房地产开发企业办理开发资质升级、延续、变更等手续。截至12月底,全区有房地产开发企业71家。其中一级资质4家、二级资质5家、三级资质2家、四级资质39家、暂定资质企业21家。

(张　明　田　梦)

**【建设工程招投标】** 年内,区住建委共办理建设工程施工招标89项,其中公开招80项,邀请招标9项。招标工程建筑面积1625180平方米,中标价583525万元;办理建设工程监理招标36项,其中公开招标32项,邀请招标4项,中标监理费7299.42万元。

(郭庆珍　高相波)

【保障性住房建设】 年内，区住建委推进落实各类保障性住房建设，其中新开工西黄村棚户区改造安置房10万平方米1300套；竣工各类保障房3220套，其中南宫小区AB地块公租房898套限价房980套，燕山水泥厂限价房465套，东下庄定向安置房677套，老古城D地块定向安置房200套，完成全年开、竣工任务指标。

（潘丹丹　周　新）

【京西商务中心商业金融项目竣工】 6月6日竣工。工程位于古城，包括1～4号、10～11号、D～1号楼，工程规模139127平方米，框架剪力墙结构，工程总造价40456.6万元。2014年12月13日开工。北京金石融景房地产开发有限公司建设，中国建筑设计院有限公司设计，中建一局集团建设发展有限公司施工，北京帕克国际工程咨询有限公司监理。

（张庆平　王　蕊）

【北辛安棚户区改造项目】 年内，全市最大棚户区改造项目北辛安棚户区改造完成项目400亿元的立项，并取得市政府的征地批复。11月9日、12月6日先后启动北辛安国地非住宅和住宅房屋征收签约工作。截至年底，共完成1455户居民选房，签约率为24.2%，非住宅征收和租户清退共计109户，清租完成率60.9%。

（何艳珺　倪跃龙）

【高端城市建设发展规划】 年内，区住建委根据《京津冀协同发展规划纲要》、市委、市政府关于贯彻落实的意见，《北京市国民经济和社会发展第十三个五年规划纲要》和《"十三五"时期石景山区国民经济和社会发展规划纲要》等国家、北京市及石景山区相关规划、政策文件以及市委、市政府对石景山区工作的一系列重要指示精神，编制完成《石景山区高端城市建设发展规划（2016—2020年）》。规划主要结合首都功能新定位和石景山区城市建设发展实际，充分体现区委、区政府的战略意图，在分析石景山区高端城市建设发展面临的基础条件和战略环境基础上，研究石景山区高端城市建设的指导思想、原则和目标，明确空间布局和重点任务，梳理石景山区高端城市建设的战略路径，并提出完善石景山区高端城市建设的综合保障措施。规划是凝聚石景山相关政府部门、专业智库和社会公众智慧的战略性、指导性的行动指南，也是编制和实施高端城市建设各类专项规划、年度计划、实施方案及制定相关政策的重要依据。作为"八个高端体系"之一的高端城市建设体系是石景山区城市发展战略的重要组成部分，是构筑现代化城市体系的保证，也是带动全区社会经济全面加速发展、提高城市竞争力的重要基础。

（寇　佳　朱永锋）

【建筑行业资质审批】 年内，区住建委受理资质审批申请26件，2家企业完成资质晋级。完成112家企业资质内容变更审批。完成注册二级建造师863人的初审报批。完善企业相关信息，及时了解掌握企业经营状况。全区建筑业企业169家，总注册资本金69.99亿元。清租完成率60.9%。

（李万生　何　丹）

【建筑节能】 年内，区住建委共办理建筑节能设计审查备案17个项目，面积82.48万平方米。建筑节能专项验收备案22个，面积158.10万平方米。征收新型墙体材料专项基金665.44万元，散装水泥专项资金43.57万元。办理新型墙体材料返退项目18个项目，返退金额770.43万元。

（李万生　何　丹）

【建筑材料日常监管】 年内，区住建委专项检查在施工地建筑节能、建筑材料和散装水泥的使用。督促在建工程完成建设工程材料和设备的采购备案。与区环保局、市混凝土协会专家开展绿色生产规程执行情况的专项检查。截至年底，13个项目取得绿色建筑设计标识，建筑面积合计157.48万平方米，其中5个公共建筑项目取得三星设计标识，建筑面积合计100.21万平方米，5个公建和3个住宅项目取得绿色建筑二星设计标识，建筑面积合计57.27万平方米。

（李万生　何　丹）

【建筑业企业资质管理】 年内，区住建委完成建筑业企业资质简单换证142家；完成112家企业涉及企业名称、注册地址、注册资本金、企业法人、技术负责人等资质内容变更的审批；完成注册二级建造师863人的初审报批，其中初始注册164人，重新注册67人，延续注册196人，增项4人，变更注册255人，注销115人，公司名称变更21人；完成年度《安全生产考核合格证书》续期初审，共计297人，其中A证55人、B证103人、C证139人。

（李万生　何　丹）

【劳务管理】 年内，区住建委重点强化行业监管，开展劳务合同备案管理检查，督促企业进场前及时签订合同并办理备案，加强项目开工前政策交底及开展农民工依法维权教育，加强日常检查和重大日期隐患排查，及时消除农民工讨薪隐患。全年开复工350余万平方米，累计使用农民工2.6万余人，全年开展工地劳务检查120人次，检查总包企业55家，劳务企业80家；开展"质量两年行动"市场行为专项检查5家工地；参加市建管中心劳务协管员专项培训5人次；成功调解两项工程劳资纠纷；成功调处1起由经济纠纷导致工地停工事件，及时防止经济问题升级成政治事件；对61家施工企业进行罚款处罚，对6家施工企业进行记分处理，并及时约谈问题企业及作业班组负责人，督促用工企业做好自身管理，切实维护农民工合法权益。

（李万生　何　丹）

【房屋交易与资金监管】 年内，区住建委受理预售许可23件，监管预售资金总额8.38亿元。购房人资格核验，共计受理14244件；存量房网签8664件，撤销网签332件，全年二手房资金监管金额58.2亿元。处理市建委监管平台投诉及便民电话投诉30余次，办结率100%，满意度98%。

（果雪梅　陈　洁）

【房屋登记】 年内，区住建委根据《北京市住房和城乡建设委员会关于调整房产测绘成果审核事项有关问题的通知》中"市住房城乡建设委办理房产预测绘成果审核（含变更审核），在京中央单位、驻京部队、保密单位房屋及其他由市不动产登记部门登记发证房屋的房产实测绘成果审核(含变更审核),以及相应的实预测数据对应审核工作;区房管局(住房和城乡建设委)办理辖区内其他房屋的房产实测绘成果审核(含变更审核)及相应的实预测数据对应审核工作"下放到各区县的要求,开展工作。截至12月,全区共受理包括京西商务中心在内15个项目的实测绘成果审核,共计763656.02平方米。

(果雪梅　陈　洁)

**【房改售房】** 年内,区住建委完成49个单位房改售(调)房备案605套,4.9万平方米。其中,中央12个单位售143套、1.11万平方米;市属19个单位,售348套、3.01万平方米;区属7个单位,售44套、0.29万平方米;办理央产经适价调房11个单位/次,70套、0.48万平方米。办理单位回购住房1套、42.63平方米。

(曹　宇　李　瑾)

**【房产经纪机构管理】** 年内,区住建委办理房地产经纪(分支)机构初始备案申请37件、变更备案申请27件、注销申请5件。全年检查房地产经纪(分支)机构298家(次);发放责令改正通知书17份;约谈房地产经纪(分支)机构30家(次);处罚房地产经纪机构1家,罚款2万元;对3家房地产经纪机构进行立案调查处理。

(张继奎　董　静)

**【住宅专项维修资金审核备案】** 年内,区住建委在继承原有审核流程和标准的基础上,优化审理流程,对申请材料真实性详细复核,提升专项维修资金审核工作的工作效率和使用安全。对审核项目台帐进行优化,增加数据比对分类。全年专项维修资金审核受理申请41笔,不合格退回15笔,审核完成26笔。涉及维修项目184个,其中应急支取项目61个,非应急支取项目123个,总支取总额为38087108.06元。维修项目主要为消防、防水、电梯、门禁、外墙、二次供水6项。

(张继奎　董　静)

**【保障性住房受理审核】** 年内,区住建委全年受理审核申请保障房家庭459户,其中审核备案家庭456户,审核终止不符合条件家庭3户。累计审核备案家庭35916户,通过资格复核终止4990户超标家庭备案资格,通过29次摇号配租配售,轮候家庭2948户。

(王晓庆　左经纬)

**【保障性住房选房配售】** 年内,区住建委组织1654户经适房家庭进行选房配售,组织5076户限价房家庭进行摇号配售及选房,为24户放弃选房自行购买住房的限价房备案家庭发放市场购房货币补贴489万元。

(王晓庆　左经纬)

**【保障性住房租金管理】** 年内,区住建委累计向21805户(次)保障房家庭发放租金补贴2423.64万元,其中向11786户(次)廉租房家庭发放补贴1014.25万元;向9358户(次)公租房入住家庭发放补贴1316.47万元;向661户(次)市场租房补贴家庭发放补贴92.92万元。

(王晓庆　左经纬)

**【保障性住房后期管理】** 年内,区住建委完成金顶阳光廉租房项目物业变更,由北辛安物业变更为首欣物业。研究制定石景山区保障性住房后期管理工作方案,明确检查事项,并依据方案进一步加强对廉租房项目的巡查,加大解决疑难问题力度。召开43次协调会,开展日常检查及督促维修事项120余次。

(王晓庆　左经纬)

**【老旧小区管理长效机制试点】** 年内,全区有以房改房为主的老旧小区71个,面积687万平方米,9.5万户。其中实施物业管理的有15个,364.6万平方米;产权单位单一的独立小区31个,56万平方米;未实施统一物业管理的25个,266.4万平方米。区住建委对这些小区物业管理坚持以自管会为主体,以安全防范到位、绿化保洁优良、维修维护及时、停车管理有序为标准,完成11个老旧小区服务管理长效机制的建立工作。

(郭倩楠　张倩倩)

## 西部建设办公室

**【概况】** 石景山区西部建设办公室(简称西建办)是全面组织协调石景山西部地区开发建设工作的区政府派出机构,设综合办公室、规划发展科、项目推进科(工程管理办公室)3个内设机构。行政编制12名。年内,西建办围绕区委区政府决策部署,以"建设风清气正的政治生态和高端绿色的发展生态"为目标,按照构建"八个高端体系"和"五个典范"要求,坚持党建统领全局,坚持全面从严治党,着力开展"两学一做"学习教育,着力深化区域规划研究,着力加强基础设施建设,有力推动西部建设向纵深发展。

**地址:石景山区五里坨车站路1号**
**电话:88907327**
**邮编:100042**

(张路平)

**【西部地区"十三五"规划编制】** 年内,西建办与区发改委联合完成《石景山区"十三五"时期西部地区发展规划》编制,为区级一般专项规划。西建办对接市、区"十三五"规划纲要,紧密结合永定河绿色生态发展带规划,通过多次实地考察、专题研讨和征求各部门意见,形成"打造生态环境优美、宜居宜业宜游、城市经济发达、高端业态繁荣的山水生态城(CED)"的规划定位。规划以"融合山水谋发展,建设首都西大门"为核心理念,以构建"山水交融、西绿东引"的生态格局为主线,从自然生态,社会生态、经济生态综合考虑,明确"十三五"时期区域发展的战略目标、重点任务和措施保障,为"融合山水谋发展,建设首都西大门"发挥环境支撑、建设引领和模式示范作用,是指导西部地区未来五年发展的行动纲领。

(张路平)

**【项目研究论证】** 年内,西建办启动永引渠南路西延(石门路—金顶山路)工程项目前期研究。以解决陆军领导机构以及石景山西部地区交通出行问题,加强石景山中部地区与西部地区的密切联系,串联中关村石景山园、北

京保险产业园、五里坨建设区实现资源共享，优势互补，加快推进石景山区低端疏解、产业升级等工作的落实。截至年底，道路规划条件基本确定。

（张路平）

**【市政基础设施建设】** 年内，完成南宫保障房周边临时道路、五里坨支路100、秀府村北路及五里坨南宫中路等道路工程建设。完成陆军总部周边、石门路、五里坨路沿线、五里坨保障房周边等绿化工程。推进地区小河流域综合治理和升级工作，完成隆恩寺沟、潭峪沟等治理工程，启动黑石头沟、高井沟治理工程。

（张路平）

**【年度项目建设】** 年内，完成五里坨供水厂，北师大附中京西分校，五里坨特勤消防站，南宫小区A、B地块保障房等重点工程建设；五里坨02B地块保障房项目封顶。启动西部环卫中心场站项目一期、西部综合医院、精神专科医院、儿童福利院、救助中心、气象站、居民文化体育活动中心、五里坨小学迁建等社会公益项目建设。

（张路平）

## 北京实兴腾飞置业发展公司

**【概况】** 北京实兴腾飞置业发展公司（简称实兴腾飞）注册资金6000万元，总资产18.94亿元，一级房地产开发资质，是本区最大的国有房地产开发企业。下属11家子公司，包括6家全资子公司（北京实兴金海物业管理中心、北京实兴建材公司、北京实兴腾飞酒店物业管理有限公司、北京金鼎园大学生公寓物业管理中心、北京天泰兴业置业发展有限公司、北京实兴腾飞商业地产管理有限公司）；4家参股子公司（北京石海兴业置业发展有限公司、北京金石融景房地产开发有限公司、北京晟通置业发展有限公司、北京国实置业有限公司）；1家控股子公司（北京西部联合置业发展有限公司）。年内，实现经营收入28500万元，实现利润总额2975万元。

**地址：石景山区杨庄东街59号**

**电话：68880853**

**邮编：100043**

（张小军）

**【参股成立北京晟通置业公司】** 年内，实兴腾飞与北京公联交通枢纽建设管理有限公司、北京城建设计发展集团股份有限公司成立合资公司——北京晟通置业发展有限公司，注册资本1亿元，实兴腾飞占30%股份，公联持股30%，城建持股40%。该公司成立后成为苹果园交通枢纽一级开发项目的城建类固定资产项目实施主体。

（张小军）

**【成立子公司】** 年内，实兴腾飞经区政府、区国资委批准与区国资公司合作成立北京国实置业发展有限公司，注册资本1000万元，实兴腾飞持股35%。

（张小军）

**【五里坨建设组团项目】** 年内，实兴腾飞全部拆除拟上市地块内地上物，推进02A地块的控规调整及拆迁进度。安置房业主产权证办理进入实操阶段，完成所有已安置4981套房屋的信息备案内审工作，完成开具2812份发票。取得配套公建大产权证。完成维修扫尾工作，配套公建步入物业管理正轨。截至年底入住率达99.6%。全年办理面积结差112套，累计办理4940套（含空置房544套），累计完成89.4%；非标房处理累计完成90%。

（张小军）

**【西井项目建设】** 年内，实兴腾飞西井项目一级开发工作进入收尾。西井项目拆迁总建筑面积约6.01万平方米，截至12月底完成拆迁面积5.88万平方米，完成率98%。完成7项工程类结算审计和13份协议合同类的签订。

（张小军）

**【金石融景项目】** 年内，实兴腾飞金融街（长安）中心项目获评“三星级绿色建筑”。工程方面，该项目6号地已售写字楼完成交付，8号地公寓年内精装收尾，根据房款缴付情况陆续交付。销售方面，调整推盘节奏，加快公寓去化，融裕公寓年内全部售罄；2号和3号楼分别整售给中荷人寿、中国电子科技集团并完成签约。全年累计签约57.05亿元，回款55.62亿元。

（张小军）

**【南宫嘉园保障房项目】** 年内，实兴腾飞完成南宫嘉园原公租房转性为经济适用房并完成交付入住，根据区政府指示，限价房1号、2号楼完成入住手续办理。全年累计签约3.3亿元，回款3.44亿元。

（张小军）

**【拆违治乱工作情况】** 年内，实兴腾飞根据区国资委“治乱疏解建高端”的工作部署和要求，全部完成国资委挂账的34项任务。相继清理整治实兴西街18号院、海特花园41号楼北侧平房、海特广场及周边、杨庄北区西侧、杨庄中区16号楼底商、大学生公寓“楼上楼”等各项违建15521平方米，拆除面积10237平方米，疏解外来流动人口900余人。

（张小军）

## 北京燕金源置业有限公司

**【概况】** 北京燕金源置业有限公司（简称燕金源公司）是本区国有控股的房地产企业，注册资本4.5亿元，具有房地产开发四级资质，负责实施苹果园交通枢纽商务区土地一级开发项目的建设，配合市、区相关部门做好苹果园交通枢纽建设有关工作。苹果园交通枢纽商务区项目位于石景山区中部，其四至为：东至苹果园大街、杨庄大街，南至阜石路，西至规划金顶西路，北至琅山苗圃（其中，不包含苹果园交通枢纽范围）。总用地面积52.81公顷，总建筑控制规模55.14万平方米。苹果园交通枢纽位于地区中部，以苹果园地铁站为中心，北至苹果园路，南至阜石路，东至金顶东路，西至规划一路。规划占地规模为4.77公顷，总建筑面积为29.7万平方米，其中，枢纽及轨道交通部分15.9万平方米，商业开发部分13.8万平方米。建成后，汇集M1线、M6西延线和S1线三条轨道交通，数十条公交线，7种交通方式（轨道交通、快速公交、常规公交、出租车、小汽车、自行车、步行)相互衔接,拥有14.31万平方米公共服务设施,将成为本市最大、同时也是最复杂的综合客运交通枢纽。年内,苹果园交通枢纽商务区项目南区土地全部上市,商务区项目部分绿地移交。

**地址:石景山区杨庄北区甲12号楼底商二层**
**电话:68868123**
**邮编:100043**

(姚　波)

**【南区土地全部上市】** 苹果园交通枢纽商务区项目南区占地29.41万平方米,8个地块全部完成一级开发,拆迁面积13.52万平方米,完成项目投资15.35亿元。年内收回一级开发补偿款8.91亿元,公司利润总额1720.03万元,上缴税款4904.52万元。

(姚　波)

**【枢纽项目腾退】** 年内,区政府成立苹果园交通枢纽征地及地上物腾退工作指挥部。燕金源公司在指挥部领导下,完成规划范围内首钢总公司所属的土地和地上物的全部腾退任务,腾退面积14068平方米。完成款项支付以及土地移交等工作。

(姚　波)

**【项目部分绿地移交】** 年内,燕金源公司完成商务区项目南区H地块A36号代征绿地的现场渣土破碎、清理工作,并交付区园林局进行绿化。A36号代征绿地占地7900平方米。

(姚　波)

**【建立OA办公系统】** 年内,燕金源公司安排专项资金建立办公自动化系统(OA系统),于8月初投入试运行,较年初计划提前2个月。OA系统规范工作流程,提高工作效率。

(姚　波)

**【安全及环保】** 年内,燕金源公司加强燃气安全检查力度,聘请北京市消防教育中心教员为全体员工进行消防安全培训,提升预防隐患和处理事故的能力。根据空气重污染应急预案,制定橙色预警和红色预警机制,在预警期内,停止施工现场土石方和建筑拆除施工,地上物覆盖及时到位,增加场地内及代征红线内清扫频次,确保各项应急措施落实到位。

(姚　波)

## 石景山区建筑公司

**【概况】** 北京市石景山区建筑公司(简称建筑公司),成立于1978年,是区属全民所有制建筑企业。具有房屋建筑工程施工总承包一级资质。1999年2月率先通过ISO9001质量管理体系认证,成为区属建筑业企业中第一个通过该认证的建筑公司。2006年1月,通过了质量、环境保护及职业健康安全管理体系的三体系认证,之后年年顺利通过三体系认证。2009年,公司成为石景山区首批持"CRD绿卡"的88家重点企业之一。年内,公司有7个职能科室,8个土建分公司,1个电气分公司。承建的石景山科技园区北Ⅰ区定向安置房项目、门头沟区永定镇丽景长安居住等项目竣工。全年完成营业收入59722.69万元,上缴税金403.97万元,开复工面积47.32万平方米,竣工面积16.64万平方米。企业资质升级为建筑工程施工总承包Ⅰ级。获北京市建筑工程最高质量奖"结构长城杯"和"长城杯工程奖"17项、北京市优质工程6项、北京市文明安全工地21个,河北省结构优质工程及衡水市安全文明工地1项。连续多年获区"百强企业",2003年起连续被评为"重合同、守信誉企业",连续三年获由北京市建筑业联合会颁发的"北京建设行业诚信企业"称号。

**地址:石景山区西井路15号静洋科技大厦五层**
**电话:68863898**
**传真:68829495**
**邮编:100041**

(贾海艳)

**【完成建筑公司资质升级】** 2月,建筑工程施工总承包壹级企业资质通过国家住建部批准。公司自上年2月2日决定,全面启动企业资质升建筑工程施工总承包壹级工作,同时成立升级工作领导小组、确定主要参与人员及工作任务分配。上年11月18日,公司完成升级工作所需的全部资料,并将资料按要求上报区建委。随后经过层层上报审核,11月27日,升级资料上报至住房和城乡建设部,是年2月获评。

(贾海艳)

**【丽景长安居住项目】** 6月竣工。该工程位于门头沟区永定镇冯村。2013年5月开工。建筑面积90084平方米,合同造价22424万元。工程为全现浇剪力墙结构及框架结构,该项目由3栋住宅楼、1个配电室、1个地下车库组成。住宅楼最高24层,最低18层。建设单位是北京住总骏洋置业有限公司,由本公司第六分公司承建。该项目被评为"北京市绿色施工文明安全工地"。

(贾海艳)

**【科技园区北Ⅰ区安置房】** 12月竣工。工程位于中关村科技园区石景山园西南角,东至实兴西街西红线,南至中园路北红线,西至刘娘府东街东红线,北至代征绿地南边界。2014年3月开工。建筑面积71191平方米,合同造价21153.66万元。项目包括5栋住宅楼、1个配套公建及1个地下两层的车库,住宅楼为剪力墙结构,最高地上十八层,配套公建为地上三层,地下车库为地下两层的框架结构。建设单位是北京京石科园置业发展有限公司,由本公司第三分公司负责承建。该项目被评为"北京市绿色施工文明安全工地"。

(贾海艳)

## 北京石开房地产开发有限公司

**【概况】** 北京石开房地产开发有限公司(简称石开公司)于2006年2月8日成立,注册资本4亿元,2013年减资为6000万元;由北京市石景山区国有资产经营公司和金融街(北京)置业有限公司共同出资组建。公司主营房地产开发建设、商品房销售。石开公司是在原北京市石景山区城市建设开发公司的基础上进行企业改制组建而成的。2009年3月,石开公司与金融街控股共同出资成立北京天石基业房地产开发有限公司,作为衙门口居住公建用地项目的开发主体。融景城一、二、三期商品房2012年10前全部交付,四期融景广场于2013年底前交付使用。年内,石开公司积极做好项目的维修维保工作,并完成代建项目银河大街热力管线工程竣工资料移交。

**地址:石景山区体育场2号**

**电话:51810266**

**邮编:100043**

(马 光)

**【银河热力管线工程】** 上年,石开公司克服银河热力管线工程复杂、施工难度大等难度,工程建设实现平稳交付。年内,完成工程竣工档案资料移交,并顺利通过全过程专项审计。

(马 光)

**【融景城维修维保】** 年内,石开公司做好融景城后续工作。在客户服务工作中,坚持开展业主关怀活动,坚持召开五方会议,持续改善物业和业主关注的出行及停车问题,及时做好维修维保工作,得到业主的认可;完成人防整改,取得"安全生产标准化三级企业"证书。

(马 光)

## 北京金石融景房地产开发有限公司

**【概况】** 北京金石融景房地产开发有限公司(简称金石融景公司)于2013年8月21日成立,注册资本10亿元,由金融街控股股份有限公司和北京实兴腾飞置业发展公司共同出资,金融街控股出资8亿元,占股权80%,实兴腾飞置业出资2亿元,占20%。2013年7月金融街控股和实兴腾飞联合体成功获取石景山区京西商务中心(西区)商业金融用地、五里坨南宫住宅小区(A、B地块)保障型住房项目后,注册成立金石融景公司,以该公司为主体开发金融街(长安)中心和南宫嘉园项目。年内,公司在金融街(长安)中心取得竣工备案,南宫嘉园保障房建设交付入住,销售签约、回款指标均突破60亿元。

**地址:石景山区体育场路2号**

**电话:51810266**

**邮编:100043**

(马 光)

**【金融街(长安)中心获得双认证】** 2月17日,(长安)中心项目经中国城市科学研究会筛选评比,通过评估并获得"三星级绿色建筑设计标识证书"。4月1日,获得美国绿色建筑协会(USGBE)颁发的"LEED - CS金级预认证证书",此认证是现有的国际上最完善、最具影响的绿色建筑评估体系,已成为世界各国建立绿色建筑及可持续性评估标准的范本。

(马 光)

**【金融街(长安)取得竣工备案】** 金融街(长安)中心项目规划用地面积5.3万平方米,总建筑面积38万平方米,业态分为写字楼、酒店、公寓和商业。项目位于长安街西延线、石景山区定义的金轴线上,公司按照石景山区政府"八个高端""五个典范"的要求,将项目打造成石景山区的标志性建筑。在保证安全、质量的前提下,合理安排工序,6号地、8号地分别于6月7日、9月27日取得竣工备案。至此,长安中心整体实现竣工备案。

(马 光)

**【金融街(长安)中心部分实现整售】** 年内,金融街(长安)中心成功引进中荷人寿保险公司和中国电子科技集团,实现2号楼和3号楼的整售,并完成交付入住。石景山区授予金石融景公司"招商引资工作突出贡献单位"荣誉称号。

(马 光)

**【全年销售60.28亿元】** 年内,金石融景公司在销售上通过调整推盘节奏,加快公寓去化;以产品呈现为契机,促进大客户签约;借势"绿建三星",树立绿建综合体标杆等措施,全年实现销售签约60.28亿元,完成年度计划的148%;实现回款60.38亿元,完成年度计划的109%。全年签约、回款指标双双突破60亿元,单盘签约额位居北京市商办综合体项目第一名。

(马 光)

**【南宫公租房转性为经济适用房】** 年内,南宫嘉园项目公租房作为全市首家将自持公租房转性为可售经济适用房的项目,销售价格未能确定。金石融景公司协调区发改委、区住保办等政府部门,并主动沟通经济适用房的测算成本,测算时取用的成本有理有据,最终政府有关部门的定价参考金石融景公司提交的成本数据,将南宫项目定价为6898元/平方米,每平米高于同地段项目160元。上半年完成827套经济适用房的签约回款,为项目多创造收益约1.3亿元。

(马 光)

## 房屋经营和市场管理

**【概况】** 年内,石景山区房屋经营和市场管理中心(简称中心)在区国资委党委领导下,以"全面深度转型、高端绿色发展"为统领,脚踏实地落实各项工作,认真履行职能,较好地完成了各项工作任务指标,截至到年底,实现经营收入2506万元。

**地址:石景山区古城东街103号**

**邮编:100043**

**电话:68880771**

**传真:68861581**

(任 群)

**【安全生产】** 年内,中心安全生产工作组织机构健全,责任分工明确,通过强化监督考核,年初逐级签订《安全生产目标责任书》,确保安全生产有效落实。采取定期检查和突击夜查相结合的方式,把经营性外租房、人员密集场所、用电安全、地下室、高层住宅消防设施、重要设备设施、小区公共区域等场所作为重点,全面检查。全年组织集中安全检查135次,出动人数349人次,主要领导及主管领导带队检查11次,切实强化安全防范措施,全年无安全责任事故。

(任 群)

**【房屋普查】** 年内,中心强化服务意识,履行岗位职责,优化办事程序,加强后期监管,提高服务效能和工作水平。扎实开展房屋安全普查,普查房屋总面积64.26万平方米,辖区楼房158栋,其中正规楼130栋62.52万平方米(其中托代管11.85万平方米);简易楼12栋0.44万平方米;平房926间1.3万平方米。安全鉴定方面,共完成各类房屋鉴定66处,总面积约74.7万平方米。

(任　群)

**【售房办证】** 年内,中心开展房改售房的指导、审核、网签、备案、审批工作23份。开展北辛安地区房改售房,接待居民3000余次,办理售房1180户。

(任　群)

**【供暖保障】** 年内,中心做好88.2万平方米的供暖保障工作。重点做好人员调配和设备设施维护保养。加强供暖应急抢险力量建设,成立供暖部,专职服务于供暖工作43人,组建应急抢险队,张贴上水通知1200余张,方便住户报修。同时承担长安家园和永定林工商宿舍供暖保障工作。

(任　群)

**【防汛抢险】** 年内,中心配合区住建委全面落实防汛抢险。逐级签订安全防汛责任书,下发《关于加强房屋防汛管理工作的通知》,从安全巡检制度、防汛预案的建立完善、防汛抢险队伍及物资储备的落实、应急演练、带班制度的执行等方面,做到责任落实到人。汛期组织对各类房屋排查、抽查,针对不同建筑物采取不同处理办法,实现安全度汛。

(任　群)

**【房屋测绘】** 中心全年累计完成各类房屋测绘面积18万余平方米,市级备案项目5件,个人分户230件,临时任务959件,房产发证11件。

(任　群)

**【拆迁服务】** 年内,中心围绕全区发展建设做好拆迁服务工作。上年结转7个项目,是年新接洽3个项目。完成人民渠拆迁和第二水泥管厂拆迁2个项目。推进北辛安S1、M6车站项目,北辛安棚改项目,北重北路西延拆迁项目等10个在施项目。中心负责承担的北辛安棚改AB区征收项目非住宅I标段,涉及50户承租人和47个院落,截至年末,37户签订腾退协议。

(任　群)

**【市场经营管理】** 年内,中心为确保市场的收益,完成对模南市场的招商工作,并相应提升对所管辖市场的租金,实现收益最大化。推进卫生区复审的迎检工作,对照现行的国家创卫标准,结合网格化卫生管理,签订工作目标责任书,把创卫工作目标和整治任务分解落实到人。加强健康知识教育宣传,提高市场内商户及群众参与环境整治的积极性。配合区商务委加快蔬菜网络建设工作,逐步完善符合区商务委要求的便民市场基础设施,满足居民对蔬菜零售形式品质化、多元化的要求。

(任　群)

**【治乱疏解专项行动】** 年内,中心参与区委区政府治乱疏解建高端的专项行动,中心成立专项行动小组,与经营工作同部署、同考核、同监督、同落实。按照"先易后难、先消隐后一般、先集体后个人、先党员干部后一般群众"思路,采取重点突破、以点带面的方式逐步推进。实行领导分片包干责任制管理,建立一院一策的整治台账,对14个大院逐一进行梳理核对信息,确保责任督办落实到位。通过张贴宣传材料、公告条幅和发放致居民一封信等方式,加强后期监管力度,不断巩固整治成果。截至年底,涉及中心的14处大院清退工作已全部完成。

(任　群)

**【信访维稳】** 年内,中心明确各单位行政一把手是信访工作第一责任人,全面负责落实信访工作。坚持党政领导亲自抓,分管领导具体抓,严格执行责任倒追制,全面防范各种政治性问题和影响社会稳定的问题发生,确保形势稳定。严格信访制度,设专人接待信访,对来信来访耐心细致做好思想疏导,不回避矛盾,做到事事有反馈,件件有回音。截至年底,共受理办结诉求便民电话转办单183件;信访16件;人大提案1件。

(任　群)

## 房屋征收事务中心

**【概况】** 年内,北京市石景山区房屋征收事务中心本着"政府征收、公平公正、阳光透明"的工作理念,坚持以改善民生为工作目标,认真完成北辛安房屋征收项目,项目签约期内走户率达到98%以上,推动辖区城市建设和棚户区改造工作进度,为推动区域经济发展,疏解整治促提升工作做出贡献。

**地址:石景山区京原路三角地1号院3号楼**
**电话:56920636**
**邮编:100043**

(王美瑜)

**【北辛安房屋征收项目】** 年内,启动北辛安房屋征收项目。征收中心把"征收为了居民、征收依靠居民、改造成果居民共享"落到实处,通过运用"一套指挥体系""四大创新方法"和"九大促迁手段",在签约期内完成6000余户居民签约搬迁工作,总体签约率达到98%。保障居民家庭和谐与满意签约的双赢,实现政府对全体居民"原地圆梦"的承诺。

(王美瑜)

# 城 市 管 理

城市运行管理是保证城市日常良好运行和有效控制突发状态的重要保障，是服务于城市公众在城市生活、工作中产生的各类即时需求的基本手段。石景山区探索城市管理体制改革的新路，确定构建城市综合管理体系“一二四”的总体思路，即：坚持党建统领这个关键，抓住城市职能“综合”“下沉”两个重点，构建行政综合、法治综合、上下综合、社会综合的“四个综合”新体系，探索出一条具有中国特色、符合首都现代化发展要求的城市管理新路。城市运行的智慧水平不断提高。初步建立起城市管理、综合治理、社区服务“三网融合”的数字化城市管理信息系统，按照北京市地方标准《数字化城市管理信息系统部件和事件处置》，在辖区内进行实时的状态监测、准确的状态预警、及时的协同会商、快速的处置决策、有效的智慧控制、迅速的评价反馈。城市运行的公共服务设施、市政交通基础设施逐步成熟、不断完善。近年来随着道路建设，其整体容量与结构均有很大程度的提升。“两高两快六主”的城市主干道和“五横五纵加半环”的城市交通网络进一步优化。加强小区停车设施综合治理改造工作，开展公共自行车系统建设，服务居民“最后一公里”出行。水、电、气、热等市政基础设施不断完善，全区清洁能源供热面积达99.33%。城市运行环境质量持续好转，污染减排卓有成效，无煤区建设成效显著。城市绿化覆盖率51.31%，获得“全国绿化模范城市”称号。石景山公园建设时间早、整体水平较高。永定河“四湖一线”改造石景山段完成，形成较好的滨水景观面貌。城市运行安全性能逐步提升，应急体系进一步健全，通过总体应急预案的实施，实现防范系统化、决策科学化、指挥智能化、保障统筹化，进一步提高应对突发事件的能力。

# 城市综合管理

## 概　　述

中共北京市石景山区委城市综合管理工作委员会（简称区委城管工委）、北京市石景山区城市综合管理委员会（简称区城管委）合署办公，设17个内设机构。其中：区委城管工委内设机构3个，区城管委内设机构14个。年内，区委城管工委、区城管委以“两学一做”学习教育为主线，突出全面从严治党主体责任落实，坚持把确保城市安全运行作为日常中心工作抓紧抓实，城市综合管理水平进一步提升。强化城市基础设施建设，推进长安街西延、北辛安路北段、永引渠南路等4条城市主干路建设；完成6项道路大修和26项中修工程；各项征地、拆迁工作进展顺利，S1线石景山段、丰沙线入地等工程完成征地拆迁工作量的90%，M6号线西延石景山段工程开工建设；第三、四阶段中小河道治理工程治理总长度7079米；其中高井沟、黑石头沟治理工程完成70%，八大处沟治理工程完成40%，完成石景山水厂前期工作，建成五里坨供水厂并正式运行。加强城市生态环境建设，城市品质稳步提升，完成石景山区水系生态景观规划及全区雨水、污水、再生水专项规划编制，为打造“一带两轴、三湿地、六湖、七沟八渠”的城市健康型水系格局提供科学遵循；推进西郊砂石坑流域范围琅黄渠、北八渠截污等水环境治理；牵头组建指挥部办公室，对全区528个低端产业聚集人群大院进行综合整治。截至年底，完成清理整治任务总量的89%，疏解人口3.6万；完成鲁谷东街、八角西街、新隆恩寺大街等12条精品大街和八角、鲁谷2个重点区域的环境景观提升工程；整治市级环境脏乱点808处；推进生活垃圾分类，采用政府购买服务形式，实现达标小区垃圾分类日常指导服务的企业化运行；结合长安绿轴项目，完成石景山路延线26座居民楼景观照明设施工程改造。注重应急体系建设，应急保障能力不断加强，修订《石景山区防汛应急预案》《石景山区供热突发事件现场处置预案》等20多个应急预案；完善防汛指挥机制，强化防汛工作统一指挥和调度；结合前期隐患排查成果，完善区、街两级供热燃气体系建设，成立供热燃气应急抢险队伍。着力便民惠民工作，为民服务水平不断提高，推进缓解交通拥堵工作，新增备案停车位1744个，增加错时停车位265个，推进老山、五里坨2个街道停车平衡示范区建设；完成公共自行车服务系统三期建设，新增站点35处，投放设备1000套；推进节水型社会建设，为老山、古城等地区19个社区换装节水器具11544套；加强自备井管理，建立区管自备井台账，下达自备井用水指标586.54万立方米；及时完成行政许可、建议提案、信访热线等事项。全面落实市城市管理体制改革试点和全国综合行政执法体制改革试点工作任务，探索改革试点新模式，在古城街道办事处试点推进“协同”执法新模式，加强改革经验交流推广。

**地址：石景山区杨庄东街9号**
**电话：68863619**
**邮编：100043**

（王　璐）

## 管理体制改革

**【概况】** 年内，区城管委坚持把改革创新作为最大时代担当持续推进，进一步深化城市管理体制改革工作，通过实施归口管理、权责清单、综合执法、职能下沉等措施，优化管理体制，提高执法效能。建立健全党建统领、行政综合、法治综合、上下综合、社会综合的城市综合管理体系。部分改革经验已纳入中共中央、国务院《关于深入推进城市执法体制改革改进城市管理工作的指导意见》；综合管理、双重管理等措施做法在市委市政府《关于全面深化改革提升城市规划建设管理水平的意见》中得到推广；人民日报内参第667期和第668期以上下两篇专刊报道的方式介绍本区改革试点工作经验。

（李　娟　王　璐）

**【综合执法改革试点评估】** 6月15日，市编办、市法制办、市城管执法局等相关部门评估本区承担的全国综合行政执法体制改革试点任务。通过听取汇报、交流座谈等方式，了解区综合行政执法体制改革工作情况、执法力量下沉后管理运行模式以及古城街道办事处“联合执法”经验探索等情况，并与区城管委、编办、法制办、城管执法局、街道办事处等部门相关人员进行深入交流和沟通，对本区综合行政执法体制改革试点工作给予充分肯定。在城市管理体制改革中，实现行政综合，整合职能归口管理。将原来的区市政市容委扩充为区城市综合管理委员会，赋予其对区环保局、园林绿化局、城管执法局、城管监督指挥中心、环卫中心等五个部门的统一管理的职能。建立归口管理机制，实施城市管理系统工作目标、行政审批、城市管理应急处置等“五项综合”。建立应急保障物资储备资料库，完善10类城市管理应急处置事项、20个应急工作方案，进一步明晰区街两级管理责任，街道属地建立全权、全时、全管、全责的“四全”责任制。按照“区考核块，块考核条”的双向联动考核办法，区委区政府负责对街道进行综合考核，街道负责对常驻单位和挂牌部门进行考核。实现法治综合，确保“看得见的管得了”。建立区街两级执法机制，制定综合执法实施办法、行刑衔接制度、一线执法人员奖励激励等一系列规章制度，促进法律法规、执法力量和执法手段的有效整合。区级层面设立区社会治理综合执法委员会，建立议事协调机构，实施高位指挥、高位协调的组织领导机制。街道层面成立街道社会治理综合执法指挥中心，建立常态化执法机制，通过派驻人员“统一办公、统一管理、统一执法、统一装备、统一考核”，发挥综合执法优势，实现“常态化”综合执法，基本达到“小事不出社区、大事不出街道”的工作目标。实现上下综合，无缝衔接提高效能。实施城市管理、综合治理、社区服务“三网合一”，通过信息资源整合和职能整合，构建区级城市管理综合执法指挥调度、监督考核平台，建立区、街道、部门上下贯通的监督指挥体系。从问题发现、处置、执法、督办实现无缝对接。实现社会综合，协同共治参与城市管理。强化协同共治，发挥区环境建设委员会、街道社会工委和地区管委会作用，调动驻区单位参与城市管理工作。以政府主导、社会参与方式，实施社会公厕、垃圾处理、垃圾分类、老旧小区环境卫生精细化管理等工作。会同首钢、驻军等单位推进老旧小区环境整治，整合区内协管员队伍，实施分级分类、统一管理。建立居民议事会、文明劝导队等，促进社区自治管理。

（李　喆）

**【强化信访代理制建设】**　年内，区城管委履行“一、二、三”信访工作机制（即树立“一盘棋”思想，把信访工作与党务工作和业务工作同部署、同落实、同监督，各部门齐抓共管，形成合力，切实为群众排忧解难；采取“二条线”方式，即信访办公室负责分派群众诉求，收集情况反馈，同时把处理结果与群众对接；实施“三级代理”模式，即按诉求性质分普通代理、科级代理和主任代理），通过“请进来”方式解决问题，同时向信访人反馈办理结果。全年干部“下访、约访、接访”解决信访办理50件，接待来访人员580人，全部答复解决。其中解决信访难题永定林工商公司宿舍搬迁居民集体访问题，先后接待上访100人以上规模集体上访10余次。供暖期间，接受各类供暖热线10500件，同比去年下降60%，集体上访数同比下降80%。

（石　硕）

**【人大建议、政协提案等工作】**　全年办理市人大建议5件，区人大建议35件，政协提案38件，督办件、政风行风热线55件，办结率100%。

（石　硕）

## 市政基础设施建设

**【概况】**　市政基础设施建设工作主要由市政办、供热燃气办、市容办等科室负责。年内，加快推进城市主路建设，强化骨架路网，加强基础设施建设与管理，增强区域承载力与吸引力，为经济发展创造良好硬件环境。加强供热管理，消除燃气安全隐患。开展环卫设备设施更新改造，做好城市道路清扫保洁，减少道路扬尘污染等工作，全力解决群众身边环境问题。

（王　璐）

**【城市道路建设】**　年内，区城管委重点推进长安街西延、北辛安路北段、永引渠南路和古城南街等4条城市主干路建设。长安街西延首钢厂区内道路主、辅路底层油摊铺完成；北辛安路北段西侧道路全线进地，大台铁路东、西两侧箱涵顶进就位；永引渠南路全力推进拆迁工作，交付市公联公司约1.6千米土地；古城南街按计划进行施工、监理招标。围绕北京冬奥组委、北京保险产业园、京西商务中心等重点区域周边建设晾水池东路、石景山园北Ⅰ区一号路、古城南一路等14条次干路、支路，加密区域路网。完成《2016

6月15日，石景山区综合行政执法体制改革试点评估会　（区城管委供稿）

年北京市缓解交通拥堵行动计划》要求的次支路建设任务。

（张　亮）

【道路养护管理】　年内，区城管委投入1.08亿元，完成金顶街、政法路东延、水泥厂北侧路、高井路、景阳东街、银河大街等6条道路大修，总长度5.03千米，总面积9.07万平方米；完成金顶北路等26条道路中修，总面积14.62万平方米；完成保养小修道路总面积7.38万平方米。

（彭　鹏）

【确保百姓温暖过冬】　年内，本采暖季供热总面积2441.52万平方米，其中居民住宅面积1994.52万平方米。从热源形式看，热电联产集中供热占比65.82%，燃气锅炉房供热占比33.60%，其他能源形式（油）占比0.58%，其中由市热力集团负责运行管理的居民供热面积占比达到66.24%。已形成以热力集中供热为主、区域燃气锅炉房为辅的供热格局，并实现供热能源的清洁化。全区负责向居民提供供热服务的运行单位36家，各类居民供热锅炉房46座，全部安全平稳完成本供暖季保障工作。区供热办推进供热管网“网格化巡查”机制，实行供热服务“闭环管理”，开展“暖身暖心”温暖送万家行动。搭建“113”供热服务信息平台。即1张明晰的服务公告——把供热单位联系人、维修服务电话贴到居民单元门上，让居民能直接联系到服务人员；1个统一的服务号码——把96069作为统一的供暖服务热线，推动“一键式”办理服务；3个供热服务群——建立“石景山区供热服务”微信群、热力集团“供热应急先锋群”和“区街两级供热保障群”，实现“点对点”服务。推出“掌上热力”APP，配备一个外接终端设备，实现用手机协同办公、报修、处置、上报等工作。督促热力集团提高96069客服的接单处理率、及时率，杜绝接单人员不入户、不抢修，改变应急抢修不到位、上门率低、直接消单等现象。从11月1日起派专人值守区政府信访办，参与有关供暖问题信访接待工作。西北热电中心、热力集团、瑞达等专业技术人员进驻管委，现场解决协调热源、供热技术指导、群众来电来访。协调市供热办、市燃气办，避免极端天气下天然气供应不足现象的发生。与广宁街道、热力集团一同解决广宁地区西铁路30余户居民冬季采暖的问题，杜绝群众集体上访事件发生。

（范立堂）

【老旧供热管网消隐改造】　年内，区供热办完成首钢老旧供热管网改造工程。总投资6188万元，对38个小区内54栋楼的楼底盘管、485栋楼楼顶盘、1288栋楼的立管、361栋楼的入门户进行改造，更换二次线962米。实施包括首钢地区在内的14项消隐工程，涉及40栋楼、550米二次供热管线。将原有五一剧场热力站拆分为14座热力站，有效降低系统风险。

（范立堂）

【燃气输送管道隐患整治】　年内，区城管委定期召开推进会，建立隐患整治工作例会制度，深入街道协调解决消隐工作中的难点问题，全面推进燃气管道占压消隐工作。截至12月31日，全区61处燃气管线占压重大隐患的整改工作全部完成，其中有59处销账；较大隐患16处，有12处整改完成并销账；一般隐患1处已经完成整改并销账。累计拆除违法建设1237平方米。

（张　洁）

【环卫设施建设】　年内，区城管委投资1000余万元，为41座公共厕所进行翻建、装饰装修、更换节能环保设备等升级改造工作，并为其中23座高类别公厕加装负压通风除臭设备；对金顶阳光小区、刘娘府定向安置房2处垃圾楼进行升级改造，提高生活垃圾的收集转运能力。

（田清河）

【公共服务设施】　年内，区城管委开展夏季城市道路公共空间设施综合治理，组织设施单位对全区报刊亭、电话亭、废物箱、公交车站设施等各类箱体外立面破损、损坏的维护，其它统一进行彻底清洗、保洁；对石景山路、八角西街的700余个城市道路公共服务设施进行二维码管理。

（尚全军）

## 城市环境建设

【概况】　年内，区城管委贯彻落实习近平总书记视察北京指示精神及《京津冀协同发展规划纲要》，深入推进疏解非首都功能，大力推动本区“全面深度转型、高端绿色发展”战略，实现本区从功能性城市向功能性与景观性城市融合发展，打造出一批和谐统一、宜居舒适的街面景观，实现精品大街既定目标。全力推进治乱疏解建高端工作，对全区528个低端产业聚集人群大院进行综

5月11日，全国城市节水宣传周“进学校”宣传活动　（区城管委供稿）

合整治。通过整治市级环境脏乱点、规范“门前三包”、清理非法小广告、拆除违规广告牌匾等多种措施实现环境提升，推进生活垃圾分类，采用政府购买服务形式，实现达标小区垃圾分类日常指导服务的企业化运行。

（王　璐）

**【通过国家卫生区复审】** 1月始，区城管委加大统筹协调力度，集中从主次干道、背街小巷、城市水体、城市立面、环卫设施、农贸市场、城市绿化、铁路沿线、城市照明、流动商贩、早夜市卫生管理、建筑（待建、拆迁）工地卫生、环境保护、公园环境等13项重点内容中开展专项整治工作。结合全区市容环境工作实际，坚持每月组织全区市容环境、秩序大检查，每周结合环卫设施及环卫专业作业、建筑渣土垃圾、园林绿地、河湖等市容环境日检查存在问题进行排查和督办、整改、验收。期间，督办问题9类420余项，做到发现问题逐项落实、专人督办、限期整改。同时，城管委认真梳理档案，对长效机制管理措施、宣传资料、检查评比记录共9个方面218盒爱国卫生相关内容的档案资料规范分类，统一装订，资料归档。4月20日，市爱卫会对本区进行国家卫生区复审综合验收检查给予高度评价，高标准完成国家卫生区复审迎检工作。

（王文昌）

**【重大活动环境布置】** “两节”期间，区城管委在石景山路、鲁谷路、银河大街、银河南街、银河东街、鲁谷大街、政达路、八角西街、杨庄东街等21条道路上布置灯笼3768个、中国结1256个。动员组织机关、企事业单位、沿街门店、社区、休闲广场、街心花园等区域摆设花卉55.3万余盆，悬挂国旗、彩旗3820余面，布置灯笼、中国结2330余个。

（张　楠）

**【精品大街建设】** 8月底，区城管委组织的精品大街第一阶段景观提升工程完成施工任务。于上年启动的精品大街工程第一阶段是石景山区首次实施的亿元以上环境景观提升项目，包括鲁谷东街、八角西街、新隆恩寺大街等12条精品大街和八角、鲁谷2个重点区域。在实施过程中，全区上下共同努力，克服设计变更量大、产权管理复杂、居民需求众多、基础条件不足等多重困难，全力推进城市街区精品改造提升工程。总体工程共完成广场铺装8000平方米、步道铺装120000平方米、楼体粉饰250000平方米、空调机罩安装工程2300平方米、安装铁艺栏杆5000延米、新建景观墙1000延米、墙面石材粘贴或干挂14000平方米、景观节点绿化景观提升9800平方米、公交车候车亭安装15座、门头牌匾更新改造850块、电气管线埋地56000米、安装夜景照明灯具11000套、美化配电箱（防腐木围挡、喷漆）87处。第一阶段景观提升工程实现从功能性城市向功能性与景观性城市融合发展，打造出一批和谐统一、宜居舒适的街面景观，实现精品大街既定目标。同月中旬，牛青山、夏林茂、岳德顺、吴克瑞、李文起等区四套班子领导对环境景观提升工程推进情况进行专题调研。在实地查看精品大街建设情况，并听取相关工作汇报后，牛青山指出，精品街建设工作各方面都取得重要突破，取得明显的认识成果、务实成果和惠民成果，意味着石景山切实踏向建设高端绿色街区的战略征程，展现从传统重工业区向高端绿色之城转型发展的一大亮点。他强调，环境是最普惠的民生，是一个地区的重要形象，是广大群众的迫切期待，全区上下要进一步统一认识，围绕建设高端绿色街区而奋斗。要像美化自己家中的客厅一样抓好街区高端绿色战略的落实，锁定一流标准。高端绿色街区是生态街区和文化街区，既具有雅致的品位，又要以人为本，管理规范、精细。要抓住首钢搬迁、冬奥组委进驻带来的重大历史机遇，拿出大规划，锁定建设冬季体育运动中心城市的目标。

（李　彦）

**【脏乱点台账整治】** 年内，区城管委制定《2016年石景山区环境建设考核评价细则》，明确各部门职责和任务分工，围绕市容环境、秩序环境、设施环境、生态环境四大环境开展环境整治工作，对整治工作中出现的重点难点问题通过每周城管例会协调解决，并会同监督指挥中心做好督查考核。本区在首都环境建设问题和公示系统上案件结案率除5月94.75%外，其他月均为100%。全年完成市级环境脏乱点整治808处，清理垃圾500余吨，规范门前三包300余处，清理小广告3000余处，拆除违规广告牌匾200余块，出动执法人员1000余人次。

（赵　勇）

**【开展扫雪铲冰】** 年内，区城管委投资9.68万元，为驻区部队、环卫中心、各街道办事处（鲁谷社区），印发《扫雪铲冰资料汇编》120册，补充配置1500把人工推雪铲、1400把铁锹、200把大扫把、560副手套；同时配置10吨融雪液用于解决过街天桥和小广告清除作业过程中结冰问题；组织各成员单位开展扫雪铲冰工作，发动社会单位1500余个，近19000余人参加扫雪铲冰活动，出动作业车辆120车次，使用机械化设备240台次，使用融雪剂180吨，完成扫雪铲冰保障任务。

（王文昌）

**【垃圾分类管理】** 年内，区城管委通过在分类达标小区中推行企业化运行模式，聘请第三方机构监督评价运行成效，引入专业分类宣传培训队伍等方式，在厨余垃圾分出量、居民知晓率及参与度、运行管理水平等方面得到全面提升。全年厨余垃圾分出量达到12560吨，较上年增加4199吨，同比增长50.2%，顺利完成市、区签订的生活垃圾处理责任书指标任务。在分类小区的运行监管中，通过委托第三方机构，按照市、区关于生活垃圾分类小区日常运行检查考评办法，对分类达标小区进行巡查，日均覆盖率在35%以上，周巡查覆盖率达到100%，并将市级检查中的“优良小区”评价作为依据，设立专项奖励资金，用于鼓励垃圾分类企业及小区物业。全年，本区在全市垃圾分类日常检查评比中排名城六区第一名，优良小区达到170个（次），名列十六区第一。

（侯　森）

**【环境精细化管理】** 年内，区城管委落实3200万精细化资金用于各街道环境卫生清扫保洁、城乡结合部和平房区垃圾收运、无物业老旧小区代管补贴、环境应急保障和兜底;为提高无物业老旧小区环境卫生质量,加大经费投入,由原来的每户每月7元提高到每户每月10元。投入66万元,采取政府购买服务的方式,聘请专业单位负责环卫专业作业、背街小巷作业、门前三包、行业(园林、水务、旅游景区、铁路、高快速路)环境卫生作业、夜景照明设施等检查工作,每月对各街道进行排名考核,对委办局任务完成情况进行通报,全力提升市容环境管理水平。在全市环卫行业考核中,本区成绩较去年有大幅度提升,居城市功能拓展区前2名。

(曲彤凌)

**【规范户外广告、门头牌匾】** 年内,区城管委通过分类别规范、分区域治理,共整治户外广告497处,牌匾标识501处,LED电子显示屏610处。拆除全区49条重点道路上未经审批的实施周期性山寨广告牌、软硬材质的横幅广告、其它形状的各种广告牌2039块。下发违规户外广告、牌匾标识督办单150余件。审批临时标语宣传品69件,备案门头牌匾89件,并做好监管与检查工作。

(张　楠)

**【景观亮化工程】** 年内,区城管委投资990万元提升改造石景山路沿线26栋老旧居民楼的景观照明设施。全面检修240余座景观照明设施。全年出动维修人次936次,车辆459次辆,共维修721处故障,更换变压器22个,消除安全隐患29处。

(尚全军)

**【架空线入地】** 年内,区城管委结合上年区精品街建设工程和道路大中修工程,完成香山南路、田村路、六合园路、古城路等16条架空线入地建设任务,完成管道建设19.79沟公里。完成冬奥组委驻地、中部战区和陆军总部周边架空线需求调查,按市管委要求列入下年入地计划或规范梳理计划。

(张争争)

**【治乱疏解工作】** 截至12月31日,全区通过区治乱疏解建高端指挥部办公室销账验收的低端产业聚集人群大院485处,占总量的89%,占地面积1218441平方米,拆除建筑面积581803平方米,覆绿增绿171120平方米,疏解人口3.6万人。

(杨君杰)

**【砂石厂整治】** 年内,区城管委联合主责单位对25处砂石厂中的14处实现彻底清理整治,剩下11处砂石厂全部停止生产。对砂石物料平整苫盖,场地封闭,在主要运输道路设置保安岗亭看护,严禁加工生产和运输。

(杨君杰)

## 交通保障

**【概况】** 近年来,辖区市政交通基础设施不断完善,道路整体容量与结构均有很大程度提升和改善,东西方向交通相对较好。"两高两快六主"的城市主干道和"五横五纵加半环"的城市交通网络进一步优化。中低速磁浮交通线路S1线于上年起全面开工建设,地铁6号线西延工程由苹果园南路站主体建设开始,苹果园交通枢纽也于年末实现开工。"十二五"末,全区各类市政道路总里程约275.6千米,总面积约507.7万平方米,建设区域路网密度4.44千米/平方千米(按建设区域62.08平方千米计算),人均道路面积7.8平方米/人(按常住人口65.5万计算)。辖区有公交站点217个,全区范围公交服务300米覆盖率45%,500米覆盖率68%。区内重点建设是阜石线大容量快速公交线路,即北京快速公交4号线。年内,区交通委以交通缓堵工作为主线,以市、区两级政府折子工程、重要民生实事、缓堵行动目标责任书等重要任务为发力点,紧密开展缓解交通拥堵、公共自行车服务系统建设、停车场备案与管理、交通战备、道口监护与管理等重点工作,把城市路网建设与缓解交通拥堵任务相结合,加强交通保障功能,推进交通事业有序发展。

(王　璐)

**【完成杨庄路疏堵改造】** 2月,区交通委针对杨庄路高峰时段拥堵严重的现状,在石景山交通支队对外办公大厅西侧杨庄南路新开办事人员出入口,封闭北侧原车场入口,同时加强交通执法,较好地解决了因办事车辆进出该车场而造成的车辆拥堵问题。

(李亚利)

**【万达商圈占道停车治理】** 3月,区交通委对区政府周边万达商圈的停车秩序进行集中治理,取消占道停车位200余个,通过设置中心护栏、机非护栏,安装非现场执法探头等措施,引导车辆入地库,还路于百姓,提升道路通行能力。

(张　庆)

**【缓解交通拥堵状况】** 5月4日,区交通委召开交通工作领导小组暨年度缓解交通拥堵工作会,贯彻落实《2016年北京市缓解交通拥堵行动计划》精神,部署地区缓堵任务,签订责任书,提出具体要求。领导小组39个成员单位以及缓堵工作涉及的8个单位参加会议。当年交通重点工作涉及统筹谋划交通规划、落实北京市缓解交通拥堵行动计划、推进缓解交通拥堵示范区建设、提升交通设施环境、改善静态交通环境、治理交通秩序环境、提高交通管理水平等七大方面。重点任务包括推进苹果园交通枢纽、4条主干路、2条轨道交通线路、10条次支路建设。通过建设八大处周边微循环道路、交通信息停车诱导系统和金顶山路立体停车场,缓解八大处地区交通拥堵。对银河大街、高井路等8条道路进行大修改造,对八角西街等20多条道路进行中修改造,在银河商务区周边的鲁谷大街、银河大街等4条道路集中实施15千米的慢行系统改造。在石景山路沿线地铁站新建和扩建7处自行车停车处,全区新增30处公共自行车服务站点。计划完成不少于2处立体停车设施建设,建设鲁谷大街等22条停车秩序严管街。会同领导小组成员单位研究制定《2016年石景山区缓解交通拥堵工作方案》,明确各项任务的牵头单位、配合单位和完成时限,并将缓堵任务纳入区政府重点工程加强督查。坚持每月组织缓堵任务主责单位进行工作调度，完成交通基础设施建设、静态交通管理、交通秩序管理、创新体制机制等市24项缓堵任务和区26项缓堵任务，辖区交通管理水平明显提升。

（张　庆）

【开展监护人员培训】　6月1—16日，区交通委组织道口监护员开展监护员培训，增强管理人员和监护员的业务知识，提高道口监护员的安全意识和应对道口突发事件的处置能力。

（张　茹）

【完成停车数据复核】　7月，区交通委配合市交通委开展停车复核，结合区实际制定《石景山区开展停车普查数据复核工作方案》，开展培训40余次，培训复核业务员150余人，采取实地核查、现场确认、查阅资料等方式，对全区9个街道36个交通小区的9种类型停车场2061个基本单元进行普查复核，对42处归属错误、9处数据有异议的停车场进行核实，完成停车普查数据复核工作。

（韩振杰）

【无车日主题活动】　9月22日是世界无车日，区交通委在八角街道文化广场举办“绿色交通·智慧出行”主题活动。驾驶员代表向全区广大驾驶员朋友发出倡议：从我做起，努力推进“3510”绿色行动，即3公里步行、5公里骑车、10公里公交，远距离绿色驾驶，最大限度缓解道路交通拥堵。随后，出席活动的领导为志愿者们颁发宣传材料，倡导志愿者们主动向身边人宣传绿色出行的意义和方式，自觉维护交通秩序，共同营造畅通、安全、和谐的交通环境。鼓励市民朋友重新思考出行方式，选择步行、自行车、公共交通等绿色交通方式，节约能源，低碳出行，净化空气，改善城市交通环境。最后，参加此次活动的领导和志愿者们纷纷在“绿色交通·智慧出行”横幅上签名。

（李亚利）

【编制交通发展规划】　9月29日，区交通委牵头编制的《石景山区“十三五”交通发展建设规划》（以下简称《规划》）正式对外发布，该规划为区级重点专项规划。区交通委与市级委办局、市级相关单位驻区机构、区内相关部门及园区管委会进行沟通对接。在广泛吸收各相关单位意见和建议的基础上，形成本《规划》。《规划》分为五章。其中第一章为规划背景部分，总结“十二五”时期交通发展取得的成绩以及面临的问题；第二章分析“十三五”时期交通发展面临的机遇与挑战；第三章为总体思路，提出“十三五”时期交通发展的指导思想和总体目标、指标；第四章分别从城市道路、静态交通、自行车步行系统、公共交通系统、智慧交通、交通运输服务、交通秩序管理以及交通文明宣传等方面阐述“十三五”时期石景山区交通发展的重点；第五章提出规划实施的保障措施。

（韩振杰）

【停车电子收费系统】　12月29日，区交通委在鲁谷路和鲁谷西街两条道路建设完成215个视频桩和129个地磁车位，并在市路侧停车动态监测和电子收费管理系统率先上线试运营。区交通委按照全区占道车位10%的比例，遴选鲁谷区域2条道路344个占道车位进行试点建设。

（韩振杰）

【停车秩序整治行动】　年内，作为市路侧停车管理改革工作试点区之一，区交通委全面规范停车秩序。与交通支队联系，将交管局确定的14条严管大街延伸确定至22条，加大管控力度，共贴条5.7万笔、同比上升10.6%。以政府购买服务方式，招标确定社会清拖单位，协助交通民警清拖违法机动车1549辆，同比上升2769%。同时对道路以内和路面以上、居住小区内的僵尸车进行集中清理，共清拖僵尸车790辆（占全市总量的69.4%），规范停车秩序。

（韩振杰）

【停车示范小区建设】　年内，区交通委为缓解八角北里小区停车压力，对小区道路进行重新规划，通过内部挖潜，将部分小区道路、绿化和拆违腾退的空地，规划为停车位，增加706个停车位，同时，引进专业停车公司进行停车管理，较好地缓解小区停车难问题，规范停车秩序。

（韩振杰）

【配合轨道交通建设】　年内，区交通委完成M6、S1线西延石景山段工程90%以上的征地拆迁工作，完成丰沙铁路入地改造工程石景山段的全部征地拆迁工作，保障S1线、M6线和丰沙铁路入地改造工程按时进场施工，并配合建设主体全力推进本区轨道交通建设。

（张争争）

【交通信息停车诱导系统】　年内，区交通委会同交通支队、八大处景区管委会等部门，在八大处地区设置3块交通信息发布屏，6块停车诱导屏。以信息化手段为依托，建设交通信息发布系统及停车诱导系统，提前告知游客区域交通状况，解决热门景点停车难问题，缓解八大处周边地区交通拥堵问题。

（张　庆）

【非机动车存车处建设】　年内，区交通委在石景山路沿线地铁站新建和扩建7处自行车存车处。占地面积5000多平方米，为自行车骑行人提供约3500个免费自行车停车位，规范地铁沿线自行车停放秩序，改善慢行交通环境。

（张　庆）

【公共自行车服务系统】　年内，区交通委完成公共自行车服务系统三、四期建设，为市民绿色出行提供便利。以新首钢高端产业综合服务区、京西商务中心、北京保险产业园等重点功能区为主，围绕冬奥组委住地、居民区、地铁站、公交车站、医院等场所，新增站点70处，投放设备2064套。

（张　庆）

【加强铁路道口管理】　年内，区交通委组织开展道口应急演练，增强道口突发事件应对处理能力。重要节日加大安全检查力度，利用道口监控设备实时检查监护员值岗、接车情况，发现问题及时纠正、处理。坚持每周两次实地检查和不定期的视频巡检制度，及时讲评工作中存在的问题。坚持奖优罚略。全年共现场检查道口120余次、视频检查80余次。

（张　茹）

## 水务管理

**【概况】** 年内，区水务局完成《石景山区十三五水务发展规划》《石景山区水系生态景观规划（2016—2030年）》编制，实施河长制，与全市供水管网互联互通，实施第三、四阶段中小河道治理工程。打造城市健康型水系格局，力促水安全、水环境、水景观、水文化的和谐统一。建立较为完善的防洪安全保障体系、安全可靠的水资源供给与高效利用保障体系、与经济发展相适应的污水处理与生态水环境保障体系，强化管理，夯实水务设施，提升城市水务保障能力。应对“7·20”强降雨，确保城市安全度汛。

（王　璐）

**【供水合作框架协议签订】** 1月21日，区政府与市自来水集团签署《合作框架协议书》，确定将区自来水公司转制划拨至市自来水集团，并举行五里坨供水厂正式通水仪式。合作协议的签署，实现与全市供水管网互联互通，由单一水源供水转变为多水源联调联动。石景山西部多为山区，地势高地形复杂，供水系统运行难度大，五里坨地区以前一直使用分散井群供水，导致供水水质、水压不稳定。占地1.65公顷、拥有16眼水源井、日均供水能力3万立方米的五里坨供水厂正式供水，西部地区3万多居民喝上优质安全的自来水。由此，五里坨供水厂和杨庄水厂将共同担负起为地区经济社会发展提供供水保障的重任，区自来水公司并入市自来水集团，有利于实现地区水资源的统筹和可持续利用，借助南水进京的契机，形成供水合力，打造供水品牌，提升地区供水设施发展水平和供水保障能力。

（高　辉）

**【编制水系生态景观规划】** 1月，区水务局全面启动《石景山区水系生态景观规划（2016—2030年）》编制工作，经过多轮次研讨修订，7月底完成报审稿，经第7次区政府常务会议和区人大常委会第三十五次会议审议通过。规划范围为行政范围内的所有河流沟渠共19条（其中明渠12条、暗渠7条）、湖区6处、湿地3处，分为明渠、暗渠、湖区和湿地四大类。规划总体定位为“西水东流，尚水润城”。主要依托区域河流文化、历史人文、科技文化资源，恢复与保护历史水系景观，塑造新的水系环境。全区水系以永定河水脉为支撑，形成以河道、湖泊、湿地、坑塘、溪流横纵水网，打造“一带两轴、三湿地、六湖、七沟八渠”的城市健康型水系格局，达到水安全、水环境、水景观、水文化的和谐统一。“一带”是指永定河绿色发展带，“两轴”是指永引渠、人民渠两条景观轴。永定河莲石湖生态沟渠长5.0千米，通过超级堤防、海绵城市、湿地营造等手段，将莲石湖、景观大道、首钢水系、麻峪湿地、南大荒湿地、长安街西延绿道和首钢内部的城市公共活动休闲带连接起来，打通莲石湖与门城湖的路障，让水通、绿通、人通，形成林水相依的景观带和区域文化的展示空间。永引渠是西绿东引的绿轴，规划长度为3.55千米，西起金顶山路桥东至永引桥，规划与周边绿地景观相结合，运用生态修复措施，形成子槽式蓄水的溪流形态，将原有硬质空间做柔滑处理，新增水生植物过渡带、滩地绿化及亲水设施，同时与周边保险产业园区相结合，河道局部区域增加具有时代、创新广场作为附近居民休憩、纳凉和健身的场所。人民渠石景山段全长4.0千米，西起规划二路东至玉泉路，通过河底修复、河坡修复、堤顶修复，形成小水面溪流景观，同时与区政府周边绿地水域相结合，增加疏林朗日的半月广场，服务于周边居民和办公人群，使水带、城市、人居能够完美融合，更好地提升区域环境。“三湿地”是指潭峪湿地、麻峪湿地和南大荒湿地。潭峪湿地位于潭峪沟上游，周边环境自然，本次规划以潭的意境和形态作为设计的元素来源，与周边环境相结合，沿湿地水系设置景观节点，形成玉溪蜿蜒，碧潭银瀑的景观效果，打造一处周末骑行、休憩、游玩的天然氧吧。麻峪湿地紧邻麻峪村，通过全部截污，与高井沟相结合，实现河道与湿地相融合的自然生态型湿地公园景观。南大荒湿地在永定河休闲森林公园内预留人工湿地水源净化工程，规模30公顷。“六湖七沟八渠”，“六湖”是指隆恩寺塘坝、拉拉湖、南马场水库、首钢湖、莲石湖和西郊砂石坑；“七沟八渠”是指隆恩寺沟、潭峪沟、黑石头沟、油库沟、石府沟、马尾沟、八引渠、军福渠、石电退水渠、琅黄渠、北八渠、八宝渠、北干渠、南干渠。规划将现有坑塘、湖区进行新的整合，通过水源净化、雨水利用、林水相依的景观带等措施，实现岸

1月21日，五里坨供水厂通水仪式　　（区城管委供稿）

绿、景美的湖区景观,有效改善生态环境,涵养水源,传承文化、提升景观。比如八引渠,规划与保险产业园相结合,通过蓄水,形成小水面溪流景观。规划将恢复河流连续完整的生态系统,构建全区新的水系结构,与区域历史文化相结合。规划实施后能够有效提高河道的防洪排水能力,保障防洪安全,改善生态环境,传承文化,提升景观,石景山水系将成为生态河道的示范区、林水相依的景观带、区域文化的展示地、休闲旅游的新空间。

(高　辉)

【节水主题宣传活动】 3月22日是第24届“世界水日”、第29届“中国水周”,5月15—21日是第25个“全国城市节约用水宣传周”。区水务局结合“坚持节水优先、建设海绵城市”主题实践活动,发动街道、社区以及全区用水单位广泛参与。在全区9个街道分别设立宣传点,开展形式多样的节水主题宣传活动。中央电视台“中国新闻”,北京电视台“北京新闻”“直播北京”及区有线电视等电视媒体和人民网、《北京日报》《石景山报》等平面媒体对活动进行专题报道。同时开展推动节水宣传“进学校”“进社区”“进单位”“进机关”等“七进”活动,大力宣传节水法规、节水常识及最严格的水资源管理制度,提升全社会对节约用水的认识。

(赵淑娟)

【自备井供水安全保障】 3月,区水务局组织召开年度自备井年度审验暨供水安全工作会。建立区管自备井台账,审核自备井取水许可证96本,下达自备井用水指标586.54万立方米、与自备井产权单位鉴定安全供水责任书39份。对自备井管理总体达到计划用水、安全用水、计量用水、节约用水,针对重大节日、用水高峰等情况对自备井检查约30眼次。

(高　辉)

【开展水质监测行动】 4月12日,区水务局配合市水文总站开展水质监测行动,对全区4个水文监测点和8个地下水质监测点进行监测。在原有水质监测基础上,进一步掌握全区地下水体的水环境质量及变化,查清污染物来源,跟踪监测重点供水水源的水质,密切水质变化动态,为科学决策提供技术依据。

(高　辉)

【“十三五”水务发展规划】 5月,区水务局完成《石景山区“十三五”时期水务发展规划》编制。经第9次区政府常务会议审议通过。该规划是石景山区重要的基础设施规划之一,也是国民经济和社会发展规划体系的专项规划之一。规划按照“以水定城、以水定地、以水定人、以水定产”的总要求,坚持“节水优先、空间均衡、系统治理、两手发力”的新时期治水思路,遵循“创新、协调、绿色、开放、共享”的发展理念,围绕区域“融合山水谋发展,建设首都西大门”和“全面深度转型、高端绿色发展”的战略总定位,坚持节水优先、量水发展,生态先行、标本兼治,统筹兼顾、重点突出,改革创新、精细管理的原则,构建全域管理、高效节约的水资源利用格局,源头控制、点面结合的水资源保护格局,水清岸绿、和谐宜居的水生态水环境格局,区域多厂联动、水源统一调配的供水格局,“市属污水厂为主导、小型污水处理设施为补充、减排治污相结合”的污水处理与再生水利用格局,安全可靠、蓄用结合的防灾排涝格局,准确智能、精细便捷的信息化格局,职责清晰、高效顺畅的水务管理格局。确定实现“节水型社会基本建成”“水生态环境大幅改善”“供水安全得以保障”“防洪排涝体系完善”“水务管理能力提升”,全面服务建设“首都西大门”的规划目标。规划还明确“十三五”时期水资源配置和主要任务、投资估算与进度安排,以及规划实施效果。

(高　辉)

【城市安全度汛】 6月1日至9月15日汛期,辖区降雨总量为486.3毫米,比上年同期(527毫米)偏少,比近十年同期(449.5毫米)、常年同期(406.7毫米)均偏多。汛期内出现4次中雨、3次大雨、1次大暴雨(按24小时累计降水量统计)。全区共启动5次Ⅳ级防汛应急响应,2次Ⅲ级防汛应急响应,1次Ⅱ级防汛应急响应。全区防汛工作总体平稳,交通畅通有序,部分道路、平房院落出现积滞水情况,相关部门和街道按照预案积极开展各项工作。确保全区人民群众生命安全,城市正常运行。

(郭建超)

【应对“7·20”强降雨】 7月19—20日,北京遭遇61年来最大强度暴雨袭击,历时41个小时。全区有4个气象监测站降雨量超300毫米(最大点位出现在融景城为335.5毫米),平均降雨量293.6毫米。本次降雨总量大,持续时间长,平均降雨量和最大降雨量均超过2012年“7·21”平均277.7毫米和最大328毫米(模式口)降雨量。全区在施工地、永定河、南马场水库等部位无险情。部分道路、平房院落、拆迁地区出现积滞水情况。共出现19处道路积水,4处护坡坍塌,1处因积水断路(衙门口上街双方向),1处因护坡坍塌断路(石门路模式口段西向东方向),5处道路损毁。永定河莲石湖公园因上游开闸放水出现14处堤防损坏、6处护岸损坏、5处排水管线损坏。平房区积水现象严重,有88处平房院落进水,3处围墙倒塌,1179间房屋漏雨。各抢险力量联动作战,在区水务、交通、电力、电信、市政、园林、市排水集团四分公司等部门通力配合下成功处理各种汛情险情。区气象局发布暴雨橙色预警、国土分局和气象局联合发布地质灾害橙色预警。20日早8点,夏林茂带领相关部门负责人冒雨来到重点防汛部位,检查全区防汛工作。区防汛指挥部启动Ⅱ级防汛应急响应,发送信息18560条,协调调度行业部门、专业部门7677人次(其中部队官兵418人次),抢险舟20余条次,运输设备580班次,机械设备92台班。全区共疏散人员192人,无人员伤亡情况。

(郭建超)

【市局领导到区调研】 10月26日,市水务局局长金树东一行到区调研。听取规划分局关于市水务局党校、河湖四所还建新址控规调整等工作汇报,以及区城管委关于金梦圆老年乐园

(西区)拆迁、水系生态景观规划有关工作、并就西蓄西郊雨洪工程相关问题、五里坨污水处理厂、石景山水厂相关问题进行沟通。金树东表示,石景山区水务发展有很大进步,沟通十分顺畅,市局将全力支持做好水务工作。夏林茂、富大鹏、肖平陪同调研。

(高　辉)

**【推进节水器具换装】** 年内,区水务局加大生活用水器具产品的节水性能监督,鼓励市民使用高效节水器具,对老旧小区居民家庭使用的老式用水器具进行更换。市、区共投资160万元,为老山、古城、八宝山街道19个社区换装节水器具11544套。

(赵淑娟)

**【节水型单位创建】** 年内,区水务局推进北京市节水型单位(社区)创建。完成国家体育总局自行车击剑运动管理中心、北京市京燕饭店有限公司、中国人民解放军66444部队等67个节水型单位和老山街道老山东里、老山西里等5个节水型小区的创建工作。

(赵淑娟)

**【防汛物资储备】** 年内,区防汛指挥部采购水泵、发电机、膨胀麻袋、编织袋等27项物资共10万余件。统一组织人员对各防汛指挥部储备的水泵、电机等设备进行保养维护,同时进行设备使用培训,确保汛期内能够随时投入使用。

(郭建超)

**【截污治污工程】** 年内,区水务局结合区情制定新三年治污行动方案,完成五里坨污水处理厂配套截污120米污水干线工程、新隆恩寺村截污工作、广宁村截污工程以及福田寺村截污工程。推进西郊砂石坑截污改造,配合市排水集团完成北八渠、琅璜渠沿线共8处截污工程,有效治理排入西郊砂石坑的污水。

(杨文君)

**【排查移交无主管线】** 年内,区水务局多次与市水务局、市排水集团对接,全面排查全区污水管线,对无主管线建立台账,通过市水务局向市排水集团移交44.6千米无主管线。

(杨文君)

**【中小河道治理工程】** 高井沟、黑石头沟、八大处沟是当年第三、四阶段中小河道治理工程,是市、区重点折子工程之一。高井沟治理工程于5月开工建设,年内完成投资共计6546.80万元。其中,防洪工程2012万元,非防洪工程4534.80万元。完成的工程量主要有:土方173900方,石方15000方,雨水口改造2处,完成形象进度70%。黑石头沟治理工程于4月开工建设,年内完成投资共计2482.50万元。其中,防洪工程855万元,非防洪工程1627.50万元。完成的工程量主要有:土方75100方,混凝土浇筑4000方,石方1100方等,雨水口改造1处,完成形象进度70%。八大处沟治理工程为配合该地区微循环道路改造,暗涵段重新调整设计。实施方案通过专家评审并于8月29日和31日分别经区长办公会和区委常委会审议通过。10月进场施工,年内完成总投资472.8万元。其中,防洪工程367万元,非防洪工程112.8万元。完成的工程量主要有:土方8500方,浆砌石100方,生态砖护砌950平方米,完成形象进度40%。

(马　惠)

**【落实河长制工作】** 年内,区水务局落实市政府(京政办发〔2016〕28号)文件和7月15日副市长林克庆在全市河湖生态环境管理"河长制"部署大会上的工作要求,制定《石景山区实施河湖生态环境管理"河长制"工作方案》。对辖区内所有河湖逐条进行梳理,明确河长职责和相关部门职责,确定日常管理、工作要求及保障措施。设立总河长,由区长担任,主管副区长任副总河长,设立总河长办公室,办公室设在区水务局,每月组织一次总河长例会,落实河长制各项事宜。街道办事处(鲁谷社区)主任任街道河长,负责辖区内河湖生态环境管理河长制各项工作。《方案》于12月14日经第25次区长办公会讨论通过,次日以政府办名义下发全区。通过实施河长制,建立河湖台账,落实"三查""三清""三治"(即严查污水直排、严查垃圾乱堆乱倒、严查违法建设,清河岸、清河面、清河底,治理河道污水口、治理河湖面源污染、治理河岸生态环境)责任,并责任到人,考核督办。基本解决河湖生态环境存在的垃圾渣土、水面漂浮物、污水直排、水体脏臭、违法建设等问题。

(马　惠)

# 城市管理监督指挥中心

## 概　述

年内,石景山区城市管理监督指挥中心(简称区城市管理监督指挥中心)以建设国家级绿色转型发展示范区为目标,以建设"智能管理的典范"为标准,以构建高端的城市管理运行体系为核心,结合"制度建设年",中心全体人员统一思想、明确方向、开拓创新、锐意进取,实现了党的建设、业务工作"双提高、双跃升"的工作目标。"走廊文化墙"、内部图书室建成;平台建设增新内涵,城市管理、综合治理、社区服务"三网融合"取得新突破,疑难案件实现零积压,监督考评工作翻开了新篇章,大数据开发、应用、服务体系愈加完备;分工明确、责任到位、反应迅速、处置及时、沟通便捷、监督有力、运转高效的网格化、信息化城市运行管理长效机制初步确立,全区市容市貌、环境秩序得到显著改善提升。全年中心平台发现各类城市管理问题104147件,立案92338件,结案92061件,结案率99.7%。

**地址:石景山区杨庄东街甲65号**
**电话:57244620**
**邮编:100043**

(赵振英)

**【大排档专项督察】** 6月开始,区城市管理监督指挥中心启动夜间大排档专项督察工作,累计发现各类大排档问题181处,形成专项督办案件81件,出动专项督查人员310余人次,共计巡查584个小时,有效规范大拍档经营秩序。

(袁　瑞)

**【网格化融合平台运行】** 7月1日,由区城市管理监督指挥中心牵头，总投资2200余万元，历时半年之久的石景山区城市服务管理网格化融合平台基本建成并正式上线运行，成为与市城市管理平台、街道城市服务管理网全线贯通、全区域覆盖的区级网格化融合平台。

（章鲍勃）

**【市容环境专项整治】** 7—8月，区城市管理监督指挥中心在参加国家卫生区复审培训基础上，严格按照区城管委下发的《石景山区2016年国家卫生区复审市容环境组市容环境专项整治工作方案》，加大市容环境问题的监督检查力度，出动车80余台次，现场督办各类问题案件200多起；参加“全区禁止违法露天餐饮”专项督察80余次；参加“全区大气污染治理”专项检查30余次；参加首环办专项检查和户外广告牌匾标识验收11次；处理并回复信访案件6起；处理网络舆情案件7起。

（袁 瑞）

**【国家卫生区复审专项督察】** 7—8月，区城市管理监督指挥中心根据国家卫生区复审专项督察工作要求，对9个街道辖区、30个委办局行业管理范围进行不间断巡查，对主要大街、背街小巷、酒店、市场、六小行业、公厕、老旧小区、拆迁区等区域形成督察网络，共出动巡查人员2400余人次，车辆160台次，发现问题点位2216处，制作综合台账16册，制作督察专项工作纪录片2期，视频素材拍摄69小时。下发督办单1100件，督办完成落实整改1053件。

（袁 瑞）

**【基础部件信息测绘普查】** 9月，区城市管理监督指挥中心启动年度基础部件信息实地测绘普查工作。普查主要包括三个方面：一是城市部件管理系统基础地形图的测绘与数据更新；二是城市部件空间位置数据采集及属性调查；三是补充市政管理兴趣点。普查共计更新部件298131个、地址数据5448个，兴趣点4494个。同时完成包括城市部件与万米单元网格调查采集、地形及道路修补测、数据检查入库等内容。

（章鲍勃）

**【大气污染治理专项督察】** 10月始，区城市管理监督指挥中心贯彻落实市委、市政府关于《北京市2013—2017年清洁空气行动计划重点任务分解2016年工作措施》要求，开展大气污染治理专项督察工作，出动巡查人员200余次，检查点位上千处，共计下发专项督办单91件。

（袁 瑞）

**【网格化案件完成情况】** 年内，区城市管理监督指挥中心平台接受案件104147件，立案92338件，同比减少53.3%。其中，部件问题602件，占全部案件的0.7%；事件问题91736件，占全部案件的99.3%。全年办结案件92061件，结案率99.7%。其中，12319首都环境建设热线业务系统共受理案件31件，处置31件，处置率100%。

（章鲍勃）

**【行政执法体制改革】** 年内，区城市管理监督指挥中心（区社会治理综合执法委办公室）开展并完成综合行政执法体制改革工作7项牵头任务。通过实地调研、交流研讨、查阅资料、撰写材料等方式，牵头制定《石景山区城市管理综合执法工作实施办法（试行）》《石景山区社会治理综合执法委员会工作规则（试行）》《石景山区社会治理综合执法派驻街道人员管理办法（试行）》《石景山区街道社会治理综合执法指挥中心工作规则（试行）》《石景山区城市服务管理网格化体系建设工作方案》《构建五中心联动的城市管理运行机制》等7部文件，为各部门及街道开展综合执法工作提供详实的工作依据。

（顾 雪）

**【首环办任务分解】** 年内，区城市管理监督指挥中心完成本区落实首都环境建设考核评价指标体系任务分解工作。根据首环办《关于印发2016年首都环境建设考核评价实施细则的通知》要求，中心牵头制定《石景山区落实首都环境建设考核评价指标体系任务分解工作方案》，并经区城市管理工作例会审议通过。该方案进一步明确各部门工作职责，有效避免推诿扯皮现象，对本区的环境建设工作起到推动作用。

（顾 雪）

**【首环办台账督察】** 年内，区城市管理监督指挥中心核查督办首环办台账问题1438件，有效整改1351件；制定区内自查巡查路线10次，制作综合问题分析10期；对每月通报台账进行现场会商，依据《石景山区城市管理综合治理工作考评暂行办法》办理专项督办案件326件。截至年底，牵头协调相关街道、单位累计销解首环办台帐540处866个点位，初步扭转本区在北京市四个功能拓展区中市容环境落后局面。

（袁 瑞）

**【解决城管疑难案件】** 年内，区城市管理监督指挥中心协调相关单位部门共解决、派遣各类疑难案件71起，其中市属案件27起，区属案件44起，因职责不清现场确权12次，与市属产权单位进行微循环对接4次，有效解决疑难案件。

（袁 瑞）

**【城管综合治理考评】** 年内，根据《石景山区城市管理综合治理工作考评办法》，区城市管理监督指挥中心会同第三方专业测评机构对全区九个街道办事处（鲁谷社区）进行考评。全年共督察发现各类城市综合环境治理问题6076件，有效督办整改问题4016件，处罚未整改或反弹问题1795件。下发专项督办问题1438件，出动巡查人员4668人次，巡查时间超过2500余小时。完成《石景山区城市综合治理工作纪录片》9部，成品时长总计81分35秒，累计视频素材拍摄250小时。

（袁 瑞）

**【治乱疏解建高端督察】** 年内，区城市管理监督指挥中心全面开展“治乱疏解建高端”专项督察，围绕“治乱疏解建高端”指挥部提出的“巩固拆违成果，建立长效监管机制”的工作要求，对低端产业聚集人群大杂院拆除台账销账情况进行专项督察，出动巡查人员590余人次，拍摄督察写真10余小时，制作销账点位台账9册，督察台账点位377处，专项督办案件24件。

（袁 瑞）

# 园林绿化

## 概　述

石景山区园林绿化局(区绿化办)是负责本区园林绿化的区政府工作部门。年内,园林绿化建设按照“太行山下、永定河畔、长安西端、未来作品”的规划定位,不断扩大生态容量和绿色空间,整合、连接地区生态资源,实现“一山一河一轴、两心六廊、多点成网、生态社区”的绿地空间布局目标,构建“山水交融、西绿东引”的生态格局,开创园林绿化“十三五”新局面。全年完成绿化面积160.8万平方米,其中新建绿地48.8万平方米,改造绿地112万平方米,种植各类乔灌木6万株,花卉81.4万株,绿篱色块125.3万株,铺草56.4万平方米。截至年底,全区实有绿化面积4256.45万平方米,绿化覆盖率达到51.89%,人均公共绿地面积19.5平方米,完成全年各项绿化任务。

**地址:石景山区石景山路15号**

**电话:68291700**

**邮编:100049**

(郑文靖)

**【区绿化委员会调整】** 3月,区绿化委员会进行委员调整,夏林茂为主任,富大鹏、刘长金(北京军区善后工作办公室政工组副组长)、闵守斌(陆军政治工作部群工联络局副局长)、刘刚(中部战区联合参谋部直属工作局副局长)、孙永刚(首钢总公司党委常委、副总经理)为副主任,区政府各委、办、局、处,各街道办事处,各人民团体,驻区有关单位主要领导为委员,成员共计48人。同月,区绿化委员会全体委员审议并通过《石景山区2015年绿化美化工作总结及2016年工作思路》,确定全年绿化工作任务目标。

(郑文靖)

**【涉林案件办理】** 3月1日,区森林公安处破获“马欣非法收购、出售珍贵、濒危野生动物制品案”。依靠新建立的情报信息资源及对相关重点地区的摸排,抓获非法出售野生动物制品人员1人,查获野生动物制品58件,其中疑似象牙制品45件,疑似犀牛角制品13件,涉案价值约8万余元。这是年内区森林公安处破获涉案物品最多的非法出售珍贵、濒危野生动物制品类的案件。

(赵　巍)

**【全民义务植树】** 4月2日是首都第32个全民义务植树日。区绿化办发动街道、系统绿委,在主要繁华地段、社区开展义务植树宣传活动,设立义务植树宣传站点30个。向市民普及《北京市绿化条例》、义务植树、林木绿地认建认养、低碳生活等知识,鼓励市民通过绿地认养、购买碳汇等多种形式履行植树义务。宣传活动共悬挂横幅60条,发放绿化美化宣传材料及宣传品25000份。同时发挥手机短信平台、微博、微信公众号等新媒体优势,扩大宣传效果,增强全民参与意识。同月6日,在保险产业园中心绿地组织主题为“融合山水谋发展 建设首都西大门”的大型义务植树活动。区四套班子领导、驻区部队官兵、驻区部分企业、区机关干部、劳模、妇女代表及大中小学生等10余个单位、500余人参加义务植树劳动。活动共平整土地10000平方米,栽植银杏、元宝枫、七叶树、法桐、雪松、新疆杨等树木300余株,垒树耳600个。位于刘娘府福寿岭地块的社会义务植树接待点共接待社会单位、团体、家庭及个人3000余人,种植国槐700余株。全年绿色志愿者、居民以走进庭园社区清扫绿地、平整土地、绿化管护等形式履行植树义务,养护树木10万余株,清扫绿地、平整土地20万平方米。

(郑文靖)

**【集中释放周氏啮小蜂】** 6月底至7月初,第一代美国白蛾老熟幼虫逐渐进入化蛹期。区园林绿化局根据美国白蛾的生物学特性,开展周氏啮小蜂的集中释放工作。6月29日和7月13日,在全区美国白蛾防控重点地段的64个释放点,集中释放美国白蛾天敌周氏啮小蜂1亿万头。周氏啮小蜂对杨扇舟蛾、榆毒蛾和柳毒蛾等鳞翅目害虫也有较好的防治作用。

(孙　倩)

**【重点绿化工程】** 年内,区园林绿化局重点实施保险产业园代征绿地、晋元庄绿地、中关村科技园绿地3处公共绿地建设及改造提升。保险产业园代征绿地于2月开工,10月建成,其中心绿地作为保险产业园中心区的核心形象绿地,在以自然中的风、光、云、木、水、石为设计元素,融入“海绵城市”理念,通过打造精致多样的绿地空间类型,充分满足产业园内商务人士及周边居民的休闲运动需求。完成永引渠滨水绿廊、阜石路、莲石路生态通风绿廊、茂华周边道路等6条道路绿地的改造提升及

阜石路生态绿廊　　(区园林局供稿)

金顶街、区政府周边道路树池连通，进一步拓展道路两侧绿色空间。推进百姓身边增绿，实施八角南里小区、六合园南区、五芳园小区、大唐高井热电厂居住小区等4处老旧小区及区政府周边、八大处路(龙海添一市场)、茂华周边等10处边角地、小微绿地绿化建设，实现多元增绿。根据区委、区政府"治乱、疏解、建高端"工作部署，配合完成腾退地块的绿化建设任务，拓展绿色空间，完成京西商务中心、陆军总部周边10.6公顷绿化建设，改善该区域环境脏乱的面貌。完成区政府、区园林局、万达商场、区教委系统幼儿园及小学等15处、2.1公顷屋顶绿化。结合国庆67周年花卉布置，在五环八角桥、游乐园南广场、八角西街南口等6处主要道路节点设置"跨越发展""凤凰涅槃""走向辉煌"等主题花坛花带，营造喜庆祥和的节日气氛。

(孙鹏君)

**【开展群众绿化】** 年内，区园林绿化局采取多种形式开展群众绿化美化工作。区总工会、区教育委员会被评为"首都全民义务植树先进单位"；苹果园街道办事处、五里坨街道办事处、区园林绿化局玉泉花圃被评为"首都绿化美化先进单位"；首钢技术研究院、八角街道融景城66号院被评为"首都绿化美化花园式单位"；苹果园街道西黄新村北里社区被评为"首都绿化美化花园式社区"；周永春等14名同志被评为"首都绿化美化先进个人"。巩固创建成果，根据首绿办要求，对2011年创建的花园式社区，即八宝山街道远洋山水西里北社区、八角街道时代花园社区、苹果园街道西山枫林一社区进行复查。开展"送花进社区""市花月季进社区""园林进楼宇科普讲座""在绿色中成长"主题实践等多项贴近生活的绿化美化"六进"系列活动，提升单位、校园、居住小区的绿化景观，增强市民、学生植绿护绿爱绿意识。

(郑文靖)

**【绿化养护管理】** 年内，区园林绿化局制定《石景山区绿地养护管理办法》，完善园林绿化分级管理制度，稳步推进城区管理体制改革，强化精细化管理。制定巡查制度，聘请第三方参与绿地养护督查、检查，实行目标管理责任制、问题通报制，明确责任人。对全区四百余公顷绿地开展树木修剪、绿地保洁、缺株补植等日常养护工作。连续第三年开展杨柳飞絮治理，为全区3万余株杨柳树注射药物"抑花一号"，改善春季杨柳飞絮现象。结合国家卫生城区复审，开展城市绿化环境综合整治。针对年内多发的黄杨白粉病、蚜虫、蛀干害虫等园林病害、虫害加强防治力度，对症下药，控制病虫害的蔓延。在全市绿地升定级检查中，全区新增特级绿地4块、12.3公顷，一级绿地2块、2.9公顷。

(张莉非)

**【病虫害普查】** 年内，区园林绿化局开展病虫害普查工作，按照国家林业局和市园林绿化局林业有害生物普查要求，制定本区林业有害生物普查实施方案，成立普查工作领导小组和普查业务组。4月，与9个街道(社区)分管林业工作人员，开展实地踏查。根据本区地形特点，划定石景山路沿线、阜石路沿线、莲石路沿线3条主线，8个踏查点，区域涵盖普查范围内所有植被类型。通过6轮踏查、灯诱和信息素诱集，共采集到昆虫标本采集标本1200余号。涉及昆虫标本1189号，病害标本58号，杂草标本14号。

(孙　倩)

**【古树名木管理】** 年内，全区实有古树名木1536株。区园林绿化局加强古树名木管理及保护工作，全年共计办理3株建设项目避让保护古树名木行政许可，完成4株古树应急排险和抢救复壮工作。

(孙　倩)

**【野生动物保护与救助】** 年内，区森林公安处联合林政科先后多次在全区范围内开展非法捕捉、贩卖野生动物、粘鸟、售鸟等违法行为的集中整治专项行动，净化区内文玩市场。全年，共开展7次大的联合执法行动，出动警力及林业执法人员188人次，车辆60台次，查抄野生鸟类400余只，粘网4张，其中行政立案3件。

(孙　倩)

**【森林防火工作】** 年内，区森林消防指挥部办公室针对全区森林防火工作召开4次专题会议，4次下发通知，5次组队实地检查森林防火工作，严格落实森林防火责任制。2月，为加强防火队伍建设，组织森林防火实战演习。11月对专业森林消防队员进行专业培训及理论实操考核，全员取得上岗资格证书，2支专业森林消防中队60名队员全年在岗备勤，随时处理突发火情。同月组织开展森林防火宣传，增强全民防火意识。加大森林防火基础设施建设力度，新建成森林防火监控设备塔11座，林区瞭望覆盖率已达

2月29日，区森林防火大队开展火灾扑救演习　　(区园林局供稿)

90%以上。连续十四年未发生较大森林火灾。

（李骞楠）

【绿地系统规划修编】 年内，区园林绿化局完成《北京市石景山区绿地系统规划》(以下简称《绿规》)修编工作，并通过区政府审定，正式颁布实施。上一版绿地系统规划编制于2009年，随着近年城市发展加快以及高端绿色发展理念的提出，绿地系统规划需要重新进行梳理和定位。中国城市规划设计研究院针对本区城市生态环境退化、休闲活动空间缺失等问题，结合地区发展定位和位于北京西部通风廊道及生态敏感区的地理位置特点，确定“绿色先行、高端发展”的生态建设思路。修编后的《绿规》通过“生态保护、山水融城；塑造特色、绿轴营城；有机更新、绿心聚城；整合连接、绿廊串城；全面提升、绿网织城”等手段，重点打造“一山一河一轴、两心六廊、多点成网、生态社区”的绿地空间布局。“一山”即建设西山国家公园生态文化核心区，“一河”即永定河滨水生态画廊，“一轴”即长安绿轴，“两心”即东部城市公园群和首钢工业遗址公园，“六廊”即永引渠滨水绿廊、商务科技绿廊、首钢工业遗址绿廊、阜石路、莲石路、五环路生态通风绿廊六条生态绿廊，“多点”即全区范围内的多个公园节点，“成网”即纵横阡陌的城市道路绿网，“生态社区”即多个老旧小区的绿化改造提升。按照《绿规》修编分期实施的要求，在2015—2017年的近期规划中以公共绿地、道路绿化、老旧小区为突破点，迅速改善城市宜居环境，提升城市形象，使石景山真正成为和谐宜居的高端绿色城区。完成《永定河石景山区段东岸滨水绿廊景观规划》初编，该规划统筹永定河石景山段，永引渠，高井沟和南大荒等区域的绿地资源，规划建设“一带两环多节点”具有石景山特色的高端城市滨水景观廊道。

（潘 岩）

【园林绿化发展规划】 8月，《石景山区“十三五”时期园林绿化发展规划》(以下简称《规划》)正式印发。《规划》由“十二五”时期园林绿化发展回顾、“十三五”时期园林绿化发展环境趋势判断、“十三五”时期园林绿化总体思路、“十三五”时期园林绿化重点任务、保障措施五章组成。《规划》围绕区委、区政府“融合山水谋发展，建设首都西大门”的总体思路，遵循“绿色先行、高端发展”的生态建设理念，做好增量规划，制定科学合理的生态环境空间体系，瞄准国际一流，着眼未来，力争建设一批精品力作，满足城市景观及居民休闲需求。使园林绿化建设成为生态环境改善的重要载体，城市形象提升的重要抓手，城市高端发展的重要引擎，构筑生态化、网络化、休闲化的高端绿色发展体系。结合修编完成的《绿规》，“十三五”时期绿化建设紧紧围绕“一山一河一轴、两心六廊、多点成网、生态社区”的绿地空间格局，以绿廊、绿轴、绿心、绿道、城市公园、老旧小区改造等生态要素建设为主要途径。实施西山国家公园生态文化核心区建设工程、永定河滨水生态画廊建设工程、长安绿轴建设工程、绿心建设工程、绿廊建设工程、公园复兴工程、绿道建设工程等多项工程，构建完善的生态空间体系。

（潘 岩）

【依法行政】 年内，区园林绿化局根据市、区两级审改办及市园林局要求，完成权力清单梳理、清理非行政许可审批事项、清理行政审批事项证明、清理行政审批中介服务等工作。建立“双随机”机制，完善“一单两库”制度。全年完成树木移伐及占绿地审批共38件，其中市批23件，区批15件，涉及占用绿地7件。完成绿地率审查21件，按照市园林局要求完成2011—2016年全部绿地率审查档案电子化和上网工作。

（潘 岩）

# 公园管理

## 概 述

北京市石景山区公园管理中心(简称区公园管理中心)是负责全区区属公园及其他所属机构规划、建设、管理、安保、服务、科技工作的区政府直属相当正处级全额拨款事业单位，管理北京国际雕塑公园、老山城市休闲公园、古城公园、石景山雕塑公园、法海寺森林公园5所公园。年内，区公园管理中心牢牢把握本区建成国家级绿色转型发展示范区的战略定位，以党建统领为法宝，以高端绿色发展为战略，以改革创新为动力，以依法治园为保障，以建设民生家园为目的，以提高公园发展质量和增加社会效益为中心，坚持“生态、便民、求实、发展”的原则，坚持公益的发展方向，破解发展难题，厚植发展优势，加快形成引领公园高端绿色发展的体制机制和发展方式，着眼推进公园高端绿色发展典范建设、治理改善生态环境、提高资源保护管理水平、提升服务保障能力、加强文化惠民建设、推动公园系统创新发展，努力建设节约型、生态型、功能完善型公园。截至年底，所属5所公园共接待市民游客总量约520万人次。

地址：石景山区杨庄路6号
电话：88961698
邮编：100043
网址：http://www.sjsacp.org.cn
邮箱：sjsgyzx@163.com

（叶 萌 宋 超）

【猴年新春文化游园活动】 2月7—12日，猴年新春文化游园活动在北京国际雕塑公园举行。本次活动在延续“文化”“公益”“欢乐”的基础上，结合书画、非遗、棋类、百姓大舞台等内容，开展传统民俗、亲子童趣、公益惠民等特色活动。活动期间，共接待游人约34万人次，门票收入约6.6万元。

（叶 萌 宋 超）

【第十三届玉兰文化节】 4月2日至5月2日，年度踏青季暨第十三届玉兰文化节在北京国际雕塑公园举行。本次活动以打造本区高端精品文化活动为主导思想，将玉兰与传统文化融为一体，通过举办玉兰茶会、汉服cosplay大赛、玉兰摄影大赛、名家讲堂、收藏鉴宝、名家字画鉴赏、经典名段戏曲赏析、非物质文化遗产展示及体验、百姓大舞台、传统体育项目展示及互动等活动，充分挖掘玉兰文化节的丰富内涵，突出和谐主题，注重游客参与，使整个活动更具观赏性、参与性、娱乐性。活动期间，共接待游人约24.4万人次，门票收入约39.9万元。

（叶　萌　宋　超）

**【第四届非遗文化嘉年华】** 9月29日至10月5日，嘉年华在北京国际雕塑公园举行。活动秉承“一带一路”、京津冀协同发展战略，依靠首都长安街畔的区位优势，以及本区文化和政策优势，为非物质文化遗产搭建展示和交流的平台，让市民从多个角度、近距离了解和感受中国传统文化，深入体验非物质文化遗产艺术魅力。本次活动展位面积约4万平方米，100多家厂商参展，分布在7大区域，展览、交流30余种文艺、非遗项目，主要包括茶艺、陶瓷工艺、笔会书画、戏曲曲艺、传统手工技艺、花卉艺术等。活动期间，共接待游人约5.4万人次，门票收入约6.4万元。

（叶　萌　宋　超）

**【治乱疏解建高端】** 年内，区公园管理中心根据区委区政府“打好全面深度转型和治乱攻坚战”要求，主动作为。梳理所属公园产权物权管理上的历史遗留难题，解除不符合首都发展定位要求的低端出租合同，共解除出租合同、完成商户清退12家。主动拆除古城公园内经营多年、不符合城市景观要求的房屋，恢复绿地300平方米。将原出租经营小百货食杂、美容美发等低端业态的古城公园西南角小楼改造成为面向大众、具有高端文化气息的咖啡厅、茶吧及文化展示厅，方便周边市民游客文化交流、休闲娱乐。通过法律手段对拒不腾退并通过各种途径上访的“钉子户”进行起诉，成功收回法海寺森林公园内长期被侵占的房屋。

（叶　萌　宋　超）

**【安全生产与维稳】** 年内，区公园管理中心坚守安全底线，主动适应公园安全新形势，加大平安和谐公园创建力度。贯彻《健全落实社会治安综合治理领导责任制规定》，严格落实属地管理和“谁主管、谁负责”的原则，建立健全公园系统综合治理领导责任制，把综合治理的各项指标落实到各科室、单位和具体责任人。强化法制宣传教育，发挥群防群治作用，提升公园志愿者和市民游客的积极性和防范能力，构建齐抓共管、各方力量积极参与的公园治安综合治理工作格局。加强各公园内技防、物防建设，强化网格化服务管理和特殊人群管理，完善立体化社会治安防控体系，依法化解社会矛盾，营造和谐稳定的公园环境。持续推进安全文化建设，开展安全生产月活动，强化安全游园、安全管园教育，查找、管控安全隐患，全年共开展安全生产、维稳、防汛隐患排查20次。健全安全管理新机制，严格执行“四点一线”风险评估、安全隐患整治计划、安全生产一岗双责等制度，深入推行第三方安全检查。全面推进公园配合执法工作，提高公园法制观念，结合实际，加强学法、普法、用法，维护游园秩序。加强应急管理，建立应急预案体系，推行应急演练常态化，提高应急救助能力。

（叶　萌　宋　超）

**【森林防火协调】** 年内，区公园管理中心加强有林公园森林防火基础设施和扑救队伍建设，完善预警监测和应急指挥体系。有林公园专业护林人员达到36人，森林防火瞭望覆盖率100%，视频监控覆盖率100%，通讯覆盖率100%；增设防火宣传牌示、张贴悬挂防火宣传横幅50余处，发放各种宣传材料5万余份，开展防火安全教育培训、组织防火实战演习共14次，确保全年未发生重大森林火灾。

（叶　萌　宋　超）

**【公园绿化养护】** 年内，区公园管理中心推动多元增绿，采取多种造景手法，促使绿色景观环境明显改善，不断提高市民游客幸福指数。全年新植、调整乔灌木约1.7万株；按照“突出重点、节俭实效”原则，通过花钵、垂吊等形式进行花卉布置，形成点、线、面相结合的整体花卉布置格局，累计栽摆时令花卉30万余株，更新草坪、地被面积1.2万余平方米，植物成活率始终保持在98%以上。完成元旦、春节、全国两会、清明、五一、端午、国庆等一系列重要节日、重大会议期间的绿化环境保障和花卉景观布置工作。全年修剪维护各类植物70万余株，施肥、灌溉面积累计400公顷。按照相关规范标准，对重点区域绿地进行网格化、精细化和规范化管理，持续保持良好绿化景观成果；加大养护队伍培养力度，开展养护综合知识培训、花灌木修剪培训，探索并采取有效措施，治理杨柳飞絮问题，全年完成843株杨柳雌株飞絮抑制药物注射工作。通过实施“日常巡查、季度考核、年终总评”的绿地养护管理机制和召开养护例会、定期养护检查、专家检查评比等措施，保障所属公园绿地景观水平。

（叶　萌　宋　超）

**【园容环境整治】** 年内，区公园管理中心切实加强对公园内绿地、公共空间的日常管护，增强保洁力度，有力保障重点时段、重点区域公园绿地环境保洁水平。全年清理垃圾、建筑渣土、树挂杂草、干枝死杈、小广告等约800吨，确保重大会议、活动和节假日期间整洁优美的公园环境。做好首环办组织的“月检查、月评比”迎检工作，加强公园绿地环境卫生保洁力度，增加保洁人员和保洁频次，随时整改，及时销账。发动公园周边单位、社会力量广泛参与全民义务植树，弘扬生态文明新风尚。

（叶　萌　宋　超）

**【有害生物防治】** 年内，区公园管理中心配合开展林木有害生物普查工作，加大动态监测和普查普防力度。及时摸清现有林木有害生物情况，出动防控人员953人次，车辆690次，使用防治药品1500余公斤，累计完成防治作业面积420公顷；加强无公害防治和生物防治，无公害防治率达到100%，完成全年林木有害生物防治“四率”目标和美国白蛾、草履蚧防控任务，有效防止虫情蔓延，确保绿化资源安全。

（叶　萌　宋　超）

**【资源保护管理】** 年内，区公园管理中心做好土地房屋确权、监测工作，实施非法侵占林地、绿地排查清理、清除

"拉拉秧"等专项治理行动。建立林地、绿地台账管理制度,有效保护所属公园林地、绿地资源。落实保护管理责任制,加强古树保护、植物养护、水体维护、花卉布置等生态景观管理和野生动植物疫源疫病监测和救护工作。严格落实中央和市、区要求,加强对各公园配套建筑及设施使用的管理,巩固"公园会所"整治成果,持续净化公园环境。

(叶　萌　宋　超)

**【工程项目建设】** 年内,区公园管理中心牢固树立公园功能要体现出规划建设典范、智能管理典范、高端文化典范、生态文明典范的理念,强化领导分工负责制和督查考核责任制,发扬"掐着葫芦抠籽"精神,坚持月统筹、周调度,按照倒排工期时间要求,加强统筹调度,遵循高端、精品原则抓好落实。投资额464.73万元的古城公园管理处危旧房屋改造工程于5月完工。投资额133.72万元的古城公园管理处危旧辅助用房及护林员宿舍改造工程于11月完工。投资额74.48万元的老山城市休闲公园2550平方米绿地(石莲110千伏输变电工程占地)苗木移植及绿化恢复工程于11月完工。

(叶　萌　宋　超)

**【公园服务保障】** 年内,区公园管理中心持续优化公园服务设施布局,合理配置路椅、垃圾箱、健身器材等设施。全年更换路灯500盏,维修垃圾箱70余个、路椅120余处。继续强化"四优一满意"的服务理念,参照执行《市属公园服务管理规范》,大力开展规范化、标准化微笑服务,打造石景山公园服务品牌。加强服务管理状况的调研评估和监督检查,完善游客需求表达机制,突显舆情预警作用,促进公园服务不断创新。深入推行以"一制度六台帐"为主要内容的公园精细化管理模式,做好票务、园容、卫生、游人满意度、食品安全等各项日常管理工作,促进商业、餐饮业转型发展;全年先后在重点节假日前夕带队开展行业管理检查7次,制止各类扰乱游园秩序行为150次。

(叶　萌　宋　超)

**【做好信访代理】** 年内,区公园管理中心做好信访代理和非紧急救助服务工作,畅通和规范群众诉求表达渠道,建立全员有责的信访责任体系,牵头抓好所属单位信访代理站和各公园信访代理点建设,打造全方位的信访工作平台。加强信访代理绩效考核,落实定期通报制度,形成全覆盖的信访工作格局。全年受理信访事项71件,其中便民服务等非紧急救助事项61件,政民互动综合服务平台1件,市信访办登记网信4件,区信访办转办件2件,北京市政风行风热线3件,以上群众合法合理诉求均得到妥善解决。

(叶　萌　宋　超)

**【组织园内活动】** 年内,区公园管理中心所属各公园大力开展健康向上的群众性文化娱乐活动,严格控制纯商业活动,提高公共服务品牌建设的质量和水平。配合市、区相关单位、街道社区开展"关注城市鸟类科普宣传"活动、2016年中国旅游日石景山区主题活动、2016最美就在这儿——石景山区民俗历史文化旅游主题推介宣传活动、"保护未成年人合法权益·净化出版物市场环境"书市活动、"端午粽飘香·军民鱼水情"2016年端午民俗风情汇、圆梦光明宝宝行动弱视亲子运动会、"直观东方·实录风情"中埃文化交流系列活动、"龙行京华·粽香飘舞"石景山区龙舟运动协会揭牌仪式及展示活动、"远离毒品·健康生活"知识宣传活动、2016科普文化节、乐享银龄——老少携手走重阳、欢悦四季——全国百姓广场舞北京展演、不忘初心,再创辉煌——2016全国老科技工作者日等各类咨询、宣传、健身等公益活动39项。

(叶　萌　宋　超)

# 市容卫生

## 概　述

石景山区环境卫生服务中心(简称区环卫中心)是区政府直属财政补助事业单位。机关设有10个职能科室和1个独立法人单位,下属6个基层单位。有干部职工2008人,其中在职干部职工365人,离退休人员488人,非事业编务工人员1155人。环卫中心承担全区环境卫生方面的技术性、服务性、事务性工作,一线工作主要根据区政府下达的环境卫生作业任务、指标和要求,组织专业单位作业,并对其实施监督、检查和管理;负责全区主要道路以及部分街巷道路清扫保洁作业和责任范围内小广告清除作业;全区环卫产权垃圾楼管理及垃圾清运,区内环卫产权公厕管理、粪便清运与消纳;环卫设施规划提出和实施,环卫经费、单位国有资产管理和使用;

11月21日,区环卫中心雪后进行机扫作业　(区环卫中心供稿)

全区重大活动、重点节假日环境卫生保障和特殊天气条件下环境卫生应急保障。2016 年是石景山区“城市环境建设年”，作为市容环境卫生重要的作业及保障部门，围绕构建“八个高端体系”、加快建设国家级绿色转型发展示范区的战略目标，紧密结合城管体制改革，做好首钢冬奥组委驻地、八大处和高井周边中部战区及陆军领导机构区域环境整治，迎接“国家卫生区”复审和改善空气污染等重点工作，坚持问题导向，依法精细管理，持续推动环卫工作整体水平的提高。同时，大力推动环卫西部和南山综合场站建设进程，加速环卫专业作业设备更新，提升专业作业质量，强化监督检查效果，力争实现环卫专业作业在四城区市容环境卫生专业考核排名中名列前茅，为完成疏解治乱建高端、实现绿色生态之城建设贡献自己的力量。全年完成 113 条城市道路和 46 条街巷道路机扫、保洁任务，总面积达到 432 万平方米，机扫率、机保率和新工艺率全部达标。生活垃圾日产日清，全年处理生活垃圾 19.2 万吨，压缩并密闭转运出区 16.8 万吨至鲁家山垃圾焚烧厂进行焚烧处理。负责 134 个厨余分类小区的垃圾密闭清运和 7 座分类清洁站收集管理工作，清运厨余垃圾 10029 吨；春节期间集中清理烟花爆竹残屑 168.4 吨。负责全区 263 座环卫产权公厕正常使用、保洁及维护工作，全年清掏处理粪便 9.6 万吨，粪便抽运及处理全部达到规范要求。

**地址：石景山区杨庄东街 65 号**
**电话：68887692**
**邮编：100043**

（谢　昊）

**【“两节”环卫保障】** 年初，区环卫中心成立工作领导小组和应急分队，负责“两节”期间环境卫生保障工作的组织实施，节前对全区责任范围进行环境卫生大扫除活动，重点清除责任范围内的卫生死角，加强对道路遗撒、乱倒垃圾渣土的清理，加强所属环卫设施内外环境卫生的清理，做好节前车辆、设施、设备的安全排查和运行维护，加大对交通枢纽周边和重点地区周边环境保障和公厕保洁清掏力度，做好烟花爆竹残屑清理工作，加强对各街道重点时段、重点地区的水车消防辅助备勤，协助消防支队做好水源补给及重点地区的洒水降尘工作。春节长假期间，中心职工放弃与家人团聚，在全区主要街区采取“先人工清扫收集装车，后机械化清扫恢复”作业方式开展烟花爆竹残屑清理，并对节日期间产生的白色污染、非法小广告、道路遗撒、乱倒垃圾渣土进行作业，共出动 7441 人次，1219 车次，清理卫生死角 60 余处、白色污染 20 余公斤、非法小广告 26600 张、道路遗撒及乱倒垃圾渣土 40 余吨、烟花爆竹残屑 168.4 吨、湿化阻燃洒水 70 余吨，并完成辖区生活垃圾 2730 余吨日产日清，确保节日期间市容环境整洁。针对春节期间降雨、降温，及时出动人员进行推水作业，防止道路结冰，保证居民正常出行。同时，中心出动保洁人员 2592 人次，对 263 座公厕增加巡回保洁力度，重点加强人员密集区域公厕服务，确保节日期间公厕正常开放、服务质量达标，为出行游玩百姓提供便利。

（谢　昊）

**【“两会”环卫保障】** 3 月，区环卫中心划定核心保障圈，强化道路作业，环境作业高效有序，圆满完成全国“两会”保障任务。重点做好代表驻地周边及重点公园、繁华商业区、主要大街环境作业。加强对华北宾馆周边道路（八大处 L 线、香山南路、八大处路、实兴北街、八大处公园景区等），以及辖区重点商业区、重点公园和各主要大街的清扫保洁、公厕服务及垃圾运输、垃圾渣土应急处置，“两会”前一周进行路面净化，出动作业车辆 206 台次对全区主要道路进行机械化清扫，开展抑制扬尘、改善环境专项作业 14 班次，出动作业车 22 车次、应急作业人员 18 人次对卫生死角进行清理，展现良好环境风貌。“两会”期间，强化机械化作业与人工捡拾垃圾，公厕管理重点加强巡回保洁质量、提高服务质量，生活垃圾及时转运不过夜。保持果皮箱设施的完好和整洁，及时清掏、定时擦洗，确保箱内杂物不顶不冒、箱体整洁，无乱贴乱写广告。发挥小广告清刷设备作用，及时清理重点大街的乱贴小广告，维护主要大街沿线市容环境卫生整洁。除完成日常作业任务外，对重点区域增加道路机械化作业及人工巡回保洁作业频次，共出动作业人员 882 人次、作业车辆 378 车次，巡回检查 160 人次，强化重点区域作业，最大限度地缩短污染物的停留时间，确保辖区道路洁净。接到市空气重污染黄色预警后，立即启动应急作业预案，在全区范围内增加降尘作业频次，并在部分道路开展水冲作业，为缓解雾霾污染贡献力量。

（谢　昊）

**【专项应急保障任务】** 年内，区环卫中心根据气候特点和环境卫生状况，适时调整作业重点，做到准备充足、反应迅速。冬季扫雪铲冰出动作业人员 760 人次，作业车辆 162 车次，最大限度地避免和减少雪天对道路交通的影响。扫雪铲冰及冬季日常作业使用融雪剂 1413.8 吨。春季风沙大，白色污染增多，根据作业标准和天气情况安排洗地、降尘，及时增加人工巡回保洁频次，抑制扬尘对环境的影响。进入夏季，结合市区两级环卫设施环境标准和灭蝇效果要求，制定中心打药灭蝇工作安排，坚持常态化运行，确保环卫设施灭蝇效果。按照区防汛办工作要求，启动防汛工作应急预案，提前摸底、全面排查，及时做好设施防汛和道路雨后推水，共出动清理清淤、大面积积水人员 350 人次，作业车辆 80 车次，出动保洁及雨后推水人员 1200 人次。规范应急委派工作流程，建立委派单确认制度，及时准确反馈工作信息，提升特勤应急保障作业质量。落实区政府督办单、配合区环境建设办脏乱点整治、完成领导视察调研环境保障，清运干路垃圾和混合垃圾 2074 吨，其中渣土 2034 吨单独清运处理，不进入生活垃圾清运渠道，全面完成应急保障任务。

（谢　昊）

**【重要节点环卫保障】** 年内，区环卫中心针对冬奥会协调委员会第一次会议、重点节假日等保障任务，分级分类制定专项任务保障方案，加强重点区域周边道路清扫保洁作业。按照清扫保洁新工艺要求，增加作业频次，严格实施环境卫生作业标准和工作责任，做到定人定段定时、巡回保洁不断线；加强垃圾收集清运以及粪便清掏管理，做到规范收集和运输，车容车貌整洁完好。加强垃圾转运站、粪便排放站设施安全运行和信息上报。强化一线作业人员、作业车辆的安全和运行管理，对环境卫生突发事件、群众反映的热点难点问题迅速处理。强化检查成效，每季度对环卫中心所管辖的道路、设备、设施进行检查。针对首环办、渣土处、城管委等市区各级检查，责任范围内脏乱点做到及时清理整治，非责任范围协助相关部门进行联动处置。经过不断完善保障方案和实战演练，区环卫中心已将市区各级检查保障任务纳入常态化管理，形成科学、规范的长效机制。全年出动作业人员8057人次，车辆1706车次，清理垃圾渣土1326.7吨。

（谢　昊）

【落实空气污染控制】　年内，区环卫中心按照本区《2013—2017年清洁空气行动计划重点任务分解2016年工作措施》要求，认真落实相关职责内容。完善《石景山区环卫中心空气重污染城市道路作业应急预案》，确认重污染保障重点道路20条。根据北京市空气重污染预警，随时启动分级应急措施，及时出动车辆进行机械吸扫和清洗作业，全年共出动应急保障26天，增派车辆482台次。制定《环卫中心关于空气质量改善精细化管理实施方案》，并加强重点区域道路保障，全力降低重污染天气道路扬尘污染，提升本区环境卫生整体质量水平。

（谢　昊）

【全面完成专业作业】　区环卫中心全年完成环卫专业清扫保洁总面积432万平方米，可机械化作业面积248.8万平方米，其中，机扫率、机保率、新工艺率由92%提升至99%，超额完成市级机扫率87%、新工艺率90%目标，达到248.8万平方米，实现可实施范围全覆盖；道路冲刷作业面积248.8万平方米，完成市城六区冲刷率99%目标值。落实全市环境卫生重点任务，一级道路“一扫两保”23条，覆盖率88%，水冲步道48.6万平方米，覆盖率50%，远超市级20%目标要求，加大道路再生水使用范围和使用量，完成日最大使用量550吨目标要求。建成区重点保障作业完成二级道路二次机械化保洁29.6万平方米，微型机械化保洁增加至35万平方米，推动机械化作业进街巷，责任街巷机械化清扫6.2万平方米，机械捡拾春夏秋季安排2个作业段全天双班作业，强化责任范围内道路、街巷乱倒垃圾的清理工作，提升市容环境整体洁净程度。生活垃圾日产日清，粪便抽运规范处理，垃圾、粪便无害化处理率均为100%。完成全区清洁站、垃圾桶站（箱站）及环卫产权公厕清运、使用、保洁及维护工作，全年共清掏处理粪便9.6万吨，衙门口转运站进站生活垃圾19.2万吨，压缩并密闭转运16.8万吨。推进垃圾减量化，做好134个厨余分类小区的垃圾密闭清运和7座分类清洁站收集管理工作，清运厨余垃圾10029吨；清运干路垃圾和混合垃圾2074吨，其中渣土2034吨单独清运处理，不进入生活垃圾清运渠道。日常清理遗撒乱倒、配合区环境建设办脏乱点整治、落实区政府督办单、完成领导视察调研环境保障等全年共出动作业人员8057人次，车辆1706车次，清理垃圾渣土1326.7吨。

（谢　昊）

【全力保障卫生区复审】　当年是本区“国家卫生区”复审年，区环卫中心落实“国家卫生区”复审各项保障工作。加强组织领导和工作部署，成立复审工作领导小组，由中心党委书记和主任担任组长，带领两位副主任及各基层单位、业务、基建、技安、党办、行办、综合服务科等科室，逐条解读复审要求和中心职责，制定工作方案和专项督查实施工作方案。全力配合本区“治乱疏解建高端”工作，召开推进会11次，分解任务22条，为相关单位工作开展提供支持。坚持问题导向，结合专家组反馈和自查结果建立问题台账，逐一解决、严控反弹。期间，高效处理区爱卫办派件14个、区指挥中心督查问题19个，整改率100%。强化应急处置，特殊时期特殊对待，重点整治期间对责任交界、力所能及问题不论责任范围主动清理。发挥专业作业优势，针对路面黄带增改3台抱管冲刷水车迅速提高应急处理力量，道路清扫队增派车辆2702车次、人员4910人次，清理黄带遗撒2520处、清理垃圾渣土769.5吨。加大监督检查力度，中心纪委全面督察，召开督察推进会4次，督察结果记入干部实绩档案进行考核。

（谢　昊）

【加速设施设备升级】　年内，区环卫中心结合全区现有环卫场站布局和未来发展需要，不断修改和完善规划与设计，全面开展综合场站建设。环卫西部综合场站完成场站主体建设；转运站升级扩建方案编制完成并通过专家评审。完成40座环卫产权公厕改造任务及除臭设备安装。按照“设施拆除账目清、设施配建标准高”原则，配合本区整体开发建设落实环卫设施增减工作。按需开展公厕新建，完成金顶山休闲绿地公厕新建工程及陆军领导机构周边绿地公厕外立面装修、京西商务中心绿地公厕主体建设。加大环卫专业作业设备更新升级力度，完成22台环卫作业车辆、8台电瓶垃圾收集车、70台人工保洁三轮车报废处置工作。投入1170万元更新20台专业作业车辆及70台电动保洁车，提升机械化专业作业水平。按计划对23座垃圾楼吊装设备进行年度安检并整改隐患2处，并投入80万元完成两个一体压缩箱招标采购。

（谢　昊）

【安全生产管理】　年内，区环卫中心按照市、区安全生产工作要求，坚持“安全第一、预防为主”的原则，全面落实安全生产责任制。执行安全检查周覆盖制度，全年组织安全生产综合检查69次，排查整改安全隐患24处。签订高（低）压配电设施、设备负荷终端管理维护合同，开展用电隐患排查工作。制定中心《作业车辆管理规程》，举行“百日安全无事故竞赛”活动，通过竞赛提高职工安全作业意识与技能。建立消防器材有效性登记制度，组织消防隐患排查38次、检查消防器材60余次，投入资金12000元更新消防器材188只，全方位保证生产作业安全。

（谢　昊）

**【规范信访流程】** 年内，区环卫中心严格执行信访办理工作流程，避免因工作程序不严谨引起的行政诉讼。持续完善信访办理制度及代理工作机制，按程序办理网上信访案件，规范整理信访档案，全年回复各类信访件14件，均按时办理完毕。重点信访件及时处置沟通，在办理北辛安9户租借中心产权房屋职工进行群体上访的案件时，及时与区信访办、住建委、房屋征收中心等多家单位及法律顾问沟通，做到接待耐心、办理规范、答复严谨、文字影音档案完整，所有程序严格依法、依规，在稳定职工队伍、化解矛盾方面积累经验。开展便民热线专项业务办理培训，由基层单位信访接待人员进行便民转办单回复工作，增强基层单位业务水平，提高日常投诉办理效率。

（谢　昊）

# 环境保护

## 概　　述

石景山区环境保护局（简称区环保局）是负责本区环境保护工作的区政府工作部门。年内，区环保局聚焦“两大生态”建设，以改善环境质量为核心，以解决环境领域突出问题为重点，落实清洁空气行动计划年度工作措施，推动各项工作不断前进。全区空气中细颗粒物PM2.5累计平均浓度为78微克/立方米，同比下降7.1%，完成北京市下达的下降5%的目标任务；地表水国家考核断面水质达标；声环境质量保持稳定；放射源、射线装置100%落实许可证管理，危险废物得到全过程监管和安全处置；通过环保宣传提升公众环保意识和环保工作影响力；环境质量稳步提升，未发生影响群众健康的突发环境事件，环境安全得到保障，为区域经济转型发展提供良好环境基础。全年接受建设项目环境保护验收咨询75个，受理申请45个，办结45个。

**地址：石景山区古城路8号**
**电话：68876190**
**邮编：100043**

（王宇轩）

**【环保绩效考核】** 1月13日，市政府绩效管理年终考评察访核验第三工作组组长、市环保局总工程师于建华带队到区环保局开展环保专项绩效考核。于建华对石景山区关停电厂压煤、清洁能源改造、老机车淘汰和环保宣传等工作给予充分肯定。12月17日，市环保局副巡视员王瑞贤到区督查空气重污染红色预警措施落实情况。

（王宇轩）

**【十件环保实事】** 年内，区环保局以区政府办名义印发《2016石景山区十件环保实事》。十件实事包括市控空气质量自动监测站建设、燃气锅炉低氮改造、北京国中景山压力容器制造有限公司退出、老旧机动车淘汰等项目，总投资1.769亿元，其中市财政投资0.565亿元、区财政投资0.604亿元、企业自筹0.6亿元。大气污染治理项目4项，污水治理项目1项、土壤治理项目1项、生态建设和环保能力建设项目4项。十项实事项目全面完成，实现削减燃煤1.3万吨，削减二氧化硫110吨、氮氧化物99吨，削减挥发性有机物5.92吨。

（王宇轩）

**【严格环境准入】** 年内，区环保局贯彻落实《中华人民共和国环境影响评价法》《建设项目环境影响评价分类管理名录》《北京市新增产业的禁止和限制目录（2015年版）》和污染物总量控制规定，严控新增污染源。全年共审批各类建设项目130件，对《建设项目环境影响评价分类管理名录》未作规定的12个项目出具不予受理通知书，全年否决不符合区域发展定位和环保要求的项目40项。自9月1日实行环境影响登记表备案管理以来，严格按照《北京市建设项目环境影响登记表过渡期间的备案工作说明》要求，对39件登记表项目予以备案。

（蔡广潞）

**【清洁空气行动计划】** 年内，区委办、区政府办联合印发《石景山区2013—2017年清洁空气行动计划重点任务分解2016年工作措施》。包括空气质量目标、压减燃煤任务、控车减油任务、治污减排任务、清洁降尘任务、综合保障措施六部分，共44项重点任务，77项工作措施，涉及牵头单位39个。按照环境保护“党政同责、一岗双责”要求，各部门全面实施各项污染减排工程。通过棚户区改造、拆除违建、大杂院整治、环保奖励拆改腾退、平房区清洁能源改造、散煤专项执法等方式实现压减燃煤3.56万吨，实现全区基本无煤化；全年淘汰老旧机动车7061辆；启动实施1项环保技改项目，完成1家企业强制性清洁生产审核，实现挥发性有机物减排10吨，有力推动燃气锅炉低氮改造，完成改造62家，超额完成50家的年度任务；全区5000平方米以上25家工地全部安装远程视频监控设备，道路清扫保洁机扫率、机保率、新工艺洗地率、冲刷率均达到99%。

（王宇轩）

**【空气重污染应对】** 年内，区环保局以区政府办名义印发《石景山区空气

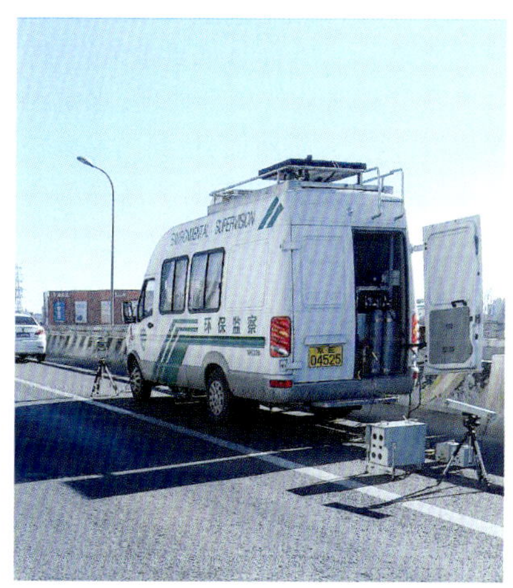


12月9日，进行机动车排放遥感检测

（区环保局供稿）

重污染应急预案(2016年修订)》,并报市环保局备案。全年启动空气重污染应急16次,其中红色预警1次,橙色预警3次,黄色预警6次,蓝色预警6次。编发区空气重污染应急工作简报25期。各项应急措施落实到位,高位指挥调度、部门协同落实、联合督查检查的重污染应急工作机制基本形成。

(常 超)

**【大气污染执法年行动】** 年内,区环保局制定《石景山区大气污染执法年行动工作方案》并严格落实。开展大气污染执法,摸清大气排放污染源底数,以“治散煤”“净四气”(即燃煤废气、挥发性有机物废气、工业废气和机动车尾气)、“降三尘”(即大气污染防治行动重点聚焦施工扬尘、道路遗撒致尘、因烧致尘)为执法重点,保持严厉打击环境违法行为的高压态势。全年出动执法人员3000余人次,通过日常检查、夜查、联合等执法形式,检查工业、餐饮、汽修、印刷、洗染、家具、工地等各类企业1000余家次,立案查处52起,罚款101.4万元,查封2起,移交29起。

(常 超)

**【环保与生态建设规划】** 年内,区环保局和发改委联合完成《石景山区“十三五”时期环境保护与生态建设规划》的编制工作。规划提出具体目标是:环境质量全面持续改善。到2020年,全区细颗粒物(PM2.5)年均浓度达到市级考核要求。集中式饮用水水源水质保持稳定达15标且优于Ⅲ类;全区污水基本实现全收集全处理;永定河平原段(南大荒桥断面)达到国家考核要求、新开渠玉泉路断面和高井沟高井麻峪村桥断面达到Ⅴ类水质目标,防止出现黑臭水体;地下水质量考核点位水质级别保持稳定;声环境质量达标率综合保持稳定,城区区域环境噪声平均值控制在55分贝以内,交通干线噪声平均值控制在70分贝以内。工业废气排放达标率保持100%,锅炉烟气排放达标率保持100%。环境安全得到有效保障。到2020年,放射源、射线装置和放射性废物许可证管理落实率达到100%。危险废物得到全过程监管和安全处置。突发环境事件得到及时妥善处理。生态文明建设全面推进。到2020年,生态保护红线划定完成,并建立起严格的生态红线保护制度;绿化覆盖率达到53%,森林覆盖率提高到28.4%,人均公园绿地面积达到23平方米,全区生态安全格局基本建成;城市环境综合管理水平得到显著提升。规划还提出九项重点任务和四项保障措施。

(王宇轩)

**【燃气锅炉提标改造】** 年内,全区燃气锅炉降低氮氧化物排放的提标改造工程取得突破性进展。通过成立以主管区长为组长的改造工作领导小组、出台《石景山区燃气(油)锅炉低氮改造补助资金管理办法》等一系列保障措施,完成62家156台总计657.6蒸吨燃气锅炉改造任务。超额完成市政府下达50家的任务指标的26%。

(高 源)

**【机动车污染控制】** 年内,区环保局淘汰老旧机动车15240辆,完成全年任务量的277.1%,完成比例在全市排名第三,在城六区排名第一。联合区城管委、城管执法局、交通支队等部门联合开展建筑垃圾运输车专项整治行动,严厉打击渣土运输车超标排放行为;联合城管执法局、住建委等部门开展非道路移动机械专项执法检查,联合区质监局、交管部门开展检测场专项执法。累计检查车辆324866辆,完成全年任务量的115.0%。巡检加油站1015座次,完成全年任务量的105.7%,抽测49座次,完成全年任务量的102.1%。全年累计检查超标车辆904辆,处罚尾气超标车辆96辆,处罚金额3.3万元。

(韩 坤)

**【处理环境信访】** 年内,区环保局全面排查环境安全隐患,减少信访投诉。全年处理、办结环境信访695件,同比下降26.3%,案件办结率始终保持100%。全年大气、噪声、水、辐射和其他类信访分别为441件、165件、28件、29件和32件,分别占比63%、24%、4%、4%、5%。其中,1件信访件被评为环保系统优秀办理件。

(常 超)

**【突发环境事件应急】** 年内,区环保局完成《石景山区突发环境事件应急预案》修订,通过专家评审会评审,并按照专家意见进行修改完善。完成辖区内6家重点环境风险源单位报备的《突发环境事件应急预案》审核、登记和备案。全年未发生影响群众健康的突发环境事件。

(常 超)

**【实施双随机抽查】** 年内,区环保局依据《关于在污染源日常环境监管领域实施随机抽查制度的工作方案》要求,每月随机抽取执法人员和日常环境监管对象,开展水气声渣全要素、事中事后全过程监管。全年对240家单位开展“双随机”执法检查,检查名单在区环保局外网进行公示,做到公开透明。

(常 超)

**【环保网格化管理】** 年内,区环保局以区政府办名义印发《石景山区环境保护网格化管理实施方案(试行)》,报市政府备案并向社会公开。协调申请网格化专项资金,对160名城管体系兼职协管员开展培训。推动在现有城市治理监督平台增加环保模块,网格员通过信息平台反馈环境问题信访案件3件。选派9名执法经验丰富的同志到各街道指挥中心工作。

(常 超)

**【水环境监管】** 年内,区环保局完成《石景山区杨庄水厂集中式饮用水水源2015年度环境状况评估报告》编制,为区域经济持续发展提供科学依据。严格按照《饮用水水源保护区标志技术要求》(HJ/T433-2008)要求,在水源保护区设置界牌和宣传牌。开展《石景山区集中式饮用水水源保护区突发环境事件应急预案》编制工作,健全完善本区集中式饮用水水源保护区突发环境事件应对机制。加强对饮用水水源地周边的工业、加油站、汽修、餐饮和医院等重点单位的监督管理,明确责任和监管任务,将固定源建档立案,一源一档,并实施动态分类管理,打击破坏饮用水安全的环境违法行为。全年未发生突发水环境应急事件。

（龙国瑜）

**【完成排污申报】** 区环保局全年完成214家工业企业网上申报登记工作，对辖区118家工业企业征收排污费，征收金额1620.3万元，均为大气类污染物收费，同比上升216%。其中，对60家施工工地征收扬尘排污费573.37万元，分别为上年征收家数的2倍，排污费的4.5倍。

（龙国瑜）

**【危险废物环境安全】** 区环保局全年接受建设项目环境保护验收咨询75个，受理申请45个，办结45个。严格审核危险废物产生单位，审核通过90家单位。完成特定行业危险废物（固体废物）专项调查、联合开展打击危险废物环境违法犯罪行为专项检查。检查危险废物产生单位80家次，建立完善14家重点工业企业和社会源单位管理档案。全年下达限期整改12家，行政处罚3家，累计罚款3万元。顺利通过市环保局关于危险废物规范化管理督察考核工作。

（杨 峰）

**【辐射环境安全】** 区环保局全年受理Ⅲ类辐射项目行政许可和放射源、放射性同位素备案事项68件。加强核技术利用单位监管，累计检查110家次。完成辖区内25家新发证单位和许可证延续单位“辐射安全规范单位”创建。

（杨 峰）

**【环保法制工作】** 年内，区环保局针对新修订的《环保法》《大气污染防治法》《环评法》等环保法律法规，在北京西燃气热电有限公司举办重点企业环保知识竞赛活动。组织召开环保行政处罚听证会，对餐饮企业违法行为的行政处罚进行公开听证。加大对处罚企业的曝光力度，形成环保执法高压态势，通过日常检查、夜查、联合执法等形式，检查工业、餐饮、汽修、印刷等各类企业1000余家次，累计出动人员3000余人次。召开处罚领导小组讨论会10次，研究案件23件。全年实施行政处罚52起，罚款101.4万元。

（张勤勤）

**【环保宣传教育】** 年内，区环保局印发《石景山区加快推动生活方式绿色化实施方案》，引领生活方式向绿色化转变。围绕“改善环境质量 推动绿色发展”主题，开展“六五”环境日系列宣传活动，内容包括：生活方式绿色化启动仪式，公众开放日活动，开展现场环保宣传活动，开展环保宣传进机关、进学校活动。结合世界地球日、世界环境日、无车日等纪念日集中开展“推动生活方式绿色化 建设生态石景山”“缓解交通拥堵 绿色文明出行”等主题环保宣传活动13次。联合区委宣传部，组织开展“清洁空气在行动”区长访谈集体采访活动。开展绿色生活“十进”（进家庭、进机关、进社区、进学校、进企业、进商场、进景区、进交通、进酒店、进医院）活动，利用报纸、电视、“绿色石景山”微博微信等媒介宣传环保法律法规、工作动态、环保热点、环保科普知识等内容，加大环境保护宣传力度，推进环境文化建设。

（张勤勤）

**【环境监测】** 区环保局全年完成辖区内138家污染源企业314个频次的监督性监测，其中废气监测98家238个频次，废水40家76个频次。

（田 野）

**【生态环境指数】** 年内，辖区生态环境状况指数（EI）为50.5，较适合人类生活。相比于上年，当年石景山区生态环境状况指数（EI）变化值（ΔEI）为+3.8，生态环境质量变化幅度分为第3级，生态环境质量明显改善。

（魏 铮）

**【大气环境质量】** 年内，本区大气中细颗粒物浓度为78微克/立方米，同比下降7.1%；可吸入颗粒物、二氧化硫、二氧化氮年均浓度分别为107微克/立方米、11微克/立方米、50微克/立方米，分别同比下降5.3%、15.3%、7.6%。降尘量年均值为7.3吨/平方公里30天，比上年下降14.1%。

（王宇轩）

**【水环境质量】** 年内，区环保局选取地下水6眼水井作为监测点位，分别是杨庄水厂深水井、杨庄水厂浅水井、首钢物业公司苹果园站、北京市燕山水泥厂200米浅水井、永定林工商公司、炮厂小区水站。选取pH值、高锰酸盐指数、总硬度、溶解性总固体、氨氮、硝酸盐氮、硫酸盐、氯化物、亚硝酸盐氮、汞、铅、挥发酚、氰化物、砷、镉、六价铬、铜、锌、铁、锰、硒、阴离子表面活性剂、氟化物、总大肠菌群24项指标作为评价参数。地下水环境质量除总硬度略有超标外，其他各项指标均符合《地下水质量标准 GB/T14848－93》中Ⅲ类标准值。与上年相比，辖区地下水水质变化不大。除总硬度外，其余监测项目全部达标。

**表5　　地下水环境质量监测主要项目数据统计表**　　毫克/升

| 年度 | 测点＼项目 | 总硬度 | 高锰酸盐指数 | 氨氮 | 亚硝酸盐氮 | 硝酸盐氮 | 氟化物 |
|---|---|---|---|---|---|---|---|
| | Ⅲ类标准值 | ≤450 | ≤3.0 | ≤0.2 | ≤0.02 | ≤20 | ≤1.0 |
| 2015 | 首钢物业苹果园站 | 444 | ＜0.5 | ＜0.025 | ＜0.003 | 11.4 | 0.49 |
| | 杨庄水厂深水井 | 302 | ＜0.5 | ＜0.025 | ＜0.003 | 1.56 | 0.48 |
| | 杨庄水厂浅水井 | 462 | ＜0.5 | ＜0.025 | ＜0.003 | 15.2 | 0.44 |
| | 永定林工商公司 | 593 | 0.8 | ＜0.025 | ＜0.003 | 17.8 | 0.45 |
| | 北京市燕山水泥厂浅水井 | 377 | ＜0.5 | ＜0.025 | ＜0.003 | 4.93 | 0.46 |
| | 炮厂小区水站 | 238 | ＜0.5 | ＜0.025 | ＜0.003 | 1.24 | 0.53 |

续表

| 年度 | 测点＼项目 | 总硬度 | 高锰酸盐指数 | 氨氮 | 亚硝酸盐氮 | 硝酸盐氮 | 氟化物 |
|---|---|---|---|---|---|---|---|
| | Ⅲ类标准值 | ≤450 | ≤3.0 | ≤0.2 | ≤0.02 | ≤20 | ≤1.0 |
| 2016 | 首钢物业苹果园站 | 415 | <0.5 | <0.025 | <0.003 | 11.6 | 0.23 |
| | 杨庄水厂深水井 | 294 | <0.5 | <0.025 | <0.003 | 1.45 | 0.25 |
| | 杨庄水厂浅水井 | 420 | 0.81 | <0.025 | <0.003 | 15.2 | 0.27 |
| | 永定林工商公司 | 520 | 0.84 | <0.025 | <0.003 | 18.1 | 0.29 |
| | 北京市燕山水泥厂浅水井 | 308 | 0.58 | <0.025 | <0.003 | 3.42 | 0.25 |
| | 炮厂小区水站 | 221 | <0.5 | <0.025 | <0.003 | 1.17 | 0.24 |

（魏　铮）

**【声环境质量】** 年内，建城区区域环境噪声昼间平均值为50.5分贝(A)，总体水平为二级，评价为较好。与上年相比下降2.9%，达到国家标准。区建城区交通干线噪声监测昼间平均值为71.5分贝(A)，总体水平为三级，评价为一般。与上年相比总体水平基本持平。

**表6　区域环境噪声监测统计表**

| 年度 | 监测网格数（个） | 网格（米） | 监测面积（平方千米） | 环境噪声（分贝(A)）标准:55 |
|---|---|---|---|---|
| 2015年 | 117(112个小网格,5个大网格) | 大网格:2500×2500　小网格:500×500 | 28.00 | 52.0 |
| 2016年 | 117(112个小网格,5个大网格) | 大网格:2500×2500　小网格:500×500 | 28.00 | 50.5 |
| 对比 | 0 | | 0 | 2.9 |

**表7　道路交通噪声监测统计表**

| 年度 | 路段条数(条) | 累计长度(公里) | 道路噪声(分贝(A))标准:70 |
|---|---|---|---|
| 2015年 | 35 | 80.9 | 71.4 |
| 2016年 | 35 | 80.9 | 71.5 |
| 对比 | 0 | | 0.1 |

（田　野）

# 城市管理执法

## 概　述

北京市石景山区城市管理综合行政执法监察局(简称区城管执法局)是负责本区城市管理综合行政执法监察工作的区政府直属行政执法机构，主要行使工商、园林、规划、市容等12个方面、392项行政处罚职能。设办公室、法制科、执法业务科、装备财务科、宣教科、政工科、查处违法建设办公室、信访办公室、监察科。直属机构设指挥中心、督察一队、直属执法一队、9个街道执法队和苹果园地铁执法队。年内，区城管执法局按照城市管理体制改革工作要求，贯彻落实街道执法队“双重管理”工作机制，以服务辖区高端绿色发展战略为中心，以建立、完善社会综合治理体系为主线，以城市综合管理改革为动力，以全面提升社会稳定管理水平，城市环境管控能力和市容卫生保洁质量为重点，提升党建工作水平，深入城管体制改革，改善城市环境秩序，深化查违控违工作，发挥城市管理综合执法、综合监管、综合协调能力。全年出动人员39600人次，车辆9650台次，查处各类违法行为47329起、罚款204.56万元，解决群众反映问题12891次。针对无照经营、占道经营、露天烧烤、店外经营、堆物堆料、非法大排档、乱设灯箱广告等季节性高发问题开展集中整治，各类举报环比下降30%。全年受理96310热线举报12891件，同比增长8.38%，群众满意度为69.04%，同比增长9.62%；拆除违法建设528处，面积490255.96平方米，完成年度30万平方米任务的163.42%；疏解人口19182人，完成年度5000人任务的384%；低端产业聚集人群大院需强拆46处点位中已拆除41处，面积52692.93平方米；市专指办年度任务台账销账250处，面积394258.69平方米，提前完成销账工作；办结市专指打击双违平台督办案件35件；新生违法建设基本实现动态清零。

**地址：石景山区八角西街32号**
**电话：68862289**
**邮编：100043**

（屈　帆）

**【卫生区复审保障】** 1月1日至8月31日，区城管执法局持续开展大规模、持续性、高强度环境秩序治理。制定执法方案22个、下发业务通知335个、解决群众反映问题12891个次，出动人员39600人次，车辆9650台次，查处各类违法行为47329起、罚款204.56万元。

（屈　帆）

【落实信访代理制】 1月1日至10月25日，区城管执法局接待群众来信、来访314次、428人次，处理市、区督办件122件，实现“双零”指标，信访总量同比下降17.8%。深化信访代理机制，使每个信访问题都能找到代理责任人员；落实阳光信访制度，对于每一个信访问题及时录入全国信访信息采集系统，并按照信访条例的要求进行受理告知和答复，构建起信访工作长效机制。

（屈　帆）

【春节环境秩序保障】 春节期间，区城管执法局针对辖区人流密集场所分布、重点点位保障任务、社会面安全维稳要求及城管部门自身职责，对全区烟花爆竹销售网点开展联合巡查7次，对2处庙会人流聚集区域开展重点环境保障工作，查处无照经营、门前三包、占道经营等行为254起，没收非法小广告110余张，查处非法运营机动车22辆。根据上级工作要求，结合辖区实际情况与往年保障经验，精心制定工作方案，对春节期间市容环境管理与保障工作进行全面细致部署。同时提前对辖区内重难点管理问题进行集中整治。落实网格化管理责任制，针对个别烟花爆竹临时销售点出现的店外经营、条幅破损问题，及时进行规范。同时配合烟花办、安监、消防等单位，对八角西街、万达广场等销售点进行安全检查，深入开展安全教育。加大辖区主要大街、重点旅游景区、繁华商业区等重点地区街面环境秩序的综合巡查管控力度，着重对沿街商户门前三包责任区域烟花爆竹残屑清除情况进行督促检查，切实做到夜间残屑早上清，白天残屑及时清。积极应对春节期间可能出现的突发事件和大风雨雪冰冻天气，要求值班备勤人员保持通讯畅通，确保节日期间突发事件有人响应、及时响应。对群众举报问题做好处置与反馈，明确职责，严肃纪律，确保到岗到位。

（屈　帆）

【市容环境专项执法月】 7月，区城管执法局启动“市容环境专项执法月”。以消除重点举报问题点位、消除问题多发区域、打击主要违法形态、维护重点地区秩序为重点，采取细致梳理举报、加强执法检查、强化业务指导、广泛开展宣传、深化执法联动等措施，加大问题查处力度，营造强大整治声势，全面提升夏季市容环境秩序水平。针对无照经营、占道经营、露天烧烤、店外经营、堆物堆料、非法大排档、乱设灯箱广告等季节性高发问题，共出动执法人员652人次，处罚特定违法行为66起、罚款59600元，各类举报环比下降30%；在市级媒体刊发宣传稿件28篇。

（屈　帆）

【治理八角桥周边环境】 7月，区城管执法局多措并举，开展五环八角桥周边环境秩序综合整治。八角桥周边是全区重点点位之一，针对环境秩序问题多发现象，组织鲁谷、老山、八角三个执法队开展联合整治，按照属地划分于上、中、下旬进行日常巡控盯守，采取每日巡查点位情况、每日会商治理工作、专项通报治理动态、组织开展集中整治等措施，确保不再出现因违法行为人在交界来回穿梭，造成属地管辖困难，实现责任清、地界明、执法易。强化协调配合，联系公安分局对该区域实行重点阵地控制，安排民警协助开展联合执法，共同快速处置突发问题。针对八角地铁无照经营特别是农用机动车无照经营问题，发挥城管部门的突击队作用，抓住问题高发时段，主动出击、敢打硬仗、连续作战，共出动人员150人次，开展整治行动4次、进行随机检查21次、取缔无照经营11起，查扣无照经营农用机动车1辆、取缔2辆。农用机动车无照经营问题得到有效遏制，街面环境秩序良好。

（屈　帆）

【整治琅山路周末非法市场】 7月，区城管执法局联合12个部门对琅山路周末非法市场开展大规模、大力度集中整治。采取提前阵地占领、广泛宣传法规、实施区域联动等措施，累计出动执法力量近900人次、取缔游商320个，该非法市场被彻底取缔。周末非法市场位于苹果园琅山路南侧苗圃大院外一条长约400米、宽20米的道路上，商贩将摊位摆在人行便道和机动车道内，有的还搭建起简易棚，有的用机动车售货，商品五花八门，存在售卖野生鸟类和非法药品的行为，附近三个小区和一个拆迁区的居民生活和出行安全受到严重影响。为取缔该市场，城管部门和苹果园街道连续三周采取发放告知书、张贴告示、悬挂条幅的方式劝离商贩，疏散市场，但效果不明显。23日凌晨4点，区综治办、苹果园街道办事处、金顶街街道办事处、公安分局治安支队、交通支队、消防支队、卫生计生委、工商分局、食药监局等部门联合出动近200名执法人员，先期布控，提前拉上警戒线，对前来摆摊的商贩一一劝离，对来购物的附近群众进行耐心宣传和劝解，并疏导到附近正规集贸市场和超市购物。基本遏制该地区无照游商的泛滥趋势，还居民一个整洁有序的生活和出行环境。

（屈　帆）

【处理滨河园周边环境问题】 7—12月，区城管执法局会同市局、古城街道、首钢总公司，处置滨河园小区西侧垃圾焚烧问题。通过4次现场办公、2次约谈相对人，彻底取缔1处露天焚烧点、1处废品回收点，拆除私搭乱建360平方米。清除存量垃圾20余车，设置垃圾投放点5处，安装宣传标语和指示标志8块。居委会协调2名居民积极分子对南坑周边的焚烧垃圾行为进行辅助巡控，确保第一时间发现，第一时间管控，第一时间上报。12月10日，古城街道联合执法组在日常巡查时，发现水泥厂后身路焚烧点拆除后的遗留建筑废料等混合垃圾仍在原地，由办事处先行彻底清运，共清运垃圾6车，消除环境、治安等隐患。

（屈　帆）

【施工现场监管】 年内，区城管执法局在加强全区58个施工现场日常管理的基础上，采取集中宣传、重点约谈、现场观摩、联合检查、联合执法等形式,共检查施工工地2520次,启动大风扬尘、空气污染等应急预案26次,召开工地座谈会15次,签订施工工地、运输企业承诺保证书155份,预防、制止扬尘污染违法行为580起,查处施工扬尘违法行为72起,罚款83.58万元。

(屈　帆)

**【建筑垃圾运输车管理】** 年内,区城管执法局采取定点执法、流动执法、定期执法、随机执法等方式,对京原路、莲石路加达4S店周边等11处泄露遗撒高发点位及各施工工地,实施联合检查及夜间执法130次、"堵门"行动45次,规范运输车辆200余辆,查处泄露遗撒、无准运证等违法运输车辆194辆,罚款24.8万元。

(屈　帆)

**【露天烧烤联合监管】** 年内,区城管执法局联合有关单位对露天消夏餐饮经营行业开展提前宣传、提前管控、提前规范,坚决遏制非法露天餐饮滋生反弹。严查露天烧烤、占道大排档等违法行为,共开展消夏露天餐饮、露天烧烤专项联合检查312次,检查占道经营、露天烧烤重点点位69处,规范、查处违法行为880起。

(屈　帆)

**【门前三包管理】** 区城管执法局全年针对经营商户乱停乱放、堆物堆料、店外经营等违法行为,明确重点整治地区11个,开展入户宣传告知1150次,召开商户座谈会95次,开展专项整治18次、联合执法280次,查处违法行为10793起、处罚152起、罚款162500元。督促商户签订"门前三包责任书"700余份,成立"门前三包"商户自治联合会7个。

(屈　帆)

**【无照经营治理】** 区城管执法局全年共清理、查处非法流动餐饮摊点135处。开展无照经营专项、联合执法318次,清理、整治万达广场、苹果园路、晋元庄路、古城地铁等地无照游商聚集乱点127个,查处无照经营24922起,罚款40.79万元。

(屈　帆)

**【违规广告治理】** 年内,区城管执法局以非法散发小广告、乱设广告牌匾为重点,采取联合执法、加强巡查、移送停机、迅速拆除等措施,查处非法小广告1747起、停机1204个、罚款119000元;拆除违法广告牌匾3949处。针对莲石路、阜石路沿线乱设广告牌、道旗现象,加大巡查频率和执法力度,及时清理广告牌378块、道旗42面。

(屈　帆)

**【推进疏解治乱】** 年内,区城管执法局坚持关口前移,抓早、治小的原则,凡正在施工的违法建设,经现场核对无误,坚持当日拆除。同时,不断整合辖区土地权属单位、社区居委会、物业管理公司、社会志愿者等社会力量,引导市民参与查违工作,公开举报热线电话,及时受理群众反映的违法建设问题,遏止新生违法建设。对于影响重点工程的违法建设,树立快拆、必拆决心,联合属地街道、城管委等相关单位,强拆3处、助拆14处违法建设,保障并推动S1线、永引渠南路、丰沙线等市区重点工程项目的建设进度。46处需强拆点位中的41处拆除完毕。

(屈　帆)

**【构建行刑衔接保障机制】** 年内,区城管执法局制作涉及九类违法形态一般程序案卷1245卷,执行行政处罚137万余元。其中,罚款类大额处罚案件120起,执行完毕。批准责令限期拆除案件53起,上报区政府批准强制拆除案件13起,强制执行完毕5起。同时,通过全区"行政执法与刑事司法信息共享平台",将涉案线索提交其他执法机关,提高案件衔接交办效率。

(屈　帆)

**【推进综合监管】** 年内,区城管执法局按照城管体制改革新要求,对全区主要大街和重点点位开展实地调研21次,深入各街道指挥中心进行座谈交流,完善细化考核办法,共制作《督察动态》54期,督促街道落实属地责任,推动执法重心下移;依托联合督导组平台,推进综合监管落实。通过日常街面环境秩序巡查,将环境问题以《监管通知单》的形式向各街道办事处及相关委办局发放,以限期整改回复的方式督促落实环境问题的解决,并通过跟踪复查,确保问题整改到位,制作《监管通报》58期,宣传联勤联动、综合执法的开展情况。

(屈　帆)

**【专项督察】** 年内,区城管执法局对施工扬尘和渣土运输道路遗撒等违法行为,重点加强对土方作业工地的源头监控,对露天烧烤等违法现象,主要从严格落实属地管理、强化联合执法方面展开专项检查21次。同时重点把握违法行为的阶段性、季节性特点和规律,对突出问题坚持反复派发监管通知单、反复督促整改落实、反复检查治理效果,强化对违法建设巡查、发现、报告、制止的督促力度,对于督察中发现的新生违法建设,与所属街道办事处进行沟通协调。截至年末,到现场检查违法建设办理拆除情况22次。

(屈　帆)

# 交通管理

## 概　述

北京市公安局公安交通管理局石景山交通支队(简称交通支队)是本区道路交通的管理机关,主要职能是对道路交通依法进行管理。年内,在编干警184人,支队下属7个职能科室,2个执勤大队。交通支队围绕"四个第一"理念和"事故少、秩序好、道路畅通、群众满意"奋斗目标,以"法治、创新、智慧"为主线,以"走前列、创一流"为标准,以"治堵、治乱、治祸"为中心,持续深化警务改革创新,不断提升交通管理智能化、精细化、精准化工作水平,确保各项重大交通保卫任务万无一失,辖区交通安全稳定、正常运行。

**地址:石景山区杨庄路8号**
**电话:68873720**
**邮编:100043**

(杨敬民)

**【完成安保任务】** 年内,交通支队完成全国"两会"、建党95周年、十八届六中全会等交通保卫任务。落实交通警卫和面上防控措施，确保中央领导出行、“八宝山”活动等315次交通警卫任务。强化整体维稳防控。细化重点地区管控机制，加强勤务路线、主要道路的风险排查，逐项评估安全隐患，加强学校、广场、公园、政府机关、交通枢纽、商圈地带等人员密集地区的巡逻防控，提高路面见警率，提升群众安全感。同时与区维稳办、公安分局、消防、市政等部门完善联动机制，强化辖区整体交通防控体系建设。全年开展各类情报会商55次，通过视频巡检、信息共享、联勤通报等形势，处置路面突发情况27起。

（曹世兴）

**【停车秩序管理】** 年内，交通支队围绕停车资源不足问题，坚持需求导向，推进停车位“加减法”管理模式，挖潜老旧小区周边停车位147个，削减万达商圈路侧停车位223个，并在政达路、鲁谷大街、银河南街等路段增设车道隔离护栏2000余米，优化停车供给，挤压违法空间。试点建设多级停车诱导系统，借助电子诱导屏，显示周边停车场闲置车位数量，并配套提供地图导航，引导车辆快速停车入位。同时，大力推行“闲置车位共享”，日间将社区内空闲车位供市民接驳停放，晚间将社区周边商场、公园、单位内部空闲车位供居民停放，一定程度上弥补停车缺口。

（郝 炘）

**【缓解交通拥堵】** 年内，交通支队立足治理交通拥堵“大城市病”，整合各种社会资源，强力推动社会共治，全力推进缓堵工作，集中发力、持续攻坚，取得阶段性成果。协调成立由主管区长负责，区委办、区政法委、公安分局、区城管委、交通支队为成员的领导小组，形成缓堵工作共治格局。牵头制定《2016年石景山区缓堵工作方案》，以项目管理方式推进48项重点任务，并通过定期例会、现场调研、组团破题等形式推动缓堵工作落实。针对区政府周边、苹果园地铁、八角桥南（京原路一线）、喜隆多商圈、杨庄东街及杨庄路等交通堵点，组织实施交通优化调整方案52项，整治重点街道23条。深挖金安桥、八角桥两处堵点的通行潜力，通过调整转向车道、挪移公交站点、调整放行顺序等综合措施，大幅提升桥下路口通行效率，通行能力分别提高46%、180%，早晚高峰拥堵现象缓解。完善道路交通设施，先后开展道路交通标志、标志标线标准化、公共空间交通设施、信号灯控路口等4项大排查，全区增设隔离护栏7000余米，更新路面标志368面，复划标线12000余米，更换信号机箱2处，在地铁、商圈周边创新推行车道线隔离护栏措施，挤压违法停车空间。合理调整信号配时。按照缓进快出、远端控制原则，对全区77处主要路口的信号灯配时逐一调整，并将3处右转向位灯设为黄闪，调整后路口通行能力提高23%。全面深化“一区一警”，推动9个街道开展缓堵工作综合治理，在强化联合执法基础上，重点围绕社区、企业单位、公交场站开展缓堵宣传，共召开缓解拥堵动员部署会108场，交通安全培训讲座118次，组织“向交通陋习说不”“缓堵治乱、文明出行”“我为首都交通献良策”等主题活动216场，组织全区800名中小学生参加“文明出行、共享蓝天”演讲比赛、“阳光少年”会操比赛，组织开展“治理拥堵、文明出行”微视频征集大赛，获北京市最佳创意奖和优秀参与奖。

（郝 炘 曲守全）

**【预防交通事故】** 年内，交通支队重点在事故预防上发力，营造安全出行环境。依托春夏平安行动和交通秩序大整治，瞄准“一牌、两闯、三乱”等易引发事故、影响秩序的重点交通违法，开展严整动态秩序、严管静态秩序、严控非机动车“三大攻坚行动”。以22条严管大街为重点，推进“拖车配叉车”执法举措，对侵占慢行系统，占压盲道、救援通道等违法停车行为采取“零容忍”，加大清拖整治力度。探索执法力量合成作战模式，与公安分局、城管执法、交通执法等部门联动对接，建立完善常态化执法模式，组织开展黑车黑摩的“围剿”“并肩治乱”等联合整治145次、“堵门”行动80次。辖区10处秩序乱点全部按期销账，交通秩序环境明显改观。

（曲守全）

**【严打交通违法】** 年内，交通支队针对天气特点，组织专业查酒小分队，围绕饭馆、大排档、小区周边，分时、分段开展打击整治，不定时地组织全区大规模夜查行动，保持对酒驾高压态势。创新成立拘留办案组。抽调5名业务骨干成立拘留办案组，专门办理除交通肇事以外的所有拘留办案工作，并制定拘留办案组工作规范、拘留案件移送规定、执法办案区应急处置预案等多项规章制度。针对货车交通安全隐患突出问题，组建专班，综合运用渠化路线、信息推送、视频监控、依法重罚等手段，严查各类货车违法。设立莲石路24小时卡控岗，对大货车、渣土车全天候管控，严查超载、超速、闯红灯、闯禁行、污损号牌等违法行为。联合区城管、住建委等，对辖区施工工地开展事故预防联合执法行动，从源头整治货车违法。开展危化品运输、客运单位交通安全大检查，实现专业运输驾驶员100%核查、100%教育。

（曲守全）

# 消 防

## 概 述

北京市石景山区公安消防支队（简称消防支队）隶属于北京市公安消防总队。辖区共有消防中队6个，分别是古城、八大处、银河、高能所、石电、五里坨（在建）。平均每个消防站服务面积约14平方千米，服务居民数量约为10.8万人。现有各类执勤消防车辆28辆，其中水罐消防车9辆，泡沫消防车7辆，压缩空气泡沫消防车1辆，云梯消防车3辆，抢险救援消防车2辆，排烟照明消防车2辆，通讯指挥车2辆，战勤保障车辆2辆。执勤消防车灭火剂总装载量121.81吨，其中，载水110吨，各类泡沫11.81吨。新增消防摩托车2辆，消防冲锋舟4艘。配有各类器材装备13315件（套），其中抢险救援器材1351件（套），消防员防护装备8141件(套),特种防护装备1413件(套),其他类器材2410件(套)。市政消火栓936座,完好率90%。建立一支集消防协管员、网格管理员、消防志愿者,330座商务楼宇信息员、社区楼门组长和单位安保队伍等8000余人的"专业型、服务型、知识型、责任型"具有全区特色的消防志愿者宣传队,对全区9个"大网格"、136个"中网格"、684个"小网格"实施全方位立体化的消防宣传。年内,以习近平总书记系列讲话精神为指导、坚持"四个第一"理念,牢记职责和使命担当,以防、灭火中心工作和确保部队内部安全稳定为抓手,落实年初签定的目标责任书这一核心,突出工作重点,强化落实为先,统筹推进,稳步实施,确保各项工作取得阶段性成果和显著成效,圆满完成各项消防保卫任务,实现社会面火灾形势和部队内部安全双稳定。

**地址:石景山区古城北路甲2号**
**电话:68886208转9505**
**邮编:100043**

(韩兆国)

**【G20峰会消防保卫】** 8—9月,消防支队全体官兵牢记"四个意识",层层发动,深入分析消防工作面临的严峻形势,严格落实二级战备要求,实行双值班双出动。分别设置早晚两个时段,针对重点单位、区域启动动态执勤。同时强化部门联动、警种联勤、社会发动,全面落实综合治理、源头治理,形成全区整治合力。8月20日至9月2日G20峰会期间,支队开展社会面火灾防控检查,共分为70个检查组,出动警力845人,检查单位421家,督促整改火灾隐患524处,查封1家,三停0家,罚款1万元,拘留1人。全区发生火灾3起,伤亡0人,直接财产损失8000元。

(韩兆国)

**【参与地震救援演练】** 9月22—23日,消防支队参与消防总队地震灾害应急救援综合实战演练活动。消防支队重型地震救援队由探测组、破拆组、营救组、医疗组、保障组、通讯组及后备组等力量组成,期间从快速集结、人员装备点验、携装徒步开进、探测搜救、破拆救生、医疗救护、后勤保障、搜救队营地搭建等程序,开展实兵、实装模拟"地震救援"实战性演练。

(韩兆国)

**【巡控微型消防站成立】** 11月1日,古城街道铁辛社区微型消防站成立。并配备2部电动微型水雾消防车以及正压式空气呼吸器等建站基本装备。北辛安地区是平房区,街巷比较狭窄,人员密集,潜在火灾风险较大。每天微型消防车不定时在辖区内进行巡视,坚持救早、灭小。一旦有火情,会在3分钟内赶到现场,快速处置或控制火灾蔓延,并组织人员疏散,减少人员伤亡。

(张广鑫)

**【灭火救援】** 年内,消防支队接警1392起,其中,火警781起,抢险213起,社会救助398起,出动消防车辆4109车次,出动警力28763人。火警成灾70起,同比上升1.44%;死亡3人,较上年5人下降40%;受伤0人,同比持平;直接财产损失276.82万元,较上106.566万元上升159.76%。

(指挥中心)

**【执法检查】** 年内,消防支队检查单位11892家,督促整改火灾隐患或违法行为16697处,下发责令改正通知书6760份,查封56家,三停39家,拘留22人,罚款165.086万元。

(谢　超)

**【隐患投诉】** 年内,消防支队接市转办举报投诉330件,查处属实114件,不属实216件,查处回复率均100%。奖励举报投诉人67人,发放举报投诉奖金13400元。

(张广鑫)

**【技防建设】** 年内,全区累计投入资金743.9万元,为弱势群体家庭、住宅宿舍、小场所等火灾防控薄弱环节安装区域联网式独立火灾探测报警装置等简易消防设施4193个,为特需人群和重点人群配备阻燃床单、阻燃被罩、简易防烟面罩和水系灭火器7748套,受益群众1.19余万人。完成消防总队物联网建设任务133家。

(张广鑫)

**【灭火救援实战化】** 年内,消防支队选拔组建"实战化训练教官教学指导小组"。相继开展商业市场、高层建筑、石油化工等各类场所专项调研演练252次,召开灭火救援典型战评会8次,制定灭火救援和反恐处突方案17份,组织30人反恐处突攻坚突击队开展救援拉动演练4次,组织各中队反恐攻坚队演练10次,开展内部防汛演练8次,联合区防汛办开展防汛拉动综合演练2次。同时,多方协调组织成立灭火救援专家组,建立联勤联动机制,稳步提升部队灭火救援实战化水平。

(韩兆国)

**【社区应急车道治理】** 年内,消防支队发动和指导治安巡逻队、微型消防站等群防群治力量进行巡查,确保社区应急车通道时刻保持畅通。联合各街道力量出动检查人员2279人,检查社区数量446个,查处占用应急车通道违法行为4147起,现场处罚11起,拖移、挪移机动车107辆,粘贴违法停车告知单1823份。

(张广鑫)

**【消防宣传】** 年内,消防支队发挥宣传工作的助推优势,将消防宣传与防控工作同安排、同部署、同推动,提升消防知识普及率和自救逃生能力。坚持依托"网格化""大城管""一区一警"工作平台,全面开展消防宣传。走进社区宣传5420次,入户宣传33500余次,受教育群众4.7万人次,其中关爱群体家庭3500余户,张贴宣传标识15240张。坚持利用户外大屏幕,海报开展消防宣传攻势。在全区现有的20块户外电子屏幕,500余块室内的楼宇电视,136块社区宣传专栏,播放、张贴各种形式的消防安全提示;滚动播出《消防安全二十条》《电动车防火小常识》《冬季防火常识》等消防宣传视频图片。受教育群众达30余万人。依托辖区3个人防工程防灾教育基地、9个社区消防宣传室及5个消防中队警营开放活动,开展消防宣传。通过支队"三微一信"平台、"北京石景山消防"微博微信账号,及时发布重要信息和消防安全提示8000余条。通过

"点""线""面"宣传,不断扩大消防安全宣传覆盖面和影响力。

(张广鑫)

## 气象

### 概述

北京市石景山区气象局(简称区气象局)是科技型、基础性社会公益事业单位,受市气象局和区政府双重领导。下设综合办公室、业务管理科、社会管理与法制科和区气象台,同时代管区气象灾害预警中心。有职工21人,其中硕士2人,本科12人;高级工程师3人,工程师6人;中共党员9人。基本建成覆盖全区、分布较为科学的自动气象站观测网。辖区有1个国家气象观测站、5个区域自动气象站、3个雨量观测站,1个大气成分观测站,每5分钟发回一次气象监测数据。基本形成包括"温、压、湿、风、降水"等基本气象要素和"云(云状、云高等)、能(能见度)、天(天气现象)"以及地面温度、草面温度、日照时数、日蒸发量、花粉等在内的综合观测系统,有效提高辖区气象灾害监测能力。在年内,面向社会开展气象观测和天气预报、预警服务工作,向区委、区政府和相关部门发送决策气象信息;通过预警平台向区各级防汛部门、各街道气象协理员、各社区气象信息员和社会公众发送天气预报预警信息;通过手机短信、区电视台、电子显示屏、户外预警广播系统、官方微博、微信发布气象信息,为本区防灾减灾当好"消息树"。

**地址:石景山区杨庄北区20楼9单元201室**
**电话:68887008**
**邮编:100043**

(王琳琳)

**【依法行政】** 年内,区气象局按照气象行政审批工作程序进行施放气球活动审批,全年批复施放气球活动126次。开展气象行政执法127次(上年为120次),进行行政处罚3件,参加市气象局组织的联合执法3次。8月底前完成行政执法岗位目录的编制、系统录入、岗位人员关联等工作,并按照"三定"方案,对本单位行政许可、非行政许可、行政处罚、行政征收、行政强制、行政确认、行政裁决、行政给付、行政奖励等10类事项全面梳理。区气象局行政处罚工作融入到工商分局"石景山区企业信用监管和服务平台系统"。

(连亚平　王琳琳)

**【气象科普进校园】** "3·23"世界气象日,区气象局在京源学校小学部开展"红领巾气象站"落成仪式,并进行气象科普讲座。同时,携手首师大附属苹果园中学开展"气象科普校园行"活动,该活动在中国气象频道和区有线电视台分别进行跟踪报道。7月18日,接待"气象防灾减灾宣传志愿中国行"活动志愿者,参观区气象台和石景山国家气象观测站。与首师大附属苹果园中学、京源学校小学部、京源学校莲石湖分校合作,定期到学校开展气象科普讲堂。在首师大附属苹果园中学建设一整套气象设备,包括校园气象站、大气成分站、气象科普站、农业试验田等,助力首师大附属苹果园中学年度被评为"全国气象科普教育基地"。

(王琳琳)

**【气象科普进社区】** 5月14—21日,区气象局参加"石景山区科技周"展览活动,在区科技馆摆放展台,与公众互动。6月8日,结合"安全生产月"活动,与杨北社区开展综合演练,并对社区居民进行现场咨询解答活动。11月30日,为古城南里社区居民讲解冬季气象灾害防范。

(王琳琳)

**【气象科普进机关】** 5月27日,区气象局在全区防汛大会上播放气象科普宣传片,并作专题发言。6月24日、11月28日,分别为石景山区各网格长、网格员进行气象科普培训。

(王琳琳)

**【开通微信订阅及公众号】** 5月,区气象局相继开通"石景山气象"微信订阅号和公众号,进一步扩大防灾减灾人群覆盖面。关注者可自动接收辖区最新天气实况、卫星云图、雷达图和天气预报、预警等信息。同时完成与"AI石景山"和"石景山防汛"微新公众号的对接。

(袁丽丽　王琳琳)

**【基础设施建设】** 上年9月29日,区气象局业务用房建设工程项目由区发改委批准立项。截至年末,完成规划意见复函和外观设计招投标工作。

(王琳琳)

**【气象"十三五"规划】** 9月,区气象局编制完成《石景山区"十三五"时期气象事业发展规划》(以下简称《规划》),由区政府办正式印发全区。《规划》依据《气象法》《气象灾害防御条例》等法律法规,结合北京市"四个中心"与国际一流和谐之都建设以及石景山区建设"国家级绿色转型发展示范区",全力推动"全面深度转型、高端绿色发展"战略对气象工作提出的新要求,按照"世界眼光、首都标准、区域特色"要求,瞄准"一流装备、一流技术、一流人才、一流台站"目标,高起点谋划,高站位布局,提高气象台站气象观测、信息网络、预报预测业务对气象服务的基础支撑能力,提升公共气象服务对地区经济社会可持续发展的基础保障能力,全面提升气象服务的经济、社会和生态效益。以气象事业的发展助力石景山区城市功能提升,为实施"全面深度转型,高端绿色发展"战略,构建"八个高端"体系提供一流气象保障。11月,《规划》由区发改委印制成册发至各单位。

(王琳琳)

**【气象服务】** 年内,区气象局完成VIPS与国突平台的对接,建成一键式预警发布平台(一期)。已接入的预报业务平台有8个:气象微博、微信、QQ群、大喇叭(20个)、电子显示屏(146块),手机短信平台(4183人),电视天气预报、报纸,用于灾害性天气的预警信息发布,解决预警信息发布最后一公里问题。截至年末,手机短信平台用户达4200人,自(共)建显示屏130块、微博2个、微信2个、大喇叭20个、报纸1个、电视频道2个。累计发布预警信号110期,累计发送手机短信

1381716条，政府邮件59期，发布微博预报预警及实况信息1476条、微信预报预警信息1164期，发送电子显示屏预报预警1095期、大喇叭预报预警365期、传真298期，累计制作电视预报节目249期，基本实现预报、预警信息的全覆盖。累计开展各项重要节日和重大活动气象服务保障11次。区气象台全年组织、参加各类专业知识培训11次。李朝在年度全市测报竞赛中进入前六名，最终入选首届京津冀职工职业技能大赛天气预报员决赛6人之一，是唯一一名入选的区级选手。

（许　明　王琳琳）

【气象科研】　年内，区气象局承担4项课题项目，其中3项结题，分别为：区级合作项目1项《石景山地区PM2.5浓度与气象条件规律的初步研究》、市气象局一般项目2项《石景山地区局地强降水成因分析及预报检验》和《石景山区气象预报服务手册》。同时承担地方标准制定项目1项（由二类转为一类项目）《气象灾害风险调查技术规范》。

（许　明　王琳琳）

【气象防灾减灾】　年内，区气象局进一步完善气象防灾减灾防御体系。与区应急办联合发文《关于进一步加强石景山区气象灾害防御体系建设的通知》，要求全区所有街道和社区建立健全气象灾害防御工作领导机构，制定街道和社区两级应急预案。截至年末，辖区9个街道和149个社区全部成立相应机构并制定应急预案，达到街道气象灾害防御工作领导机构全覆盖。继续开展气象安全社区认证建设，全年新增气象安全社区29个，累计有127个社区通过安全示范社区认证，覆盖率达到85.2%。1名气象信息员被评为北京市十佳信息员，3人被评为北京市优秀信息员。

（袁丽丽　王琳琳）

【纳入网格化单位】　年内，区气象局纳入区网格化成员单位，实现气象灾情上报、施放气球执法和气象灾害预警信息等三项气象工作与网格平台的融合对接。

（袁丽丽　王琳琳）

【气候评价】　本年度的主要气候特点：气温较常年偏高，降水偏多。年平均气温13.5℃，较常年平均值（12.7℃）偏高。年极端最高气温37.3℃，出现在6月25日（常年平均值为37.6℃）。年极端最低气温－16.1℃，出现在1月24日（常年平均值为－13.9℃）；年总降水量714.2毫米，比常年（540.7毫米）偏多，接近上年（706.7毫米）。日最大降水量241.2毫米，出现在7月20日。全年温度时间分布特点为：3月平均气温较常年明显偏高，2、4、6、7、8、9、12月平均气温较常年偏高，5月平均气温接近常年，1、10、11月平均气温较常年偏低。本年度总降水量较常年偏多，降水时间分布特点为：9、11月降水较常年偏多，2、7、10月降水较常年明显偏多，其中10月降水较常年偏多3.9倍，1、4、5、6、8月降水较常年偏少，3、12月无降水。年无霜期236天，较常年（213天）偏多；年内大雾日数6天，浮尘出现1天，扬沙2天，冰雹2次。年内主要气象灾害为暴雨。

表8　石景山区2016年月平均气温与常年对比统计表　单位：℃

| 年度 | 1月 | 2月 | 3月 | 4月 | 5月 | 6月 | 7月 | 8月 | 9月 | 10月 | 11月 | 12月 |
|---|---|---|---|---|---|---|---|---|---|---|---|---|
| 2016年 | －4.4 | 1.5 | 9.2 | 16.6 | 21.2 | 25.3 | 27.2 | 27.1 | 21.2 | 12.7 | 4.1 | 0.0 |
| 常年 | －3.3 | 0.1 | 6.6 | 14.9 | 20.9 | 24.8 | 26.5 | 25.2 | 20.3 | 13.2 | 4.7 | －1.3 |

（许　明　王琳琳）

# 科学技术

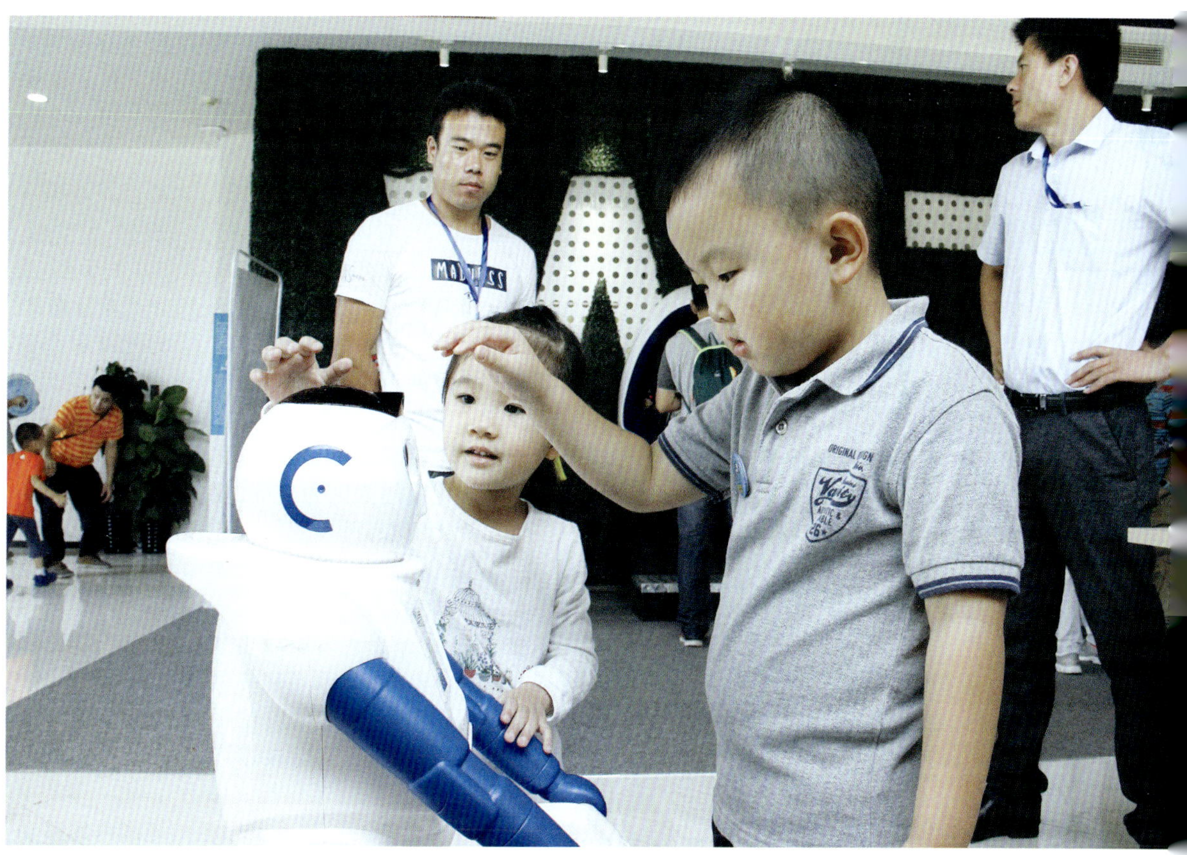

截至年底，石景山区辖区内有中央属院所院校8家，市属院所院校5家，区办院校1家；拥有国家和北京市重点实验室11家，市级以上企业技术中心20家，北京市工程技术研究中心8家，北京市工程研究中心3家，中关村开放实验室7家，北京市设计创新中心10家，市国际科技合作基地5家，市科委认定的科技研究开发机构2家，博士后（青年英才）创新实践基地工作站10家。创新型企业发展迅速。石景山区共有国家高新技术企业473家，中关村高新技术企业2075家，中关村十百千企业16家，中关村瞪羚企业131家。园区上市企业15家，新三板挂牌17家。科技聚才育才成效显著，全区共拥有两院院士18人，园区企业入选“千人计划”“海聚”“高聚”等高端人才31人，北京市“科技新星计划”19人，科技北京百名领军人才5人，初步形成“高端引领，带动全局”的人才发展格局。创新投入稳步增加，组织实施市级以上重点科技项目791项，获得市级以上科技项目资金突破6亿元，政策资金的杠杆作用和乘数效应充分体现，带动区内企业和社会各方投入资金累计上百亿，多元化科技融资体系不断完善。知识产权创新活跃，石景山区专利申请量达到11692件、授权量累计6831件。商标申请量达14800件，有效注册商标达到13000件，共获批北京市著名商标6件，中国驰名商标4件，实现区内驰名商标零的突破。区内203家企业被评为北京市专利试点、示范企业。科技成果屡获嘉奖。全区累计获得国家科学技术进步奖10项，北京市科学技术奖57项，评出区级科技进步奖147项，驻区单位连续两年摘得国家科技进步最高奖桂冠，区域创新能力得到显著提升。创新服务体系逐步完善。全区共拥有科技企业孵化器20家，其中国家级3家，市级5家，孵化场地面积35万平方米。动漫游戏、新数字媒体等产业技术联盟8个，网络游戏、设计产业等产业公共服务平台20个。依托“北京市科技条件平台石景山工作站”，开展“百家重点实验室进千家企业”活动，促进产学研一体化建设。园区积极打造“石景山服务”品牌，建设“石景山创新平台”，建立标准化服务菜单，形成“绿色通道”“园区讲堂”“科技金融日”等一批常态化优质服务品牌。创新政策体系初步形成。科技管理机制进一步完善，现行政策中与科技创新相关的共15个，制定出台《“创新创业石景山”启航工程》《石景山区关于支持大众创新创业的暂行办法》《石景山区科学技术奖励办法》《石景山区博士后（青年英才）创新实践基地管理暂行办法》等政策文件，完善聚集重点产业、支持自主创新、促进成果转化、科技金融扶持等政策体系。

# 科学管理

## 概　　述

石景山区科学技术委员会（简称区科委）是区政府主管全区科技工作的综合职能部门，与知识产权局和园区管委会合署办公，对内简称“科委园区”，现有编制57人。年内，以北京建设全国“科技创新中心”为契机，按照区“八个高端体系”建设的任务要求，构建高端的科技创新驱动体系，通过对接《北京市“十三五”时期加强科技创新中心建设规划》等上级规划，以建设科技成果转化应用强区为目标，强化科技研发转化中心、科技创新服务中心、科技金融创新中心和高端人才创业中心四项功能，为石景山区实施全面深度转型、高端绿色发展战略和建设国家级绿色转型发展示范区提供支撑。建成区科技成果转化应用平台。编制完成《石景山区高新技术产业“十三五”发展规划》。8项科技成果获得2015年度北京市科学技术奖励，其中一等奖1项、二等奖5项、三等奖2项。34个项目获得2015年度石景山区科学技术奖，其中一等奖3项、二等奖8项、三等奖23项，重点奖励在构建高精尖经济结构、破解城市难题、科技惠及民生、企业协同创新方面实现应用的创新成果。2016年北京青果灵动科技有限公司、北京合康亿盛变频科技股份有限公司、北京国是经纬科技股份有限公司3家企业被认定为北京市设计创新中心。通过“国家知识产权试点城市（城区）”验收，启动实施工作方案进入“国家知识产权示范城市”培育序列。全区专利申请量达到3057件，同比增长45%，全年专利申请量达到3200件。2016年组织开展科普活动500余场，发放资料10余万份，惠及人群超过20万人。

**地址：石景山区实兴大街30号院17号楼**

**电话：68863659　68863626**

**邮编：100041**

**网址：http://sjskw.bjsjs.gov.cn**

**邮箱：sjskw@263.net.cn**

（张玉霞）

**【开展政策兑现】** 1月4日，区科委开展2015年知识产权、科技金融政策兑现工作。共90家次企业申报2015年度知识产权奖励，经审核均符合条件，总计申请奖励资金约211.98万元；共42家企业申请金融类政策补贴，经审核35家企业符合条件，补贴金额644.7万元。其中34家企业符合条件申请贷款贴息，拟补贴金额共计594.7万元；1家企业申请上市奖励，拟奖励金额50万元。

（陈　京）

**【互联网游戏双创大赛】** 1月18日，由区政府主办，微软（中国）有限公司协办，北京创业公社投资发展有限公司、北京时代凌宇科技有限公司共同承办首届“石景山区互联网游戏创新创业大赛”。本次大赛共角逐出最佳体验奖、最佳技术奖、最佳创意奖、最佳视觉效果奖和最佳商业化设计奖等5个单项奖，此外三等奖3项，二等奖1项，一等奖1项。本次大赛面向全国范围内的移动互联网游戏开发团队、企业或个人征集移动游戏作品，通过竞赛评选出优秀作品和开发团队。大赛共分为报名申请、学习培训及封闭实战三个环节，于上年12月10日正式启动，吸引来自北京、广州、成都的近50支游戏团队报名参加。本次大赛除设立近10万元的现金奖励外，还为获奖者提供微软 Windows Store 推广资源,以及石景山互联网游戏创业平台提供的创业基金与创业孵化基地入驻权等多重福利。

(裴菊芳)

【荣获双料奖】 1月27日,市知识产权举报投诉服务中心(12330)召开2016年分中心、工作站工作会,石景山分中心在年度考核中被授予"执法维权协助优秀单位""信息服务优秀单位"。一年来,分中心及工作站走访药店、商场20余次,提供专利侵权案件线索10余件,协助完成全年专利行政执法工作,同时开展"知识产权进载体"、知识产权金融等系列服务活动11次,受到企业普遍好评。华海科技孵化器、古城中小科技企业基地两家创业载体划入全市12330工作站,以"创客"为新兴载体的创业公社列入工作站联系点,至此全区保护主体覆盖至4家工作站和1家"创客空间"。此举进一步强化"1+X"保护模式,完善"知识产权联席会+分中心+工作站"的保护体系。

(陈 京)

【8项成果获市科学技术奖】 2月19日,2015年度北京市科学技术奖在在北京会议中心揭晓,共有188项成果获得北京市科学技术奖,其中一等奖29项,二等奖54项,三等奖105项。石景山区有8项成果获奖,其中一等奖1项,二等奖5项,三等奖2项,获奖项目主要涉及电子信息、新材料、节能环保、生物医药等领域,其中首钢公司的镀锌汽车板成功应用于北京现代、一汽大众等国内外知名汽车企业,庄笛浩禾公司研制的传染病抗体检测试剂已在医疗行业推广应用。近三年来,累计评审出102项科技成果获得区科学技术奖,获评市科学技术奖26项,20余家企业创新产品和技术应用于神舟飞船、高速铁路、智能电网等国家重大科技工程。

(石桂莲)

【通过国家知识产权试点城市验收】 3月24日,受国家知识产权局委托,市知识产权局在石景山创新平台召开国家知识产权试点城市验收会。考核评估组按照"国家知识产权试点城市(城区)考核指标",听取试点建设情况汇报,实地考察并现场查阅相关资料,经讨论答辩,石景山区高分通过"国家知识产权试点城市(城区)"验收。自2013年8月成为国家知识产权试点城市(城区)申报培育对象以来,知识产权指标纳入政府折子工程,进入绩效评价体系,写入政府工作报告;成立由42家单位组成的"知识产权联席会",形成政府部门、企业和科研机构、社会中介组成的"三位一体"知识产权工作体系;出台《鼓励知识产权服务业和促进高技术产业发展办法》等相关政策,对企业专利授权、成果转化、标准、商标给予奖励;与市知识产权局联合实施"知识产权领航工程";试点以来,累计申请专利7716件、授权4440件,年均保持40%以上的高速增长,增速分列全市的第二和第三,万人发明专利拥有量达到29件。

2月24日,国家知识产权试点城市验收会 (区科委供稿)

(陈 京)

【中关村管委会调研】 4月14日,中关村管委会主任郭洪、副主任廖国华一行到保险产业园就园区发展情况进行调研。在现场调研之后,又结合沙盘听取北京保险产业园建设情况的详细汇报,并观看北京保险产业园宣传片,以及八个高端体系建设电子沙盘展示,在随后召开的座谈会上,郭洪听取中关村石景山园和新首钢高端产业综合服务区工作情况汇报,他希望石景山区抓住新首钢高端产业综合服务区建设、冬奥组委入驻、北京保险产业园建设、"双创"建设和科技成果转化应用强区建设的重大机遇,做好"新经济、新体育、新金融"发展规划,以科技创新为支撑,推进区域经济社会高端绿色发展。

(王鹤乾)

【科普工作会】 4月22日,区科委在区政府召开石景山区2016年科普工作会,发布《石景山区"十三五"科学技术普及发展规划》。中国地震应急搜救中心、北方工业大学城市道路交通智能控制技术北京市重点实验室和北京帕皮教育科技有限公司3家单位被认定为2015年度"石景山区科普教育基地"。市科委科宣处处长对地区科普工作给予高度肯定,副区长司马红作总结讲话。区科普工作联席会议成员单位主管领导、区科素工作领导小组成员单位主管领导、北京市科普基地单位领导、区创新型科普工作室、区科普基地和区创新型科普社区负责人参加会议。

(付 琦)

【知识产权联席会】 4月22日,区知识产权局在区政府召开2016年知识产权联席会,市知识产权局巡视员王淑贤、区领导司马红出席会议,区知识产权联席会成员单位相关领导、驻区科研院所、企业代表50余人参加会议。会议通报上年知识产权工作情况,并部署当年工作重点。会议增补区食品药品监督管理局、北京猎豹移动科技有限公司和阿尔西制冷工程技术(北京)有限公司三家单位加入联席会;对可牛网络技术(北京)有限公司等7家知识产权先进单位和知易知识产权服务公司等3家知识产权优秀服务机构进行表彰;区工商分局、国家无线电监测中心、工信部电子知识产权中心分别代表联席会成员单位就知识产权工作做典型发言。会上展示暴风影音、航天测控、建材院等多家企业自主知识产权产品。知识产权联席会从2006年成立至今,成员单位增至45家,形成政府部门、企业和科研机构、社会中介组成的矩阵式的知识产权工作体系。

(陈　京)

**【获评市"专利示范单位"】** 4月25日,市知识产权局发布《关于认定北京市第七批专利示范单位的通知》,可牛网络技术(北京)有限公司、北京中天金谷科技股份有限公司成为第七批获得"北京市专利示范单位"荣誉称号的单位。至此全区专利示范单位达到13家。专利示范单位可以享受国内专利申请费用的全额资助、申请国外专利时同等条件下优先获得费用资助、享受优先参加市级各类专项资金的申报等多项优惠政策。自2013年启动"国家知识产权试点城市(城区)"建设以来,区科委加大对知识产权优势企业的培育,阿尔西制冷工程技术(北京)有限公司成为"国家级知识产权优势企业";猎豹移动和可牛网络两家企业成为中关村知识产权领军企业;航天测控、首自信等6家企业认定为"北京市专利示范单位"。通过优势企业培育,实现知识产权对企业、产业和区域经济三个方面的"增值"。

(王　震)

**【知识产权案件通报】** 4月26日世界知识产权日当天,区科委(知识产权局)在创新平台召开法院、企业知识产权案件通报会。市高院、市知识产权法院、区法院相关领导和暴风科技、蓝港在线等10家重点企业共计120余人参加会议。区法院通报上年全区知识产权案件审理情况,共受理各类知识产权案件588件,审结550件。企业和市、区两家法院的法官就知识产权司法保护问题进行深入沟通。案件通报会是区知识产权局和区法院政、法联动,共同推进区域知识产权保护的重要举措,已连续召开8次。

(陈　京)

**【户外普法宣传活动】** 4月27日,在第十六个"世界知识产权日"到来之际,科委(知识产权局)联合区法院、区工商分局、区商务委、区文委、区工商联等联席会成员单位在万达广场开展主题为"争创知识产权示范城市,实现高端绿色发展"的知识产权普法宣传活动。活动现场播放"北京新高度"保护知识产权宣传片,联席会成员单位向驻区单位和广大市民发放知识产权宣传材料近千份,并接受现场涉及商标、专利、版权等知识产权相关问题咨询。

(陈　京)

**【石景山区科技周】** 5月14—20日,"2016年石景山区科技周"举行。本届科技周活动与全国、北京市科技活动周同步举办,主题是"创新引领共享发展"。科技周主会场设在区科技馆,由区科委、区委宣传部、区科协共同主办。活动以宣传创新驱动经济社会发展、创新创业成果服务改善民生为内容,面向全区广大市民展示虚拟现实科技创新成就、大众创业万众创新成果以及科技教育成果。"探索——虚拟现实科学探梦""科技创想小达人""创新创业成果展""动漫电影世界探秘""节能环保低碳行"等活动精彩纷呈,向公众展示最新科技产品,传递科技知识,用趣味的方式让孩子们领略新的教育理念。

(裴菊芳)

**【区科技成果展】** 7月5日,区科委在石景山科技馆举办石景山区科技成果展。共有25家企业30种创新产品参展,参展的创新产品广泛应用于北斗导航、高速铁路、海底隧道、神舟系列飞船、APEC会议、北京地铁6号线等国家、北京市重大科技项目和重点工程。

(张玉霞　赵楚然)

**【区年度科学技术奖】** 7月13日,区科委在区政府大楼召开2015年度科学技术奖评审委员会评审会议,会议共评审出2015年度拟奖项目34项,其中一等奖3项、二等奖8项、三等奖23项。北京易华录信息技术股份有限公司申报的"基于卫星定位技术(GPS/北斗)的公交车辆智能调度管理系统研发与应用"、北京航天测控技术有限公司申报的"高可靠性微波部组件自动测试系统技术研发与应用"、北京青果灵动科技有限公司和鸿锋恒宇(北京)科技有限公司联合申报的"FancyEngine开发平台系统的研发与应用"3个项目为一等奖;中国医学科学院整形外科医院申报的"组织工程骨的临床应用研究"等8个项目为二等奖;北京世界星辉科技有限责任公司的"360移动游戏开放平台研发与应用"等23个项目为三等奖。10月,石景山区科学技术奖评审结果发布。

(石桂莲)

表9　　2015年度石景山区科学技术奖评审结果一览表

| 序号 | 项目名称 | 承担单位 | 获奖等级 |
|---|---|---|---|
| 1 | 基于卫星定位技术(GPS/北斗)的公交车辆智能调度管理系统研发与应用 | 北京易华录信息技术股份有限公司<br>华录智达科技有限公司 | 一等奖 |
| 2 | FancyEngine开发平台系统的研发与应用 | 北京青果灵动科技有限公司<br>鸿锋恒宇(北京)科技有限公司 | 一等奖 |
| 3 | 高可靠性微波部组件自动测试系统技术研发与应用 | 北京航天测控技术有限公司 | 一等奖 |

续表

| 序号 | 项目名称 | 承担单位 | 获奖等级 |
|---|---|---|---|
| 4 | 组织工程骨的临床应用研究 | 中国医学科学院整形外科医院 | 二等奖 |
| 5 | 370－420MPa级高性能桥梁用钢的研制与开发 | 首钢总公司　秦皇岛首秦金属材料有限公司 | 二等奖 |
| 6 | GEOWAY CIPS集群式影像处理系统研发与应用 | 北京吉威时代软件股份有限公司 | 二等奖 |
| 7 | 基于互联网在线视频技术服务的暴风云视频平台研发与应用 | 北京暴风科技股份有限公司 | 二等奖 |
| 8 | 大功率水冷型高压变频器研发与应用 | 北京合康亿盛变频科技股份有限公司 | 二等奖 |
| 9 | 建筑垃圾资源化处理及再利用关键技术研发及应用 | 首钢环境产业有限公司<br>北京首钢资源综合利用科技开发公司 | 二等奖 |
| 10 | 宽幅面LED激光打印机的研发与应用 | 京图盛印(北京)科技有限公司 | 二等奖 |
| 11 | 互联网保险实时风险评估支撑平台研发与应用 | 北京无线天利移动信息技术股份有限公司<br>上海誉好数据技术有限公司 | 二等奖 |
| 12 | 360移动游戏开放平台研发与应用 | 北京世界星辉科技有限责任公司 | 三等奖 |
| 13 | 基于前后端视频智能分析联动的电子监控系统研究与应用 | 北京尚易德科技有限公司 | 三等奖 |
| 14 | 基于第二代测序技术的多类型变异检测系统研究与应用 | 北京科迅生物技术有限公司 | 三等奖 |
| 15 | 中药驻景方对病理性近视脉络膜新生血管防治作用的分子机制研究 | 中国中医科学院眼科医院 | 三等奖 |
| 16 | 30MW变频汽轮发电机研发与应用 | 北京北重汽轮电机有限责任公司 | 三等奖 |
| 17 | BIM技术在工程实践中应用研究 | 中铁建设集团有限公司 | 三等奖 |
| 18 | 多核浏览器系统研发与应用 | 北京猎豹移动科技有限公司 | 三等奖 |
| 19 | 重型智能环保粮食移动净化系统的研究 | 北京中天金谷科技股份有限公司 | 三等奖 |
| 20 | 水冷式采暖散热器热工测试设备研制与应用推广 | 北京建筑材料检验研究院有限公司 | 三等奖 |
| 21 | 华北型煤田煤层底板注浆加固技术研究与应用 | 北京大地高科煤层气工程技术研究院 | 三等奖 |
| 22 | 宅云智能家庭多媒体服务平台的研发与应用 | 北京中传数广技术有限公司 | 三等奖 |
| 23 | 数字对讲信号智能监测与警示系统在便携式无线电管制设备中的应用研究 | 北京众谱达科技有限公司 | 三等奖 |
| 24 | 冶金企业能源全流程智能化协同管控系统的研发与应用 | 北京首钢自动化信息技术有限公司 | 三等奖 |
| 25 | 新七天灵犀智能管理平台的研发与应用 | 北京新七天电子商务技术股份有限公司 | 三等奖 |
| 26 | 基于大数据风控技术的个人信用评估系统研发与应用 | 百融(北京)金融信息服务股份有限公司 | 三等奖 |
| 27 | 九喜动漫急救系统研发与应用 | 北京九喜信息科技有限公司 | 三等奖 |
| 28 | 岩棉/聚氨酯复合保温板(3DW)关键技术研究及外墙保温系统的研发与应用 | 北京建筑材料科学研究总院有限公司 | 三等奖 |
| 29 | 译库—开放语言大数据分析处理平台研发与应用 | 中译语通科技(北京)有限公司 | 三等奖 |
| 30 | 基于GPRS技术的地下水资源远程监测及控制系统研发与应用 | 北方工业大学 | 三等奖 |
| 31 | 串罐旋转给料喷吹泵的研制与应用 | 北京瑞德克气力输送技术股份有限公司 | 三等奖 |
| 32 | 数字化工装设计管理系统开发与应用 | 北京科思诚科技有限公司 | 三等奖 |
| 33 | 基于4G的开放式移动边缘云计算平台研发及应用 | 中兴国通通讯装备技术(北京)有限公司 | 三等奖 |
| 34 | Elf 3D Engine3D游戏引擎研发与应用 | 趣行天下(北京)网络技术有限公司 | 三等奖 |

（石桂莲）

**【盛景全球创新大奖中国区总决赛】** 7月13日，由中关村管委会和区政府指导，由盛景网联和区科委共同主办的2016盛景全球创新大奖（Shengjing Global Innovation Awards，简称GIA）中国区决赛在万达嘉华酒店举办。本次决赛吸引数百位一流投资人、创业者参与,数千位创业者在线观摩。开幕式上,司马红等出席并致辞。活动现场,君联资本董事总经理王俊峰等嘉宾担任此次中国区决赛的评委。GIA活动自1月启动,历时7个月,共有来自互联网+、大数据、智能制造、AR/VR等多个领域的20个国内高水平创业项目闯入中国区决赛。经过激烈角逐,车萝卜(基于汽车用户体验的HUD智能车载机器人设备)等10个项目晋级2016盛景全球创新大奖全球总决赛。中国区10强将与来自美国、以色列、欧洲三大国际赛区的顶尖选手同台竞技,向由盛景网联提供的150万美金奖金发起冲击。总决赛于8月9—10日在清华大学举行。创业公社、易华录、趣行天下、中航创城四家创业服务机构亦是本次GIA中国区决赛的联合主办单位。

(曹　洁)

**【市文创双创大赛】** 7月20日,首届北京市文化创意创新创业大赛石景山分赛区初赛在91众创空间石景山运营中心举行。大赛以创意、创新、创业"三创"为主题,以"文创客厅""一刻文创""文创路演季"等多种形式的互动进行项目招募、路演和评选。从5月28日正式启动至今,已吸引广大文创爱好者踊跃参与。石景山区是本次大赛初赛分赛区的最后一站,来自政府、金融及投资机构等方面专家作为评委,对参加路演的15个辖区文创企业申报项目进行现场点评,项目覆盖动漫游戏、创意设计、广播影视、广告传媒等文化创意领域。8月3日,动漫游戏行业晋级项目在91众创空间举行复赛,争夺全市30个晋级决赛的名额。市委宣传部、市文化创意产业促进中心、中关村科技园区石景山园、区委宣传部、大赛战略合作机构代表、众多文创领域专家学者、知名投资机构及创业者等近100余人参加。根据大赛组委会发布的复赛赛程组织与评审规则,组委会将入围复赛的100个文创项目按行业分组分配至7个分赛区。石景山分赛区共有11个动漫游戏类项目参加路演,其中泽灵文化、二次元coser产业化平台和appMagics3个项目获得直接晋级资格;NOWDO脑洞、奥秘之家和基于云技术的跨平台移动终端游戏研发及营销平台3个项目进入网络竞选环节。

(李　成)

**【生产力促进中心获"金桥奖"】** 10月,区生产力促进中心继2014年后再次获得中国技术市场协会金桥奖"先进集体奖"称号。"金桥奖"是经国家科学技术奖励办公室批准设立的全国技术市场最高奖项。年内,区中心先后引进15家科技企业落地,服务中小科技企业175家。

(雪　冰)

**【首届"科普达人秀"大赛】** 11月5日,科委和区教委联合主办,区科技馆和青少年活动中心承办的石景山区首届"科普达人秀"大赛入围赛在石景山科技馆举办。活动以"科技舞动未来,创新引领发展"为主题,将科学理念融入艺术形式,并结合舞台特效,向大众普及科学知识。北京市第九中学、北大附小、电厂路小学等9所学校,八角街道等3家办事处和帕皮科技等社会单位共计18家单位、48部参赛作品、近200名表演人员参加活动。《对话雾霾君》《月亮公主》《中国娃巧手过大年》等作品获奖。12月24日,"科普达人秀"年度总决赛在金鹏剧场举行。经层层选拔,来自不同地域、不同行业、不同年龄段的19个节目、145名选手晋级决赛。

(裴菊芳)

**【知识产权金融培训会】** 11月24—25日在北京稻香湖培训中心举办。本次培训由区知识产权局联合市知识产权局主办。参会专家分别围绕知识产权质押贷款、知识产权股权融资、知识产权维权及相关知识产权案例分析进行详细讲解,并就现场企业相关问题进行答疑与辅导。市知识产权局周砚副局长出席会议,90余家专利试点、示范单位和高新技术企业共计100余人参加培训。

(陈　京)

**【首都文化企业30强30佳揭晓】** 12月16日,首都文化产业协会、光明日报社和北京日报社联合发布第二届"首都文化企业30强、30佳"入围企业名单,石景山区共计8家企业榜上有名。北京华录百纳影视股份有限公司、北京世界星辉科技有限责任公司、北京乐动卓越科技有限公司、北京猎豹移动科技有限公司4家企业入围"首都文化企业30强";北京漫游谷信息技术有限公司、互爱互动(北京)科技有限公司、北京瓦力网络科技有限公司、北京昆仑在线网络科技有限公司4家企业入围"首都文化企业30佳"。近年来,科委园区一直以建设科技成果转化应用强区为目标,不断推动文化创意产业健康快速发展。石景山园文创产业全年预计实现收入360亿元,同比增长10.5%。目前,园区已形成网络游戏、影视动漫、数字媒体和设计产业互为支撑的发展格局。

(陈　京)

**【举办科普工作者培训】** 12月21日,区科委与区人力社保局在国家新媒体产业基地星光影视园共同举办2016年石景山区科普工作者培训班。区科普工作联席会议成员单位以及区内科普基地的科普工作者参加本次培训。培训邀请中国科普研究所科学素质研究室原主任、研究员翟立原通过具体案例分析作《关注基层科普工作》的为题授课,培训班还组织学员到国家级科普基地"中国印刷博物馆"参观学习。

(裴菊芳)

**【科技服务联盟微课堂上线】** 12月,石景山区科技服务联盟微课堂上线,微课堂主要是针对在企业发展过程中的一些代表性问题给予解决,组织科技服务资源进行"视频内容"的策划、组织、录制、编辑、制作及传播。截止年底已完成"高新技术企业认定""科技企业政策筹划""企业员工合同签订与解除""中小企业促进专项""研发费用加计扣除"以及"科技创新券的申请和使用"等主题内容近30课时,总时长超200分钟,综合点击量突破3000人次。

(边滢安娜)

**【高新技术产业和科技事业发展规划】**

年内，科委园区根据《国务院关于加快培育和发展战略性新兴产业的决定》《中关村国家自主创新示范区发展规划纲要（2011—2020年）》《北京技术创新行动计划（2014—2017年）》和区委《关于制定石景山区国民经济和社会发展第十三个五年规划的建议》等要求，编制完成《石景山区高新技术产业"十三五"发展规划》。规划分"十二五"发展回顾、"十三五"面临形势、发展思路和目标、着力打造创新型产业集群、产业空间布局、重点任务、保障措施七个部分，是指导全区高新技术产业发展的行动纲领，通过规划的实施，加快把石景山打造成为北京高新技术产业聚集新重地、北京市"高精尖"经济结构重要支撑。同时，依据《国家中长期科学和技术发展规划纲要（2006—2020年）》《北京市中长期科学和技术发展规划纲要（2008—2020年）》《北京市"十三五"时期全国科技创新中心建设规划》和《北京市石景山区国民经济和社会发展第十三个五年规划纲要》，编制完成《北京市石景山区"十三五"时期科技事业发展规划》。

（岳继华）

**【创新创业集聚区建设】** 年内，区科委落实《"创新创业石景山"启航工程》和"石创二十条"政策，着力构建特色产业生态圈，鼓励大众创业，支持创新发展。作为一个从传统老工业区向现代化新城区转型发展的"二次创业者"，石景山区大力实施"全面深度转型、高端绿色发展"战略，构建高端的科技创新驱动体系等八个高端体系，响应党中央、国务院"大众创业、万众创新"的决策部署，把大众创新创业作为促改革、调结构、惠民生的重要抓手，搭建创新创业平台，完善创新创业服务，集聚创新创业主体，区域创新创业生态体系建设取得显著成效。辖区内已有国家级孵化器和众创空间4家，市级孵化器和众创空间6家，区级众创空间4家，各类创业服务机构超过20家，已形成"国家级＋市级＋创新型孵化器"相结合的专业化、国际化、市场化的孵化服务体系。各创业服务机构实现特色发展和专业发展，创业公社形成"基地＋基金""政策＋市场""股权＋债权""孵化＋投行"的创业服务模式，智能交通行业龙头企业易华录成立"e＋创客孵化中心"专注孵化"互联网＋"创业团队，趣行天下开放企业资源建立产业驱动型创业服务平台，中航国际旗下中航创城打造集初创空间和共享型创新社区于一体的综合性创业服务平台。

（岳继华）

## 中关村科技园区石景山园

### 概　　述

中关村科技园区石景山园（简称园区）是中关村科技园区"一区十六园"中的文化创意产业特色园。2006年1月17日，经国家发展和改革委员会批准石景山园正式加入中关村科技园区，规划面积345公顷。2012年，国务院批复中关村国家自主创新示范区空间规模和布局调整，石景山园规划面积从3.45平方千米扩至13.34平方千米，占到全区产业用地的80%以上，占中关村的比重从1.5%提升到2.7%。区委、区政府于2007年3月，确立科委、园区管委会、知识产权局三位一体的管理模式，建立园区建设领导小组工作协调机制。2014年，形成区委常委、常务副区长任园区党工委书记，主管副区长任园区管委会主任，相关部门主要领导担任园区管委会副主任的大园区管理体制。面对外部环境的复杂变化和重大压力挑战，石景山园创新体制机制、整合多方资源、集聚高端要素，实现整体实力的跃升，成为中关村第6个千亿级产业园区，成为区域高端绿色转型的有力支撑。年内，发布《石景山区关于促进中关村石景山园高端产业集聚发展的办法》和《石景山区关于支持科技创新和科技成果转化应用的办法（试行）》，区政府联合中关村管委会出台《关于促进中关村虚拟现实产业创新发展的若干措施》，推进重点项目建设，逐步改善基础配套环境，点石商务中心于7月全部竣工，首特绿能港科技中心项目进展顺利，推进北京保险产业园载体建设。企业招优引强成效明显，全年新增落地企业1728家，注册资本合计213亿。其中注册资本过亿企业34家，注册资本过千万企业428家。园区经济发展稳中有升，截至年底，园区规模以上企业实现收入突破1800亿元，同比增长16.2%，税收突破80亿元，同比增长19.8%，实现利润269亿元，同比增长30.4%，人均利润产出38.4万元。园区上市企业达到16家，新三板挂牌企业增至42家。

**地址：石景山区实兴大街30号17号楼**
**电话：68863659**
**邮编：100041**
**网址：www.zgc－sjs.gov.cn**
**邮箱：sjskw@263.net.cn**

（张玉霞）

**【2家企业入选"创新成长企业100强"】** 1月9日，创业邦评选的"2015中国年度创新成长企业100强"榜单正式出炉。分布于16个行业，其中60%以上的公司来自电子商务、企业服务、互联网金融、汽车交通及物流运输4个领域。园区企业电子商务企业豆果美食和互联网金融企业量化派入选。豆果美食创新互联网＋美食行业，推出多元服务，陆续获得盛大、纪源资本等多轮融资，已经发展成为国内家庭厨房领域最大的美食社区及交易平台；量化派是从事研发产品和服务的金融大数据公司，通过整合互联网及传统数据源，为金融机构提供全流程量化的金融产品及服务，已获得复星昆仲、高榕、华创等机构投资。

（李　成）

**【3家企业挂牌"新三板"】** 2月19日，园区企业北京鑫创佳业科技股份有限公司、北京安趣科技股份有限公司、北京资旗源信息技术股份有限公司，相继在全国中小企业股份转让系统有限公司的核准下挂牌"新三板"。园区新三板挂牌企业累计达到22家。

（付　航）

**【华谊兄弟聚星文化有限公司成立】** 4月6日，北京华谊兄弟聚星文化有限公司在中关村石景山园注册成立，公司

5月31日，暴风魔镜发布会 （区科委供稿）

业务涉及唱片制作、发行、艺员经纪、商务发展、影视IP产业等音乐影视领域。华谊兄弟集团是中国首家上市的文化娱乐公司，已实现从编剧、导演、制作到市场推广、院线发行等完整的传媒体系，华谊兄弟聚星文化有限公司的注册是集团公司整合影视、音乐、文化资源，推动创新发展的重要产业布局。

（付 航）

【华惠金服信息科技有限公司成立】 4月14日，华惠金服信息科技（北京）有限公司在中关村石景山园注册成立，注册资金5000万元。华惠金服将运营碧桂园集团旗下互联网金融平台——碧有信，凭借集团的资源整合优势及专业的资产管理及平台运营能力，结合金融创新与互联网手段，利用大数据、云平台、移动互联等技术，以服务内容及服务理念创新为导向，碧有信为碧桂园上下游企业、置业业主、社区服务商、线上客户及内部员工营造一个全场景、有关怀的房地产互联网金融生态圈，打造透明、规范、安全的中国社区金融服务第一平台。

（付 航）

【暴风魔镜发布会】 5月31日，园区企业北京暴风魔镜科技有限公司在北京市召开主题为“VR2.0——虚拟现实新篇章”的发布会，发布集成标志性手势识别技术的暴风魔镜新品，并宣布与多家公司达成软件和内容领域的深度战略合作。作为国内领先企业，暴风魔镜公司以推动产业生态链的全面整合，带动VR全产业链的整体提升。石景山园虚拟现实（VR）产业发展亮点初现。龙头企业争先布局，暴风科技构建的“技术＋产品＋内容＋产业链”VR生态平台初见雏形，旗下“暴风魔镜”系列产品和VR电视获多方认可，建立开发者开放平台和资源集聚平台，与国内外多家大型内容厂商和技术研发企业开展深度战略合作。华录百纳成立VR事业部，启动一系列综艺及体育的VR内容制作，拟在未来三年投资10亿元，打造中国优质VR内容生产和资源聚合分发平台。产业生态初现端倪，从研发到内容创制与产品生产、内容分发各环节，逐步建立产业生态。北方工大CAD研究中心建立的VR实验室已完成VR领域两个“863”计划项目；首钢工学院引入中科院自动化研究所等研究资源，加大VR教育培训和创新应用探索。除暴风系列VR互动硬件外，疯景科技研发360度全景摄像机。搜狐畅游建立VR实验室，即将推出两款重磅VR游戏。易用视点VR解决方案成功应用于教育和工程领域。

（罗耀玲）

【多家企业获市级创新资金资助】 7月29日，市科委公布“2016年度北京市科技型中小企业促进专项”名单，园区共有21家企业获创新创业类项目立项，立项资助金额共计560万元。其中安怀信、中节能等5家企业获得创新项目资金扶持，主要涉及电子信息和节能环保领域；暴风微城、沃尔德斯、华清信安等16家企业获得创业项目立项支持，涉及数字媒体、电子信息、节能环保、3D打印等领域，占全区立项项目76%。

（王 震 罗耀玲）

【3家企业获市设计创新中心认定】 8月16日，按照《北京市设计创新中心认定管理办法（试行）》（京科发〔2013〕177号）要求，经资格审查、专家评审，市科委公布认定结果，园区北京青果灵动科技有限公司、北京合康亿盛变频科技股份有限公司、北京国是经纬科技股份有限公司3家企业被认定为2016年度北京市设计创新中心。

（王鹤乾）

【与定兴县政府签署战略合作协议】 8月19日，牛青山率考察团赴河北省保定市交流考察京津冀协同发展工作，并与保定市签署一系列战略合作协议。签约仪式上，中关村石景山园与定兴县政府签署战略合作协议，双方将在推进产业结构转型升级、加强科技创新、培育创新创业氛围等方面开展合作，探索建立更加紧密、有效的对接机制，为两地创造更多的合作发展空间。保定市委书记聂瑞平，市委副书记、市长马誉峰，市委副书记、副市长许立群，副市长闫立英，区领导牛青山、夏林茂、李文起、文献、种磊、司马红等出席签约座谈会。

（赵楚然）

【搭建企业服务联动平台】 9月7日，科委园区举办第251期园区讲堂，邀请市科委、区总工会和区人保局讲师为企业讲解高新认定、人才和工会等相关政策，近300家园区企业参加培训。年内，科委园区探索“一个导向，两个平台，三类服务，四个机制，九个模块”的企业服务体系建设。以区委区政府重点工作为导向；搭建“市区联动”和“委办联动”两个平台；夯实政府服务，推进中介服务和社会化服务；建立应急服务机制、绿色通道机制、疑难问题联议机制和热点问题共商机制；做好“行政服务，政策扶持，中介服务，知识产权，园区讲堂，人才服务，统计分析，工会群团，协调服务”九个模块工作。

（崔海霞）

**【园区企业助力“天宫二号”发射】** 9月15日，搭载“天宫二号”空间实验室的长征二号运载火箭成功发射，园区企业北京航天测控技术有限公司自主研发的地面测控设备完成发射前对火箭各系统的全面自动化测试任务。在此次发射中运用的测控设备主要用于长征运载火箭的故障检测处理系统、遥测系统、外安系统、全箭空调系统的地面测试、发控过程中的自动化检测与控制，为运载火箭的维护和成功发射提供重要保障。航天测控公司研制的“航天器测试数据自动判读软件”“航天器专家知识库”有效解决以往人工测试中无法对海量数据、高速数据实施准确监视的问题，起到对航天器运行状态实时监测的作用。

（胡　妍）

**【法国企业参观考察石景山园】** 9月26日，法国游戏企业代表团到园区参观考察。代表团先后参观园区企业北京畅游时代数码技术有限公司、石景山创新平台政府服务大厅、创业公社，随后与园区游戏龙头企业进行座谈。双方介绍企业游戏业务现状，就未来VR和数字智能时代下游戏发展趋势和技术合作进行深入沟通和交流。代表团与园区企业蓝港在线、趣酷科技在主机游戏推广、游戏本地化服务领域和合作进行初步探讨。法国目前是仅次于美国的全球第二大电子游戏生产国，拥有一批知名游戏公司。此次到访的法国游戏公司 BIGBEN 主要从事主机游戏开发运营，EXEQUO 公司主要从事于游戏的海外本地化服务。

（胡　妍）

**【3家企业进入“中国领先金融科技50强”】** 9月20日，毕马威中国首次评选出“中国领先金融科技50强”，中关村石景山园企业百融金融（百分点）、量科邦信息（量化派）、玖富联银（闪银）3家企业分别排名第3、19、30位。百融金融是大数据技术研发与应用企业，核心产品为大数据技术层的操作系统（BD－OS），为金融机构提供用户运营服务、量化投资、风控监管等服务；量科邦信息是金融消费大数据应用企业，通过机器学习和互联网化的风险定价，整合互联网及传统数据源，帮助个人及小微企业快速获得低成本贷款，旗下具有消费信贷 app、白条服务 app 等知名产品；玖富联银是信用评估大数据应用企业，其研发的互联网大数据信用评估平台“Wecash 闪银”可将大量个人互联网数据转化为互联网信用与连接金融机构连接，为客户提供便捷的资金借贷服务。（“中国领先金融科技50强”评选以信息技术应用、科技数据归集与使用、模式创新、金融效率提升度、资本市场估值和认可度、发展潜能等科技金融领域的核心要素为评价标准，评选具有行业权威性。）

（付　航）

**【虚拟现实产业专项支持政策发布】** 10月11日，中关村园区管委会联合区政府发布《关于促进中关村虚拟现实产业创新发展若干措施》。虚拟现实产业专项支持政策核心条款共八条，从推动研发创新和成果转化、支持创业孵化、推进产业集聚，提升产业国际影响力、支持引进领军人才和团队、加强综合配套支持等六个方面，提出具体措施：支持研发创新和成果转化，给予最高不超过1000万元的资金支持；支持创业孵化，建设虚拟现实专业孵化平台；推进产业集聚，建设中关村虚拟现实产业园，对入驻企业给予补贴；提升国际影响力，支持国际影响力大的虚拟现实企业和研究机构在石景山园建立区域总部和研发中心，并给予资金支持；引进领军人才和团队，给予最高500万元奖励补贴；完善发展配套，对虚拟现实领军企业实施专项需求定制服务，在企业办公、人才引进、金融服务等方面予以支持。

（岳继华）

**【国际交流合作】** 10月21日，来自埃及、尼日利亚、摩洛哥、朝鲜等7个发展中国家的22名科技主管部门官员和政策研究人员组成的中国科学技术交流中心国际研修班代表团，到石景山园区进行考察访问。代表团先后参观“八个高端体系”建设电子沙盘展示、石景山创新平台政府服务大厅、创业公社共享办公区和自主创新产品展示体验区，代表团表示加强科技交流互鉴，扩展同石景山区在文化创意、科技金融等各领域合作。

（王鹤乾）

**【中关村先行先试政策集中宣讲会】** 11月14日在石景山园召开。由中关村园区管委会，市科委、工商局、财政局、地税局、国税局等有关部门组成宣讲团，为参会的200余家企业进行精准详实的政策解读。宣讲内容包括：工商“19”条通过改革名称登记制度，简化审批流程，放开中关村示范区外资企业登记权限等措施，放宽市场准入条件；激励分配机制，调动企业创造积极性，企业通过以自身股权为标的实施股权奖励、股权出售等行为激励技术人员和企业经营管理人员；鼓励高新企业认定，促进企业科技转型，引导企业调整产业结构，走自主创新、持续创新的发展道路。

（边莹安娜）

**【暴风魔镜公司发布全球最轻 VR 头显】** 12月20日，暴风魔镜公司在北京正式发布 VR 一体机 Matrix。改变其以往只出 VR 眼镜的产品策略，向移动 VR 战略迈进。该款概念机采用全新分体式设计，搭载3K分辨率超高清屏幕，重量仅230克，在解决屏幕清晰度和头显重量等影响用户使用的难题方面，都取得质的突破，相比 Oculus、HTC、PSVR 等当前 VR 业界公认的三大头显，重量减轻50%以上。在软件与内容方面，运行暴风魔镜自主研发的 Magic UI 2.0 内容平台，集合新华网、爱奇艺、优酷等多家内容平台，包含35000多部影视资源、2500多部全景视频、1000多部全景漫游和图片等。

（岳继华）

**【易华录公司获“中国驰名商标”称号】** 12月，园区企业北京易华录信息技术股份有限公司的“易华录”商标获得

"中国驰名商标"称号,成为石景山区第5项驰名商标。近年来,科委园区贯彻落实《首都知识产权战略实施推进计划》,实施知识产权领航工程,推进各类商标的认定,目前拥有"首钢""冲击波""物美"等5项"中国驰名商标"和13项"北京市著名商标"。

(王　震)

**【石景山园发展规划】** 年内,园区依据《国务院关于同意支持中关村科技园区建设国家自主创新示范区的批复》(国函[2009]28号)、《中关村国家自主创新示范区发展规划纲要(2011—2020年)》和《石景山区国民经济和社会发展第十三个五年规划纲要》,完成《石景山区"十三五"时期中关村国家自主创新示范区石景山园发展规划》编制工作。规划分前言、发展基础和面临环境、总体要求与发展目标、重点任务、保障措施等部分,提出做大做强园区主导产业,着力提高科技创新与转化应用能力,积极构建创新创业服务体系,不断深化园区功能布局,全面提升园区配套环境等举措。

(岳继华)

# 驻区科研单位

## 中国科学院高能物理研究所

**【概况】** 高能物理研究所(以下简称"高能所")成立于1973年,其前身是1950年成立的中国科学院近代物理研究所,1953年改称物理所,1958年改称原子能研究所。1973年2月,根据周恩来总理的指示,在原子能研究所一部的基础上组建高能所。高能所是以基础研究和应用基础研究为主的多学科综合性研究所。主要学科方向是粒子物理研究、加速器物理及技术研究和射线技术及应用研究,并兼顾核分析技术及多学科交叉研究。高能所建有北京正负电子对撞机国家实验室、核探测与核电子学国家重点实验室(与中国科学技术大学共建),1个中科院卓越创新中心,3个中科院重点实验室,1个北京市重点实验室,1个非法人研究单位,1个国家级国际联合研究中心,1个北京市国际科技合作基地。高能所下设7个研究单位,并在广东东莞设有分部;拥有北京正负电子对撞机、北京谱仪、北京同步辐射装置、西藏羊八井国际宇宙线观测站、中国散裂中子源(在建)、大亚湾中微子实验装置、硬X射线调制望远镜卫星(在建)、江门中微子实验装置(在建)、高能光源验证装置(在建)、高海拔宇宙线观测站(在建)、阿里宇宙微波背景辐射实验(在建)等大型科研装置。截至年底,高能所共有在职职工1437人。其中,专业技术人员1243人,包括中国科学院院士6人、中国工程院院士2人、正高级专业技术人员181人、副高级专业技术人员501人。共有国家高层次人才特殊支持计划("万人计划")入选者5人,海外高层次人才引进计划("千人计划")入选者9人(新增3人),其中青年海外高层次人才引进计划("青年千人计划")入选者6人,中国科学院"百人计划"入选者51人(新增3人),国家杰出青年科学基金获得者18人。高能所是1981年国务院学位委员会批准的首批博士、硕士学位授予权单位之一,现设有理论物理、粒子物理与原子核物理、凝聚态物理、光学、无机化学、生物无机化学6个理学博士、硕士培养点,设有核技术及应用、计算机应用技术2个工学博士、硕士培养点,设有材料工程、动力工程、机械工程、电子与通讯工程、核能与核技术工程、计算机技术、化学工程7个全日制工程硕士培养点,并设有物理学、核科学与技术2个博士后流动站,共有在学研究生561人(其中博士生328人、硕士生233人,外籍8人)、在站博士后91人(其中外籍12人)。高能所是中国物理学会高能物理分会、粒子加速器分会,同步辐射专业委员会,核电子学与核探测技术学会,中国毒理学会纳米毒理学专业委员会,中国物理学会中子散射专业委员会的挂靠单位。主办的刊物有《中国物理C》(月刊)、《现代物理知识》(科普双月刊)、Radiation Detection Technology and Methods(英文网络期刊)。

**地址:石景山区玉泉路19号乙院**
**电话:010－88233092**
**邮编:100049**

(贾英华)

**【科研项目】** 年内,高能所共有在研项目(课题)633项(包括新增项目223项)。其中,主持(或承担)国家重点基础研究发展计划(973)和国家重大科学研究计划项目4项、承担(或参加)课题18项,主持(或承担)国家重点研发计划项目5项、承担(或参加)课题30项,主持(或承担)国家高技术研究发展计划(863)课题2项(新增1项),

大亚湾中微子实验装置　　(高能所供稿)

主持(或承担)国家自然科学基金重大项目4项、主持(或承担)国家自然科学基金重点项目13项(新增3项)、面上项目256项(新增77项)、国家杰出青年科学基金项目3项、国家自然科学基金联合基金14项(新增5项)、承担(或参加)课题42项;主持(或承担)中国科学院战略性先导科技专项课题37项,主持(或承担)院重点部署项目1项、(科技部、国家自然科学基金委、财政部和院)重大仪器研制项目3项(新增1项),承担(或参加)课题18项。

(贾英华)

【科研进展】 年内,高能所在科学研究、大科学装置建造与运行、技术成果转化等方面取得众多科研成果。粒子物理研究成果显著,大亚湾实验测得最精确反应堆中微子能谱;北京谱仪III实验发现X(1835)奇异谱型、hc粒子的新衰变模式、粲重子Lc+测量结果等;北京正负电子对撞机(BEPCII)在设计能量1.89GeV下对撞亮度达到设计指标,为改造前的100倍,创造了该能区对撞亮度世界纪录;北京同步辐射装置实现10条光束线同时供光、"一机两用",支持585个课题实验;北京谱仪端盖飞行时间探测器及主漂移室内室完成改造,处于国际领先水平;大亚湾实验测量精度再创新高,达到4%,获得2016年中科院大装置运行第一名;江门中微子实验建成并启动国内首条高量子效率20寸新型光电倍增管生产线;散裂中子源项目进展顺利,建筑工程已全部交付使用,设备安装已基本完成;ADS强流质子加速器注入器I质子束达到10.6mA@10.67MeV,实现先导专项任务目标,首个由14个低b轮辐射频超导腔系统集成的超导质子加速器成功实现突破;硬X射线调制望远镜(HXMT)完成全部研制工作,已向全国征集第一轮核心科学观测提案;伽马暴偏振探测仪(POLAR)搭载天宫二号发射成功;高海拔宇宙线观测站项目启动开工;阿里原初引力波探测实验正式启动;医学PET设备、安全和精密检测类研制技术不断发展并向产业化推进;高能所在香山科学会议和基于加速器的高能物理发展战略研讨会上促成对环形正负电子对撞机(CEPC)建设形成共识;高能同步辐射光源验证装置(HEPS-TF)进入全面实施阶段。

(贾英华)

【科研成果】 年内,"大亚湾反应堆中微子实验发现的中微子振荡新模式"荣获2016年度国家自然科学奖一等奖。"北京正负电子对撞机重大改造工程(集体奖)"荣获2016年度国家科学技术进步奖一等奖。大亚湾反应堆中微子振荡实验团队和暗物质粒子空间探测团队分别获得中科院"十二五"突出贡献团队称号。年内,高能所在各类学术期刊及会议文集发表论文1355篇(作为第一机构发文513篇,占全部论文的37.9%),全部论文中被科学引文索引(SCI)数据库收录973篇,被EI数据库收录404篇,ISTP数据库收录82篇,MEDLINE数据库收录6篇。根据基本科学指标数据库(ESI)统计,高能所进入全球论文影响力排名前1%的论文42篇,其中前1‰的论文9篇。《中国物理C》荣获2016中国最具国际影响力学术期刊。高能所被评为"2015年度石景山区知识产权工作先进单位"。申请专利58项,其中中国发明专利51项、实用新型专利7项;获得发明专利授权70项,包括中国发明专利54项,实用新型专利6项;获得软件著作权2项。修订国家标准《便携式管激发X射线荧光分析仪》,已完成报批稿。

(贾英华)

【成果转化】 年内,高能所在辐照加速器方面,L波段10MeV/40kW工业辐照加速器在天津完成装机调试,并投入运行,协助企业在兰州新建一座辐照中心;乳腺PET多渠道与医院建立合作,推动设备临床应用,同时启动增资融资,加快产业化进程;继续开拓核安全监测系列产品应用领域,组建专业化服务队伍,为杭州G20峰会场馆提供核安保服务,产品在核电站、核工基地、地方环保局等10家用户单位进行应用推广;在低温超导磁选机方面,帮助合作企业完成研发及生产能力的建设,并成功实现销售,产品在福建厦门、广东嘉源、华北理工等单位投入生产;加强与大装置建设所在地的院地合作工作,积极筹建东莞高能前沿技术应用产业创新中心和大朗先进技术研究院;天津院士专家工作站建立企业技术创新联盟,并获得天津市专项经费支持,丹东奥龙院士工作站为企业在提供技术指导,协助企业制定产品开发规划,并共同申请国家重点研发计划。

(贾英华)

【国际合作】 年内,高能所共签署13项国际科技合作协议,包括德国亥姆霍兹柏林材料与能源研究中心,塞尔维亚万卡核物理研究所,巴基斯坦国家物理中心,俄罗斯科学院核能研究所,俄罗斯布德克核物理研究所,匈牙利科学院魏格纳物理研究中心,欧洲散裂中子源科学,意大利国家核物理研究院,以色列特拉维夫大学,芝加哥大学阿贡国家实验室,台湾理论科学研究中心,澳大利亚前沿粒子物理卓越创新中心等。承办高能物理领域国际研讨会29次,接待国外(境外)来访学者约791人次,组织所内科研人员出国(境)进行学术交流1203人次。参加欧洲核子研究中心的大型强子对撞机LHC上的ATLAS和CMS实验、丁肇中教授领导的AMS实验、国际直线对撞机(ILC)、BELLE & BELLE II、PANDA等国际合作项目。

(贾英华)

## 工业和信息化部电子科学技术情报研究所

【概况】 工业和信息化部电子科学技术情报研究所(简称电子情报所)是工业和信息化部直属事业单位,主要从事情报研究和信息咨询服务,服务对象遍及工业和信息化部、国防科工局、中央网信办、科技部、国家发改委、总装备部等政府和军队领导机关及相关科研院所、生产企业和高等院校,代工业和信息化部行使情报、成果、期刊、电子知识产权、电子工业档案和工程建设等行业管理职能,并提供媒体出版、声像服务、文献服务、软件开发、数据库建设等多元化服务，同时还是中国电子学会情报分会、国防科技声像服务中心、中国信息产业商会等社团组织的挂靠单位。现有职工 800 余人，专业技术人员占 85%以上，其中国家级突出贡献专家 2 人，部级突出贡献专家 2 人，享受政府特殊津贴人员 21 人。年内，16 项研究成果得到上级领导高度认可，其中 2 篇被中办采用并获国家领导批示、多篇获部级领导批示、1 项研究成果获省部级奖励；编辑出版《中国信息产业年鉴》《首席财务官》《竞争政策研究》等公开出版物。完成《世界信息产业与技术发展年度报告》《世界信息化发展年度报告》《世界网络与信息安全发展年度报告》《世界软件产业发展年度报告》《国外军事电子发展年度报告》等系列研究报告，编辑《世界军事电子装备与技术发展研究》等内部刊物。由电子情报所控股的计世传媒集团是目前国内最大的 IT 传媒集团，经营规模连续多年位居全国报刊业前 10 强，出版《计算机世界》《IT 经理世界》《网络世界》等业界知名品牌媒体。电子情报所是工业和信息化部直属单位唯一一家获得“中央国家机关文明单位标兵”和“首都文明单位标兵”的双标兵单位。

**地址：石景山区鲁谷路 35 号**
**电话：68632898**
**邮编：100040**

（张芳芳）

【**核心业务能力建设**】 年内，电子情报所在建立软硬结合的业务体系方面取得进展。获批首个部重点实验室(工业信息安全感知与评估技术实验室)，信息化和工业化融合评测与推广实验室、物联网(两化融合)解决方案评测实验室基本建成。获批首批部产业技术基础公共服务平台(信息服务类)，一批行业平台纷纷上线运行。连续获得来自工业和信息化部、中国工程院等部委在工业转型升级、网络信息安全、软件公共服务平台等领域的专项经费支持。申报的“情报信息自动处理技术能力提升建设”“科研基础设施节能改造及数据安全取证分析能力建设”“专网三期”3 个建设项目获得批复。

（张芳芳）

【**提升综合服务能力**】 年内，电子情报所参与支撑领导机关和地方主管部门重点工作，牵头推动国家和地方两化融合及信息化总体布局，参与编制国家信息化发展战略纲要和国家信息化十三五规划，推动两化融合管理体系工作进入全面普及新阶段。深入开展工业控制系统信息安全研究支撑工作，扎实开展关键基础设施网络安全检查，持续推动信息共享与风险通报机制，圆满完成 G20 峰会及世界互联网大会的网络安全保障工作，获得 G20 优秀保障团队称号。

（张芳芳）

【**承办第五届中国语音产业年会**】 4 月 28 日，由电子情报所承办的“2016 中国语音产业年会暨中国语音产业高峰论坛”在北京中国科技会堂举行，政府、企业、研究机构、媒体的代表共计 200 余人参加。本届大会以“声动万物，智启未来”为主题，围绕智能语音的应用、智能语音产业的发展、智能语音的未来、人工智能等热点问题进行对话和讨论。电子情报所在年会上发布《2015 中国智能语音产业发展白皮书》，白皮书从产业规模、市场格局、细分市场、产业环境等维度分析产业态势，总结产业发展存在的问题，预测产业发展的趋势。

（张芳芳）

【**承办贵阳数博会系列活动**】 5 月 25—29 日，2016 贵阳国际大数据产业博览会在贵阳市召开，电子情报所承办贵阳市工业和信息化研究院揭牌仪式、产业互联网发展主题论坛、电子信息产业知识产权大课堂、两化融合管理体系专题培训，以及“中国—东盟”新一代信息技术培训班等一系列活动。

（张芳芳）

【**承办软博会**】 5 月 26 日，由电子情报所承办的“2016 第二十届中国国际软件博览会信息发布会”在北京召开，各地方政府、研究机构、软件企业和媒体代表共计 150 余人参加发布会。发布会以“促进软件产业转型，助力创新融合发展”为主题，北京、宁夏回族自治区的地方政府发布促进软件产业发展的最新政策；电子情报所、中国软件行业协会、北京软件和信息服务业协会分别发布最新的研究报告；青岛容商天下、上海智臻、天津南大通用等 6 家企业发布最新产品和服务。

（张芳芳）

【**承办网络安全博览会**】 9 月 19—25 日，中央网信办会同教育部、工业和信息化部、公安部、新闻出版广电总局、共青团中央等六部门联合主办的 2016 年国家网络安全宣传周在武汉市举行。本届网络安全宣传周活动之一的网络安全博览会，由电子情报所、中国网络安全产业联盟和武汉市网络安全和信息化领导小组办公室共同承办。本届博览会以“网络安全为人民、网络安全靠人民”为主题，围绕保护个人信息安全、网络安全新技术应用、网络安全在智慧城市、智慧医疗、智慧金融等方面展示技术成果，面向公众进行网络安全科普宣传及互动体验。共有 95 家网络安全领域企业参展，参展企业数量及展区规模均为历届之最。

（张芳芳）

## 北京建筑材料科学研究总院

【**概况**】 北京建筑材料科学研究总院有限公司(以下简称北京建材总院)成立于 1959 年，隶属金隅集团，是集研究开发、检验检测技术服务为一体的综合性高科技企业，注册资本 1.917 亿元，总资产达 5 亿元，从业人员 400 余人。拥有国家级企业技术中心、国家住宅产业化基地、固废资源化利用与节能建材国家重点实验室、博士后科研工作站、院士专家工作站等科技创新平台。北京建材总院所属全资子公司北京建筑材料检验研究院有限公司(以下简称检验院)自成立以来先后整合六个国家级建筑材料检验中心、三个市级建筑材料质量监督检验站以及两个专业检验所，是中国第三方质量检验服务的领先者，目前质量检测范围涉及百余类上千种产品，业务范围覆盖全国二十余个省市，已成为对政府与行业协会有支撑力、对行业与市场有牵引力、对客户与公众有向心力的一流权威技术服务机构。年内，北京建材总院新申请专利34项，其中发明专利20项；新授权专利34项，其中发明专利17项；获得政府部门、行业协会颁发的奖项14个。

**地址：石景山区金顶北路69号**
**电话：88721857**
**邮编：100041**
**邮箱：keyany1@bbmg.com.cn**

（王文姬）

**【科研项目】** 年内，北京建材总院承担国家课题2项，北京市级课题11项，区级项目1项，集团重点科技项目13项。其中“863课题”《冶金企业场地高风险污染土壤的固化稳定化工艺技术研究与示范》在甘肃白银建设国内首个原地原位冶金企业污染土重金属离子固化稳定化示范工程；国家“十二五”科技支撑计划《新型低钙水泥熟料的研究及工业化应用》高活性贝利特水泥熟料矿物组成中硅酸二钙的比例超过70%；烧结温度比传统硅酸盐水泥烧结温度降低150℃左右；研究开发硅酸二钙活性激发技术、工业化生产技术，在金隅和西北旺产业化应用1000吨。

（王文姬）

**【科研平台】** 年内，北京建材总院与中国建材工业规划研究院签约共建“建材能效评估与资源节约实验室”；成功获批“中国建筑学会科普教育基地”；北京建材总院作为发起单位成立“北京绿标建材产业技术联盟”。

（王文姬）

**【技术服务】** 年内，北京建材总院自主开发的水泥窑协同处置废弃物旁路除氯技术成功在琉璃河水泥厂、宣化金隅、沁阳金隅生产线应用，解决了企业水泥氯离子超标的问题，为水泥企业提质降耗服务。为水泥企业节能减排服务，进行水泥窑系统热工标定与诊断工作，制定系统优化方案。

（王文姬）

**【检验服务】** 年内，北京建材总院所属北京建筑材料检验研究院本年取得CNAS检验机构资质，取得建筑消防设施、钢结构防火涂料、建筑建材及构建、建筑装饰装修的检验能力。获得“北京市绿标办”批复的绿色建材评价机构。完成两次计量认证扩项评审，扩充252个检测项目/参数，目前检验检测能力覆盖30大类，产品/参数共计1945个，标准3000余条。

（王文姬）

**【项目建设】** 年内，北京建材总院推动“国家节水器具产品质量监督检验中心”“焓差实验室”和“质检信息化系统项目”建设，三项工作均按年初制定的计划完成任务；河北尾矿综合利用工程技术研究院建设项目在河北省承德市正式启动。

（王文姬）

**【学术会议】** 年内，北京建材总院成功举办“2016年石膏开发利用与产业化关键技术研讨会”“第七届中国国际建筑干混砂浆生产应用技术研讨会暨第二届国际预拌砂浆产业发展峰会”“京津冀尾矿综合利用技术研讨会暨京津冀尾矿综合利用产业技术创新联盟成立大会”，并成功承办“金隅杯”全国混凝土职业技能大赛等活动。

（王文姬）

**【对外交流】** 年内，北京建材总院所属北京建筑材料检验研究院先后通过美国CARB认证检验审核和日本JIS认证审核；成为加拿大CSA门窗测试中国区首家授权实验室，与法国CSTB、德国IFT以及澳大利亚AWA等认证机构展开交流与合作；与澳大利亚Global－mark认证公司合作开展灭火器灭火性能认证检测。

（王文姬）

## 北京首钢国际工程技术有限公司

**【概况】** 北京首钢国际工程技术有限公司（中文简称首钢国际工程公司，英文简称BSIET）是2008年由原北京首钢设计院改制成立、首钢集团相对控股的国际型工程公司，注册资本15000万元，员工1200余人，拥有中日联、考克利尔等9家投资公司。公司是“国家火炬计划重点高新技术企业”和“北京市设计创新中心”，拥有国家最高等级的工程设计综合甲级资质及工程咨询甲级资质。主要从事冶金、市政、建筑、节能环保等行业的规划咨询、工程设计、设备成套、项目管理、工程总承包业务，综合实力和营业收入排名全国勘察设计企业前列。作为钢铁全流程工程技术服务商，为钢铁企业工程建设、环保搬迁、升级改造、挖潜增效、节能减排提供技术服务。将传统优势技术升级应用于城市市政工程、建筑设计、节能环保等领域，为建设生态宜居城市和信息智慧城市提供技术服务。近5年为国内外200多个客户完成近800项优质工程，完成国家“十一五”重点项目首钢京唐钢铁厂的总体设计。注重技术研发和自主创新，有300余项专利和专有技术，承担多个国家级重大科技课题的研发工作，主编或参编多项国家和行业标准规范，获国家科学技术奖和全国优秀设计奖近100项，获冶金行业和北京市优秀设计及科技进步奖300余项，连获全国建筑业企业工程总承包先进企业、全国冶金建设优秀企业、中国企业新纪录优秀创造单位、全国企业文化优秀单位、全国建筑业信息化应用示范单位、北京市“守信企业”等称号。

**地址：石景山区石景山路60号**
**电话：68872480**
**邮编：100043**
**传真：88295389**

（陈伟伟）

**【转型发展】** 年内，首钢国际工程公司在总公司“一根扁担挑两头”战略的指导下，明确“双轮驱动”战略定位，构建“1＋4”产业板块，加快推进转型发展。做优做强钢铁板块，做好首钢钢铁业的支撑服务，把首钢内部当做市场来精心维护，坚定不移“走出去”，全方位开发国内、国际市场。大力拓展非钢板块，以首钢两大园区的开发建设为契机，整合优质资源，快速提升能力，着力打造园区开发、能源环保、钢结构住宅、城市地下综合管廊四个产业，加快拓展社会市场，培育新的经济增长点。

（陈伟伟）

【运行机制】 年内，首钢国际工程公司全新定位事业部功能，全面梳理各部门职责，明确责权利，给予事业部更多的用人权和经营权。9月份下发全面按照事业部运行的通知及修订后的部门职责说明书，各事业部正式按照新的职责和使命运行。按照稳步推进的原则，结合公司实际和管理工作的需要，坚持继承、发扬和创新，以现有制度体系为基础，梳理和规范工作流程，健全和优化规章制度，逐步完善运行管理体系，提高事业部机制的运行效率。

（陈伟伟）

【钢铁板块】 年内，首钢国际工程公司把2016年定位为京唐二期的设计年，成功签订总体设计合同，全力组织推进各项设计工作。完成全部初步设计，按计划开展施工图设计；签订济钢铸管烧结、华夏特钢烧结等总承包合同；签订涟钢高炉大修、冀南钢铁高炉改造等设计合同。国际市场深化与大型央企的合作，签订加拿大熔融还原项目可研合同，跟踪哈萨克斯坦综合钢厂项目。

（陈伟伟）

【非钢板块】 年内，首钢国际工程公司参与曹妃甸园区有关地块的勘察测绘、总体规划和建筑创意设计工作，开展生态城先行启动区部分配套住宅、道路、管线的施工图设计。加快培育和打造能源环保、钢结构住宅、城市地下综合管廊等新产业。开展综合管廊市场营销。与社会企业开展战略合作，加强对PPP等模式的规则研究，拓展市场开发的渠道。全年承揽非钢项目合同115项。

（陈伟伟）

【科技开发】 年内，首钢国际工程公司全年科技开发课题立项71项，直接经费投入1050万元，同比增加5.6%。承担市级以上科技开发课题3项，获得国家科研经费支持890万元。申请专利106项，授权专利56项，其中发明专利11项。参编行业标准3项。获冶金科技进步奖三等奖2项，获北京科技进步奖三等奖1项，获北京测绘科技奖三等奖1项，获首钢科技进步奖5项；获行业优秀设计奖7项、优秀勘察奖1项、优秀总承包奖4项，获奖等级和数量继续保持国内先进企业行列。“基于钢铁流程余热利用的海水淡化研发及示范”课题获得科技部批准，同时开展2项国家级重点专项海水淡化课题研究。

（陈伟伟）

【人才管理】 年内，首钢国际工程公司制定职工职业通道发展优化方案，拓展人才的发展路径，结合年度绩效考评，对199人进行岗位、薪酬晋升调整，4名员工由项目制转为合同制。根据新产业发展需要，优化人力资源配置，择优录用应届毕业生26人，招聘社会成熟人才46人。开展多种形式的公司级学习培训23次，参培人数达1600余人次。

（陈伟伟）

# 教　育

年末，全区有各级各类幼儿园56所。其中市级示范园6所，一级一类幼儿园17所，市级早期教育示范基地16所，市级特殊儿童教育示范基地6所。在园幼儿15299人。教职工2398人。学前教育3岁以上户籍幼儿入园率达95%以上。

全区有小学41所(其中一贯制学校小学部11部)，中学25所，其中初中9所，高中2所，完全中学3所，一贯制学校11所。有特殊教育学校1所。区属中等职业学校1所。全区小学在校生人数为23452人(其中北京户籍13044人)，初中在校生人数为7500人(其中北京户籍4432人)，高中在校生人数为4503人(其中北京户籍3425人)。

辖区有1个社区市民总校(社区学院)，9个市民学校中心校(街道社区教育中心)，149个市民学校分校(设在居委会)。

全区经审核批准的各级各类民办教育学校、培训机构共116所。其中民办普通中学2所，民办幼儿园30所，民办职业高中1所，外地来京务工人员自办学校4所，其他文化、教育、技术等非学历培训学校79所。辖区有北方工业大学、中国科学院大学、北京工业职业技术学院、首钢工学院、国家检察官学院等高等院校。

(马　健)

# 教育行政

## 概　　述

北京市石景山区教育委员会(简称区教委)是区政府主管教育事业的职能部门，负责管理、推动发展全区学前教育、基础教育、职业教育、成人与社区教育等工作。下设科室19个，有公务员76名，下属教育信息中心、青少年活动中心、业余大学等单位11家。年内，区教委围绕提升教育质量为主题，持续优化四个学区横向交接、八个集团纵向引领的教育集群化空间格局，深化教育合作共同体和教育协作区实践，在教育资源共享、师资交流、中小学有机衔接等多领域创设交流平台，推进横向与纵向教育改革实践。各级各类教育协调发展，课程教学、艺术、体育、科技、校外教育全面推进，在多项重大比赛中取得佳绩。可持续发展教育深入推进，被联合国中国可持续发展教育秘书处授予“国家可持续发展教育示范区”称号。学前教育普惠多元发展，多渠道扩大学前学位供给，满足二孩政策下的入园需求，促进区域多元普惠办园格局的形成。基础教育综合改革，组织全区中小学参加义务教育课程改革、高中课程改革、学习方式系统变革等市区八大课改项目，开展开放性科学实践活动和综合社会实践活动。职成教育与区域转型互动发展，落实京津冀协同发展相关要求，与周边省份开展多项合作。保障特殊群体受教育权利，推进新疆内高班、内地拉萨班各项工作。规范民办教育管理，对未经注册幼儿园进行清理整顿，取缔非法幼儿园6所。发挥石景山教委网站、石景山教育公众微信平台、《石景山教育》杂志、《教育新视线》等媒介的宣传作用。全年国际广播电台、参考消息、北京教育、北京晨报、千龙网等中央及市级媒体合作开辟近100个专版，全年市级以上媒体刊稿量近600条。

**地址：石景山区八角西街95号**
**电话：68872844**
**邮编：100043**

(马　健)

**【签订科技教育合作框架协议】** 1月13日，区教委与中国科学院行政管理局签订科技教育合作框架协议。区领导田利跃等，中国科学院行政管理局副局长占剑等，北京中科科教发展基金会秘书长葛勇等有关领导，以及区委教工委、区教委主要领导以及科学实践教育协作校北京市九中、京源学校、第二实验小学校长出席签约仪式。年内，北京九中、实验二小、京源学校作为项目学校，在科教融合、师资培训、实验室建设、竞赛辅导、科技协作校五大领域开展合作，构建合作开展中小学科技教育的长效机制。

(金清苗)

**【与加拿大高贵林市签署合作协议】** 3月8日，区教委与加拿大高贵林市教育局签署教育合作协议。高贵林教育局董事局主席朱迪·希拉(Judy Shirra)，董事局副主席迈克尔·汤姆(Michael Thomas)，董事局董事巴布·霍布森(Barb Hobson)、克里·帕尔梅·伊萨克(Kerri Palmer Isaak)，高贵林教育局局长帕特里萨·格兰(Patricia Gartland)，市教委学前处张小红，区领导田利跃等出席签约仪式。双方签署共建教育交流中心合作协议、普惠性幼儿园共建协议、两区市教育合作意向书，并举行教师实训基地揭牌仪式。双方共建优质普惠型国际双语幼儿园，为北京市首例。

(贾光辉)

**【第十届教育教学研讨月】** 4月6日，区教委在实验小学召开第十届教育教学研讨月启动大会。实验小学举办“构建扬长教育文化 打造特色教育品牌”的学校文化建设课程展示观摩活动，同步展示科学、语文等七节不同学科的课堂教学。研讨月活动共推出各级各类活动共计229次，其中区校活动110次，带题授课52次，德育心理展示16次，教研活动51次，活动覆盖全区所有中小学校，采用培训、做课、说课、展示、研讨、竞赛等多种形式，涉及思想道德教育、课程体系建设、学校特色建设、学科课堂教学、心理健康教育等领域。

(薛　强)

**【师德建设工作会】** 5月10日，石景山区师德建设工作会在区教委四楼大会议室召开。大会出台《石景山区进一步完善中小学师德建设长效机制的实施意见》《关于表彰2015年教育系统师德先进单位、师德标兵的决定》，对高井中学等10所师德建设先进单位、王辉等15名师德标兵及刘桂云等69名师德优秀教师进行表彰。会上，师德先进单位代表北师大石景山附属幼儿园以《弘扬高尚师德、铸师德规范》为题、师德标兵代表北京九中刘永江老师以《用心做一名好老师》为题作典型发言。

（于文芳）

**【书香石景山文化校园行】** 5月27日，由区委宣传部、区教委、文化委共同主办，北京教育学院石景山分院和京源学校协办的"书香石景山·文化校园行"传统文化教育成果展示活动在京源学校体育馆举办。中央电视台主持人纳森、中国成语大会主持人张腾岳，以及著名演员萨日娜受邀来到现场，为孩子们朗诵《闻官军收河南河北》《芙蓉楼送辛渐》等脍炙人口、朗朗上口的名诗，并在现场对孩子们的诵读进行点评和指导。现场30所小学200多名学生展示剪纸、拓片、茶艺、书法等特色教育成果，并展演经典诵读、武术、京剧、猴戏、单弦、快板、京西太平鼓等中国传统艺术节目，有京源学校小学部诵读《春》、广宁村小学武术《龙行天下》、麻峪小学京剧《猴戏》、爱乐实验小学单弦《春景》、五里坨小学快板《天安门赞》、京源学校莲石湖分校京剧《廉锦枫》、北京九中金帆舞蹈团太平鼓《太平声声》等。北京昊福文化有限公司作为受邀企业为孩子们提供"逗号经典"诗词读本等六一节礼物。

（王贤鑫）

**【庆祝"六一"主题教育活动】** "红领巾心向党，做光荣接班人"——2016年石景山区庆祝"六一"国际儿童节主题教育活动在青少年活动中心举行。300余名少先队员和少先队辅导员代表，区领导夏林茂、岳德顺、吴克瑞、种磊，团市委副书记黄克瀛以及团区委、区妇联、区文委、区文明办、区科协、区教委相关负责人参加活动。本次主题教育活动分为"队旗映党旗，花儿向太阳"少年儿童共绘百米画卷、"红领巾心向党，做光荣接班人"主题活动剧场演出、"关注十三五，创造新生活"红领巾小社团展示活动3个部分。百余名少先队员共绘百米画卷，用手中的画笔和五彩的颜料，表达对祖国和党的热爱。剧场演出环节，对2016年度石景山区的"十佳少先队员"和"十佳少先队辅导员"进行表彰颁奖；来自石景山第二幼儿园、爱乐实验小学、北大附小石景山学校、银河小学、京源学校小学部等学校的少年儿童进行鼓乐、舞蹈、合唱、童谣、现代京剧等节目的展示。

（王贤鑫）

5月10日，石景山区师德建设工作会　（区教委供稿）

**【庆祝第32个教师节暨表彰大会】** 9月8日召开。京源学校等19个"教育先进单位"、北京九中王世宏等192名"优秀教育工作者"受到表彰。牛青山代表区委、区人大、区政府、区政协向受到表彰的优秀教育工作者和先进集体表示祝贺，并指出：全区教育工作要立足于时代要求、立足于学生身心健康、立足于学识与才能培养、立足于德智体美劳全面发展、立足于优质均衡、立足于教师队伍优先培养，以改革的精神、举全区之力落实好教育优先发展战略。大会还对体育、艺术、科技类获奖教师进行表彰，对援疆、援藏教师颁发荣誉证书，并为特级教师工作室授牌。

（马　健）

**【"十三五"教育事业发展规划】** 9月10日，《石景山区"十三五"时期教育事业发展规划》颁布实施。区委区政府高度重视教育事业发展，将"十三五"教育事业发展规划列为区级重点专项规划之一。《规划》分为"十二五"时期教育事业发展回顾、"十三五"时期发展总体战略、"十三五"时期重点工程和保障措施四个部分。

（马　健）

**【长征组歌主题教育活动】** 10月28日，区委教工委以建党95周年、红军长征胜利80周年为契机，举办石景山区中小学纪念长征胜利80周年践行社会主义核心价值观《长征组歌》主题教育活动。区团委、区教委"两委一室"主要领导出席活动。全区各学校的领导、老师、优秀青年教师代表、优秀学生团员代表近300人参加活动。

（荣　晖）

**【纪念长征胜利80周年"少年说"活动】** 11—12月，区教委组织全区中小学校举办纪念长征胜利80周年"少年说"系列教育活动。活动分四大板块：面向小学阶段，开展"长征·记忆"——学生故事会，以长征时期出现的人物事迹或历史事件为题材，以讲故事的形式进行介绍；面向义务教育阶段，开展"长征·情怀"——学生朗诵会，以长征精神为主要题材，朗诵诗歌或短篇散文；面向中学阶段，开展"长征·理想"——学生演讲会，以弘扬长征精神为主基调，演说原创议论文章。面向高中阶段，开展"长征·未来"——学生辩论会，结合国情、发展历程和国际形势，围绕精心设计的辩题进行辩论。

（谭春林）

**【"境外资源境内引进高端"培训】** 12

10月28日,长征组歌主题教育活动 (区教委供稿)

月19日,石景山区中小学校长及青年骨干管理者境外资源境内引进高端培训在北京教育学院石景山分院开班。石景山区委教工委书记叶向红、教委主任郝显军、教工委副书记王鑫、北京教育学院石景山分院院长周玉华、党总支书记于志勇、加拿大皇桥教育集团副总经理季兰、加拿大皇家大学国际部院长及加拿大皇桥教育集团项目主任 Doug Hamilton 等领导和老师参加开班典礼。培训是由加拿大皇桥教育集团携手加拿大高贵林教育局根据石景山区教育需求设计的"领导力提升"项目,并对石景山区副校长和青年骨干管理者培训一周。

(贾光辉)

【2015—2016学年度课改总结会】 12月28日,区教委在四层大会议室召开2015—2016学年度石景山区基础教育课程改革总结会。区教育行政、教研、科研等相关部门人员和全区各中小学校长、教学校长、教学主任150余人参加会议。区教委于秀云副主任代表区教委做《深化课程改革 关注实际获得 优化提升课程育人质量》的年度区域课改专项汇报,石景山教育分院副院长孙淑萍作第十四届教育教学设计和课堂教学培训与展示活动总结。大会对获得市、区基础教育课程改革建设先进单位、综合素质评价先进单位进行现场颁奖表彰。五里坨小学等5所学校围绕课程资源开发、教研组建设、综合素质评价、传统文化和教学诊断改进五大主题分别进行课改典型经验介绍。

(王贤鑫)

# 学前教育

## 概　述

年内,石景山区有各级各类幼儿园56所(公办园19所、民办园37所),入园幼儿5493人,在园(班)幼儿15299人。教职工2398人,其中专任教师1278人。幼儿园占地面积230007.2平方米,建筑面积134844.3平方米。全区市级示范园6所,一级一类幼儿园17所,市级早期教育示范基地16所,市级特殊儿童教育示范基地6所。

(黎　铮)

【学前骨干教师培训班结业】 4月6日,区教委组织召开2015年学前业务管理后备人才教科研骨干教师培训班结业典礼,骨干班41位学员老师、班主任老师以及各位学员所在单位的园长等86人参加结业典礼。学员们进行结业汇报,8名班级干部和8名学员接受表彰。学前业务管理后备人才教科研骨干教师培训班自上年9月23日开班,历时8个月,拉动行政部门和培训、科研、教研多部门的联动,为骨干教师专业水平发展和管理能力提升搭建平台。

(宋小芳)

【年度考核工作】 4月25日至5月20日,全区十四所一级一类幼儿园进行观摩研讨式考核。800余名教师和园长对一级一类园所的校园文化建设、区域游戏、集体教学活动、特色课程、阳光体育活动等方面进行全方位的观摩评价,并依照《年度评价标准》进行评价打分。10月12日至11月4日,31所非一级一类幼儿园进行片区式互查

6月27日,市级园长经验研讨会 (区教委供稿)

考核，即幼儿园按片区分组，从片区一级一类以上园所分别抽调园长、业务园长及保健医，组成考核小组，通过查看园所环境、区域游戏、集体教育活动、卫生保健工作情况及档案资料，听取园长年度工作汇报，集中反馈交流等过程帮助幼儿园梳理日常管理工作，规范办园行为。

（黎　铮）

**【验收一级一类幼儿园】**　5月26日，区教委学前科、分院学前研修室、区妇幼保健院一行12人，分成三队联合对北京师范大学石景山附属幼儿园进行一级一类验收工作。通过观看实地环境、观摩幼儿半日生活、听取园长工作汇报、查阅档案资料等环节，验收小组对园所的硬件、软件及整体校园文化环境进行验收，并为园所下一步发展提出建议。6月17日，全区幼儿园园长、业务园长及骨干教师等60余人参加北京师范大学石景山附属幼儿园一级一类颁牌仪式。

（黎　铮）

**【第十四期暑假园长培训班】**　6月23—24日，区教委学前教育科组织主题为“拓宽国际化视野，提升园长领导力”的第十四期暑期园长培训班。这次培训中由加拿大皇桥教育集团承担，115名幼儿园园长与业务园长参与活动。

（黎　铮）

**【举办市级园长经验研讨会】**　6月27日，石景山区实验幼儿园举办“张艳君园长教育理念与管理经验研讨会”。研讨会由北京市中小学名师名校长（园长）发展工程办公室、北京名园长发展工程北京教育学院培养基地主办，区委教育工委、区教委承办。各区县学前科、教研室及其他幼儿园的园长老师共200余人参加活动。活动通过观摩环境、观看记录片、经验交流、专家点评等环节全面展示幼儿园的风采。

（王钰雅　李　徽）

**【萌芽杯评比活动】**　10月18日至11月5日，区教委组织石景山区第十三届“萌芽”杯学前教师集体教学评优活动。全区共26所幼儿园，65名教师参加。12月27日，区一幼佤艳艳老师、八角幼郝天宇老师、实验幼曹莹老师、师附幼刘娜老师组织全区优秀教育活动观摩，80余名园长及教师观摩区域游戏、教育活动等环节。

（黎　铮）

**【召开教师信息技术应用总结表彰会】**　11月30日，区教委召开首届石景山区学前教育教师信息技术应用总结表彰会。各幼儿园园长及教师共计70多人参加，通过现场示范课、专家点评等环节进行汇报和总结，促进信息技术与幼儿教育教学活动的有机融合。

（黎　铮）

# 基础教育

## 概　述

年内，石景山区小学41所（其中一贯制学校小学部11部），教学班752个，招生3610人，在校生23452人，毕业生3234人；中学25所，其中初中9所，高中2所，完全中学3所，一贯制学校11所，教学班430个，其中初中274个教学班，高中156个教学班，在校生12003人，其中初中7500人，高中4503人，招生3851人，其中初中2442人，高中1409人，毕业生4130人，其中初中2644人，高中1486人。特殊教育学校数1所，11个教学班，招生7人，结业13人，在校82人。残疾儿童入学率100%，巩固率100%，结业率为100%。初中入学率为100%，普通高中录取率为94.2%，高考录取率为88%，应届高考录取率为96.9%。全区中小学图书馆藏书1771633册。固定资产总值228527.609261万元。全年教育经费投入137621.52万元，其中国拨137271.72万元，自筹349.8万元。全区有42所学校被北京市评为“健康促进校”。

（施　爽）

**【学校文化建设示范校创建】**　1月，区教委在全区中小学开展第三批学校文化建设与文化示范校创建活动，共有11所学校参与创建申报。市教委组织专家采用现场走访形式对学校进行评审，场评估包括校长汇报、校园观察、专家评估和反馈等环节。全区共有9所学校被评为北京市学校文化建设示范校，其中同文中学在北京市文化建设研讨会上作典型经验交流。

（王贤鑫）

**【“1+3”培养模式变革项目】**　年初，市教委启动“1+3”培养模式改革实验即面向初二学生开始招生，统筹初三和高中三年整体课程设计与课堂教学等工作。1—2月，区教委基教科牵头相关科室通过区级答辩论证会等形式，确定在北京大学附属中学石景山学校和北京市古城中学两所学校开展项目改革试点，并完成前期申报、招生等基础工作。

（王贤鑫）

**【校园阅读促进项目】**　1月，市教委启动校园阅读促进项目。石景山区共有19所学校进行申报，经区教委基教科、基教研联合进行评审推荐10所北京市校园阅读促进项目学校。11月，市教委在京源学校小学部举办北京市中小学校园阅读促进项目现场会，促进阅读工作开展。

（王贤鑫）

**【课改先进单位优秀成果评选】**　3—4月，区教委举办市、区基础教育课程建设先进单位和优秀成果评选活动，全区有北京九中及分校、实验小学、金顶街第二小学等10所学校参与申报先进单位评选活动，其中金顶街第二小学被评为北京市基础教育课程建设先进单位，其他9所被评为区级课程建设先进单位。年内，共征集到24所中小学提交的73项课程建设成果，评出区级优秀成果一等奖11项，二、三等奖分别为13项和16项。

（王贤鑫）

**【教育科研会】**　4月13日，石景山区2016年科研大会暨教育科研成果推广会在京源学校召开。区教育科学规划领导小组成员、各学校校长、幼儿园园长、主管教育教学的副校（园）长、科研室负责人、获奖代表等约150人出席活动。大会分为科研大会和教育科研成果推广会两部分。科研大会总结“十二五”教育科研工作，表彰推广“十二五”教育科研成果；启动“十三五”教育科研工作。会上表彰第五届教育科研优秀创新成果奖一等奖15项、二等奖27项，10个教育科研先进单位、9位优秀学校科研室主任。教育科研成果推广会设中学、小学、幼儿园三个分论坛，共推广科研成果14项。

（施　爽）

**【“融合·发展”教育】** 4月14日，石景山区“融合·发展”随班就读校本教研活动暨西黄村小学随班就读现场会召开。西黄村小学围绕“融合性教学设计与实施”渗透融合教育理念展示课堂教学；副校长李秀节以“尊重生命，共同发展”为题汇报学校随班就读工作开展情况；东城区西总布小学孙全红老师以融合教育的理念到决策管理机构以及如何营造融合教育环境等方面进行详细的解读。各随班就读学校在研讨月期间以“融合·发展”为主题开展学校随班就读校本教研活动。6月21日，区教委在培智中心学校召开石景山区融合教育工作会，对本学期“融合·发展”随班就读校本教研活动、巡回指导工作、双学籍、资源教室等工作内容进行总结汇报，会议印发《石景山区特殊教育学生双学籍资料汇编》。

（周　冬）

**【优质课程资源评选】** 4月，区教委基础教育科举行优质原创课程辅助资源征集评选专题工作培训会。资源征集活动中，全区教师共提交资源470条，通过区域初审上报市级资源112条，占23.8%；评出区级二、三等奖99、86项，分别占21.1%和18.3%。

（王贤鑫）

**【义教课程建设现场会】** 5月12日，石景山区义教课程项目现场会在北京景山学校远洋分校召开。市区领导、专家及各中小学教学干部、教师70余人参加此次活动。会议由展示课和主题发言两部分组成。本次活动打破学段壁垒、立足贯通培养、穿越学科边界、实现综合培养和整合教育教学、构建立体课程的学校课程建设特色。

（王贤鑫）

**【民族团结教育】** 5月，区教委在全区开展民族团结教育月活动。6月12日，2016年民族团结教育培训会暨《学校民族团结教育指导纲要》宣讲会在北京九中初中部举行。市民族教育学会会长陈宏，副秘书长沙宪余为全区中小学小民族团结教育负责人100余人进行培训。10—12月，通过北京市民族团结教育示范校专家组评估，实验小学被命名为“北京市民族团结教育示范学校”。

（施　爽）

**【第30届“四联展”】** 5—6月，区教委组织第30届师生作品“社区橱窗”四联展活动。活动主题为“继承传统文化，放飞绿色梦想”，展示绘画、书法、篆刻、工艺等获奖作品，在区属九个街道和108个社区橱窗中展出作品4496件，其中学生作品3763件，教师作品733件。

（王贤鑫）

**【制定初中综合素质评价新方案】** 7—8月，区教委起草制定《石景山区初中学生综合素质评价工作实施方案（试行）》。9月初，基教科等相关部门对方案进行研讨论证，修改完善后上报至市教委。各初中学校方案也于10月24日前上传到综合素质评价网络平台。区教委组织相关科室于同月31日前审核通过所有初中学校的学生综合素质评价方案。

（王贤鑫）

**【初中开放性科学实践活动】** 10月26日，区教委召开全区初中开放性科学实践活动工作部署会，组织学校学习新的工作方案。本学期石景山区有20所学校共4650余名学生参与活动。区教委在初中开放性科学实践活动开展过程中，对属地资源单位采用实地督查、电话督查等方式对上课场所安全状况、课程质量等方面做全面解，对发现的问题要求资源单位整改并上报市教委。石景山区教委于12月份为区内所有参与初中开放性科学实践活动的学生购买人身意外伤害保险。

（荆　林）

**【修订特殊教育奖励基金发放方案】** 11月16日，区特殊教育奖励基金发放方案修订工作会在区教委召开，各随班就读学校和培智中心学校主管领导参加会议。区级特殊教育奖励基金发放方案由基教科、人事科共同牵头进行修订完善，明确特殊教育奖励基金的组成部分，对发放办法进行细化，对发放对象的构成做界定。

（周　冬）

**【经典阅读论坛】** 12月9日，景山学校远洋分校举办石景山区经典阅读论坛。论坛分三个板块：经典阅读课堂教学展示、分论坛展示、学校代表汇报。市、区专家和全区各中小学校教学干部、骨干教师共100余人参与活动。

（王贤鑫）

**【民办机构参与教学改革】** 12月15日，区教委在教科院附校召开民办教育机构参与中小学学科教学改革联席会。10所项目学校介绍项目进展情况，探讨工作计划。全年，民办教育机构参与中小学学科教学改革项目共产生课程11332节次，其中小学6832节，中学4500节。

（薛　强）

# 社区教育

## 概　　述

年内，石景山区社区学院（市民学校总校）1所，街道社区教育中心（市民学校中心校）9所，市民学校（设在居委会）149个。区教委下派社区专职教师18名，登记在册社区教育志愿者4439人。全年，完成各类社区教育市民培训612960人次。年内，社区教育以“建设学习型石景山”为目标，开展“学习之星”评选、“学习型组织创建”活动，组织第十二届全民终身学习周，“全民终身学习周”“市民讲外语活动周”等系列活动。

（姜　玮）

**【获“学习周”组织奖】** 3月，石景山区获“北京市2015年（第十一届）全民终身学习活动周成功组织奖”，同时还获“全国2015年全民终身学习活动周成功组织奖”。

（姜　玮）

【美国社区学院访问】 5月29日，美国马萨诸塞州最大的社区学院之一——米德尔塞克斯社区学院的15名师生到石景山社区学院访问，社区学院30余名师生参加活动。此次文化交流活动，旨在促进中美社区学院缔结联盟及社区教育深度合作。

（姜　玮）

【授予“中医药健康养生教育基地”】 10月10日，北京市中医管理局与石景山区人民政府联合举办的2016北京·西山中医药文化季开幕式上，石景山社区学院被授予“石景山区中医药健康养生教育基地”，学院在全市率先开展“中医养生进社区”试点工作，推动石景山区中医药事业发展，为中医药养老服务事业提供保障与支持。

（姜　玮）

【第十二届全民终身学习周】 10月26日至11月1日，石景山区举办第十二届全民终身学习周。开幕式上，区建设学习型领导小组对首都市民学习之星、各类学习型组织等进行表彰；对“石景山学习驿站”微信服务号上线、石景山区老年大学社团成立进行宣告与授牌。

（姜　玮）

【市民讲外语活动周】 10月27日，石景山区2016年“你我参与，助力冬奥”市民讲外语活动周启动仪式在区社区学院举行。大会对“石景山区市民讲外语骨干师资培训基地”“石景山区市民讲外语活动基地”进行授牌。活动期间，各单位、街道（社区）组织开展各类外语学习活动，为全区外语爱好者搭建学习平台。

（姜　玮）

## 职业与成人教育

### 概　　述

2016年，石景山区职业高中学校有北京市黄庄职业高中、北京市古城旅游职业学校2所，占地面积9.06万平方米，产权校舍建筑面积7.88万平方米。全年教育经费投入9981.73万元，包括国家拨款9600.77万元、自筹经费380.96万元。学校设有学历教育区、实训经营区和综合培训服务区等5个校区，开设美容美发与形象设计、计算机计动漫与游戏制作和口腔修复与工艺等共11个专业，45个教学班。教职工177人，其中，教辅人员5人、工人5人。专任教师122人，高级43人；“双师型”教师48人；聘请校外教师20人；市级骨干教师2人，区级骨干教师9人；区级青年教学能手10人，校级学科教学带头人6人。学校招生354人，在校生1421人，毕业生336人，学生职业资格证书取证率74%，就业率99%。区属成人高校有石景山业余大学、北京开放大学石景山分校2所。两校合署办学统一管理，教职工115人，专任教师29人，包括副教授10人。学校划分八角、八大处2个校区，合计占地面积1.41万平方米，建筑面积2.06万平方米。固定资产13411.27万元，藏有纸质图书13.98万册，电子图书110GB。全年教育经费投入4173.35万元，其中，国家拨款3820.34万元。区业大开设经济管理、市场营销、人力资源管理等11个专业，毕业312人，招生436人。北京开放大学石景山分校开设工商管理、行政管理等15个专业，毕业540人，招生691人。奥鹏远程学历教育毕业107人，招生40人。全年培训23091人次。

（姜　玮）

【全国职院信息化大赛获奖】 1月26—28日，石景山区黄庄职业高中教师团队的《新娘盘发转换》作品在全国职业院校教师信息化教学大赛中获得“课堂教学”比赛项目一等奖。

（姜　玮）

【为全国“两会”服务】 3月，在全国“两会”期间，石景山区黄庄职高服务学部旅服专业的11名学生承担礼宾服务工作；烹饪专业的1名教师承担中餐服务工作。

（姜　玮）

【职业教育宣传月】 4月23日，主题为“育精益求精工匠，圆创新创业梦想”的第二届北京市职业教育宣传月活动在黄庄职业高中正式启动。活动通过学生开场舞表演、微电影观看、教师旗袍展示、分会场互动展示及各类职业互动体验等环节，展示出首都职业教育改革最新成果。

（姜　玮）

【获“最佳创意片”奖】 11月17日，在北京电影学院举办的北京市“治理拥堵，文明出行”主题微视频大赛优秀作品展播暨颁奖仪式上，黄庄职业高中是唯一一所获奖的中学参赛队，学生作品《文明守规矩 安全万里行》获“最佳创意片”奖。

（姜　玮）

【新开设两个专业】 年内，石景山区业余大学新开设金融保险、表演艺术两个专业，并顺利开班。其中金融专业招生40人，表演艺术专业招生19人。

（姜　玮）

## 教育督导

### 概　　述

2016年，石景山区人民政府教育督导室（简称教育督导室）依据《石景山区政府、教委、学校（教育机构）全面实施素质教育评价方案》，综合督导6所中小学、3所幼儿园；复查回访7所小学、2所幼儿园和1所民办学校；随访督导2所校外教育机构。组织开展校外教育机构单位自评。规范中小学校责任督学挂牌督导工作，通过北京市“中小学校责任督学挂牌督导创新区”实地核查验收。完成北京市落实《中华人民共和国义务教育法》《中华人民共和国职业教育法》相关内容的年度教育执法督导。完成区教育执法年度考核工作，37个相关委办局、街道办事处上报年度教育执法工作自查总结；81名党、政正职及主管教育副职个人自查鉴定通过区委组织部和教育督导室联合考核。开展“走进委办局”系列随访督导，完成对区发改委等13家责任单位政府履行教育职责随访督导。完成国家级义务教育质量监测迎检工作，被推荐为“2016年国家义务教育质量监测实施优秀组织单位”。完成北京市学前教育发展状况监测及义务教育阶段减轻学生过重课业负担督导监测工作。完成2015—2016学年度“人民满意学校”问卷测评,为教育行政部门决策提供数据支撑。成立区政府教育督导委员会,代表政府对各级各类教育行使监督、检查、监测、评估、指导职能;调整教育督导室职责,增加机构编制;成立教育督导与教育质量评估监测中心,开展科学研究、评估监测和指导服务。初步形成督政、督学、评估监测三位一体教育督导体系。年底,区政府教育督导室专职督学4人,兼职督学13人,责任督学25人,特约督学16人,挂职督学1人。

(王桂洋)

**【“走进委办局”随访督导】** 1—12月,教育督导室督政科依据《教育督导条例》《北京市区县政府、教委、学校(教育机构)全面实施素质教育评价方案(修订)》及区政府《教育执法和全面实施素质教育督导评价实施方案》,以听取教育执法情况汇报、查阅档案材料、个别问询访谈、座谈交流等形式,分别对区发改委、文化委、司法局、八宝山街道、科委等13家责任单位教育执法和全面实施素质教育工作情况进行随访督导。

(厉　丽　刘国峰)

**【人民满意学校测评】** 4月21—25日,区教育督查室委托北京教育科学研究院教育督导与教育质量评价中心对辖区内所有公办中、小、幼、职学校及6所民办学校的教育工作满意度进行问卷调查。调查问卷由教育督导室和市教育督导与教育质量评价中心共同设计。评价中心项目组负责分别从各学校随机抽取25%的学生家长进行测评,并就调查结果进行统计分析,完成全区总调查报告和各学校的调查报告。样本确定采用分层随机抽样方法,普通中小学根据CMIS系统中学生的学籍号随机抽取每所学校各年级、各班的学生样本;幼儿园、职业高中及特殊教育学校随机抽取各校学生。本次共发放问卷9328份,回收有效问卷9225份,总体满意率达到90.1%,比上年提高1.1个百分点。

(王桂洋)

**【市政府教育督导室到区督导调研】** 5月4日,市政府教育督导室到区开展中小学办学情况督导调研。市委教工委副书记、市政府教育督导室主任唐立军,市政府教育督导室副主任刘莉参加调研。督导组听取关于推进义务教育均衡发展工作情况和办学条件达标情况的工作汇报,并走进北大附小石景山学校等6所中小学开展实地考察。

(王桂洋)

**【接受国家义务教育质量监测】** 5月26日,国务院教育督导委员会办公室、教育部基础教育质量监测中心对石景山区进行义务教育质量监控测试。监测抽取本区8所初中校、12所小学作为样本校。监测对象分别为四年级和八年级学生,每个样本校抽取30名学生;样本校的校长、四年级和八年级的班主任及语文、音乐、美术教师同时参加测试。石景山区完成国家部署的监控测试工作后,被推荐为“2016年国家义务教育质量监测实施省级、县级优秀组织单位”。

(王桂洋　韩福强)

**【校园欺凌专项督导】** 6月,教育督导室督学科依据《国务院教育督导委员会办公室关于开展校园欺凌专项治理的通知》(国教督办函〔2016〕22号)要求,在各学校全面自查基础上组织责任督学对全区所有中小学校落实校园欺凌专项治理情况进行专项督导,并形成督导报告上交市政府教育督导室。

(蒋景明)

**【督导调研特殊教育】** 6月30日,市政府教育督导室副主任冯义国率专项督导处、综合处及北京市特殊教育支持中心一行4人,到区培智中心学校开展特教调研。区督导室主任李秀兰陪同调研。市领导进行实地查看并与教师、学生进行互动交流。培智中心学校校长汇报区特殊学生基本情况;办学理念、目标;改善办学条件;教师队伍建设;课程与教学工作;运用各种资源推进学生融入社会;特教中心推进融合教育;学校建议等八个方面工作。区督导室介绍督导室对特殊教育的监督与指导工作。

(王桂洋)

**【教育督导与教育质量评估监测中心】** 7月,经区委教育工委研究决定,在北京教育学院石景山分院下设立“石景山区教育督导与教育质量评估监测中心”,负责本区教育质量的评估监测工作。通过科学研究、评估监测和指导服务,用先进的教育理念,科学的评价指标引导教育发展,促进本区教育质量的提高。核定事业编制5人。

(王桂洋)

**【专项调研】** 9月14日,北京市教育督导与教育质量评价中心教育督导室主任张瑞海一行4人就《北京市义务教育实施情况督导监测指标体系》来本区进行专项调研。区教工委组织科,教委财务科、基建科、办学管理科、体美科、装备中心,区政府教育督导室督学科负责人参加调研。会议首先对调研的目的、内容进行详细说明。参会人员结合本区开展义务教育实施情况督导监测工作中遇到的主要问题、困难与市领导进行交流;对现行的北京市义务教育实施情况监测指标体系调整和制定北京市义务教育优质均衡发展状况监测指标进行研讨交流,提出建设性的意见和建议。

(干文芳)

**【增加内设机构及编制】** 10月,区政府及区编委会审议通过并印发《关于为区政府教育督导室增加机构编制及调整区教委机关部分科室职责的批复》(石编委〔2016〕30号),区政府教育督导室增设“综合科”,核增行政编制2名,其中正科级领导职数1名。调整后,教育督导室由原来的督政科、督学科2个科增加为3个科;行政编制由5人增加至7人,其中正科级领导职数3人。同时将教委“教育质量监测”职能调整到督导室。

(王桂洋)

**【接受北京市挂牌督导创新区验收】** 10月25日,市委教工委副书记、市政府教育督导室主任唐立军,市政府教育督导室副主任关国珍一行22人组成挂牌督导创新区评估专家组，对北京九中、石景山中学、古城第二小学开展北京市中小学校责任督学挂牌督导创新区实地核查验收工作。区领导田利跃及区委教工委、区教委相关负责人参加迎检。评估专家组认为石景山区在工作中各部门能相互支持、密切配合，形成和谐区域氛围和良好育人环境；以责任督学年龄、专业、职称结构优势，带动区域教育整体发展；构建区域教育督导信息管理体系，实现挂牌督导信息化管理；开发责任督学下校督导评估工具，增强督导工作的可操作性和科学性，促进责任督学挂牌督导工作和区域教育可持续发展，凸显石景山区挂牌督导的特色。石景山区通过挂牌督导创新区市级核查。

（蒋景明）

**【政府教育督导委员会成立】** 10月，区政府教育督导室依据国务院《教育督导条例》、市政府办公厅《关于深化教育督导改革的实施意见》（京政办字〔2016〕21号）等法规文件精神，研制“区教育督导机构职能改革方案”。经区政府审议通过，成立“石景山区人民政府教育督导委员会”，以政府办名义下发《关于设立石景山区人民政府教育督导委员会的通知》（石政办发〔2016〕43号）。教育督导委员会主任由主管副区长担任；副主任由区政府办主任、区教委主任、区政府教育督导室主任担任；成员由区发展改革委、教委、财政局、人力社保局、编办等14个相关部门的主要领导组成，代表政府对各级各类教育进行监督、检查、监测、评估、指导。区教育督导委员会办公室设在区政府教育督导室。其主要职责是：研究制定区教育督导的重大政策；统筹指导区教育督导工作等。

（王桂洋）

**【减负专项督导】** 11—12月，教育督导室督学科依据北京市教育委员会《关于印发北京市基础教育部分学科教学改进意见的通知》（京教基二〔2014〕22号）等相关文件要求，组织责任督学分别对辖区内中小学校就贯彻落实学科改进意见、减轻学生过重课业负担情况进行督查，采取听取汇报、随机听课、校园巡视、查阅资料、问卷调查、座谈走访等方式收集信息，形成各校的督导意见。督导室分别对全区基础教育学科教学改进意见的贯彻落实和减轻学生过重课业负担情况进行汇总分析，形成学科改进意见和减负的专项督导报告上报市政府教育督导室。

（蒋景明）

**【督导信息化建设】** 年内，区教育督导室邀请市教育督导室、市教育科学院教育督导与教育质量评价研究中心、北京教育网络和信息中心、北京数字认证股份有限公司、北京联通公司及蓝信公司的领导、专家，先后4次到区进行教育督导信息化平台的建设和使用进行专题培训。通过“三个平台”（市教育督导信息平台、区OA内部办公系统、区教育督导网站）“四个群”（蓝信、微信、飞信、QQ群）的建设，促使督导室、督学、学校之间建立固定的联系，形成顺畅、便捷的网络沟通渠道，初步实现教育督导手段的现代化。

（王桂洋）

**【教育执法督导】** 年内，根据市政府教育督导室《关于开展2016年教育法律法规执行情况督导检查的通知》（京督导〔2016〕26号），区教育督导室制定自查方案，依法对区政府2014年以来新建、改建居民区配套设置学校情况，2014年、2015年两年落实义务教育经费“三个增长”相关情况以及区政府统筹领导职业教育工作，将职业教育纳入区“十三五”经济社会发展规划和教育发展规划及推进落实情况进行督导检查。在各相关委办局自查的基础上，教育督导室重点对区规划分局、财政局、发展改革委以及教委等单位进行随访，督查教育相关法律法规在全区的贯彻落实。

（赵智红）

## 驻区高校

### 中国科学院大学

**【概况】** 中国科学院大学依托中国科学院各研究所的高水平科研优势和高层次人才资源，形成由京内4个校区、京外5个教育基地和分布在全国的114个研究所（中心、园、台、站等）组成的“大学校”。国科大玉泉路校区面积11.83万平方米，雁栖湖校区面积312.14万平方米，中关村校区面积5.68万平方米，奥运村校区面积3.98万平方米。有博士学位授权一级学科点40个，分布在教育学、理学、工学、农学、医学、管理学6个学科门类；硕士学位授权一级学科54个，硕士学位授权二级学科1个，分布在哲学、经济学、法学、教育学、文学、理学、工学、农学、医学、管理学10个学科门类。本科招生专业9个，分别是：数学与应用数学、物理学、化学、生物科学、材料科学与工程、计算机科学与技术、天文学、电子信息与工程、环境科学。国科大还拥有工程、工商管理、应用统计、应用心理、翻译、农业、药学、工程管理、金融、公共管理等10个专业学位授权点，另有178个博士后流动站。研究生指导教师共计15297名。其中，博士生导师7210名；中国科学院院士306人；中国工程院院士75人；海外高层次人才引进计划（千人计划）入选者558人；国家杰出青年科学基金项目（杰青）获得者987人；长江学者奖励计划（长江学者）80人（特聘和讲座教授65人，青年教授15人）。分布在各培养单位的3个国家实验室、77个国家重点实验室、189个中国科学院重点实验室、30个国家工程研究中心（实验室），以及众多国家级前沿科研项目，为学生培养提供科研实践平台。共有校部专任教师373人，岗位教师2599人；另有外聘授课教师323人。全日制研究生毕业9894人（博士生5116人、硕士生4778人）。其中，来华留学研究生毕业110人；授予工程硕士专业学位1892人；授予工商管理硕士（MBA）专业学位302人。招收全日制研究生14483人（博士生6373人、硕士生8110人），其中招收来华留学研究生371人（博士生241人、硕士生130人）。招收在职专业学位研究生541人（工程硕士465人、工商管理硕士76

人);非计划在职研究生同等学力77人(博士4人、硕士73人)。录取本科生398人。在校研究生45479人(博士生23289人、硕士生22190人);在校本科生1058人;在校留学生研究生1214人(博士生873人、硕士生341人);在职人员攻读专业学位研究生2072人(工程硕士1959人,工商管理硕士113人)。网络基础设施、多媒体教学设施及信息化系统建设运维投入经费2605万元。其中,信息化系统建设实施与运行维护经费727万元;校园网络软硬件升级改造及安全保障投入708万元;多媒体教学设施升级改造投入650万元;网络通讯费520万元。图书与数字文献资源建设投入498.1万元。其中,电子资源使用费262.3万元;图书期刊订购费235.8万元。图书馆提供的电子文献资源有:中文数据库包括中文期刊数据库3个、中文图书数据库2个、中文学位论文数据库2个;通过参团订购及全院开通,可即查即得期刊21819种(西文期刊7843种、中文期刊13972种,日文期刊4种);自主订购共计13个数据库,可访问约170万种图书,7.5万种电子期刊以及1737.8万篇期刊会议及法律条文等文献。

**地址:石景山区玉泉路19号(甲)**
**电话:010-88256030**
**邮编:100049**
**传真:010-88256006**
**邮箱:leader@ucas.edu.cn**
**网址:http://www.ucas.edu.cn**

(张怡然)

**【成立基础教育研究院】** 1月28日,中国科学院大学基础教育研究院正式成立。国科大基础教育研究院由中国科学院、中国科学院大学与中国人民大学附属中学联合学校总校、中国人民大学附属中学共同建设,中科院副院长、国科大校长丁仲礼院士与国务院参事、人大附中联合总校校长刘彭芝担任院长,人大附中副校长、人大附中联合总校常务副校长兼常务副书记王珉珠担任书记,人大附中原校内副校长王金战担任执行院长,王艳芬、郭洪林、张铁道等人任副院长。国科大基础教育研究院,旨在进一步发挥中国科学院和中国科学院大学的优质科研与教育资源优势,充分利用中国人民大学附属中学多年来从事基础教育的成功经验和广泛影响力,共同致力于基础教育研究,为国家培养优秀的专家型基础教育领军人才。

(沈 伟)

**【共建创新创业学院】** 1月28日,中国科学院副院长、中国科学院大学校长丁仲礼院士,与赛伯乐投资集团有限公司董事长朱敏先生签署合作协议。双方依托各自优势资源,共建中国科学院大学赛伯乐创新创业学院,旨在促进中国创新创业人才培养,加速科技新成果转化及科技产业化培育孵化,提升全社会创新创业氛围。赛伯乐及相关合作单位共同自愿向中国科学院大学赛伯乐创新创业学院每年捐赠2000万人民币,为期五年,共计1亿元。双方合作内容包括:建设新型创新创业人才发现和培养的教育平台;建设新型科技成果转化及科技产业化孵化平台与产业基地;建设创新创业生态体系,融入地方经济发展大格局。

(李 妍)

**【存济医学院获2亿元捐赠】** 2月1日,国科大党委副书记、副校长董军社,与浙江通策控股集团有限公司(以下简称"通策集团")董事局主席吕建明共同签署协议,约定通策集团向国科大教育基金会无偿捐赠两亿元人民币,用于建设存济医学院大楼。

(吴亮其)

**【中日大学论坛】** 5月6日,"2016中日大学论坛"在京举行。论坛由中国科学院大学与日本科学技术振兴机构联合举办。来自中国科学院大学、清华大学、中国科学技术大学等12所中国高校的校长,日本东京大学、京都大学、早稻田大学等12所日本高校的校长共同出席论坛。论坛开幕式由中国科学院大学副校长吴岳良院士和日本科学技术振兴机构副理事伊藤宗太郎共同主持。本届论坛的目的是通过交流,发挥两国科教界交往的积极作用,一起探索在高等教育国际化发展道路上,中日两国的学者应如何更好合作,应对挑战,为中日两国的科教、文化交流增添新的活力。会议期间,中国科学技术大学校长万立骏、中国国家留学基金委副秘书长张宁、日本东北大学校长里见进和日本科学技术振兴机构特别顾问冲村宪树分别做主题报告。此外,与会高校校长还围绕如何协调发展大学教学与科研工作、建设世界一流大学和培养国际化人才等议题进行讨论交流。

(李 瑜)

**【德国总理默克尔造访国科大】** 6月12日,德国总理安哥拉·默克尔抵达北京,首站造访国科大中关村校区并发

8月31日,国科大未来技术学院成立大会 (国科大供稿)

表演讲。该演讲围绕中德在科学、法律、经济等领域的合作以及外交政策进行阐述，本次演讲会上，默克尔接受南京大学校长陈骏为其授予名誉博士学位。

（王亭亭　温家林　韩扬眉）

**【成立未来技术学院】** 8月31日，中国科学院大学未来技术学院成立大会在雁栖湖校区国际会议中心举行。未来技术学院按照中科院"科教融合"的体制机制构建，由中科院理化所作为牵头建设单位，联合中科院自动化研究所、微电子研究所、西安光学精密机械研究所、北京基因组研究所等研究所共同建设，学院下设脑科学与智能技术教研室等7个教研室。国科大将从国科大三四年级的本科生中严格遴选优秀学生进入未来技术学院学习。每学期结束后对学院学生进行严格考核，对不适合未来技术学院学习的学生分流至相关专业院系学习，同时接受优秀学生进入未来技术学院学习的申请。对于研究生，将主要招收推荐免试的学生。未来技术学院针对各研究方向开设各研究领域标志性的研讨课、案例分析课、现场教学、及系列讲座等，授课方式以研讨式为主。

（严苑轩）

## 北方工业大学

**【概况】** 北方工业大学（简称北方工大）前身是创立于1946年的"国立北平高级职业学校"。由中央和北京市共建，以北京市管理为主，是北京市重点建设的多科性高校。学校占地面积30.15万平方米，学校产权校舍建筑面积39.42万平方米。2016年全年教育经费投入81019.46万元，其中，国家拨款65648.47万元，自筹经费15370.99万元。固定资产总值19.48亿元，其中，教学、科研仪器设备资产值6.15亿元。图书信息楼建筑面积19652平方米，藏书160.04万册，其中电子图书113.05万册。拥有计算机7341台。学校信息化经费投入548.4145上上网课程数1534门。数字资源量:49.8TB，管理信息系统数据总量342GB。学校设有11个学院，8个教学实验中心，17个校属研究机构；开设43个本科专业，19个一级学科硕士授权点、57个二级学科硕士授权点、15个专业硕士学位领域、同等学力人员申请硕士学位资格，3个第二学士学位点，1个博士生培养项目。有3个国家级特色专业，5个北京市特色专业，4个北京市品牌专业，1个国家级大学生校外实践教育基地，1个国家级实验教学示范中心，2个市级示范性校内创新实践基地，5个北京市级校外人才培养基地，3个北京市重点实验室，6个北京市实验教学示范中心，拥有数量经济学、经济法学、思想政治教育、机械电子工程、检测技术与自动化装置、计算机应用技术、电力电子与电力传动7个北京市重点建设学科。学校有教职工1016人，其中，专任教师809人。专任教师中，教授122人，副教授290人；博士生导师9人；硕士生导师505人；享受政府特殊津贴专家（在职）6人。外籍教师20人。全校在校生15320人，其中，学历教育学生中全日制研究生1829人（博士生12人、硕士生1817人），普通本专科生10631人（本科10621人、第二学士学位10人），成人教育本专科生2860人（本科生1454人、专科1406人）。年内，本科毕业生就业率97.96%，高考招生北京地区提档线一本理科548分，文科565分。留学生毕业52人，招生267人（含长期语言生），在校留学生606人（不含短期）。

**地址：石景山区晋元庄5号**
**电话：88802114**
**邮编：100041**
**网址：www.ncut.edu.cn。**

（王　波）

**【签署产学研合作协议】** 3月7日，北方工大与中冶交通建设集团签署产学研合作协议。双方决定贯彻落实国家科教兴国战略，促进科技创新，利用高等院校的科技资源及企业的生产条件，将科研成果尽快地转化为生产力，发挥双方各自优势，通过多种形式开展全面合作，实现优势互补、合作双赢。

（王　波）

**【保障长安街交通畅通】** 3月，北京市交管局在"两会"期间采用北方工大"城市道路交通智能控制技术北京市重点实验室"自主研发的交通信号控制器，北方工大智能交通团队相关技术人员作为技术备勤人员，配合北京市交管局等相关部门做好"两会"保障工作。

（王　波）

**【签署校际合作协议】** 3月28日，北京市教育委员会组织安排部分市属高校与比利时布鲁塞尔自由大学代表团的座谈交流活动暨校际合作协议签字仪式。北方工大副校长沈志莉出席座

3月28日，北方工大与布鲁塞尔自由大学合作签约仪式（北方工大供稿）

谈会,并与布鲁塞尔自由大学校长 Didier Viviers 共同签署校际合作协议。

（王　波）

**【获全国高校商业精英挑战赛一等奖】** 4月8—10日,2016年全国高校商业精英挑战赛会计与商业管理案例竞赛大陆地区总决赛在北京举办,北方工大会计专业师、生两组团队获得一等奖。

（王　波）

**【第一届海峡两岸大学生棒球赛】** 4月,北方工大与北京市大学生体育协会棒垒球分会、清华大学联合承办的中华台北棒球协会协办的“第一届海峡两岸大学生棒球赛”第一阶段在北京举办。台湾大学、台湾中兴大学、台中科技大学、台湾体育运动大学等80余名台湾大学生棒球运动员,以及清华大学、北京交通大学、对外经济贸易大学、北京体育大学、北京理工大学等100余名北京大学生参加,并邀请由香港大学生组成的香港青棒联队参赛。

（王　波）

**【北京市科普基地】** 年内,市科委、市科协联合下发的《关于命名2016年度北京市科普基地的通知》(京科发(2016)210号),北方工大城市道路交通智能控制技术北京市重点实验室被命名为北京市“综合智能交通管理与控制”科普基地,是2016年度石景山区唯一被命名的北京市级科普基地。区科委、区科协联合认定城市道路交通智能控制技术北京市重点实验室为“石景山区科普教育基地”。

（王　波）

**【获“全国计算机大赛”一等奖】** 5月21—22日,第六届全国大学生计算机应用能力与信息素养大赛在中央民族大学举办,北方工大4名学生获得一等奖。参加全国大学生计算机应用能力与信息素养大赛可以促进大学计算机基础课程教学改革,推动实施计算机基础课程大规模 MOOC 教学。

（王　波）

**【获中国工程机器人大赛一等奖】** 5月27—29日,在2016中国工程机器人大赛暨国际公开赛上,北方工大有8支参赛队在“室内飞行机器人”和“搬运机器人”两个项目中均获佳绩,获一等奖1项,胡福文老师被评为大赛优秀指导教师。本届大赛由教育部高等学校创新方法教学指导委员会、国际工程机器人联盟中国委员会、中国自动化学会机器人竞赛工作委员会、中国人工智能学会认知系统与信息处理专业委员会主办。

（王　波）

**【举办“北京高层次人才论坛”】** 6月17日,“京津冀协同创新对接中国制造2025北京高层次人才论坛”在北方工大召开。并邀请《中国制造2025》起草组专家、京津冀三地制造领域高层次人才以及有关部门领导参加。论坛以“协同创新、制造先行”为主题,论坛汇聚政产学研用各方智慧,共同推动京津冀制造业发展。

（王　波）

**【异步电机牵引技术】** 7月7日,北方工大电气工程研究院研发的无速度传感器地铁异步电机控制算法首次在西安地铁2号线成功运行。以李正熙、苑国锋、张永昌、张虎等为核心的攻关团队攻克 PWM 调制算法、无速度传感器算法及其带速重投等一系列技术难题。其中的无速度传感器控制技术是轨道交通最新牵引控制技术,通过取消速度传感器使牵引系统可靠性得到显著提升,该技术目前仅少数国外牵引系统供应商掌握。

（王　波）

**【石景山发展研究中心揭牌】** 7月14日,北方工大与区委区政府合作共建的“石景山发展研究中心”揭牌仪式在北方工大敦品楼举行。校长郑文堂与区委常委、常务副区长文献共同为“石景山发展研究中心”(以下简称)揭牌并分别致辞。该中心挂靠北方工大经济管理学院,以石景山区战略性综合课题研究为重点,在区重点改革项目的推进、“八个高端体系”建设的统筹等方面为区委区政府提供决策支持。12月,中心在励学楼201会议室举行区委区政府研究课题中期检查汇报会。区委区政府研究室主任迟志禹、副主任李月萍等6人、经管学院院长刘永祥、文法学院院长郭涛、建筑与艺术学院副院长白传栋、经管学院副院长谢朝阳、各课题组成员参加汇报会。马克思主义学院张茂林博士受校党委郭玉良副书记委托,代表《关于深入推进全面从严治党,营造我区风清气正政治生态的思路与对策研究》课题组,文法学院董树宝博士、刘叶深博士、单连良老师分别代表《法治政府背景下的高端社会治理创新课题研究》课题组,建筑与艺术学院杨鑫博士代表《关于加快推进城乡结合部地区改造,建设和谐宜居城市的调研》课题组,经管学院黄坤博士、孙道银博士、陶晓波博士代表《京津冀协同发展视阈下石景山产业转型现状与对策研究》课题组,就课题研究进展、阶段成果以及后续研究计划等内容先后作陈述汇报。迟志禹、李月萍等与会人员对各课题组的汇报逐一进行点评,并提出修改、完善意见。

（王　波）

**【参加“金砖国家法律论坛”】** 9月10—12日,第三届金砖国家法律论坛在印度首都新德里举办。北方工大法律系刘泽军教授应邀参会,并以“中国基层政府法治状况”为题在论坛上发表专题演讲。论坛由中国、巴西、俄罗斯、印度、南非联合主办。以“为打造有效、包容、共同的解决方案构建法律框架”为主题,围绕“金砖国家金融与法律合作重点问题与关键领域”等前沿法律热点问题展开讨论。

（王　波）

**【京西创新创业基地揭牌】** 10月12日,北方工业大学京西创新创业基地开园暨揭牌仪式在中关村科技园门头沟园举行。北方工业大学校长郑文堂,副校长胡应平、王建稳,门头沟区委常委、副区长张兴胜,石龙管委常务副主任杨璞,石龙总公司董事长、总经理刘春,集创北方董事长张晋芳,及北方工业大学各学院院长、书记、相关处室负责人参加。揭牌仪式上,郑文堂校长和张兴胜副区长分别致辞,并共同为“北方工业大学京西创新创业基地”揭牌。

（王　波）

**【举办高等教育国际论坛】** 10月15日,北方工大在广学楼报告厅举办主题为“教育国际化与创新人才培养”的高等教育国际论坛，该论坛是纪念建校七十周年系列学术活动之一。学校党委书记谢辉，校长郑文堂，副校长沈志莉、王建稳出席论坛，来自美国、日本、德国、意大利、捷克及台湾地区的12所友好院校和3所大陆兄弟院校的校领导及代表，以及北方工大教师共计350余人参加论坛。

（王　波）

**【建校70周年大会】** 10月15日，庆祝北方工业大学建校70周年大会在学校体育馆二层举行，2000余名领导、嘉宾、校友以及在校师生代表参加，共庆学校70岁华诞。出席庆祝大会的嘉宾有中国有色金属工业协会领导，石景山区领导，门头沟区领导以及北京市有关部门领导；首钢总公司、北京有色金属研究总院、中国铝业股份有限公司、北京矿冶研究总院等与学校合作和共建单位的代表；美国、日本、德国、意大利、新西兰、捷克和台湾地区的友好学校代表；40余所兄弟院校代表；全体学校领导，校友代表，离退休老领导、老教师代表以及在校的师生员工代表。校庆期间，学校陆续收到上级单位、兄弟高校、企业、科研院所发来的贺信、贺电66份。

（王　波）

**【第四届国际文化节】** 10月25日，北方工业大学第四届国际文化节在毓秀广场举行。本次活动由国际学院主办、校团委协办，共有来自韩国、波兰、巴西、喀麦隆、塔吉克斯坦等28个国家的留学生参加文化展示，共300余名中外师生参与活动。

（王　波）

**【与冬奥组委开展合作对接】** 11月2日，北方工大校长郑文堂带队赴北京冬奥组委总部，就学校服务北京冬奥会相关事宜进行对接洽谈。双方在奥运科技攻关、志愿者服务及培训、奥运文化宣传、奥组委机关建设等方面都有广阔的合作空间。学校可以利用奥运资源，为学校的科学研究、人才培养、社会服务提供助力。北京冬奥组委韩子荣秘书长表示：“共建协同创新中心，将有利于合作的进一步拓展和深化，北方工大可以成为奥运总部的大后方，成为奥运活动开展的示范高校”。

（王　波）

**【被评为“宣传工作先进单位”】** 12月21日，北京教育杂志社主办的“不忘初心携手前行”高校宣传工作会在北京交通大学举办。北方工大被授予“2016年度宣传工作先进单位”称号。北方工大校长郑文堂的《市属高校供给侧结构性改革思考》被《北京教育2016珍藏本》收录。北方工大全年在北京教育刊发长篇理论文章5篇。

（王　波）

**【新增省部级重点实验室】** 12月，国家新闻广电总局发布《关于发布首批新闻出版业科技与标准重点实验室的通知》，北方工大为牵头单位、郑文堂教授为主任的“CNONIX国家标准应用与推广实验室”被批准为首批新闻出版业科技与标准重点实验室。同时由中国版权保护中心为牵头单位，北方工大参与共建的“DCI技术研究与应用联合实验室”也获得批准。“CNONIX国家标准应用与推广实验室”是北方工大计算机学院继“大规模流数据集成与分析技术”北京市重点实验室之后获批的又一个的省部级重点实验室。

（王　波）

**【校报获多项奖项】** 年内，北方工大校报在“全国高校校报好新闻奖”“北京高校好新闻奖”评选中获多个奖项，获“全国”奖项4项、“北京市”奖项3项。“全国高校校报好新闻评选”由全国高校校报协会举办。该学会为全国一级学会。北方工大校报选送的作品获得摄影类二等奖1项，消息类、言论类、版面类三等奖各1项。“北京高校好新闻评选”由北京高校新闻与文化研究会主办。北方工大作品获得摄影类、评论类、通讯类三等奖各1项。7个奖项分别由7篇作品获得，是校报近三年来获奖作品数量最多的1次。

（王　波）

## 北京工业职业技术学院

**【概况】** 北方工业职业技术学院（简称北工职院）以工科专业为主，独立设置的公办普通高等职业学院，是国家示范性高等职业院校之一。年内，北京工业职业技术学院占地面积24.01万平方米，产权校舍建筑面积20.80万平方米。全年教育经费投入36403.85万元，其中，国家拨款33416.14万元、自筹经费2987.71万元。固定资产总值87676.96万元，其中，教学、科研仪器设备总值59803.75万元。图书馆建筑面积19500平方米，藏有纸质图书67.2156万册、电子图书4384GB。拥有计算机4729台，多媒体教室243间。学校信息化经费投入683.31万元，信息化设备资产2994万元，网络信息点4260个，校园网出口总带宽2.4G，电子邮件系统用户761个，上网课程96门，数字资源量32.12T，管理信息系统数据总量78.3GB。设有5个二级学院和2个部，开设工程测量技术、机电一体化技术、通信技术和安全技术管理等高职专业27个，包括国家级重点专业5个、北京市重点专业7个。获国家教育教学成果一等奖1项，二等奖3项，北京市教育教学成果一等奖3项、二等奖5项，国家级精品资源共享课程10门、国家级精品课程10门、北京市精品课程11门。教职工504人，其中，专任教师370人，包括教授及教授级高级工程师40人，副教授及高级工程师以上149人；博士35人，硕士270人；“双师型”教师293人。聘请校外教师107人。毕业生1933人，其中，高职生1282人、中职生482人、成人教育专科生169人。毕业生一次就业率98.19%，一次签约率70.07%。招生1302人，其中，高职生1052人、中职生250人。高考北京地区提档线文科150分、理科150分。在校生5609人，其中，高职生4353人、中职生1051人、成人教育专科生205人。

**地址：石景山区石门路368号**
**电话：51511004**
**网址：www.bgy.org.cn**

（谢光辉　白旭东）

**【承办“大国工匠进校园”活动启动】** 10月10日，教育部关心下一代工作委员会、全国总工会宣教部联合主办的

“大国工匠进校园”活动启动仪式暨首场活动在北京工业职业技术学院举行。中国关心下一代工作委员会主任顾秀莲、教育部副部长朱之文等有关领导出席并讲话。教育部关心下一代工作委员会主任李卫红主持启动仪式。市委教育工委、关工委及市总工会领导,北京部分职业院校师生代表、部分省(区、市)教育关工委负责人和首批开展活动的职业院校负责人等参加。活动现场,中国航天科技集团一院211厂高级焊工高凤林和中国南车青岛四方股份公司首席研磨师宁允展两位大国工匠讲述自身敬业、精业、奉献的事迹和感悟。

(谢光辉　白旭东)

**【组建城市建设与管理职教集团】** 年内,北工职院根据中央城市工作会议精神、市委十一届十次全会等会议和文件精神,牵头组建北京城市建设与管理职教集团,围绕首都城市功能定位和京津冀地区经济社会发展构筑现代职业教育体系服务平台,职教集团是北京市第一家为提升北京城市规划建设管理水平服务的职教集团。职教集团设置城市建筑与测绘、城市机电工程、城市信息技术、城市商贸服务、城市安全管理五个专业委员会,共有100多家企业加盟。

(谢光辉　白旭东)

**【加入京津冀职业教育教学协同发展联盟】** 年内,北工职院成为京津冀职业教育教学协同发展联盟首批会员单位,与京津冀职业院校携手共同做好职业教育教学协同发展。与张家口职业技术学院签署战略合作协议,按照“优势互补、互惠互利、相互促进、整体提升”的原则,发挥双方办学优势和专业建设经验,促进双方优质教育资源共享,共同开展冰雪教育、新能源专业建设,服务京津冀协同发展和2022年冬奥会。

(谢光辉　白旭东)

**【学生技能大赛获奖】** 年内,北工职院组织学生分别参加北京和全国技能大赛。在北京市高职院校技能大赛中获一等奖9项、二等奖21项、三等奖11项。在全国高职院校技能大赛中获一等奖5项、二等奖5项、三等奖5项,其中测绘赛项连续五年获得一等奖,4G全网建设技术赛项连续四年获得一等奖,三维建模数字化设计与制造赛项获得冠军。北工职院代表队在共青团中央和全国学联合主办的第十五届全国大学生机器人大赛中获得冠军。

(谢光辉　白旭东)

**【高职信息化教学大赛获奖】** 年内,北工职院组织教师分别参加北京和全国高职院校信息化教学大赛。在北京高职院校信息化大赛中,获一等奖8项、二等奖3项。在全国职业院校信息化教学大赛中,获一等奖2项、三等奖1项。截止到年底,北工职院获一等奖数量累计24项,在全国高职院校中排名第一。

(谢光辉　白旭东)

**【成立北京市电气安全技术研究所】** 年内,北工职院与北京市安全科学技术研究院合作成立北京市电气安全技术研究所,研究所将在北京市电气安全技术研究、电气安全领域专业人才培养、电气安全技术支撑、电气安全检验检测等领域开展工作。研究所功能定位于成为北京市电气安全支撑保障中心、电气安全检验检测中心、电气安全技术培训中心和电气安全科学技术研究中心。

(谢光辉　白旭东)

**【服务“一带一路”国家战略】** 年内,北工职院入选教育部“职业教育走出去”首批试点项目学校,参与实施有色金属行业职业教育“走出去项目”,5名教师和管理人员赴赞比亚接受培训、开展工作的遴选工作。开展职业教育“走出去”试点是教育部为探索与中国企业和产品“走出去”相配套的职业教育部发展模式、服务“一带一路”建设和国际产能合作。

(谢光辉　白旭东)

北京石景山年鉴

2017 BEIJING SHIJINGSHAN NIANJIAN

# 文 化

北京市石景山区文化委员会(简称区文化委),是负责全区文化艺术、文物、博物馆、文化娱乐、新闻出版和广播电影电视行业管理工作的区政府工作部门。内设办公室、组织人事科、文化科、文物科、文化市场管理科和政策规划科5科1室。下属行政执法队、文化馆、图书馆、少儿图书馆、古城电影院、法海寺文保所、慈善寺文保所、承恩寺文保所、冰川馆、文物研究所、会计管理中心11个单位,在职员工193人。年内,石景山区正式获得首都公共文化服务示范区创建资格。编印石景山区国家公共文化服务体系示范项目“目录制”纸质文本《石景山区公共文化服务目录》,派送四万册至全区各级各类公共文化服务机构。推进《京西文化》改版工作,将半年刊改为季刊,申请内刊号,全年出版4期。全年组织8次信息员培训,完成区委办信息54条、政府办信息95份。《石景山报》专版20版,区有线电视台《记者视线》10期。刊登各类信息100余条,在中央及市属媒体刊登新闻56条。完成区级调研报告5篇,编印内部调研文集1册。全年受理各类行政许可102件,完成238家场所年检换证和统计年报工作。协调全区各街道和区流动放映队通力协作,完成公益放映1827场,观影人数86400人次。发挥联防联动机制和文化市场监督员的作用,“清源”“秋风”“护苗”“净空”专项行动成效显著。全年出动执法人员1200余人次,检查文化经营单位1700余家次;立案查处文化市场违规行为56起、罚没款119572元、收缴盗版图书747册、盗版光盘2300张、联合取缔游商7人次、落实群众举报20起。对区级文保单位巡查46次,对登记文物巡查71次,排除安全隐患3处,查处违法案件1起,与100余家文化经营单位法人签订《北京市石景山区文化市场经营场所安全生产责任书》,下发安全生产要求300余份,推进39家文化娱乐场所经营单位实现安全生产标准化达标。

**地址:石景山区石景山路18号**
**电话:68607158**
**邮编:100043**

(萧　媛)

## 群众文化

### 概　述

年内,石景山区公共文化事业围绕全区“全面深度转型,高端绿色发展”的战略、“融合山水谋发展,建设首都西大门”的总体思路和构建高端普惠的文化生活体系的重要任务,全面启动首都公共文化服务示范区创建工作,形成制定出台加强基层公共文化建设的实施意见、示范区工作方案、非遗资金管理办法等政策文件,完善文化建设顶层设计;区文化中心工程全面开工,街道社区文化设施改造升级;模式口历史文保区建设全面推进;非遗保护传承力度不断加大;开展专项整治行动,文化市场管理规范有序。石景山区在与丰台、房山、通州、大兴、顺义等6个区的创建评比中,综合分数第一的成绩,获得全市首批公共文化服务示范区创建资格。围绕“歌聚石景山”“舞聚石景山”“戏聚石景山”“诗聚石景山”“书聚石景山”“画聚石景山”六大板块,开展一系列各级各类群众文化活动。

(张　杨)

**【元旦、春节系列文化惠民活动】** 1月1日至2月上旬,石景山区文化馆陆续开展元旦春节系列文化惠民活动,以举办“迎新春文化惠民专场慰问演出”及文化志愿者“送福到家”慰问活动为主要内容,包括中国煤矿文工团《迎新春相声晚会》慰问军、警、民专场演出、手拉手儿童艺术团表演的《雪孩子》残疾儿童慰问专场演出及文化馆馆办艺术团队的公益专场演出,共33场次。春节期间,文化馆推出“正月十五唱大戏”“戏聚石景山——经典国粹艺术赏析名家讲座”等免费文化惠民演出。

(甘丽娟)

**【“翠微艺苑”戏曲活动】** 2月19—25日,石景山区文化馆与中国京剧艺术基金会、中国京剧艺术网联合举办“‘翠微艺苑’——正月十五唱大戏 百姓戏聚石景山”活动在区文化馆百姓剧场举办。北京京剧院、北方昆曲剧院、中国评剧院、天津河北梆子剧院小百花剧团参与演出,活动以名家与票友同台演出的方式,文化馆北京鸣越社、北京青年京剧社、春晖评剧团、馨艺河北梆子团四支优秀戏曲团队与名家合作,为观众呈现京剧、评剧、梆子、越剧、昆曲、豫剧六大剧种、七台戏曲经典大戏。

(甘丽娟)

**【“三·八”妇女节活动】** 3月7日,由区人大主办、区文化委承办的中国传统文化讲座“京剧艺术”,市、区女代表庆“三八”国际劳动妇女节活动在区文化馆百姓剧场举办,区人大主任岳德顺主持,区委书记牛青山致辞,区内相关各委办局领导、石景山区各行业妇女代表二百余人参加活动。讲座以“弘扬中华优秀文化 引领高端绿色发展”为主题,邀请国家京剧院国家一级演员刘长瑜讲授中国京剧艺术的形成、发展及表演特点,国家京剧院表演京剧剧目《春草闯堂·抬轿》《穆桂英挂帅·捧印》。

(甘丽娟)

**【承恩文化传习讲堂开讲】** 3月19日,由区文化委、承恩寺文保所、北京燕京八绝协会、北京燕京八绝文化发展有限公司联合举办的“承恩文化传习大讲堂”在承恩寺开讲。中国中医科学院眼科医院疼痛科专家主讲中医特色疗法——针刀疗法,从理论基础、医学特点、文化源头等方面,深入浅出地讲解传统中医理论通过与西方医学相互结合,在当今广泛运用和发展的情况。同时,专家为听众解疑答惑,展开现场诊疗,让听众们体验针刀疗法的手法和疗效。讲座结束后,专家与听众们参观坐落于承恩寺的北京燕京八绝艺术馆。“承恩文化传习大讲堂”系列活动逐步成为一个面向广大市民传播中国优秀传统文化的开放平台。

(萧　媛)

**【全国广场舞培训基地建立】** 4月19日,第三届全国广场舞总决赛暨全国广场舞培训基地启动仪式在黄庄职业高中举行。副区长陈婷婷出席活动并致辞,中央文化管理干部学院副院长李春华出席，各相关部门单位代表就全国广场舞培训基地建设工作签署合作协议。石景山区在转型发展过程中，提出"构建高端普惠的文化生活体系"的任务，基本实现地区文化设施覆盖均衡，文化服务优质高效，文化活动有声有色，公共文化服务体系建设取得突出成效。此次全国广场舞培训基地落户全国中等职业教育改革发展示范校——黄庄职业高中，正是石景山区探索公共文化服务社会化建设，创建首都公共文化服务示范区，建设"十个一"工作体系的具体实践。

（张　杨）

**【第33届"古城之春"艺术节】** 4—7月，举办以"红色基因、绿色发展、金色梦想"为主题，以纪念中国共产党建党95周年和红军长征胜利80周年为主线的石景山区第33届"古城之春"艺术节活动，开展艺术类比赛、展演评比、惠民演出、艺术培训、全民阅读等活动。本届艺术节参与面十分广泛，涵盖机关、企事业单位、驻区部队、街道以及在京创业、外来务工青年、高校师生等各个群体。活动包括模特大赛、群众器乐大赛、群众舞蹈大赛、群众合唱比赛、纪念建党95周年群众诵读比赛、区红领巾读书系列比赛等群众赛事活动；各街道、各系统单位结合自身业务工作和实际情况，组织承办以"红色基因、绿色发展、金色梦想"为主题文艺展演评比活动。另外，还举办2016中埃文化年石景山分会场活动、文化遗产日主题宣传活动以及专业院团进基层、系列文化讲座等活动。在全区范围内共组织开展各类文化活动350余场，百余支群众艺术团队参与演出，40余家社会单位、近10万人次群众参加。

（张　杨）

**【百姓诵读活动】** 5月7日，"诗意北京——'石景山百姓诵读活动'之'名家经典诵读会'"在区文化馆举行，拉开2016年"诗意北京——石景山百姓诵读系列活动"的序幕。社会各届200余位诗歌爱好者通过名家诵读，了解朗诵、赏析中国传统文化，讴歌主旋律，传递正能量。百姓诵读系列活动于4月启动，覆盖全区各街道（鲁谷社区）及部分企事业机构和单位。分阶段在全区范围内开展，贯穿全年，共举办名家现场讲座、培训、辅导10余期，开办电视讲座50多期，经典诵读演出10余场，出版诵读辅导书籍若干部。在以往诵读活动成功举办的基础上，进一步整合资源，强强联手，采取"政府资金支持，文化企业运营，社会力量参与"的模式，进行公开招投标，引进社会单位和组织，共同运作，调动整合诗歌朗诵文艺人才和艺术团队骨干参与活动组织实施工作，在节目创编演出、赛事活动组织实施等环节，进一步提高活动组织工作水平，为百姓提供优质的文化惠民服务，共同打造"诗聚石景山"区域性群众诗歌朗诵活动品牌。

（张　杨）

**【"直观东方·实录风情"中埃文化活动】** 6月5日，2016中埃文化年暨首届"直观东方·实录风情"中埃文化活动在北京国际雕塑公园内拉开帷幕。活动由埃中文化交流协会、阿拉伯埃及共和国驻中国大使馆主办。区文化委支持为期4天，包括"直观东方，实录风情"中埃摄影展、摄事分享会和"我来代言"服装文化展示现场拍摄等内容。其中，中埃图片展共展出40多位摄影家拍摄的150幅中国和埃及的作品，客观真实地反映了两国的自然风光和人文风貌。中埃两国演员表演京剧、模特走秀等节目，埃及的手工艺品展示和燕京八绝、京式旗袍、京剧脸谱等石景山区非物质文化遗产传承项目展示。陈婷婷，埃及驻华大使吉迪·阿米尔，埃及驻华使馆文化参赞等驻华使节，以及区相关委办局领导参加开幕式活动。

（张　杨）

**【"舞动北京"群众广场舞大赛】** 9月24—25日，"欢跃四季——全国百姓广场舞北京展演"暨北京市第十一届"舞动北京"群众广场舞大赛总决赛在北京国际雕塑公园举行。来自湖北、江苏、内蒙古、福建、浙江、重庆、贵州、上海8个省（市、自治区）的和北京市16个区的共30支精英广场舞团队登台亮相，精彩献艺。石景山区创编表演的舞蹈《绽放》获得大赛银奖。活动由文化部公共文化司、文化部全国公共文化发展中心、中国文化馆协会指导；市文化局支持；中国文化馆协会舞蹈委员会、北京文化艺术活动中心主办；区文化委、区文化馆承办。文化部、中国文化馆协会、市委宣传部等单位多名专家领导出席活动。来自天津、河北等省市文化厅领导、文化馆馆长进行现场观摩。

（张　杨）

**【非遗进社区主题展演】** 9月，"非遗进社区 文化石景山"主题展演在八角文化广场举行。演员们通过京剧脸谱走秀、非遗武术表演、京式旗袍表演、声音故事等新颖的艺术表现形式，用纯原创文艺作品展示石景山区发掘、保护和传承非遗文化，全力打造文化石景山方面取得的丰硕成果。整台演出充满浓郁的地方风情，特色鲜明、贴近百姓。石景山区致力于建设高端普惠的文化生活体系，争创首都公共文化服务示范区，建立包括太平鼓在内的19个项目组成的非遗代表性项目名录，编辑出版两套非遗系列丛书，建立非遗传承教育基地和传承保护队伍。

（张　杨）

**【北京重阳诗歌会】** 10月9日，区委宣传部、区文化委、八大处公园管理处联合主办的"诗聚石景山 欢乐金秋颂"石景山区2016年重阳诗歌会在八大处公园举行。国家一级演员、著名军旅歌唱家王宏伟、青年朗诵家李熙、闫斌等艺术家与北京都市歌舞团青年演员联合演出。区有关领导以及各主承办单位相关负责人与近300名老年人观众观看演出。

（张　杨）

**【中意传统文化交流】** 10月28日，意大利对华友好协会秘书长兼中国区主席路安娜·王女士为团长的代表团一行9人到石景山区进行文化考察和访问，在区文化馆观摩京剧脸谱绘画、民间剪纸、民间草编、泥人彩塑等非遗项目和民间传统手工品制作技艺，观赏以"中意友好 渊源流长"为主题的石景山区非物质文化遗产节目展演。

（甘丽娟）

**【第七届北京青年相声节】** 11月13—17日，第七届北京青年相声节相声新作品比赛在区文化馆进行6场决赛，来自全国各地的选手激烈角逐。常贵田、赵连甲、李立山、崔琦、赵福玉、马云路、李伟建7位知名艺术家担任评委，对节目进行了现场点评。最终评选出一等奖6个，二等奖12个，三等奖18个，组织奖10个。同月19日，相声节新作品比赛颁奖暨优秀作品展演在首钢体育大厦举行。20日，在北京民族宫大剧院举行相声节相声名家展演活动。相声名家李伯祥、李金斗、李建华、常贵田、王佩元、石富宽等与本次大赛获奖选手共同为热爱曲艺的观众朋友献上一台相声经典作品展演。此次相声节作为市文联、北京曲协的一项品牌活动，致力于推动和促进北京乃至全国相声艺术和相声小剧场的发展。首次落户石景山，受到居民热烈欢迎并积极参与。这是北京曲艺家协会第一次与区县文化部门合作，是市文联配合石景山区加快构建高端普惠的文化生活体系和创建首都公共文化服务示范区的重要举措。

（张 杨）

**【基层文化设施建设】** 年内，区文化委争取基础设施建设专项资金3095万元，用于文图三馆、街道社区基础文化设施建设改造工程，完善基层公共文化设施服务网络。统筹各街道以趸租、新建改扩建、与社会单位共建等多种方式开展文化设施建设，解决街道综合文化中心、社区综合文化室建筑面积不达标以及公共文化设施免费开放问题，落实八宝山街道沁山水南文化室、八角街道杨庄中区社区文化室、五里坨街道红卫路社区文化室等基层公共文化设施建设项目30项，涉及建筑面积1.3万平方米。

（张 杨）

**【推动非遗保护传承】** 年内，区文化委召开石景山区非物质文化遗产传承保护政策工作会，鼓励各非遗项目保护单位、五里坨民俗陈列馆等社会单位开展非遗保护传承工作，逐步形成“政府主导、社会主体、全民参与”的非遗保护工作格局。开展京津冀文化交流合作，通过与塘沽文化馆、河北易县文化馆签订合作协议，搭建三地文化交流发展平台，举办“中国文化遗产日”主题活动，公演原创非遗文艺作品《石景山的传说》，组织京津冀非遗项目、传统技艺展演，推动三地文化遗产活动协同发展。编撰石景山区《非遗图典》，开展非遗项目、传承人视频档案资料拍摄整理，建立多个传承教育基地和十余支非遗传承队伍，推出一批“非遗传承展示公园”和“非遗传承示范校”，通过多样化手段推动非遗保护传承工作开展。

（张 杨）

**【文艺创作】** 年内，区文化馆原创的反映区域发展的舞蹈《邻里守望》及评戏《五里坨的笑声》经过市级初赛，代表北京市进入全国“群星奖”评比复赛，《邻里守望》入围全国总决赛，并在华北五省市舞蹈大赛中获得创作一等奖和表演一等奖，在国家大剧院演出；原创舞蹈《社区志愿者们的一天》，关注老年社区志愿者，传递志愿服务精神；创编广场舞《梨花情》，代表北京市参加“欢跃四季——全国百姓广场舞吴江展演暨第十三届吴江区域文化联动”活动；创编表演的舞蹈《绽放》获得第十一届“舞动北京”群众广场舞大赛银奖。出版历史文脉书籍《燕都第一仙山——石景山》。依托文化遗产日活动，创编并首演关于“永定河传说”的儿童剧《石景山的传说》，结合地区非遗资源创编相声《非遗石景山》、歌曲《打花巴掌呔》《悠悠乡茶》、京韵大鼓《青山绿水好心情》等文学艺术作品，举办京津冀非遗展示专场演出，组织开展非遗项目展演及授牌仪式。组织召开石景山区文艺创作专题会议，北京1998国际青年艺术院团与八大处对接，筹划创作大型音乐舞蹈史诗话剧《佛祖释迦牟尼》；结合八宝山革命公墓，创作话剧《京西那一片晚霞》。

（张 杨）

7月7日，区文化馆编创的儿童舞台剧《石景山的传说》演出剧照 （区文化委供稿）

**【公共文化服务示范区创建】** 年内，石景山区出台《关于进一步加强基层公共文化建设的意见》（京石办发〔2016〕4号）、《石景山区创建首都公共文化服务示范区工作方案》（石政办发〔2016〕11号）、《石景山区非物质文化遗产保护传承专项资金管理暂行办法》（石政发〔2016〕7号）三个政策文件。制定《石景山区创建首都公共文化服务示范区行动计划（2015—2020年）》，提出“十个一”工作体系的目标。落实组织建设和保障工作，做到领导机构、工作机制、考核办法“三个明确”和资金、人员、制度“三个保障”。9月，夏林茂带队参加市文化局组织的争创首都公共文化服务示范区评审答辩，创建工作得到评审组肯定。

（张 杨）

**【“公共文化服务目录”编印完成】** 年内，国家公共文化服务体系示范项目“公共文化服务目录制”纸质文本《石景山区公共文化服务目录》(2016 年版)(以下简称《目录》)编印完成,《目录》分"公共文化设施""公共文化惠民活动和服务""非物质文化遗产保护""政策文件"四部分。首批一万册派送至石景山区各级各类公共文化服务机构,方便群众就近免费领取。

(张　杨)

**【"十三五"规划编制】**　年内,区文化委按照市委、区委"十三五"规划建议、纲要中有关文化发展的相关要求,完成《石景山区"十三五"构建高端普惠的文化生活体系规划》编制工作。规划分为引言、正文和附件三个部分。正文共分 10 章,包括发展现状、指导思想和主要目标,弘扬践行社会主义核心价值观,引领驱动全区高端绿色发展,构建现代公共文化服务体系,传承弘扬中华优秀传统文化,繁荣发展区域现代文化市场,协同打造特色主题文化园区,深化文化体制机制改革创新,培育壮大文化服务人才队伍,保障规划全面深入贯彻落实的措施。3 个附件分别是:石景山区"十三五"期间文化重点项目、构建高端普惠的文化生活体系指标分解表、规划文本的重点名词解释。在此基础上,区文化委还编制了《石景山区"十三五"时期文化物事业发展规划》。

(张　杨)

## 图　书　馆

### 概　　述

石景山区拥有石景山区图书馆和石景山区少年儿童图书馆 2 家公共图书馆,均为文化部评定的国家一级图书馆,也是全国文化信息资源共享工程北京市石景山区支中心(少儿支中心)。

石景山区图书馆建筑面积 9042 平方米,现有馆藏文献 79 万余册,阅览座位 500 余个,日平均接待读者能力 3000 人以上,现为北京市公共图书馆"一卡通"成员馆,实现全市范围的"一卡通"通借通还。图书馆全年 365 天免费开放,每周开馆时间为 64.5 小时。馆藏图书全部开架,借阅合一。与中国传记文学学会联合,以"馆中馆"的形式在馆内合作成立全国首家"中国传记图书馆"。年内,获得"北京市三八红旗集体"称号。开展中国传记文学创作研究,设立传记图书借阅专区,并依托图书馆特色品牌活动"石图讲坛",开展专题讲座、作家见面会等形式多样活动。图书馆实现书刊管理的全面计算机化。引进图书自助借还系统,24 小时自助图书馆,触摸屏读报系统及电子书借阅机;实现无线网络全覆盖;利用短信、微信、微博、网站等手段开展服务宣传。图书馆在全区 9 个街道建立图书分馆,实现通借通还。在社区、厂矿、部队、学校等地建立图书室,流动图书车定期上门更换图书、指导业务,满足百姓就近借阅需求。

石景山区少年儿童图书馆始建于 1984 年,位于古城南路 11 号,建筑面积 3236 平方米。现有藏书 35 余万册,报刊 450 余种,设有 12 个服务窗口,有阅览座位 500 多个。年接待读者 35 万人次,举办各类活动 200 余场。被文化部评定为国家一级图书馆。先后获"全国十佳绘本馆""全国最美绘本馆"等称号。区少年儿童图书馆作为地区公共文化服务的主要阵地,全年 365 天面向 0 ~ 18 岁少年儿童免费开放,每周开放时长达 56 小时。近年来,少儿图书馆不断加强软硬件建设,完善移动智能数字化信息服务平台;依托馆藏资源和特色主题阅览室,借助多种手段丰富少儿阅读的形式和内容,努力将文化与科技融合,高端与普惠并举,在特色阅读、引领阅读方面做了大量探索和尝试,并逐渐形成"小小书虫俱乐部""小小文化志愿者""快乐阅读直通车"等深受读者欢迎的多个活动品牌。同时,通过"图书五进",将中华优秀文化、经典非遗项目、特色品牌活动通过"直通车"惠及大众。此外,少儿图书馆通过送书上门、开展专题活动等特色服务项目加强为弱势群体的服务,其中已坚持 30 余年的扶残助残更是得到社会各界广泛赞誉。

年内,区图书馆和少儿图书馆全年共采访文献 20878 种,61712 册,办理借书卡 14690 个,外借图书 613997 册,接待读者 826959 人次,解答咨询 2482 条,完成二次文献 24 期、重点课题 31 个,举办读者活动场 357 次、70808 人参加,为基层图书分馆(室)和流通站送书 136 次、34000 册。

(张　杨)

**【世界读书日活动】**　4 月 23 日,区图书馆和少儿图书馆结合读书日主题开展系列活动。承办第六届北京换书大集分会场,共收集书刊 6797 册,交换成功 3465 册。通过电台、网络、报刊等多种方式,拓宽宣传渠道。联合街道分馆、检察院团总支及企业等多家单位发放图书馆相关服务项目材料;开展读书日主题原创楹联、灯谜展览;与共享工程支中心、中国知网联合启动"畅知阅读"活动。开通微信公众号、"云期刊"APP 软件正式上线,推动数字化建设。

(谢　梦)

**【快乐阅读直通车进校园】**　5 月,区少儿图书馆快乐阅读直通车公益讲座"藏书票的艺术"在区实验小学和外语实验小学举行。讲座特邀中国美术家协会藏书票研究会理事、北京印刷学院设计艺术学院讲师牛明明授课。讲座从藏书票的基础知识、藏书票的创作角度,以及制作流程等方面深入浅出为大家进行知识普及,并体验亲手制作属于自己的藏书票。

(刘　佳)

**【科技周"数码超人"活动】**　5 月,区少儿图书馆在科技周期间推出"数码超人"系列活动。利用馆内电子书工坊、国学教育数据库、科普动漫电子书系统、龙源期刊数据库等数字资源,组织小读者们动手操作数字平台,以 PK 赛的形式打擂台,在互动游戏中了解中国传统文化,阅读经典红色故事。

(刘　佳)

**【"非物质文化遗产日"活动】**　6 月 11 日,区少年儿童图书馆在第 11 个"非遗日"通过一系列寓教于乐的互动文化活动,引导小读者们继承弘扬中华民族优秀传统文化、培育践行社会主义核心价值观。“小小书虫俱乐部”组织了集亲子、趣味手工、传统体验于一体的端午活动，以中国传统民俗庆祝方式包粽子、跳皮筋等庆祝端午节的到来。精心挑选优质图书80册设立专题书架，方便读者和家长了解传统节日和风俗。

（刘　佳）

**【非遗系列讲座活动】** “寻找文化之源，守护非遗之美”——区图书馆非遗系列讲座活动自8月起，每月举办一场。11月10日，第四场讲座《大漆的记忆》在石景山三色幼儿园举办，本次讲座以非遗传承保护从娃娃抓起为出发点，由听众和幼儿园的小朋友们一起表演打花巴掌、跳皮筋等老北京的传统游戏作为开场。第四讲的主讲人是国家图书馆中国记忆项目中心研究员宋本蓉，著有《雕漆技艺》《文心雕漆：雕漆大师文乾刚口述史》《北京非物质文化遗产传承人口述史·雕漆技艺·文乾刚》等著作，积累丰富的非遗保护理论知识和实践经验。通过讲述、短片播放、实物展示使听众领略漆器的魅力，聆听漆匠们的故事。宋老师介绍说：“从河姆渡遗址的第一支雕漆碗到第一个雕漆作品出现经历五千年。雕漆是一门繁复的手艺，一只雕漆碗的制作需要8个月的时间，一个松球的雕刻要68刀。这门艺术无法通过文字、图片和影像进行全景展示，更无法通过这些手段传承，所以，雕漆成为濒危技艺，如今北京匠人只有3名，平均年龄52岁，这门技艺如何传承下去迫在眉睫。”四场讲座，吸引到馆读者、在校学生和非遗爱好者近400人参加。

（谢　梦）

**【红领巾读书系列活动】** 年内，由团区委、区少工委、教委、文化委、文明办主办，区少儿图书馆承办的北京市红领巾读书活动共组织了183场活动，163523人参与。通过开展讲故事比赛、读书小状元评比、“书香溢我家”家庭情景剧比赛、藏书票篆刻、电子书制作等多项活动，培养学生阅读兴趣，引领学生热爱阅读。红领巾系列读书活动历经34年，期间，区内2家单位获得北京市优秀组织单位称号，6所学校获得北京市示范单位称号，3位教师获得北京市优秀辅导员称号。

（刘　佳）

**【基层图书馆室建设】** 年内，区图书馆加强基层阅览室建设。区图书馆现有基层网点106个，目前逐步形成以区图书馆为中心，9个街道图书分馆、149个社区为网点的覆盖全区的网络体系。起草完成《石景山区图书馆总分馆制建设实施方案》《石景山区图书馆基层图书服务资源整合工作方案》，成立图书配送中心，设立基层备用书库，完成为基层网点图书、报纸和期刊流转配送、基层业务指导、管理员业务培训等工作。建立石景山区图书馆冬奥组委会分馆，打造石景山区公共文化服务的新名片。

（谢　梦）

**【举办石图讲坛】** 年内，区图书馆举办的“石图讲坛”以“弘扬中华优秀文化，引领高端绿色发展”的主题，举办弘扬传统文化、“寻找文化之源 守护非遗之美”和健康养生等系列讲座，涵盖书法、绘画、灯谜、楹联、非遗等多方面知识。将高端文化“请进来”，让惠民活动“走出去”，全年累计参加人次3000余人。

（谢　梦）

**【获评“全国最美绘本馆”】** 年内，区少年儿童图书馆亲子乐园始终秉承公益性服务机构的基本原则，导入科学管理系统和现代化管理体系，更新绘本馆藏，在绘本馆建设、特色阅读活动开展等方面的表现，在中国图书馆学会主办、图书馆报承办的“2016年全国最美绘本馆评选活动”中，获得“全国最美绘本馆”称号。

（刘　佳）

**【纪念建党95周年暨长征胜利80周年】** 年内，区图书馆和少儿图书馆和围绕纪念中国共产党建党95周年暨红军长征胜利80周年主题，开展多项活动弘扬长征精神，传承红色基因。区图书馆在社区、学校、机关企事业单位、部队举办评选优秀诵读作品展演；征集原创灯谜、楹联作品展览；借阅室开展电子展板展览和专题图书推荐活动；电子阅览室放映多部红色经典电影；邀请传记文学作家带来“不忘初心 跨越极限”的长征主题讲座；举办“传承红色基因，捐赠传记图书，讲述先辈故事”活动。邀请红色后代熊陆丰、龙铮、刘文石、万伯翱等，向中国传记图书馆捐赠传记图书294册。活动内容在《人民日报》专版宣传。区少儿图书馆举办特色阅览室主题开放日活动，活动以纪念中国共产党建党95周年和红军长征胜利80周年为主要内容，分别在军事主题阅览室、泥塑工坊、智慧空间、移动天象厅等多个特色阅览室开展。北京电视台《军情解码》栏目主持人罗旭来到现场与读者互动交流。

（谢　梦）

# 文物管理

## 概　述

石景山区文物单位有110处。其中，不可移动文物105处（古遗址14处，古墓葬12处，古建筑45处，石窟石刻10处，近现代重要史迹及代表性建筑21处，其他3处），地下埋藏区4处，历史文化保护区1处。全区拥有国家级重点文保单位3处（法海寺、承恩寺、八宝山革命公墓），市级文保单位13处，区级文保单位20处，登记文物69处（含工业遗产9处），形成八大处寺庙群、首钢工业遗产保护群、模式口天泰山寺庙群等三大特色文物资源集聚区。金顶山地下文物埋藏区被列入北京市第五批地下文物埋藏区名单。区文委组织文物工作人员对全区36处国家级、市级、区级文物保护单位安装标识牌工作进行检查，对12处未安装文物保护单位标志牌的区级文物保护单位，统一制作、安装标志牌。截至年底，全区有地下埋藏区4处。其中市级有：鲁谷地下文物埋藏区、老古城地下埋藏区、金顶山地下文物埋藏区；区级的有：老山地下文物埋藏区。

（贾卫平）

**【第七批区级文保单位名录】** 3月28

日,区政府公布第七批文物保护单位(石政发〔2016〕6号)。龙王庙、模式口76号院及具有重要历史价值的文化遗存五里坨民居列入区级文物保护单位,并向社会公布。

(杨晓红)

**【不可移动文物名录登记】** 3月28日,根据区文化委《关于将狮云庵塔院、四照谷桥、模式口老爷庙、模式口过街楼列入石景山区不可移动文物名录予以登记的通知》要求,狮云庵塔院、四照谷桥、模式口老爷庙、模式口过街楼列入石景山区不可移动文物名录予以登记,并通过石景山信息网、区文化委网站,以通知、通告形式向社会公布。

(杨晓红)

**【承恩寺古建收回】** 4月1日,承恩寺文物保管所与合作单位北京民泰文化发展有限公司协商并重新签署合作协议,将承恩寺古建(占地面积约16000平方米)全部收回,由承恩寺文物保所负责管理维护。承恩寺位于模式口大街东部,坐北朝南,占地约30亩,自南而北,依次为山门殿、天王殿、大雄宝殿、法堂等四进殿宇。大殿两侧有配殿、厢房数十间。是一座闻名于世的古代皇家禅林。20世纪90年代承恩寺划归区文化委管辖。历经三次大规模维修,主体建筑基本恢复原貌。1990年2月23日,市政府公布为第四批文物保护单位。2006年5月25日,承恩寺作为明至清时期的古建筑,被国务院批准列入第六批全国重点文物保护单位名单。

(张新荣)

**【文物安全保护志愿服务行动】** 4月17日,“北京文物安全保护志愿服务行动”宣传活动在八大处公园举办。活动由国家文物局指导,市文物局主办、北京慈善义工协会承办、区文化委、八大处公园管理处协办。市文物局等单位领导参加活动。活动分画说文保、话说文保、呼吁文保、解说文保四个部分。活动中发放《北京文物安全保护志愿服务行动手册》和《北京文化旅游景点导览图》、文化衫、编织袋、宣传单页等宣传材料600余份。每年的4月18日是“北京文物安全保护志愿者日”,在4月18日前后双休日中的一天,在全市各个区开展关于文物安全保护工作的相关活动与宣传。

(杨晓红)

**【西山文化讲坛】** 4月18日,区文化委、区文物保护协会联合在市级文保单位显应寺举办《北京西山文化带上的一颗明珠——石景山》知识讲座,区文史专家、学者、区各文物保护单位工作人员及文保协会会员30余人参加活动。6月16日,在图书馆举办《从北京唐代刘济墓发掘与价值引起的几点思考》知识讲座,市文物专家吴梦麟教授详细阐述云居寺石经到房山出土唐末时期刘济墓刻石的历史背景及文化内涵。区政协委员、文化委、地方志办公室、各街道办事处、各文物保护单位及市、区文保协会会员和社会各界朋友近百人参加活动。

(杨晓红)

**【全国青少年文化遗产知识大赛】** 6月11日,在中国第十一个文化遗产日来临之际,第八届全国青少年文化遗产知识大赛(中学组)国学专场在八大处公园举行。北京101中学、北京师范大学第二附属中学、北师大附属实验中学、北京十一学校、北京四中、甘肃省酒泉中学、江苏省苏州中学园区校、镇江崇实女子中学、江西省临川一中、人大附中第二分校、苏州外国语学校、山西省太原市第二外国语学校、西安交通大学附属中学、中国科学技术大学附属中学等七个省市16所名校的138名师生、考官、志愿者参加活动。活动中,同学们通过辨识岩石、品香礼法、闻香悟道、辨别阴阳、品识草药、点穴拿脉、武术、即兴评书表演、编写中学生新二十四孝等,感受中华历史文化的博大精深和优秀传统文化的魅力。同时,活动还吸引不少游人参加答题,有的僧人用最专业的武术动作指导同学们练武。此次比赛活动,达到“让文化遗产融入现代生活”的举办目的。活动由中国联合国教科文组织全委会、中国博物馆协会、国家文物局文物信息中心、中国文物学会主办,世界遗产青少年教育中心承办,区文化委、八大处公园、天坛公园、北京月坛雅集非遗传艺荟支持。

(杨晓红)

**【金顶山埋藏区入列市级名录】** 6月20日,市政府(京政发〔2016〕22号)文件对社会公布,石景山区金顶山地下文物埋藏区被列入北京市第五批地下文物埋藏区名单。金顶山地下文物埋藏区位于苹果园地区,占地面积168.1公顷,保护区范围为东界:苹果园大街、西山奥园小区东围墙、市水务局党校西围墙;南界:苹果园南路、金顶南路;西界:金顶北街、金顶街;北界:永定河引水渠南堤。该保护区域内的金顶山上分布有大量汉代砖瓦,金顶山四周曾发现多座高等级明代墓葬。

(杨晓红)

**【“重修皇姑寺碑记”出土】** 9月7日,区文化委对皇姑寺(显应寺)西侧老墙进行保护过程中,在西钟楼西侧挖掘处出土“重修皇姑寺碑记”一块。该碑长275厘米,宽92.5厘米,厚29厘米,碑首为盘龙图样,汉白玉材质。碑上明确注有“皇姑寺碑记”“万历四年岁次丙子七月吉旦立”等字样。由于年代久远,又深埋地下,部分文字已辨别不清,截至年底,文化委组织有关人员进行研究、保护。以前人们一直认为皇姑寺寺名为民间俗称,此碑的出土,明确佐证在明万历年间官方就已称作皇姑寺。

(杨晓红)

**【科普大篷车进校园】** 9月23日,科普大篷车全国科普日石景山主场活动在冰川馆举办,300余人来馆参观展览。冰川馆的大篷车亦陆续开进房山区良乡第二中学、西城区展览路第一小学、海淀区教师进修学校附属实验小学、酒仙桥中心小学、西城区四根柏小学、西黄村小学等中小学校,为师生举办科普展览。展览展出化石30余件,精品矿石标本40余件。

(李新志)

**【第一次全国可移动文物普查】** 9月,区文化委完成第一次全国可移动文物普查任务。按照国务院《关于开展第一次全国可移动文物普查的通知》(国发〔2012〕54号)精神和国务院普查领

8月20日，模式口文保区环境整治工作会　　（区文化委供稿）

导小组办公室有关要求，石景山区于2013年12月正式启动可移动文物普查工作，历时三年，是年9月完成全部普查任务。经过走访调查，共普查行政区域内单位143家，其中机关19家，国有企事业单位109家，一级企业11家，其他4家，共调查走访2600人次，完成率100%。在数据采集、整理归纳中分别对不同类型文物进行测量、称重、照相等，共清理文物藏品14000多件。经普查统计，全区有国有可移动文物收藏单位11家，可移动文物收藏数量共计990件（套），其中化石标本类79件（套），共15529件文物藏品。

（张　伦）

**【法海寺原创设计发布】** 10月13日，以“归元初心”为主题的法海寺原创设计新品发布会在文化艺术圣地法海禅寺举行。区领导高洪燕、陈婷婷和新华网等近30家媒体出席发布会。此次原创设计新品设计者为原全国政协委员、中国著名设计师吴海燕。作品以法海寺现存珍贵明代壁画作为创意源点，以“五行”概念作为创意依托，以丝绸面料为主要载体，将其最擅长的中国古典图案、纹饰及壁画上人物的衣冠装饰融入其中，设计出一系列传统文化活化当代的服装和生活用品，原创设计作品包括服装、丝巾、家饰用品等。

（杨晓红）

**【模式口历史文化保护】** 11月4日，区文化委组织召开“模式口历史文化保护工作”专家座谈会。市文物专家、原市文物局长孔繁峙、原市古建设计研究所所长韩扬及区文化委、重点建设中心领导出席会议。会上，针对模式口街区改造理念、环境整治方案、基础设施改造、车辆管理方案、未来设计蓝图等内容进行交流。大家一致认为模式口街区改造的关键在于恢复京西古道原貌，并在传承、保护基础上加以利用，而非重新翻修或融入现代元素的商业化和绿地化。两位专家提出建设性意见：历史上模式口街区沿街明清建筑主色调为黑框拉红线；沿街广告招牌为“幌子”；模式口街区道路修复工程应在保留原有高低起伏坡度的基础上修葺，以达到在细微之处恢复老街百年前模样的效果。

（杨晓红）

**【法海寺壁画保护】** 年内，区文化委申请市级财政专款663万元，用于法海寺壁画保护和宣传费用。安装定制的钢化玻璃罩，在防护罩外加涂紫外吸收剂和使用防紫外胶片，起到阻延壁画褪色，防止壁画脱落，充分保护文物的作用；通过采用数字采集和三维矩阵全景制作，配合新媒体技术的推广传播手段，全维度展示法海寺壁画的历史、科学、艺术价值；通过采集点位以及整体寺院的高清纪录片拍摄，制作9部2~5分钟微纪录片，还原法海寺历史和文物背后故事；以法海寺原展厅改扩建为中心，丰富展览展陈、增加广播系统、改善灯光系统、墙面修缮等，总规划面积约为1000平方米。

（杨晓红）

**【加大资金投入】** 年内，区文化委申请多项文物保护专项资金累计约1845万元，先后启动冰川馆多项改造工程（486万元）、模式口过街楼进行整体修缮（37万元）、兴隆寺整体古建修缮（360万元）、显应寺保护迁移工程（97万元）、永济寺环境整治工程（704万元）、石府龙王庙的加固工程、防雷系统和安防系统安装（161万元）等项目的立项申报、财政评审工作和工程招投标工作。截至年底，模式口过街楼整体修缮工程、兴隆寺整体古建修缮工程、显应寺墙体保护迁移工程、石府龙王庙加固工程、永济寺环境整治工程已竣工，石府龙王庙防雷系统和安防系统完成安装。

（张　伦　李新志　邢国严）

**【文物事业“十三五”发展规划】** 年内，区文化委完成《石景山区文物事业“十三五”发展规划》编制工作。规划根据习近平总书记关于文物保护重要论述、《中华人民共和国文物保护法》《博物馆条例》《国务院关于进一步加强文物工作的指导意见》《北京市国民经济和社会发展第十三个五年规划纲要》《北京市文物博物馆事业发展“十三五”规划》、区委《关于制定“十三五”时期石景山区国民经济和社会发展规划的建议》、区发改委《“十三五”时期石景山区国民经济和社会发展规划纲要》等有关精神和要求，主要阐明“十三五”时期全区文物事业发展的战略意图，明确发展目标、重点任务和政策取向。

（杨晓红）

**【承恩文化传习大讲堂】** 年内，承恩寺文物保管联合北京燕京八绝协会、北京燕京八绝文化发展有限公司，在承恩寺先后举办十余期“承恩文化传习大讲堂”系列活动，邀请多位非遗传承大师进行现场展演技艺。内容包括：“传统中医文化之针刀疗法”“中华传统古韵与现代钢琴音律”“漆艺之瑰宝——金漆镶嵌”“‘珐琅张’与国宝景泰蓝”“牙雕春秋——牙雕的文化、技艺与传承”“玉——大地之舍利”“雕漆文化和作品赏析”“也谈玉文化”“好戏连台·中国戏曲与中国水墨戏曲人物画鉴赏”“2016中华漆艺精品展”等活动，受益人群近万人次。

（张新荣）

**【安装文保单位标志牌】** 年内，区文化委组织文物工作人员对全区36处国家级、市级、区级文物保护单位安装标识牌工作进行检查，摸清底数。并利用自有资金，对12处未安装文物保护单位标志牌的区级文物保护单位，统一制作、安装标志牌，年底前安装完毕。至此，辖区区级以上文保单位全部安装标志牌。标志牌的制作按照国家标准，统一规格、统一材质，统一定制，统一安装。采用大理石材料，牌上明确注明文物保护单位的名称、保护级别、公布机关、公布时间。

（杨晓红）

## 文化市场

### 概　　述

年内，区文化委驻厅窗口共受理各类行政许可102件，其中出版物发行单位33家，文艺表演团体1家，歌舞娱乐场所3家，上网服务营业场所1家，营业性演出3场；各类变更61件，全部按时办结。完成对网吧、歌舞娱乐场所、出版物发行单位、印刷企业、有线电视设计安装单位及文艺表演团体共计238家场所延续换证和统计年报工作。全年出动执法人员1500余人次，出动执法车辆200余台次；检查文化经营单位2000余家次；立案查处违规行为56起，罚款129100元，没收违法所得6887元；上报信息43篇；收缴盗版图书1000余册，盗版光盘10000余张；联合取缔游商8人次；落实群众举报38起。

（赵　勤）

**【取缔一贩卖淫秽光盘摊点】** 1月15日，文化执法人员联合模式口派出所对模式口佳汇中学门口一涉嫌贩卖淫秽色情光盘的涉案车辆进行突击检查。当场抓获正在销售淫秽光盘的嫌疑人，收缴淫秽光盘206张，扣押车辆1台。嫌疑人王某已被刑事拘留。

（赵　勤）

**【文化市场安全检查】** 2月3日，区领导刘颖、陈婷婷带队检查春节文化市场安全工作。区文化委、安监局、公安分局治安支队、消防支队、工商分局等单位领导和执法人员组成联合执法检查组，对大玩家游艺厅、万达国际影城进行联合执法检查。各职能部门依据《石景山区文化娱乐场所安全生产职能部门联合执法检查项目细则》和各自职责，分头对文化娱乐场所的安全生产工作落实情况进行全面检查，并现场进行讲评。对部分场所存在的吸烟现象、消防标识不明显、灭火器使用不正确等安全隐患问题，执法人员逐一记录，现场督促整改。同月26日，市执法总队副巡视员梁祖国一行6人，对全国“两会”驻地华北宾馆及周边报刊亭以及重点街区的天宇市场进行抽查，对报刊亭销售的报刊杂志合法性进行细致查看和甄别，对市场外有无游商兜售盗版光盘进行检查，区文委执法队执法人员陪同检查。

（赵　勤）

**【“12318”主题宣传活动】** 3月18日，区文委执法队在沃尔玛超市门口设立“12318”主题宣传活动，活动以“12318，健康文化你我他”为宣传口号，通过摆放主题宣传展板、开展法规咨询以及发放宣传品等形式向市民宣传12318举报热线，普及相关文化市场法律法规知识，提高市民举报违法违规行为的参与度，加强文化市场社会监管，共同维护辖区文化市场环境。

（赵　勤）

**【文化环保宣传进校园】** 4月25日，文化环保宣传进校园活动在古城中学拉开帷幕。活动以“建设文化环保城市、争做文化环保先锋”为主题，市保护知识产权举报投诉服务中心讲师为与会同学讲解版权与创新、盗版侵权给青少年带来的危害等内容，并就同学们关注的问题与大家进行互动交流，引导他们自觉抵制有害出版物，远离侵权盗版制品。区文化委、区科委（知识产权局）相关领导参加此次活动。

（赵　勤）

**【世界知识产权日法制宣传】** 4月26日，区文委执法队在永辉超市店前广场举办“世界知识产权日”法制宣传活动。活动以“打击侵权盗版 保护知识产权”为主题，以现场发放宣传资料，接受群众咨询，为群众介绍知识产权保护相关法律法规为宣传手段。共展出宣传展板10余块，向过往群众发放法律宣传册1000余份，发放各类宣传纪念品300余份，接受群众咨询20人次。

（赵　勤）

**【查处网络表演违规经营案】** 5月，区文委执法队接到举报，位于西井路附近某科技有限公司经营的网站栏目中含有网络主播歌唱、表演等网络表演事项的经营内容，部分内容还涉嫌低俗。执法人员针对网络文化单位经营特点，采用截屏、录像、刻制视频光盘等方式展开调查，搜集违规经营行为证据，完成案件前期取证工作。对该公司进行执法检查时，进一步核对网络表演违规经营事实，并对公司主要负责人展开调查询问，查明该公司构成经营性互联网文化单位运营的网站涉及网络表演的许可经营范围，但未变更《网络文化经营许可证》信息的违法行为。依据《互联网文化管理暂行规定》，依法责令当事人停止违法经营行为，并给予罚款10000元的行政处罚。

（赵　勤）

**【联合举办书市】** 6月1日，区文委执法队联合西石邮政分公司在北京国际雕塑公园、古城公园门口广场举办书市活动。活动以“保护未成年人合法权益，净化出版物市场环境”为主题，向到场群众特别是青少年售卖正版图书，宣传讲解图书版权保护相关知识，发放法律法规宣传册及宣传品，推介和组织阅读优秀少儿出版物，谴责制售传播有害出版物及信息的行为，引导少年儿童自觉远离和抵制有害出版物及信息。

（赵　勤）

**【打击“黑游戏厅”】** 8月25日，区文委执法队联合区公安分局治安支队通过前期走访摸点，对老古城村的“黑游戏厅”进行检查,依法取缔未经批准擅自经营的电子游戏厅1家,当场查缴违规机种18台,对3人处以刑事处罚,对3人处以治安处罚。

(赵 勤)

**【公益放映工作】** 年内,区文化委协调各街道安排具体放映时间,由区流动放映队备齐3套放映设备、6名放映人员,每次在各街道安排的三个社区放映点全天放映两场电影,同时做好放映点安排及影讯公告发布,按时保质完成放映工作。全年完成公益放映1827场、其中夜场和节假日450场,观影人数达86400人次。

(赵 勤)

# 广播电视

## 概 述

石景山区广播电视中心(简称广电中心),成立于1987年12月,前身为石景山区广播电视局,2001年10月更名为石景山区广播电视中心。作为石景山区重要的新闻宣传机构,中心承担全区对内、对外电视宣传任务。年内,完成电视制播高清化建设。举办《记住本来 开创未来》《致敬城市建设者》等4场大型主题活动,得到区委主要领导高度肯定。《孝道》等三部公益广告在全国评比中获优秀奖和鼓励奖、中心获北京市优秀传播机构奖。在北京行政区域内172路广播讯号、1143路电视讯号安全考评中,成为4家全年播出无事故单位之一。全年累计播发《石景山新闻》2000余条,在市以上媒体播发296条;全年共制作播发《记者视线》《百姓剧场》《百姓诵读》《生活与信息》等13档电视栏目478期;制作完成《坚持党建统领 建设两大生态》《疏解治乱建高端工作纪实》《西山八大处》《爱心播撒京城》等35部专题片。

**地址:石景山区古城大街61号**
**电话:68849799**
**邮编:100043**

(白莫菊)

**【新闻宣传】** 年内,区广电中心围绕区域经济发展、城市建设、综合治理建高瑞、“两学一做”等先后开办《深化改革进行时》《走进重点工程》《科协在线》《健康身边行》《安全身边事》《展望“十三五”》《劳动模范集体》《两学一做》《先锋》《庆祝建党95周年》《走进便民工程》等18个新闻板块;《石景山新闻》共播发新闻2001条。新闻专题节目《记者视线》制作播出158期。在市级以上新闻媒体播发新闻296条,中央台播发11条,在《北京新闻》播发57条,较有影响的有《石景山区进一步疏解非首都功能》《石景山区深度转型,建设宜居新区》《推动经济转型产业升级 为全市经济增长作贡献》。

(白莫菊)

**【纪念建党95周年】** 年内,按照区委纪念活动总体安排,区广电中心主办《记住本来 开创未来》——石景山区纪念中国共产党成立95周年诗歌演唱会。活动回顾中国共产党95年光辉历程,讴歌共产党人理想信念、无畏精神、为民情怀,抒发60万石景山人追逐高端绿色梦想豪情壮志。区领导牛青山对主题活动给予高度评价,指出主题活动具有很高的思想性、艺术性和群众性。《石景山新闻》相继推出《庆祝建党95周年》《两学一做》《先锋》等系列报道。《百姓诵读》《走进演播室》等栏目制作播出纪念建党95周年专题节目。播出纪念建党95周年主题标语口号、公益广告和电视剧。

(白莫菊)

**【“高端绿色发展”系列报道】** 年内,《石景山新闻》先后推出“治乱疏解建高端”“疏解整治促提升”“深化改革进行时”“走进重点工程”“走进便民工程”等系列主题报道和相关主题《记者视线》节目。在北京电视台播报“石景山首推合并执法为治理大城市病找到新出口”“石景山区进一步疏解非首都功能”“石景山深度转型建设宜居宜业新区”“石景山开办社区养老服务站”等主题新闻。拍摄制作《治乱疏解建高端纪实片》,先后两次得到区主要领导肯定。策划组织《致敬城市建设者》——石景山区城市建设主题日大型主题活动,主题活动围绕“树立五个典范标准、打造城市精品力作”主题,反映全区高端绿色发展中城市建设所取得的显著成就,讴歌各行各业城市建设者,记载百姓乡思与乡愁。

(白莫菊)

**【核心价值观宣传教育】** 年内,区广电中心参加国家广电总局和全国老龄委组织的敬老爱老公益广告征集评选活动,《孝道》《社区养老——身边都是老街坊》获优秀奖,《倾听也是孝》获鼓励奖。《自己的书包自己背》在市广电局评比中获二等奖。开办公益广告之窗,被市广电局评为公益广告优秀播出机构。参与承办《燃情记忆 诗意北京》——第九届北京清明诗会,传承中华民族优秀传统文化,推进石景山区群众性诗歌朗诵活动。制作完成《我要去支教》《做负责任的企业家——刘刚》《社区党委书记王学秀的一天》等先进人物专题片,《共产党员》《学雷锋》系列等公益宣传片,营造见贤思齐的社会氛围。历时一年,拍摄制作大型文化纪录片《西山八大处》,展现西山八大处所蕴含的深厚文化。制作《百姓诵读》《百姓剧场》等栏目,传播中华民族优秀传统文化。

(白莫菊)

**【制播高清化建设】** 年内,区广电中心按照“科学规划、精心组织、依法依规、确保质量”的原则,平稳推进制播高清化建设。项目自上年11月6日启动招标程序,12月3日开始施工建设。经过一年时间的施工改造、系统集成和测试验收,建设工程基本完成。各项指标参数均符合招标文件技术要求。设备系统实现升级换代,安全技术手段更加完备,电视节目实现高清播出,画面音效品质大幅提升,制作播出功能实现拓展。高清化建设还体现出建设周期短、性价比较高、集约程度高三个特点。朝阳、海淀、门头沟、房山、顺义等区广电中心,承德、张家口、十堰、扬州、庆阳等外省市电视台前来参观交流。

(白莫菊)

# 医疗卫生与计划生育

截至年底，石景山区共有卫生计生机构225家，其中医疗机构219家(一级以上医院28家，社区卫生服务机构56家，其它医疗机构135家)，其他卫生机构5家，计生机构1家；每千常住人口病床数为8.01张，同比增加0.54张；每千常住人口执业医师数5.21人，同比增加0.53人；每千常住人口注册护士数6.00人，同比增加0.31人。

全区社区卫生服务机构总诊疗1999250人次，同比减少0.71%；医疗收入747876493.78元，同比增加9.65%；药品收入660790857.99元，同比增加12.30%，药占比87.79%，同比降低1.45%。计划生育服务20266人次，同比增长22.34%；精神病人免费投药5463人次，同比增长81.43%；孕产妇保健30452人次，同比增长58.11%；免疫接种151936人次，同比下降15.96%；儿童保健49026人次，同比下降11.25%；发放健康处方100947份，对居民开展社区健康教育讲座590次，参加社区健康教育讲座20616人次。高血压患者管理52640人，高血压规范管理39829人，高血压规范管理率75.7%；糖尿病患者管理19022人，糖尿病规范管理14824人，糖尿病规范管理率77.9%。累计建立居民个人健康档案537474份，电子化健康档案504338份，电子健康档案建档率77.4%。健康小屋共完成监测总计39405人次。

全区户籍人口出生3465人，计划生育政策符合率99.86%；人均期望寿命82.18岁；孕产妇死亡率26.78/10万；婴儿死亡率1.87‰；5岁以下儿童死亡率1.87‰；甲、乙类传染病报告发病率125.92/10万；国家免疫规划疫苗接种率保持在99%以上；严重精神障碍患者在册规范管理率达94.23%。全区户籍人口计划生育率政策符合率99.86%，免费孕前优生健康检查项目目标人群覆盖率和计划生育家庭奖励费、特别扶助金全部发放到位率均达到100%，获得“全国计划生育优质服务先进单位”称号。开展两孩以内生育服务登记和再生育行政确认，两孩以内生育登记率100%。

(王　磊　乔伯文)

# 卫生改革与管理

## 概　　述

北京市石景山区卫生和计划生育委员会(简称区卫生计生委)是负责本区卫生和计划生育工作的区政府组成部门。设14个内设机构：党委办公室、行政办公室(医改办)、人事科、财务审计科、医政科(科教科、中医科)、疾病预防控制科(健康促进办公室)、计划生育基层指导科(流动人口计划生育服务管理科)、计划生育家庭发展科(妇幼卫生科)、社区卫生科、卫生应急办公室、献血办公室、卫生监督科、法制科、安全保卫科。区卫生计生委机关行政编制46名。年内，制定《石景山区“十三五”时期卫生计生事业发展规划》，并形成医疗卫生服务体系规划、中医药发展规划两个子规划。根据市卫生计生委和市编委会要求，完成妇幼与计划生育机构、职责的调整，撤销“石景山区计划生育技术服务站”“石景山区计划生育药具站”，“石景山区妇幼保健院”加挂“石景山区妇幼保健计划生育服务中心”牌子，“石景山区计划生育宣传站”更名为“石景山区卫生计生宣传中心”。推进改善医疗服务行动，举办“服务百姓健康行动”大型义诊周活动，开展集中整治“号贩子”和“网络医托”专项行动，优化服务流程，维护就医秩序。区社区卫生服务信息系统针对药品供给方式改革试点项目改造和新公卫模块系统升级工作基本完成。推进三个区域医联体建设，其中北京大学首钢医院医联体被列入市级医联体试点，开展预约诊疗、双向转诊、技术帮扶、人才培养等工作。2016年医联体上转15546人次，下转9846人次。区医学重点学科(专科)建设完成总结评估，唇腭裂整形外科、肝胆外科、心血管内科等9个学科(专科)被确定为区医学重点学科(专科)，辖区整体医疗卫生服务能力明显提高。区医学重点扶持专科建设正式启动，重点扶持儿科、妇产科、肿瘤科等7个专科15个项目，促进全区医学专科协调发展。举办第三届石景山区护理专业论坛、京西口腔学术年会等专业研讨和学术交流活动。开展口腔机构、护理服务、院感管理和麻精药品管理等专项检查21次，持续改进医疗质量，全面保障医疗安全。石景山区通过全国健康促进区试点工作市级终期评估验收、国家卫生区复审市级明查工作和终期验收评估，获“国家健康促进试点区”称号。

**地址：石景山区体育场南路6号院**
**电话：88605025　88605017**
**邮编：100043**

(乔彦云　王　磊)

**【公立医院目标管理】**　1月，区医院管理委员组织北京市专家对石景山医院、区中医医院、区妇幼保健院及五里坨医院2015年度目标管理工作进行检查。检查从社会责任、质量安全、工作效率、医疗服务、建设发展和资产运营六方面进行。专家组现场听取四家医院2015年度工作开展情况的汇报，查阅相关资料，深入科室进行现场询问和实地查看。四家医院按照年度目标管理要求有序开展各项工作，承担公共卫生服务项目及对口支援任务，完成多项重大活动保障，重视医疗质量和医疗安全，严格落实医疗核心制度，推进DRG管理，开展优质护理服务及处方点评工作，优化医疗服务流程，推进医联体建设，预约就诊率及双向转诊率初见成效。重视安全生产，全年无重大医疗责任事故。财务管理规范，资产运营实现保值增值，完成年度目标管理工作。3月，根据国家卫生计生委《关于加强公立医疗卫生机构绩效评价的指导意见》精神，以及四家公立医院近三年工作开展情况，制定2016年目标管理指标。8月，根据年度工作中存在的问题进行中期督导。

(包曹歆　周　莹)

**【中医健康社区试点建设】**　1月，区卫生计生委组织召开中医健康社区试点建设工作总结会，对2015年度各相关单位的工作情况、“五个一工程”的落实情况进行总结。年内，新增22个试点社区，试点社区达到31个。3月，组织各街道办事处(鲁谷社区)及试点社区居委会召开中医健康社区试点建设工作推进会，印发《2016年石景山区中医健康社区试点建设工作要点》《2016年石景山区中医健康社区试点建设工作计划》。4月，组织召开石景山区中医健康社区试点建设工作座谈会，同市级领军人才团队专家展开探讨。6月22日，全国基层中医药工作先进单位国家复审组对石景山区“全国基层中医药工作先进单位”进行检查复审。检查组对基层中医药工作给予充分肯定，同时指出具体不足，并提出切实可行的建议。区卫生计生委为社区卫生服务机构配置自动体质辨识设备50台(套)；编印《中医适宜技术——拔罐与艾灸》《老年人中医养生一日指引》《冬季流行性感冒中医药防治方案》各10000册，免费向社区居民发放，为居民防病、保健提供专业指导；全年共开展65岁及以上老年人体质辨识28781人，管理率42.28%，0～36个月儿童中医健康管理8061人，管理率56%；开展2016年石景山区中医健康社区试点建设中医养生功法队伍特色功法展示活动；与区体育局联合举办石景山区第三十一届阳春社区体育节暨中医养生功法社区展演；培训健身气功社会体育指导员40人；健身气功五套新功法缩短版培训150人；培养中医家庭保健员128名，组织中医家保员比赛。

(王艳红　边凌云)

【落实寨卡病毒病防控措施】　2月9日，国家卫生计生委通报，确诊一例输入性寨卡病毒感染病例。区卫生计生委全面落实各项有效的防控措施。组织召开相关单位及科室负责人参加的寨卡病毒病防控工作会议，部署重点防控工作，制订《石景山区寨卡病毒病防控方案》，成立防控领导小组及区级医疗救治专家组。要求各医疗卫生机构做好院内全员培训，提高辖区医务人员对寨卡病毒病的认知程度，明确监测、诊疗及院感防护要求。同时组织辖区医疗卫生机构感染、医务等重点科室骨干人员参加国家卫生计生委召开的寨卡病毒病诊疗视频会议。密切追踪寨卡病毒病疫情进展信息，开展疫情分析研判，强化实验室生物安全管理。加强预检分诊监测排查，要求各级各类医疗卫生机构严格规范发热门诊、传染病预检分诊管理，认真开展寨卡病毒病监测工作，发现病例后及时报送信息。坚持24小时值班制度，保持通讯联络畅通，各应急处置队伍充分做好应对寨卡病毒病突发疫情的应急处置准备；并储备防控工作必需的应急药品、器材；落实病例隔离救治、医院感染控制、消毒等各项措施，做到及时妥善应对。要求各医疗卫生机构针对传染病防控工作开展自查，在各单位自查的基础上，对石景山医院、首钢医院等8家医院的发热门诊、预检分诊及常年开诊的首钢医院肠道门诊工作开展专项督导检查，检查发现各医院均高度重视寨卡病毒病防控工作。在区有线电视台、《石景山报》《石景山卫生信息网》等媒体及微信、微博等新媒体上，为公众普及寨卡病毒病防控知识。

(乔彦云　王　磊)

【春节期间医疗卫生保障】　春节期间，全区卫计系统干部职工坚守岗位，完成卫生应急、医疗保障和安全稳定等各项工作任务。全区无重大传染病疫情和聚集性病例发生，无饮水污染事故，医疗救治工作开展有序，全区卫生计生系统安全稳定。节日期间，卫生计生委委属单位及辖区二级及以上医院均有相关领导在岗带班值守。卫生计生委机关、疾控中心、卫生监督所、动物监督所一线值守人员共计40人次，备勤85人次；出动卫生监督员10人次，车辆5台次，监督检查26户次，对重点地区饮用水、公共场所及医疗机构开展监督检查；辖区内相关医疗机构感染性疾病科24小时应诊，并坚持做好传染病疫情监测工作。疾病预防控制中心做好接诊犬咬伤患者伤口处理及接种狂犬病疫苗工作。综合医院门诊、急诊全部开放，满足患者医疗服务需求。节日期间全区二级及以上医疗机构门、急诊接诊10243人次。其中门诊7565人次、急诊2678人次；急诊抢救66人次、急诊手术54人次。正月初一派出救护车在八大处公园进行医疗卫生应急保障，救助致伤游客2人。

(乔彦云　王　磊)

【迎接国家卫生区复审】　3—8月，全区各单位行动起来，做好迎接国家卫生区复审的各项工作。成立以区委书记、区长为组长，主管爱国卫生工作的副区长担任常务副组长，主管城市综合管理工作和主管商务委、旅游委的副区长以及首钢总公司一位副总经理担任副组长，区委组织部等53个部门和单位的相关领导为成员。召开领导小组成员会议，研究部署解决国家卫生区复审工作存在问题，领导小组下设9个工作组，具体推进复审专项工作。制定《石景山区2016年国家卫生区复审工作方案》，内容包括11个方面71项工作任务。同时，对国家卫生区复审检查内容和标准进行专题培训。各街道办事处(鲁谷社区)对辖区复审工作负总责，协调解决本地区复审工作的突出问题，形成“主要领导亲自抓，分管领导具体抓，政府各部门齐抓共管”的工作局面。针对环境卫生、环境秩序、“五小”行业等问题，开展全区性专项整治行动。利用新闻媒体开辟专栏报道关于巩固国家卫生区成果工作动态，并结合卫生防病知识大力宣传群众关心的热点和难点问题。3月，完成市爱卫会专家组的暗访检查，4月完成市级专家组的综合验收，8月完成国家级暗访专家组的复审检查。

(李　静　李　培)

【市卫生计生委到区调研】　5月6日，市卫生计生委党委书记、主任方来英率队对石景山区深化医药卫生体制改革工作，对全市范围内率先开展的“社区卫生药品供给方式改革”情况进行现场调研。调研组一行首先到试点机构五里坨社区卫生服务中心，实地调研改革进展情况和实施效果、药品供给改革信息系统的应用与机构现有信息化系统对接情况；到北京嘉事京西药品配送中心，现场了解药品出入库及物流配送流程。在听取石景山区相关工作汇报后，方来英强调：推进药事管理改革，需要加强沟通，多部门密切配合，确保改革高效顺畅；建议建立药品配送企业竞争淘汰机制，以获得优质服务；考虑为特殊人群减免药品配送费用或者提供定期上门配送服务；

开展社区药品应用相关研究，为进一步推进改革提供理论支持。

（乔彦云　王　磊）

【医联体建设】　年内，北京大学首钢医院医联体被确定为市级医联体工作试点单位。区卫生计生委组织医联体工作信息和数据的收集、汇总、分析，开展医联体工作调查。5月6日召开2016年石景山区医政科教工作会议，部署高血压、糖尿病分级诊疗工作，下发《石景山区高血压、糖尿病分级诊疗试点工作方案》。按照《北京市分级诊疗制度建设2016—2017年度的重点任务》要求，进行任务分解。8月25日，召开医联体双向转诊信息系统项目启动会，启动信息系统建设。开展《完善医联体联动模式，建立规范化分级诊疗体系的研究》。10月27日，市卫生计生委副主任毛羽带领由市卫生计生委、发改委、人社局组成的督导组，到石景山区就分级诊疗制度建设情况进行督导检查。督导组先后到广宁、金顶街、鲁谷社区卫生服务中心实地检查并听取工作汇报。分析石景山医院、朝阳医院西院、北京大学首钢医院3个核心医院与社区卫生服务机构关于高血压、糖尿病、冠心病、脑血管病4类慢病药品对接情况。三个医联体主要开展以下工作：医联体内预约诊疗、双向转诊；核心医院技术骨干到社区卫生服务机构兼任学科带头人；上级医院派出人员到下级医疗机构出门诊、查房、会诊、开展技术指导和培训；组织基层医务人员到核心医院进修。

（乔彦云　孙　霄）

【“控烟条例”主题宣传活动】　5月27日，区卫生计生委在八角街道文化广场组织开展第29个“世界无烟日”暨北京市“控烟条例”实施一周年主题宣传活动。活动现场向沿街商户和居民发放控烟宣传折页，宣传北京市控烟条例，倡导健康生活方式。朝阳医院京西院区和首钢医院戒烟门诊大夫为社区居民进行义诊，并对居民提供戒烟服务。《北京市控制吸烟条例》自2015年6月1日正式施行以来，区爱卫会、区卫生计生委严格落实《条例》有关规定，开展控烟宣传活动，实现《条例》宣传教育到位，监督执法履职到位，部门协调机制运行到位，禁止吸烟场所控烟效果基本到位。一年来，开展控烟专项培训12场次，培训控烟责任单位负责人3000余人次。出动卫生监督员14590人次，执法车7295辆次，开展控烟监督检查7916户次，合格7734户次，责令改正66户次，行政处罚116户次，合格率97%。重点对9个行业开展控烟监督检查，对控烟责任单位制度建设、控烟标识、控烟巡查及相关记录等情况进行重点检查。接到群众控烟投诉446起，投诉来源均为12320电话投诉，办结率达到100%，回复满意率达到100%。

（乔彦云　王　磊）

【人感染H7N9禽流感疫情防控】　6月15日，区卫生计生委召开加强人感染H7N9禽流感疫情防控工作会议，通报北京市及天津市确诊病例疫情。北京市于5月26日和6月14日分别确诊1例现住北京及河北来京就诊的人感染H7N9禽流感病例；天津市于6月14日确诊2例人感染H7N9禽流感病例，流行病学调查显示2例病例无关联性，属散发个案病例。均正在医院接受隔离治疗。人感染H7N9禽流感为乙类传染病，目前H7N9禽流感病毒的病原学特征、传播途径和传播模式没有发生明显变化，但并不排除市民感染H7N9禽流感病毒的可能。会议对医疗救治、卫生防病、应急响应等提出具体工作要求，部署辖区防控H7N9禽流感的工作任务。区卫生计生委密切关注全国及周边地区禽流感人间及动物间疫情形势，多措并举、全面落实各项防控措施：启动联防联控工作机制，坚决取缔活禽市场。加强传染病监测和信息报告，开展疫情分析研判，强化实验室生物安全管理。强化医务人员诊治人感染H7N9禽流感的培训，提高专业技能及救治能力。加大监督执法力度，进一步规范医疗卫生机构发热门诊、预检分诊、消毒隔离等工作，对违法违规行为要依法严肃查处。加强应急值守，保证24小时信息畅通，落实物资储备工作，确保及时有效使用。广泛进行卫生知识宣教，提高居民防病意识。

（乔彦云　王　磊）

【健康中国行宣传周活动】　7月8日，区卫生计生委组织召开“石景山区2016年健康中国行主题宣传周活动启动会”。会议对健康中国行区级活动方案进行解读，就主题宣传活动的目的、主要内容、工作要求等进行逐一介绍；对7月11—17日主题宣传周期间的活动信息报送进行部署。区疾控中心讲解新版健康素养66条。会上下发区卫生计生委设计制作的《中国公民健康素养—基本知识与技能及释义66条》、健康素养66条海报、健康大百科全书。全区各级医疗卫生机构主管健康教育工作的领导及健康教育专干共计120人参加会议。

（乔彦云　王　磊）

【国家健康促进区评估验收】　9月14日，全国健康促进区试点工作项目专家组对石景山区的健康促进区试点工作进行终期评估验收，评估组由国家及北京市专家组成。田利跃代表区政府迎接评估组，区卫生计生委、教委、总工会、财政局等相关单位陪同迎检。会上，评估组听取石景山区开展全国健康促进区试点工作汇报。会后，评估组到部分社区、医院、学校、公共场所和机关企业进行实地考核。评估组对石景山区开展全国健康促进区试点工作给予肯定。通过市级终期评估验收。截至年底，全区累计创建94个健康社区、44个健康促进学校、87家健康示范单位、24个健康促进医院、200个健康家庭、100个幸福家庭、18个健康食堂、9个健康餐厅、3个健康主题公园、13条健康步道。区卫生计生委为全区657个机关企事业单位及行业重点单位配备健康促进宣传加油站和健康包。在区卫生计生委官网开辟“全国健康促进区工作”飘窗和专栏，持续报道健康促进区工作进展，同时将相关信息在健康教育官方微信和微博上刊登，每周完成1期全国健康促进区工作信息，投放在《石景山报》卫生计生专栏的“全国健康促进区”栏目，将《慢性病防控首钢模式宣传片》在石景山新闻网、北京石景山微信、今日头条网等网站进行展示宣传。

（班玉贞）

【基层岗位练兵和技能竞赛】 9月21—23日，区卫生计生委选派5名选手参加北京市基层卫生岗位练兵和技能竞赛。在“城市全科医疗组”“社区护理组”“社区团体组”比赛中全部进入决赛，最终经过激烈角逐，来自八角社区卫生服务中心全科医生诺敏获得“城市全科医疗组”二等奖，同时获得“2016年北京市基层卫生技术标兵”称号、五里坨社区卫生服务中心社区团队获得“社区团体组”二等奖、八角社区卫生服务中心社区护士宋学凤获得“社区护理组”三等奖。此外，石景山区还荣获本次岗位练兵和技能竞赛优秀组织奖。区卫生计生委、总工会、团区委、社管中心共同组织全区社区卫生服务机构开展为期三个月的全员岗位练兵和技能竞赛活动，参与活动的机构达到100%，通过机构内培训、竞赛、区级培训、理论考试、技能实操、知识竞答等一系列活动，最终选派全科医生、社区护士各1名、社区团队1支参加北京市基层卫生岗位练兵和技能竞赛。

（乔彦云　王　磊）

【市分级诊疗建设督导检查】 10月27日，市卫生计生委副主任毛羽带领由市卫生计生委、发改委、人社局组成的督导组，到区就分级诊疗制度建设情况进行督导检查，区卫生计生委、发改委、人社局、财政局、3个医联体核心医院等相关单位领导陪同检查。督导组先后到广宁、金顶街、鲁谷社区卫生服务中心实地检查并听取工作汇报。区卫生计生委对分级诊疗制度建设落实情况进行汇报，重点对组建医联体、促进优质医疗资源下沉、组织重点学科和重点扶持学科建设、完善卫生信息化建设以及今后分级诊疗工作思路作了介绍。督导组对石景山区结合区情因地制宜组建医联体组织、开展药品供给方式改革试点等工作给予肯定，并对今后继续以慢病管理为突破口，加强基层医疗机构服务能力，做好大医院和社区卫生服务机构服务模式调整等工作提出要求。

（乔彦云　王　磊）

【卫计委宣传中心成立】 12月16日，区编办对区卫生计生委原计划生育事业单位进行调整，下发《关于调整卫生计生委所属事业单位机构的批复》。撤销“石景山区计划指标服务站”和“石景山区药具站”，将其承担的现职职责整合到区妇幼保健院，并将区妇幼保健更名为“石景山区妇幼保健计划生育服务中心”，加挂“石景山区妇幼保健院”牌子，为区卫生计生委所属相当副处级公益二类事业单位，核定财政补助事业编制59名，其中，主任、院长1名（副处级），书记1名（副处级，原妇幼保健院书记），副主任、副院长3名（正科级）。“石景山区计划生育宣传站”更名为“石景山区卫生计生宣传中心”，为区卫生计生委所属相当于科级公益一类事业单位，核定财政补助事业单位9名，领导职数为1正1副。

（乔彦云　王　磊）

【卫生计生事业发展规划】 年内，区卫生计生委完成《石景山区“十三五”时期卫生计生事业发展规划》编制。规划共分4章：发展形势、发展战略、主要任务和保障措施。发展形势中包括“十二五”时期卫生计生事业发展取得的主要成就、目前卫生计生工作存在的主要问题、“十三五”时期卫生计生发展面临的新形势；在发展战略中，确定指导思想、基本原则、发展目标与主要指标；在主要任务中，提出构建功能完善、反应灵敏、高效运转、公平可及的公共卫生服务体系，构建层次分明、功能互补、布局合理、规模适当的分级医疗服务体系，构建立足基层、内涵丰富、方便快捷、优质高效的社区卫生服务体系，构建传承创新、体系完善、特色鲜明、氛围浓厚的中医药服务体系，构建特色突出、运转科学、覆盖广泛、功能全面的计划生育服务体系等五大体系。

（乔彦云　王　磊）

【慢性非传染性疾病防控】 年内，区卫生计生委根据《石景山区创建国家慢性非传染性疾病综合防控示范区工作实施方案》相关要求，联合区教委、区财政局等14部门制定《石景山区落实癌症防治三年行动计划（2015—2017年）实施方案》，成立癌症防治工作领导小组。领导小组下设肿瘤防治办公室，办公室设在首钢医院，于12月21召开石景山区肿瘤防治办公室启动暨培训工作会，全面开展癌症防治工作的组织协调、技术指导、专业培训、健康教育、预防诊治、监测评估以及推广适宜技术，初步构建石景山区癌症防治网络。

（班玉贞　安欣华）

# 卫生应急

## 概　述

年内，区卫生计生委有效处置各类公共卫生事件17起，为金二小突发事件、模式口疑似饮用水污染事件等提供及时有效的卫生应急处置。突发公共卫生事件报告率、报告及时率、网络直报率、报告完整率、事件评估率均达到100%。圆满完成G20峰会、“舞动北京”群众广场舞蹈大赛等重要活动和节日的医疗卫生保障任务。加强院前急救规范化管理，开展急救演练、强化专业培训。全年开展应急演练9次。完成全区各类重大事件、重要活动和节日的医疗卫生保障任务63次，出动救护车91车次，医务人员273人次。

（高　晖　季江南）

【卫生应急专题培训】 4月，区卫生计生委组织14家二、三级医院及院前急救机构的应急管理人员开展《全国医疗机构卫生应急工作规范（试行）》专题培训。5月，组织开展两场卫生应急反恐专题培训会议，邀请军事医学科学院研究员王景林和北京市疾病预防控制中心主任邓小虹，分别讲解《生物突发事件的识别与应急救援》和《突发事件中消毒隔离的原则与实施》。本次培训主要针对辖区各级医疗卫生机构专业人员接触普遍较少的生物恐怖事件及在突发事件卫生应急处置中处于关键环节的消毒隔离工作，就生物突发事件的基本知识、生物战、生物恐怖袭击、突发公共卫生事件医学（应急）救援的实例分析与启示、突发事件应急处置中消毒隔离及个人防护的原则及实施方法等进行讲解。辖区50

余家医疗卫生机构专业人员、各单位应急小分队成员500余人次参加培训。此外,区卫生监督所还开展突发生活饮用水事件应急培训;区中医院进行灾害医疗救援知识讲座等。

(高　晖　季江南)

【防灾减灾系列活动】　在5月9—15日防灾减灾宣传周期间,区卫生计生委围绕"减少灾害风险 建设安全城市"活动主题,组织辖区36家医疗卫生机构扎实开展形式多样的防灾减灾与卫生应急管理系列活动。区卫生监督所在鲁谷半月园社区等公共场所开展以"生活饮用水卫生安全"为主题的宣传活动;区动物监督所深入八角街道向居民发放《市民养犬防疫知识手册》《人畜共患传染病风险防范》等宣传材料;区疾控中心和区中医院在八角文化广场向社区群众义务讲解防灾减灾常识,开展咨询义诊活动等。北京康复医院组织以发生地震为情景的应急演练,分别演练应急响应,展示车载装备、人员装备、搭建救援营地,医疗救治转运等过程。石景山医院组织以突发爆炸事故为情景的紧急医疗救援应急演练活动等。活动周期间,各医疗卫生机构还组织开展灾害风险评估隐患排查治理工作,以实现关口前移、主动防范。

(高　晖　季江南)

【突发事件处置】　年内,辖区全年发生突发公共卫生事件17起(均为未分级)。发生传染病暴发疫情3起,其中流感2起、手足口病1起。区卫生计生委处置犬咬伤多人事件1起(致伤人数14人)。突发、暴发疫情及时报告率和规范处置率均达到100%,全年现场处理集体单位首发病例、重点疾病、关联性事件、暴发、突发等各种事件130起,累计出动疫情处理人员354人次,车辆130车次,各项疫情均得到及时规范处置。全年共处置突发事件18起,其中群体性事件1起(金二小事件)、斗殴事件3起(伤者18人)、火灾事件1起(死亡1人,伤者1人),刀扎伤事件1起(死亡1人)、烧伤1起(伤者2人)、恶劣天气致伤2起(伤者2人)、电击伤1起(患者1人)、爆炸伤1起(伤者2)、交通事故3起(伤者16人)、工地坠楼1起(死亡1人)、工伤1起(伤者3人),跳楼1起(死亡1人)、新生儿死亡1起(死亡1人)。

(高　晖　季江南)

# 医疗服务管理

## 概　　述

年内,区卫生计生委制定《石景山区"十三五"时期卫生计生事业发展规划》,并形成医疗卫生服务体系规划、中医药发展规划两个子规划。举办"服务百姓健康行动"大型义诊周活动,开展集中整治"号贩子"和"网络医托"专项行动,优化服务流程,维护就医秩序。推进三个区域医联体建设,其中北京大学首钢医院医联体被列入市级医联体试点,开展预约诊疗、双向转诊、技术帮扶、人才培养等工作。2016年医联体上转15546人次,下转9846人次。区医学重点学科(专科)建设完成总结评估,唇腭裂整形外科、肝胆外科、心血管内科等9个学科(专科)被确定为区医学重点学科(专科),辖区整体医疗卫生服务能力明显提高。区医学重点扶持专科建设正式启动,重点扶持儿科、妇产科、肿瘤科等7个专科15个项目。举办第三届石景山区护理专业论坛、京西口腔学术年会等专业研讨和学术交流活动。开展口腔机构、护理服务、院感管理和麻精药品管理等专项检查21次,持续改进医疗质量。推动老年康复中心建设,开展《石景山区老年康复需求与康复服务能力调查研究》。开展对青海玉树、湖北竹山等地对口支援工作,完成藏区包虫病流行情况调查任务,与河北保定开展医疗服务、教学进修等合作,推进京津冀医疗卫生协同发展。

(乔彦云)

【优秀护士评选】　3月,区卫生计生委召开辖区护理工作会,部署百名优秀护士评选工作,征集微摄影、微电影、微演讲优秀作品。经各单位推荐,评审委员会审核、卫生计生委网站公示,评选出百名优秀护士。共征集微摄影、微电影、微演讲作品73件,经区广电局评审,评出优秀作品13件。5月10日,区卫生计生委委托区医学会举办"2016年石景山区纪念国际护士节暨优秀护士表彰大会"。大会对上年护理工作进行总结,并提出当年工作要点,对百名优秀护理工作者、微作品的获奖单位及个人颁发荣誉证书。第42届"南丁格尔奖"南丁格尔奖章获得者、原安贞医院重症监护室护士长刘淑媛向新入职护士进行授帽,2名优秀护理工作者作事迹宣讲,获奖的微摄影作品在大会上进行展示,区领导刘

5月10日,石景山区举办纪念"5·12"国际护士节活动　(区卫计委供稿)

亚泉、司马红、司尚国,政风行风监督员、辖区医疗机构护理人员200余人参加大会。

(包曹歆　周　莹)

【医疗质量管理】　年内,全区21个医疗质量控制和改进办公室分别开展麻精药品安全管理、实验室管理、口腔诊疗工作、输血安全、环境清洁等专项检查活动。4月9—10日区口腔质控办举办京西口腔学术年会暨石景山区口腔医疗质量管理培训班;4月13日,区急诊质控办组织急救技能培训;4月13日区检验质控办举办第七届京西地区医学检验质量管理班;5月25日,石景山区医疗器械质控办召开医疗器械管理培训会议;9月29日区影像质控办组织第五届北京西部医学影像论坛;10月14—15日举办中西医结合变态反应学会高峰论坛;11月21—25日组织专家及相关部门对8家社会资本举办医院依法执业、医疗管理、院感管理、合理用药等进行检查;11月28—30日区康复质控办对全区设置康复科的医疗机构进行督导。12月,组织质控项目答辩评审,经专家评审、网上公示,《石景山区医疗机构病案质量控制现状调查及病案质量控制体系建立方法和病案质量控制管理微信公众号研究》《构建医院-社区一体化延续护理模式研究》《三级诊疗影像共享在DR摄影的标准化操作中的应用》《石景山区脑卒中不同级别医疗机构质量控制现状及改进措施的调查研究》《基于区域网络系统,加强结肠镜检查质量控制管理》项目立项。

(乔彦云　李小方)

【医院感染管理】　4月,区卫生计生委制定基层机构院感督导方案,开展基层院感督导工作;组织二三级医院参加"寨卡病毒病和黄热病视频会议",转发《寨卡病毒病和黄热病诊疗方案》。8月8日、15日组织石景山区院感质控办专家、卫生监督员组成检查组,对专科医院进行检查和指导。8月13—15日对15家医院进行医疗废物管理督导;8月23日至9月7日,对26家医疗机构进行环境清洁专项检查。8月,组织二级及以上综合医院感染性疾病科参加医疗质量数据上报培训班,并上报数据。

(乔彦云　李小方)

【对口支援】　年内,区卫生计生委开展对新疆和田、青海玉树、湖北竹山、北京房山区等地对口支援工作。其中,选派石景山医院3名医生到新疆和田支援1年。4月28日至30日召开青海省城乡医院对口支援工作表彰会,石景山医院被评为青海省城乡对口支援工作先进集体。5月份接收2016年青海玉树、湖北竹山医疗骨干6名来京培训,4名青海玉树进修医师在朝阳医院西区进修15天,2名湖北竹山进修医师在石景山医院进修45天。8月,选派石景山医院B超室李彦娟副主任医师参加为期30天北京市对口援助西藏开展包虫病流行情况调查。8月19日,区卫生计生委主任葛强陪同区领导前往河北保定考察交流工作,与河北省保定市及定兴县正式签署战略合作框架协议,卫生合作相关协议一并签署。10月,石景山医院迎接新疆和田地区墨玉县人民医院迪力夏提副院长一行13人参观学习。10月,湖北省竹山县1名疾控中心人员到石景山区参加为期45天培训。11月,玉树州医护骨干8名藏族学员到石景山医院参加为期两周培训。

(李　卓)

【纠纷处理与事故鉴定】　6月,区卫生计生委对辖区各级医院开展2016年第二次社会矛盾纠纷排查调处工作,期间未发生重大医疗纠纷事件。9月,与区法院联合召开医疗纠纷民事调解工作座谈会,市医疗纠纷人民调解委员会专家和辖区二、三级医院医患处主任参加。10月,组织开展医责险工作推进会议,二、三级医院主管院长和医患沟通办主任,一级医院院长、医务科长及社区中心主任参加,介绍《关于进一步推进医疗责任保险工作的通知》(京卫医〔2016〕162号)文件具体要求,对医责险相关工作进行讨论。10月,对辖区各级医院集中开展十八届六中全会期间医疗纠纷动态排查工作。10月21日,接到清华大学玉泉医院关于家属拒绝将住院患者许某尸体移入太平间的报告,组织医院配合公安部门展开劝阻制止工作,医患双方之后经市医调委调解解决纠纷。11月,组织辖区23家医院各级医院及时投保医责险。受理并移交区医学会3起患方提出医疗事故技术鉴定申请,并定期上报"平安医院"创建工作数据。全年接待医疗纠纷来信、来访、来电208人次。

(李　卓)

【服务百姓大型义诊周】　9月3—10日,区卫生计生委启动"服务百姓健康行动"大型义诊周活动。3日当天,区卫生计生委在古城公园举办大型义诊活动,来自北京朝阳医院西院、北京大学首钢医院、石景山医院等14家二、三级医院及部分一级医院重点派出群众需求较大的专科专家为居民提供义诊服务。活动现场,各医院针对内科、外科、妇产科、儿科、中医科、眼科、康复科等常见病开展义诊,免费为居民测血压、血糖,指导居民学习心肺复苏操作,设立咨询台,对群众提出的一些常见病、慢性病进行咨询解答。古城公园义诊活动共出动工作人员208人;接待咨询1719人、健康知识宣讲520人、现场健康服务2097人(包括测血压1354人、测血糖685人、针灸治疗58人)。期间,卫生计生委组织全区医院、社区卫生服务机构,分批次到基层和房山区开展公共场所义诊、院内义诊、医联体内义诊、城乡医院对口支援义诊、对抗战老战士义诊、养老机构内义诊及举办健康大讲堂等多种形式的活动。当年是自2013年起第四个"服务百姓健康行动"大型义诊周。

(乔彦云　李小方)

【继续医学教育管理】　年内,区卫生计生委举办国家级继续医学教育项目51个,市级项目53个,区级项目376项,学科覆盖率100%,项目总体执行率99.52%,培训97440人次,全区继续医学教育单位覆盖率100%,学分达标率99.91%。3月,联合区继续医学教育质控办开展继续医学教育督导检查工作,督导组对各医疗机构进行实地督导,督导内容包括:管理队伍、师资队伍、教学设施、教学管理档案等。举办"继续医学教育管理干部培训班",就继续医学教育相关政策规定、授分标准、学分审验常见问题进行交流和沟通。采用网络在线学习方式开展寨卡病毒病防治知识全员培训和医院感染预防与控制知识全员培训,开展狂犬病防治知识培训、人感染H7N9禽流感防控培训。

(包曹歆　武凤娇)

【重点学科建设】　年内,区卫生计生委组织专家对11个区医学重点学科(专科)建设项目进行终期评审,经专家评审、领导小组审定、网上公示,确定9个区医学重点学科(专科),制定《石景山区医学重点学科(专科)管理办法》。下发《石景山区重点扶持专科建设工作方案》,经单位申报、专家评审、领导小组审定、网上公示,确定儿科、妇产科、肿瘤科等7类15项区医学重点扶持专科。

(乔彦云　孙　霄)

【改善医疗服务行动计划】　年内,区卫生计生委开展改善医疗服务行动宣传,每月定期向市卫生计生委上报《进一步改善医疗服务新闻线索表》。石景山医院开展夏季错峰挂号和错峰就诊服务,并制定《关于加强急诊收治病人的相关规定》,规范急诊收治病人的管理。区妇幼保健院扩建口腔门诊,单独设置儿童口腔新诊区,并逐步开展儿科及口腔科网上预约挂号服务。清华大学玉泉医院自3月起,泌尿科开展夜间碎石。6月、12月,组织各一二级医院及社区卫生服务中心分别进行进一步改善医疗服务行动计划半年、全年工作自查和总结。12月,组织全区医疗机构参加国家卫生计生委组织的2016年度"改善医疗服务亮点推荐及展示活动"。

(乔彦云　李小方)

【卫生人才培养】　年内,区卫生计生委组织辖区一、二级医疗机构,社区卫生服务机构开展住院医师规范化培训工作,共计28人报名参加培训。开展区县级学科骨干培养,精神科医师、儿科医师转岗培训等各项培训20项。组织医师参加中法急救中心组织的"2016急诊高级模拟培训班"和"北京协和急诊国际高峰论坛",共计19人参加。

(包曹歆　李　晶)

【科研管理】　年内,区卫生计生委组织辖区内一、二、三级医疗机构,区疾控中心,监督所、社区卫生服务机构开展区科学技术奖申报工作。辖区内医疗卫生机构申报科研项目82项,其中国家科技项目11项、地方科技项目20项、其他科技项目51项,获得科学技术奖项5项。在中国科技论文统计源期刊和中国科技核心期刊发表论文350篇,被SCI收录论文127篇。出版专著24本,授权专利10项,在各级学术团体任职84人。

(包曹歆　李　晶)

【准入管理】　年内,区卫生计生委完成对6家医疗机构的设置审批(包括1家口腔门诊部、1家口腔诊所、4家中医诊所);11家医疗机构的执业注册登记(包括1家儿童医院、4家普通诊所、1家口腔门诊部、1家医疗美容诊所、2家卫生室、1家医学检验所、1家社区卫生服务站);63家医疗家机构66个具体事项的变更;2家医疗机构办理注销手续;完成医疗机构医疗广告初审16件。办理执业医师首次注册53人次、变更注册479人次。办理护士延续注册184人次、变更注册452人次。6月份召开辖区医师电子化注册工作动员暨培训会议,启动全区医师电子化注册工作。辖区医疗机构178家参加培训,医师电子化注册工作已开展,截至2016年年底已有1642名在石景山区卫生计生委登记注册的医师进行电子化注册。

(李　卓)

【药械管理】　年内,区卫生计生委完成新办麻卡1家,麻卡具体事项变更4项次;组织麻精药品专项检查2次,制定专项检查工作方案,联合公安分局、食药分局对13家医疗机构麻精药品使用管理情况进行现场督导检查;完成对2家机构申请配置大型医用设备的初审工作。

(高　晖　季江南)

【血液管理】　区卫生计生系统全年组织献血完成24665.2单位,其中团体无偿献血完成2381.1单位,街头献血完成22284.1单位,其中八大处公园街头献血点完成21473.6单位,万达广场街头献血点完成810.5单位。无偿献血比去年同期增加11.17%。辖区医疗用血单位共7个,全年医疗用血10888单位,血浆911200ml,血小板1375单位,全年血液供需达到平衡。

(曹　晖)

# 计划生育服务

## 概　　述

年末,全区常住人口63.4万人,其中户籍人口38.7万人。全区流动人口数190000人,全区户籍育龄妇女76714人、流动育龄妇女60590人,其中户籍已婚育龄妇女52833人、流动已婚育龄妇女41955人。计划生育政策符合率99.86%,户籍出生人口性别比为109.69。全年受理两孩以内生育登记3306例,再生育行政确认57例,流动人口两孩以内生育登记2240例。全年为832对待孕夫妇提供免费孕前优生健康检查服务。

(田孟云)

【落实全面两孩政策】　1月1日,新修订的《人口与计划生育法》正式实施。区卫生计生委通过制定实施方案、完善办事程序、加大宣传培训、强化基层服务等多种举措,做好全面两孩政策解读、工作衔接和优质服务。组织全区计生专干召开落实全面两孩政策工作部署会、业务培训会,并根据新修订的《人口与计划生育法》,就全面两孩政策的对象范围、办理程序等进行解读,指导街道和社区根据新的工作要求,做好一胎、二胎生育登记工作,严格按照登记后一孩三个工作日、二孩七个工作日发放《生育服务证》。3月24日,《北京市人口与计划生育条例》修正案出台,取消生育服务证管理制度,两孩以内由街、居生育登记,发放《北京市生育登记服务单》;再生育由街道审核,区卫生计生委行政确认,发放《北京市再生育确认服务单》。区卫生计生委开展《条例》宣传工作,分别在街道社区、区属机关事业单位和驻区企业开展政策解读培训，在石景山信息网和本委网站更新全面两孩政策和有关办事程序，印发政策解读宣传折页10万余份，举办宣传活动10余场，解答群众关注的热点问题。成立区级再生育确认工作领导小组，落实首接责任、限时结办、一站式服务和承诺制，严格按照规定时限发放生育服务单，两孩以内生育登记准确完整，再生育确认及时规范。全年户籍人口两孩以内生育登记3306例，再生育行政确认57例，流动人口两孩以内生育登记2240例，流动人口再生育登记13例。

（田孟云）

**【"新国优"创建评估验收】** 10月19日，由市卫生计生委副主任耿玉田带队的全国计划生育优质服务先进单位评估组对石景山区"新一轮全国计划生育优质服务先进单位"创建工作进行评估验收。田利跃代表区政府迎检，区卫生计生委、发改委、教委、财政局、妇幼保健院就相关工作进行汇报。评估组按照评估标准就党政领导、部门协作、宣传倡导、依法管理、生育服务、扶助保障、信息支撑和基层网络等八个方面的工作资料进行查阅，并对八角街道、八角南路社区、八角"心灵家园"、广宁社区服务站进行实地考核。评估组对石景山区开展计划生育优质服务工作给予肯定，通过验收。

（田孟云）

**【创建全国计生先进单位】** 年内，区卫生计生委按照市卫生计生委《关于印发"新一轮全国计划生育优质服务先进单位"创建实施方案的通知》（京卫指导〔2016〕10号）相关要求，成立以主管区长任组长的创建活动领导小组，对照市评估方案中的党政领导、部门协作、宣传倡导、依法管理、生育服务、扶助保障、信息支撑、基层网络等8项一级指标，对计划生育优质服务工作进行自查评估，以区政府名义向市卫生计生委提出创建申请，提交自评报告。10月13日，通过市级终期评估验收，成为北京市"新一轮全国计划生育优质服务先进单位"。12月29日，石景山区被国家卫生计生委命名为"2014—2016年全国计划生育优质服务先进单位"称号。

（田孟云）

**【基层基础工作】** 年内，区卫生计生委落实计划生育目标管理责任制，区、街、居层层签订计划生育目标管理责任书，户籍人口计划生育政策符合率、计划生育奖励扶助、计划生育技术服务、计生队伍建设保障四项指标均达到市目标要求。2016年是街道计生办更名、卫计职能整合的第一年，在制定街道计生办改革方案的基础上，多次与区编办协调，区编办以红头文件形式明确其职能定位，将街道计生办更名为"卫生计生办"，增加卫生和红十字会工作职责，保持原行政编制不变，增配1名专职卫生社工和1名专职红会社工，同时将社区计生专干更名为社区卫计专干。每月召开一次街道卫计办主任例会，通过集中组织、以会代训、知识竞赛等形式开展业务培训，先后组织全区性培训6次，专题培训15次，知识竞赛2次。加强基层软硬件设施建设，投资15万元为街道、社区统一配备专用打印机共169台，梳理规范大厅窗口计生办事目录和办事指南，统一街道大厅窗口办事程序。

（田孟云）

**【计划生育奖励扶助】** 年内，区卫生计生委按照"老人老办法，新人新办法"原则，为新进入的106人开立存折账户，完成1258张《北京市计划生育特殊困难家庭扶助卡》信息核对，并将扶助卡发放到居民手中。全年独生子女伤残扶助对象807人，死亡扶助对象451人，发放特别扶助款657.96万元，同比增长8.27%；发放各项奖励费、经济帮助款306万元，同比减少8.82%。

（田孟云）

**【免费避孕药具管理服务】** 年内，区卫生计生委为街道、社区居委会、社区计生（卫生）服务中心、服务站、社会单位、流动人口市场等场所配备145个药具自取架。安装98台第二代身份证免费避孕药具自助发放机，实现24小时提供自助式产品。全区共有195个免费避孕药具发放网点，全年发放安全套2020620只、宫内节育器1780套、壬苯醇醚膜3020张、壬苯醇醚凝胶2000只、壬苯醇醚栓4800盒、复方左炔诺孕酮片1020板、左炔诺孕酮炔雌醇片610板、醋酸甲地孕酮片480板。

（孙利军）

**【流动人口服务管理】** 年内，区卫生计生委开展节日期间流动人口关怀关爱活动，先后组织专场活动50余场次，提供咨询服务4600人次，走访慰问帮扶41家，发放折页及宣传品2万余份，发放避孕工具7000余盒。开展流动人口动态调查，组织四个街道的10个监测点，完成200户监测对象的入户调查及录入上报工作。利用全员流动人口信息平台，与户籍地定期交换流动人口信息，实现户籍地与居住地网格化协作，与山西省洪洞县签订流动人口双向管理协议书。举办流动人口健康大课堂，聘请宣武医院专家为180名流动人口讲授营养健康知识。为608名流动适龄妇女免费两癌筛查、220名流动育龄妇女免费健康体检、811名流动育龄妇女免费环情孕情检测，开辟流动人口免费获取避孕药具、免费获取健康知识绿色通道。为6个建站社区配置健身器材和书籍。以"关注流动人口健康 人人参与共享"为主题，开展"北京在行动"流动人口健康促进宣传周活动，通过举办一现场主题宣传活动、组织一次健康巡讲义诊、制作发放一份卫生计生服务指南、发放一个健康支持工具包、开展一次健康健身活动的"五个一"活动。组织流动人口健康促进示范企业、示范学校和示范家庭创建活动，对评选出的1个示范学校、2个示范企业和18户示范家庭予以表彰奖励。

（田孟云）

# 社区卫生服务

## 概　　述

年内，石景山区社区卫生服务管理中心（简称区社管中心）围绕市、区两级社区卫生服务工作方针，推进药品供给改革试点工作，发挥社区卫生服务功能。截至年底，正常运行10家社区卫生服务中心、41家社区卫生服务站，基本满足辖区居民出行15分钟可及社区卫生服务。对8家社区卫生服务中心的中医综合诊区、6家社区卫生服务站的中医诊室和4家未完成标准化建设改造的站点统一纳入区便民工程，投入资金2060万元。至此，当年运行的社区卫生服务机构(除苹果园社区卫生服务中心受交通枢纽改造影响外)全部完成标准化建设改造。

(田爱红　张佳蕊)

【社区卫生改革】　年内，区社管中心召开药品供给改革工作研讨会，成立药品配送中心，形成个性化的药品配送中心管理方案及监管补充协议。经过药库零库存、信息化改造，逐步过渡到药房交由企业经营管理，将五里坨、广宁社区卫生服务中心、八角社区卫生服务中心下属燕保家园社区卫生服务站药房交由配送企业经营管理。截至12月，共计配送到机构768笔，配送到家45笔，共计813笔。抽调社区机构药学人员成立药事管理中心；邀请国家卫生计生委卫生发展研究中心作为第三方评估机构，对此次改革试点项目进行跟踪评估。按照《石景山区社区卫生服务机构基本药物零差率销售补助实施方案》，结合上年度基本药物零差率销售考核结果，及时调整考核指标，加大药品比和次均费用的考核分值占比，降低药品比和次均费用。全年共发放经费4098.03万元，其中2591.78万元用于基本药物零差率销售补助，810.14万元用于重点工作的考核，696.10万元用于药物零差率日常管理。

(曾玉香　郭星华)

【人才培养】　年内，区社管中心开展为期三个月的全员岗位练兵和技能竞赛活动，参与活动的机构达到100%，通过机构内培训、竞赛、区级培训、理论考试、技能实操、知识竞答等一系列活动，最终选派全科医生、社区护士各1名、社区团队1支参加北京市基层卫生岗位练兵和技能竞赛，全科医生获得“城市全科医疗组”二等奖，同时获得“2016年北京市基层卫生技术标兵”称号、社区团队获得“社区团体组”二等奖、社区护士获得“社区护理组”三等奖，石景山区还获得本次岗位练兵和技能竞赛优秀组织奖。区社区卫生服务管理中心申请专项资金60余万元建立区级实训室，招标采购不同功能模拟人，设立医疗、护理、综合技能实训教室，配置相关专业实训器具，为10家社区卫生服务中心配备实训模拟人，建立基层机构实训室。区社区卫生服务管理中心与北京医师协会全科医师分会共同培养60名社区中医健康管理师；开展区级继续教育培训工作，截至12月共举办27场，4516人次参加，继教达标率100%。

(曾玉香　汪　磊)

【家庭医生式服务】　年内，区社管中心开展个性化签约“中医养生保健－居家养老1＋1家医团队”签约服务新模式；利用专项经费双向激励，提高签约补贴费用，由原来的3元/新签约1人增加到5元/新签约1人，有效履行签约服务10元/人；为签约居民下发鼓励品(急救包)。区社区卫生服务管理中心利用零差率药品补贴方式改革经费加大考核管理力度，全年投入281.509万元；推行全科诊疗新模式，统一定制“家庭医生工作室”诊牌，安装预约叫号系统，改造诊室、规划流程；试点开发APP手机软件，增加互通渠道；投入资金47.48万元，为社区卫生服务机构统一配置家庭医生健康巡诊箱，实现数据实时上传随时随地建立健康档案，对居家老年人及慢病等重点人群形成多元化、一体化、精细化的健康管理模式；首次举办中医健康管理师培训班，培养中西医复合型人才，充实家医团队。截至年底，全区共建立家医服务团队108个，家庭医生累计签约285520人，签约率43.8%；重点人群签约率49.6%。

(贾彩霞　李　宁)

【老年人健康管理】　年内，区社管中心组织召开老年人健康管理工作布置会，下发《2016年石景山区65岁及以上老年人健康管理实施方案》《石景山区无保障老年人免费体检实施方案》；印刷并下发老年人健康管理的纸质体检表；对老年人健康管理工作进行考核督导。截至12月底，老年人健康管理管理人数47442人，管理率66.8%。

(曾玉香　郭星华)

【中医药服务】　年内，区社管中心在2015年9家中医健康社区试点的基础上，扩大试点到31家社区，开展中医健康讲座37场，新培养中医家庭保健员123名；重新遴选“石景山区社区卫生中医之家”成员27人，举办3期中医适宜技术系列培训班，先后4次派出13人次参加市级举办的各类中医适宜技术培训；配合中医科遴选社区机构20人参与石景山区名中医传承项目继承人工作；开展第九届北京中医药文化宣传周活动，共发放宣传材料4种，2000册；印制中医体质辨识与保健手册26000本、儿童中医健康宣传折页20000张；实现中医药健康管理全覆盖。全年共开展65岁及以上老年人体质辨识28781人，管理率40.5%，0－36个月儿童中医健康管理8061人，管理率56%。组织辖区40家社区卫生服务机构开展冬病夏治“三伏贴”工作，全区三伏期间共贴敷3914人，34081人次。

(曾玉香　汪　磊)

【结合医联体推动分级诊疗】　年内，石景山区设立3个医疗联合体。其中石景山医院与4家社区卫生服务中心25家社区卫生服务站确立合作；北京大学首钢医院与4家社区卫生服务中心和11家社区卫生服务站确立合作，北京朝阳医院京西院区与2家社区卫生服务中心4家社区卫生服务站确立合作。截至年底，医联体内上转病人5691人次，下转病人3539人次，对口支援派出医务人员6947人次。结合区内医联体建设工作，按照分级诊疗工作要求，推进社区机构与医联体医院四种慢性病用药衔接。

(曾玉香　汪　磊)

# 疾病预防与控制

## 概　　述

石景山区疾病预防控制中心(简

称区疾控中心)是根据国家卫生防病机构改革精神,在原区卫生防病监督管理所、区卫生防疫站、区结核病防治所、区慢病防治所和区性病防治所的机构基础上,于2002年2月正式组建成立的区级卫生事业单位。中心编制90人,建筑面积9000平方米,中心实验室使用面积3500平方米。职工125人,其中聘用23人,在编86人,在编专业技术人员69人,其中高级职称11人,占专业技术人员的14.3%,中级职称36人,占专业技术人员的46.75%,初级职称22人,占专业技术人员的28.57%。中心下辖结核病防治所、性病防治所、健康教育所及慢病防治所,流行病科(免疫预防、地方病防治、消毒科)、环境与职业食品卫生科、放射卫生科、理化检验科、微生物检验科、物资科等9个专业科所,3个职能科室。承担着疾病预防与控制、应急事件预警与处置、疫情收集与报告、监测检验与评价、健康教育与促进、应用研究与指导、技术管理与服务等重要公共卫生职责。具有国家计量认证合格证书以及职业健康检查和职业病危害因素检测与评价的资质。区疾控中心落实《石景山区"健康北京人—全民健康促进十年行动规划(2009—2018年)"实施方案》,通过国家健康促进区验收。

(班玉贞　高作红)

**【结核病防治】** 年内,全区结核门诊共接诊1641人次,免费查痰抗酸染色涂片1006份,其中涂阳90份;培养604份,其中培阳38份。全区新登记管理肺结核病人101例,北京市共报告石景山区肺结核及疑似患者268例,登记管理107人,其中本市70人、外地37人,发放免费药品23070人次,继续执行DOTS策略防治结核病。对大学新生6203人进行结核菌素监测,其中强阳性252例,免费胸片检查252人,发现结核病人1例。新生儿卡介苗接种4186人次,接种后12周PPD阳转率100%,完成210名新生儿卡介苗接种率入户调查工作。3月24日前后,在全区医疗机构范围组织开展主题为"社会共同努力,消除结核危害—发现并治愈每一位结核病患者"的系列宣传活动,发放宣传单5000余张、宣传册850余份,咨询350余人,义诊150余人。5月5日,联合区教委对辖区京源学校、北京大学首钢医院等6家单位的学校结核病防控工作进行督导;开展百千万志愿者结核病防治知识传播活动,全年招募志愿者148人,全部在志愿北京网站实名注册。

(班玉贞　姜　影)

**【美沙酮门诊管理】** 截至年底,美沙酮门诊累计治疗人数488,在治人数213,日均服药人数125人左右。石景山区现有登记在册吸毒人员600余人,门诊对每月按时进行尿液检测的病人实行免费服药和发放小礼品的慰问活动。6月26日国际禁毒日,美沙酮门诊在八角文化广场、半月园公园及门诊大厅开展禁毒防艾宣传活动,并为门诊服药病人发放慰问品以鼓励病人坚持服药。每月和一线希望吸毒社区小组合作,有专业心理咨询师和法律顾问在门诊开展心理疏导和法律援助活动。12月1日世界艾滋病日,门诊开展预防艾滋病知识宣传活动,发放生活慰问品和补助金,当日门诊服药人数达到158人。

(姜　影)

**【传染病防治】** 年内,全区报告法定传染病15种3270例,发病率为501.53/10万,其中报告死亡11例,均为乙类传染病,包括乙肝8例、丙肝1例、艾滋病2例,死亡率1.69/10万,病死率0.34%。甲类传染病无报告。乙类传染病10种821例,发病率为125.92/10万,其中,痢疾255例、肺结核135例、梅毒132例、病毒性肝炎117例、猩红热96例、淋病38例、麻疹21例、艾滋病21例、百日咳4例、登革热2例。丙类传染病5种2449例,发病率为375.61/10万,其中,报告其它感染性腹泻病1193例、手足口病846例、流行性感冒337例、流行性腮腺炎72例、风疹1例。流感样病例监测累计监测门急诊就诊病例1968462人次,其中流感样病例为17064人次。全年无脊灰野病毒病例发生,接报处理AFP病例2例(本地和外地各1例),无狂犬病、白喉、新生儿破伤风、流脑、乙脑病例发生。

(任丽君)

**【精神卫生】** 区疾控中心全年组织入户访视1500户次,并会同公安、民政等部门对入户访视工作进行实地督导;开展严重精神障碍患者监护人申领看护管理补贴工作,与区综治办、区公安分局等部门联合印发石景山区《工作方案》及《实施细则》,印制《管理手册》等9类资料6.5万余份给辖区各街道办事处进行发放,并与综治、财政等部门对9家街道申领看护补贴工作进行专项督导;与区残联制定《石景山区第七届精神康复者职业技能大赛实施方案》《石景山区首届公共卫生医师精神卫生防治技能竞赛初赛方案》等方案,组织开展区级竞赛;组织对石景山医院、玉泉医院等4家医疗机构精神卫生信息报告工作进行专项督导。截至年底,全区在册严重精神障碍患者2758人,其中住院治疗268人,社区管理2490人;全年免费服药精神障碍患者744人,免费为1301名精神障碍患者进行健康体检;接受严重精神障碍患者监护人申领补贴1630人,申请率为59%。2016年主要数据指标情况:在册规范管理率93.23%;在管规范管理率96.23%;病情稳定率99.77%;规律服药率95.26%;患者检出率4.05‰。

(班玉贞　李　靖)

**【学校卫生】** 年内,区疾控中心对全区中小学校医进行二级培训11场,培训人员900多人次,发放折页、手册、挂图、光盘等宣传品共9.3万余份。完成对区内全部中小学的37521名在校中小学生的健康体检工作,并撰写石景山区中小学生年度体检分析报告。完成全区24所中小学的教学物质环境监测任务,达到全区50%的覆盖率,在2015—2016年完成全区所有中小48所中小学校的物质环境监测任务,覆盖率100%。在全区学校开展"6.6"爱眼日活动、"爱眼护眼 从小做起 从我做起"的预防近视眼专题活动30余场。在中小学中开展控烟宣传21场,签名横幅十余幅,参与人数达

10000余师生。开展预防学生视力不良、肥胖等为主题的专家进校园活动30余场,覆盖率超过全部中小学校的60%。

(安欣华)

**【口腔卫生】** 年内,区疾控中心推进“儿童乳牙口腔保健与健康促进项目”等各项口腔公共卫生服务项目,组织区牙防所推选石景山区窝沟封闭、氟化泡沫项目实施医疗机构报市卫生计生委,对辖区定点医疗卫生机构进行专项培训,并开展三轮次的专项督导检查。全区窝沟封闭预防龋齿项目覆盖40所学校,8764名儿童,牙齿8250颗;氟化泡沫全年服务幼儿园50所,24762人次。

(班玉贞)

**【艾滋病防控】** 年内,全区新报告艾滋病病毒感染者134例,其中艾滋病病人13例。全区现存活艾滋病病毒感染者/艾滋病病人累计584人。筛查检测艾滋病抗体144056人份,阳性者163人,HIV抗体检出率0.11%;艾滋病哨点监测调查各类人群1133人,检出艾滋病抗体阳性者4人,阳性率0.4%。艾滋病高危人群干预59183人次,抗体检测15960人份,检出阳性者138人,阳性检出率0.9%。3个艾滋病自愿咨询检测门诊共接待艾滋病咨询检测者1491人,检出艾滋病抗体阳性者44人,检出率3.0%。全年共计发放尿检服务包996只,实验室回收检测797人份,检出阳性146人份,阳性检出率为18.3%。开展艾滋病确证检测以及CD4淋巴细胞检测,完成辖区社区卫生服务中心HIV和梅毒快速筛查点的建立工作;完成梅毒中期评估调查工作以及性病疫情季度及年度分析工作。利用“3·24”结核病防治日、“6·26”国际禁毒日及“12·1”世界艾滋病日等开展形式多样的性病艾滋病宣传活动,全年发放性病艾滋病宣传资料共计10余种154747份,免费发放安全套260191只、润滑油6000支。

(班玉贞 张国磊)

**【计划免疫】** 年内,区疾控中心召开专业会议和专业培训11期,参加人次数1012人次,其中学校托幼2次,参会160人次。辖区20个预防接种门诊实现预防接种管理信息电子化。2016年儿童免疫规划疫苗接种158428剂次,其中基础95360剂次、加强63068剂次,接种率在99%以上。完成132家18259名儿童的接种证查验工作,补证235人,补证率100%;补种疫苗9种共901剂次,补种率100%。遵循“知情同意、自愿免费”原则,全区累计接种招标免费流感疫苗24727支,其中60岁以上老年人11833支,学生12090支,保障人群804支,接报处理疑似预防接种反应2例,及时处置率100%。外来务工人员接种流脑A+C疫苗193人,接种麻疹疫苗263人。完成学龄前流动儿童强化查漏补种工作,共调查流动儿童14307人,补卡122人、补证20人,补卡补证率100%。接种麻风122剂次、麻风腮648剂次;补种脊灰36剂次、麻风12剂次、麻风腮61剂次、流脑31剂次、百白破28剂次、乙脑23剂次、乙肝3剂次,累计补种193剂次,补种率均99.48%。全年报告疑似预防接种异常45例,报告率13.20/10万,达到3/10万的指标;疑似预防接种反应调查及时率、录入完整率、及时审核率及个案调查完整率均为100%,全部达到监测标准。完成脊灰疫苗策略转换及脊髓灰质炎相关病毒封存销毁工作,全区共计封存、回收并销毁三价脊灰减毒活疫苗3114剂次。

(班玉贞 杨娜)

**【健康教育】** 年内,区疾控中心开展社区健康讲座948场,参与授课师资1255人次,直接受众47781人,普及全区9个街道151个居委会。举办4场区级疾控系统大课堂,受众800余人次。开展各类卫生主题日宣传活动10次,发放宣传品33种13万份,咨询2500余人次。完成石景山区健康素养监测,并完成白皮书健康素养部分撰写工作。完成健康素养4个标准课件制作任务。针对学校、街道、行业、医疗单位健康教育专员开展业务培训共6次,覆盖率100%。对社区卫生服务机构开展现场业务指导2次,开展医院公共卫生考核1次。石景山卫生信息网发表科普文章38篇。区健康教育所全年发微博数1223条,微信90余条。

(安欣华)

**【慢性非传染性疾病防治与管理】** 年内,区疾控中心联合区教委、财政局等14部门制定《石景山区落实癌症防治三年行动计划(2015-2017年)实施方案》,成立癌症防治工作领导小组,领导小组下设肿瘤防治办公室,办公室设在首钢医院。12月召开石景山区肿瘤防治办公室启动暨培训工作会,全面开展癌症防治工作的组织协调、技术指导、专业培训、健康教育、预防诊治、监测评估以及推广适宜技术。区疾控中心在3个社区卫生服务中心开展脑卒中高危人群随访工作,共随访1458人次,现场督导13次。成立71个高血压管理小组,组织开展授课及活动230余次;成立19组糖尿病同伴支持小组,小组活动严格按照下发的组长培训手册进行,开展小组活动70次,现场督导40次。特色活动6次,共计干预糖尿病患者190人。全民健康生活方式行动区级人员培训覆盖率已达到100%,继续招募全民健康生活方式指导员队伍,新培养210人,完成技术培训且考核全部合格,颁发荣誉证书,收集征文130余篇,编制海报一套(11种),折页一套(4种),发放购物袋、盐勺、油壶等支持性工具4000余件,并成功新创建各类示范机构10家(其中示范社区6家、示范食堂3家、示范餐厅1家),通过北京市市级验收,取得市级示范机构称号。完成市卫生计生委开展的城市癌症早诊早治工作,对五大高发癌症(包括肺癌、乳腺癌、大肠癌、肝癌、上消化道癌)进行危险因素评估,共评估出高危人群1953人,临床筛查1339人(其中:肺癌高危人群509人、肝癌高危人群261人、乳腺癌癌高危人群277人,上消化道肿瘤高危人群186人,结直肠癌高危人群106人);开展高血压日、糖尿病日等宣传活动15次,发放宣传材料28种12万份,发表科普文章60篇。

(班玉贞 安欣华)

**【生命统计】** 截至年底,辖区内出生3734人,出生率9.71‰;死亡2786人,死亡率7.24‰。死因前十位依次为恶性肿瘤、心脏病、脑血管病、呼吸系统疾病、内分泌及营养和代谢疾病、损伤和中毒、消化系统疾病、神经系统疾病、传染病、精神障碍。人均期望寿命82.18岁，其中男性80.42岁，女性84.09岁。

（吴继荣）

# 卫生监督

## 概　　述

根据《石景山区机构编制委员会关于为石景山区卫生局卫生监督所更名及调整职责的批复》（石编委〔2016〕56号），增加计划生育行政执法职能，更名称为北京市石景山区卫生和计划生育监督所（简称区卫计监督所），是区卫生计生委直属行政执法机构，级别为副处级，人员为行政执法公务员编制。内设10个科室，其中职能科室3个：综合办公室、综合业务科、法规督察科。业务科室7个：行政许可受理办证科、生活饮用水卫生监督科、公共场所卫生监督一科、公共场所卫生监督二科、学校卫生监督科、医政监督一科、医政监督二科。全年共开展监督检查6802户次，同比增长12.11%；监督覆盖率99.25%；监督频次3.95。开展行政处罚127户次，罚款22.5万元。处理投诉举报349件，全部办结，处理率100%，满意率100%。全年未发生生活饮用水污染事件，未发生传染病疫情突发事件。

（贺　辰　王丹丹）

**【饮用水卫生宣传】**　5月，区卫计监督所开展生活饮用水卫生宣传周活动。制作宣传条幅1条，宣传展板10快，张贴发放宣传海报600余张，发放宣传折页5000余张，宣传纪念品5000余个，接受群众咨询100余人次。

（翟义敏）

**【计划生育督查】**　8月29日至10月10日，区卫计监督所对辖区内批准开展计划生育技术服务工作的17家医疗机构进行专项监督检查。重点检查机构及从业人员依法执业情况，组织学习培训并执行落实新修订的《人口与计划生育法》《北京市人口与计划生育条例》的情况，是否开展“利用超声技术和其他技术手段进行非医学需要的胎儿性别鉴定”和“非医学需要的选择性别的人工终止妊娠”的诊疗行为，均未发现违法行为。

（靳　佶）

**【法规监督检查】**　9—10月，区卫计监督所完成《职业病防治法》《放射性同位素与射线装置安全和防护条例》及其配套规章落实情况的监督检查。牵头部署相关工作，组织相关医疗机构开展自查，按照监督检查内容组织区卫生监督所对辖区41家职业、放射单位进行全覆盖专项监督检查。对检查中发现的7家存在违法行为的医疗机构进行行政处罚，其中6起为简易程序、1起一般程序（罚款人民币3000元整），包括5家医疗机构《放射诊疗许可证》未及时校验，2家医疗机构超出批准范围开展医学放射检查工作。在日常监督检查和专项监督检查中还发现个别《放射工作人员证》体检和个人剂量等项目填写不全、开展的设备稳定性检测均委托给第三方进行检测，未配备自己的检测设备和人员，监督员出具卫生监督意见书，要求存在问题单位及时整改。

（崔瑞莲）

**【控烟监督执法】**　年内，区卫计监督所每月将控烟监督执法数据在区卫生计生委官网向社会公布，并开展控烟走进社区、走进大学、走进繁华商业区一系列活动共5场，发放宣传品及宣传折页5000余份。开展2次控烟专项监督检查，重点对辖区政府采购会议定点单位及餐饮单位的“四有一无一劝阻”落实情况进行检查。全年共监督检查2766户次，合格率94.87%，责令改正63户次，行政处罚79户次，罚款人民币8900元。劝阻吸烟人数118人次，受理控烟投诉举报292件，全部办结。

（王丹丹）

**【职业放射监督】**　年内，区卫计监督所监督检查7户次，覆盖率100%；放射诊疗单位41家，监督61户次，覆盖率100%，年监督频次1.49次。全年放射卫生处罚7起，罚款人民币3000元。对2家职业体检机构和1家放射卫生技术服务机构的资质、管理制度及出具的报告等材料进行监督检查，未发现违法行为。

（李秋圆）

**【医疗卫生监督】**　年内，区卫计监督所对医疗机构和传染病疫情防控监督检查1867户次，合格1847户次，合格率98.92%。其中：检查医疗机构1141户次，传染病消毒694户次，母婴保健23户次，血液9户次。受理投诉举报及信访件83件，打击非法行医48户次，控烟监督199户次，其他检查包括打击非法行医、处理投诉、处理疫情等共195户次。全区172家医疗、预防、保健机构全年日常监督检查覆盖100%。共做出行政处罚20件，共罚款人民币49000元整，没收非法所得24928.08元。其中简易程序8件，一般程序12件，警告5户次。

（谢卫芳）

**【公共卫生检查】**　年内，区卫计监督所公共卫生监督检查3764户次，监督覆盖率99.76%，监督频次4.43，累计覆盖率100%。行政处罚90户次，罚款人民币8.345万元。其中一般程序33户次，罚款人民币8万元；简易程序57户次，罚款人民币0.345万元。对辖区25家快捷酒店进行监督检查，合格20户。对不合格单位全部给予责令改正，实施简易程序处罚1户，一般程序处罚3户，罚款累计0.4万元。对辖区范围内未取得《医疗机构执业许可证》开展玻尿酸注射等医疗美容活动的、曾被投诉举报存在非法医疗美容行为的、存在违法违规宣传医疗美容服务的生活美容场所依法处理。

（张兆祥　周丽森）

**【行政审批】**　截至年底，区卫计监督所共受理许可申请1508户次，现场审查210户次，发放证件1331户次/人次，其中护士证568个、医师证件274个、卫生许可证405户、放射诊疗78户、母婴保健6件。

（张志军）

**【产品抽检】** 年内,区卫计监督所对辖区10户快捷酒店公共用品用具的消毒效果和室内空气质量进行监督抽检,现场对20户快捷酒店棉织品PH值进行快速检测,全部合格。按市卫生监督所要求共采集市政出厂水4件,送市CDC进行水质全分析检测,结果均合格。采集现场制售水机出水5件,送区CDC进行检测,结果均合格。抽取辖区20%中小学进行学校教室课桌椅、采光、照明等教学环境监督抽检,指导学校对不合格项目采取措施进行整改。对20%具备生活饮用水供水设施的学校进行水质检测,对5所学校饮水机的水质情况进行抽检,结果全部合格。对2家消毒产品经营单位和1家医疗机构进行湿巾、卫生湿巾、抗(抑)制剂和手消毒剂共计36件产品进行抽检,其中24件送市疾控中心进行检测,12件所内留样,检验结果全部合格。

(张兆祥　翟义敏　陈　波　谢卫芳)

# 动物卫生监督

## 概　　述

区卫生计生委承担动物卫生监督管理局的职能,区防控重大动物疫病办公室设在区卫生计生委。区动物卫生监督所(简称区动监所)承担区内动物防疫、检疫、兽医医政、药政以及动物及动物产品安全监管的行政执法工作,核定行政专项执法编制12人。年内,开展针对畜禽屠宰、"瘦肉精"监督抽检、动物诊疗机构等专项整治工作,做好春节、全国"两会"、G20峰会等节日及大型活动保障工作,确保辖区动物源性产品安全,规范管理相对人的生产经营活动。全区年内未发生重大动物疫情及动物源性食品安全事件。

(邱峥艳　杨国平)

**【动物和动物产品检疫】** 3月,区动监所使用全市统一的动物检疫证明出证系统开具检疫证明,按照规定时限将检疫信息上传至系统服务器。年内共发放检疫标志100万余枚,开具检疫证明8.8万余张,填报检疫申报单36份,官方兽医室屠宰检疫生猪9083头,产地检疫犬、猫36只,兔子3只,动物产品1092吨。检出并无害化处理病害猪及病害生猪产品折合头数共65头。

(邱峥艳　杨国平)

**【动物防疫和检疫】** 年内,区重大办办公室更新重大动物疫情应急指挥部办公室通讯录,并与28家成员单位签订动物防疫责任书,动监所与动物诊疗机构等21家单位签订责任书。区动监所分别于4月和9月集中开展春秋防工作。按照程序化免疫的要求,对存栏430只羊全部进行口蹄疫及布病的免疫,免疫率100%;及时进行小反刍兽疫补免工作,全年共补免100只新存栏羊,保证存栏羊全部在免疫期内。对20头肉牛进行血清结核、布病的检测,对100份羊血清、100份犬血清进行布病检测,结果全部阴性;马属动物马鼻疽、马传染性贫血检疫全部阴性。

(邱峥艳　杨国平)

**【联合执法】** 年内,区动监所配合食药监、公安、工商等部门开展"大城管"联合执法行动6次,取缔活禽私屠乱宰摊位4家,没收鸡32只,鸭苗75只,并依法对未经检疫的活禽进行无害化处理;年内针对一起疑似狂犬病犬咬伤人事件,积极配合公安等部门,参与对咬伤人犬捕捉行动,期间共出动执法人员42人次。

(邱峥艳　杨国平)

**【病死动物无害化处理体系建设】** 年内,区动监所以辖区动物诊疗机构为基础落实病死动物尸体暂存点建设工作。辖区共建7个暂存点,街道覆盖率达到100%。12月,石景山区与一清百玛士集团签署协议,委托其将暂存点的尸体及时进行无害化处理,动监所配合一清公司完成对暂存点编号、具体地址等信息采集工作。区动监所通过石景山报、区卫生计生委官网及下社区宣传等方式向区居民公布动物无害化收集暂存点的名录、位置和联系方式;为暂存点统一印制病死动物暂存宣传品、展板等进行公示,对实施病死动物无害化处理重要意义进行广泛宣传告知。开展辖区动物无害化处理到场入户宣传告知活动,向养殖户发放告知书,严禁擅自掩埋、焚烧病死动物。

(邱峥艳　杨国平)

**【狂犬病强制免疫工作】** 年内,区动监所设立八角街道北里社区为强制免疫示范点。区动监所联合派出所、街道、食药监等部门开展"狂犬病免疫进社区"等6次宣传活动。在宣传中邀请动物诊疗机构为居民开展宠物义诊,在狂犬病定点免疫机构摆放宣传材料,供市民自行取阅,邀请辖区电视台对宣传活动进行报道。活动现场共摆放彩色宣传图板16块,发放宣传材料10余种、1500余份,接待咨询600余人次,区电视台报道1次。执法人员下社区进行现场执法巡查,检查犬只的狂犬病免疫情况和免疫标识佩戴情况,对未进行免疫及佩戴标识的犬主进行宣传教育,发放犬只狂犬病强制免疫监督执法告知书。截至年底,全区注册犬6038条,犬狂犬病免疫注射累计6253条,其中注册犬4042条,非注册犬2211条。

(邱峥艳　杨国平)

**【畜牧存栏与监管对象】** 年内,全区存栏羊430只、马8匹、注册犬6038条。监管对象25个,其中养殖户14个,动物诊疗机构15个(医院9个、诊所6个)。

(邱峥艳　杨国平)

**【动物和动物产品安全检查】** 年内,区动监所官方兽医按照11%的比例对西黄村牧业食品公司屠宰的生猪实施"瘦肉精"快速检测,抽检生猪尿样1000份,检测项次数(项次)3000次;监督屠宰场开展"瘦肉精"自检工作,抽检生猪尿样500余份,检测项次数(项次)1000余次;落实动物产品质量安全官方抽检,采集猪肉、猪肝、牛肉等动物产品80份,检测项次数240次,以上检测均未检出盐酸克伦特罗、沙丁胺醇和莱克多巴胺等"瘦肉精"残留。配合相关部门对辖区畜产品的抽检工作,协助市兽药监察所抽检兽药16批,动物产品75份,配合区食药监抽

检动物产品100份，抽检样品合格率均为100%。

（邱峥艳　杨国平）

# 妇女和儿童保健

## 概　　述

年内，石景山区助产医疗机构5家，产科床位数215张，助产技术服务人员162名；计划生育资质医疗机构16家，计划生育技术服务人员123名；围产保健机构16家，儿童保健机构18家。区卫生计生委与妇联、财政等部门的协调配合，开展适龄妇女两癌筛查、0～6岁儿童免费体检、0～6岁儿童残疾筛查、0～3岁儿童早期综合发展服务等多项工作。组织开展妇幼健康技能竞赛、产科急救、计划生育知识及技能知识培训班、产科质量安全检查、清理推销母乳代用品整治等专项督导等工作。全年孕产妇死亡1例，婴儿死亡率、5岁以下儿童死亡率等各项指标均达到全市要求。

（朱学群）

【国家母子健康手册试点工作】　4月18日，石景山区国家母子健康手册试点工作全面启动。8月4日，国家卫生计生委妇幼司、国家妇幼保健中心有关专家和市卫生计生委领导及到八宝山社区卫生服务中心和区妇幼保健院调研。中央电视台财经频道和《北京日报》等媒体对石景山区试点工作进行采访报道。截至12月31日，下发母子健康档案4158本，完成国家母子健康手册试点工作。

（朱学群）

【母婴保健技术许可】　年内，区卫生计生委完成对石景山医院等8家医疗机构母婴保健技术服务许可换证、变更工作；对150名助产人员、计划生育技术服务人员的母婴保健技术服务人员资质进行换证、变更及新考证工作；补发出生医学证明105例。

（朱学群）

【爱婴社区与规范化门诊】　年内，古城、鲁谷、五里坨社区卫生服务中心创建石景山区第三批爱婴社区，接受北京市爱婴社区评定，并通过市级验收，获得爱婴社区称号；金顶街社区卫生服务中心是石景山区第二家妇保儿保规范化门诊创建的申办单位，通过市级规范化门诊验收考核。

（朱学群）

# 医疗机构

## 中医医院

【概况】　石景山区中医医院始建于1983年，现建筑面积7504平方米，于2009年3月晋级为北京市二级综合中医医院，2012年9月通过市中医管理局的医院等级复审。该院是区政府举办的唯一一所公立中医医院，拥有15个临床科室和7个医技科室，并下设八角社区卫生服务中心及9个社区卫生服务站。历经30余年的发展历程，医院已具备鲜明的中医专科特色和医、教、研、防综合实力。开设内科、骨伤、肛肠、针灸4个病区，编制床位120张，开放床位100张。编制人员212人，合同人员27人。专业技术人员201人，正高5人，副高18人，中级职称97人，初级师61人，初级士16人，见习4人，博士后1人，硕士31人。医院目前拥有北京市重点专科中医肾病团队、北京市名老中医指导老师1人、北京市中医药薪火传承“3+3”基层老中医传承工作室、8个区级名中医工作室和区级重点专科骨伤科，形成中医肾病、骨伤、肛肠、针灸、推拿、妇科、皮科、儿科、理疗等特色专科。医院拥有CT、DR、全自动生化仪、彩超、X光胃肠机、胃镜、智能呼吸机、关节镜、子午流注低频治疗仪、气压式肢体循环促进仪、腿浴治疗仪等几十种中西医诊疗设备。年内，根据临床业务发展需要，购置手术室设备、各科室诊疗检查和临床基础设备共计44台，累计投资709万元。

地址：石景山区八角北路
电话：68862920（院办）
　　　88982461（医务科）
邮编：100043
网址：www.sjszyy.cn

（柴　华）

【医疗质量】　年内，中医医院健全和完善医院必备质量管理组织，层次分明、职责清晰、功能到位，对医疗质量、病案、药事、医院感染等设立专门的管理人员。修订完善医院各级各类规章制度，并形成严格的督查奖惩机制，实施一系列保证医疗质量的措施和方法。落实《石景山区中医医院中医电子病历书写及管理质量规定》，加强对病历质量的检查工作。全年共检查病历162份，其中甲级病历155份，甲级率95.6%。对于检查中发现的乙级病历和超长处方，除进行经济制裁外，还在医院的公示栏进行通报批评。检查处方12754张、处罚超常处方8张；抗菌素合理使用率达标；门诊患者抗菌药物处方比例8.29%，急诊患者抗菌药物处方比例18.16%；住院患者抗菌药物使用率27.81%；I类切口手术预防使用抗菌药物比例11.11%。

（李长征）

【院感管理】　年内，中医医院对重点科室、部门每月开展空气及物表的清洁消毒监测，严格掌控监测位置、监测结果。定期委托区CDC进行消毒效果监测，每季度对胃肠管进行细菌培养，降低医院感染率；及时将器械科、检验科的危险性医疗废物安全转运，督促相关人员进行医疗垃圾转运箱每日清洁、消毒，严格医疗垃圾分类处理，要求标示明确、封口严密，专人管理；对院内住院病人抗生素的使用进行监测，每日对运行的病例进行监测，杜绝医院感染漏报率，年院感率2.7%，全年无一例漏报。针对骨伤病房发生的疑似医院感染爆发病例，加强医务人员管理，重视消毒隔离工作，短期内有效揭制院内感染；每月对重点科室进行质量监督考核，并将考核结果纳入院内临床科室综合目标考核。就医院感染管理相关法律法规、相关术语概念、临床医生护士在医院感染中的职责，标准防护，以及医院医疗废弃物管理等开展全员培训。

（任　瑜）

【护理质量管理】 年内，中医医院组织人员参加首钢医院护理论坛培训，共有8人参加此次培训，首钢医院护理论坛论文评比，1人获得论文优秀奖；9人参加北京市总工会举办的护理康复师竞赛；聘请海军总医院专家郭启煜主任，加强医务有效沟通能力，提升法律意识；组织全院护理人员共计20人进行专科培训及外出进修，进修医院分别为北康医院、眼科医院、朝西医院、石景山医院及护理学会的专科培训。内科病房上报院内护理课题："中药穴位贴敷联合马来酸氨氯左旋地平片治疗高血压"，实现中医医院护理科研零的突破。

（陈　涌）

【传染病防控】 年内，中医医院每月对各相关科室传染病工作进行监督考核，对病例进行自检自查，按要求每日进行流感样病例监测上报，全年共上报流感样监测病例77725例，上报传染病病例10例，上半年发现院内第一例艾滋病阳性病例并及时上报，整体传染病上报工作，未发生一起漏报、迟报，通过区公共卫生绩效考核。中医医院组织全体医务人员参加艾滋病、鼠疫、不明原因肺炎、肺结核、霍乱、麻风病、流行性出血热、急性迟缓性麻痹、中东呼吸综合征等传染病的培训。并且根据季节性输入性传染病的特点，开展黄热病、寨卡病毒的全员培训。

（任　瑜）

【人才队伍】 年内，中医医院接收应届毕业生3人。参加北京市住院医师规范化培训3人，全院各学科共选派骨干医师外出进修39人次，其中内科9人次、骨伤科6人次、针灸科6人次、检验科5人次、肛肠4人次、功能科4人次、麻醉科2人次、皮科1人次、药剂科1人次；各学科选派骨干护士外出进修16人次；参加市中医管理局中医健康养老"10项适宜技术"师资培训20人次，参加中医管理局中医健康社区优秀中医药科普讲师2人。促进市中医局北京市薪火传承"3+3"工程基层老中医专家张振忠主任、王嘉梅、郝燕梅3个工作室的建设及北京市中医局"双百工程"学术传承工作。经区卫生计生委遴选、批准，中医医院成立8个石景山区名中医工作室，其中中医医院专家1人、外聘市级专家7人，全院共遴选19名学术继承人。

（刘宁州）

【科教工作】 年内，中医医院加强北京市基层中医肾病学科团队基地的学科建设，选派团队骨干医师前往宣武医院、首都医科大学附属北京康复医院、首都医科大学附属北京朝阳医院（京西院区）、石景山医院等进修学习；区级重点学科骨伤科建设，已完成前期建设的验收工作，正式确定为区级重点专科。中医医院成立科教科，并于年初召开中医医院第一届论文学术年会，论文汇编共收录各类学术论文70余篇；全院申报10项课题并请市级专家进行评审，推荐5项课题申报北京中医局中医药科技发展资金项目，其中皮肤科李响的"柴芩二陈汤治疗寻常型痤疮的临床疗效观察"中标；5项院级基金项目（其中护理课题1项）；西安交通大学出版社出版专著《临床中医临证诊疗精要》，张军军主编、刘宁州副主编；全院医护人员各类期刊发表医学科技论文30篇，其中中文核心期刊15篇。全年举办继续教育讲课43次，其中上报区县级继续教育项目30项，审批并开展24项；自管继续教育项目19次，共计129学时，参加人次约4000余人次，其中鼠疫、麻疹等各类传染病授课10次，30学时，参加学习达1300余人次。中医适宜技术培训基地开展17种基层常见疾病的中医适宜技术社区全科人员工作，参培350余人次。联合市级、区级专家团队，组织开展大型义诊、健康讲座等活动14次，受益群众约800余人次；借助于"德载杏林 颐养千年"西山文化季系列活动，探索中医健康养老的新模式，开展200位60岁老人的为期3个月的中医健康管理工作。中医医院派出20余人优秀讲师参加百场健康大讲堂45场，受益群众约3000余人次。

（刘宁州）

【中医药文化建设】 年内，中医医院开展健康大讲堂15次，听课群众852人次、多次开展中医药文化宣传活动，社区义诊、广场义诊、参与北京义诊周等活动，积极为区域百姓提供义诊、健康咨询等活动，开展社区义诊13次，义诊咨询867人，咨询近千余人。发放宣传材料6587份，免费测血压564人次，免费测血糖352人次。埋耳豆75人次。完善建设《石景山区中医医院微导诊》和微信平台。举办西山文化季中医药文化节系列讲座、义诊等活动。举办中医药文化季大讲堂40余场，宣传中医药文化活动。

（李长征）

【对口支援工作】 年内，中医医院与八角社区卫生服务中心签订对口支援协议。全年共安排12名医师下社区出诊，诊疗范围涵盖六个社区站，涉及内科、中医等四个学科，全年诊疗患者5647人次。深入社区进行健康教育讲座15次，内容包括外来人口的疾病控制，新生儿喂养、家庭急救常识等。全年双向转诊98人次。

（李长征）

## 妇幼保健院

【概况】 石景山区妇幼保健院座落于依翠园小区，是区卫生计生委直属的二级妇幼保健机构，医疗保险定点专科医院，承担着全区妇女保健、儿童保健、婚前保健、孕前保健、出生缺陷监测及计划生育技术指导与管理工作，是石景山区公共卫生体系重要的组成部分。全院职工57人，其中管理人员3人；卫生专业技术人员49人（高级职称5人，中级职称23人，初级职称21人）；非卫生专业技术人员4人；工勤人员1人。聘用人员38人，其中卫生专业技术人员27人。新购置10万元以上医疗设备1个。年内，妇幼保健院增设精神科、五官科，在国家妇幼中心、中日友好医院、北京儿童医院、协和医院等机构支持下开展儿童过敏、心理行为、身高发育等儿童门诊，增加理疗项目3个。口腔科新增加儿童牙椅5台（配备多媒体系统），邀请北京大学口腔医院儿童口腔科专家坐诊，通过早期矫治和咬合诱导来根治或改善牙列不齐，儿童口腔治疗规模位居各区妇幼保健院首位。3月21日，开设区级产前筛查门诊。7月，开设髋关节筛查门诊，筛查520名儿童。12月，开设儿童身高发育门诊。增加检验项目：丁型肝炎IgM和IgG、结核杆菌抗体、迟发型过敏测查。对市级下发的叶酸追访经费做到专款专用，免费发放叶酸525人份。

**地址：石景山区依翠园5号**
**电话：68625569**
**邮编：100040**

（郭淑菊　董金娜　于凤媛）

**【医疗保健】** 年内，妇幼保健院妇产科门诊7228人次，计划生育手术490人次；口腔科门诊11181人次；内科门诊2256人次；中医科门诊2679人次；中西医结合科190人次；儿科门诊5920人次；产筛门诊3635人次；乳腺门诊341人次；儿童保健门诊9923人次；儿童健康体检17491人次，其中儿童入托体检8124人次，预防接种6951人次，卡介苗接种834人次，集体儿童体检1582人次；妇女保健门诊6872人次，免费孕前体检1658人次，托幼园所保教人员集体体检1314人次；亲子班陪护、保安和集体体检18270人次。

（郭淑菊　王喜丽）

**【儿童保健】** 年内，妇幼保健院组织区托幼园所保健人员培训12次、健康讲座16次。22家托幼园所卫生综合评估更换卫生合格证，30名新上岗保健人员通过市级考试及岗前培训取得托幼机构卫生保健合格证。妇幼保健院对全区13所幼儿园进行督导工作。评选出石景山区优秀托幼卫生保健人员3名。开展为期2年国家级科研项目《托幼园所学龄前超重儿童早期干预研究》，旨在降低在园儿童超重率，提高集体儿童健康素质。开展生命监测工作，对区内的医疗机构及地段全面督导检查10次，举行区级生命监测管理培训4次，参加市级生命监测培训5次。聘请市级专家对区内5家助产医疗机构进行理论及实操指导，推选1家产院参加北京市新生儿复苏技能大赛，并取得优秀奖。妇幼保健院开展0～6岁儿童免费体检工作，全区儿童免费体检49620人次，其中智力筛查4875人；听力筛查30628人；口腔检查40230人；视力检查11956人；血常规检查27681人；新生儿体检8236人。收集新生儿疾病筛查血片、儿童聋筛基因血片各5312份。

（郭淑菊　任　霞）

**【妇女保健】** 年内，妇幼保健院协调危重症孕产妇转会诊工作，共计16例。落实全面两孩政策，对区4家医疗机构进行妇幼卫生围产保健工作绩效考核，按照考核结果及日常工作情况，分配100万元的妇幼经费用于各医院的产科建设。全区孕产妇接受艾滋病、梅毒和乙肝检测共计5356人，比例为100%，并对前来婚检人员开展AIDS免费筛查，共筛查973人，其中女性458人。梅毒检测5356人，梅毒阳性孕产妇6人其中1例为急诊临产，乙肝阳性孕产妇所生婴儿共70例，均注射乙肝免疫球蛋白，注射率100%。对4名梅毒感染孕产妇所生儿童及1名艾滋病病毒感染孕产妇所生儿童进行随访，均已排除先天性感染。

（郭淑菊　李　娟）

**【婚前保健】** 年内，妇幼保健院婚前医学检查973人，婚前医学检查率9.75%，疾病检出率17.88%，以生殖系统疾病为主，对受检者进行婚前卫生指导和卫生咨询。在区民政局进行部分婚检项目检查，参与婚检100余人，现场婚检率20%。

（郭淑菊　林如静）

**【两癌筛查】** 年内，妇幼保健院开展宫颈癌筛查：筛查8262人，其中宫颈细胞学异常人数154例，阳性检出率1.86%；因细胞学异常、妇科检查异常等转诊阴道镜检查307人，转诊率3.9%；宫颈癌前病变（CIN2及3）20例，宫颈癌前病变检出率242.07/10万，发现宫颈侵润癌1例，宫颈癌检出率12.10/10万。乳腺癌筛查：筛查8262人，乳腺手诊、超声检查转诊可疑病例1671人，转诊率20.23%，乳腺癌前病变4人，乳腺癌前病变检出率50.85/10万，发现乳腺恶性肿瘤9人，乳腺癌检出率108.93/10万。年内，妇幼保健院组织相关人员参加市级培训28人，阴道镜、乳腺钼靶、宫颈细胞学阅片等考核取证6人。

（郭淑菊　林如静）

**【健康教育】** 年内，妇幼保健院利用各种宣传日及义诊周，开展健康教育咨询活动19次、健康大课堂66次。受众2800余人次，发放宣传材料20000余份。开展2016年健康中国行主题宣传活动，投稿4篇，3篇发布在区卫生计生委网站。微信平台关注5000人。

（郭淑菊　丰　燕）

**【指标完成情况】** 年内，石景山区助产机构产科工作质量：分娩总数5401人，活产数5391人，其中剖宫产1837例，剖宫产率34.08%，围产儿死亡数13例，围产儿死亡率1.52‰。产前筛查工作：早孕超声筛查5128例，筛查异常116例；其中NT增厚23例；孕20－24周B超筛查胎儿6177例，筛查异常人数569例。围产儿出生缺陷监测：围产儿监测总数5401例，本市3646例，外地1755例，围产儿出生缺陷63例，本市41例，本市出生缺陷率11.25‰，外地22例，外地出生缺陷率12.54‰。孕产妇系统管理：实际出生数3740人，产妇数3683人，活产数3734人；孕产妇死亡数1人，孕产妇死亡率26.78/10万；围产儿死亡数6人，围产儿死亡率2.14‰；住院分娩数3734人，院外分娩0人，住院分娩率率100%；孕产妇系统管理数2490人，系统管理率94.76%。计划生育技术服务：计划生育手术总数4656例，其中本市户口2137例，外地户口2519例；放环术226例；取环术1068例；皮下埋植取出术3例；皮下埋植植入术1例；输卵管结扎术24例；人工流产手术1028例；药物流产536例；无痛人流1770例；节育手术并发症1例；并发症发生率2.14/万。全区妇女病防治人数21915人，包括两癌筛查5038人，妇女病体检16877人。体检正常人数13990人，妇科疾病患病率如下：阴道炎性疾病患病率3.75%、宫颈炎性疾病11.97%、子宫肌瘤15.91%、卵巢良性肿瘤4.02%。宫颈癌1例，检出率

4.56/10万。乳腺体检21015人，体检正常人数14546人，乳腺疾病患病率如下：乳腺增生36.85%、乳腺纤维瘤0.94%、其他乳腺良性疾病5.98%。乳腺癌10例，检出率47.59/10万。宫颈细胞学检查人数21915人，宫颈细胞学异常498人，宫颈细胞学异常检出率2.27%。儿童保健指标：0－6岁集体儿童系统管理率99.5%；1－6岁听力筛查率92.07%；新生儿疾病筛查率98.53%；6月内纯母乳喂养率67.72%；新生儿死亡率1.33‰；婴儿死亡率2.14‰；5岁以下儿童死亡率1.87‰；儿童健康管理率98.7%；儿童系统管理率92.1%。

（郭淑菊 任霞 李娟 崔卫红 林如静）

## 五里坨医院

【概况】 五里坨医院位于石景山区西部地区，隶属于区卫生计生委，是一所集精神病专科医院、区精神疾病防治机构、区老年护理院以及五里坨街道社区卫生服务中心四项功能为一体的公立卫生医疗机构，12月被市医学会评定为二级精神病专科医院。医院建筑面积为11075 ；人员编制总数183人，目前从业人员224名，其中正式职工146人，聘用职工78人。编制床位280张。承担全区精神疾病门诊、住院诊疗、康复服务，面向全区开展老年疾病的治疗护理工作，同时承担着全区精神卫生防治工作职能，负责辖区严重精神障碍患者社区管理治疗工作的业务指导和专业技术培训，监督指导相关医疗机构落实精神疾病信息报告、社区严重精神障碍患者免费门诊治疗等工作的落实。五里坨医院开设有精神卫生专科门诊、心理咨询与治疗门诊、心理测查室，心理健康宣教等工作。护理院开设99张床位，为长期卧床患者、晚期姑息治疗患者、慢性病患者等生活自理困难、需要长期护理服务的老年患者提供医疗护理、康复促进、临终关怀等服务。社区卫生服务中心服务面积26.94平方千米，服务人口5万人。五里坨医院为辖区居民提供防、治、保、康、健、教、计划生育适宜技术的六位一体社区卫生服务，开设有保健科、全科、妇产科、口腔科、康复科、检验科、中医科等科室。

**地址：石景山区石门路322号**

**电话：88902313**

**邮编：100042**

（周 波）

【精神卫生】 年内，五里坨医院在册精神病患者总数：2758人，新建档160人，全区免费服药患者744人，免费门诊治疗病人7324人次，出入院及门诊上报卡210人次。五里坨医院协助区卫生计生委会同有关部门，结合本区实际情况制定本区监护人补贴实施方案，参与并组织监护人补贴工作相关委办局人员参加的的培训，已有1717名严重精神障碍患者监护人申领看护管理补贴。配合北京市完成免费服药整体评估工作，在辖区相关机构精神科门诊发放宣传手册，患者及其家属签署免费服药政策知情同意书，完成三次免费药费报销工作，共报销848人次，收集汇总并上交全区免费服药患者的药费相关资料。医院选拔1名医师加入北京市心理卫生科普专家库并参加市级培训，有10名精神科医生加入北京市心理卫生服务志愿者团队。建立专科医院和辖区综合医院（首钢医院、玉泉医院）精神科共同承担全区精神疾病防治专业指导工作机制，与社区机构建立对口"分片包干"责任制，指导相关医疗机构机构开展重性精神病人线索调查、发病报告、社区审核建档、访视评估、专业指导、应急处置等质量控制管理。

（薛 云）

【老年病工作】 年内，五里坨医院老年科收住患有老年痴呆症、抑郁症、脑血管疾病、酒中毒所致精神障碍的患者共126人。其中年龄最大的96岁，最小年龄47岁，平均年龄76岁。卧床的病人占60%左右，针对不同的病症，制定不同的措施。为老年病人开展心理治疗、行为矫正、各种工娱治疗、理疗、针灸、按摩等康复治疗。

（辛建华）

【社区卫生服务】 截至年底，五里坨医院功能社区站诊疗总人次数2397人次，其中出诊服务791人次，服务内容包括测量血压、快速血糖以及肌肉注射、吸氧、中医理疗、雾化、换药、三伏贴等各种治疗。健康小屋使用数量为：共服务8581人次，其中测血压8223人次，中医体质辨识950人次，测腰围2196人次，测身高体重4784人次，测体重体脂成分208人次。开展家庭医生式服务宣传，宣传覆盖率100%；共张贴发放各种宣传材料22133份，健康评估15559人次，告知信息22752人次，团队上门服务120次，总签约服务58199人次；健康通电话咨询312次。制作宣传栏22期，开展健康讲座22次，参与人次数达1007人次。开展健康促进活动28次，参与人次数达1290人次。累计签约10818户共19385人（其中包括慢病签约9460人，65岁以上老年人签约3304人，0－6岁儿童签约645人，孕产妇859人，重性精神病168人，残疾人538人），总签约人数占辖区常驻人口71.94%。通过医联体渠道直接上转病人181人次（其中朝阳医院西院区转诊154人，北京康复医院转诊11人）。中心预约转诊工作专人负责，中心共上转病人1946人次。

（田小园）

## 北京市石景山医院

【概况】 石景山医院建院于1987年10月20日，是区政府举办的集医、教、研、防为一体的区域医疗中心、二级甲等综合医院；是市急救中心石景山分中心、首都医科大学教学医院、市医疗保险A类定点医疗机构。医院心内科、骨科通过区级重点学科的三年建设验收评估；肿瘤科、普外科、妇产科、急诊科和医学影像科五个院级重点学科在诊疗技术、科研能力、人才培养、科室管理等方面取得进步；组织申报的肿瘤科、妇产科、儿科、病理科四个区级重点扶持学科获得批准。医院总占地面积50108平方米，建筑总面积95048平方米（含家属院25600平方米）。编制床位600张，实际开放床位

740张,设有31个临床科室,13个医技科室,5个社区卫生服务站。现有在岗职工1467人(在编751人、合同716人),其中卫生技术人员1208人(含正高31人、副高76人、中级307人)。医疗设备总价值30236.35万元,拥有1.5T/3.0T高场超导核磁共振诊断仪、64排/后64排螺旋CT扫描机、数字成像血管造影仪、16人高压氧舱、乳腺机、SPECT/CT等万元以上设备1565台件。年内新购置医疗设备总值2018.04万元,其中万元以上设备130台件,10万~100万元设备41台,100万元以上设备3台。获全国百姓放心示范医院称号;全国节约型公共机构示范单位;被国家卫生计生委、医管局和健康报社评为改善医疗服务示范医院,刘鹏同志被评为改善医疗服务优秀管理者;获北京市节水型单位、北京市医疗保险管理服务一等奖;医院创作的《心似海洋》在北京市卫生计生系统"医路同行"青年微视频大赛中获优秀奖。

地址:石景山路24号
电话:68668131
邮编:100043
网址:www.bjsjsyy.com.cn

(靳淑琴)

【社区卫生服务】 年内,石景山医院下属社区卫生服务站全年门诊量共61863人次,总收入17251335.48元,与2015年相比基本持平。开展健康大讲堂36次,健康教育讲座10次,世界卫生日宣传活动18次,发放宣传材料16000份,受众居民3200人。为辖区内65岁以上的老年人进行免费健康体检707人次。成立健康促进科,制订《石景山医院健康促进医院工作方案》,获"健康促进医院"称号。制订《石景山医院2016年国家卫生区复审工作方案》,成立复审工作领导小组。制定《石景山医院2016年国家卫生区复审工作任务分解表》,召开复审工作领导小组会议,通过区、市卫生区专家组织的国家卫生区复审检查。远洋山水社区站获北京市人力资源与社会保障局颁发的2015年度北京市基本医疗保险定点医疗机构医保管理二等奖,永乐社区站获2015年度医保管理三等奖。

(靳淑琴)

【院感管理】 年内,石景山医院感染管理组织体系完成北京市医院感染质量控制和改进中心的各项任务,现患率调查683人,医院感染现患率为1.32%,实查率为100%;监测医院感染率为1.75%,医院感染漏报率为7.59%;目标性监测,共监测外科手术切口病例117例,感染率为0,ICU监测的中央静脉导管相关血流感染的千日感染率为0.93‰;呼吸机相关肺炎千日感染率为7.14‰;泌尿道插管千日感染率为3.42‰。疾控中心检测合格率100%。医院感染监控信息化进一步推进,实现医院感染病例和ICU目标性监测的初步导入,简化临床报告程序。日常工作中立足监测线索,全年监测采样1392件,合格率为98.92%;环境清洁度监测共采样252件,合格率53.57%,不合格率26.19%,警告率为20.24%。全年监测到多重耐药菌246例次,职业暴露28例。对56个科室或部门进行监督检查并ATP检测,发放检查记录60多张。

(靳淑琴)

【医疗服务】 年内,石景山医院起草《进一步提升医院服务水平奖励与考核暂行办法》(征求意见稿)及《全程医疗服务行为规范考核评价标准》。在门诊大厅设置总服务台,同时医保等部门关口前移至门诊大厅,方便患者。上线门诊电子病历系统,利用信息化平台的优势提高医师工作效率及确保医疗质量和增加管理手段。对门急诊楼更换全部窗户;楼体外立面改造;扩建门诊大厅;改造门诊挂号收费处;增加两部电梯等一系列改造工作,优化门诊就医环境。完善门急诊区域指向标识,增加地标及电子导航机等,在门诊及住院大厅安装全彩电子显示屏。更新官网、微信及APP等平台上各门诊科室的科室介绍、专家介绍及门诊大厅的专家墙。增设健康教育园地、健康阅览角及在各分诊台放置健康阅览架。完善门诊自助服务系统,增加药品说明书、适应症、禁忌症及注意事项等查询功能。开通短信提醒患者取报告时间及主动通知在医院遗失社保卡等物品的患者来院认领等服务。成立门诊随访中心,对患者意见和建议进行反馈。全年收到锦旗241面,表扬信2609封。

(靳淑琴)

【护理工作】 年内,石景山医院组织全院护理人员进行《护士条例》《输血管理条例》《医疗保险制度》等法律法规及院规院制培训考核,针对护患沟通技巧案例进行讲解。依法执业,为全院百余名护士办理延续首注及变更工作。落实护士分层管理及绩效考核,实行无惩罚性的不良事件上报制度,定期对不良事件进行汇总分析及反馈,修改完善质控标准。成立6个护理技术指导小组,负责对全院护理的会诊及专科指导工作。按照年初制定的计划,完成对全院各临床护理单元的护理会诊及指导工作共计60余次,院科讲课及外出学习20余次。组织开展护理工作坊等学术交流活动,在学术周护理分论坛上,4名护士长及护士在大会上针对护理前沿及学科发展等领域进行演讲及交流。从"无痛化示范病房"的管理、规范化静脉治疗、糖尿病药物注射技术指南解析、危重症病人管理及优质护理服务方面进行交流与分享。郭妍超护士长获得区护理学术论坛论文交流三等奖。邓静怡等18名护士获得区级优秀护士荣誉称号。母婴同室、心内科及神二科护理组获得石景山区"感动天使"微视频二、三等奖。组织护士节系列活动,开展为临床一线服务,促进学科发展的院领导与护士沟通会,与健康促进科共同组织50余名医护人员到远洋山水社区"服务百姓,普及疾病护理知识"的大型义诊宣传活动。迎接市公立医院专家组的督导检查,召开护理质量委员会3次,配合人事科招收2016年应届新护士35名,组织新护士的岗前培训及考核。参加市总工会举办的康复护理师技能大赛,重症医学科韩青秀晋级决赛。外派护士骨干参加各类护理专科培训百余人次。

(靳淑琴)

【科研教学】 年内,石景山医院全年举办15次大型学术活动。发表论文217篇,其中SCI论文2篇,核心期刊发表论文52篇。获批首都十大疾病科技成果推广项目1项。开展教育教学改革,获批首都医科大学校长基金1项、学生科研创新项目1项,发表教学论文1篇。组织开展继续教育活动390项,其中市级继教项目21项,区级继教项目73项,院级继教项目295项,共有23353人次参加听课。组织院内医药护技人员传染病防治知识培训53次。全院卫生专业技术人员继教学时学分达标率100%。外出参加学术会议和学习班112人次、选派20人次外出进修。接受市卫生计生委组织的全科基地动态评估。承担首都医科大学135名临床本科生的临床教学任务,完成理论授课879学时、见习带教490学时。

(靳淑琴)

【对口支援】 年内,石景山医院组织7批次23人次共114天次到房山区大安山乡社区卫生服务中心支援;接纳大安山进修医师1人次,进修共计264天次。对口支援派出临床业务骨干共157人次到八宝山社区卫生服务中心、广宁社区卫生服务中心(含下属站)及区武警支队,支援共计1837天次;接纳医联体内进修医师11人次,共计1364天次。普外科主治医师王鹏、医学影像科主治医师张祥完成为期一年的援疆工作。

(靳淑琴)

【基础建设】 年内,石景山医院投资60余万元对透析室新增面积进行装修改造;投资600余万元对发热、肠道门诊进行重建;投资16余万元对体检中心新增面积进行改造;投资200余万元对综合科病房进行装修;投资50余万元对广宁单身宿舍进行装修;投资1685万元的科研教学楼工程开工建设,且主体工程封顶。医院综合治理工程基本竣工。

(靳淑琴)

【医疗服务】 石景山医院全年门急诊143.12万人次(不含社区),同比增长2.4%,其中门诊131.17万人次,急诊11.95万人次;药品占收入比50.56%;抗菌素使用强度42.09DDD;传染病漏报率0.8%;出院病人2.18万人次,同比增长12.9%;住院病人手术例数5496例;病床使用率86.73%,病床周转次数29.42次/年;平均住院日10.76天,孕产妇死亡率0/万,新生儿死亡率1.848‰,围产儿死亡率1.848‰。开展冠状动脉斑块旋磨术、3D打印辅助肩胛骨骨折内固定术、I期输尿管镜下激光碎石+输尿管肿瘤激光切除术等新技术新项目28项。全年检查病历12556份,定期召开病案质控会,对病历检查中出现问题进行反馈。对全院进行首页书写进行培训,并考试。定期进行首页书写检查共计800余份,及时反馈督促改正。应用DRGs对医疗质量进行管理。临床路径总数73个,新开展新增加脑梗死、急性阑尾炎等病种共39个。全年临床路径入组率90%,完成率92%。业务院长查房20个临床医技科室。院内会诊3次,院外专家会诊16次。

(靳淑琴)

【预防保健】 年内,石景山医院传染病报告1668例,开展关联性传染病症状监测、流感样病例、不明原因肺炎、脊髓灰质炎、麻疹等传染病监测。针对寨卡病毒病、黄热病疫情,制定防控工作预案、组织培训及演练。死因报告875例。儿童系统管理人数202人,管理率98%,新生儿访视50人次,访视率100%。常规儿童免费预防接种1869针次、儿童及成人自费疫苗接种2643针次,老年人免费流感疫苗1790针次,外来务工人员免费麻疹及流脑疫苗接种共102针次。

(靳淑琴)

1月15日,腹部心肺复苏应用转化基地落户石景山医院 (石景山医院供稿)

## 北京大学首钢医院

【概况】 北京大学首钢医院(简称首钢医院)是一所集医疗、教学、科研、预防保健为一体的三级综合医院,始建于1949年10月。2002年,首钢总公司与北京大学签订联合办院协议,医院更名为北京大学首钢医院,成为北京大学附属医院、北京大学教学医院、北京大学临床学院,纳入北京大学附属医院管理体系,现为北京市基本医疗保险A类定点医院、北京市住院医师规范化培训基地、石景山区区域医疗中心。医院占地面积6.56万平方米,建筑面积11.7万平方米,编制床位1006张,设有36个临床科室,10个医技科室,建立中心实验室、慢性病研究所、外总实验室、化诊实验室、物诊实验室、放射诊断实验室和综合技能训练室,拥有3.0T核磁共振、640CT、ECT机、数字化胃肠机、数字化X光机等先进医学诊疗设备。职工总数1863人(其中在编职工数1073人、合同制人数790人),

其中：卫生技术人员数1496人（不包括职能处室卫生技术人员）（含正高级职称42人，副高级职称96人，中级职称461人，初级师504人，初级士169人，无职称224人）。医疗设备固定资产总值28760万元，年内，新购置医疗设备总值1807.02万元，其中10万元（含）以上设备17台（套），100万元（含）以上设备3台（套）。

地址：石景山区晋元庄路9号
电话：57830000
邮编：100144
网址：www.sgyy.com.cn

（吴妍彦）

**【机构设置】** 1月19日，首钢医院院务会议研究决定：成立北京大学首钢医院内、外、妇、儿教研室；8月12日，医院院务会议研究决定撤销慢性病研究所机构及职能；9月27日，医院院务会议研究决定成立北京大学首钢医院普通外科肝胆胰病区。

（吴妍彦）

**【医疗工作】** 首钢医院全年门急诊量1127531人次，编制床位1006张，实际开放907张，出院患者28749人次，较2015年增长10.59%；手术量6910例；病床使用率91.1%，出院患者平均住院日10.57天；全院患者药占比52%，其中住院患者药占比36%。剖宫产率，孕产妇死亡率（/万），新生儿死亡率（‰），围产儿死亡率（‰）（按照北京市卫生计生委要求已经不再进行数据统计工作）。上报试点临床路径病种26个，实施临床路径的科室14个，入径管理人数2158人，入径率52.61%，完成率86.01%。全年用血量：红细胞悬液5369单位，血浆4494单位，血小板810单位，自体输血144例，自体输血量440单位。采取网络预约、窗口预约、电话预约、诊间预约、手机APP预约和社区转诊预约等多种形式，开放号源比例70%，预约挂号人次占门诊比例约3%。门诊患者预约挂号、预约诊疗比例比2015年增长29.5%。全年新技术、新项目19项，其中，普通外科二病区的"3D腹腔镜镜下右半结肠癌并直肠癌根治切除术"获得第一名。

（吴妍彦）

**【科研工作】** 年内，首钢医院新增课题12项，其中国家重点研发计划3项，医院首次获批国家级重点研发计划项目，实现国家级重点项目零的突破；市科委"首都临床特色应用研究"专项1项；北京市委组织部人才项目1项；北京市中医局"北京中医药科技发展资金项目"1项。发表论文122篇，其中SCI文章9篇，核心期刊73篇，非核心期刊40篇。召开"科研沙龙"系列讲座18场，邀请到包括中国工程院院士、北京大学医学部主任詹启敏，北京大学医学部公共教学部副主任丛亚丽，香港大学教授罗伟伦，日本大阪医学中心教授Masayuki Ohue，韩国延世大学教授金南奎等十几位专家教授。2月27日，由首钢医院顾晋院长倡导成立的"京津冀大肠癌医师联盟成立大会暨第一届京津冀大肠癌国际研讨会"在石家庄市召开。5月20日，首钢医院在泌尿大楼八层报告厅举办"2016年北京西部医学论坛"，自2004年以来，医院已连续举办12届北京西部医学论坛。5月21日，由石景山区卫生计生委主办、首钢医院承办的"2016北京西部医院院长论坛"在首钢医院召开。6月8日，由首钢医院院长顾晋教授领衔负责的北京市科委首都特色基金重点项目——《有效提高北京地区大肠癌整体防治水平的关键技术研究》启动会在首钢医院召开。6月15日，北京市卫生计生委"建设基于社区—家庭—三级医院的恶性肿瘤联防联控示范项目"在首钢医院启动。9月29日，由首钢医院与北京石景山区影像质量控制办公室共同主办的"第五届北京西部医学影像论坛"研讨会在首钢医院举行。10月13日，第二十七届长城国际心脏病学会议英语演讲比赛在北京国家会议中心隆重举行。首钢医院心内科青年医师孟越之以《Preliminary Study on the Effectiveness of a Novel Left Atrial Appendage Occluder Specially Designed for the Left Atrial Appendage with Two Lobes in Canine Modele》为题，获得本次演讲比赛第一名。11月1日，首钢医院举行国家首个血管医学二级学科教研室揭牌仪式。12月1日，由首钢医院与北京乳腺病防治学会宣传与发展工作委员会共同主办的"乳腺癌多学科病例研讨会"在首钢医院举行。12月，北京大学首钢医院协办的中日韩大肠癌国际会议在北京举办。

（吴妍彦）

**【护理工作】** 年内，首钢医院护士数720人，注册护士数674人、合同护士数550人，医护比例0.60:1，重症监护床位数45张。本科277人，研究生及以上10人。不良事件上报率98.85%、整改率100%。"基于护士核心实践能力发展的分层级管理体系建设"获医院管理创新奖。"构建医院-社区一体化延续护理模式研究"，获石景山区卫生计生委资助7万元。在统计源期刊发表的

9月24日，首钢医院召开北京市中医学术研究会（首钢医院供稿）

护理论文数6篇。外送护士进修4人，接收进修护士4人。血透室护士2人、急诊室护士2人、静疗护士5人，骨科护士1人、肿瘤科护士1人、老年护士1人、造口护士2人和手术室护士2人，共16人参加专科护士取证培训。承担北大方正软件技术学院护理专业临床课教学共4门课300学时。

（吴妍彦）

**【基础建设】** 年内，首钢医院完成肿瘤安宁疗护病房改造、制冷站改造、职工之家和教学培训用房整体功能布局及施工改造工作。实施门急诊楼功能布局调整、装修改造和流程优化工程，对住院大楼病区照明设施进行改造。与中华社会救助基金会医基金联合启动“心音坊”公益项目，改善诊疗环境。

（吴妍彦）

**【医学教育】** 年内，首钢医院完成北医2012级生物医学英语专业教学任务和2013级海外口腔专业教学任务，共37人，935学时；完成2012级西藏大学医学院临床教学实习任务，共20人；完成2012级三峡大学医学院临床教学实习任务，共26人；完成2012级内蒙古民族大学医学院临床教学实习任务，共11人；完成2012级山西医科大学晋祠学院临床教学实习任务，共6人；完成2012级华北理工大学临床教学实习任务，共2人；其他学校学生87人。在加强本科教学的同时，医院培养硕士研究生8人、博士研究生2名。首钢医院参加北京市卫生局专科医师规范化培训的住院医师共98人，其中一阶段49人，二阶段49人。参加继续医学教育的人员977人；接收来院进修生共27人。举办短期学习班26次，参加人数5000人次。为职工举办学习班120次，参加人数平均150人/次。本年度脱产学习116人次。到院外进修10人，出国进修1人。2016年度录取研究生14人，其中硕士研究生13人、博士研究生1人。12月22－23日，北京大学第十六届青年教师教学基本功比赛（医科类）在北大医学部楼举行。首钢医院心内科青年医师王硕获一等奖以及最佳演示奖，骨科青年医师唐冲获二等奖以及最受学生欢迎奖，心内科唐强主任获优秀指导老师奖。组织院内师资培训11次，从授课示范、教学指导和教学查房等多方面。首钢医院召开《医学大家》系列讲座24次，邀请到北医三院、同仁医院和人民医院等多家医院的专家教授。

（吴妍彦）

## 清华大学玉泉医院

**【概况】** 清华大学玉泉医院（简称玉泉医院）是一所向社会开放的二级甲等综合性医院，1983年12月建院，原隶属于信息产业部。2003年4月10日划归清华大学。为医疗保险定点医院，具有高级干部医疗保健资质。被评为“爱婴医院”，妇产科获得三级助产机构资质。加入市社区服务热线呼叫系统（96156）。2012年，被市人力社保局定为市工伤保险定点医疗机构。占地面积3.264万平方米，建筑面积6.15万平方米，绿化面积近1万平方米。截至年底，员工716人，具有高级职称专家83人，其中博士生导师3人，硕士生导师6人，有9位专家享受政府特殊津贴。医院编制床位500张，现开放床位384张。医院拥有万元以上设备594台（套），包括国际上最先进的大型医疗设备和仪器，2016年引进10万元以上设备20台，40万元以上设备2台。经市卫生计生委验收批准，医院新设血库和整形美容科。医院重点学科是神经外科和妇产科。以神经外科为重点的神经科学中心，病床200张，拥有完整的神经外科学科体系：功能神经外科、小儿神经外科、脑肿瘤外科、脊髓脊柱外科、癫痫中心、神经电生理和神经调控治疗中心、脑血管病中心、神经外科急症中心、脑认知功能研究中心等等。脑科疾病治疗方面是清华大学医学院博士后流动站及博士学位授予点，也是清华大学生命科学与医学研究院——脑科学与神经疾病研究所的临床治疗中心。妇产科开设普需和特需专家门诊及VIP病房，采取医疗与保健相结合的服务模式，提供系统的孕前、孕期、产后一条龙服务。被中国妇幼保健协会授予全国首家“导乐分娩示范医院”称号。

**地址：石景山区石景山路5号**
**电话：88257755**
**邮编：100040**
**网址：http://www.yuquanhosp.com**

（于殿文）

**【医疗服务】** 玉泉医院全年门诊260733人次，比上年增加11.55%；急诊25581人次，比上年增加40.62%%；出院病人为9046人次，比上年增加18.51%；平均住院日11.98天，比上年减少0.31天；病床使用率76.28%，比上年增加5.14%；病床周转次数23.56次，比上年增加13.16%；病房手术4783人次，比上年增加16.3%；门诊手术475人次，比上年减少13.8%；急诊抢救人次为132人次，较上年减少41.6%；妇产科分娩1969例，较上年减少65.9%；健康体检15491人次，较上年减少10.1%。

（郝玉华）

**【护理服务】** 年内，玉泉医院设有护理专业技术学组3个，分别为压伤组、静疗组、呼吸机组，选派专业学组成员外出培训学习。护理部各质控组每月分别对全院各护理单元进行护理文书、消毒隔离、基础护理、病房管理、三基训练、特殊科室组的检查和督促。全年护士长夜查岗108次。护理部参加科室晨会交接班40次，组织护理业务查房4次，危重患者访视68人次，对上报的48例不良事件逐件进行分析，讨论，提出改进意见，并追踪落实情况。根据护理工作需要制定护理制度、流程、规范、标准16项，全年组织有针对性的护理继续教育讲课12场；静脉输液安全安全工作坊2次，培训护理骨干100人，规范静疗的操作与维护；参加市区级培训班、论坛46人次；护理业务查房4次；实施“年轻护士素质提高行动”，使低年资护士掌握以临床技能和护患沟通为重点的基本岗位能力。护理操作考核364人次；对全院护士分层理论考核3次678人次。举办护士长学习班一期；教学师资培训班一期；新护士岗前培训35人。接受临床实习生80人，进修生5人。举办各种评优活动，为护士创造学习交流的平台，为年轻护士成长提供条件举办纪念国际护士节表彰大会，表彰院级优秀护士23人；优秀带教老师3人；区级优秀护士人。举办教学老师授课比赛，全院19名教学老师参加授课比赛。参加区质控中心的论坛，三名护士在大会上进行论文和压伤病例的汇报，获得压伤病例竞赛一等奖，三等奖，论文三等奖。实施优秀合同制护士转为事业编制护士的政策，有11名合同制护士转正。

（王华枝）

【科研和教学】 年内，玉泉医院共发表论文70篇，其中SCI论文14篇；获得国家级继续教育项目2项，获得石景山区继续教育项目50余项；主持国家科技部重点支撑计划1项，主持国家自然科学基金1项，北京市自然科学基金1项，清华大学自主科研基金4项，其他各类横向基金3项。培养在读博士研究生8名，在读硕士研究生1名。

（王晓文）

【信息化建设】 年内，玉泉医院完成新HIS系统相关的所有科室的计算机系统升级及安装工作，同时对计算机及外设进行清理。完成检验科、B超室、核磁、CT、放射、内窥镜、体检中心等科室与新HIS实施相关的调研及协调工作。完成病案室及集采中心库房的网络系统新建、搬迁及联通调试工作。按医保要求对医院及门诊部的现有HIS系统进行接口改造，完成医保个人帐户功能的修改和现场认证工作。

（刘永庆）

【基础建设】 年内，玉泉医院医疗教学综合楼二期工程开工建设，总面积12650平方米，地上面积9542平方米，地下面积3118平方米。完成空调系统改造工程；老旧电力改造；消防系统改造工程；手术室视教系统改造四项专项修缮基金的申报。完成年度专项修缮基金项目，包括集体宿舍修缮工程、锅炉房设备采购与安装工程、病案室、数字化图书馆改造工程、照明节能改造工程、完成安防监控改造工程、自来水增容工程等。

（萧　凯）

## 首都医科大学附属北京康复医院（北京工人疗养院）

【概况】 首都医科大学附属北京康复医院（简称北京康复医院）是一所以康复医学为特色的三级康复医院，隶属于北京市总工会，由市残联和首都医科大学参与共同建设，医院同时承担首都医科大学北京康复医学院的工作。医院的前身是北京市工人疗养院，建于1955年。2013年以来，北京康复医院遵循“大康复、强综合”的学科发展模式，致力于建设首都龙头、国内领先、国际有影响力的，集康复医疗、康复教育培训、康复科学研究和康复医学工程于一体的现代化学院型三级甲等康复医院。医院位于石景山区八大处。占地面积130余亩，医疗建筑面积超过70000平方米，花园面积超过20000平方米，是首都花园式医院。医院编制床位580张。医院现有卫生专技人员近1000人，其中在各级专业学会、协会担任职务的医疗专家100余人，康复治疗师近200人。医院配备1.5T核磁、能谱分析CT和数字DR等先进医疗设备，以及BTE模拟仿真系统、三维平衡分析仪和下肢康复机器人等世界领先的康复设备，同时建有层流手术室、重症监护病房等专业基础设施。医院设置康复临床医学部、康复门诊医学部、康复医技功能部和康复医学院。其中，康复临床医学部按照人体器官功能相近系统进行分类，设置神经疾病、骨科疾病、心肺疾病、胃肠疾病、泌尿与代谢疾病、老年疾病、头颈疾病、传统中医和工伤康复等若干个康复中心和麻醉科；康复门诊医学部设置门诊、急诊、口腔科、妇科和颈肩腰腿痛康复诊疗科、劳模健康管理中心、社区康复中心和远程健康服务中心；医技功能部设置康复诊疗中心、放射科、超声科、检验科、心电功能科和药剂科；康复医学院包含康复治疗学和假肢矫形两个本科专业。医院拥有国内一流的康复诊疗中心，其业务面积超过7500平方米，配有1200多台件国内外先进的康复设备，总价值近1.5亿元。中心包含康复评定、运动疗法、作业疗法、物理治疗、传统中医康复、言语康复、水疗、儿童康复和心理康复等亚学科，设有运动分析实验室、职业康复评定与训练实验室、平衡姿势平复与训练实验室、认知功能评估实验室、心肺功能评估实验室、无创脑刺激治疗室、手法治疗室、中低频电疗室、光治疗室、电磁与声波治疗室、高频治疗室、生物反馈治疗室、冷热治疗室、综合水疗室、智能康复训练室、运动功能训练室、手功能训练室和文体治疗室，满足康复评定与训练、教学培训与科研的需要。

地址：石景山区八大处西下庄

电话：56981555（医院办公室）

　　　56981158（门诊咨询）

邮编：100144

网址 www.bjkfyy.com.cn

（王梓钧）

【医疗服务】 年内，北京康复医院成立工伤康复中心，出台工伤康复委员会管理制度及工伤康复医疗质量考核办法，全年共收治工伤医保1186人次，工伤康复372人次。3月，冠心病介入治疗、电生理起搏治疗、电生理射频治疗3项技术通过北京市卫生计生委组织的专家评审；5月，成立石景山区唯一一家老年综合评估中心，中心设在老年康复中心，日常生活能力评估室（ADL）设在康复诊疗中心。6月，冠心病介入诊疗技术获技术准入，DSA正式投入使用。截止年底，开展心脏介入、神经介入、外周血管介入手术50余台次，患者术后康复良好。组建远程文字健康指导和语音视频健康指导的网络平台，已通过运用医师端APP及电脑网络开始提供远程健康指导咨询服务。经过区卫生计生委的核准，北京康复医院开始承建苹果园四区社区卫生服务站。全年组织召开医护技药协调会32次、月医疗质量分析例会11次。组织全院疑难病例讨论讲坛活动3次，提高医师的临床思维能力。全年上报医疗安全不良事件116例，医疗器械不良事件54例。组织开展年度新技术、新业务的申报与评审工作，经评审共立项30项。经区卫生计生委评选，宁煜主任医师诊室获批石景山区名中医传承工作室，并获资助建立宁煜主任名医传承工作站。经北京肛肠学会评审，认定医院胃肠康复中心为石景山区唯一一家“李东冰教授肛肠工作站”。康复医学科通过区卫生计生委重点学科建设年度评估。经区卫生计生委评审，口腔科成为区级扶持重点专科。

（王梓钧）

**【管理改革】** 年内，北京康复医院成立信息化建设领导小组，保障和推进医院信息化建设。9月，上级医保部门下发关于个人账户封闭工作的通知，按照时间节点要求，医院启动新门诊系统建设。完成近25万项基础数据的梳理；高级用户对门诊医生180余人次开展2轮培训及考核；门诊部新开设实名制挂号建卡处；完成500条标准数据测试，组织通过市、区两级医保工伤认证，实现门诊业务新老信息系统切换。完善内控制度，增订合资合作、专项资金、重大项目评审等管理制度5项。严格执行国家税改政策，调整医院税费管理，完成“营改增”的税改工作。

（王梓钧）

**【对口支援】** 年内，北京康复医院组织医务人员到五里坨社区卫生服务中心、房山区韩村河社区卫生服务中心及其所辖村级卫生服务站开展对口支援工作。全年共派出医护人员51人，支援天数117天，就诊人数达1114人次。

（王梓钧）

**【护理服务】** 年内，北京康复医院召开护士长质量分析会议12次，组织护理质控小组进行季度质量检查，先后组织4个护理质控小组完成消毒隔离、急救药械、护理文书等9项护理工作的检查。组织开展业务学习8次、业务查房4次、各年资护理人员座谈会5次。完成护理人员三基三严考核378人次，操作考核成绩及格率98%，理论成绩及格率95%。全年共有17名护士自学通过康复治疗师考试，并定期外送护理人员参加康复护理专科学习。接收实习护士24名，并按照流程安排实习带教工作。组织护理骨干对护工进行理论和操作培训18次、操作考核7次，并开展“患者最满意护理员”评选活动。

（王梓钧）

**【预防保健】** 年内，北京康复医院完成传染病规范化管理、疫苗常规接种及应急接种、妇女保健、精神卫生管理、计划生育管理及职业病管理等相关工作。全年院感发病率为1.43%。组织传染病相关知识培训13次，参加培训3000余人次；到社区开展疾控健教宣传11次。协助区质控办对石景山区30家医院及美容机构进行专项督导检查。通过市卫生计生委医疗废物专项检查、区卫生计生委公共卫生工作绩效考核和区医院感染质控办环境卫生学年检。

（王梓钧）

**【科研教学】** 年内，北京康复医院获批省部（市）级科研课题3项、区级科研课题3项、吴阶平医学基金会科研项目5项；医院利用自有经费，资助院级课题立项13项。在研课题共计58项。全年共发表学术论文83篇，同比增长54.7%（其中，核心期刊论文47篇；SCI论文1篇，实现SCI文章零的突破）。医院专家在期刊杂志任职13人次，行业学会任职146人次。2016年度获批国家级继续教育项目5项、市级12项、区县级17项。安排职工外出学习、参加学术会议67人次、进修14人次。顺利完成2015—2016学年实习生带教工作，接收2015—2016学年各专业实习进修生122人。北京康复医院在成都与中国康复医疗机构联盟联合主办第二届中国康复论坛，论坛共征集国内外高水平学术论文300余篇，80余位国内外知名康复专家到会进行专题讲座和学术交流。北京康复医院承办北京市第四届职业技能大赛——首届康复护理师技能比赛。大赛共有59家医疗机构，509人报名参赛，北京康复医院有6名护理人员进入决赛前十名，并取得第一名和第三名的好成绩。第一届三维数字化HTO保膝治疗手术演示及技术研讨会于7月在北京康复医院举办。研讨会围绕免置换3D打印HTO技术治疗膝关节退变性关节炎等焦点展开研讨；北京康复医院成功开展中国大陆首例截骨保膝手术，在大会作经验交流。举办“首届康复治疗技术培训班”，接收首医大康复治疗学专业学生22名，通过首医大硕士点评估，成为首医大康复医学与理疗学硕士培养点，并将于2017年开始招收全日制硕士研究生。现有教授1人，副教授10人，讲师6人，师资队伍共70余人；其中，正高职称占26%，副高职称占17%，中级职称占57%。

（王梓钧）

**【公益服务】** 年内，北京康复医院持京免挂号费就诊项目完成15132人次；职工身体健康功能评估助推项目完成39725人次；劳模体检完成2511人次；市困难职工健康体检完成2714人。北京康复医院开展晕动症免费治疗105人次、眼底病免费筛查171人次。与京能集团石景山热电厂签订双方共建康复基地协议，联合市总交通工会开展首都出租司机职业病免费筛查项目；为边远的企业职工提供上门的健康服务。启动石景山残联居家康复项目和门头沟区残联残疾人培训项目，并分别完成康复评估2280人次、培训2000人次。完成朝阳区残联关于肢体残疾人居家康复指导服务质量评估项目，共评估残疾人70人。联合石景山区培智学校创新开展康教结合特教学校教学模式，每周派出康复治疗师定期到石景山区培智学校，为学校残障儿童提供水疗、言语认知等康复治疗和康复评定，已完成8184人次。北京康复医学院特殊教育学校为80余名孤独症儿童提供康复咨询、评估、教育干预和家长培训等服务。完成医疗保障42次，累计派出医护人员193人次、保障人数近13070人次。组织“服务百姓健康行动”等多种形式的义诊活动16次，累计为周边社区居民进行健康体检和健康咨询近3287人次，组织医护技人员义诊近200人次，发放资料3570份。

（王梓钧）

**【建设项目】** 年内，北京康复医院康复病房危房改造工程，新建和改建面积共计 2467 平方米，112 张住院床位已投入使用；住院病房楼危房改造工程完工，占地面积约 2000 平方米，新建康复床位 220 张；劳模健康管理中心候诊大厅改造工程，新增 900 平方米场地，采用玻璃幕墙进行封闭，建成后可满足 200～300 人候诊；园林绿化工程，新增绿化面积 4700 平方米，总体工程进度完成 85%。

（王梓钧）

## 中国医学科学院整形外科医院

**【概况】** 中国医学科学院整形外科医院（简称整形外科医院）于 1957 年由著名整形外科专家宋儒耀教授创建，医院占地 10 万平方米，经过 50 年发展，现已成为集医疗、教学、科研于一体的整形外科三级甲等专科医院。系国家卫生部直属单位之一，是北京协和医学院临床教学医院，设整形外科研究所，是《中华整形外科杂志》的编辑出版单位。医院现有职工 841 人（在编职工 499 人，派遣制员工 342 人），其中具有正、副高级职称人员 111 人，中级职称人员 198 人。开设床位 328 张，包括普通整形外科、现代美容外科、皮科等 25 个特色中心。在平安大街开设平安门诊部，在国贸中心开设北京医科整形美容门诊部。研究所设有研究中心，下设分子生物学实验室、细胞生物学实验室、组织与免疫化学实验室、动物实验室和解剖实验室。院所是北京协和医学院整形外科学、麻醉学和生物化学与分子生物学的博士研究生和硕士研究生的培养点，口腔学的硕士研究生的培养点。也是卫生部整形外科专业进修生的培训基地。成功举办第八届国际美容整形外科高级研讨会暨第八届宋儒耀青年医师论坛。举办第一届中整协内窥镜整形分会学术年会暨首届全国内窥镜隆乳手术演示会和中华整形外科协会皮肤美容分会皮肤美容论坛。自 1979 年恢复建院以来共接待国际整形外科专家 300 余人，举行大型国际学术会议 20 次，参加人数达 6000 余人。

**地址：石景山区八大处路 33 号**
**电话：88964826**
**邮编：100144**
**网址：http//www.zhengxing.com.cn**

（郝亚利）

**【医疗工作】** 整形外科医院全年门、急诊 155875 人次，比上年增长 14.91%；入院 12548 人次，比上年减少 4.1%；床位使用率比上年增长 0.78%，平均住院日 6.43 天；门诊手术 38298 例，比上年增长 16.74%；住院手术 10652 例，比上年减少 3.83%。七日确诊率 100%，出入院诊断率 100%。新增 9 个病种临床路径表单，并上报国家卫生计生委。临床路径共有 9 个病种入组，入组病人 2167 例，入组率 87.9%。全年输血 32 人，输血 76 单位，其中输悬浮红细胞 54 单位，输血浆 22 单位。自体血采集 54 人，采血 90 单位。自体输血 19 人，自体输血 35 单位。自体输血率 31.5%。完成病案质量检查 12527 份，达到病案抽查率 100%。甲级病案率首次达到 99% 以上。全年无丙级病历。通过电话、官网客服、官网自动平台、微信和 114 平台进行预约挂号；预约挂号人次占门诊总人次的 39.2%。

（郝亚利）

**【护理工作】** 年内，整形外科医院有护士 260 人；医护比例 19∶26。开展 20 项护理不良事件监控指标和 28 项护理质量监控指标的监控工作，每月组织 1 次不良事件分析会。开展责任制护理服务模式，新增设延续护理项目，出院回访率不低于 10%。对低年资护士院内轮岗培训，两个院区轮岗 107 人次。培养危重症专科护士 1 人，取得北京护理学会危重症护理专科证书，填补整形外科医院专科护士的空白。完成各护理层级的培训与考核和再授权工作。

（郝亚利）

**表 10　整形外科医院 2016 年科研基金情况表**

| 基金类别 | 级别 | 申请数量 | 中标数量 | 金额（万元） | 在研课题数 | 结题数 |
|---|---|---|---|---|---|---|
| 协和青年项目 | 院　校 | 14 | 8 | 90 | 9 | 9 |
| 首都特色医疗项目 | 省部级 | 11 | 4 | 147 | 5 | 4 |
| 国家自然基金 | 国家级 | 27 | 3 | 176 | 17 | 5 |
| 北京“设计之都”建设专项设计 | 省部级 | 4 | 2 | 165 | 0 | 0 |
| 医科院医学与健康科技创新工程“重大协同创新项目” | 院　校 | 8 | 7 | 390 | 0 | 0 |
| 首都卫生发展科研专项 | 省部级 | 10 | 1 | 47 | 0 | 0 |
| 科技部国家重点研发专项 | 国家级 | 6 | 1 | 120 | 0 | 0 |
| 协和学者与创新团队发展计划 | 院　校 | 1 | 1 | 100 | 1 | 0 |
| 北京市自然基金 | 省部级 | 9 | 0 | 0 | 1 | 0 |
| 卫生计生委公益行业专项 | 省部级 | 0 | 0 | 0 | 2 | 0 |
| 院所基金 | 院　所 | 0 | 0 | 0 | 56 | 0 |
| 合计 | | 90 | 27 | 1235 | 91 | 18 |

**【科教工作】** 年内，整形外科医院新增博士生导师 1 名，硕士生导师 2 名。毕业博士研究生 28 名，硕士研究生 9 名。本年度录取研究生 61 名，其中博士研究生 35 名，硕士研究生 26 名。举办 41 项国家级、14 项区级的继续医学

教育讲座。举办8次自管项目讲座，培训共计2300余人次，全院继续教育学分审核通过率100%。全年接受来自全国各地的两批进修医生共98人。继续执行优秀青年医师培养计划。自2009年起已派出37人次青年医师出国进修学习，现有35名医师已学成归国，2名医师仍在国外学习。至此选拔的五批优青计划人选（共计49人）出国率已达到77.5%，学成回国率达到94.6%。发表SCI论文111篇，核心期刊68篇。获批新型专利9项。1人获得省级科学技术发明一等奖、1人获得中国整形美容协会创新奖。

（郝亚利）

【信息化建设】 年内，整形外科医院信息化建设总投入600余万元。在软件系统建设方面，完成电子病历系统、手术麻醉系统上线实施。升级用友财务系统、久其物资管理系统和门诊呼叫中心系统。完成医院APP系统第一期建设。在网络硬件系统建设方面，完成临床信息系统、手术室无线设备、安全设备、服务器硬件设备的设置安装以及网络设备更新等工作。

（郝亚利）

## 中国中医科学院眼科医院

【概况】 中国中医科学院眼科医院（简称眼科医院）于1986年经卫生部批准兴建，建立于1994年9月，是集医疗、科研、教学为一体的中医、中西医结合非营利性三级甲等医院（专科）。年内，眼科医院先后成立挂号收费科、住院结算科、统计科、采供科、立眼表疾病科。眼科医院改扩建项目取得北京市卫生计生委《关于对中国中医科学院眼科医院改扩建项目意见的复函》，结合国家京津冀一体化的需求，在改扩建项目中维持现有开放床位400张的规模，编制完成《中国中医科学院眼科医院改扩建项目调整方案》，经院务会同意并通过职工代表大会审查，已上报至国家中医药管理局，申请上报国家发改委立项。新招聘、录用的40余名职工中，专业技术人员占85.20%。现有卫生技术人员共431人，其中，正高级职称36人，副高级职称36人，中级职称95人，初级师169人，初级士95人。设备总价值11876万元，新购置设备总金额1021万元。眼科医院共为366名医务人员投保医责险，投保金额312230.9元。共接待处理来访患者75起，其中投诉52起、建议18起、帮助5起。接12320投诉热线5起、转医调委10起、诉讼3起。赔偿金额336268.8元整，其中医责险报销268501.31，实际赔偿67767.49元。

**地址：石景山区鲁谷路33号**

**电话：68688877**

**邮编：100040**

**网址：www.ykhospital.com.cn**

（陈结凤）

【改革与管理】 年内，眼科医院以创新为主题，开展“职能处室月度创新沙龙活动”。开展“学习年汇众智”活动，组织周（月）讲活动29次。开展青年医师手术师承工作，4名跟师医师顺利出师。持续推动中医传承工作室建设，14个工作室获得石景山区名中医传承工作室立项资助。开展名老中医查房工作；重视临床医师“基本功”学习，在中医科学院组织方剂背诵考核中居四家医院之首。召开学科分化专题沙龙，制定眼科医院学科分化整体工作方案，进一步细分眼科亚专科。办理多点执业医师8名。

（陈结凤）

【医疗服务】 年内，眼科医院出院9047人次，病床周转次数28.09，床位使用率96.11，平均住院日12.6。住院手术例数8671。消渴目病科、目系眼病科、内障眼病1科、圆翳内障科、内障眼病2科、内科、骨科、门诊眼科、视光科9个科室均开展临床路径工作，涵盖消渴目病（糖尿病视网膜病变）、青风内障、青盲、视瞻昏渺（年龄相关性黄斑变性）、高风雀目、白涩症（干眼症）、暴盲、脾瘅、血浊、精浊病、腰椎间盘突出、目痒、近视、肝劳、聚星障、视瞻昏渺（高度近视单纯型黄斑出血）16个病种。预约挂号87173人次，占门诊总人次比例22.54%。预约方式有“中国中医科学院眼科医院”手机APP、北京市预约挂号统一平台、电话预约、北京114预约挂号、微信公众号、医生工作站（诊间预约）、窗口预约。接受各地上转来院患者300余人次，下转至二级医院及社区卫生站等患者1000余人次。眼科医院药占比58.69%，门诊药占比71.34%，住院药占比40.40%。预防使用抗菌药物术前0.5～2小时内给药百分率及Ⅰ类切口手术预防使用抗菌药物时间≤24小时的比例达标。全年抗菌药物门诊使用率2.60%，急诊使用率0.00%，住院患者使用率9.40%。

（陈结凤）

【对口支援】 年内，眼科医院派出援疆人员2人。分别与河北秦皇岛中医院、山东临沭县人民医院、宁夏自治区人民医院、宁夏自治区中医院、河南周口市眼科医院，内蒙古乌海市蒙中医院、河北徐水区中医院、山西五寨县人民医院、门头沟区中医院9家医院签订对口帮扶协议，开展义诊、疑难病例讨论，手术、教学查房、接收进修人员学习等多项帮扶工作。

（陈结凤）

【护理工作】 年内，眼科医院有护士173人，其中本科学历108人，研究生及以上学历2人。医护比例为1:0.9。全年病人护理工作满意度98%。全年发生不良事件25件，上报25件，全年不良事件上报率、整改率均达到100%。

（陈结凤）

【科研与教育】 年内，眼科医院申报各级各类课题24项，中标课题9项。共获经费资助399万元。其中，国家自然科学基金2项，北京市科委资助项目2项，首都卫生发展科研专项3项。在研课题39项、结题数8项。全年获奖课题3项，其中获得中国中西医结合学会三等奖1项，中华中医药学会科学进步二等奖1项，石景山区科学技术奖三等奖1项。获实用新型专利（眼科眼底术后用面枕）1项。国家中医药管理局三级实验室1个。国家临床重点专科1个，国家中医药管理局重点专科4个，北京市重点专科4个（含特色诊疗中心）。按照北京市中医局要求，进行北京市重点专科（含特色诊疗中心）自查工作，提交自查报告，进行现场答辩，通过验收。眼科医院作为眼科重点专科协作组组长单位，组织协作组成员进行优势病种中医诊疗方案和临床路径的修订工作。眼科医院参加继续教育384人，每人持学分卡，通过继续医学教育管理系统－ICME进行管理。录取研究生13人，其中博士研究生4人，硕士研究生9人。年内，院外进修9人。选派2名医师去国外进修。（注：以上数据不含护理人员数据。）

（陈结凤）

**【学术交流】** 年内，眼科医院接待韩国、克罗地亚、印度尼西亚等国家专家学者47人次。办理因公出国5人次。4月，眼科医院邀请美国太平洋大学和南加州大学视光学院ERICKSON教授来院作“斜视患者知觉训练”学术交流。眼科医院与挪威圣·奥拉夫眼科诊所签订合作备忘录，加强双方在中医、中西医眼科临床、科研、教学及中医文化传播等方面合作，6月，眼科医院在挪威建立北欧眼科中心。与北京丝路文化国际交流中心签署战略合作协议，传播“中国中医药文化”。接收中国中医科学院研究生院、天津中医药大学、首都医科大学、潍坊医学院、辽宁何氏医学院等高校的研究生及本专科生实习77人次。

（陈结凤）

**【信息化建设】** 年内，眼科医院对信息化建设总投入350余万元，开展预摆药系统建设工作，实施全院无线网络覆盖系统，推进医院智慧医疗移动APP上线工作，推行OA的实施。开展门诊诊间预约，门诊医生可以通过门诊医生站为患者预约挂号。开展京医通工程上线准备工作。在特需门诊、京西国医馆、屈光手术科门诊、视光中心、骨科门诊等科室安装门诊叫号系统及医生简介显示屏，保障自主挂号缴费机的正常运行。在全院实施移动护理系统及护理管理系统，实现护理工作无纸化及自动化。改造医院中心机房，增加服务器机柜30个；现有服务器50余台，新增气体消防设施，新增两台大型精密机房恒温恒湿空调等设备。更换医院二级交换机48台，调整全院的综合布线，巡查医院所有信息点并标记备案。

（陈结凤）

## 首都医科大学附属北京朝阳医院（西院）

**【概况】** 朝阳医院是集医疗、教学、科研、预防于一体的三级甲等综合医院，三级甲等综合医院，系市医院管理局直属医疗机构、首都医科大学第三临床医学院、北京市医疗保险A类定点单位。2004年12月31日，原中铁建职工总医院整体划转市卫生局后并入北京朝阳医院，命名为首都医科大学附属北京朝阳医院（京西院区），以下简称朝阳医院西院。2005年5月19日正式开院。院区位于京原路5号，占地面积5.9万平方米，建筑面积7.6万平方米。编制床位500张，开放床位486张。截至年底，医疗设备总价值11982万元，其中10万～100万元设备235台，100万元以上设备21台。新购置医疗设备总值1050.2万元。在册员工1089人，其中：副高级以上职称99人，占总人数9.09%、中级234人，占总人数21.4%；博士学位57人，占总人数5.23%；硕士学位221人，占总人数20.2%。

**地址：石景山区京原路5号**

**电话：85231000**

**邮编：100020**

**网址：http://www.bjcyh.com.cn**

（茹立超 肖久庆）

**【改革与管理】** 年内，朝阳医院西院进行医保信息互联互通改造，开通自助机具服务项目，减少患者等候时间。加强合理用药监管，落实医药分开。完善合理用药绩效考核方案、加强科室指标反馈、加强辅助用药管理及科室用药情况专项点评五项措施，督促合理用药工作的落实。作为医联体牵头单位，加强与成员单位合作，推进分级诊疗机制的建立。医联体数据汇总上报，上转患者1017人，下转311人。组织社区讲座51次，包括鲁谷、西山、中础、五里坨、201所、阎村等社区，其中包括三次区级继续教育项目讲座，涉及专业有内科、外科、皮肤科、妇产科等多个学科。

（茹立超 肖久庆）

**【医疗服务】** 年内，朝阳医院西院门急诊总量1088875人次，同比增长6.48%；出院患者19800人次，同比增长6.59%；专家门诊量增长11.57%；平均住院日8.70天；大中手术比例由76.43%增至78.11%，病房手术8399次，同比增长9.43%，预约就诊率迅速提升到80%以上；病床使用率96.99%，同比上升5.25个百分点。受理各类投诉246起，同比上升18.3%。切实为患者减负全年门诊医保患者73.36万人次、同比增长7.4%，次均费用348元，住院次均费用17263元。监测医院感染病例244例，发病率为1.23%，漏报率为2.04%。监测手术部位感染及围手术期预防用药8399例，手术部位感染13例，感染率为0.16%；I类手术感染率为0.13%，上报法定及重点管理传染病918例，无漏报病例，传染病网络直报合格率100%。安排各级医师出诊、义诊、讲课，全年义诊74次，接受义诊服务1397人次；健康讲座96次，受益群众4886人次，发放各类宣传资料2800余份。免费接收南水北调对口协作单位、北京市卫生计生委指派的青海玉树地区4名医疗骨干进修培训；协助推进医联体建设，免费接收社区帮扶项目5名医师进修培训；在区内加强医联体合作，集中接收石景山区中医医院8名医护人员进修培训。分娩量1452人次，同比增长43.62%，建档量1469人次，剖宫产率38.09%，同比降低4.84%。经市卫生计生委、市发改委、市财政局等多部门联合批准朝阳医院西院购买医疗用房，建立“妇儿诊疗中心”，开设妇产科及儿科床位约300张。

（茹立超 肖久庆）

**【护理服务】** 年内，朝阳医院西院开设“母乳喂养门诊”和“PICC置管与维护门诊”两个护理门诊。医院门诊内全部实行无针一体化输液。全年住院患者满意度为99.88%，门诊患者满意度为

99.80%，全年患者提名表扬护理人员744人次，收到表扬信17封，锦旗20幅。举办市、区、院级课程及各类学术讲座40余次，累计听课人数达到4270人。

（茹立超 肖久庆）

【科研教育】 年内，朝阳医院西院发表科研论文98篇，其中，SCI论文18篇，中华类期刊31篇。课题立项18项，其中省部级2项，局级8项，院级8项。立项资助金额283.8万元。承办《中华疝和腹壁外科杂志》期刊。朝阳医院西院担任首都医科大学、北京卫生职业学院、首都铁路护校从专科到研究生各项教学任务。完成首都医科大学、北京卫生职业学院、首都铁路护校从专科到研究生各项教学和实习任务。全年举办各级继续医学教育活动51项，累计参加学习11515人次。对新入职住院医师进行院内法律法规培训、传染病培训、相关政策培训、上岗前技能培训及考核。

（茹立超 肖久庆）

【社区医疗】 年内，朝阳医院西院社区卫生服务机构门诊量223470人次，全科预约15811人次。撰写鲁谷社区2013－2015年常规数据统计分析报告17738字，并在评比中获得第一名。截止年底，累计建立居民健康档案39369份，居民电子档案22870份，当年新建档案2838份，目前已经达53%。

（茹立超 肖久庆）

## 首钢矿山医院

【概况】 首钢矿山医院始建于1959年，由首钢矿业公司管理，是北京市二级甲等医院、医保定点医院、工伤医疗保险定点医院、职业健康检查定点医院、爱婴医院、石景山区大病统筹定点医院、唐山市医保定点医院、华北煤炭医学院定点教学医院。医院占地39324平方米，建筑面积25590平方米，设有临床、医技科室18个，职能管理科室6个，后勤服务科室1个。现有职工292人，其中卫生技术人员257人（含副高29人、中级111人、初级120人），行政管理人员16人，工勤人员15人，其他技术人员4人。有CR机、16排CT机、高千伏X光机等医疗设备300台（件）。固定资产原值8270.26万元，净值4282.72万元。年内新购置医疗设备46台（件），价值297.89万元。

地址：河北省迁安市首钢矿业公司
电话：0315－7710856 7713124
邮编：064404

（魏 娟）

【改革与管理】 年内，首钢矿山医院转变经营管理理念，加强设备投入使用，提高疾病诊断水平，利用化学发光仪开展激素水平测定、肿瘤标记物检查，填补医院的空白。开展物资比价采购，破除保留原有试剂品牌的惯性思维，对体外诊断试剂及耗材进行全品种比价，降低采购成本约30万元。改变传统的中药配方调剂方式，引进小包装中药饮片，实现“数包”配方，既提高中药饮片的质量，又提升利润空间。完善核算分配方案，发挥指标考核对收入结构的调整作用，并将指标考核得分与核算效益挂钩，改善医疗收入结构。

（魏 娟）

【医疗服务】 首钢矿山医院全年门诊190434人次，急重症抢救77人次，抢救及时率100%。床位255张，入院3411人次，出院3335人次，床位周转次数13.08次/床，床位使用率60.7%，平均住院日16.68天，住院患者好转率98.41%。无孕产妇及新生儿、围产儿死亡。医生工作站上线以来，定期检查指导各基层科室电子病历运行情况，召开病历质量专题会，集中解决在电子病历中存在的共性问题。制定《矿山医院电子病历管理制度》，在全院开展病历书写联查，对普遍存在的问题，制定整改措施，跟踪整改效果，杜绝问题重复发生。落实感控及传染病监测，针对不同岗位、不同人员组织开展感控知识宣传、培训及竞赛活动。年度医院感染发生率0.5%，无医院感染暴发流行。

（魏 娟）

【护理服务】 年内，首钢矿山医院加大临床护理工作的检查与指导力度，归纳整理、整改落实护理问题36项，组织护理质量及护理安全分析会6次。围绕临床工作重点，选拔优秀护理人员进行全院理论授课及操作示范。为配合开展CT血管成像新技术，逐个科室组织实操演练。加强基础工作管理，推行物资、设备、药品等标识化管理，做到取放定置。公开竞聘挂职护士长，经过选拔7名优秀护理人员被安排至临床科室挂职锻炼。

（魏 娟）

【科研教育】 年内，首钢矿山医院有4篇论文在科技核心期刊杂志上发表。开展三维腰椎牵引配合“三联疗法”治疗腰椎间盘突出症、针刺百会和照海穴治疗椎动脉型颈椎病等多项新技术、新项目。有2项课题分别获矿业公司“优秀科技项目科技成果类三等奖和四等奖”。首钢矿山医院全年组织院部培训60余次，外请技术专家授课2次。以临床医疗、护理专业为主，制订青工技能比赛活动和奖励方案，在35岁以下青工中开展技能比赛活动，按季组织理论和技能操作比赛。组织参加工作不满5年的人员与高年资医务人员签订师徒协议18对，围绕专科建设，选拔技术骨干到北京三级医院进修肛肠外科、血液透析、外周静脉置管等技术。

（魏 娟）

【体检服务】 年内，首钢矿山医院严格落实《北京市医疗机构健康体检质量管理与控制》要求，对体检全流程进行对标检查，将存在的问题落实整改，通过职业健康检查资质年审。改变以往固定的体检项目，提供职工健康体检、女工体检套餐服务，由职工本人根据健康状况，选择体检套餐。建立职工体检候检室，配备电视、座椅、空调等设施。完成矿区中、高招体检工作，并获“2016年度中招体检工作先进单位”称号。

（魏 娟）

北京石景山年鉴

2017 BEIJING SHIJINGSHAN NIANJIAN

# 体育

石景山区体育局(简称区体育局)是负责全区体育工作的区政府职能部门。年内,落实全民健身国家战略,以群众需求为导向,构建亲民便民利民的全民健身服务体系。更新全民健身设施,建设各类专项球类场地,丰富公共体育设施种类;组织社会体育指导员培训,推进单项协会的实体化进程;联合街道社区、机关及企事业单位、社团组织,举办阳春社区体育节、金秋体育盛会、全民健身日、老山骑跑挑战赛等竞赛活动和全民健身大讲堂、体育公益社区行,满足群众健身需求。新创建"北京市体育生活化社区"5家,推进"奥林匹克·体育生活化社区"升级,其中:体育生活化社区一期工程基本完工,覆盖苹果园街道14个社区;二期工程取得市发改委推进建设任务的批复,涉及八宝山、老山等8个街道的23个社区。调整项目布局,重点发展射箭、体操等优势项目和冰雪、三大球等潜力项目,增设速滑项目;区籍运动员在国内外及全市重大竞赛取得佳绩。联合组织全区"三大球"校园联赛,组建下届市运会"三大球"项目区代表队和冰雪项目运动队,促进青少年健康成长,培养体育后备人才。发展奥运场馆体育产业联盟,承办中国篮球职业联赛、北京国际武术邀请赛等品牌赛事,提升竞赛组织水平和场馆经营效益,推动赛事经济。利用山水资源开展骑行、马拉松等户外运动项目赛事,壮大户外运动消费群体,形成产业集聚。发展冰雪体育,研究制定冰雪体育发展规划;举办冰雪嘉年华、大众冰雪体验活动;组织"徒步石景山 奔向2022"全民健步走活动;成立冬季运动协会,组织骨干参加冰雪项目培训,开展冰雪运动推广与科学健身指导宣讲活动;吸引冰雪企业入驻,引入民间资本投资冰雪运动。与河北保定签订体育战略合作框架协议,联合举办石景山-保定自行车耐力骑行活动等竞赛,搭建合作平台,深化京津冀地区体育合作与交流。

**地址:石景山区石景山路32号**
**电话:68878705**
**邮编:100043**

(贺琼瑶)

## 群众体育

### 概　　述

年内,区体育局申请彩票公益金,对超过使用年限的健身器材进行更新,加大对乒乓球、羽毛球、篮球、足球等项目的专项场地建设,细化全民健身设施登记管理,截至年底,全区全民健身路径工程达297套,全民健身专项场地32片。全年以阳春社区体育节、金秋体育盛会两大品牌活动为龙头,联合相关部门和社会力量,举办冰雪世界嘉年华、京冀空竹交流大会、"三大球"进社区、老山骑跑挑战赛等竞赛活动。联合街道社区开展全民健身大讲堂、体育公益社区行活动,普及健身知识。与河北省保定市体育局签订两地体育战略合作框架协议,搭建合作平台,联合举办京冀空竹交流大会、石景山-保定自行车耐力骑行活动等竞赛活动,共创两地城市体育生活圈。推进体育生活化社区建设,组织5个社区申报并获得"北京市体育生活化社区"命名,推进"奥林匹克·体育生活化社区"升级,截至年底,全区"北京市体育生活化社区"有141家;"奥林匹克·体育生活化社区"升级一期工程基本完工,覆盖苹果园街道的14个社区;二期工程取得市发改委关于推进建设任务的批复,涉及八宝山、老山等8个街道23个社区,建设内容包括场地改造、健身设施及宣传标识系统等。完成区体育总会换届,成立北京首家区级龙舟运动协会,并筹备成立区冬季运动协会,推进单项协会的实体化进程,引导羽毛球、自行车等运动协会举办专业竞赛,吸引群众参与。截至年底,全区社会体育指导员注册人数1454人,全民健身团队达194支,其中玉泉西里西社区健身舞步队、金顶街街道翠微太极拳辅导站、鲁谷社区健身柔力球队等54支队伍被授予"北京市优秀全民健身团队"称号。

(贺琼瑶)

**【冰雪世界嘉年华】** 1月22日,石景山区冰雪世界嘉年华在莲石湖公园举行。活动以"走进石景山 为北京冬奥加油"为主题,设置雪地坦克、旋转飞碟、雪地迷宫、传统冰滑车、雪地DIY等冰雪体验项目,并在莲石湖公园设置冬奥宣传展板和道旗,推广冬奥知识、冰雪体育项目、冬季科学健身等内容。嘉年华启动仪式上,冰雪运动爱好者宣读倡议书,全区干部职工、社区居民约500人参加冰雪体验活动。

(贺琼瑶)

**【阳春社区体育节】** 3月26日,第31届阳春社区体育节启动仪式暨"湖动长安 快乐悦跑"首届电建地产慢跑活动在莲石湖公园举办。活动路线为环莲石湖一周,来自全市各区、企事业单位共900余名长跑爱好者参加。本届阳春社区体育节以"体育生活化、健康社区行"为主题,系列活动持续至6月底,以社区居民为参与主体,依托各街道社区和单项协会,组织开展趣味运动会、广场舞、登山、乒乓球、健步走、全民健身大讲堂等多项活动,包括区级活动4项、街道级活动17项、社区级活动122项,覆盖2万余社区居民。

(贺琼瑶)

**【京冀空竹交流大会】** 4月8日,京冀空竹运动交流大会在国际雕塑公园举办。来自河北省保定市空竹运动协会的20余名空竹高手与区空竹运动协会成员同台进行单人表演、双人对抛、集体表演等项目的技艺交流与展示,吸引百余名市民观看。该活动是第31届阳春社区体育节系列活动之一,旨在以空竹展示为载体,为京冀两地健身爱好者搭建交流平台。

(贺琼瑶)

**【区体育总会换届】** 4月13日,区体育总会换届大会在石景山体育馆新闻发布厅举行。大会审议通过区体育总会第五届委员会工作报告、第五届委员会监事会报告、第六届委员会章程以及组织机构建议名单等文件。经集体表决,徐春生当选区体育总会第六届委员会主席,苏昊、尹群等当选副主席,陈反修当选秘书长,董雷当选监事长。区体育局、区委宣传部、区总工会、团区委等区内相关单位以及国家体育总局自行车击剑运动管理中心、北方工业大学、首钢篮球馆等驻区单位相关人员作为体育总会第五届委员会成员单位代表参加。

（贺琼瑶）

**【北京自行车日】** 4月24日，第八届北京体育大会暨2016年北京自行车日活动在石景山体育场举行。开幕式上，市自行车运动协会、市交通宣传教育中心、北京健康城市建设促进会互赠合作伙伴铭牌。活动包括自行车趣味游戏、各年代经典自行车展示、专业自行车展示、骑行装备展示、自行车练习台骑行体验等项目，约800名骑行爱好者和社区居民参加。活动由市体育局、市交通委、市体育总会主办，市自行车协会名誉主席刘敬民、市交通委主任周正宇、市体育局副局长卢宏泽、市交通委委员容军、区领导陈婷婷等出席活动。

（贺琼瑶）

**【石景山—保定耐力骑行】** 5月14日，石景山区与保定市联合举办石景山—保定自行车耐力骑行活动，全市180余名骑行爱好者参加。活动以“协同京津冀、共创新‘骑’迹”为主题，由市社会体育管理中心、区体育局、保定市体育局联合主办。骑行路线以国家体育总局自行车击剑运动管理中心为起点，以保定市直隶总督府广场为终点，全程约160公里。骑行途中，百余名河北地区自行车爱好者在河北界内沿途迎接北京骑手，并陪同骑行至活动终点。该活动是北京市民绿色骑游自行车大会暨石景山区京津冀户外系列活动之一，旨在为石景山、保定两地骑行爱好者搭建健身交流的平台。

（贺琼瑶）

**【两地体育协同发展】** 5月15日，石景山区与河北保定市体育协同发展签字仪式暨石景山—保定耐力骑行活动闭幕式在保定直隶总督府广场进行。仪式上，区体育局与保定市体育局共同签署《北京市石景山区、河北省保定市体育协同发展框架协议》，两地体育事业步入合作发展的轨道，构建“环京津冀体育健身休闲圈”。

（贺琼瑶）

**【区龙舟协会揭牌】** 6月8日，石景山区龙舟运动协会揭牌仪式暨“龙行京华 粽香飘舞”主题展示活动在国际雕塑公园举办。活动内容包括舞龙、舞狮、太平鼓等非遗文化展示，并现场设置龙舟运动、端午节及石景山区非物质文化遗产等内容的宣传展板，穿插“包粽子”的互动环节，吸引百余名群众参与。市龙舟协会主席苑振洲参加活动，为区龙舟协会揭牌。

（贺琼瑶）

**【中老年优秀健身项目表演赛】** 6月29日，石景山区第十二届中老年优秀健身项目表演赛在首嘉篮羽空间举行。来自全区各街道社区、老干部局活动中心、文化馆等涉老部门共20余支代表队400余名中老年健身爱好者参加。

（贺琼瑶）

**【冰雪运动宣讲】** 6—10月，开展“冰雪运动与科学健身推广”宣讲活动。年内，选拔优秀社会体育指导员参加国家、北京市冰雪项目培训，组建冰雪健身讲师团队，在全区9个街道开展38场冰雪宣讲，覆盖人群8000人次，推广普及冬奥知识、观赛礼仪、冰雪运动项目及相关科学健身知识、冰雪运动器材的使用等，动员全社会参与冰雪健身。

（贺琼瑶）

**【全民健身日】** 8月8日是全民健身日，庆祝申冬奥成功一周年暨三大球进社区系列活动在老山城市休闲公园举办，老山街道及周边地区居民约500人参加活动。活动以“全民健身 助力冬奥 共圆梦想”为主题，分“三大球进社区”“民族民俗传统体育项目展演”“国民体质测试”“冰雪运动宣讲”四部分内容。三大球进社区包括青少年“三大球”展示、为居民代表赠送“三大球”体育器材、首钢篮球队明星助阵、球技比拼等；民族民俗体育项目展演对传统武术、太平鼓、腰鼓、健身气功等项目进行展示；国民体质测试设有反应力测试、坐位体前屈等项目，由专业志愿者现场为居民免费测试评估；冰雪运动宣讲邀请专业教练向市民传播冬奥会和冰雪运动健身知识。活动期间，石景山体育馆、石景山体育场等部分健身场所对公众免费开放。

（贺琼瑶）

**【京津冀民俗体育交流】** 9月11日，2016年京津冀民俗体育交流大会开幕式在保定市人民体育场举办。活动由保定市体育局、保定日报社、区体育局联合主办，来自京津冀地区300余人参与空竹、铁球、快跤等13项民俗体育项目的展演和比赛。石景山区组队参加花棍项目展演。

（贺琼瑶）

**【社会体育指导员培训】** 9月20—27日，区体育局在全区选拔推荐7名一

5月14日，石景山—保定自行车耐力骑行活动　　（区体育局供稿）

级社会体育指导员参加在北京体育大学举办的2016年北京市国家级社会体育指导员培训班。经过8天培训,全部通过国家级社会体育指导员考试,并获得培训合格证。

(贺琼瑶)

**【"和谐杯"乒乓球赛】** 9月22日,石景山区第十届"和谐杯"乒乓球决赛在石景山体育馆举行。经过两个月的小组赛,来自全区机关、街道、驻区企业等8支小组优胜队共50余人参加决赛,八宝山街道队、苹果园街道获得一等奖,与老山街道队、首钢工会队组建区代表队,参加10月22日在昌平区体育馆举行的北京市第十届"和谐杯"乒乓球总决赛,获得两个二等奖、一个三等奖。

(贺琼瑶)

**【京津冀健身气功交流】** 9月27日,第二届京津冀健身气功交流比赛大会在天津市滨海新区汉沽体育馆举行。大会由京津冀三地体育局主办、三地社会体育管理中心共同承办,来自京津冀地区的12支代表队参加比赛。比赛分两个阶段:第一阶段为健身气功比赛,设易筋经、五禽戏、六字诀和八段锦4个项目,每个项目分设金、银、铜牌;第二阶段为健身气功展示,设大舞、马王堆导引术、导引养生功十二法3个项目,每项目分设一、二、三等奖。石景山区代表队代表北京市参加比赛和展示,分别获得2项一等奖、2项二等奖和其他多项名次。

(贺琼瑶)

**【第31届金秋体育盛会】** 10月12日,第31届石景山区金秋体育盛会开幕式在石景山体育场举行,来自区街道、机关、企事业单位的千余名市民参加。当天,金秋体育盛会系列活动——体育锻炼达标测试、3V3篮球赛、冰雪体验活动、集体跳绳和拔河比赛在区体育中心举行。里约奥运会乒乓球女单、女团冠军丁宁,乒乓球世锦赛、亚锦赛冠军郭焱,乒超联赛总冠军主力球员盛丹丹出席开幕式,丁宁还参与集体跳绳项目。陈婷婷与保定市体育局、首钢体育文化有限公司、区体育局相关领导出席活动。为助力京津冀协同发展,来自北京、河北等京津冀区域的8支篮球队进行交流比赛。

(贺琼瑶)

**【老山骑跑挑战赛】** 10月15日,第31届金秋体育盛会系列活动之"协同京津冀 共创新'骑'迹"老山骑跑挑战赛在老山城市休闲公园举行。比赛分为精英男子青年组、精英男子中年组、精英女子组、大众男子组、大众女子组五个组别,精英组赛程25千米、群众组赛程14.5千米,来自京津冀地区的单车俱乐部、跑步俱乐部、铁人三项俱乐部成员以及骑行、越野跑爱好者共300余人参加活动。

(贺琼瑶)

11月3日,全民健步走活动在莲石湖公园举行 (区体育局供稿)

**【中老年健身表演】** 10月20日,市第19届中老年优秀健身项目表演赛在石景山体育馆举行。比赛由市体育局群体处、市社体中心、市体育总会秘书处主办,市老年体育协会、市体育基金会、区体育局承办。比赛设置健身球操、健身气功、武术等传统项目和北京新项目、综合才艺展示等共7个项目,来自各区、各单项协会和中央在京单位的64支队伍千余名中老年健身爱好者参加。海淀区、石景山区、中科院、中铁十六局老年体协,朝阳区社体中心,延庆区、通州区体育局和密云区体育总会8个单位获得比赛优秀组织奖。中国老年人体育协会副主席盛志国、市老年人体育协会主席刘晓晨、市体育局副局长杨海滨等领导出席开幕式。

(贺琼瑶)

**【全民健步走活动】** 11月3日,"徒步石景山 奔向2022"全民健步走活动在莲石湖公园举行,来自全市2022名徒步运动爱好者参加。比赛由区政府、首钢总公司、市徒步运动协会联合主办,区体育局、首钢体育文化有限公司承办。开幕式上,首钢男篮教练员张云松向群众发出全民健身倡议书,并进行健身指导。活动路线以莲石湖公园为起点,途径麻峪村,至首钢园区西十筒仓冬奥组委会驻地中转后,登山至石景山功碑阁结束,全长10千米。主办方表示,这个"徒步石景山 奔向2022"的活动下年会持续下去,让健康生活,支持冬奥的理念一直传承下去。市徒步运动协会、区政府、首钢总公司相关领导出席开幕式,并参加健步走活动。

(贺琼瑶)

**【健身气功交流展示】** 11月10日,全国百城健身气功交流展示活动暨2016石景山区健身气功交流大会在石景山体育馆举行,来自全区28个健身气功习练站点共300余名健身气功爱好者参加,展示内容包括八段锦、导引养生十二法、马王堆导引术等健身气功功法。截至2016年底,全区已建立健身气功习练站点32个,参加人数约2000人。

(贺琼瑶)

**【"三大球"进社区】** 12月20日,"三大球"进社区活动在石景山体育馆闭幕。活动持续5个月,共向社区发放足、篮、排球4410个,组织参赛队伍600支,参赛人数5000余人,比赛场次1056场。"三大球"区级联赛分社区、职工两大组别,以小组赛形式进行,其中:12月12～13日举行"三大球"进社区职工足球决赛,20日举办职工排球、篮球决赛。最终,体育局队、少图花苑队、食药监局队获得职工足球联赛前三名,首钢工学院一队、二队,京西重工首建集团一队获得职工篮球联赛前三名,民政局队、京西重工首建集团一队、首化集团二队获职工排球联赛前三。同时,获得社区足球联赛前三名的队伍分别是苹果园街道、八宝山街道、八宝山街道二队,社区篮球联赛前三的队伍是八宝山街道一队、五里坨街道一队、五里坨街道二队,获得社区排球联赛前三名的是八宝山街道二队、八宝山街道一队、五里坨街道。此外,八宝山街道、首钢工学院荣获本届"三大球"进社区活动优秀组织奖,鲁谷街道、食药监局荣获精神文明奖。

(贺琼瑶)

**【京津冀冰雪节】** 12月28日,第二届京津冀冰雪节开幕式在河北保定狼牙山滑雪场举行。活动由河北保定市体育局、天津市体育局与区体育局联合主办,保定市冰雪协会、区体育总会协办。来自京津冀地区的300余名滑雪爱好者参加滑雪培训,并实地体验滑雪项目。活动落实京津冀协同发展战略,推广普及冬季健身项目,宣传冬奥会。

(贺琼瑶)

**【体育生活化社区】** 年内,区体育局组织八角街道体育场南路社区等5个社区申报并被命名为"北京市体育生活化社区","奥林匹克·体育生活化社区"升级工程取得进展。截至年底,全区共141个社区获得"北京市体育生活化社区"命名;体育生活化社区一期工程完工,覆盖苹果园街道14个社区,改造内容包括宣传标识、土建工程和体育健身设施,共铺设健身步道5349平方米、增设健身场地45842平方米、改造健身环境42307平方米;体育生活化社区二期工程取得市发改委推进建设任务的批复,涉及八宝山、老山等8个街道23个社区,建设内容为场地改造、安装健身设施及宣传标识系统等。

(贺琼瑶)

# 竞技体育

## 概　　述

年内,区体育局调整业训项目布局,增设速滑项目,对射箭、体操等优势项目和冰雪、三大球等潜力项目重点投入,与师范学校附属小学、首钢工学院(首钢技师学院)合作,联合成立速滑等冰雪项目运动队,聘请专业教练员进行技术指导,在青少年中普及推广冰雪体育,培养高水平的冰雪运动后备人才。推进新周期"国家高水平体育后备人才基地"申报评估工作。深化体教融合,以"三大球"项目为重点,联合教委组织全区"三大球"校园联赛,组建下届市运会"三大球"项目区代表队,推进青少年"三大球"运动的发展。联合教委制定学校冰雪运动工作方案,计划将校园冰雪运动作为全区冰雪运动发展的先行军重点推进。苹果园中学、京源学校、北方工业大学附属中学、古城二小、六一小学等五所学校被命名为"2016—2018年北京市体育传统项目学校",北京市第九中学被命名为"国家级体育传统项目学校"。

(贺琼瑶)

**【全国青年柔道锦标赛】** 4月25—29日,2016年全国青年柔道锦标赛在陕西西安举行,区籍运动员刘润参赛并夺得81公斤级第二组男子季军。

(贺琼瑶)

**【全国重点城市射箭比赛】** 5月23—26日,2016年全国射击射箭重点城市射箭比赛在陕西省渭南市举行,全国共33支代表队参赛。区体校组队参加,获得2金1铜,其中,宋京蒙、席鑫、董睿琪获得女子团体淘汰赛冠军,董睿琪获得混合团体淘汰赛冠军,宋京蒙、常秦、董睿琪获得女子团体排名赛季军。

(贺琼瑶)

**【全国少年田径锦标赛】** 6月10—12日,2016年全国少年田径锦标赛在山东济南举行,全国36支代表队参赛。区体校运动员刘紫萱获得女子跳高项目亚军。

(贺琼瑶)

**【中小学生幼儿功夫达人赛】** 7月8日,2016年北京中小学生、幼儿功夫达人赛在石景山体育馆举行。比赛项目包括武术套路、散打、跆拳道等,分为高中组、初中组、小学组、幼儿组四个组别,全市共500余人参赛。

(贺琼瑶)

**【市青少年击剑锦标赛】** 7月13—14日,2016年北京市青少年击剑锦标赛在昌平区举行,全市12支队伍参赛,区运动队取得1金2银1铜的佳绩。其中,孙锦枫获得男子花剑丙组个人冠军,武芷静获得女子花剑乙组个人亚军,和明睿获得男子花剑乙组个人亚军,张树辉、孙锦枫、贾天雨、潘治锦获得男子花剑丙组团体季军。

(贺琼瑶)

**【全国少年体操分区赛】** 7月13—20日,2016年全国少年体操分区赛在福建省漳州市重竞技馆举办,来自全国24支代表队500多名运动员参加。比赛项目包括个人全能、自由体操、鞍马、吊环、高低杠、平衡木、蹦床、团体赛等,是全国少年体操层面最高水平的比赛。区籍运动员代表北京参加比赛并取得1金1铜,其中,王婧莹、金妍希、赵红叶夺得女子12岁组团体冠军,王婧莹夺得女子12岁组自由操季军。

(贺琼瑶)

**【全国体育传统校田径联赛】** 7月15—17日,2016年全国体育传统项目学校田径联赛(北方赛区)在河北迁安举行,来自15个省、自治区、直辖市的77个代表队约1200名运动员参加比赛。比赛共设2个年龄组62项赛事,区籍运动员李彤夺得女子甲组100米栏冠军。

(贺琼瑶)

**【市青少年羽毛球锦标赛】** 7月19—20日,2016年北京市青少年羽毛球锦标赛在广安体育馆举行,区运动队取得1银3铜的佳绩。其中,李安奇、刘亦暄和滕奕飞、何康杰分别获男子乙组双打亚军、季军,并夺得男子乙组团体第三名;连若辰获丁组女子单打季军。

(贺琼瑶)

【全国中学生柔道锦标赛】 7月23—25日,2016年全国中学生柔道锦标赛在河南鹤壁举行,来自全国23支代表队437名运动员参加。区籍运动员代表北京参赛并取得1金3银1铜,其中,安琪夺得女子66公斤级冠军;吴金明夺得男子60公斤级亚军、王思涵夺得女子53公斤级亚军、张雨晨夺得女子60公斤级亚军;李晓夺得女子53公斤级季军。

(贺琼瑶)

【全国中学生田径锦标赛】 7月26—30日,2016年全国中学生田径锦标赛在吉林长春举行。区籍运动员取得2金1银,其中,刘紫萱夺得女子甲组跳高项目第一名,于天笑夺得女子甲组铅球项目第一名,高闻达夺得男子组全能亚军。

(贺琼瑶)

【市青少年跆拳道锦标赛】 7月27—28日,2016年北京市青少年跆拳道锦标赛在昌平举行,区运动队取得7金3银1铜的佳绩。其中,李亚静获女丙59公斤级第一名、刘宇轩获女丙64公斤级第一名、阚笑宇获女乙49公斤级第一名、范鹏飞获男乙78以上公斤级第一名、刘晴晴获女乙42公斤级第一名、刘晓全获女甲63公斤级第一名、段裕晟获男甲78以上公斤级第一名;张莹洁获女甲55公斤级第二名、陈伟获男甲63公斤级第二名、罗彬获男乙48公斤级第二名;蒋美倩获女乙42公斤级第三名。

(贺琼瑶)

【市青少年柔道锦标赛】 8月6—7日,2016年北京市青少年柔道锦标赛在顺义区体校柔道馆举行,区运动队取得3金1银1铜的佳绩。其中,李晓获得女子甲组52公斤级第一名、安琦获得男子乙组66公斤级第一名、魏嘉宏获得男子丙组36公斤级第一名、周可心获得女子甲组52公斤级第二名、王思涵获得女子乙组52公斤级第三名。

(贺琼瑶)

【市青少年射箭锦标赛】 8月12—14日,2016年北京市青少年射箭锦标赛在芦城体校举行,区运动队取得3金2银的佳绩。其中,张家慧、李霁航、金烨雯获得女子乙组团体第一名,宋京蒙获得女子30米排位赛第一名,张家慧获得女子乙组个人淘汰赛第一名;杨博渊获得男子甲组个人淘汰赛第二名,宋京蒙获得女子甲组个人淘汰赛第二名。

(贺琼瑶)

【市青少年田径锦标赛】 8月23—24日,2016年北京市青少年田径锦标赛在丰台体育中心举行,区运动队取得3金2银1铜的佳绩。其中,孙浩楠获男子甲组800米第一名,刘紫萱获女子乙组跳高第一名,于天笑获女子丙组铅球第一名和丙组铁饼第二名,白晨畅获男子乙组1500米第二名,李紫萱获女子甲组铁饼第三名。

(贺琼瑶)

【全国花样游泳锦标赛】 9月23—25日,2016年全国花样游泳锦标赛在湖南长沙体育新城游泳馆举行。区籍运动员曾卓妮代表北京队参加,夺得B组集体项目冠军。

(贺琼瑶)

【全国室外射箭锦标赛】 10月21—24日,2016年全国室外射箭锦标赛在浙江长兴举行,区籍运动员夺得3金2银。其中,李佳蔓获女子个人70米第一轮、个人70米双轮、个人淘汰赛冠军,李佳蔓、席鑫、赵穆妍获得女子团体第二轮亚军,李佳蔓、席鑫获得女子团体70米第一轮亚军。

(贺琼瑶)

【市业余体校羽毛球冠军赛】 11月26—27日,北京市业余体校羽毛球冠军赛在北京通盛亚狮龙羽毛球馆举行,区代表队赢得1金2银1铜的成绩。其中,王瑀石、李心琪获男子丙组双打冠军;李安奇获男子甲组单打亚军,李安、刘亦暄获男子甲组双打亚军;孟品、安一琳获女子乙组双打季军。

(贺琼瑶)

【市业余体校举重冠军赛】 12月10—11日,区体校举重队参加2016年北京市业余体校举重冠军赛,获得12金3银的优异成绩。其中,解兆顺、袁志慧、寇蕾心、马文蔚分别获得高中组94KG级、高中组58KG级、女子乙组58KG级、女子乙组69KG级抓举、挺举、总成绩各三枚金牌。

(贺琼瑶)

# 体育产业

## 概　　述

年内,区体育局利用永定河莲石湖、八大处公园、老山城市休闲公园、模式口山地车道等特色资源,组织骑行、健步走、马拉松等户外运动赛事活动,打造品牌赛事,推动体育与旅游、文化融合发展,培育壮大户外运动健身消费群体,形成体育产业集聚效应。发挥奥运场馆体育产业联盟的优势,以首钢篮球中心、区体育中心等场馆为依托,承办中国篮球职业联赛、北京国际标准舞公开赛、北京国际武术邀请赛等高水平赛事,增强场馆的运营效益和竞争力。发展西五环体育产业带,全区体育经营场所共50家,涉及网球、游泳等多种项目,以健身休闲、竞赛表演、场馆服务为主的体育产业门类协同发展。借助冬奥会组委入驻首钢的契机,吸引启迪冰雪、AST欧悦冰雪等企业入驻,采取PPP模式、政府采购等方式,利用民间资本投资冰雪运动,建设市民冰雪运动中心,推动冰雪体育的发展。推进体育中心改扩建工程,以青少年足球、冰雪运动为切入点,结合现有场地设施布局,明确项目的功能设计,按照绿色建筑三星的标准对项目设计方案进行社会公开征集,拓展体育中心功能与空间,打造集全民健身中心、青少年足球培训中心、冰雪运动训练中心为一体的体育典范工程。

(贺琼瑶)

【祈福越野马拉松】 2月28日,祈福越野马拉松比赛在西山八大处举办。比赛设4个组别，分20公里越野、6公里祈福健行两条路线进行。来自北京、天津、河北、上海等14个省、市、自治区和港澳台地区以及韩国、德国、摩尔多瓦等国的马拉松爱好者近千人参加。活动为运动员配置计时电子芯片、打卡点、补给站等设施，增强赛事组织和服务水平。

（贺琼瑶）

**【黑石头春季越野赛】** 4月10日，2016北京黑石头春季越野赛在黑石头路鸣枪开跑。比赛设全程马拉松、半程马拉松及10公里体验共三个项目六个组别，来自北京、天津、河北等10余个省市和美国、德国、澳大利亚、荷兰、法国、西班牙等国家的户外运动爱好者近千人参加。

（贺琼瑶）

**【标准舞拉丁舞公开赛】** 4月30日至5月2日，中国北京标准舞拉丁舞公开赛在石景山体育馆举行。比赛项目为标准舞、拉丁舞，来自中国各省市及港台地区和英国、俄罗斯、意大利、韩国等国家共计109支队伍1500余名运动员参赛。

（贺琼瑶）

**【市传统武术冠军赛】** 5月7日，2016年北京市传统武术冠军赛在石景山体育馆举行。比赛设拳术、器械、对练等项目，分为儿童组、少年组、青年组、成人组、老年组等组别，共39支队伍约500名武术爱好者参赛。

（贺琼瑶）

**【跆拳道俱乐部超级联赛】** 5月14—15日，北京跆拳道俱乐部超级联赛在石景山体育馆举行。比赛分为个人项目和团体项目，来自全市600余名选手参赛。

（贺琼瑶）

**【华夏武状元国际争霸赛】** 5月21日，第七届华夏武状元国际争霸赛在石景山体育馆举行。比赛由国际武术文化研究院、东亚武术联盟主办，分武术套路、健身气功两类项目。来自全国各省、市、自治区、港澳台地区以及俄罗斯、日本、英国、德国等国家共100余支代表队约800名武术爱好者参加。

（贺琼瑶）

**【北京国际武术邀请赛】** 7月16日，

7月16日，第三届北京国际武术文化节举办　　（区体育局供稿）

“王其和杯”2016年第三届北京国际武术文化节暨第十一届北京国际武术邀请赛在石景山体育馆举办。比赛由国家体育总局武术运动管理中心、市体育局、区政府主办，北京武术院、市武术中心、区体育局、市武术协会、河北省王其和太极拳协会承办。比赛设规定套路、自选套路、太极拳、太极器械等8个大项96个小项，来自各国、港澳台地区17支代表队共109名武术爱好者和来自国内各省市的92支代表队1408名武术爱好者参加比赛。

（贺琼瑶）

**【全国中小学数独比赛】** 8月11日，2016年全国中小学数独比赛在石景山体育馆举行。比赛由北京广播电视台、北京歌华传媒集团有限责任公司、北京奥运城市发展基金会、学而思培优共同主办，北京市数独运动协会承办，经过全国16大赛区选拔的400名中小学数独选手参加。

（贺琼瑶）

**【北京市足协杯比赛】** 9月24—28日，“我爱足球”北京城市联赛之2016年北京市足协杯比赛在石景山体育场举行。比赛由市足协主办，区体育局、北京控股足球俱乐部有限公司协办。年度“我爱足球”北京城市联赛之北京市职工足球联赛、金融街足球联盟超级联赛、社区杯足球赛、军工杯足球赛、外企足球赛的冠军球队——大地赛德足球队、军侨保安足球队、中国银行足球队等6支足球队参加，代表北京市业余足球的最高水平。经过淘汰赛和循环赛的对决，北京理工大学教工及校友联队获得第一名、大地赛德足球队获第二名、北京烟草黎马敦足球队获第三名。

（贺琼瑶）

**【京津冀交通行业职工运动会】** 9月24日，京津冀市（省）交通行业首届职工运动会体育大会在石景山体育场举行。运动会共设8个集体项目，市交通委系统、城区交通委、郊区交通局、各市属交通企业、交通行业协会等有关单位领导和京津冀三地交通行业职工代表约600人参加。本次大会旨在贯彻京津冀协同发展战略，推进京津冀交通一体化。

（贺琼瑶）

**【羽毛球业余俱乐部赛】** 11月12—13日，2016年全国羽毛球业余俱乐部赛（中国羽毛球协会业余积分赛）北京大区赛在石景山体育馆举行。比赛分甲乙两组，来自全市21个俱乐部150余名运动员参赛。经过两天角逐，最终决出团体前四名，代表北京大区参加12月在海南举办的全国总决赛。两届羽毛球双打项目奥运冠军傅海峰参加开幕式，为比赛开球，并与参赛运动员进行签名互动活动。全国羽毛球业余俱乐部赛是中国羽毛球协会主办的三大全民健身赛事之一，共进行16项分站赛、4站大区赛。

（贺琼瑶）

**【中小学生跆拳道超级联赛】** 11月26—27日，第四届“阿迪达斯杯”北京市中小学生跆拳道超级联赛在石景山体育馆举行，分为品势比赛和竞技比赛，来自全市各区中小学校、跆拳道俱乐部的2500余名运动员参加。

（贺琼瑶）

**【中小学幼儿武术精英赛】** 12月24—25日，2016北京市中小学幼儿武术、跆拳道、空手道精英赛在石景山体育馆举行，来自全市各中小学校、幼儿园的1000多名青少年参加。

（贺琼瑶）

**【西五环体育产业带发展】** 年内，区体育局依托国家体育总局自行车击剑运动管理中心、射击射箭运动管理中心、首钢篮球中心、石景山体育中心等场馆资源，打造西五环体育产业带，举办CBA中国篮球联赛、中国乒乓球超级联赛、北京国际标准舞公开赛、北京国际武术文化节等高水平赛事，壮大体育赛事经济。借助冬奥组委入驻首钢，吸引启迪冰雪、欧悦冰雪等企业入驻石景山区，引入民间资本投资冰雪运动，优化体育产业发展格局。截至年底，全区体育经营场所共50家，涉及羽毛球、网球、游泳、健身等多种项目，体育产业产值在全区比重逐步提升。

（贺琼瑶）

# 体育执法

## 概　　述

年内，区体育局开展高危险性体育项目经营单位审查和安全生产标准化达标工作，规范体育经营市场；召开安全生产会，通过安全教育、签订安全生产责任书；加强执法人员的培训，联合消防、卫生等部门对体育经营单位进行安全检查，重点检查人员密集场所、地下经营场所的体育经营单位，及时排查隐患；抓好游泳等高危项目的安全管理，定期核查游泳场馆营业资质和救生员、教练员上岗资质，开展应急演练活动，落实游泳减溺工作；对体育经营场所职工和健身群众发放安全手册、宣传挂图等，设置人员密集场所安全疏散等相关知识的宣传展板，加强消防、用电以及人员密集场所安全宣传；加强应急值班值守，严格执行应急值守制度和信息通报制度；简政放权，优化体育行业相关的行政审批和许可流程。全年体育经营单位未发生重大安全事故。

（贺琼瑶）

**【元旦春节安全检查】** 元旦、春节期间，区体育局由主管领导带队，出动2组检查组、6组巡查组对区内健身俱乐部、台球厅等体育经营单位进行摸排检查，重点检查地下体育经营单位等人员密集场所的消防标识、应急设施等，查找安全隐患并限期整改，同时开展安全生产知识的宣传。

（贺琼瑶）

**【节假日安全】** 端午、五一、十一、中秋等重大节假日前后，召开全区体育安全生产工作会，强化体育经营单位安全责任意识；由主管领导带队，组织执法人员对体育经营场所进行抽查，重点检查高危项目经营单位、地下体育经营场所的救生员管理制度、消防制度、应急设施等，查找安全隐患，建立安全台账，发现问题要求立即整改；对体育经营场所工作人员发放安全手册等，宣传消防、卫生和高危项目安全知识；加强应急值班值守，执行领导带班、24小时值班制度和事故信息报告制度，完善应急联动机制，遇有紧急情况，及时妥善应对和处置。

（贺琼瑶）

**【安全夜查】** 6月3日晚，区体育局由主管领导带队，出动多名执法人员对澳瑞特健身中心、石体娱乐中心游泳馆进行夜查。在检查中发现安全隐患排查制度不完善、救生员人数不齐等问题，告知体育经营场所负责人现场整改，要求做细做实制度，营业期间每2小时进行一次安全巡查并记录，将责任落实到人。

（贺琼瑶）

**【专项检查】** 11月25日，区体育局成立专项检查组，由局长、主管副局长带队，对首钢杨庄游泳馆、优美健身会所、嘉安卡丁车等区体育经营单位进行持续的安全检查。重点核查经营单位的消防设施是否齐全有效、用电安全及应急保障措施是否到位，对检查中发现的问题及时纠正处理，深刻吸取重大安全事故教训，全力消除各类安全隐患。

（贺琼瑶）

**【行政许可审批】** 年内，区体育局梳理等级运动员、裁判员审批等体育类行政许可事项的办理流程，公开办事程序。全年共审批一级运动员5人、二级运动员17人，涉及武术、乒乓球、羽毛球、田径、跆拳道、游泳等项目；培训并审批二级裁判员135人、三级裁判员76人，涉及篮球、围棋、象棋、田径、羽毛球、乒乓球、自行车、柔道等项目，在规定工作日内通过市体育局网站、区政府信息公开系统公示，无一例虚假投诉现象。

（贺琼瑶）

**【游泳减溺】** 年内，区体育局定期对全区游泳场馆进行巡检，审查游泳场馆救生员和教练员的资质及管理制度，开展培训和应急演练工作。联合卫生局、公安分局、消防支队等部门，对游泳场馆的救生器材、管理制度、安全措施、应急预案等进行全面检查，强化减溺工作力度。全年区内游泳场馆无溺亡事故。

（贺琼瑶）

# 社会事业

全区民政系统注重理念更新、制度创新和体系完善，突出为民解困、为民服务、依法行政和自身能力建设，基本民生保障力度显著加大，高效实施“济困工程”，落实最低生活保障和医疗、教育、临时救助等制度。落实老年人优待办法和北京市“九养”政策，探索建立和实施“空巢”、困难、“失独”老年人群体帮扶关爱机制和措施，推进以养老服务为重点的社会福利事业快速发展。推进社会组织年检和等级评估工作，促进社会组织有序发展。社区服务稳步推进，运行机制不断健全。落实完善优抚政策，双拥工作向纵深发展，第七次获得“全国双拥模范城”荣誉称号。专项社会事务服务管理更加规范。民政自身建设得到加强。实现民政事业全面发展。

就业是民生之本，社会保障是民生之安，人才是强国之基，收入分配是民生之源。石景山区突出“民生为本，人才优先”，人力社保事业发展态势良好，尤其是在就业公共服务、创业基地建设、人才服务品牌化、社会保障体系建设等方面成就突出，就业局势保持基本稳定，基本保障能力和水平大幅提高，为经济社会发展提供有效保障。

石景山区以推进残疾人社会保障体系和服务体系“两个体系”建设为主线，加强残疾人组织建设，落实残疾人保障政策，开展医疗康复、劳动就业、职业培训、文化体育等各项服务，残疾人收入水平较快增长，受教育程度稳步提高，康复服务不断拓展，权益得到有效维护，残疾人生存发展状况显著改善。

# 民　政

## 概　述

北京市石景山区民政局（简称区民政局）是负责本区民政事业管理工作的区政府工作部门。年内，区民政局实施养老服务、社会救助、儿童福利、优抚安置、社会服务五大惠民工程，服务区域深度转型发展。完成“济困工程”项目72项，救助各类困难群众18.2万人（户）次，共投入资金约1.34亿元。批准运营的街道养老照料中心3家，建设完成的2家，通过一事一议的3家，全区已运营的养老机构10家，床位3054张。社会组织数量增至293个，其中社会团体79个、民办非企业单位214个，社区备案社会组织697个。全年完成婚姻登记9563对，办理国内收养登记3件，各种登记合格率100%。

**地址：石景山区古城北路**

**电话：68863615**

**邮编：100043**

（王　刚）

**【低保认定标准调整】** 年初，区民政局完成低保家庭调标工作，低保金标准由原来的710元调整到800元，低收入家庭认定标准从930元调整为1050元。截至年底，享受低保待遇4087户7936人，累计支出低保金8407.83万元。新审批低保申请357户783人，因收入超标等原因停保353户815人，实现动态管理下的“应保尽保、应退则退”。

（李文辉）

**【市局领导到区调研】** 3月2日，市民政局副局长董明慧到区调研。听取区民政局“救急难”救助政策落实等专项业务工作情况汇报，随行业务处室就当年重点工作和最新要求进行分析说明。同月25日，市民政局副局长李红兵到区民政局调研居家养老服务工作情况。调研组依次到苹果园街道养老照料中心、八角南路社区养老服务驿站和古城南里社区养老服务驿站，调研社区居家养老服务实际开展情况，听取区民政局居家养老服务建设情况及养老体制改革主要思路、做法的汇报。他希望石景山区为全市养老体制建设打造出一套可推广、可复制的养老模式。7月4日，市民政局局长李万钧、市老龄协会党委书记王小娥一行到区开展居家养老服务工作调研。李万钧一行首先来到八角街道养老照料中心，参观助浴间、房间样间、多功能厅，听取简要情况介绍。随后来到八角街道古城南里“老街坊”养老服务驿站，观看党员志愿者服务——义诊活动和服务驿站智能健康服务系统功能展示，参加智能腕表启动仪式，并为参加活动的社区老人戴上智能腕表。通过实地参观调研，调研组认为石景山区居家养老服务工作规划思路清晰，保障措施可行，重点工作突出，区域特色明显，适应当前形势又符合长远发展。李万钧表示，市民政局将全力支持石景山区居家养老服务体制改革的各项工作，并对石景山区的居家养老服务工作提出希望：一是继续提升养老照料中心和养老服务驿站的功能，实现老年人口养老服务需求全覆盖。二是继续加强智能养老工作，建设智能健康养老服务新模式，为全市养老工作提供可借鉴的经验。三是继续加强引领，创新养老服务工作机制，健全养老服务工作体系，不断增强老年人的获得感、幸福感。区领导陈婷婷参加上述调研。

（王　刚）

**【清明节祭扫服务】** 清明节群众扫墓集中接待日从3月26日至4月4日，共计10天，其中，3月26—27日、4月2—4日为重点接待日，3月28日至4月1日为一般接待日。区民政局按照市政府做好清明节群众祭扫服务保障有关部署。期间，八宝山革命公墓、八宝山人民公墓、老山骨灰堂和福田公墓四个祭扫点共接待扫墓群众453139人、社会车辆57672台，与上年同期相比，祭扫人数和社会车辆分别增长4%和1.2%。公安部门妥善处理外地来八宝山地区上访人员1691人，比上年上升21%。围绕“节地生态安葬、平安文明祭扫”主题，坚持专业力量和群众力量相结合，重点治理和全面防控相结合的原则。从3月26日开始，全区共抽调公安、消防、交通部门等专业力量2700余人次、车辆1000余台次，全力配合市有关部门做好重点部位的秩序维护、交通疏导和消防安全工作。区工商、城管、民政等部门安排执法人员210余人次，出动车辆40多台次，加大祭扫场所周边的执法检查力度，没收封建迷信殡葬用品120余公斤。区环卫、园林、公园管理中心等部门抽调专门人员7000余人次做好外围环境的服务保障和公园、森林的防火工作。

全区启动社会面等级防控机制，各街道社区发动治安巡逻志愿者1.5万余人次，做好扫墓群众疏导、治安防范和防火工作。

（孙俊国）

【殡葬行业职业技能大赛】 4月下旬至9月底，区民政局按照市局殡葬行业竞赛组统一部署，组织实施北京市第四届职业技能大赛石景山赛区殡仪服务员、墓地管理员两个职业的初赛和复赛工作。其中，93名殡仪服务员、58名墓地管理员考生报名参加初赛，28名殡仪服务员、17名墓地管理员晋级复赛，22名殡仪服务员、8名墓地管理员晋级决赛，2名职业冠军均由本区产生。

（孙俊国）

【平安边界创建】 5月初，区民政局组织区拆违治乱办公室、派出所等人员，对八角与古城街道对首钢污水处理厂周边管理界线走向进行现地勘察，聘请测绘公司实测出一条长5公里、宽200米的带状图，给区领导的决策提供法理依据。针对中央环保督察组通报的3起环保问题，及时配合街道、环保局与毗邻区搞好界线界定，促进问题解决。7月，结合埋设"界桩维护宣传警示牌"，制作27块宣传展板，大力宣传政策法规，强化市民平安边界创建意识。将2014年、2015年第三轮区县界联检成果录入数据库，确保数据库数据完整、规范。

（孙俊国）

【3家养老中心通过审核】 5月，鲁谷社区、苹果园街道和金顶街街道的3家养老服务中心，通过市民政局2016年度第一批"一事一议"审核，获得市民政局出具的养老机构使用用途认可证明材料，进入消防申报环节，使养老照料中心项目建设、手续申报迈出重要一步。街道养老照料中心是居家养老服务设施的基础性建设项目，是实现全区"老街坊"品牌"9110"居家养老服务模式的重要硬件基础，是拓展各种居家养老服务功能的主要平台。为全面推进街道养老照料中心建设工作，解决社区老旧资源房产证和土地证不全，无法进入消防申报环节的难点问题，石景山区根据市民政局、公安局等十部门的要求，引导无土地、房产证的养老照料中心项目建设方，委托社会专业机构对拟建养老照料中心的建筑物实际面积、结构和安全度等进行实地勘测，出具专业检测资料，连同其他申报材料一并上报市民政局，积极争取政策支持。

（祝　璇）

【精准对接老人需求】 5月，根据市老龄办部署，区老龄委完成《北京市养老服务指南》石景山区部分的编写。涵盖养老机构、养老照料中心、社区养老服务场所、养老服务商、社区卫生服务机构、老年大学、司法维权、基层老年协会、市级养老服务政策问答九个方面的内容，让老年人及其家庭成员及时了解养老政策、服务网点和服务内容，享受便捷养老服务。《指南》于5月底发放给老人。年内，为全区60周岁以上老年人家庭发放《养老服务手册》5万册、为有需求的失智老年人配备防走失手环300个、为29户独居老年人安装紧急医疗救援呼叫器和烟感报警器、推动2家"幸福彩虹"社区特供店挂牌营业。

（祝　璇）

【慈善公益活动】 6月，区民政局完成首届"首都慈善奖"评比推荐。经评选推荐审核，向"首都慈善奖"评委会办公室报送4个单位和2个个人参加全市评选，4个单位为参加"慈善组织贡献奖"评选的区慈善协会、区漂亮妈妈听力言语康复中心；参加"爱心企业捐赠奖"评选的区古城泰然投资管理公司和中铁建设集团有限公司；2个个人为参加"爱心人士楷模奖"评选的区漂亮妈妈听力言语康复中心主任高丽娟、区一夫唐人爱心社主任魏征。中铁建设集团有限公司获得"爱心企业捐赠奖"。年内，区民政局建立区慈善救助资源数据库，并录入首都慈善信息平台，共录入公益慈善社会组织10个。与社团办、慈善协会协调沟通，对全区所有民非公益类社会组织情况进行摸底，组织首都慈善信息平台业务培训。参加"京津冀慈善展示会"，发放材料、宣传袋等。在八角文化广场，组织为期3天的慈善法普法展暨第三届"慈善北京"公益慈善图片石景山区巡展。开展"慈善北京周"系列普法宣传活动，邀请中央民族大学教授李健进行慈善法学习辅导。发放《慈善法》学习读本100本。协调9个街道以张贴宣传海报、悬挂横幅、组织捐物、义务献血等形式开展主慈善主题宣传活动，2000余人参加各项活动。

（贺新潮）

【见义勇为权益保护】 7月28日，区民政局受理李天艾路上别停伤人轿车的见义勇为申请。经过调查取证，依法确认李天艾的见义勇为行为，举行见义勇为确认颁证仪式，为李天艾颁发见义勇为人员确认证书、奖章及52859元的确认奖励金。春节前夕，对34名见义勇为人员进行走访慰问，发放慰问金7.34万元；发放困难补助金5.7万元；为24名见义勇为人员办理各类优待卡；组织本区15名见义勇为人员进行健康体检。

（杨崇艳）

【养老服务体制改革】 年内，石景山区经积极申报获得批准，被民政部、财政部正式列为全国26个社区居家养老服务试点城市之一。辖区60周岁及以上老年人口为10.90万人，占全区38.38万户籍人口总数的28.4%，高于全市平均值5个百分点。预计到2020年，户籍老年人口比例将超过30%，每3个人中就有1名老年人。年初，区委区政府将居家养老服务体制改革列为当年全区民生类重大改革任务的一号工程，作为全面深化改革的30项重点任务和四大优先突破的改革课题之一。在全市第一家以区委区政府名义共同下发《石景山区居家养老服务体制改革实施意见》，提出"一五一十"的发展目标和重点任务；在领导层面强调党政齐抓推进改革，区委书记、区长一把手亲自抓养老；在组织层面成立区养老服务体制改革领导小组，由区委副书记担任改革小组组长；在协调层面实行区委副书记和主管副区长同为区老龄委主任的双主任制；在推进层面提升区老龄办的规格，理清区、街、社区的职责职能，增加从事老龄工作的人员编制，凝聚起全区上下抓养老的共识和合力。通过在全区9个街道（鲁谷社区）构建“1个中心+1批驿站+0零距离辐射”的互动服务体系，构建全方位、零遗漏的一刻钟社区居家融合式养老服务圈。是年建成8家街道养老照料中心，15家社区养老服务驿站。计划下年建成9家街道养老照料中心，25家社区养老服务驿站；“十三五”末一刻钟社区养老服务驿站达到50家以上，辐射全区老年人口，基本实现全区居家养老设施和服务全覆盖目标。此外，借助建设国家保险产业园的优势，在为特困、失独、政府供养人员进行托底的基础上，探索政府补贴、单位补助、个人缴费、企业运营等多方合作形式，逐步建立商业保险、社会保险与互助保险结合互补的长期护理保险模式，打造民生保险创新项目应用先行区。居家养老服务体制改革引发中央和市属媒体高度关注，新华社、《北京日报》、北京电视台、北京广播电台等媒体记者对区民政局进行集体采访，并到八角南路社区居家养老服务站进行实地探访。

（祝　璇）

**【社区养老服务驿站】** 年内，全区新建成15家社区养老服务驿站，分别位于9个街道办事处（鲁谷社区）。驿站为社区老人提供就近助餐、托期托管、家政服务等服务项目。区民政局做好两节、“两会”、重点时期社区养老服务驿站的公共安全宣传检查工作，全年检查50余次。截至年底，全区15家社区养老服务驿站全部运营，其中2家社区养老服务驿站（八角北里、古城南里）被评为市级样板驿站。

（马丽丽）

**【基层社会治理】** 年内，区民政局发挥“三社联动”（社区、社会组织、社会工作专业人才简称“三社”。“三社联动”不是三项业务的简单拼盘，而是三个主体有机融合、相互促进）在社会治理创新中的积极作用，协调各街道、社区居委会、项目方全力配合、支持社工机构开展“三社联动”服务项目。推动基层社会治理。一是加大社会工作宣传力度，组织全区第一次“石景山区2016年北京社工宣传周”活动，推动社会工作走入社会。二是落实“三社联动”服务项目申报。申报3个项目，服务内容涉及9个街道30余个社区。三是组织全区社会工作者职业水平考试报名工作。全区共有232人通过社工职业水平考试，其中有9名民政工作人员取得证书。四是完成北京市民政局组织的北京市社会工作专业人才资源统计工作。五是完成253人的执证社工的首次登记和再登记工作。六是组织全区首届“社工知识进万家”知识竞赛活动。

（马丽丽）

**【推进社区服务】** 年内，区民政局完成社区管理软件的指导工作，下拨上年度北京市社区服务平台数据维护费用补贴。推进社区志愿工作。完成志愿者工时登记、项目申报、市级志愿者之星评比。组织9个街道社区养老服务中心主任居家养老培训。开展融景城便民工程工作。协调新建小区养老配套设施的移交工作，上年完成沁山水养老配套设施的移交，启动金顶阳光小区养老配套设施移交。统筹全区各相关职能部门完成全区养老设施的普查工作。全年配合市、区相关部门实地调研养老照料中心、社区驿站26次，答复人大政协代表提案3件，完成上级下发的各种调查问卷1000余份，答复便民电话转办单3份。

（马丽丽）

**【慈善公益救助】** 年内，区民政系统募集善款138万余元，救助支出超过107万余元。其中“展翅未来”“爱心成就未来”、援建内蒙学校电脑教室等助学项目支出52.4万元，资助3600余人；“两节”大病群众走访慰问、慈善医疗卡和日常大病及突发事件等应急救助支出37.27万元，救助170余人（次）；“真情援助贫困母亲”“救助困难党员”“救助困难职工”等项目，支出17.7万元，救助314人。

（贺迎潮）

**【慈善超市建设】** 根据市捐赠中心工作部署，区民政局完成2家慈善超市的连锁、加盟工作。在春节前救助1136户、2341人次。累计向困难群众发放粮油物资25270.69公斤。

（郭文翠）

**【核对机制建设】** 年内，区民政局在对新申请救助对象必查的基础上，共对1378户已享受的救助家庭经济状况进行抽查，生成核对报告1378份，其中，产生预警413户，经核实，停止待遇78户。

（张建涛）

**【“送温暖 献爱心”活动】** 年内，区民政局捐赠中心组织开展4月“春风送暖”和10月“冬衣送暖”社会捐助活动。通过广泛宣传，新增政府短信平台，发出募捐倡议；及时公布捐赠电话和账号，发放张贴捐赠宣传海报3200份、捐赠指南5500份，调动辖区内社会单位和社区居民参与捐赠活动。活动累计接受捐款224562.3元、捐物35425件；上缴市捐赠中心捐款133455.58元，物资全部上缴。

（郭文翠）

**【捐赠站点规范化建设】** 年内，区民政局按照“五个一”标准（即确保每个站点有一定工作面积[公益组织和企事业单位申请设立捐助站点面积至少10平方米]，一个专（兼）职工作人员，一组统一制式的固定捐物箱，一个统一的宣传墙面，一面民政部统一制式的捐助站点牌匾），逐步实施开展基层捐助站点规范化建设。全区139个社区在已有2个捐赠点达标基础上，新建设11家“五个一”标准捐赠点，为规范管理捐助站点，推进全区捐助站点标准化建设捐助站点打下基础。在收捐环节上坚持服务为主，各捐赠站点在“每月25日”“募捐月”敞开接受社区居民的捐赠，方便群众就近捐赠，并按照全新品、八成新品及不适宜捐助旧衣物3种标准分类包装。全年累计接收物资57612件衣物，上交市捐赠中心物资集散中心进一步分拣55222件。

（郭文翠）

**【福利彩票发行】** 年内，全区销售彩票1.31亿元，其中电脑福利彩票1.17亿元，即开型彩票销售1415.36万元。结合安全第一，平稳运行的管理要求，调查巡视90个彩票销售站，涉及人员配置、店面形象、销售情况等多个方面，培训销售员90人次。

（李　娜）

**【居家养老卡服务】** 年内，全区享受养老服务补贴18203人，其中新增2704人、变更130人、注销1597人。全年充值发放养老补贴累计充值207092人次，充值金额为20881300元。

（赵　君）

**【96156社区服务平台】** 年内，全区10个社区服务中心网站采集、录入信息8417条；全区10个社区服务中心网站总访问量201116次；总计接收96156服务单1180张，其中咨询单1025个、服务单155个，完成服务单65个，服务回访率达100%。

（赵　君）

**【社区服务中心公益服务】** 年内，区民政局完成“两节”系列服务活动，携手金海艺术培训中心为区福利院老人送上节日慰问演出并发起96156“我家乡的爱心图书馆”公益捐书活动，累计捐书832本；与社会组织乐龄合作，为150位高龄、空巢老人、困难低保、残障特困等家庭，送上新春的祝福和“温暖助老包”；携手96156“易家修”服务商为176户社区居民安装烟感报警器。母亲节携手熊猫摄影队于八角建钢南里社区组织开展96156“温情五月，感恩母亲”主题公益活动。全年累计完成96156社区大课堂526节次、惠及人数27271人次。

（赵　君）

**【福利企业生产】** 截至年底，区民政局按照《北京市民政局关于做好取消福利企业资格认定事项有关工作的通知》文件要求，完成对全区3家已注销福利企业的福利企业证书回收工作。

（王　涛）

**【强化防灾减灾】** 年内，区民政局协调成立区突发事件应急救助指挥部，编制《石景山区突发事件应急救助工作预案》，征求各相关单位意见后正式发文执行。区突发事件应急救助指挥部在区突发事件应急委员会和市民政局统一领导下，按照“统一指挥、分级负责、专业处置”的原则，负责组织协调本区突发事件受灾群众应急救助和善后工作，统筹安排生活救助物资和社会捐赠款物。推荐年度综合减灾社区。经社区自评、街道初评、区民政局推荐、市民政局核实，推荐表彰年度综合减灾示范社区10个，其中国家级4个、市级6个。在5月12日第八个国家防灾减灾日，区民政局开展“减少灾害风险，建设安全城市”为主题的防灾减灾知识宣传活动。在10月13日第27个“国际减灾日”，各街道宣传点以“用生命呼吁：增强减灾意识，减少人员伤亡”为主题，张贴海报，发放宣传品。开展全区移动报灾APP试报工作。6月1—30日，全区开展养老机构“安全生产月”活动，通过防灾减灾知识技能培训，提高社会福利院员工及入住老人的安全意识。区社会福利院举行以“传播消防知识、关爱老人平安”为主题的消防安全培训及演练，旨在提高老人、职工安全防范意识和自救、自护的能力，掌握正确的逃生要领。学校作为聚集众多未成年人的场所，一直是防灾减灾的重点关注对象，通过“教育一个学生，带动一个家庭，进而影响整个社会”的消防宣传辐射效应，进一步提高广大群众消防安全意识和防范能力。通过政府购买服务的方式，利用现有民安救援队防灾减灾师资力量，结合96156社区大课堂，开展一系列防灾减灾知识入社区进家庭活动。全年开展防灾减灾讲座90余场，内容涉及自然灾害包括水灾、火灾的应急自救方法和逃生技巧，参加4300余人次，覆盖9个街道（鲁谷社区）。储备以帐篷、棉被为主要品种的应急救灾物资，建立2000人份救灾物资储备，民安救援队约50人作为应急救灾储备力量。应对“7·20”强降雨救助，先后启动Ⅳ、Ⅲ、Ⅱ应急响应，为八角街道南山一、二院平房区紧急下拨紧急救灾物资，棉被77床、毛巾被77床、防潮垫77个，解决居民临时安置生活保障。及时通过《民政部自然灾害报送系统》上报灾害信息，先后完成信息初报、续报、核报和年度报告工作。

（刘晓宏）

**【开展社会救助】** 年内，区民政局审核审批专项救助。其中特困人员7人，灾害性卫生支出医疗救助144户269人91.71万元，临时救助112户231人（不含“12·07”临时救助）57.61万人，教育救助52人23.13万元。开展救急难工作。与街道共同解决极特殊低保对象突发危重疾病的就医问题，共45人次。做好“12·07”爆燃救助。启动救助预案，成立救助小组，特事特办，采取先救助后补手续的方法，尽快把救助款送到受灾居民手中。共发放一次性临时救助、受伤人员临时救助、电费补助、租房补助等256户共55.47万元。

（刘晓宏）

**【社会福利待遇】** 年内，制定困境老人入住福利机构补贴政策。为低保、低收入、计划生育特殊困难老年人和残疾人入住区内养老机构给予补贴，最高2400元，最低800元。在儿童福利方面，建立低保大病、重残儿童补贴政策。在孤儿和视同孤儿补贴政策的基础上，新建立低保大病、重残儿童补贴政策，使散居孤儿的生活费每月达到1800元。及时审批发放孤儿生活费。做到及时受理申请，及时审核审批，及时足额发放资金，新审批散居孤儿1名，终止散居孤儿1名，发放散居孤儿生活费122人次19.88万元；审批弃婴1人，办理寄养转收养孤儿2人；有集中供养孤儿13人，其中家庭寄养孤儿2人；散居孤儿（含视同孤儿、低保大病残疾儿童）10人。做到动态管理，对孤儿因达到法定年龄、家庭变故等情况，不能享受孤残儿童待遇的，及时工作、按时退出；同时做到政策衔接，对退出孤儿及时与低保中心联系，按政策享受相应待遇。在残疾人福利方面，联合区发改委、人力社保局、财政局、残联制定相关工作方案，出台实施细则，细化工作流程，明确责任分工；搞好宣传培训，制作一封信发放给全区1万余名残疾人，召开动员部署暨业务工作培训会。

（刘晓宏）

**【实施济困工程72项】** 年内，区济困工程各成员单位继续围绕高端民生家园建设，着力构建“八个高端体系”，计划开展济困项目70项，救助各类困难群众16.76万人（户）次，投入资金1.2亿元。截至年底完成项目72项，救助各类困难群众18.2万人(户)次,共投入资金约1.34亿元(其中中央财政投入150万元、市财政投入1883.25万元、区财政投入资金1.12亿元、社会募集159.78万元、其他投入48.91万元)。

(刘晓宏)

**【超转和地退人员管理】** 截至年底,全区有超转人员1308人,地退人员146人。区民政局按时、准确完成征地超转人员生活费发放和调标工作;在中秋、春节等节日先后慰问189名困难超转人员,送去总价值4.57万元物品;加强日常管理,细化《超转人员生存信息核实细则》,完成信息管理平台数据采集工作,建立超转人员基础信息;做好日常服务,为超转人员每月变更就诊医院;审核超转人员清洁能源补贴;出台超转人员生存信息核实细则,确保日常管理工作正规有序、公平公正。地退管理方面,按时、准确完成地退人员退休费发放和调标工作;发放地退人员物业补贴和采暖补贴。组织街道业务人员进行业务培训;协助地退人员、家属及公证处等相关部门办理查档30次;组织地退人员到区京西体检中心进行体检;制定办理地退人员抚恤金委托书,规范程序;按市局要求,完成地退人员遗属调查摸底工作;定期更新地退系统;年底为地退人员订阅社区报等。

(刘晓宏)

**【养老机构建设】** 年内,区民政局审批养老照料中心2家(颐和康泰养老护理院暨苹果园街道养老照料中心、春晖颐老年公寓暨五里坨街道养老照料中心)。依法撤消养老机构2家,制定星级评定计划,组织区星级评定委员会对英智养老康复有限公司进行二星级养老机构评定。首钢老年福敬老院通过北京市养老服务体系标准化验收。本区养老机构10家,被评为星级养老机构7家,占70%。发放社会办养老机构补贴901.02万元。截至年底,全区运营养老机构10家,床位3054张。组织一期养老护理员集中培训,组织参加第四届养老护理员技能竞赛。全区护理员总数421人,持各类证书的338人,持证率为80.3%。组织11名养老院院长、部门负责人参加市级培训,提高综合素质。加强养老机构安全运营监管。组织落实《社会福利机构消防安全管理十项规定》《社会福利机构消防安全标准化管理规定》,建立消防安全长效机制;定期组织消防安全专项治理,联合消防支队围绕消防、水电气、设施设备安全三个重点进行专项检查,发现隐患责令立即或限期整改;每月或重要时期对各养老机构进行以消防安全为主的安全检查,每年两次在福利院进行消防演练。全年无消防事故发生。

(刘晓宏)

**【养老助餐服务】** 年内,区民政局完善养老助餐服务体系,起草《石景山区养老助餐服务体系建设工作实施方案》,组织试点先行,以首钢实业有限公司等有资质的大型配送餐企业作为主渠道,打造"中央厨房+社区养老服务驿站+社区配餐、送餐、助餐"模式,由街道主管部门统筹,根据区域实际情况满足老年人就餐需求,3家街道养老照料中心、14家社区服务养老驿站均开展配送餐服务。

(祝　璇)

**【老年人优待卡更换】** 年内,区民政局推动老年人优待卡变养老助残卡。组织区级培训会,细化区街居工作任务,建立信访投诉疏解机制,及时掌握新旧卡的换发进度。截至年末,完成换卡数量41705张。

(祝　璇)

**【困难老年人评估】** 年内,区民政局落实老年人能力评估及服务需求调查工作,召开区级层面老年人能力评估业务培训工作会,采取入户评估的方式,先后评估和调查失能困难老人4971人,为下一步实施分类精准保障提供数据支撑。

(祝　璇)

**【老年人优待工作】** 年内,区民政局为全区5198名户籍及外埠60周岁及以上老年人办理"老年人优待证";为7964名户籍及外埠65周岁及以上老年人办理"老年人优待卡";为1355名90周岁及以上老年人发放高龄津贴153.68万元;为全区153人次95周岁及以上老年人发放医疗补助309289.74元。春节和重阳节期间共走访慰问高龄特困、失能及百岁老人120名,发放慰问金7.2万元。

(祝　璇)

**【文化养老活动】** 年内,区民政局发挥文化养老引领作用。在重阳敬老月期间以"敬老爱老,全民行动"为主题组织开展170余场系列活动,举办春、秋两季老年人门球赛;在国际雕塑公园开展"乐享银龄2016,老少携手走重阳"主题庆祝活动;在京西五里坨民俗陈列馆举办"看大戏、赏非遗文化、包饺子庆九九重阳"主题文化活动。

(祝　璇)

**【"孝星"命名推荐】** 年内,区民政局开展"孝星"命名推荐活动,经自下而上层层审核,评选推荐市级"孝星"60名,"孝星榜样"3名,并在市级事迹报告会上进行公开表彰颁奖。

(祝　璇)

**【老年维权网络】** 年内,区民政局织密老年维权网络。深入社区开展老年权益维护宣讲活动,集中组织专业律师讲座8场;在各社区张贴《给石景山区老年人的一封信》,就"老年人意外伤害综合保险"的主要内容和办理方式进行广泛宣传。

(祝　璇)

**【老龄宣传工作】** 年内,区民政局召开养老工作新闻发布会,与区广电中心协作编制老龄工作公益广告,协调党报党刊、广播电视进行老龄工作深度报道。全年新闻宣传媒体报道共117篇,其中一类媒体18篇,市级媒体26篇,区级和网络媒体73篇。

(祝　璇)

**【发放抚恤补助】** 年内,区民政局为721名优抚对象发放抚恤补助金1352.1万元;为51名残疾军人办理换证、补证;为42名病故军人遗属发放一次性抚恤金1290.58万元;为223名义务兵发放优待金702.4万元;为98名1至6级的残疾军人,配置残疾辅助器具共计34余万元;为47户优抚对象发放集中供热采暖补助费74974.01元;专项申请经费购买12台数据核查设备,对160余名优抚人员进行生存核查。在春节、八一等节日期间,先后完成各级领导走访慰问1360户次,发放慰问金和慰问品92.99万元;为全区129名烈属家庭发放“光荣烈属”牌;组织完成烈士公祭活动。修订出台《石景山区军人抚恤优待实施细则》和《北京市石景山区关于加强“一老一小”烈属优抚工作的意见(暂行)》,提高部分优抚政策标准。

(杨崇艳)

**【军休干部接收安置】** 区民政局全年新接收安置军休干部71人。截至年底,全区共接收军休干部2641人,实有军休干部2059人,其中离休干部153人、退休干部1906人。

(张　旭)

**【退役士兵安置】** 石景山区全年接收退役士兵121人。其中:义务兵99人,初级士官12人,复员、转业士官10人。累计安置121人,其中:复学60人,自主就业58人,政府安置3人,安置率100%。区民政局为118名自主就业退役士兵发放一次性经济补助金703万元。

(杨崇艳)

**【婚姻收养登记】** 区民政局全年完成婚姻登记9563对,其中结婚登记4767对、离婚登记2961对、补领登记1835对。出具婚姻证明14人次,办理国内收养登记3件,受理群众咨询30余人次。

(刘建斌)

**【社会组织管理】** 区民政局全年办理行政许可审批事项49项,其中成立24项,注销3项。全区有社会组织293个,其中社会团体79个、民办非企业单位214个,社区备案社会组织697个。开展社会组织网上无纸化年检,年检结果合格186个,基本合格4个。委托第三方评估机构对42个社会组织进行等级评估,评为4A级22个、评为3A级17个,评为1A级3个,累计完成评估172个,评估率达到95%。开展社会组织“诚信建设行”活动,指导社会组织对信息公开内容进行梳理和自查自纠,建章立制规范活动,并制定诚信承诺书,规范社会组织信息公开工作。加强对社会组织监督管理,对未按时接受年检的社会组织开展行政约谈1个,行政检查23个,行政处罚6个。

(高　亮)

**【流浪乞讨人员救助】** 年内,区民政局共救助流浪乞讨人员833人次,其中救助老年人142人次,未成年人13人次,智障人员7人次,流浪精神病人4人次,肢体残疾45人次,自愿离站670人次,跨省护送返乡9人,安置7人次,亲属接回26人次,单位接回4人次,提供车票299人次,受助人员住站总天数2487天。基本实现重点地区无流浪、无乞讨、无露宿街头工作目标。

(赵　宇)

## 双拥工作

**【概况】** 石景山区是陆军领导机构、中部战区机关、北京军区善后办所在地,具有拥军优属、拥政爱民的优良传统,七次获得“全国双拥模范城”殊荣。军地双方历来都很重视军民共建工作,拥军优属、拥政爱民是军政双方共同探讨并高标准完成的一个任务,军地互办实事逐渐形成传统。年内,军地双方按照“四个全面”战略布局,坚持以军民融合式发展为主线,坚持创新、协调、绿色、开放、共享的发展理念,坚持富国和强军相统一的战略目标,坚持军民团结鱼水深情一家亲的优良传统,以统筹区域经济社会发展和国防建设为出发点,以提升军地协同创新能力为核心,全面促进区域经济建设和国防建设协调发展、平衡发展、兼容发展,努力争创军民融合发展示范区。区委区政府明确“做得更好,创先争优”的工作理念,修订完善《石景山区军人抚恤优待实施细则》《石景山区军人随军家属就业安置暂行办法》《驻石景山区部队现役军人子女协调入学管理办法》《石景山区关于加强“一老一小”烈属优待工作的意见》,制定《石景山区从优安置军队转业干部实施细则》,为支持部队改革提供政策保障。适应社会转型和军队改革新形势,坚持需求牵引,统筹区域资源,做好军转干部、退役士兵、随军家属安置和军人子女入学入托、军休干部待遇落实等服务工作。区委区政府投入资金,协调解决驻区部队环境整治、道路交通、用水用电等问题。驻区部队践行宗旨,支持民生改善和保障工作,推进军(警)民共建活动,以实际行动为建设高端绿色石景山作贡献。召开军民融合发展推进大会,与驻区部队联合签发《关于推进军民融合深度发展的实施意见》,制定《石景山区创建全国双拥模范城“八连冠”四年规划》。区双拥办着眼于形势任务的新变化和新特点,以确立融合发展新观念为起点,打破对融合发展的思维局限,努力探索新时期双拥工作特点规律、实现途径和有效载体,积极推动军民融合深度发展。

**地址:石景山区古城路民政局206室**
**电话:68863368**
**邮编:100043**

(王晓芳)

**【走访慰问优抚对象】** 春节、八一两个双拥月期间,陆军、中部战区、北京军区善后办与区四套班子等军地领导,分别对八宝山、老山、五里坨、金顶街、古城、八角、苹果园、广宁街道辖区的16户优抚对象进行联合走访慰问,将价值700元的慰问品和2000元慰问金送到每户优抚对象手中。军地领导每到一户,都详细询问老人们的身体状况和生活情况,对其及父辈们为国家所做出的贡献表示肯定及感谢,并嘱咐他们要保重身体,遇到困难向民政部门和社区反映,政府会想尽一切办法帮助解决。区民政局全年组织各单位共走访优抚对象1360户次,送去慰问金和慰问品价值92.986万元。

(王晓芳)

**【走访慰问驻区部队】** 春节、八一两个双拥月期间,牛青山、夏林茂、岳德顺、吴克瑞等区领导分别带领相关部门负责人分四路,走访慰问武警十四支队、消防支队、预备役高炮四团、公安分局、交通支队、区武装部、66282部队等基层部队官兵,为基层官兵送去石全区64万人民的亲切问候和节日祝福,对驻区部队在为地区经济建设、社会稳定等方面给予的大力支持和作出的突出贡献表示深切谢意,共赠送慰问金和慰问品共计425万余元。

走访慰问期间，区领导分别与部队领导进行座谈，向部队领导介绍石景山区经济建设发展情况。

（王晓芳）

**【齐心协力搞共建】** 在“爱民月”“八一”“十一”等拥军日，各街道深入基层部队走访慰问，司法局、法院组织多种形式的法律宣传，区妇联举办“闪亮今天 心动时刻”大型青年交友联谊活动办，商务委协调引入“百舸湾”车载直销车进社区，国资委为部队数十个伙食单位送粮油，科委园区开展科普活动走进军营行动，石景山医院与石景山区武警支队开展对口支援工作，定期开展帮扶活动，卫生计生委组织辖区多家医疗卫生机构举办“健康中国行进军营”大型宣传、义诊活动，妇幼保健院与军休五所签订医养结合协议书，图书馆建立部队图书分馆10家、部队图书流通站21家，区文化委公益流动电影放映队围绕“庆祝建军89周年”到部队驻地开展主题电影展映活动。

（王晓芳）

**【现场办公解难题】** 7月29日，石景山区召开“八一”军政座谈会暨第34次区长进军营现场办公会。中部战区政治工作部副主任刘滨，陆军政治工作部副主任张仁锋，北京军区善后办政工组组长苗爱民等驻区部队领导，牛青山、夏林茂、岳德顺、吴克瑞、李文起等区四套班子领导及有关职能部门领导出席现场办公和座谈会活动。在前期调研的基础上，会上，夏林茂代表区政府对驻区部队提出的涉及战备训练和日常生活的31个需求问题作出答复。能解决的，明确工作责任，加快工程进度，确保按期完成；受政策、条件等客观因素限制，目前不能解决的，加强协调，逐步推进，力争早日解决。

（王晓芳）

**【获国家、北京市表彰】** 7月29日，在全国双拥模范城（县）命名暨双拥模范单位和个人表彰大会上，石景山区连续第七次被全国双拥工作领导小组、民政部和中央军委政治工作部命名为“双拥模范城”。8月25日上午，北京市双拥模范城暨双拥模范单位和个人命名表彰大会召开，李文起，陈婷婷及30余名干部群众代表参加会议。大会总结全市双拥创建工作情况，部署新一轮双拥创建工作主要任务；宣读《关于表彰双拥模范城（区）、模范单位和个人的通报》，并向受表彰的双拥模范城（区）、模范单位和个人颁发奖牌和证书。石景山区被市双拥工作领导小组评为“北京市双拥模范区”。李文起代表石景山区上台接受“双拥模范城”奖牌，北京军区善后办政工组赵杰波大校受领“北京市双拥模范区”奖牌。五里坨街道办事处、苹果园街道办事处、古城街道办事处、民政局、人力社保局、教工委会、城管委、文化会、妇联、司法局被表彰为“首都拥军优属拥政爱民模范单位”，五里坨街道联勤部大院社区主任高兴昌、苹果园街道军区大院第二社区主任李晓萌、民政局副局长宋晓斌、双拥办科长张宏印、人力社保局人事流动调配科副科长赵松涛、军转干部服务中心主任李东、图书馆馆长王红、军队离休退休干部房管所所长刘福平、市政工程管理所党支部书记张军民、公安分局高井派出所干警孟秋文被表彰为“首都拥军优属拥政爱民模范个人”。

（王晓芳）

**【军民融合发展推进大会】** 8月1日召开。会议由夏林茂主持，李文起作《关于推进军民融合深度发展的实施意见》说明，并对争创全国双拥模范城“八连冠”工作进行部署；中部战区政治工作部副主任刘滨、北京军区善后办政治工作组副组长刘长金与区领导吴克瑞、李文起共同为石景山区荣获的“全国双拥模范城”和成立的“石景山区军民融合发展办公室”揭牌。会上，驻区部队与街道签订困难老人结对帮扶协议；街道领导与辖区军烈属签订结对帮扶协议；中部战区、陆军、北京军区善后办代表驻区部队与区政府共同签订军民共建绿地认养协议；中部战区、陆军、北京军区善后办、北京工业职业技术学院、区政府还签订“强军育才接力工程”续约协议。陆军政治工作部主任张书国、市双拥办副主任、市民政局副局长陈卫东，北京工业职业技术学院院长陈建民，区领导牛青山、种磊、耿振虎、富大鹏、陈婷婷参加会议。

（王晓芳）

**【推动军民融合深度发展】** 年内，石景山区坚持创新、协调、绿色、开放、共享的发展理念，坚持富国和强军相统一的战略目标，坚持传承和弘扬红色基因、军民团结鱼水深情一家亲的优良传统，以统筹区域经济社会发展和国防建设为出发点，采取五项措施推进军民融合深度发展，全面促进区域经济建设和国防建设协调发展、平衡发展、兼容发展，努力争创军民融合发展示范区。一是出台《关于推进军民融合深度发展的实施意见》，为军民融合提供制度保障。区委区政府与驻区部队联合签发《关于推进军民融合深度发展的实施意见》，进一步凝聚共识、探索规律、创新实践。进一步加强军地联动，融合推进精神家园建设、生态文明建设、城市基础设施建设、民生家园建设、军民产业发展、军地人才培育的“六项融合”。二是制定《石景山区创建全国双拥模范城“八连冠”四年规划》，深化双拥工作，推进军民融合发展。围绕军队改革建设大局和地区“全面深度转型、高端绿色发展”目标，建立双拥工作“1716”工作目标体系，“1”是实现全国双拥模范城“八连冠”目标，“7”是做好七个方面重点工作，“16”是落实拥护支持、服务保障部队改革任务完成的16个100%。扎实开展全国双拥模范城创建活动，打造具有区域特色的双拥工作品牌，培养一批有较高质量、较大影响力的双拥模范单位和个人，开创全区双拥工作新局面。三是完善“四个从优”和“一老一小”政策，为支持部队改革提供政策保障。以“做得更好，创先争优”理念为指导，深入落实《实施意见》和《四年规划》，修订完善《石景山区军人抚恤优待实施细则》《石景山区军人随军家属就业安置暂行办法》《驻石景山区部队现役军人子女协调入学管理办法》《石景山区关于加强“一老一小”烈属优待工作的意见》，制定《石景山区从优安置军队转业干部实施细则》，实现驻区部队军人子女入学入园不愁、军转干部安置和随军家属就业不愁、军烈属优待不愁。四是服务全面深化改革大局，紧贴全面实施改革强军战略，坚持“拉单子、办实事”。坚持每年“八一”区长进军营现场办公制度，现已开展34次，解决制约发展建设的瓶颈问题，建立“拉单子、办实事”常态化长效机制，涉及政策性和范围比较广的问题，提交区长进军营现场办公会，由军地领导协调决策，涉及面小、情况单一的问题，由区双拥办牵头协调军地相关单位协商解决。五是认真落实16个100%，拥护支持、服务保障部队改革任务的完成。结合军队改革的新形势和地区作为军事重镇的新定位，细化任务，强化督导，积极探索，求真务实，依法依规与变通办法相结合，认真落实16个100%，贯彻各项安置、优抚方针政策，开展困难群众精准帮扶，丰富拥军优属活动形式，巩固和发展辖区军政军民“同呼吸、共命运、心连心”的大好局面，加大支持军队体制改革力度，全力做好拥军服务保障工作。

（王晓芳）

**【服务部队办实事】** 年内，石景山区优化新组建的军事机关周边环境，投资2189万余元，启动陆军领导机构营院周边绿地升级改造建设项目。投资5800万元，收回陆军机关营院门口商铺，砌起景观墙，整治提升周边环境景观。投资1200万元，优化通往陆军机关联络线沿线环境景观水平，对金顶西街等沿线进行精品街建设。投资2892.42万元，在五里坨地区7A号地块北、东侧分别新建秀府村北路及五里坨南宫中路，满足该区域内军民交通出行及雨污水排放需要。投资39.6万元，实施高炮四团绿地建设工程。为方便中部战区机关出行，区政府将其营院门口的1栋商务楼列入拆除工程。

（王晓芳）

**【完善政策助改革】** 年内，区双拥办协同相关单位修订完善《石景山区军人抚恤优待实施细则》《石景山区军人随军家属就业安置暂行办法》《驻石景山区部队现役军人子女协调入学管理办法》《石景山区关于加强“一老一小”烈属优待工作的意见》，制定《石景山区从优安置军队转业干部实施细则》，为解决驻区部队“后路”“后院”“后代”问题提供政策支撑。

（王晓芳）

**【安置就业多渠道】** 年内，区双拥办协同人社局、社工委通过不同形式和途径妥善安置随军家属就业，事业单位招聘同等条件下优先录用随军家属，社区工作者招聘拿出一定数量的岗位专门招聘随军家属。接收安置随军家属25人，退役士兵121人，为112名选择自谋职业的随军家属发放政府补贴331万元。

（王晓芳）

**【驻军拥政爱民】** 年内，驻区部队参与石景山区大型义务植树活动，推进“共建林”和树木的“认养认建”活动。与驻地9个街道签订结对帮扶协议书，对困难家庭（个人）开展长期“一对一、点对点”帮扶工作。主动担负本区西部义务森林消防任务，加强区森林消防力量。组织驻地学校、企事业单位开展消防培训、消防演练等800余次，受教育人员10万余人，出动车辆600车次，出动官兵5000余人次，为群众做好事800余件，修理自行车30余辆，汽车20余辆，清理街道和居民垃圾10余吨。7月20日大暴雨中，武警部队出动2辆车，3个水泵，20余名官兵到现场冒雨排水，并帮助转移群众。

（王晓芳）

# 人力资源和社会保障

## 概　　述

北京市石景山区人力资源和社会保障局（简称区人力社保局）是负责全区人力资源和社会保障工作的区政府职能部门。内设19个行政科室和12个事业单位。城镇登记失业率2.41%，同比降低0.05个百分点；城镇新增就业10642人；在全市率先完成社会公益性就业组织转型工作，继续保持全区“零就业家庭”动态为零的目标。五项社会保险基金累计收支突破160亿元大关，各项社会保险基金收缴率均达到98%。不断加强创新型科技人力资源能力建设，累计设立北京市博士后（青年英才）创新实践基地工作站10个，招收进站博士37名；人事考试工作实现新突破，在全市率先使用“人脸识别”生物技术核对考生身份。区劳动人事争议仲裁院正式成立，本区劳动人事争议仲裁步入制度化、正规化和法制化轨道；集体合同攻坚计划全面实施，连续十年实现拖欠农民工工资为零，地区劳动关系和谐稳定。与唐山市人力社保局和首钢人事服务中心三方联合签署《共同推进首钢唐山地区企业人力资源和社会保障公共服务发展的合作协议》，“北京市石景山区首钢唐山地区社会保障事务服务中心”和“劳动人事争议巡回仲裁庭”在河北迁安挂牌成立，开创北京市构建跨省市、跨区域社会保障政务服务平台先河，得到市区领导充分肯定。

**地址：石景山区杨庄路66号**
**电话：68861840**
**邮编：100043**

（李艾娟）

**【干部教育培训】** 1月，区人力社保局制定本区《干部教育培训工作计划》，建立健全《培训作风纪律条例》《学习培训纪律》和“定期全勤公示制度”。强化领导干部上讲台制度，定期安排区内理论水平高、业务能力强、实践经验丰富的领导干部走上讲台，通过言传身教和面对面交流，提高基层干部对相关法律法规的理解执行能力、处理应变能力和依法办事能力。与区委组织部共同举办《公务员、事业单位工作人员学习大讲堂》，培训800余人。继续开展公务员网上学习，全区2300余名科级及以下公务员（含参公人员）在线学习年内至少80学时。10月，由市局资助、区人力社保局主办、区教委承办的《引进境外资源培养高端人才高级研修班》在教育学院石景山分院开班，加拿大高贵林市教育局和加拿大皇桥教育集团联合为30名各学科教研员专门订制不出国门的“国外培训项目”。全年举办公务员初任培训、科级领导干部任职培训、公务员专题培训、军转干部岗前培训等各级各类培训班15期，培训干部2000余人次。

完成科级及以下公务员每人每年脱产培训学时数不少于90学时，每单位每年脱产培训调训率不低于25%，每人每年网络培训学时数不低于80学时；专业技术人员每人每年脱产培训学时数不少于90学时，每单位每年脱产培训调训率不低于20%的工作任务。

（李艾娟）

【公务员考核】 1月，区人力社保局与区委组织部联合制定《关于做好2015年度公务员考核奖励工作的通知》，组织开展公务员考核奖励工作。完善派驻街道执法人员的考核，联合组织部、城管委召开街道派驻人员考核工作专题会议，拟定街道派驻人员考核方案，公务员考核优秀指标及奖励名额向城管各街道执法队和街道社会治理综合执法指挥中心办公室人员倾斜，由街道按本人表现做出考核评价。本年度政府系统共有86家单位2160人参加公务员年度考核。考核优秀438人，占总人数20%，给予嘉奖430人，占总人数19.9%，记三等功奖励90人，占比为4.1%。同时，加强平时考核力度，强化从月度工作纪实到各季度考评的长效考核机制。截至年底，本区共有行政公务员1784名，参照公务员法管理人员298名。

（李艾娟）

【人事档案数字化】 2月，区人力社保局开始流动人员人事档案数字化扫描归档工作。截至年底完成人事档案扫描归档81752份，占总量的77.9%，其中流动人员人事档案60000份、失业人员档案10388份、社会化管理退休人员档案11364份。区职业介绍服务中心共保管人事档案57565份，其中个人存档45211份、集体存档12354份；管理立户单位2113家、为个人代办社会保险缴纳7711人。

（李艾娟）

【新型学徒制试点】 3月16日，首钢总公司和首钢技师学院联合开展"企业新型学徒制"（即"招工即招生、入厂即入校、校企双师联合培养"模式）试点培训在首钢迁安正式启动，为全市首批试点之一，培养人数195人。企业新型学徒制采取"企校双制、工学一体"培养模式，即由企业与技工院校采取企校双师带徒、工学交替培养、脱产或半脱产培训等模式。培训目标以中、高级技术工人为主，培训工种有钢材轧制与表面处理、电气自动化设备安装与维修、焊接加工，培训期1年。培训内容包括专业知识、操作技能、安全生产规范、职业素养等。学徒培训期满，经鉴定考核合格，按规定取得相应职业资格证书或培训合格证书。市财政对试点企业给予职业培训补贴，按学徒取得职业资格证书等级不同，每人补贴标准为4000元至10000元。根据试点工作开展情况，区人力社保局定期下派检查人员到校开展督导。

（李艾娟）

【养老保险制度改革】 4月，全市启动机关事业单位养老保险制度改革工作。5月初，本区成立由区委组织部、宣传部，区编办、人力社保局、财政局、信访办等单位组成的养老保险制度改革专项领导小组，制定《石景山区机关事业单位工作人员养老保险制度改革实施方案》。年内分批对全区所有机关事业单位进行养老保险政策、经办业务、退休人员入库、养老金补缴培训，共涉及机关事业单位379家，培训经办人员600余人次。编制发放《机关事业单位基本情况调查表》，全面准确掌握辖区机关事业单位基本情况。制定《机关事业单位参加养老保险入程序时间表》，分批次、有秩序完成参保工作。截至年底，全区366家机关事业单位12305名在职人员和7643名退休人员顺利完成养老保险参保登记工作，入库率100%。

（李艾娟）

【调整社保费率】 5月1日起，本市实行阶段性降低社会保险费率，减轻企业负担，企业职工基本养老保险缴费比例由原来的28%调整为27%。其中，单位缴费比例由原来的20%调整为19%，个人缴费比例不作调整。失业保险缴费比例，由原来的1.2%调整为1%。其中，单位缴费比例由原来的1%调整为0.8%，个人缴费比例不作调整。调整后，本区参保单位承担的社保费用每月减少1449余万元。同时，按照工伤费率调整政策，本区涉及3621家用人单位。7月，工伤保险按照新缴费标准缴费，并对2015年10月至2016年6月缴费进行部分抵扣。由此，每年为本区用人单位降低成本约2.16亿元，其中职工养老保险1.58亿元；失业保险0.34亿元；工伤保险0.24亿元。

（李艾娟）

【充分就业社区创建】 6月16日，区人力社保局与现代服务培训学校合作举办家政服务技能培训，60余人参加；设立"就业帮扶小组"，深入街道办事处了解就业岗位开发情况，召开充分就业地区动态管理培训会，与基层干部群众一同破解难题。抽取29家已认定的充分就业社区进行走访，了解社区就业服务工作现状和亮点，对发现的问题及时予以纠正。截至年底，认定充分就业街道2家，充分就业社区100家，分别占街道和社区总数的22%和67%，其中苹果园街道被评为"北京市充分就业示范街道"，五里坨联勤部社区、鲁谷久筑社区和古城路社区被评为"北京市充分就业示范社区"。

（李艾娟）

【宪法宣誓仪式】 6月20日，根据《北京市国家工作人员宪法宣誓组织办法》精神，区委组织部、区政府办、区人力社保局共同组织新任命的18名国家工作人员。在区政府常务会议上进行集体宪法宣誓。仪式由区长主持，区投促局局长领誓。本次宪法宣誓仪式彰显宪法权威，有利于激励和教育国家工作人员忠于宪法、遵守宪法、维护宪法尊严、保证宪法实施，增强使命意识和责任担当，促进本区法治型政府建设，全面落实依法治国。

（李艾娟）

【公益性就业组织过渡】 6月，继鲁谷、古城社区服务中心率先完成社会公益性就业组织过渡试点后，其余7家社区公益性就业组织获市局批准，转型为社会公益性就业组织。至此，本区在全市范围内率先完成全部社区公益性就业组织向社会公益性就业组织过渡工作，全区就业特困人员全部进入社会公益性组织托底安置。

（李艾娟）

【仲裁院成立并运行】 8月31日，区劳动人事争议仲裁院正式成立并启动运行。仲裁院面积1500余平米，启用受理大厅1个、仲裁庭7个、调解室3个，并配置现代化办公设备。统一订制服装，所有参加庭审、仲裁文书送达人员一律着制式服装，佩戴党徽和仲裁徽，并在全市首家为仲裁员订制审判袍，实现仲裁工作标准化和规范化。加强制度建设，建立健全20余项具有执行效率的规章制度，新增仲裁员服务规范、文明用语两项；制定院长、仲裁员和书记员等工作职责6项；重新修订接待立案、审理程序2项。和区法院每季度召开案件形势通报会，加强仲裁与法院诉调的衔接，共同制定《关于建立诉讼与仲裁相衔接机制的若干意见》。推进由区总工会、法院、司法局、信访等组成的七方联动机制，借助社会各方面力量合力推动调解仲裁工作，做好仲裁终局案件和仲裁逾期未审结案件与法院立案环节之间的衔接。全年共受理劳动人事争议案件量达2124件，为历年来最高，较上年增加773件，同比增长57%；其中，集体劳动争议121件，同比增加34件，涉及职工1049人，同比增长39%。通过调解结案859件，调解率为43%。年内审结1979件，结案率达到93%，完成市局下达指标任务。

（李艾娟）

【长期护理保险试点准备】 8月，区人力社保局接到市局关于本区作为“北京市开展长期护理保险制度”试点区通知，提出“石景山居家养老失能护理互助保险试点工作设想”，制定“石景山区积极稳妥推进长期护理保险试点工作的方案”。并采取三项措施：一是积极组织区内具有“护工组织”的定点医疗机构和养老院召开座谈会，设计调查问卷和调查汇总表，掌握全区近1800余人的护工队伍；二是积极协调区内相关委办局摸清全区老年人口数据；三是掌握驻区“北京保险产业园”中商业保险公司具体情况，协调并组织参加两次区级“北京市政策性长期护理保险试点工作座谈会”和市人大常委会召开的“关于居家养老服务条例执法检查专题座谈会”。

（李艾娟）

【市局领导到区调研】 9月8日，市人力社保局局长徐熙到区调研北京市政策性长期护理保险试点工作。牛青山、文献、陈婷婷陪同调研。徐熙听取人力社保工作情况汇报及推进北京市政策性长期护理保险试点工作的优势和初步设想后指出：要统一思想，坚定信心，认真做好北京市政策性长期护理保险试点工作；要各部门密切配合，做好广覆盖、可持续的长期护理工作；要做好社保与商保之间的合理统筹；要保障失能、半失能等重点群众，提高社会服务水平。牛青山表示，养老作为最重大的民生问题，始终摆在最重要位置，石景山区有多次试点工作成功的经验，具有先行优势。石景山区坚决支持北京市政策性长期护理保险试点工作，为全市乃至全国的养老事业创造可复制的经验。区政府办、人力社保局、卫生计生委、金融办、财政局、民政局有关负责人参加调研。

（李艾娟）

【全市统一执法日活动】 12月2日，市人力社保局等12部门“农民工工资支付情况专项检查暨‘全市统一执法日’活动”在石景山区举办。市人力社保局副巡视员齐庆国，石景山区农民工工资专项执法检查领导小组成员单位负责人等参加专项检查汇报会。区长助理沈海波主持会议。区人力社保局局长汇报开展农民工工资支付工作情况：是年，石景山区拖欠农民工工资案件增幅由上年的25%降为8%，建筑行业农民工工资类案件上升势头得到明显遏制。齐庆国充分肯定石景山区农民工工资支付工作，表示将在全市范围内推广石景山区的经验。副区长肖平指出，石景山区已连续7年实现农民工工资无拖欠的目标。下一步，要努力做好“四个到位”，从根本上解决农民工工资拖欠的问题。一是工作到位。要主动出击，直击矛头，分组进行督查，切实抓好农民工工资支付工作，确保完成各项目标任务。二是宣传到位。要通过区有线电视台、《石景山报》、门户网站、微博微信等媒体渠道集中宣传，普及劳动保障法律法规知识。三是联动到位。要进一步完善和充实领导小组成员单位，凝聚合力，建立和完善联动机制，切实实现纵向到底、横向到边的体系化管理。四是惩治到位。对拖欠农民工工资或非法讨薪的企业和个人将予以严厉打击处理。专项检查汇报会结束后，市检查组一行前往中国国际广播电台对外传播中心技术大楼建设工地，进行实地检查。

（李艾娟）

【助力京冀协同发展】 12月13日，区人力社保局、唐山市人力社保局、首钢总公司三方共同签署《共同推进首钢唐山地区企业人力资源和社会保障公共服务发展的合作协议》；同时，经区政府同意，区人力社保局正式建立“北京市石景山区首钢唐山地区社会保障事务服务中心”和“北京市石景山区劳动人事争议仲裁院首钢唐山地区巡回仲裁庭”，在全市率先将公共服务触角延伸至首钢唐山地区。“社会保障事务服务中心”建立后，为首钢集团唐山地区所属企业提供社保经办、退休核准待遇、工伤认定、定点医疗机构管理、劳动能力鉴定、就业指导、失业管理、就业帮扶、就业培训、技能鉴定等十余项政府公共服务；“巡回仲裁庭”建立后，加强京冀劳动人事争议调解仲裁工作的配合，妥善处理跨区域的劳动人事争议案件，维护首钢唐山地区企业与职工之间劳动关系和谐稳定，促进跨区域争议案件及时化解。

（李艾娟）

【第二轮就业政策执行】 本年度第二轮区域就业优惠政策开始执行。全年为全区21712人次申请促进就业资金1.42亿元，其中市级资金1.33亿元，惠及17978人次；区级资金2146.21万元，惠及2878人次。全年区级财政安排就业专项资金4270万元，比上年增加1652万元，同比增长63.1%。通过失业保险基金稳定就业岗位，全年334家单位享受2722.22万元稳岗补贴。

（李艾娟）

【开展就业创业培训】 年内，全区有11家民办校开展职业技能培训工作，全年共培训3976人。按培训等级分:初级培训653人,中级培训1037人,其他适应性技能培训1938人,创业培训348人。按人员类型分:本市人员2416人,外埠人员1560人。联合区工会、区妇联针对有转移就业、创业意愿的农村劳动者及就业困难人员等重点人群,开展政策讲座和招聘服务,现场设立"就业服务政策宣传材料领取点"和咨询台,将劳动者和用人单位有效对接;年内石景山区现代服务职业技能培训学校成为本市首批居家养老护理员试点培训机构之一(全市批准三家),开展试点培训,缓解居家养老护理人员不足、职业技能偏低现状。开展家庭服务行业技能培训,与易盟集团95081现代服务培训学校共同举办家庭服务行业技能培训,提高社区就业质量,近50名有就业愿望人员参加。开展"职工大讲堂"培训活动,帮助解读市级、区级就业优惠政策。11月,出台《石景山区关于进一步推进创业培训有关工作的通知》,对进一步强化创业培训工作、提升创业能力、推动"大众创业、万众创新"等方面明确要求。

(李艾娟)

**【创业带动就业】** 年内,区人力社保局做好市优秀创业项目遴选暨第二届"中国创翼"青年创业创新大赛市初赛宣传工作。联合区团委、区科委和华海基业科技孵化器有限公司、领袖大厦及9个街道社保所,对辖区内符合参赛条件的企业(团队)进行政策宣传,张贴创业大赛宣传海报、发放宣传手册累计百余份,组织创业专家通过一对一指导,激励以大学生为主的青年群体创新创业。启动《青年创业扶持计划——创业大讲堂走进校园》活动,对在校大学生进行创业意识启蒙教育,分享成功创业经验,激发学生的创业热情,提高学生自主创业能力,全年举办创业大讲堂走进校园活动5期,348名大学生参加。联合古城街道社保所为辖区内30名失业人员举办创业讲座;在区社区青年汇举办2期创业大讲堂走进社区活动,50名社区青年参加;举办1期自主择业军转干部创业培训班,24名军转干部参加。对本区创业孵化基地和孵化园进行宣传动员,推荐符合参选条件的创业公社参加全市评审,最终入选第二批北京市创业孵化示范基地,获得创业孵化示范基地扶持资金4.5万元。

(李艾娟)

**【职业技能鉴定】** 年内,区人力社保局加大对辖区内职业技能鉴定考试现场督考力度,对考试全过程进行监督和检查,主要检查项目有鉴定场所运行条件、鉴定范围、试题试卷管理、考生资格条件审查、考务管理程序、考场秩序等。截至年底共计督考本辖区和非本辖区所属鉴定机构考点考生总数12639人次,职业(工种)100个,督考理论、实操考试138场,实现技能鉴定考试安全、有序、优质、零事故。按照市局统一部署,布置和落实技能大赛相关工作,联系辖区9个街道社保所共同开展大赛宣传工作,张贴宣传海报360余张,发放参赛指南200余份、竞赛举办单位操作指南手册180余份,接待咨询人员400人次。大赛在北京、迁安、曹妃甸三地同时进行,共举办理论、实操比赛44场次,参赛人员2015人。

(李艾娟)

**【人事考务工作新模式】** 年内,区人力社保局加强人事考试硬件设施建设,建成试卷保密库,设置视频监控系统,实现远程视频会议、远程试卷保密库监控等功能,同时启用远红外线报警系统设置。配备屏蔽仪200台,无线耳机探测仪40台,对讲机20部,身份证识别仪10部,金属探测仪8部,执法记录仪10部,高清扫描仪1台,考务专用工具箱20个。3月19日,在全市率先试用"人脸识别"生物技术在考生入场环节核对考生身份(在首钢技师学院考点举行的石景山区事业单位公开招聘考试中试用生物识别技术),在不需事先现场采集考生照片和信息的前提下完成身份识别,并会同研发单位共同完善入场凭条打印、实缺考数据统计、考生信息录入,完善驾驶证、社保卡、护照等证件进行身份核对功能。11月5日,全市首次初级经济师电子化考试在首钢技师学院机房举行,也是区人事考试中心首次承接电子化考试。截至年底,区人事考试中心共承接人事考试任务11场次,设置考点34个、考场681个,接待考生43091人次。承接区事业单位公开招聘考试和区仲裁院公开招聘考试3场次,设置考点3个、考场51个,接待考生1482人次。承接资格审核工作5场次,接待考生6847人次。

(李艾娟)

**【开展招聘服务】** 年内,区人才交流服务中心搭建供需平台,做好各项招聘会活动。一是开展以"三帮扶一回访"为形式的就业援助月活动。通过政策帮扶、职业指导帮扶、岗位帮扶三种形式,对就业困难人员实施摸查、建档,并进行"一对一"个体专门职业指导,进一步做好本区各类就业困难群体就业援助工作。二是开展以"搭建供需平台,促进转移就业"为主题的"春风行动"活动。做好春节后"招聘旺季"相关就业服务工作,引导来京务工人员有序流动,推动企业规范招聘和稳定用人。三是以"量身定制"为模式开展毕业生服务月活动。开展前期深入摸查,全面真实掌握街道失业大学生的求职、培训等基本信息;强化职业指导,根据失业大学生普遍存在的问题,举办职业指导专题辅导。帮助用人单位应用职业测评科学手段选拔人才,提高人岗匹配度。全年举办各类招聘会81场,含外地来京务工人员专场7场,毕业生专场8场,参会单位1459家,提供岗位29333个,达成意向3129人,成功就业392人。空岗信息采集岗位13504个,跟踪走访用人单位并建立用人需求档案1474户。

(李艾娟)

**【推进职级并行】** 年内,区人力社保局按照市文件精神,组织本区9个街道(鲁谷社区)召开会议布置本区职务与职级并行工作。经过初核、复核、民主测评、公示、备案等程序,各街道(鲁谷社区)按要求完成72名符合条件人员的职级晋升工作。其中科员晋升副科级的8人,副科级晋升正科级0人,正科级晋升副处级37人,副处级晋升正处级27人,分别占比11%、0%、

51%、38%。

（李艾娟）

【工资分配倾斜政策】 年内，区人力社保局完成全区机关事业单位在职和离休人员工资调整和发放工作。根据北京市公安、城管执法队伍重大安保活动一次性奖励机制要求，为公安分局和城管部门分别发放“两会”和“十一”国庆安保活动一次性奖励奖金；为公安民警调整警衔津贴标准；为派出所民警核增保留津贴；为区街道机关符合职级晋升条件的公务员落实职务职级并行工资待遇；为基层机关按高于一般机关20%的标准核定工作性津贴（年度绩效）部分；按照上年度各单位督查考核结果，拉开4个档次发放政府绩效管理考核奖。继续推进事业单位内部分配改革和绩效管理体系建设，强化单位考核与绩效工资总量衔接，确保事业单位的绩效工资分配合理有序；保障一次性绩效工资总量的核增；为农委农药管理站和环保局环保检测站调整农业有毒有害和环保检测津贴标准。

（李艾娟）

【事业单位管理】 年内，区人力社保局完成全区事业单位工勤技能岗位设置调整工作，在12家单位开设工勤一、二级岗位，其中一级岗位2个，二级岗位23个。完成全区机关、事业单位工勤技能岗位培训鉴定工作，共有75名机关、事业单位工勤人员通过申报，其中机关34名，事业单位41名。组织255家事业单位开展上年度事业单位考核，考核工作采取领导考核与群众评议相结合、考核工作实绩与考核工作态度相统一的方法进行，各事业单位经过初评、公示、确定考核结果等环节，共有7458人参加考核，其中1451人获得考核优秀等次并得到一次性奖励。做好事业单位处分备案工作，年内备案处分决定一例，备案单位适用规定得当，处分程序完备。开展事业单位公务用车制度改革工作，按照区政府要求，事业单位公务用车制度改革工作办公室设在区人力社保局，出台《事业单位公务用车制度改革工作实施意见》，制作工作方案、用车管理制度模板，指导各单位顺利完成公务用车改革工作。完成本区机关公车制度改革司勤人员提前离岗工作，成立车改工作服务保障领导小组，制定机关公务用车制度改革司勤人员安置方案，开辟社会保险、就业等绿色通道，本次提前离岗涉及24家单位，符合离岗条件的41名司勤人员，确认提前离岗30人，未提出离岗要求11人。按照核定的岗位设置方案做好聘用人员备案工作，截至年底，全区186家事业单位岗位设置总量是8774个（其中，管理岗位1235个；专业技术岗位6365个；工勤岗位1174个）。实际聘用人员为7637人（其中管理岗位946人，专业技术岗位5944人，工勤岗位747人）。

（李艾娟）

【专技人员职称管理】 年内，区人力社保局按照市局《关于调整北京市高校职称结构比例的通知》规定，对全区高校职称结构比例进行调整，增加副高级职称比例。完成上年度卫生系统高级职称推荐初审工作，共推荐27人（正高6人，副高21人）参加卫生专业高级职称答辩（其中包括民营单位1人），评审通过23人。完成全区中小学教师职称制度改革工作，联合区教委研究制定《石景山区深化中小学教师职称制度改革实施方案》，成立教师评审委员会，参加评审的高级教师112人，一级教师112人，经区评委会评审通过的高级教师78人，一级教师106人；推荐2名正高级职称教师参加全市高级职称教育评审。

（李艾娟）

【服务高端人才】 年内，区人力社保局申报引进硕士研究生及副高级以上职称人才54人，引进优秀留学人才14人，办理北京市工作居住证3567人次，办理北京市留学工作居住证13人次。分批次对辖区500家单位进行北京市工作居住证大规模排查排。加强博士后（青年英才）创新实践基地建设服务保障工作。截至年底，全区设立北京市博士后（青年英才）创新实践基地工作站10个，为工作站争取北京市资助资金累计102万元，区内累计投入各项配套资助143.2万元，市区配套资助带动设站单位投入科研项目经费共计6215万元。全区工作站共招收进站博士37名，与36所科研院所、高等院校建立合作关系，建立国家级重点实验室6个，合作开展科研项目38个，在国际、国内核心期刊发表论文50余篇，出版学术专著1部；获得专利授权23项，正在申请的专利2项；攻克技术难关12个，研发正式投产的新产品10个。编印《服务企业实用手册》15000册，通过行政服务大厅、区社保中心、职介中心等对外办公窗口发放至驻区企业。本手册共涉及人力社保相关6大类68项具体业务。利用北京市高端领军人才“直通车”工作契机，1名高端领军人才取得教授级高级工程师职称资格。截至年底，取得教授级高级工程师职称资格人员达到11人。

（李艾娟）

【毕业生就业创业】 年内，区人力社保局在辖区各高校开展创业大讲堂走进校园系列活动，举办创业讲座，进行创业意识启蒙教育，分享成功创业经验。结合春风行动、毕业生就业服务月、民企招聘月等活动，设置高校毕业生就业指导台。利用9家毕业生就业见习基地，引导符合条件的毕业生到就业见习基地见习，培养就业能力，以就业基地为平台实现就业过渡。征集高校毕业生定向招录岗位，全区共6家单位提供19个岗位，面向年度合同期满大学生村官和退役大学生士兵招聘，拟招聘48人。举办北京地区毕业研究生专场供需见面、双向选择招聘会，区5家单位提供33个岗位，拟招聘150人。开展离校未就业毕业生实名制登记，对本区生源离校未就业的852名入库应届毕业生进行电话一对一跟踪服务，进行就业推荐、创业宣传和见习岗位推荐，截至年底808人实现就业。毕业生创业基地共支持412名毕业生实现创业，注册企业72家，带动就业1987人，引进留学创业人员15人，服务留学生企业10家，共支持创业指导3200余人次，截至年底孵化企业融资总额超过3.6亿元，入住企业中有5家成功入选中关村第五批金种子工程,其中知遇时光(北京)科技有限公司由在校生创办,取得100万元融资。

(李艾娟)

【公开招考招聘】 年内,全区59家单位提供100个职位,录用公务员92人,招录职位与招录人数分别较上年有所上升。上半年31家事业单位提供41个岗位,录用33人;下半年47家事业单位提供63个岗位,录用51人;教育卫生系统公开招聘139人。

(李艾娟)

【军转干部和军属安置】 年内,区人力社保局根据区委区政府深入开展军民融合工作要求,联合区双拥办制定《石景山区从优安置军队转业干部实施细则(试行)》,在城六区尚属首例。北京市下达本区军队转业干部安置计划108人(其中行政团职36人、行政营连职及专业技术干部72人),实际报到人数21人。本年度是军队改革第一年,接收自主择业军转干部155人,是上年接收总人数的2.75倍。截至年底。累计接收自主择业军转干部553名。修订《石景山区军人随军家属就业安置暂行办法》,对接收安置计划内军人随军家属单位,由区政府按每安置1人5000元给予奖励(如市里统一补助,区政府不再重复安排,不足部分由财政补足)。对随军时间不超过3年、提出申请自谋职业的军人随军家属,由驻区所属部队在规定时间内将信息统一上报区双拥办,经区双拥办公室审核批准,给予一次性3万元的就业补助费,不再为其分配工作。全年共接收安置随军家属25人,其中,行政事业单位10人,企业6人,面向随军家属招聘社区工作者,4家单位提供10个岗位,最终录用9人。

(李艾娟)

【继续扩面征缴】 年内,区人力社保局继续推广网上申报业务,新开户单位全部实现网上申报。社会保险费银行缴费工作实现参保单位和缴费人员多方式、多银行缴纳。采用银行缴费方式的单位占参保单位月报数的87%。继续推行电子化对账单,实现网上查询功能。探索"综合柜员式"服务模式,逐步落实"一窗口接待、一站式服务、一次性办结"服务理念。发挥"社保大讲堂"宣传载体作用,深入重点企业宣传社保政策,培训覆盖区全部新参保单位,全年共举办50期,累计培训参保单位法人和经办人员近1万人次。截至年底,全区共有参保单位13114户,同比增加2244户,增幅22%。各项社会保险累计收支160.89亿元,其中累计收缴71.46亿元,同比增加13%,完成市政府下达任务指标的107.1%;累计支出89.43亿元,同比增加8.5%。全区共有12826户单位42.44万人(含离退休人员)参加养老保险,收缴基金436879万元,累计基金支出553245万元;有12048户单位46.22万人(含离退休人员)参加基本医疗保险,收缴基金236552万元,累计基金支出286855万元;有12789户单位27.53万人参加失业保险,收缴基金17542万元,累计基金支出21304万元;有13294户单位26.67万人参加工伤保险,收缴基金8787万元,累计基金支出21587万元;有12837户单位26.01万人参加生育保险,收缴基金14864万元,累计基金支出11340万元。城镇居民医疗保险参保64829人,其中"一老"9863人,"一小"53084人,无业居民1882人;城乡居民养老保险参保3485人,收缴基金252万元。

(李艾娟)

【社保待遇调整】 年内,区人力社保局调整企业退休人员基本养老金,涉及上年12月31日前退休的人员12.1万人,人均增幅236.37元/月。调整后,本区养老金人均水平3620元/月,高于全市平均水平47元/月。补发养老金于8月15日发放到位。调整工伤人员和工亡职工供养亲属工伤保险定期待遇572人次,调整金额14.14万元,补发85.63万元。1月起调整伤残津贴、供养亲属抚恤金待遇共计368人次,调整后本区伤残津贴和供养亲属抚恤金平均额分别为4336.86元/月和2083.26元/月。自7月起调整生活护理费待遇共涉及204人次,调整后本区生活护理费平均为2473.15元/月。9月,对已入库的机关事业单位退休人员7228人进行待遇调整,调整金额244.09万元,补发待遇自2016年1月起,调整金额于9月底前发放到位。

(李艾娟)

【社保基金安全管理】 年内,区人力社保局围绕社保基金"收入、支出、平衡、增值"4个环节,强化基金安全监督管理。逐级签订《基金安全管理责任书》,制定《社保基金监督管理规定》《内控考核管理办法》《数字证书管理办法》等制度。明确108项岗位职责,梳理265条工作流程和94项业务权限。数字证书管理实现业务经办全部痕迹可查。搭建公安、工商、税务、民政等部门信息共享平台,同时将端口前移,重点加强对社保所的服务和社保下沉业务的监督。本年度继续加强定点医疗机构及医保医师管理,制定《石景山区医疗保险协议管理补充规定》,分别从基金管理、诊疗项目、中药饮片管理及医保医师管理等15个方面进一步强化要求和标准。完善医保医师信息管理数据库,随时查询医师资格、历史违规扣分情况等各类信息。本年度全区79家定点医疗机构共计2608名医师纳入医保医师管理。截至年底,区定点医疗机构违规医保医师共计689人次,涉及465人,占医保医师总人数的17.8%;涉及定点医疗机构40家,占定点医疗机构总数的51%,违规金额12.88万元。加强社会保险欠费追缴工作,发放催缴通知书947封,电话通知、短信提示4388户次,催缴到账1143户,到账1455万余元,平均催缴到账率86%,完成市局80%的考核指标。

(李艾娟)

【工伤认定与劳动能力鉴定】 年内,区人力社保局共进行劳动能力鉴定570人次,同比上升3.26%,其中职工工伤及职业病鉴定413人次,同比上升4.03%;职工非因工伤残或因病提前退休劳动能力鉴定确认157人次,同比上升1.73%。再次鉴定申报5例,再次鉴定结论改变为"零"。全年认定工伤639件,同比增长8.5%。其中认定工伤619件,视同工伤16件,不予认定工伤4件。5月，联合区住建委、区工会深入中国国际广播电台对外传播中心技术大楼工程项目建设施工现场，开展主题为“落实‘同舟计划’推进建筑施工企业依法参加工伤保险”政策宣传日活动，活动当天共发放工伤政策丛书60余份，设立展板近10块、参与微信答题约60人次、发放宣传手册1000。全年共推荐工伤职工66人次到工伤康复医院进行康复治疗，工伤职工鉴定人数330人次，完成市局下达康复指标的200%。

（李艾娟）

【劳动保障监察】 年内，区人力社保局对辖区内1861家用人单位进行劳动保障监察，涉及职工75632人，完成市局下达指标的143%，检查非公企业占检查用人单位总数的97%。其中日常巡查1456户，受理举报投诉结案263户，处理突发事件15件。完成市局安排的春节前农民工资支付大检查、清理整顿人力资源市场秩序专项执法检查、劳动用工和社会保险专项检查、建筑施工企业联合专项检查、“疏非控人”专项治理中对用人单位劳动用工情况联合执法检查等专项执法检查5次；完成全区景观提升工程专项检查。推进“劳动用工规范一条街”工程，继续开展“无拖欠工资”工作和劳动保障监察网格化管理建设工作。全年共接待群众来信、来访、来电1178件，涉及5610人次。立案281件，其中工资类案件152件（包括建筑企业拖欠农民工工资53件，涉及农民工892人，追回工资1019.53万元），共为1058名劳动者追回工资1109.04万元；做出行政处罚10件，快速处理简易案件38件。无逾期未结案件，结案率100%。

（李艾娟）

【劳动争议预防】 首钢劳动争议调解中心全年受理本企业劳动争议案件21件，调解成功14件，成功率66.6%；物美劳动争议调解中心共受理本企业劳动争议案件21件，调解成功21件，成功率100%。协助做好疏解非首都功能工作，向疏解企业提供人员安置、分流等相关法规、政策帮助，指导企业制定人员安置、分流方案；针对疏解企业职工劳动争议实行快立、快调、快审和快结，妥善处理劳动争议案件。

（李艾娟）

【劳动合同制度实施】 截至年底，区人力社保局累计监控企业414家次，累计涉及职工10.5万余人次，劳动合同签订率96.2%（指标95%）。其中城镇职工5.2万余人次，劳动合同签订率95.5%；农民工5.26万余人次，劳动合同签订率97%。审查集体合同备案528家企业（含综合集体合同、工资专项集体合同、女工权益保护专项集体合同），覆盖职工7.30万余人，同比分别减少34%和21%。其中：八角街道、古城街道等5个街道55个社区联合区工会签订区域集体合同，涉及商户385家、劳动者1216人。综合集体合同三年执行有效期内企业600家，覆盖职工11.06万余人，其中签订区域综合集体合同涉及商户363家企业，覆盖职工1070人。2014年—2016年三年集体合同制度攻坚计划和创建和谐劳动关系活动开展顺利，区协调劳动关系三方五家指导企业开展集体合同签订和工资集体协商，引导企业参与创建活动，组织企业自荐，推荐达标单位和市级先进单位。三年期间，集体合同备案企业1475家次、涉及职工25万余人次；命名23家企业为“石景山区和谐劳动关系单位”达标单位，并有5家企业获得“北京市构建和谐劳动关系先进单位”称号。年内，三方五家组织47家企业开展本年度区级和谐劳动关系单位达标自荐、推荐工作，最终有3家企业符合创建条件。本年度加大对关停并转及搬迁企业劳动关系变化的关注度，经济性裁员审查备案2件，指导6家企业1800余人妥善处理劳动合同变更、工资待遇协商、经济补偿金支付等问题，避免引发社会不稳定事件。

（李艾娟）

【退休人员社会化管理服务】 截至年底，全区社会化管理退休人员35251人。年内组织四批社会化管理退休人员休养，休养人数总计750人。结合本区社会化管理退休人员实际需求，分别在辖区内9个街道开展书法和艺术体验两个系列共计24场社会化管理退休人员活动。与苹果园街道联合在西山逸林书画院举办“迎新春·翰墨养生书法体验活动”、衍纸艺术体验、布艺手工发饰、无土栽培、合唱、摄影等不同形式的艺术体验系列活动。与区文联联合组织开展“翰墨光影石景山 高端文化展京西”——石景山区“庆国庆·迎重阳”退休人员书画摄影邀请赛活动，共征集13个部门的退休人员创作的296幅作品，并评选出一、二、三等奖，在重阳节当天举办优秀作品展开幕式，200多名退休人员参加。开展“党在我身边”走访慰问社会化管理退休老党员活动，选取全区9个街道共计100名重病、特困等社会化管理退休老党员进行走访慰问，其中市级慰问20名，区级慰问80名。

（李艾娟）

【重点就业指标全面完成】 截至年底，全区城镇登记失业人员总量11890人（其中上年结转4787人，当年新增7103人），结转实有城镇登记失业人员4688人，比上年结转数减少99人；城镇登记失业率2.41%，同比降低0.05个百分点，比预期指标低0.29个百分。城镇新增就业10642人，完成市级指标的147.81%；完成区级指标的106%。登记失业人员实现就业6584人，完成市级指标的131%。困难人员实现就业5121人，完成市级指标的204%。认定“零就业家庭”37户，通过实施就业援助，37户家庭至少有1名劳动力就业，实现零就业家庭动态为零工作目标。实现创业481人，带动就业1650人，分别完成市级指标的120%和111%。本市生源高校毕业生就业率96.7%，高出市级指标1.7个百分点。

（李艾娟）

# 残疾人事业

## 概　述

石景山区残疾人联合会（简称区残联）是全区各类残疾人的统一组织。代表残疾人共同利益，维护残疾人合法权益；团结帮助残疾人，为残疾人服务；履行法律赋予的职责，承担政府委托任务，管理和发展残疾人事业。归口区委管理，业务上接受市残联指导。下属残疾人就业服务中心、活动中心、康复中心3个事业单位，在9个街道设街道残联，130个社区成立残疾人协会，形成区、街道、社区三级工作网络。年内，区残联围绕本区"全面深度转型，高端绿色发展"战略目标，扎实推进残疾人小康进程，做好残疾人基本民生保障、就业增收、教育培训、医疗康复、文化体育等各项工作，为残疾人提供精准服务，取得良好成效。获北京市第八届残疾人职业技能竞赛优秀组织奖，第三十届北京市残疾人棋牌比赛"体育道德风尚奖"，北京市第十届"和谐杯"残疾人乒乓球比赛"优秀组织奖"。

**地址：石景山区古城北路**

**电话：68817247**

**邮编：100043**

（刘会生）

**【助残日主题活动】** 5月15日是全国助残日，区残联围绕"关爱孤残儿童，让爱洒满人间"活动主题，举办三大系列活动，为残疾人送温暖、送关爱、送服务，营造扶残助残良好氛围。一是与中国狮子联会联合启动"温馨工程"助残项目仪式。中残联领导与中狮联、市残联、区领导为"中国狮子联会温馨工程助残工作站"揭牌，并启动"温馨工程"。中国狮子联会北京会员管委会与区残联签订战略合作协议，签订向老山街道办事处老旧小区捐赠爬楼机合作意向。北京会员管委会向区残联捐赠儿童轮椅20台和听障儿童康复包、爬楼机。在老山东里温馨家园，区残联就业、康复、维权等部门与中狮联会各服务队分别进行健康、法律等政策宣传，开展就业招聘、手工展卖等六大便民服务。残疾人和社区居民踊跃参加免费声呐3D细胞全息和微循环检测，购买残疾人手工艺品，享受理发和盲人按摩。同时，由3个社会组织和物质文化传承人与志愿者组成关爱残障儿童服务阵容。残障儿童与志愿者共同创作一幅《爱在一起》的画，非物质文化遗产传人教授残疾儿童（聋儿）画京剧脸谱，与会观众纷纷为残疾儿童的画作点赞。二是举办残疾人自强标兵和扶残助残先进集体、个人表彰大会，表彰10名石景山区残疾人自强标兵、10个扶残助残先进集体和先进个人、10名优秀残疾人工作者，动员和鼓励更多爱心人士加入到扶残助残行列中来，加快推进残疾人小康进程。三是区残联和各街道结合各自实际开展扶残助残活动。区残联与各街道一起走访慰问1502户残疾人家庭，发放慰问款50余万元。助残日期间，区残联与区公安局、工商局等六部门开展整治非法盲人保健按摩联合执法行动。八角街道举办评选"感动八角扶残助残先进个人"表彰大会，表彰65名助残模范；五里坨街道残联举办庆祝第26个全国助残日暨五里坨街道第一届残疾人运动会；古城街道残联在喜隆多国际购物中心广场举办"感恩社会，分享幸福，放飞梦想——古城街道残疾人文艺演出"。

（刘会生）

**【做好扶贫救助】** 年内，区残联严格落实各项保障政策，扎实做好残疾人的生活补助、养老助残券发放等救助工作。全年享受残疾人生活补助1946人，累计发放补助金额681.133万元；享受居家养老助残券3740人，发放金额436.4万元；享受城乡居民养老保险缴费补贴852人，补贴金额81.2万。"两节""助残日""中秋国庆节"期间共走访慰问残疾人7182人次，慰问款285.19万元。全年临时救助残疾人家庭5户，发放临时救助款8800元。为全区11家职业康复劳动站参加职业康复劳动的201名残疾人拨付运行经费247万元；为18名残疾人办理个体就业保险补贴13.52万元；为24家盲按机构发放扶持款24万元，为4家盲人按摩机构发放保险补贴6.4万余元。

（刘会生）

**【残疾人就业】** 年内，区残联召开9场次招聘会，新安置残疾人就业133人，其中按比例就业42人；探索居家灵活就业形式，与企业合作开展微商项目培训，全年开展培训5期，培训残疾人46人次，销售额2万余元。与企业牵手，引进"中国结"生产项目，组织残疾人编织中国结，由企业负责市场销售。

（刘会生）

**【职业技能培训】** 区残联全年举办各类职业培训10期，培训183人。为动员更多残疾人参与北京市第8届残疾人职业技能大赛，利用区有线电视、微信、短信、报纸等媒体，广泛宣传竞赛信息，组织全区135名残疾人报名参赛，比往届竞赛报名人数增加45%，并获得摄影、手工布艺项目第一名，中式面点、美发项目第二名，西式面点第三名的好成绩。

（刘会生）

**【安置就业审核】** 当年是残疾人就业保障金征缴方式转变的第一年，由往年残联审核、地税代征，转变为地税征缴，残联负责用人单位安排残疾人就业审核工作。为了做好政策转变后的残疾人就业保障金征缴工作，区残联通过区电视台滚动播放残疾人就业审核相关政策，政府网发布审核公告，利用快递向用人单位发送政策文件等形式，确保用人单位按时、按要求完成安置残疾人就业情况审核。同时，通过统一操作规范，安装叫号系统，安排专人负责等措施，确保审核工作有序进行。全年审核按比例安排残疾人就业单位495家，核定残疾人1610人。

（刘会生）

**【开展康复服务】** 年内，区残联发挥残疾人家庭康复培训学校职能，组织开展74期康复培训课程，培训残疾人及家属3665人次。采取政府购买服务方式，开展肢体残疾人居家康复服务、辅具评估服务、盲人定向行走训练、残疾人颈肩腰腿痛康复治疗及培训、居家康复+培训等5项政府购买服务，服务残疾人4500人次。全年市区两级拨付康复训练资金148.64万元。

（刘会生）

**【民办社会组织】** 年内，区残联加强社会组织监督管理，对4家社会组织做好评估工作。协助3家为残疾人提供优质助残服务的机构做好注册登记，扩大助残社会组织规模。

（刘会生）

**【信访与维权】** 年内，区残联建立律师及5个专门协会主席值班制度，接待来访残疾人。对来访残疾人耐心解答各种有关政策和法规，对堵门访、缠访、闹访等情况，采取依法处置与思想疏导教育相结合，引导残疾人合理、依法、有序地表达诉求。经与鲁谷社区及相关部门沟通，帮助泰康苑盲人按摩院解决房屋租赁到期腾退问题，区残联给予2万元资金支持，解燃眉之急。全年接访240人次，其中来访、来电202人次、来信2件、办理便民转办单36件。

（刘会生）

**【宣传残疾人事业】** 年内，区残联在助残日期间，开展“关爱残疾孤儿，让爱洒满人间”主题活动，与中国狮子联会北京管委会签订战略合作协议，在老山温馨家园建立“狮子会助残基地”，为残疾儿童捐赠康复包和儿童轮椅；开展“爱的传递”“爱的传承”等六个“爱”活动，让社会大众解残疾儿童，营造有利于残疾儿童成长的社会环境。利用报纸、电视台、网站、微信等媒体向社会广泛宣传惠及残疾人的党和国家政策。全年在区级报纸、杂志、电视刊稿94篇，在市级报纸、杂志、网站刊稿93篇，在市残联腾讯微博、新浪微博和人民网刊稿13篇，在《中国残疾人》刊稿1篇，编写2004年至2015年残疾人事业通讯汇编《爱的故事》。

（刘会生）

**【文体工作】** 年内，区残联在区文化馆举办“关爱孤残儿童·让爱洒满人间”主题文艺汇演，举办“春光暖·爱无限”残疾人新春联欢活动，举办残疾人诗歌朗诵和乐理知识培训班，提升残疾人文化素质；开展残疾人“家园杯”象棋、乒乓球、飞镖等体育项目比赛，活跃残疾人文体生活；全年组织1600人次残疾人参加市、区各类体育比赛、文化活动10次；组织盲人“光明行”艺术团深入部队和区消防支队开展慰问演出。

（刘会生）

**【志愿者队伍建设】** 年内，区残联组织北京市狮子联会、各社会组织、各街道和社区的志愿者积极参与助残日主题活动，开展志愿助残活动，营造志愿助残的社会氛围。采取政府购买服务方式，支持石景山区中正社会工作事务所组织全区温馨家园90名残疾人，在莲石湖郊野公园开展“健步行”活动，充分发挥志愿服务作用，帮助残疾人走出家门，亲近大自然，提高本区助残志愿者服务能力。

（刘会生）

**【温馨家园建设】** 年内，区残联根据《北京市示范残疾人温馨家园绩效考评标准》，对本区示范温馨家园开展考核工作，并将考核结果作为拨付温馨家园经费的依据。全年为示范温馨家园拨款运行经费87.1万元，用于温馨家园为残疾人提供就业服务、康复训练、文体活动等。推广老山街道示范温馨家园购买服务工作试点经验，进一步在示范温馨家园推进购买服务工作，为辖区残疾人提供专业化、多样化的助残服务。

（刘会生）

**【残疾人证管理】** 年内，区残联根据中残联、市残联残疾人证管理要求，严格工作流程，密切与区卫生计生委、各医院的沟通，稳步作好评残鉴定和残疾人证管理工作。全年新增持证残疾人1112人。规范一卡通领取，为残疾人换新和补办一卡通359张，发放残疾人服务一卡通18297张。截至年底，全区有持证残疾人18623人，其中肢体残疾人11478人，占残疾人总数的61.63%；视力残疾人2332人，占12.52%；听力残疾人1390人，占7.46%；言语残疾人77人，占0.41%；智力残疾人1089人，占5.85%；精神残疾人1579人，占8.48%；多重残疾人678人，占3.64%。

（刘会生）

**【无障碍建设】** 年内，区残联组织无障碍监督小组到9个街道居民事务服务大厅进行无障碍体验监督工作，对各服务大厅出入口、坡道、盲道等无障碍设施进行监督检查。全年投入经费12.9万元，为首钢矿山辖区内29户残疾人家庭进行无障碍家庭改造施工，为50户残疾人家中损坏的无障碍设施进行维修。

（刘会生）

# 私营个体经济

## 概　　述

石景山区私营个体经济协会（简称私个协）由全区私营企业、个体经营者及其从业人员组成，下设5个直属分会、4个行业分会。辖区非公经济呈现规模大、占比大、效益好的发展态势。全区有在工商分局登记注册的私营企业27960户，个体工商户15318户。据三经普数据统计，全区非公经济企业占全区企业总数的90%；非公企业从业人员约24万人，占全区总就业人数的84%；贡献全区80%以上的企业营业收入，完成全区90%以上的企业利润。非公经济在支撑增长，促进创新，扩大就业，增加税收等方面发挥不可替代的作用。年内，随着经济结构的不断调整，转型升级私个企业增多，个体工商户数量下降明显，企业会员在数量与质量上都有所加快与提升。私个协积极发挥职能，围绕工商分局中心工作，以宣传、教育、引导会员为工作重点，不断深化各项会员服务措施，做好对非公经济主体的帮扶，全力构建“亲、清”新型政商关系。继续与邮储银行合作，为218户私个企业融资贷款，总金额51522.44万元。开展个体户转型升级工作，57户成功由个体转型为企业。

**地址：石景山区八角西街12号**
**电话：68863245**
**邮编：100043**

（茹雪莲）

**【宣传活动】** 3·15期间，私个协配合消协开展消法等宣传活动，发放私个协经济报等宣传材料200余份。各分会分别走进社区、养老院、军营等，为社区居民及部队官兵进行法律宣传，送去有关年报公示制度、商标授权经营制度和消费维权知识的读本。

（茹雪莲）

**【公益活动】** 4月，私个协组织30余名团员、青年骨干会员参加“石景山区全民义务植树活动”。六一、端午节日期间，协会常务理事红杉国投董事长李克友出资10000元设立红杉爱心基金，支持希望工程、有困难的学生和学校。常务理事北京藏经阁收藏品文化交流中心董事长陈飞，为区社会福利院送去价值5000余元的粽子、儿童牛奶、零食礼包等开展慰问活动。

（茹雪莲）

**【企业代表恳谈会】** 9月20日上午，工商分局、私个协组织召开以“构建‘亲·清’政商关系，促进地区经济健康发展”为主题的2016年企业代表恳谈会，邀请区重点企业负责人代表就简政放权、优化服务等议题进行坦诚深入的沟通交流。辖区规模较大、具有一定行业代表性的21家企业代表参加，其中包括5位区人大代表、政协委员，基本代表辖区非公企业成长及产业经济情况。分局领导、私个协会会长及相关职能部门负责人共计30余人出席恳谈会。会上，工商分局分别从商事制度改革、企业监管、商标广告监管、私营个体经济组织发展、政企沟通等多方面工作情况作介绍，听取企业代表的意见和建议。辖区企业对近年来工商分局在加快商事制度改革、深化简政放权、优化市场管理和企业服务等方面所作努力给予高度评价，认为经过政府部门一系列“放、管、服”举措，使辖区市场秩序和投资环境得到大幅度优化。与此同时，企业代表们也对进一步加强政企交流、强化法律法规宣传、简政放权以及减负充满期待。会前，私个协对部分参会代表进行走访，了解需求。

（茹雪莲）

**【颁发“两证整合”执照】** 12月1日，工商分局党组书记、局长为辖区个体工商户“北京子艺优品服装店”颁发第一张“两证整合”营业执照，标志着石景山区商事制度改革继“三证合一”、“五证合一”改革之后的进一步深化。自此，个体工商户营业执照代码正式由“注册号”向“统一社会信用代码”转变，同时不再核发税务登记证和社会保险登记证。

（茹雪莲）

**【组织党员学习】** 年内，私个协党总支在非公经济组织党员中营造学习教育良好氛围。党总支组织党员开展“对党忠诚，做合格党员”讨论，引导党员提升党性修养，提高思想觉悟和理论水平。组织7名私个党员参加由市协党工委举办的“赴西柏坡党性教育活动”，激励党员树立政治意识、大局意识、核心意识、看齐意识，立足岗位为非公党建作贡献。私个协鲁谷分会落实“自我教育、自我管理、自我服务”职责，深入辖区私营企业、个体工商户中发放北京私营个体经济报纸，宣传党的方针政策、法规、信息，引导私营企业和个体工商户参与社会服务。

（茹雪莲）

**【会员队伍建设】** 年内，私个协通过开展各类活动，向会员企业宣传协会服务宗旨与内容，提升协会的知晓率与影响力。以工商分局相关的行政业务为重点开展法律法规培训，配合分局商广科开展企业商标注册登记培训活动，10余家有商标注册需求的企业参与，现场答疑解决疑难，推进区域商标发展。利用分局企业年报宣传及发放“私个经济报”的同时，入户走访私个企业1000余户，宣传协会服务，引导企业自愿申请入会。

（茹雪莲）

**【法律法规培训】** 年内，私个协协助开展4次企业培训活动。参与培训350人次。内容包括“劳动用工典型性法律风险及防范”及“资本市场投资及知识产权管理”“文创类和科技类政策”“资本市场投资及知识产权管理”等。各分会根据会员需求，组织会员各类法律法规培训10余次，参与会员500余人。

（茹雪莲）

# 居民生活状况

## 概　述

2016年是“十三五”规划的开局之年，是全面建成小康社会的决胜阶段，更是石景山区大力实施“全面深度转型、高端绿色发展”的战略攻坚期。在经济环境错综复杂、经济下行压力仍然较大的背景下，石景山区经济运行稳中有进，发展质量总体良好，区委区政府全力构建“高端民生保障体系”，大力统筹就业和社会保障，积极落实惠民政策，最大限度惠及百姓红利，促进和拉动居民收入稳定增长，百姓生活水平日益提高，圆满完成年初居民收入增长预定目标，实现“十三五”规划良好开局。年内，对400户常规家庭户进行收支与生活状况调查，调查资料显示，全区居民人均可支配收入60980元，同比增长8.3%；人均消费支出38547元，同比增长4.8%。对60户低保家庭进行收支与生活状况调查，调查资料显示，全区低保家庭居民人均可支配收入14607元，人均消费支出12057元。

（孔　磊）

**【居民收入】** 全年居民人均可支配收入60980元，同比增长8.3%。四项收入全面增长，工资性收入仍为主要拉动因素（见表11、图1、图2）。

表11　2016年石景山区居民人均可支配收入增长及构成

| 收入项目 | 金额（元） | 同比（%） | 构成（%） |
|---|---|---|---|
| 人均可支配收入 | 60980 | 8.3 | 100 |
| 1. 工资性收入 | 35992 | 13.9 | 59.0 |
| 2. 经营净收入 | 1112 | 16.6 | 1.8 |
| 3. 财产净收入 | 7228 | 1.2 | 11.9 |
| 4. 转移净收入 | 16648 | 0.2 | 27.3 |

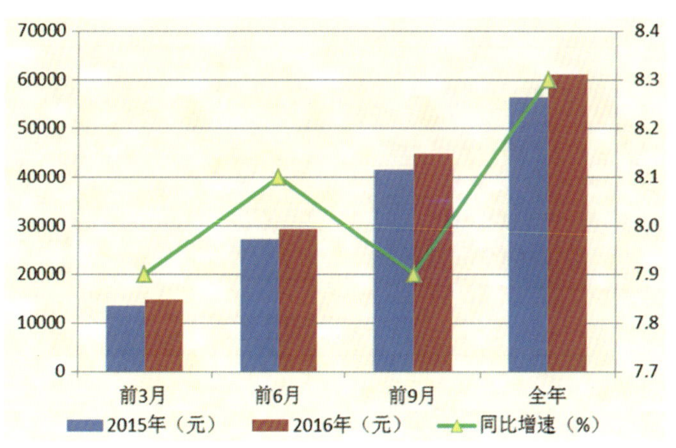

图1 2016年与2015年石景山区居民人均可支配收入及增速

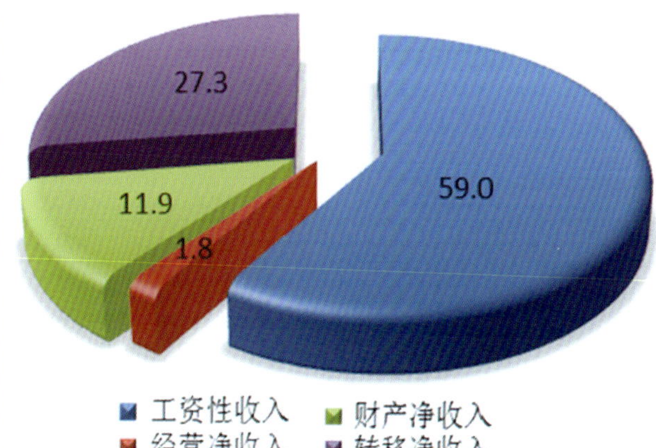


图2 2016年石景山区四项收入构成(%)

(孔 磊)

【消费支出】 全年居民人均消费支出38547元,同比增长4.8%,其中八大类消费支出呈现“六增两降”态势(见表12、图3、图4)。

表12 2016年石景山区居民消费支出增长及构成

| 消费项目 | 金额(元) | 同比(%) | 构成(%) |
|---|---|---|---|
| 消费支出 | 38547 | 4.8 | 100 |
| 1. 食品烟酒 | 7947 | -3.3 | 20.6 |
| 2. 衣着 | 2427 | 8.4 | 6.3 |
| 3. 居住 | 10129 | 3.1 | 26.3 |
| 4. 生活用品及服务 | 2571 | 25.4 | 6.7 |
| 5. 交通和通信 | 5161 | -0.8 | 13.4 |
| 6. 教育、文化和娱乐 | 4417 | 15.5 | 11.5 |
| 7. 医疗保健 | 4653 | 9.1 | 12. |
| 8. 其他用品及服务 | 1242 | 6.5 | 3.2 |

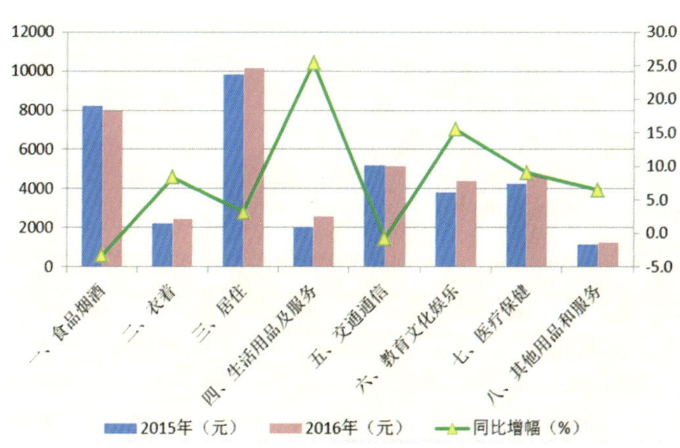


图3 2016年与2015年石景山区居民人均消费支出及增速

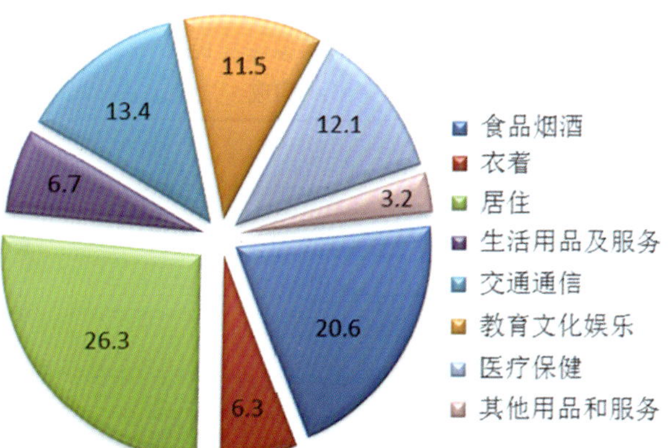


图4 2016年石景山区八大类消费支出构成(%)

(孔 磊)

【百户耐用消费品拥有量】 年内,石景山区居民家庭每百户耐用消费品拥有量最高为移动电话,拥有量为230.5部;最低为洗碗机,拥有量为0.5台(见表13)。

表13 2016年每百户耐用消费品拥有量

| 项目 | 单位 | 数量 | 项目 | 单位 | 数量 |
|---|---|---|---|---|---|
| 摩托车 | 辆 | 1.5 | 中高档乐器 | 件 | 9.5 |
| 助力车 | 台 | 10.7 | 微波炉 | 台 | 79.9 |
| 家用汽车 | 辆 | 51.3 | 空调器 | 台 | 164.5 |

续表

| 项目 | 单位 | 数量 | 项目 | 单位 | 数量 |
|---|---|---|---|---|---|
| 洗衣机 | 台 | 95.4 | 热水器 | 台 | 94.0 |
| 电冰箱(柜) | 台 | 100.2 | 消毒碗柜 | 台 | 2.6 |
| 彩色电视机 | 台 | 132.8 | 洗碗机 | 台 | 0.5 |
| 计算机 | 台 | 109.8 | 健身器材 | 台 | 5.3 |
| 组合音响 | 套 | 4.8 | 固定电话 | 部 | 73.1 |
| 摄像机 | 架 | 23.0 | 移动电话 | 部 | 230.5 |
| 照相机 | 架 | 71.8 | | | |

(孔　磊)

**【低保家庭居民收入】** 全年低保家庭居民人均可支配收入14607元，四项收入构成中，转移净收入占比最大，达到95%；工资性收入占比为5%；经营净收入和财产净收入均为零。(见表14、图5)。

**【低保家庭居民消费】** 全年低保家庭居民人均消费支出12057元，其中占比最多的前三项分别是：居住，占总支出的35%；食品烟酒，占总支出的31%。；教育文化娱乐，占总支出的12%(见表15、图6)。

**表14　2016年石景山区低保家庭居民人均可支配收入及构成**

| 项目 | 金额(元) | 构成(%) |
|---|---|---|
| 人均可支配收入 | 14607 | 100 |
| 1. 工资性收入 | 683 | 5 |
| 2. 经营净收入 | 0 | 0 |
| 3. 财产净收入 | 0 | 0 |
| 4. 转移净收入 | 13924 | 95 |

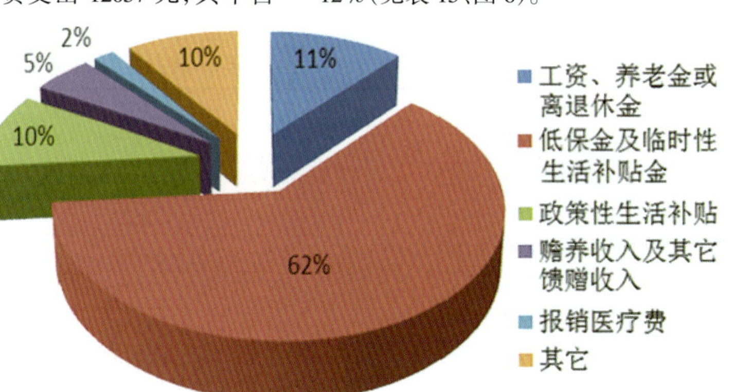


图5　2016年石景山区低保家庭居民主要收入来源分布

(魏冬丽)

**表15　2016年石景山区低保家庭居民人均消费支出及构成**

| 项目 | 金额(元) | 构成(%) |
|---|---|---|
| 人均消费支出 | 12057 | 100 |
| 1. 食品烟酒 | 3687 | 31 |
| 2. 衣着 | 543 | 4 |
| 3. 居住 | 4293 | 35 |
| 4. 生活用品及服务 | 466 | 4 |
| 5. 交通通信 | 912 | 8 |
| 6. 教育文化娱乐 | 1420 | 12 |
| 7. 医疗保健 | 662 | 5 |
| 8. 其他用品和服务 | 74 | 1 |

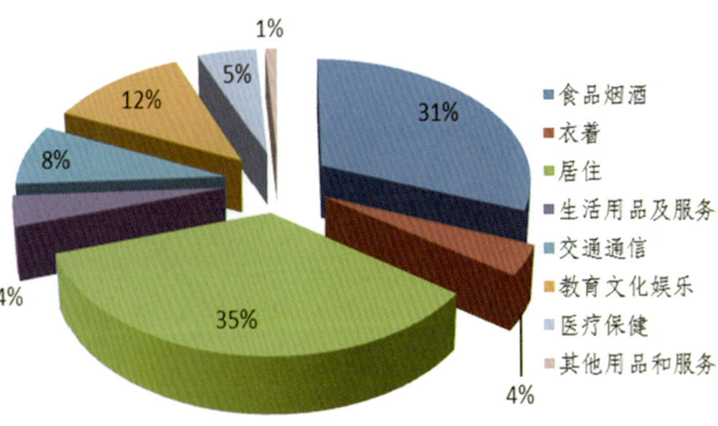


图6　2016年石景山区低保家庭居民人均消费支出构成

(魏冬丽)

北京石景山年鉴

2017 BEIJING SHIJINGSHAN NIANJIAN

# 社会建设

石景山区是北京市继东城、西城之后第三个没有农业户籍人口的城区，下辖八宝山街道、鲁谷社区、老山街道、古城街道、八角街道、苹果园街道、金顶街街道、广宁街道、五里坨街道等9个街道办事处(社区管理中心)。全区有46个民族，常住人口65.2万人。区委、区政府高度重视社会建设工作，根据城镇化、城市开发建设主要任务基本完成，地区发展战略布局总体架构已经确立，开始进入城市调整完善和精细化管理关键阶段的实际，不断创新、积极探索新制度、新做法，初步形成统筹协调、全面覆盖、规范有序、共建共享的社会建设工作运行新机制，党建在社会建设工作中的统领作用进一步增强，社区基本公共服务进一步完善，社会组织服务管理体系进一步健全，社会活力进一步激发，人民群众的满意度进一步提高，开创社会建设新局面。是年，石景山区社会建设工作，以建设“民生家园”为目标，着力创新社会治理体制，不断夯实社会治理基础，逐步完善社会治理体系，努力提高社会治理水平，各项工作取得明显成效。

搭建四个平台，党建工作体系进一步完善。一是在街道层面建立街道党建工作协调委员会。进一步整合街道党建资源，把街道辖区社会单位党组织负责人吸纳进来，加强对街道带有地区性、社会性、群众性、公益性的重大事项的党内协商和齐抓共管，形成地区事务共同参与、共同协商、共同管理的工作格局。二是在社区层面建立区域化党建工作平台。实现由社区党组织牵头，居委会、社区服务站党员代表、物业公司党组织代表、业主委员会党员代表和驻区单位党组织相关负责人共同谋划的地区区域化党建模式。三是在“两新”组织建立综合党委。负责辖区内非公企业和社会组织的党建工作，做好“两新”组织党员的发展、教育和管理工作。四是在商务楼宇成立“5+”商务楼宇党员志愿服务平台。把开展党员志愿服务与商务楼宇工作站“五站合一”规范化建设相结合，打造“5+”商务楼宇党员志愿服务平台，让楼宇内非公企业、员工感受到“吾家”般的温暖。

建立四项机制，实现“两新”组织的“两个覆盖”。建立“两新”组织党建工作联席会议制度。将全区44个委办局纳入区非公有制经济组织和社会组织党建工作联席会议成员单位，定期召开联席会议，研究解决问题，加强协调配合，形成工作合力。建立“两新”组织党建工作联系点制度。确定规模较大、人员较多、影响力较强的“两新”组织，作为联席会议成员单位党建联系点，各成员单位主要领导每年至少参加一次联系点重要党建活动，抓实一个党建项目，每个季度至少到联系点调研指导一次，帮助解决实际困难，把联系点建成“两新”组织党建示范点。建立会员单位党组织定期例会制度。业务主管单位负责主管的社会组织党建工作，指导行业特征明显的“两新”组织加强互动联系，促进工作交流。建立督查反馈制度。联席会议办公室定期对各成员单位履行抓非公有制经济组织和社会组织党建职责情况以及完成联席会议议定事项、领导批办事项情况等进行跟进督查，并向成员单位党组织反馈，推动“两新”组织党建工作任务落实。

固化六项成果，推进街道社区规范化建设。一是健全完善街道管理委员会。制定方案，明确组织机构、工作制度、工作流程，完善协调落实机制、信息通报机制、监督考评机制，初步实现政府主导、市场主体自律、社会自我调节、居民自治的良性互动，有力推动地区社会治理体系和治理能力现代化。二是推进社区减负增效工作。制定《关于进一步开展社区减负工作的工作方案》，确定减负项目和内容，梳理工作事项，规范组织机构牌匾、考核、公章使用，规范社区服务站职责，规范信息平台建设，建立准入制度。三是规范协管员队伍，加强协管员队伍的建设和管理。修订《关于进一步规范街道协管员队伍的实施方案(试行)》。建立健全协管员招聘、管理、奖惩、退出等制度。四是提升社区服务用房品质。在社区服务用房100%达标的基础上，投入650余万元，对社区30余处社区用房进行装修改造，拓宽服务空间，进一步提升社区服务用房为居民服务的能力，全区社区用房平均面积达到479平方米，远超标准350平方米。五是创新“一刻钟社区服务圈”建设。完成4个市级一刻钟社区服务圈创建，建成72个区级“一刻钟社区服务圈”，覆盖社区146个，服务人口近61万人，社区覆盖率达到98%。六是开展智慧社区建设。全年新建成27个智慧社区，全区智慧社区数量达到120个，占全区总社区数的81%。完成18个智慧社区的升星工作，更好地发挥智慧社区建设成效。

开展丰富活动，社会组织培育成果初见成效。打造区社会组织培育发展中心。相继开展“团队建设与管理”“社团领袖营”等系统化提升培训，在引领全区社会组织健康发展中担当起模范标兵和领头羊。完成首批入壳13家社会组织的孵化工作，第二批15家社会组织正式入驻培育。成立“石景山区社会组织发展专家智库”，传授国内外先进经验，为引领全区社会组织健康有序发展、探索多元共治的高端社会治理模式提供智力支持。举办“社会公益·你我同行”石景山区公益项目展示交流会。通过交流会实现公益组织推介、公益理念传播、公益项目高效对接的目的，开启石景山区公益发展的新探索。举办“我的团队我的秀”——国际志愿者日团队风采展示益咖秀主题活动。通过团队风采展示和经验交流沙龙等方式，弘扬“奉献”“友爱”“互助”“进步”志愿精神，推动志愿服务事业深入发展。创建“石景山区乐巢养老服务联盟”。首批吸纳15家社会组织为成员单位，建立起融合老年餐桌、专业照料、情感陪护、医疗健康、生活安全、文化娱乐、志愿互助、困境帮扶等为一体的全方位服务居家老人的养老新模式，让社区老年人在老有所养中老有所为，在老有所为中实现老有所乐。

# 社会领域党建及社会建设

## 概　　述

石景山区委社会工作委员会(简称区委社会工委)是负责本区社会建设

工作的区委派出机构，石景山区社会建设工作办公室(简称区社会办)是负责本区社会建设工作的区政府工作部门。机关行政编制17名，其中：区委社会工委(区社会办)书记(主任)1名，区委社会工委副书记1名，纪工委书记1名，区社会办副主任2名，科级领导职数6正2副；机关工勤事业编制1名，随自然减员逐步核销。年内，区委社会工委、区社会办按照区委、区政府“八个高端体系建设”的部署要求，以建设“民生家园”为目标，深化街道管理和服务体制改革，推动管理和服务重心下移，努力提高社会治理水平，各项工作取得明显成效。各街道(鲁谷社区)建立党建工作协调委员会，141个社区搭建区域化党建工作平台，在3家商务楼宇试点成立“5+”党员志愿服务平台；非公企业党组织覆盖率达到85.7%，社会组织党组织覆盖率达到74.3%，均高于北京市平均覆盖水平；培育“社区党校”“党建责任清单+即时管理”等多个优秀党建项目；完成9个老旧小区自我服务管理市级示范点创建工作任务；在149个社区开展“社区议事厅”建设；完成7个市级社区规范化示范点和37个区级社区规范化示范点的创建工作；在社区服务用房100%达标的基础上，投入650余万元，使全区社区用房平均面积达到479平方米，超过北京市社区用房350平方米标准；完成4个市级一刻钟社区服务圈创建，建成72个区级“一刻钟社区服务圈”，覆盖社区146个，社区覆盖率达到98%；完成27个智慧社区建立和18个智慧社区的升星工作；实现1442个城市管理网格、289个社会面防控网格和149个社区网格的“三网”融合；配备专职网格员473人、兼职人员18000余人；全区社会组织建设顺利发展，举办石景山区第一届公益创投大赛；组织全区50余个购买服务项目举办活动1250场次；投入资金600万元，区政府购买社会组织服务项目75个，推出独具特色的“五乐”服务品牌；举办“社会公益·你我同行”石景山区公益项目展示交流会；探索建立政府“种子资金”+社会组织“配套资金”+社会“爱心资金”的长效投入机制；组织优秀志愿服务项目参加北京市示范项目创建工作，荣获北京市志愿服务示范项目31个，位居全市前列。

6月24日，石景山区社会领域党员主题党日活动　　(区委宣传部供稿)

**地址：石景山区石景山路18号**
**电话：88699851**
**邮编：100043**

(孙振宇)

**【公益项目展示交流会】** 2月25日，“社会公益·你我同行”石景山区公益项目展示交流会在北京万商花园酒店举行。交流会邀请29家企业、3家基金会的代表作为嘉宾，遴选全区18家优秀公益组织参展，主要包括居家养老、残疾人救助康复、心理健康疏导、应急救助等专业机构，现场通过VCR展示、风采展示、互动体验等环节，与会人员直观全面地了解石景山公益事业成果、感受公益正能量。市委社会工委委员、市社会办副主任陈建领，区领导李文起参会并致辞。交流会得到人民网、新浪网、搜狐网、中国网、《京华时报》等十几家主流媒体报道。

(高　炜)

**【“学雷锋·公益行”志愿服务】** 3月2日，区委社会工委举行石景山区公益组织与志愿服务发展中心揭牌仪式暨2016年“学雷锋·公益行”志愿服务活动启动仪式。来自全区20余家志愿服务组织的160余名志愿者分别在公益组织区、专业服务区、便民服务区、青年志愿者团队区和先进代表区开展扶老助残、便民服务、志愿招募、健康义诊、心理咨询、法律援助等方面的志愿服务活动。

(高　炜)

**【推进“三网五融合”】** 4月，区委社会工委与区综治办、城市监督指挥中心联手，加快推进“三网(城市管理、社区服务、社会治安)五融合”(信息系统、网格划分、指挥体系、网格队伍、办理流程融合)。在信息系统上融合，于同月初步实现“三网”问题“统一受理、统一派发、统一监测、统一考评”的案件流转程序，到第三季度末系统基本修订完善。在网格划分上融合，在保持原城市管理网格界线基本不变的基础上，遵循“地域性、完整性、便利性、差异性、融合性”原则，实行就近就地整合，使三网直接融合、四至统一，杜绝网格交叉、管理两张皮的现象，实现1442个城市管理网格、289个社会面防控网格和149个社区网格的“三网”融合，最终划分为404个城市服务管理网格。在指挥体系上融合，建立以区委副书记、政法委书记及主管区长任组长，区27个委办局、9个街道(鲁谷社区)主要领导为成员的区城市服务管理网格化工作领导小组。依据《石景山区城市管理综合执法工作实施办法(试行)》，建立街道社会治理综合执法指挥中心。在网格队伍上融合,在配备专职网格员 473 人、兼职人员 18000 余人的基础上,沉职能部门管理人员,整合社区工作者、各类协管员、社区警员、消防员等 10 类基层管理力量为"网格十员",负责网格内各项具体事务,使工作延伸到网格,任务落实在网格,问题解决在网格。在办理流程上融合。根据地区案件处置实际,设计城市服务管理事件类案件"监督员—社区平台—街道平台—区级平台—责任单位"、城市服务管理基础设施类案件"监督员—区级平台—责任单位"的工作流程。

(王君语)

**【社会治理体系建设规划】** 9 月,《石景山区"十三五"时期构建高端的社会治理体系建设规划》(以下简称《规划》)正式印发。《规划》主要依据党的十八大、十八届三中、四中、五中全会精神,市委、市政府《关于深化北京市社会治理体制改革的意见》,市委办公厅、市政府办公厅《关于深化街道、社区管理体制改革的意见》《石景山区构建高端的社会治理体系实施方案》以及关于制定"十三五"规划的要求等系列文件精神编制而成。《规划》对"十三五"时期国家以及北京市国民经济和社会发展面临的整体宏观形势进行深刻分析,对石景山区构建高端社会治理体系面临的态势进行科学研判,从而明确"十三五"时期构建高端社会治理体系的主要任务。《规划》提出"十三五"时期构建高端社会治理体系建设的发展思路、主要目标和实施路径,集中体现区委、区政府在"十三五"发展时期加强社会建设的决策意图和施政方针,是构建高端社会治理体系、增进人民福祉、促进社会和谐稳定的行动指南。

(孙振宇)

**【"两新"组织"两个覆盖"】** 10 月,区委社会工委制定《关于集中推进非公有制企业和社会组织党的建设专项工作的实施方案》和《集中推进非公有制企业和社会组织"两个覆盖"任务清单》。指导各街道、园区成立"两新"组织综合党委,在教工委、卫生计生委建立社会组织行业联合党委,召开"两新"组织党建工作会议,44 个委办局参加,推进工作落实。非公企业党的组织覆盖率达到 85.7%。社会组织党组织覆盖率达到 74.3%,超额完成市委下达的指标任务。

(李 坤)

**【首届公益创投大赛】** 11 月 18 日,区委社会工委举办首届公益创投大赛,面向全国社会组织进行项目征集。活动以"爱公益·爱社区"为主题,创新性解决社会问题为重点,吸引更多有创业梦想的公益组织和热心公益人士投身公益。本市和上海、深圳等地 50 余家社会组织踊跃报名。经过评委会初评,综合考量项目的规范程度、社会需求、组织能力和发展潜力,最终入围 15 个项目,涉及社会公共服务、社会公益服务、青少年成长、健康生活 4 大板块,涵盖社工服务、特殊人群社会融合、志愿服务、环保、文明推广、疾病预防等 13 个领域。

(高 炜)

**【国际志愿者日活动】** 12 月 1 日,石景山区公益组织与志愿服务发展中心举办"我的团队我的秀"——国际志愿者日团队风采展示益咖秀主题活动,迎接第 31 个国际志愿者日。通过团队风采展示和经验交流沙龙等方式,弘扬"奉献""友爱""互助""进步"志愿精神,组织引导广大青年和社会公众参与志愿服务活动中来,推动志愿服务事业深入发展。

(高 炜)

**【北京市魅力社区揭晓】** 12 月 18 日,由市委社会工委、市社会办、市人力社保局主办,北京城市广播承办的第七届"北京魅力社区"评选表彰颁奖活动在首都图书馆剧场举行。八角北路特钢社区荣获"北京魅力社区"称号,鲁谷社区重兴园社区获"北京魅力社区"单项奖。全市共 296 个社区上报申请材料,最终产生本届"北京魅力社区"和"北京魅力社区单项奖"各 10 名。

(孙振宇)

**【实施 128 项便民工程】** 年内,区委社会工委(区社会办)根据各部门、街道(社区)申报的便民工程项目,经过区政府、区人大审核,计划实施便民工程 128 项,总投资约 1.05 亿元。其中:各街道计划实施基层社会治理能力提升类、基础设施类、民生服务类、临时应急类 4 大类 119 项工程,总投资约 6000 万元;区民政局、区社会办等 6 个相关部门计划实施政府购买社会组织公益服务项目、公共自行车服务系统建设、"老街坊"社区为老综合服务中心项目、蔬菜零售网络建设、智慧社区建设项目、基层医疗机构无障碍设施改造等 9 项工程,总投资约 4500 万元。

(金 超)

**【智慧社区建设】** 年内,区政府投资 810 万,在全区新建立 27 个智慧社区,完成 18 个智慧社区的升星工作,截至年底,石景山区共建成智慧社区 120 个,占全区总社区数的 81%,更好地发挥智慧社区建设成效,使全市智慧社区建设成果在服务民生、改善民生。

(孙睿洁)

**【"房前屋后"专项工作】** 年内,区委社会工委指导各街道用实、用好民生家园专项资金,加大"房前屋后"专项工作推进力度。至 10 月底,全区开展专项工作 156 项,投入资金 4889.39 万元。

(金 超)

**【老旧小区服务管理】** 年内,区委社会工委(区社会办)完成 9 个老旧小区自我服务管理市级示范点创建工作。探索运用"社区议事厅"、社会组织等多元化的服务载体,出台《石景山区老旧小区"自管会"实施办法》。形成"四个一点服务经费征集模式""产权单位自管模式""社会化物业管理模式""居民自治管理模式"等典型经验。

(金 超)

**【推进社区减负增效】** 区委社会工委(区社会办)制定《关于进一步开展社区减负工作的实施方案》,通过理职能、定事项、清机构、摘牌匾、减考评,确保社区实现减行政化、减各种机构、减不合规考核评比,发挥社区居委会的主体作用,强化社区自治功能,增强为民服务效能,提高为民服务水平。

(王君语)

**【协管员队伍建设】** 年内,区委社会工委(区社会办)修订《关于进一步规范街道协管员队伍的实施方案(试行)》,建立健全协管员招聘、管理、奖惩、退出等制度。通过协管员队伍的统筹规范,切实推进"一岗多责,一人多能",进一步理顺"条块"关系,理顺政府公共管理与社区自治关系,理顺街道与社区、网格关系。

(王君语)

**【社区规范化建设】** 年内,区委社会工委(区社会办)完成7个市级社区规范化示范点创建工作,截至年底,共创建市级社区规范化示范点37个。在社区服务用房100%达标的基础上,投入650余万元,使全区社区用房平均面积达到479平方米,超过北京市社区用房350平方米标准。

(谢云改)

**【"一刻钟社区服务圈"建设】** 年内,区委社会工委(区社会办)以居家养老为载体,打造特色"一刻钟社区服务圈";以信息技术为载体,打造智能"一刻钟社区服务圈";以文化、科普为载体,打造精品"一刻钟社区服务圈"。全年,完成4个市级一刻钟服务圈的创建,截至年底,共建成市级"一刻钟社区服务圈"72个,覆盖社区146个,服务人口近61万人,社区覆盖率达到98%。

(谢云改)

**【社区工作者公开招录】** 年内,经区政府批准,区社会办决定面向社会和随军家属公开招聘社区工作者,进一步推进石景山区社区工作者职业化、专业化进程。完善社区工作者招考系统,700余名报考人员通过网络报名,经审核、笔试、资格复审、面试、体检等系列程序,正式录用230余名社区工作者,签订社区工作者服务协议,为社区工作者队伍补充新鲜血液。

(董妍君)

**【社区工作者三级培训体系】** 年内,区委社会工委(区社会办)通过开展"岗位初任培训""街道全员培训""青年社工骨干培训""高校进修培训""骨干专题培训""市级培训"等市、区、街三级培训,形成全方位、多层次、宽角度的培训体系。同时积极引导社区工作者参加社会工作者职业水平考试,推进社区工作者队伍职业化发展。截至年底,709人通过社会工作职业水平测试,持证率为31.2%,大专学历以上占96%。研究生学历48人(含1名博士研究生)。

(刘欢欢)

**【增强社区工作者归属感】** 年内,区委社会工委(区社会办)出台《石景山区关于进一步规范社区工作者工作待遇的实施细则(试行)》,提高2000余名社区工作者工资待遇,追加各项经费共计3860余万元。区政府出资80余万元,为全区社区工作者进行全面的健康体检。组织110名社区青年骨干开展拓展培训;组织社区工作者参加"最美社工"评选。老山东里北社区赵红被评为第五届"首都最美社工",鲁谷重兴园社区刘欣、苹果园下庄社区陈雅文被评为"首都优秀社工"。

(董妍君　周玉坤)

**【政府购买社会组织服务】** 年内,区政府购买社会组织服务投入资金600万元,购买服务项目75个,涵盖居家养老、残孤儿童、低收入家庭等弱势群体帮扶。继续实施第三方监管,重点加强项目跟踪指导、资金监管、中期检查、结项评估等工作。推出"乐巢·老有所依—最美夕阳红项目""乐助·梦有所成—残疾人社会融合项目""乐陶·美有心生—文化引领和谐项目""乐享·居有所安—生活安全科普项目""乐土·当有所为—社会组织培根计划",形成独具特色的"五乐"服务。截至目前累计开展宣传培训、讲座、义诊等服务活动2000余场次,参与的社会组织150多家,累计为居民群众提供服务2.5万余小时,服务人次达到30万余人次。

(高　炜)

**【社会组织培育平台】** 年内,区委社会工委(区社会办)高标准打造区社会组织培育发展中心。完善运行机制,拓展服务功能,在统筹引领、服务指导、孵化培育等多方面发挥作用。完成首批入壳13家社会组织的孵化工作,第二批15家社会组织正式入驻培育。成立"石景山区社会组织发展专家智库",由台湾实务专家,北大、人大、中山大学等12位公益领域的知名学者教授组成,传授国内外先进经验,为引领全区社会组织健康有序发展、探索多元共治的高端社会治理模式提供智力支持。中心已入驻心理教育、医疗金融等专业公益组织40余家,优秀代表性志愿队伍20余支,开展青少年财商活动、社区居民义诊活动、心理疏导讲座等系列活动。

(高　炜)

**【"枢纽型"社会组织】** 年内,10家区级"枢纽型"社会组织发挥政治上桥梁纽带、业务上引领聚合、日常工作中服务管理平台作用。培育联合性社会团体,创建"石景山区乐巢养老服务联盟"。首批吸纳15家社会组织为成员单位,建立起融合老年餐桌、专业照料、情感陪护、医疗健康、生活安全、文化娱乐、志愿互助、困境帮扶等为一体的全方位服务居家老人的养老新模式,让社区老年人在老有所养中老有所为,在老有所为中实现老有所乐。

(高　炜)

**【公益服务品牌评选】** 年内,辖区社会组织和社会工作事务所在参与"第三届北京市社会组织公益服务品牌"活动中,小飞象训练发展中心获得"银奖"及证书,益民爱心服务中心、乐龄老年社会工作服务中心获得"铜奖"及证书。五芳园姐妹护花服务队、太阳花听力言语康复中心吴潭获"北京市社会好人"称号。

(高　炜)

**【第三批五星级志愿者认定】** 年内,全区有88名志愿者在"志愿北京"平台上记录志愿服务时间累计达到1500小时及以上,获得北京市第三批五星级志愿者认定。其中,16名志愿者的记录志愿服务时长累计超过一万小时。

(高　炜)

**【商务楼宇工作站建设】** 年内,区委社会工委坚持党建带工建、带团建、带妇建,党群共建,建立健全长效工作机制,扩大党组织和党的工作覆盖面,依托商务楼宇规范化建设,主动性、创造性的开展党建工作,通过开展组织找党员、党员找组织等活动,让口袋党员亮明身份,32个商务楼宇工作站年底前建立党组织。

(李　坤)

【培树党建精品项目】 年内,区委社会工委推出一批新的有聚集效应、有导向性、有影响力的党建工作品牌,加大党建精品项目的宣传力度。通过现场经验交流会,推广社区党校、组织生活路线图、1+3+3打造区域化党建新模式、党建责任清单+即时管理等优秀党建品牌。

(李　坤)

## 社区党建

【概况】 全区社区党员38575名,占全区党员的72.6%;社区党组织778个,占全区党组织的40.4%。全区社区党建工作,按照中央、市委和区委的安排部署,结合全区社会建设、治理、改革实际,创新管理体制和工作机制,改进工作方式和活动载体,扩大党的组织和党的工作覆盖面。街道推行"1+3+3"区域化党建体系,年内,149个社区全部完成区域化党建工作平台的建设工作。深入研究社区党建工作的特点和规律,理顺党组织隶属关系,优化调整党组织设置,着力整顿软弱涣散基层党组织,配齐配强班子特别是带头人,对党务骨干普遍进行培训,确保学习教育有人抓、有人管。开展党员组织关系集中排查,畅通党组织同党员的联系,努力使每名党员都纳入党组织有效管理,参加学习教育。培育、挖掘、推广党建典型,针对社区不同特点,加强分类指导,实施基层党建项目化管理,推出一批新的有聚集效应、有导向性、有影响力的党建工作品牌,提升社区党建工作水平。

(孙振宇)

【五里坨街道党建协调委员会】 12月27日,五里坨街道召开地区党员代表会议,来自地区各行业社会单位的六个界别代表团76名党组织代表参会,选举产生五里坨街道党建工作协调委员会。党建工作协调委员会对原有区域化党建工作机构进行重新布局和调整,构建由党建工作协调委员会、界别党代表团、基层党组织、基层党员四个层面组成的区域化党建综合管理体系。

(何明慧)

【党务工作者队伍建设】 年内,区委社会工委建立健全区级重点培训、街道覆盖培训机制。强化分层、分级培训力度,确保培训达到预期目的。组织商务楼宇工作站的专、兼职工作人员及各街道、园区负责楼宇工作站的工作人员、新聘请的非公党建指导员及各单位负责非公经济组织党建工作的工作人员共计190余人参加集中培训。

(李　坤)

【八宝山街道三学三做】 年内,八宝山街道将"两学一做"贯穿始终,知行结合,全面从严治党。在"学"上,坚持"三学"的方式:以上率下学,制定学习计划和研讨时间表,组织处级干部集中时间学习。集中解读学,处级领导走入社区基层党支部,为社区党员讲党课;邀请市区专家学者,开展《党章》《准则》《条例》集中解读。分组讨论学,街道6个党支部、17个社区党支部分别组织党员干部,依托学习园地、"大串门"活动、QQ交流群、优秀榜样宣传等方式线上线下相结合。在"做"上,坚持做好"三个重点":重点开展党员承诺工作;重点加强纪律监督,列出风险点33个,制定防控措施28条;重点加强作风建设。开展以"真学·实做,立足岗位做贡献"为主题的学习日课堂活动,通过"一句话党课""微情景""头脑风暴"等形式,描述工作中党员干部帮民困、解民忧的工作侧影,用正能量引导党员尊崇党章、遵守党章、维护党章。

(王　斐)

【鲁谷社区基层建设】 年内,鲁谷社区总结七北党委"七星先锋党员积分制管理"和衙西党委"星级党员评定"经验,尝试在部分条件成熟社区实践推广。以万达楼宇中心站原有联席会为基础,加强与区域内重点企业党组织、居民区党组织、重点单位党组织的沟通联络,鼓励两新组织与有特色党组织进行结对共建,使"两学一做"学习教育真正收到实效。机关党员开展本职岗位讲奉献、廉洁自律讲规矩、意识形态讲安全"三讲"活动,窗口单位党员开展亮身份、党员先锋岗评选等活动,建立完善党员实绩档案,树立党员干部优质形象。通过党章准则条例学习、廉政谈话教育、典型案例教育等方式,扎实推进党风廉政教育;主动参加工委组织活动,主动开展谈心谈话,严格遵守"三重一大"事项集体决策和党政班子议事规则等制度,主抓党风廉政建设;签订责任书,督促部室负责人分管领导责任,确保党风廉政建设落实到具体工作。

(马玉秋)

【老山街道"两学一做"学习】 年内,老山街道抽调人员成立学习教育领导小组,各级党组织制定学习教育方案,召开"两学一做"学习教育工作会。采取集中自学、领读导读、观看视频教材、交流讨论等方式丰富教育模式,组织机关和社区党员干部350人次参观学习;推动党员佩带党徽上岗争做合格党员;制作"两学一做"宣传展板103块,订制学习教育专用笔记本3750本,购买发放《习总书记系列重要讲话》《中国共产党章程》《守纪律讲规矩》等学习书籍8000余册。

(魏国清)

【古城街道抓理论武装】 年内,古城街道以开展"两学一做"学习教育活动为契机,切实抓好理论武装工作,制定街道"六个一"读书方案;深化"三个一"学习活动,通过集"读、学、听、观、看"为一体的方式,丰富学习内容,扩充知识领域。全年组织机关干部政治学习35次,组织党员参观平谷鱼子山抗日纪念馆、房山霞云岭镇没有共产党就没有新中国纪念馆,组织区"两优一先"事迹宣讲团和怀柔区百姓宣讲团到街道和社区宣讲。重点宣传已有品牌文化项目建设,如老古城村踩街文化、老古城村书画社、非物质遗产"秉心盛会"及北辛安"太平鼓队"等。

(杨　松)

【古城街道基层党建】 年内,古城街道利用党员干部现代远程教育等教育培训资源，做好党员电教工作。加大党务工作者教育培训力度，提高社区党务工作者的履职能力和工作水平。加强对入党积极分子的培养教育，确保新党员发展的质量。对商务楼宇工作站进行信息采集工作，确保无死角、无遗漏，完善台账、更新数据。以工作站为基地，将13名非公党建指导员按照辖区企业的范围进行分组划分，实行两人多企形式，深入企业调查分析，根据不同情况、不同特点，开展工作。举办楼宇企业女工手工才艺展，楼宇企业趣味运动会。

（杨　松）

**【金顶街街道基层党建】** 年内，金顶街街道实施"温馨+""七彩模北"等特色党建项目20个，开展务实有效的党委特色活动139次。实现16个社区"一呼百应"平台全覆盖，通过发放宣传折页、宣传品、召开社区推进会、一对一培训等方式，开展相关志愿服务，扩大平台影响力，累计下单3695个，服务居民1万余次，实现"群众有呼，党员必应"的良好氛围。成立金顶街街道非公企业和社会组织党委，推进"两个覆盖"。整顿"软弱涣散"党组织，聚焦解决信访矛盾纠纷集中问题，强化基层党组织的凝聚力、号召力、战斗力。

（贾春远）

**【苹果园街道学习教育平台】** 年内，苹果园街道建立"两学一做"学习教育五个平台：自主学习平台——在街道和社区门户网站、"幸福苹果园"微信平台，开辟学习专栏。为地区所有党员统一配发笔记本，发放各类学习书籍9000余册。教育培训平台——丰富街道及社区图书室党建类藏书，成立苹果园街道党员教育中心，开展"周一一小时充电60分"学习。组织生活平台——认真开展"三会一课"、民主生活会、民主评议党员等工作；定期进行主题党日活动、岗位练兵等实践活动。志愿服务平台——持续推行"两本日志"（社区民情日志和基层工作日志），全年入户走访24056户，解决问题417件。特色活动平台——围绕"传承红色基因，争做合格党员"主题，开展"讲传统、讲旗帜、讲继承"系列宣讲活动，组织43名宣讲员进校园、进社区、进企业宣讲9场次。

（张雪晴）

11月15日，人大换届选举投票　　（苹果园街道供稿）

**【苹果园街道党群服务中心】** 年内，苹果园街道成立党群服务中心，开辟党群共建新路径。中心主要职责包括扩大"两新组织"党组织覆盖面、接转地区党员组织关系、建设各类志愿者队伍、结对帮扶困难党员群众等。中心坚持党建带群建、群建促党建的原则，突出群团工作的政治性、先进性、群众性，做好青少年、妇女儿童、弱势群体的关心、关爱、服务工作；组织开展各种形式的精神文明创建活动，增强基层党组织和群团组织服务群众、服务社会的能力和水平。中心旨在搭建区域化党建开放式服务平台，整合资源、形成合力，发挥基层党群组织服务群众、凝聚人心、优化管理、促进和谐的作用。

（张雪晴）

# 八宝山街道

## 概　　述

八宝山街道辖区面积5.24平方千米，有17个社区，截至年底，共有2.7万余户，常住人口6.55万人。区域内道路近30条，呈四横四纵分布；有京九铁路穿过，一号线地铁及30多条公共汽车途径此地。街道党工委下设21个基层党组织，直管党员2010名。辖区内有中国国际广播电台、北京市第一中级人民法院等中央、市属单位，北京重型电机厂等工业企业7家、黄庄职高等教育机构14家、中国中医科学院眼科医院等医疗机构6家、便民服务单位630余家，另有台湾街、北京国际雕塑公园等场所供居民休闲游玩。年内，完成17个社区的区第十六届人大代表换届选举工作和区党代表推荐提名工作。开展"疏解整治促提升"工作，拆除违法建设30处，影响流动人口1781人。加强安全检查，查处企业3688家，排查隐患1848处。改善民生，全年发放低保金339.3万元，完成便民工程四大类16项。健全居家养老服务体系，街道级养老照料中心1个、养老服务驿站1家，在建1家。丰富社区文化建设，新建1200平方米的八宝山街道文化服务中心。健全信访代理体系，全年接访211件次，调解率达98%。

**地址：石景山区鲁谷东街18号**
**电话：68682169**
**邮编：100040**

（王　斐）

【区人大代表换届选举】 8月中旬至11月15日投票日,历时三个多月,八宝山街道经过前期准备、选民登记、提名协商确定候选人、组织考察审查、正式候选人见面、投票选举等六个阶段完成换届选举。此次选举划分为9个选区,投票当天地区共有参选单位60个,参加选举投票的选民共有17698人,投票率达98.55%。经选举产生区第十六届人大代表15名。在新当选代表中,代表构成的比例是:中共党员11人,占73.33%;民主党派4人,占26.66%;妇女代表5人,占33.33%;少数民族代表1人,占6.7%;基层一线代表13人,占86.7%;研究生学历6人,占40%;大学本科学历9人,占60%。

(王 斐)

【应对汛期雨情】 雨水多发期,八宝山街道建立街道大网格、社区小网格和小区楼门、单位场所微网格的三级网格应急联动机制,确保信息畅通。组织抢险队70人、社区干部200余人做好24小时应急值守工作,配备应急车2辆,发放防汛物资930余件。对辖区危旧房屋、施工工地、低洼易涝区、人防地下室等汛期隐患点进行排查,清理雨篦子122个、淤泥杂物10余吨。7月中旬连降大雨,八宝山街道处理2起危情。一起为永乐东区44号楼北侧发生道路塌陷致私家车深陷其中,街道当晚安全转移车辆并对周边道路进行疏导,设立警示标志;一起为北京忆石羽毛球馆积水严重致群众受困,街道紧急抢险20余次,疏散受灾群众150余人,并协调市排水集团抽离积水。

(王 斐)

【落实环保督查件】 11月,中央环保督办组进驻石景山区后,八宝山街道高度重视、党政同责,领导包案、全程督办,组员协作、戮力同心。共主办4件,会办2件,涉及道路环境、社区环境、居民卫生等。针对存在的环境问题,会同有关部门调查详实、立行立改,对违规企业及个人严肃处罚、绝不姑息。同时,建立长效监督机制,加强辖区内环境排查,夯实网格化环境监管责任,以点带面为辖区环境换新颜。

(王 斐)

【治乱疏解建高端】 年内,八宝山街道按照"台账梳理明任务、加强巡视防反弹、统一规划建高端"的原则,对辖区重点难点点位启动疏解和拆除。整治低端产业聚集人群大院13处,面积35597平方米;拆除违法建设30处,面积6446平方米;整治经营性出租房屋2处、群租房7户,清理企业1处。

(王 斐)

【打造精品街工程】 年内,八宝山街道对鲁谷东街进行整体升级改造。统一规范沿街商户门头牌匾,加装钢架外立面80余米,铺装不锈钢围栏208米,仿古矮围栏350米,翻新修补仿古矮墙295米;对下水井盖及周边损坏情况进行修复,铺装透水砖9000平方米;对道路两侧4852平方米外立面进行清洗,粉刷防粘贴涂料1688平方米,对沿街过街天桥进行粉刷亮丽;补种绿植5000余株。全区第一个完成精品街工程,第一个进入审计环节。

(王 斐)

【建设优质家园】 年内,八宝山街道完成四大类16项便民工程。总投资640万元,比上年增长10%;利用1000万资金完成14项工程建设民生家园。项目涉及社区活动室、小区道路、自行车棚、图像信息系统、社区服务大厅等升级改造,社区文化墙建设、居民楼防爬刺安保等。

(王 斐)

【服务二孩惠民生】 年内,八宝山街道及时强化社区专干培训工作,完成二孩登记,做好"全面二孩"的宣传工作。开展丰富活动凝聚家庭:举办健康大讲堂活动,让健康知识走进机关、社区、市场、学校;携手悦宝园、博爱远航等早教机构开展5场亲子早教活动;组织50个家庭参加特色服务亲自乐;各社区组办绘画课堂、垃圾分类实践活动、"跳蚤市场"等营造温馨家庭氛围。

(王 斐)

【居家养老服务】 年内,八宝山街道完成中精众和老年照料中心消防改造,四季园养老服务驿站已经具备运营条件,与沁山水北驿站签署合作协议。制定一系列招投标、奖惩办法,规范养老服务工作。与3家卫生服务站签订《精神慰藉协议书》,为社区老年人提供医疗保健、精神关爱等社会养老服务,为200多名80岁以上空巢老人安装"一按铃",将电话与120急救服务相连接,实施一键救护;加大政府买服务力度,为辖区100名老人建立健康档案,为辖区老人免费试用e伴健康导航仪、为50个老年家庭义务安装烟感报警器;在社区便民服务日为老年人义务理发。办理老年人优待证2453张,为1143人次的90岁高龄老人发放高龄津贴共11.77万元。

(王 斐)

【文化中心改造】 年内,建设八宝山街道文化服务中心(南区)。该中心位于沁山水南社区,总面积约1200平方米。街道发挥行政资源优势,争取到远洋地产公司配套文化活动用房,并以此为基础升级改造为街道级综合文化服务中心。自上年3月开始实施改造工程,年底硬件设施改造完成。文化服务中心设立阅览室、油画室、国画室、多功能活动厅、运动室等五大功能区。在运行模式上,采取以政府购买服务为基础、引入社会机构专业化运营的方式,为辖区居民提供高端普惠的文化服务。

(王 斐)

【丰富文体生活】 年内,八宝山街道组织居民参加清明诗会、古城之春艺术节并获优秀组织奖和"美丽石景山幸福新生活"基层文艺展演活动二等奖。为辖区居民搭建文化艺术交流平台,举办五月鲜花艺术节、第三届金秋文化节。组织科普培训、咨询、讲座、文艺演出、宣传等活动20余场,发放宣传材料2000余份。开展开展全民健身大课堂4次,举办"阳春保健社区体育生活季"系列活动38场次,5560人参与活动。八宝山街道在街道社区系统第十届"和谐杯"乒乓球比赛和区第十届"和谐杯"乒乓球比赛分别获得一等奖,并代表石景山区参加第十届"和谐杯"乒乓球比赛,获市优秀组织奖。

(王 斐)

【建设智慧社区】 年内,八宝山街道以"智能、人文、服务"为理念,建设社区数字服务网络系统,搭建数字服务平台,全力打造智慧型社区。建立以街道为中心的网格微信平台,整合社区现有的各类信息化系统和服务系统,形成综合信息库,实现信息主动推送和精细服务功能。通过各社区设立的“互动交流”“舆情播报”“新闻公告”“社区办事”“志愿者服务平台”等模块向居民推送信息,方便居民“吃、住、行、游、购、娱、健”生活7大需求。尤其是助老方面,玉泉西里西社区和玉泉路社区为老人提供“一按灵”系统、防走失环等贴身养老现代化服务。街道目前有二星智慧社区2个、三星智慧社区9个、四星智慧社区1个、五星社区2个。

(王 斐)

**【社区岗位招录】** 年内,八宝山街道录取社区岗位工作人员14名。其中11人为青教专干,平均年龄30岁,均为大专以上学历,社区队伍呈现高学历、年轻化趋势。

(王 斐)

**【困难群体救助】** 年内,八宝山街道新增低保家庭8户18人;复审变更146户,313人;撤销低保11户,27人。辖区有低保家庭196户,350人,累计发放低保金金额332.2万余元;发放残疾人工资、征地超转人员工资133万余元;低保药费45.7万余元;军工、地退分别为250万余元、62万余元。审核保障性住房新申请家庭73户,受理资格变更109人次,完成110户廉租家庭的复核、续签工作,完成118户经适房选房工作;开展19次专项核查,按规定终止59户不符合条件的保障房家庭资格;老古城项目公租房摇号选房入住家庭3户,完成管庄北里等7个公租房项目及市级统筹20个公租房项目的意向登记工作。年内新增残疾人122人,31名残疾人受赠康复体育器械。

(王 斐)

**【再就业服务】** 年内,八宝山街道开展“送政策、送温暖、送岗位、送技能”活动。为1000余人次提供再就业、创业、小额贷款等方面的政策咨询;组织技能培训4批次80人;与神舟专车、金鹏混凝土等23家企业建立常态联系,为失业人员提供专车司机、操作工、保安等岗位百余个,与永定镇街道联合举办“城乡手拉手”招聘会。街道各项就业指标高效完成:公益性岗位安置本市劳动力就业24人;用人单位建档户135家;对用人单位回访405次,空岗信息采集指标1100个,完成岗位1192个,完成率108%;自主创业40人,创建充分就业社区7个;就业困难求职人员实现就业达100%;失业人员摸查率100%。

(王 斐)

**【防控队伍建设】** 年内,八宝山街道开展“2016春夏平安行动”活动,组织群防群治力量参与。全年注册的社区治安志愿者2729人;专业力量108人;单位安保力量240人;社区专职保安45人、协管员135人;街道机关应急队伍40人,情报信息员155名,民兵预备役80人,社区干部110人,总防控力量3638人。

(王 斐)

## 鲁谷社区

### 概 述

鲁谷社区辖区面积6.19平方千米,户籍人口4.32万人、流动人口4.25万人,其中常驻人口6.76万人。下辖22个社区居委会,社区工作者354人;共有基层党组织26个,党员4505名。辖区内有“三横三纵”6条主要街路(三横:石景山路、鲁谷路、莲石路;三纵:鲁谷大街、银河大街、五环路),京广铁路贯穿而过,是石景山区人民政府所在地,辖区有新华社第二办公区、中铁建设有限公司、万商投资有限公司等中央、市属、区属单位40余家,有农工商公司2个,商务楼宇26座,9个商务楼宇工作站,中小学校7所,有注册中小型社会单位2000余家。年内,认真落实区委十一届十二次全会和《政府工作报告》提出的各项工作任务,坚持党建统领、改革创新,按照“整体工作板块化、板块工作项目化、项目工作专业化、专业工作阳光化”的总体思路,扎实推进社区各项事业持续发展,积极完成各项工作任务。

**地址:石景山区鲁谷南路8号**

**电话:68622901**

**邮编:100040**

(马玉秋)

**【12·07事件后续处置】** 年内,鲁谷社区完成“12·07”燃气爆燃事件善后处置工作,受灾家庭得到及时有效安置。自上年12月至是年底,共周转安置35号楼2个单元群众,4次发放租房补助140户次253.15万元;配合区民政局发放一次性临时救助金241户48.2万元。期间,由于暂不具备返家生活、做饭的条件,经区临时指挥部、区“12·07”工作例会讨论决定,向因爆燃事件影响波及、一时无法返家的疏散安置人员发放每人每日100元的饭费补贴867人次80.15万元;为群众垫付急救医药费、打车费等千余元,报销房屋中介费2.51万元、搬家费7.77万元。从结果看,处理比较稳妥得当,表现出队伍整体精神风貌和干事热情,领导班子应急处变能力、工作把握能力也得到检验。在继续做好善后处置各项工作的基础上,社区上下总结反思、举一反三,针对老旧小区存在问题,拿出办法,改进工作,防患和化解一批风险隐患。

(马玉秋)

**【人大换届选举】** 年内,社区党工委按照区委、区人大工作部署制定《实施方案》,组建工作机构,成立秘书组、组织组等6个工作组及9个选区指导组,抽调9名处级领导干部、42名机关干部分包选区。鲁谷地区共划分9个混合选区,选民总数41550人,选民小组796个。投票日参加投票选民40820人,占选民总数的98.2%。在正式代表候选人28名的基础上,经差额选举产生正式代表19名。

(马玉秋)

**【服务保障经费】** 鲁谷社区全年服务群众保障经费批准党建、青少、助老、民政等223个项目,涉及金额近800万元。设立项目申报关、立项审批关、统筹推进关、廉政监察关四道关口,建立街道经费管理联审领导小组和居民区经费监督小组,推行项目经费“四议两公开”议事制度和“四笔会签”制度,签订《居民区党组织、居委会工作保障和服务群众经费管理使用廉政责任书》,确保经费管理使用到位。

(马玉秋)

**【衙门口拆违治乱】** 年内,鲁谷社区细化衙门口地区拆违治乱工作方案,保持“肯于塌下身来、肯于干大事”的精神状态,下深功夫、细功夫,谋定而后动,打好衙门口拆违治乱这场硬仗。在衙门口南部地区主要路口采取设置隔离墩、加设限高杆等措施,利用“外控”措施阻断外来大型车辆驶入衙门口地区倾倒垃圾的渠道;衙门口北路围墙内拆除的大杂院原址上,新建的2万平方米绿色停车场及周边环境建设初具规模,150个车位容纳原先乱停乱放的社会车辆,利用“内治”手段完善道路两侧的交通管控、绿化、环卫等配套设施。辖区内共有低端产业人群聚集大院102个,衙门口村99个,总建筑面积9.7万平方米,总占地面积33.6万平方米,流动人口近万人。全年拆除大院共82处,拆除总建筑面积10.84万平方米,总占地面积19.88万平方米,实际疏解人口7872人。

(马玉秋)

**【治安督办整治】** 年内,鲁谷社区开展市级社会治安问题突出重点挂牌督办整治活动,全力打压发案。成立整治工作领导小组,细化职责、广泛动员,投资近60万元建设2处法制宣传阵地,修建15个大型宣传牌;在衙门口地区安装36个农村大喇叭,针对安全防范、预防煤气中毒、打击黄赌毒、崇尚健康文明生活方式等内容进行广播;利用专业执法力量,投资192万元雇用40名专业保安配属衙门口警务站,在衙门口地区分片包干,昼夜巡逻;投入36万余元在衙门口村主要路口建立治安岗亭10个,组织发动平安志愿者、信息员、专职巡逻队员、保安等安保力量4903人。整治行动开展以来,成功破获了特大持枪贩毒和贩运毒品等一系列大案要案,缴获冰毒3公斤,拘留237人,110警情同比下降23%,刑事案件同比下降27%,三类可防性案件同比下降54%,盗销自行车案件同比下降57%,各类侵财类案件同比下降30%。

(马玉秋)

**【人口调控疏解】** 年内,鲁谷社区对衙门口地区119处大院进行摸排、核实,建立台帐账102处、建筑面积156134.95平方米、流动人口10734人;完成整治82处、建筑面积111065.95平方米、疏解人口7191人;拆除违法建设80处、建筑面积57232.86平方米、疏解人口2004人;关停再生资源回收市场8家、34900平方米、疏解人口219人;清理整治散租住影响疏解人口10601人。拆除大杂院人防工程1处、506平方米、疏解人口34人;取缔非法幼儿园2处、疏解人口36人;取缔无照经营滩点33处。衙门口南社区由年初的10598人,降到8346人,减少2252人,降低22%;查处无照游商167起、无证无照商户133户,消除无照19户;取缔非法黑窝点2处,影响疏解人口986人。对散租住人地下空间、群租房实行动态清零,取缔违法出租房16处、疏解人口107人;地下空间整改8处,清理人口24人。

(马玉秋)

**【失业人员服务】** 年内,鲁谷社区整理汇总1000余份失业人员档案,登记失业人员872人,实现就业568人,超额完成全年就业指标10%。对234名就业困难失业人员进行逐一摸查,走访跟踪服务用人单位168家,采集空岗信息1524个,实现创业59人,带动208人就业,完成全年指标的122%。发挥职业介绍系统就业平台作用,举办“失业人员就业援助专场招聘洽谈会”,求职咨询人员共计350余名,达成初步用工意向36人。

(马玉秋)

**【残疾人服务】** 年内,鲁谷社区为7名残疾人大学生和低保残疾人子女申请扶残助学款2.86万元;为82名残疾人发放残疾摩托车燃油补贴2.13万元;完成涉及647名残疾人护理补贴和175名残疾人生活补助的复审工作;完成358名重度残疾人助残券的信息核查工作;完成就业需求调查673人;为930名残疾人申请新残疾人生活补助和护理补贴;为一名抑郁自杀残疾人申请特殊救助2000元;为42户重残家庭申请居家服务卡,为5名残疾人申请居家就业;审核城乡居民养老保险65人,同时利用两节、助残日等重大节日走访慰问困难家庭850人次。

(马玉秋)

**【衙门口煤改电】** 年内,鲁谷社区在衙门口平房区全面实施“煤改电”工作。对辖区居民逐一入户,进行户口、电表等相关数据信息的核实和录入,建立台账,共完成煤改电1563户,安装储能式电暖器3187台,配合供电部门完成2台开闭器、23台柱上变压器、墙箱地箱等200个设备的安装,完成衙门口地区户外线路改造,解决地区分表、低保补贴、燃煤炉具补贴、地箱墙箱安装补贴等问题,减少污染物的排放,完成民用散煤户的改造

(马玉秋)

**【落实中央环保督办件】** 12月,鲁谷社区认真落实中央环保督察信访举报案件。累计收到督办件10件,涉及环境、扰民等16个问题,按期全部办结。作为承办牵头单位,迅速组织现场办案,进行查证核实,抓好问题整改。召开专题协调会,分析信访举报案件情况,制定针对性措施,落实辖区环卫清洁作业,加强地区巡逻保障,增设硬件设施,核查合法经营情况等工作内容和措施。

(马玉秋)

**【改善居民住房条件】** 年内,鲁谷社区对公租房审核85户,公租房补贴审核32户。完成经适房核查及选房94户、完成第十三批限价房核查389户,选房340户。完成高米店、京原燕保家园、老古城、中央批发市场等剩余项目共4批次,意向登记、审核226户。

## 老山街道

### 概述

老山街道位于石景山区东部,东起玉泉北路,北至田村山南路,与海淀

区接壤;南起石景山路,与八宝山街道相连;西至西五环路,与八角街道相接。辖区面积6.1平方千米,常住人口43915人,其中户籍人口28386人、流动人口10976人。辖区有中央、市属、区属企事业单位218家。街道下设11个内设机构,其中党工委机构4个,办事处机构7个。人员编制76人,实有人员67人。下辖12个社区居委会,有社区干部155人。年内,老山街道迎接国家卫生区复审和中央环保督察组检查,持续改善环境秩序,完成治乱疏解建高端第二阶段工作任务。按照"地区单位全面检查、重点节日突出检查、重点地区攻坚整治"方针,对辖区793家企业开展安全检查1848家次,整改安全隐患2484个。服务全国"两会"、杭州"G20峰会"等安保行动,动员专业警力1734人次,专职巡逻队2754人次,群防群治力量71000人次。街道管理失业人员424人,全年实现就业364人,其中城乡困难劳动力就业完成313人。办理新生儿登记上报105人,户籍人口计划生育政策符合率100%。街道获得"北京市科普工作先进单位"、街道东里北社区党校获得"北京市社会领域优秀党建活动品牌"、街道高能所社区创建"北京市益民计划优秀科普社区"等多项市级荣誉。

**地址:石景山区老山南路18号**
**电话:88972978**
**邮编:100049**

(魏国清)

**【市长培训班考察】** 4月15日,国家行政学院第5期市长培训班一行31名学员前往老山街道,就城市管理体制改革工作进行调研交流。市长培训班学员由全国各地主管城市管理工作副市长组成。培训班一行首先参观老山街道社会治理综合执法指挥中心和网格监督指挥中心,办事处主任对街道深化城管体制改革、推动执法进社区、建立社区城管工作站等情况作汇报。双方就综合执法体系的组织架构、考核机制、创新经验等问题进行深入探讨,并同服务在基层一线的"夕阳红"城市管理志愿服务队成员进行交流,切实了解改革创新给社区环境带来的日新月异的变化。培训班成员表示城市管理改革经验的交流分享能够相互促进城市建设的和谐发展,希望交流考察成果能够给各市、区城市管理工作带来新的经验和活力。

(马颖娜)

**【两岸文化交流】** 5月16日,老山街道高能所社区举办第二届两岸一家亲社区文化交流活动,台湾宜兰县晨曦文化艺术协会代表来到高能所社区,与社区居民面对面交流社区服务、社区建设方面经验,体验大陆社区文化。7月,街道彩虹桥舞蹈队代表石景山区赴台进行文化交流,海峡两岸文艺工作者就社区文化、老年文化工作交流意见,分享经验,增进了解,加深友谊,增强合作,推动两岸社区共同发展。

(魏国清)

**【职工权益保障】** 年内,老山街道新建独立工会1家,联合工会4家,发展会员63人。辖区24家税收企业,会费收缴596102.51元。已建会非公企业签订工资集体合同33份(其中独立工会21个,联合工会12个,覆盖131家),签订率100%,签订女职工特殊权益保护专项合同20份,签订率100%。京卡二次报销198人次、金额33392.27元,职工互助保险390人次、保费23586元,保险理赔7人次、理赔金额3973.03元。

(魏国清)

**【公共文化服务供给】** 年内,老山街道投资500余万元改扩建综合文化活动中心、东里南文化休闲广场、东里北社区、西里社区文化室共计1600多平方米,11号院社区百姓3D小影院投入使用。图书分馆数字化转型升级改造,完成电子阅览室、歌华有线及联通10M专线宽带引入。街道文化活动中心做为石景山区文化馆市民活动基地,全年承办文艺活动国家级2场次、市级3场次、区级6场次、街道级40场次。郊野公园运动场地综合提升工程施工完成,包含篮球、门球、羽毛球、太极剑、气功等场地,升级后成为东部地区示范健身场所。

(魏国清)

**【完成人大换届选举】** 年内,老山街道完成区第十六届人民代表大会老山分会选民登记、组织考察、推荐候选人、投票选举等各项工作,登记选民15366人,14929人参加投票选举,参选率97.16%,依法选举产生代表14名。

(魏国清)

**【11个大杂院完成整治】** 年内,老山街道完成治乱疏解建高端第二阶段工作任务。通过召开会商会高位协调,加强与产权、地权单位对接,落实责任,用法治方法解决拆违治乱问题,将"治、疏、保"相结合,及时跟进大院后续开发管理。老山地区在账低端产业聚集人群大院台账11个,上年完成上庄大街临6号和梁公庵临甲6号两处

9月5日,老山街道乐龄餐桌开饭　(老山街道供稿)

点位整治;是年,完成包括老山东里临甲23号在内的其余9处大院整治任务,共拆除违法建设面积10646.21平方米,疏解人口2433人。

(魏国清)

**【信访代理平台建设】** 年内,老山街道设立社区信访接待站、街道信访接待室,实行每周二处级领导信访接待日制度。做到"小事不出社区、大事不出街道、矛盾不上交",将信访问题解决在社区、化解在基层。对15名街道信访干部和社区信访工作人员进行培训,提高能力。落实"六个之家"(代理群众诉求之家、为民排忧解难之家、维护公平正义之家、法治宣传教育之家、征集人民建议之家、人民群众满意之家),发挥"五步惠民工作法(即社情恳谈——征求民意、"两委"会商——集中民智、协调议事——凝聚民力、落实推进——排解民忧、年度评议——接受民评)"和城管工作站作用,全年受理信访代理案件45件、接待来访569人次。

(魏国清)

**【加强社会保障救助】** 年内,老山街道发放各类社会保障金854万元,报销药费金额215.2万元。管理失业人员、社会化退休人员人事档案4000份,需要提供服务的人员1.5万人。为296户552人发放城市最低生活保障金548.32万元,为109人药费减免支出资金87.9万元。为1973名特殊老年人开展养老助残卡充值232.57万元。为157名残疾人发放残疾人生活补助47.4万元,为521名残疾人发放护理补助89.27万元,为292名残疾人发放助残券35.65万元。

(魏国清)

**【提升住房保障水平】** 年内,老山街道采取廉租房与公租房实物配租、市场租房补贴、限价房自行购房政府补贴三种形式,住房保障受益面大幅拓宽。廉租房与公租房实物配租家庭216户,享受补贴144户,完成7个公租房项目意向登记284户,完成118户第九批经适房六个项目、432户第十三批限价房十个项目选房工作。

(魏国清)

**【流动人口服务管理】** 年内,老山街道对平房区煤火取暖用户开展预防煤气中毒工作。义务修缮、更换、安装风斗453个,弯头107个,更换有故障报警器34只,开具隐患整改通知单92份,排除各类安全隐患415起。查验出租房屋2539户,流动人口11203人。结合违法群租房、城乡结合部和大杂院治理工作,疏解人口2433人,完成人口调控任务140%。

(魏国清)

**【巩固市容环卫成果】** 年内,老山街道巩固国家卫生区复审成果,迎接中央环保督察组检查,收到中央环保督察组交办信访件6起,全部核实整改,无反弹。落实空气质量改善精细化管理要求,完成53户煤改电改造,加强散煤治理,配合园林局做好老山东里绿化改造维护保养,鼓励社会单位、居民进行房前屋后增绿补绿,做好节假日街巷花卉景观布置,11个垃圾分类示范小区运转良好,与首钢物业协调拆除私建地锁,配合交通委规范停车秩序,拆除违法建设64处、17757.2平方米,环境质量持续改善。

(魏国清)

**【强化安全生产监管】** 年内,老山街道开展城乡结合部安全生产专项整治,消除该地区安全隐患。从用火用电安全、可燃物清理、制度建设、安全管理、交通"三违"、运输车辆、食品卫生等多方面进行检查,确保重要节日、重大活动期间地区安全稳定。以危化企业、高层建筑、施工工地、宾馆饭店、商场超市等为重点,做好夏季消防安全大检查。发挥网格化作用,督促企业单位、居民及时清理可燃物,做好冬春季火灾防控。通过日常检查、错时检查、领导带队检查和联合执法检查等形式,加大对危险化学品、人员密集场所、交通运输、施工场地等9大领域的安全生产大检查。

(魏国清)

**【群防群治队伍建设】** 年内,老山街道规范使用首都治安志愿者网络平台,对辖区志愿者做好实名注册登记、项目发布、计时评价等工作。加强综治安全稳定信息员队伍建设,严格执行信息报送核查实名制管理。老山派出所、城管老山执法队、街道综合执法指挥中心、综治专职巡逻队组成巡逻值守力量,对老山地区长安街延线、区域乱点、平房等部位开展动态巡逻、看门护院工作,形成区域长效管控机制,做到"群众日间巡控、专职巡逻插空、夜间警力出动"的24小时防控无缝衔接。

(魏国清)

## 古城街道

### 概　　述

古城街道辖区总面积15.5平方千米,占全区总面积的18.2%;有16164户,总人口数67245人,户籍人口48029人,常住流动人口12830人,多为汉族,还有满族、蒙古族、苗族等8个少数民族;22个社区居委会。截至年底,古城街道所在辖区内共有企业2465家。其中,第一产业企业1家,第二产业企业234家,第三产业企业2230家。年内,街道贯彻落实党的十八届四中、五中六中全会以及习近平总书记重要讲话精神,贯彻落实区委十一届十一次全会及十二届党代会精神,开展"两学一做"专题学习教育活动,围绕构建"八个高端体系"的主要任务,坚持"稳中求进"的工作总基调,解放思想、改革创新、争创一流,推进各项工作平稳运行,为完成全年工作任务奠定良好基础。古城街道获北京市"五四红旗团委"称号。在市区以上新闻媒体刊登古城街道新闻稿件达80篇,在《石景山报》刊登新闻稿件77篇。

**地址:石景山区古城路6号**
**电话:68872356**
**邮编:100043**

(杨　松)

**【非京籍儿童入学审核】** 5月,古城街道按照区教委制定的统一标准,对非京籍适龄儿童入学进行材料审核。半个月审核信息130条,解答咨询240余人次,共审核通过符合借读条件的来京务工就业子女98名。

(杨　松)

**【综合执法试点】** 年内,古城街道继续推进城市管理体制改革，完善街道社会治理综合执法指挥中心机构设置及综合执法实施办法。按照“专业相近、系统整合”建立常态化执法机制，统筹辖区科、队、站、所力量，形成“大中心”格局。成立城市环境执法队、市场监管执法队和社会治安执法队，探索相对集中行使行政执法职权。建立健全无缝衔接的监管执法机制，推进“协调有力、有效联动”的执法体系。建立以目标任务为导向的督查考核机制，加强重大任务行政执法监督，将人大监督、司法监督、行政执法部门自我监督和社会公众监督相结合，发挥综合监督的促进效应。石景山区于上年首推“合并执法”的综合执法模式：在街道设立社会治理综合执法指挥中心，城管队员到街道办公，城管的人事管理、组织关系、办公经费等最大限度下沉街道；公安、食药、安监、环保、工商、交通、消防等单位抽调人员常驻街道；住建委、文委、司法、规划等9个部门与街道建立联络员制度，参加地区管委会会议。

（杨　松）

【违法违规查处】　年内，古城街道发挥属地优势，加强环境综合治理，持续开展大气污染整治行动。全年查处各类违法违规事项累计9216起，其中劝离疑似非法运营车辆760余辆。规范“门前三包”5338户次；暂扣非法小广告45000张，拆除灯箱广告293个，罚没使用煤炉的流动早餐车31辆，暂扣17辆游商水果车，检查工地214次。规范门前三包552起，拆除违规广告牌匾31家。查处露天焚烧16起，查处露天烧烤50起，没收烧烤用槽子83个，罚没小煤炉127个，没收违规餐饮各类经营工具542件。处罚违法违规运输车辆和黑摩的18辆，罚款4800元。地区乱点古城南小街、古城地铁口环境秩序实现常态化有效整治。违法建设在北辛安地区继续保持城市管理体制改革以来零增长成绩。

（杨　松）

【应对空气污染】　年底，古城街道工委书记、办事处主任带队27次对辖区主要大街、工地、重点区域全面巡查，在每天的日常联合巡查中街道都有1名处级领导带队。街道共组织重污染天气协调会20次，出动2700余人次，290车次，与各相关部门开展联合执法203次。对滨和园、水泥厂后身路、北辛安棚改区等重点点位现场督办相关工作，对中央环保督察组转发举报单多次连夜部署、亲自查看、亲自协调开会解决。

（杨　松）

【突破治乱难点】　年内，古城街道开展市容环境整治攻坚战，探索治理“城市病”的方法、步骤和措施，背街小巷卫生质量提升明显。全年开展社会治理专项联合执法行动80余次。以南小街、古城地铁治理为突破，带动整个辖区环境治理，初步实现街面序化、亮化、绿化、净化、美化。新生违法建设零增长。街道综合整治滨河园社区，引入便民菜站，引入生活再资源循环工程。探索在古城南路、古城小街成立商户自治委员会。

（杨　松）

【大杂院整治85%】　年内，古城街道低端产业大杂院台账数量总计209个，在开展治乱疏解建高端专项行动中，共清理大杂院共178个，均已通过区总指挥部验收，完成比例占街道台账总数的85%。这些大杂院总占地面积约378045平方米，总拆除面积达221830平方米，疏解人口总数达12076人，按时、超额完成区总指挥部下达80%的时间节点工作任务。

（杨　松）

【完善防汛保障】　年内，古城街道成立党政正职牵头的防汛领导小组，下设后勤、抢险等工作组，组建19支应急队伍326人。落实领导带班、防汛轮流值班责任制，做到24小时不漏岗、不空岗。坚持网格化责任管理制度，街道领导及机关干部实行分片包干，确保防汛指令的传达和险情及时上报。开展险情排查，对涉水项目、危房、在建项目、重点地段落实责任人。按照“逐项检查，不留死角”的要求，组织包片干部和社区工作人员一起对社区居住户、危房及排洪沟进行认真排查。

（杨　松）

【环保奖励促搬离】　年内，古城街道结合北辛安棚户区改造工程，实施环保奖励促搬离工作，确保北辛安地区燃煤无销售、无存放、无使用的目标基本实现。街道所辖北辛安地区是老旧棚户区，平房多，散煤使用量大，安全隐患突出。为落实北京市将石景山区基本建成继东、西城后第三个无煤区的目标，党政班子按照“党政一把手齐上阵、处级领导一线指挥、党员科长一人一片、所有党员一人一院”的“四个一”要求，迎难而上，冲在一线，有效促进环保奖励工作的实施。街道办事处与区重点工程建设中心在北辛安铁壁街举行“积极控煤促环保，共建绿色北辛安”煤炉集中销毁仪式，共销毁小煤炉1500余个。北辛安大街、铁新、南北岔三个居委会工作人员及居民代表近百人参加活动。到11月20日，根据区房屋征收中心提供的3739个承租人和产权人名单，按照“不燃煤、不居住”条件签约3275户，签约率达到87.6%（验收合格3212户，有效签约率为85.9%），减少燃煤使用量1000吨以上。区重点工程建设中心对居民家中的散煤及煤炉进行回购，不让居民蒙受经济损失，共回收存煤200余吨，炉具1505个；提前搬离人口15600余人（其中流动人口9000余人）。

（杨　松）

【推进信访建设】　年内，古城街道在全辖区范围开展以“信访法治在路上，网上信访更阳光”为主题的信访条例暨网上信访宣传月活动，制作板报6个、横幅10个，发放宣传材料200余册。安排22个社区在社区范围内开展多种形式的宣传活动，定期走访残疾人、困难户和重点人上访户，了解诉求解决情况，摸实上访人心理。

（杨　松）

【群防群治队伍】　年内，古城街道加强专职巡逻队、安全稳定信息员、治安巡逻志愿者三支队伍建设，有效巩固群防群治战线。截至年底，拥有专职巡逻队员20人，安全稳定信息员545名，治安巡逻志愿者2522人，负责信息预警、矛盾化解、隐患排查。制定安保工作方案，完成各项安保任务，成立应急领导指挥部，党政一把手和主管综治的领导兵分三路开展安全维稳工作，要求各单位、各社区在节日期间做好禁限放工作，与22个社区签订燃放烟花爆竹安全责任书，确保春节、正月十五辖区安全稳定。以维护“两会”期间的公共安全为目标，本着预防为主和“早动员、早准备、早部署、早落实”的原则，全面统筹，提前准备，明确任务，落实责任，以古城地区的小平安确保全区的稳定和“两会”的安全。对辖区内重点人员进行摸排分类，确定风险等级，逐个落实管控责任，明确责任人。加强对法轮功重点人员和信访重点人的监控，层层落实责任制。

（杨　松）

【流动人口服务管理】　年内，古城街道加强流动人口信息化管理应用。充分发挥社区信息直采直录、部门信息整合共享、领导决策信息支持等平台综合效能，做好流动人口基础信息数据分析。全年，共为15户流动人口家庭子女提供入托入学帮助；为80余人提供110余条劳动就业信息；召开2次座谈会，听取流动人口对服务站的意见和建议；先后3次请驻地派出所民警和司法所的工作人员讲授如何预防犯罪、如何预防煤气中毒等知识，参加教育培训的流动人口累计达到3000余人次。

（杨　松）

【出租房税代征代缴】　古城街道全年共张贴“致出租房屋房东一封信”1200份，组织街道流管干部、管理员、社区干部参加出租房屋税代征代缴工作培训1次，累计代征代缴出租房屋税12.921万元。

（杨　松）

【小微企业安检】　古城街道安检队全年检查小微企业7120家次，复查370家次，发现隐患数716处，整改176处，未整改522处，输入安监局系统平台1519家次。

（杨　松）

【居家养老服务】　年内，古城街道以居家养老为基础、以社区养老为依托、以保障性机构养老为支撑的“医养结合”新型养老模式，通过政府购买服务的形式为老年人提供操作简单、配置灵活的“24小时便携式监控设备”等多种互联网终端产品组合；完善对水泥厂“一刻钟社区服务圈”的创建，发展签约服务商，完善各类服务设施。本着“服务到社区、服务到家、服务到人”的工作目标，构建全方位、多层次的居家服务体系，实现辖区居民不出社区就可享受到娱乐、买菜、医疗、家政、维修等各类服务。满足社区居民最基本的生活需求，完善和提高社区居家的生活环境和生活质量。成立社区爱心助老服务队，为社区孤老、残疾人等困难家庭开展爱心帮扶，帮助他们解决实际问题。为做好入住居民的服务工作，街道抽调各社区骨干力量，组成滨和园小区临时委员会，协调解决居民入住前后遇到的难题；做好社区一站式服务建设，推进水泥厂社区办公用房规范化建设，为方便居民办事提供更好的环境。

（杨　松）

【促进军民和谐】　年内，古城街道加大双拥工作力度，强化军地之间的密切合作。组织干部群众到共建的消防古城中队、总参第一测绘导航基地、工兵五团、巡查支队等4支部队进行走访慰问，送去6万元的慰问品，加强军地联系与沟通。

（杨　松）

## 八角街道

### 概　　述

八角街道辖区面积5.48平方千米。常住人口10万人，其中户籍人口7.4万人、流动人口2.6万人。辖区有22个社区居委会，设18个党委、5个党总支、2个直属党支部、129个二级党支部，有党员8040名。年内，街道开展“两学一做”学习教育，拍摄4部基层党建纪实短片，实施704项党建统领社区服务群众项目。促进就业服务，已完成就业934人，实现创业64人，带动就业235人。完成186名非京籍小升初“五证”审核。受理审核公租房补贴调整133户、经适房轮候家庭305户、限价房轮候家庭1045户。全年开展生产经营单位安全检查4236家次，整改隐患1521处；规范环境秩序，拆除违规广告牌匾灯箱418个、LED屏587块；完成53条背街小巷、25万平米保洁区域的清扫工作。街道获得“全国计划生育协会工作先进单位”“北京市信访工作先进集体”“北京市法制宣传教育先进集团”“首都绿化美化先进集体”“北京市老干部工作先进集体”等多项荣誉。

**地址：石景山区八角北路甲36号**
**电话：88982141**
**邮编：100043**

（计凌芳）

【人大换届选举】　8—11月，八角街道开展区第十六届人民代表大会八角地区分会人大代表换届选举工作，划分动员部署、选民登记、推荐及确定代表候选人、投票选举四个工作阶段。11月15日公开进行投票选举，分会下设11个选区，23个投票站，共登记选民48824人，选举日参加投票选民47598人，参选率为97.49%。选举产生石景山区第十六届人民代表大会八角地区代表26名，其中妇女代表8人，占比30.8%；少数民族3人，占比11.5%；中共党员18人，占比69.2%；基层一线代表25人，占比96.2%。

（计凌芳）

【拆除整治点位91处】　八角街道全年拆除整治点位91处，占地面积135140.27平方米、建筑面积92281.44平方米、拆除面积83443.79平方米、疏解人口4736人。建立并实施“对接－评估－约谈－清理－保障－管控－销账－引导”的“八步闭环工作法”，成立由城管科、综治办、安全协管员组成的“助拆保障组”，实行“一院一策”整治方式。

（计凌芳）

【街面品质提升】　年内，八角街道组织实施地区街面品质提升工程，建设改造八角西街、杨庄东街、八角南路（含古城东街北段）三条主要大街。改造主要内容包括：景观节点建设、外立面提升、步道砖更换、门头牌匾改造、停车位及绿化升级等,并完成杨北片区、八角南部片区环境品质提升工程的前期设计工作。同时对古城麦当劳南侧路、西现代城门前路和古二小门前路实施背街小巷精品建设改造工程。

(计凌芳)

【大气污染防治】 年内,八角街道开展"清洁空气行动计划"和"无煤区建设"专项工作。对社区零散用煤、大杂院拆违区域等进行挨家走访和排查,与散煤用户签订《禁止燃煤使用承诺告知书》100余份。以政府购买服务方式,聘请专业除尘公司针对地区施工工地、地区道路、裸露地面进行抑尘除尘作业。联合城管科、综治办、综合执法组等多部门,对露天烧烤、散煤使用、垃圾树叶焚烧、施工扬尘等增尘行为进行检查600余人次,查处早餐点29个、烧烤店38家、收缴烧烤炉具及小煤炉105个、规范店外经营行为20起,关停取缔无照经营单位14家、查扣黑摩的10辆。

(计凌芳)

【居家养老服务】 年内,八角街道居家养老"110"模式和"老街坊"品牌持续纵深发展。新建并投入使用古城南里、公园北、体育场南路3个社区居家养老服务驿站,共运营街道养老照料中心1家,社区居家养老服务驿站6个,每年可服务辖区老年人超过3万人次。引进北京首钢实业有限公司"中央厨房"餐饮项目,合作建立"中央厨房+社区养老驿站+就餐、配餐、送餐"模式,与社区养老驿站、老年餐桌、社区居委会开展合作,以需定供,为辖区老人提供搭配合理、营养充分的集中配送餐服务。开展智能化养老试点运营服务,与第三方服务公司合作为辖区90岁以上及残疾、失独、特困等有需求的常住老人配发智能腕表300块。

(计凌芳)

【爱八角生活圈】 年内,八角街道依托歌华有线,实现对地区居民家庭数字电视网络的全覆盖,利用电视云服务平台和信息智能终端等信息技术,构建"爱八角生活圈"智慧社区电视云服务平台,为社区居民提供"吃、住、行、游、购、娱、健"的全方位服务。辖区居民通过歌华有线数字电视可直接进入"爱八角生活圈"服务平台。平台共设有"关注八角""街道动态""为民服务""居家养老""公益家园""多彩社区""文化体育""教育地图""一刻钟服务圈"和"街景地图"10个版块,涵盖街道社区新闻资讯、活动通知,党务政务公共服务指南、居家养老等服务信息,以及辖区教育、文化资源介绍和周边商业网点商品、服务的浏览、订购。

(计凌芳)

【公共文化服务】 年内,八角街道完善街道、社区、楼门三级文化阵地网络建设,新增活动场所面积2380平方米,建设开放社区科普体验厅,在社区安装数字全媒体科普视窗21台,为3个社区安装3D影院。全年举办"爱八角·百姓乐享"培训90场次、"红色基因音乐厅"22场次、流动放映电影80场次、邀请北京儿童剧院、中国杂技团、北京歌剧舞剧院等专业团队、社区文化团体等各类演出50余场次,受惠观众近5万人次。

(计凌芳)

【老旧小区管理】 年内,八角街道持续提升老旧小区服务管理工作。加大对私搭乱建、私装地锁、侵占绿地等乱象的治理,对8个老旧小区进行环境及文化品质专项改造工程。完善《居民公约》《居民自治章程》等规章制度,在8个老旧小区选举成立业主委员会和群众自治组织管理委员会,引导居民"参与式"协商解决社区问题。整合辖区资源,申请政府购买服务资金解决老旧小区绿化、保洁等公共服务问题,共享"智慧社区""老街坊"品牌"爱八角生活圈"等平台资源,4个老旧小区正式推行专业化、智能化、标准化的服务。

(计凌芳)

【街道工会服务】 年内,八角街道总工会发展独立建会企业5家,会员132人,截至年底,共计覆盖企业624家,覆盖职工人数2269人。全年为贫困、大病职工发放帮扶救助金4万余元,资助2名困难职工子女,发放助学金4千元。组织开展养生、心理健康、法律常识、日常礼仪等各类公益讲座、餐饮职业技能比拼、缴费企业观影活动、职工代表活动日开展健步走等职工活动,受惠职工1000余人次。

(计凌芳)

【完成13项便民工程】 年内,八角街道完成公园北社区品质提升、八角北里社区品质提升、八角中里社区品质提升、八角街道社区养老中心电力增容、古城南路社区健身广场改造、地铁家园西院居民健身平台维修、古城南里社区大门和护栏改造、古城南里社区4~5号楼地面砖更换、杨南社区休闲凉亭建设、建钢南里社区休闲凉亭建设、杨中社区东院绿化改造、杨庄中

4月22日,八角北路社区开展"京台社区"大讲堂　　(八角街道供稿)

区52栋周边道路改造、时代花园小区南院道路改造等13项便民工程。

（计凌芳）

## 苹果园街道

### 概　　述

苹果园街道地处石景山区北部，东经新四平台与海淀区搭界，南抵京门铁路，西起首钢福寿岭疗养院、礼王坟、金顶山一线，与金顶街街道连接，北依京西翠微、青龙诸峰与五里坨街道隔界。辖区面积13.13平方千米。街道下辖社区20个，常住人口6万人，流动人口3万人。辖区内有北京射击场、北京工人疗养院、中国医学科学院整形医院、中关村高科技园区石景山园、中部战区机关、北京军区善后办、中宣部培训中心等中央、市属机关企事业单位；有灵光寺、八大处佛牙舍利塔等名胜古迹；地区共有注册企业1万多家，占全区一半。年内，苹果园街道创新推出“周一1小时，充电60分”自学制度，推进精神家园建设。在地区20个社区全面推广“四缘党支部”组建活动。全年共组建地缘党支部32个，业缘党支部18个，趣缘党支部15个，志缘党支部16个，把党员服务延伸到社区。定期举行“基层书记论党建”研讨会，增强各级党组织书记管党治党意识。以民生家园建设为龙头，不断提升群众幸福指数，投入资金650余万元，完成便民工程项目48项；投资2200万元，建成八大处精品街、香山南路精品街。做好街巷卫生保洁工作，完成112个首环办台账及165期督察通报点位销账工作，结案率均达到100%；第二季度全区综合考评名列第一。投资120多万元对六个社区进行智慧社区建设和升级；投资170万元改造社区硬件设施创建规范化社区；投资3万余元，进行“微网格”试点创建工作，开通“苹四微家园”和“西山枫林第一社区”专属微信公众号。吸收辖区重要社会单位、民间组织及有重大影响力人士，组成地区治理委员会，统筹辖区社会治理、城市管理、社区建设等工作，提升地区统筹管理能力。街道被评为首都绿化美化先进单位、首都控烟工作先进集体，街道“1+3+3”区域化党建体系获评“北京市社会领域优秀党建活动品牌”。西黄新村社区被评为“首都绿化美化先进社区”，西黄新村社区获评首都环境建设样板基层单位，西山枫林第二社区获评国家地震安全示范社区。

**地址：石景山区苹果园南路23号**
**电话：68872724**
**邮编：100144**

（张雪晴）

**【网上信访工作系统】** 7月，苹果园街道网上信访系统自投入使用，在线办理和转办信访案件213件，答复满意率为100%。年内，率先试点推行网上信访，投资14万元自行设计开发网上信访信息系统，形成“网上受理、网下办理、网上回复”的“阳光信访”新机制。该系统主要功能是进行信访信息登记，处理信访事件。群众可通过两种渠道进行信访事项登记：通过苹果园街道门户网站“阳光信访”版块内的网上信访栏目进行信访事项录入；通过“幸福苹果园”微信平台便民服务的“微信访”进行信访事项登记。系统开通后，群众只需通过电脑或手机登录，按照提示填写姓名、证件号码、联系方式等相关信息，即可进行投诉、提出建议等，并可随时查询办理进度和办理结果。街道全年受理各类案件759件，接待上访人数800余人次，化解积案2件，案件化解完成率98%。

（张雪晴）

**【获评“充分就业街道”】** 年内，苹果园街道为24类服务人群、11万多名社区居民，提供17.9万人次的失业和就业、社会保险代理等服务工作。全年实现就业1124人，完成考核指标122%，辖区内18个社区被评为“充分就业社区”，街道被评为“充分就业街道”。街道相关部门深入社区，开展“送政策、送岗位、送培训、送技能”四送活动；做好低保弱势群体社会保障工作，全年发放低保金855万元，加大残疾人就业培训力度，促进残疾人就业。

（张雪晴）

**【拆除清退率完成100%】** 年内，苹果园街道治乱疏解建高端指挥部依照“一二三五”（一是围绕助推地区区级重点工程进展的工作主线；二是在区城管执法局、街道分指分别安排一名副处级领导，具体负责地区治乱疏解推进工作；三是确定三个影响区重点工程推进的重点区域，即永引渠南路、西黄村拆迁区和保险产业园；五是遵循五步约谈工作法，即针对具体情况，依次分别由产权单位约谈、执法队约谈、街道分指约谈、城管局约谈、街道分指与城管局联合约谈五个步骤）工作思路，运用五步约谈工作法，开展整治行动。在各执法部门通力配合下，完成50处台账的拆除、清退及销账验收工作，完成率为100%，腾退土地近91670平方米，拆除建筑面积约39225平方米，疏解流动人口3321人。先后组织取缔琅山早市、西井小区自发市场，对八大处公园周边、苹果园东口三角地、北工大北门周边进行整治，完成非法运营车辆查处、燃气安全执法以及40余次环境秩序保障等工作。

（张雪晴）

**【文化活动中心建成】** 年内，苹果园街道级文化活动中心建成并投入使用。活动中心位于苹一社区办公楼西侧，占地面积约412平方米，可容纳近200位观众观看各类文化演出。中心作为街道2016年文化阵地建设重点项目，是苹果园地区首个街道级室内文化演出场所，全年举办大小活动10余场，惠及辖区居民数千人次。

（张雪晴）

**【养老照料中心建成】** 年内，苹果园街道新建成养老照料中心建成并投入使用。养老中心位于田村路559号，建筑面积6500平方米，设床位206张，除提供医疗、康复、养老三位一体的服务，还设立日托中心，为周边老年人提供老年餐桌、助浴、助洁、助医、助急、康复护理等服务。该中心与八大处中医门诊毗邻，并与石景山医院达成合作协议，为入住老人提供就近、方便、优质的医疗保障。截至年底，已有20余位老人入住。

（张雪晴）

**【体育生活化社区建成】** 年内，苹果园街道辖内 14 个体育生活化社区改造完成，标志着全区体育生活化社区建设一期工程基本竣工，石景山区成为北京市第三个拥有体育生活化社区的城区。体育生活化社区建设一期工程总投资 4181.09 万元，由市财政与区财政共同解决。工程共涉及宣传标识及景观墙 122 个、土建工程 411 项、体育健身设施 342 台，土建工程改造面积约 93520 平方米，其中铺设健身步道 5349 平方米，建设健身场地 45873 平方米，改造健身环境 42298 平方米。体育生活化社区的建成，解决辖区长期缺乏固定健身场地和体育专项场地等问题，真正将体育健身融入到居民生活中，对于提高苹果园地区体育健身水平、提升居民幸福指数，推进民生家园建设起到重要作用。

（张雪晴）

**【老旧小区自我服务】** 年内，苹果园街道以西井社区教工楼宿舍为试点，探索物业自主式、社区自治式、产权单位自助式等老旧小区自我服务管理模式的可行度，并在该试点区域初步实现准物业管理模式。对地区 20 个社区所辖全部小区的服务管理现状进行摸底，收集建立小区服务管理数据库。以苹一社区为试点，探索运用“社区议事厅”、社会组织等多元化的服务体系，综合提升老旧小区自我服务水平，建设宜居环境。

（张雪晴）

**【中医健康服务体系】** 年内，苹果园街道推进地区中医健康社区试点建设工作，推动基层中医药综合服务能力建设。在苹二、苹四、海二、枫林一社区进行中医健康社区试点，开展中医特色健康教育大课堂及中医义诊咨询活动，弘扬中医药传统文化，推动中医药健康养老服务体系。在苹二和苹四社区完成社区中医药资源配备、需求及利用研究问卷调查工作。

（张雪晴）

**【“金苹果社会组织联合会”成立】** 年内，苹果园街道引进知名社会组织 11 家，本土培育社会组织 6 家，地区备案社会组织达到 80 家。街道整合地区社会组织资源，成立“金苹果社会组织联合会”，推动社区与社会组织良性互动，促进基层治理模式创新。全年，社区与金苹果社会组织联合会协作开展的各类服务活动 69 次，受益 6300 余人次。

（张雪晴）

## 金顶街街道

### 概　　述

金顶街街道位于石景山区西北部，地区面积 6.9 平方千米。东以金顶山为界与苹果园街道毗邻，南以京门铁路为界与古城街道相接，西以黑头山为界与广宁街道接壤，北至蟠龙山与五里坨街道相连。地势西高东低，地区内浅山多、古迹多、学校多，文化底蕴厚重，旅游资源丰富。山地约占地区面积 1/3，主要分布有金顶山、翠微山、蟠龙山和红光山，永定河引水渠流经这里。有市级历史文化保护地区模式口村，有法海寺、承恩寺、田义墓、第四纪冰川馆等，另有 1 处伊斯兰教活动场所清真寺（始建于 1953 年，分别于上世纪 70 年代、2000 年两次改建），非物质文化遗产太平鼓文化在此传承。地区有 10 所学校，其中高中 1 所、初中 2 所、小学 3 所、幼儿园 2 所。金顶街街道划分 16 个社区，地区总人口 8.4 万人，其中常住人口 7.2 万人，登记流动人口 1.2 万人。全年共接待群众来访 79 次、140 余人，受理区便民电话转办单 532 件，受理市综合信息平台转信 79 件，受理信访代理 30 件，全部按时办结。推进党建统领，以民生家园建设为重点，通过便民工程，切实改善地区居民的生活环境，完成老旧小区改造、赵山沟上平台文化墙改造、模西南山公园山顶广场建设等便民工程项目 8 项。街道获得年度“北京市社会领域优秀党建活动品牌”“北京市防范邪教先进街道”等多项荣誉。

**地址：石景山区金顶街五区一号街道办公楼**
**电话：88711860**
**邮编：100041**

（贾春远）

**【信访和应急工作】** 4 月，金顶街街道信访代理室正式投入使用，设在街道办事处一层。金顶街街道发挥信访代理接访平台作用，通过社区、街道两级信访代理机构积极开展隐患排查，妥善应对突发事件。全年共接待群众来访 79 次、140 余人，受理区便民电话转办单 532 件，受理市综合信息平台转信 79 件，受理信访代理 30 件，全部按时办结。年内，快速应对赵山 9 号楼、模南热力工地等火情，及时做好救助工作。完成模式口微型义务消防站建设。快速联动有效应对 7·20 强降雨，加强模式口西里等地质灾害点和平房区监控，快速应对石门路护坡滑坡、金顶西街路面塌陷等险情。

（贾春远）

**【应对空气重污染】** 年内，金顶街街道响应空气重污染预警等级防范措施，接到空气重污染应急指挥部办公室指令后，迅速召开重度雾霾天气专项治理工作会，全面部署专项行动。领导带队，全员上岗，确保空气重污染发生时保证及时做好处置应对工作。利用 16 个社区的户外电子屏，及时提示空气污染预警信息，张贴空气重污染预警通知 150 余张。做好重污染应急预案工作，与辖区的施工工地和物业分别签订空气重污染应急应对协议书。12 月 9—16 日，中央环保督查组进驻北京市期间，街道共接到有效群众信访环境督办单 4 次（9 日第 0017 号督察通知单，11 日第 0023 号督察单，15 日第 0033 号督察单，16 日第 0034 号督察单），2 次主办 2 次协办，办理文件整齐规范。

（贾春远）

**【民生家园建设】** 金顶街街道全年实现城乡劳动力就业 1136 人，城乡困难劳动力就业 933 人，带动就业 270 人。推进落实低保人员集中供热采暖补助和因病致贫家庭医疗救助新政策，为地区 11184 户次低保家庭发放低保金 1961 万元，为 1907 户家庭报销医疗救助费 227 万元。新增审核上报保障性住房家庭 208 户，重新核对保障性住房家庭信息 273 户，组织 1258 户经济适用房、两限房备案家庭选房，新签及续签廉租房补贴合同309户。依托社区残协、海燕艺术团、温馨家园等组织，开展帮残助残主题宣传活动20余次，为728名残疾人办理居家养老服务券，累计发放残疾人困难补助金105.6万元，完成地区3465名残疾人第二次全国残疾人基本服务状况和需求动态更新工作，完成450名残疾人康复培训。开展形式多样的文化、体育、科普宣传活动百余次，组织各类运动会、健身讲座18场。

（贾春远）

**【强化安全工作】** 年内，金顶街街道与辖区生产经营单位及社区负责人签订《安全生产目标责任书》《消防安全责任书》总计1326份。组织召开专项工作部署会、联席会、分析会40余次，开展各类专项行动，出动检查人员1629组次、4887人次，排查生产经营单位4098家次，发现隐患1293处，下发《责令改正通知书》843份，整改隐患1083处，实现横向到边，纵向到底的监管体系，做到全方位，无死角。完成5家企业“一企业一标准，一岗位一清单”编制试点，协调百名安全生产专家服务万家企业活动，创建小微企业标准化达标155家，三级企业标准化达标10家。完成模式口微型义务消防站建设。

（贾春远）

**【9处大杂院整治完成】** 年内，金顶街街道坚持“党建统领、综合执法、注重长效、争创一流”的工作方针，按照“街道牵头、部门联动、分工明确、相互配合”的工作思路，对接产权单位，综合执法力量，举全街之力，全面做好地区治乱疏解建高端工作。截至年底，共完成模东游泳馆、模西30号楼首钢备件库、模式口小学前院、铸造村光照大院、西福村东山坡等9处低端产业聚集人群大杂院的整治工作，占街道台账总数（11个）的82%，助拆违法建设面积9122平方米。同时，按照新生违法建设动态清零的总要求，严控地区新生违建，一旦发现，迅速拆除。全年共组织强拆8次，拆除铸造村、模式口村、法海寺等地区的私搭乱建面积达1000余平方米。

（贾春远）

**【环境秩序整治】** 年内，金顶街街道以“模式口地区社会治理综合执法站”为抓手，发挥常态化日常巡查及长效工作机制，打击游商占道、严查无照经营、整治临街商户、加快疋租进程，将模式口地区环境治理和修缮改造紧密结合，效果明显。截至目前，查扣违法经营商品2000余件，各类车辆40余辆；沿街私有产权商铺完成签约72家，计门面房120间，经营面积3661.38平方米。全年组织综合执法56次，处理游商非法售卖380余起，关停无照商铺13家；做好辖区内46条背街小巷的环境卫生清理工作，保洁面积达124100平方米。

（贾春远）

**【精品便民工程】** 金顶街街道全年实施便民工程项目8项，总投资达600余万元（含小型工程），改善地区居民生活环境。完成老旧小区加装休闲椅和首层安装楼道便民扶手、模中14号楼北侧护坡加固和模西北隘口园西侧护坡改造工程、赵山沟上平台文化墙改造工程、金顶街老旧小区图像信息系统建设工程、模西南山公园山顶广场建设工程。

（贾春远）

**【精品大街建设】** 年内，金顶街街道完成金顶西街改造工程。包括门头牌匾更换152家，卷帘门更换150余个，门窗更换1200平方米，防水2000平方米，围墙铺贴2200余平方米，外墙涂料7576平方米，地面铺装4000平方米，改建新大门3个。

（贾春远）

**【平安社区建设】** 年内，金顶街街道进一步提高人防、物防、技防整体水平，完善立体化治安防控体系。与相关部门和单位签订责任书，明确责任和任务。加强社区治安志愿者管理和培训，落实实名制动态管理。完善技防措施，在社区宣传推广防盗锁新技术，在金二区和金三区十栋塔楼安装防爬刺设备，改善派出所服务环境，聘用保安维护社会秩序。组织“2016春夏平安行动”和“平安石景山”宣传月活动，制作宣传横幅60条，印发传单5万份，参与社会面巡控志愿者约十万人次。年内，社区“三类案件”数量较去年明显减少。

（贾春远）

# 广宁街道

## 概　述

广宁街道位于石景山区西部，境内东部是由四平山、黑头山边麓形成的山地，与金顶街街道接壤；南部为京能热电股份有限公司石景山热电厂和丰沙铁路线，与古城街道接壤；西部是永定河绿色亲水生态走廊和麻峪工贸中心企业用地，与门头沟区相接；北部是西北热电中心、大唐国际北京高井热电厂，与五里坨街道相接。辖区面积6.1平方千米。户籍人口11883人，流动人口9609人。境内有丰沙、京门两条铁路穿过，广宁路、双峪路、高井路、阜石路高架四条公路为市级主干道，有过境公共汽车线路13条。广宁村、麻峪村、柳林庄、电务三段及高井路两侧是境内5个主要居民住宅区域，并以此为主形成了麻峪、麻峪北、高井路、新立街、东山5个社区。辖区设有1所中学、3所小学。社区卫生服务中心1个。广宁地区是北京市电力和供热主要生产基地之一，西北热电中心由6台35万千瓦级燃气热电机组组成，是北京市最大的燃气热电中心。寿山福海养老服务中心是由恒坤投资集团有限公司与麻峪工贸中心合资兴建的北京市五星级养老服务机构。年内，广宁街道开展“两学一做”学习教育，不断增强“四个意识”。坚持高端引领，强力治乱疏解，大杂院拆除整治按期完成。深化信访代理，开辟群众信访“绿色通道”；推行“微民生”立办制度，着力解决影响居民生活的各类问题；完成区域内供暖设施改造，民生服务保障进一步改善。

**地址：石景山区广宁村新立街4号**
**电话：88992395**
**邮编：100041**

（孟庆春）

**【首家智慧养老中心挂牌】** 3月25

日，本市首个“24小时智慧养老健康中心”在广宁街道挂牌，智慧养老管理系统正式在广宁地区上线，打造没有围墙的养老院。辖区60名特困老年人免费领取到移动健康管理包，内含老年智能手表、血压计、血糖仪。广宁地区户籍人口1.2万，其中60岁以上的老年人口数达到3100余人，是一个十分典型的老龄化地区。街道探索互联网+居家养老服务模式，联合北京乐龄老年文化发展有限公司，研发居家养老信息平台系统。智能手表外观与普通电子手表差不多，不同的是，腕表插入手机卡，就能拨打7个紧急联系人；长按SOS键三秒钟，一键呼救，后台可立刻给予回复。智能腕表还是一部GPS定位仪，防止老人走失。智能手表可实时监测老人的心率、心电、血压、血糖等一系列健康状况指标，并设有位置定位功能双向通话、紧急呼叫、记步器、用药提醒、久坐提醒、跌倒报警、睡眠监测等强大的功能，即使子女不在身边时，通过手机端App乐龄智慧养老管理系统，就能够实时接收监测数据，随时了解老人的身体健康指标。一旦老人出现身体不适，可以立即按下SOS紧急按键，通过SOS紧急呼叫系统通知家属。通过“互联网+”思维与智能可穿戴设备的结合，对老人实行24小时远程监护和服务。手表传输的数据除老人子女可以接收，街道还将他们上传到“乐龄24小时智慧养老健康中心”的智慧养老管理系统中，他们对60名老人的生活和健康状况进行检测，一旦有不良数据或是发生警报，健康中心及老人子女的联系电话会进行轮流呼叫，健康中心接到报警电话，可及时对呼救老人进行救助并及时联系老人家属，将风险降到最低。经初期测试，首批选定65岁以上的特困老人接受服务，如效果稳定良好，将加大覆盖面，在街道范围进行全面推广普及。

（孟庆春）

**【承办民族健身操舞大赛】** 6月3日，广宁街道在大唐高井电厂多功能厅成功举办“北京市第十一届民族健身操舞大赛预赛暨石景山区第八届民族操舞健身大赛”活动。活动得到区民族宗教办和各街道支持，吸引全区31支队伍参赛。

（孟庆春）

**【确保汛期安全】** 6—9月，投入人员1200余人次，全力保证地区汛期安全。立足早安排、早部署，在汛期前排查危房险房，制定工作方案和应急预案，储备充足防汛物资，对环山的4处地质灾害点进行永久性护坡加固，组建30人应急抢险队伍，落实汛期应急值守措施，做到有雨即防，保证地区安全渡汛。

（孟庆春）

**【假如我是申请人大讨论】** 8月，广宁街道组织窗口工作人员开展“假如我是申请人”大讨论活动。工作人员围绕自身岗位特点，以“假如我是办事群众”为题进行讨论，大家从办事群众角度对照、剖析自己在受理业务时存在的服务态度、服务质量、办事效率等方面的不足，通过换位思考，促进办事提速、服务提质、工作提效。

（孟庆春）

**【人大换届选举】** 8—11月，经历动员培训、宣传发动、选民登记、酝酿提名代表候选人、投票选举等阶段，圆满完成人大换届选举工作。选举分会共划定7个选区，登记选民9264人，参加投票选民9150人，选举产生12名石景山区第十六人民代表大会代表。

（孟庆春）

**【石材市场整治】** 11—12月，广宁街道联合环保、公安、工商、消防、安监、城管等执法单位，落实中央环境督察组督办件第0011号，合力整治爱玛峪石材市场。清运石材垃圾1000余吨，拆除广告牌170块，新建围挡1300米，苫盖3.5万平方米，场内石材加工业务全部被责令停业。

（孟庆春）

**【狠抓安全生产】** 年内，广宁街道按照“属地负责、行业监管、综合治理”的原则，召开4次地区性安全生产会议，与驻区单位签订《2016年度安全目标责任书》，督导企业履行主体责任。强化安全生产日常管理，会同安监、消防、工商、城管等部门多次开展执法检查活动，全面排查和治理安全隐患，为地区生产安全保驾护航。全年检查单位651家，发现隐患636处，下发限期整改单277份，复查单位277家，隐患全部得到整改。

（孟庆春）

**【加强社区建设】** 年内，高井路社区成立“自管会”，制定小区自我管理章程等制度，形成“小区事，居民管；身边事，互相帮”的自我服务、自我管理模式。推进“智慧社区”建设，在社区开展信息化知识和上网技能等培训，建立老年人上网室。在各社区人员密集处安装电子信息条屏，及时为居民发布各种信息。分别申报东山、新立街和高井路为三星级和五星级“智慧社区”。扩充志愿者队伍，促进人员结构和服务内容多元化，扩充志愿服务内容。69支志愿服务队开展志愿服务活动1.5万余人次。

（孟庆春）

**【精品街区建设】** 年内，广宁街道对广宁村内两条重要道路实施景观提升改造工程。全面建成以宣扬廉政文化、中华民俗、古都风韵等为主要内容的复兴街文化精品路。对新立街商业街建筑外立面、门窗、牌匾等设施进行统一更新改造，建成设施完好、环境整洁、秩序井然的精品小街。增加夜间景观照明，扮亮地区城市夜景。配合区园林局，完成对红光山和四平山防火道的拓宽和硬化，方便附近居民登山健身活动。

（孟庆春）

**【迎接卫生区复审】** 年内，围绕“环境秩序提升年”，开展“保秩序、压反弹”社会环境秩序专项治理行动，重权整治占道经营、无照游商、露天大排档等经营行为，辖区大街和重点路段店外经营、游商游贩、乱摆乱放等违法违规现象得到彻底根治。开展爱国卫生运动，组织全民卫生大扫除活动活动5次，参加人员1920人次，出动各种车辆80台次，清理房前屋后居民的堆物堆料100余处、200余吨，清除非法小广告2400余处。改造背街小巷路面13处，铺设渗水方砖3500平方米，安装坡路扶手和护栏等18处，270余米，地区环境秩序持续改善。

（孟庆春）

【18个大杂院拆除整治】 年内,广宁街道履行属地责任,统筹协调各界力量,综合实策,强力推进,对地区18个低端产业聚集人群大杂院实施拆除整治。全年共发放宣传材料10000份,张贴通告120余张,悬挂硬质宣传条幅50块。截至年底,全部完成“大杂院”的拆除整治任务,实现年初确定的销账目标。拆除违法建设27980平方米,腾退土地57099平方米,疏解人口1583人。全面关停广宁路太阳雨汽车修理门店。

(孟庆春)

【群众文体活动】 年内,广宁街道开展一系列群众性文化体育活动。举办广宁街道第二届“健康杯”永定河健步走,“社区优秀节目展演”“石景山区科普之夏系列活动之广宁舞蹈大赛”,区“和谐杯”乒乓球地区选拔赛等多场活动。全年组织各类文化体育活动和各种讲座67场次,参加人数达27800人次。为各类文化艺术团队投资,购置演出服装、道具和乐器。为益民图书馆增配图书3000余册。扶持特色队伍建设,着力打造广宁文化品牌,广宁街道艺枫舞蹈队和艺枫模特队各展风采,在市区活动中获得多个奖项。

(孟庆春)

【民生家园建设】 年内,广宁街道实施15项便民工程,16项民生工程,解决困扰群众生活的房前屋后问题87件。包括道路景观、居民出行、自来水管线改造、污水排放、太阳能路灯、健身、安装小区摄像头、枯树砍伐等等。协调热力集团,完成区域内暖气设施改造,对西铁路44户平房居民家庭进行供暖改造,实现集中供暖。

(孟庆春)

【持续改善民生】 广宁街道全年办理新增低保家庭22户44人,退出低保家庭29户62人,年末,在册低保家庭157户311人,累计发放低保金3838人次311.6万元,提供医疗救助338人次31万元。管理社会化退休人员1050人,年发养老金3773万元。办理老年人优待证131人次,老年人优待卡248人次,发放养老助残卡1359人次。征地超转104人,发放超转生活费254万元。接待政策性保障房咨询3000余人次,办理保障房申请家庭52户,廉租房新签续签44户、停发22户。发放残疾人生活补助86人33万元,残疾人护理补贴282人48万元,享受助残券的残疾人151人15.9万元,完成全国残联专项残疾人调查基础信息动态更新工作,入户调查771人。

(孟庆春)

【完成就业指标】 年内,广宁街道开发用工岗位,跟踪服务用人单位39家,采集空岗信息410个。开展3次就业指导和技能培训,参训人员180人。7次开展“送岗位、送政策”进社区活动。全年登记失业人员实现再就业208人,完成目标任务110%;就业困难人员实现就业160人,完成目标任务200%;自主创业21人,完成目标任务100%,带动就业70人。

(孟庆春)

【深化信访代理】 年内,广宁街道开辟群众信访“绿色通道”,对信访案件实行定牵头领导、定责任部门、定责任人、定办理时限的“四定”工作法,推动问题依法、归口、及时、就地解决。多渠道收集群众诉求和意见,尽快加以解决,形成群众意见上门收、群众诉求快速办的信访代理工作格局,代理好居民事,更办成办好居民事。受理群众信访件、人次呈下降态势。

(孟庆春)

【维护地区稳定】 年内,广宁街道深化平安创建活动,全力维护社会稳定。建立24小时全天候巡逻机制,重点加强晨夜、铁路沿线等重点时段和路段的巡视力度。加强情报信息员队伍建设,快速收集信息,及时采取应参措施。启动防控等级命令9次,日投入安保力量730余人,强化对重点人员的监控,确保全部重点人员都在管控视线内。

(孟庆春)

【计生优质服务】 年内,广宁街道开展计划生育优质服务进企业活动,在高井电厂举办政策宣讲大讲堂。走访慰问失独家庭,开展特扶家庭一对一结对子亲情服务。举办为期4个月的“美丽广宁 幸福家庭”文化节系列活动,文化节期间,先后举办新世界实验幼儿园“新星宝贝早教基地”表演、“绚丽青春期,激情展才艺”文艺汇演等活动22场次,参加人数共计3200余人。

(孟庆春)

3月25日,智慧养老健康中心挂牌成立　　(广宁街道供稿)

## 五里坨街道

### 概　　述

五里坨街道位于石景山西北部,东沿香山公园西南、青龙山、翠微山、虎头山一线与海淀区、苹果园街道接壤,南沿福寿岭、109国道、高井村、丰沙铁路、永定河一线与金顶街街道、广宁街道相连,西与门头沟区三家店为邻,北沿猴山、克勤峪、白石岗诸峰与门头沟区、海淀区毗连,辖区面积21.5平方千米。109国道(石门路)过境。依天泰山而下,属于浅山地带。辖区有黑陈路、潭峪路、红卫路市政公路3条。共管辖社区14个,新增社区1个。常住人口4.1万人,流动人口9600人。辖区内有行政、事业单位19个,大小企业217家,团级以上驻军单位18个,是陆军领导机构所在地。街道机构由11个部室组成,其中工委4个,办事处7个。机关行政编44人,机关工勤编2人,街道事业编28人,实有人员70人。年内,完成换届选举工作,选出13名区十六届人大代表,10名区十二次党代会代表。开展陆军领导机构门前环境秩序整治和新隆恩寺大街环境景观提升工程。完成治乱疏解建高端台账总量的91.2%,腾退土地面积228791.59平方米,拆除建筑面积95772.01平方米,疏解人口3704人。加强民生家园建设,接访案件30余例149人,处置率100%,新建2处养老服务驿站,高端普惠的文化宣教中心投入使用,开通便民班车。街道社保所获得"优质服务窗口"荣誉称号,街道社区荣获18项市级以上荣誉。

**地址:石景山区五里坨车站路1号**
**电话:88904238**
**邮编:100042**

(何明慧)

**【陆军机关周边整治】** 4—6月,五里坨街道完成陆军领导机构门前石门路高井段的环境秩序整治。累计联合执法60次,投入执法人员800人次、安保执勤力量1350人次、车辆460台次;清退商户65家;拆除违建500平方米;建围墙600平方米、贴砖500平方米;改造排洪沟600平方米,修缮人行辅道500平方米,铺设入村道路3条。

(何明慧)

**【区人大代表选举】** 8—11月,五里坨街道完成区第十六届人民代表大会五里坨分会的代表选举工作。五里坨分会划分6个选区,设30个选民登记站,参加选举的社会单位18个、社区13个。应登记选民17690人,实际登记选民17610人,登记率99.54%。选举日参加投票的选民17473人,投票率为99.2%。富大鹏、刘亚泉、宋平等13人当选为区第十六届人大代表。

(何明慧)

**【区党代表选举】** 11月16日,五里坨街道召开党员代表大会,以直接差额选举方式选出马海英、方庆祥、刘小红、刘华明、杨旭震、佟建国、宋鹏、姜兴国、晋秋红、高维华等10人为街道党工委出席区第十二次党代会代表。其中,各级党员领导干部代表7名,占代表总数的70%;基层一线代表3名,占代表总数的30%;50岁以下代表7名,占代表总数70%;妇女代表4名,占代表总数40%,无少数民族代表。

(何明慧)

**【治乱疏解完成91.2%】** 五里坨街道全年完成31个低端产业聚集人群大院的验收工作,占台账总量的91.2%。腾退土地面积228791.59平方米,拆除建筑面积95772.01平方米,疏解人口3704人。

(何明慧)

**【防治大气污染】** 年内,五里坨街道为应对持续重污染天气,共开展联合执法11次,出动检查执法人员300余人,查扣小煤炉57个,烧烤炉3个,运输车3辆;15家违规餐馆进行停业整顿,整改3家燃煤锅炉。

(何明慧)

9月13日,五里坨民俗文化节　　(五里坨街道供稿)

**【打造便民工程】** 五里坨街道全年共实施社区活动室及场地改造、安装便民设施、修缮道路等便民工程23项,投入资金702万元。

(何明慧)

**【民生家园建设】** 年内,五里坨街道利用1000万元民生家园建设资金,完成五里坨京门新线南侧边角地环境整治及景观提升、双泉寺村山区道路修整、图书文化活动站夜景亮化、五里坨街道司法所节能改造等6项工程,解决一系列影响群众生活的房前屋后问题。开通石门路五里坨至陈家沟村、双泉寺村和潭峪村的免费便民班车,切实解决山区202户560名居民的出行问题。完成煤改电476户。

(何明慧)

**【社会保障服务】** 年内,五里坨街道引进春晖颐养老院(五里坨街道养老照料中心)、隆恩颐晖养老驿站两家养老机构。发放高龄老年人津贴、医疗补助及慰问金7万元,办理老年优待证、优待卡、养老助残卡3217张。全面落实105户198人低保待遇,发放救助金232万余元。超额完成年度就业指标任务。

(何明慧)

**【公共文化服务】** 年内，五里坨街道天翠阳光社区高端普惠文化宣教中心、西山机械厂社区文体活动中心投入使用。新建改建扩建社区文化活动室13个，面积均在200平方米以上。落实资金561万元配备室外健身器材22套，建设8处体育运动专用场地。新组建文艺团队6支，形成条块有序的群众文化工作组织网络。全年组织办文体活动20余场，科普类活动200余场。

（何明慧）

## 石景山区街道（社区）工委办事处负责人

八宝山街道

工委书记　崔恩平（10月免）

宁慧娟（女，10月任）

办事处主任　宁慧娟（女，10月免）

卢满钧（10月任）

鲁谷社区

工委书记　姚茂文（土家族）

行政事务管理中心主任　梁锁生

老山街道

工委书记　王永明

办事处主任　赵世英

古城街道

工委书记　齐　兵（4月免）

赵恩国（苗族，4月任）

办事处主任　赵恩国（苗族，6月免）

洪　炜（6月任）

八角街道

工委书记　李金克（10月免）

宋永红（女，10月任）

办事处主任　宋永红（女，10月免）

颛孙永麒（10月任）

苹果园街道

工委书记　吕秀艳（女）

办事处主任　杨举生

金顶街街道

工委书记　孙　钢（10月免）

佟纪光（10月任）

办事处主任　吕三伏

广宁街道

工委书记　胡冀民（4月免）

邵立文（4月任）

办事处主任　邵立文（4月免）

李宗荣（6月任）

五里坨街道

工委书记　方庆祥

办事处主任　佟建国

# 先　进

## 全国(含系统)先进集体及先进个人

### 全国工人先锋号
北京天山新材料技术有限公司生产车间硅胶班组

### 全国维护妇女儿童权益先进集体
北京市石景山区妇女联合会

### 国家地震安全示范社区
西山枫林第二社区

### 全国计划生育协会工作先进单位
石景山区八角街道办事处

### 第三十一届全国青少年科技创新大赛基层赛事优秀组织单位
北京市石景山区科学技术协会

### 全国"五好"县级工商联
石景山区工商联

### 全国维护妇女儿童权益先进集体
石景山区法院民一庭

### 2016年中国好人榜
9月份诚实守信好人 兰国栋

### 2016全国"最美家庭"
唐志洁

### 第十届全国五好文明家庭
任全来　牛淑珍

### 全国检察机关"两学一做"新媒百优称号
王春风

### 明天小小科学家
陈敬梓

### 第三十一届全国青少年科技创新大赛少年儿童科学幻想绘画三等奖
韩依莼　何英东

### 九三学社优秀组工干部
赵百旺

## 北京(含系统)先进集体及先进个人

### 北京市工人先锋号
北京银建汽车修理有限公司机修车间

### 五四红旗团委
古城街道团工委

### 五四红旗团支部
体育局团支部

### 首都"最美家庭"
李维克　徐　强　冯炳熙　黄宝利　刁吉海　白云鹏
王建华　杨来顺　姚桂红　唐志洁　林　良　董汉明

### 首都劳动奖章
席佳宁　首都医科大学附属北京康复医院(北京工人疗养院)院长
赵　星(女)　石景山区小飞象训练发展中心理事长
诺　敏(女)　石景山区八角社区卫生服务中心站长
余　尘　北京市合达律师事务所律师
张吉荣(女)石景山医院工会主席

### 北京市"三八"红旗奖章
赵　瑜

### "北京榜样"
2016年北京榜样8月人物榜、2016年北京榜样提名奖:兰国栋

2016年北京榜样8月第一周周榜样:王　浩

### 北京市优秀党务工作者
柴亚洲

### 优秀共青团干部
杨仕杰

### 北京市优秀共青团员
曹　杰

### 北京市青年岗位能手
赵　磊　赵广静

### 2015－2016年度"首都精神文明建设奖"
兰国栋　雷雨晨　路　昊　刘　彪　王　莹　刘金萍

# 统计资料

表 16

## 地区生产总值

单位:万元

| 项　　目 | 2016 年 | 2015 年 | 增长%（不变价） |
|---|---|---|---|
| 地区生产总值 | 4656290 | 4301579 | 7.1 |
| 按产业分: | | | |
| 第一产业 | | | |
| 第二产业 | 1442332 | 1419222 | 4.0 |
| 第三产业 | 3213958 | 2882357 | 8.6 |
| 按行业分: | | | |
| 农、林、牧、渔业 | | | |
| 工业 | 782737 | 809541 | -0.1 |
| 建筑业 | 661607 | 612059 | 9.4 |
| 批发和零售业 | 223376 | 225960 | 0.8 |
| 交通运输、仓储和邮政业 | 72124 | 68067 | 4.8 |
| 住宿和餐饮业 | 66234 | 63792 | 1.1 |
| 信息传输、软件和信息技术服务业 | 815144 | 720786 | 10.3 |
| 金融业 | 382402 | 329307 | 16.8 |
| 房地产业 | 306748 | 248878 | 12.3 |
| 租赁与商务服务业 | 192636 | 181702 | 3.7 |
| 科学研究和技术服务业 | 305481 | 253251 | 16.4 |
| 水利、环境和公共设施管理业 | 37201 | 34630 | 4.1 |
| 居民服务、修理和其他服务业 | 75091 | 68082 | 7.6 |
| 教育 | 276114 | 250520 | 6.6 |
| 卫生和社会工作 | 151696 | 142789 | 3.4 |
| 文化、体育和娱乐业 | 153638 | 143644 | 4.3 |
| 公共管理、社会保障和社会组织 | 154061 | 148571 | 0.6 |

数据来源:北京市统计局反馈。

注:2016 年地区生产总值为初步核算数。

## 财政收入与支出

表 17　　　　　　　　　　　　　　　　　　　　　　　　　　单位:万元

| 项　　目 | 金额 | 项　　目 | 金额 |
|---|---|---|---|
| 一、财政收入总计 | 750751 | 二、财政支出总计 | 1278746 |
| 公共财政预算收入合计 | 520719 | 公共财政预算支出合计 | 979702 |
| (一)区县固定税收小计 | 55011 | 一般公共服务支出 | 77738 |
| 房产税 | 29067 | 外交支出 | |
| 车船税 | 11570 | 国防支出 | 783 |
| 印花税 | 14197 | 公共安全支出 | 64989 |
| 资源税 | 8 | 教育支出 | 166035 |
| 耕地占用税 | 169 | # 教育费附加支出 | 43399 |
| (二)共享税收小计 | 433439 | 科学技术支出 | 16721 |
| 增值税 | 146818 | 文化体育与传媒支出 | 27747 |
| 营业税 | 105373 | 社会保障和就业支出 | 169214 |
| 城镇土地使用税 | 3611 | 医疗卫生与计划生育支出 | 50254 |
| 土地增值税 | 29873 | 节能环保支出 | 39497 |
| 教育费附加收入 | 12366 | # 排污费支出 | 149 |
| 城市维护建设税(85%) | 49248 | 城乡社区支出 | 241902 |
| 企业所得税 | 86150 | 农林水支出 | 49539 |
| 企业所得税退税 | | # 水资源费支出 | 689 |
| (三)分级收入小计 | 32269 | 交通运输支出 | |
| 国有资本经营收入 | | 资源勘探信息等支出 | 39586 |
| 国有资源(资产)有偿使用收入 | 11879 | 商业服务业等支出 | 2207 |
| 其他收入 | 120 | 金融支出 | 19847 |
| 罚没收入 | 1220 | 援助其他地区支出 | |
| 行政性事业性收费 | 2406 | 国土海洋气象等支出 | 2086 |
| 排污费收入 | 809 | 住房保障支出 | 4817 |
| 水资源费收入 | 7 | 粮油物资储备支出 | 1307 |
| 公路运输管理费收入 | | 债务付息支出 | |
| 残疾人就业保障金收入 | 15549 | 其他支出 | 5433 |
| 森林植被恢复费 | 1 | | |
| 政府住房基金收入 | 278 | | |
| 政府性基金预算收入合计 | 229462 | 政府性基金预算支出合计 | 298582 |
| 国有土地使用权出让收入 | 228746 | 教育 | |
| 残疾人就业保障金收入 | | 文化体育与传媒 | |
| 其他政府性基金收入 | | 资源勘探信息等支出 | 771 |
| 新型墙体材料专项基金收入 | 668 | 城乡社区支出 | 290150 |
| 彩票发行机构和彩票销售机构的业务费用 | 48 | 其他支出 | 7661 |
| 国有资本经营预算收入合计 | 570 | 国有资本经营预算支出合计 | 462 |
| 债务收入合计 | | 债务还本支出合计 | |

资料来源:石景山区财政局。

## 银行存贷款情况

表 18　　　　　　　　　　　　　　　　　　　　　　　　　　单位:亿元

| 项　　目 | 2016 年 | 2015 年 | 增长速度(%) |
|---|---|---|---|
| 期末银行存款余额 | 1698.5 | 1501.9 | 13.1 |
| 单位存款 | 853.1 | 717.6 | 18.9 |
| 个人存款 | 744.7 | 695.6 | 7.1 |
| # 储蓄存款 | 647.4 | 634.7 | 2.0 |
| 其他存款 | 100.8 | 88.7 | 13.6 |
| 期末银行贷款余额 | 731.1 | 580.6 | 25.9 |
| # 境内短期贷款 | 183.3 | 130.1 | 40.9 |
| 境内中长期贷款 | 546.8 | 448.5 | 21.9 |

数据来源:北京市统计局反馈。

## 现金收支情况(年人均)

表 19

单位:元

| 项　　目 | 金　额 | 项　　目 | 金　额 |
|---|---|---|---|
| 可支配收入 | 60980 | (六)出租机械专利版权等资产的收入 | 0 |
| 一、工资性收入 | 35990 | (七)其他财产净收入 | (47) |
| (一)工资 | 31937 | (八)房屋虚拟租金 | 6193 |
| (二)其他工资性收入 | 3930 | 四、转移净收入 | 16648 |
| (三)从单位得到的实物收入和服务 | 123 | (一)转移性收入 | 21200 |
| 二、经营净收入 | 1113 | 1.养老金或离退休金 | 18447 |
| (一)第一产业经营净收入 | 0 | 2.社会救济和补助 | 19 |
| 1.农业 | 0 | 3.政策性生活补贴(只含生活补贴) | 1 |
| 2.林业 | 0 | 4.家庭外出从业人员寄回带回收入 | 0 |
| 3.牧业 | 0 | 5.赡养收入 | 283 |
| 4.渔业 | 0 | 6.其他经常转移收入 | 40 |
| (二)第二产业经营净收入 | 0 | 7.报销医疗费 | 2406 |
| (三)第三产业经营净收入 | 1113 | 8.从政府得到的实物产品和服务 | 4 |
| 三、财产净收入(成本法) | 7229 | 9.现金政策性惠农补贴 | 0 |
| 财产净收入(月租金法) | 11744 | (二)转移性支出 | 4552 |
| (一)利息净收入 | 222 | 1.个人所得税 | 1050 |
| (二)红利收入 | 224 | 2.个人缴纳的社会保障支出 | 3312 |
| (三)储蓄性保险净收益 | 0 | 3.外来从业人员寄给家人的支出 | 0 |
| (四)转让承包土地经营权租金净收入 | 0 | 4.赡养支出 | 101 |
| (五)出租房屋财产性收入 | 637 | 5.其他转移性支出 | 89 |

注:受取整影响,部分收入分项数据求和后可能与对应总项数据有所差异。

## 消费性支出(年人均)

表 20

单位:元

| 项　　目 | 金　额 | 项　　目 | 金　额 | 项　　目 | 金　额 |
|---|---|---|---|---|---|
| 生活消费支出 | 38547 | (二)烟酒 | 594 | (五)个人用品 | 503 |
| 一、食品烟酒 | 7946 | (三)饮料 | 339 | (六)家庭服务 | 128 |
| (一)食品 | 4852 | (四)饮食服务 | 2161 | 五、交通通信 | 5162 |
| 1. 谷物 | 508 | 二、衣着 | 2427 | (一)交通 | 3621 |
| 2. 薯类 | 68 | (一)衣类 | 1804 | (二)通信 | 1541 |
| 3. 豆类 | 68 | (二)鞋类 | 623 | 六、教育文化娱乐 | 4417 |
| 4. 食用油 | 202 | 三、居住 | 10129 | (一)教育 | 1763 |
| 5. 蔬菜和食用菌 | 644 | (一)租赁房房租 | 470 | (二)文化娱乐 | 2654 |
| 6. 肉类 | 931 | (二)住房维修及管理 | 922 | 七、医疗保健 | 4653 |
| 7. 禽类 | 161 | (三)水电燃料及其他 | 1248 | (一)医疗器具及药品 | 1221 |
| 8. 水产品 | 349 | (四)自有住房折算租金 | 7489 | (二)医疗服务 | 3432 |
| 9. 蛋类 | 136 | 四、生活用品及服务 | 2571 | 八、其他用品和服务 | 1242 |
| 10. 奶类 | 422 | (一)家具及室内装饰品 | 537 | (一)其他用品 | 621 |
| 11. 干鲜瓜果类 | 801 | (二)家用器具 | 723 | (二)其他服务 | 621 |
| 12. 糖果糕点类 | 318 | (三)家用纺织品 | 189 | | |
| 13. 其他食品 | 244 | (四)家庭日用杂品 | 491 | | |

注:受取整影响,部分消费分项数据求和后可能与对应总项数据有所差异。

## 固定资产投资完成情况(建设地)

表 21　　单位:万元、平方米

| 项　　目 | 计　划总投资 | 自项目开始至期末累计完成投资 | 本年完成投资 | #住宅 | 本年新增固定资产 | 房屋施工面积 | #住宅 | 本年房屋竣施工面积 | #住宅 |
|---|---|---|---|---|---|---|---|---|---|
| 合　　计 | 4874091 | 2999353 | 847627 | 0 | 336611 | 659609 | 0 | 7869 | 0 |
| 按隶属关系分 | | | | | | | | | |
| 中央 | 1014822 | 637305 | 119389 | 0 | 33204 | 250351 | 0 | 5830 | 0 |
| 市 | 2023574 | 1033741 | 318150 | 0 | 136214 | 93375 | 0 | 2039 | 0 |
| 区 | 1109832 | 711443 | 369085 | 0 | 130489 | 136683 | 0 | 0 | 0 |
| 其他 | 725863 | 616864 | 41003 | 0 | 36704 | 179200 | 0 | 0 | 0 |

注:统计口径为项目建设地。

统计范围:石景山行政区域内计划总投资或实际需要总投资 500 万元及以上的固定资产投资项目。

## 房地产开发建设生产情况

表 22

| 项　　目 | 完成投资额(万元) | #商品房及经济适用房 | #住宅 | 房屋建筑施工面积($m^2$) | #商品房及经济适用房 | #住宅 | 房屋建筑竣工面积($m^2$) | #商品房及经济适用房 | #住宅 |
|---|---|---|---|---|---|---|---|---|---|
| 合　计 | 1408243 | 437745 | 540886 | 3534517 | 3534517 | 1139353 | 1087079 | 1087079 | 204311 |
| 按隶属关系分 | | | | | | | | | |
| 中央 | 3170 | 2552 | 0 | 122295 | 122295 | 0 | 122295 | 122295 | 0 |
| 市属 | 100732 | 22986 | 57947 | 468133 | 468133 | 283326 | 0 | 0 | 0 |
| 区属 | 158084 | 91073 | 17574 | 788323 | 788323 | 237438 | 368740 | 368740 | 0 |
| 其他 | 1146257 | 321134 | 465365 | 2155766 | 2155766 | 618589 | 596044 | 596044 | 204311 |

注:1."完成投资额"下的"商品房及经济适用房"是由"本年完成投资"减"其他费用"得到的。

2."房屋施工面积"下的"商品房及经济适用房"是由"房屋施工面积"减"非房地产开发项目的施工面积"得到的。

3."房屋竣工面积"下的"商品房及经济适用房"是由"房屋竣工面积"减"非房地产开发项目的竣工面积"得到的。

4.2012 年起将"市属"和"区属"以外的房地产开发企业归入为"其他"。

统计范围:全部房地产开发经营法人单位。

## 户籍人口数

表 23　　单位:人

| 地　　区 | 2016 年 | 男 | 女 | 2015 年 |
|---|---|---|---|---|
| 合　计 | 386909 | 198676 | 188233 | 382543 |
| 八宝山街道 | 34034 | 17788 | 16246 | 32708 |
| 老山街道 | 28152 | 14640 | 13512 | 28415 |
| 八角街道 | 74783 | 38326 | 36457 | 74121 |
| 古城街道 | 45725 | 23902 | 21823 | 44644 |
| 苹果园街道 | 61152 | 30517 | 30635 | 60648 |
| 金顶街街道 | 57476 | 29734 | 27742 | 56873 |
| 广宁街道 | 11885 | 6009 | 5876 | 11999 |
| 五里坨街道 | 22486 | 11145 | 11341 | 22149 |
| 鲁谷社区 | 43563 | 22057 | 21506 | 42688 |
| 迁安矿区 | 7653 | 4558 | 3095 | 8298 |

数据来源:北京市公安局石景山分局。

## 人口出生与自然增长情况

表 24

| 地　　区 | 出生人数(人) | 死亡人数(人) | 出生率(‰) | 死亡率(‰) | 自然增长率(‰) |
|---|---|---|---|---|---|
| 合　　计 | 3465 | 1795 | 9.01 | 4.67 | 4.34 |
| 八宝山街道 | 451 | 122 | 13.51 | 3.66 | 9.85 |
| 老山街道 | 177 | 134 | 6.26 | 4.74 | 1.52 |
| 八角街道 | 536 | 316 | 7.2 | 4.24 | 2.96 |
| 古城街道 | 410 | 245 | 9.07 | 5.42 | 3.65 |
| 苹果园街道 | 605 | 319 | 9.93 | 5.24 | 4.69 |
| 金顶街街道 | 580 | 270 | 10.14 | 4.72 | 5.42 |
| 广宁街道 | 87 | 41 | 7.29 | 3.43 | 3.86 |
| 五里坨街道 | 182 | 101 | 8.16 | 4.53 | 3.63 |
| 鲁谷社区 | 419 | 200 | 9.72 | 4.64 | 5.08 |
| 迁安矿区 | 18 | 47 | 2.26 | 5.89 | -3.63 |

数据来源：石景山区卫生和计划生育委员会。

说明：死亡人数来源石景山公安分局

## 石景山区主要经济指标完成情况(2011—2016年)

表 25

| 指　标　名　称 | 计量单位 | 2011年 | 2012年 | 2013年 | 2014年 | 2015年 | 2016年 |
|---|---|---|---|---|---|---|---|
| 一、地区生产总值 | | | | | | | |
| 地区生产总值 | 亿元 | 320.7 | 338.2 | 373.8 | 400.9 | 430.2 | 465.6 |
| 第二产业 | 亿元 | 121.8 | 127.8 | 133.5 | 136.1 | 141.9 | 144.2 |
| 第三产业 | 亿元 | 198.8 | 210.4 | 240.2 | 264.8 | 288.2 | 321.4 |
| 第三产业增加值占地区生产总值 | % | 62.0 | 62.2 | 64.3 | 66.1 | 67.0 | 69.0 |
| 二、土地与人口 | | | | | | | |
| 土地面积 | 平方公里 | 84.38 | 84.38 | 84.38 | 85.74 | 85.74 | 85.74 |
| 常住人口 | 万人 | 63.4 | 63.9 | 64.4 | 65.0 | 65.2 | 63.4 |
| 户籍人口 | 万人 | 36.6 | 37.1 | 37.6 | 38.0 | 38.3 | 38.7 |
| 人口密度(常住人口/土地面积) | 人/平方公里 | 7514 | 7573 | 7632 | 7581 | 7604 | 7394 |
| 三、全社会固定资产投资 | | | | | | | |
| 全社会固定资产投资完成额 | 亿元 | 130.9 | 144.8 | 162.9 | 184.1 | 201.3 | 225.6 |
| #房地产开发投资 | 亿元 | 78.2 | 74.8 | 82.6 | 113.9 | 126.7 | 140.8 |
| 房屋建筑施工面积 | 万平方米 | 447.4 | 365.0 | 285.1 | 351.5 | 303.0 | 353.5 |
| 房屋建筑竣工面积 | 万平方米 | 54.2 | 80.8 | 98.1 | 70.8 | 27.5 | 108.7 |
| #住宅面积 | 万平方米 | 15.9 | 32.3 | 62.4 | 54.8 | 10.8 | 20.4 |
| 四、社会消费品零售总额 | | | | | | | |
| 社会消费品零售总额 | 亿元 | 168.9 | 192.3 | 215.8 | 241.9 | 266.0 | 287.4 |
| 批发业 | 亿元 | 5.6 | 6.2 | 17.9 | 17.0 | | |
| 零售业 | 亿元 | 188.5 | 213.2 | 233.9 | 256.4 | | |
| 住宿业 | 亿元 | 4.1 | 4.3 | 1.8 | 1.2 | | |
| 餐饮业 | 亿元 | 17.6 | 18.2 | 12.4 | 12.7 | | |
| 五、财政 | | | | | | | |
| 财政收入总计 | 亿元 | 23.0 | 25.9 | 67.5 | 135.4 | 82.6 | 75.1 |
| 财政支出总计 | 亿元 | 57.4 | 57.5 | 101.9 | 169.7 | 133.5 | 127.9 |

续表

| 指　标　名　称 | 计量单位 | 2011年 | 2012年 | 2013年 | 2014年 | 2015年 | 2016年 |
|---|---|---|---|---|---|---|---|
| 六、劳动工资 | | | | | | | |
| 城镇单位从业人员人数 | 人 | 184998 | 188964 | 200963 | 200521 | 198350 | 196270 |
| 城镇单位在岗职工平均工资 | 元 | 64649 | 70920 | 80813 | 91189 | 99121 | 110490 |
| 七、文化、卫生、体育 | | | | | | | |
| 图书馆藏书 | 万册 | 79.7 | 101.8 | 103.6 | 101.0 | 74.9 | 79.6 |
| 文物保护单位 | 个 | 33 | 33 | 33 | 33 | 40 | 36 |
| 卫生技术人员 | 人 | 6544 | 6825 | 7649 | 7927 | 8316 | 8845 |
| 医疗病床 | 张 | 3975 | 4127 | 4628 | 4634 | 4870 | 5183 |
| 每千常住人口拥有医生 | 人 | 3.9 | 4.1 | 4.5 | 4.5 | 4.6 | 5.3 |
| 每千常住人口拥有床位 | 张 | 6.3 | 6.5 | 7.2 | 7.1 | 7.5 | 8.2 |
| 中小学在校学生 | 人 | 35434 | 36072 | 38120 | 38194 | 36816 | 35455 |
| 八、居民生活 | | | | | | | |
| 居民人均可支配收入 | 元 | 31936 | 35420 | 38657 | 51971 | 56304 | 60980 |
| 居民人均消费支出 | 元 | 21343 | 20530 | 22411 | 33767 | 36789 | 38547 |

注:1.全社会固定资产投资按项目建设地统计。

2.2009—2012年社会消费品零售总额数据根据第三次全国经济普查进行了修订,2013年数据为第三次

# 附 录

## 中共北京市石景山区委主要文件目录

### 中共北京市石景山区委文件

京石发〔2016〕1号 中共北京市石景山区委印发《关于落实党风廉政建设主体责任的若干制度规定》的通知

京石发〔2016〕2号 中共北京市石景山区委印发《关于制定“十三五”时期石景山区国民经济和社会发展规划的建议》的通知

京石发〔2016〕3号 中共北京市石景山区委关于印发《牛青山同志在区委十一届十二次全体(扩大)会议上的工作报告》的通知

京石发〔2016〕4号 中共北京市石景山区委关于认真学习习近平总书记在中央政治局“三严三实”专题民主生活会上的讲话的通知

京石发〔2016〕5号 中共北京市石景山区委转发《中共北京市委组织部关于深刻汲取吕锡文严重违纪涉嫌犯罪教训认真开好组织系统专题组织生活会的通知》的通知

京石发〔2016〕6号 中共北京市石景山区委关于进一步加强政协协商民主建设的实施意见

京石发〔2016〕7号 中共北京市石景山区委转发区纪委《关于对区属单位党政“一把手”党风廉政建设情况加强监督的暂行办法》的通知

京石发〔2016〕8号 中共北京市石景山区委北京市石景山区人民政府关于印发《石景山区共建“全国文明城区”工作方案(2015—2017)》的通知

京石发〔2016〕9号 中共北京市石景山区委北京市石景山区人民政府关于深化石景山区社会治理体制改革的实施意见

京石发〔2016〕10号 中共北京市石景山区委印发《关于在全区党员中开展“学党章党规、学系列讲话,做合格党员”学习教育的实施方案》的通知

京石发〔2016〕11号 中共北京市石景山区委北京市石景山区人民政府关于印发《财政性资金建设工程及政府购买服务廉洁自律相关规定(暂行)》的通知

京石发〔2016〕12号 中共北京市石景山区委关于开展换届纪律专项巡察工作的通知

京石发〔2016〕13号 中共北京市石景山区委北京市石景山区人民政府关于印发《石景山区居家养老服务体制改革的实施意见》的通知

京石发〔2016〕14号 中共北京市石景山区委北京市石景山区人民政府中国人民解放军中部战区政治工作部中国人民解放军陆军政治工作部中国人民解放军北京军区善后办政治工作组关于推进军民深度融合发展的实施意见

京石发〔2016〕15号 中共北京市石景山区委关于印发《石景山区落实党风廉政建设主体责任全程记实制度(试行)》的通知

京石发〔2016〕16号 中共北京市石景山区委北京市石景山区人民政府转发《区委宣传部区司法局关于在全区开展法治宣传教育的第七个五年规划(2016—2020年)》的通知

京石发〔2016〕17号 中共北京市石景山区委转发《中共石景山区人大常委会党组关于做好区人民代表大会换届选举工作的意见》的通知

京石发〔2016〕18号 中共北京市石景山区委关于中国共产党北京市石景山区第十二次代表大会代表选举工作的通知

京石发〔2016〕19号 中共北京市石景山区委印发《关于加强石景山区纪委派驻机构建设的实施意见》的通知

京石发〔2016〕20号 中共北京市石景山区委关于加强实践锻炼促进年轻干部成长成才的

意见

京石发〔2016〕21号　中共北京市石景山区委关于印发《石景山区学习宣传党的十八届六中全会精神的工作方案》的通知

京石发〔2016〕22号　中共北京市石景山区委关于印发《牛青山同志在中共北京市石景山区第十二次代表大会上的报告》的通知

京石发〔2016〕23号　中共北京市石景山区委北京市石景山区人民政府关于进一步加强反恐怖工作的实施意见

## 中共北京市石景山区委办公室文件

京石办发〔2016〕1号　中共北京市石景山区委办公室北京市石景山区人民政府办公室关于转发《石景山区2016年双拥工作要点》的通知

京石办发〔2016〕2号　中共北京市石景山区委办公室关于印发《区委常委会2016年议题计划》的通知

京石办发〔2016〕3号　中共北京市石景山区委办公室北京市石景山区人民政府办公室关于转发《石景山区2016年调研工作要点》和《石景山区2016年重点调研课题计划》的通知

京石办发〔2016〕4号　中共北京市石景山区委办公室北京市石景山区人民政府办公室印发《关于进一步加强基层公共文化建设的意见》的通知

京石办发〔2016〕5号　中共北京市石景山区委办公室北京市石景山区人民政府办公室关于印发《北京市石景山区党政机关公务用车执行集中统一管理实施方案》和《北京市石景山区党政机关保留公务用车使用管理暂行办法》的通知

京石办发〔2016〕6号　中共北京市石景山区委办公室关于印发《石景山区2016年全面深化改革工作要点》的通知

京石办发〔2016〕7号　中共北京市石景山区委办公室关于印发《区委2016年主要工作任务分解》的通知

京石办发〔2016〕8号　中共北京市石景山区委办公室关于转发《中共石景山区委党的建设工作领导小组2016年工作要点》的通知

京石办发〔2016〕9号　中共北京市石景山区委办公室关于印发《石景山区委常委班子"三严三实"专题教育整改方案》的通知

京石办发〔2016〕10号　中共北京市石景山区委办公室北京市石景山区人民政府办公室关于印发《"八个高端体系"建设2016年度深入推进重点任务》的通知

京石办发〔2016〕11号　中共北京市石景山区委办公室北京市石景山区人民政府办公室关于印发《北京市石景山区2013—2017年清洁空气行动计划重点任务分解2016年工作措施》的通知

京石办发〔2016〕12号　中共北京市石景山区委办公室北京市石景山区人民政府办公室印发《石景山区关于深化街道、社区管理体制改革的工作方案》的通知

京石办发〔2016〕13号　中共北京市石景山区委办公室关于印发《石景山区党委(党组)意识形态工作责任制实施细则》的通知

京石办发〔2016〕14号　中共北京市石景山区委办公室关于转发区委组织部《石景山区纪念中国共产党成立95周年工作方案》的通知

京石办发〔2016〕15号　中共北京市石景山区委办公室转发区纪委区委组织部区委宣传部关于《石景山区第二十五届党风廉政建设宣传教育月活动计划》的通知

京石办发〔2016〕16号　中共北京市石景山区委办公室北京市石景山区人民政府办公室关于成立石景山区推进京津冀协同发展领导小组的通知

京石办发〔2016〕17号　中共北京市石景山区委办公室关于组织全区党员干部参观石景山区反腐倡廉警示教育基地的通知

京石办发〔2016〕18号　中共北京市石景山区委办公室北京市石景山区人民政府办公室关于印发《石景山区开展城乡结合部重点地区公共安全隐患问题综合整治工作方案》的通知

京石办发〔2016〕19号　中共北京市石景山区委办公室北京市石景山区人民政府办公室关于印发《石景山区创建全国双拥模范城"八连冠"四年规划(2016年—2019年)》的通知

京石办发〔2016〕20号　中共北京市石景山区委办公室北京市石景山区人民政府办公室关于转发《石景山区军人抚恤优待实施细则》《石景山区关于加强"一老一小"烈属优抚工作的意见(暂行)》《驻石景山区部队现役军人子女协调入学管理办法》《石景山区从优安置军队

| | |
|---|---|
| | 转业干部实施细则(试行)》《石景山区军人随军家属就业安置暂行办法》的通知 |
| 京石办发〔2016〕21 号 | 中共北京市石景山区委办公室北京市石景山区人民政府办公室转发《关于 2016 年“八一”期间开展双拥月活动的通知》的通知 |
| 京石办发〔2016〕22 号 | 中共北京市石景山区委办公室北京市石景山区人民政府办公室印发《关于加强石景山区立体化社会治安防控体系建设的实施意见》的通知 |
| 京石办发〔2016〕23 号 | 中共北京市石景山区委办公室北京市石景山区人民政府办公室关于印发《石景山区贯彻落实〈领导干部干预司法活动、插手具体案件处理的记录、通报和责任追究规定〉的实施细则》的通知 |
| 京石办发〔2016〕24 号 | 中共北京市石景山区委办公室关于印发《北京市石景山区学习贯彻〈中国共产党问责条例〉工作方案》的通知 |
| 京石办发〔2016〕25 号 | 中共北京市石景山区委办公室北京市石景山区人民政府办公室关于成立石景山区群体性事件应急指挥部的通知 |
| 京石办发〔2016〕26 号 | 中共北京市石景山区委办公室北京市石景山区人民政府办公室关于印发《中共北京市石景山区委北京市石景山区人民政府职能部门环境保护工作职责分工(试行)》的通知 |
| 京石办发〔2016〕27 号 | 中共北京市石景山区委办公室北京市石景山区人民政府办公室关于印发《石景山区关于全面推进政务公开工作的实施意见》的通知 |
| 京石办发〔2016〕28 号 | 中共北京市石景山区委办公室北京市石景山区人民政府办公室印发《关于进一步开展社区减负工作的实施方案(试行)》的通知 |
| 京石办发〔2016〕29 号 | 中共北京市石景山区委办公室北京市石景山区人民政府办公室关于印发《石景山区社区协商工作实施办法(试行)》的通知 |
| 京石办发〔2016〕30 号 | 中共北京市石景山区委办公室关于十二届区委常委分工的通知 |
| 京石办字〔2016〕1 号 | 中共北京市石景山区委办公室关于刘鸿运同志任职的通知 |
| 京石办字〔2016〕2 号 | 中共北京市石景山区委办公室关于王时亿同志任职的通知 |
| 京石办字〔2016〕3 号 | 中共北京市石景山区委办公室关于赵枫等同志任职的通知 |

## 北京市石景山区人民政府主要文件目录

### 北京石景山区人民政府文件

| | |
|---|---|
| 石政发〔2016〕1 号 | 关于印发二〇一六年折子工程的通知 |
| 石政发〔2016〕2 号 | 关于印发《关于进一步完善本区临时救助制度》的通知 |
| 石政发〔2016〕3 号 | 关于开展第三次全国农业普查工作的通知 |
| 石政发〔2016〕4 号 | 关于禁止违法露天餐饮经营活动的通告 |
| 石政发〔2016〕5 号 | 关于加快推进北辛安棚户区改造工作的通知 |
| 石政发〔2016〕6 号 | 关于公布北京市石景山区第七批文物保护单位的通知 |
| 石政发〔2016〕7 号 | 关于印发《石景山区非物质文化遗产保护传承专项资金管理暂行办法》的通知 |
| 石政发〔2016〕8 号 | 关于印发《2016 年非本市户籍适龄儿童少年在石景山区接受义务教育证明证件材料审核标准》的通知 |
| 石政发〔2016〕9 号 | 关于取消和调整一批行政审批事项的通知 |
| 石政发〔2016〕10 号 | 关于建立区政府部门权力清单责任清单制度的通知 |
| 石政发〔2016〕11 号 | 关于做好石景山路 18 号院资产调拨及不动产登记工作的通知 |
| 石政发〔2016〕12 号 | 北京市石景山区人民政府关于落实粮食安全区长责任制的实施意见 |
| 石政发〔2016〕14 号 | 关于印发《石景山区机关事业单位工作人员养老保险制度改革实施方案》的通知 |
| 石政发〔2016〕15 号 | 关于印发《北京市石景山区人民政府行政规范性文件管理规定》的通知 |
| 石政发〔2016〕16 号 | 关于印发《北京市石景山区“互联网+”三年行动计划(2016—2018 年)》的通知 |
| 石政发〔2016〕17 号 | 关于 2016 年征兵工作的通知 |
| 石政发〔2016〕18 号 | 关于加快推进残疾人小康进程的实施意见 |
| 石政发〔2016〕19 号 | 关于表彰二〇一六年教育先进单位和优秀教育工作者的决定 |
| 石政发〔2016〕20 号 | 关于 2015 年度石景山区科学技术奖评审结果的通知 |

石政发〔2016〕21号　关于印发《石景山区企业信用档案库建设管理办法(试行)》的通知

石政发〔2016〕22号　北京市石景山区人民政府关于北辛安棚户区改造A、B区国有土地上非住宅房屋征收决定

石政发〔2016〕23号　印发《关于进一步完善石景山区城乡义务教育经费保障机制实施方案》的通知

石政发〔2016〕24号　关于印发《石景山区空气重污染应急预案(2016年修订)》的通知

石政发〔2016〕25号　关于印发《石景山区全民健身实施计划(2016—2020年)》的通知

石政发〔2016〕26号　关于印发区领导工作分工的通知

## 北京市石景山区人民政府办公室文件

石政办发〔2016〕2号　关于印发《石景山区环境保护网格化管理实施方案(试行)》的通知

石政办发〔2016〕4号　关于转发《关于加快石景山区人民防空改革发展的实施方案》的通知

石政办发〔2016〕5号　关于印发《石景山区推进安全生产隐患排查治理体系建设的意见》的通知

石政办发〔2016〕6号　关于吕岩同志免职的通知

石政办发〔2016〕7号　关于樊文斌同志免职的通知

石政办发〔2016〕8号　关于印发《2016年区政府常务会议和区长办公会议议题计划》的通知

石政办发〔2016〕9号　关于印发2016年全面禁止违法露天餐饮经营工作实施方案的通知

石政办发〔2016〕10号　关于印发《石景山区推广随机抽查规范事中事后监管工作实施方案》的通知

石政办发〔2016〕11号　关于印发《石景山区创建首都公共文化服务示范区工作方案》的通知

石政办发〔2016〕12号　关于印发《2016年石景山区人口调控工作方案》的通知

石政办发〔2016〕13号　关于转发区民政局《关于在全区开展“春风送暖”社会捐助活动的通知》的通知

石政办发〔2016〕14号　关于印发《石景山区无照无证餐饮单位监管和综合整治工作方案》的通知

石政办发〔2016〕15号　印发关于落实消费环节赔偿先付制度强化经营者首问责任进一步优化石景山区市场消费环境的意见的通知

石政办发〔2016〕16号　关于转发《石景山区档案局关于加强高端绿色发展记录工作的意见》的通知

石政办发〔2016〕17号　关于印发《石景山区水污染防治工作实施方案》的通知

石政办发〔2016〕18号　关于印发《石景山区雨水、污水、再生水专项规划(2014年—2020年)》的通知

石政办发〔2016〕19号　关于印发《石景山区加快污水处理和再生水利用设施建设三年行动方案》的通知

石政办发〔2016〕20号　关于印发《关于推广随机抽查规范事中事后监管工作的通知》的通知

石政办发〔2016〕21号　关于印发《2016年石景山区缓解交通拥堵工作方案》的通知

石政办发〔2016〕22号　关于印发《“十三五”时期石景山区国民经济和社会发展规划纲要主要目标与任务分工方案》的通知

石政办发〔2016〕23号　关于印发《石景山区加快推动生活方式绿色化实施方案》的通知

石政办发〔2016〕24号　关于印发《石景山区对外协议管理工作暂行办法》的通知

石政办发〔2016〕25号　关于印发《石景山区无煤区建设实施方案》的通知

石政办发〔2016〕26号　关于印发《北京市石景山区食品药品安全三年行动计划》的通知

石政办发〔2016〕27号　关于印发《石景山区提升生活性服务业品质实施方案》的通知

石政办发〔2016〕28号　关于印发《加快石景山区蔬菜零售网络建设工作方案(2016年—2018年)》的通知

石政办发〔2016〕29号　关于印发《石景山区商品交易市场调整疏解工作实施方案》的通知

石政办发〔2016〕30号　关于印发《石景山区贯彻质量发展纲要实施意见2016年行动计划》的通知

石政办发〔2016〕31号　关于加强石景山区旅游市场综合监管的通知

石政办发〔2016〕32号　关于印发《北京市石景山区集中开展清理整治违法违规排污及生产经营行为工作方案》的通知

石政办发〔2016〕33号　关于印发落实推进《北京市服务业扩大开放综合试点实施方案》三年行动计划(2015—2018年)的通知

石政办发〔2016〕34号　关于调整石景山区老旧小区综合整治工作指挥部办公室人员及职责分工的通知

石政办发〔2016〕35号　关于印发石景山区贯彻落实《京津冀大气污染防治强化措施(2016—2017年)》实施方案

石政办发〔2016〕36号　关于印发《北京市石景山区简化优化公共服务流程方便基层群众办事创业工作方案》的通知

石政办发〔2016〕37号 关于印发《2016年石景山区食品药品安全重点工作安排》的通知

石政办发〔2016〕38号 关于印发《石景山区"十三五"时期高新技术产业发展规划》等12项重点专项规划的通知

石政办发〔2016〕39号 关于印发《石景山区深化医药卫生体制改革2016年重点工作安排》的通知

石政办发〔2016〕40号 关于转发《关于贯彻落实北京市人民政府办公厅〈关于进一步加强本市基层流管站和流管员队伍规范化建设的工作意见〉的实施方案》的通知

石政办发〔2016〕41号 关于印发《石景山区关于促进中关村石景山园高端产业集聚发展的办法》（试行）和《石景山区关于支持科技创新和科技成果转化应用的办法》（试行）的通知

石政办发〔2016〕42号 关于转发区教育督导室《石景山区进一步加强中小学校责任督学挂牌督导工作的实施意见》的通知

石政办发〔2016〕43号 关于设立石景山区人民政府教育督导委员会的通知

石政办发〔2016〕45号 关于印发《北京市石景山区轨道交通建设拆迁工作方案》的通知

石政办发〔2016〕46号 关于印发《关于进一步加强统计基层基础建设工作的意见》的通知

石政办发〔2016〕47号 关于印发《北京市石景山区整合建立统一的公共资源交易平台实施方案》的通知

石政办发〔2016〕48号 关于印发《北京市石景山区建筑垃圾综合整治工作方案》的通知

石政办发〔2016〕49号 关于印发《北京市石景山区土地管理和利用督察工作整改实施方案》的通知

石政办发〔2016〕50号 关于成立石景山区政府信息和政务公开领导小组的通知

石政办发〔2016〕51号 关于印发《石景山区"十三五"时期节水型社会建设规划》和《石景山区节水型区创建实施方案》的通知

石政办发〔2016〕52号 关于成立石景山区水污染综合治理领导小组的通知

石政办发〔2016〕53号 关于印发《石景山区实施河湖生态环境管理"河长制"工作方案》的通知

# 区域教育单位名录

## 石景山区幼儿园名录

| 机构名称 | 机构地址 | 办公电话 | 行政负责人 | 办学类型 |
|---|---|---|---|---|
| 北京市石景山区师范学校附属幼儿园 | 北京市石景山区永乐东小区甲42号 | 68652877 | 王　斌 | 幼儿园 |
| 北京市石景山区实验幼儿园 | 北京市石景山区八角北里小区 | 68843113 | 张艳君 | 幼儿园 |
| 北京市石景山区幼儿园 | 北京市石景山区古城南里17号 | 68874902 | 左丽君 | 幼儿园 |
| 北京市石景山区第二幼儿园 | 北京市石景山区八角南路甲6号院 | 68874643 | 张洪霞 | 幼儿园 |
| 北京市石景山区八角北路幼儿园 | 北京市石景山区八角北路甲18号 | 68876355 | 佟桂香 | 幼儿园 |
| 北京市石景山区八角幼儿园 | 北京市石景山区八角南路甲18号 | 68874744 | 许亚文 | 幼儿园 |
| 北京市石景山区第三幼儿园 | 北京市石景山区海特花园小区 | 88795939 | 鲁建平 | 幼儿园 |
| 北京市京源学校幼儿部 | 北京市石景山区京原路10号 | 68645864 | 王　珣 | 幼儿园 |
| 北京市京源学校幼儿部融景城分园 | 北京市石景山区景阳东街67号院4号楼 | 88700816 | 王　珣 | 幼儿园 |
| 北京师范大学石景山附属幼儿园 | 北京市石景山区杨庄北区 | 88953697 | 马炳霞 | 幼儿园 |
| 北京市石景山区北辛安小学附设幼儿班 | 北京市石景山区北辛安南岔13号 | 68872398 | 章　雯 | 附设幼儿班 |
| 北京市石景山区麻峪小学附设幼儿班 | 北京市石景山区麻峪南街51号 | 88991876 | 肖印军 | 附设幼儿班 |
| 北京军区机关幼儿园 | 北京市石景山区八大处甲1号 | 66399757 | 段春梅 | 幼儿园 |
| 北京军区联勤部机关幼儿园 | 北京市石景山区高井甲32号 | 66384436 | 王　青 | 幼儿园 |
| 中国科学院高能物理研究所幼儿园 | 北京市石景山区玉泉路19号乙 | 88235963 | 杨红宇 | 幼儿园 |
| 北京市石景山区向阳农工商公司幼儿园 | 北京市石景山区衙门口村向阳亨泰投资管理公司 | 68684485 | 牛彦玲 | 幼儿园 |
| 古城地区民族幼儿园 | 北京市石景山区古城西路 | 68872073 | 李玉伶 | 幼儿园 |

| 机构名称 | 机构地址 | 办公电话 | 行政负责人 | 办学类型 |
|---|---|---|---|---|
| 北京特钢燕鼎金地幼教中心 | 北京市石景山区八角北路特钢小区 | 68873920 | 高亚丽 | 幼儿园 |
| 首钢矿山街道居民管委会第二幼儿园 | 河北省迁安市杨店子镇滨河村 | 7713565 | 印涛 | 幼儿园 |
| 北京市石景山区洪恩国际幼儿园 | 北京市石景山区聚兴园小区 8 号楼 | 52630068 | 廖雪飞 | 幼儿园 |
| 北京市石景山区金鼎实验幼儿园 | 北京市石景山区金顶东街糕点八厂 16 号楼 | 88715022 | 孙　艳 | 幼儿园 |
| 北京市石景山区灵童潜能开发幼稚园 | 北京市石景山区玉泉路北临 1 号翠谷玉景苑 58974882 | 谢　承 | 幼儿园 | |
| 北京市石景山区希望之星幼儿园 | 北京市石景山区鲁谷南路吴庄重兴园小区 | 68654023 | 韩　露 | 幼儿园 |
| 北京市石景山区新世纪幼儿园 | 北京市石景山区八宝山街道六合园小区八号楼 | 68626456 | 惠　玲 | 幼儿园 |
| 北京市石景山区瑞吉欧双语艺术幼儿园 | 北京市石景山区八角南路 47 号 | 68822781 | 左海燕 | 幼儿园 |
| 北京市石景山区方舟双语艺术幼儿园 | 北京市石景山区西井路 19 号 | 88799708 | 王安荣 | 幼儿园 |
| 首钢幼儿保教中心大地老山西里幼儿园 | 北京市石景山区老山西里社区 | 88297108 | 李　荣 | 幼儿园 |
| 首钢幼儿保教中心大地老山东里幼儿园 | 北京市石景山区老山东里临甲 1 号 | 88973110 | 时进霞 | 幼儿园 |
| 首钢幼儿保教中心大地古城幼儿园 | 北京市石景山区古城小街 15 号 | 68872147 | 李学军 | 幼儿园 |
| 首钢幼儿保教中心大地八角幼儿园 | 北京市石景山区古城南路 10 号 | 68874088－805 | 王艳弟 | 幼儿园 |
| 首钢幼儿保教中心大地苹果园幼儿园 | 北京市石景山区苹果园大街 151 号 | 88742877 | 王　慧 | 幼儿园 |
| 首钢幼儿保教中心大地金苹果幼儿园 | 北京市石景山区苹果园街道七区 16 号 | 68815812 | 史玉玲 | 幼儿园 |
| 首钢幼儿保教中心大地金顶街幼儿园 | 北京市石景山区金顶街五区 | 88723422 | 齐　冰 | 幼儿园 |
| 首钢幼儿保教中心大地模式口幼儿园 | 北京市石景山区模式口南里小区 | 88755285 | 梁文娟 | 幼儿园 |
| 北京市石景山区首钢大地现代幼儿园 | 北京市石景山区黑石头现代生活小区 | 51725817 | 王明翠 | 幼儿园 |
| 北京市石景山区京西生态双语幼儿园 | 北京市石景山区隆恩寺红卫路 1 号 | 88907668 | 邢　丽 | 幼儿园 |
| 北京市石景山区家宝贝艺术幼儿园 | 北京市石景山区鲁谷路 74 号清大世纪大厦 | 68609673 | 杨　丽 | 幼儿园 |
| 北京石景山区蓝天领航幼儿园 | 北京市石景山区景阳东街 18 号 | 68603115 | 孙玉兰 | 幼儿园 |
| 北京市石景山区伊顿慧智双语幼儿园 | 北京市石景山区玉泉西里一区 14 号楼 | 68615800 | 郑　薇 | 幼儿园 |
| 北京市石景山区尚德幼儿园 | 北京市石景山区五里坨街道办事处周转房 | 68080006 | 孟玉莲 | 幼儿园 |
| 北京市石景山区三色幼儿园 | 北京市石景山区杨庄南区甲 5 号 | 88982799 | 徐　娜 | 幼儿园 |
| 北京市石景山区东方龙人幼儿园 | 北京市石景山区石景山路 2 号北京台湾街 12 号楼 12A－x | 88272788 | 梁　晶 | 幼儿园 |
| 北京市石景山区童年实验幼儿园 | 北京市石景山区古城南街路东 31 号－17 | 68825072 | 张言超 | 幼儿园 |
| 北京市石景山区新世界国际幼儿园 | 北京市石景山区石景山路 2 号 | 68663536 | 张晓轩 | 幼儿园 |
| 北京市石景山区可儿幼儿园 | 北京市石景山区鲁谷东街 20 号 | 68659763 | 王　昆 | 幼儿园 |
| 北京市石景山区新世界实验幼儿园 | 北京市石景山区广宁村新立街 151 号 | 88991225 | 左爱华 | 幼儿园 |
| 北京市石景山区爱贝儿幼儿园 | 北京市石景山区五里坨炮厂小区 | 51583197 | 许爱国 | 幼儿园 |
| 北京市石景山区二十一世纪实验幼儿园 | 北京市石景山区西黄新村西里雍景四季小区 | 88938546 | 张　曼 | 幼儿园 |
| 北京常春藤双语幼儿园 | 北京市石景山区老山东里甲 20 号 | 88972449 | 常淑贤 | 幼儿园 |
| 北京市石景山区海特实验幼儿园 | 北京市石景山区实兴大街 5 号 | 88792353 | 陈雪梅 | 幼儿园 |
| 北京市卡尔贝贝实验幼儿园 | 北京市石景山区五里坨西街 12 号院 C 区 | 56428277 | 张　帆 | 幼儿园 |

| 机构名称 | 机构地址 | 办公电话 | 行政负责人 | 办学类型 |
|---|---|---|---|---|
| 北京市石景山区世纪之星幼儿园 | 北京市石景山区双峪路 55 号 | 56189116 | 李贵智 | 幼儿园 |
| 北京市石景山区育才双语幼儿园 | 北京市石景山区古城北路 38 号 | 68863299 | 李贵智 | 幼儿园 |
| 北京市石景山区蓝天海跃双语幼儿园 | 北京市石景山区杨庄大街 56 号院 1 号楼 | 56150346 | 田依姣 | 幼儿园 |
| 北京市石景山区滨和爱迪幼儿园 | 北京市石景山区古城街道燕堤南路 55 号 | 58418591 | 蔡俊红 | 幼儿园 |
| 北京市石景山区幸福童年幼儿园 | 北京市石景山区衙门口南街捷龙耐火材料 | 68603828 | 张　艳 | 幼儿园 |
| 北京市石景山区金树叶双语艺术幼儿园 | 北京市石景山区西井路 17 号 2 号楼一层 | 88932285 | 高丽娟 | 幼儿园 |
| 北京市石景山区黄庄学校附设幼儿园 | 北京市石景山区黄庄村 43 号 | 88681619 | 陈恩显 | 附设幼儿班 |

## 石景山区小学名录

| 机构名称 | 机构地址 | 学校类型 | 办公电话 | 行政负责人 |
|---|---|---|---|---|
| 北京市石景山区向阳小学 | 北京市石景山区衙门口大横街 | 小学 | 68687838 | 马宝兰 |
| 北京市石景山区师范学校附属小学 | 北京市石景山区鲁谷路 66 号 | 小学 | 68653826 | 王瑞敏 |
| 北京市石景山区第二实验小学 | 北京市石景山区老山西街 21 号 | 小学 | 88970161 | 肖印军 |
| 北京市石景山区银河小学 | 北京市石景山区六合园甲 24 号 | 小学 | 68624930 | 杨丽红 |
| 北京市石景山区实验小学分校 | 北京市石景山区玉泉西路何家坟北 | 小学 | 88233583 | 王建华 |
| 北京市石景山区古城第二小学 | 北京市石景山区古城南路 | 小学 | 68872963 | 陈凤云 |
| 北京市石景山区古城第二小学分校 | 北京市石景山区古城南里 18 号 | 小学 | 88926911 | 王静艳 |
| 北京市石景山外语实验小学 | 北京市石景山区首钢黄南苑小区内 | 小学 | 88996420 | 刘世彬 |
| 北京市石景山区实验小学 | 北京市石景山区八角北里 39 号院 | 小学 | 68862278 | 叶　艳 |
| 北京市石景山区北辛安小学 | 北京市石景山区北辛安南岔 13 号 | 小学 | 68872398 | 张颖涛 |
| 北京市石景山区水泥厂小学 | 北京市石景山区京原路 68 号 | 小学 | 88958865 | 陈　军 |
| 北京市石景山区苹果园第二小学 | 北京市石景山区苹果园一区甲十号 | 小学 | 68872198 | 杜　杰 |
| 北京市石景山区西黄村小学 | 北京市石景山区八大处路 102 号 | 小学 | 88932653 | 张立田 |
| 北京大学附属小学石景山学校 | 北京市石景山区八大处路乙 2 号 | 小学 | 88963389 | 张志宏 |
| 北京市石景山区海特花园小学 | 北京市石景山区海特花园小学 | 小学 | 88798124 | 陈　娜 |
| 北京市石景山区先锋小学 | 北京市石景山区绍加坡先锋小学 | 小学 | 88714664 | 魏春英 |
| 北京市石景山区金顶街第二小学 | 北京市石景山区金顶北路 22 号院 | 小学 | 88717111 | 王京兰 |
| 北京市石景山区金顶街第四小学 | 北京市石景山区金顶北路 | 小学 | 88722510 | 蒋新华 |
| 北京市石景山区广宁村小学 | 北京市石景山区广宁村新立街 151 号 | 小学 | 88993222 | 段学敏 |
| 北京市石景山区麻峪小学 | 北京市石景山区麻峪南街甲 51 号 | 小学 | 88991876 | 邢东燕 |
| 北京市石景山区电厂路小学 | 北京市石景山区高井路 18 号 | 小学 | 88953963 | 薛　东 |
| 北京市石景山区红旗小学 | 北京市石景山区五里坨高井甲 32 号 | 小学 | 88902251 | 路彦芬 |
| 北京市石景山区炮厂小学 | 北京市石景山区 7312 工厂内 | 小学 | 88950092 | 朴红丽 |
| 北京市石景山外语实验小学分校 | 北京市石景山区香山南路 168 号 | 小学 | 88901160 | 张　岭 |
| 北京市石景山区五里坨小学 | 北京市石景山区五里坨车站路 7 号 | 小学 | 88904267 | 王迎梅 |
| 北京市石景山区爱乐实验小学 | 北京市石景山区鲁谷街道聚兴园居委会 | 小学 | 68656411 | 张竟芳 |
| 北京市石景山区京原小学 | 北京市石景山区鲁谷路 66 号 | 小学 | 68860464 | 白宏宽 |
| 北京市石景山区石景山小学 | 北京市石景山区模式口西里甲 32 号 | 小学 | 88992808 | 张颖涛 |
| 北方工业大学附属小学 | 北京市石景山区八角北路 52 号 | 小学 | 68838180 | 张美玲 |

| 机构名称 | 机构地址 | 学校类型 | 办公电话 | 行政负责人 |
|---|---|---|---|---|
| 北京市石景山区树仁小学 | 北京市石景山区衙门口东街西五环旧货市场北侧 | 小学 | 52633318 | 赵生杰 |
| 北京教育科学研究院附属石景山实验学校 | 北京市石景山区古城小街 18 号 | 一贯制学校小学部 | 68888118 | 何英茹 |
| 北京市蓝天第一学校 | 北京市石景山区苹果园三区 | 一贯制学校小学部 | 88742739 | 冯　岩 |
| 北京市京源学校莲石湖分校 | 北京市石景山区燕堤中街 26 号院 1 号及 16 号院 1 号 | 一贯制学校小学部 | 52866684 | 李秀玲 |
| 北京景山学校远洋分校 | 北京市石景山区鲁谷东街 22 号 | 一贯制学校小学部 | 88690802 | 徐秀[illegible] |
| 北京师范大学附属中学京西分校 | 北京市石景山区五里坨街道隆恩寺街秀府路 | 一贯制学校小学部 | 83193000 | 李　静 |
| 北京市京源学校 | 北京市石景山区京原路 10 号 | 一贯制学校小学部 | 68644122 | 白宏宽 |
| 首钢矿业公司职工子弟学校 | 河北省迁安市首钢滨河村 | 一贯制学校小学部 | 7710094 | 武书育 |
| 北京市石景山区黄庄学校 | 北京市石景山区黄庄村 43 号 | 一贯制学校小学部 | 88681619 | 周仲海 |
| 北京市石景山区华奥学校 | 北京市石景山区永乐东小区 | 一贯制学校小学部 | 68664165 | 王桂云 |
| 北京市石景山区台京学校 | 北京市石景山区衙门口村西南后街 | 一贯制学校小学部 | 68663821 | 刘运贵 |
| 北京市石景山区中杉学校 | 石景山区石门路 342 号 | 一贯制学校小学部 | 88173625 | 杜　峥 |

## 石景山区中学名录

| 机构名称 | 机构地址 | 学校类型 | 办公电话 | 行政负责人 |
|---|---|---|---|---|
| 北京市石景山区石景山中学 | 北京市石景山区模式口西里甲 31 号 | 初级中学 | 88293411 | 陈国秀 |
| 北京市石景山区实验中学分校 | 北京市石景山区老山西里甲 2 号 | 初级中学 | 68847301 | 吴朝晖 |
| 北京市第九中学分校 | 北京市石景山区金顶北路 8 号 | 初级中学 | 88751337 | 林乐光 |
| 北京市石景山区实验中学 | 北京市石景山区八角路 40 号 | 初级中学 | 68847301 | 吴朝晖 |
| 北方工业大学附属中学 | 北京市石景山区八角北路 53 号 | 初级中学 | 88926569 | 曾科建 |
| 北京市高井中学 | 北京市石景山区高井路 26 号 | 初级中学 | 88953819 | 刘福花 |
| 首都师范大学附属苹果园中学分校 | 北京市石景山区苹果园南路 25 号 | 初级中学 | 88794698 | 冯　岩 |
| 北京市同文中学 | 北京市石景山区永乐小区甲 8 号 | 初级中学 | 68653297 | 夏伟平 |
| 北京佳汇中学 | 北京市石景山区模式口南里 | 初级中学 | 88296005 | 麻宝山 |
| 北京教科院附属石景山实验学校 | 北京市石景山区古城东街 5 号 | 九年一贯制学校 | 68872083 | 何英茹 |
| 北京市蓝天第一学校 | 北京市石景山区苹果园三区 | 九年一贯制学校 | 88742739 | 牛淑英 |
| 北京市京源学校莲石湖分校 | 北京市石景山区燕堤中街 26 号 | 九年一贯制学校 |  | 白宏宽 |
| 北京市古城中学 | 北京市石景山区古城南路 6 号 | 完全中学 | 68871582 | 李先平 |
| 北京大学附属中学石景山学校 | 北京市石景山区八大处路 8 号 | 完全中学 | 88962352 | 崔　岩 |
| 首都师范大学附属苹果园中学 | 北京市石景山区苹果园南路 25 号 | 高级中学 | 88932576 | 冯　岩 |
| 北京市第九中学 | 北京市石景山区模式口大街 16 号 | 高级中学 | 88725236 | 林乐光 |
| 北京师范大学附属中学京西分校 | 北京市石景山区五里坨隆恩寺路 | 十二年一贯制学 | 83193000 | 李　敏 |
| 北京市京源学校 | 北京市石景山区京原路 10 号 | 十二年一贯制学 | 68645683 | 白宏宽 |
| 北京景山学校远洋分校 | 北京市石景山区鲁谷东街 22 号 | 十二年一贯制学 | 88690802 | 徐秀筠 |
| 首钢矿业公司职工子弟学校 | 河北省迁安市杨店子镇滨河村 | 十二年一贯制学 | 7710094 | 武书育 |
| 北京市石景山区中杉学校 | 北京市石景山区石门路 342 号 | 九年一贯制学校 | 88173625 | 王翠娟 |
| 北京市石景山区台京学校 | 北京市石景山区衙门口村西南后街 | 九年一贯制学校 | 68663821 | 李文英 |
| 北京市石景山区华奥学校 | 北京市石景山区永乐东小区 | 九年一贯制学校 | 68664165 | 王桂云 |
| 北京市石景山区黄庄学校 | 北京市石景山区黄庄村 43 号 | 九年一贯制学校 | 88681619 | 陈恩显 |
| 北京市礼文中学 | 北京市石景山区老山东里甲 19 号 | 完全中学 | 88977433 | 欧阳蒙 |

## 石景山区职业教育、高等教育学校名录

| 机构名称 | 机构地址 | 学校类型 | 办公电话 | 行政负责人 |
|---|---|---|---|---|
| 北京市黄庄职业高中 | 北京市石景山区鲁谷东街29号 | 职业高中学校 | 68638293 | 倪晓辉 |
| 北京市古城旅游职业学校 | 北京市石景山区玉泉南街8号 | 职业高中学校 | 68638293 | 倪晓辉 |
| 北京盛基艺术学校 | 北京市石景山区隆恩寺路1号 | 职业高中学校 | 88901079 | 荆　跃 |
| 北京工业职业技术学院 | 北京市石景山区石门路368号 | 高校附设中职班 | 51511004 | 陈建民 |

## 石景山区民办教育机构名录

| 学校名称 | 学校地址 | 负责人 | 电话 |
|---|---|---|---|
| 北京市盛基艺术学校 | 北京市石景山区隆恩寺路 | 荆　跃 | 13910014898 |
| 北京市石景山区中杉学校 | 北京市石景山区石门路342号 | 吴玉清 | 88980098 |
| 北京佳汇中学 | 北京市石景山区模式口南里 | 麻宝山 | 88291033 |
| 北京市石景山区华奥学校 | 北京市石景山区永乐东小区 | 王桂云 | 68664165 |
| 北京市石景山区台京学校 | 北京市石景山区衙门口村西南后街 | 刘运贵 | 68663821 |
| 北京市石景山区黄庄学校 | 北京市石景山区黄庄村43号西南郊苗圃 | 陈恩显 | 88681619 |
| 北京市石景山区树仁小学 | 北京市石景山区衙门口东街西五环旧货市场北侧 | 赵生杰 | 52633318 |
| 北京市艺考高级中学 | 北京市石景山区八大处杏石口甲2号 | 邹　群 | 88704163 |
| 北京市礼文中学 | 北京市石景山区老山东里 | 欧阳蒙 | 88977433 |
| 北京市石景山区希望之星幼儿园 | 北京市石景山区吴庄 | 李兆兰 | 68638180 |
| 北京市石景山区新世纪幼儿园 | 北京市石景山区八宝山街道六合园 | 惠　玲 | 68626456 |
| 北京市石景山区瑞吉欧双语艺术幼儿园 | 北京市石景山区八角南路47号 | 左海燕 | 68822781 |
| 北京市石景山区方舟双语幼儿园 | 北京市石景山区西井路19号 | 李金霞 | 88798467 |
| 北京市石景山区灵童潜能开发幼稚园 | 北京市石景山区玉泉路北临1号翠谷玉景苑15号楼 | 谢　承 | 58974071 |
| 北京市石景山区首钢大地现代幼儿园 | 北京市石景山区黑石头现代生活小区院内 | 王艳弟 | 517285817 |
| 北京市石景山区爱贝儿幼儿园 | 北京市石景山区五里坨炮厂小区招待所院内 | 许爱国 | 51583197 |
| 北京市石景山区新世界国际幼儿园 | 北京市石景山区国际雕塑公园内 | 张晓轩 | 68662026 |
| 北京市石景山区二十一世纪实验幼儿园 | 北京市石景山区西黄新村西里雍景四季11楼 | 张　曼 | 88938065 |
| 北京市石景山区可儿幼儿园 | 北京市石景山区鲁谷东街20号 | 王　昆 | 68659763 |
| 北京市石景山区新世界实验幼儿园 | 北京市石景山区广宁村新立街151号广宁小学南楼 | 许爱华 | 88991225 |
| 北京常春藤双语幼儿园 | 北京市石景山区老山东里甲20号 | 曹礼南 | 88977842 |
| 北京市石景山区京西生态双语幼儿园 | 北京石景山区隆恩寺红卫路1号 | 邢　丽 | 51517985 |
| 北京市石景山区家宝贝艺术幼儿园 | 北京市石景山区鲁谷路74号住宅配套楼 | 杨君荣 | 68609368 |
| 北京市石景山区蓝天宇锋幼儿园 | 北京市石景山区景阳东街 | 宋良萍 | 68602930 |
| 北京市石景山区伊顿慧智双语幼儿园 | 北京市石景山区玉泉西里一区14号楼 | 韩　玉 | 59623300－1008 |
| 北京市石景山区尚德幼儿园 | 北京市石景山区五里坨街道办事处周转房 | 张雪英 | 68080006 |
| 北京市石景山区三色幼儿园 | 北京市石景山区杨庄南区甲5号 | 徐　娜 | 88982799 |
| 首钢幼儿保教中心 | 北京市石景山区古城小街15号 | 张春红 | 88293522 |
| 首钢幼儿保教中心大地老山西里幼儿园 | 北京市石景山区老山西里社区 | 李　荣 | 88297108 |
| 首钢幼儿保教中心大地老山东里幼儿园 | 北京市石景山区老山东里临甲1号 | 时进霞 | 88973110 |
| 首钢幼儿保教中心大地古城幼儿园 | 北京市石景山区古城小街15号 | 李学军 | 68872147 |
| 首钢幼儿保教中心大地八角幼儿园 | 北京市石景山区古城南路10号 | 王艳弟 | 68874088－805 |
| 首钢幼儿保教中心大地苹果园幼儿园 | 北京市石景山区苹果园大街151号 | 王　慧 | 88742877 |
| 首钢幼儿保教中心大地金苹果幼儿园 | 北京市石景山区苹果园街道七区16号 | 史玉玲 | 68815812 |

| 学校名称 | 学校地址 | 负责人 | 电　话 |
|---|---|---|---|
| 首钢幼儿保教中心大地金顶街幼儿园 | 北京市石景山区金顶街五区 | 齐　冰 | 88723422 |
| 首钢幼儿保教中心大地模式口幼儿园 | 北京市石景山区模式口南里小区 | 梁文娟 | 88755285 |
| 北京市石景山区金鼎实验幼儿园 | 北京市石景山区金顶东街糕点八厂16号楼 | 陈茂玲 | 88715022 |
| 北京市石景山区东方龙人幼儿园 | 北京市石景山区石景山路2号北京台湾街12号楼12A－X | 梁　晶 | 88272788 |
| 北京市石景山区童年实验幼儿园 | 北京市石景山区古城南街路东31号－17 | 张言超 | 68825072 |
| 北京市石景山区洪恩国际幼儿园 | 北京市石景山区聚兴园小区8号楼 |  | 52630068 |
| 北京市卡尔贝贝实验幼儿园 | 北京市石景山区五里坨中街C区12号院 | 张　帆 |  |
| 北京市石景山区海特实验幼儿园 | 北京市石景山区实兴大街5号 | 陈雪梅 | 88753160 |
| 北京市石景山区滨和爱迪幼儿园 | 北京市石景山区京原路66号 | 徐建军 | 13501374984 |
| 北京市石景山区育才双语幼儿园 | 石景山区古城北路蔬菜公司锅炉房 | 李贵智 | 18801265288 |
| 北京市石景山区世纪之星幼儿园 | 北京市石景山区双峪路55号 | 刘士果 | 18201026788 |
| 北京市石景山区金树叶双语艺术幼儿园 | 北京市石景山区西井路17号2号楼一层 | 徐　冲 | 18252888188 |
| 北京市石景山区幸福童年幼儿园 | 石景山区衙门口村南街捷龙耐火材料厂 | 陈茂玲 | 13691596788 |
| 北京群星表演艺术学校 | 北京市石景山区黄庄职业高中 | 吕丽萍 | 68688730 |
| 北京市石景山区信德培训学校 | 北京市石景山区晋元庄路6号首钢工学院 | 王桂梅 | 88748048 |
| 北京市古城旅游服务培训学校 | 北京市石景山区古城大街23号 | 文大信 | 68877223 |
| 国家检察官学院培训中心 | 北京市石景山区香山南路111号 | 杨迎泽 | 61731377 |
| 北京市石景山区成教培训中心 | 北京市石景山区51号院 | 张　燕 | 68865852 |
| 中国成人教育协会培训中心 | 北京市石景山区晋元庄路6号院 | 孙永龙 | 59805870 |
| 北京市石景山区育人培训学校 | 北京市石景山区古城高级中学院内 | 蒲秀莲 | 88706836 |
| 北京市石景山区统计干部培训学校 | 北京市石景山区杨庄东路71号 | 董年龙 | 68826046 |
| 中国医学科学院整形外科医院培训中心 | 北京市石景山区八大处路33号 | 祁佐良 | 88772048 |
| 首钢工学院培训学校 | 北京市石景山区晋元庄路6号 | 王　林 | 59805671 |
| 北京市石景山区图书馆培训学校 | 北京市石景山区八角南路2号 | 王　红 | 68878504－8409 |
| 中国科学院大学培训中心 | 北京市石景山区玉泉路甲19号 | 苗建明 | 88256553 |
| 北京市石景山区金帆艺术培训学校 | 北京市石景山区京源路10号 | 张玉娟 | 68628570 |
| 北京市北方艺术学校 | 北京市石景山区苹果园大街161号 | 王　松 | 68861396 |
| 中国国际广播电台培训中心 | 北京市石景山区石景山路甲16号 | 李　萍 | 68892473 |
| 北京市石景山区阳光培训学校 | 河北迁安首钢矿业子弟学校 | 李诚阳 | 0315－7710094 |
| 北京市石景山区非凡培训学校 | 北京市石景山区八宝山南路 | 刘　冰 | 68873626 |
| 北京市石景山老年大学 | 北京市石景山区八角北路7号 | 王　松 | 68875723 |
| 北京新旅程培训中心 | 北京市石景山区八角北路9号 | 王永华 | 68669555 |
| 北京市石景山区业余大学培训中心 | 北京市石景山区八角北路51号 | 王　松 | 68645188 |
| 北京市石景山区青少年文化教育培训学校 | 北京市石景山区鲁谷南路11号 | 付桂荣 | 68681406 |
| 北京市石景山区精华培训学校 | 北京市石景山区石景山图书馆4层 | 廖中扬 | 62122020－6230 |
| 北京市石景山区普明培训学校 | 北京市石景山区八角西街95号 | 高世宝 | 68838533 |
| 北方工业大学培训中心 | 北京市石景山区晋元庄路5号 | 王建稳 | 88803283 |
| 北京市石景山区巨人文化艺术培训学校 | 北京市石景山区西黄新村西里4号楼二层 | 尹　雄 | 51608188－8444 |
| 北京市石景山区玛雅乐清培训学校 | 北京市石景山区京原路7号 | 马　雅 | 58370260 |
| 北京市石景山区信实培训学校 | 北京市石景山区依翠园乙16号3层 | 张　伦 | 68625403 |
| 北京市石景山区豪斯曼培训学校 | 北京七色光百货商场 | 赵云凤 | 88974272 |

| 学校名称 | 学校地址 | 负责人 | 电话 |
|---|---|---|---|
| 北京市石景山区沃格办公自动化培训学校 | 北京市石景山区古城北路地铁家园平台 | 王荣富 | 85494112 |
| 北京市石景山区金晓文化培训学校 | 北京市石景山区苹果园北大街甲2号 | 牛淑和 | 68821514 |
| 北京市石景山区中软培训学校 | 北京市石景山区老山小区首钢工会俱乐部老山文化馆东院 | 田若珠 | 88970430 |
| 北京市石景山区智诚文化补习学校 | 北京市石景山区首钢工学院12号楼 | 何　新 | 58973068 |
| 北京市石景山区华英培训学校 | 北京市石景山区首钢工学院8号楼 | 李明明 | 88995559 |
| 北京市石景山区兴华文化补习学校 | 北京市石景山区古城二小内 | 佟维萍 | 88910127 |
| 北京市石景山区金实艺术文化培训学校 | 北京市石景山区杨庄南区地铁古城家园东区 | 孙淑洁 | 68812304 |
| 北京市石景山区爱德斯培训学校 | 北京市石景山区鲁谷六合园814号 | 马　亮 | |
| 北京市石景山区华夏英才培训学校 | 北京市石景山区古城大街51号古城宾馆写字楼320室 | 杨　肇 | 68815096 |
| 北京市石景山区金苹果电脑培训学校 | 北京市石景山区苹果园南路23号 | 郎兆圣 | 88921172 |
| 北京市石景山区升华培训学校 | 北京市石景山路甲18号院3号楼万达广场E座2211室 | 邵日新 | 88977226 |
| 北京市石景山区爱华外语研修学校 | 北京市石景山区古城南路古城第六小学 | 陈　曦 | 68823303 |
| 北京市石景山区新思维文化艺术培训学校 | 北京市石景山区金顶北路20号院阳光教育大厦2层 | 杨　琦 | 68876015 |
| 北京市石景山区小状元培训学校 | 北京市石景山区金顶街项目部办公楼三层 | 王敬东 | 81810902 |
| 北京市石景山区汇英艺术文化培训学校 | 北京市石景山区银河商务区写字楼17层1901 | 许蕴卿 | 68692273 |
| 北京市石景山区中意汽车驾驶学校 | 北京市石景山区永乐西小区57号综合楼 | 赵国业 | 83603837 |
| 北京市西郊驾驶学校 | 北京市石景山区吴庄 | 赵忠立 | 68689739 |
| 国家体育总局老山汽车摩托车驾驶学校 | 北京市石景山区老山西街15号 | 张燕华 | 68862585 |
| 北京市石景山区启明星艺术培训学校 | 北京市石景山区石景山路46号 | 刘宣明 | 68869262 |
| 北京市石景山区加祥培训学校 | 北京市石景山区八角西街95号 | 徐瑞春 | 68867861 |
| 北京市石景山区好贝德培训学校 | 北京市石景山区五里坨小学 | 王瑞平 | 13311158310 |
| 北京市石景山区星乐汇培训学校 | 北京市石景山区八角西街85号二层 | 张荣欣 | 88288666 |
| 北京市石景山区向日葵钢琴艺术培训学校 | 北京市石景山区鲁谷东街22号 | 李瑞霞 | 13381379416 |
| 北京建达培训学校 | 北京市石景山区鲁谷东街29号 | 王　超 | 13611162778 |
| 北京市石景山区领语堂培训学校 | 北京市石景山区石景山路22号长城大厦4层 | 赵　勇 | 68653355 |
| 北京市石景山区新国人培训学校 | 北京市石景山区八角南路房管所办公楼二层 | 许建琦 | 66127398 |
| 北京市电力公司进网作业电工培训中心 | 北京市石景山区模式口3号院 | 顾联军 | 63679970 |
| 北京市清大世纪培训学校 | 北京市石景山区八大处高科技园区西井路3号 | 王　政 | 68609368 |
| 北京市石景山区金色未来培训学校 | 北京市石景山区西井一区综合楼 | 孙丽凤 | 88295796 |
| 北京市石景山区前程教育培训学校 | 北京市石景山区金顶街首钢今时宾馆3号楼 | 杨建荣 | 88719608 |
| 北京博识教育中心 | 北京市石景山区晋元庄6号首钢工学院15号楼 | 周玉律 | 13501005990 |
| 北京市石景山区广学天梯教育学校 | 北京市石景山区古城大街51号 | 才广学 | 51712890 |
| 北京市石景山区金科教育培训学校 | 北京市石景山区八大处高科技园区西井路3号 | 朱丙国 | 15699795895 |
| 北京市石景山区东方女子古筝新筝乐团培训学校 | 北京市石景山区碣石坪11号楼 | 姜　淼 | 68662633 |
| 北京市石景山区聚智堂培训学校 | 北京市石景山区鲁谷路35号冠辉大厦 | 杨　志 | 88696309 |
| 北京市石景山区学而思培训学校 | 北京市石景山区石景山路23号中础大厦 | 张超月 | 52926759 |
| 北京市石景山区博森睿智国际教育中心 | 北京教育学院石景山分院 | 田　静 | 13641175327 |
| 北京市石景山区立万专艺国际艺术培训学校 | 北京市石景山区石景山路乙18号院3号楼13层 | 马丁丁 | 56293090 |
| 北京市石景山区新方向培训学校 | 北京市石景山区金顶北路20号院1栋102二层、103 | 张　磊 | 88775640 |

| 学校名称 | 学校地址 | 负责人 | 电　话 |
|---|---|---|---|
| 北京市石景山区魔奇英语培训学校 | 北京市石景山区鲁谷大街重聚路40号底商二层 | 刘宏冰 | 68687621 |
| 北京市石景山区学大教育培训学校 | 北京市石景山区石景山路22号长城大厦B－11底商 | 李如彬 | 51667210 |
| 北京市石景山区励步儿童英语培训学校 | 北京市石景山区玉泉西里二区38号楼2层 | 曹　伟 | 88604829 |
| 北京市石景山区三叶草培训学校 | 北京市石景山区金顶街北路20号一栋三层 | 陈　曦 | 88934303 |
| 北京市石景山区启航培训学校 | 北京市石景山区苹果园大街116号机电队办公楼 | 袁民生 | 68861255 |
| 北京市石景山区博乐文化艺术培训学校 | 北京市石景山区金顶北路18号院9号楼物美4层 | 朱东凌 | 52453370 |
| 北京市石景山区金阶梯培训学校 | 北京市石景山区石景山路42号院1号楼 | 许学彪 | 18511380399 |
| 北京市石景山区传承文化艺术培训学校 | 北京市石景山区鲁谷南路依翠园15号楼二楼底商 | 李春梅 | 15201336530 |
| 北京市华商电力培训中心 | 北京市石景山区模式口三号院 | 张　琪 | 13810701510 |
| 北京市石景山区卓越优才培训学校 | 北京市石景山区八角西街85号首钢实业公司四层 | 郭姣辰 | 18612438411 |
| 北京市石景山区天铎教育培训学校 | 北京市石景山区石门路344号 | 杨建庄 | 13910650600 |
| 北京市石景山区国广培训学校 | 北京市石景山区石景山路甲16号国广公寓 | 安　岚 | 13801000337 |

### 石景山区特殊教育学校名录

| 机构名称 | 机构地址 | 学校类型 | 办公电话 | 行政负责人 |
|---|---|---|---|---|
| 北京市石景山区培智中心学校 | 北京市石景山区老山西里甲30号 | 特教学校 | 88748051 | 傅立新 |

## 区域科研机构名录

### 驻区科研单位名录

| | | |
|---|---|---|
| 中国科学院高能物理研究所 | 玉泉路19号乙 | 88235008 |
| 中国科学院大学 | 玉泉路19号甲 | 88256030 |
| 工业和信息化部电子科学技术情报研究所 | 鲁谷路35号 | 88686108 |
| 中国瑞达系统装备公司 | 鲁谷路74号(北京市信箱)134 | 68608573 |
| 中国医学科学院整形外科医院 | 八大处路33号 | 88772077 |
| 北京首钢国际工程技术有限公司 | 石景山路60号 | 68872480 |
| 首钢技术研究院 | 杨庄大街69号 | 88293178 |
| 北京市建筑材料科学研究总院有限公司 | 金顶北路69号 | 88721857 |
| 北方工业大学 | 晋元庄路5号 | 88804420 |
| 首钢工学院 | 晋元庄路6号 | 68871841 |
| 北京工业职业技术学院 | 石门路368号 | 51511004 |
| 中国政法大学法庭科学研究所 | 鲁谷路116号 | 68621174 |
| 国家检察官学院(中央检察官管理学院) | 香山南路111号 | 61719114 |
| 中国电子科学研究院高科技园区 | 双园路11号 | 68893295 |
| 国家无线电监测中心检测中心科技园区 | 实兴大街30号院15号楼(B区) | 68009178 |
| 中央财政经大学石景山分部 | 福寿岭 | 88714733/4838 |

## 区域卫生机构名录

### 卫生医疗单位名录

| | | |
|---|---|---|
| 石景山区五里坨街道黑石头社区卫生服务站 | 石景山区五里坨街道黑石头村口 | 88954148 |
| 北京市昆仑医院 | 北京市石景山区永乐小区东区 | 88682692 |

| 北京市石景山区苹果园街道西井一区社区卫生服务站 | 北京市石景山区西井一区老年福敬老院 | 88707926 |
|---|---|---|
| 北京御同堂门诊部 | 北京市石景山区金顶北路18号院9栋1层35号 | 13910285898 |
| 北京鸿科诊所 | 北京市石景山区古城南街路东33号－73－2 | 68631326 |
| 北京市石景山区精神卫生保健所 | 北京市石景山区石门路322号 | 51510589－8032 |
| 北京博医堂中医门诊部 | 北京市石景山区双锦园15号楼底商 | 68688287 |
| 北京市石景山区广宁街道高井社区卫生服务站 | 北京市石景山区高井 | 88954101 |
| 北京道一堂中医诊所 | 北京市石景山区时代花园南路21号院1号楼1层 | 68889985 |
| 北京市石景山区古城街道滨和园东社区卫生服务站 | 北京市石景山区燕堤中街6号院3号楼1层 | 53023264 |
| 北京市石景山区古城街道北辛安社区卫生服务站 | 北京市石景山区古城街道北辛安南岔149号 | 13426223374 |
| 北京市高宝维内科诊所 | 北京市石景山区北辛安大街57号 | 68887720 |
| 北京市王志国口腔科诊所 | 北京市石景山区模式口中街南职工宿舍 | 13717642571 |
| 北京济世慈仁中医药研究院中西医诊所 | 北京市石景山区高井路29号院2号楼9号 | 88953048 |
| 北京市王建岐中西医诊所 | 北京市石景山区模式口168号 | 88725119 |
| 北京金玺口腔诊所 | 北京市石景山区古城西路农工商公司商业房 | 13717781008 |
| 北京瑞嘉口腔诊所 | 北京市石景山区八宝山南路重兴嘉园4号楼102底商 | 68636560 |
| 北京市石景山区八角社区卫生服务中心 | 北京市石景山区八角北路 | 68862920 |
| 北京张丽华中医诊所 | 北京市石景山区玉泉路65号院内 | 51887598 |
| 北京市弘济药店有限公司苹果园诊所 | 北京市石景山区苹果园南路128号 | 68833437 |
| 首钢矿山医院迁钢生活区医务室 | 河北省迁安市区 | 0315－7705016 |
| 首钢矿山医院迁钢厂区医务室 | 河北省迁安市杨店子镇车辕寨村 | 0315－7705016 |
| 北京赵慧兰口腔科诊所 | 北京市石景山区苹果园三区20栋8单元102号 | 88715618 |
| 北京市石景山区苹果园街道海特花园社区卫生服务站 | 北京市石景山区海特花园45号楼1单元101－102室 | 88794771 |
| 北京康瑞祥中医诊所 | 北京市石景山区万商花园酒店运动中心南侧 | 68606565 |
| 北京梅宝馨口腔科诊所 | 北京市石景山区金顶北路20号院9栋1层112 | 68809136 |
| 北京雅士美口腔专科诊所 | 石景山区鲁谷路27号 | 68653707 |
| 北京市石景山区八角街道八角北路社区卫生服务站 | 北京市石景山区八角北路小区17栋 | 68884381 |
| 北京威斯勒中医诊所 | 北京市石景山区银河南街4号楼7层815房 | 65032346 |
| 北京锦泽诊所 | 北京市石景山区依翠园小区13号楼首层4号 | 53382837 |
| 北京兴安口腔诊所 | 北京市石景山区金顶北路18号院7栋1层106号 | 13552975197 |
| 北京德民口腔医疗诊所 | 北京市石景山区西黄村东里1号楼1层商业07 | 88705688 |
| 北京市石景山区五里坨街道隆恩家园社区卫生服务站 | 北京市石景山区秀府南路19号院1号楼1层 | 15311084252 |
| 北京市石景山区杨庄社区卫生服务站 | 北京市石景山区杨庄村西口 | 68874002 |
| 中国瑞达投资发展集团公司门诊部 | 北京市石景山区鲁谷路74号院 | 68664571 |
| 北京尚好宇晟口腔诊所 | 北京市石景山区玉泉西里二区36号楼1层商业17 | 13810060561 |
| 北京日新口腔诊所 | 北京市石景山区八角西街61号院内西二楼一层 | 88921249 |
| 北京市石景山区璟都馨园社区卫生服务站 | 北京市石景山区时代花园南路28号院2楼 | 88980010 |
| 北京市石景山区老山街道中础社区卫生服务站 | 北京市石景山区石景山路23号院 | 68885504 |
| 北京市石景山区五里坨街道南宫社区卫生服务站 | 北京市石景山区石门路368号 | 51511298 |
| 首钢矿山水厂社区卫生服务站 | 首钢矿山医院水厂第二住院部一层 | 03157705016 |
| 北京仁顺堂中医诊所 | 北京市石景山区玉泉西里二区36号楼1层商业10 | 13718611367 |
| 北京弘泰堂中医诊所 | 北京市石景山区阜石路165号院3号楼5层515A | 13021987840 |
| 北京市圣医坊诊所 | 北京市石景山区海特花园商业楼一层2－A2－B | 51956112 |
| 北京万康园口腔诊所 | 北京市石景山区玉泉西里二区12号楼1层商业02 | 53669212 |
| 北京海特口腔医院管理有限公司实兴口腔诊所 | 北京石景山区海特花园57栋1层2－A号商业 | 51956726 |
| 北京市石景山区疾病预防控制中心门诊部 | 北京市石景山区体育场南路6号 | 88605046 |
| 北京王雅红口腔镶复诊所 | 北京市石景山区古城大街75号院3号楼1层2单元102 | 68843606 |
| 北京市石景山区金顶街街道赵山社区卫生服务站 | 北京市石景山区金顶街赵山宿舍院内平房 | 88714801 |

| | | |
|---|---|---|
| 北京市石景山区八角街道体育馆路社区卫生服务站 | 北京市石景山区石景山路32号 | 88707949 |
| 北京立文同创科技发展有限公司吉源口腔诊所 | 北京市石景山区苹果园海特花园28号楼1门102号 | 88794859 |
| 北京王雅平口腔镶复诊所 | 北京市石景山区金顶街西口 | 88738997 |
| 北京嘉信诊所 | 北京市石景山区西下庄1号楼综合商场一层 | 88965818 |
| 北京张玫口腔诊所 | 北京市石景山区模式口村农村信用社旧址 | 88753398 |
| 北京市石景山区鲁谷街道永乐社区卫生服务站 | 北京市石景山区永乐西小区23号楼底商 | 68663281 |
| 北京市石景山区八宝山街道远洋山水社区卫生服务站 | 北京市石景山区玉泉西里二区29号楼 | 68652494 |
| 北京市石景山区急救站 | 北京市石景山区石景山路24号 | 88689000 |
| 北京佳铭诊所 | 北京市石景山区银河南街2号院2号楼五层608、609 | 68656752 |
| 北京杰鹏口腔医院管理有限公司金顶街口腔诊所 | 北京市石景山区金顶西街36号16号 | 88721625 |
| 北京市石景山区五里坨街道红卫路社区卫生服务站 | 北京市石景山区隆恩寺路99号(工程兵管理处卫生所) | 66394546 |
| 北京市石景山区苹果园街道雍景四季社区卫生服务站 | 北京市石景山区苹果园街道冠景新城B区12号楼首层106室 | 68898184 |
| 北京市石景山区广宁街道麻峪社区卫生服务站 | 北京市石景山区麻峪南沟甲5号 | 51946123 |
| 北京市石景山区燕保京原家园社区卫生服务站 | 北京市石景山区景阳东街58号院 | 68623990 |
| 北京市石景山区金汉丽苑社区卫生服务站 | 北京市石景山区体育场南街7号院3号楼 | 88809551 |
| 北京市石景山区颐养年养老院医务室 | 北京市石景山区八大处路临50号 | 57100768 |
| 北京柏氏中医研究院有限公司柏氏中医诊所 | 北京市石景山区模式口大街20号 | 68611900 |
| 北京市弘济药店有限公司诊所 | 北京市石景山区杨庄北路 | 68842624 |
| 北京德康杏林诊所 | 北京市石景山区鲁谷村7号楼底商1号 | 56051500 |
| 北京吉田光军口腔诊所 | 北京市石景山区北重西厂区宿舍12号楼1层2单元102号 | 88687707 |
| 北京爱丽森口腔诊所 | 北京市石景山区西黄新村西里2号楼1层119 | 68898996 |
| 北京市石景山区八宝山街道永乐第二社区卫生服务站 | 北京市石景山区八宝山永乐东区23楼4单元1、2、3、4号 | 68637183 |
| 北京市石景山区古城街道十万平社区卫生服务站 | 北京市石景山区古城十万平社区17号楼西侧 | 88707925 |
| 北京市石景山区古城街道老古城社区卫生服务站 | 北京市石景山区老古城北后道8号 | 68820341 |
| 北京市石景山区古城街道滨和园西社区卫生服务站 | 北京市石景山区燕堤西街7号院1号楼1层 | 13801312487 |
| 北京市石景山区古城街道水泥厂社区卫生服务站 | 北京市石景山区京源路68号 | 13801312487 |
| 北京市石景山区广宁街道寿山福海社区卫生服务站 | 北京市石景山区双峪路23号 | 88991616 |
| 北京市石景山区西山社区卫生服务站 | 北京市石景山区黑石头 | 88952242 |
| 北京博雅口腔医疗有限公司石景山路博雅口腔门诊部 | 北京市石景山区石景山路甲18号院3号楼1至2层 | 88599002 |
| 北京市石景山区依翠园社区卫生服务站 | 北京市石景山区依翠园5号 | 68629157 |
| 北京市石景山区广宁街道社区卫生服务中心 | 北京市石景山区大唐国际发电股份有限公司北京高井热电厂原职工医院院 | 88990400 |
| 北京明杨中医诊所 | 北京市石景山区鲁谷路74号院南院3号楼1－3层(北京天顺八酒店一层7号) | 17701021088 |
| 北京市石景山区金顶街社区卫生服务中心 | 北京市石景山区金顶北路22号院1号楼 | 88778785 |
| 北京同堂大药房有限责任公司惠泽中医诊所 | 北京市石景山区鲁谷路74号北院9号楼中部底商1层3号 | 88682599 |
| 北京市石景山区苹果园街道刘娘府社区卫生服务站 | 北京市石景山区八大处高科技园区西井路19号院1号楼2门201室 | 88734456 |
| 北京石景山银河口腔门诊部 | 北京市石景山区依翠园19号楼底商(银河大街11－8号) | 88680298 |
| 北京同仁堂连锁药店有限责任公司古城中医诊所 | 北京市石景山区古城南路32号 | 88924247 |
| 北京珍鹊中医诊所 | 北京市石景山区香山南路166号院18号 | 88782886 |
| 北方工业大学社区卫生服务中心 | 北京市石景山区晋元庄5号 | 88803257 |

| | | |
|---|---|---|
| 北京市石景山区五里坨街道社区卫生服务中心 | 北京市石景山区石门路322号 | 51510589－8030 |
| 北京市石景山区八大处中医门诊部 | 北京市石景山区田村路559号 | 88701091－8000 |
| 北京欧兰美医疗美容门诊部 | 北京市石景山区时代花园南路17号茂华大厦1层101 | 57532059 |
| 北京赵玉明医疗美容诊所 | 北京市石景山区实兴大街30号院3号楼1层107 | 68809719 |
| 北京斯嘉丽医疗美容诊所 | 北京市石景山区政达路2号1层111 | 88689877 |
| 北京冰蝶医疗美容诊所 | 北京市石景山区银河大街1号万商花园酒店运动中心三、四层 | 68667799 |
| 北京市古城娜仙子美容美体有限责任公司惜娜医疗美容诊所 | 北京市石景山区杨庄28号西城忆树1号楼1号底商 | 88909802 |
| 北京圣唐思邈中医门诊部 | 北京市石景山区景阳东街58号7楼102－103 | 68882801　68882802 |
| 北京博雅口腔医疗有限公司阜石路博雅口腔门诊部 | 北京市石景山区阜石路165号2号楼1层165－10 | 88959002 |
| 北京中健安康口腔诊所有限公司正达口腔诊所 | 北京市石景山区石景山路乙18号院3号楼8层918 | 68889965 |
| 北京茂华口腔诊所 | 北京市石景山区时代花园东街1号楼111－112室 | 88980808 |
| 北京嘉信泽洋口腔诊所 | 北京市石景山区阜石路166号泽洋大厦309室 | 88909890 |
| 北京博杰爱雅口腔诊所 | 北京市石景山区八角南里16号楼1层1号 | 13520538766 |
| 北京鼎济堂健康科技有限公司鲁谷中医诊所 | 北京市石景山区鲁谷路京源综合商场1层13号 | 58449447 |
| 北京德润堂中医诊所 | 北京市石景山区银河南街2号楼3层301号 | 64066978 |
| 北京诚安堂医药有限公司老山诊所 | 北京市石景山区老山东里29楼前 | 88973788—603 |
| 北京市石景山区建筑公司万方诊所 | 北京市石景山区古城西路15号 | 68885759 |
| 北京市时珍平安诊所 | 北京市石景山区八宝山南路29号7号楼一层 | 51885505 |
| 北京锦安堂诊所 | 北京市石景山区鲁谷小区五芳园18号 | 68629250 |
| 北京奎克医学检验所 | 北京市石景山区体育场南路6号院2号楼4层 | 60571688 |
| 北京亚馨美莱坞医疗美容门诊部 | 北京市石景山区石景山路29号(京燕饭店四层) | 68870821 |
| 北京市石景山区苹果园社区卫生服务中心 | 北京市石景山区苹果园大街220号 | 88707858 |
| 北京市石景山区八宝山社区卫生服务中心 | 北京市石景山区鲁谷东街38号 | 88682861 |
| 北京市石景山区鲁谷社区卫生服务中心 | 北京市石景山区鲁谷小区六合园 | 51718209 |
| 北京市石景山区老山社区卫生服务中心 | 北京市石景山区老山西里 | 88296529 |
| 北京市石景山区八角街道古城南里社区卫生服务站 | 北京市石景山区古城南里5栋 | 68844325 |
| 北京市石景山区八角街道北里社区卫生服务站 | 北京市石景山区八角北里房管所楼1层西门 | 68863275 |
| 北京市石景山区重兴园社区卫生服务站 | 北京市石景山区八宝山南路重兴嘉园1号一层 | 85858188 |
| 北京市石景山区八宝山街道远洋沁山水社区卫生服务站 | 北京市石景山区玉泉西里1区1号楼1层 | 68615117 |
| 北京市石景山区古城社区卫生服务中心 | 北京市石景山区古城路 | 88296532 |
| 石景山区金顶街四区社区卫生服务站 | 北京市石景山区金顶街四区 | 88757497 |
| 北京市石景山区八角街道融景城社区卫生服务站 | 北京市石景山区景阳东街67号院C1号楼3层 | 68705429 |
| 北京市石景山医院 | 北京市石景山区石景山路24号 | 88689000 |
| 北京首钢特殊钢有限公司泰康医院 | 北京市石景山区古城小街1号 | 88924142 |
| 北京市石景山区妇幼保健院 | 北京市石景山区依翠园5号 | 68625569 |
| 北方工业大学附属学校医务室 | 北京市石景山区杨庄 | 68873778－8039 |
| 国家广播电影电视总局国际台医务室 | 北京市石景山区鲁谷小区65号楼7－102号 | 68636183 |
| 北京石景山同心医院 | 北京市石景山区鲁谷大街吴家村 | 68632004 |
| 北京市石景山区五里坨医院(北京市石景山区精神卫生保健所) | 北京市石景山区石门路322号、石门路322－1号(原五里坨农运站三元厂院内) | 88902858 |
| 北京市石景山区中医医院 | 北京市石景山区八角北路 | 68862920 |
| 北京未来儿童医院 | 北京市石景山区阜石路166号1号楼102－3、201－204 | 88904668 |
| 北京古城都市丽人医院 | 北京市石景山区古城大街37号 | 68803112 |
| 北京石景山模式口中医医院 | 北京市石景山区模式口大街甲48号 | 88759470 |

| | | |
|---|---|---|
| 北京石景山路安康中医医院 | 北京市石景山区模式口南里 | 68874318 |
| 北京中康佳中医药研究院长庚医院 | 北京市石景山区古城南里8号 | 88296303 |
| 北京燕都中西医结合医院 | 北京市石景山区八宝山南路重兴嘉园1号 | 85858188 |
| 北京石景山易仁中医骨伤医院 | 北京市石景山区冠景新城B区3号楼 | 68885018 |
| 北京石景山八大处中西医结合医院 | 北京市石景山区实兴大街11号5幢1至4层 | 68874320 |
| 北京市石景山区古城第二小学卫生室 | 北京市石景山区古城南路 | 68873960 |
| 中国电子科技集团公司电子科学研究院医务室 | 北京市石景山区八大处高科技园区双园路11号 | 68893711 |
| 首钢工学院医务室 | 北京市石景山区晋元庄6号 | 59805852 |
| 首都师范大学附属苹果园中学分校卫生室 | 北京市石景山区西井 | 88932598 |
| 北京市第九中学卫生室 | 北京市石景山区模式口大街 | 88759928 |
| 北京教育学院石景山分院卫生室 | 北京市石景山区八角西街95号 | 88912055-8209 |
| 北京市石景山区实验中学分校卫生室 | 北京市石景山区老山西里 | 88979510 |
| 北京市石景山区实验小学卫生室 | 北京市石景山区八角北里 | 68862278-8810 |
| 北京市人民检察院医务室 | 北京市石景山区石景山路12号 | 58762400 |
| 北京市石景山区八角幼儿园卫生室 | 北京市石景山区八角南路 | 68874744 |
| 北京市第一中级人民法院卫生室 | 北京市石景山区石景山路16号 | 59891120 |
| 北京市石景山区实验中学卫生室 | 北京市石景山区八角中里 | 68861032-325 |
| 中国科学院高能物理研究所幼儿园卫生室 | 北京市石景山区玉泉路19号乙院 | 88235963 |
| 北京市石景山区石景山中学卫生室 | 北京市石景山区模式口西里 | 88293411-8104 |
| 北京市京源学校卫生室 | 北京市石景山区京源路10号 | 68644122-8888 |
| 北京教育科学研究院附属石景山实验学校卫生室 | 北京市石景山区古城东街5号 | 68888118 |
| 北京市石景山区军队离休退休干部卫生所 | 北京市石景山区八角西街北口 | 68875716 |
| 北京市石景山区民族养老院医务室 | 北京市石景山区模式口南里清真寺西侧、模式口村西102号 | 88719092 |
| 北京市石景山区实验幼儿园医务室 | 北京市石景山区八角北里 | 68864966 |
| 北京市石景山区八角北路幼儿园卫生室 | 北京市石景山区八角北路 | 68876355 |
| 中国科学院大学卫生所 | 北京市石景山区玉泉路甲(19)号 | 88256119 |
| 新华通讯社机关事务管理局鲁谷卫生室 | 北京市石景山区京源路8号 | 63076032 |
| 北京市石景山区师范学校附属幼儿园卫生室 | 北京市石景山区永乐东小区 | 68652877 |
| 北京大学附属中学石景山学校卫生室 | 北京市石景山区八大处路8号 | 88962352-8106 |
| 首都师范大学附属苹果园中学卫生室 | 北京市石景山区苹果园南路25号 | 22931689 |
| 北京大学附属小学石景山学校医务室 | 北京市石景山区八大处 | 88964512-1012 |
| 国家体育总局射击射箭运动管理中心医务室 | 北京市石景山区福田寺甲三号 | 88962654　8896227 |
| 北京景山学校远洋分校医务室 | 北京市石景山区鲁谷东街22号 | 88690662 |
| 北京市石景山区幼儿园卫生室 | 北京市石景山区古城南里 | 68874902 |
| 北京市石景山区培智中心学校卫生室 | 北京市石景山区老山西里甲30号 | 88759797 |
| 北京市石景山区第二幼儿园卫生室 | 北京市石景山区八角南路东街 | 68874643 |
| 北京市石景山区金顶街第二小学医务室 | 北京市石景山区金顶街北路 | 88717111-809 |
| 北京师范大学石景山附属幼儿园卫生室 | 北京市石景山区杨庄北区 | 88953895 |
| 北京市古城中学卫生室 | 北京市石景山区古城南路 | 68872084-8105 |
| 首钢幼儿保教中心八角幼儿园医务室 | 北京市石景山区古城南路10号 | 68874088-806 |
| 北京市石景山区社会福利院医务室 | 北京市石景山区杨庄路17号 | 68865347 |
| 中国科学院高能物理研究所卫生所 | 北京市石景山区玉泉路19号(乙院) | 88235961 |
| 国家体育总局自行车击剑运动管理中心医务室 | 北京市石景山区老山西街15号 | 88981075 |
| 工业和信息化部电子科学技术情报研究所医务室 | 北京市石景山区鲁谷路35号电科大厦 | 88686045 |
| 首钢幼儿保教中心苹果园幼儿园卫生室 | 北京市石景山区苹果园大街151号 | 88742877-103 |
| 首钢幼儿保教中心金苹果幼儿园卫生室 | 北京市石景山区苹果园路七区16号 | 68815812 |
| 北京市石景山外语实验小学卫生室 | 北京市石景山区首钢黄南苑小区 | 88996420-822 |

| | | |
|---|---|---|
| 北京市高井中学卫生室 | 北京市石景山区电厂路 | 88953764－8402 |
| 北京市石景山区第三幼儿园卫生室 | 北京市石景山区苹果园海特花园 | 88795935 |
| 北京市同文中学卫生室 | 北京市石景山区永乐东小区 | 68653297－804 |
| 北京市石景山区少年国防教育基地医务室 | 北京市石景山区红卫路1号 | 88901083 |
| 中国地震应急搜救中心医务室 | 北京市石景山区玉泉西街1号 | 59956218 |
| 北京市黄庄职业高中卫生室 | 北京市石景山区八宝山南路 | 68652190－8078 |
| 北京市石景山区青少年活动中心卫生室 | 北京市石景山区鲁谷南路11号 | 68662402－8032 |
| 北京市石景山区中小学卫生保健所 | 北京市石景山区永乐西小区 | 68644824 |
| 北京众齿口腔诊所 | 北京市石景山区古城西路甲8号如意小区院内2号综合楼一区一层1区1号 | 18610710831 |

## 区域文化设施名录

### 全国重点文物保护单位名录

| | | |
|---|---|---|
| 法海寺 | 模式口大街北 | 88713976 |
| 承恩寺 | 模式口大街东段路北 | 88724148 |
| 八宝山革命公墓 | 石景山路 | 88255681 |

### 北京市重点文物保护单位名录

| | | |
|---|---|---|
| 长安寺 | 八大处 | 88964661 |
| 灵光寺 | 八大处 | 88964661 |
| 三山庵 | 八大处 | 88964661 |
| 大悲寺 | 八大处 | 88964661 |
| 龙泉庵 | 八大处 | 88964661 |
| 香界寺 | 八大处 | 88964661 |
| 宝珠洞 | 八大处 | 88964661 |
| 证果寺 | 八大处 | 88964661 |
| 慈善寺 | 五里坨天泰山 | 88905988 |
| 冰川馆 | 模式口大街28号 | 88722585 |
| 田义墓 | 模式口大街北 | 88724148 |
| 老山汉墓 | 老山驾校内 | 68607156 |
| 皇姑寺 | 西黄村 | 88701190 |

### 石景山区文物保护单位名录

| | | |
|---|---|---|
| 崇兴庵 | 鲁谷村 | 68607156 |
| 龙泉寺 | 模式口大街北 | 88713976 |
| 双泉寺 | 双泉寺村 | 68607156 |
| 礼王府 | 福寿岭铁路疗养院内 | 88961133 |
| 万善桥 | 黑石头村东 | 68607156 |
| 隆恩寺第四纪冰川擦痕 | 五里坨 | 68607156 |
| 雍正御制碑 | 首钢制氧厂内 | 68607156 |
| 福田公墓 | 福田寺村 | 68607156 |
| 贤良寺塔院 | 八大处长安寺南200米 | 68607156 |
| 石景山古井 | 石景山南侧 | 68607156 |
| 石景山古建群元君庙 | 石景山南侧 | 68607156 |
| 八大处冰川漂砾 | 八大处公园五处龙泉庵 | 68607156 |
| 四柏一孔桥 | 模式口大街北 | 88713976 |
| 瑞王坟碑亭 | 西山枫林东南角 | 68607156 |
| 兴隆寺 | 五里坨小青山上 | 68607156 |

| | | |
|---|---|---|
| 翠云庵 | 高井村 | 68607156 |
| 崇国寺塔 | 八宝山革命公墓南300米 | 68607156 |

## 图书馆名录

| | | |
|---|---|---|
| 石景山区图书馆 | 八角南路2号 | 68874077 |
| 石景山区少年儿童图书馆 | 古城南路11号 | 68875256 |

## 电影院放映场所名录

| 名　称 | 地　址 | 法人 | 联系电话 | 总面积（平方米） | 厅（个） | 座位（个） |
|---|---|---|---|---|---|---|
| 北京市石景山古城电影院 | 古城南路15号 | 巩战营 | 68866386 | 1606 | 4 | 700 |
| 北京万达国际电影城有限公司石景山店 | 石景山路乙18号4号楼3层万达影城 | 张　霖 | 68663399 | 7178 | 10 | 1650 |
| 北京聚禾映画世纪影院管理有限公司 | 阜石路300号3层309－1 | 闫　华 | 18618146697 | 3360 | 7 | 1370 |

## 歌舞娱乐场所名录

| 名　称 | 地　址 | 法　人 | 核定面积 | 包间数 |
|---|---|---|---|---|
| 北京老来福娱乐有限公司 | 永乐西小区得实电子有限公司 | 陈巧云 | 800 | 33 |
| 北京玉鼎娱乐有限责任公司 | 金顶街西口星座兴石超市四层 | 李永红 | 510 | 18 |
| 北京神农庄园饮食管理有限公司 | 实兴北街东侧 | 王志强 | 1298 | 56 |
| 北京金雁翎饮食中心 | 麻峪村北 | 马玲英 | 319 | 13 |
| 北京康悦娱乐有限责任公司 | 衙门口虹艺玩具厂院内15号 | 彭丽新 | 690 | 30 |
| 北京京西豪门娱乐城 | 八宝山南路29号院7号楼地下室一层 | 王伟奇 | 800 | 27 |
| 北京海龙腾歌厅 | 古城西路121号 | 崔恩义 | 211 | 14 |
| 北京鑫鑫金唱纳练歌场有限公司 | 八角西街68号 | 赵凤民 | 1700 | 38 |
| 北京时尚风情娱乐中心 | 古城北路甲4号 | 王永亮 | 1300 | 40 |
| 北京大歌星餐饮娱乐有限公司 | 石景山路乙18号万达广场D座2层 | 李耀汉 | 3400 | 75 |
| 北京花丽都娱乐俱乐部有限公司 | 海特花园50号楼公建工程5层 | 李文静 | 1600 | 49 |
| 北京市鑫鑫沁春园饭庄 | 广东门（区服务公司）商业房 | 王艳云 | 450 | 12 |
| 北京金色海滩洗浴中心 | 古城西路南侧北京明塑包装厂内 | 漆德宽 | 286 | 19 |
| 北京万商花园酒店运动中心 | 银河大街1号 | 史记平 | 700 | 6 |
| 北京大江南花园酒店有限责任公司 | 八大处路58号北段路东 | 何宝宽 | 1700 | 29 |
| 北京佰乐迪娱乐有限公司 | 石景山路2号北京台湾街C2－10－1－A | 黄　耀 | 1400 | 96 |
| 北京名门会娱乐有限责任公司 | 古城西路甲8号 | 赵维兵 | 1367 | 60 |
| 北京鑫海名都休闲娱乐有限公司 | 鲁谷路61号二、三、五层 | 闫建军 | 2900 | 60 |
| 北京兴和兴唱娱乐有限公司 | 石景山路22号万商大厦地下一层 | 于金梅 | 2000 | 62 |
| 北京湾仔情娱乐有限责任公司 | 八大处希望公园内 | 钱春源 | 800 | 36 |
| 北京海特饭店飘歌舞厅 | 实兴东街1号 | 贾　静 | 800 | 22 |
| 北京市星光歌厅有限责任公司 | 古城南路45号 | 冯玉莲 | 1100 | 42 |
| 北京火焰娱乐有限公司 | 古城南里甲5号 | 刘小波 | 900 | 30 |
| 北京市都市豪情娱乐有限责任公司 | 京源路7号 | 温东芳 | 400 | |
| 北京市遥感星空音乐茶座 | 刘娘府路西侧琅山苗圃院内 | 远　立 | 800 | 38 |
| 北京鑫金玉阁歌厅 | 古城南街东侧55－1 | 赵　柱 | 820 | 30 |

| 名　　称 | 地　　址 | 法　人 | 核定面积 | 包间数 |
|---|---|---|---|---|
| 北京无限时光音乐茶座有限公司 | 石景山路32号体育场西门 | 刘胜利 | 800 | 25 |
| 北京凯龙盛冠商贸有限公司盛凯龙歌舞厅 | 古城西路162号 | 刘云娥 | 800 | 43 |
| 北京华晨兔兔娱乐有限责任公司 | 八角北里1号楼东侧甲2号 | 安庆霞 | 500 | 21 |
| 北京月色莺歌歌厅 | 古城西路129号 | 刘　名 | 1200 | 41 |
| 北京中川餐饮娱乐有限公司 | 鲁谷东街甲26号院3号楼 | 葛东艳 | 3000 | 30 |

## 互联网上网服务营业场所名录

| 名　　称 | 地　　址 | 法定代表人 | 核准面积 | 核准台数 |
|---|---|---|---|---|
| 北京千龙网都立龙上网服务有限公司 | 北京市石景山区模式口东里 | 杨春明 | 347 | 138 |
| 北京余乐网上网服务有限公司 | 北京市石景山区永乐西区26号楼东侧二层6-10号 | 史成海 | 384 | 80 |
| 北京吉祥在线上网服务有限公司 | 北京市石景山区京源路向阳综合楼2层北侧 | 史成海 | 660 | 110 |
| 北京市零星上网服务有限公司 | 北京市石景山区古城路南里甲5号办公楼二层北侧 | 代连伟 | 260 | 100 |
| 北京龙之风上网服务有限公司 | 北京市石景山区金顶西街杨家坡临街楼 | 宫晋松 | 210 | 84 |
| 北京红色起点上网服务有限公司 | 北京市石景山区石门路318号 | 王化成 | 600 | 240 |
| 北京零度聚阵飞越上网服务有限公司 | 北京市石景山区衙门口村村北口 | 沈　涛 | 230 | 80 |
| 北京千龙网都巨大上网服务有限公司 | 北京市石景山区北辛安和平街17号 | 史成海 | 200 | 80 |
| 北京协成金豆互联网上网服务有限公司 | 北京市石景山区古城路古城小街甲6号商业楼二层 | 郭伟杰 | 254 | 100 |
| 北京忠义合上网服务有限责任公司 | 北京市石景山区古城大街10号(西来顺北侧) | 王一萌 | 206 | 82 |
| 北京嘉仕金诚上网服务有限公司 | 北京市石景山区八宝山南路重兴园甲2号 | 史守东 | 622 | 240 |
| 北京美速上网服务有限公司 | 北京市石景山区古城南里甲5号 | 刘　芳 | 450 | 175 |
| 北京百合海业英达上网服务有限公司 | 北京市石景山区苹果园南路甲11号 | 李　辉 | 290 | 116 |
| 北京市万亚辰上网服务有限公司 | 北京市石景山区苹果园地铁斜对面二楼 | 孙　刚 | 280 | 108 |
| 北京天罗网上网服务有限责任公司 | 北京市石景山区西黄村物美超市二楼 | 谭　强 | 450 | 170 |
| 北京千龙网都鑫领域上网服务有限公司 | 北京市石景山区苹果园大街135号 | 周洪勇 | 280 | 100 |
| 北京瑞得在线流星雨上网服务中心 | 北京市石景山区永乐小区黄楼饭馆二层 | 郝琳云 | 270 | 100 |
| 北京千龙网都瀚海网缘上网服务有限公司 | 北京市石景山区台湾街C-01区3号楼3-I | 史宏帅 | 260 | 80 |
| 北京世纪金福上网服务中心 | 北京市石景山区八角南里14号楼 | 刘春城 | 260 | 100 |
| 北京崇光成辉上网服务有限公司 | 北京市石景山区金顶街西街南北装饰公司内 | 王化成 | 268 | 107 |
| 北京喻世三言上网服务有限公司 | 北京市石景山区西黄村北方工大路北东侧 | 冷永侠 | 204 | 116 |
| 北京千龙网都华城上网服务有限公司 | 北京市石景山区海特花园50号楼地下一层北侧 | 候殿辉 | 900 | 296 |
| 北京千龙网都仙鹤楼上网服务有限公司 | 北京市石景山区鲁谷翠园西街6号市政综合楼二层 | 幺庆权 | 382 | 146 |
| 北京宏泰基业上网服务有限公司 | 北京市石景山区银河大街3号 | 熊小琴 | 400 | 160 |

| 名　称 | 地　址 | 法定代表人 | 核准面积 | 核准台数 |
|---|---|---|---|---|
| 北京市聚友网缘上网服务有限公司 | 北京市石景山区古城西路 8 号 – 9 – 1 | 夏　骥 | 280 | 110 |
| 北京千龙网都任君行上网服务有限公司 | 北京市石景山区麻峪东街北口二层楼 | 韩守坤 | 275 | 110 |
| 北京市瑞龙嘉恒上网服务中心 | 北京市石景山古城南街路东 50 号 – 3 | 李永刚 | 206 | 82 |

## 出版物经营单位名录

| 名　称 | 地　址 | 专项审批经营范围 |
|---|---|---|
| 北京康达振华文化发展有限公司 | 鲁谷路 74 号院北院 10 号楼 206 室 | 图书、电子出版物 零售 |
| 北京广协出版信息中心 | 杨庄东路 126 号 | 图书 零售 |
| 北京百福鑫创劳务有限公司 | 北辛安和平街 9 号 | 图书 零售 |
| 北京乘云阁图书有限公司 | 科技馆 | 图书 零售 |
| 北京新华联合文化传播中心 | 老山西街 19 号院 7 号 103 室 | 图书 零售 |
| 北京新锐时空文化交流中心 | 古城大街西侧(古城旅馆 404 室) | 图书、电子出版物 零售 |
| 北京市九州博文图书有限公司 | 北辛安袁家胡同 12 号 | 图书 零售 |
| 北京京审华信书刊经营中心 | 古城北路 6 号(原菜蔬公司综合楼)弯月亮宾馆 229 室 | 图书 零售 |
| 北京红旗在线图书有限公司 | 鲁谷路 52 号皓月写字楼 303 室 | 图书、电子出版物零售 |
| 华教联合(北京)文化传播中心 | 老山西街 19 号院 7 号 | 图书、电子出版物 零售 |
| 水木时代(北京)图书中心有限公司 | 永乐小区长城羊毛衫厂 6 号楼 2 层 1053 室 | 图书 零售 |
| 北京华联综合超市股份有限公司石景山分公司 | 石景山路万商大厦裙楼 | 图书 零售 |
| 北京市鑫海威信息中心 | 鲁谷路 35 号电科大厦 10 层 | 图书 零售 |
| 北京华普联合商业投资有限公司鲁谷超市 | 鲁谷西路远洋山水 1 号楼底商 | 图书、音像制品 零售 |
| 北京林墨轩文化用品销售中心 | 八角北路小学南侧 | 图书 零售 |
| 北京万卷天地图书有限公司 | 南大荒 80 号院西侧 3 号平房 | 图书、电子出版物 零售 |
| 北京国联博月商贸有限公司 | 八角北路小学北侧第二间 | 图书 零售 |
| 中基育通(北京)教育科技有限公司 | 石景山路 23 号办公楼西配楼 8 层 | 图书 零售 |
| 北京结缘龙腾文化用品店 | 鲁谷路东口北京玉都雅风工艺美术品市场 0928 号 | 图书 零售 |
| 北京秀雅香轩文化用品店 | 鲁谷路玉都雅风工艺美术品市场内 0948 号 | 图书 零售 |
| 北京天厚科贸有限公司图书城 | 苹果园南路甲 11 号 | 图书、音像制品 零售 |
| 北京首钢源景文化发展有限公司 | 首钢厂东门内陶楼三层 | |
| 北京金华鸿文化传播中心 | 京原路向阳综合楼展龙写字楼 609 号 | 图书、电子出版物 零售 |
| 北京陆机科技有限公司 | 京源路乙 8 号展龙大厦 617 室 | 图书 零售 |
| 北京轩地方圆书店 | 金顶东街糕点八厂 4 号楼 4 层 633 室 | 图书 零售 |
| 北京心灵坊文化传播中心 | 杨庄路供销社旅馆 4 幢 219 | 图书 零售 |
| 北京卓远今朝国际文化传播有限公司 | 双峪路 35 号爱玛裕家居购物广场 L099 – w 号 | 图书 零售 |
| 北京育禾华盛文化传播中心 | 京源路口南向阳综合楼 B448 室 | 图书 零售 |
| 北京大唐天和文化传播有限公司 | 金顶东街糕点八厂4号楼四层 605、606、608 室 | 图书 零售 |
| 北京银贝文化交流中心 | 依翠园 3 号楼商业用房 | 图书、音像制品 零售 |
| 北京布娃娃教育科技有限公司 | 石景山路 23 号院科研中试楼八层 801 室 | 图书、音像制品 零售 |

| 名　　称 | 地　　址 | 专项审批经营范围 |
|---|---|---|
| 北京诚安堂医药有限公司 | 老山东里 | 图书、音像制品 零售 |
| 北京歪歪兔教育科技有限公司 | 八大处高科技园区西井路3号3号楼1283室 | 图书、音像制品 零售 |
| 北京中住联合科技发展有限公司 | 衙门口向阳工业小区 | 图书 零售 |
| 北京诚安堂医药有限公司金顶街分店 | 金顶街二区商业用房一层 | 图书、音像制品 零售 |
| 北京大唐之都文化传播有限公司 | 金顶东街糕点八厂4号楼四层607室 | 图书 零售 |
| 北京辉煌文化交流有限公司 | 古城北路21楼5单元一层西2间 | 图书、电子出版物、音像制品 零售 |
| 北京丽家丽婴婴童用品有限公司第四十一便利店 | 石景山路22号A座长城大厦A－2底商 | 图书、音像制品 零售 |
| 创艺博奥教育科技(北京)有限公司 | 石景山路23号科研中试楼八层811室 | 图书、音像制品 零售 |
| 北京智慧文渊信息咨询中心 | 麻峪新街58号 | 图书、期刊 零售 |
| 北京永辉超市有限公司 | 鲁谷大街东侧 | 图书、音像制品 零售 |
| 北京物美商业集团股份有限公司西山枫林店 | 香山南路168号院15栋一层 | 图书、音像制品 零售 |
| 北京诚安堂药房有限公司五芳园店 | 五芳园15号楼1层3号 | 图书 零售 |
| 北京诚安堂医药有限公司八角北里店 | 八角北里实验小学对面华联超市内 | 图书 零售 |
| 北京双椿阁书店 | 西下庄统建商住楼(综合商场) | 图书 零售 |
| 北京卓远启明国际文化传播中心 | 鲁谷银河商务区二期商业金融项目E酒店3层309 | 图书 零售 |
| 北京永辉超市有限公司石景山分公司 | 鲁谷大街东侧二层 | 图书、音像制品 零售 |
| 北京经纶纵横生物科技传媒有限公司 | 鲁谷路128号1幢2层208室 | 图书 零售 |
| 北京当代商城有限责任公司石景山分公司 | 阜石路与杨庄东路交叉西北角 | 图书、报纸、期刊、电子出版物、音像制品 零售 |
| 北京鸿文源文化用品经营部 | 北京玉都雅风工艺美术品市场0888号 | 图书 零售 |
| 北京洋洋兔文化发展有限责任公司 | 八大处高科技园区3号1号楼103A室 | 图书、报纸、期刊、音像制品 零售 |
| 北京爱心华美图书音像有限责任公司石景山分公司 | 八角西街32号原乐山饭店一层 | 图书、报纸、期刊、电子出版物 零售 |
| 北京五月书香图书有限责任公司 | 八大处高科技园区西井路3号3号楼4938房间 | 图书 零售 |
| 北京葵花文化发展有限责任公司 | 海特花园50号楼1708 | 图书、期刊 零售 |
| 国教苑(北京)教育科技有限公司 | 古城大街特钢公司十一区(首特创业基地A座606号) | 图书 零售 |
| 北京物美商业集团股份有限公司五里坨店 | 五里坨2号 | 图书、音像制品 零售 |
| 北京书海墨香图书销售有限公司 | 八角北里44号楼1层104号 | 图书、报纸、期刊、电子出版物 零售 |
| 北京众诚博远文化传播有限公司 | 古城大街西侧古城旅馆2层204室 | 图书、报纸、期刊、电子出版物、音像制品 零售 |
| 北京市金恒方泰科技有限公司 | 鲁谷路35号10层 | 图书 零售 |
| 北京一诺书香文化发展中心 | 东山坡甲1号6号楼1161室 | 图书、报纸、期刊、电子出版物 零售 |
| 北京玉都雅风工艺美术品市场有限公司 | 鲁谷路东口北侧办公室 | 图书 零售 |
| 北京盛世年华文化发展有限公司 | 八大处高科技园区西井路3号3号楼6722房间 | 图书、报纸、期刊、电子出版物 零售 |

| 名　　称 | 地　　址 | 专项审批经营范围 |
|---|---|---|
| 北京盛世泽文文化传播有限公司 | 杨庄中区22号楼3单元6层601号 | 图书、报纸、期刊 零售 |
| 北京共赢时代文化传媒有限责任公司 | 八大处高科技园区西井路3号3号楼5336房间 | 图书 零售 |
| 北京梅昂书店 | 石景山路22号长城大厦1215室 | 图书 零售 |
| 北京环经广告有限公司 | 双锦园16号楼2层6单元201号 | 图书 零售 |
| 北京华文畅行出版策划有限公司 | 八大处高科技园区西井路3号3号楼8564房间 | 图书、期刊、电子出版物零售 |
| 北京红点智慧文化发展有限公司 | 玉泉西里二区15－1号楼3单元0302 | 图书 零售 |
| 北京海纳天成文化传播有限公司 | 八角北里综合商业楼211号 | 图书 零售 |
| 北京元庆丰文化传播有限公司 | 五里坨车站街1号2017室 | 图书、报纸、期刊、电子出版物 零售 |
| 北京益洋伟华文化传播有限公司 | 重聚园17号楼3单元102室 | 图书 零售 |
| 北京日章文化传播有限公司 | 碣石坪12号楼1层商业103A室 | 图书 零售 |
| 北京万学苑书店 | 金顶街北路20号院1栋1层108号 | 图书 零售 |
| 北京开拓远景文化传播中心 | 鲁谷南路26号1311室 | 图书 零售 |
| 北京远大锦绣书店 | 金顶街西口1号楼京客隆超市内二层 | 图书 零售 |
| 北京物美商业集团股份有限公司西黄村二店 | 苹果园南路6号1幢－3至3层101三层 | 图书、报纸、期刊、电子出版物、音像、音像制品零售 |
| 北京物美商业集团股份有限公司西黄村店 | 西黄村(黄南苑小区) | 音像制品 零售 |
| 北京物美商业集团股份有限公司八角北里分店 | 八角北里菜市场内 | 音像制品 零售 |
| 北京物美商业集团股份有限公司科大分店 | 玉泉路西侧科大商场 | 音像制品 零售 |
| 北京国新君悦文化发展有限公司 | 石景山路2号北京台湾街B区2号楼2A－A | 音像制品 零售 |
| 北京文墨堂书店 | 京原路5号院4－5－609 | 图书 零售 |
| 北京众合宏达文化传播有限公司 | 古城大街西侧古城旅馆2号楼202 | 图书、报纸、期刊、电子出版物、音像制品 零售 |
| 北京建亨和谐文化交流中心 | 古城西路20号景华丰写字楼A408 | 图书 零售 |
| 北京沃尔玛百货有限公司 | 阜石路158号 | 图书、报纸、期刊、电子出版物 零售 |
| 北京慧天下国际文化传播有限公司 | 石景山路22号长城大厦1247室 | 图书 零售 |
| 北京四季书香文化交流中心 | 西黄西里9号楼2单元23层2602号 | 图书、电子出版物、音像制品 零售 |
| 北京乐友达康商贸有限公司苹果园东口母婴用品专营店 | 苹果园南路6号1幢－1层西侧1号 | 图书、报纸、期刊、电子出版物、音像制品 零售、网上销售 |
| 北京卓志天下科技发展有限公司 | 金顶东街糕点八厂4号楼三层309室 | 图书 |
| 北京金文掌阅科技有限公司 | 八大处高科技园区西井路3号3号楼1062A | 图书、报纸、期刊、电子出版物、音像制品 零售 |
| 北京物美商业集团股份有限公司八角西街店 | 石景山路31号地下二层 | 图书、报纸、期刊、电子出版物、音像制品 零售 |
| 北京德利华创文化传媒有限公司 | 石景山路乙18号5号楼7层807 | 图书、期刊、电子出版物零售、网上销售 |
| 北京中科工研工程咨询服务有限责任公司 | 玉泉路19号(甲)21号楼科研楼东二层204、205室 | 图书、报纸、期刊、电子出版物 零售 |

| 名　　称 | 地　　址 | 专项审批经营范围 |
|---|---|---|
| 北京博工伟业文化传播有限责任公司 | 古城西路113号景山财富中心642室 | 图书、报纸、期刊、电子出版物、音像制品 零售 |
| 北京乐友达康商贸有限公司石景山鲁谷东街母婴用品专营店 | 鲁谷东街8号2层201 | 图书、报纸、期刊、音像制品 零售 |
| 北京思必得文化传媒有限公司 | 金顶街五区金顶街办事处办公楼4层418 | 图书、电子出版物 零售 |
| 北京物美便利超市有限公司杨庄大街分店 | 杨庄大街18号1幢 | 音像制品 零售 |
| 北京博健时代科技文化发展中心 | 古城大街西侧古城旅馆1号楼2217室 | 图书 零售 |
| 北京阳光智博文化发展有限公司 | 古城大街西侧古城旅馆1号楼2632 | 图书、报纸、期刊、电子出版物 零售、网上销售 |
| 北京宏图新华文化传播有限公司 | 八宝山南路重兴嘉园4号楼401-31 | 图书 零售 |
| 北京中工在线文化交流中心 | 杨庄路供销社旅馆4幢226室 | 图书、报纸、期刊、电子出版物 零售 |
| 北京华图时代图书有限公司 | 鲁谷路128号1栋3层325号 | 图书 零售 |
| 北京冠游时空数码技术有限公司 | 石景山路乙18号院1号楼7层810 | 电子出版物 零售、网上销售 |
| 北京华惠亿邦文化发展有限公司 | 石景山路乙18号院5号楼12层1303 | 图书、报纸、期刊、电子出版物、音像制品 零售 |
| 北京市石景山区八大处百货商场 | 杏石口路 | 音像制品 零售 |
| 北京繁星博慧书店 | 古城大街西侧古城旅馆 | 图书、报纸、期刊、电子出版物、音像制品 零售 |
| 北京传奇时代图书有限公司 | 古城北路6号(原蔬菜公司综合楼)弯月亮宾馆229室 | 图书、报纸、期刊、电子出版物、音像制品 零售 |
| 北京计尔康爱的阁生殖保健用品配送有限公司 | 八大处高科技园区创新园J座 | 图书、电子出版物、音像制品 零售、网上销售 |
| 北京计尔康科技发展有限公司 | 八大处高科技园区创新园J座一层 | 图书、电子出版物、音像制品 零售、网上销售 |
| 北京中食菌网络科技有限公司 | 鲁谷路128号1幢2层206室 | 图书 零售 |
| 中工天讯文化传媒(北京)有限公司 | 古城西路新古城分菜站2幢3号 | 图书、报纸、期刊、电子出版物 零售 |
| 北京璇璞良品商贸有限公司 | 古城南街路东53号-1弯月亮宾馆301室 | 图书、报纸、期刊、电子出版物 零售 |
| 北京中商佳广告有限公司 | 石景山路甲18号院3号楼14层1607室 | 图书、期刊 零售、网上销售 |
| 北京书惠人生文化发展有限公司 | 古城北路6号(原菜蔬公司综合楼)弯月亮宾馆330室 | 图书 零售、网上销售 |
| 北京中工前沿图书发行中心 | 古城北路6号(原蔬菜公司综合楼)弯月亮宾馆6213室 | 图书 零售、网上销售 |
| 北京东方静源文化传播有限公司 | 古城北路蔬菜公司锅炉房1幢102房间 | 图书、报纸、期刊、电子出版物 零售 |
| 北京新世冠文文化有限公司 | 实兴大街30号院3号楼2层B-0140房间 | 图书、报纸、期刊、电子出版物、音像制品 零售 |
| 北京物美便利超市有限公司鲁谷东街店 | 黄庄职业高中2幢103 | 图书、报纸、期刊、电子出版物、音像制品 零售 |
| 北京意本斋国际文化传媒有限公司 | 广宁村东山增产居委会平房103室 | 图书 零售 |

| 名　称 | 地　址 | 专项审批经营范围 |
| --- | --- | --- |
| 北京东澳盛大文化传播中心 | 金顶东街糕点八厂4号楼4层621室 | 图书、报纸、期刊、音像制品 零售 |
| 北京物美便利超市有限公司金顶北路店 | 金顶北路20号院1栋1层104 | 图书、报纸、期刊、电子出版物、音像制品 零售 |
| 北京中盛华博教育科技有限公司 | 模式口村西口102号8号楼1层01室 | 图书 零售 |
| 北京炫世唐门文化投资有限公司 | 实兴大街30号院17号楼6层77号 | 图书、报纸、期刊、电子出版物、音像制品 零售 |

## 区域体育设施名录

### 石景山区体育经营单位名录

| 名　称 | 地　址 | 开设项目 |
| --- | --- | --- |
| 万商花园酒店健身中心 | 石景山路22号 | 游泳、健身 |
| 北京环美游泳健身会所 | 苹果园北路36号 | 游泳 |
| 国家体育总局自行车击剑运动管理中心 | 老山西街5号 | 游泳、健身、击剑 |
| 国家体育总局射击射箭运动管理中心 | 福田寺甲3号 | 乒乓球、网球、篮球、台球、健身 |
| 北京首钢体育文化有限公司(首钢体育馆) | 阜石路159号首钢篮球中心 | 篮球、排球、羽毛球、网球、壁球、乒乓球、台球 |
| 同创恒盛体育文化发展有限公司 | 阜石路159号首钢篮球中心地下一层 | 健身、保龄球、台球 |
| 北京市兴钢文化交流中心总部 | 古城小街 | 健身 |
| 北京市兴钢文化交流中心模式口分部 | 模式口南里活动站1号 | 健身 |
| 北京市兴钢文化交流中心苹果园分部 | 苹果园1－3号 | 健身 |
| 北京市兴钢文化交流中心八角分部 | 八角小区内 | 健身、乒乓球 |
| 北京市兴钢文化交流中心老山分部 | 老山东里49、60、61、62号一层 | 健身、乒乓球 |
| 石景山区体育中心网球场馆 | 石景山路32号 | 网球 |
| 北京军区联勤部健身中心(内部开放) | 北京军区联勤部院内 | 游泳、保龄球 |
| 石体娱乐中心游泳馆 | 石景山路32号 | 游泳 |
| 华北宾馆游泳馆 | 八大处甲1号 | 游泳 |
| 首钢红楼游泳馆 | 石景山路首钢总公司院内 | 游泳 |
| 九中游泳馆 | 北京市第九中学内 | 游泳 |
| 高能物理研究所游泳场 | 玉泉路高能物理研究所内 | 游泳 |
| 工业职业技术学校体育馆 | 五里坨工业职业技术学校内 | 游泳、网球 |
| 首钢杨庄游泳馆 | 杨庄小区内 | 游泳 |
| 国际广播电台游泳馆(内部开放) | 鲁谷大街国际广播电台南侧 | 游泳 |
| 石景山区体育场 | 石景山路32号 | 足球、田径 |
| 石景山区体育馆 | 石景山路32号 | 篮球、羽毛球、排球、乒乓球、跆拳道 |
| 北方工业大学游泳场 | 北方工业大学南院 | 游泳 |
| 北京铁路职工培训中心(内部开放) | 市政铁路疗养院内 | 保龄球、沙壶球、乒乓球、健身、网球、篮球、游泳 |
| 北京中衫体育文化发展有限公司 | 五里坨中学 | 健身、游泳 |

| 名　　称 | 地　　址 | 开 设 项 目 |
|---|---|---|
| 北京巨龙大成体育文化公司 | 首钢八角小区43号 | 台球 |
| 夜时尚台球俱乐部古城店 | 石景山路42号石景山总工会 | 台球 |
| 高井节能服务有限公司康体中心(停业中) | 高能电厂路 | 游泳 |
| 浩沙健身台湾街店(试营业) | 鲁谷路台湾街 | 健身 |
| 浩沙健身金顶街店 | 金顶街北路金顶阳光小区 | 健身 |
| 忆石羽毛球馆 | 莲石路42号 | 羽毛球 |
| 万商花园酒店网球馆 | 石景山路22号 | 网球 |
| 万达嘉华酒店健身中心 | 石景山路甲18号1号楼 | 游泳 |
| 北京奥酷羽毛球馆 | 苹果园南路东北口宝荣汽修院内 | 羽毛球 |
| 中体奥尚体育产业发展有限公司 | 景阳东街20号衙门口纸库17号 | 健身、篮球、羽毛球 |
| 嘉安卡丁车俱乐部 | 老山自行车馆西北侧 | 卡丁车 |
| 云川台球远洋店 | 玉泉路西里远洋山水 | 台球 |
| 京山天宏高尔夫俱乐部 | 衙门口村 | 高尔夫 |
| 五色羽羽毛球馆 | 北辛安路 | 羽毛球 |
| 今天体育文化发展有限公司 | 苹果园一区甲14号首钢文化馆 | 健身 |
| 北京百姓坊台球厅 | 杨庄小区27号楼 | 台球 |
| 自然风体育文化发展有限公司 | 万达广场1层大玩家 | 台球、轮滑 |
| 博雄拳馆 | 鲁谷南路25号楼 | 跆拳道、散打、健身、武术 |
| 格林菲特健身会所 | 鲁谷大街天外天饭店2-3层 | 游泳 |
| 优美健身俱乐部 | 雍景四季小区7号商业楼3层 | 健身 |
| 帝豪斯健身会所 | 万达百货4层东北角 | 健身 |
| 跃健身生态健身馆 | 远洋山区南区38号楼底商 | 健身 |
| GM5国际运动主题乐园 | 景阳东街20号衙门口纸库 | 羽毛球、篮球、排球、棒球、网球、蹦床等 |
| 启迪运动中心 | 八宝山地铁北侧 | 冰球、滑冰 |

## 职业服务机构名录

### 职业介绍机构名录

| 名　　称 | 电　话 | 地　　址 | 备　注 |
|---|---|---|---|
| 区人才服务中心 | 68868107 | 杨庄东路66号 | 公共服务 |
| 区职业介绍服务中心 | 68879893 | 杨庄路66号 | 公共服务 |
| 五里坨街道职介所 | 88905460 | 五里坨车站路1号 | 公共服务 |
| 鲁谷社区职介所 | 68642117 | 六合园东部社区中心 | 公共服务 |
| 广宁街道职介所 | 88993075 | 广宁村立新街4号 | 公共服务 |
| 八宝山街道职介所 | 88682938 | 八宝山街道办事处 | 公共服务 |
| 古城街道职介所 | 68879143 | 古城街道办事处综合服务大厅 | 公共服务 |
| 苹果园街道职介所 | 88799673 | 苹果园街道办事处 | 公共服务 |
| 八角街道职介所 | 88982139 | 八角街道办事处 | 公共服务 |

| 名　　称 | 电　话 | 地　　址 | 备　注 |
|---|---|---|---|
| 老山街道职介所 | 88973349 | 老山东里 | 公共服务 |
| 金顶街街道职介所 | 68873043 | 金顶街街道办事处 | 公共服务 |
| 北京中融汇智人力资源有限公司 | | 实兴大街30号院3号楼11层 | 经营性服务 |
| 区残疾人劳动就业服务中心 | 68821872 | 古城幼儿园东院 | 公共服务 |
| 区工会职介所 | 88930313 | 石景山路35号 | 公共服务 |
| 区妇女儿童活动中心 | 68875501 | 八角西街 | 公共服务 |
| 爱依家政服务有限责任公司 | 68826919<br>68870438 | 古城南路52号 | 经营性服务 |
| 爱依家政服务有限责任公司杨庄分部 | 68826919 | 杨庄社区服务中心一层 | 经营性服务 |
| 爱依家政服务有限责任公司古城分部 | 68826919 | 古城公园西墙外 | 经营性服务 |
| 益友嘉职业介绍有限公司 | 68885486 | 八角北路社区服务中心 | 经营性服务 |
| 益友嘉职业介绍有限公司永乐分部 | 68885486 | 永乐小区长城羊毛衫厂西侧 | 经营性服务 |
| 石景山区残疾人就业服务事务所 | 13466669035 | 阜石路166号泽洋大厦1507室 | 经营性服务 |
| 北京田慧园人力资源服务公司 | 68874794 | 北辛安和平街 | 经营性服务 |
| 国网北京市电力公司人才交流服务中心 | 15810979796<br>63679989 | 模式口大街3号院 | 经营性服务 |
| 普一(北京)国际人力资源咨询有限公司 | 18510205618<br>68547180 | 银河南街2号院3号楼13层1610室 | 经营性服务 |
| 易建安盛(北京)教育科技有限公司 | 18611393230<br>68874173 | 杨庄路110号院(华信大厦)11层1101室 | 经营性服务 |
| 京邮通科技(北京)有限公司 | 13810446464<br>62264906 | 西井路3号3号楼4131 | 经营性服务 |
| 北京四达光彩人力资源服务有限公司 | 13466390530<br>68861594 | 古城大街1号领秀大厦A座121房间 | 经营性服务 |
| 北京市仁立地途企业管理顾问有限公司 | 15910611821 | 鲁谷万商大厦六层610、612、613、618 | 经营性服务 |
| 北京聚辉管理咨询有限公司 | 13126509659 | 石景山路3号玉泉大厦7层711号 | 经营性服务 |
| 北京首实新业劳务服务有限责任公司 | 88796046 | 西井首钢一区17号 | 经营性服务 |
| 北京中电德瑞电子科技有限公司 | 51945048 | 苹果园路2号院1号楼12层120 | 经营性服务 |

## 民办职业技能培训学校名录

(2015年共54个工种,其中:高级技师7个、技师8个、高级工16个、非等级7个)

| 学校全称 | 办学许可证号 | 学校地址 | 负责人 | 办学类型<br>(允许开办的培训职业(工种)名称和培训层次) | 招生电话 |
|---|---|---|---|---|---|
| 北京市石景山区职业技能培训学校 | 1107104000001 | 石景山区杨庄东街66号 | 王　辉 | 计算机文字录入处理员、中式烹调师、家政服务员、保健按摩师、花卉工(初、中级) | 68875360 |
| 北京市古城职业技能培训学校 | 1107103000002 | 石景山区古城大街23号 | 朱瑞明 | 美容师、美发师、中式烹调师(高)、餐厅服务员、调酒师、花卉工、西式面点师、计算机调试(初、中、高级)。收银员(初)、主食制作、小菜制作、理货员(非等级) | 68873414 |

| 学校全称 | 办学许可证号 | 学校地址 | 负责人 | 办学类型<br>(允许开办的培训职业(工种)名称和培训层次) | 招生电话 |
|---|---|---|---|---|---|
| 北京市石景山区业余大学职业技能培训学校 | 1107103000003 | 石景山区八角北路51号院 | 王　松 | 计算机文字录入处理员、秘书(高)、公关员(高)、物业管理员、保育员、育婴员(初、中、高级)。 | 68875355 |
| 北京市石景山区阳光职业技能培训学校 | 1107104000004 | 石景山区老山西里甲30号 | 傅立新 | 计算机操作员、计算机维修工、中式烹调师、中式面点师、餐厅服务员、保健按摩师、美容师、美发师、家政服务员(初、中级) | 88748051 |
| 北京市首钢职业技能培训学校 | 1107101000005 | 石景山区晋元庄6号首钢技师学院内 | 张百歧 | 维修电工、装配钳工、机修钳工、焊工、车工、铣工、冷作钣金工(高级技师、技师、高、中级、初级)、营销师(技师、高、中级)企业人力资源管理、电子商务、项目管理、加工中心操作员(高、中级)、汽车维修工(高、中、初级)、数控铣床操作工(中级)、家政服务员、仓库保管工、计算机文字录入处理员、计算机调试工、计算机操作员、制作设备维修工(中、初级)、保洁绿化、社区物业服务、室内保洁、停车管理(非等级) | 59805765 |
| 北京市石景山区现代服务职业技能培训学校 | 1107124000006 | 石景山区京原路2号桥三角地1号3号楼 | 傅彦生 | 家政服务员、育婴员、养老护理员(初、中级) | 57172214<br>18901352028<br>王宁蓝 |
| 北京市石景山区安邦职业技能培训学校 | 1107104000007 | 石景山区老山西里21号实验二小院内 | 项学贤 | 保健按摩师(初、中级) | 68680867 |
| 北京市石景山区棋槟职业技能培训学校 | 1107104000010 | 石景山区模式口南里文化馆一层 | 赵丽华 | 汽车维修工、工艺编结工(初、中级) | 88996229 |
| 北京市石景山区博闻职业技能培训学校 | 1107104000011 | 石景山区鲁谷南路26号展龙大厦西楼二层 | 高　丰 | 家政服务员、公共区域保洁员、停车场管理员(非等级)(初、中级) | 68622858 |
| 北京市石景山区偲美职业技能培训学校 | 1107134000008 | 石景山区石景山路2号台湾街c2－5－b | 聂　鑫 | 美容师 | 88607980<br>18810091351 |
| 北京市石景山区时尚瑞丽职业技能培训学校 | 1107134000014 | 石景山区政达路2号1单元 | 王洪达 | 美甲师、化妆师(初中级) | 18611966676<br>18600393789<br>(计绚) |

## 律师、公证服务机构

### 律师事务所名录

| | | |
|---|---|---|
| 北京市方正律师事务所 | 北京市石景山区八角北里 | 68842567 |
| 北京市华夏律师事务所 | 北京市石景山区石景山路22号万商大厦602 | 68636613 |

| | | |
|---|---|---|
| 北京市双全律师事务所 | 北京市石景山路甲 18 号万达广场 E 座 2811 室 | 13501000103 |
| 北京市博天律师事务所 | 北京市石景山路甲 18 号万达广场 E 座 3 层 309 室 | 68681755 |
| 北京市合达律师事务所 | 北京市石景山路甲 18 号万达广场 C 座 2210 | 88696642 |
| 北京市佳泰律师事务所 | 北京市石景山区海特花园 46 号楼 2 单元 601 室 | 68810997 |
| 北京市信之源律师事务所 | 北京市石景山路甲 18 号万达广场 E 座 1611 | 13501394769 |
| 北京市中顾律师事务所 | 北京市石景山区八大处高科技园区西井路三号楼 1227 室 | 82616007 |
| 北京市京晓律师事务所 | 北京市石景山区政达路 2 号 CRD 银座 1029 | 88930905 |
| 北京市兆泰律师事务所 | 北京市石景山路甲 18 号万达广场 F 座 612 | 88682216 |
| 北京市凯诺律师事务所 | 北京市石景山区政达路 6 号北方中惠国际中心 D 座 801 | 52632699 |
| 北京孙海清律师事务所 | 北京市石景山区八角北路 45 号楼 1 单元 3 号 | 13521779287 |
| 北京市恒顿律师事务所 | 北京市石景山路甲 18 号院万达广场 E 座 512 室 | 88696916 |
| 北京市品臻律师事务所 | 北京市石景山区石景山路 22 号万商大厦 1318 室 | 88684266 |
| 北京京扬律师事务所 | 北京市石景山区政达路 2 号 CRD 银座 1434 | 68647528 |
| 北京京青律师事务所 | 北京市石景山区政达路 2 号 CRD 银座 722 室 | 68647587 |
| 北京京翔律师事务所 | 北京市石景山区杨庄北区 16 号楼 105 室 | 68863605 |
| 北京思科律师事务所 | 北京市石景山路甲 18 号万达广场 C 座 1807 室 | 88696089 |
| 北京翔帮律师事务所 | 北京市石景山区古城南里甲 5 号 318 | 68866445 |
| 北京法铭律师事务所 | 北京市石景山区石景山路 3 号玉泉大厦 815 室 | 88258209 13910997933 |
| 北京华本律师事务所 | 北京市石景山区政达路 2 号 CRD 银座 1 单元 8 层 822 室 | 68647508 |
| 北京冉民律师事务所 | 北京市石景山区石景山路 23 号中础大厦 420 | 52402867 |
| 北京新儒律师事务所 | 北京市石景山区政达路 2 号 CRD 银座 B 座 1323 室 | 52420877 |
| 北京锦竹律师事务所 | 北京市石景山区睡景山路甲 18 号院万达广场 E 座 2206、1512 | 13911948567 |
| 北京秉道律师事务所 | 北京市石景山区银河南街 2 号院紫御国际 3 号楼 1211 | 88865600 |
| 北京万贝律师事务所 | 北京市石景山区石景山路 18 号院万达广场 C 座 1811 | 88696089 |
| 北京全印律师事务所 | 北京市石景山区古城西路 113 号景山财富中心 334 室 | 13011157568 |
| 北京市道衡律师事务所 | 北京市石景山区政达路 2 号 CRD 银座 1202 号 | 68547215 |
| 北京长立律师事务所 | 北京市石景山区阜石路 166 号泽洋大厦 306 室 | 65666161 |
| 北京众再成律师事务所 | 北京市石景山区实兴大街 30 号院 7 号楼 5 层 | 68882317 |
| 北京旗文律师事务所 | 北京市石景山区古城西路 113 号景山财富中心 758 室 | 18201332626 |
| 北京科鹏律师事务所 | 北京市石景山区古城大街特钢十一区(首特创业基地)A 座 335 号 | 13911150596 |
| 北京诚桥律师事务所 | 北京市石景山区古城大街 51 号 2 号楼 5 层 2540 室 | 13681531878 |

## 公证处名录

| | | |
|---|---|---|
| 北京市燕京公证处 | 八角北里司法局 2 楼 | 88915322　68834410　68875084 |

## 法律服务所名录

| | | |
|---|---|---|
| 北京市石景山区八宝山街道法律服务所 | 永乐西小区 | 13911506990 |
| 北京市石景山区八角街道法律服务所 | 鼎城 9 层 | 13501293959 |
| 北京市石景山区古城街道法律服务所 | 杨庄敬老院 2 楼 205 室 | 13321191098 |
| 北京市石景山区苹果园街道法律服务所 | 苹果园首钢文化馆 2 楼 | 13801014427 |

## 石景山公安分局派出所名录

| | | |
|---|---|---|
| 八宝山派出所 | 永乐小区甲 66 号 | 68668751 |
| 八角派出所 | 八角北路甲 38 号 | 68875652 |
| 古城派出所 | 老古城北后道甲 1 号 | 68872373 |
| 苹果园派出所 | 实兴大街甲 1 号 | 68836781　68872303 |
| 老山派出所 | 老山东里 | 88971590 |

| | | |
|---|---|---|
| 模式口派出所 | 模式口南里甲1号 | 68875574 |
| 金顶街派出所 | 金顶街五区3栋 | 88732328 |
| 鲁谷派出所 | 依翠园甲16号 | 88682186 |
| 广宁派出所 | 广宁复兴街75号 | 88992177 |
| 五里坨派出所 | 五里坨东街甲1号 | 88952410 |
| 石景山路派出所 | 石景山体育馆内 | 68875350 |
| 八大处派出所 | 八大处公园内 | 88964250 |
| 高井派出所 | 高井甲32号 | 66384471 |
| 四平台派出所 | 八大处甲1号 | 88963060 |

## 科技中介服务组织名录

| | | |
|---|---|---|
| 北京爱思济会计事务所 | 石景山路23号中础大厦206室 | 68872158 |
| 北京普洋会计事务所 | 实兴大街30号西山汇A2楼1层10号 | 13699238288 |
| 北京源中源登记注册代理事务所 | 实兴大街30号西山汇A2楼1层1号 | 13311284514 |
| 北京金海会计服务有限公司 | 实兴大街30号西山汇A2楼1层1号 | 13601259623 |
| 北京安平生财务咨询有限公司 | 实兴大街30号西山汇A2楼1层1号 | 13521837702 |
| 财智信商联盟(北京)科技有限公司 | 石景山科技馆2楼 | 13910777439 |
| 首钢总公司专利中心 | 首钢厂东门首钢技术研究院 | 88296581 |
| 石景山区人才交流中心 | 杨庄东路66号人才交流中心 | 68871056 |
| 北京国辰世纪企业管理咨询中心 | 石景山路22号长城大厦 | 68666240 |
| 石景山区生产力促进中心 | 八角西街40号 | 68863350 |
| 北京863信息安全科技发展有限公司 | 石景山路40号 | 68812109 |
| 首特科技孵化器 | 特钢公司院内 | 88982098 |
| 北京盛世易达咨询有限公司 | 双园路9号京宝公司307室 | 13001263436 |
| 北京汇丰国际登记注册代理事务所 | 实兴大街30号西山汇A2楼1层3号 | 13911131343 |
| 北京颖通嘉琳登记注册代理事务所 | 阜石路166号泽洋大厦718X6 | 13641314173 |
| 北京市双全律师事务所 | 碣石坪12号1－2303B | 68667174 |
| 北京领步科技发展有限公司 | 苹果园西井路3号 | 51620688 |
| 金嘉恒科技发展有限公司 | 西井路3号3号楼 | 13911827608 |
| 北瑞驰胜安科技开发有限公司 | 石景山路甲18号院2号楼 | 5249615 |
| 北京顺然天成咨询有限公司 | 实兴大街30号西山汇A2楼1层16号 | 13520369807 |
| 北京英信国和会计师事务所 | 实兴大街30号西山汇A2楼1层13号 | 13911717803　68256488 |
| 北京华海基业科技孵化器有限公司 | 石景山路22号长城大厦506室 | 68666252 |
| 联合信用管理有限公司北京分公司 | 实兴大街30号西山汇A2楼1层17号 | 13521855803　64912118－814 |
| 北京国帆知识产权代理事务所 | 实兴大街30号西山汇A2楼1层18号 | 13901311903 |
| 北京知易知识产权代理有限公司 | 实兴大街30号西山汇A2楼1层19号 | 13691067119 |
| 泽羚投资咨询(北京)有限公司 | 实兴大街30号西山汇A2楼1层24号 | 13910630689 |
| 北京国泰创业投资基金管理有限公司 | 实兴大街30号西山汇A2楼1层34号 | 18618333678 |
| 北京市外商投资企业职业介绍中心 | 实兴大街30号西山汇A2楼1层35号 | 13901325723 |
| 北京柏卓人力资源开发咨询有限公司 | 实兴大街30号西山汇A2楼1层35号 | 13901052348 |
| 中国互联网协会 | 实兴大街30号西山汇A2楼1层28号 | 13301127966 |
| 工业和信息化部电子知识产权中心 | 鲁谷路35号电科大厦6层 | 88686227 |
| 古城小学科技企业工地 | 古城西街19号 | 13810135889 |

## 福利机构名录

| | | |
|---|---|---|
| 北京市石景山区社会福利院 | 杨庄路17号 | 68842135 |

| | | |
|---|---|---|
| 北京市慈善寺敬老院 | 五里坨潭峪村口 | 88903508 |
| 北京市金梦圆老年乐园 | 八大处路 35 号 | 88961199 |
| 北京市寿山福海养老服务中心 | 双峪路 23 号 | 88990006 |
| 北京市颐养年养老院 | 高井北街 149 号 | 88908996 |
| 北京市西山八大处老年公寓 | 八大处北空院内 | 88965745 |
| 北京市民族养老院 | 模式口南里小区 | 88719092 |
| 北京市老年福敬老院 | 模式口西里小区 | 88292255 |

## 街道社区居委会

### 古城街道

| | | |
|---|---|---|
| 八千平社区居民委员会 | 古城北路 3 栋平房处 | 68875184 |
| 古城路社区居民委员会 | 古城路 16 栋西侧 | 68874653 |
| 南路东社区居民委员会 | 古城南路 28 栋前 | 68835582 |
| 南路西社区居民委员会 | 古城南路 16 栋北侧 | 68875391 |
| 十万平社区居民委员会 | 古城大街曦景长安 3 号楼底商 105 室 | 68888325 |
| 北小区社区居民委员会 | 古城北路 14 栋前平房 | 68875712 |
| 环铁社区居民委员会 | 杨庄大街地铁车辆一公司门口 | 68835233 |
| 特钢社区居民委员会 | 特钢东门大楼一栋平房 | 68810165 |
| 西路南社区居民委员会 | 古城西路 8 栋对面 | 68882076 |
| 西路北社区居民委员会 | 古城西路 10 栋 | 68874303 |
| 天翔社区居民委员会 | 古城北路 21 栋后院 | 68882488 |
| 老古城东社区居民委员会 | 古城现代嘉园 66 号院 1 号楼 1 单元 102 室 | 68819071 |
| 老古城西社区居民委员会 | 古城现代嘉园 68 号院 1 号楼 2 单元 102 室 | 68819073 |
| 北辛安大街社区居民委员会 | 北辛安大街 56 号 | 68826703 |
| 北辛安铁新社区居民委员会 | 北辛安新房子 16 号 | 68871476 |
| 北辛安南北岔社区居民委员会 | 北辛安南岔 34 号 | 68876114 |
| 水泥厂社区居民委员会 | 京原路 68 号 | 88957201 |
| 南大荒社区居民委员会 | 京原路 55 号永定林居民区院 | 68822740 |
| 白庙庞村社区居民委员会 | 白庙村 35 号 | 68868592 |
| 滨和园燕堤西街社区居委会 | 燕堤西街 7 号院 1 号楼二层 | 53023226/28 |
| 滨和园燕堤中街社区居委会 | 燕堤中街 6 号院 3 号楼二层 | 53023963/69 |
| 滨和园燕堤南路社区居委会 | 燕堤南路 1 号院 8 号楼三层 | |

### 苹果园街道

| | | | |
|---|---|---|---|
| 苹一区社区居委会 | 苹一区 5 栋楼北侧 | 68844260 | 68877461 |
| 苹二区社区居委会 | 苹二区 6 号楼后面 | 68844546 | 68870591 |
| 苹三区社区居委会 | 苹三区 19 栋西 | 88719085 | 88736486 |
| 苹四区社区居委会 | 苹四区 13 栋对面 | 88708061 | 88725239 |
| 海特第一社区居委会 | 海特花园 15 栋后平房 | | 88790239 |
| 海特第二社区居委会 | 海特小学北侧 | | 88790874 |
| 海特第三社区居委会 | 海特花园 56 号楼旁平房 | 88796485 | 88791077 |
| 西井社区居委会 | 西井二区甲一号 | 88931244 | 88932431 |
| 西黄村社区居委会 | 西黄村木材厂南侧三楼 | | 88705057 |
| 西黄新村社区居委会 | 西黄新村北里 12 号楼 109 号 | | 88783611 |
| 琅山村社区居委会 | 琅山村 64 号 | 88728914 | 88752643 |
| 边府社区居委会 | 雍王府 1 号 | 52637020 | 88759370 |

| 装备部社区居委会 | 装备部大院 37 号 | 66397155 66397061 |
|---|---|---|
| 八大处社区居委会 | 八大处路 6 号六一教工院内 | 88962994 |
| 西山枫林一社区居委会 | 香山南路 168 号院 8－9－101 | 88782445 |
| 西山枫林二社区居委会 | 香山南路 166 号院 8－6－102 | 88774971 |
| 军区第一社区居委会 | 军区大院 58－1－101 | 66398257 |
| 西黄新村东里社区居委会 | 西黄新村东里 13 号楼 108 号 | 88702083 |
| 西黄新村西里社区居委会 | 西黄新村西里 13 号楼旁 12 号楼北侧 | 88701646 |
| 下庄社区居委会 | 八大处路甲 26 号院 8 栋 11 门 101 号 | 88960745 |

## 金顶街街道

| 金一区社区居委会 | 金顶北路 20 号院 19 号楼首层 | 88775047 88749902 |
|---|---|---|
| 金二区社区居委会 | 金顶北路 8 号院 13 栋底商 | 88750554 88750423 |
| 金三区社区居委会 | 金三区 6 栋东南侧平房 | 88748025 |
| 金四区社区居委会 | 金顶北街 68 号(金顶街工商银行北侧) | 88722550 88748026 |
| 金五区社区居委会 | 金五区甲 9 栋楼一层 | 88724302 88749971 |
| 赵山社区居委会 | 赵山 2 号楼北侧平房 | 88744007 88748007 |
| 西福村社区居委会 | 金顶山路 168 号院 9 栋旁 | 88723576 |
| 铸造村社区居委会 | 铸造村 1 区新 1 号(14 栋旁) | 88714343 88748033 |
| 模式口村社区居委会 | 模式口村 76 号 | 88728098 88750148 |
| 模东里社区居委会 | 模式口东里 9 号楼西侧 | 88728152 88717592 |
| 模南里社区居委会 | 模南里 9 栋北侧 | 88722187 |
| 模中里社区居委会 | 模南里 26 栋楼前 | 88728616 |
| 模北里社区居委会 | 模北里 44 号楼南侧 | 88748010 8991155－3713 |
| 模西中社区居委会 | 模西 20 栋楼前 | 88722602 88748826 |
| 模西南社区居委会 | 模西 33 栋北侧 | 88722602 |
| 模西北社区居委会 | 模西物业所院办 | 88724325 |

## 五里坨街道

| 陆军机关军营社区居委会 | 高井甲 32 号院社区居委会 | 66384479 |
|---|---|---|
| 西山机械厂社区居委会 | 五里坨炮厂小区居委会办公楼 | 51725435 |
| 天翠阳光第一社区 | 石门南路 1 号院 9 号楼 | 88755221 |
| 天翠阳光第二社区 | 五里坨西街 9 号院 11 号楼一层 | 88796850 |
| 天翠阳光第三社区 | 五里坨西街 12 号院 5 号楼一层 | 88920530 |
| 高井社区居委会 | 黑石头南街 49 号 | 88951713 |
| 南宫社区居委会 | 石门路 368 号居委会 | 51511273 |
| 黑石头社区居委会 | 黑石头南街 49 号 | 88951284 |
| 隆恩寺社区居委会 | 五里坨隆恩寺礼堂 | 88902905 |
| 红卫路社区居委会 | 五里坨隆恩寺路 99 号院 1 号 | 51512279 |
| 隆恩颐园 | 隆恩寺路 3 号院综合楼办公楼 | 61818616 |
| 东街社区居委会 | 五里坨东街 47 号 | 88902445 |
| 隆恩寺新区社区居委会 | 秀府南路 19 号 1－4－1 层 | 61803063 |
| 南宫嘉园社区居委会 | 隆恩寺路 18 号 10 号楼一层 | 88900611 |

## 广宁街道

| 新立街社区居委会 | 广宁村新立街 113 号 | 88991868 |
|---|---|---|
| 东山社区居委会 | 广宁村复兴街东山 | 88991398 |
| 高井路社区居委会 | 广宁村电厂路 21 号 | 52552881 |
| 麻峪社区居委会 | 麻峪南沟五十五亩地 | 88991640 |

| | | |
|---|---|---|
| 麻峪北社区居委会 | 双峪路麻峪新街北口 | 88991282 |

## 八宝山街道

| | | |
|---|---|---|
| 三山园社区居委会 | 永乐东区 84 楼东侧平房 | 68657086 |
| 四季园社区居委会 | 永乐东区 27 楼前白楼 | 68681076 |
| 永东南社区居委会 | 永乐东区 32 楼南平房 | 68684695 |
| 永东北社区居委会 | 永乐东区 7 号楼前 | 68658546 |
| 鲁谷住宅社区居委会 | 鲁谷住宅 7 号楼东侧一层 | 68636654 |
| 情报所社区居委会 | 情报所 26 号楼北侧二层 | 88686047 |
| 电科院社区居委会 | 电科院社区院 32 号楼东一层 | 68683508 |
| 玉泉西社区居委会 | 玉泉路甲 65 号院平房 | 68636681 |
| 瑞达社区居委会 | 瑞达社区北院 11 号楼北侧一层 | 68689014 |
| 青年楼社区居委会 | 青年楼 2 号楼东侧 | 68687279 |
| 中铁建社区居委会 | 八宝山南路 29 号院食堂二层 | 51885679 |
| 西里西社区居委会 | 玉泉西里二区 7－3－106 | 88685338 |
| 西里中社区居委会 | 玉泉西里二区 29 号楼一层(底商) | 88609638 |
| 西里北社区居委会 | 玉泉西里二区 1 号楼一层(底商) | 88680676 |
| 西里南社区居委会 | 玉泉西里二区 30 号楼 3 单元 | 88608457 |
| 沁山水南社区居委会 | 玉泉西里一区 26 号楼一层 302 | 68645680 |
| 沁山水北社区居委会 | 玉泉西里一区 2 号楼一层 105 | 88687020 |

## 鲁谷社区

| | | |
|---|---|---|
| 依翠园南社区居委会 | 依翠园 13 号楼底商依翠园南居委会 | 68624224 |
| 依翠园北社区居委会 | 鲁谷路市运八场 3 号楼南侧 | 68663737 |
| 双锦园社区居委会 | 永乐西小区 3 号楼东面 | 68636674 |
| 五芳园社区居委会 | 鲁谷南路 5 号 | 68620956 |
| 六合园南社区居委会 | 六合园 20 号楼南侧 | 68625271 |
| 六合园北社区居委会 | 六合园 12 号楼北侧平房 | 68626880 |
| 七星园南社区居委会 | 七星园 10－13 101 | 68627417 |
| 七星园北社区居委会 | 七星园 7 号楼对面 | 68627418 |
| 衙门口东社区居委会 | 衙门口上后街南头 | 88681730 |
| 衙门口西社区居委会 | 衙门口西街 44 号 | 68636683 |
| 衙门口南社区居委会 | 衙门口西南后街 | 88681010 |
| 新华社社区居委会 | 京原路 8 号新华社第二工作区西配楼 102 室 | 3077157 |
| 石景山医院社区居委会 | 碣石坪小区 3 号楼西侧平房居委会 | 68659138 |
| 久筑社区居委会 | 双锦园 16 号楼底商久筑服务站 | 68658542 |
| 西厂东社区居委会 | 北京重型机电厂西厂宿舍 10 号楼 3 门 103 号 | 68683321 |
| 新岚社区居委会 | 依翠园乙 16 号新岚大厦一层 | 68641236 |
| 永乐西南社区居委会 | 永乐西区 20 号楼北侧平房院 | 88681799 |
| 永乐西北社区居委会 | 永乐西区 20 号楼北侧平房院 | 68686532 |
| 重聚园社区居委会 | 重聚园 18 号楼西侧物业综合办公楼四层 | 68686316 |
| 重兴园社区居委会 | 重兴嘉园 1 号楼 6 层居委会 | 68655994 |
| 碣石坪社区居委会 | 碣石坪 12 号一单元 101 | 88690992 |
| 聚兴园社区居委会 | 天和景园 1－10－101 | 53666011 |

## 八角街道

| | | |
|---|---|---|
| 八角北里社区居委会 | 八角北里 45 号楼前 | 68883787 |
| 八角中里社区居委会 | 八角中里 21 栋东侧 | 68879231 |

| | | |
|---|---|---|
| 八角南里社区居委会 | 八角南里 17 栋东侧 | 88910810 |
| 八角北路社区居委会 | 八角北路 44 栋对面八角北路居委会 | 68872161 |
| 八角路社区居委会 | 八角路社区 10 栋东侧 | 68874285 |
| 八角南路社区居委会 | 八角南路 12 号楼东侧 | 68879213 |
| 杨庄南区社区居委会 | 杨庄小区 35 栋西侧 | 68873013 |
| 杨庄中区社区居委会 | 杨庄中区 1 号楼西侧 | 68867818 |
| 杨庄北区社区居委会 | 杨庄北区奈伦熙府 49 号楼西侧平房 | 52651531 |
| 杨庄北区第二社区社区居委会 | 杨庄北区 12 号楼北侧和 13 号楼南侧之间 | 57435597 |
| 公园北社区居委会 | 古城路甲 61 号 | 68872798 |
| 古城南路社区居委会 | 古城南路 50 栋院内 | 68873023 |
| 古城南里社区居委会 | 古城南里 5 号楼西南侧 | 68876379 |
| 建钢南里社区居委会 | 八角南里 1 号楼南侧平房 | 58419189 |
| 特钢社区居委会 | 八角北路 9 栋北侧平房 | 88915047 |
| 地铁家园社区居委会 | 八角北路 59 号地铁家园社区 5 号楼南侧 | 68879223 |
| 黄南苑社区居委会 | 黄南苑小区 2 号楼北侧平房 | 88995817 |
| 时代花园社区居委会 | 时代花园南路 23 号院 15 号楼 1 层 | 88937457 |
| 景阳东街第一社区社区居委会 | 景阳东街 69 号院 1 号楼 1 层 | 68648819 |
| 景阳东街第二社区社区居委会 | 景阳东街 65 号院 3 号楼 2 单元 1 层 | 88605660 |
| 景阳东街第三社区社区居委会 | 景阳东街 58 号院燕保京原家园底商 | 88602430 |
| 体育场南路社区居委会 | 体育场南街 7 号院 5 号楼 | 68800805 |

## 老山街道

| | | |
|---|---|---|
| 老山西里社区居委会 | 老山西里 4 栋南侧平房 | 88970474 |
| 老山东里社区居委会 | 老山东里 5 栋东侧临甲 5－2 | 88975996 |
| 老山东里南社区居委会 | 老山东里 28 栋东侧平房 | 88973339 |
| 老山东里北社区居委会 | 老山东里 49 栋北侧平房 | 88973470 |
| 何家坟社区居委会 | 玉泉西街 5 号何家坟居委会 | 88255857 |
| 高能所社区居委会 | 玉泉路 19 号乙高能所居委会 | 88233098 |
| 玉泉西路社区居委会 | 玉泉西街 1 号院玉泉西路居委会 | 88255501 |
| 11 号院社区居委会 | 玉泉路 11 号院居委会 | 68289034 |
| 翠谷玉景苑社区居委会 | 翠谷玉景苑 1 号楼 6 门 103 号 | 58974113 |
| 京源路社区居委会 | 石景山路 23 号院京源路居委会 | 68810401 |
| 玉泉北里二区第一社区居委会 | 玉泉北里二区国科大学 B 区 21 号楼底商 2 单元 102 | 88620097 |
| 中国科学院大学社区居委会 | 玉泉路 19 号丙 16 号楼北侧平房 | 88256073 |

# 索　引

## 使用说明

一、本索引采用内容分析索引法编制，除大事记外，年鉴中有实质检索意义的内容均予以标引，以便检索使用。

二、本索引基本上按汉语拼音音序排列，具体排列方法如下：以数字开头的，排在最前面；以英文字母开头的，列于其次；汉字标目则按首字的音序、音调依次排列，首字相同时则以第二个字排序，依此类推。

三、索引标目后的数字，表示检索内容所在的正文页码；数字后面的英文字母a、b，表示正文栏别，合在一起即指该页码及所在的版面区域。年鉴中用表格、图形反映的内容，则在索引标目后面用括号注明（表）（图）字，以区别于文字标目。

四、为反映索引款目间的隶属关系，对于二级标目，采取在上一级标目下缩二格的形式编排，之下再按汉语拼音音序、音调排列。

### 0～9

1+3培养模式变革项目　327c
12318主题宣传活动　345b
12348法律服务上线　178c
12350举报投诉受理　207a
12·07善后法律服务　180c
1·22非法拘禁案　170c
1号楼商业金融项目　274a
1号住宅楼及配套　273b
2015—2016学年度课改总结会　326a
2015年度石景山区科学技术奖评审结果一览（表）　312
2016年鉴出版发行　113b
2016年每百户耐用消费品拥有量（表）　401
2016年石景山区八大类消费支出构成（图）　401b
2016年石景山区大事记　32a
2016年石景山区低保家庭居民人均可支配收入及构成（表）　402a
2016年石景山区低保家庭居民人均消费支出及构成　402a（图）、402b（表）
2016年石景山区低保家庭居民主要收入来源分布（图）　402b
2016年石景山区居民人均可支配收入增长及构成（表）　400
2016年石景山区居民消费支出增长及构成（表）　401
2016年石景山区四项收入构成（图）　401b
2016年与2015年石景山区居民人均可支配收入及增速（图）　401a
2016年与2015年石景山区居民人均消费支出及增速（图）　401a
2016年月平均气温与常年对比统（表）　308
2017年工作建议　17a
3+3能力提升机制　176b
3·30故意杀人案　170c
5·12防灾减灾日演练　257b
5·19中国旅游日活动　255b
5号楼商业金融项目　273b
7·20强降雨应对　289c
96156社区服务平台　387a

### A～Z

A栋等商业金融项目　273c
C1号住宅楼　274a
D栋及汽车库Ⅲ段项目　273c
F1号住宅楼　274a
G20峰会消防保卫　306a

### A

爱警工作　170b

爱心行重阳义诊活动(图) 138
爱婴社区与规范化门诊 361a
艾滋病防控 358a
安保任务 304c
安监局 201c
安全监管工作部署 203b
安全监管基础建设 208b
安全生产 196b
  标准化建设 204b
  工作会 203b
  监督管理 201c、298c
  教育培训宣传 206c
  权利清单梳理 206c
  违法行为专项整治 168b
  与维稳 295a
  整治 206b
  执法监察 207a
  主体责任落实 206a
  专题研究 202b
安全生产大检查 205a
  动员部署 205b
安全生产暨消防安全工作会 98a、203(图)
安全生产责任保险 254b
  工作推进会 204a
安全专家进校园 203b
安新县委党校 77b
安置就业渠道 391b
安置就业审核 398c
案件查办 129b
案件审理 129c
案例举要 170c、177a

## B

八宝山街道 409b、463
  防控队伍建设 411b
  服务二孩惠民生 410b
  环保督查件落实 410a
  精品街工程打造 410b
  居家养老服务 410b
  困难群体救助 411a
  区人大代表换届选举 410a
  三学三做 408b
  社区岗位招录 411a
  文化中心改造 410c
  文体生活 410c
  汛期雨情应对 410a
  优质家园建设 410b
  再就业服务 411a
  智慧社区建设 410c
  治乱疏解建高端 410b
八大处公园 261a
  鲍家祠堂修缮工程 262c
  二寺庙修缮工程 262c
  佛诞日浴佛法会 261b
  佛牙舍利寻踪考察团赴陕调研 261c
  古籍保护研修班班 262a
  门区牌楼改建工程 262c
  祈祷世界和平法会 262a
  清凉寺修复工程 262c
  西山八大处文化节 262a
  西山中医药文化季 262b
  新春祈福庙会 261a
  盂兰盆法会 262a
  园林茶文化节 261b
  中斯佛教文化交流 261c
八大类消费支出构成(图) 401b
八个高端体系建设 26a
  行使决定权 21a
  专题调度会 96a
八家区级党校主题论坛 78b
八角北路社区京台社区大讲堂(图) 417
八角北路特钢社区 406b
八角街道 416b、463
  爱八角生活圈 417a
  便民工程 417c
  拆除整治点位 416c
  大气污染防治 417a
  公共文化服务 417b
  街道工会服务 417c
  街面品质提升 416c
  居家养老服务 417a
  老旧小区管理 417b
  人大换届选举 416c
八角桥周边环境治理 303b
百户耐用消费品拥有量 401a
百姓诵读活动 339a
百姓宣讲先进单位 61a
榜样人物发现挖掘 66a
榜样人物宣传学习 66a
保百姓温暖过冬 284a
保定市体育局 377a
保定市委党校 78b
保健食品专项整治 211b
保密 74a
  检查 75a

警示教育 75a
目标督查考核 75a
宣传教育月活动 74b
在线学习 74c
知识专题讲座 169a
组织健全完善 74b
保密委员会办公室 74a
保险产业园 11a、13a、18a、49c、225b、264b、270c
建设 18a、49c、225b、264b、270c
视察 99a
主体结构封顶 102c
资金债权融资计划签约(图) 224
保险资金债权融资协议 225a
保障民生服务百姓 265c
保障性住房 271c、275a、276b
后期管理 276b
建设 275a
受理审核 276b
选房配售 276b
用地供应 271c
租金管理 276b
宝贵经验 23b
暴风魔镜发布会(图) 316
暴风魔镜公司 317c
北方工业大学 333a
CNONIX 国家标准应用与推广实验室 335b
DCI 技术研究与应用联合实验室 335b
北京高层次人才论坛 334b
北京市科普基地 334a
产学研合作协议签署 333c
长安街交通畅通保障 333c
第四届国际文化节 335a
第一届海峡两岸大学生棒球赛 334a
高等教育国际论坛 334c
建校 70 周年大会 335a
金砖国家法律论坛 334c
京西创新创业基地揭牌 334c
全国高校商业精英挑战赛一等奖 334a
全国计算机大赛一等奖 334a
省部级重点实验室新增 335b
石景山发展研究中心 334b
校报获奖 335b
校际合作协议签署 333c
宣传工作先进单位 335b
异步电机牵引技术 334b
与布鲁塞尔自由大学合作签约仪式(图) 333
与冬奥组委开展合作对接 335a
中国工程机器人大赛一等奖 334a
综合智能交通管理与控制科普基地 334a
北京·石景山网站管理 191c
北京·香港经济合作研讨洽谈会 248b
北京(含系统)先进集体及先进个人 425b
北京巴布科克·威尔科克斯有限公司 241b
科技研发 242c
托克托 600MW 锅炉项目运行 242a
印尼爪哇超超临界锅炉合同 242b
浙江北仑锅炉项目 242b
北京保险产业园建设 18a、49c、225b、264b、270c
北京保险产业园资金债权融资计划签约(图) 224
北京宝盛源典当有限公司 232c
北京北重汽轮电机有限责任公司 240b
安全生产 241b
股权退出 240c
科技开发 241a
审计和法律职能建设 241a
市场开拓 240c
质量管理 241a
中能电站辅机公司增资 240c
北京朝阳医院(西院) 373b
改革与管理 373b
科研教育 374a
社区医疗 374a
医疗服务 373c
北京重阳诗歌会 339c
北京大学首钢医院 366c
北京鼎瑞典当有限公司 232b
北京都市典当有限公司 231c
北京工人疗养院 369b
对口支援 370a
公益服务 370c
管理改革 370a
护理服务 370a
建设项目 370c
科研教学 370b
医疗服务 369c
预防保健 370b
北京工业职业技术学院 335b
北京市电气安全技术研究所 336c
城市建设与管理职教集团 336a
大国工匠进校园活动 335c
服务一带一路国家战略 336c
高职信息化教学大赛获奖 336b
京津冀职业教育教学协同发展联盟 336b
学生技能大赛获奖 336b
北京国际武术邀请赛 381a
北京国融典当有限公司 232a

北京建筑材料科学研究总院 320c
对外交流 321b
技术服务 321a
检验服务 321a
科研平台 321a
科研项目 321a
项目建设 321b
学术会议 321b
北京教育学院石景山分院 330c
北京金石融景房地产开发有限公司 279a
金融街(长安)竣工备案 279b
金融街(长安)中心双认证 279b
金融街(长安)中心整售 279b
南宫公租房转性经济适用房 279b
全年销售额 279b
北京金寿典当有限公司 231c
北京金隅琉水环保科技公司调研(图) 141
北京金泽通宝典当有限公司 232b
北京康复医院 369b
北京旅商会 255c
北京铭锋典当有限公司 232a
北京侨梦苑 101b、117a、247b
建设 101b
落户石景山 117a
北京青年相声节 340a
北京融惠典当有限公司 232c
北京瑞鑫达典当有限公司 232a
北京实兴腾飞置业发展公司 277a
北京晟通置业公司参股 277b
拆违治乱工作 277c
金石融景项目 277b
南宫嘉园保障房项目 277c
五里坨建设组团项目 277b
西井项目建设 277b
子公司成立 277b
北京石景山区人民政府文件 434
北京石景山游乐园 260a
北京石开房地产开发有限公司 278c
融景城维修维保 279a
银河热力管线工程 279a
北京市魅力社区揭晓 406b
北京市石景山区第十六届人民代表大会第一次会议 12
北京市石景山区国有资产经营公司 196c
北京市石景山区人民代表大会常务委员会工作报告 19
北京市石景山区人民政府办公室文件 435
北京市石景山区人民政府主要文件目录 434
北京市石景山医院 364c
北京市永定林工商公司 249b
安全管理 249c
法制教育 249c
公园服务质量提升 249c
《北京市政府定价目录》落实 189c
北京市重点文物保护单位名录 448
北京市足协杯比赛 381b
北京首钢国际工程技术有限公司 321b
非钢板块 322b
钢铁板块 322a
科技开发 322b
人才管理 322c
运行机制 322a
转型发展 321c
北京泰德典当有限公司 232c
北京万嘉信诚典当有限公司 232a
北京万商投资发展有限公司 249a
车辆检测线 249b
群星杯技术比武 249b
微型消防站 249a
北京祥瑞通典当有限公司 232c
北京燕金源置业有限公司 277c
OA 办公系统 278a
安全环保 278a
南区土地上市 278a
枢纽项目腾退 278a
项目绿地移交 278a
北京银行石景山支行 228a
金融知识宣传 228b
支持下岗 228b
北京永大典当有限公司 232a
北京中保典当有限公司 232b
北京中京典当有限公司 232b
北京中天典当有限公司 231c
北京自行车日 377a
北辛安地区抢救性拍摄(图) 112
北辛安房屋征收项目 280c
北辛安棚户区改造项目 268a、275a
北辛安抢救性拍摄记录 112b
毕业生服务月活动 394c
毕业生就业创业 395c
编制权责清单 71b
便民工程管理 188b
便民工程实施 406b
标准舞拉丁舞公开赛 381a
滨河园周边环境问题处理 303c
殡葬行业职业技能大赛 385a
冰川馆 343c
冰雪旅游活动 254c

冰雪世界嘉年华 376b
冰雪运动宣讲 377b
病虫害普查 293b
病死动物无害化处理体系建设 360b
不动产登记微信公众号 270a
不动产登记与司法沟通协作 270a
不动产历史档案整合 272a
不可移动文物名录登记 343a
不起诉决定程序优化 173c

## C

财政 215
　管理 216a
　监督检查 217c
　收入与支出(表) 427
　收支平衡 216b
财政局 216a
采暖季供热 284a
餐饮行业监督抽检 210c
餐饮量化分级管理 210b
残疾人就业 398b
残疾人联合会 397c
残疾人事业 397c
　宣传 399a
残疾人文体工作 399a
残疾人证管理 399b
茶商计量器具检查 201c
拆违治乱任务 100a
产权制度改革新突破 114b
产业促进 252b
产业高端融合发展 17b
产业禁限目录落实 188c
产业升级 11a、17b
产业体系 16a
　规划编制 187b
产业协作工作对接会 97c
常委会党组自身建设 23b
常委会依法讨论决定重大事项 21a
常委会制度建设 23a
常委会自身建设 23a
常委会组成人员同代表的联系 23a
长安金轴 11a、13b
长安中心获美国 LEED 预认证 272c
长期护理保险试点 393a
长征组歌主题教育活动 325c、326(图)
超转和地退人员管理 388a
城管疑难案件解决 291c
城管执法局 302a
城管专项督察 304c
城管综合治理考评 291c
城市安全度汛 289b
城市承载能力 13b
城市道路建设 283c
城市供水体制改革行使决定权 21a
城市管理 281
　体制改革 14b
　执法 302a
城市管理监督指挥中心 290c
城市规划、建设和运行体系 16a
城市规划分析平台 269b
城市规划体系建设工作研讨 266a
城市环境建设 21b、85a、284c
城市环境质量提升 17b
城市基础设施完善 13b
城市建设五个典范 11a
城市建设与管理 3a
城市街区精品改造提升工程 285a
城市节水宣传周进学校宣传活动(图) 284
城市精细管理 18a
城市领域改革 19a
城市综合管理 282a
　体制改革调研 49c
城乡结合部治理 204b
　专项整治 211c
城镇地籍调查数据更新汇总 271c
承恩寺古建收回 343a
承恩文化传习大讲堂 338c、344c
程红 96b
持刀抢劫案 171a
充分就业社区创建 392c
重修皇姑寺碑记出土 343c
重阳诗歌会 63b
出版物经营单位名录(表) 450
出口退税管理 219b
出让土地批后监管 271b
初中开放性科学实践活动 328b
处级干部队伍 56b
处级干部进修 77a
传染病防治 357b
传统武术冠军赛 381a
创新创业集聚区建设 315a
创新工作室评定 57a
创业大讲堂走进校园系列活动 395c
创业带动就业 394a
春风行动活动 394c

春华秋实联谊活动　117b
春节环境秩序保障　303a
春节假日旅游双增长　255a
春节期间医疗卫生保障　349b
春节四大旅游活动　254c
慈善超市建设　386b
慈善公益活动　385b、386b
从实际出发、探索创新　24a
从严治党　6a、8a、9b、10a、10b、19b、24a、75c
从业人员素质提升工程　257b
从优待警工作　165b
促进居家养老事业发展专题调研(图)　123
翠微艺苑戏曲活动　338b
存量资金盘活　216b

## D

打击防范犯罪宣传日　169a
打击非法集资　225a
打击制售假冒行动　211b
打网办案　214b
大米安全专项检查　208b
大排档专项督察　290c
大企业服务管理　222a
大气环境质量　301c
大气污染执法年行动　300a
大气污染治理专项督察　291b
大事记　32
大数据与城市管理研修　78a
大型游乐设施应急演练　201a
大亚湾中微子实验装置(图)　318
大杂院清理拆除　114a
大杂院土地利用规划研究　265c
代表家站建设　22b、87a
代表监督作用　22a
代表建议办理　103c
代表议案和建议督办　20b
代表主题履职　22b、87a
代表主体作用　22b、25a
大城市病预防和治理　11a、17a
党代会代表选举部署会　38a
党代会服务保障　56a
党的领导　9a、23b、24b
党的领导、忠诚担当　23b
党的群众路线教育实践活动　6a
党费收缴专项检查　59c
党风廉洁建设　6b
党风廉政建设　115a
　责任制检查　45b
　责任制落实　128b
　主体责任办公会　37a
党管武装工作　182b
党建精品项目　408a
党建述职考评会　37a
党建统领　6、8a
　根本保证　15b
党建研究会　60b
党建主体责任培训　76c
党内帮扶走访　53c
党派换届选举　67a
党史办公室　78c
党史党建宣传　79a
党史资料征集　78c
党委(党组)书记　80
党务工作者队伍建设　408b
党校　76b
党性教育　58a
党员、干部队伍　9b、10a
党员队伍建设　6b
党员队伍情况　56b
党员发展质量　60a
党员学习组织　400b
党员组织关系集中排查　59c
党组织建设　10b
党组织设置调整规范　59b
档案　111c
　测评　112c
　鉴定开放　112c
　立卷归档　112a
　事业发展规划　112c
　数字化观摩会　112c
　依法规范接收　111c
档案馆日活动　112b
档案局管理　111c
道路交通噪声监测统计(表)　302
道路养护管理　284a
登记选民投票率　86c
低保家庭居民人均可支配收入及构成(表)　402a
低保家庭居民人均消费支出及构成　402a(图)、402b(表)
低保家庭居民收入　402a
低保家庭居民消费　402b
低保家庭居民主要收入来源分布(图)　402b
低保认定标准调整　384b
地方税务　220c
地方志　113a
地籍区(子区)核查上报　272a

地理空间基础库数据更新　192a
地理气候　2a
地名联席会　266c
地名普查与命名　266c
地区生产总值(表)　426
地税局　220c
　知识更新培训　78b
地铁六号线西延　265a
地退人员管理　388a
地下水环境质量监测主要项目数据统计(表)　301
地下综合管廊方案评审　266b
地震安全示范社区　184c
地震监测预警　184b
地震救援演练　306a
地震局　184b
地震应急志愿者培训　184c
第30届四联展　328b
第31届金秋体育盛会　378b
第33届古城之春艺术节　339a
第八届档案馆日活动　112b
第八届民族健身操舞大赛(图)　108
第二轮就业政策执行　393c
第九届北京清明诗会　61a
第七个五年法治宣传教育的决议　85a
第七届北京青年相声节　340a
第七届京西消费节　245a
第七批区级文保单位名录　342c
第三次全国农业普查　192c
第三届北京国际武术文化节(图)　381
第十二次党代会　51c
第十二届纪律检查委员会　130
　领导机构选举　128b
第十二届全民终身学习周　329a
第十届教育教学研讨月　324c
第十三届玉兰文化节　294c
第十四期暑假园长培训班　327a
第十一届纪律检查委员会　130
第四届非遗文化嘉年华　295a
第四届京交会　245a
第四届中国商业保理峰会　244c
第五届北京旅商会　255c
第一次全国可移动文物普查　343c
典当　231b
电梯执法检查　199b
电影院放映场所名录(表)　449
电子防盗报警器发放　169c
电子监察中心建设　126c
电子科学技术情报研究所　319c
　第五届中国语音产业年会承办　320b
　贵阳数博会系列活动承办　320b
　核心业务能力建设　320a
　软博会承办　320b
　网络安全博览会承办　320b
　综合服务能力提升　320b
电子政务内网二期初验　191a
调研课题推荐　70b
调研信息　60b
调研员、副调研员核定　55a
定制式义齿专项检查　211a
东升科技园调研　114a
东下庄定向安置房项目　273a
冬奥组委安家首钢园区　98c
冬奥组委服务　222a、264c
冬奥组委周边环境整治　98b
冬奥组委驻地特设督导　201a
动物防疫和检疫　360b
动物和动物产品安全检查　360c
动物和动物产品检疫　360a
动物卫生监督　360a
动物卫生联合执法　360b
督查督办和考核　111b
督查落实　104c
督查强化　53b
督导调研　330b
督导信息化建设　331b
毒品案件　170c
杜德印　47b
端午节前四风监督检查(图)　128
对口支援　353b
对企服务提升　248b
对台工作　68a
　办公室　68a
　交流与合作　27b
对外经济　246b
对外开放与合作　12b

**E**

儿童保健　361a
儿童用品质量安全检查　200c

**F**

发挥优势　26b
发扬民主　8b
发展动力　14b

发展和改革委员会 186b
发展环境 13b
发展研究中心 70b
法官员额制改革 176a
法海寺壁画保护 344b
法海寺原创设计 344a
法律法规培训 400b
法律顾问制度 22a
法律援助范围拓展 180b
法人库服务平台升级 192a
法院 174b
法制办公室 104c
法制干部培训 106a
法治公安建设 170a
法治栏目剧拍摄 178b
法治文艺宣教活动 179c
法治宣传教育创新 179b
法治宣传教育行使决定权 21a
法治政府建设 19b
　考核 106b
繁简分流推进 175a
反腐倡廉建设 10a
反腐教育基地 48b
反恐处突演练 169c
贩卖淫秽光盘摊点取缔 345a
房产经纪机构管理 276a
房地产和住房保障发展规划 273b
房地产经纪专项整治 198a
房地产开发建设生产情况(表) 429
房地产企业资质管理 274c
房改售房 276a
房前屋后专项工作 406c
房屋登记 275c
房屋交易与资金监管 275c
房屋经营和市场管理中心 279c
　安全生产 279c
　拆迁服务 280a
　房屋测绘 280a
　房屋普查 279c
　防汛抢险 280a
　供暖保障 280a
　市场经营管理 280b
　售房办证 280a
　信访维稳 280b
　治乱疏解专项行动 280b
房屋征收事务中心 280c
防空防灾宣传 183b
防空防灾指挥中心建设 184a
防空警报试鸣 184a
防空袭方案修订 183c
防汛工作大会 99a
防汛物资储备 290a
防灾减灾 387a
　系列活动 352a
防灾减灾日演练 257b
防震减灾 184b
放火案 171a
非法买卖爆炸物案 171a
非法吸收公众存款案 171a
非公经济领域统战 67b
非公经济人士综合评价 67b
非公企业党建调研 50a
非公人才调查 194a
非机动车存车处建设 287c
非首都功能疏解 7a、13a、188b、191b、196a
非税收入收缴制度改革 217b
非物质文化遗产日活动 341c
非许可审批事项清理 71a
非医疗放射职业病摸底 203c
非遗保护传承 340b
非遗进社区主题展演 339c
非遗文化嘉年华 295a
非遗系列讲座活动 342a
费用控制 214c
分级诊疗 356c
　督导检查 351a
丰沙入地改造工程 269c
风险评估规范 164c
扶残助残先进 268b
扶贫救助 398b
服务百姓大型义诊周 353c
服务保障 104b
服务部队办实事 391a
服务城管体制改革 106b
服务大局成效 25b
服务冬奥组委 264c
服务方式优化 109b
服务全区大局 29b
服务全区经济发展 26a
服务业为主导的产业体系 16a
福利彩票发行 386c
福利机构名录 460
福利企业生产 387a
辐射环境安全 301a
抚恤补助发放 388c
副处级干部任职培训 77b

副调研员核定　55a
副区长　117
妇女儿童合法权益保护　175c
妇女和儿童保健　361a
妇女联合会　153c
　百万家庭亲情一线牵活动　155c
　创业就业技能培训　155c
　第八次妇女代表大会　154a
　儿童文化活动　154c
　发展规划编制　154c
　共护巾帼林活动　154c
　恒爱行动　155c
　健康进家庭活动　155b
　巾帼亲情服务队　155a
　巾帼主题志愿服务　154b
　贫困母亲援助　155b
　巧娘发展促进会　154b
　青年交友联谊　155a
　三八维权系列活动　153c
　书香飘万家活动　155b
　送温暖活动　153c
　展翅未来项目　153c
　最美家庭　153c
妇幼保健院　362c
　儿童保健　363a
　妇女保健　363b
　婚前保健　363b
　健康教育　363c
　两癌筛查　363b
　医疗保健　363a
　指标完成情况　363c
腹部心肺复苏应用转化基地落户石景山医院(图)　366
负责人出庭应诉　105c
赴保定市交流考察　101b
赴台交流任务　68b
阜石路生态绿廊(图)　292
附录　432

## G

改革创新　8a、19a
　发展动力　15a
　特色区建设　12a
改革开放　12a
改善和提升交通环境专题询问(图)　85
改善医疗服务行动计划　354a
干教网分中心建设　58b
干部交流挂职　57c
干部教育培训　391c
　改革　58b
干部日常监督管理　59a
干部实绩档案制度　57c
港澳事务工作　117a
高等教育学校名录(表)　440
高端城市建设发展规划　275a
高端的城市规划体系建设工作研讨会　266a
高端的城市规划体系建设规划　266c
高端金融人才服务　225a
高端绿色发展　6b、10b、13a、29b
　奋斗目标　15a
　记录　112a
　建设调研　50a
　生态　9a、10b
　系列报道　346b
高端人才服务　395b
高端人才建设规划　56c
高端人才信息平台建设　57a
高尔夫球场整治　272b
高贵林市教育局　324c
高精尖经济结构　11a、17b
高校专题培训　58a
高新技术产业和科技事业发展规划　314c
高新技术产业用房　273a
歌舞娱乐场所名录(表)　449
个体税收管理　220b
耕地保护红线　271b
供给侧结构性改革调研　49b
供水合作框架协议签订　288a
公安　168b
　主业工作　170a
公安分局　168b
公安交通管理局　304c
公安消防支队　305c
公共安全教育　183b
公共服务设施　284c
公共服务向首钢唐山地区延伸　103b
公共管理综合保险　225a
公共卫生检查　359c
公共文化服务目录编印　340c
公共文化服务示范区创建　340c
公共文明协调办公室　64c
公共文明引导行动　65c
公共自行车服务系统　287c
公开宣判涉及奥迪公司商标权纠纷案(图)　177
公开招考招聘　396a
公立医院目标管理　348c

公文档案 104b
公务员初任培训 78a
公务员考核 392a
公务员专题培训 77c
公益创投大赛 406b
公益慈善事业参与 107b
公益放映工作 346a
公益服务品牌评选 407c
公益广告宣传 65c
公益活动 214c、399c
公益诉讼试点调研 173b
公益项目展示交流会 405b
公益性就业组织过渡 392c
公园服务保障 296a
公园管理 294b
公园管理中心 294b
公园绿化养护 295b
公园内活动组织 296b
公正司法 21b
公证处名录 459
公证服务水平提升 180b
工程项目建设 296a
工行石景山支行
  负债业务 227a
  经营发展 226c
  零售业务 226c
  中间业务 227a
  资产业务 227a
工伤认定 396c
工商分局 197a
工商行政管理 197a
工商业联合会 131、142c
  爱心温暖听障儿童 144b
  八届六次执委会 145a
  第九次代表大会 145b
  非公经济人士教育 145c
  非公企业党建会 145b
  非公企业家代表座谈会 143b
  光彩公益推进 142c
  红色星期六百商论坛 144a
  街道分会换届 144c
  课题调研 145c
  民企学堂活动 143c
  民营企业家党建培训 144b
  民营企业招聘月 144a
  企业服务季 144c
  企业服务联盟活动 143a
  物美跻身中国民企 500 强 144c
  优秀会员企业事迹 142c
  原工商业者慰问 142c
  政府服务企业直通车 145c
工业和信息化部电子科学技术情报研究所 319c
工业指标完成情况 191a
工资分配倾斜政策 395a
工作报告 6a、19、25
工作不足 29a
工作差距 24a
工作回顾 12a、19b、25a
工作机制健全完善 73a
工作建议 17a、24a、29a
工作目标 9a
工作体会 15a、28b
工作主题 30a
攻坚克难 6a、8a
共建全国文明城区 65a
共青团石景山区委员会 150c
  京港青年交流 152a
  清明红色祭扫 151a
  青春护航基地 152c
  青年骨干培训 151c
  青年群体分类调研 152b
  青少年权益维护 151a
  区域化团建 152c
  社会建设参与 152b
  社会组织培育 151c
  社区青年汇 152c
  思想政治引领 152a
  网上共青团建设 152b
  五四主题活动 151c
  志愿公益服务 153a
共同思想政治基础 25a、29b
共治共享格局 11b
古城街道 414c、461
  北辛安棚户区改造工程 415c
  拆违现场会 46b
  出租房税代征代缴 416a
  大杂院整治 415b
  防汛保障 415b
  非京籍儿童入学审核 414c
  环保奖励促搬离 415c
  基层党建 408c
  居家养老服务 416a
  军民和谐 416b
  空气污染应对 415a
  流动人口服务管理 416a
  群防群治队伍 415c

违法违规查处　415a
小微企业安检　416a
信访建设　415c
治乱难点突破　415b
抓理论武装　408c
综合执法试点　414c
古城南街道路工程　268c
古城之春艺术节　339a
古城中学　45b
古树名木管理　293c
固定资产投资审计　213b
固定资产投资完成情况(建设地)(表)　429
固定资产投资增长　188a
关注民生　29b
关注民生、促进和谐　26a
管理体制改革　282c
光大银行石景山支行
特色个人业务　229a
网上服务　229a
光大银行信用卡中心
主要指标　229b
广播电视　346a
广发北京鲁谷路证券营业部　230c
广发证券鲁谷路证券营业部
金融业务创新　231a
证券投资服务　231a
广宁街道　420c、462
安全生产　421b
大杂院拆除整治　422a
地区稳定　422c
计生优质服务　422c
假如我是申请人大讨论　421b
精品街区建设　421c
就业指标　422b
民生持续改善　422b
民生家园建设　422a
民族健身操舞大赛承办　421a
群众文体活动　422a
社区建设　421c
石材市场整治　421b
卫生区复审　421c
信访代理　422c
汛期安全　421b
智慧养老中心挂牌　420c
归国华侨联合会　160c
参政议政　161a
侨界活动组织　161a
侨联换届　161a
依法维护侨益　160c
规范餐饮复审　210b
规划分局　264b
规划管理　264b
规划建设　263
规划科学引导　18a
规划龙头作用　13b
轨道交通建设　287c
轨道交通一体化　265a
国际旅游最佳设计奖　255c
国际税收管理　219c、222b
国际语言环境建设　116b
国际志愿者日活动　406b
国际智库平台　70c
国际智库专家团队　269a
国家改革示范典型　187c
国家工作人员宪法宣誓　99c
国家级服务业标准化试点　199c
国家级绿色转型发展示范区　6
国家检察官学院　172a
国家健康促进区评估验收　350c
国家母子健康手册试点工作　361a
国家税务　218a
国家体育总局调研首钢旅游区　256a
国家土地督察对接　270b
国家卫生区复审　98c、101a、257a、285a
专项督察　291a
国家宪法日宣传活动　178c
国家信访局领导调研　110c
国家知识产权试点城市验收　311a、311(图)
国科大未来技术学院成立大会(图)　332
国库集中收付　216c
国企改革发展　195c
国企品牌影响　195b
国企社会责任　196b
国侨办调研侨梦苑　101b
国庆假日旅游服务保障　258c
国庆节前安全检查　204c
国税局　218a
国土分局　269c
国土信息化建设　272a
国土资源管理　269c
国土资源宣传与调研　270a
国有资本经营预算管理　196a
国有资产监督管理　195a
国有资产监督管理委员会　195a
国有资产经营公司　196c
北京国实置业有限公司　197a

产业发展基金项目 196c
华游竞界四板挂牌 197a
治乱疏解推进 197a
重点项目建设 196c
国资国企发展规划 195b
国资委系统专题培训 77b

## H

海外统战工作 66c
韩国法务研修院访问交流 172c
行业安全生产监管 246a
行业应急救护 257c
合作共事 27b
合作框架协议签署 95c、191a
和谐杯乒乓球赛 378a
和谐平安石景山 11b
核对机制建设 386a
核心价值观宣传教育 346c
河长制工作落实 290b
黑石头春季越野赛 381a
黑游戏厅打击 345c
宏润公司 250a
北辛安棚户区改造房屋腾退 250a
治乱疏解 250b
红领巾读书系列活动 342a
红色旅游景区入选 255c
红十字会 161c
防艾宣传 162c
救护设施建设 161c
募捐救助 162a
七届三次理事会 161c
世界红十字日活动 161c
应急培训创新 162a
造血干细胞血样入库 162b
组织建设 162c
猴年新春文化游园活动 294c
互联网+行动计划 191a
互联网金融民间借贷纠纷审理 175b
互联网上网服务营业场所名录(表) 450
互联网游戏创新创业大赛 190b
互联网游戏双创大赛 310c
户籍人口 348a
户籍人口数(表) 429
户外广告规范 286a
户外普法宣传活动 311b
花样游泳锦标赛 380b
华夏武状元国际争霸赛 381a
华夏银行信用卡中心 229b
产品创新 229c
服务创新 229c
金融知识宣传教育 229c
支付创新 229b
化妆品专项检查 211b
环保法制工作 301a
环保绩效考核 299b
环保实事 299b
环保网格化管理 300c
环保宣传教育 301b
环保与生态建设规划 300a
环保专项绩效考核 95a
环境保护 299a
环境保护局 299a
环境监测 301b
环境建设升级版 46a
环境建设专项整治 168c
环境精细化管理 285c
环境卫生专业作业 298a
环境信访处理 300b
环境准入 299b
环境综合提升项目 7a
环卫设施建设 284c
环卫中心雪后机扫作业(图) 296
缓解交通拥堵状况 286c
换届考察服务保障 57b
换届人事酝酿和选举 57b
换届选举集中宣传日活动 86b
黄庄职业高中 329c、338c
会议组织 104b
婚姻收养登记 389a
婚姻证明办理流程优化 113a
火锅底料调味食品排查 207c
火灾扑救演习(图) 293

## J

基层党建重点任务 55b
基层党员教育培训 55a
基层党组织建设 6b
基层岗位练兵和技能竞赛 351a
基层基础工作 355b
基层老党员走访 45c
基层品牌创建 67c
基层人大协商 22b、87b
基层社会治理 386a
基层书记论党建主题论坛 59a

基层图书馆室建设　342b
基层文化设施建设　340a
基层证明清理　72b
基层组织换届专项检查　59b
基础部件信息测绘普查　291a
基础教育　327b
机场巴士服务提升　252c
机动车交通事故责任纠纷案　177c
机动车排放遥感检测(图)　299
机动车停车服务与管理　47b
机动车维修企业治理　204a
机动车污染控制　300b
机构编制管理　71a
机构编制调整　71c
机关廉政建设　76b
机关效能建设　23b
积极建言　26a
疾病预防与控制　356c
集体经济　113b
　任务目标　114b
集体经济办公室　113b
集体经济系统换届纪律　114c
集体廉洁谈话　128a
集体土地拆违调研　268b
集体资产监管　114b
技防建设　306b
济困工程实施　387c
纪检　125
纪检监察干部队伍　129c
纪检监察干部监督　130b
纪检监察体系建设　72b
纪律检查委员会　130
纪律作风建设巡察　129a
纪念红军长征胜利80周年　63b
　少年说活动　325c
纪念建党95周年　54c、346b
纪念建党95周年暨长征胜利80周年　342b
纪委领导机构选举　128b
纪委十一届八次全会　126c
纪委系统领导干部会议　127c
继续医学教育管理　353c
计划和预算执行情况监督　20a
计划免疫　358a
计划生育　347
　督查　359a
　服务　354c
　奖励扶助　355b
计量监管　201c
计量科普宣传　200b
记住本来　开创未来诗歌演唱会(图)　62
加强学习、凝聚共识　25a
嘉行广场商业金融项目　273a
家庭医生式服务　356b
假日旅游工作安全　258c
价格监测　190a
架空线入地　286a
监察　125
监督工权　21a
监督工作　85a
　方式方法　22a
　实效　22a
监督执纪四种形态　129b
监护人员培训　287a
减负专项督导　331a
检察　171b
　教学实践示范基地建设　172a
　开放日活动　173c
检察官宪法宣誓仪式　171c
检察院　171b
健康促进区试点　101c
健康教育　358b
健康中国行宣传周活动　350c
健全机制、夯实基础　28a
健身气功交流展示　378c
建管并重　13b
建行石景山支行
　京津冀发展战略助力　227b
　居民信贷需求服务　227b
　军警机构服务　227b
建设工程招投标　274c
建设管理　272b
建筑材料日常监管　275b
建筑工地安全生产检查　96c
建筑行业资质审批　275b
建筑节能　275b
建筑垃圾运输车管理　304a
建筑业企业资质管理　275b
见义勇为权益保护　385c
姜志刚　50a
江苏银行北京石景山支行　228b
　房e融　228c
　税银企金融服务平台　228c
　特色服务　228c
　同业业务　228c
　投行业务　228c
交流考察保定市　101b

交通保障　286b
交通发展规划编制　287a
交通管理　304c
交通枢纽商业金融项目　272c
交通违法严打　305c
交通信息停车诱导系统　287c
交通拥堵缓解　305a
教师信息技术应用总结表彰会　327b
教委　324a
教育　323
　　督导　329c、331b
　　科研会　327c
　　收费管理　190a
　　行政　324a
教育督导委员会　331a
教育督导与教育质量评估监测中心　330c
教育和医药卫生　12a
教育教学研讨月　324c
街道(社区)工委办事处负责人　423
街道法制机构建设　106a
街道居民事务大厅管理　108c
街道社区居委会　461
截污治污工程　290a
结合医联体推动分级诊疗　356c
结核病防治　357a
节假日安全　382b
节能减碳指标超额完成　189a
节能宣传　189a
节前商品条码专项检查(图)　199
节日市场秩序监管　190a
节水器具换装　290a
节水型单位创建　290a
节水主题宣传活动　289a
解决问题　19a
借助三网促司法公开　176a
界别作用　27b
今后五年工作建议　24a、29a
今后五年主要任务　15b
禁毒专项调研　47b
禁放集中宣传日活动(图)　167
金顶街街道　419b、462
　　安全工作强化　420a
　　大杂院整治　420a
　　环境秩序整治　420b
　　基层党建　409a
　　精品便民工程　420b
　　精品大街建设　420b
　　空气重污染应对　419c
　　民生家园建设　419c
　　平安社区建设　420b
　　信访和应急工作　419c
金顶山埋藏区入列市级名录　343c
金桥奖　314a
金秋体育盛会　378b
金融　223
　　安全宣传　225b
　　管理　225a
金融服务办公室　225a
金融机构创新　225a
金轴·长安街产业论坛　248a
京港会亮相　248b
京冀空竹交流大会　376c
京冀协同发展助力　393c
京津冀冰雪节　379a
京津冀健身气功交流　378a
京津冀交通行业职工运动会　381c
京津冀民俗体育交流　377c
京津冀协同发展　46c、187a
　　社会组织高峰论坛　102c
京台社区大讲堂　68b、417(图)
京西人文魅力城区　11b
京西商务中心　13a、13b、265b
　　建设　18a
　　商业金融项目　275a
京西文化新名片　11b
京西消费节　245a
精简行政审批事项　105b
精品大街建设　285a
精品教学资源片建设　60a
精神卫生　357c
精神文明建设　64c
精神文明新高地　11b
精细化管理改善空气质量　102b
精细化管理水平　13b
精准对接老人需求　385b
经典阅读论坛　328c
经典作品品读活动　62a
经济发展　85a
　　调研　49b
经济和信息化　190b
经济和信息化委员会　190b
经济适用住房定价　189c
经济体制改革　19a
经济违法案件查处　198a
经济责任审计　213b
经济指标完成情况(表)　430

经验体会　8a
景观亮化工程　286a
景区项目用地自查整改　253a
景区汛期灾害预警演练　258a
警营开放日活动(图)　169
境外资源境内引进高端培训　325c
竞技体育　379b
纠纷处理与事故鉴定　353b
九届政协工作　25a
九三学社石景山区工作委员会　140c、141a
　　参政议政　142a
　　换届大会(图)　140
　　社会服务　142b
　　思想建设　141c
　　组织活动　141a
　　组织建设　141a
就业帮扶小组　392c
就业创业培训　393c
就业援助月活动　394c
就业政策执行　393c
居家养老服务体制改革　19a、97b
　　推进会　49a
居家养老卡服务　387a
居家养老助餐服务　210b
居民人均可支配收入及增速(图)　401a
居民人均可支配收入增长及构成(表)　400
居民人均消费支出及增速(图)　401a
居民生活状况　400c
居民收入　400c
居民消费支出增长及构成(表)　401
捐赠站点规范化建设　386c
决策研究　69c
军民融合发展　45c、183a
　　深度发展　390c
　　推进大会　100c、390b
军事　181
　　设施建设　269b
　　训练　182c
军休干部接收安置　389a
军转干部安置　57c、396a

## K

康复服务　398c
考试试卷监管　74b
科级干部任职培训　76c
科级干部选拔任用　58c
科技成果展　311c
科技创新驱动体系　16a
科技服务联盟微课堂　314c
科技教育合作框架协议　324b
科技中介服务组织名录　460
科技周　311b
　　数码超人活动　341c
科普达人秀大赛　314b
科普大篷车进校园　343c
科普工作会　311c
科普工作者培训　314b
科学管理　310b
科学技术　309
科学技术奖评审结果一览(表)　312
科学技术委员会　310b
科学技术协会　156b
　　科技人才工作　156b
　　科普广场舞　158a
　　科普惠民项目　157b
　　科普日活动　157a
　　科普宣传　158a
　　科普之夏活动　157a
　　科协委员会　156c
　　科学素质纲要实施　156c
　　老科技工作者日　157a
　　青少年科技教育　157b
　　全国科普日活动　157a
　　社区科普益民计划　157c
科研单位名录　443
科研工作　78c
可移动文物普查　343c
课改先进单位优秀成果评选　327c
课改总结会　326a
空气污染控制　298a
空气质量　14a
　　保障　191b
　　改善　102b
空气重污染红色预警应对　103a
空气重污染应对　299c
　　检查　96c
控烟监督执法　359b
控烟条例主题宣传活动　350a
口腔卫生　358a
口述史采访(图)　78
口述资料抢救　79c
快乐阅读直通车进校园　341c
狂欢之夏健康跑活动　255c
狂犬病强制免疫　360c
困难和问题　8b、15b

困难老年人评估 388b

## L

垃圾分类管理 285c
落实政策办实事 74a
落实政策扶持 247a
琅山路周末非法市场整治 303b
劳动保障监察 397a
劳动合同制度实施 397b
劳动就业 12a
劳动能力鉴定 396c
劳动人事争议仲裁院 393a
劳动争议预防 397a
劳务管理 275c
老干部管理 72c
老干部局 72c
老干部思想政治建设 73b
老干部自管组织建设 73c
老旧供热管网消隐改造 284b
老旧小区服务管理 406c
　长效机制试点 276b
老旧住宅电梯维改会议 199b
老龄宣传工作 388c
老年人健康管理 356b
老年人优待工作 388b
老年人优待卡更换 388b
老年维权网络 388c
老山街道 412c、464
　安全生产监管 414b
　大杂院整治 413c
　公共文化服务供给 413b
　乐龄餐桌开饭(图) 413
　两岸文化交流 413b
　两学一做学习 408c
　流动人口服务管理 414a
　群防群治队伍建设 414b
　人大换届选举 413c
　社会保障救助 414a
　市容环卫成果 414b
　市长培训班考察 413a
　信访代理平台建设 414a
　职工权益保障 413b
　住房保障水平 414a
老山骑跑挑战赛 378b
李长友 47a
理论教育 58a
利用外资 246c
历史文化 2a
立体宣传格局构建 129a
廉洁建设 170b
廉政风险防控管理 14b
联合执法 360b
联络服务 104c
联系实际、探索创新 27a
莲石湖创建3A级景区 253c
莲石湖火车餐厅 255b
粮食平衡调查 244c
两岸社区交流 68c、69a
两岸一家亲活动 68b
两大生态 6
　建设 8b
两法衔接工作 105c
两规合一研究探索 269
两会保密工作 74a
两会环卫保障 297b
两会期间安保 257a
两节环卫保障 297a
两类人员管理教育 180a
两委委员选举 55c
两新组织两个覆盖 406a
两学一做学习教育 54b
　工作会 47a
　宣传 64a
两优一先巡回宣讲 62c
两证整合执照颁发 400a
烈士公祭仪式 63b
林正亨图片特展 69a
灵光寺浴佛节庆典(图) 107
领导干部报告个人事项 54a
领导干部管理 170b
领导干部学法 105a
领导责任制 15a
流动人口服务管理 168b、355c
流浪乞讨人员救助 389b
六中全会精神学习宣传 63c
龙舟协会揭牌 377b
卢沟桥醒狮越野跑活动 123c
鲁谷半月园信访条例宣传活动(图) 110
鲁谷社区 411b、463
　12·07事件后续处置 411c
　残疾人服务 412b
　服务保障经费 411c
　环保督办件落实 412c
　基层建设 408b
　居民住房条件改善 412c

人大换届选举　411c
人口调控疏解　412b
失业人员服务　412b
衙门口拆违治乱　412a
衙门口煤改电　412c
治安督办整治　412a
路俊杰　45c
露天烧烤联合监管　304a
落实主体责任　53a
履行职能　29b
履职为民　26a
旅馆业安全防范　257c
旅游产业高端发展　253b
旅游发展委员会　252b
旅游管理　256b
旅游行业安全工作部署　256c
旅游行业卫生区复审迎检　258b
旅游行业汛期安全　258a
旅游活动　254b
旅游日活动　255b
旅游商品参赛获奖　256a
旅游市场监管　258a
旅游市场秩序检查　256c
旅游线路获奖　256b
旅游信息化水平提升　254a
旅游宣传新平台　252c
旅游业　251
律师、公证服务机构　458
律师服务所名录　459
律师管理　179c
律师事务所名录　458
绿地系统规划修编　294a
绿化美化　14a
绿化委员会调整　292a
绿化养护管理　293a
绿建三星标识　265b
绿建三星建筑项目　61c
绿色发展　14a
绿色三星建筑群　13a
绿色生态城区　18a
绿色生态示范区建设　11a
绿色转型发展　2a

## M

慢性非传染性疾病防控　351b
慢性非传染性疾病防治与管理　358c
矛盾纠纷排查调处　111a
美国北迈阿密市到区创业公社交流(图)　116
美国社区学院访问　329a
《美丽乡村》专题推介　256b
美沙酮门诊管理　357b
门前三包管理　304a
门头牌匾规范　286a
萌芽杯评比活动　327a
免费避孕药具管理服务　355b
灭火救援　306b
实战化　306c
民办机构参与教学改革　328c
民办教育机构名录(表)　440
民办社会组织　398c
民办职业技能培训学校名录(表)　457
民兵组织整顿　182b
民防　183a
教学实践　183c
专项整治　184a
民防局　183a
民革区工委
参政议政　133b
纪念区工委成立20周年　132c
六届区工委成立　133a
社会服务　133b
思想建设　133a
支部活动　133c
民建区工委　136b
参政议政　136c
社服联络　137a
学习宣传　136b
支部活动　137b
组织建设　137a
民进区工委　137c
参政议政　138b
社会服务　138a
思想建设　137c
组织建设　138a
民盟区工委　134b
第七届换届大会(图)　134
调研工作　135b
工委活动　134c
两学一做学习教育　136a
名师大讲堂　135c
社会服务　134b
暑期学习班　135c
思想建设　134b
信息与理论研究　136a
支部活动　136a

知情明政 135a
组织建设 135b
民生保障体系 16b
民生家园建设 7b、18b
民生建设 12a、21b、85b
民生类重点建设项目推进调度会 96c
民生优先 8b、14a
民俗历史文化旅游推介 255b
民营企业进校园活动(图) 144
民政 384a
民政局 384a
民主党派 131
民主党派、工商联负责人 146
民主监督形式创新 27a
民主监督与评议工作动员部署会 123b
民主政治建设 7b
民族·宗教 107a
民族健身操舞大赛(图) 108
民族团结创建系列活动 108a
民族团结教育 328a
民族宗教工作 67c
民族宗教事务办公室 107a
民族宗教专题培训 108b
明确目标 8b
模式口历史文化保护 344a
模式口历史文化街区保护 267c
环境整治工作会(图) 344
修缮改造 102b
修缮改造工程规划协作平台(图) 267
母婴保健技术许可 361a


## N


纳税服务平台 220b
纳税服务完善 221c
内部审计 213c
内设机构及编制增加 330c
能上能下渠道 59a
能源领域工作 189a
年报公示 197b
年度考核工作 326c
年度科学技术奖 311c
年度人口抽样 192c
年轻干部实践锻炼 50a、58b
牛青山 6
牛羊肉直配模式 207c
农工党区工委 139a
参政议政 139b
社会服务 139a
思想建设 139b
组织建设 139
农行石景山支行
风险防控 226b
银政合作 226b
农贸市场电子秤检定 201b
农民工工资支付督查 95a
农民工工资支付情况专项检查 393b
农业普查 192c
农用地转用项目用地 271c


## P


拍卖企业年审 245b
排污申报 301a
派出所名录 459
派驻机构全覆盖改革 127c
派驻纪检机构全覆盖动员 50b
派驻检察室揭牌 173c
旁听审判警示教育活动 173b
棚改项目 268c
棚户区改造工作会 97a
乒乓球赛 378a
平安边界创建 385a
平安创建 165b
平等协商、主动协商 26b
平台建设 65b
苹果园交通枢纽用地规划 264b
苹果园街道 418a、461
拆除清退率100% 418b
充分就业街道 418b
党群服务中心 409b
金苹果社会组织联合会 419a
老旧小区自我服务 419a
体育生活化社区 418c
网上信访工作系统 418b
文化活动中心 418c
学习教育平台 409a
养老照料中心 418c
中医健康服务体系 419a
评优评先中连获佳绩 172b
破坏计算机信息系统案 171b
破坏交通工具案 171b


## Q


七五普法启动 178c

祈福越野马拉松　380c
齐心协力搞共建　390a
企业参加安责险　204a
企业代表恳谈会　400a
企业服务　247b
企业经营　249a
企业新型学徒制试点培训　392a
企业信用档案库　102a
企业信用监管与服务平台　198b
企业引进　248b
气候评价　308c
气象　307a
气象防灾减灾　308b
气象服务　307c
气象基础设施建设　307c
气象局　307a
气象科普进机关　307b
气象科普进社区　307b
气象科普进校园　307b
气象科研　308a
气象十三五规划　307c
气象微信订阅及公众号　307b
气象依法行政　307a
侨梦苑调研　101b
侨梦苑落户石景山　247b
侨务工作　115a
侵害作品署名权、改编权、信息网络传播权纠纷案　177a
清华大学玉泉医院　368b
清洁空气行动计划　299c
　总结督查　100c
清洁空气蓝天行动　65c
清明红色祭扫活动　61b、384c
清明诗会　61a
清真食品进社区活动　108b
青少年击剑锦标赛　379c
青少年柔道锦标赛　379、380a
青少年射箭锦标赛　380b
青少年跆拳道锦标赛　380a
青少年田径锦标赛　380b
青少年文化遗产知识大赛　343b
青少年羽毛球锦标赛　379c
庆祝第32个教师节暨表彰大会　325b
庆祝建党95周年七一表彰会(图)　48
庆祝建党95周年诗歌演唱会　62b
庆祝六一主题教育活动　325a
庆祝中国共产党成立95周年大会　47c
区编办　71a
区长　117
区长办公会　91a
　一览(表)　91
区党代会服务保障　56a
区第十二次党代会　51a
　代表选举　55a
区第十二届委员会　79
区第十六届人民代表大会　12、19
　人大常委会主任、副主任、委员名单　88
　专门委员会　88
区第十五届人大常委会办事机构负责人　88
区第十五届人大常委会工作机构负责人　87
区第十五届人大常委会主任、副主任、委员　87
区第十五届人大专门委员会办事机构负责人　88
区工商联会员企业到区社会福利院走访慰问(图)　143
区划设置　2a
区级党校主题论坛　78b
区级文保单位名录　342c
区级重点工程　13b
区两委委员选举　55c
区领导带队开展大检查　205c
区人大常委会第三十一次会议　82b
区人大常委会第三十二次会议　82b
区人大常委会第三十三次会议　82c
区人大常委会第三十四次会议　82c
区人大常委会第三十五次会议　83a
区人大常委会第三十六次会议　83b
区人大常委会第三十七次会议　83c
区人大常委会第三十八次会议　84a
区十二次党代会精神宣传　63c
区十六届人大一次会议　84b
区十五届人大六次会议　82b
区史编纂　79a
区委　36a
区委办公室　52a
　文件　433
区委常委会会议　38c
　一览(表)　38
区委常委会专题研究安全生产　202b
区委城管工委　282b
区委党建工作办公会　6a
区委党校　76b
区委第四次政协工作会议　37b
区委工作机构主要负责人　79
区委关于制定十三五规划的建议　45a
区委区政府研究室　69c
区委全体(扩大)会议　37c
区委日常事务　52a
区委社会工委　404c

区委十二届一次全体会议 36c
区委十一届十三次区委书记全体(扩大)会议 36b
区委十一届十四次全体会议 36b
区委书记主要调研情况一览(表) 51
区委文件 432
区委重视、各方支持 28b
区委重要会议 36b
区委主要文件目录 432
区域环境噪声监测统计(表) 302
区域教育单位名录 436
区域经济 7a、13a
　发展 2b、21a
区域科研机构名录 443
区域体育设施名录 455
区域投资环境提升 248c
区域卫生机构名录 443
区域文化设施名录 448
区政府、人民团体、党政分设工作机构党委(党组)书记 80
区政府办 104a
区政府办公室文件 435
区政府工作机构负责人 117
区政府文件 434
区政府主要文件目录 434
区政府专题听取汇报 208a
区政协 120a
　到北京保险产业园调研(图) 121
　第十届委员会 25
　换届 66c
　九届五次会议(图) 120
　十届一次会议会前准备(图) 121
区直机关工委 75b
区志办 113a
区志复审会 113a、113(图)
去煤治污行动 199a
全光网区建设 190c
全国(含系统)先进集体及先进个人 425a
全国城市节水宣传周进学校宣传活动(图) 284
全国广场舞培训基地 338c
全国花样游泳锦标赛 380b
全国计生先进单位创建 355a
全国健康促进区试点 101c
全国科普日主题活动(图) 156
全国青年柔道锦标赛 379b
全国青少年文化遗产知识大赛 3423b
全国少年体操分区赛 379c
全国少年田径锦标赛 379c
全国室外射箭锦标赛 380b
全国首期商业保理宣讲会 244c
全国体育传统校田径联赛 379c
全国政协禁毒专项调研 47b
全国政协视察保险产业园 99a
全国职院信息化大赛获奖 329b
全国中小学数独比赛 381b
全国中学生柔道锦标赛 380a
全国中学生田径锦标赛 380a
全国重点城市射箭比赛 379b
全国重点文物保护单位名录 448
全国最美绘本馆 342b
全口径预算管理 217b
全面两孩政策落实 354c
全面深度转型 13a
全面深化改革 3b、7a、14b、46c
全民健步走活动 378c
全民健步走活动(图) 378
全民健身日 377b
全民义务植树 292b
全民终身学习周 329a
全区工作指导思想 8b
全市统一执法日活动 393b
权力清单公示 105a
群防群治 167b
群团工作 7b
群众绿化 293a
群众体育 376b
群众文化 338b

R

燃气锅炉提标改造 300b
燃气输送管道隐患整治 284b
人才管理体系 17a
人才培养 356a
人才推优评先活动 57a
人大常委会 82b
　办事机构负责人 88
　工作机构负责人 87、88
　主任、副主任、委员 87、88
　主任会议 84c
人大代表换届选举 20a
人大代表依法履职 23a
　服务 87c
人大工作和建设改革创新 20b
人大工作研讨会 84c
人大换届选举工作部署会 86b
人大换届选举集中宣传日活动(图) 86
人大换届选举投票(图) 409

人大监督工作　24b
人大建议办理工作　20b、283b
人大依法监督工作　21a
人大专门委员会办事机构负责人　88
人防工程防汛　183b
人防工程使用　184b
人感染 H7N9 禽流感疫情防控　350b
人口出生与自然增长情况（表）　430
人口规模控制　17b、188a
人口调控调研　187a
人力资源和社会保障　391b
人力资源和社会保障局　391b
人民代表大会会议　20a
人民代表大会制度　20a、24b
人民代表大会专门委员会　88
人民满意学校测评　330a
人民群众幸福感和获得感　14a
人民调解工作　179a
人民调解微信公众号　180c
人民团体　147
人民团体负责人　162
人民武装　182a
人民武装部　182a
人民幸福　18b
　首要标准　15a
人事档案数字化　392a
人事考务工作新模式　394b
日常检查工作机制　198c
融合·发展教育　328a
入额法官宪法宣誓　175a
入额检查官宪法宣誓仪式（图）　172
软件信息服务业　191c

S

三·八妇女节活动　338c
三大球进社区　378c
三级信访代理　111a
三融合巡回审判新模式　176c
三网五融合　405c
三型党组织建设　75b
三严三实整改落实　53c
三证合一改革　71b
三驻两进工作机制　176b
扫雪铲冰　285c
森林防火大队火灾扑救演习（图）　293
森林防火工作　293c
森林防火协调　295b
砂石厂整治　286b
商标十三五规划　198c
商品交易市场调整疏解　101a、103a、246a
商品条码检查　200c
商务　244b
商务楼宇工作站建设　407c
商务委员会　244b
商业保理宣讲会　244c
商业贸易　243
上级部门调研配合　116b
少年儿童图书馆亲子乐园　342b
少年说活动　325c
少年体操分区赛　379c
少年田径锦标赛　379c
涉林案件办理　292b
涉密企业监督指导　74c
涉密人员管理　75a
涉密载体保密管理　74c
涉台交流管理　69c
涉台纠纷处理　69c
涉台宣传教育　69b
涉外服务保障　117c
涉外经济社会活动　115b
社保待遇调整　396b
社保费率调整　392b
社保基金安全管理　396c
社会保险费扩面征缴　396a
社会保障　12a、14a
　体系　18b
社会福利待遇　387c
社会公益重大项目管理　188b
社会管理创新研修　77c
社会和谐　11b、29b
社会环境全面优化　66b
社会建设　403
社会救助　387b
社会领域党建及社会建设　404c
社会领域党员主题党日活动（图）　405
社会矛盾化解　165a
社会面防控　167c
社会事业　14a、18b、383
　发展　3b
社会体育指导员培训　377c
社会信用体系建设　96a、100b
社会治安综合治理　165b
社会治理　14a
　能力　18b
　水平　11b

社会治理体系　17a
　　建设规划　406a
社会组织管理　389a
社会组织培育平台　407b
社区党建　408a
社区法律顾问全覆盖　180c
社区服务　386b
社区服务中心公益服务　387a
社区工作室建设　193b
社区工作者　407a
　　公开招录　407a
　　归属感　407b
　　三级培训体系　407a
社区规范化建设　407a
社区减负增效　406c
社区教育　328c
社区卫生服务　355c
　　机构　348a
社区卫生改革　356a
社区卫生人才培养　356a
社区养老服务驿站　386a
社区应急车道治理　306c
设施设备升级　298c
设施维护管理　183c
深化改革　3b、19a
身边榜样评选表彰　65a
审查逮捕、起诉　173c
审计　212b
　　公开透明化　214a
　　监督工作强化　212c
　　监督力度　212c
审计局　212b
审判　174b
　　时限预警　109a
　　事项规范　109b
声环境质量　302a
生产安全事故　207a
生产力促进中心　314a
生活性服务业品质提升　245c
生命统计　358c
生态环境指数　301c
生态文明建设　14a
生态文明体系　16b
盛景嘉和物业对八角南里道路施工(图)　195
盛景全球创新大奖中国区总决赛　313a
师德建设工作会　324c、325(图)
师生作品社区橱窗四联展活动　328b
施工现场监管　303c
诗歌演唱会　62b
十大领域安全生产大检查　205a
十二次党代会精神宣传　63c
十届区政协换届　66c
十三五公共财政发展规划　218a
十三五规划　62a、75c、186c、341a
　　编制　341a
　　纲要发布　186c
　　集体采访　62a
　　宣传贯彻　75c
十三五教育事业发展规划　325b
十三五旅游业发展规划　253c
十三五时期石景山区国民经济和社会发展规划纲要　62a、75c、186c
十三五水务发展规划　289b
十三五专项规划印发　187b
十项重点工程调度会　99b
石景山·党建统领网站　61a
石景山—保定自行车耐力骑行　377a、377(图)
石景山公安分局派出所名录　459
石景山区　2
　　大事记　32a
　　第十二次代表大会　6
　　第十六届人大常委会工作机构负责人　88
　　第十六届人大常委会主任、副主任、委员名单　88
　　第十六届人民代表大会　12、19
　　第十六届人民代表大会专门委员会　88
　　第十五届人大常委会办事机构负责人　88
　　第十五届人大常委会工作机构负责人　87
　　第十五届人大常委会主任、副主任、委员　87
　　第十五届人大专门委员会办事机构负责人　88
　　妇女联合会　153a
　　各民主党派、工商联负责人　146
　　工商业联合会　142b
　　归国华侨联合会　160c
　　红十字会　161b
　　街道(社区)工委办事处负责人　423
　　科技周　311b
　　科学技术协会　156a
　　人民代表大会　81
　　人民团体负责人　162
　　十三五构建高端普惠的文化生活体系规划　341a
　　文物保护单位名录　448
　　文学艺术界联合会　158a
　　业余大学　329c
　　政法部门负责人　180
　　中医医院　361b
　　主要经济指标完成情况(表)　430

总工会 148a
石景山区概览 2
城市建设与管理 3a
地理气候 2a
历史文化 2a
绿色转型发展 2a
区划设置 2a
区域经济发展 2b
全面深化改革 3b
社会事业发展 3b
深化改革 3b
治乱疏解建高端 3a
转型升级 2b
石景山区建筑公司 278b
科技园区北Ⅰ区安置房 278c
丽景长安居住项目 278c
资质升级 278b
石景山区人民代表大会常务委员会工作报告 19
八个高端体系建设行使决定权 21a
宝贵经验 23b
常委会党组自身建设 23b
常委会依法讨论决定重人事项 21a
常委会制度建设 23a
常委会自身建设 23a
常委会组成人员同代表的联系 23a
城市供水体制改革行使决定权 21a
城市环境建设 21b
从实际出发、探索创新 24a
从严治党、廉洁从政 24a
代表家站建设 22b
代表监督作用 22a
代表议案和建议督办 20b
代表主题履职活动 22b
代表主体作用 22b、25a
党的领导、忠诚担当 23b、24b
法律顾问制度 22a
法治宣传教育行使决定权 21a
公正司法 21b
工作报告 19
工作差距 24a
工作回顾 19b
工作建议 24a
基层人大协商 22b
机关效能建设 23b
计划和预算执行情况监督 20a
监督工作 21a
监督工作方式方法 22a
监督工作实效 22a
今后五年工作建议 24a
民生建设 21b
区域经济发展 21a
人大代表换届选举 20a
人大代表依法履职 23a
人大工作和建设改革创新 20b
人大监督工作 24b
人大建议办理工作 20b
人大依法监督工作 21a
人民代表大会会议 20a
人民代表大会制度 20a、24b
市、区人大代表依法履职 23a
思想政治建设 23a
围绕中心、服务大局 23b
五年工作回顾 19b
依法行政 21b
依法履职、强化监督 23a、24a
以民为本、为民代言 23b
政治方向 24b
制度建设 23a
主力军意识 25a
专题询问 22a
石景山区人民政府 89
办公室文件 435
工作机构负责人 117
区长、副区长 117
文件 434
主要文件目录 434
石景山区委 36a
办公室文件 433
工作机构主要负责人 79
文件 432
主要文件目录 432
石景山区物资总公司 250b
安全管理 250c
划转实兴腾飞前期准备 250c
环境整治 250b
清欠和营销 250c
资产运营 250c
《石景山区优秀调研报告文集》 71a
石景山区政府、人民团体、党政分设工作机构党委(党组)书记 80
石景山区政协第十届委员会 124
石景山区政协工作机构负责人 124
石景山区政协专门委员会负责人 124
石景山社区学院 329a
石景山新闻 346b
石景山医院 364c

对口支援　366b
护理工作　365c
基础建设　366b
科研教学　366a
社区卫生服务　365a
医疗服务　365b、366b
预防保健　366c
院感管理　365b
石景山游乐园
安全检查　96b
北京国际旅游节　260c
大型集体婚礼活动　260b
欢乐金秋游园会活动　260c
狂欢之夏活动　260b
六一欢乐童游活动　260b
摩天轮项目　260b
三十周年园庆活动　260c
提示信息　261a
迎春洋庙会　260a
游艺项目更换　261a
石莲变电站投运　186c
石图讲坛　342b
食品检验实验室改造　208b
食品流通环节管理　209b
食品流通监督抽检　209c
食品药品监督管理　207b
安全监管　208a、208c
安全专项整治　168a
法制宣传　212a
年度重点工作安排　208a
统一监测　209b
依法行政　212a
食药安全发展规划　208b
食药安全专项整治　209a
食药安全综合治理　209a
食药行业联盟活动　211c
食药行政许可改革　208c
食药监局　207b
食药日常监管　209a
食药投诉举报机制　212a
食用油专项监督　209c
世界读书日活动　341c
世界旅游城市体验中心项目信息化建设　253b
世界侨商创新中心　247b
世界知识保护日宣传　198a
世界知识产权日法制宣传　345c
事故鉴定　353b
事业单位登记管理　72c
事业单位管理　395a
室外射箭锦标赛　380b
市、区人大代表依法履职　23a
服务　87c
市安监局调研　203a
市安委会督导检查　204c
市场主体登记　198b
市发改委调研人口调控　187a
市规划国土委到区调研　267b
市级园长经验研讨会　326(图)、327a
市级重点工程　13b
市局领导到区调研　212c、218c、289c、384b、393b
市科学技术奖　311a
市领导调研检查　96b
市民讲外语活动周　329a
市人大代表、政协委员调研　173a
市人大领导调研　47b
市容环境专项整治　291a
市容环境专项执法月　303b
市容卫生　296c
市委领导到区调研　50a
市委书记到区调研　49b
市委书记走访基层老党员　45c
市卫生计生委到区调研　349c
市政府教育督导室　330b
市政基础设施建设　283c
市政协领导调研　47a
市重大办到区调研　272c
市重点关注课题　70c
市住建委到区调研　273b
收费专项检查　190a
守合同重信用企业推荐审核　198c
首都经济新增长极建设　11a
首都文化企业30强30佳　314b
首都医科大学附属北京康复医院　369b
首都医科大学附属北京朝阳医院(西院)　373b
首都拥军优属拥政爱民模范单位　390b
首钢集团　234b
阿瓦萨工业园　237a
采购电子商务平台　235c
产品获奖　237b
产品认证　236b
长安街西延工程首钢段　238a
城市静态交通产业　237c
创业生态圈打造　237c
冬奥组委入驻首钢　236a
高磁感取向硅钢产品全覆盖　236a
股权投资管理平台　236a

管理技术获奖 235c
技术创新 236c
京津冀协同发展 235c
旅游区调研 256a
人才培养 237c
涉钢产业搬迁调整后续工作 13a
升级转型服务 268c
世界五百强 236c
《首钢大搬迁》电视纪录片 235b
首钢正气候项目 236b
新产品开发 237b
新首钢园区项目评审 236b
冶金科学技术奖 238a
职务职级改革 237a
中国创新企业百强 237a
中国专利优秀奖 235b
专利奖居钢铁行业之首 237a
转炉复吹新突破 236c
首钢矿山医院 374a
改革与管理 374b
护理服务 374c
科研教育 374c
体检服务 374c
医疗服务 374b
首钢唐山地区 103b、393c
公共服务 103b
社会保障事务服务中心 393c
巡回仲裁庭 393c
首钢医院 366c
北京市中医学术研讨会(图) 367
护理工作 367c
基础建设 368a
机构设置 367a
科研工作 367b
医疗工作 367a
医学教育 368a
医联体 350a
首钢职工家属观看《西望首钢》电视纪录片(图) 235
首环办任务分解 291b
首环办台账督察 291c
首届冰雪旅游活动 254c
首届公益创投大赛 406b
首届科普达人秀大赛 314b
首届文化体验营 68c
书市联合举办 345c
书香石景山文化校园行 325a
枢纽型社会组织 407c
疏解整治促提升行动 103c
疏解治乱 304b
蔬菜零售网络建设 245b
暑假园长培训班 327a
数字廉政教育基地 127b
述责述廉现场会 128a
双料奖荣获 311a
双随机抽查 300c
双随机一公开监管模式 72b
双随机一公开执法监管 200c
双拥工作 389b
双拥模范城 390a
水环境监管 300c
水环境治理 14a
水环境质量 301c
水务管理 288a
水务局 288a
水系生态景观规划编制 288b
水质监测行动 289a
税费收入特点 221a
税收 221b、222
法治完善 221b
改革 221b
稽查 220c
科研 222c
宣传 222c
征管 222a
政策落实 219b
执法督察与内审 222c
税务 215、218a、220～222
稽查规范 222b
教育培训 221b
信息化建设 220c
政策落实 221c
税种管理 221c
司法改革督查 173b
司法公开 176a
廉洁 177a
司法机制完善 165a
司法监督 86a
司法局 178a
司法体制改革试点动员部署 172c
司法行政 178a
司法行政开放日 178b
思想建设 6a、9b
建设 6a、23a
私个协会员队伍建设 400b
私营个体经济 399c
私营个体经济协会 399c

四风监督检查 128c
四项收入构成(图) 401b
送温暖献爱心活动 386c
诉讼服务大厅使用 174c
诉讼监督 173a
诉讼庭审旁听 106b
蒜苔产品专项检查 207c
所得税管理 219c

**T**

台企台胞台属走访慰问 68b
台商发展环境优化 69b
台湾崇德社区到区交流(图) 69
台湾旅游推介活动 255b
台湾宜兰参访团 68c
跆拳道俱乐部超级联赛 381a
特色廉政文化品牌 173b
特色与品牌建设 65c
特设安全宣传进校园 200b
特设冬季安全检查 199a
特殊教育学校名录(表) 443
特殊药品监督检查 211a
特载 5
提好提案 26b
提质增效 17b
体验中心争取市级资金 253b
体育 375
　安全夜查 382b
　产业 380c
　传统校田径联赛 379c
　行政许可审批 382c
　经营单位名录(表) 455
　生活化社区 379a
　协同发展 377a
　执法 382a
　专项检查 382c
体育局 376a
体育总会换届 376c
天安人寿保险股份有限公司 230a
　保费收入 230b
　合规管理 230c
　业务指标与增速 230c
铁路道口管理 287c
停车电子收费系统 287b
停车示范小区建设 287b
停车数据复核 287a
停车秩序管理 305a
停车秩序整治行动 287b
停车专项规划编制 266b
统计 192b
　调研 193a
　发展规划 193c
　法制宣传 194b
　服务创新 193c
　开放日(图) 192
　年报 194a
　信息化建设 193a
　执法检查 194
　专项调查 193c
　资料 426
统计局 192b
统一战线 66b
　工作手册印发 67a
　宣传调研 68a
统战部 66b
投资促进局 247b
投资石景山·首钢行 100b
投资统计改革 194b
突发环境事件应急 300c
突发事件处置 352a
图书馆 341a
　名录 449
途牛旅游网入驻辖区 252b
土地储备金收支项目预算 270c
土地储备项目开发 271c
土地供应计划编制 271a
土地供应与出让 271b
土地资源整合利用规划 270c
团结联谊工作 27b
团结民主、真诚合作 29a
团结民主氛围 27b
团区委惠民宣传进社区活动(图) 153
退休人员社会化管理服务 397b
退役士兵安置 389a

**W**

外宾接待工作 169b
外交外事侨务任务 115c
外贸进出口 246c
外派监事会换届调整 196a
外省市区政协到区调研 123b
外事侨务 115a
外事侨务办公室 115a
外事人才培训 78a

外资备案改革 247a
外资大项目 247a
外资结构 246c
外资来源 246c
完善政策助改革 391a
万达商圈占道停车治理 286c
王宁 96b
王竹云 45c
网格化案件完成情况 291b
网格化单位 308b
网格化融合平台运行 290c
网络安全检查 190c
网络表演违规经营案查处 345c
网络订餐专项整治 210a
网上办事大厅建设 190c
网上信访宣传日 110b
危化企业安全监管 206c
危化企业安全培训 203a
危化易爆安全检查 199a
危险废物环境安全 301a
微信访 110a
为官不为专项治理 127a
为民履职工作 26a
为全国两会服务 329b
为统战对象办实事 66c
围绕城市环境建设履行职责 85a
围绕经济发展履行职责 85a
围绕民生建设履行职责 85b
围绕司法监督履行职责 86a
围绕中心、服务大局 23b、28b
围绕中心、致力发展 25b
维护政治政权安全 170a
违法出租房屋专项整治 168a
违法建设专项整治 168a
违法经营专项整治 168c
违法露天餐饮经营禁止 246a
违法违纪党员清查 59c
违规广告治理 304b
委员履职平台 27a
委员提案办理 103c
卫计产品抽检 360a
卫计委宣传中心 351a
卫计行政审批 359c
卫片核查 272b
卫生法规监督检查 359b
卫生改革与管理 348b
卫生计生事业发展规划 351b
卫生计生委 348b
卫生监督 359a
卫生科研管理 354b
卫生区复审保障 298b、302c
卫生人才培养 354a
卫生医疗单位名录 443
卫生应急 351c
　专题培训 351c
未成年人社会观护制度 175c
未成年人司法保护 174a
未成年人思想道德建设 66a
未成年人系列普法活动 172b
温馨家园建设 399b
文保单位标志牌安装 345a
文创博览会 63b
文创产业发展 64c
文创双创大赛 314a
文稿起草 52c、104b
文化 337
文化创意产业联盟 63a
文化环保宣传进校园 345b
文化惠民活动 8a、338b
文化软实力 11b
文化生活体系 16b
文化市场 345a
　安全检查 345b
文化体验营 68c
文化委 338a
文化养老活动 388c
文件合法性审查备案 106b
文件目录 432、434
文件制发 53a
文物安全保护志愿服务行动 343a
文物保护专项资金投入 344c
文物管理 342c
文物事业十三五发展规划 344c
文学艺术界联合会 158b
　长征胜利80周年集邮展 160a
　俄罗斯精品油画展 160c
　风景油画作品展 160a
　国际舞大赛获奖 160b
　国学走入生活 159a
　挥毫泼墨送春联 158b
　结雕艺术作品展 160a
　京西画家群作品展 159b
　军民共建鱼水情深 159c
　美协为时代而歌 158c
　朴希旸讲座 159b
　摄影百家社区行 158c

书法进校园活动 159a
书法作品展 160a
书画摄影美术作品展 160b
书画慰问农民工 158c
书协 15 人作品展 160b
雪域圣境唐卡展 159c
逸林雅集书画展 159a
中国画作品展 160b
最美的就在这书画展 159b
文艺创作 340b
稳增长奖励资金 247a
问题酸奶紧急排查 207c
乌兰察布市委专题培训班 77c
污水治理 267a
吴克瑞 25
无车日主题活动 287a
无菌和植入性器械检查 211a
无煤区建设推进大会 99c
无煤区目标实现 188c
无障碍建设 399b
无照经营治理 304a
无照无证餐饮治理 98a、210a
无证无照清理整治 197c
无主管线排查移交 290a
五大主导产业 13a
五个典范 18a
五里坨供水厂通水仪式(图) 288
五里坨街道 422c、462
便民工程 423c
大气污染防治 423b
党建协调委员会 408a
公共文化服务 423
陆军机关周边整治 423a
民生家园建设 423c
区党代表选举 423b
区人大代表选举 423a
社会保障服务 423c
治乱疏解 423b
五里坨民俗文化节(图) 423
五里坨水厂规划验收 266a
五里坨医院 364a
精神卫生 364b
老年病工作 364b
社区卫生服务 364b
五联五进党建共建 176b
五年工作回顾 12a、19b、25a
五年工作体会 28b
五星级志愿者认定 407c
舞动北京群众广场舞大赛 339b
务实创新 30a
物价管理 189c
物联网综合示范应用工程汇报会 100a

X

吸引高端要素聚集 224c
西北热电后续工作 188c
西部地区旅游文集编印 253b
西部建设办公室 276b
年度项目建设 277a
市政基础设施建设 277a
西部地区十三五规划编制 276c
项目研究论证 276c
西部旅游高端发展 252c
西黄村小学随班就读现场会 328a
西绿东引工程 7a、9a、13a
西山八大处文化景区管理委员会 259a
八大处佛牙舍利文化巡展 259a
八大处外围交通微循环 259b
佛牙舍利寻踪专题调研 259c
景区建设工作调研 259b
《世界文化瑰宝—西山八大处佛牙舍利》 259c
西山八大处文化景区建设规划 259c
映翠湖工程建设 259b
西山文化讲坛 343b
西十筒仓一期二期工程 273c
西五环体育产业带发展 382a
系列入室盗窃案 171b
辖区知识产权保护 174c
夏林茂 12
先进 425
宪法宣誓仪式 392c
现场办公解难题 390a
现金收支情况(表) 428
消法宣传活动 399c
消防 305c
安全工作会 98a、203(图)
安全专项整治 168b
培训 257c
宣传 306c
执法检查 306b
消费环节赔偿先付制度 197c
消费教育品牌工程 198b
消费性支出(表) 428
消费支出 401b
小学名录(表) 438

孝星命名推荐　388c
校企合作平台　57a
校园阅读促进项目　327c
校园周边儿童食品整治　207c
协管员队伍建设　406c
协商民主实践　26b
协商议题选题机制　26b
协商质量与成效　27a
新国优创建评估验收　355a
新建建筑达绿色标准　274b
新媒体推广活动　109a
新媒体中心建设　64b
新批外资结构　247a
新社会阶层人士统战　67c
新首钢高端产业综合服务区　13b
　　建设　188b
新闻宣传　346b
新闻应急保障　64a
新型学徒制试点　392a
新增外资规模　247a
新专业开设　329c
信达证券古城路证券营业部　231a
　　行情显示屏幕升级　231b
　　基层业务知识库体系构建　231b
信访　109c
　　办公室　109c
　　代理　296b
　　举报新格局　129b
　　流程规范　299a
　　排查　184a
　　维权　398c
　　维稳　114b
信访代理制改革　7b、14b、19a、110b
　　建设　283b
　　落实　303a
信访条例暨网上信访宣传日　110b
信访条例宣传活动(图)　110
信息安全保密培训　74b
信息编报　52b、104b
信息公开保密审查　74c
信息化建设统筹规划　191c
信用档案库试点建设　198a
行刑衔接保障机制　304b
行政处罚案卷评查　105c
行政处罚权梳理　200a
行政服务　108b
行政服务中心　108b
行政复议　106c
行政监察　129a
行政审批事项精简　72a
行政审批资源整合　108c
行政诉讼　107a
行政调解　107a
行政效能建设　19b
行政执法体制改革　246b、291b
　　验收评估　99b
幸福民生家园建设　12a
畜产品专项整治　209c
畜牧存栏与监管对象　360c
宣传部　60c
宣传工作　60c
宣传教育月活动　127b
宣传系统工作表彰会　62c
宣讲团组建　62c
学雷锋·公益行志愿服务　405b
学历教育　78b
学前骨干教师培训班　326c
学前教育　326b
学习研究　29b
学习周组织奖　328c
学校卫生　357c
学校文化建设示范校创建　327b
雪后机扫作业(图)　296
血液管理　354c
巡控微型消防站　306b

Y

烟草零售终端建设　214b
烟草市场监管　214b
烟草许可证核发　214c
烟草专卖　214a
　　经济运行　214b
烟草专卖局　214a
烟花爆竹从业人员安全培训　202a
烟花爆竹监管　202b
严肃换届纪律　57b
眼镜企业计量检查　201a
眼科医院　372a
　　对口支援　372c
　　改革与管理　372b
　　护理工作　372c
　　科研与教育　372c
　　信息化建设　373a
　　学术交流　373a
　　医疗服务　372b

杨庄路疏堵改造　286c
阳春社区体育节　376c
养老保险制度改革　392b
养老服务体制改革　14b、385c
　调研　96b
养老机构建设　388a
养老中心审核　385a
养老助餐服务　388a
药品不良反应监测　211a
药品零售规范化管理　210c
药械管理　354b
野生动物保护与救助　293c
业余体校举重冠军赛　380c
业余体校羽毛球冠军赛　380b
一把手作表率工程　6a
一承诺两签责　127a
一呼百应志愿服务　60a
一级一类幼儿园验收　327a
一刻钟社区服务圈建设　407a
一企一标准一岗一清单　202b
一轴两翼　17b
一轴三园建设　18a
　发展格局　11a
　重点功能区建设　13b
依法行政　21b
依法履职　23a、24b
依法治区　8b
　基本方略　15b
医联体建设　350a
医疗对口支援　353b
医疗服务管理　352b
医疗机构　361b
　准入管理　354b
医疗卫生监督　359c
医疗卫生与计划生育　347
医疗质量管理　353a
医学重点学科建设　354a
医院感染管理　353a
以案释法活动　179c
以民为本、为民代言　23b
以人民为中心　12a
以人为本　28b、29b
义教课程建设现场会　328a
意大利对华友协代表团访问考察　117b
易华录公司　317c
疫苗专项整治　210c
因公出国(境)管理　117c
银行　225b
　存贷款情况(表)　427
隐患排查治理体系建设　206b
隐患投诉　306b
饮用水卫生宣传　359a
营改增调研　194a
营改增试点改革　218c
营改增正式推行(图)　218
迎接国家卫生区复审　349c
应急避难场所建设　184c
应急管理　104b
应急救援预案演练　204b
应急委全体会议　98c
永定河绿色发展带规划研究　269a
优抚对象走访慰问　389c
优化服务环境　18a
优秀传统文化展示　61b
优秀调研文集　71a
优秀护士评选　352c
优质课程资源评选　328a
游泳减溺　382c
邮储银行石景山支行
　互联网 + 特惠商圈　228a
　权益保护　228a
　养老金代发　227c
　业务发展　227c
友好城市交往　116c
有害生物防治　295c
有机认证检查　201b
有限空间比武活动　204c
幼儿园名录(表)　436
与安新县委党校联合办班　77b
与保定市委党校联合办班　78b
与北斗天下签约　248a
与曹妃甸区协同发展　98a
与加拿大高贵林市签署合作协议　324c
与时俱进、开拓创新　28b
与同仁堂战略合作　102a
与乌兰察布市产业协作工作对接会　97c
与自来水集团签署合作框架协议　95c
羽毛球业余俱乐部赛　381c
玉兰文化节　294c
玉泉医院　368b
　护理服务　368c
　基础建设　369a
　科研和教学　369a
　信息化建设　369a
　医疗服务　368c
预交通事故防　305b

预算编制与执行　216c
预算单位集中财务核算工作(图)　217
预算绩效评价　216c
预算执行审计　213a
元旦春节安全检查　382b
元旦春节系列文化惠民活动　338b
园林绿化　292a
　　发展规划　294a
　　依法行政　294b
园林绿化局　292a
园区税收管理　220a
园容环境整治　295c
园长经验研讨会　327a
远程教育终端站点　60b
远程教育专线网建设　60a
岳德顺　19b
月平均气温与常年对比统(表)　308

## Z

灾害搜救演练　184b
再生资源回收市场整治　246b
在职党员进社区调研　50a
在中共北京市石景山区第十二次代表大会上的报告　6
　　保险产业园　11a
　　产业升级　11a
　　长安金轴　11a
　　城市建设五个典范　11a
　　从严治党　6a、8a、9b～10b
　　大城市病预防治理　11a
　　党的领导　9a
　　党的群众路线教育实践活动　6a
　　党风廉洁建设　6b
　　党建统领　8a
　　党员、干部队伍　9b、10a
　　党员队伍建设　6b
　　党组织建设　10b
　　对外开放与合作　12b
　　发扬民主　8b
　　反腐倡廉建设　10a
　　非首都功能疏解　7a
　　改革创新　8a
　　改革创新特色区建设　12a
　　改革开放　12a
　　高端绿色发展　6b、10b
　　高端绿色发展生态　9a、10b
　　高精尖经济结构　11a
　　工作报告　6a
　　工作目标　9a
　　攻坚克难　6a、8a
　　共治共享格局　11b
　　和谐平安石景山　11b
　　环境综合提升项目　7a
　　基层党组织建设　6b
　　教育和医药卫生　12a
　　京西人文魅力城区　11b
　　京西文化新名片　11b
　　精神文明新高地　11b
　　经验体会　8a
　　困难和问题　8b
　　劳动就业　12a
　　两大生态建设　8b
　　绿色生态示范区建设　11a
　　民生家园建设　7b
　　民生建设　12a
　　民生优先　8b
　　民主政治建设　7b
　　明确目标　8b
　　区委党建工作办公会　6a
　　区域经济　7a
　　全面深化改革　7a
　　全区工作指导思想　8b
　　群团工作　7b
　　社会保障　12a
　　社会和谐稳定　11b
　　社会治理水平　11b
　　首都经济新增长极建设　11a
　　思想建设　9b
　　思想政治建设　6a
　　文化惠民活动　8a
　　文化软实力　11b
　　西绿东引工程　7a、9a
　　信访代理制改革　7b
　　幸福民生家园建设　12a
　　一把手作表率工程　6a
　　一轴三园产业发展格局　11a
　　依法治区　8b
　　以人民为中心　12a
　　政治建设　9b
　　政治生态　9a、9b
　　执政为民　8b
　　指导思想　8b
　　制度建设　10b
　　治乱疏解建高端　7a
　　重点工程　7a
　　重点领域改革　12a

住房和生活环境　8a、12a
转型发展　6a
组织建设　6b、9b
作风建设　10a
脏乱点台账整治　285b
造林工程用地核查　272a
增进共识、凝心聚力　27b
增进团结　30a
增添正能量活动　73a
增值税管理　219a
寨卡病毒病防控措施落实　349a
战备值勤　182c
张建东　96b
招聘服务　394c
招商引资　196b、247b
思路创新　248c
折子工程落实　193a
阵地建设　76a
征兵工作　182c
征地及农用地转用项目用地　271c
整形外科医院　371a
护理工作　371c
科研基金情况(表)　371
信息化建设　372a
医疗工作　371b
政策兑现　310c
政党协商制度落实　67a
政法　163
政法部门负责人　180
政法委员会　164c
政府采购　189b、217a、222b
电子评标系统　189b
规范　222b
监管　217a
政府常务会　90c
政府法制工作　104c
政府工作报告　12
2017年工作建议　17a
保险产业园建设　13a、18a
产业高端融合发展　17b
产业升级　17b
产业体系　16a
长安金轴　13b
城市承载能力　13b
城市管理体制改革　14b
城市规划、建设和运行体系　16a
城市环境质量提升　17b
城市基础设施完善　13b
城市精细管理　18a
城市领域改革　19a
从严治党　19b
大城市病预防和治理　17a
党建统领根本保证　15b
发展动力　14b
发展环境　13b
法治政府建设　19b
非首都功能疏解　13a
服务业为主导的产业体系　16a
改革创新　19a
改革创新发展动力　15a
高端绿色发展　13a
高端绿色奋斗目标　15a
高精尖经济结构　17b
工作回顾　12a
工作建议　17a
工作体会　15a
规划科学引导　18a
规划龙头作用　13b
建管并重　13b
解决问题　19a
今后五年主要任务　15b
京西商务中心　13a、13b、18a
精细化管理水平　13b
经济体制改革　19a
居家养老服务体制改革　19a
科技创新驱动体系　16a
空气质量　14a
困难和问题　15b
廉政风险防控管理　14b
领导责任制　15a
绿化美化　14a
绿色发展　14a
绿色三星建筑群　13a
绿色生态城区　18a
民生保障体系　16b
民生家园建设　18b
民生优先　14a
区级重点工程　13b
区域经济　13a
全面深度转型　13a
全面深化改革　14b
人才管理体系　17a
人口规模控制　17b
人民群众幸福感和获得感　14a
人民幸福　18b
人民幸福首要标准　15a

社会保障 14a、18b
社会事业 14a、18b
社会治理 14a
社会治理能力 18b
社会治理体系 17a
深化改革创新 19a
生态文明建设 14a
生态文明体系 16b
市级重点工程 13b
首钢涉钢产业搬迁调整后续工作 13a
水环境治理 14a
提质增效 17b
文化生活体系 16b
五大主导产业 13a
五个典范 18a
五年工作回顾 12a
西绿东引工程 13a
新首钢高端产业综合服务区 13b
信访代理制改革 14b、19a
行政效能建设 19b
养老服务体制改革 14b
一轴两翼 17b
一轴三园重点功能区建设 13b、18a
依法治区基本方略 15b
优化服务环境 18a
政府工作指导思想 15b
政府自身建设 14b、19b
政府作风建设 19b
指导思想 15b
治乱疏解攻坚战 13a
治乱疏解建高端 13a、17a
治乱疏解任务 17b
中关村石景山园 13b、18a
重大事项报告制度 15a
重大项目建设 18a
重点任务 16a
主要任务 15b
转型升级 13a
政府工作指导思想 15b
政府购买服务工作 217c
政府购买社会组织服务 407b
政府集中采购项目 189b
政府教育督导委员会 331a
政府全体会议 96c
政府日常政务 104a
政府网站内容建设 191c
政府信息公开 109c
政府债务管理 216c
政府自身建设 14b、19b
政府作风建设 19b
政务服务协调联动机制 109a
政务公开 104a、104b
政务网宽带升级 190c
政协 120a
城建环保委员会 122b
第三十八次主席会议 122a
第三十九次主席会议 122a
第三十六次主席会议 122a
第三十七次主席会议 122a
第三十四次主席会议 121c
第三十五次主席会议 121c
第四十次主席会议 122a
多层协商格局 27a
机构负责人 124
机关服务保障能力 28a
教文卫体委员会 122c
经济科技委员会 122b
九届常委会第二十八次会议 121a
九届常委会第二十六次会议 121a
九届常委会第二十七次会议 121a
九届常委会第二十五次会议 121a
九届五次会议 120a
九届总结大会 120b
社会法制与民族宗教委员会 122c
十届常委会第一次会议 121c
十届一次会议 120c
提案工作 283b
提案委员会 123a
委员队伍建设 28a
相关工作 123b
协商制度规范 26b
学习与文史委员会 123a
重要会议 120a
重要活动 123b
专门委员会 122b
专门委员会负责人 124
自身建设 28a
政协北京市石景山区第十届委员会 25、124
政协工作 28b、29a
会议 37b
活力 27a、30a
科学化水平 30b
理论研讨会 123c
政协石景山区第九届委员会常务委员会工作报告 25
八个高端体系建设 26a
对外工作交流与合作 27b

发挥优势　26b
服务大局成效　25b
服务全区大局　29b
服务全区经济发展　26a
高端绿色发展　29b
工作不足　29a
工作回顾　25a
工作建议　29a
工作体会　28b
工作主题　30a
共同思想政治基础　25a、29b
关注民生、促进和谐　26a、29b
合作共事　27b
积极建言　26a
加强学习、凝聚共识　25a
健全机制、夯实基础　28a
界别作用　27b
今后五年工作建议　29a
九届政协工作　25a
联系实际、探索创新　27a
履行职能　29b
履职为民　26a
民主监督形式创新　27a
平等协商、主动协商　26b
区委重视、各方支持　28b
社会和谐　29b
提好提案　26b
团结联谊工作　27b
团结民主、真诚合作　29a
团结民主氛围　27b
为民履职工作　26a
围绕中心、服务大局　28b
围绕中心、致力发展　25b
委员履职平台　27a
五年工作回顾　25a
五年工作体会　28b
务实创新　30a
协商民主实践　26b
协商议题选题机制　26b
协商质量与成效　27a
学习研究　29b
以人为本、履职为民　28b、29b
与时俱进、开拓创新　28b
增进共识、凝心聚力　27b
增进团结　30a
政协多层协商格局　27a
政协工作　28b、29a
政协工作活力　27a、30a
政协工作科学化水平　30b
政协机关服务保障能力　28a
政协委员队伍建设　28a
政协协商制度规范　26b
政协自身建设　28a
重点课题调研　26a
专委会基础职能作用　28a
自身建设　30b
政治方向　24b
政治建设　9b
政治生态　9a、9b
政治协商会议石景山区委员会　119
知识产权案件通报　311b
知识产权金融培训会　314b
知识产权联席会　311c
执法办案管理中心　169c
执法资格考试　105b
执行机制改革　176c
执政为民　8b
直观东方·实录风情中埃文化活动　339b
直属机关党建　75b
职级并行推进　394c
职能部门专职安全员　206c
职务犯罪查办和预防　174a
职业放射监督　359b
职业服务机构名录　456
职业技能鉴定　394b
职业技能培训　393c、398c
学校名录(表)　457
职业教育宣传月　329b
职业教育学校名录(表)　440
职业介绍机构名录(表)　456
职业危害项目申报及变更审核　202b
职业与成人教育　329a
指导思想　8b、15b
制播高清化建设　346c
制定十三五规划的建议　45a
制度建设　10b、23a
志愿者队伍建设　399a
智达基业物业服务标准化试点　199c
智慧社区建设　406c
智慧石景山建设发展规划　191b
智慧养老健康中心挂牌成立(图)　422
治安秩序专项整治　168a
治乱疏解　17a、286b
电力保障　187c
攻坚战　13a
任务　17b

重点工程 274b
治乱疏解建高端 3a、7a、13a、295a
保障 175c
第三次工作会 48c
督察 291c
致公党区工委 140a
参政议政 140b
服务社会 140a
思想建设 140b
组织建设 140a
质监局 198c
专项检查(图) 199
质量安全大检查 201a
质量技术监督 198c
中共北京市石景山区第十二届委员会 79
中共北京市石景山区委办公室文件 433
中共北京市石景山区委文件 432
中共北京市石景山区委主要文件目录 432
中共石景山区委员会 35
中关村管委会调研 311b
中关村科技园区石景山园 13b、18a、315b
暴风魔镜发布会 316a
创新成长企业 100 强入选 315c
发展规划 318a
法国企业参观考察 317a
国际交流合作 317b
华惠金服信息科技有限公司 316a
华谊兄弟聚星文化有限公司 316c
企业服务联动平台搭建 316c
企业挂牌新三板 315c
全球最轻 VR 头显发布 317c
设计创新中心认定 316c
石景山园参观(图) 132
市级创新资金资助 316b
天宫二号发射助力 317a
虚拟现实产业专项支持政策 317b
与定兴县签署战略合作协议 316c
中关村先行先试政策集中宣讲会 317c
中国驰名商标称号 317c
中国领先金融科技 50 强 317a
中国保险信息技术管理有限责任公司 229c
两大系统 230a
五大平台 230a
中国工商银行北京石景山支行 226c
中国光大银行北京石景山支行 228c
中国光大银行信用卡中心 229a
中国国民党革命委员会石景山区工作委员会 132c
中国建设银行北京石景山支行 227a
中国科学院大学 331b
创新创业学院共建 332b
存济医学院获捐赠 332c
基础教育研究院 332b
默克尔造访国科大 332c
赛伯乐创新创业学院 332b
未来技术学院 333a
中日大学论坛 332c
中国科学院高能物理研究所 318a
成果转化 319b
国际合作 319c
科研成果 319b
科研进展 319a
科研项目 318c
中国科学院行政管理局 324b
中国民主促进会石景山区工作委员会 137b
中国民主建国会石景山区工作委员会 136b
中国民主同盟石景山区工作委员会 133c
中国农工民主党石景山区工作委员会 138c
中国农业银行北京石景山支行 226a
中国商业保理峰会 244c
中国医学科学院整形外科医院 371a
中国银行北京石景山支行 225b
中国邮政储蓄银行北京石景山支行 227c
中国致公党石景山区工作委员会 139c
中国中医科学院眼科医院 372a
中行石景山支行
税银企金融服务平台 225c
消费者权益保护 225c
银团委员会 225c
中老年健身表演 378c
中老年优秀健身项目表演赛 377b
中青班教训(图) 77
中青年干部培训 77a
中铁二十二局集团有限公司 238a
安全质量 239b
沪昆铁路客运专线标段工程 238c
锦阜高铁路扩能改造工程 239a
经济指标 238c
科技成果 240a
昆阳至玉溪铁路改造工程 239a
设备物资 239c
资本经营 239c
中小河道治理工程 290b
中小企业服务 224c
中小学生跆拳道超级联赛 382a
中小学生幼儿功夫达人赛 379c
中小学数独比赛 381b

中小学校服装监管 200b
中小学幼儿武术精英赛 382a
中学名录(表) 439
中学生柔道锦标赛 380a
中学生田径锦标赛 380a
中央环保督察迎检 50c
　动员会(图) 95
中央环保督察组调研 51b
中央市属驻区企业 233
中医健康社区试点建设 348c
中医学术研讨会(图) 367
中医药服务 356c
中医药健康养生教育基地 329a
中医医院 361b
　传染病防控 362a
　对口支援工作 362c
　护理质量管理 362a
　科教工作 362b
　人才队伍 362a
　医疗质量 361c
　院感管理 361c
　中医药文化建设 362b
中意传统文化交流 339c
仲裁院成立 393a
重大活动 44a、90c
　环境布置 285a
　组织 59c
重大建设项目 195a
重大决议决定 84c
重大事项报告制度 15a
重大项目建设 18a
　立项批复 187c
重大政策落实跟踪审计 213a
重点保障房建设 269a
重点城市射箭比赛 379b
重点地区整治 167a
重点工程 7a
　调度会 99b
重点关注课题 70c
重点行业安全生产整治 206b
重点就业指标全面完成 397c
重点课题调研 26a
重点领域改革 12a
重点领域消费维权 198b
重点绿化工程 292c
重点人排查管控 165a
重点人群普法 179b
重点任务 16a
重点投入 216b
重点外交外事侨务任务 115c
重点文物保护单位名录 448
重点协作课题 70a
重点选题调研 194b
重点用能单位管理 189a
重要会议 82a
重要活动 86a
重要节点环卫保障 297c
周末大讲堂 64a
周氏啮小蜂集中释放 292c
主力军意识 25a
主流媒体信息发布 60c
主题禁毒宣传活动 169b
主题实践活动 65b
主题宣教活动 78c
主体责任落实 114c
主要工作 44a、90c
主要任务 15b
住房和生活环境 8a、12a
住建委 272b
住宅专项维修资金审核备案 276a
助残日主题活动 398a
助力经济社会发展 67b
驻京企业投资石景山·首钢行 100b、247c
驻军拥政爱民 391b
驻区部队走访慰问 389a
驻区高校 331b
驻区金融机构 225b
驻区科研单位 318a
　名录 443
专技人员职称管理 395b
专利示范单位 312a
专题交流研讨会 45c
专题询问 22a
专委会基础职能作用 28a
专项调研 330c
专项规划编制 189b
专项应急保障任务 297c
专项资金审计调查 213b
专职安全员 206c
转居群体生活 114c
转型发展 6a
　初见成效 114a
转型升级 2b、13a
追究问责 129c
准入管理 354b
资本市场服务 225a

资金争取批复　187c
资料收集整理　79b
资源保护管理　295c
自备井供水安全保障　289a
自来水公司转制、划拨的决议　85a
自然资源资产审计　213c
自身建设　30b
自行车日　377a
宗教　107a
宗教活动平稳有序　107c
综合监管　304b
综合经济管理　185
综合经济调控　186b
综合举报平台建设　58c
综合文稿完成情况　70b
综合行政执法体制改革试点评估会(图)　283
综合执法改革试点评估　282c
综治办　165b
综治领导责任制　165c
综治信息化建设　167a
综治宣传月　167c
总工会　148b
　安康杯竞赛活动　149c
　厂务公开民主管理　148c
　春风行动　149a
　法律服务与援助　149a
　工会经费税务代收　150b
　工会组建　150a
　工资集体协商　150b
　会员发展　150a
　纪念五一先进表彰座谈会　148b
　京卡会员服务　148c
　经济技术服务创新　149c
　困难职工摸底调查　148c
　劳动争议调解　149b
　劳模管理和服务　149c
　普惠职工服务　149b
　群众性文体活动　149b
　送清凉活动　148b
　送温暖工程　148c
　职工互助保险　150a
　职工三级服务体系　149b
　职工之家建设　150a
总述　1
走访慰问活动　48a、72c
走进委办局随访督导　330a
组织工作信息化　60b
组织建设　6b、9b
组织市场主体参加年报公示　197b
最佳创意片奖　329c
作风建设　10a

（王彦祥、张若舒、毋栋编制）